Hubert Stöckli / Thomas Siegenthaler (Herausgeber)

Die Planerverträge

Die Planerverträge

herausgegeben von

Dr. iur. Hubert Stöckli

ordentlicher Professor an der Universität Freiburg Schweiz
Direktor des Instituts für Schweizerisches
und Internationales Baurecht

Dr. iur. Thomas Siegenthaler

Rechtsanwalt, M.Jur.,
Fachanwalt SAV für Bau- und Immobilienrecht

teilweise in Fortführung von

Dr. iur. Dr. h.c. Peter Gauch / Dr. iur. Dr. h.c. Pierre Tercier (Hrsg.)
Professoren em. der Universität Freiburg
Das Architektenrecht/Le droit de l'architecte
3. Aufl., Freiburg 1995

Schulthess § 2013

Zitiervorschlag zu diesem Buch:

SCHWAGER/MONN, in: Stöckli/Siegenthaler (Hrsg.), Die Planerverträge, Zürich 2013, Nr. 5.19

Bibliografische Information der Deutschen Nationalbibliothek
Die Deutsche Nationalbibliothek verzeichnet diese Publikation in der Deutschen Nationalbibliografie; detaillierte bibliografische Daten sind im Internet über http://dnb.d-nb.de abrufbar.

ISBN 978-3-7255-5862-9

www.schulthess.com

Mit Beiträgen von

BEAT DENZLER, Dr. iur., Rechtsanwalt, LL.M., Winterthur

ANTON EGLI, Dr. iur., Rechtsanwalt und Notar, Luzern

DANIEL GEBHARDT, Rechtsanwalt, Basel

MICHAEL HOCHSTRASSER, Dr. iur., Rechtsanwalt, Lehrbeauftragter an der Universität Zürich, Winterthur

FELIX HUBER, Dr. iur., Rechtsanwalt, Zürich

ROLAND HÜRLIMANN, Dr. iur., Rechtsanwalt, LL.M., Zürich

FRÉDÉRIC KRAUSKOPF, Prof. Dr. iur., Rechtsanwalt, LL.M., ordentlicher Professor an der Universität Bern

CHRISTOPH LOCHER, Rechtsanwalt, Fachanwalt SAV Bau- und Immobilienrecht, St. Gallen

PATRICK MIDDENDORF, Dr. iur., Rechtsanwalt, Zürich

VALENTIN MONN, Dr. iur., Fürsprecher, Lausanne

ADRIAN MURER, Rechtsanwalt, dipl. Ing. ETH, Beckenried

FRANZ RIKLIN, Prof. Dr. iur., Rechtsanwalt, Prof. em. Universität Freiburg

STEFAN SCHERLER, Dr. iur., Rechtsanwalt, Winterthur

CLAUDE SCHLUEP, Rechtsanwalt, Bern

CLAUDIA SCHNEIDER HEUSI, Rechtsanwältin, LL.M., Fachanwältin SAV Bau- und Immobilienrecht, Zürich

RUDOLF SCHWAGER, Dr. iur., Rechtsanwalt, St. Gallen

THOMAS SIEGENTHALER, Dr. iur., Rechtsanwalt, M.Jur., Fachanwalt SAV Bau- und Immobilienrecht, Lehrbeauftragter an der Universität Freiburg, Winterthur

HUBERT STÖCKLI, Prof. Dr. iur., Rechtsanwalt, MCL, ordentlicher Professor an der Universität Freiburg

SIBYLLE WENGER BERGER, Dr. iur., Rechtsanwältin, Bern

JEAN-CLAUDE WERZ, Dr. iur., Rechtsanwalt, LL.M., Mitglied der Direktion AXA-Winterthur, Winterthur

HANNES ZEHNDER, Dr. iur., Rechtsanwalt und Urkundsperson, Pfäffikon/SZ

JEAN-BAPTISTE ZUFFEREY, Prof. Dr. iur., LL.M., ordentlicher Professor an der Universität Freiburg

Schriftleitung

HEDWIG DUBLER, Dr. iur., Institut für Schweizerisches und Internationales Baurecht, Universität Freiburg

Sach-, Gesetzes- und Normenregister

Die Register wurden erstellt unter Mitwirkung von

LISA AESCHIMANN, MLaw, Universität Freiburg

SOPHIE AMMANN, BLaw, Universität Freiburg

ROGER BIERI, MLaw, Rechtsanwalt, Universität Freiburg

MARIE-HÉLÈNE DUBLER, stud. iur., Universität Freiburg

JOHANNA SOPHIA HENSCHEL, MLaw, Universität Freiburg

SARAH HUBER, BLaw, Universitäten Freiburg und Luzern

Vorwort und Dank

Die Planerinnen und Planer nehmen beim Bauen Schlüsselfunktionen wahr. Entsprechend hoch ist die Bedeutung der Verträge, die sie abschliessen. Um solche Verträge – die Verträge der Architekten und Bauingenieure – geht es in unserem Buch. Es analysiert die vielfältigen, oftmals schwierigen und häufig auch umstrittenen Rechtsfragen, die sich im Umfeld von Planerverträgen stellen, und prüft die Lösungsansätze kritisch und vertieft. Damit richtet sich unser Buch an Fachleute aus der Rechtswelt, aber auch an die Planerinnen und Planer selber, die praktisch verwertbare Antworten auf Fragen zu ihren eigenen Verträgen suchen. Obschon die Architekten und die Ingenieure unterschiedliche Funktionen wahrnehmen, gelten für sie in weiten Teilen die gleichen rechtlichen Regeln. Dies schlägt sich auch in unserem Buch nieder, das nur dort zwischen Architekten und Ingenieuren unterscheidet, wo ihre Verträge relevante, unterschiedliche Rechtsfragen aufwerfen.

Dargestellt wird die Rechtslage vor dem Hintergrund der gesetzlichen (vor allem werkvertrags- und auftragsrechtlichen) Bestimmungen, aber immer auch mit Blick auf die Leistungs- und Honorarordnungen 102 und 103 des Schweizerischen Ingenieur- und Architektenvereins (die SIA-Ordnungen 102 und 103) aus dem Jahr 2003, die häufig in die Planerverträge übernommen werden. Zur Sprache kommt aber auch der Mustervertrag für Planerleistungen, der von der Koordinationskonferenz der Bau- und Liegenschaftsorgane der öffentlichen Bauherren (KBOB) herausgegeben und von öffentlichen Auftraggeberinnen verwendet wird.

Die Autorinnen und Autoren setzen sich mit der Praxis des Bundesgerichts auseinander, vertreten in ihren Beiträgen aber auch Meinungen, die von dieser Praxis abweichen. Das ist angesichts ihrer eigenen Fachkunde und Erfahrung nicht überraschend. Wir haben keinen Versuch unternommen, sie alle auf eine Linie einzuschwören. Deshalb kommt es vor, dass in diesem Buch identische Rechtsfragen kontrovers beurteilt werden, was das weite juristische Meinungsspektrum belegt, das auch im Umgang mit Planerverträgen besteht.

Unser Buch knüpft in ausgewählten Bereichen an das letztmals 1995 von Peter Gauch und Pierre Tercier herausgegebene Standardwerk «Das Architektenrecht/Le droit de l'architecte» an, indem einige Beiträge aus jenem Werk übernommen und für dieses Buch aktualisiert und ergänzt wurden. Sonst aber wurde der Kreis der behandelten Themen ausgeweitet und damit dem Umstand Rechnung getragen, dass sich neben dem Recht auch das Berufsbild der Planerinnen und Planer fortentwickelt hat. So enthält das Buch zahlreiche Beiträge, die neu sind und hier erstmals veröffentlicht werden. Neu ist auch, dass sämtliche Beiträge jetzt in deutscher Sprache vorliegen. Damit stellt unser Buch eine Erstauflage dar, das aber seinem Vorgänger, der die Praxis über viele Jahre massgeblich geprägt hat, Vieles verdankt.

Dank schulden wir denn auch den Professoren Peter Gauch und Pierre Tercier für ihre Bereitschaft, uns ihren «Stoff» anzuvertrauen, uns aber in dessen Weiterentwicklung völlig freie Hand zu lassen. Danken möchten wir weiter den Autorinnen und Autoren für ihr grosses Engagement und ihre fundierten Texte. Dank sagen wir auch Dr. Hedwig Dubler, die am Institut für Schweizerisches und Internationales Baurecht tätig ist und die aufwendige Schriftleitung mit grosser Initiative, Sorgfalt und Akribie ausführte – unter tatkräftiger Mithilfe von Lisa Aeschimann (MLaw), Sophie Ammann (BLaw), Roger Bieri (MLaw, RA), Marie-Hélène Dubler (stud. iur.), Johanna Sophia Henschel (MLaw) und Sarah Huber (BLaw), alle Universität Freiburg. Bedanken möchten wir uns schliesslich bei Marco Gianini, Jürg Strebel und Ulrich Gaebler, Schulthess Juristische Medien AG, für ihr stetes Wohlwollen und die umsichtige Betreuung dieses Buchs.

Freiburg/Winterthur, im Januar 2013

Hubert Stöckli Thomas Siegenthaler

Inhaltsverzeichnis

Literaturverzeichnis

ABEGG ANDREAS, Funktion und Rechtsnatur des Vergabeverhältnisses in Deutschland und in der Schweiz, in: BR/DC 2008, S. 147 ff.

ABEGGLEN SANDRO, Wissenszurechnung bei der juristischen Person und im Konzern, bei Banken und Versicherungen, Interessenkonflikte und Chinese Walls bei Banken und Wertpapierhäusern, Privatrecht und Finanzmarktrecht, Bern 2004.

ABRAVANEL PHILIPPE, Les devoirs généraux de l'architecte, in: GAUCH PETER/TERCIER PIERRE (Hrsg.), Das Architektenrecht/Le droit de l'architecte, 3. Aufl., Freiburg 1995, S. 99 ff. (zit.: Architektenrecht 1995).

AEPLI VIKTOR, Zur Rechtsnatur des Totalunternehmervertrages, in: BR/DC 2000, S. 46 ff.

AMSTUTZ MARC et al. (Hrsg.), Handkommentar zum Schweizer Privatrecht, Zürich/Basel/Genf 2012 (zit.: BEARBEITER, Handkommentar Privatrecht).

ARZT GUNTHER, Vorsatz und Fahrlässigkeit, Bemerkungen zur neueren Rechtsprechung, in: recht 1988, S. 66 ff.

BACHMANN HUGO, Haftungsfolgen ungenügender Erdbebensicherheit, in: BR/DC 2007, S. 185 ff. (zit.: Haftungsfolgen).

BACHMANN MARKUS, Architektur und Urheberrecht – Eine intersubjektive Verständigung, Diss. Freiburg 1979 (zit.: Architektur).

BAKER & MCKENZIE (Hrsg.), Schweizerische Zivilprozessordnung, Stämpflis Handkommentar, Bern 2010 (zit.: BEARBEITER, Handkommentar ZPO).

BANDI ERICH, Spielraum im Architekturwettbewerb, in: Werk, Bauen + Wohnen, 1–2/2006, S. 34 ff.

BARRELET DENIS/EGLOFF WILLI/KÜNZI SANDRA (Mitarb.), Das neue Urheberrecht – Kommentar zum Bundesgesetz über das Urheberrecht und verwandte Schutzrechte, 3. Aufl., Bern 2008 (zit.: BEARBEITER, URG-Kommentar).

BAUDENBACHER CARL, Lauterkeitsrecht, Kommentar zum Gesetz gegen den unlauteren Wettbewerb (UWG), Basel 2001 (zit.: BEARBEITER, UWG-Kommentar).

BAUDENBACHER CARL, Wirtschafts-, schuld- und verfahrensrechtliche Grundprobleme der Allgemeinen Geschäftsbedingungen, Zürich 1983 (zit.: Grundprobleme).

BAUMGÄRTEL GOTTFRIED, Die Befundsicherungspflicht – ein Weg zur Behebung der Beweisnot im Zivilprozess?, in: MEIER ISAAK et al. (Hrsg.), Recht und Rechtsdurchsetzung, Festschrift für Hans Ulrich Walder, Zürich 1994, S. 143 ff.

BAYERLEIN WALTER, Praxishandbuch Sachverständigenrecht, 4. Aufl., München 2008 (zit.: Praxishandbuch).

BAYERLEIN WALTER, Der Sachverständige im Bauprozess, in: BauR 1989, S. 397 ff. (zit.: Der Sachverständige).

BECK RÉNÉ, Haftpflicht II: Haftpflichtversicherungen, Bern 2011.

BECKER HERMANN, Berner Kommentar, Art. 184–551 OR, Bern 1934 (zit.: BEARBEITER, Berner Kommentar).

BEELER URS R., Die widerrechtliche Baute, Diss. Zürich 1984.

BENDEL FELIX, Die strafrechtliche Verantwortlichkeit bei der Verletzung der Regeln der Baukunde (Art. 229 StGB), Diss. Genf 1960 (zit.: Strafrechtliche Verantwortlichkeit).

BENDEL FELIX, Die fahrlässige Tötung und Körperverletzung beim Bauen, in: ZStR 1963, S. 25 ff. (zit.: Fahrlässige Tötung).

BENTELE ROLAND, Die Konventionalstrafe nach Art. 160-163 OR, Diss. Freiburg 1994.

BERGER BERNHARD, Allgemeines Schuldrecht, Bern 2008.

BERTHOUD FRÉDÉRIC, Die Anerkennung von Berufsqualifikationen zwischen der Schweiz und der EU, in: THÜRER DANIEL/WEBER ROLF H./KELLERHALS ANDREAS/PORTMANN WOLFGANG (Hrsg.), Bilaterale Verträge I & II Schweiz–EU: Handbuch, Zürich 2007, S. 249 ff.

BERTI STEPHEN V., Zürcher Kommentar, Das Erlöschen der Obligationen, Art. 127–142 OR, 3. Aufl., Zürich 2002 (zit.: BEARBEITER, Zürcher Kommentar).

BETTEX BJÖRN, L'expertise judiciaire, Diss. Lausanne 2006.

BEYELER MARTIN, Angebot oder Nichtangebot?, in: recht 2009, S. 34 ff. (zit.: Angebot).

BEYELER MARTIN, Der Geltungsanspruch des Vergaberechts, Zürich 2012 (zit.: Geltungsanspruch).

BIEGER ALAIN, Die Mängelrüge im Vertragsrecht, Diss. Freiburg 2009.

BIRRER MATHIAS/LEUPI CHRISTIAN, Schutz der «schöpferischen Leistung», in: TEC21 51-52/2008, S. 34 f.

BOLDT ANTJE, Reduzierte Haftung des bauaufsichtsführenden Architekten durch Mitverschulden des Bauherrn bei Fehlern des planenden Architekten, in: NZBau 2009, S. 494 ff.

BOLLAG GEORGES, Die kontraktliche Haftung des Architekten, Diss. Basel 1932.

BORGHI MARCO, Il diritto per gli architetti – Dal fondamento etico ai diritti e alla responsabilità giuridica dell'architetto, Zürich 2010.

BRÄNDLI ROGER, Wichtige baurechtliche Verträge – Rechtsnatur und praktische Relevanz der Einordnung, in: KOLLER ALFRED (Hrsg.), Neue und alte Fragen zum privaten Baurecht, St. Gallen 2004, S. 155 ff.

BREHM ROLAND, Berner Kommentar, Die Entstehung durch unerlaubte Handlungen, Art. 41–61 OR, 3. Aufl., Bern 2006 (zit.: BEARBEITER, Berner Kommentar).

BREHM ROLAND, Solidarité «absolue» ou solidarité «relative» en responsabilité civile?, in: HAVE 2002, S. 85 ff. (zit.: Solidarité).

BREHM ROLAND, Le contrat d'assurance de responsabilité civile, Lausanne 1983 (zit.: Le contrat d'assurance).

BRINER HANS, Die Architekten- und Ingenieurverträge im Einzelnen, in: LENDI MARTIN/NEF URS CH./TRÜMPY DANIEL (Hrsg.), Das private Baurecht der Schweiz, 2. Aufl., Zürich 1994, S. 23 ff. (zit.: Architektenverträge).

BRINER HANS, Nutzungs-/Sicherheits-/Kontrollplan, in: SI+A 35/1992, S. 633 ff. (zit.: Nutzungsplan).

BRULHART VINCENT, Droit des assurances privées, Bern 2008.

BRUNNER HANS-ULRICH, Die Anwendung deliktsrechtlicher Regeln auf die Vertragshaftung, Diss. Freiburg 1991 (zit.: Deliktsrechtliche Regeln).

BRUNNER ALEXANDER/GASSER DOMINIK/SCHWANDER IVO (Hrsg.), ZPO – Schweizerische Zivilprozessordnung, Kommentar, Zürich/St.Gallen 2011 (zit.: BEARBEITER, Kommentar ZPO).

BUCHER EUGEN, Schweizerisches Obligationenrecht, Allgemeiner Teil ohne Deliktsrecht, 2. Aufl., Zürich 1988 (zit.: OR AT).

BUCHER EUGEN, Hundert Jahre schweizerisches Obligationenrecht: Wo stehen wir heute im Vertragsrecht?, in: ZSR 1983 II, S. 251 ff.

BÜHLER ALFRED, Gerichtsgutachter und -gutachten im Zivilprozess, in: HEER MARIANNE/SCHÖBI CHRISTIAN (Hrsg.), Gericht und Expertise, Bern 2005, S. 11 ff. (zit.: Gerichtsgutachter).

BÜHLER ALFRED, Die Beweiswürdigung, in: LEUENBERGER CHRISTOPH (Hrsg.), Der Beweis im Zivilprozess, Bern 2000, S. 71 ff. (zit.: Beweiswürdigung).

BÜHLER ALFRED, Erwartungen des Richters an den Sachverständigen, in: AJP 1999, S. 567 ff. (zit.: Erwartungen).

BÜHLER ALFRED, Von der Beweislast im Bauprozess, in: KOLLER ALFRED (Hrsg.), Aktuelle Probleme des privaten und öffentlichen Baurechts, St. Gallen 1994, S. 289 ff. (zit.: Beweislast).

BÜHLER ALFRED/EDELMANN ANDREAS/KILLER ALBERT, Kommentar zur Aargauischen Zivilprozessordnung, 2. Aufl., Aarau 1998 (zit.: ZPO AG).

BÜHLER THEODOR, Zürcher Kommentar, Der Werkvertrag, Art. 363–379 OR, 3. Aufl., Zürich 1998 (zit.: BEARBEITER, Zürcher Kommentar).

BUGNON HUBERT, L'action récursoire en matière de concours de responsabilités civiles, Diss. Freiburg 1982.

BURKHALTER PETER/DE MADDALENA URS/PELLONI GIOVANNI, Produkt- und Umweltrisiken, Versicherungslösungen für Unternehmungen, Luzern 1997.

CARRON BENOÎT, Le mandataire face à l'entreprise générale ou totale, in: Journées suisses du droit de la construction 2007, S. 161 ff.

CASANOVA GION CHRISTIAN, Ausgleichsanspruch und Ausgleichsordnung, Die Regressordnung von Art. 51 OR, Diss. Zürich 2010 (zit.: Ausgleichsanspruch).

CASANOVA HUGO, Die Haftung der Parteien für prozessuales Verhalten, Diss. Freiburg 1982 (zit.: Die Haftung).

CAVELTI URS JOSEF, Die Expertise im Bauprozess, in: KOLLER ALFRED (Hrsg.), Bau- und Bauprozessrecht: Ausgewählte Fragen, St. Gallen 1996, S. 297 ff.

CEPPI PIA, Das Sachverständigengutachten im Zivilprozess, Diss. Basel 1967.

CHERPILLOD IVAN, Schranken des Urheberrechts, in: VON BÜREN ROLAND/DAVID LUCAS (Hrsg.), Schweizerisches Immaterialgüter- und Wettbewerbsrecht II/1, 2. Aufl., Basel/Frankfurt a.M. 2006 (zit: Schranken).

CHERPILLOD IVAN/DESSEMONTET FRANÇOIS, Les droits d'auteur, in: GAUCH PETER/TERCIER PIERRE (Hrsg.), Das Architektenrecht/Le droit de l'architecte, 3. Aufl., Freiburg 1995, S. 405 ff. (zit.: Architektenrecht 1995).

CHOU HAN-LIN, Wissen und Vergessen bei juristischen Personen, Diss. Basel 2002 (zit.: Wissen und Vergessen).

CORBOZ BERNARD, Les infractions en droit suisse, Bd. II, 3. Aufl., Bern 2010 (zit.: Les infractions II).

CORBOZ BERNARD, La distinction entre solidarité parfaite et solidarité imparfaite, Diss. Genf 1974 (zit.: Solidarité).

COTTIER MICHELLE/CREVOISIER CÉCILE, Die nichteheliche Lebensgemeinschaft als einfache Gesellschaft, in: AJP 2012, S. 33 ff.

COTTIER RAPHAEL, Der Begriff der Gemeingefahr und seine Verwertung in den Vorentwürfen zu einem schweizerischen Strafgesetzbuche, Diss. Freiburg 1918.

DAMM REINHARD, Entwicklungstendenzen der Expertenhaftung, in: Juristenzeitung 1991, S. 373 ff.

DASSER FELIX, Vertragsrecht ohne Vertragstypenrecht?, in: HONSELL HEINRICH/PORTMANN WOLFGANG/ZÄCH ROGER/ZOBL DIETER (Hrsg.), Aktuelle Aspekte des Schuld- und Sachenrechts, Festschrift für Heinz Rey zum 60. Geburtstag, Zürich 2003, S. 207 ff.

DAVID LUCAS, Ist der Numerus clausus der Immaterialgüterrechte noch zeitgemäss?, in: AJP 1995, S. 1403 ff. (zit.: Numerus clausus).

DAVID LUCAS, Die Baukunst im Urheberrecht, in: REHBINDER MANFRED/HILTY RETO M. (Hrsg.), 100 Jahre URG, Festschrift zum einhundertjährigen Bestehen eines eidgenössischen Urheberrechtsgesetzes, Bern 1983, S. 263 ff. (zit.: Baukunst).

DAZIO ALESSANDRO, Erdbebengefährdung und erdbebengerechter Entwurf von Neubauten, in: Erdbebensicherheit von Gebäuden, Rechts- und Haftungsfragen, SIA-Dokumentation D 0227, S. 1 ff.

DELAQUIS ERNST, Bemerkungen zu den gemeingefährlichen Verbrechen und Vergehen des Schweizerischen Strafgesetzbuches, in: ZStR 1943, S. 106 ff.

DERENDINGER PETER, Die Nicht- und nichtrichtige Erfüllung des einfachen Auftrages, Diss. Freiburg 1988 (zit.: Nichterfüllung).

DERENDINGER PETER, Ergänzungen und Änderungen der Grossbanken zu den SIA-Ordnungen 102, 103 und 108, in: BR/DC 1987, S. 46 f. (zit.: Ergänzungen und Änderungen).

DESCHENAUX HENRI/TERCIER PIERRE, La responsabilité civile, 2. Aufl., Bern 1982.

DESSEMONTET FRANÇOIS, Le droit d'auteur des architectes, in: GRUR Int. 1996, S. 507 ff. (zit.: Droits d'auteur).

DESSEMONTET FRANÇOIS, Les contrats de service, in: ZSR 1987 II, S. 93 ff. (zit.: Contrats de service).

DESSEMONTET FRANÇOIS, Quelques remarques à propos du contrat d'architecte, in: Hundert Jahre Schweizerisches Obligationenrecht, Freiburg 1982, S. 483 ff. (zit.: Remarques).

DEURING MARTIN, Kreative Lösungen durch interdisziplinäre Wettbewerbe – Das Plädoyer eines Ingenieurs, in: BR/DC 2010, S. 155 ff.

DIDISHEIM RAYMOND, Expertise privée et responsabilité, in: Colloque SVIA 1991, La responsabilité de l'expert, Lausanne 1992, S. 50 ff.

DIETSCHE DANIELA/VAN ROODEN CLEMENTINE, Schwingende Tribünen, in: TEC21 134/2008, S. 31 ff.

DÖBEREINER WALTER/GRAF VON KEYSERLINGK ALEXANDER, Sachverständigenhaftung mit Haftungsbegrenzung sowie Versicherung des privaten und gerichtlichen Sachverständigen, Wiesbaden, Berlin 1979.

DONATSCH ANDREAS/TAG BRIGITTE, Strafrecht I, 8. Aufl., Zürich 2006.

DONATSCH ANDREAS/WOHLERS WOLFGANG, Strafrecht IV, 4. Aufl., Zürich 2011.

DUBEY JACQUES, Le nouveau règlement des mandats d'étude parallèles d'architecture et d'ingénierie SIA-143/2009, in: BR/DC 2009, S. 140 ff. (zit.: Mandats d'étude parallèles).

DUBEY JACQUES, Les nouveaux règlements SIA-142 et 143 édition 2009 – Une parade et une offensive, in: ZUFFEREY JEAN-BAPTISTE/STÖCKLI HUBERT (Hrsg.), Aktuelles Vergaberecht 2010, Zürich 2010, S. 169 ff. (zit.: VGT 10).

DUBEY JACQUES, Le concours en droit des marchés publics – La passation des marchés de conception, en particulier d'architecture et d'ingénierie, Diss. Freiburg 2005 (zit.: Concours).

DUBS HANS, Kann im Strafrecht auf das Kriterium der Adäquanz des Kausalzusammenhanges verzichtet werden?, in: SCHMID NIKLAUS/KILLIAS MARTIN (Hrsg.), Le droit pénal et ses liens avec les autres branches du droit, Mélanges en l'honneur du Professeur Jean Gauthier, Bern 1996, S. 23 ff.

DUPRAZ PIERRE-ANDRÉ, Grundlagen der Projektierung von Tragwerken, in: Grundlagen der Projektierung von Tragwerken, Einwirkungen auf Tragwerke, Bemessungsbeispiele zu den Normen SIA 260 und 261, SIA-Dokumentation D 0191, S. 7 ff.

EGLI ANTON, KommSIA 118 zu Art. 3–6, 8–14, 18–20, 22 in: GAUCH PETER/ STÖCKLI HUBERT, Kommentar zur SIA-Norm 118, Art. 1–37, Zürich 2009 (zit.: KommSIA 118).

EGLI ANTON, Das Baukonsortium, in: Tagungsband Symposium vom 9. November 2006 «Die einfache Gesellschaft», Bern 2006, S. 41 ff. (zit.: Baukonsortium).

EGLI ANTON, Die revidierten SIA-Ordnungen: System und Merkpunkte, in: Schweizerische Baurechtstagung 2003, S. 43 ff. (zit.: Revidierte SIA-Ordnungen).

EGLI ANTON, Das Architektenhonorar, in: GAUCH PETER/TERCIER PIERRE (Hrsg.), Das Architektenrecht/Le Droit de l'Architecte, 3. Aufl., Freiburg 1995, S. 295 ff. (zit.: Architektenrecht 1995).

EGLI ANTON, KommSIA 118 zu Art. 84–91, in: GAUCH PETER, Kommentar zur SIA-Norm 118, Art. 38–156, Zürich 1992 (zit.: KommSIA 118).

EGLI ANTON, Probleme von und mit Baukonsortien, in: Baurechtstagung 1989, S. 28 ff. (zit.: Probleme).

EGLI ANTON, Die revidierten SIA-Honorarordnungen 102 und 103, Weitere Bestimmungen, insbesondere Berechnung des Honorars, in: Schweizerische Baurechtstagung 1985, Bd. II, S. 64 ff. (zit.: Die revidierten SIA-Honorarordnungen).

EGLI THOMAS, Einwirkungen auf Tragwerke durch Naturgefahren, in: Grundlagen der Projektierung von Tragwerken, Einwirkungen auf Tragwerke, Bemessungsbeispiele zu den Normen SIA 260 und 261, SIA-Dokumentation D 0191, Zürich 2004, S. 115 ff. (zit.: Tragwerke).

ENGEL PIERRE, Traité des obligations en droit suisse, Dispositions générales du CO, 2. Aufl., Bern 1997.

ENGELER PETER, Rechtsaspekte beim Planen und Bauen, Baufachverlag Dietikon 1992.

EPINEY ASTRID/MOSTERS ROBERT/RIEDER ANNEKATHRIN, Europarecht, Bd. II: Die Grundfreiheiten des EG-Vertrages, 2. Aufl., Bern 2007.

ESSEIVA DENIS, Concours, mandats d'étude parallèles et autres procédures spéciales en droit cantonal, in: Sonderheft BR/DC Vergaberecht 2006, S. 44 ff. (zit.: Concours).

ESSEIVA DENIS, Le concours et les marchés publics, in: Journées suisses du droit de la construction 2003, Freiburg 2003, S. 197 ff. (zit.: Concours et marchés publics).

FABER MICHAEL HAVBRO/GALMARINI CARLO, Qualitätssicherung von Ingenieurleistungen, in: TEC21 46/2008, S. 22 ff.

FARNER HANS, Die private Unfall- und Haftpflichtversicherung, 5. Aufl., Zürich 1971.

FELLMANN WALTER, Regressausgleich zwischen Architekt und Unternehmer, in: KOLLER ALFRED (Hrsg.), 7. St. Galler Baurechtstagung 2006, S. 29 ff. (zit.: Regress).

FELLMANN WALTER, Solidarische Haftung und Verjährung des Ausgleichsanspruchs bei unechter Solidarität, in: HAVE 2002, S. 113 ff. (zit.: Haftung).

FELLMANN WALTER, Haftung für falsche Kostenschätzung, in: KOLLER ALFRED (Hrsg.), Recht der Architekten und Ingenieure, St. Gallen 2002, S. 211 ff. (zit.: Haftung für falsche Kostenschätzung).

FELLMANN WALTER, Die Haftung des Architekten und des Ingenieurs für Werkmängel, in: KOLLER ALFRED (Hrsg.), Haftung für Werkmängel, St. Gallen 1998, S. 77 ff. (zit.: Haftung für Werkmängel).

FELLMANN WALTER, Grundfragen im Recht der einfachen Gesellschaft, in: ZBJV 1997, S. 285 ff. (zit.: Grundfragen).

FELLMANN WALTER, Berner Kommentar, Der einfache Auftrag, Art. 394–406 OR, Bern 1992 (zit.: BEARBEITER, Berner Kommentar).

FELLMANN WALTER/MÜLLER KARIN, Berner Kommentar, Die einfache Gesellschaft, Art. 530–544 OR, Bern 2006 (zit.: BEARBEITER, Berner Kommentar).

FRANK RICHARD/STRÄULI HANS/MESSMER GEORG, ZPO, Kommentar zur Zürcherischen Zivilprozessordnung, 3. Aufl., Zürich 1997.

FUHRER STEPHAN, Schweizerisches Privatversicherungsrecht, Zürich 2011 (zit.: Privatversicherungsrecht).

FUHRER STEPHAN, Schadenserie oder Serienschaden? Zur Auslegung der Serienschadenklausel in Haftpflichtversicherungsverträgen, in: HONSELL HEINRICH/ZÄCH ROGER/HASENBÖHLER FRITZ/HARRER FRIEDRICH/RHINOW RENÉ (Hrsg.), Privatrecht und Methode, Festschrift zum 60. Geburtstag von Prof. Dr. iur. Ernst A. Kramer, Basel 2004, S. 827 ff. (zit.: Serienschaden).

FUHRER STEPHAN, Ausgewählte Fragen in Zusammenhang mit der Liquidation von Sachschäden, in: KOLLER ALFRED (Hrsg.), Haftpflicht- und Versicherungsrechtstagung St. Gallen 1993, S. 73 ff. (zit.: Sachschäden).

FUHRER STEPHAN, Die Vermögensschaden-Haftpflichtversicherung, Diss. Basel 1988 (zit.: Vermögensschaden).

GABRIEL BRUNO, Die Widerrechtlichkeit in Art. 41 Abs. 1 OR, Diss. Freiburg 1987.

GALLAS WILHELM, Die strafrechtliche Verantwortlichkeit der am Bau Beteiligten (unter besonderer Berücksichtigung des «verantwortlichen Bauleiters»), Heidelberg 1963.

GALLI PETER/MOSER ANDRÉ/LANG ELISABETH/CLERC EVELYNE, Praxis des öffentlichen Beschaffungsrechts, 2. Aufl., Zürich 2007.

GAMMENTHALER NINA, Diplomanerkennung und Freizügigkeit, Diss. Freiburg 2010.

GASCHE JÜRG/BÖSCH PETER, Neue Grundlagen für die Gestaltung von Planerverträgen, Das Leistungsmodell und die revidierten Leistungs- und Honorarordnungen des SIA, in: BR/DC 2001, S. 3 ff.

GASSER DOMINIK/RICKLI BRIGITTE, Schweizerische Zivilprozessordnung, Kurzkommentar, Zürich/St. Gallen 2010.

GAUCH PETER, Der Werkvertrag, 5. Aufl., Zürich 2011 (zit.: Werkvertrag).

GAUCH PETER (Hrsg.), Kommentar zur SIA-Norm 118, Art. 38–156, Zürich 1992 (zit.: BEARBEITER, KommSIA 118).

GAUCH PETER, Kommentar zur SIA-Norm 118, Art. 157–190, Zürich 1991 (zit.: KommSIA 118).

GAUCH PETER, Ein «regelrechter» Schluss, Abschiedsvorlesung, in: ZSR 2009 I, S. 215 ff. (zit.: Ein «regelrechter» Schluss).

GAUCH PETER, Von den Submissionsangeboten, die angeblich keine Vertragsofferten sind, in BR/DC 2009, S. 52 ff. (zit.: Von den Submissionsangeboten, die angeblich keine Vertragsofferten sind).

GAUCH PETER, Bauernhilfe: Drei Fälle und wie das Bundesgericht dazu kam, die Schadenersatzregel des Art. 422 Abs. 1 OR auf den Auftrag und die Gefälligkeit anzuwenden, in: SCHMID JÖRG/SEILER HANSJÖRG, Recht des ländlichen Raums, Festschrift für Paul Richli zum 60. Geburtstag, Zürich 2006, S. 191 ff. (zit.: Bauernhilfe).

GAUCH PETER, Der Auftrag, Der Dauervertrag und Art. 404 OR, in: SJZ 2005, S. 520 ff. (zit.: Der Auftrag).

GAUCH PETER, Das unerschöpfliche Vertragsrecht, in: Schweizerische Baurechtstagung 1999, S. 1 ff. (zit.: Vertragsrecht).

GAUCH PETER, Grundbegriffe des ausservertraglichen Haftpflichtrechts, in: recht 1996, S. 225 ff. (zit.: Grundbegriffe).

GAUCH PETER, Vom Architekturvertrag, seiner Qualifikation und der SIA-Ordnung 102, in: GAUCH PETER/TERCIER PIERRE (Hrsg.), Das Architektenrecht/Le droit de l'architecte, Freiburg 1995, S. 1 ff. (zit.: Architektenrecht 1995).

GAUCH PETER, Die Haftung des Architekten für die Überschreitung des Kostenvoranschlages, in: DOERRY JÜRGEN/WATZKE HANS-GEORG (Hrsg.), Festschrift für Wolfgang Heiermann zum 60. Geburtstag, Wiesbaden und Berlin 1995, S. 79 ff. (zit.: Haftung des Architekten).

GAUCH PETER, Der Untergang eines Werkes, und wie die Unternehmerin sich an die Ingenieurfirma hielt, in: BR/DC 1994, S. 42 ff. (zit.: Der Untergang).

GAUCH PETER, Die praktische Gestaltung der Bauverträge, in: Baurechtstagung 1993, S. 4 ff. (zit.: Bauverträge).

GAUCH PETER, Art. 404 OR – Sein Inhalt, seine Rechtfertigung und die Frage seines zwingenden Charakters, in: recht 1992, S. 9 ff. (zit.: Art. 404 OR).

GAUCH PETER, Deliktshaftung der Baubeteiligten, in: Baurechtstagung 1989, S. 1 ff. (zit.: Deliktshaftung).

GAUCH PETER, Überschreitung des Kostenvoranschlages – Notizen zur Vertragshaftung des Architekten (oder Ingenieurs), in: BR/DC 1989, S. 79 ff. (zit.: Notizen zur Vertragshaftung).

GAUCH PETER, Der aussergerichtliche Vergleich, in: FORSTMOSER PETER/TERCIER PIERRE/ZÄCH ROGER (Hrsg.), Innominatverträge, Festgabe zum 60. Geburtstag von Walter R. Schluep, Zürich 1988, S. 3 ff. (zit.: Vergleich).

GAUCH PETER, Die Verwendung «missbräuchlicher Geschäftsbedingungen»-Unlauterer Wettbewerb nach Art. 8 des revidierten UWG, in: BR/DC 1987, S. 51 ff. (zit.: Unlauterer Wettbewerb).

GAUCH PETER, Vom Formzwang des Grundstückkaufes und seinem Umfang – Ausdehnung auf eine «Architektenverpflichtung» des Käufers und auf konnexe Werkverträge?, in: BR/DC 1986, S. 80 ff. (zit.: Formzwang).

GAUCH PETER, Die Bauleitung – Ihr Verhältnis zum Bauherrn und Unternehmer, in: Baurechtstagung 1985, Bd. I, S. 1 ff. (zit.: Die Bauleitung).

GAUCH PETER, Zwei Entscheide des Bundesgerichts zur SIA-Norm 118, in: recht 1985, S. 30 ff. (zit.: Zwei Entscheide).

GAUCH PETER, Unternehmer- und Architektenklauseln beim Grundstückkauf, in: Baurechtstagung 1983, Bd. II, S. 23 ff. (zit.: Unternehmerklauseln).

GAUCH PETER, Ein Bauwerk – Mehrere Unternehmer, in: ZBJV 1982, S. 65 ff. (zit.: Bauwerk).

GAUCH PETER, Der Architekt und der Ingenieur / Schwierige Haftungsfragen, in: Baurechtstagung 1981, S. 1 ff. (zit.: Haftungsfragen).

GAUCH PETER, Von der revidierten SIA-Norm 118, «Allgemeine Bedingungen für Bauarbeiten», Ausgabe 1977, in: SCHNYDER BERNHARD/GAUCH PETER (Hrsg.), Gedächtnisschrift Peter Jäggi, Freiburg 1977, S. 203 ff. (zit.: Gedächtnisschrift Jäggi).

GAUCH PETER/AEPLI VIKTOR/STÖCKLI HUBERT, Präjudizienbuch OR, 7. Aufl., Zürich 2009 (zit.: BEARBEITER, Präjudizienbuch).

GAUCH PETER/SCHLUEP WALTER R./SCHMID JÖRG/EMMENEGGER SUSAN, Schweizerisches Obligationenrecht, Allgemeiner Teil: ohne ausservertragliches Haftpflichtrecht, 9. Aufl., Bd. I, Zürich 2008 (zit.: GAUCH/SCHLUEP/SCHMID).

GAUCH PETER/SCHLUEP WALTER R./SCHMID JÖRG/EMMENEGGER SUSAN, Schweizerisches Obligationenrecht, Allgemeiner Teil: ohne ausservertragliches Haftpflichtrecht, 9. Aufl., Bd. II, Zürich 2008 (zit.: GAUCH/SCHLUEP/EMMENEGGER).

GAUCH PETER/STÖCKLI HUBERT (Hrsg.), Kommentar zur SIA-Norm 118, Art. 1–37, Zürich 2009 (zit.: BEARBEITER, KommSIA 118).

GAUCH PETER/SWEET JUSTIN, Deliktshaftung für reinen Vermögenschaden, in: FORSTMOSER PETER/HEINI ANTON/GIGER HANS/SCHLUEP WALTER (Hrsg.), Festschrift für Max Keller zum 65. Geburtstag, Zürich 1989, S. 117 ff.

GAUCH PETER/TERCIER PIERRE (Hrsg.), Das Architektenrecht/Le droit de l'architecte, 3. Aufl., Freiburg 1995 (zit.: BEARBEITER, Architektenrecht 1995).

GAUTSCHI ALAIN, Solidarschuld und Ausgleich, Diss. Freiburg 2009 (zit.: Solidarschuld).

GAUTSCHI GEORG, Berner Kommentar, Der Werkvertrag, Art. 363–379 OR, Bern 1996 (zit.: BEARBEITER, Berner Kommentar).

GEHRER LEO R., Die Gestaltung von Architektenverträgen – Praktische Hinweise, in: KOLLER ALFRED (Hrsg.), Recht der Architekten und Ingenieure, St. Gallen 2002, S. 75 ff.

GEHRI MYRIAM A./KRAMER MICHAEL (Hrsg.), ZPO Kommentar, Schweizerische Zivilprozessordnung, Zürich 2010 (zit.: GEHRI/KRAMER/BEARBEITER).

GEISSELER ROBERT, Fragen der zivilrechtlichen Haftung für Bauunfälle, in: BR/DC 1986, S. 27 ff.

GILLIARD FRANÇOIS, Topologie de la solidarité imparfaite, in: Mélanges en l'honneur de Henri Deschenaux/Festgabe für Henri Deschenaux zum 70. Geburtstag, Freiburg 1977, S. 289 ff.

GIRMSCHEID GERHARD/BRINER HANS/GLÄTTLI MICHAEL, Faires Nachtragsmanagement, Leitfaden für Bauunternehmer und Bauherren, Zürich 2002.

GLASER HUGO, Das Architektenrecht in der Praxis, 3. Aufl., Berlin 1981.

GLANZMANN LUKAS, Das neue Rechnungslegungsrecht, in: SJZ 108/2012, S. 205 ff.

GMÜR PHILIPP, Die Vergütung des Beauftragten, Diss. Freiburg 1994.

GRABER DANIELE, Miturheberschaft: Juristische Folgen, in: TEC21 44/2008, S. 27 ff.

GROSS CHRISTOPHE, L'assurance responsabilité civile, Zürich 1989 (zit.: Assurance RC).

GROSS JOST, Schweizerisches Staatshaftungsrecht, 2. Aufl., Bern 2001 (zit.: Schweizerisches Staatshaftungsrecht).

GÜGLER HANSJÖRG, Die Ordnung SIA 102 im Zusammenspiel mit SIA 112, in: TEC21 18/2001, S. 21 ff.

GUHL THEO/KOLLER ALFRED/SCHNYDER ANTON K./DRUEY JEAN NICOLAS, Das Schweizerische Obligationenrecht mit Einschluss des Handels- und Wertpapierrechts, 9. Aufl., Zürich 2000 (zit.: GUHL/BEARBEITER).

GULDENER MAX, Schweizerisches Zivilprozessrecht, 3. Aufl., Zürich 1979.

GUYET JACQUES, Die weiteren Spezialklauseln (Art. 4–8 UWG), in: VON BÜREN ROLAND/DAVID LUCAS (Hrsg.), Schweizerisches Immaterialgüter- und Wettbewerbsrecht V/l, Lauterkeitsrecht, Basel 1994, S. 167 ff.

HABSCHEID WALTHER J., Schweizerisches Zivilprozess- und Gerichtsorganisationsrecht, 2. Aufl., Basel 1990 (zit.: Zivilprozessrecht).

HABSCHEID WALTHER J., Das Schiedsgutachten als Mittel der Streitentscheidung und der Streitvorbeugung, in: RECHBERGER WALTER/WELSER RUDOLF (Hrsg.), Festschrift für Winfried Kralik zum 65. Geburtstag, Wien 1986, S. 189 ff. (zit.: Das Schiedsgutachten).

HÄFELIN ULRICH/MÜLLER GEORG/UHLMANN FELIX, Allgemeines Verwaltungsrecht, 6. Aufl., Zürich 2010.

HAFTER ERNST, Schweizerisches Strafrecht, Besonderer Teil, Zweite Hälfte, Berlin 1943.

HANDSCHIN LUKAS/CHOU HAN-LIN, Zürcher Kommentar, Die Kollektivgesellschaft, Die Kommanditgesellschaft, Art. 552–619 OR, 4. Aufl. Zürich 2009 (zit.: BEARBEITER, Zürcher Kommentar).

HANDSCHIN LUKAS/VONZUN RETO, Zürcher Kommentar, Die einfache Gesellschaft, Art. 530–551 OR, 4. Aufl., Zürich 2009 (zit.: BEARBEITER, Zürcher Kommentar).

HAUSER ROBERT, Zum Verhältnis zwischen zivil- und strafrechtlicher Verantwortlichkeit, in: HAUSER ROBERT/REHBERG JÖRG/STRATENWERTH GÜNTHER (Hrsg.), Die Verantwortlichkeit im Recht, Bd. 2, Türkisch-schweizerische Juristenwoche 1980 in Zürich und Bern, Zürcher Studien zum Privatrecht, Heft 17, Zürich 1981, S. 601 ff.

HAUSHEER HEINZ/WALTER HANS PETER (Hrsg.), Berner Kommentar, Einleitung und Personenrecht, Einleitung Art. 1–9 ZGB, Bern 2012 (zit.: BEARBEITER, Berner Kommentar).

HEFTI ERNST, Das Bauwerk im Urheberrecht oder der betrogene Architekt, SI+A 39/1993, S. 688 ff.

HEINRICH PETER, DesG/HMA-Kommentar, Zürich 2002.

HELD HANS/METZ ALBERT/SCHALCHER HANS-RUDOLF/SONDEREGGER MARCO, Handbuch für Bauherrenberatung, 2. Aufl., Zürich 2002.

HENNINGER ANTON, Die Anzeige- und Abmahnungspflichten des Unternehmers, in: Schweizerische Baurechtstagung 2009, S. 63 ff. (zit.: Pflichten).

HENNINGER ANTON, Vom Umgang mit AGB, in: BR/DC 2002, S. 133 ff. (zit.: AGB).

HENNINGER ANTON, Bauverzögerungen und ihre Folgen, in: Schweizerische Baurechtstagung 2005, S. 237 ff. (zit.: Bauverzögerungen).

HESS URS, Der Architekten- und Ingenieurvertrag, Kommentar zu den rechtlichen Bestimmungen der Ordnungen SIA 102, 103 und 108 für Leistungen und Honorare der Architekten und Ingenieure, Dietikon 1986 (zit.: Komm-SIA 102/103/108).

HESS-ODONI URS, Keine Verantwortung des Bauleiters für die Arbeitssicherheit, in: USIC-News Nr. 1, Februar 2008, S. 15 ff. (zit.: Verantwortung).

HESS-ODONI URS, Auswirkungen der Patente – Das Immaterialgüterrecht schützt die Berufstätigkeit des Architekten, in: TEC21 22/2006, S. 22 ff. (zit.: Patente).

HESS-ODONI URS, Rechtsfragen beim Einsatz von Prüfingenieuren, in: BR/DC 1995, S. 3 ff. (zit.: Rechtsfragen).

HESS-ODONI URS, Bauhaftpflicht, Dietikon 1994 (zit.: Bauhaftpflicht).

HESS-ODONI URS, Das Tragwerk – ein neuer Schlüsselbegriff des Bauhaftpflichtrechts, die Auswirkungen der neuen Norm SIA-160 (1989) und 162 (1989) (Tragwerksnormen) unter Empfehlung SIA-169 (1987) (Erhaltungsempfehlung) auf das Bauhaftpflichtrecht, in: BR/DC 1992, S. 3 ff. (zit.: Das Tragwerk).

HESSE GERD/KORBION HERMANN/MANTSCHEFF JACK/VYGEN KLAUS, Honorarordnung für Architekten und Ingenieure, 4. Aufl., München 1992.

HILTY RETO M., Urheberrecht, Bern 2011.

HOCHSTRASSER MICHAEL, Freizeichnung zugunsten und zulasten Dritter, Diss. Zürich 2006.

HOFSTETTER JOSEF, Der Auftrag und die Geschäftsführung ohne Auftrag, in: Schweizerisches Privatrecht, OR, Bd. VII, Teilbd. 6, Basel 2000, S. 1 ff. (zit.: SPR VII/2).

HONAUER NIKLAUS, Die Mehrwertsteuer: Merkpunkte für die Baubranche, in: Schweizerische Baurechtstagung 2009, S. 181 ff.

HONSELL HEINRICH, Schweizerisches Obligationenrecht Besonderer Teil, 8. Aufl., Bern 2006.

HONSELL HEINRICH, Schweizerisches Haftpflichtrecht, 4. Aufl., Zürich/Basel/Genf 2005 (zit.: Haftpflichtrecht).

HONSELL HEINRICH, Die Haftung für Auskunft und Gutachten, insbesondere gegenüber Dritten, in: WALDBURGER ROBERT et al. (Hrsg.), Wirtschaftsrecht zu Beginn des 21. Jahrhunderts, Festschrift für Peter Nobel, Bern 2005, S. 939 ff. (zit.: Haftung für Auskunft).

HONSELL HEINRICH, Haftung des Architekten für ungenauen Kostenvoranschlag und Bausummenüberschreitung, in: AJP 1993, S. 1260 ff. (zit.: Haftung des Architekten).

HONSELL HEINRICH/VOGT NEDIM PETER/WIEGAND WOLFGANG (Hrsg.), Basler Kommentar, Obligationenrecht I, Art. 1-529 OR, 5. Aufl., Basel 2011 (zit.: BEARBEITER, Basler Kommentar).

HONSELL HEINRICH/VOGT NEDIM PETER/WATTER ROLF (Hrsg.), Basler Kommentar, Obligationenrecht II, Art. 530-964 OR, Art. 1-6 SchlT AG, Art. 1-11 Übest GmbH, 4. Aufl., Basel 2012 (zit.: BEARBEITER, Basler Kommentar).

HONSELL HEINRICH/VOGT NEDIM PETER/SCHNYDER ANTON K./GROLIMUND PASCAL (Hrsg.), Basler Kommentar, Versicherungsvertragsgesetz (VVG), Basel 2012 (zit.: BEARBEITER, Basler Kommentar).

HÜRLIMANN ROLAND, KommSIA 118 zu Art. 1–2, 15–17, 23–37 in: GAUCH PETER/STÖCKLI HUBERT, Kommentar zur SIA-Norm 118, Art. 1–37, Zürich 2009 (zit.: KommSIA 118).

HÜRLIMANN ROLAND, Werkabnahme gemäss SIA-Norm 118 und die Mängelhaftung, in: Schweizerische Baurechtstagung 2007, S. 159 (zit.: Werkabnahme).

HÜRLIMANN ROLAND, Gemeinsame Schadenersatzpflicht von Unternehmern bei unbekanntem Verursacher nach Art. 31 der SIA-Norm 118, in: Jusletter vom 13. Juni 2005 (zit.: Jusletter).

HÜRLIMANN ROLAND, Schiedsgutachten und deren Anfechtung, in: Aargauischer Anwaltsverband (Hrsg.), Festschrift 100 Jahre Aargauischer Anwaltsverband, Zürich 2005, S. 401 ff. (zit.: Schiedsgutachten und deren Anfechtung).

HÜRLIMANN ROLAND, Nachtragsmanagement für Unternehmer und Bauherren, in: Schweizerische Baurechtstagung 2003, S. 80 ff. (zit.: Nachtragsmanagement).

HÜRLIMANN ROLAND, Die SIA-Norm 118 – Lücken und Tücken, in: Schweizerische Baurechtstagung 2001, S. 46 ff. (zit.: Lücken und Tücken).

HÜRLIMANN ROLAND, Der Anwalt als Gutachter, in: FELLMANN WALTER et al. (Hrsg.), Schweizerisches Anwaltsrecht, Festschrift SAV, Bern 1998, S. 389 ff. (zit.: Der Anwalt).

HÜRLIMANN ROLAND, Der Architekt als Experte, in: GAUCH PETER/TERCIER PIERRE (Hrsg.), Das Architektenrecht/Le droit de l'architecte, 3. Aufl., Freiburg 1995, S. 429 ff. (zit.: Architektenrecht 1995).

HÜRLIMANN ROLAND, Das Schiedsgutachten als Weg zur aussergerichtlichen Beilegung von Baustreitigkeiten, in: BR/DC 1992, S. 108 ff. (zit.: Das Schiedsgutachten).

HÜRLIMANN ROLAND, Der Experte – Schlüsselfigur des Bauprozesses, in: TERCIER PIERRE/HÜRLIMANN ROLAND (Hrsg.), In Sachen Baurecht, Zum 50. Geburtstag von Peter Gauch, Freiburg 1989, S. 129 ff. (zit.: Der Experte).

HÜRLIMANN ROLAND/SIEGENTHALER THOMAS, Die Vertrauenshaftung aus der Sicht eines praktizierenden Anwalts, in: KOLLER ALFRED (Hrsg.), Dritthaftung einer Vertragspartei, Beiträge der Haftpflicht- und Versicherungsrechtstagung 2005, St. Gallen 2005, S. 199 ff. (zit.: Vertrauenshaftung).

HÜRLIMANN ROLAND/SIEGENTHALER THOMAS, Die Haftung des Liegenschaftenschätzers gegenüber einem vertragsfremden Dritten, in: BR/DC 2004, S. 105 ff. (zit.: Die Haftung).

HÜRLIMANN ROLAND/SIEGENTHALER THOMAS, Bevorschussung der Kosten für eine Ersatzvornahme und weitere Trouvaillen zum Mängelhaftungsrecht, in: recht 2003, S. 146 ff. (zit.: Bevorschussung).

HUGUENIN CLAIRE, Schweizerisches Obligationenrecht, Allgemeiner Teil, 3. Aufl., Zürich 2008 (zit.: HUGUENIN, OR AT).

HUGUENIN CLAIRE, Schweizerisches Obligationenrecht, Besonderer Teil, 3. Aufl., Zürich 2008 (zit.: HUGUENIN, OR BT).

HURTADO POZO JOSÉ, Les prescriptions du droit pénal sur la construction, in: ZStrR 1988, S. 249 ff.

IMBODEN MAX/RHINOW RENÉ A., Schweizerische Verwaltungsrechtsprechung, 5. Aufl., Basel 1976.

ISENRING BERNHARD, Vertretungswirkung durch den falsus procurator, in: ISENRING BERNHARD/KESSLER MARTIN A. (Hrsg.), Schutz und Verantwortung, Liber amicorum für Heinrich Honsell, Zürich 2007, S. 87 ff.

JÄGER CHRISTOPH, Die Vorbefassung des Anbieters im öffentlichen Beschaffungsrecht, Zürich/St. Gallen 2009.

JÄGGI PETER, Bemerkungen zu einem Urteil über den Architektenvertrag, in: SJZ 1973, S. 301 ff. (zit.: Bemerkungen).

JÄGGI PETER/GAUCH PETER, Zürcher Kommentar, Kommentar zu Art. 18 OR, 3. Aufl., Zürich 1980 (zit.: Zürcher Kommentar).

JANSEN GERHARD, Das Zusammentreffen von Haftungsgründen bei einer Mehrheit von Ersatzpflichtigen: Beitrag zur Lehre von der echten und unechten Solidarität, Diss. Freiburg 1973.

JAUCH-STOLZ MONIKA, Kostengarantie für Planer, in: ALFRED KOLLER (Hrsg.), Recht der Architekten und Ingenieure, St. Gallen 2002, S. 191 ff.

JESSNITZER KURT/FRIELING GÜNTER/ULRICH JÜRGEN, Der gerichtliche Sachverständige, 12. Aufl., Köln 2007.

JOSITSCH DANIEL/SPIELMANN SARAH, Die Verfolgungsverjährung bei fahrlässigen Erfolgsdelikten, in: AJP 2007, S. 189 ff.

JOST FELIX/SCHNEIDER HEUSI CLAUDIA, Architektur- und Ingenieurwettbewerbe im Submissionsrecht, in: ZBl 2004, S. 341 ff.

JUNG PETER, Die kaufmännische einfache Gesellschaft, in: Tagungsunterlagen zur Weiterbildungsveranstaltung Personengesellschaften der Juristischen Fakultät der Universität Basel vom 12. November 2010 (zit.: Die kaufmännische einfache Gesellschaft).

JUNG PETER, Regressprobleme bei Privilegierung eines Solidarschuldners, in: GAUCH PETER/WERRO FRANZ/PICHONNAZ PASCAL (Hrsg.), Mélanges en l'honneur de Pierre Tercier, Genf/Zürich/Basel 2008, S. 285 ff. (zit.: Regressprobleme).

JUNG PETER/SPITZ PHILIPPE (Hrsg.), Bundesgesetz gegen den unlauteren Wettbewerb, Handkommentar, Bern 2010 (zit.: BEARBEITER, Handkommentar UWG).

KAISER URS, Die zivilrechtliche Haftung für Rat, Auskunft, Empfehlung und Gutachten, Diss. Bern 1987.

KEILHOLZ KURT, Zur Haftung des Sachverständigen in (schieds-)gerichtlichen Bausachen, insbesondere bei von ihm veranlassten Sanierungsmassnahmen gelegentlich einer (schieds-)gerichtlichen Begutachtung, in: BauR 1986, S. 377 ff.

KELLER ALFRED, Haftpflicht im Privatrecht, Bd. II, 2. Aufl., Bern 1998.

KELLER MAX/GABI-BOLLIGER SONJA, Das Schweizerische Schuldrecht, Eine systematische Darstellung, Bd. II, Haftpflichtrecht, 2. Aufl., Basel und Frankfurt am Main 1988.

KELLER MAX/SCHMIED-SYZ CAROLE, Haftpflichtrecht, Zürich 2001.

KELLER MAX/SCHÖBI CHRISTIAN, Das Schweizerische Schuldrecht, Bd. IV, 2. Aufl., Basel und Frankfurt am Main 1985.

KETTINGER DANIEL, Altersgrenze für die Ausübung von Arbeiten der amtlichen Vermessung, in: VPB 2011, S. 8 ff.

KLOCKE WILHELM, Der Sachverständige und seine Auftraggeber, Wiesbaden und Berlin 1981.

KLOPFER RAINER, Die Haftung des Zeugen und des gerichtlichen Sachverständigen im Zivil- und Strafprozess von Bund und Kanton Zürich, Diss. Zürich 1977.

KNAPP BLAISE, La profession d'architecte en droit public, in: GAUCH PETER/TERCIER PIERRE (Hrsg.), Das Architektenrecht/Le droit de l'architecte, 3. Aufl., Freiburg 1995, S. 487 ff. (zit.: Architektenrecht 1995).

KNAUS PETER/LOHSE KORNELIA, Architekten und Ingenieure, Risiko – Haftung – Versicherung, 3. Aufl., Köln 2008.

KNIFFKA ROLF, Gesamtschuldnerausgleich im Baurecht, in: BauR 2005, S. 274 ff. (zit.: Gesamtschuldnerausgleich).

KNIFFKA ROLF/KOEBLE WOLFGANG, Kompendium des Baurechts, 3. Aufl., München 2008.

KOEBLE WOLFGANG, Das Schiedsgutachten als alternativer Weg der Streiterledigung in Bausachen, in: BauR 2007, S. 1116 ff. (zit.: Das Schiedsgutachten).

KOEBLE WOLFGANG, Beweissicherung im Umbruch, in: BauR 1988, S. 302 ff. (zit.: Beweissicherung).

KOLLER ALFRED, Schweizerisches Obligationenrecht, Allgemeiner Teil, 3. Aufl., Bern 2009 (zit.: OR AT).

KOLLER ALFRED, Ausservertragliche Haftung für Werkmängel, Jusletter vom 7. September 2009 (zit.: Ausservertragliche Haftung).

KOLLER ALFRED, Solidarische Haftung von Architekt und Ingenieur mit anderen Baubeteiligten – Ausgewählte Fragen anhand ausgewählter Entscheide, in: KOLLER ALFRED (Hrsg.), Recht der Architekten und Ingenieure, St. Gallen 2002, S. 1 ff. (zit.: Solidarische Haftung).

KOLLER ALFRED (Hrsg.), Der Grundstückkauf, 2. Aufl., Bern 2001 (zit.: Grundstückkauf).

KOLLER ALFRED, Berner Kommentar, Der Werkvertrag, Art. 363–366 OR, Bern 1998 (zit.: BEARBEITER, Berner Kommentar).

KOLLER ALFRED, Das Nachbesserungsrecht im Werkvertrag, 2. Aufl., Zürich 1995 (zit.: Das Nachbesserungsrecht).

KOLLER ALFRED, Der Architekturwettbewerb, in: GAUCH PETER/TERCIER PIERRE (Hrsg.), Das Architektenrecht/Le droit de l'architecte, 3. Aufl., Freiburg 1995, S. 67 ff. (zit.: Architektenrecht 1995).

KOLLER ALFRED, Der gute und der böse Glaube im allgemeinen Schuldrecht, Auslegung und systematische Erfassung der Gutglaubensvorschriften im allgemeinen Teil des OR, Freiburg 1985 (zit.: Der gute und der böse Glaube).

KOLLER ALFRED, Die Haftung für den Erfüllungsgehilfen nach Art. 101 OR, Diss. Freiburg 1980 (zit.: Die Haftung).

KOLLER THOMAS, Ein neues Bundesgerichtsurteil zum Architektenrecht: Freipass für Architektenpfusch?, in: recht 1996, S. 167 f. (zit.: Freipass).

KORBION HERMANN/MANTSCHEFF JACK/VYGEN KLAUS, Honorarordnung für Architekten und Ingenieure, 7. Aufl., München 2009.

KRAMER ERNST A., Berner Kommentar, Allgemeine Bestimmungen, Inhalt des Vertrages, Art. 19–22 OR, Bern 1991 (zit.: BEARBEITER, Berner Kommentar).

KRAMER ERNST A., Allgemeine Geschäftsbedingungen, Status Quo, Zukunftsperspektiven, in: SJZ 1985, S. 36 ff. (zit.: Allgemeine Geschäftsbedingungen).

KRAMER ERNST A./SCHMIDLIN BRUNO, Berner Kommentar, Allgemeine Bestimmungen, Die Entstehung durch Vertrag, Art. 1–18 OR, Bern 1986 (zit.: BEARBEITER, Berner Kommentar).

KRATZ BRIGITTA, Die Verantwortlichkeit des Geschäftsführers der einfachen Gesellschaft, in: SCHLUEP WALTER R./ISLER PETER R. (Hrsg.), Zum 50. Geburtstag von Peter Forstmoser, Neues zum Gesellschafts- und Wirtschaftsrecht, Zürich 1993, S. 13 ff.

KRAUSKOPF FRÉDÉRIC, Der Zahn der Zeit – Verjährung und Verwirkung beim Bauen, in: Schweizerische Baurechtstagung 2011, S. 101 ff. (zit.: Verjährung und Verwirkung).

KRAUSKOPF FRÉDÉRIC, Solidarhaftung und Rückgriff unter Baubeteiligten, in: Schweizerische Baurechtstagung 2009, S. 21 ff. (zit.: Solidarhaftung).

KRAUSKOPF FRÉDÉRIC, Die Kündigung von Bauverträgen und die Folgen, in: Schweizerische Baurechtstagung 2007, S. 29 ff. (zit.: Die Kündigung).

KRAUSKOPF FRÉDÉRIC/MÜLLER ALEXANDER, Die Verjährung von Regressrechten im Haftpflicht- und Privatversicherungsrecht, in: HAVE 2006, S. 321 ff.

KRAUSKOPF FRÉDÉRIC/SIEGENTHALER THOMAS, Der Rückgriff unter Baubeteiligten, eine Praxisänderung? Bundesgerichtsurteil 4C.368/2005/4C.370/2005 vom 26.9.2006 (= BGE 133 III 6), in: BR/DC 2007, S. 53 ff.

KRAUSKOPF PATRICK, Der Vertrag zugunsten Dritter, Diss. Freiburg 2000 (zit.: Der Vertrag zugunsten Dritter).

KRAUSKOPF-FORERO PATRICK/SIEGENTHALER THOMAS, Architektur- und Bauingenieurverträge, in: MÜNCH PETER/KARLEN PETER/GEISER THOMAS, Beraten und Prozessieren in Bausachen, Basel 1998, S. 289 ff.

KRUMMENACHER PETER, Konsumentenleasing, Zur Anwendbarkeit des Konsumkreditgesetzes und zwingender Bestimmungen des Mietrechts auf Konsumentenleasingverträge, Diss. Zürich 2007.

KUHN MORITZ, Privatversicherungsrecht, Zürich 2010.

KUMMER MAX, Grundriss des Zivilprozessrechts nach den Prozessordnungen des Kantons Bern und des Bundes, 4. Aufl., Bern 1984 (zit.: Zivilprozessrecht).

KUMMER MAX, Der Werkbegriff und das Urheberrecht als subjektives Privatrecht, in: REHBINDER MANFRED/LARESE WOLFGANG (Hrsg.), 100 Jahre URG, Festschrift zum einhundertjährigen Bestehen eines eidgenössischen Urheberrechtsgesetzes, Bern 1983, S. 123 ff. (zit.: Werkbegriff).

KUMMER MAX, Das urheberrechtlich schützbare Werk, Bern 1968 (zit.: Werk).

KURER MARTIN/QUINTO CORNEL/MAFFIOLETTI WALTER (Hrsg.), Handbuch zum Bauwesen, Zürich/St. Gallen 2012 (zit.: BEARBEITER, Handbuch zum Bauwesen).

LANFRANCONI GUY, Die Zertifizierung von Gerichtsexperten – eine schweizerische Neuheit, in: HEER MARIANNE/SCHÖBI CHRISTIAN, Gericht und Expertise, Bern 2005, S. 133 ff.

LENCKNER THEODOR, Technische Normen und Fahrlässigkeit, in: BOCKELMANN PAUL/KAUFMANN ARTHUR/KLUG ULRICH (Hrsg.), Festschrift für Karl Engisch zum 70. Geburtstag, Frankfurt a. M. 1969, S. 490 ff.

LENDI MARTIN/NEF URS/TRÜMPY DANIEL (Hrsg.), Das private Baurecht der Schweiz, 2. Aufl., Zürich 1995 (zit.: LENDI/BEARBEITER).

LEUCH GEORG/MARBACH OMAR/KELLERHALS FRANZ/STERCHI MARTIN, Die Zivilprozessordnung für den Kanton Bern, 5. Aufl., Bern 2000.

LEUENBERGER CHRISTOPH, Nicht behauptete Tatsachen als Ergebnis des Beweisverfahrens, in: JAMETTI GREINER MONIQUE/BERGER BERNHARD/GÜNGERICH ANDREAS, Rechtsetzung und Rechtsdurchsetzung: zivil- und schiedsverfahrensrechtliche Aspekte, Festschrift für Franz Kellerhals zum 65. Geburtstag, Bern 2005, S. 313 ff.

LEUTHOLD ALEXIS, Verhandlungen und der neue «Dialog» – Spielräume bei Bund und den Kantonen, in: ZUFFEREY JEAN-BAPTISTE/STÖCKLI HUBERT (Hrsg.), Aktuelles Vergaberecht 2010, Zürich 2010, S. 277 ff. (zit.: VGT 10).

LEUTHOLD ALEXIS, Offertverhandlungen in öffentlichen Vergabeverfahren, Diss. Freiburg 2009 (zit.: Verhandlungen).

LOCHER CHRISTOPH, Grundlagen der Vertragsgestaltung und kommentierter Zuliefervertrag, in: MÜNCH PETER/BÖHRINGER PETER/KASPER LEHNE SABINA/PROBST FRANZ, Schweizer Vertragshandbuch, 2. Aufl., Basel 2010, S. 5 ff.

LOCHER HORST, Die Haftung für Bausummenüberschreitung in der Forsyte Sage von Galsworthy, in: TERCIER PIERRE/AMSTUTZ MARC/KOLLER ALFRED/SCHMID JÖRG/STÖCKLI HUBERT (Hrsg.), Gauchs Welt, Festschrift für Peter Gauch zum 65. Geburtstag, Zürich 2004, S. 853 ff. (zit.: Bausummenüberschreitung).

LOCHER HORST/LOCHER ULRICH, Das private Baurecht, 8. Aufl., München 2012.

LÖFFELMANN PETER/FLEISCHMANN GUNDRAM, Architektenrecht, 5. Auflage, Düsseldorf 2007.

LOGOZ PAUL, Commentaire du Code Pénal Suisse, Partie spéciale II, Art. 213 à 332, Neuenburg 1956.

LÜCHINGER NIKLAUS, Schadenersatz im Vertragsrecht, Diss. Freiburg 1999.

LUTZ DANIELA, Die fachgerechte Auswertung von Offerten, in: ZUFFEREY JEAN-BAPTISTE/STÖCKLI HUBERT (Hrsg.), Aktuelles Vergaberecht 2008, Zürich 2008, S. 215 ff. (zit. VGT 08).

LUTZ MARTIN J., Der Erhaltungsanspruch des Architekten am Bauwerk ist dem Nutzungsrecht des Eigentümers grundsätzlich unterzuordnen, in: KURER MARTIN et al. (Hrsg.), Binsenwahrheiten des Immaterialgüterrechts – Festschrift für Lucas David zum 60. Geburtstag, Zürich 1996, S. 235 ff. (zit.: Erhaltungsanspruch).

LUTZ MARTIN J., Das Urheberrecht des Architekten, in: Baurechtstagung 1995, S. 23 ff. (zit.: Urheberrecht).

LUTZ MARTIN J., Der urheberrechtliche Schutz von architektonischen Plänen und Entwürfen zu Bauwerken, in: SJZ 1965, S. 317 ff. (zit.: Pläne und Entwürfe).

MÄCHLER AUGUST, Vertrag und Verwaltungsrechtspflege, Zürich/Basel/Genf 2005.

MAFFIOLETTI WALTER, Regeln anerkennen, in: TEC21 5/2007, S. 24 f.

MALFANTI VINICIO, Revisione della Legge federale sul mercato interno: influenza sulle professioni legate all'edilizia, in: CORTI GUIDO/MINI MAURO/NOSEDA JOHN/POSTIZZI MARIO (Hrsg.), Diritto senza devianza: studi in onore di Marco Borghi per il suo 60° compleanno, Bellinzona 2006, S. 427 ff.

MARBACH EUGEN, Das Urheberrecht des Architekten und des Ingenieurs, in: LENDI MARTIN/NEF URS CH./TRÜMPY DANIEL (Hrsg.), Das private Baurecht der Schweiz, 2. Aufl., Zürich 1995, S. 267 ff. (zit.: Urheberrecht).

MARBACH EUGEN, Geistiges Eigentum der Planer – Mythen und Wirklichkeiten, in: Schweizerische Baurechtstagung 2005, S. 69 ff. (zit.: Planer).

MAURER ALFRED, Schweizerisches Privatversicherungsrecht, 3. Aufl., Bern 1995.

MEIER ISAAK, Schweizerisches Zivilprozessrecht, eine kritische Darstellung aus der Sicht von Praxis und Lehre, Zürich/Basel/Genf 2010.

MEIER-HAYOZ ARTHUR (Hrsg.), Berner Kommentar, Einleitung, Art. 1–10 ZGB, Bern 1966 (zit.: BEARBEITER, Berner Kommentar).

MEIER-HAYOZ ARTHUR/FORSTMOSER PETER, Schweizerisches Gesellschaftsrecht, 10. Aufl., Bern 2007.

MEIER-SCHATZ CHRISTIAN J., Über die privatrechtliche Haftung für Rat und Anlagerat, in: STURM FRITZ (Hrsg.), Mélanges pour Paul Piotet, Bern 1990, S. 151 ff.

MENZ SACHA, Drei Bücher über den Bauprozess, Zürich 2009.

MERZ HANS, Die Qualifikation des Architektenvertrages, in: FORSTMOSER PETER/TERCIER PIERRE/ZÄCH ROGER (Hrsg.), Festgabe Walter R. Schluep, Zürich 1988, S. 205 ff. (zit.: Die Qualifikation).

MERZ HANS, Obligationenrecht, Allgemeiner Teil, in: Schweizerisches Privatrecht, OR, Bd. VI, Teilbd. 1, Basel 1985 (zit.: SPR VI/1).

MESSERLI BEAT, Prüfung eines Bauwerks durch Sachverständige, in: Anwaltsrevue 2010, S. 222 ff. (zit.: Prüfung).

MESSERLI BEAT, Der Planungs- und Gesamtleistungswettbewerb im öffentlichen Beschaffungsrecht, 2. Aufl., Bern 2007 (zit.: Planungs- und Gesamtleistungswettbewerb).

METZGER DIETER, Kurzkommentar zum Mehrwertsteuergesetz, Muri/Bern 2000.

MIDDENDORF PATRICK, Nachwirkende Vertragspflichten, Diss. Freiburg 2002 (zit.: Vertragspflichten).

MONN VALENTIN, Die Verhandlungsabrede, Diss. Freiburg 2010 (zit.: Die Verhandlungsabrede).

MONN VALENTIN, Von ausgeschlossenen Verhaltensweisen im Privatversicherungsrecht, in: HAVE 2008, S. 92 ff.

MOSIMANN PETER, Der Werk- und Wirkbereich im Kunstschaffen des Architekten, in: MOSIMANN PETER/RENOLD MARC-ANDRÉ/RASCHÈR ANDREA F. G. (Hrsg.), Kultur Kunst Recht – Schweizerisches und internationales Recht, Basel 2009, S. 579 ff.

MOTZKE GERD/BAUER GÜNTER/SEEWALD THOMAS, Prozesse in Bausachen, Baden-Baden 2009.

MÜLLER ALEXANDER, Regress im Schadensausgleichsrecht unter besonderer Berücksichtigung des Privatversicherers, Diss. St. Gallen 2006 (zit.: Regress).

MÜLLER BARBARA K./OERTLI REINHARD (Hrsg.), Urheberrechtsgesetz (URG) – Bundesgesetz über das Urheberrecht und verwandte Schutzrechte, Handkommentar, Bern 2006 (zit.: BEARBEITER, Handkommentar-URG).

MÜLLER CHRISTOPH, La solidarité parfaite, in: WERRO FRANZ (Hrsg.), La pluralité des responsables, Colloque du droit de la responsabilité civile 2007, Bern 2009, S. 31 ff. (zit.: Solidarité).

MÜLLER KARIN, Das Recht der Arbeitsgemeinschaft im Wandel?, in: BR/DC 2004, S. 4 ff. (zit.: Wandel).

MÜLLER OTTO, Haftpflichtversicherung, Zürich 1985 (zit.: Haftpflichtversicherung).

MÜLLER THOMAS, Gefragte Generalisten, in: TEC21 10/2008, S. 34 ff. (zit.: Generalisten).

MÜNCH PETER/GEISER THOMAS (Hrsg.), Schaden – Haftung – Versicherung, Basel 1999.

NÄGELI WOLFGANG/HUNGERBÜHLER KURT J., Handbuch des Liegenschaftenschätzers, 5. Aufl., Zürich 2007.

NEBEL ROLF, Internationale Wirtschaftssanktionen, Auswirkungen auf Versicherungen, in: HAVE 2011, S. 241 ff.

NEF URS CH./PRADER DURI, Die gesellschaftsrechtliche Organisation des Unternehmens im Bauwesen – unter besonderer Berücksichtigung der paritätischen Zweipersonengesellschaft, in: LENDI MARTIN/NEF URS CH./TRÜMPY DANIEL (Hrsg.), Das private Baurecht der Schweiz, 2. Aufl., Zürich 1995, S. 155 ff.

NICKLISCH FRITZ, Der technische Sachverständige im Prozess, Heidelberg 1984.

NIGG HANS, Die Haftung mehrerer für einen Baumangel, in: KOLLER ALFRED (Hrsg.), Haftung für Werkmängel, St. Gallen 1998, S. 121 ff.

NIGGLI MARCEL ALEXANDER/WIPRÄCHTIGER HANS (Hrsg.), Basler Kommentar Strafrecht I, Art. 1–110 StGB und Strafrecht II, Art. 111–392 StGB, 2. Aufl., Basel 2007 (zit.: BEARBEITER, Basler Kommentar Strafrecht I bzw. II).

OBERHAMMER PAUL (Hrsg.), Kurzkommentar Schweizerische Zivilprozessordnung, Basel 2010 (zit.: BEARBEITER, Kurzkommentar ZPO).

OESCH THOMAS, Die Freizeichnung im schweizerischen vertraglichen Schadenersatzrecht und ihre Schranken, Diss. Basel 1978.

OFTINGER KARL/STARK EMIL W., Schweizerisches Haftpflichtrecht, Bd. I, Allgemeiner Teil, 5. Aufl., Zürich 1995.

OTT WALTER, Stellvertretung ohne Vollmacht versus Geschäftsführung ohne Auftrag – Normenkollision oder Normenkomplementarität, in: MEIER ISAAK/SIEHR KURT (Hrsg.), Festschrift für Anton Heini zum 65. Geburtstag, Zürich 1995, S. 285 ff.

PEDRAZZINI FRANCO, Les nouvelles dispositions de la KBOB concernant les prestations de mandataire, in: Journées suisses du droit de la construction 2007, S. 181 ff. (zit.: Nouvelles dispositions KBOB).

PEDRAZZINI MARIO, Neuere Entwicklungen im Urheberrecht des Architekten, in: BR/DC 1993, S. 3 ff. (zit.: Neuere Entwicklungen).

PEDRAZZINI MARIO, Der Werkvertrag, Verlagsvertrag, Lizenzvertrag, in: Schweizerisches Privatrecht, OR, Bd. VII, Teilbd. 1, Basel/Stuttgart 1977, S. 497 ff. (zit.: SPR VII/1).

PELLONI GIOVANNI, Privatrechtliche Haftung für Umweltschäden und Versicherung, Diss. Zürich 1993.

PERRIN JEAN-FRANÇOIS, Le contrat d'architecte, Genf 1970.

PETER HENRY, Formes et conséquences juridiques des groupements d'entreprises (consortium) – choisir ou subir, in: Journées suisses du droit de la construction 2005, S. 31 ff.

PICHONNAZ PASCAL, Le point sur la partie générale du droit des obligations, in: SJZ 2008, S. 194 ff. (zit.: Le point).

PICHONNAZ PASCAL, La Pierre de l'Yonne: garantie pour les défauts et dommage évolutif, in: BR/DC 2008, S. 162 ff. (zit.: La pierre de l'Yonne).

PICHONNAZ PASCAL, Le dépassement de devis dans le contrat d'architecte global, in: BR/DC 2006, S. 8 ff. (zit.: Dépassement de devis).

PICHONNAZ PASCAL, Les règlements SIA 102/103/108, 112 et leurs nouveautés, in: Journées suisses du droit de la construction 2003, S. 53 ff. (zit.: Les règlements SIA).

PICHONNAZ PASCAL/WERRO FRANZ, La prescription de l'action récursoire en cas de solidarité imparfaite, Commentaire de l' ATF 133 III 6, in: BR/DC 2007, S. 48 ff.

PIEPER HELMUT/BREUNUNG LEONIE/STAHLMANN GÜNTHER, Sachverständige im Zivilprozess, München 1982.

PISTOR BÉATRICE/SCHUMACHER JOST, Wirtschaftliche Realisierbarkeit der Projekte des Architekten, in: BR/DC 1998, S. 64 ff.

PRADER DURI, KommSIA 118 zu Art. 62–83, in: GAUCH PETER, Kommentar zur SIA-Norm 118, Art. 38–156, Zürich 1992 (zit.: KommSIA 118).

PRECHTEL GÜNTER/OBERHEIM RAINER, Erfolgreiche Taktik im Zivilprozess, 4. Aufl., Köln 2009.

QUACK FRIEDRICH, Zur Problematik der stillschweigenden Rechtsanwendung durch Sachverständige, in: BauR 1993, S. 161 ff.

RAMER ERICH, Günstigst statt billigst – Anstösse aus Planersicht, in: ZUFFEREY JEAN-BAPTISTE/STÖCKLI HUBERT (Hrsg.), Aktuelles Vergaberecht 2012, Zürich 2012, S. 299 ff. (zit.: VGT 12).

REBER HANS JÖRG, Rechtshandbuch für Bauunternehmer, Bauherr, Architekt und Bauingenieur, 4. Aufl., Dietikon 1983 (zit.: Rechtshandbuch).

REBER HANS JÖRG, Haftung mehrerer für Baumängel, in: BR/DC 1981, S. 43 ff. (zit.: Haftung mehrerer).

REBER MARKUS, Die Baubindung beim Grundstückkauf, Diss. Bern 1998 (zit.: Baubindung).

RECHSTEINER PETER, Die Wettbewerbe: Rechtslage und Praxis, in: Schweizerische Baurechtstagung 2003, S. 147 ff. (zit.: Die Wettbewerbe).

REETZ PETER, Der Bauprozess: er steht und fällt mit dem Beweis, in: Schweizerische Baurechtstagung 2009, S. 119 ff. (zit.: Der Beweis im Bauprozess).

REHBINDER MANFRED/VIGANÒ ADRIANO, URG-Kommentar Urheberrecht, 3. Aufl., Zürich 2008 (zit.: BEARBEITER, URG-Kommentar).

REICHMUTH PFAMMATTER ALICE, Vertretung und Haftung in der einfachen Gesellschaft, Diss. St. Gallen 2002.

REY HEINZ, Ausservertragliches Haftpflichtrecht, 4. Aufl., Zürich/Basel/Genf 2008.

RICHNER CHRISTIAN, Die Versicherungen der Bauunternehmung, 2. Aufl., Dietikon, 1986.

RIEMER HANS MICHAEL, Nicht staatliche Normensysteme und andere Gesetze und ihr Verhältnis zum System der staatlichen Rechtsnormen – ein Überblick, in: recht 2007, S. 114 ff.

RIKLIN FRANZ, StPO-Kommentar, Schweizerische Strafprozessordnung, Zürich 2010 (zit.: Kommentar StPO).

RIKLIN FRANZ, Schweizerisches Strafrecht, Allgemeiner Teil I, Verbrechenslehre, 3. Aufl., Zürich 2007 (zit.: Schweizerisches Strafrecht AT I).

RIKLIN FRANZ, Baurecht und Gemeingefahr, Zur Dogmatik der gemeingefährlichen Delikte, in: TERCIER PIERRE/AMSTUTZ MARC/KOLLER ALFRED/SCHMID JÖRG/STÖCKLI HUBERT (Hrsg.), Gauchs Welt, Festschrift für Peter Gauch zum 65. Geburtstag, Zürich 2004, S. 887 ff. (zit.: Gemeingefahr).

RIKLIN FRANZ, Fataler Liftunfall – fahrlässige Tötung und Verletzung der Regeln der Baukunde?, in: BR/DC 2003, S. 138 ff. (zit.: Liftunfall).

RIKLIN FRANZ, Zur strafrechtlichen Verantwortlichkeit des Architekten, in: GAUCH PETER/TERCIER PIERRE (Hrsg.), Das Architektenrecht/Le droit de l'architecte, 3. Aufl., Freiburg 1995, S. 513 ff. (zit.: Architektenrecht 1995).

RIKLIN FRANZ, Die Visierung inhaltlich falscher Unternehmerrechnungen durch den bauleitenden Architekten als Falschbeurkundung, in: BR/DC 1993, S. 69 ff. (zit.: Die Visierung).

RIKLIN FRANZ, Zur Urkundenqualität von Regierapporten (Tagesrapporten), in: BR/DC 1992, S. 32 ff. (zit.: Urkundenqualität).

RIKLIN FRANZ, Zur strafrechtlichen Erledigung des Hallenbad-Unglücks in Uster, in: BR/DC 1991, S. 38 ff. (zit.: Hallenbad-Unglück).

RIKLIN FRANZ, Zum Straftatbestand des Art. 229 StGB (Gefährdung durch Verletzung der Regeln der Baukunde), in: BR/DC 1985, S. 44 ff. (zit.: Straftatbestand).

ROGGO ANTOINE/STAFFELBACH DANIEL, Offenbarung von Behandlungsfehlern/Verletzung der ärztlichen Sorgfaltspflicht – Plädoyer für konstruktive Kommunikation, in: AJP 2006, S. 407 ff.

ROHR RENÉ, Die Gefährdung durch Verletzung der Regeln der Baukunde, Diss. Zürich 1960.

ROSSEL VIRGILE, Manuel du droit fédéral des obligations, Bd. I, 4. Aufl., Lausanne/Genf 1920.

RÜEDE THOMAS/HADENFELDT REINER, Schweizerisches Schiedsgerichtsrecht nach Konkordat und IPRG, 2. Aufl., Zürich 1993.

RUMO-JUNGO ALEXANDRA, Zusammenspiel zwischen Haftpflicht und beruflicher Vorsorge, in: ZBJV 2002, S. 433 ff.

SÄCKER JÜRGEN/RIXECKER ROLAND (Hrsg.), Münchener Kommentar zum Bürgerlichen Gesetzbuch, Bd. 4, 6. Aufl., München 2012 (zit.: BEARBEITER, Münchener Kommentar).

SALADIN PETER, Rechtsstaatliche Anforderungen an Gutachter, in: MERZ HANS/SCHLUEP WALTER R. (Hrsg.), Recht und Wirtschaft heute, Festgabe zum 65. Geburtstag von Max Kummer, Bern 1980, S. 657 ff.

SAUTER WALTER, Das Rechtsverhältnis zwischen Bauherrn und Architekten unter Berücksichtigung der Normalien des Schweizerischen Ingenieur- und Architektenvereins, Diss. Zürich 1938.

SBAI NOUHAD, La solidarité entre les débiteurs en droit suisse et français, Diss. Genf 1950.

SCHAERLI DIETER, Der Bautreuhandvertrag, Manuskript für den Höheren Fachkurs für Immobilien-Treuhänder, Basel 1995.

SCHALCHER HANS-RUDOLF (Hrsg.), Immobilienmanagement, Zürich 2009.

SCHENKER FRANZ, Der Architekt (Ingenieur) als Hilfsperson des Bauherrn im Verhältnis zum Unternehmer, in: KOLLER ALFRED (Hrsg.), Recht der Architekten und Ingenieure, St. Gallen 2002.

SCHERER EMIL, Strafrecht in der Baupraxis, Düsseldorf 1965.

SCHERLER STEFAN, Die Haftung für mangelnde Erdbebensicherheit, Architekten und Ingenieure als Planer, in: Erdbebensicherheit von Gebäuden, Rechts- und Haftungsfragen, SIA-Dokumentation D 0227, Zürich 2008, S. 41 ff. (zit.: Die Haftung).

SCHERRER ERWIN, Freuden und Leiden von und mit Konsortien, in: Schweizerische Baurechtstagung 2007, S. 87 ff. (zit.: Freuden und Leiden).

SCHERRER ERWIN, Wer bezahlt bei Bestellungsänderungen des Architekten? Die Tragweite von Art. 33 SIA-Norm 118, in: KOLLER ALFRED (Hrsg.), SIA-Norm 118, St. Gallen 2000 (zit.: Tragweite).

SCHERRER ERWIN, Nebenunternehmer beim Bauen, Diss. Freiburg 1994 (zit.: Nebenunternehmer).

SCHILL NICOLAS, Der Projektsteuerungsvertrag, München 2000.

SCHLAGER GEORG ANDRÉ, Der Sachverständige nach baselstädtischem Zivilprozessrecht, Diss. Basel 1978.

SCHLATTER ARNOLD, Die Verjährung, in: ZStrR 1947, S. 301 ff.

SCHLIEMANN CHRISTIAN, Architekten- und Ingenieurrecht, Köln/Berlin/München 2005.

SCHLUEP WALTER, Innominatverträge, in: Schweizerisches Privatrecht, OR, Bd. VII, Teilbd. 2, Basel 1979, S. 763 ff. (zit.: SPR VII/2).

SCHMID JÖRG, Die Geschäftsführung ohne Auftrag, Habil. Freiburg 1992.

SCHMID JÖRG/STÖCKLI HUBERT, Schweizerisches Obligationenrecht, Besonderer Teil, Zürich 2010.

SCHMIDLIN BRUNO, Berner Kommentar, Allgemeine Bestimmungen, Mängel des Vertragsabschlusses, Art. 23–31 OR, Bern 1995 (zit.: Berner Kommentar).

SCHNEIDER MICHAEL E., Technical experts in international arbitration, in: ASA 1993, S. 446 ff. (zit.: Technical experts).

SCHNEIDER NICOLE, Urheberrechtlicher Schutz von planmässig festgehaltenen sowie ausgeführten Werken der Baukunst, Diss. Freiburg 1996 (zit.: Urheberrechtlicher Schutz).

SCHNEIDER HEUSI CLAUDIA, Die SIA-Ordnung 142/2009 für Architektur- und Ingenieurwettbewerbe, in: BR/DC 2010, S. 4 ff.

SCHNEIDER HEUSI CLAUDIA/SCHERLER STEFAN, Wettbewerbe und Studienaufträge – Die neuen Regeln, in: ZUFFEREY JEAN-BAPTISTE/STÖCKLI HUBERT (Hrsg.), Aktuelles Vergaberecht 2010, Zürich 2010, S. 209 ff.

SCHÖNENBERGER WILHELM/JÄGGI PETER, Zürcher Kommentar, Obligationenrecht, Art. 1–17, Zürich 1973 (zit.: BEARBEITER, Zürcher Kommentar).

SCHOLZE-BECK SILKE, Gesamtschuldnerische Haftung für Baumängel, Frankfurt am Main 2001.

SCHÜNEMANN BERND, Grundfragen der strafrechtlichen Zurechnung im Tatbestand der Baugefährdung (§ 330 StGB), Zeitschrift für deutsches und internationales Baurecht 1980, S. 4 ff., 113 ff., 159 ff. (zit.: Grundfragen).

SCHÜNEMANN BERND, Die Regeln der Technik im Strafrecht, in: KÜPER WILFRIED/PUPPE INGEBORG/TENCKHOFF JÖRG (Hrsg.), Festschrift für Karl Lackner zum 70. Geburtstag am 18. Februar 1987, Berlin/New York 1987, S. 367 ff. (zit.: Regeln).

SCHULIN HERMANN, Das Baukonsortium, in: LENDI MARTIN/NEF URS CH./ TRÜMPY DANIEL (Hrsg.), Das private Baurecht der Schweiz, 2. Auflage, Zürich 1995, S. 175 ff.

SCHULTZ HANS, Einführung in den Allgemeinen Teil des Strafrechts, Erster Band, Die allgemeinen Voraussetzungen der kriminalrechtlichen Sanktionen, 4. Aufl., Bern 1982.

SCHUMACHER RAINER, Sicheres Bauen und sichere Bauwerke, Zürich 2010 (zit.: Sicheres Bauen).

SCHUMACHER RAINER, Sicherheit auf dem Bauplatz, Eine interdisziplinäre Herausforderung an die Vertragsgestaltung, in: RIEMER-KAFKA GABRIELA/ RUMO-JUNGO ALEXANDRA (Hrsg.), Soziale Sicherheit – Soziale Unsicherheit, Festschrift für Erwin Murer zum 65. Geburtstag, Bern 2010, S. 785 ff. (zit.: Sicherheit).

SCHUMACHER RAINER, Vertragsgestaltung, Zürich 2004 (zit.: Vertragsgestaltung).

SCHUMACHER RAINER, Rechtliche Tragweite der SIA-Erdbebennormen, in: TEC21 8/2006, S. 11 ff. (zit.: SIA-Erdbebennormen).

SCHUMACHER RAINER, Die Vergütung im Bauwerkvertrag, Freiburg 1998 (zit.: Die Vergütung).

SCHUMACHER RAINER, Die Haftung des Architekten aus Vertrag, in: GAUCH PETER/TERCIER PIERRE (Hrsg.), Das Architektenrecht/Le droit de l'architecte, 3. Aufl., Freiburg 1995, S. 113 ff. (zit.: Architektenrecht 1995).

SCHUMACHER RAINER, Die Haftung des Architekten für seine Kosteninformationen, in: recht 1994, S. 126 ff. (zit.: Haftung für Kosteninformationen).

SCHUMACHER RAINER, KommSIA118 zu Art. 92–113, 141–156, in: GAUCH PETER, Kommentar zur SIA-Norm 118, Art. 38–156, Zürich 1992 (zit.: KommSIA118).

SCHUMACHER RAINER, Beweisprobleme im Bauprozess, in: MÜLLER GEORG/RHINOW RENÉ/SCHMID GERHARD/WILDHABER LUZIUS (Hrsg.), Festschrift für Dr. Kurt Eichenberger, Aarau 1990, S. 157 ff. (zit.: Beweisprobleme).

SCHUMACHER RAINER, Die revidierten SIA-Honorarordnungen 102 und 103, Grundsätze und wichtige Revisionspunkte in Art. 1 «Allgemeine Grundlagen», in: Schweizerische Baurechtstagung 1985, Bd. II, S. 69 ff. (zit.: Die revidierten SIA-Honorarordnungen 102 und 103).

SCHUMACHER RAINER, Der Architekt und der Ingenieur, Schwierige Haftungsfragen, in: Baurechtstagung 1981, 1. Abteilung, Teil 2 (zit.: Schwierige Haftungsfragen).

SCHUMACHER RAINER, Zur rechtlichen Verantwortung für die Erdbebensicherung von Bauwerken, in: Erdbebenvorsorge in der Schweiz, Massnahmen bei neuen und bestehenden Bauwerken, SIA-Dokumentation D 0162, S. 103 ff. (zit.: Erdbebensicherung).

SCHWAGER RUDOLF, Die Vollmacht des Architekten, in: GAUCH PETER/TERCIER PIERRE (Hrsg.), Architektenrecht/Le droit de l'architecte, 3. Aufl., Freiburg 1995, S. 253 ff. (zit.: Architektenrecht 1995).

SCHWAGER RUDOLF, Der Umfang der Architektenvollmacht, in: BR/DC 1980, S. 36 ff. (zit.: Umfang).

SCHWAGER RUDOLF, Der Architekt als Vertreter des Bauherrn, in: BR/DC 1980, S. 19 ff. (zit.: Vertreter).

SCHWANDER VITAL, Das Schweizerische Strafgesetzbuch, 2. Aufl., Zürich 1964.

SCHWARZENBACH HANS RUDOLF, Staatshaftungsrecht bei verfügungsfreiem Verwaltungshandeln, Bern 2006 (zit.: Staatshaftungsrecht).

SCHWARZENBACH HANS RUDOLF, Die Staats- und Beamtenhaftung in der Schweiz (mit Kommentar zum zürcherischen Haftungsgesetz), 2. Aufl., Zürich 1985 (zit.: Staats- und Beamtenhaftung).

SCHWENZER INGEBORG, Schweizerisches Obligationenrecht Allgemeiner Teil, 6. Aufl., Bern 2012.

SIA-DOKUMENTATION D 016, Die Tätigkeit als Experte – L'activité d'expert, Zürich 1987 (div. Autoren).

SIEGENTHALER THOMAS, Mangelhafte Leistungsverzeichnisse – und wer dafür haftet, in: Schweizerische Baurechtstagung 2011, S. 163 ff. (zit.: Mangelhafte Leistungsverzeichnisse).

SIEGENTHALER THOMAS, Kostenvoranschlag: Genaueres zum Genauigkeitsgrad, in: BR/DC 2010, S. 57 (zit.: Kostenvoranschlag).

SIEGENTHALER THOMAS, Vergütungspflicht bei Planungsleistungen eines Totalunternehmers, in: Push-Service Entscheide, publiziert am 28. Juni 2010 (zit.: Vergütungspflicht).

SIEGENTHALER THOMAS, Haftung der Bauleitung, in: Push-Service Entscheide, publiziert am 20. November 2008 (zit.: Haftung der Bauleitung).

SIEGENTHALER THOMAS/SCHERLER STEFAN, Haftung für mangelhafte Erdbebensicherheit von Gebäuden – Planer, Werkeigentümer und Verkäufer, in: BR/DC 2009, S. 4 ff.

SIEGENTHALER THOMAS/STÖCKLI HUBERT, «Ist die SIA-Norm 118 gerichtsnotorisch?» – Eine Umfrage bei Zivilgerichten, in: BR/DC 2008, S. 37 ff.

SIEGWART ALFRED, Zürcher Kommentar, Die Personengesellschaften, Art. 530–619 OR, Zürich 1938 (zit.: BEARBEITER, Zürcher Kommentar).

SIMMEN ROBERT, Die Einrede des nicht erfüllten Vertrags (OR 82): unter besonderer Berücksichtigung ihrer Problematik bei den Veräusserungsverträgen, Bern 1981.

SOBOTICH VIVIANE, Staatshaftung aus Kontrolltätigkeit im Baurecht, Diss. Zürich 2000.

SOERGEL CARL, Gesamtschuldnerische Haftung der Baubeteiligten, in: BauR 2005, S. 239 ff.

SPIRO KARL, Die Begrenzung privater Rechte durch Verjährungs-, Verwirkungs- und Fatalfristen, Bd. I, Bern 1975.

SPÜHLER KARL, Behauptungslast und Beweiswürdigung bei hochtechnischen Zusammenhängen, in: LEUENBERGER CHRISTOPH (Hrsg.), Der Beweis im Zivilprozess, Bern 2000, S. 93 ff.

SPÜHLER KARL/TENCHIO LUCA/INFANGER DOMINIK (Hrsg.), Basler Kommentar zur Schweizerischen Zivilprozessordnung, Basel 2010 (zit.: BEARBEITER, Basler Kommentar).

STAEHELIN ANDREAS, Urheberrecht und Eigentum, Diss. Basel 1964.

Staehelin Adrian/Staehelin Daniel/Grolimund Pascal, Zivilprozessrecht nach dem Entwurf für eine Schweizerische Zivilprozessordnung und weiteren Erlassen – unter Einbezug des internationalen Rechts, Zürich/Basel/Genf 2008.

Stark Emil W., Einige Gedanken zur Haftpflicht für staatliche Verrichtungen, in: SJZ 1990, S. 1 ff.

Stark Emil W./Schraner Hans, Der Wechsel I, in: Schweizerische Juristische Kartothek, Nr. 440.

Staub Roger/Celli Alessandro L. (Hrsg.), Designrecht – Kommentar zum Bundesgesetz über den Schutz von Design, Zürich/Basel/Genf 2003 (zit.: Bearbeiter, DesG-Kommentar).

Stauder Bernd, Pacta sunt servanda et le droit de repentir des consommateurs, in: SJ 1982, S. 481 ff.

Steeger Frank (Hrsg.), Praxiskommentar HOAI – Das Vergütungsrecht der Architekten und Ingenieure, Stuttgart 2009.

Steinauer Paul-Henri, Le Titre préliminaire du Code Civil, Basel 2009.

Stierli Bruno, Die Architektenvollmacht, Diss. Freiburg 1988.

Stöckli Hubert, Versicherungen beim Bauen – und was die AVB sagen, in: Schweizerische Baurechtstagung 2011, S. 1 ff. (zit.: Versicherungen).

Stöckli Hubert, Der neue Art. 8 UWG – offene Inhaltskontrolle, aber nicht für alle, in: BR/DC 2011, S. 184 ff. (zit.: Inhaltskontrolle).

Stöckli Hubert, Zur Pflicht des Architekten, Kostenberechnungen anzustellen, in: BR/DC 2010, S. 56 (zit.: Pflicht des Architekten).

Stöckli Hubert, Zur Haftung aus Gesamtvertrag: einheitlich nach Auftragsrecht?, in: BR/DC 2010, S. 58 (zit.: Haftung aus Gesamtvertrag).

Stöckli Hubert, Kritik an einem ungewöhnlichen Deckungsausschluss, in: SGHVR (Hrsg.), Festschrift zum fünfzigjährigen Bestehen, Zürich/Basel/Genf 2010, S. 591 ff. (zit.: Kritik).

Stöckli Hubert, KommSIA 118 zu Einleitung, Präambel, Art. 7, 21, in: Gauch Peter/Stöckli Hubert, Kommentar zur SIA-Norm 118, Art. 1–37, Zürich 2009 (zit.: KommSIA 118).

STÖCKLI HUBERT, Das Synallagma im Vertragsrecht, Habil. Zürich 2008 (zit.: Synallagma).

STÖCKLI HUBERT, Der KBOB-Werkvertrag – Mustervertrag für Einzelleistungen, in: BR/DC 2008, S. 4 ff. (zit.: KBOB-Werkvertrag).

STÖCKLI HUBERT, Private Baunormung – ein Streifzug, in: Schweizerische Baurechtstagung 2005, S. 1 ff. (zit.: Private Baunormung).

STÖCKLI HUBERT, Sorgfaltsmangel und Vergütung, in: TERCIER PIERRE/AMSTUTZ MARC/KOLLER ALFRED/SCHMID JÖRG/STÖCKLI HUBERT (Hrsg.), Gauchs Welt, Festschrift für Peter Gauch, Zürich 2004, S. 931 ff. (zit.: Sorgfaltsmangel).

STÖCKLI HUBERT, Schaden und Schadenersatz beim Bauen, in: Schweizerische Baurechtstagung 2003, S. 7 ff. (zit.: Schaden und Schadenersatz).

STÖCKLI HUBERT, Ansprüche aus Wettbewerbsbehinderung, Diss. Freiburg 1999.

STÖCKLI HUBERT/BEYELER MARTIN (Hrsg.), Das Vergaberecht der Schweiz, 8. Aufl., Zürich 2012.

STRATENWERTH GÜNTER, Schweizerisches Strafrecht, Allgemeiner Teil I: Die Straftat, 4. Aufl., Bern 2011 (zit.: Schweizerisches Strafrecht AT I).

STRATENWERTH GÜNTER, Die Verjährung beim Unterlassungsdelikt, in: NIGGLI MARCEL ALEXANDER/HURTADO POZO JOSÉ/QUELOZ NICOLAS (Hrsg.), Festschrift für Franz Riklin, Zürich 2007, S. 245 ff. (zit.: Verjährung).

STRATENWERTH GÜNTER, Schweizerisches Strafrecht, Allgemeiner Teil II: Strafen und Massnahmen, 2. Aufl., Bern 2006 (zit.: Schweizerisches Strafrecht AT II).

STRATENWERTH GÜNTER, Gemeingefährliche Straftaten, in: ZStrR 1964, S. 8 ff. (zit.: Gemeingefährliche Straftaten).

STRATENWERTH GÜNTER/BOMMER FELIX, Schweizerisches Strafrecht, Besonderer Teil II: Straftaten gegen Gemeininteressen, 6. Aufl., Bern 2008 (zit.: Schweizerisches Strafrecht BT II).

STREULE MANUEL, CDS Statiker-Tagung 2009, Nutzungsvereinbarung, CDS Bausoftware, Bauingenieure, Netcom.

STREULI-YOUSSEF MAGDA, Unlautere Werbe- und Verkaufsmethoden, in: VON BÜREN ROLAND/DAVID LUCAS (Hrsg.), Schweizerisches Immaterialgüter- und Wettbewerbsrecht V/I, Lauterkeitsrecht, Basel 1994, S. 77 ff.

STUTZ ROBERT MIRKO/BEUTLER STEPHAN/KÜNZI MURIEL, Designgesetz: Bundesgesetz vom 5. Oktober 2001 über den Schutz von Design, Handkommentar, Bern 2006 (zit.: BEARBEITER, Handkommentar DesG).

STUTZ ROBERT MIRKO/SCHINDLER KATHARINA, Der urheberrechtliche Schutz und seine Schranken bei Werken der Baukunst, in: recht 1995, S. 75 ff.

SULZER STEFAN ROBERT, Zweckstörungen im schweizerischen Vertragsrecht, Diss. St. Gallen, Zürich 2002.

SUTER ROBERT, Der entgeltliche Auftrag im schweizerischen Obligationenrecht, Diss. Bern 1904.

SUTTER-SOMM THOMAS/HASENBÖHLER FRANZ/LEUENBERGER CHRISTOPH (Hrsg.), Kommentar zur Schweizerischen Zivilprozessordnung (ZPO), Zürich/Basel/Genf 2010 (zit.: BEARBEITER, ZPO-Kommentar).

TAKEI NAOKI D., Die Streitverkündung und ihre materiellen Wirkungen, Diss. Basel 2005.

TAORMINA ANDREA, Innenansprüche in der einfachen Gesellschaft und deren Durchsetzung, Diss. Freiburg 2003.

TAUSKY ROBERT, Die allgemein anerkannten Regeln der Baukunde, in: KOLLER ALFRED (Hrsg.), Bau- und Bauprozessrecht: Ausgewählte Fragen, St. Gallen 1996, S. 177 ff. (zit.: Regeln der Baukunde).

TAUSKY ROBERT, Wesen und Rechtsnatur von Architekten- und Ingenieurverträgen, in: LENDI MARTIN/NEF URS CH./TRÜMPY DANIEL (Hrsg.), Das private Baurecht der Schweiz, 2. Aufl., Zürich 1995, S. 5 ff. (zit.: Wesen und Rechtsnatur).

TAUSKY ROBERT, Die Rechtsnatur der Verträge über die Planung von Bauwerken, Diss. Zürich 1991 (zit.: Die Rechtsnatur).

TERCIER PIERRE, Concours d'actions et solidarité: Où en sommes-nous?, in: WERRO FRANZ (Hrsg.), Quelques questions fondamentales du droit de la responsabilité civile: actualités et perspectives, Bern 2002, S. 115 ff. (zit.: Concours d'actions).

TERCIER PIERRE, Contrat et documents contractuels, in BR/DC 2001, S. 91 ff. (zit.: Contrat).

TERCIER PIERRE, La formation du contrat et les clauses d'architecte, in: GAUCH PETER/TERCIER PIERRE (Hrsg.), Das Architektenrecht/Le droit de l'architecte, 3. Aufl., Freiburg 1995, S. 39 ff. (zit.: Architektenrecht 1995).

TERCIER PIERRE, La concurrence dans les bureaux techniques, in BR/DC 1993, S. 63 ff. (zit.: La concurrence).

TERCIER PIERRE, La direction des travaux – ses rapports avec le maître et les entrepreneurs, in: Journées du droit de la construction 1985, Bd. I, S. 1 ff. (zit.: Direction des travaux).

TERCIER PIERRE, Les clauses d'architecte et d'entrepreneur, in: Journées du droit de la construction 1983, Bd. I, S. 24 ff. (zit.: Clauses d'architecte).

TERCIER PIERRE, De la distinction entre dommage corporel, dommage matériel et autres dommages, in: Festschrift Assista, Genf 1979, S. 247 ff. (zit.: FS Assista).

TERCIER PIERRE/FAVRE PASCAL G., Les Contrats spéciaux, 4. Aufl., Zürich 2009.

TERCIER PIERRE/PICHONNAZ PASCAL, Le droit des obligations, 5. Aufl., Genf/Zürich/Basel 2004 (zit.: Obligations).

TERCIER PIERRE/STÖCKLI HUBERT, La garantie pour les défauts et la réfection de l'ouvrage/Die Nachbesserung im Werkvertrag, in: BR/DC 2003, S. 10 ff. und BR/DC 2003, S. 53 ff. (zit.: Garantie).

THÉVENOZ LUC/WERRO FRANZ (Hrsg.), Commentaire romand, Code des obligations I, art. 1–529 CO, 2. Aufl., Basel 2012 (zit.: BEARBEITER, Commentaire romand).

TRACHSEL HERIBERT, Die Verantwortlichkeit des Bestellers bei Werkmängeln, Diss. St. Gallen 2000 (zit.: Die Verantwortlichkeit).

TRACHSEL ELISABETH, Die Verjährung gemäss den Art. 70–75bis des Schweizerischen Strafgesetzbuches, Diss. Zürich 1990 (zit.: Die Verjährung).

TRECHSEL STEFAN, Schweizerisches Strafrecht Allgemeiner Teil. Allgemeine Voraussetzungen der Strafbarkeit, 6. Aufl., Zürich 2004 (zit.: TRECHSEL/NOLL).

TRECHSEL STEFAN, Schweizerisches Strafgesetzbuch, Kurzkommentar, 2. Aufl., Zürich 1997.

TRECHSEL STEFAN/PIETH MARK, Schweizerisches Strafgesetzbuch, Praxiskommentar, 2. Aufl., Zürich/St. Gallen 2012 (zit.: BEARBEITER, Praxiskommentar StGB).

TROLLER ALOIS, Immaterialgüterrecht, Bd. I und II, 3. Aufl., Basel/Frankfurt a.M. 1983 und 1985 (zit.: Immaterialgüterrecht).

TROLLER ALOIS, Probleme des urheberrechtlichen Schutzes von Werken der Baukunst, SIA-Dokumentation 45, Zürich 1980 (zit.: Probleme).

TROLLER ALOIS, Das Urheberrecht an Werken der Architektur, in: ZBJV 1945, S. 369 ff. (zit.: Urheberrecht).

TRÜMPY DANIEL, Architektenvertragstypen, Eine Untersuchung der Pojektierungs-, Bauleitungs- und Gesamtverträge zwischen dem Architekten und dem Bauherrn, unter Mitberücksichtigung der Ausgabe 1984 SIA-Ordnung 102, Diss. Zürich 1989.

TSCHANNEN PIERRE/ZIMMERLI ULRICH/MÜLLER MARKUS, Allgemeines Verwaltungsrecht, 3. Aufl., Bern 2009.

TUOR PETER/SCHNYDER BERNHARD/SCHMID JÖRG/RUMO-JUNGO ALEXANDRA, Das Schweizerische Zivilgesetzbuch, 13. Aufl., Zürich 2009.

ULRICH SIMON, Rechtsfragen bei vorzeitiger Auflösung eines Architektur- oder Ingenieurvertrags, in: KOLLER ALFRED (Hrsg.), Recht der Architekten und Ingenieure, St. Gallen 2002, S. 33 ff. (zit.: Rechtsfragen).

ULRICH SIMON, Die neue SIA-Ordnung 142 für Architektur- und Ingenieurwettbewerbe, in: AJP 1999, S. 243 ff. (zit.: SIA 142).

ULRICH SIMON, Der Architekturwettbewerb unter besonderer Berücksichtigung fehlerhafter Preisentscheide, St. Gallen 1994 (zit.: Architekturwettbewerb).

VELTEN ROLF-JÜRGEN, Die Baugefährdung (§ 330 StGB), Diss. Kiel 1965.

VIOLAND GEORGES, Die Stellvertretung ohne Ermächtigung (OR Art. 38 und 39), Diss. St. Gallen 1987.

VOGEL OSCAR, Streit und Streiterledigung – Von der Beweissicherung bis zum Bauprozess, in: Baurechtstagung 1985, S. 70 ff. (zit.: Streit und Streiterledigung).

VOGEL OSCAR, Das Recht auf den Beweis, in: recht 1991, S. 38 ff. (zit.: Recht auf Beweis).

VOGEL OSCAR/SPÜHLER KARL, Grundriss des Zivilprozessrechts und des internationalen Zivilprozessrechts der Schweiz, 8. Aufl., Bern 2006.

VON BÜREN BRUNO, Schweizerisches Obligationenrecht, Allgemeiner Teil, Zürich 1964 (zit.: OR AT).

VON BÜREN BRUNO, Schweizerisches Obligationenrecht, Besonderer Teil, Zürich 1972 (zit.: OR BT).

VON BÜREN ROLAND/MEER MICHAEL A., Der Werkbegriff, in: VON BÜREN ROLAND/DAVID LUCAS (Hrsg.), Schweizerisches Immaterialgüter- und Wettbewerbsrecht II/1, 2. Aufl., Basel/Genf/München 2006.

VON STEIGER WERNER, Handelsrecht, in: Schweizerisches Privatrecht OR, Bd. VIII, Teilbd. 1, Basel 1976 (zit.: SPR VIII/1).

VON TUHR ANDREAS/ESCHER ARNOLD, Allgemeiner Teil des Schweizerischen Obligationenrechts, Bd. II, 3. Aufl., Zürich 1974 (Nachdruck 1984).

VON TUHR ANDREAS/PETER HANS, Allgemeiner Teil des Schweizerischen Obligationenrechts, Bd. I, 3. Aufl., Zürich 1979.

VONZUN RETO, Rechtsnatur und Haftung der Personengesellschaften, Diss. Basel 2000.

VOTH BERTHOLD, 30 Jahre Gerichtsgutachter – ein Erfahrungsbericht, in: BauR 1988, S. 666 ff.

WÄGER FABIAN, Das Minderungsrecht infolge Vertragsverletzung, Diss. Freiburg, Zürich 2010 (zit.: Minderungsrecht).

WALDER HANS, Die Kausalität im Strafrecht, in: ZStrR 1977, S. 113 ff. (zit.: Die Kausalität).

WALDER HANS, Probleme bei Fahrlässigkeitsdelikten, in: ZBJV 1968, S. 161 ff. (zit.: Probleme).

WALTER HANS PETER, Berner Kommentar, Einleitung und Personenrecht, Einleitung Art. 8 ZGB, Bern 2012 (zit.: Berner Kommentar).

WALTER HANS PETER, Die Vertrauenshaftung: Unkraut oder Blume im Garten des Rechts?, in: ZSR 2001 I, S. 79 ff. (zit.: Die Vertrauenshaftung).

WALTER HANS PETER, Vertrauenshaftung im Umfeld des Vertrages, in: ZBJV 1996, S. 284 ff. (zit.: Vertragsumfeld).

WALTER MARIA, Die Wissenszurechnung im schweizerischen Privatrecht, Diss. Bern 2005 (zit.: Wissenszurechnung).

WEBER PIERRE-CHRISTIAN, La responsabilité de l'expert à l'égard des parties et du Tribunal arbitral, in: ASA 1993, S. 190 ff. (zit.: Responsabilité).

WEBER ROLF, Berner Kommentar, Die Folgen der Nichterfüllung, Art. 97–109 OR, Bern 2000 (zit.: BEARBEITER, Berner Kommentar).

WEISS ANDREAS W., Solidarität nach Art. 143–149 des Schweizerischen Obligationenrechts unter besonderer Berücksichtigung der Verjährung, Diss. Luzern 2011.

WENGER BERGER SIBYLLE, Architektur und immaterielle Rechte – Schutz der Architektur im schweizerischen Immaterialgüter- und Lauterkeitsrecht, Diss. Bern 2010 (zit.: Architektur und immaterielle Rechte).

WERNER ULRICH, Die «stufenweise Beauftragung» des Architekten, in: BauR 1992, S. 696.

WERNER ULRICH/PASTOR WALTER, Der Bauprozess, 14. Aufl., Düsseldorf 2012.

WERRO FRANZ, La responsabilité civile, 2. Aufl., Bern 2011 (zit.: Responsabilité civile).

WERRO FRANZ, La pluralité des responsables: quelques principes et distinctions, in: WERRO FRANZ (Hrsg.), La pluralité des responsables, Colloque du droit de la responsabilité civile 2007, Bern 2009, S. 15 ff. (zit.: Solidarité).

WERRO FRANZ, Contrat d'ingénieur, in: BR/DC 1998, S. 133 f. (zit.: Contrat d'ingénieur).

WERRO FRANZ, La responsabilité pour faute (art. 41 ss CO) de l'entrepreneur vis-à-vis du maître pour les défauts de l'ouvrage, in: BR/DC 1996, S. 64 ff. (zit.: Responsabilité pour faute).

WERRO FRANZ, Responsabilité de l'architecte en cas de dépassement fautif du devis, in: BR/DC 1996, S. 116 f. (zit.: Dépassement fautif du devis).

WERRO FRANZ, Le mandat et ses effets, Freiburg 1993 (zit.: Le mandat).

WERRO FRANZ, La responsabilité de l'architecte pour le dépassement du devis et la réparation du dommage né de la confiance déçue, in: BR/DC 1993, S. 96 ff. (zit.: La responsabilité de l'architecte).

WERRO FRANZ/HAAS JOSIANE, La qualification du contrat d'expertise, in: BR/DC 2002, S. 63 ff.

WERRO FRANZ/PICHONNAZ PASCAL, La prescription de l'action récursoire en cas de solidarité imparfaite, Commentaire de l'ATF 133 III 6, in: BR/DC 2007, S. 48 ff.

WERZ JEAN-CLAUDE, Delay in Construction Contracts, Diss. Freiburg 1994.

WETZEL THOMAS, Von der Idee zur Rendite – Überlegungen zur Entwicklung von Immobilienprojekten, in: BR/DC 2007, S. 137 ff.

WEY RAINER, Die Streitverkündungsklage nach der Schweizerischen Zivilprozessordnung, in: FELLMANN WALTER/WEBER STEPHAN, Haftpflichtprozess, Zürich 2010, S. 53 ff.

WIEGAND WOLFGANG, Zur Haftung für Dienstleistungen, Anmerkungen zu BGE 115 II 62 ff., in: recht 1990, S. 134 ff. (zit.: Zur Haftung).

WIEGAND WOLFGANG, Die klassischen Probleme des Architekten- und Ingenieurvertrages, in: Baurechtstagung 1981, Tagungsunterlage 4, S. 11 ff. (zit.: Klassische Probleme).

ZÄCH ROGER, Berner Kommentar, Allgemeine Bestimmungen, Die Stellvertretung, Art. 32–40 OR, Bern 1990 (zit.: BEARBEITER, Berner Kommentar).

ZAUGG ALDO/LUDWIG PETER, Baugesetz des Kantons Bern vom 9. Juni 1985, Kommentar, Bd. I, 3. Aufl., Bern 2007 (zit.: Kommentar Baugesetz Kanton Bern).

ZEHNDER HANNES, Die Haftung des Architekten für die Überschreitung seines Kostenvoranschlages, 2. Aufl., Diss. Freiburg 1994 (zit.: Haftung des Architekten).

ZEHNDER HANNES, Über Prognosen, Toleranzen und die Haftung der Architekten, in: BR/DC 2010, S. 48 ff. (zit.: Prognosen).

ZEHNDER HANNES, Gedanken zur Mehrpersonenhaftung im Baurecht, in: BR/DC 1998, S. 3 ff. (zit.: Mehrpersonenhaftung).

ZÜRCHER EMIL, Schweizerisches Strafgesetzbuch, Erläuterungen zum Vorentwurf vom April 1908, Bern 1914.

Zufferey Jean-Baptiste, Les décisions de l'expert officiel: responsabilité de l'Etat contre responsabilité de l'architecte ou de l'ingénieur, in: Colloque SVIA 1991, La responsabilité de l'expert, Lausanne 1992, S. 21 ff.

Zufferey Jean-Baptiste/Stöckli Hubert (Hrsg.), Aktuelles Vergaberecht 2012, Zürich 2012 (zit.: VGT 12).

Zufferey Jean-Baptiste/Stöckli Hubert (Hrsg.), Aktuelles Vergaberecht 2010, Zürich 2010 (zit.:VGT 10).

Zufferey Jean-Baptiste/Stöckli Hubert (Hrsg.), Aktuelles Vergaberecht 2008, Zürich 2008 (zit.: VGT 08).

Abkürzungsverzeichnis

a. a. O.	am angeführten Ort
a. A.	anderer Ansicht
ABB	Allgemeine Bedingungen Bau
Abs.	Absatz
AG	Kanton Aargau
AGB	Allgemeine Geschäftsbedingungen
AGVE	Aargauische Gerichts- und Verwaltungspraxis (Aarau)
AHV	Alters- und Hinterlassenenversicherung
AHVG	Bundesgesetz vom 20. Dezember 1946 über die Alters- und Hinterlassenenversicherung (SR 831.10)
AJP	Aktuelle Juristische Praxis (Lachen)
a. M.	anderer Meinung
Anm.	Anmerkung/en
ArG	Bundesgesetz vom 13. März 1964 über die Arbeit in Industrie, Gewerbe und Handel (Arbeitsgesetz) (SR 822.11)
ARGE	Arbeitsgemeinschaft
ARGVP	Ausserrhodische Gerichts- und Verwaltungspraxis (Herisau)
Art.	Artikel
ASTRA	Bundesamt für Strassen
AT	Allgemeiner Teil
ATSG	Bundesgesetz vom 6. Oktober 2000 über den Allgemeinen Teil des Sozialversicherungsrechts (SR 830.1)
Aufl.	Auflage
AVB	Allgemeine Versicherungsbedingungen für die Betriebshaftpflichtversicherung, unverbindliche Musterbedingungen des Schweizerischen Versicherungsverbandes, Ausgabe 2012
AXA	AXA Winterthur

B	Beschluss
BankG	Bundesgesetz vom 8. November 1934 über die Banken und Sparkassen (Bankengesetz) (SR 952.0)
BauAV	Verordnung vom 29. Juni 2005 über die Sicherheit und den Gesundheitsschutz der Arbeitnehmerinnen und Arbeitnehmer bei Bauarbeiten (Bauarbeitenverordnung) (SR 832.311.141)
Bauing.	Bauingenieur
BauR	Zeitschrift für das gesamte öffentliche und zivile Baurecht, Düsseldorf
BAV	Bundesamt für Verkehr
BB	Bundesbeschluss
BBG	Bundesgesetz vom 19. April 1978/13. Dezember 2002 über die Berufsbildung (SR 412.10)
BBl	Bundesblatt
Bd.	Band
BE	Kanton Bern
betr.	betreffend
bezgl.	bezüglich
BG	Bundesgesetz
BGB	(Deutsches) Bürgerliches Gesetzbuch
BGBM	Bundesgesetz vom 6. Oktober 1995 über den Binnenmarkt (SR 943.02)
BGE	Entscheidungen des Schweizerischen Bundesgerichts (Amtliche Sammlung)
BGer	Bundesgerichtsentscheid (Internet-Veröffentlichung)
BGG	Bundesgesetz vom 17. Juni 2005 über das Bundesgericht (Bundesgerichtsgesetz) (SR 173.110)
BGH	(Deutscher) Bundesgerichtshof

BGHSt	Entscheidungen des (deutschen) Bundesgerichtshofes in Strafsachen
BGHZ	Entscheidungen des (deutschen) Bundesgerichtshofes in Zivilsachen
BJM	Basler Juristische Mitteilungen (Basel)
BKP	Baukostenplan
BL	Kanton Basel–Landschaft
BöB	Bundesgesetz vom 16. Dezember 1994 über das öffentliche Beschaffungswesen (SR 172.056.1)
BPG	Bundespersonalgesetz vom 24. März 2000 (SR 172.220.1)
BR/DC	Zeitschrift für Baurecht/Revue du Droit de la Construction (Freiburg)
BR	Bundesrat
BRK	Eidgenössische Rekurskommission für das öffentliche Beschaffungswesen (bis 2006)
BRT	(Freiburger) Baurechtstagung: Tagungsunterlage
BS	Kanton Basel–Stadt
BT	Besonderer Teil
BV	Bundesverfassung der schweizerischen Eidgenossenschaft vom 18. April 1999 (SR 101)
BVB	besondere Versicherungsbedingungen
BZP	Bundesgesetz vom 4. Dezember 1947 über den Bundeszivilprozess (SR 273)
bzw.	beziehungsweise
CAD	computer-aided design = rechnerunterstützte Konstruktion
CPC	Central Product Classification (Zentrale Gütersystematik der Vereinten Nationen)
d. h.	das heisst
ders.	derselbe

DesG	Bundesgesetz vom 5. Oktober 2001 über den Schutz von Design (Designgesetz) (SR 232.12)
dgl.	dergleichen
dipl.	diplomiert
Diss.	Dissertation
Dok.	Dokument(ation)
E./Erw.	Erwägung(en)
EAWAG	Eidgenössische Anstalt für Wasserversorgung, Abwasserreinigung und Gewässerschutz
EBG	Eisenbahngesetz vom 20. Dezember 1957 (SR 742.101)
EBV	Verordnung vom 23. November 1983 über Bau und Betrieb der Eisenbahnen (SR 742.141.1)
EDV	elektronische Datenverarbeitung
EFTA	European Free Trade Association
EG	Europäische Gemeinschaft
EGV SZ	Entscheide der Gerichts- und Verwaltungsbehörden des Kantons Schwyz (Schwyz)
Einl.	Einleitung
EmbG	Bundesgesetz vom 22. März 2002 über die Durchsetzung von internationalen Sanktionen (Embargogesetz) (SR 946.231)
EMPA	Eidgenössische Materialprüfungs- und Forschungsanstalt
EPÜ	Europäisches Patentübereinkommen vom 5. Oktober 1973, revidiert in München am 29. November 2000 (EPÜ 2000) (SR 0.232.142.2)
etc.	et cetera
ETH	Eidgenössische Technische Hochschule(n)
ETHZ	Eidgenössische Technische Hochschule Zürich
EU	Europäische Union
ev.	eventuell

EVB	Ergänzende Versicherungsbedingungen
EVD	Eidgenössisches Volkswirtschaftsdepartement
EWR	Europäischer Wirtschaftsraum
f./ff.	folgende Seite(n)
FH	Fachhochschule
FIDIC	Fédération internationale des ingénieurs-conseils
Fn.	Fussnote
FR	Kanton Freiburg
FS	Festschrift
FZA	Abkommen vom 21. Juni 1999 zwischen der Schweizerischen Eidgenossenschaft einerseits und der Europäischen Gemeinschaft und ihren Mitgliedstaaten andererseits über die Freizügigkeit (SR 0.142.112.681)
FZR	Freiburger Zeitschrift für Rechtsprechung (vor 1992: Extraits)
GATT	Allgemeines Zoll- und Handelsabkommen (GATT) vom 30. Oktober 1947 (mit Anlagen und Prot.) (SR 0.632.21)
GE	Kanton Genf
gem.	gemäss
GeoIG	Bundesgesetz vom 5. Oktober 2007 über Geoinformation (SR 510.62)
GeomV	Verordnung vom 21. Mai 2008 über die Ingenieur-Geometerinnen und Ingenieur-Geometer (SR 211.432.261)
GIMAP	Guide interactif pour les marchés publics
gl. M.	gleicher Meinung
GmbH	Gesellschaft mit beschränkter Haftung
GOG	Gesetz über die Gerichts- und Behördenorganisation vom 10. Mai 2010 (Zürich, LS 211.1)
GPA	Übereinkommen vom 15. April 1996 über das öffentliche Beschaffungswesen (SR 0.632.231.422)

GR	Kanton Graubünden
GRUR	Zeitschrift für gewerblichen Rechtsschutz und Urheberrecht (Weinheim)
GSchG	Bundesgesetz vom 24. Januar 1991 über den Schutz der Gewässer (Gewässerschutzgesetz) (SR 814.20)
GVP SG	St. Gallische Gerichts- und Verwaltungspraxis (St. Gallen)
HAVE	Haftung und Versicherung (Zürich)
h. c.	honoris causa
HGer	Handelsgericht
HOAI	Verordnung über die Honorare für Leistungen der Architekten und Ingenieure vom 1.1.1977
HRegV	Handelsregisterverordnung vom 17. Oktober 2007 (SR 221.411)
Hrsg.	Herausgeber
HSG	Universität St. Gallen
HTL	Höhere Technische Lehranstalt
i. c.	in casu = im vorliegenden Fall
i. d. R.	in der Regel
i. e. S.	im engeren Sinne
i. f.	in fine = am Ende
i. K.	in Kraft
i. S.	in Sachen; im Sinne (des, der)
i. S. v.	im Sinne von
i. Ue.	im Uechtland
i. V. m.	in Verbindung mit
i. w. S.	im weiteren Sinne
ICC	Institut Conseil pour la Construction SA
Ing.	Ingenieur(in)

inkl.	inklusive
insb.	insbesondere
int.	international
IPRG	Bundesgesetz vom 18. Dezember 1987 über das Internationale Privatrecht (SR 291)
ISO	International Standard Organisation
iur.	Iuris
IV	Invalidenversicherung
IVöB	Interkantonale Vereinbarung über das öffentliche Beschaffungswesen vom 25. November 1994/15. März 2001
JdT	Journal des Tribunaux, Lausanne
kant.	kantonal(e)
Kap.	Kapitel
KBOB	Koordinationskonferenz der Bau- und Liegenschaftsorgane der öffentlichen Bauherren
KEG	Kernenergiegesetz vom 21. März 2003 (SR 732.1)
KG	Bundesgesetz vom 6. Oktober 1995 über Kartelle und andere Wettbewerbsbeschränkungen (Kartellgesetz) (SR 251)
KGer	Kantonsgericht
Komm.	Kommentar
KUB	Kammer Unabhängiger Bauherrenberater
LGVE	Luzerner Gerichts- und Verwaltungsentscheide (Luzern)
LHO	Leistungs- und Honorarordnungen
lit.	litera
LM	Ordnung SIA 112 Leistungsmodell
LPAI	Loi sur l'exercice des professions d'architecte et d'ingénieur (SR-GE L 5 40)
LU	Kanton Luzern

m	Meter
M.A.	Master of Arts
m. a. W.	mit anderen Worten
m. E.	meines Erachtens
m. H.	mit Hinweis(en)
m. W.	meines Wissens
m. w. H.	mit weiteren Hinweisen
METAS	Bundesamt für Metrologie
Mio.	Million(en)
Mitt.	Schweizerische Mitteilungen über gewerblichen Rechtsschutz und Urheberrecht
MSchG	Bundesgesetz vom 28. August 1992 über den Schutz von Marken und Herkunftsangaben (Markenschutzgesetz) (SR 232.11)
MSchV	Markenschutzverordnung vom 23. Dezember 1992 (SR 232.111)
MSRL-Technik	Mess-, Steuer-, Regel-, Leittechnik (Leitsystemtechnik)
MünchKomm	Münchener Kommentar zum Bürgerlichen Gesetzbuch
MWSTG	Bundesgesetz vom 12. Juni 2009 über die Mehrwertsteuer (SR 641.20)
N	Note/n
n. publ.	nicht publiziert
NE	Kanton Neuenburg
NHG	Bundesgesetz vom 1. Juli 1966 über den Natur- und Heimatschutz (SR 451)
NJW	Neue juristische Wochenschrift (München/Frankfurt a.M.)
Nr.	Nummer (ohne weitere Angaben: Randnummer des vorliegenden Buches)

NSG	Bundesgesetz vom 8. März 1960 über die Nationalstrassen (SR 725.11)
NSV	Nationalstrassenverordnung vom 7. November 2007 (SR 725.111)
NZBau	Neue Zeitschrift für Baurecht und Vergaberecht (München/Frankfurt a.M.)
OG	Bundesgesetz vom 16. Dezember 1943 über die Organisation der Bundesrechtspflege
OGer	Obergericht
OLG	Oberlandesgericht
OR	Bundesgesetz vom 30. März 1911 betreffend die Ergänzung des Schweizerischen Zivilgesetzbuches (Fünfter Teil: Obligationenrecht) (SR 220)
PatG	Bundesgesetz vom 25. Juni 1954 über die Erfindungspatente (Patentgesetz) (SR 232.14)
PBV	Planungs- und Bauverordnung vom 17. November 2011 (Luzern, SRL 736)
PGB	Planungs- und Baugesetz vom 7. März 1989 (Luzern, SRL 735)
PK	Praxiskommentar
PKG	Die Praxis des Kantonsgerichts Graubünden
PPP	Public Private Partnership
Pra	Die Praxis des Schweizerischen Bundesgerichts (Basel)
publ.	publiziert
QM	Qualitätsmanagement (= umfassend für Qualitätssicherung)
RB	Rechenschaftsbericht
RBOG TG	Rechenschaftsbericht des Obergerichts des Kantons Thurgau an den Grossen Rat
RDAF	Revue de droit administratif et de droit fiscal (Lausanne/Genf)

recht	recht, Zeitschrift für juristische Ausbildung und Praxis (Bern)
REG	Schweizerisches Register der Fachleute in den Bereichen des Ingenieurwesens, der Architektur und der Umwelt
Rep	Repertorio di Giurisprudenza Patria (Bellinzona)
resp.	respektive
RHG	Bundesgesetz vom 23. Juni 2006 über die Harmonisierung der Einwohnerregister und anderer amtlicher Personenregister (SR 431.02)
RJN	Revue de jurisprudence neuchâteloise (Neuenburg)
RPW	Recht und Politik des Wettbewerbs (Bern)
RSJ	Revue suisse de jurisprudence
RtiD	Rivista ticinese di diritto
Rz.	Randziffer
S.	Seite(n)
s.	siehe
SAG	Schweizerische Aktiengesellschaft (seit 1990 SZW) (Zürich)
SBB	Schweizerische Bundesbahnen
SchKG	Bundesgesetz vom 11. April 1889 über Schuldbetreibung und Konkurs (SR 281.1)
SebG	Bundesgesetz vom 23. Juni 2006 über Seilbahnen zur Personenbeförderung (Seilbahngesetz) (SR 743.01)
SebV	Verordnung vom 21. Dezember 2006 über Seilbahnen zur Personenbeförderung (Seilbahnverordnung) (SR 743.011)
SEC	Swiss Experts Certification SA
SECO	Staatssekretariat für Wirtschaft
SG	Kanton St. Gallen
SGEB	Schweizer Gesellschaft für Erdbebeningenieurwesen und Baudynamik

SGS	Systematische Gesetzessammlung des Kantons St. Gallen
SIA	Schweizerischer Ingenieur- und Architektenverein
SIA-Norm 118	Allgemeine Bedingungen für Bauarbeiten, herausgegeben vom SIA, Ausgabe 1977/91
SIA-Ordnung 102	Ordnung für Leistungen und Honorare der Architekten, herausgegeben vom SIA, Ausgabe 2003
SIA-Ordnung 103	Ordnung für Leistungen und Honorare der Bauingenieure und Bauingenieurinnen, herausgegeben vom SIA, Ausgabe 2003
sic!	Zeitschrift für Immaterialgüter-, Informations- und Wettbewerbsrecht (Zürich)
SJ	La Semaine Judiciaire (Genf)
SJK	Schweizerische Juristische Kartothek (Genf)
SJZ	Schweizerische Juristen-Zeitung (Zürich)
SMI	Schweizerische Mitteilungen über Immaterialgüterrecht (Zürich)
SO	Kanton Solothurn
SOG	Solothurnische Gerichtspraxis (Solothurn)
sog.	sogenannt
SPR	Schweizerisches Privatrecht, Basel und Stuttgart
SR	Systematische Sammlung des Bundesrechts
StAV	Verordnung vom 7. Dezember 1998 über die Sicherheit der Stauanlagen (Stauanlagenverordnung) (SR 721.102)
StGB	Schweizerisches Strafgesetzbuch vom 21. Dezember 1937 (SR 311.0)
StPO	Schweizerische Strafprozessordnung vom 5. Oktober 2007 (SR 312.0)
STV	Swiss Engineering
SubmD	Submissionsdekret (Aargau, SAR 150.910)
SUVA	Schweizerische Unfallversicherungsanstalt

SVA	Sozialversicherungsanstalt
SVG	Entscheidungen schweizerischer Gerichte in privaten Versicherungsstreitigkeiten
SVG	Strassenverkehrsgesetz vom 19. Dezember 1958 (SR 741.01)
SVV	Musterbedingungen des Schweizerischen Versicherungsverbandes
SVZ	Schweizerische Versicherungs-Zeitschrift (ab 2001: HAVE)
SZS	Schweizerische Zeitung für Sozialversicherung und berufliche Vorsorge (Bern)
SZW	Schweizerische Zeitung für Wirtschaftsrecht (bis 1989 SAG) (Zürich)
Tab.	Tabelle
Teilbd.	Teilband
TI	Kanton Tessin
u. a.	unter anderem
u. a. m.	und andere(s) mehr
u. E.	unseres Erachtens
u. U.	unter Umständen
unveröff.	unveröffentlicht
UIA	Internationale Architektenvereinigung
URG	Bundesgesetz vom 9. Oktober 1992 über das Urheberrecht und verwandte Schutzrechte (Urheberrechtsgesetz) (SR 231.1)
USG	Bundesgesetz vom 7. Oktober 1983 über den Umweltschutz (Umweltschutzgesetz) (SR 814.01)
usw.	und so weiter
UVG	Bundesgesetz vom 20. März 1981 über die Unfallversicherung (SR 832.20)

UVPV	Verordnung vom 19. Oktober 1988 über die Umweltverträglichkeitsprüfung (SR 814.011)
UWG	Bundesgesetz vom 19. Dezember 1986 gegen den unlauteren Wettbewerb (SR 241)
V	Verordnung
v.	von
v. a.	vor allem
VAG	Bundesgesetz vom 17. Dezember 2004 betreffend die Aufsicht über Versicherungsunternehmen (Versicherungsaufsichtsgesetz) (SR 961.01)
VAHTL	Verordnung vom 8. Oktober 1980 des Eidgenössischen Volkswirtschaftsdepartementes über die Mindestvorschriften für die Anerkennung der Höheren Technischen Lehranstalten (SR 412.107.0)
VD	Kanton Waadt
VE	Vorentwurf
VG	Bundesgesetz vom 14. März 1958 über die Verantwortlichkeit des Bundes sowie seiner Behördenmitglieder und Beamten (Verantwortlichkeitsgesetz) (SR 170.32)
VGE	Entscheidungen des Verwaltungsgerichts
vgl.	vergleiche
VGT	(Freiburger) Vergaberechtstagung (Tagungsunterlage: Aktuelles Vergaberecht/Marchés publics)
VKF	Vereinigung kantonaler Feuerversicherungen
VöB	Verordnung vom 11. Dezember 1995 über das öffentliche Beschaffungswesen (SR 172.056.11)
Vorb.	Vorbemerkung(en)
VS	Kanton Wallis
VSS	Schweizerischer Verband der Strassen- und Verkehrsfachleute

VTS	Verordnung vom 19. Juni 1995 über die technischen Anforderungen an Strassenfahrzeuge (SR 741.41)
VUV	Verordnung vom 19. Dezember 1983 über die Verhütung von Unfällen und Berufskrankheiten (Verordnung über die Unfallverhütung) (SR 832.30)
VVG	Bundesgesetz vom 2. April 1908 über den Versicherungsvertrag (Versicherungsvertragsgesetz) (SR 221.229.1)
VVV	Verkehrsversicherungsverordnung vom 20. November 1959 (SR 741.31)
WaG	Bundesgesetz vom 4. Oktober 1991 über den Wald (Waldgesetz) (SR 921.0)
WTO	Welthandelsorganisation
ZAB	Zusätzliche Allgemeine Bedingungen (ZAB), Haftpflichtversicherung für Architekten und Bauingenieure (mit Vermögensschaden-Deckung), unverbindliche Musterbedingungen des Schweizerischen Versicherungsverbandes, Ausgabe 2006
z. B.	zum Beispiel
ZBGR	Schweizerische Zeitschrift für Beurkundungs- und Grundbuchwesen (Wädenswil)
ZBJV	Zeitschrift des Bernischen Juristenvereins (Bern)
ZfBR	Zeitschrift für deutsches und internationales Baurecht, Wiesbaden
ZG	Kanton Zug
ZGB	Schweizerisches Zivilgesetzbuch vom 10. Dezember 1907 (SR 210)
ZH	Kanton Zürich
Ziff.	Ziffer
zit.	zitiert
ZPO	Schweizerische Zivilprozessordnung vom 19. Dezember 2008 (SR 272)

ZR	Blätter für zürcherische Rechtsprechung (Zürich)
ZSR	Zeitschrift für Schweizerisches Recht (Basel)
ZStrR	Schweizerische Zeitschrift für Strafrecht (Bern)
ZWR	Zeitschrift für Walliser Rechtsprechung (Sitten)

§ 1 Von den Planerverträgen, von ihrer Qualifikation und dem SIA-Normenwerk für Planerleistungen

PETER GAUCH / PATRICK MIDDENDORF*

Inhaltsverzeichnis

* Grundlage des nachfolgenden Textes ist der Beitrag, den PETER GAUCH unter dem Titel «Vom Architekturvertrag, seiner Qualifikation und der SIA-Ordnung 102» in: «Das Architektenrecht», 3. Aufl., Zürich 1995, veröffentlicht hat. Für das vorliegende Buch wurde der erwähnte Beitrag von PATRICK MIDDENDORF frei überarbeitet und ergänzt. Mit Rücksicht auf diese Entstehungsgeschichte werden PATRICK MIDDENDORF und PETER GAUCH als Mitautoren des hier publizierten Textes aufgeführt.

I. Einleitung

1.1 An der Verwirklichung eines Bauvorhabens sind in aller Regel mehrere Personen, meistens auch ein (oder mehrere) Planer, beteiligt. Welche konkreten Planerleistungen der Planer im Einzelfall zu erbringen hat, bestimmt sich nach dem Inhalt seines Vertrags. Von diesem Vertrag, dem Planervertrag, sprechen wir nachfolgend zunächst (I.) im Allgemeinen. Dann greifen wir (II.) die Frage der Vertragsqualifikation auf. Und schliesslich befassen wir uns (III.) mit dem SIA-Normenwerk für Planerleistungen.

II. Von den Planerverträgen im Allgemeinen

1. Begriff und Terminologie

1.2 Der Planervertrag, um den es im vorliegenden Buch geht, ist ein Schuldvertrag, in dem sich ein Planer (namentlich ein Architekt oder ein Bauingenieur) gegenüber seinem Vertragspartner zwar nicht zur körperlichen Errichtung einer Baute, wohl aber zur Erbringung von mindestens einer baubezogenen Planerleistung (z.B. zur Ausarbeitung von Plänen, zur Erstellung eines

Kostenvoranschlages oder zur bauleitenden Überwachung von Bauarbeiten) verpflichtet. Der Ausdruck «Planervertrag», der für den so verstandenen Vertrag verwendet wird, ist insofern unpräzis, als er zur falschen Annahme verleiten könnte, der baubezogene Leistungsinhalt dieses Vertrages beschränke sich auf die Ausarbeitung von Plänen. Im Sprachgebrauch der Baupraxis hat er sich jedoch eingebürgert, einfach deswegen, weil die deutsche Sprache keinen präziseren Ausdruck kennt. Analoges gilt für die im vorliegenden Zusammenhang verwendeten Ausdrücke «Planer» und «Planerleistungen». «Planer» ist auch derjenige, der sich z.B. zur Bauleitung verpflichtet; und der Kreis der baubezogenen «Planerleistungen», die von «Planern» erbracht werden, greift über das Gebiet der blossen Bauplanung hinaus. Gleich verhält es sich notabene mit den Ausdrücken «designer» und «design services», die in der englischen Bausprache gebraucht werden.

2. Der Gegenstand des Planervertrags und dessen Erscheinungsformen

1. Welche Leistungen «Planerleistungen» und deshalb möglicher *Gegenstand eines Planervertrags* sind, lässt sich keiner Gesetzesnorm entnehmen. Vielmehr ist, was die Bestimmung und Eingrenzung der Planerleistungen betrifft, auf **die Praxis** abzustellen, die aufgrund der steigenden Komplexität von Bauvorhaben, zunehmender Regelungsdichte und erhöhten wirtschaftlichen und technischen Anforderungen ein in Entwicklung begriffenes Berufsbild des Planers zeigt.[1] 1.3

Die Praxis, die dem Planer bestimmte (vor allem beratende, planende und überwachende) Tätigkeiten zuweist, fand Eingang in die umfangreichen *Leistungsbeschriebe der SIA-Ordnungen 102, 103, 104, 105, 106, 108 und 110* (jeweils unter Art. 4), worin die typischen Leistungen der jeweiligen Planer nach Massgabe eines (mehr oder weniger) üblichen Planungsablaufs chronologisch dargestellt sind.[2] 1.4

---

1 Vgl. LM 112, Erläuterungen, S. 3.

2 Die SIA-Ordnungen 102, 103 und 104 sprechen von «in der Regel zu erbringenden Grundleistungen und [allfällig; in SIA-Ordnung 102] besonders zu vereinbarende[n] Leistungen» (ähnlich auch SIA-Ordnung 106), wobei die Einteilung der Leistungen in Teilphasen, «dem üblichen Planungsablauf» entspreche (je Art. 4). Letzteres halten auch die SIA-Ordnungen 108 und 110 unter Art. 4 fest. Auch diese Ordnungen umschreiben Grundleistungen und besonders zu vereinbarende Leistungen; dabei wird in der SIA-Ordnung

1.5 **2.** Der Planervertrag kommt in verschiedenen Erscheinungsformen vor. Er kann z.B. ein typischer Architektenvertrag (auch: Architekturvertrag),[3] ein Vertrag über Bauingenieur- oder über Elektroingenieurleistungen sein. Übernimmt ein Planer (insbesondere ein Architekt oder ein Bauingenieur) **sämtliche Planerleistungen** im Zusammenhang mit einem Bauvorhaben,[4] mindestens aber die Projektierung und die Bauleitung, so ist er bezogen auf den betreffenden Vertrag ein «Gesamtplaner», dessen geschuldete Gesamtleistung in unterschiedliche Teilleistungen zerfällt. Der betreffende Vertrag wird als «Gesamtvertrag» (des Architekten oder Ingenieurs) bezeichnet.

1.6 Möglich und recht häufig ist indessen auch, dass der konkret vereinbarte Planervertrag sich auf **einzelne Teilleistungen** beschränkt, also nicht die planerische Gesamtleistung für die Durchführung eines Bauvorhabens umfasst. So kommt es namentlich bei grösseren Bauwerken vor, dass z.B. für die Projektierung auf der einen Seite und für die Bauleitung (die Leitung der Bauausführung) sowie die Kostenkontrolle auf der anderen Seite verschiedene Planer mit je eigenen Verträgen beigezogen werden. Je nachdem, welcher (Teilleistungs-)Inhalt in einem Planervertrag vereinbart wurde, spricht man etwa von einem «Projektierungs-» oder einem «reinen Planungsvertrag», einem «Vertrag zur Herstellung eines Kostenvoranschlags» oder einem «Bauleitungsvertrag».

1.7 **3.** Wird der Umfang der Leistungen streitig, die einem Planer übertragen sind, so stellt sich die **Frage nach der Beweislast:** Die Beweislast trägt nach dem allgemeinen Grundsatz von Art. 8 ZGB, wer von einer bestimmten Planerleistung behauptet, dass sie zum Inhalt des vereinbarten Planervertrags gehört, was je nach Streitlage der Bauherr oder der Planer sein kann. Weder enthält das Gesetz eine Ausnahme von dieser Beweislastverteilung, noch be-

---

110 von einer «Liste möglicher Arbeitsschritte» gesprochen, und die SIA-Ordnung 108 hält fest, dass die umschriebenen Leistungen «im Einzelfall überprüft und allenfalls den Anforderungen angepasst werden» müssen (je Art. 4). Als «Auswahl der in Absprache mit dem Auftraggeber zu erbringenden Leistungen» versteht sich der Leistungsbeschrieb der Planungsaufgaben in der SIA-Ordnung 105 (Art. 4.1), während im Leistungsbeschrieb der Projektierungsarbeiten wieder von «in der Regel zu erbringenden Grundleistungen und allfällig besonders zu vereinbarender Leistungen» gesprochen wird (Art. 4.2).

3 Die Ausdrücke «Architekten-» oder «Architekturvertrag» werden in der Baubranche synonym verwendet. Vgl. z.B. auch die unterschiedslos nebeneinander auftretende Verwendung in BGer 4C.408/1999 (11.2.2000).

4 Von der ersten Idee über die Projektierung und die Bauausführung bis hin zur Leitung der Garantiearbeiten und der Rechnungskontrolle.

steht eine auch nur tatsächliche Vermutung, die im Streitfall für diesen oder jenen Leistungsumfang spricht. Insbesondere gibt es keinen Erfahrungssatz, wonach der Planer im Zweifel mit allen zur Durchführung des Bauvorhabens erforderlichen Planerleistungen betraut ist (Nr. 1.77).[5]

4. Das Gesagte zeigt, dass der Planervertrag **kein einheitlicher Vertragstypus** ist, sondern – je nach getroffener Vereinbarung – bald solche, bald andere Planerleistungen zum Gegenstand hat. Demzufolge gibt es, schon von der geschuldeten Planerleistung her, vielfältigste Arten des Planervertrags. Die Vielfalt, in der sich der Vertrag präsentiert, wird noch erweitert, wenn man die beteiligten Parteien und die Frage der Entgeltlichkeit in die Betrachtung einbezieht: 1.8

3. Die Vertragsparteien

1. Die **Parteien des Planervertrags** sind: ein (selbständiger) Planer,[6] der die Planerleistung(en) verspricht, und dessen Vertragspartner. Auf die Berufsausbildung des Planers kommt es für das Vorliegen eines Planervertrags nicht an,[7] so wenig wie es darauf ankommt, ob der Planer den Vertrag in Ausübung seines Berufs oder ausserberuflich vereinbart. Gleichgültig ist auch, in welcher Eigenschaft sich sein Vertragspartner am Vertrag beteiligt. Im Normalfall wird der Planervertrag zwar mit einem Bauherrn[8] abgeschlossen, von dem das gesamte Bauvorhaben ausgeht. Möglich ist aber auch, dass der Planer den Vertrag nicht mit einem Bauherrn selbst, sondern z.B. mit einem Totalunternehmer[9] oder (als Subplaner) mit einem weiteren Planer abschliesst. 1.9

Beide Parteien, die sich an einem Planervertrag beteiligen, können natürliche Personen, juristische Personen oder rechtsfähige Personengesellschaften 1.10

---

5 Vgl. BGH NJW 1980, S. 122; WERNER, S. 696.

6 Der Erbringer der Planerleistungen schliesst den Vertrag als selbständiger (freischaffender) Planer ab. Der Planervertrag ist deshalb kein Einzelarbeitsvertrag nach Massgabe des Art. 319 OR.

7 Einen Willensmangel vorbehalten, ist ein Planervertrag mit einem Architekten etwa auch dann gültig, wenn der Architekt zur Ausübung des Architektenberufs nach kantonalem Recht nicht berechtigt ist (BGE 117 II 47). Vgl. BGer 4C.85/2003 (25.8.2003) E. 4.3.2.

8 Dieser Normalfall wird dadurch gespiegelt, dass der Vertragspartner des Bauherrn nachfolgend meist als Bauherr bezeichnet wird. Zum Begriff des Bauherrn: GAUCH, Werkvertrag, Nr. 208.

9 Zum Begriff des Totalunternehmers: BGE 114 II 54 f.; GAUCH, Werkvertrag, Nr. 233 f.; und Fn. 43.

(Kollektiv- oder Kommanditgesellschaften) sein. Darüber hinaus kommt es vor, dass mehrere Personen, die zu einer einfachen Gesellschaft (Art. 530 OR) verbunden sind, den Vertrag auf der einen oder anderen Seite gemeinsam eingehen. Dem Planer kann etwa ein Bauherren-Konsortium in Form einer einfachen Gesellschaft gegenüberstehen. Und umgekehrt ist möglich, dass die auszuführenden Planerleistungen an verschiedene Planer gemeinsam vergeben werden,[10] die eine Planergemeinschaft (auch: Arbeitsgemeinschaft) in einfacher Gesellschaft bilden (Nr. 14.16).

1.11 **2.** Auf den Fall von **Planergemeinschaften** zugeschnitten ist etwa der im Jahre 2001 vom SIA veröffentlichte Mustervertrag Nr. 1012/1 («Planervertrag»). Für die Regelung des dahinterstehenden Gesellschaftsverhältnisses stellt der SIA wiederum das Muster Nr. 1012/2 («Gesellschaftsvertrag für Planergemeinschaft») bereit. Der Planervertrag Nr. 1012/1 ist für die «ganzheitliche» vertragliche Regelung aller Arten von baubezogenen Planerleistungen im Zusammenspiel des SIA-Leistungsmodells 112 (Nr. 1.78) mit den Ordnungen 102, 103, 104, 108, und 110 konzipiert, kann sich aber auch – je nach Leistungsbedarf des Bauherrn – für die Vereinbarung von Teilphasen eignen.[11]

4. Die Frage der Entgeltlichkeit

1.12 Der Planervertrag kann **ein entgeltlicher oder ein unentgeltlicher Vertrag** sein (zur Vergütung Nr. 7.1 ff.). Kommt es über die Entgeltlichkeit oder das Ausmass der geschuldeten Vergütung zum Streit, so gelten die folgenden Grundsätze:

1.13 **1.** Die **Beweislast dafür, dass die Leistung einer Vergütung vereinbart wurde** und deshalb (weil vereinbart) geschuldet ist, liegt im Streitfall beim

10 Art. 3.5 SIA 102 geht davon aus, dass einzelne Leistungen des Architekten in Zusammenarbeit mit Fachleuten anderer Fachrichtungen erbracht werden, wobei das Zusammenwirken (erstens) durch Einzelbeauftragung des Architekten und der verschiedenen Spezialisten, (zweitens) durch Gesamtbeauftragung eines Architekten, der die entsprechenden Leistungen teilweise an Spezialisten vergeben kann, oder (drittens) durch Beauftragung eines Planerteams geschehen kann (vgl. Art. 3.5 SIA 103/104/108 sowie Art. 3.7 SIA 105, Art. 3.4 SIA 106 und Art. 3.9 SIA 110). Zu den «Freuden und Leiden von und mit Konsortien»: SCHERRER, Freuden und Leiden, S. 93.

11 Vgl. Erläuterungen zum SIA-Leistungsmodell 112. Zur Planergemeinschaft siehe § 14; zu den Planern und der Haftung mehrerer § 15.

Planer (Nr. 7.3 f.). War die Erbringung der vereinbarten Planerleistungen *nach den Umständen nur gegen Entgelt zu erwarten,* so geht eine tatsächliche (natürliche) Vermutung dahin, dass die Parteien zumindest eine stillschweigende Vergütungsabrede getroffen haben.[12] Diese Vermutung kann jedoch durch blossen Gegenbeweis entkräftet werden,[13] weshalb sie nicht zu einer Umkehr der Beweislast führt.

2. Nach den Umständen spricht bereits dann eine tatsächliche (natürliche) 1.14 **Vermutung für eine vereinbarte Entgeltlichkeit** der Planerleistungen, wenn die betreffenden Leistungen von einem Planer im Rahmen seiner Berufsausübung erbracht werden.[14] Diese Vermutung, die hier für die getroffene Vergütungsabrede spricht, entfällt nicht schon deswegen, weil die Parteien bei Vertragsabschluss in freundschaftlicher Beziehung zueinander standen. Denn erfahrungsgemäss werden Planerleistungen, wenn sie nicht einen ganz geringen Umfang haben, auch unter befreundeten Personen entgeltlich erbracht. Der Empfänger solcher Planerleistungen darf sich folglich nicht darauf verlassen, er brauche kein Entgelt zu bezahlen.[15] Dies gilt umso mehr, wenn

---

12 BGE 119 II 43; siehe auch: FELLMANN, Berner Kommentar, N 370 zu Art. 394 OR; GMÜR, S. 78 f.; REBER, Rechtshandbuch, S. 241.

13 BGer 4C.421/2006 (4.4.2007) E. 2.1; KUMMER, Berner Kommentar, N 363 zu Art. 8 ZGB.

14 Vgl. z.B. BGer 4C.421/2006 (4.4.2007) E. 2.1; 4C.261/2005 (9.12.2005) E.2.1 = BR/DC 2006, S. 64 f., Nr. 205 mit Anm. GAUCH; BGE 119 II 43; 64 II 12; 25 II 789; SJZ 1920, S. 378; ZBJV 1921, S. 91 f.; ZWR 1968, S. 316; FELLMANN, Berner Kommentar, N 380 zu Art. 394 OR; GMÜR, S. 81 f.

15 Vgl. BGer 4A_42/2010 (19.3.2010) E. 2.1; 4C.421/2006 (4.4.2007) E. 2.1 f. = BR/DC 2007, S. 166 f., Nr. 361 mit Anm. WERRO. In BGE 64 II 9 ff. (einem planerfreundlichen Entscheid; vgl. auch BGer 4A_462/2008 (22.12.2008) E. 4.3) hielt das Bundesgericht sogar an der Vermutung der Entgeltlichkeit fest, obwohl die Pläne, deren Vergütung ein Architekt vom (nicht befreundeten) Bauherrn einforderte, «sans engagement» bestellt worden waren. Gestützt auf die vermutete Entgeltlichkeit kam das Gericht zum Schluss, eine Vergütung sei vereinbart; der Ausdruck «sans engagement» bedeute also nicht «kostenlos» («gratuit»), sondern nur, dass der Bauherr hinsichtlich der Verwirklichung der hergestellten Pläne (überhaupt und in der allfälligen Wahl eines bauleitenden Architekten) frei bleibe (ähnlich das Oberlandesgericht Düsseldorf in seinem Urteil vom 5. Juni 1992 betreffend den Ausdruck «unverbindlich», BauR 1993, S. 108). Fraglich ist allerdings, ob die Verwendung des Ausdrucks «sans engagement» nicht geeignet gewesen wäre, die Vermutung der vereinbarten Entgeltlichkeit zu entkräften, von der das Gericht bei der Auslegung dieses Ausdruckes ausging. Denn der Ausdruck kann in entsprechenden Verträgen durchaus auch die Bedeutung von «kostenlos» haben, was hätte genügen müssen, um im konkreten Fall Zweifel an der Richtigkeit der Vermutung zu wecken und diese dadurch zu beseitigen (vgl. KUMMER, Berner Kommentar, N 107 und 366 zu Art. 8 ZGB).

die Leistungen für den Bauherrn einen Gewinn darstellen, indem sie sich verwenden bzw. verwerten lassen.[16]

1.15 **3.** Beurteilt sich die **Vergütungspflicht nach Auftragsrecht,** so greift die Sonderbestimmung des Art. 394 Abs. 3 OR ein (Nr. 7.3).[17] Nach Art. 394 Abs. 3 OR wird eine Vergütung geschuldet, «wenn sie verabredet oder üblich ist». Die **Verkehrsübung,**[18] auf die Art. 394 Abs. 3 OR verweist, wird kraft dieses Verweises zum mittelbaren Gesetzesrecht;[19] sie erhält den Charakter von objektivem Recht,[20] das den Vertrag, der keine entsprechende Abrede enthält, wie eine dispositive Gesetzesnorm ergänzt.[21] Besteht für den Personenkreis der beteiligten Parteien eine einschlägige Verkehrsübung, was diejenige Partei zu beweisen hat, die sich darauf beruft, so kommt die Übung in zweifacher Hinsicht zum Tragen:

1.16 **a.** Zunächst begründet die Übung nach Art. 394 Abs. 3 OR eine *Vergütungspflicht, ohne* dass eine *Vergütungsabrede* oder eine vertragliche Übernahme der Übung durch die Parteien erforderlich wäre.[22] Ist also die Leistung einer Vergütung üblich, so reicht dies nach Art. 394 Abs. 3 OR aus, damit der Auftraggeber vergütungspflichtig wird. Vorbehalten bleibt eine abweichende Abrede. Behauptet der Auftraggeber, dass eine von der Übung abweichende Unentgeltlichkeit der Planerleistungen vereinbart worden sei, so trägt er hierfür die Beweislast.[23] Er hat zu beweisen, dass der Vergütungsanspruch des Planers wegbedungen wurde. Keine Befreiung von der üblichen Vergütungspflicht bringt also der blosse Nachweis, dass über die Entgeltlichkeit überhaupt nichts vereinbart worden ist.

---

[16] Vgl. auch BGer 4A_42/2010 (19.3.2010) E. 2.1 zur Beurteilung der Vergütungspflicht von Planungsleistungen eines Totalunternehmers, obwohl dessen Projekt nicht ausgeführt wurde.

[17] Zur Qualifikation des Planervertrags siehe Nr. 1.27 ff.

[18] Zum Begriff und zu den Erscheinungsformen der Verkehrsübung vgl. FELLMANN, Berner Kommentar, N 375 ff. zu Art. 394 OR; JÄGGI/GAUCH, Zürcher Kommentar, N 392 ff. zu Art. 18 OR.

[19] FELLMANN, Berner Kommentar, N 374 zu Art. 394 OR; GMÜR, S. 81; MERZ, Berner Kommentar, N 139 zu Art. 2 ZGB.

[20] Vgl. BGE 94 II 159; 91 II 358 f.

[21] JÄGGI/GAUCH, Zürcher Kommentar, N 522 zu Art. 18 OR; KRAMER, Berner Kommentar, N 242 zu Art. 18 OR.

[22] BGE 112 II 351; FELLMANN, Berner Kommentar, N 373 zu Art. 394 OR; GAUTSCHI, Berner Kommentar, N 74c und 81 zu Art. 394 OR.

[23] Siehe auch FELLMANN, Berner Kommentar, N 383 zu Art. 394 OR; GMÜR, S. 86.

b. Sodann bestimmt die Übung (über den engen Wortlaut des Gesetzes hinaus) auch den *Umfang der geschuldeten Vergütung,*[24] und zwar selbst dann, wenn die Vergütungspflicht als solche auf Vereinbarung beruht (Nr. 7.35).[25] Besteht eine einschlägige Übung hinsichtlich der Vergütungshöhe, so hat der Planer nach Art. 394 Abs. 3 OR (bei gegebenem Vergütungsanspruch) ein Recht auf die übliche Vergütung.[26] Vorbehalten bleiben wiederum abweichende Abreden. Behauptet eine Partei, dass eine von der Übung abweichende (höhere oder geringere) Vergütung vereinbart worden sei, so liegt die Beweislast bei ihr. 1.17

Gibt die anwendbare Verkehrsübung im Einzelfall keine Antwort auf die Vergütungs*höhe,* so hat das Gericht den Vertrag diesbezüglich nach dem «hypothetischen Willen» der Parteien zu ergänzen.[27] Ausgehend von der Eigenart des konkreten Vertrags hat es die Vergütungshöhe so festzusetzen, dass sie nach Treu und Glauben von beiden Parteien hätte akzeptiert werden müssen, weil sie den geleisteten Diensten nach den Umständen des Einzelfalls (insbesondere nach dem Gegenstand des Auftrags, der vom Beauftragten übernom- 1.18

---

[24] Nach der hier vertretenen Auffassung betrifft der Verweis auf die Übung, den Art. 394 Abs. 3 OR enthält, nicht nur die Frage, *ob* ein Entgelt geschuldet ist (anders aber FELLMANN, Berner Kommentar, N 397 ff. zu Art. 394 OR; HOFSTETTER, SPR VII/2, S. 61). Vielmehr ist der Verweis so auszulegen, dass sich auch die Vergütungs*höhe* nach einer bestehenden Übung richtet (vgl. BGE 135 III 261 f.; 132 III 466; 117 II 283 f.;101 II 111; 82 IV 147; BGer 4C.261/2005 (9.12.2005) E.2.1; von BÜREN, OR BT, S. 135 f.; WEBER, Basler Kommentar, N 39 zu Art. 394 OR; GAUTSCHI, Berner Kommentar, N 77a zu Art. 394 OR; GMÜR, S. 109 ff.; SUTER, S. 93; WERRO, Le mandat, S. 256; unentschieden: BGE 117 II 283 f.). Denn es gibt keinen Grund, weshalb der Richter, der eine Vergütungspflicht gestützt auf die Übung bejaht, eine *unübliche* Vergütung zusprechen sollte. Das Argument, dass der an die übliche Vergütung gebundene Richter im «Fall der eingelebten Unsitte» machtlos wäre (HOFSTETTER, a.a.O.), entfällt schon deswegen, weil eine Übung, die eine Partei in sittenwidriger Weise benachteiligt, von vornherein unbeachtlich ist (JÄGGI/GAUCH, Zürcher Kommentar, N 525 zu Art. 18 OR).

[25] Das ergibt sich ohne Weiteres aus der Doppelfunktion, welche die Übung nach Art. 394 Abs. 3 OR erfüllt, indem sie *1.* eine Vergütungspflicht begründet und *2.* deren Umfang bestimmt. Wurde eine Vergütungspflicht vereinbart, so entfällt zwar die erste Funktion der Übung, was aber nicht heisst, dass sie auch die zweite verliert (vgl. BGE 135 II 261 f.; 101 II 110 f.).

[26] Dass dies durchaus dem Sinn des Art. 394 Abs. 3 OR entspricht, belegen «verwandte» Gesetzesbestimmungen (Art. 414 und 418g Abs. 1 OR), worin der Gesetzgeber sich deutlicher ausgedrückt hat.

[27] Vgl. BGE 135 III 262; LGVE 1987, I, Nr. 21, S. 60 ff.; GMÜR, S. 111; WERRO, Le mandat, S. 256 f.

menen Verantwortung sowie seiner beruflichen Ausbildung und Stellung) objektiv angemessen ist.[28]

1.19 **4.** Von der Vergütung zu unterscheiden ist im Auftragsrecht der **Auslagen- und Verwendungsersatz,** auf den der Beauftragte nach Art. 402 Abs. 1 OR Anspruch hat (Nr. 7.167 ff.).[29] Dieser gesetzliche Anspruch besteht unabhängig davon, ob es sich um einen entgeltlichen oder unentgeltlichen Auftrag handelt. Hingegen entfällt der Anspruch, soweit er durch eine vertragliche Abrede wegbedungen wurde. Eine derartige Abrede kann schon von vornherein getroffen werden, und zwar auch für unentgeltliche Aufträge. Ein Teil der Lehre allerdings nimmt an, ein unentgeltlicher Auftrag mit wegbedungenem Auslagen- und Verwendungsersatz sei in Wirklichkeit ein schenkungsähnlicher Innominatkontrakt,[30] was hier nicht weiter untersucht wird. Wichtiger ist die Feststellung, dass ein vertraglicher Verzicht auf die Ersatzansprüche des Art. 402 Abs. 1 OR nicht leichthin bejaht werden darf, da Abweichungen vom dispositiven Recht mit hinreichender Deutlichkeit vereinbart werden müssen.[31]

1.20 Handelt es sich im konkreten Fall um einen *unentgeltlichen Auftrag,* so ist zu beachten, dass auf das Auftragsverhältnis Art. 422 Abs. 1 OR zur (analogen) Anwendung gelangt.[32] Das bedeutet, dass der Auftraggeber für den vom unentgeltlich beauftragten Planer erlittenen Schaden nach Ermessen des Gerichts Ersatz zu leisten hat, ohne dass hierfür ein Verschulden vorausgesetzt wäre. So hätte ein Bauherr etwa für den Schaden seines Planers in einem vom Gericht zu bestimmenden Umfang aufzukommen, falls der Planer im Rahmen einer unentgeltlich übernommenen Bauleitung auf der Baustelle verunfallt.

---

28 Vgl. BGE 135 III 262; 117 II 284; 101 II 111; vgl. auch Nr. 7.43.

29 Vgl. dazu FELLMANN, Berner Kommentar, N 11 ff. zu Art. 402 OR; GMÜR, S. 40 ff.

30 Vgl. FELLMANN, Berner Kommentar, N 63 zu Art. 402 OR, mit weiteren Hinweisen.

31 Vgl. BGE 117 II 621; 115 II 268; 113 II 51.

32 BGE 48 II 487 und 490 ff.; vgl. BGE 61 II 95 ff.; GAUCH, Bauernhilfe, S. 192 ff. und 198 ff.

5. Wurde eine Vergütungspflicht vereinbart[33] und kommt **Werkvertragsrecht** zur Anwendung,[34] so bemisst sich die geschuldete Vergütung allenfalls nach Art. 374 OR, der ergänzendes Vertragsrecht enthält, was die Höhe der werkvertraglichen Vergütung betrifft (Nr. 7.36). Nach dieser dispositiven Bestimmung wird die geschuldete Vergütung «nach Massgabe des Wertes der Arbeit und der Aufwendungen» (unter Hinzurechnung eines angemessenen Zuschlags für Generalunkosten und Gewinn) festgesetzt, falls sie von den Parteien «entweder gar nicht oder nur ungefähr bestimmt worden» ist.[35] Die Ermittlung des massgeblichen «Wertes» (samt Zuschlag für Generalunkosten und Gewinn) obliegt im Streitfall dem Gericht, das eine bestehende Übung am Orte der Arbeitsausführung mitberücksichtigen muss, auf die Art. 374 OR zwar nicht ausdrücklich, jedoch implizit verweist.[36] Die Vergütungspflicht als solche (die Entgeltlichkeit) lässt sich aber weder aus Art. 374 OR ableiten, noch enthält das Werkvertragsrecht (anders als das Auftragsrecht) eine Bestimmung, die diesbezüglich eine Übung genügen lässt. Ist eine Vergütung der Werkleistung im konkreten Fall jedoch üblich oder sonst wie nach den Umständen zu erwarten (weil sie z.B. berufsmässig erbracht wird), so spricht eine tatsächliche Vermutung dafür, dass eine Vergütungspflicht zumindest stillschweigend vereinbart wurde (Nr. 7.4).[37] Eine solche Vermutung lässt sich dadurch entkräften, dass beim Gericht entsprechende Zweifel geweckt werden.[38] 1.21

6. Pro memoria bleibt anzufügen, dass der Planer einen vertraglichen Vergütungsanspruch von vornherein bloss dann haben kann, wenn sein Planervertrag überhaupt wirksam ist. An der **vorausgesetzten Wirksamkeit** fehlt es z.B., wenn sich ein Vertragspartner zu Recht und rechtzeitig (Art. 31 OR) auf 1.22

---

33 Haben die Parteien Unentgeltlichkeit entweder ausdrücklich oder stillschweigend vereinbart oder ergibt sich die Unentgeltlichkeit der Planerleistung aus dem mit hypothetischen Parteiwillen zu ergänzenden Vertrag, liegt per definitionem kein Werkvertrag vor (BGE 127 III 523; 122 III 14; BGer 4C.421/2006 [4.4.2007] E. 2.1; dazu Nr. 1.32).

34 Siehe zur Frage der Entgeltlichkeit im Werkvertragsrecht: SIEGENTHALER, Präjudizienbuch, N 2 zu Art. 363 OR.

35 Vgl. z.B. ZWR 1993, S. 190 ff. Mit der Auslegung, Anwendbarkeit und Anwendung des Art. 374 OR verbinden sich zahlreiche Einzelfragen, auf die hier nicht eingetreten wird. Ausführlich hingegen: GAUCH, Werkvertrag, Nr. 935 ff./Nr. 973 ff. (zu Art. 375 OR: unverhältnismässige Überschreitung eines ungefähren Ansatzes), Nr. 1011 ff. (Beweislastfragen).

36 Vgl. BGE 23 I 230; siehe auch BGer 4C.261/2005 (9.12.2005) E. 2.1.

37 Vgl. Nr. 1.14; GAUCH, Werkvertrag, Nr. 111a ff.

38 BGer 4C.285/2006 (2.2.2007) E. 2.2.

einen wesentlichen Irrtum (Art. 23 OR) berufen hat. Wesentlich ist unter Umständen auch ein *Erklärungsirrtum,* der gerade die Entgeltlichkeit betrifft.[39] Wird eine Vergütung allerdings nach dem auftragsrechtlichen Art. 394 Abs. 3 OR geschuldet, weil sie üblich ist, so kann ein Auftraggeber, der von der Unentgeltlichkeit des Auftrags ausgegangen ist, sich *deswegen* nicht auf Erklärungsirrtum berufen. Da die Übung, auf die Art. 394 Abs. 3 OR verweist, den Vertrag wie eine dispositive Gesetzesnorm ergänzt, bleibt ein Irrtum über Bestand oder gesetzliche Geltungskraft der Übung unbeachtlich.

1.23 **7.** Überhaupt kein Vertrag (auch kein unentgeltlicher Auftrag) ist das **reine Gefälligkeitsverhältnis,** das entsteht, wenn ein Planer Leistungen übernimmt oder ausführt, ohne sich dem Begünstigten gegenüber vertraglich zu verpflichten.[40] Aus einem solchen Verhältnis erwachsen dem Planer weder vertragliche Vergütungs- noch andere Erfüllungsansprüche, also auch keine Ersatzansprüche aus Art. 402 Abs. 1 OR. Umso mehr rechtfertigt sich hier die kausale Billigkeitshaftung des Begünstigten gegenüber dem Gefälligen, die auch den Auftraggeber eines unentgeltlichen Auftrags verpflichtet (vgl. Nr. 1.20), für den vom Beauftragten erlittenen Schaden einzustehen.[41]

5. Abgrenzung

1.24 Der Planervertrag ist zu unterscheiden von den übrigen Verträgen, die der Verwirklichung eines Bauvorhabens dienen, insbesondere vom Bauwerkvertrag. Im **Bauwerkvertrag** verpflichtet sich ein Bauunternehmer zur entgeltlichen Ausführung von Bauarbeiten und damit zur körperlichen Gestaltung eines (direkt oder indirekt) mit dem Erdboden verbundenen Baus oder Bauteils.[42] Dieser Vertrag ist auch dann ein Werkvertrag (Art. 363 OR), wenn er im Einzelfall die Merkmale eines General- oder Totalunternehmervertrags aufweist.[43] Ein Planervertrag im hier verstandenen Sinne ist er selbst dann

---

39 Vgl. den bereits zitierten BGE 64 II 91 ff.

40 Vgl. BGE 116 II 695 ff.

41 Vgl. BGE 129 III 181 ff.; Gauch, Bauernhilfe, S. 196 ff.

42 Gauch, Werkvertrag, Nr. 204 ff./Nr. 206.

43 BGE 117 II 274; 114 II 53 ff.; vgl. Brändli, S. 180 f.; Briner, Architektenverträge, S. 55. Zu den Merkmalen des General- und Totalunternehmervertrages vgl. Gauch, Werkvertrag, Nr. 222 ff./Nr. 233 ff. Vom Generalunternehmer unterscheidet sich der Totalunternehmer nur (aber immerhin) dadurch, dass er auch die Planungsarbeiten, namentlich die Projektierungsarbeiten, für die vom Bauherrn bestellte Baute leistet (BGE 114 II 55). Er ist also gewissermassen ein «projektierender» Generalunternehmer.

nicht, wenn die Ausführung der Bauarbeiten von einem professionellen Planer (einem Architekten oder Ingenieur) geschuldet wird. Denn:

Nichts hindert einen solchen Planer, sich (wie irgendein anderer) zur Leistung von Bauarbeiten zu verpflichten. Tut er dies, so wird er nicht in seiner Eigenschaft als Planer, sondern in der Rolle eines Bauunternehmers (z.B. als General- oder Totalunternehmer) tätig. Er ist dann Vertragspartner eines Bauwerkvertrags,[44] nicht eines Planervertrags, und hat von vornherein kein Recht, die übernommenen Bauarbeiten im Namen und auf Rechnung des Bestellers an Dritte zu vergeben.[45] Daran vermag weder seine Berufsbezeichnung etwas zu ändern, noch der Umstand, dass er allenfalls ein Planerbüro betreibt. 1.25

Wird streitig, ob zwischen dem Planer und seinem Partner ein Planervertrag oder ein Bauwerkvertrag abgeschlossen wurde, so ist der Streit nach dem vereinbarten Vertragsinhalt, also durch Auslegung des Vertrags zu entscheiden. Haben die Parteien die SIA-Ordnung 102 als Vertragsbestandteil übernommen, liegt darin zwar ein Indiz, das gegen die Annahme eines Bauwerkvertrags spricht. Entsprechendes gilt, wenn der Planer die Übernahme der Bauleitung versprochen hat.[46] Ausgeschlossen ist es aber nicht, dass dennoch ein Bauwerkvertrag vereinbart wurde.[47] 1.26

III. Die Frage der Qualifikation — Rechtliche Einordnung der Planerverträge

1. Die Fragestellung

1. Der Planervertrag ist kein Vertragstyp, den der Gesetzgeber besonders geordnet hat. Für den Rechtsanwendenden stellt sich deshalb die **Frage, ob der Vertrag sich diesem oder jenem gesetzlich geregelten Vertragstyp zuordnen lässt.** Die Qualifikationsfrage, um die es hierbei geht, wird vorwie- 1.27

---

44 Vgl. BGE 114 II 53 ff.; 107 II 438 f.; 97 II 66 ff.; 29 II 538 ff.

45 Vgl. Gauch, Werkvertrag, Nr. 241.

46 Vgl. BGer 4C.85/2003 (25.8.2003) E. 4.5.

47 Vgl. BGE 115 II 463, wo das Bundesgericht einen Totalunternehmervertrag annahm, obwohl die SIA-Ordnung 102 vertraglich übernommen wurde.

gend für einzelne Architektenverträge,[48] und zwar kontrovers, diskutiert.[49] Der diesbezügliche Qualifikationsstreit hängt unter anderem damit zusammen, dass der Architektenvertrag (wie der Planervertrag überhaupt) schon als Lebenserscheinung kein einheitlicher Vertragstyp ist, sondern ganz unterschiedliche Leistungen zum Gegenstand haben kann (vgl. Nr. 1.3 ff.), und es *den* Architektenvertrag mit immer gleichem Leistungsinhalt nicht gibt. Trotzdem hatte *das Bundesgericht* vorübergehend[50] angenommen, der Architektenvertrag unterstehe, auch wenn er sich z.B. in der Ausarbeitung von Plänen erschöpfen sollte, vorbehaltlos den Regeln des einfachen Auftrags (Art. 394 OR). Ein Werkvertrag wurde ausgeschlossen, weil das Gericht sich damals von der Meinung leiten liess, Gegenstand eines Werkvertrags könnten nur körperliche (nicht auch geistige) Werke sein.[51] Das Bundesgericht hat diese Meinung jedoch schon früh revidiert, indem es die Ablehnung des Geistwerkvertrags in BGE 109 II 37 richtigerweise wieder aufgegeben und in BGE 109 II 465 ff. zu einer differenzierten Qualifikation des Architektenvertrags zurückgefunden hat. Obwohl der soeben erwähnte Entscheid mehrfach bestätigt wurde,[52] vermochte er die Kontroversen um die Qualifikation nicht zu beenden. Hier wird der Ansicht gefolgt, die GAUCH bereits an andern

48 Zu keinen Diskussionen Anlass gegeben hat – soweit ersichtlich – die Qualifikation des Bauleitungsvertrags (siehe auch TERCIER/FAVRE/CONUS, Nr. 5357). Dazu Nr. 1.45 f.

49 Vgl. BRÄNDLI, S. 170 ff.; BRINER, Architektenverträge, S. 24; EGLI, Revidierte SIA-Ordnungen, S. 65 ff.; FELLMANN, Haftung für falsche Kostenschätzung, S. 225; GAUCH, Werkvertrag, Nr. 47 ff.; GEHRER, S. 85; LEUENBERGER, S. 54 f.; KRAUSKOPF, Präjudizienbuch, N 3 zu Art. 394 OR; BR/DC 1988, S. 11, Nr. 1 mit Anm. MERZ; QUINTO/MAFFIOLETTI, Handbuch zum Bauwesen, Nr. 143 ff.; STÖCKLI, Sorgfaltsmangel, S. 943 ff.; TAUSKY, Die Rechtsnatur, S. 135 ff.; WERRO/HAAS, S. 63 ff.; ZINDEL/PULVER, Basler Kommentar, N 17 ff. zu Art. 363 OR.

50 Ab BGE 98 II 311 f. bis BGE 109 II 462.

51 BGE 98 II 311. Ausführlich zu dieser Frage: GAUCH, Werkvertrag, Nr. 33 ff. Dort wird unter Bezugnahme auf die herrschende Lehre, einen Teil der Rechtsprechung und die Gesetzesmaterialien ausgeführt, dass der Werkvertrag (mit gewissen Einschränkungen: Nr. 42 ff.) durchaus auch geistige Werke umfassen kann, die das Ergebnis einer immateriellen (z.B. wissenschaftlichen oder künstlerischen) Leistung sind. Das von GAUTSCHI (Berner Kommentar, N 1 der Vorb. zu Art. 363–379 OR) und von andern verwendete Gegenargument, dass nur für körperliche (stoffliche) Werke die werkvertragliche Mängelhaftung infrage komme (BGE 98 II 311), überzeugt nicht (BGE 115 II 54). Denn ein Grund, weshalb bei unkörperlichen Werken die Anwendung der werkvertraglichen Bestimmungen über die Mängelhaftung ausgeschlossen sein soll, ist weder ersichtlich noch von jemandem dargetan (im Einzelnen und mit weiteren Nachweisen: GAUCH, Werkvertrag, Nr. 39 und 1472).

52 Z.B. in BGer 4A_252/2010 (25.11.2010) E. 4.1; BGE 134 III 363; 127 III 545; 114 II 56; 110 II 382.

Orten erläutert hat,[53] was gewisse Wiederholungen unvermeidbar macht, es andererseits aber gestattet, sich nachfolgend auf die grossen Leitlinien zu beschränken.

2. Die Beantwortung der Qualifikationsfrage hat **praktische Auswirkungen:**[54] Von ihr hängt namentlich ab, welche Regeln des gesetzlichen Vertragstypenrechts[55] auf den konkreten Vertrag zur Anwendung gelangen. Je nach Qualifikation können es z.B. die gesetzlichen Regeln des Auftragsrechts oder jene des Werkvertragsrechts sein. Dies wiederum wirkt sich etwa aus auf die Haftung des Planers für Schlechtleistung,[56] auf die Verjährung dieser Haftung[57] und auf die Beendigung des Vertragsverhältnisses.[58] 1.28

2. Die Beantwortung im Allgemeinen

Zunächst ist das Selbstverständliche festzuhalten: Die *eine* (einzige) Qualifikation des Planervertrags gibt es nicht, weil es *den* Planervertrag mit immer gleichem Inhalt nicht gibt. Vielmehr muss für die Qualifikation auf den 1.29

---

53 Vgl. insbesondere GAUCH, Werkvertrag, Nr. 47 ff. m.w.H.

54 Vgl. BR/DC 2009, S. 59, Nr. 123 mit Anm. STÖCKLI; ausführlich TRÜMPY, S. 18 ff.

55 Selbstverständlich ist es den Parteien freigestellt, durch Vereinbarung vom dispositiven Gesetzesrecht abzuweichen, indem etwa in einem Werkvertrag die kausale Gewährleistung des Unternehmers wegbedungen und durch eine Verschuldenshaftung ersetzt wird.

56 Ist der Planervertrag ein einfacher Auftrag, so unterliegt diese Haftung nicht den strengen Prüf- und Rügeobliegenheiten, wie sie das Werkvertragsrecht für die Mängelhaftung des Werkunternehmers vorsieht (vgl. BGE 127 III 330). Ausserdem richtet sich die Haftung des Beauftragten stets auf die Leistung von Schadenersatz, während die Mängelhaftung des Unternehmers dem Besteller verschiedene Rechte einräumt. Siehe Nr. 8.15.

57 Haftungsansprüche gegenüber einem Beauftragten verjähren grundsätzlich nach Massgabe der allgemeinen Vorschriften der Art. 127 ff. OR. Die Mängelhaftung des Werkunternehmers unterliegt dagegen den besonderen Verjährungsvorschriften des Art. 371 OR, der die Verjährungsfrist mit der Abnahme zudem zu einem speziellen Zeitpunkt beginnen lässt. Siehe Nr. 8.223 ff.

58 Nach den Regeln des einfachen Auftrags kommt z.B. Art. 404 OR zur Anwendung, der es jeder Partei erlaubt, das Vertragsverhältnis nicht nur jederzeit, sondern auch ohne Leistung von Schadenersatz aufzulösen, es sei denn, die Auflösung erfolge zur Unzeit. An die Stelle des Auflösungsrechts nach Art. 404 OR, die das Bundesgericht überdies als zwingend erachtet (BGE 115 II 466; 110 II 382 ff.; 106 II 159 f.; vgl. auch Nr. 2.98 ff.), tritt bei Anwendung des Werkvertragsrechts die Regel des Art. 377 OR. Diese gibt nur dem Besteller ein jederzeitiges Rücktrittsrecht und verpflichtet ihn, wenn er davon Gebrauch macht, nicht nur zur Vergütung der bereits geleisteten Arbeiten, sondern überdies auch zum Ersatz des Schadens (vgl. AEPLI, S. 46). Siehe im Einzelnen Nr. 2.76 ff.

Vertragsinhalt und somit darauf abgestellt werden, was die Parteien im konkreten Planervertrag vereinbart haben.[59] Je nachdem kann der Planervertrag ein einfacher Auftrag (Art. 394 OR), ein Werkvertrag (Art. 363 OR) oder (trotz Art. 394 Abs. 2 OR) ein gesetzlich nicht geregelter Vertrag, allenfalls ein gemischtes Vertragsverhältnis, sein,[60] was an nachfolgenden Beispielen gezeigt wird. Diese betreffen meist den Architektenvertrag, für den die Qualifikationsfrage in Lehre und Rechtsprechung vorwiegend diskutiert wird. Was aber über die rechtliche Einordnung des Architektenvertrags gesagt wird, gilt sinngemäss auch für andere Planerverträge (namentlich für Ingenieurverträge), die ebenfalls auf die Erbringung von baubezogenen Planerleistungen (Nr. 1.2 ff.) ausgerichtet sind und gleichartige[61] Leistungen zum Gegenstand haben können.

---

59 Auf den vereinbarten *Vertragsinhalt* (und nur darauf!) kommt es an (vgl. BGer 4A_252/2010 [25.11.2010] E. 4.1; 4C.165/2005 (22.7.2005) E. 3.1; BÜHLER, Zürcher Kommentar, N 168 zu Art. 363 OR; vgl. auch STÖCKLI, Anm. zu HGer SG, Urteil vom 23.3.2010, HG.2008.127, in: BR/DC 2/10, S. 58: «Ein Werkvertrag bleibt selbst dann ein Werkvertrag, wenn die Kausalhaftung wegbedungen [ist] … Die gesetzliche Haftungsordnung ist ein typisches, rechtlich aber kein notwendiges Merkmal des Werkvertrages».) Anders BRINER, Architektenverträge, S. 58, der die Qualifikation (i.c. eines reinen Planungsvertrags) ausschliesslich durch eine Prüfung der Rechtsfolgen ermitteln will. Unerheblich für die Qualifikation des Planervertrags ist, ob z.B. ein beteiligter Architekt über eine wissenschaftliche oder künstlerische Ausbildung verfügt oder nicht und ob der Architektenberuf zu den liberalen Berufen zählt (anders: ABRAVANEL, Architektenrecht 1995, S. 104 f. und S. 103/105). Vor dem Gesetz sind alle auch in dem Sinne gleich, dass das OR keine besonderen Vertragstypen für die Angehörigen liberaler Berufe oder die Absolventen höherer Lehranstalten bereithält.

60 Demgegenüber hatte das Bundesgericht in einigen Entscheiden angenommen, gemäss Art. 394 Abs. 2 OR sei jeder Vertrag auf Arbeitsleistung, der unter keinen andern (besonderen) Vertragstypus des Gesetzes falle, als einfacher Auftrag zu behandeln (BGE 109 II 36; 106 II 159; 104 II 110 f.; vgl. dazu GAUCH, Werkvertrag, Nr. 17).

61 Vgl. die Leistungsverzeichnisse namentlich in Art. 4 SIA 102/103. Siehe auch BRÄNDLI, S. 167 f.; BRINER, Architektenverträge, S. 23; BÜHLER, Zürcher Kommentar, N 172 zu Art. 363 OR; FELLMANN, Haftung für falsche Kostenschätzung, S. 215, Fn. 1; KRAUSKOPF-FORERO/SIEGENTHALER, S. 293.

3. Die Beantwortung im Speziellen

A. Der reine Planungsvertrag (Vertrag über Planerleistungen i.e.S.)

1. Ist der konkrete Planervertrag ein reiner Planungsvertrag, der sich auf die **Herstellung von Bauplänen (namentlich von «Skizzen und Bauprojekten, ... Ausführungs- und Detailplänen»)**[62] beschränkt, so handelt es sich bei gegebener Entgeltlichkeit um einen Werkvertrag.[63] Denn mit der Herstellung von Plänen schuldet der Planer einen unkörperlichen Arbeitserfolg, der Gegenstand einer werkvertraglichen Unternehmerleistung ist. Was die Ausarbeitung von «Bauprojekten» betrifft, sind die BGE 110 II 282 und 109 II 465 zwar noch zurückhaltend formuliert, indem sie diese Tätigkeit nur «allenfalls» dem Werkvertragsrecht zuordnen.[64] Für eine solche Zurückhaltung gibt es aber keinen Grund. Auch die Projektierung ist bei separater Übertragung eine werkvertragliche Leistung, selbst wenn man das geschuldete Projekt unter Einschluss sämtlicher Zusatzangaben versteht, die zum Verständnis und zur Verwendung der Projektzeichnungen erforderlich sind. In BGE 114 II 56 macht das Bundesgericht denn auch klar, dass mit der Anerkennung des Geist-Werkvertrags durch die bundesgerichtliche Rechtsprechung auch «die *selbständige Ausführung von Projektierungsarbeiten,* welche in einem zu realisierenden Projekt ihren Niederschlag finden, den Bestimmungen der Art. 363 ff. OR über den Werkvertrag zu unterstellen ist» (Hervorhebung hinzugefügt). 1.30

2. Der Arbeitserfolg (das «Planwerk»), den der werkvertraglich verpflichtete Planer schuldet, muss unterschieden werden von einem körperlichen Bauwerk, das durch die Bauunternehmer nach Massgabe der Pläne ausgeführt wird. Dessen Errichtung gehört nicht zum Schuldinhalt des reinen Pla- 1.31

---

62 BGE 63 II 176.

63 Vgl. BGE 134 III 363; 130 III 365; 127 III 545; 114 II 56; 110 II 382; 63 II 176; BGer 4C.60/2001 (28.6.2001) E. 2a; 4C.300/2001 (27.2.2002) E. 2b; HGer SG, Urteil vom 23.3.2010, HG.2008.127, E. 8; ZWR 1993, S. 190. Ferner BGE 110 II 382; 109 II 465; 64 II 10; Aepli, S. 47 f.; Brändli, S. 168 f.; Becker, Berner Kommentar, N 5 zu Art. 363 OR; Fellmann, Berner Kommentar, N 180 zu Art. 394 OR; Gauch, Werkvertrag, Nr. 49; Gehrer, S. 86; Jäggi, Bemerkungen, S. 211 f.; Koller, Berner Kommentar, N 193 ff. zu Art. 363 OR; Krauskopf, Die Kündigung, S. 33; Krauskopf-Forero/Siegenthaler, S. 292; Tercier/Favre/Conus, Nr. 5360. Anders (nämlich Auftrag) aber: BGE 98 II 311 f.; Gautschi, Berner Kommentar, N 43a zu Art. 394 OR; Perrin, S. 30 ff.; Pedrazzini, SPR VII/1, S. 506 f.; Werro, Le mandat, S. 43.

64 Vgl. auch BGer 4C.421/2006 (4.4.2007) E. 2.1.

nungsvertrags.[65] Der mit den Planungsleistungen betraute Planer schuldet somit kein mängelfreies Bauwerk, sondern nur (aber immerhin) mängelfreie Pläne.[66] Entsteht aus einem Planmangel ein Werkmangel im ausgeführten Bauwerk, so ist dieser Mangel im Verhältnis zum Planmangel ein Mangelfolgeschaden, für den der Planer nach Art. 368 OR einzig dann haftet, wenn ihn ein Verschulden oder eine Hilfspersonenhaftung (Art. 101 OR) trifft.[67] Handelt es sich um ein «unbewegliches Werk», so verjährt die Haftung nach Art. 371 Abs. 2 OR.[68] Mit dem Inkrafttreten des vom Parlament am 16. März 2012 revidierten Art. 371 Abs. 2 OR wird der Begriff «unbewegliches Bauwerk» durch den weiteren Begriff «unbewegliches Werk» ersetzt.

1.32 **3.** Fehlt es für die Annahme eines Werkvertrags nur an der Entgeltlichkeit der geschuldeten Planerleistung, so liegt ein **werkvertragsähnlicher Innominatkontrakt** vor.[69] Nichts hindert eine Partei, sich zur unentgeltlichen Herstellung eines Werks (z.B. eines Bauplans) und damit unentgeltlich auf einen bestimmten Arbeitserfolg zu verpflichten, was weder einen Werkvertrag nach Art. 363 ff. OR noch ein Auftragsverhältnis im Sinne der Art. 394 ff. OR begründet. Die in BGE 64 II 10 vertretene Ansicht, wonach der unentgeltliche (reine) Planungsvertrag ein einfacher Auftrag sei, verdient daher keine Zustimmung, was durchaus von praktischer Bedeutung ist. Denn mit der Ablehnung der auftragsrechtlichen Lösung entfällt z.B. die Anwendbarkeit des Art. 404 OR. Demgegenüber kann es sich aber rechtfertigen, den betreffenden Innominatkontrakt «durch eine analoge Anwendung des Art. 248 OR (Verantwortlichkeit des Schenkers) oder des Art. 402 Abs. 1 OR (betreffend den Auslagen- und Verwendungsersatz beim unentgeltlichen Auftrag) zu ergänzen».[70] Zudem gilt, wie schon zum unentgeltlichen Auftrag ausgeführt

---

65 Die (an sich selbstverständliche) Unterscheidung ist deshalb hervorzuheben, weil in die Diskussion um die rechtliche Einordnung des reinen Planungsvertrags immer wieder Argumente einfliessen, die auf der unrichtigen Vorstellung beruhen, der werkvertraglich qualifizierte reine Planungsvertrag habe das Bauwerk (nicht bloss den geschuldeten Bauplan) zum Gegenstand.

66 Vgl. die Diktion in Art. 371 Abs. 2 OR: Dienste zum Zweck der Erstellung eines «unbeweglichen Bauwerkes». Vgl. dazu Fn. 69.

67 Vgl. Gauch, Werkvertrag, Nr. 1887 ff./1893 ff.

68 Gauch, Werkvertrag, Nr. 2296 ff./Nr. 2300; Krauskopf, Verjährung und Verwirkung, S. 111 f.

69 Vgl. Gauch, Werkvertrag, Nr. 115 und Nr. 318 ff.

70 Gauch, Werkvertrag, Nr. 325.

(Nr. 1.20), dass der Bauherr nach Massgabe von Art. 422 Abs. 1 OR haftbar werden kann.[71]

B. Der Vertrag über die Erstellung eines Kostenvoranschlags und der Gutachtervertrag

1. Ebenfalls **werkvertraglich zu qualifizieren** sind (bei gegebener Entgeltlichkeit) die Verträge über die Herstellung eines schriftlichen Kostenvoranschlags (vgl. Nr. 10.24 ff.)[72] oder über die Ausarbeitung eines Gutachtens,[73] mit der ein Planer bisweilen betraut wird. Überhaupt finden sich in den Leistungsbeschrieben der SIA-Ordnungen zahlreiche Einzelleistungen (z.B. Erstellen der Protokolle; Führen des Baujournals und der Baubuchhaltung; Zusammenstellen der Baudokumentation; Aufstellen, Nachprüfen und Bereinigen der Schlussabrechnung),[74] deren entgeltliche Übertragung als selbständige Einzelaufgabe man dem Werkvertrag zuordnen müsste, da der Planer ein Arbeitsergebnis (das Protokoll, den Plan, das Baujournal, die Baubuchhaltung oder die bereinigte Schlussabrechnung) als Produkt seiner intellektuellen Tätigkeit schuldet. Etwas anderes gilt, soweit ein Planer seinem Vertragspartner blosse Ratschläge für ein bestimmtes Verhalten oder Vorgehen (z.B. Sanierungsvorschläge für ein Gebäude) unterbreitet. Hier wird der Anwendungsbereich des Werkvertrags durchbrochen, da die Erteilung von Ratschlägen keine Werkleistung ist, sondern dem Auftragsrecht untersteht.[75] 1.33

2. Zu einem *Vertrag über die Herstellung eines Kostenvoranschlags,* womit der Planer Auskunft über die zu erwartenden Baukosten erteilt, führte das **Bundesgericht** in verschiedenen Entscheiden[76] und noch in BGE 127 III 545 1.34

---

71 Vgl. Gauch, Werkvertrag, Nr. 325a.

72 BGE 127 III 545 (= Pra 2001, Nr. 194, S. 1180); 114 II 56; 110 II 382; 109 II 465; Becker, Berner Kommentar, N 5 zu Art. 363 OR; Brändli, S. 175 ff.; Gauch, Werkvertrag, Nr. 52 f.; Gehrer, S. 86; Krauskopf, Die Kündigung, S. 33; Krauskopf-Forero/Siegenthaler, S. 292 f.; Oser/Schönenberger, Zürcher Kommentar, N 19 zu Art. 363 OR; anders z.B. BGE 134 III 361 ff.; Trümpy, S. 66.

73 Brändli, S. 190 ff.; Bühler, Zürcher Kommentar, N 175 zu Art. 363 OR; vgl. ZR 1955, Nr. 183, S. 370 f. (Gutachten eines Mediziners); Gauch, Werkvertrag, Nr. 331 ff.; Hürlimann, Der Experte, S. 136; Nr. 13.49.

74 Vgl. Zindel/Pulver, Basler Kommentar, N 17 zu Art. 363 OR. Siehe auch die Auflistung bei Gehrer, S. 86 f.

75 Gauch, Werkvertrag, Nr. 333.

76 Etwa BGE 114 II 56; 110 II 382; 109 II 465; BGer 4A_462/2008 (22.12.2008) E 4.2; 4C.300/2001 (27.2.2002) E. 2b.

aus, dass ein Werkvertrag anzunehmen sei, «wenn der Architekt ausschliesslich mit der Ausarbeitung eines schriftlichen Kostenvoranschlags betraut» ist.[77] In BGE 134 III 361 qualifiziert das Bundesgericht den Vertrag über die Herstellung eines Kostenvoranschlags dagegen als Auftrag,[78] ohne sich mit den vorangegangenen Entscheiden auseinanderzusetzen. Zur Begründung seiner «neuen Rechtsprechung» hält es fest, dass der Architekt bei der Ausarbeitung eines Kostenvoranschlags «nicht in der Lage» sei, «ein nach objektiven Kriterien messbares Resultat zu garantieren»; eine «gewisse Unsicherheitsspanne» verbleibe, was es verunmögliche, den Kostenvoranschlag als Werk zu betrachten.[79]

1.35 Entsprechend beurteilt das Bundesgericht einen *Vertrag über die Ausarbeitung eines Gutachtens* in BGE 127 III 328 nach den Regeln des Auftrags (nicht des Werkvertrags), soweit objektive Kriterien für die Beurteilung der Richtigkeit fehlen und der Gutachter die Genauigkeit seines Arbeitsergebnisses infolgedessen nicht garantieren könne (Nr. 13.24 f.). Konkret ging es um die Haftung eines Gutachters, der es gegen Entgelt übernahm, eine Verkehrswertschätzung einer Liegenschaft zu erstellen.

1.36 Als *Qualifikationskriterium* dient dem Bundesgericht in beiden Fällen die Möglichkeit, ein Ergebnis nach objektiven Kriterien auf seine Richtigkeit hin zu überprüfen («Kriterium der objektiven Mess- und Bewertbarkeit»).[80]

---

77 Pra 2001, Nr. 194, S. 1180 (= BGE 127 III 545); vgl. Brändli, S. 175. Dagegen hielt das Bundesgericht in BGE 127 III 331 nicht weiter differenzierend fest, dass seine Qualifikation eines Vertrags über die Schätzung einer Liegenschaft «in Einklang» stehe zu seiner Rechtsprechung zum Vertrag über die Erstellung eines Kostenvoranschlags eines Architekten, welchen es nach den Regeln des Auftragsrechts beurteilt habe. Referenziert wird BGE 119 II 249, wobei dort ein Gesamtvertrag zu beurteilen war; unklar hinsichtlich des ebenfalls zitierten BGE 122 III 61, wo unter dem Sachverhalt lediglich festgehalten wird, dass der Bauherr dem Architekten «verschiedene Architekturarbeiten für den Neubau» übertrug (vgl. Fellmann, Haftung für falsche Kostenschätzung, S. 225).

78 Anders dann wieder in BGer 4A_462/2008 (22.12.2008) E. 4.2: «Le bureau a essentiellement élaboré les plans et estimé les coûts de l'ouvrage. De telles prestations, par leur nature intrinsèque, peuvent clairement être effectuées par un architecte dans le cadre de la passation d'un contrat d'entreprise tel que l'entend l'art. 363 CO»; und BGer 4A_252/2010 (25.11.2010) E. 4.1: «Zu den Leistungen werkvertraglicher Natur zählen etwa die selbständige Ausführung von Projektierungsarbeiten, die in einem zu erstellenden Projekt ihren Niederschlag finden, das Verfassen von Plänen und Kostenvoranschlägen».

79 Pra 2009, Nr. 8, S. 58 mit Hinweisen auf Fellmann, Haftung für falsche Kostenschätzung, S. 211 ff., insbesondere S. 226 f.

80 Brändli, S. 192.

Nur wenn das Resultat als richtig oder falsch beurteilt werden könne, sei ein Erfolg garantierbar und könne das Vorliegen eines Werkvertrags angenommen werden. Andernfalls schulde der Planer ein sorgfältiges Tätigwerden im Interesse des Vertragspartners.[81]

3. Die Argumente, die das Bundesgericht für die auftragsrechtliche Qualifikation der Verträge über die Herstellung eines schriftlichen Kostenvoranschlags oder über die Ausarbeitung eines Gutachtens vorbringt, sind **nicht überzeugend.**[82] Denn: 1.37

a. Trifft es im Einzelfall tatsächlich zu, dass sich die «Richtigkeit» einer Aussage, die in einem Kostenvoranschlag oder einem Gutachten enthalten ist, einer Überprüfung nach objektiven Kriterien entzieht, so bedeutet dies nur, dass *eine «objektive Richtigkeit» der betreffenden Aussage nicht geschuldet* ist, weshalb sie nicht zu den geschuldeten Eigenschaften zählt, für die der Planer nach den Regeln der Mängelhaftung einstehen muss.[83] Dies ändert aber nichts daran, dass das betreffende Gutachten oder der Kostenvoranschlag als Ganzes ein Werk darstellt, dessen Herstellung und Ablieferung der Planer nach dem Inhalt des Vertrags dem Besteller schuldet. Denn der blosse Umstand, dass eine bestimmte Eigenschaft des Werks nicht zu den geschuldeten Eigenschaften gehört, macht das Werk nicht zu einem «Nicht-Werk».[84] 1.38

b. Zum Gesagten kommt hinzu, dass das Bundesgericht sich beim Qualifikationskriterium der «objektiven Richtigkeit» offensichtlich von einer «absoluten Richtigkeit» leiten lässt. Demgegenüber verhält es sich so, dass es für die geschuldete Genauigkeit («Richtigkeit») von Kostenvoranschlägen in aller Regel bestimmte (vereinbarte oder übliche) Toleranzgrenzen gibt, deren Einhaltung sich durchaus nach objektiven Kriterien beurteilen und «garantieren» lässt.[85] So beschreiben etwa die in der SIA Ordnung 102 enthaltenen Toleranzgrenzen von +/− 15% für die Kostenschätzung im Rahmen des Vorprojekts und von +/− 10% für den Kostenvoranschlag im Rahmen des Bauprojekts (Art. 4.31 und 4.32 SIA-Ordnung 102)[86] Eigenschaften, welche die vom Planer geschuldete Leistung (der Kostenvoranschlag) aufzuweisen hat, 1.39

---

81 BGE 127 III 330; vgl. FELLMANN, Haftung für falsche Kostenschätzung, S. 226 f.

82 Siehe z.B. auch BRÄNDLI, S. 192 ff.; WERRO/HAAS, S. 85 ff.

83 GAUCH, WERKVERTRAG, Nr. 46a/52a/332a; DERSELBE, Anm. zu BGer 4C.165/2005 (22.7.2005), in: BR/DC 2006, S. 64, Nr. 204.

84 Zum Ganzen vgl. GAUCH, zitiert in der voranstehenden Anmerkung.

85 Vgl. GAUCH, Werkvertrag, Nr. 52a.

86 Ähnlich auch Art. 4.1.31 und 4.1.32 SIA 103.

sofern die entsprechenden Bestimmungen in den Planervertrag übernommen wurden. Eine solchermassen eingestandene Ungenauigkeit der Planerleistung bedeutet aber nicht, dass eine werkvertragliche Qualifikation ausgeschlossen wäre. Der Unterschied zu technischen Toleranzgrenzen, die der Unternehmer, z.B. ein Baumeister oder ein Gipser, einzuhalten hat, besteht denn auch nicht in der objektiven Mess- und Bewertbarkeit, sondern im Zeitpunkt, in dem eine Messung oder Bewertung normalerweise vorgenommen werden kann: Während das ausgeführte Bauwerk (mehr oder weniger) sofort auf die Einhaltung von Toleranzen geprüft werden kann, lässt sich der Kostenvoranschlag nicht unmittelbar nach Erstellung auf seine Richtigkeit hin messen, sondern erst, wenn die veranschlagten Leistungspositionen umgesetzt und abgerechnet wurden. Analoges gilt z.B. für die gutachterliche Schätzung eines Verkehrswerts,[87] auf die sich der oben zitierte Bundesgerichtsentscheid (BGE 127 III 328) bezogen hat. Selbst wenn man das Kriterium der «objektiven Richtigkeit» übernehmen wollte, stünde nichts im Weg, die Erstellung eines Kostenvoranschlags oder Verkehrswertgutachtens als Werkleistung zu qualifizieren.

1.40 **c.** Weiter versagt das Argument, wonach die «Anwendung der werkvertraglichen Gewährleistungsregeln mit den strengen Prüfungs- und Rügeobliegenheiten (Art. 367 ff. OR) … *nicht als sachgerecht»* erscheine,[88] falls das Ergebnis nicht objektiv gemessen und gewertet werden könne. Auch dieses Argument reicht nicht aus, um eine Qualifikation als Auftrag zu rechtfertigen.[89] Vielmehr übersieht es, dass die «Sachungerechtigkeit», die damit ins Feld geführt wird, der werkvertraglichen Prüf- und Rügeordnung immanent ist;[90] sie trifft auf viele andere Verträge zu, die typischerweise zu den Werkverträgen gezählt werden. Zudem lässt es ausser Acht, dass die entsprechenden Bestimmungen dispositiver Natur sind, weshalb es den Parteien freisteht,

---

87 Vgl. Gauch, Werkvertrag, Nr. 332a.

88 BGE 127 III 330, Hervorhebung hinzugefügt; sachgerecht dagegen offenbar in BGer 4C.165/2005 (22.7.05) E. 3.2.1 und 3.2.3 = BR/DC 2006, S. 64, Nr. 204 mit Anm. Gauch. Zudem waren im in BGE 127 III 328 zu beurteilenden Fall die Ansprüche des Auftraggebers bei einer Beurteilung nach den Regeln des Auftrags «weder verjährt noch verwirkt», was auf eine ergebnisorientierte Beurteilung des Bundesgerichts hinweist (vgl. auch Brändli, S. 193).

89 Vgl. Brändli, S. 194, mit plausiblen Beispielen zu Wertungswidersprüchen; Werro/Haas, S. 86 ff.

90 Vgl. Gauch, Werkvertrag, Nr. 2175. Siehe auch Bieger, Nr. 20 f.

Abweichendes zu vereinbaren.[91] Und schliesslich verkennt das Bundesgericht, dass es durch den Wechsel vom Werkvertrags- zum Auftragsrecht eine als unsachgemäss bewertete Regelung durch eine andere ersetzt, indem das Vertragsverhältnis der Auflösungsregel von Art. 404 OR unterstellt wird, die das Bundesgericht als zwingend erachtet (Nr. 2.98 ff.)[92]

d. Endlich stellt die neuere bundesgerichtliche Rechtsprechung zur Qualifikation eines Vertrags über die Erstellung eines Kostenvoranschlags oder über die Ausarbeitung eines Gutachtens *keinen Gewinn für die Rechtssicherheit* dar. Einerseits ist sie in sich nicht kohärent, hat das Bundesgericht doch auch Werke der Kunst oder Wissenschaft als Objekte des Werkvertrags qualifiziert.[93] Dabei hat es festgestellt, dass als Gegenstand eines Werkvertrags auch ein Werk infrage komme, bei dessen Herstellung der Unternehmer (Künstler) grosse Freiheiten («carte blanche») geniesse und die Rechte des Bestellers wegen mangelhafter Werkerstellung deshalb beschränkt sein könnten.[94] Andererseits verbleibt nach besagter Rechtsprechung die Unsicherheit, wann die urteilenden Gerichte das Kriterium der objektiven Mess- und Bewertbarkeit als erfüllt ansehen und wann nicht. Je nachdem, welchen Massstab das Gericht ansetzen würde, wäre das «Arbeitserzeugnis» des Planers (der Kostenvoranschlag oder das Gutachten) einmal nach den Regeln des einfachen Auftrags und ein andermal nach jenen des Werkvertragsrechts zu beurteilen. Dieser Unsicherheit ist sich selbst das Bundesgericht bewusst, indem es festhält, «dass die Vertragspflichten des Gutachters bei genügend weiter Definition des Begriffes des Arbeitserfolges auch als Werk qualifiziert werden könnten».[95] 1.41

91 Dies kann z.B. in dem Umfang geschehen, dass die Parteien die kurzen gesetzlichen Rügefristen auf zwei Jahre und die Verjährung einheitlich auf fünf Jahre verlängern, wie dies etwa in den Art. 1.11.21 SIA 102/103 vorgesehen ist. Möglich ist aber auch, die Kausalhaftung für Mängel gänzlich wegzubedingen und mit einer Verschuldenshaftung zu ersetzen (vgl. BR/DC 2010, S. 58, Nr. 129 mit Anm. Stöckli). Siehe auch das Votum für eine grosszügige Handhabung der werkvertraglichen Prüf- und Rügeordnung zugunsten des Bestellers bei Gauch, Werkvertrag, Nr. 2177.

92 BGE 115 II 466; 110 II 382 ff.; 106 II 159 f.; vgl. auch Fn. 128.

93 Vgl. BGE 115 II 54; 109 II 37 f.; beachte auch Fn. 51.

94 BGE 115 II 54; siehe auch Brändli, S. 192 f.

95 BGE 127 III 330.

C. Der Vertrag über die Vergabe von Arbeiten («Vergabevertrag»)

1.42 **1.** Anders als die (blosse) Herstellung von Plänen ist die **Vergabe von Arbeiten**[96] ihrer Natur nach keine werkvertragliche, sondern eine **auftragsrechtliche Leistung.**[97] Der damit betraute Planer hat die entsprechenden Ausschreibungen vorzubereiten,[98] die Unternehmerofferten einzuholen und seinem Auftraggeber einen Vergabeantrag zu stellen. Möglicherweise ist er sogar beauftragt und ermächtigt, die Verträge im Namen seines Auftraggebers abzuschliessen (vgl. aber Nr. 5.85 ff.)[99]

1.43 Obwohl vielfach auch das Erstellen eines Leistungsverzeichnisses bzw. eines Baubeschriebs zum Leistungsinhalt[100] eines «Vergabevertrags» gehört, hindert dies nicht, den Vertrag insgesamt dem Auftragsrecht zu unterstellen. Denn ähnlich wie bei der Qualifikation eines Gesamtvertrags (Nr. 1.47 ff.) muss auch der Vertrag über die Vergabe von Arbeiten als eine Einheit betrachtet werden;[101] der Planer kann zur Anfertigung der Ausschreibungsunterlagen genau so verpflichtet sein wie etwa zu einem Vergleich der An-

---

96 Oft findet sich auch die Ausdrucksweise «Vergebung von Arbeiten», was aber aufgrund des Bedeutungshintergrunds des Wortes «Vergebung» als menschliche Tugend («Verzeihung») weniger passend ist als der auch in der Gesetzgebung und im SIA-Normenwerk verwendete Begriff der «Vergabe».

97 BGer 4A_252/2010 (25.11.2010) E. 4.1 ff.; BGE 114 II 56; 110 II 382; 109 II 465; 63 II 177; HGer SG, Urteil vom 23.3.2010, HG.2008.127, E. 8 = BR/DC 2010, S. 58, Nr. 129 mit Anm. Stöckli; Gauch, Werkvertrag, Nr. 53; Gautschi, Berner Kommentar, N 43a zu Art. 394 OR; Gehrer, S. 87; Krauskopf, Die Kündigung, S. 34; Leuenberger, S. 54; Merz, Die Qualifikation, S. 210/213; Oser/Schönenberger, Zürcher Kommentar, N 19 zu Art. 363 OR; Stöckli, Sorgfaltsmangel, S. 943. Offengelassen in BGer 4C.261/2005 (9.12.2005) E. 2.1 = BR/DC 2006, S. 64 f., Nr. 205 mit Anm. Gauch; Tercier/Favre/Conus, Nr. 5357.

98 Ist der Planer einzig damit betraut, die Ausschreibungspläne und -unterlagen zu erstellen, schuldet er einen bestimmten Arbeitserfolg, weshalb ein solcher Vertrag bei gegebener Entgeltlichkeit als Werkvertrag zu qualifizieren ist.

99 Die Ermächtigung des Architekten zum Vertragsabschluss setzt voraus, dass ihm eine entsprechende Vollmacht erteilt wurde, wobei aber Dritte, denen der Auftraggeber die Vollmacht kundgegeben hat, unter Vorbehalt von Art. 3 Abs. 2 ZGB in ihrem guten Glauben geschützt werden (Art. 33 Abs. 3 OR; Gauch/Schluep/Schmid, Nr. 1396 bis 1399). Erhält der Architekt den Auftrag, für seinen Auftraggeber bestimmte Verträge abzuschliessen, so ist darin zugleich auch die erforderliche Ermächtigung enthalten (Art. 396 Abs. 2 OR). Zu den Einzelheiten: Gauch, Werkvertrag, Nr. 399 ff.; Schwager, Umfang, S. 37.

100 Vgl. zum Leistungsinhalt der Ausschreibungsphase gemäss SIA-Normenwerk Ziff. 4.41 SIA 102/108; 4.1.41 SIA 103; 4.1.1.41 SIA 104; 4.2.41 SIA 105.

101 Vgl. BGE 63 II 177.

gebote, zur Analyse von vorgeschlagenen Varianten, zu Verhandlungen mit den Offerenten[102] und zum Erstellen der Vergabeanträge. Die allenfalls vom Planer im Vertragsganzen geschuldeten einzelnen Arbeitserfolge dienen dem Gesamtziel, geeignete Vertragspartner für den Bauherrn zu finden und das Bauprojekt der Vergabereife[103] zuzuführen. Mit Blick auf die Erreichung dieses Ziels schuldet der Planer aber nicht den Erfolg, was sich schon daraus ergibt, dass er keinen Einfluss auf den Abschlusswillen der möglichen Vertragspartner hat, sondern ein Tätigwerden im Interesse des Bauherrn, weshalb sich die Qualifikation des Vertrags über die Vergabe von Arbeiten als Auftrag rechtfertigt.

2. In der Praxis kann es vorkommen, dass die **Ausarbeitung der Pläne, die Erstellung des Kostenvoranschlags und die Arbeitsvergabe in einem umfassenden Vertrag** kombiniert sind. Alsdann stellt der betreffende Planervertrag aufgrund des vereinbarten Leistungsinhalts ein gemischtes Vertragsverhältnis dar, in dem weder die werkvertraglichen noch die auftragsrechtlichen Leistungselemente derart in den Vordergrund treten, dass eine einheitliche Qualifikation möglich wäre. Dies hindert indes nicht, die Haftungsfragen einheitlich nach auftragsrechtlichen Grundsätzen zu behandeln, was notabene auch der Verkehrsanschauung und den Erwartungen der Parteien entsprechen dürfte. Würde man diesbezüglich (wie das Bundesgericht beim Gesamtvertrag; Nr. 1.47 ff.) von einer Spaltung der Rechtsfolgen ausgehen, hätte dies zur Folge (Nr. 1.50), dass auch ein bauunerfahrener Bauherr erkennen müsste, wann auf eine werkvertragliche Schlechtleistung mit den strengen Prüfungs- und Rügeobliegenheiten des dispositiven Werkvertragsrechts zu reagieren wäre. Eine solche Folge wäre aber nicht nur sachfremd, sondern würde auch Rechtsunsicherheit erzeugen. 1.44

D. Der Bauleitungsvertrag

Die rechtliche Einordnung des Bauleitungsvertrags, der den Planer zur **Leitung der Bauausführung** verpflichtet, ist unproblematisch. Er fällt in den **Anwendungsbereich des Auftrags** (nicht des Werkvertrags; Nr. 9.25).[104] 1.45

---

102 Vgl. BGer 4A_252/2010 (25.11.2010) E. 4.2 f.

103 Vgl. die in den SIA-Ordnungen 102, 103, 104, 105 und 108 für die Ausschreibungsphase enthaltenen Zieldefinitionen.

104 Vgl. BGE 134 III 363; 127 III 545; 114 II 56; 110 II 382; 109 II 465; BGer 4C.300/2001 (27.2.2002) E. 2b; 4C.60/2001 (28.6.2001) E. 2a; HGer SG, Urteil vom 23.3.2010, HG.2008.127, E. 8 = BR/DC 2010, S. 58, Nr. 129 mit Anm. STÖCKLI; siehe auch BRÄNDLI,

Dabei macht es keinen Unterschied, ob man die Bauleitung in einem weiten Sinne (unter Einschluss der Arbeitsvergabe) begreift oder nicht. Denn jedenfalls besteht die Tätigkeit, die der leitende Planer zu erbringen hat, nicht in der «Herstellung eines Werkes» (Art. 363 OR). Insbesondere ist die Baute selber kein Werk, das der Planer seinem Kunden schuldet. Denn:

1.46 Zwar trägt der leitende Planer in mannigfacher Weise (z.B. durch die gestalterische Leitung, durch den Einsatz, die Leitung und Koordinierung der Bauunternehmer, durch die Überwachung der Arbeiten auf der Baustelle, die Kostenkontrolle, die Prüfung des Bauwerks und die Leitung erforderlicher Nachbesserungsarbeiten) zur Errichtung und allfälligen Verbesserung einer Baute bei. Die (körperliche) Ausführung der Baute ist jedoch nicht ihm, sondern den Bauunternehmern übertragen.[105] Auch wenn sich seine «Fehlleistungen» in Mängeln der Baute niederschlagen können (vgl. Art. 371 Abs. 2 OR), gehört deren Herstellung nicht zum Schuldinhalt des Planervertrags (Nr. 1.31).

E. Der Gesamtvertrag

1.47 Schwierigkeiten bereitet die Qualifikation des Planervertrags dann, wenn es sich um einen Gesamtvertrag[106] handelt, in dem ein Planer (typischerweise

---

S. 170; Fellmann, Berner Kommentar, N 118 zu Art. 394 OR; Gauch, Werkvertrag, Nr. 55; Gehrer, S. 87; Koller, Berner Kommentar, N 169 zu Art. 363 OR; Krauskopf, Die Kündigung, S. 34; Krauskopf-Forero/Siegenthaler, S. 293; Leuenberger, S. 54; Merz, Die Qualifikation, S. 210; Stöckli, Sorgfaltsmangel, S. 943; Tercier/Favre/Conus, Nr. 5357; Trümpy, S. 81 ff. Die auftragsrechtliche Qualifikation des Bauleitungsvertrags blieb von den verschiedenen bundesgerichtlichen Praxisänderungen, die andere Planerverträge betrafen, bislang unberührt.

105 Wenn das Bundesgericht davon spricht, dass der Architekt mit der *«Ausführung der Baute»* beauftragt sei (BGE 109 II 465), so verwendet es einen ungenauen Sprachgebrauch. Gemeint ist in Wirklichkeit: die *Leitung* der Ausführung.

106 Entsprechendes gilt auch für den *Generalplanervertrag,* von dem man spricht, wenn ein Planer (oder ein Planerteam) sämtliche Planerleistungen verschiedener Fachrichtungen für ein Bauwerk übernimmt und somit die typischen Architektenleistungen und jene der Fachplaner in einem Vertrag vereinigt werden (vgl. Briner, Architektenverträge, S. 23; Zindel/Pulver, Basler Kommentar, N 17 zu Art. 363 OR). Dagegen bezeichnet der SIA seine Musterverträge, welche er zur Regelung sämtlicher Planerleistungen für ein Bauwerk im Zusammenspiel zwischen dem Leistungsmodell 112 und SIA-Ordnungen 102, 103, 104, 108 sowie 110 empfiehlt, schlicht als Planervertrag bzw. als Einzelplanervertrag. Dabei wird nach der Terminologie des SIA der Planervertrag mit einer Planergemeinschaft abgeschlossen und der Einzelplanervertrag mit einem einzelnen Planer.

ein Architekt, Ingenieur oder ein Planerteam) **sämtliche Planerleistungen für die Durchführung eines Bauvorhabens,** mindestens aber die Projektierung und die Leitung der Bauausführung,[107] übernimmt. Bei vordergründiger Betrachtung liegt es nahe, den Gesamtvertrag als ein aus Werkvertrag und Auftrag *gemischtes Vertragsverhältnis* aufzufassen. Das entspricht denn auch der Meinung, die das Bundesgericht seit BGE 109 II 462 ff. für den *Architektenvertrag* vertritt.[108] Sind bei einem Gesamtvertrag nur «einzelne Leistungen des Architekten zu beurteilen», ist nach BGE 109 II 466 «eine Spaltung der Rechtsfolgen denkbar, indem sich etwa die Haftung für einen Planfehler aus Werkvertrag, jene für unsorgfältige Bauaufsicht aus Auftrag ergeben» kann.[109] Anders verhalte es sich dagegen für die vorzeitige Auflösung des Gesamtvertrags, die insgesamt und ungeteilt der auftragsrechtlichen Regel des Art. 404 OR unterstehe.[110] Was ist von dieser Rechtsprechung zu halten?[111]

1. Die Auffassung, wonach der Gesamtvertrag als gemischtes Vertragsverhältnis zu behandeln sei,[112] verdient keine Zustimmung. Bei einer vertieften Analyse und Würdigung des Vertragsverhältnisses gelangt man vielmehr zum Ergebnis, dass dieser Architektenvertrag (in Übereinstimmung mit der früheren Rechtsprechung des Bundesgerichts) **ungeteilt dem Auftragsrecht** 1.48

---

107 Vgl. BGer 4C.85/2003 (25.8.2003) E. 4.3.2.

108 Bestätigt durch BGE 134 III 362; 127 III 545; 114 II 56; 110 II 382; BGer 4A_252/2010 (25.11.2010) E. 4.1; 4C.200/2001 (31.10.2001) E. 2a; 4C.60/2001 (28.6.2001) E. 2a.

109 Fasst man den Gesamtvertrag als gemischtes Vertragsverhältnis auf, ist eine «Spaltung der Rechtsfolgen» zwar denkbar, aber *keine zwingende Folge* einer solchen Sichtweise. Zur Beantwortung der Frage, inwieweit auf gemischte Verträge gesetzliches Vertragstypenrecht Anwendung finden soll, wurden verschiedene Theorien entwickelt (vgl. Amstutz/Schluep, Basler Kommentar, N 17 ff. Einl. vor Art. 184 ff. OR). Lösen lässt sich die Frage mit solchen Theorien aber nicht allgemein (Jäggi/Gauch, Zürcher Kommentar, N 551 zu Art. 18 OR). Ausführlich zur Rechtsanwendung, mit z.T. differenzierten Lösungsansätzen, Amstutz/Morin/Schluep, Basler Kommentar, N 13 ff. Einl. vor Art. 184 ff. OR; Dasser, S. 212 ff.; Gauch/Schluep/Schmid, Nr. 1248; Jäggi/Gauch, Zürcher Kommentar, N 255 zu Art. 18 OR; Kramer, Berner Kommentar, N 256 zur Art. 18 OR; Krummenacher, S. 84 f.).

110 BGE 109 II 466.

111 Ausführlich zum Folgenden: Gauch, Werkvertrag, Nr. 57 ff.

112 So z.B. auch Zindel/Pulver, Basler Kommentar, N 18 zu Art. 363 OR; Jäggi, Bemerkungen, S. 211; Koller, Berner Kommentar, N 197 zu Art. 363 OR; Leuenberger, S. 55; Werro, Le mandat, S. 78; BGE 127 III 543 = BR/DC 2002, S. 90, Nr. 212 mit Anm. Werro; Trümpy, S. 130 f.; unentschieden: Brändli, S. 170 ff.

zu unterstellen ist.[113] Denn schon von seinem Ziel her bildet der Gesamtvertrag eine Einheit.[114] Er vereinigt die Einzelleistungen des Planers zu einer geistigen Gesamttätigkeit, durch die der Planer zur Errichtung einer Baute beiträgt. Doch wird von ihm weder die Baute selbst geschuldet, noch hat die Gesamtleistung einen anderen Erfolg zum Ziel, der ein Werk im Sinne des Werkvertragsrechts wäre.[115] Somit entzieht sich der Gesamtvertrag den Regeln des Werkvertragsrechts, während sich seine Qualifikation als einfacher Auftrag rechtfertigt. Dagegen lässt sich auch nicht einwenden, dass der reine Planungsvertrag die Merkmale eines Werkvertrags aufweise, weshalb der Gesamtvertrag ein aus Auftrag und Werkvertrag gemischter Vertrag sein müsse. Denn:

1.49 **2.** Im Gesamtvertrag richtet sich (nach dem typischen Vertragswillen der Parteien) die Planungstätigkeit nicht auf selbständig geschuldete Arbeitserfolge,[116] sondern sie geht als Teil der Gesamttätigkeit im Ganzen auf. Eine Aufsplitterung des Ganzen mit rechtlich differenzierter Behandlung wird dem Sachverhalt nicht gerecht, weil die geschuldete **Gesamttätigkeit qualitativ etwas anderes** ist **als die Summe der einzelnen Verrichtungen.**[117] Dass einzelne Verrichtungen, würde man sie gesondert vereinbaren, dem Werkvertragsrecht unterständen, vermag den Gesamtvertrag des Architekten ebenso wenig zu einem gemischten Vertragsverhältnis zu machen wie etwa den Heilungsver-

---

113 BGE 98 II 311 ff.; 93 II 313; 89 II 406; 63 II 177 ff.; Briner, Architektenverträge, S. 60; Gauch, Werkvertrag, Nr. 57 ff.; Gautschi, Berner Kommentar, N 43a zu Art. 394 OR; Gehrer, S. 89 f.; Pedrazzini, SPR VII/1, S. 506 f.; Perrin, S. 30 ff.; Stöckli, Sorgfaltsmangel, S. 945; Stöckli, Private Baunormung, S. 6. Der Vorbehalt des Bundesgerichts, wonach «nötigenfalls die Spezialvorschriften des Werkvertrages aushilfsweise herangezogen werden dürfen» (BGE 63 II 180), wurde vom Gericht selber (soweit ersichtlich) nie in die Praxis umgesetzt. Er könnte nur insofern eingreifen, als einzelne Dispositivnormen des Auftragsrechts nicht mit dem *konkret* vereinbarten Vertragsinhalt harmonieren (Jäggi/Gauch, Zürcher Kommentar, N 514 f. zu Art. 18 OR), dafür aber Werkvertragsrecht passt.

114 BGE 63 II 177.

115 Die in Deutschland vertretene Ansicht, wonach der Gesamtarchitekt zur Ausführung eines geistigen (von der körperlichen Baute verschiedenen) «Architektenwerkes» und deshalb werkvertraglich verpflichtet sei (Hesse/Korbion/Mantscheff/Vygen, N 22 zu § 1 HOAI; BGHZ 31, S. 224 ff. = NJW 1960, S. 431 f.), erklärt sich aus der dortigen Rechtslage, die den entgeltlichen Auftrag nicht kennt (vgl. § 662 BGB). Sie wirkt «konstruiert» und ist jedenfalls für die Schweiz abzulehnen (vgl. BGE 78 II 311; Jäggi, Bemerkungen, S. 211, Fn. 13).

116 Vgl. BGer 4C.408/1999 (11.2.2000) E. 3a.

117 Zustimmend: Gehrer, S. 89. Vgl. demgegenüber Trümpy, S. 128.

trag mit dem (Zahn-)Arzt oder den Prozessführungsvertrag mit dem Anwalt. Auch diese Verträge beinhalten Verrichtungen, die man bei separater Vereinbarung dem Werkvertragsrecht zuordnen müsste, was aber nicht hindert, den jeweiligen Gesamtvertrag einheitlich und nach Auftragsrecht zu behandeln.[118] So hat denn auch das Bundesgericht den Heilungsvertrag mit dem Zahnarzt insgesamt («dans son ensemble») dem Auftragsrecht unterstellt und ausdrücklich festgehalten: «La confection des éventuels ouvrages nécessaires au traitement est … englobée dans le contrat de mandat et soumise, en particulier, à l'obligation de bonne et fidèle exécution du contrat, avec tout le soin que l'on peut exiger du mandataire».[119] Dem Sinne nach gleich verhält es sich für den Gesamtvertrag des Architekten.

3. Dass dieser Gesamtvertrag einheitlich behandelt werden muss, ist schliesslich auch ein **praktisches Erfordernis.**[120] Denn wie der Leistungsbeschrieb der SIA-Ordnung 102 eindrücklich demonstriert, umfasst der Gesamtvertrag eine grosse Vielzahl verschiedenartiger Planerleistungen, die sich zur Gesamtleistung zusammenfügen. Eine rechtlich verschiedene Behandlung der zahlreichen Einzelleistungen und die damit verbundene «Spaltung der Rechtsfolgen» (BGE 109 II 466; Nr. 1.47) müsste zu einem völlig unpraktikablen Ergebnis führen. Das gilt umso mehr, als eine Spaltung nicht nur horizontal, sondern auch vertikal verlaufen würde, da sich Verrichtungen des Planers, die bei separater Vereinbarung werkvertraglichen Charakter hätten, in sämtlichen Phasen seiner Gesamttätigkeit (also auch in der Ausführungs- und Abschlussphase) finden. Solche Leistungen aus dem Ganzen herauszuschälen und sie dem Werkvertragsrecht (z.B. der strengen Prüfungs- und Rügeordnung der Art. 367/370 OR) zu unterwerfen, widerspricht sowohl der Wirklichkeit des richtig verstandenen Gesamtvertrags als auch dem schutzwürdigen Interesse beider Parteien an klaren Verhältnissen.[121] Dies hat das Bundesgericht für die vorzeitige Vertragsauflösung[122] erkannt, indem es den Gesamtvertrag insgesamt und ungeteilt der 1.50

---

118 Vgl. GAUCH, Werkvertrag, Nr. 59.

119 BGE 110 II 378 f.

120 BGE 63 II 177; vgl. Urteil vom 23.3.2010, HG.2008.127, E. 10 = BR/DC 2010, S. 58, Nr. 129 mit Anm. STÖCKLI, wonach «im Regelfall … die einheitliche Zuordnung aus Praktikabilitätserwägungen vorzuziehen sein» dürfte; siehe auch STÖCKLI, Sorgfaltsmangel, S. 944 f.; dagegen lehnt TRÜMPY, S. 129 f., den «Unpraktikabilitäts-Einwand» ab.

121 SCHUMACHER, Architektenrecht 1995, Nr. 397, Fn. 58.

122 Bestätigt in BGE 127 III 545; 119 II 251; 110 II 382; 109 II 466.

Auflösungsregel des Art. 404 OR unterstellt (Nr. 2.104). Die Aufspaltung in Auftrags- und Werkvertragsrecht sei diesbezüglich kein «gangbarer» Weg.[123]

1.51 **4.** Ein «gangbarer Weg» aber ist die Aufspaltung auch nicht hinsichtlich der übrigen Rechtsfragen, vor allem der **Haftungsfragen,** die sich im Gesamtvertrag des Planers stellen. Auch das Bundesgericht schien sich in BGE 127 III 545 unter Berufung auf die «évolution de la jurisprudence» dem Standpunkt zu nähern, dass der Gesamtvertrag des Architekten, zumindest was die Haftung des Architekten betrifft, einheitlich nach Auftragsrecht zu beurteilen sei. In späteren Urteilen hat es dann freilich den Gesamtvertrag weiterhin als gemischten Vertrag qualifiziert.[124]

4. Die Selbstqualifikation durch die Parteien

1.52 **1.** In der Praxis kommt es bisweilen vor, dass die Parteien ihren Planervertrag selber qualifizieren, indem sie ihn etwa als «Auftrag» oder «Werkvertrag» bezeichnen. Die **rechtliche Qualifikation** eines Vertrags **ist dem Parteiwillen** aber **schlechthin entzogen.**[125] Deshalb muss das Gericht stets von Amtes wegen prüfen, ob die von den Parteien verwendete Qualifikation mit dem durch Auslegung ermittelten Inhalt des Vertrags übereinstimmt.[126] Handelt es sich beim konkreten Planervertrag nach Massgabe seines Inhalts z.B. um einen Werkvertrag, so wird er nicht deswegen zu einem einfachen Auftrag, weil die Parteien ihn (aus Irrtum oder Absicht) so bezeichnet haben. Die unrichtige Rechtsqualifikation durch die Parteien bleibt also unbeachtlich, gleich wie die Verwendung einer andern unrichtigen Bezeichnung, «die von den Parteien aus Irrtum oder in der Absicht gebraucht wird, die wahre Beschaffenheit des Vertrages zu verbergen» (Art. 18 Abs. 1 OR).

---

[123] BGE 109 II 466. Kritisch zur starren Anwendung von Art. 404 OR: Tercier/Favre/Conus,Nr. 5359.

[124] Vgl. z.B. BGE 134 III 363. Eingehend zum Ganzen vgl. Gauch, Werkvertrag, Nr. 61 a.E./Nr. 62. Vgl. auch Gehrer, S. 90; Stöckli, Sorgfaltsmangel, S. 944, mit Blick auf BGE 124 III 423.

[125] BGE 99 II 313; 84 II 496; Becker, Berner Kommentar, N 26 zu Art. 18 OR; Gauch/Schluep/Schmid, Nr. 1038; Kramer, Berner Kommentar, N 84 zu Art. 18 OR; Jäggi/Gauch, Zürcher Kommentar, N 226 zu Art. 18 OR; von Tuhr/Peter, S. 290 f.; vgl. BGer 4C.165/2005 (22.7.2005) E. 3.1; 4P.235/2004 (10.1.2005) E. 3.4. Unrichtig (oder zumindest missverständlich): Hofstetter, SPR VII/2, S. 20 (oben).

[126] Statt vieler: Kramer und Jäggi/Gauch, beide zit. in Fn. 127.

2. Von der Selbstqualifikation zu unterscheiden und in den Schranken der Art. 19 f. OR wirksam ist hingegen eine **von dispositiven Gesetzesbestimmungen abweichende Regelung** durch die Parteien selbst. Sie können vereinbaren, dass auf den Planervertrag bestimmte Regeln eines gesetzlichen Vertragstyps (z.B. des Auftrags) zur Anwendung kommen, dem der konkrete Vertrag (z.B. als Werkvertrag) nicht zugehört.[127] So können die Parteien sich einigen, dass ihr Planervertrag, obwohl er im konkreten Fall ein Werkvertrag ist, der Auflösungsregel des Art. 404 OR untersteht.[128] Möglich ist folglich auch, dass die Parteien mit der Vertragsbestimmung «Dieser Vertrag ist ein Auftrag» keine unzulässige Qualifikation beabsichtigt haben, sondern zum Ausdruck bringen wollten, dass auf den entsprechenden Vertrag die Regeln des Auftragsrechts anwendbar sein sollen, was im Zweifelsfall im Rahmen einer gesetzeskonformen Auslegung anzunehmen ist. 1.53

IV. Das SIA-Normenwerk für Planerleistungen

1. Die Leistungs- und Honorarordnungen des SIA

Wie festgestellt wurde, ist der Planervertrag kein Vertragstyp, den das Gesetz besonders regelt. Anders als z.B. in Deutschland[129] gibt es in der Schweiz auch keine staatliche Verordnung über die Honorare für Planerleistungen. Umso wichtiger sind für die Praxis die **SIA-Ordnungen,**[130] die vom Schwei- 1.54

[127] Jäggi/Gauch, Zürcher Kommentar, N 233 zu Art. 18 OR; Gauch/Schluep/Schmid, Nr. 1039.

[128] Allerdings ist es beim aktuellen Stand der Rechtsprechung, wonach Art. 404 zwingender Natur ist (BGE 115 II 466; 110 II 382 ff.; 106 II 159 f.), nicht möglich, in einen als Auftrag zu qualifizierenden Vertrag die werkvertraglichen Auflösungsregeln zu übernehmen.

[129] Dort gilt die «Verordnung über die Honorare für Architekten- und Ingenieurleistungen (Honorarordnung für Architekten und Ingenieure – HOAI)» vom 11. August 2009 regelt nach ihrem § 1 die «Berechnung der Entgelte für die Leistungen der Architekten und Architektinnen und der Ingenieure und Ingenieurinnen (Auftragnehmer oder Auftragnehmerinnen) mit Sitz im Inland, soweit die Leistungen durch diese Verordnung erfasst und vom Inland aus erbracht werden». Zur HOAI: Korbion/Mantscheff/Vygen, Honorarordnung für Architekten und Ingenieure, 7. Aufl., München 2004; Steeger (Hrsg.), Praxiskommentar HOAI – Das Vergütungsrecht der Architekten und Ingenieure, 2009.

[130] Siehe zum Ganzen auch: Egli, Revidierte SIA-Ordnungen, S. 42 ff. Obwohl der SIA 2001 die geläufige Bezeichnung der «SIA-Ordnung» mit «Ordnung SIA» ersetzt hat, wird hier an der eingebürgerten Schreibweise «SIA-Ordnung» festgehalten.

zerischen Ingenieur- und Architekten-Verein (einem privaten Berufsverband für «Berufsleute aus Ingenieurwesen, Architektur und Wissenschaften verwandter Ausrichtung mit universitärer oder gleichwertiger Ausbildung»[131]) ohne staatlichen Auftrag herausgegeben werden und sich nach ihrer eigenen Bezeichnung auf «Leistungen und Honorare» von Planern beziehen. Zum Kreis dieser Leistungs- und Honorarordnungen (kurz: LHO oder Honorarordnungen) innerhalb des SIA-Normenwerks zählen in ihren aktuellen Ausgaben[132] die folgenden Publikationen:

1.55 – SIA-Ordnung 102: Ordnung für Leistungen und Honorare der Architektinnen und Architekten, Ausgabe 2003;

1.56 – SIA-Ordnung 103: Ordnung für Leistungen und Honorare der Bauingenieure und Bauingenieurinnen, Ausgabe 2003;[133]

1.57 – SIA-Ordnung 104: Ordnung für Leistungen und Honorare der Forstingenieure und Forstingenieurinnen, Ausgabe 2003;

1.58 – SIA-Ordnung 105: Ordnung für Leistungen und Honorare der Landschaftsarchitektinnen und Landschaftsarchitekten, Ausgabe 2007;

1.59 – SIA-Ordnung 106: Ordnung für Leistungen und Honorare der Geologinnen und Geologen, Ausgabe 2007;

---

131 Art. 2 der SIA-Statuten vom 18. Juni 1999, Fassung 12/07.

132 Zur Ausgabe 1984 der SIA-Ordnung 102 siehe GAUCH, Architektenrecht 1995, Nr. 45 ff. Eine Gegenüberstellung der Ausgabe 1984 zur Ausgabe 2001 findet sich bei EGLI, Revidierte SIA-Ordnungen, S. 43 ff., der sich auch zu den Revisionsgründen der SIA-Ordnungen 102, 103, 104, 108 und 110 äussert (S. 45), die alle im Jahr 2003 neu herausgegeben wurden. Ausserdem GEHRER, S. 83 f.

133 Mit dem SIA-Merkblatt 2027 (Ausgabe 2006) gibt der SIA zudem für die Bereiche Betonbau, Stahlbau, Holzbau, Mauerwerk und Geotechnik «[b]auweisenspezifische Zuordnungen von Leistungen der Bauingenieure in Ergänzung zur LHO 103» ab. Es beschreibt «präzisierend und ergänzend» zur SIA-Ordnung 103, welche Leistungen dem Ingenieur und dem Bauherrn durch die «Allgemeinen Bedingungen Bau (ABB)» in den SIA-Normen 118/262, 118/265, 118/266, 118/267 zugewiesen werden (Vorwort zum Merkblatt 2027; siehe zu den «Allgemeinen Bedingungen Bau ABB» STÖCKLI, Private Baunormung, S. 11 ff.). Was die Geltung des Merkblatts 2027 betrifft, untersteht es den gleichen Regeln wie die SIA-Ordnungen als allgemeine Vertragsbedingungen auch. Es wird grundsätzlich nur in dem Umfang verbindlich, als die Parteien es in den konkreten Vertrag übernehmen (vgl. zum Einfluss der «Allgemeinen Bedingungen Bau ABB» auf Planerverträge: STÖCKLI, Private Baunormung, S. 30).

– SIA-Ordnung 108: Ordnung für Leistungen und Honorare der Maschinen- und der Elektroingenieure sowie der Fachingenieure für Gebäudeinstallationen, Ausgabe 2003; 1.60

– SIA-Ordnung 110: Ordnungen für Leistungen und Honorare der Raumplanerinnen und Raumplaner auf den Gebieten der kommunalen Gesamtplanung und der Sondernutzungsplanung, Ausgabe 2003. 1.61

Mit Ausnahme der SIA-Ordnungen 104 und 106, die nur in Deutsch und Französisch vorliegen, werden die Ordnungen in Deutsch, Französisch und Italienisch herausgegeben. Von den SIA-Ordnungen 102, 103 und 108 gibt es zudem je eine Version in englischer Sprache. Die wichtigsten Bestimmungen namentlich der SIA-Ordnungen 102 und 103 kommen in den nachfolgenden Beiträgen des vorliegenden Buches zur Sprache, weshalb wir uns hier auf einige grundsätzliche Aspekte beschränken. Zunächst sprechen wir vom Aufbau der SIA-Ordnungen im Allgemeinen, danach gehen wir am Beispiel der SIA-Ordnung 102 näher auf den Inhalt und den Gegenstand ein, sodann befassen wir uns mit der Geltung und Auslegung der SIA-Ordnungen, und schliesslich geben wir eine kurze «Würdigung» des Regelwerks. 1.62

A. Der Aufbau

Die Honorarordnungen folgen einer einheitlichen Systematik. Sie enthalten, je nach Ordnung, zwischen sechs und acht Artikel, die sich grob in drei Themenkreise gliedern lassen:[134] in **Allgemeine Vertragsbedingungen,** eine **umfassende Beschreibung der Leistungen des Planers** und **die Vergütungsordnung.** 1.63

1. Die SIA-Ordnungen sind **über weite Strecken gleich aufgebaut** (nämlich bis und mit Art. 6): Den «Allgemeinen Vertragsbedingungen», die unter Art. 1 der Ordnungen u.a. Bestimmungen zum anwendbaren Recht (Art. 1.1), zur Abmahnungspflicht und Rechenschaftsablegung (Art. 1.3.5 f.), zur Haftung (Art. 1.9) und Verjährung (Art. 1.11) bis hin zur Streiterledigung (Art. 1.13 f.) enthalten, folgt unter Art. 2 jeweils eine Umschreibung der «Aufgaben und Stellung» des jeweiligen Planers. Art. 3 ist mit «Leistungen» übertitelt; er enthält u.a. Erklärungen über die Vereinbarung der vom Planer zu erfüllenden Aufgaben. Die umfassenden «Leistungsbeschriebe» finden sich sodann unter Art. 4. Sie bilden den eigentlichen Kern der SIA-Ordnungen, auf deren 1.64

[134] Vgl. jeweils die Einleitung in den SIA-Honorarordnungen selber; siehe auch EGLI, Revidierte SIA-Ordnungen, S. 53.

Bedeutung nachfolgend (unter B.) am Beispiel der SIA-Ordnung 102 eingegangen wird. Art. 5 befasst sich mit den «Grundsätzen der Vergütung», die in allen Ordnungen mit den Bestimmungen zur «Honorarberechnung nach dem effektiven Zeitaufwand»[135] (Art. 6 SIA 102) präzisiert werden.

1.65 **2.** Offensichtliche **Unterschiede** im Aufbau zeigen sich erst nach Art. 6: Während sich die SIA-Ordnungen 102, 103, 105 und 108 in Art. 7 jeweils zur «Honorarberechnung nach den Baukosten» äussern, fehlt den SIA-Ordnungen 104 und 106 eine entsprechende Bestimmung; sie enden mit Art. 6. Ebenfalls keine Regelung zur Honorarberechnung nach Baukosten enthält die SIA-Ordnung 110; sie vermittelt in ihrem Art. 7 «Methoden zur Stundenaufwandschätzung» für die Grundleistungen aufgrund raumbezogener Kriterien.[136] Eine Spezialität weist die SIA-Ordnung 108 auf, die als einzige einen Art. 8 enthält, worin unter dem Titel «MSRL-Technik»[137] die Aufgabenteilung zwischen HLKSE-Ingenieuren und MSRL-Ingenieuren und die in diesem Bereich zu erbringenden Leistungen (quasi als Trabant zu Art. 4)[138] geregelt sind.

1.66 **3.** Auch im **Aufbau der Leistungsbeschriebe** entsprechen die SIA-Ordnungen sich weitgehend. Mit Ausnahme der Ordnung 106 für die Leistungen und Honorare der Geologinnen und Geologen, die eine verhältnismässig kurze Beschreibung der Leistungen mit blossem «Hinweischarakter» (Art. 4.1) enthält, werden die einzelnen Leistungsphasen in einer tabellarischen Übersicht aufgeschlüsselt nach: «Organisation», «Auftragsgegenstand/Beschrieb und Visualisierung», «Kosten/Finanzen», «Termine», «Administration» sowie «Leistungen und Entscheide des Auftraggebers».[139]

---

[135] So in den Ordnungen 102, 103, 104, 105 und 108, während die SIA-Ordnungen 106 und 110 ohne das Beiwort «effektiv» auskommen. Eingehend zur Vergütung des Planers hinten EGLI/STÖCKLI, Nr. 7.1 ff., zum Zeithonorar Nr. 7.75 ff.

[136] Art. 5.4.2 SIA 110.

[137] Mess-, Steuer-, Regel- und Leittechnik als «Überbegriff für die Gesamtheit aller zur Überwachung, Führung, Messung, Steuerung und Regelung von gebäude-, betriebs- und sicherheitstechnischen Anlagen und Prozessen benötigten Mittel, Dienstleistungen und Verfahren» (KBOB-Empfehlung, MSRL-Technik, Ausgabe 1, April 2000, S. 4).

[138] Vgl. Art. 4 SIA 108, wonach der Leistungsbeschrieb zwar für alle Fachbereiche, auch für die MSRL-Technik, gelte, die zu erbringenden Leistungen für das MSRL-Projekt aber in Art. 8.2 beschrieben seien.

[139] Die SIA-Ordnung 105 führt zudem nach «Administration» den Bereich «Phasenabschluss» ein. In der SIA-Ordnung 110 nimmt der Bereich «Beschrieb/Visualisierung» einen grösseren Stellenwert ein, indem er vorangestellt und weiter differenziert wird.

B. Inhalt und Gegenstand am Beispiel der SIA-Ordnung 102

a. Der Inhalt der SIA-Ordnung 102

Aufgrund des einheitlichen Aufbaus, dem die Leistungs- und Honorarordnungen des SIA folgen, rechtfertigt es sich, deren Inhalt im Folgenden beispielhaft anhand der SIA-Ordnung 102 näher zu betrachten. Deren Bestimmungen lassen sich grob unterteilen in Inhaltsbestimmungen, welche die Rechte und Pflichten der Parteien umschreiben und die den Hauptteil der Ordnung ausmachen, und in andere Bestimmungen wie Abschlussbestimmungen und Hinweisbestimmungen: 1.67

1. Die SIA-Ordnung 102 enthält zur Hauptsache vorformulierte Bestimmungen, die den Inhalt des Architektenvertrags regeln. Diese **Inhaltsbestimmungen** sind Allgemeine Vertragsbedingungen, die festlegen, was zwischen den Parteien nach Abschluss eines Architektenvertrags gilt. Sie behandeln insbesondere die Vertragspflichten der Parteien, aber auch andere Fragen: z.B. die Vertretungsbefugnis des Architekten (Art. 1.3.3), das Weisungsrecht seines Vertragspartners (Art. 1.6.1), das Urheberrecht (Art. 1.4.1), die Haftung des Architekten (Art. 1.9), die Verjährung (Art. 1.11), die vorzeitige Vertragsauflösung (Art. 1.12), die Erledigung von Streitigkeiten (Art. 1.13 und 1.14) usw. 1.68

2. Im Vordergrund der erwähnten Inhaltsbestimmungen stehen aber die **Vorschriften über die Leistungen und die Vergütung des Architekten** (insbesondere Art. 3 bis 7 SIA 102), die auch den Leistungsbeschrieb (Art. 4 SIA 102) umfassen. Sie beanspruchen innerhalb der SIA-Ordnung 102 den grössten Raum, was deren Bezeichnung als «Ordnung für Leistungen und Honorare der Architekten» erklärt.[140] 1.69

a. Die *Leistungen, die der Architekt zu erbringen hat,* sind in Phasen[141] und Teilphasen eingeteilt, wobei die SIA-Ordnung 102 davon ausgeht, dass mangels anderer Vereinbarung ein Vertrag mit einem Architekten «in der Regel die Phasen 3 Projektierung, 4 Ausschreibung und 5 Realisierung» (Art. 3.1.5) einschliesst. Sie umfassen vorab die *«Grundleistungen»,* die «zur ordnungsgemässen Erfüllung eines Auftrages im Allgemeinen erforderlich und ausreichend sind» (Art. 3.3.3). Hinzu können verschiedene *«besonders zu vereinbarende Leistungen»* treten, «wenn die Art der Aufgabe dies erfordert oder 1.70

140 Vgl. GEHRER, S. 97.

141 Siehe zur Phaseneinteilung auch EGLI, Revidierte SIA-Ordnungen, S. 55 f.

wenn sie der Auftraggeber» aus einem andern Grunde «wünscht» (Art. 3.3.4). Im Unterschied zu den «Grundleistungen» ist deren «Ausführung … vorgängig gemeinsam festzulegen» (Art. 3.3.4), was bedeutet, dass sie nur gestützt auf eine besondere Vereinbarung geschuldet sind.

1.71 **b.** Für die *Honorierung des Architekten* (Nr. 7.1 ff.)[142] hält die SIA-Ordnung 102 verschiedene Methoden (nach effektivem Zeitaufwand, nach den Baukosten oder als Pauschale bzw. Globale) bereit (Art. 5.2.1, Art. 6 und 7), die auch nebeneinander zur Anwendung kommen können. Sowohl für die Honorierung nach den Baukosten wie auch für das Herleiten und die Überprüfung eines Pauschal- oder Globalpreises geht die SIA-Ordnung von einem Zusammenhang zwischen den Baukosten eines Projekts und dem Zeitaufwand des Architekten aus, den dieser für die Erbringung der Grundleistungen hat (Art. 5.2.3; Nr. 7.95). Dieser Zusammenhang erlaube es, den «angemessenen durchschnittlichen Zeitaufwand … in Bezug zu den Baukosten zu bestimmen», woraus wiederum – die Berechnungen sind für Laien allerdings kaum nachvollziehbar[143] – das Honorar errechnet werden könne (Art. 5.2.5). Die Honorierung wird ergänzt mit einer Entschädigungsordnung für zusätzliche Kostenelemente (Nebenkosten und Drittleistungen, Art. 5.3) und für Reisezeiten (Art. 5.4). Ob die Honorierung nach Massgabe der SIA-Ordnung 102 «angemessen» ist, gehört zu den umstrittenen Fragen, obwohl die Ordnung von sich selber sagt, sie liefere «die Grundlagen einer angemessenen Honorierung» (Einleitung/Inhalt der Ordnung, Punkt 1).[144] Positiv fällt auf, dass Art. 1.5.1 ausdrücklich festhält, dass das Honorar «der erbrachten Leistung entsprechen» solle und das «volle vereinbarte Honorar … nur für die vertragsgemäss erbrachte Leistung geschuldet» sei (Nr. 7.101).

1.72 **3.** Die umschriebenen Inhaltsbestimmungen machen zwar den Hauptteil der SIA-Ordnung 102 aus. Daneben enthält die Ordnung aber auch **andere Bestimmungen,** die nicht den Inhalt des Architektenvertrags betreffen. So befassen sich z.B. die Art. 1.2 und Art. 5.1.2 mit dem Abschluss des Architektenvertrags, indem Art. 1.2 das Prinzip der Formfreiheit festhält und Art. 5.1.2

[142] Siehe auch Egli, Revidierte SIA-Ordnungen, S. 59 ff.; Stöckli, Private Baunormung, S. 7.

[143] Vgl. Egli, Revidierte SIA-Ordnungen, S. 60.

[144] Die Streitfrage (vgl. z.B. auch Egli, Architektenrecht 1995, Nr. 983 und Nr. 1034 f.; ders., Revidierte SIA-Ordnungen, S. 60) ist so alt wie die Honorarordnung selbst. Schon 1911 hatte das Zürcher Obergericht zur damaligen Ordnung festgestellt, dass «diese als einseitige Festsetzung … begreiflicherweise die Maximalansätze enthält» (ZR 1912, Nr. 36, S. 72).

dem vertragschliessenden Architekten eine Aufklärungspflicht mit Bezug auf Honorar und Kosten auferlegt. Hinzu kommen rein «deklaratorische» Sätze, die weder den Vertragsabschluss regeln noch dazu bestimmt sind, Inhalt des abgeschlossenen Vertrags zu werden (z.B. Einleitung/Anwendungsbereich, Punkt 1 und Art. 2.1). «Deklaratorischer» Natur sind namentlich auch die Hinweisbestimmungen, welche die Parteien nur darauf aufmerksam machen, wie sie den Vertragsinhalt in dieser oder jener Richtung durch Vereinbarung gestalten können (z.B. Art. 5.2.1 und Art. 5.2.2).

b. Der Gegenstand der SIA-Ordnung 102

Die SIA-Ordnung 102 befasst sich mit dem **Architektenvertrag.** Ihre Bestimmungen haben also den Architektenvertrag zum Gegenstand. Das bedarf einer näheren Erläuterung: 1.73

1. Der Architektenvertrag, den die SIA-Ordnung 102 regelt, wird in der Ordnung selbst bisweilen als «Auftrag» (z.B. Art. 1.3.7, 3.1.5, 3.2.1.2 und 3.3.3),[145] die daran beteiligten Parteien werden als «Architekt» und «Auftraggeber» (z.B. Art. 1.3) und die Erfüllung auch als «Auftragsbearbeitung» (z.B. Art. 1.3.2), «Auftragserledigung» (Art. 1.9.31) oder «Auftragserfüllung» (Art. 1.9.11) bezeichnet. Dabei sind aber die Worte **«Auftrag» und «Auftraggeber» etc. in einem juristisch untechnischen Sinne** verwendet. Weder bezwecken sie eine Qualifikation des Architektenvertrags, die rechtlich ohnehin bedeutungslos wäre (Nr. 1.52), noch beschränken sie den Gegenstand der Regelung auf solche Architektenverträge, die den Vorschriften des einfachen Auftrags (Art. 394 ff. OR) unterstehen. Zum Ausdruck kommt dies in Formulierungen, wonach auf einen bestimmten Sachverhalt (z.B. in Art. 1.11.22 auf die Verjährungsfrist bei Gutachten und in Art. 1.12.1 hinsichtlich der vorzeitigen Vertragsbeendigung) «die Bestimmungen des Schweizerischen Obligationenrechts» zur Anwendung gelangen.[146] Diese Formulierungen machen deutlich, dass die SIA-Ordnung 102 die Qualifikationsfrage offenlässt[147] und sich auch mit Architektenverträgen befasst, die keine Auftragsverhältnisse im Sinne des Gesetzes (Art. 394 ff. OR) sind. 1.74

---

145 Vgl. Art. .1 «Einleitung/Inhalt der Ordnung», wo von «Verträgen über Architekturleistungen» die Rede ist.

146 Vgl. zur vorzeitigen Beendigung noch Art. 1.14.1 SIA 102 (1984): «Soweit das Vertragsverhältnis dem Auftragsrecht untersteht, kann es von jeder Vertragspartei jederzeit widerrufen oder gekündigt werden.»

147 Vgl. EGLI, Revidierte SIA-Ordnungen, S. 67; ULRICH, Rechtsfragen, S. 43.

1.75 **2.** Der Architektenvertrag kommt in mannigfachen **Erscheinungsformen** vor. Da die SIA-Ordnung 102 keine Einschränkung enthält, befasst sie sich grundsätzlich mit dem Architektenvertrag in all seinen Erscheinungsformen, selbst mit dem blossen Gutachtervertrag (vgl. Art. 1.11.22). Doch ist zu beachten:

1.76 **a.** Die SIA-Ordnung 102, die nach eigener Aussage «die Grundlage zur Ermittlung einer angemessenen Honorierung» liefern will (Einleitung/Inhalt der Ordnung, Punkt 1), setzt als selbstverständlich voraus, dass der Architekt *Anspruch auf eine Vergütung* hat (vgl. z.B. auch Art. 1.4.4 und Art. 5.1). Insofern regelt sie nur den entgeltlichen Architektenvertrag, lässt also den unentgeltlichen Vertrag beiseite.

1.77 **b.** Auf einzelne Arten des Architektenvertrags passt die Ordnung besser als auf andere (z.B. besser auf Verträge mit Auftragscharakter als auf Werkverträge). Am besten passt sie auf den *Gesamtvertrag des Architekten* (vgl. Art. 2.3.3), der allenfalls in Zusammenarbeit mit «Fachleuten anderer Fachrichtungen» («Spezialisten») tätig wird (Art. 3.5). Verschiedene Bestimmungen der Ordnung (z.B. Art. 2.1.1) sind sogar ganz auf diesen Vertrag zugeschnitten. Und in Art. 3.1.5 wird der Gesamtvertrag eindeutig favorisiert. «Vorbehältlich anderer Vereinbarungen umfasst» danach «der Auftrag in der Regel die Phasen 3 Projektierung, 4 Ausschreibung und 5 Realisierung» (Art. 3.1.5), welche die architektonische Gesamtleistung (von der Vorprojekt- bis zur Abschlussphase) ausmachen.[148] Diese deklaratorische Bestimmung der Ordnung, die sich auf die «Grundleistungen» (vgl. Art. 3.3.2 und 3.3.3) bezieht, widerspricht der früher getroffenen Feststellung, dass es keinen allgemeinen Erfahrungssatz gibt, wonach ein Architekt im Zweifel mit allen zur Durchführung des Bauvorhabens erforderlichen Planerleistungen betraut ist (Nr. 1.7). Sie führt praktisch zu einer Umkehr der Beweislast,[149] indem der Beweis «anderer Vereinbarungen» demjenigen obliegt, der sich darauf beruft.[150]

[148] Die Phasen 1 Strategische Planung, 2 Vorstudien und 6 Bewirtschaftung wurden mit Ausgabe 2001 der SIA-Ordnung 102 eingeführt. Sie beinhalten «Denkanstösse für die Parteien» (Egli, Revidierte SIA-Ordnungen, S. 55), was auch darin zum Ausdruck kommt, dass sie keine Grundleistungen, sondern nur besonders zu vereinbarende Leistungen auflisten (vgl. Art. 3.3.2 SIA 102).

[149] Siehe zur Beweislast Nr. 1.7.

[150] Zur Anwendung der Ungewöhnlichkeitsregel vgl. Nr. 1.107.

2. Die Leistungsmodelle: SIA-Ordnungen 112 und 111

1. Die SIA-Ordnung 112 (auch: Leistungsmodell 112 oder LM 112; Ausgabe 2001)[151] bezweckt, «ganzheitliche, vernetzte, spartenübergreifende Planungsleistungen, die von interdisziplinären Planerteams»[152] für die unterschiedlichsten Arten von Bauwerken erbracht werden können, vertraglich zu fassen (Nr. 7.71 ff.). Es stellt somit ein **Instrument der Vertragsgestaltung**[153] dar, das vom SIA «zur Verständigung» zwischen Bauherrn und Planer «bei der Bestellung und Erbringung von Planerleistungen»[154] bereitgestellt wird. Zu seinen Leitgedanken gehört es, «klare Auftragsverhältnisse»[155] zu schaffen, womit es einen Beitrag leisten kann, das Risiko- und Konfliktpotenzial, welches einer unsorgfältigen Erarbeitung eines Leistungsbeschriebs immanent ist,[156] zu reduzieren. Das Leistungsmodell 112 ist somit dafür geschaffen, den Parteien im Rahmen ihrer Verhandlungen zum Abschluss eines Planervertrags als Hilfestellung oder Leitfaden zu dienen. Dagegen ist es nicht dazu bestimmt, als Vertragsbestandteil übernommen zu werden, soweit von den Allgemeinen Vertragsbedingungen[157] abgesehen wird, die sie auch enthält. 1.78

a. Die gemeinsam vom Bauherrn und vom Planer anzugehende Planungsaufgabe strukturiert das Leistungsmodell 112 anhand des «Lebenszyklus eines Bauwerks von der Bedürfnisformulierung bis hin zur Bewirtschaftung» in sechs Phasen, die wiederum in Teilphasen mit entsprechenden Teilphasenzielen, definiert aus Sicht des Bauherrn, unterteilt sind. Die Leistungen der Planer werden als «mögliche Modulinhalte» innerhalb der Teilphasen umschrieben. Sie geben den *Leistungsinhalt nur stichwortartig* wieder und sind im Vergleich zu den Leistungsbeschrieben in den SIA-Honorarordnungen we- 1.79

---

151 Eine Auflistung der wesentlichen Änderungen im LM 112 im Verhältnis zum Leistungsmodell 95 findet sich bei EGLI, Revidierte SIA-Ordnungen, S. 51 f.

152 LM 112, Erläuterungen, S. 3.

153 Siehe auch GASCHE/BÖSCH, S. 3 ff., die von einem «Instrument für die Vertragsentwicklung» sprechen.

154 LM 112, Erläuterungen, S. 3; vgl. GÜGLER, S. 23.

155 Vgl. zur untechnischen Begriffsverwendung Nr. 1.52.

156 Vgl. GEHRER, S. 96.

157 Vgl. Art. 1 Abs. 4 der SIA-Musterverträge 1012/1 und 1012/3, wo die «allgemeinen Vertragsbedingungen der Ordnung SIA 112 Leistungsmodell, Ausgabe 2001» zur vertraglichen Übernahme vorgesehen sind.

sentlich weniger detailliert.[158] Begründet wird diese abstraktere Darstellung mit dem Anspruch, «universell verwendbar»[159] zu sein für die verschiedenen Fachrichtungen der Planer und die unterschiedlichsten Bauwerke. Damit entspricht das Leistungsmodell 112 auch seiner konzeptionellen Ausrichtung auf eine «Anwendung im Verbund mit den Ordnungen für Leistungen und Honorare» 102, 103, 104, 108 und 110.[160] Die Leistungsbeschriebe dieser Ordnungen sollen zur näheren Definition des konkreten Leistungsinhalts eines Moduls herangezogen bzw. als «Basis für die Koordination und Beschreibung der Leistungen»[161] benutzt werden.

1.80 **b.** Um einen zweckmässigen Leistungsinhalt vertraglich festlegen zu können, setzt das Leistungsmodell 112 eine *aktive Beteiligung des Bauherrn* bereits in der Vertragsanbahnung voraus. Der Bauherr soll die Planungsaufgabe klar beschreiben, wozu er nach dem Ideal des Leistungsmodells 112 «die bereits bekannten Bedürfnisse, übergeordneten Ziele oder Projektziele und Rahmenbedingungen, die voraussichtlich zu durchlaufenden Phasen und Teilphasen mit den Teilphasenzielen, seine eigenen Leistungen [und] den Zeitpunkt und die Art seiner Entscheide» festzulegen hat.[162] Gestützt auf diese Aufgabenstellung soll der Planer (oder das Planerteam) «die den Vorgaben des Auftraggebers entsprechenden und zur Erreichung der Ziele notwendigen Leistungsmodule» und einen detaillierten Leistungsbeschrieb festlegen und dem Bauherrn ein entsprechendes Angebot unterbreiten.[163] Dass bei einer solchen Prozessvorgabe von einem fachkundigen, professionellen Bauherrn ausgegangen wird, anerkennt das Leistungsmodell 112 gleich selbst, indem es Laien empfiehlt, einen (Bauherren-)Berater beizuziehen.[164]

1.81 **c.** Da das Leistungsmodell 112 für die vertragliche Gestaltung komplexer Planerleistungen mit einer Mehrzahl von Planern gedacht ist, räumt es der *organisatorischen Regelung der Gesamtleitung* einen besonderen Stellenwert ein.[165] Dabei geht es von zwei Modellen aus, wozu der SIA auch passende Musterverträge (SIA-Planervertrag 1012/1 und SIA-Einzelplanervertrag

---

[158] Vgl. z.B. die Beschreibung der Bauleitungsaufgabe in Art. 522.2 LM 112 mit Art. 4.52 SIA 102. Siehe auch Egli, Revidierte SIA-Ordnungen, S. 50.

[159] LM 112, Erläuterungen, S. 4.

[160] LM 112, Erläuterungen, S. 3.

[161] LM 112, Erläuterungen, S. 5, vgl. S. 4.

[162] LM 112, Erläuterungen, S. 5.

[163] LM 112, Erläuterungen, S. 5.

[164] LM 112, Erläuterungen, S. 5.

[165] LM 112, Gesamtleitung, S. 7 f.; vgl. Gasche/Bösch, S. 7.

1012/3, je Ausgabe 2001) zur Verfügung stellt: Beim ersten Modell steht dem Bauherrn ein Planerteam unter der Führung eines Gesamtleiters als einfache Gesellschaft[166] gegenüber; beim zweiten besteht ein Einzelplanervertrag zwischen dem Bauherrn und einem Planer, der weitere Planer in eigenem Namen und auf eigenes Risiko für die Mitarbeit am Projekt verpflichten kann.[167] Bei beiden Modellen haben der oder die Planer dafür zu sorgen, dass die Arbeiten der verschiedenen Fachrichtungen untereinander in inhaltlicher und terminlicher Hinsicht abgestimmt sind und somit Lücken oder Überschneidungen vermieden werden können.[168] Damit kann dem Bedürfnis des Bauherrn nach einer schlanken Projektorganisation, bei welcher ihm ein Vertragspartner in einem Vertrag gegenübersteht, Rechnung getragen werden.[169]

d. Das Leistungsmodell 112 enthält in seiner Ausgestaltung als Hilfsmittel für die Vertragsgestaltung konsequenterweise *keine eigenen Honorierungsregeln,* wohl aber den Hinweis, dass das Honorar des Planers sich «für vertraglich vereinbarte Leistungen und Ergebnisse» nicht auf die Baukosten beziehen, sondern auf einer «aufgabenspezifischen Aufwand- und einer betriebsspezifischen Kostenkalkulation des Planerteams oder des Gesamtleiters» basieren soll.[170] Weniger konsequent ist, dass es auch Allgemeine Vertragsbedingungen enthält, die zwar inhaltlich mit den Honorarordnungen (jeweils unter Art. 1) übereinstimmen, aber anders nummeriert sind. 1.82

2. Wie das Leistungsmodell 112 stellt auch **die SIA-Ordnung 111 (auch: Leistungsmodell 111 oder LM 11; Ausgabe 2003**), dem der SIA die Musterverträge 1011/1 und 1011/3 zur Seite stellt, ein Instrument der Vertragsgestaltung dar. Es soll die Vertragsparteien «bei der Ausgestaltung der Zusammenarbeit, die jeweils auf die spezifischen Bedürfnisse des aktuellen Vorhabens abzustimmen ist», namentlich «im Verbund mit den Ordnungen für Leistungen und Honorare der Forstingenieure sowie der Raumplaner (SIA-Ordnungen 104 und 110)» unterstützen.[171] Das Leistungsmodell 111 ist auf die Vertragsgestaltung von Vorhaben ausgerichtet, die im Unterschied zum Leistungsmodell 112 weniger die Ausführung eines Bauwerks zum Ziel 1.83

---

166 Vgl. SIA-Mustervertrag 1012/2 (Ausgabe 2001) «Gesellschaftsvertrag für Planerleistungen».

167 Vgl. SIA-Mustervertrag 1012/4 (Ausgabe 2001) «Subplanervertrag».

168 Egli, Revidierte SIA-Ordnungen, S. 49.

169 Egli, Revidierte SIA-Ordnungen, S. 52.

170 LM 112, Erläuterungen, S. 1.

171 LM 111, Erläuterungen, S. 3.

haben, «sondern in Vorabklärungen, einer Strategie, einer Planung, einem Konzept oder einer Ermittlung von Chancen und Risiken resultieren».[172] Was die Umschreibung des Leistungsinhalts, die Beteiligung des Bauherrn bei der Umsetzung des Leistungsmodells, die organisatorische Regelung der Gesamtleitung etc. betrifft, kann sinngemäss auf die Ausführungen zum Leistungsmodell 112 verwiesen werden.

3. Geltung und Auslegung der Honorarordnungen

A. Die Geltung

1.84 Die SIA-Honorarordnungen sind das private Regelwerk eines privaten Berufsverbands: des Schweizerischen Ingenieur- und Architekten-Vereins. Sie haben **weder allgemeine Verbindlichkeit** im Sinne eines Gesetzes oder einer staatlichen Verordnung, noch sind sie eine Rechtsquelle eigener Art.[173] Vielmehr unterstehen sie, was ihre Geltung betrifft, den gleichen Grundsätzen wie andere Allgemeine Vertragsbedingungen auch.[174] Daraus folgt:

a. Allgemeine Grundsätze

1.85 **1.** Die Inhaltsbestimmungen der SIA-Honorarordnungen (Nr. 1.68) werden nur zwischen den jeweiligen Parteien eines konkreten Vertrages verbindlich. Und zwar werden sie grundsätzlich nur in dem Umfang verbindlich, als sie durch vereinbarte **Übernahme** in den konkreten Vertrag **Vertragsgeltung** erlangen. Der mögliche Umstand, dass eine der Vertragsparteien dem SIA angehört, macht diesbezüglich keinen Unterschied und reicht mithin nicht für die Anwendung einer Ordnung.[175]

1.86 **2.** Zwar sind **SIA-Mitglieder** nach Art. 7 Abs. 2 der SIA-Statuten[176] unter dem Titel «Einhaltung der Ordnungen und Normen» verpflichtet, «die vom

---

[172] LM 111, Erläuterungen, S. 3.

[173] Vgl. KRAUSKOPF-FORERO/SIEGENTHALER, S. 295; STÖCKLI, Private Baunormung, S. 5.

[174] Vgl. zu diesen Grundsätzen statt vieler: GAUCH/SCHLUEP/SCHMID, Nr. 1116 ff., mit zahlreichen Literaturhinweisen. Zu den Besonderheiten der Leistungsmodelle 112 und 111 s. Nr. 1.78 und 1.83.

[175] Illustrativ BGer 4C.371/2006 (19.1.2007) E. 5 = BR/DC 2007, S. 167, Nr. 363 mit Anm. PICHONNAZ.

[176] Statuten vom 18. Juni 1999, Fassung 12/07. Siehe auch Art. 2 Abs. 3 SIA-Standesordnung vom 23. Juni 2000, geändert am 15. Juni 2002.

Verein aufgestellten Ordnungen, Richtlinien, Normen und Empfehlungen einzuhalten». Diese Pflicht, deren Verletzung nach Art. 3 der SIA-Standesordnung als «standesunwürdiges Verhalten» gilt und nach Art. 8 der Statuten geahndet werden kann, hat jedoch nur vereinsinterne Bedeutung. Sie soll die Vereinsmitglieder dazu anhalten, die «Honorarordnungen» des SIA in die jeweiligen Verträge zu übernehmen. Ob das im Einzelfall geschieht, hängt indes vom Willen der beteiligten Vertragsparteien ab. Selbst wenn beide Parteien dem SIA angehören, sind die SIA-Statuten kein Grund, der eine SIA-Ordnung zwischen den Parteien (in ihrem gegenseitigen Vertragsverhältnis) verbindlich macht.

3. Aber auch das Umgekehrte ist zu betonen: Der Umstand, dass ein **Nichtmitglied** des SIA z.B. als Architekt oder Ingenieur auftritt, hindert die Parteien selbstverständlich nicht, die Bestimmungen der SIA-Ordnungen in ihren Vertrag zu übernehmen. Selbst wenn dem Planer jegliche Ausbildung für die Ausübung des Architekten- oder Ingenieurberufs abgeht, steht den Parteien die vertragliche Übernahme der Ordnungen frei,[177] auch was z.B. die Vergütungsregelung betrifft.[178] 1.87

b. Die vertragliche Übernahme

1. Die vertragliche Übernahme der in den SIA-Ordnungen enthaltenen Bestimmungen erfolgt durch **ausdrückliche oder stillschweigende Abrede** der Parteien, wonach die zu übernehmenden Bestimmungen als Inhalt ihres Vertrags (als Vertragsbestandteil) gelten und in diesem Sinne «anwendbar» (Art. 1.1.1) sein sollen.[179] Sie kann auch eine «mittelbare» oder eine «Globalübernahme» sein. Bei der *mittelbaren Übernahme* ist die Übernahmeerklärung in einem anderen Vertragsformular, das die Parteien zum Vertragsbestandteil erklären, als Allgemeine Vertragsbedingung vorformuliert. Eine 1.88

---

177 TC VS 30.10.1985 = BR/DC 1987, S. 15 Nr. 5; vgl. auch ZWR 1985, S. 305.

178 Vgl. Reber, Rechtshandbuch, S. 270.

179 Statt vieler: Gauch/Schluep/Schmid, Nr. 1128 ff.; Henninger, AGB, S. 136; Schönenberger/Jäggi, Zürcher Kommentar, N 440 ff. zu Art. 1 OR. Nach Vertragsabschluss hinzutretende Tatsachen reichen aber nicht aus, anzunehmen, die Parteien hätten die Bestimmungen einer SIA-Ordnung mit Vertragsabschluss übernommen (vgl. BGer 4C.371/2006 [19.1.2007] E. 5 = BR/DC 2007, S. 167, Nr. 363 mit Anm. Pichonnaz) etwa betreffend den Umstand, dass ein Planer sich auf seinen Rechnungen als SIA-Mitglied auswies). Dies schliesst freilich nicht aus, dass die Parteien im Sinne einer Vertragsanpassung nachträglich (ausdrücklich oder stillschweigend) eine Übernahme vereinbaren.

Globalübernahme liegt vor, soweit eine Partei eine Bestimmung übernimmt, ohne sie zu kennen oder sie überlegt oder verstanden zu haben.[180]

1.89 **2.** Da die vertragliche Übernahme eine Abrede ist, bedarf sie wie jede andere Vertragsabrede der Auslegung. Im Streitfall können sich verschiedene **Auslegungsfragen** stellen, namentlich die folgenden:

1.90 **a.** *Die Frage, welche Bestimmungen einer SIA-Ordnung übernommen wurden.* Diese Auslegungsfrage ist nicht immer leicht zu entscheiden, namentlich dann nicht, wenn sich die Übernahmeerklärungen der Parteien in einem schlichten (undifferenzierten) Verweis auf eine (oder mehrere) Ordnung(en) erschöpfen. Mangels anderer Anhaltspunkte ist davon auszugehen, dass die Parteien nur jene Bestimmungen übernehmen wollten, die den Inhalt ihres konkreten Planervertrags sinnvoll ergänzen. Da zu vermuten ist, dass die Parteien etwas Vernünftiges wollten,[181] sind im Zweifel alle Bestimmungen auszuscheiden, die innerhalb des konkreten Vertrags zu einem unvernünftigen Ergebnis führen.

1.91 Das Letztere gilt vor allem auch dann, wenn sich der Verweis nicht in einem Planervertrag, sondern etwa in einem Bauwerkvertrag (Nr. 1.26) findet, was in der Praxis bisweilen (namentlich bei Totalunternehmerverträgen mit Architekten) vorkommt. Obwohl Gegenstand der SIA-Ordnungen Planerverträge (nicht der Bauwerkvertrag) sind, kann ein solcher Verweis durchaus wirksam sein, falls es sich nicht um eine blosse Floskel handelt.[182] Bei wirksamem Verweis aber hat das Gericht im Streitfall die schwierige Frage zu entscheiden, in welchem Umfang eine auf den Bauwerkvertrag allenfalls unpassende Honorarordnung übernommen wurde.

1.92 **b.** *Die Frage, auf welche sprachliche Fassung einer SIA-Ordnung die Parteien sich verständigt haben.* Wurde der übrige Vertragstext in deutscher Sprache abgefasst, so spricht dieser Umstand mangels anderer Anhaltspunkte dafür, dass sich die Übernahmeerklärung auf die deutsche Ausgabe bezieht. Entsprechendes gilt, wenn der übrige Vertragstext in französischer oder italienischer Sprache redigiert ist. Das ist deshalb von Bedeutung, weil die Texte

---

180 Vgl. BGE 108 II 418; 93 II 316; 64 II 357; BGer 4C.282/2003 (15.2.2003) E.3.1; GAUCH/SCHLUEP/SCHMID, Nr. 1130; KRAMER, Berner Kommentar, N 190 zu Art. 1 OR; SCHÖNENBERGER/JÄGGI, Zürcher Kommentar, N 462 ff. zu Art. 1 OR. Siehe auch Nr. 1.105.

181 JÄGGI/GAUCH, Zürcher Kommentar, N 444 zu Art. 18 OR; KUMMER, Berner Kommentar, N 365 zu Art. 8 ZGB.

182 GAUCH/SCHLUEP/SCHMID, Nr. 1143; SCHÖNENBERGER/JÄGGI, Zürcher Kommentar, N 496 zu Art. 1 OR.

der verschiedenen Fassungen in Einzelpunkten voneinander abweichen können.

c. *Die Frage, ob sich die Übernahme auf die neueste Fassung einer SIA-Ordnung bezieht oder auf eine frühere Fassung.* Haben die Parteien die Übernahme erklärt, nachdem eine Fassung auch in gedruckter Form erschienen und deshalb allgemein erhältlich war, spricht mangels anderer Anhaltspunkte eine tatsächliche Vermutung für die aktuelle Fassung. Die Vermutung ist allerdings umso schwächer, je näher die Übernahme und das Erscheinungsdatum beieinander liegen. Stellt sich im Einzelfall heraus, dass die eine Partei die revidierte, die andere Partei eine frühere Fassung übernehmen wollte, so ändert dies zwar nichts an der Gültigkeit des Vertrags; doch sind die Bestimmungen der entsprechenden SIA-Ordnung weder in dieser noch in jener Fassung verbindlich, es sei denn, nach Massgabe des Vertrauensprinzips gelte die Übernahme so, wie die eine oder andere Partei sie bei Vertragsabschluss verstanden hat.[183] 1.93

Die zuletzt behandelte Auslegungsfrage kann sich deshalb stellen, weil die Parteien selbstverständlich frei sind, auch eine frühere Fassung (Ausgabe) der SIA-Ordnungen zu übernehmen. *Welche Fassung zwischen bestimmten Parteien gilt, beurteilt sich ausschliesslich nach dem Inhalt der vereinbarten Übernahme.* So verhält es sich auch, wenn die Parteien ihren Vertrag noch vor Inkraftsetzung einer aktualisierten Fassung geschlossen und dabei eine frühere Fassung übernommen haben. Zwischen den betreffenden Parteien gilt weiterhin die übernommene (nicht die revidierte) Fassung, es sei denn, sie hätten etwas anderes vereinbart. 1.94

c. Die Verkehrsübung

1. Dem Gesagten zufolge besteht der Geltungsgrund für die Inhaltsbestimmungen der SIA-Ordnungen grundsätzlich in der vereinbarten Übernahme durch die Parteien. Vom Grundsatz gibt es eine Ausnahme. Sie betrifft den möglichen Fall, dass **einzelne Bestimmungen der SIA-Ordnungen Ausdruck einer Verkehrsübung**[184] und in diesem Sinne «üblich» sind. Denn Bestimmungen, die das Übliche wiedergeben, können nicht nur durch vertragliche Übernahme, sondern (wie jede Übung) auch deswegen Geltung 1.95

183 Vgl. Schönenberger/Jäggi, Zürcher Kommentar, N 485 zu Art. 1 OR.

184 Zur Verkehrsübung im Allgemeinen: Jäggi/Gauch, Zürcher Kommentar, N 392 ff. zu Art. 18 OR; Riemer, S. 117.

erlangen, weil die Parteien sich durch ausdrückliche oder stillschweigende Abrede der Übung unterwerfen oder das Gesetz (z.B. Art. 394 Abs. 3 OR) auf die Übung verweist.[185] Geltungsgrund solcher (üblicher) Bestimmungen ist alsdann der vertragliche oder der gesetzliche Verweis auf die Übung. Die «Üblichkeit» allein reicht dagegen (für sich genommen) nicht aus, um einer vorformulierten Vertragsbestimmung Geltung zu verschaffen;[186] aber sie rechtfertigt es doch, die übliche Bestimmung zur Auslegung unklarer Vertragsklauseln oder als Hilfsmittel der richterlichen Vertragsergänzung heranzuziehen.[187] Besteht nämlich eine einschlägige Verkehrsübung, kann bei der richterlichen Vertragsergänzung in aller Regel angenommen werden, dass diese Übung dem «hypothetischen Parteiwillen» am besten entspricht; das Gericht hat dann in Ausübung seines pflichtgemässen Ermessens nach dieser Übung zu entscheiden.[188] Dahingehend dürfte wohl das Bundesgericht verstanden werden, wenn es in einem nicht amtlich publizierten Entscheid formuliert: «Le règlement SIA peut servir de réference au juge, notamment pour déterminer la liste des prestations incombant à la direction des travaux», bzw.: «[c]es circonstances de fait … permettaient à l'autorité inférieure … de s'inspirer, entre autres éléments, du contenue de la Norme SIA 102 pour définir l'étendue du mandat de direction des travaux».[189]

1.96 Ausdruck einer Verkehrsübung können die Bestimmungen der SIA-Ordnungen deshalb sein, weil sie entweder eine vorbestandene Übung übernommen oder selber eine Übung begründet haben; doch ist dies in keinem Fall zu vermuten und muss im Streitfall nachgewiesen werden.[190] Was die differenzierten Honorierungsregelungen betrifft, die der SIA einseitig festgesetzt hat und durch zusätzliche Publikationen ergänzt, ist ausserdem festzuhalten: Sie können von vornherein nicht als Ausdruck einer Verkehrsübung gelten

---

185 Jäggi/Gauch, Zürcher Kommentar, N 408 ff. und N 522 zu Art. 18 OR; Kramer, Berner Kommentar, N 200 zu Art. 1 OR sowie N 242 f. zu Art. 18 OR.

186 Gauch/Schluep/Schmid, Nr. 1219; Jäggi/Gauch, Zürcher Kommentar, N 409 zu Art. 18 OR.

187 Jäggi/Gauch, Zürcher Kommentar, N 407 und N 523 f. zu Art. 18 OR; Kramer, Berner Kommentar, N 29 ff. und N 244 zu Art. 18 OR; vgl. Tercier/Favre/Conus, Nr. 5350.

188 Jäggi/Gauch, Zürcher Kommentar, N 524 zu Art. 18 OR; Gauch/Schluep/Schmid, Nr. 1258.

189 BGer 4A_242/2008 (2.10.2008) E. 2.2 = BR/DC 2009, S. 58, Nr. 122 mit Anm. Werro.

190 BGE 118 II 296; 117 II 290; BGer 4A_393/2007 (3.12.2007) E.2.1; 4C.261/2005 (9.12.2005) E.2.3; Jäggi/Gauch, Zürcher Kommentar, N 403 zu Art. 18 OR; Merz, Berner Kommentar, N 144 zu Art. 2 ZGB; Schönenberger/Jäggi, Zürcher Kommentar, N 518 zu Art. 1 OR.

(Nr. 7.38 ff.),[191] selbst wenn der beteiligte Planer dem SIA angehört. Noch weniger haben diese Regeln oder irgendwelche Bestimmungen der SIA-Ordnungen die Bedeutung von Gewohnheitsrecht (Art. 1 Abs. 2 ZGB).

2. Von der Verkehrsübung zu unterscheiden sind die **«anerkannten Regeln der Technik bzw. der Baukunde»,** die einerseits das Mass der Sorgfalt mitbestimmen, das ein Planer bei der Vertragsabwicklung aufbringen muss, und die andererseits z.B. die Soll-Beschaffenheit eines werkvertraglich geschuldeten Planes beeinflussen können (Nr. 8.53 und 9.41).[192] Auf diese Unterscheidung ist deshalb hinzuweisen, weil nicht selten das Missverständnis besteht, dass es sich bei den in den SIA-Ordnungen enthaltenen Leistungsbeschrieben um «anerkannte Regeln der Baukunde» handle. Dem ist klarerweise nicht so: Zwar hat ein Planer im Zusammenhang mit einer vertraglich übernommenen Leistung (z.B. bei der «definitiven Auswahl der Materialien und Konstruktionen» im Rahmen der Ausführungsplanung nach Art. 4.51 SIA-Ordnung 102) die jeweils «anerkannten Regeln der Baukunde» zu befolgen; ob aber die entsprechende Leistung («Auswahl der Materialien und Konstruktionen») vom Planer im konkreten Fall zu erbringen ist, ist keine Frage der «anerkannten Regeln», sondern betrifft den Vertragsinhalt. 1.97

d. Keine Geltung trotz Übernahme

Die vertragliche Übernahme durch die Parteien bedeutet nicht, dass die übernommenen Bestimmungen einer SIA-Ordnung in jedem Falle uneingeschränkt gelten. Zum Beispiel erlangen sie trotz Übernahme keine Geltung, soweit sie zwingendem Gesetzesrecht widersprechen, worauf in Art. 1.1.2 der SIA-Ordnungen ausdrücklich hingewiesen wird. Ausserdem ist zu beachten: 1.98

1. Individuelle Abreden der Parteien, worin bestimmte Punkte des Vertrags konkret ausgehandelt wurden, gehen den Allgemeinen Bedingungen der SIA-Ordnungen schlechthin vor.[193] «Selbst solche vorgeformte Regeln, 1.99

---

[191] Vgl. BGE 118 II 296 f.; 117 II 290; 117 II 282 ff.; BGer 4A_393/2007 (3.12.2007) E.2.1; 4C.261/2005 (9.12.2005) E.2.3; Jäggi/Gauch, Zürcher Kommentar, N 403 zu Art. 18 OR; anders z.B. Reber, Rechtshandbuch, S. 279; unklar: Gautschi, Berner Kommentar, N 77d zu Art. 394 OR.

[192] Ausführlich zu den «anerkannten Regeln der Technik»: Gauch, Werkvertrag, Nr. 842 ff.

[193] Vgl. z.B. BGE 125 III 266 f., m.w.H.; 123 III 44; 93 II 325 f.; 81 II 350; Gauch/Schluep/Schmid, Nr. 1139; Kramer, Berner Kommentar, N 210 zu Art. 1 OR; Schönenberger/

die einer klaren individuellen Abrede zwar nicht eigentlich widersprechen, jedoch schlecht zu ihr passen, haben zurückzutreten; sie können nur insoweit gelten, als sie sich der Abrede harmonisch einfügen».[194]

1.100 Der Vorrang der Individualabrede gilt gegenüber allen Bestimmungen einer Ordnung, gleichgültig, ob sie selbst eine abweichende Vereinbarung vorbehalten (z.B. Art. 3.1.5, Art. 5.3.2, Art. 5.3.3 und Art. 5.3.5 SIA-Ordnung 102) oder (wie die Mehrzahl der Bestimmungen) keinen derartigen Vorbehalt umfassen. Einige Vorschriften, welche die Ordnungen enthalten, scheinen die Möglichkeit abweichender Individualabreden zwar einzuschränken, indem sie abweichende Vereinbarungen nur für gewisse Fälle (z.B. Art. 7.5.6, Art. 7.7.3 und Art. 7.10.3 SIA-Ordnung 102) oder mit bestimmtem Inhalt (z.B. Art. 5.2.1 SIA-Ordnung 102) zulassen. Solche Einschränkungen sind jedoch unwirksam. Sie verhindern nicht, dass Individualabreden uneingeschränkt vorgehen.

1.101 **2.** Eine andere Frage ist, wie es sich rechtlich verhält, wenn übernommene Bestimmungen der SIA-Ordnungen im **Widerspruch** stehen **zu andern Allgemeinen Vertragsbedingungen,** die ebenfalls Vertragsbestandteil bilden.[195] Falls von zwei Bestimmungen, die sich widersprechen, keine individuell vereinbart wurde[196] und deshalb vorgeht, sind sie (beide) im Umfang des Widerspruchs grundsätzlich unverbindlich.[197] Der Grundsatz gilt jedoch nicht ohne Ausnahmen. Denn:

1.102 **a.** Im Einzelfall kann die Vertragsauslegung ergeben, dass nach dem Willen der Parteien die eine der widersprüchlichen Bestimmungen (z.B. die «allgemeinere») durch die andere (z.B. die «speziellere») verdrängt wird, sodass

---

Jäggi, Zürcher Kommentar, N 491 ff., zu Art. 1 OR. Zur Begründung des Vorranges: Baudenbacher, Grundprobleme, S. 266 f.

194 Schönenberger/Jäggi, Zürcher Kommentar, N 492 zu Art. 1 OR.

195 Ein solcher Widerspruch darf nicht leichthin angenommen werden. Denn vielfach ergibt eine richtige Auslegung des Vertrags, die nicht am buchstäblichen Sinn der Worte haften bleibt, dass scheinbar widersprüchliche Bestimmungen sich durchaus harmonisieren lassen; etwa deswegen, weil angenommen werden darf, dass von verschiedenen (vertretbaren) Bedeutungen einer Bestimmung diejenige gemeint ist, die keinen Widerspruch begründet (Jäggi/Gauch, Zürcher Kommentar, N 433 zu Art. 18 OR).

196 Auch vorformulierte Bestimmungen können zum Gegenstand einer individuellen Abrede gemacht werden, was zwar eher selten vorkommt, als Möglichkeit aber doch zu berücksichtigen ist.

197 Jäggi/Gauch, Zürcher Kommentar, N 433 zu Art. 18 OR; vgl. auch von Büren, OR AT, S. 172.

diese (nicht aber jene) Geltung hat.[198] Vielfach vereinbaren die Parteien sogar eine ausdrückliche Widerspruchsregel, aus der sich kraft der getroffenen Vereinbarung ergibt, welche Vertragsbestimmung im Falle des Widerspruchs gilt und welche nicht. Zum Beispiel legen sie eine Rangordnung zwischen verschiedenen Vertragsbestandteilen derart fest, dass Bestimmungen im tieferen Rang zu weichen haben, wenn sie mit Bestimmungen im höheren Range kollidieren.

b. Auf eine solche Rangordnung zielen offenbar auch die Art. 1.1 der SIA-Ordnungen, indem sie den «abgeschlossenen Vertrag» der «vorliegenden Ordnung» voranstellen. Diese Rangordnung muss jedoch praktisch versagen, weil sie im Unklaren lässt, was sie mit dem «abgeschlossenen Vertrag» (im Unterschied zur übernommenen Ordnung) meint. Sinnvoll ausgelegt kann dies nur bedeuten, dass individuelle Abreden den übernommenen Bestimmungen der SIA-Ordnungen vorgehen, was sich ohnehin von selbst versteht. 1.103

c. So oder anders kann den SIA-Ordnungen (im Unterschied etwa zu Art. 21 SIA-Norm 118) keine brauchbare Widerspruchsregel entnommen werden. Auch der Vorbehalt einer anderen Vereinbarung, der sich in einzelnen Bestimmungen der Ordnungen findet, hat nicht die Bedeutung einer solchen Regel. Denn er bringt lediglich zum Ausdruck, was für alle Bestimmungen der Ordnung ohnehin gilt: dass es den Parteien frei steht, eine abweichende Vereinbarung zu treffen, die vorgehen soll. Ob aber die Übernahme widersprechender Vertragsbedingungen in anderen Vertragsbestandteilen den Sinn einer «vorgehenden» Vereinbarung hat, wird dadurch nicht entschieden. In jedem Falle vorrangig sind lediglich die Individualabreden. 1.104

3. Hat eine Partei der Übernahme nur global zugestimmt (Nr. 1.88), so bedarf sie schliesslich eines besonderen Schutzes. Dieser Schutz hat seine *Grundlage im Prinzip von Treu und Glauben* (Art. 2 ZGB) und wird durch das gleiche Prinzip auch eingeschränkt. Das ist deshalb von Bedeutung, weil ein Bauherr von seinem Planer grundsätzlich erwarten darf, dass dieser die Einzelheiten der einschlägigen SIA-Ordnungen bei Vertragsabschluss kennt.[199] Abgesehen von Ausnahmefällen, in denen sich eine solche Erwartung nach den konkreten Umständen nicht rechtfertigt, muss das Vorbringen des Pla- 1.105

---

198 Dass nach dem Vertragswillen der Parteien die «speziellere» Bestimmung die «allgemeinere» verdrängen soll, bildet Gegenstand einer tatsächlichen Vermutung.

199 Vgl. ZR 1971, Nr. 117, S. 319.

ners, er habe die Ordnung nur global übernommen, nach Treu und Glauben unberücksichtigt bleiben. Ist die Schutzwürdigkeit aber gegeben, erlangen **keine Geltung zulasten der global zustimmenden Partei:**

1.106 **a.** Bestimmungen der SIA-Ordnungen, über deren Inhalt sich die betreffende Partei bis zum Vertragsabschluss *nicht in zumutbarer Weise informieren* konnte.[200] Auf deren Nichtgeltung kann sich unter Umständen ein privater und branchenunkundiger Bauherr berufen, dem der Planer zwar die Verwendung einer SIA-Ordnung vorgeschlagen, den Text dieser Ordnung aber nicht so rechtzeitig verschafft hat, dass der Bauherr sie in Ruhe lesen und überdenken konnte.[201]

1.107 **b.** Ungewöhnliche (überraschende) Bestimmungen, mit denen die global zustimmende Partei (nach Inhalt oder Platzierung im Text) nicht gerechnet hat und aus ihrer Sicht zur Zeit des Vertragsabschlusses auch nicht rechnen musste. Diese *Ungewöhnlichkeitsregel*[202] könnte z.B. zugunsten eines Bauherrn eingreifen, der davon überrascht ist, dass Art. 3.1.5 SIA-Ordnung 102 den Architektenvertrag auf die architektonische Gesamtleistung ausdehnt.[203]

1.108 **c.** Bestimmungen, die *vom dispositiven Gesetzesrecht abweichen,* ohne dass sich die Abweichung mit der Eigenart des konkret vereinbarten Planervertrags rechtfertigen lässt.[204]

1.109 **4.** Die soeben erwähnten Geltungsschranken werden ergänzt durch **Art. 8 des Bundesgesetzes gegen den unlauteren Wettbewerb,** der am 1. Juli 2012 in einer revidierten Fassung in Kraft getreten ist. Danach handelt unlauter und damit widerrechtlich (Art. 2 UWG), «wer allgemeine Geschäftsbedingungen verwendet, die in Treu und Glauben verletzender Weise zum Nachteil der Konsumentinnen und Konsumenten ein erhebliches und ungerechtfertigtes

---

200 Vgl. BGE 100 II 209 f.; 77 II 156; Gauch/Schluep/Schmid, Nr. 1140.

201 In diesem Zusammenhang ist zu beachten, dass die SIA-Ordnungen nicht frei zugänglich sind. Vielmehr treibt der SIA mit seinem Normenwerk Handel, wodurch er im Jahr 2009 einen Umsatz von rund CHF 4080000 ausweisen konnte (Der SIA im Jahr 2009, Geschäftsbericht 2009, S. 43).

202 Vgl. statt vieler: BGE 135 III 7; 119 II 446; 109 II 458; 109 II 217; 108 II 418; 98 Ia 321; BGer 4A_438/2007 (29.1.2008) E.5.1; 4C.282/2003 (15.12.2003) E.3.1; Jäggi/Gauch, Zürcher Kommentar, N 472 zu Art. 18 OR und dort Zitierte. Vgl. auch § 305c Abs. 1 BGB.

203 Vgl. auch Nr. 1.74 und 7.101.

204 Vgl. Jäggi/Gauch, Zürcher Kommentar, N 475 zu Art. 18 OR; Schönenberger/Jäggi, Zürcher Kommentar, N 508 zu Art. 1 OR.

Missverhältnis zwischen den vertraglichen Rechten und den vertraglichen Pflichten vorsehen.» Derartige Geschäftsbedingungen werden im Randtitel zu Art. 8 UWG kurz als «missbräuchliche Geschäftsbedingungen» bezeichnet.

Ob die SIA-Ordnungen «missbräuchliche Geschäftsbedingungen» im Sinne des Art. 8 UWG enthalten, soll hier schon deshalb nicht untersucht werden, weil die einzelnen Tatbestandselemente des revidierten Art. 8 UWG einer noch näheren Auslegung durch Lehre und Rechtsprechung bedürfen. Was jedoch die Rechtsfolge betrifft, die sich an die Verwendung «missbräuchlicher Geschäftsbedingungen» knüpft, so ist festzuhalten, dass die betreffenden (zum Nachteil von Konsumentinnen oder Konsumenten verwendeten) Geschäftsbedingungen nichtig sind. Ausserdem verfügt der Vertragspartner des Verwenders, der durch die Übernahme dieser Bedingungen benachteiligt wird, auch über die Rechtsbehelfe der Art. 9 und 11 UWG.[205] 1.110

e. Abschluss- und Hinweisbestimmungen

Bis hierhin war von der Geltung der Inhaltsbestimmungen die Rede, aus denen die SIA- Ordnungen zur Hauptsache bestehen. Doch enthält die Ordnung auch **andere Bestimmungen als Inhaltsbestimmungen** (Nr. 1.68). Diese sind jedoch weder dazu vorgesehen noch geeignet, Vertragsgeltung zu erlangen. Das gilt zunächst für die (vereinzelten) *Abschlussbestimmungen* der SIA-Ordnungen, die das Zustandekommen des Vertrags regeln, weshalb eine Übernahme in den Vertrag (als Vertragsbestandteil) ausser Betracht fällt. Solche Bestimmungen erlangen rechtliche Bedeutung nur dann, wenn sie schon in der Verhandlungsphase von der einen oder andern Partei als anwendbar erklärt werden. Alsdann binden sie diese Partei und, falls ihr Verhandlungspartner zustimmt, auch ihn.[206] 1.111

Aber auch rein «deklaratorische» Sätze, welche die SIA-Ordnungen enthalten,[207] vermögen keine Vertragsgeltung zu erlangen. Die wichtigsten 1.112

---

205 Zum Ganzen vgl. Gauch, Werkvertrag, Nr. 200.

206 Vgl. sinngemäss: Gauch, Werkvertrag, Nr. 295 ff.

207 Beispiele: «Die vorliegende Ordnung umschreibt die Rechte und Pflichten der Parteien beim Abschluss und bei der Abwicklung von Verträgen über Architekturleistungen» (Art. .1 Einleitung/Inhalt der SIA-Ordnung 102). «Der Architekt erfüllt Aufgaben der Beratung, Planung, Projektierung und Bauleitung sowie der Bewirtschaftung von Bauwerken» (Art. 2.1.1 SIA 102). «Der Aufbau des Leistungsbeschriebs ist abgestimmt auf die Ordnung SIA 112» (Art. 4 SIA 102).

unter ihnen sind die *Hinweisbestimmungen,* welche die Parteien auf eine mögliche (zu treffende) Vereinbarung aufmerksam machen (Nr. 1.68 ff.). Sie können als solche überhaupt nicht übernommen und Vertragsbestandteil werden. Berücksichtigung finden sie höchstens dadurch, dass die Parteien eine entsprechende Vereinbarung treffen.[208] Das gilt zum Beispiel für die folgenden Bestimmungen der SIA-Ordnung 102: «In speziellen Fällen kann eine Vergütung von EDV-Aufwendungen vereinbart werden» (Art. 5.3.5). «Die Honorierung nach dem effektiven Zeitaufwand kann vereinbart werden: nach Qualifikationskategorien, nach Gehältern oder nach mittleren Ansätzen» (Art. 6.1.1). «Die Anpassung laufender Verträge an die Teuerung muss vertraglich vereinbart werden» (Art. 6.1.6).

B. Die Auslegung

1.113 **1.** Soweit eine SIA-Ordnung von bestimmten Parteien als Vertragsbestandteil übernommen wurde, bedarf sie im Streitfall der Auslegung. Nach schweizerischer Rechtsauffassung müssen die übernommenen Bestimmungen als Bestandteil des konkreten Einzelvertrages **individuell, anhand der Umstände des Einzelfalls ausgelegt** werden.[209] Der Sinn, der den übernommenen Bestimmungen innerhalb des konkreten Vertrags zukommt, kann durchaus abweichen von dem, was die Verfasser der Ordnungen bei deren Ausarbeitung dachten und wollten. Auch ist möglich, dass die gleiche Bestimmung als Inhalt verschiedener Verträge je eine verschiedene Bedeutung hat. Diese Bedeutung wird vom Gericht ermittelt, das die gängigen Auslegungsmittel und Auslegungsregeln zur Anwendung bringt.[210] Soweit indes die auszulegende Bestimmung dispositives Gesetzesrecht wiederholt, hat das Gericht sie mangels anderer Anhaltspunkte im Sinne des Gesetzes zu interpretieren, obwohl sie Kraft vertraglicher Übernahme zum vereinbarten Vertragsinhalt gehört.[211] Ausserdem bleibt zu beachten:

---

208 Vgl. sinngemäss: GAUCH, Werkvertrag, Nr. 289.

209 BGE 133 III 681; 122 III 121; 115 II 268; 110 II 146 f.; BGer 5C.194/2006 (9.1.2008) E.2.3.1; ZR 1982, Nr. 46, S. 121; JÄGGI/GAUCH, Zürcher Kommentar, N 466 zu Art. 18 OR; HENNINGER, AGB, S. 136; KRAMER, Berner Kommentar, N 60 zu Art. 18 OR; SCHÖNENBERGER/JÄGGI, Zürcher Kommentar, N 490 zu Art. 1 OR. Für die Beantwortung der Frage, ob der Tatbestand des Art. 8 UWG erfüllt ist (Nr. 1.109), kommt es allerdings auf eine «einheitliche» Auslegung an (GAUCH/SCHLUEP/SCHMID, Nr. 1242).

210 JÄGGI/GAUCH, Zürcher Kommentar, N 344 ff. und N 411 ff. zu Art. 18 OR.

211 Vgl. BR/DC 1983, S. 55, Nr. 38 mit Anm. TERCIER; GAUCH/SCHLUEP/SCHMID, Nr. 1230.

a. Die Auslegung ist, sofern es um die Rechtsanwendung geht, *dem Gericht vorbehalten.* Jede Auslegung durch andere Stellen beinhaltet nur die Äusserung einer unmassgeblichen Ansicht, wie das Gericht entscheiden sollte.[212] Das gilt auch für die Auslegung durch die SIA-Kommissionen für die Ordnungen 102, 103, 104 etc., denen nach Art. .1 «Einleitung/Auslegung der Ordnung» der SIA-Ordnungen «Meinungsverschiedenheiten über Leistungsumfang und Honorare … unterbreitet werden» können, oder betreffend allfällige Interpretationsempfehlungen, sei es, dass solche Empfehlungen vom SIA selbst[213] oder von Dritten stammen. 1.114

b. Als primäres Auslegungsmittel dient der *Wortlaut,* massgebend ist entweder der deutsche, der französische oder, sofern die entsprechende Ordnung auch auf Italienisch und Englisch herausgegeben wurde (Nr. 1.62), der italienische oder englische Wortlaut, je nachdem, ob die Bestimmungen einer SIA-Ordnung in der deutschen, französischen oder italienischen Sprache übernommen wurden. Obwohl die französische und italienische Ausgabe der Ordnungen Übersetzungen sind, hat der deutsche Wortlaut keine Priorität. 1.115

2. Zu den Auslegungsregeln gehört auch die **Unklarheitsregel,**[214] die vor allem auf Allgemeine Vertragsbedingungen zur Anwendung kommt (Nr. 2.53). Sie besagt, dass im Zweifel diejenige Bedeutung den Vorzug verdient, die für den Verfasser der auszulegenden (unklaren) Bestimmung ungünstiger ist («in dubio contra stipulatorem»). Dem Verfasser gleichgestellt wird eine Partei, die den Text zwar nicht selber (oder durch ihren Gehilfen) formuliert, aber die Verwendung eines «fremden», von dritter Seite verfassten Textes veranlasst hat. Diese Gleichstellung erlaubt es, die Unklarheitsregel auch für die Auslegung der SIA-Ordnungen anzuwenden. Dabei aber kommt ihr eine nur beschränkte Bedeutung zu. Denn: 1.116

Die Unklarheitsregel findet von vornherein keine Anwendung, soweit die übernommenen Bestimmungen von beiden Parteien durchberaten (nicht nur einseitig verlesen und erläutert) wurden.[215] Sodann ist die Regel unanwendbar, wenn beide Parteien zur übernommenen SIA-Ordnung in ähnlicher 1.117

---

212 Jäggi/Gauch, Zürcher Kommentar, N 302 f. zu Art. 18 OR.

213 Für die Honorarordnungen gibt der SIA (bislang) keine Auslegungshilfen bzw. Interpretationsempfehlungen heraus.

214 BGE 118 II 344; 115 II 268; 110 II 146; 107 II 230; 100 II 153 und 156; Gauch/Schluep/Schmid, Nr. 1231 f., mit weiteren Nachweisen.

215 Vgl. BGE 99 II 293.

Beziehung stehen,[216] weil sie beide demselben Berufsstand (allenfalls sogar dem SIA) angehören oder zumindest branchenkundig und im Umgang mit der Ordnung vertraut sind. Und schliesslich bleibt zu beachten, dass es sich bei den SIA-Ordnungen um ein Regelwerk handelt, das vom SIA im Interesse seiner Mitglieder ausgearbeitet wurde. Mit Rücksicht darauf ist von der Anwendung der Unklarheitsregel schon dann abzusehen, wenn nicht der Planer, sondern sein Kunde die Verwendung einer SIA-Ordnung vorgeschlagen hat.[217] Es wäre geradezu stossend, wenn der Kunde, der die im Interesse der SIA-Mitglieder herausgegebene Ordnung vorschlägt, auch noch den Nachteil der Unklarheitsregel zu tragen hätte.

4. Eine Würdigung

1.118 **1.** Die SIA-Ordnungen sind ein **für die Praxis bedeutsames Regelwerk.** Daran vermag auch der Umstand nichts zu ändern, dass zahlreiche Bauherren, die über genügende Nachfragemacht verfügen, eigene Formularverträge mit zum Teil erheblichen Abweichungen geschaffen haben.[218] Denn einerseits sind viele dieser Formularverträge so gefasst, dass sie die Anwendung der SIA-Ordnungen nur zum Teil (nicht integral) ausschliessen.[219] Und anderseits werden die Ordnungen von zahlreichen Vertragsparteien «unverändert» übernommen, und zwar namentlich in Verträgen mit «einmaligen» (fachunkundigen) Bauherren. Gerade deswegen lohnt sich die Frage, was von den Ordnungen zu halten ist.

1.119 **2.** Die aufgeworfene Frage lässt sich nicht mit einer pauschalen **Bewertung** abtun, weil die SIA-Ordnungen in manchen Punkten überzeugen, in andern dagegen nicht. Positiv fällt z.B. auf, dass der SIA davon absieht, den Ordnungen einen «quasigesetzlichen» Anstrich zu geben, indem er es unterlässt, darin vom «Inkrafttreten» der einzelnen Ordnungen zu sprechen, und ausdrücklich festhält (z.B. unter Einleitung/Auslegung der Ordnung, Punkt 2 der SIA-Ordnungen 102 und 103), dass die in den Ordnungen enthaltenen «Leis-

---

216 Vgl. JÄGGI/GAUCH, Zürcher Kommentar, N 455 zu Art. 18 OR.

217 Vgl. JÄGGI/GAUCH, Zürcher Kommentar, N 455 zu Art. 18 OR.

218 Vgl. SCHUMACHER, Die revidierten SIA-Honorarordnungen, S. 70 ff.

219 Vgl. auch den Mustervertrag für Planerleistungen (Version 5.6/1-2010, Erläuterung zu Ziff. 1.3 und Ziff. 3) sowie den Leitfaden zu Vergabeverfahren und Verträgen für Planerleistungen (Version 5.0/2009, S. 10) der KBOB (Koordinationskonferenz der Bau- und Liegenschaftsorgane der öffentlichen Bauherren).

tungsbeschriebe und Kalkulationshilfen … den Charakter von Empfehlungen» haben, die für die Parteien nur dann verbindlich sind, «wenn sie im Vertrag vereinbart sind». Auch sind die äussere Darstellung und die Gliederung gewiss gelungen. Zum Besten aber, was die Honorarordnungen enthalten, gehören die ausführlichen Leistungsbeschriebe, was nicht verwundert, da die Verfasser der Ordnungen (praktisch alles Nicht-Juristen) diesbezüglich im Vollbesitz des Fachwissens waren. Mit Blick auf komplexe Bauten wurde in der aktuellen SIA-Ordnung 102 und schon in der Ausgabe 2001 der Leistungsbeschrieb im Verhältnis zur Ausgabe 1984 modifiziert und so erweitert, dass auch die Vor- oder Nachphasen des Bauablaufs erfasst und Leistungen einbezogen wurden, die zum typischen Tätigkeitsbereich der Planer zählen. Dem Wunsch, pro Bauwerk nur *einen* «Planungs- und Bauleitungsvertrag» abzuschliessen, der sämtliche Architekten-, Ingenieur- und Sonderleistungen abdeckt, wurde sodann mit den Leistungsmodellen 111 und 112 Rechnung getragen, die sich als Instrument der Vertragsgestaltung bei grösseren Bauprojekten mit fachkundigen Bauherren anbieten.

Andererseits gibt es Einzelbestimmungen, die inhaltlich zu kritisieren sind. 1.120
Das wurde bereits an der Baurechtstagung 2003 dargetan[220] und kommt ausserdem in verschiedenen Beiträgen dieses Buches zum Ausdruck. Aber auch in formeller Hinsicht können die Ordnungen nach wie vor verbessert werden. So sind einzelne Partien (z.B. jene über die Honorarberechnung) nach wie vor hochkompliziert und dem durchschnittlichen Laien kaum verständlich.[221]

3. Die wichtigste Frage jedoch ist, ob die Bestimmungen der SIA-Ordnun- 1.121
gen «ausgewogen» sind, indem sie die Interessen beider Parteien in gleicher Weise berücksichtigen. Diese **Frage nach der Ausgewogenheit** wird je nach Standort des Betrachters bald bejaht, bald verneint. Eine gültige Antwort

---

220 Vgl. Egli, Die revidierten SIA-Ordnungen, S. 52 ff.

221 Ob sich die Situation mit dem SIA-Honorarrechner für das iPhone «siaFee» ändern wird, ist zu bezweifeln. Die Berechnungsmethode der iPhone-Applikation basiert auf dem Zeitaufwandmodell gemäss den drei SIA-Leistungs- und Honorarordnungen 102, 103 und 108 und berücksichtigt die aufwandbestimmenden Baukosten, den angebotenen Stundenansatz sowie alle Faktoren, die für den durchschnittlichen Zeitaufwand relevant sind. Die einzelnen Werte und Faktoren können zwar einfach eingesetzt und das Resultat so ermittelt werden. Verständlicher werden die verwendeten Formeln dadurch aber nicht. In diesem Zusammenhang (vgl. etwa die Formel zur Berechnung des Grundfaktors p für den Stundenaufwand nach Art. 7.2.2 SIA 102/103/108) resignierte ein Kollege: «Das Ziehen der dritten Wurzel ist für mathematische Wurzeln eine Überforderung – auch wenn eine Rechnungsmaschine zur Verfügung steht».

kann aber nur geben, wer in der Lage ist, in sachkundiger Gesamtwürdigung das Regelwerk als Ganzes zu bewerten. Um den Gerechtigkeitsgehalt der Ordnung abzuwägen, genügt es also nicht, einzelne Bestimmungen aufzuzählen, die zuungunsten dieser oder jener Partei von dispositiven Regeln des Gesetzes abweichen. Überhaupt ist eine vorformulierte Vertragsbestimmung nicht schon deshalb «unbillig», weil sie dem dispositiven Gesetzesrecht zuwiderläuft.

§ 2 Abschluss und Beendigung von Planerverträgen

HUBERT STÖCKLI[1]

Inhaltsverzeichnis

---

[1] Ich danke MLaw Lisa AESCHIMANN und MLaw Johanna HENSCHEL, beide Lehrstuhl für Zivil- und Handelsrecht der Universität Freiburg, herzlich für die wertvolle Unterstützung bei der Kontrolle von Text und Belegstellen.

I. Vorbemerkungen

2.1 **1.** Im Folgenden geht es um die Anbahnung und den Abschluss (Nr. 2.5 ff.), die Abänderung (Nr. 2.67 ff.) und die Beendigung (Nr. 2.72 ff.) von Planerverträgen. Da die Planerverträge gesetzlich nicht speziell geregelt sind, sind die Regeln des allgemeinen Teils des Obligationenrechts sowie die Regeln des Werkvertrags- und des Auftragsrechts einschlägig.

2.2 **2.** Bevor ich aber auf das Thema eingehe, möchte ich zwei Vorbemerkungen anbringen:

2.3 **a.** Zur *Vertragsqualifikation:* Der Planervertrag ist – was in diesem Buch vielfach betont wird – kein gesetzlich speziell geregelter Vertrag. Vielmehr ist er nach Massgabe seines Inhalts als Werkvertrag (als Planungsvertrag), als Auftrag (als Planerauftrag) oder als gemischter Vertrag, der Elemente des Werkvertrags- und des Auftragsrechts vereint (als Gesamtvertrag), zu qualifizieren (Nr. 1.29). Die Qualifikation des Gesamtvertrags als gemischter Vertrag ist in der Sache nur dann bedeutsam, wenn sie sich auch in den Rechtsfolgen niederschlägt. Diesen Schritt geht das Bundesgericht, indem es eine Spaltung der Rechtsfolgen postuliert (Nr. 1.47 und 8.17 ff.), sodass je nach Leistungsteil, auf den sich der konkrete Streit bezieht, nach Werkvertrags- oder nach Auftragsrecht zu urteilen ist.[2] Lange kam dieser Spal-

---

2 BGE 134 III 363 E. 5.1, in BR/DC 2009, S. 58 f., Nr. 123 und 124, mit Anm. STÖCKLI und WERRO; 127 III 545; 109 II 466; auch BGer 4A_53/2012 (31.7.2012) E. 3.4; 4A_55/2012 (31.7.2012) E. 4.4; 4A_252/2010 (25.11.2010) E. 4.1. Anders HGer SG HG.2008.127

tungstheorie – soweit ersichtlich – keine praktische Bedeutung zu; in einem jüngeren Entscheid aber hat das Bundesgericht ein vorinstanzliches Urteil geschützt, mit dem die Klage eines Konsortiums gegen einen Geologen abgewiesen wurde, weil das Konsortium einen Mangel der werkvertraglich zu qualifizierenden Leistung nicht sofort nach dessen Entdeckung (Art. 370 Abs. 3 OR) gerügt hatte.[3] Umgekehrt bleibt die Spaltungstheorie bedeutungslos, wo das Obligationenrecht zwischen diesen beiden Verträgen keinen Unterschied macht (vgl. Nr. 8.13 ff.). Und mit Bezug auf die Beendigung von Gesamtverträgen hat sich das Bundesgericht zum Auftragsrecht bekannt und von einer Spaltung abgesehen (Nr. 1.47 und 2.104). Meinen Beitrag habe ich vor dem Hintergrund der bundesgerichtlichen Praxis verfasst, der eine differenzierende Vertragsqualifikation und die damit einhergehende Theorie der gespaltenen Rechtsfolgen bei Gesamtverträgen eigen ist. Eigentlich aber bin ich der Meinung, dass sich die Spaltungstheorie praktisch nicht bewähren kann und selbst Gesamtverträge ungespalten ins Auftragsrecht gehören, was im Übrigen einer früheren Praxis des Bundesgerichts entspricht (Nr. 1.48).[4]

b. Zum Vorrang abweichender *Parteiabreden:* Die folgenden Ausführungen beziehen sich, soweit nicht anders vermerkt, auf die Rechtslage, wie sie nach dem Obligationenrecht besteht. Stets vorbehalten bleiben vertragliche Abreden der Parteien, die den gesetzlichen Normen vorgehen, soweit diese nicht zwingend sind.[5] Dazu gehören auch die Bestimmungen der SIA-Ordnungen 102/103, die dadurch Geltung erlangen, dass die Parteien sie in den konkreten Einzelvertrag übernehmen (Nr. 1.88 ff.). 2.4

(23.3.2010), in: BR/DC 2010, S. 58, Nr. 129, mit Anm. Stöckli (Beurteilung der Haftung aus einem Ingenieur-Gesamtvertrag «einheitlich nach auftragsrechtlichen Grundsätzen»).

[3] BGer 4A_252/2010 (25.11.2011); jüngst BGer 4A_53/2012 (31.7.2012) für die Haftung eines Ingenieurs für Planmängel bei einem Gesamtvertrag (gemischter Vertrag), die entfiel, weil der Bauherr nicht rechtzeitig gerügt hatte; auch BGer 4A_55/2012 (31.7.2012). Kritisch schon Schumacher, Die revidierten SIA-Vertragsordnungen, S. 88 f.: «Die Pflicht zur Sofortrüge widerspricht den Erfordernissen der Praxis …»; auch Egli, Revidierte SIA-Ordnungen, S. 66 f.

[4] Siehe BGE 63 II 176; eingehend Gauch, Werkvertrag, Nr. 61, mit Hinweisen; abgelehnt jüngst in BGer 4A_53/2012 (31.7.2012) E. 3.5; 4A_55/2012 (31.7.2012) E. 4.5. Weitergehend Denzler/Hochstrasser, Nr. 8.11, die dort postulieren, Planerverträge seien generell dem Auftragsrecht zu unterstellen.

[5] Auf Art. 404 Abs. 1 OR, der hier die Ausnahme macht, gehe ich unter Nr. 2.98 ff. ein.

II. Anbahnung und Abschluss von Planerverträgen

2.5 **1.** Der Abschluss von Planerverträgen unterliegt den Art. 1 ff. OR, die für andere Verträge auch gelten (Nr. 2.43 ff.). Neben Art. 1 Abs. 1 OR, der den Grundtatbestand regelt, gehören dazu namentlich die Bestimmungen über die Inhaltsfreiheit (Art. 19 f. OR) und jene zu den Willensmängeln (Art. 23 ff. OR), aber auch die Regeln über allgemeine Geschäftsbedingungen, unter denen die Ungewöhnlichkeitsregel[6] (Nr. 1.107) hervorsticht: Sie alle sind auf Planerverträge anwendbar. Das gesetzliche Werkvertragsrecht, das auf den reinen Planungsvertrag anwendbar ist (Nr. 1.30), enthält keine besonderen Abschlussbestimmungen. Lediglich das Auftragsrecht weist mit Art. 395 OR eine entsprechende Bestimmung auf, die unter dem Randtitel «Entstehung» vorsieht, dass für gewisse Fälle die Annahme eines «nicht sofort abgelehnten Auftrags» durch den nachmaligen Auftragnehmer (hier: den Planer) vermutet wird und ein Vertragsschluss erfolgt, wenn die Vermutung vom Planer nicht widerlegt wird (Nr. 2.43).[7]

2.6 **2.** Häufig führen Bauherr und Planer Verhandlungen, die nicht nur der Klärung der Vertragsbedingungen, sondern der Klärung dessen dienen, was überhaupt geplant werden soll. Zuweilen fällt es schwer zu entscheiden, ob diese Gespräche schon zwischen gebundenen Vertragspartnern geführt werden oder noch der Phase der Vertragsverhandlungen (Nr. 2.7 ff.) zugehören. Die Vorstellung, dass ein Planervertrag durch den punktuellen, von aussen erkennbaren Austausch von Angebot (Offerte) und Annahme (Akzept) zustande kommt, wird der Realität häufig nicht gerecht (Nr. 2.40). Kommt es darüber zum Streit, liegt die Beweislast für die «übereinstimmende gegenseitige Willensäusserung der Parteien», die für das Zustandekommen eines Planervertrags erforderlich ist (Art. 1 Abs. 1 OR), bei jener Partei, die sich darauf beruft (Art. 8 ZGB).

---

6 Vgl. Gauch/Schluep/Schmid, Nr. 1141 ff.

7 Fellmann, Berner Kommentar, N 72 zu Art. 395 OR, mit Verweis auf weitere Autoren; Werro, Commentaire romand, N 9 zu Art. 395 OR.

1. Die Vertragsanbahnung

A. Die Vertragsverhandlungen

1. Die **Vertragspunkte,** um die sich Vertragsverhandlungen zwischen einem Bauherrn und einem Planer drehen können, sind vielgestaltig und lassen sich nicht abschliessend umschreiben. In der Regel aber geht es um Art und Umfang der Planerleistungen, das Planerhonorar, Fristen und Termine, Haftungsfragen sowie Abreden, die das Urheberrecht betreffen (Nr. 17.1 ff.).[8] Aus rechtlicher Sicht ist festzuhalten: 2.7

a. So wichtig diese Punkte im konkreten Fall sind, handelt es sich nicht bei allen um *objektiv wesentliche Vertragspunkte*[9], also um Punkte, die von den Parteien selber geregelt werden müssen, weil sonst (mangels parteiautonomer Eigen-Norm)[10] kein Vertrag zustande kommen kann (Nr. 2.45 ff.). Was namentlich die *Abrede über das Planerhonorar* (über die Entgeltlichkeit, über die Honorarbemessung oder über beides) angeht, handelt es sich dabei in aller Regel um einen Punkt, der für die eine oder die andere Vertragspartei subjektiv bedeutsam ist (Nr. 2.9). Dies heisst indes nicht, dass der Punkt auch objektiv wesentlich ist. So hält Art. 394 Abs. 3 OR für den Planerauftrag (z.B. für einen Bauleitungsvertrag; Nr. 9.25) fest, dass eine Vergütung auch dann geschuldet ist, wenn sie zwar nicht vereinbart ist[11], es aber der Verkehrsübung entspricht, dass die vereinbarten Planerleistungen vom Bauherrn vergütet werden (Nr. 7.3 und 7.35). Ein anderes Beispiel findet sich in Art. 374 OR, der beim Planungsvertrag zum Tragen kommt. Dieser Gesetzesregel nach wird das Planerhonorar mangels anderer Abrede «nach Massgabe des Wertes der Arbeit und der Aufwendungen des Unternehmers festgesetzt». Sie ist bei der Vertragsergänzung anzuwenden, wenn sich die Parteien eines Planungsvertrags einerseits darauf einigten, dass der Bauherr ein Honorar zu leisten 2.8

---

8 Vgl. TERCIER, Contrat, S. 91 ff.

9 Zum Begriff des objektiv wesentlichen Punkts vgl. GAUCH/SCHLUEP/SCHMID, Nr. 332 ff.

10 Zum Begriff der Eigennorm und zum Unterschied zur Fremdnorm JÄGGI/GAUCH, Zürcher Kommentar, N 276 ff. zu Art. 18 OR.

11 Gemeint sind die Fälle, in denen die Parteien den Punkt überhaupt nicht verhandeln und ihn deshalb nicht regeln. Haben die Parteien den Punkt verhandelt und sich dabei auf die Unentgeltlichkeit der Planerleistungen geeinigt, bleibt Art. 394 Abs. 3 OR und eine allfällige Verkehrsübung, auf die dort verwiesen wird, auch dann aus dem Spiel, wenn die Leistungen übungsgemäss zu vergüten wären.

hat, anderseits aber offen liessen, wie es zu bemessen sei (Nr. 7.36).[12] In den skizzierten Fällen richtet sich das Planerhonorar, wo die Parteien es nicht regelten, nach gesetzlichen Bestimmungen und ist insoweit ein objektiv unwesentlicher Vertragspunkt.

2.9 **b.** Häufig aber ist die Höhe des Honorars *subjektiv wesentlich* (Nr. 2.48).[13] Wiederum lässt sich anhand des Art. 374 OR zeigen, was gemeint ist: Die Höhe des Planerhonorars ist bei einem Planungsvertrag aufgrund des Art. 374 OR objektiv unwesentlich (Nr. 2.8). Gleichwohl haben die Parteien die Höhe festzusetzen, wenn die eine Partei ihren Abschlusswillen davon abhängig macht. Alsdann kommt ohne Festsetzung der Honorarhöhe der angestrebte Vertrag nicht zustande, was diese zum subjektiv wesentlichen Punkt macht (Nr. 2.48).

2.10 **2.** Schon in der Verhandlungsphase, in der noch keine vertraglichen Bindungen bestehen, schulden die Parteien einander ein Verhalten nach Treu und Glauben (Art. 2 Abs. 1 ZGB)[14] und gegebenenfalls Schadenersatz, insofern sie gegen **vorvertragliche Treuepflichten** verstossen. Diese Haftung aus *culpa in contrahendo* setzt einen Schaden, einen natürlichen und einen adäquaten Kausalzusammenhang sowie einen Zurechnungsgrund voraus, der entweder in einem Verschulden[15] oder der Haftung für Hilfspersonen (Art. 101 Abs. 1 OR)[16] liegen kann.[17]

---

12 Beim Werkvertrag ist die Entgeltlichkeit nach Rechtsprechung und Lehre ein objektiv wesentlicher Vertragspunkt: BGE 127 III 523 E. b; BGer 4C.421/2006 (4.4.2007) E. 2.1; GAUCH, Werkvertrag, Nr. 381; a.M.: KOLLER, Berner Kommentar, N 50 zu Art. 363 OR; STÖCKLI, Synallagma, Nr. 175.

13 Zum Begriff des subjektiv wesentlichen Punkts vgl. GAUCH/SCHLUEP/SCHMID, Nr. 341 ff.

14 BGE 121 III 354 E. c.

15 Vgl. Art. 97 Abs. 1 OR, wonach das Verschulden vermutet wird, weshalb der Schädiger nachzuweisen hat, dass ihn kein Verschulden trifft. Zur Beweislast für Vertragsverletzung und Verschulden bei Dienstleistungsobligationen eingehend WALTER, Berner Kommentar, N 582 ff. zu Art. 8 ZGB. In BGE 130 III 348 hat das Bundesgericht offengelassen, ob Fahrlässigkeit ausreiche; siehe aber BGE 105 II 80, wonach diese Haftung «kein doloses Verhalten» voraussetze.

16 Die Frage, ob Art. 101 Abs. 1 OR hier anwendbar sei, ist in der Lehre umstritten. Bejahend GAUCH/SCHLUEP/SCHMID, Nr. 973, mit zahlreichen Nachweisen; anders aber namentlich KOLLER, OR AT, § 28 Nr. 30 ff. Die Rechtsprechung wendet die Bestimmung auch auf die Haftung aus culpa in contrahendo an; so in BGE 108 II 422; BGer 4C.394/2006 (24.4.2007) E. 4.3.3.

17 Allgemein GAUCH/SCHLUEP/SCHMID, Nr. 948 ff., zur Haftung bei Nr. 962a ff.

a. Wer sich fragt, welchen *Inhalt* vorvertragliche Treuepflichten[18] haben können, wird im Umfeld von Planerverträgen auf mannigfache Ausprägungen stossen, so etwa die folgenden: 2.11

- Die Pflicht des Planers, einen «ungefähren Kostenansatz (Art. 375 OR)» betreffend seine eigenen Leistungen nicht zu tief anzusetzen.[19] Treuwidrig handelt aber auch der Planer, wenn er den Kostenansatz zu hoch ansetzt, um sich so mehr Spielraum zu verschaffen. 2.12
- Die Pflicht des Planers, den Bauherrn über projektbezogene Aspekte aufzuklären, die der Bauherr weder kennt noch kennen muss, z.B. hinsichtlich der Durchführbarkeit der geplanten Baumassnahme in technischer oder auch wirtschaftlicher Hinsicht. Dabei muss für den Planer erkennbar sein, dass der Bauherr ihn gerade hinsichtlich dieser Aspekte beigezogen hat. 2.13
- Die Pflicht des Planers, die Vertraulichkeit von Informationen, die der Bauherr ihm zugänglich macht, zu wahren. 2.14
- Die Pflicht des Planers, davon abzusehen, Arbeitnehmer, Gesellschafter, Beauftragte oder andere Hilfspersonen des Bauherrn zu bestechen, um den Abschluss des Planervertrages zu begünstigen, oder Schmiergeldzahlungen von Unternehmern entgegenzunehmen, die sich dadurch Vorteile in der Submission verschaffen wollen.[20] 2.15
- Die Pflicht des Bauherrn, den eigenen Abschlusswillen nicht als stärker darzustellen als er in Tat und Wahrheit ist.[21] Offertanfragen, bei denen von vornherein kein Abschlusswille besteht, sind treuwidrig, wenn der angefragte Planer darüber im Dunkeln gelassen wird und die wahre Sachlage für ihn auch sonst nicht erkennbar ist. 2.16

---

18 Zu den verschiedenen Pflichten im Verhandlungsverhältnis vgl. MONN, Die Verhandlungsabrede, Nr. 671 ff.

19 GAUCH, Werkvertrag, Nr. 439.

20 Privatbestechung, siehe Art. 4a Abs. 1 lit. a und b UWG. GAUCH, Werkvertrag, Nr. 436. Dabei handelt es sich nicht nur um eine vorvertragliche Treuepflicht, sondern auch um eine Pflicht, die den Planer nach Abschluss des Planervertrags trifft. Dies hält Art. 1.3.2 SIA 102/103 ausdrücklich fest, gilt aber auch dann, wenn diese Ordnungen nicht Bestandteil des Planervertrags sind.

21 BGer 4A_202/2011 (16.6.2011) E. 2.2; 4C.381/2002 (29.4.2003) E. 5.1; GAUCH/SCHLUEP/SCHMID, Nr. 951a; MONN, Die Verhandlungsabrede, Nr. 676.

2.17 – Die Pflicht des Bauherrn, dem Planer richtige Angaben «über kostenbildende Faktoren (z.B. über die Beschaffenheit des Baugrundes)»[22] zu machen.

2.18 – Die Pflicht des Bauherrn, Arbeitsergebnisse, die ihm der Planer im Zug der Verhandlungen überlässt, nicht unbefugt zu verwerten.[23]

2.19 **b.** Die während der Verhandlungen geschuldete Treue geht indes nicht so weit, dass die Parteien gezwungen wären, den Planervertrag abzuschliessen; nur ausnahmsweise begründet der Abbruch der Verhandlungen eine Haftung aus culpa in contrahendo.[24]

B. Die Frage der Entschädigung

2.20 **1.** Nicht selten werden im Rahmen von Vertragsverhandlungen **erste Planerleistungen erbracht,** die sich bereits einer jener Phasen zuordnen lassen, in die Art. 4 SIA 102/103 den «üblichen Planungsablauf» gliedert. Zu denken ist dabei an das «Analysieren der Problemstellung und Bedürfnisse», das «Darstellen möglicher Zusammenarbeitsformen, Vorschläge zur Organisation und Aufgabenverteilung», die «Mithilfe bei der Aufstellung des Anforderungskataloges» oder auch an das «Beschreiben der Projektanforderungen aufgrund der Bedürfnisse, Ziele und Rahmenbedingungen». Diese Überlegungen stellt der Bauherr unter Umständen gemeinsam mit einem Planer an, ohne sich schon entschieden zu haben, ihn dann auch mit den weiteren Planerarbeiten betrauen zu wollen. Dabei kann zwischen den Beteiligten davon die Rede gewesen sein, dass die Anfrage des Bauherrn an den Planer «unverbindlich» (oder ähnlich) erfolge. Die Bedeutung, die der angesprochenen «Unverbindlichkeit» zukommt, ist im Einzelfall zu ermitteln, unter Umständen im Licht des Vertrauensprinzips (Art. 2 Abs. 1 ZGB). Nicht in jedem Fall sind die Leistungen des Planers für den Bauherrn kostenlos, denn «unverbindlich» kann auch einfach so zu verstehen sein, dass der Bauherr sich mit Blick auf

---

22 Gauch, Werkvertrag, Nr. 440.

23 Wer bei dieser Ausprägung vorvertraglicher Treuepflichten an Art. 5 lit. a UWG denkt, hat zu beachten, dass es dort zwar namentlich um «Offerten, Berechnungen oder Pläne» geht, der Tatbestand aber stets voraussetzt, dass es sich um «ein … anvertrautes Arbeitsergebnis» handeln muss; zu diesem Merkmal siehe Brauchbar Birkhäuser, Handkommentar UWG, N 15 f. zu Art. 5 UWG.

24 BGer 4C.381/2002 (29.4.2003) E. 5.1; Kramer, Berner Kommentar, N 13 zu Art. 22 OR; Monn, Die Verhandlungsabrede, Nr. 682 ff.

die zu vergebenden Planerarbeiten noch nicht zu binden wünscht.[25] Praktisch bedeutsam ist die Frage, weil die Planer oft schon im Rahmen der Vertragsverhandlungen erheblichen Aufwand betreiben. Alsdann fragt sich, ob ein Planer für solchen Aufwand vom Bauherrn eine Entschädigung verlangen kann. Folgendes ist zu überlegen:

2. Dem **Grundsatz** nach haben die Parteien ihre Verhandlungskosten, zu 2.21
denen auch die Kosten der vom Planer erbrachten Leistungen gehören, selber zu tragen.[26] Greift dieser Grundsatz, hat der Planer weder Anspruch auf Entschädigung seiner Leistungen noch auf Auslagenersatz; die Kosten gehören zu seinem Akquisitionsaufwand. Unter Umständen haben die Parteien eine Vereinbarung getroffen, nach der dem Planer für die im Zuge der Verhandlungen zu erbringenden Leistungen kein Honorar zusteht.[27] Hier fragt sich, ob der Bauherr die Leistung gänzlich kostenfrei beanspruchen könne oder nicht zumindest die *Auslagen* des Planers zu ersetzen habe. Generell lässt sich die Frage nicht beantworten, doch dürfte der Bauherr in der Regel in seinem Vertrauen (Art. 2 Abs. 1 ZGB) darauf zu schützen sein, dass ihm durch die Leistungen des Planers keinerlei Kosten erwachsen und er so auch dessen Auslagen nicht zu ersetzen hat.

3. Vom Grundsatz, nach dem ein Planer für Leistungen, die er im Zug von 2.22
Vertragsverhandlungen erbringt, keinen Anspruch auf eine Entschädigung hat, sind zwei Ausnahmen zu machen. Die **erste Ausnahme** betrifft den Fall, dass zwischen den Parteien eine **Vereinbarung** besteht, die den Bauherrn zur Leistung eines Honorars verpflichtet.

a. So kann es zum einen sein, dass die Parteien sich im Sinne eines *tatsäch-* 2.23
lichen Konsenses[28] ausdrücklich oder stillschweigend auf die Entgeltlichkeit der Planerleistungen verständigen.

Das Eigentümliche einer solchen Vereinbarung besteht darin, dass der An- 2.24
spruch des Planers davon abhängig ist, ob er überhaupt Planerleistungen erbringt, zu denen er nach der Vereinbarung aber nicht verpflichtet ist. Hier

[25] Vgl. Locher/Locher, Nr. 359.

[26] BGE 119 II 43; BGer 4A_42/2010 (19.3.2010) E. 2.1, in: BR/DC 2010, S. 59 f., Nr. 130, mit Anm. Pichonnaz; 4C.347/2003 (1.4.2004) E. 2.3. Vgl. auch: Gauch, Werkvertrag, Nr. 454; Tercier, Architektenrecht 1995, Nr. 116; Kramer, Anmerkung zu BGer 4C.313/1992 (3.2.1993), in: AJP 1993, S. 1124; Kramer, Berner Kommentar, N 13 zu Art. 22 OR; von Tuhr/Peter, S. 193; Gautschi, Berner Kommentar, N 12c zu Art. 363 OR.

[27] Vgl. OGer BL (4.5.1999), in: BR/DC 2001, S. 77, Nr. 255, mit Anm. Aepli.

[28] Vgl. Gauch/Schluep/Schmid, Nr. 310 ff.

trifft den Bauherrn eine bedingte Vergütungspflicht (Art. 151 OR), während es dem Planer freisteht, Planerleistungen zu erbringen oder davon abzusehen und sich anderen Projekten zuzuwenden. Vorbehalten bleibt die Pflicht des Planers, den Bauherrn zeitgerecht über das eigene Vorgehen zu orientieren, was nicht bloss eine vorvertragliche Treuepflicht, sondern Bestandteil der Vereinbarung ist, wie ich sie hier beschreibe. Grundsätzlich anders liegen die Dinge, wenn nach der Vereinbarung nicht nur der Bauherr, sondern auch der Planer leistungspflichtig ist. Denn jetzt hat man es mit einem ausgewachsenen Planervertrag zu tun und nicht länger mit einer Vereinbarung, nach der sich lediglich entscheidet, ob Planerleistungen, die der Planer in der Verhandlungsphase erbringt, zu entschädigen sind.

2.25 **b.** Streit kann entstehen, wenn die Vereinbarung lückenhaft ist, indem sie bloss die Entgeltlichkeit, nicht aber das *Mass der Vergütung* regelt. Zwar liegt kein Werkvertrag vor, solange der Planer nicht verpflichtet ist, Arbeit zu leisten, und den Bauherrn dementsprechend nur eine bedingte Vergütungspflicht trifft.[29] Allerdings kann Art. 374 OR in analoger Weise herangezogen und die Vergütung alsdann «nach Massgabe des Wertes der Arbeit und der Aufwendungen des Unternehmers» bestimmt werden.

2.26 **c.** Möglich ist zum anderen, dass die Parteien sich zwar nicht richtig verstanden haben, nach dem *Vertrauensprinzip*[30] (Art. 2 Abs. 1 ZGB) aber eine Vereinbarung anzunehmen ist, die den Bauherrn zur Leistung einer Vergütung verpflichtet.

2.27 – Hat der Bauherr den Planer veranlasst, einen für das konkrete Planungsvorhaben *unüblich grossen Offertaufwand* zu betreiben, wird es sich meist rechtfertigen, den Planer in seinem Vertrauen darauf, dass er vom Bauherrn entschädigt wird, zu schützen. Ein Bauherr, der einen derartigen Aufwand veranlasst, darf im Regelfall nicht davon ausgehen, dass der Planer den Aufwand entschädigungslos auf sich nimmt.[31] Die Pflicht des

---

29 Zu der dem Werkvertrag eigenen Herstellungs- und Ablieferungspflicht des Unternehmers siehe Gauch, Werkvertrag, Nr. 8.

30 Vgl. Gauch/Schluep/Schmid, Nr. 207 ff.

31 Bereits BGE 64 II 12; weiter 119 II 43, 45; BGer 4A_42/2010 (19.3.2010) E. 2.1, in: BR/DC 2010, S. 59 f., Nr. 130, mit Anm. Pichonnaz; 4C.285/2006 (2.2.2007) E. 2.2; 4C.374/2004 (13.4.2005) E. 4.2, in: BR/DC 2006, S. 67, Nr. 214, mit Anm. Werro; 4C.341/2003 (25.3.2004) E. 2.2.1; siehe auch BGer 4A_42/2010 (19.3.2010) E. 2.1. Weiter: KGer. NE vom 2.12.1991, in: BR/DC 1992, S. 93, Nr. 153a, mit Anm. Tercier; KGer. VD vom 5.6.1990, in: BR/DC 1992, S. 37, Nr. 70, mit Anm. Tercier; KGer. TI vom

Bauherrn bezieht sich dabei aber nicht auf den Gesamtaufwand des Planers, sondern beschränkt sich auf die Entschädigung des Aufwands, der das Übliche übersteigt.

– Hat der Bauherr die *Arbeitsergebnisse* des Planers mit dessen Einverständnis *nutzbringend verwendet,* kann ihn nach Vertrauensprinzip (Art. 2 Abs. 1 ZGB) die Pflicht treffen, dem Planer eine Vergütung zu leisten und den gezogenen Nutzen weiterzureichen.[32] So kann es sich auch dann verhalten, wenn sich der Aufwand des Planers im üblichen Rahmen bewegt. Handelt es sich aber um einfache Auskünfte, können sie vom Bauherrn entschädigungsfrei verwendet werden[33]; der blosse Umstand, dass sich der Bauherr hierfür der Zustimmung des Planers versicherte, rechtfertigt es nicht, den Planer in seiner Vergütungserwartung zu schützen. 2.28

4. Besteht keine Vereinbarung (Nr. 2.21)[34], kann es sein, dass die **zweite Ausnahme** greift und der Planer auf **ausservertraglicher Grundlage** berechtigt ist, vom Bauherrn eine Entschädigung zu verlangen. Dies ist der Fall, wenn die *Weiterverwendung* der Planerleistungen durch den Bauherrn *unbefugt* erfolgt, indem der Bauherr nicht um die Zustimmung des Planers nachsucht oder der Planer sich ausdrücklich gegen die Weiterverwendung verwahrt[35]. Vorbehalten ist wiederum der Fall, dass es sich nicht um Leistungen handelt, die ein Planer üblicherweise unentgeltlich erbringt. Was diese ausservertraglichen Ansprüche anbelangt, ist ein Dreifaches anzumerken: 2.29

a. Beim Anspruch aus *ungerechtfertigter Bereicherung* ist von Art. 62 Abs. 1 OR auszugehen, wonach die Bereicherung zurückzuerstatten hat, wer «in ungerechtfertigter Weise aus dem Vermögen eines andern bereichert worden ist». Die Bereicherung des Bauherrn ist in der Ersparnis zu erblicken, die mit der Verwendung der unentgeltlich erbrachten Planerleistungen verbun- 2.30

17.3.1986, in: BR/DC 1988, S. 64, Nr. 63, mit Anm. Tercier; Tercier, Architektenrecht 1995, Nr. 118; Kramer, Anmerkung zu BGer 4C.313/1992 (3.2.1993), in: AJP 1993, S. 1124.

32 BGE 119 II 44; BGer 4C.341/2003 (25.3.2004) E. 2.2.1; vgl. auch Tercier, Architektenrecht 1995, Nr. 119; siehe weiter Werner/Pastor, Nr. 615.

33 Siehe Werner/Pastor, Nr. 622.

34 Gemeint ist, dass sich weder ein tatsächlicher noch ein normativer Konsens ausmachen lässt; zu dieser Unterscheidung Gauch/Schluep/Schmid, Nr. 309 ff.

35 BGE 119 II 43; Tercier, Architektenrecht 1995, Nr. 120; Kramer, Anmerkung zu BGer 4C.313/1992 (3.2.1993), in: AJP 1993, S. 1124.

den ist[36]. Sie entspricht den Aufwendungen, die der Bauherr auf sich hätte nehmen müssen, um sich diese Planerleistungen zu beschaffen. Ungerechtfertigt ist diese Bereicherung, weil der Bauherr die Leistungen des Planers ohne Rechtsgrund verwendet. Der Anspruch ist verschuldensunabhängig[37], weshalb es am Ergebnis nichts ändert, wenn der Bauherr annahm, er sei zur Nutzung berechtigt.

2.31 **b.** Die *Geschäftsanmassung* im Sinne des Art. 423 Abs. 1 OR regelt lediglich die Rechtsfolgen, nicht auch den einschlägigen Tatbestand[38]. Tatbestandlich vorausgesetzt ist der ungerechtfertigte Eingriff in die Rechtssphäre eines anderen, was hier durch die unbefugte Verwendung der Planerleistungen erfüllt ist. Nach bundesgerichtlicher Praxis[39] und überwiegender Lehre[40] ist zudem erforderlich, dass der Geschäftsführer in der Verwendung bösgläubig war. Dieser Unterschied zum Anspruch aus ungerechtfertigter Bereicherung wird damit begründet, dass die Rechtsfolge der Geschäftsanmassung wesentlich weitergehe als jene der ungerechtfertigten Bereicherung. In der Tat richtet sich der Anspruch bei der Geschäftsanmassung nicht bloss auf die Herausgabe einer allfälligen Ersparnis, sondern auf die Abschöpfung des Gewinns, der mit der unbefugten Verwendung erzielt wurde.[41] Dieser Vorteil kann zwar deutlich grösser sein als die Ersparnis, weshalb sich Art. 423 Abs. 1 OR als schlagkräftiger erweist als Art. 62 Abs. 1 OR. Was indes die Anwendung der Gewinnabschöpfung im Planerbereich anbelangt, ist zu bedenken, dass die Leistungen des Planers kaum so rentabilisiert werden, dass der Bauherr damit einen abschöpfbaren Gewinn erzielt. So bleibt es praktisch beim Vorgehen nach Massgabe der Bestimmungen über die ungerechtfertigte Bereicherung.

---

36 Zur Ersparnisbereicherung vgl. BGE 119 II 442 E. cc; weiter: GAUCH/SCHLUEP/SCHMID, Nr. 1473 und 1517; KOLLER, OR AT, § 30 Nr. 41; SCHULIN, Basler Kommentar, N 7 zu Art. 62 OR.

37 BGE 129 III 425; vgl. weiter: PETITPIERRE, Commentaire romand, N 2 und 7 Einleitung zu Art. 62–67 OR; SCHULIN, Basler Kommentar, N 10e zu Art. 62 OR.

38 Siehe WEBER, Basler Kommentar, N 1 zu Art. 423 OR.

39 BGE 129 III 425; 126 III 72 E. 2a; anders noch BGE 97 II 177.

40 Siehe dazu statt vieler: HÉRITIER LACHAT, Commentaire romand, N 2 und 8 ff. zu Art. 423 OR; PETITPIERRE, Commentaire romand, N 49 zu Art. 62 OR; SCHMID, Zürcher Kommentar, N 23 zu Art. 423 OR; WEBER, Basler Kommentar, N 8 zu Art. 423.

41 WEBER, Basler Kommentar, N 19 Vor Art. 419–424 OR und N 11 zu Art. 423 OR; HÉRITIER LACHAT, Commentaire romand, N 17 ff. zu Art. 423 OR.

c. Ein *Sonderfall* liegt vor, wenn eine Geschäftsführung ohne Auftrag vom Bauherrn (als Geschäftsherr)[42] genehmigt wird (Art. 424 OR). Eine solche Genehmigung hat zur Folge, dass das «Verhältnis zwischen den Parteien aufgrund der Genehmigung rückwirkend nach den Vorschriften über den Auftrag (Art. 394 ff. OR) zu beurteilen» ist.[43] Das Bundesgericht bejahte sie in einem Fall, in dem es zwar an einer Vereinbarung fehlte, der Bauherr aber die auftragslos erbrachten Planerleistungen nachträglich genehmigt hatte.[44] In diesem Fall waren ein Baulandeigentümer und ein Architekturbüro «miteinander in Kontakt [gekommen] bezüglich einer möglichen Überbauung … Die Beschwerdegegnerin [das Architekturbüro = Geschäftsführerin] erstellte in den folgenden Monaten verschiedene Überbauungsstudien, Skizzen, Pläne und grobe Kostenberechnungen. Gegen Ende 1997 waren auch bereits vier Interessenten für die zu erstellenden vier Einfamilienhäuser vorhanden, darunter zwei erwachsene Kinder des Beschwerdeführers [des Baulandeigentümers und Geschäftsherrn]. Zwischen diesen Interessenten und der Beschwerdegegnerin fanden bereits direkte Kontakte statt; man besichtigte zusammen Referenzobjekte und die Interessenten äusserten gegenüber der Beschwerdegegnerin Wünsche bezüglich der Gestaltung ‹ihrer› Häuser.»[45] Diese Aktivitäten des Architekturbüros, die das Bundesgericht als Geschäftsführung ohne Auftrag qualifizierte, wurden vom Baulandeigentümer «nachträglich … gebilligt» (Art. 424 OR). Zwar mutierte ihr Verhältnis trotz dieser Billigung nicht zum Vertrag[46], fiel aber rückwirkend unter die auftragsrechtlichen Regeln, sodass das Architekturbüro gemäss Art. 394 Abs. 3 OR Anspruch auf ein Honorar hatte.[47] Der Verweis auf das Auftragsrecht in Art. 424 OR differenziert nicht nach dem Inhalt der Leistungspflicht, weshalb nach der einschlägigen Lehre[48] selbst dann Auftragsrecht anwendbar ist, wenn die im Zug der Geschäftsbesorgung erbrachten Leistungen nicht auftragsrechtlicher Natur sind. Anzufügen bleibt, dass für eine rückwirkende Genehmigung einer 2.32

---

42 Für diesen Sonderfall ist zu beachten, dass der Bauherr als Geschäftsherr, der Planer als Geschäftsführer erscheint. Das ist eine gegenüber dem Fall der Geschäftsanmassung umgekehrte Rollenverteilung.

43 BGer 4A_496/2007 (21.3.2008) E. 2.2.

44 BGer 4A_496/2007 (21.3.2008), in: BR/DC 2008, S. 169, Nr. 315, mit Anm. Stöckli.

45 BGer 4A_496/2007 (21.3.2008) E. A.

46 Héritier Lachat, Commentaire romand, N 4 zu Art. 424 OR; Weber, Basler Kommentar, N 1 zu Art. 424 OR.

47 BGer 4A_496/2007 (21.3.2008) E. 3.

48 Héritier Lachat, Commentaire romand, N 5 zu Art. 424 OR; Weber, Basler Kommentar, N 7 zu Art. 424 OR; differenziert Schmid, Zürcher Kommentar, N 20 zu Art. 424 OR.

Geschäftsführung ohne Auftrag kein Raum bleibt, wenn es der Wille der Parteien war, gerade keine vertraglichen Beziehungen einzugehen.[49]

C. Zwei Nachträge

a. Anbahnung unter öffentlichem Vergaberecht

2.33 **1.** Bei der Anbahnung von Planerverträgen ist gegebenenfalls das **öffentliche Vergaberecht** zu beachten. Ausschlaggebend sind unter anderem die Person des Bauherrn, die Art der Dienstleistung und der geschätzte Auftragswert. Die vergaberechtlichen Bestimmungen, die teils dem Staatsvertrags-, teils dem Bundesrecht, teils dem kantonalen Recht zugehören[50], limitieren die Vertragsfreiheit, indem sie die ihnen unterstellten Auftraggeberinnen auf zwingende Regeln festlegen, die bei der Auswahl von Vertragspartnern einzuhalten sind.

2.34 **a.** Was die für die Schweiz massgeblichen **Staatsverträge** anbelangt, ist bei Dienstleistungen zwar stets zu prüfen, ob sie in den sachlichen Geltungsbereich dieser Verträge fallen. Denn Dienstleistungen werden von den Staatsverträgen nicht ausnahmslos, sondern lediglich insoweit erfasst, als sie in der jeweiligen Positivliste erscheinen, in denen die unterstellten Dienstleistungen aufgezählt werden.[51] In deutscher Sprache werden die erfassten Planerleistungen namentlich in Anhang VI zum bilateralen Abkommen CH/EG umschrieben, wonach «Dienstleistungen von Architektur- und Ingenieurbüros; Stadt- und Landschaftsplanung; zugehörige wissenschaftliche und technische

---

49 BGer 4A_243/2009 (1.9.2009) E. 5; vgl. auch Tercier, Architektenrecht 1995, Nr. 121.

50 Für eine kurze Einführung in das formelle Vergaberecht der Schweiz siehe Stöckli, in: Stöckli/Beyeler, S. 1 ff.

51 Vgl. den Anhang I/Annex 4 des Government Procurement Agreements (SR 0.632.231.422), den Anhang VI zum bilateralen Abkommen CH/EG (SR 0.172.052.68) sowie den Anhang R/Anlage 10 EFTA-Übereinkommen (SR 0.632.31). Im *kantonalen* Vergaberecht spielt diese Einschränkung lediglich insoweit eine Rolle, als international nur auszuschreiben ist, wenn die fragliche Dienstleistung erfasst ist. Dienstleistungen, die nicht erfasst sind, müssen zwar nicht international, aber doch national ausgeschrieben werden, wenn auch der entsprechende Schwellenwert erreicht wird. An dieser Rechtslage wird sich auch mit der Ratifizierung des revidierten GPA vom 30. März 2012 und dessen Umsetzung ins Landesrecht nichts ändern. Das System, die Unterstellung von Dienstleistungen mittels einer Positivliste zu regeln, wird beibehalten. Vgl. zu diesem Regelungsansatz Beyeler, Geltungsanspruch, Nr. 1045 ff. Das revidierte GPA vom 30. März 2012 behält diesen Ansatz bei.

Beratung; technische Versuche und Analysen» erfasst werden.[52] Dienstleistungen, die von Planern typischerweise erbracht werden, sind in dieser weiten Umschreibung allesamt enthalten, weshalb der erwähnte Vorbehalt praktisch bedeutungslos ist.

b. Nicht anders verhält es sich im **Landesrecht.** Der Geltungsbereich des *Bundesvergaberechts* richtet sich bei Dienstleistungen zunächst nach einer Positivliste[53], die mit den staatsvertraglichen Vorgaben identisch ist. Bedeutsam ist diese Positivliste insoweit, als nur bei Beschaffungen der dort aufgeführten Dienstleistungen der Auftrag international auszuschreiben ist und nur dann der Rechtsweg an das Bundesverwaltungsgericht offensteht (siehe Art. 5 Abs. 1 lit. b BöB).[54] Dienstleistungen, die in besagter Positivliste nicht erscheinen, sind nach dem 3. Kapitel der VöB zwar auch in einem formalisierten Verfahren zu vergeben, wobei es aber gegen diese Vergaben kein Rechtsmittel gibt.[55] Auf *kantonaler Ebene* sind ohnehin sämtliche Dienstleistungsarten unterstellt (Art. 5 Abs. 2 BGBM). Doch sind auch Dienstleistungsvergaben kantonaler Auftraggeberinnen lediglich dann international auszuschreiben, wenn ein Staatsvertrag dies vorsieht. Ist dies nicht der Fall, reicht es, wenn die öffentliche Ausschreibung der gewünschten Dienstleistung – sofern sie nach den weiteren Kriterien (namentlich dem Auftragswert) erforderlich ist – national erfolgt. 2.35

c. Praktisch bedeutsam ist bei Planerverträgen vor allem die Frage, welcher Einfluss (welcher Rang und welche Gewichtung) dem Zuschlagskriterium *Preis* einzuräumen ist. Postuliert wird, die Zuschlagskriterien konsequent so einzurichten, dass sich mit höherer Qualität der offerierten Planerleistungen ein höherer Angebotspreis wettmachen lässt.[56] Diesem Postulat, das vor allem von den Planern selber erhoben, aber auch von der KBOB gestützt wird[57], 2.36

---

52 Identisch die Formulierung in Anhang R, Anlage 10 zum EFTA-Übereinkommen (SR 0.632.31).

53 VöB-Anhang 1a, lit. A.

54 Zum Rechtsschutz auf Bundesebene vgl. Art. 26 ff. BöB.

55 Vgl. VöB-Anhang 1a, lit. B.

56 Siehe etwa Ramer, VGT 12, S. 299 ff.

57 In der KBOB-Honorarempfehlung 2012 ist davon die Rede, dass es sehr oft vorkomme, dass die «qualitativen Kriterien, welche richtigerweise mit einer Gewichtung von >50% in die Bewertung einfliessen, zu wenig selektiv bewertet werden. Trotz einer Preisgewichtung von <50% führt diese fehlende Selektion mittels qualitativer Kriterien zu einem fast ausschliesslichen Preiswettbewerb. Bei Planerleistungen ist das nicht im Interesse der Bauherren» (S. 2).

ist aus vergaberechtlicher Sicht nichts entgegenzusetzen.[58] Für den Bund hält Art. 21 Abs. 1 BöB ausdrücklich fest, dass der Zuschlag auf das wirtschaftlich günstigste (also nicht unbedingt auf das billigste) Angebot zu erfolgen hat (siehe auch Art. 13 lit. f IVöB), was der Auftraggeberin den benötigten Spielraum belässt. Aus vergaberechtlichen Gründen unabdingbar ist, dass Überlegungen zum Rang und zur Gewichtung der Zuschlagskriterien bereits bei der Verfahrensplanung angestellt werden, weil sich dies später – nach erfolgter Ausschreibung – nicht mehr in rechtskonformer Weise bewerkstelligen lässt.

2.37 **2.** Vergaberecht ist Verwaltungsrecht, während Planerverträge, die nach vergaberechtlichen Vorgaben angebahnt wurden, in aller Regel dem Privatrecht unterstehen.[59] Aber auch im vorvertraglichen Anbahnungsverhältnis gelten neben dem Vergaberecht die einschlägigen **privatrechtlichen Regeln,** soweit das Vergaberecht diese nicht überlagert.[60] Das Bundesgericht führte in einem jüngeren Leiturteil zwar aus, die in einem Submissionsverfahren eingereichten Angebote stellten «technisch … noch keine Offerten zum Vertragsschluss» dar.[61] Diese Meinung hat aber jedenfalls in der pauschalen Form, in der sie vom Gericht formuliert wurde, «in den interessierten Kreisen Ratlosigkeit ausgelöst»[62]. Meint das Gericht, dass die obligationenrechtlichen Regeln erst nach dem Zuschlag greifen, wenn es an den Vertragsabschluss geht? Ausdrücklich äusserte sich das Gericht dazu nicht. Ohnehin wäre die Meinung unzutreffend.[63] Das Gericht sah von näheren Erklärungen ab, obschon es mit diesem Entscheid eine Kehrtwende vollführte. Nach bis-

[58] Wer so argumentiert, verweist stets auch auf die Erfahrungstatsache, dass die Qualität der Planung in direktem Zusammenhang mit den Kosten der nachfolgenden Bauausführung steht, indem sich der Planungsaufwand in tieferen Baukosten niederschlägt.

[59] Vgl. BGE 125 I 212 E. 6b.

[60] Eingehend BEYELER, Geltungsanspruch, Nr. 2407 ff.; weiter: ABEGG, S. 147 ff.; von dort auch der Verweis auf den lesenswerten BGE 60 I 366; GAUCH, Vergabeverfahren und Vergabegrundsätze nach dem neuen Vergaberecht des Bundes, in: BR/DC 1995, S. 103 ff.

[61] BGE 134 II 304 E. 4.2. GALLI/MOSER/LANG/CLERC, auf die das Bundesgericht sich für einen Teil seiner Ausführungen stützt, sprechen, was die «wesentlichen Elemente des künftigen Vertrages» anbelangt, von einem eigentlichen «Verhandlungsverbot» (Nr. 702 und Fn. 1381). Siehe dazu LEUTHOLD, Verhandlungen, Nr. 632, der mit der «Wettbewerbsrelevanz» ein etwas anders gelagertes Kriterium empfiehlt.

[62] BEYELER, Angebot, S. 34; GAUCH, Werkvertrag, Nr. 460 und 469.

[63] Jeweils eingehend begründete Kritik findet sich bei: BEYELER, Geltungsanspruch, Nr. 1710 ff.; DERS., Angebot, S. 34 ff.; GAUCH, Submissionsangebote, S. 52 ff.; LEUTHOLD, Verhandlungen, Nr. 8 und 544 ff.

heriger Rechtsprechung handelte es sich nämlich auch bei Angeboten, die in einem öffentlichen Submissionsverfahren abgegeben wurden, um «Offerten … zum Abschluss eines privatrechtlichen Geschäfts»[64], an deren privatrechtlichen Provenienz nicht zu zweifeln war. Inzwischen ist die Schweiz zwar dem GATT/WTO-Übereinkommen beigetreten, welches das öffentliche Vergaberecht der Schweiz bekanntlich umgepflügt hat. Doch äussert sich das Übereinkommen nirgends dazu, wie Angebote im Vergabeverfahren privatrechtlich zu würdigen sind. Auch zwingt der Umstand, dass der Zuschlag seither als anfechtbare Verfügung auszugestalten ist, nicht dazu, den Angeboten den Charakter privatrechtlich bindender Offerten in dieser absoluten Form abzusprechen. Vermutlich hat das Bundesgericht zudem die Rechtsfolgen, die man aus seinem Konstrukt ableiten könnte, nicht bedacht. Eine an sich denkbare Rechtsfolge besteht darin, dass die anbietenden Planer, deren Angebote (nach dem bundesgerichtlichen Leiturteil) keine privatrechtlich verbindlichen Offerten sind, frei bleiben und sich selbst nach einem allfälligen Zuschlag rechtens gegen den Abschluss des Planervertrages entscheiden können. Der Planervertrag kommt nämlich nach diesem Konstrukt erst dadurch zustande, dass der erfolgreiche Planer die dem Zuschlag und den allfälligen Vertragsverhandlungen nachgelagerte Offerte der Auftraggeberin annimmt – wozu er nicht verpflichtet ist, soweit ihn nicht ausnahmsweise eine Kontrahierungspflicht trifft. Denkbar ist zwar auch, dass die Offerte nach erfolgtem Zuschlag vom Planer ausgeht. Zudem ist es möglich, dass die Auftraggeberin in den Ausschreibungsunterlagen eine Kontrahierungspflicht zulasten des Zuschlagsempfängers statuiert, die dann mit der Einreichung der Angebote zur suspensiv bedingten Verpflichtung aller teilnehmenden Planer wird. Viel einfacher ist es indes, auch für Vergabeverfahren beim bewährten Grundsatz zu bleiben, dass die Planer verbindliche Offerten abgeben und der Planervertrag zustande kommt, indem der öffentliche Bauherr die Offerte des Zuschlagsempfängers annimmt.

b. Anbahnung mittels Wettbewerb und Studienauftrag

1. Planerverträge werden auch im Anschluss an einen Wettbewerb oder einen Studienauftrag[65] abgeschlossen. Diese beiden Verfahren hat der SIA in 2.38

---

64 BGE 116 Ib 370; 101 IV 410 E. 1b.

65 Beim Studienauftrag insbesondere handelt es sich um die «Vergabe identischer Aufträge an mehrere Anbieter und Anbieterinnen zwecks Erarbeitung von Lösungsvorschlägen» (Ziff. 13 VöB-Anhang 1a).

seinen Ordnungen 142 und 143 neu ausgestaltet. Nach diesen Ordnungen gehört ins (Wettbewerbs-)Programm insbesondere eine «Absichtserklärung der Auftraggeberin betreffend das weitere Vorgehen sowie über die Art und den Umfang des vorgesehenen Auftrags …» (Art. 13.3 lit. g SIA 142) bzw. über die «Art und den Umfang eines vorgesehenen Folgeauftrags …» (Art. 13.3 lit. g SIA 143).

2.39 **2.** «Auftrag» und «Folgeauftrag»[66] sind zu unterscheiden von den Verträgen, die nach der Konzeption dieser Verbandsordnungen für den Zweck des Wettbewerbs oder des Studienauftrags zwischen dem Auftraggeber und dem jeweiligen Teilnehmer abgeschlossen werden. Der einschlägigen Bestimmung zufolge ist die Ausschreibung eines Wettbewerbs bzw. eines Studienauftrags ein «Antrag zum Abschluss eines Vertrages. Mit seiner Teilnahme nimmt der Teilnehmer den Antrag an und schliesst den Vertrag ab. Die vorliegende Ordnung, das [Wettbewerbs-]Programm und die Fragenbeantwortung [so in der SIA-Ordnung 142, während in der SIA-Ordnung 143 die Protokolle der Zwischenbesprechungen erwähnt werden] sind Bestandteile dieses Vertrages» (Art. 2.2 SIA 142/143). Das Verhältnis zwischen Auftraggeber und Teilnehmer ist mithin als vertragliches, nicht als vorvertragliches Verhandlungsverhältnis konzipiert. Allerdings sind diese Bestimmungen lediglich deklaratorischer Natur, erzeugen also nicht selber eine Rechtslage. So ist stets im konkreten Fall zu prüfen, ob ein Vertrag zustande gekommen ist und welchen Inhalt er hat. Die Deklaration, die sich in den SIA-Ordnungen findet, vermag davon nicht zu dispensieren.[67]

2. Der Abschluss von Planerverträgen

2.40 Im Alltag wird die «Grenze zwischen Akquisitionstätigkeit des Architekten einerseits und seiner bindenden Beauftragung andererseits»[68] von den Parteien nicht immer klar gezogen. Selbst wenn die Parteien eine Vertragsurkunde verfassen, ist es häufig so, dass der Planervertrag zum Zeitpunkt, da die Urkunde unterzeichnet wird, bereits mündlich abgeschlossen wurde. In rechtlicher Hinsicht aber ist zwischen den Vertragsverhandlungen (Nr. 2.7 ff.)

---

[66] Sie werden von den Ordnungen pauschal als Aufträge bezeichnet. Die Bezeichnung ist für die Qualifikation ohne Bedeutung (Art. 18 Abs. 1 OR).

[67] Eingehend zur «Vertragskonstruktion» in den SIA-Ordnungen 142 und 143 Nr. 3.98 ff. (Wettbewerb) und Nr. 4.56 ff. (Studienauftrag).

[68] WERNER, Referat zum 1. Deutschen Baugerichtstag, in: BauR 2006, S. 1604.

und dem Abschluss des Vertrags zu unterscheiden. Der Abschluss unterliegt den allgemeinen Regeln der Art. 1 ff. OR[69], die teilweise durch besondere Abschlussregeln des Auftragsrechts (Nr. 2.43) ergänzt werden. Ohne rechtliche Bedeutung ist die Passage in den SIA-Ordnungen 102/103, wonach der «Vertrag … schriftlich, mündlich oder durch entsprechendes Handeln abgeschlossen» (Art. 1.2.1 SIA 102/103) wird. Sie beschreibt nämlich den Abschlussvorgang, ohne selber Bestandteil des Planervertrags zu werden, und hat damit bloss erläuternden Charakter. Dass sie nicht auch die Möglichkeit eines stillschweigenden Vertragsabschlusses (Art. 1 Abs. 2 OR)[70] erwähnt, ist allerdings ein Mangel.

A. Die Vertragsparteien

1. Regelmässig wird ein Planervertrag zwischen einem Bauherrn und einem Einzelplaner abgeschlossen. Auf dieser Vorstellung beruhen auch die SIA-Ordnungen 102/103.[71] Möglich ist aber auch, dass nicht ein Einzelplaner, sondern eine Planergemeinschaft als Partnerin des Bauherrn auftritt. Diese Gemeinschaft ist in aller Regel als einfache Gesellschaft (Art. 530 ff. OR) zu qualifizieren (Nr. 14.16). Alsdann haften die Gesellschafter dem Bauherrn für «Verpflichtungen», die sie «gemeinschaftlich oder durch Stellvertretung … eingegangen» sind, solidarisch (Art. 544 Abs. 3 OR; Nr. 14.118 ff.). Lässt sich eine Partei vertreten, sind die Regeln über die Stellvertretung (Art. 32 ff. OR) zu beachten, dies auch bei einer Planergemeinschaft, die den Vertrag entweder gemeinschaftlich oder durch einen Geschäftsführer, dem sie die Befugnisse eines Stellvertreters eingeräumt hat (Art. 543 Abs. 2 OR), abschliesst. Der Planergemeinschaft widmet sich im vorliegenden Band der Beitrag von GEBHARDT, der dort auch Fragen des Vertragsschlusses vertieft (Nr. 14.104 ff.). 2.41

2. Eine *Besonderheit* liegt im Umstand, dass einzelne Kantone den Architektenberuf reglementieren. Damit befasst sich der Beitrag von ZUFFEREY (Nr. 18.1 ff.).[72] Hier sei lediglich gefragt, ob der Umstand, dass jemand sich 2.42

---

69 Siehe auch Urteil des OLG Frankfurt a.M., 22 U 210/02 (20.9.2005), in: BauR 2006, S. 1922 ff.

70 Siehe z.B. KGer VD (18.12.1996), in: BR/DC 1998, S. 132, Nr. 348, mit Anm. WERRO.

71 Vgl. die Einleitung, wonach die Anwendung dieser SIA-Ordnungen für die «Einzelbeauftragung» eines Planers empfohlen wird.

72 Vgl. auch den Bericht von RICHLI, Bericht über Abklärungen im Hinblick auf ein Architekturberufegesetz, 25. Juni 2004 (www.bbt.admin.ch). Diesem Bericht zufolge haben

als Architekt betätigt, ohne die kantonalrechtlichen Voraussetzungen zu erfüllen, auf die Gültigkeit des Planervertrags durchschlägt. Das Bundesgericht verneint diese Frage: «Der mit einem Architekten, der zur Ausübung des Architektenberufes nach kantonalem Recht nicht berechtigt ist, abgeschlossene Vertrag ist – Willensmängel vorbehalten – gültig.»[73]

B. Die Anwendung der allgemeinen Regeln

2.43 **1.** Gemäss Art. 1 Abs. 1 OR ist zum «Abschluss eines Vertrages … die übereinstimmende gegenseitige Willensäusserung der Parteien erforderlich». Wie bei anderen Verträgen kann die erforderliche Willensäusserung «eine ausdrückliche oder stillschweigende sein» (Art. 1 Abs. 2 OR), weshalb Planerverträge auch dadurch zustande kommen können, dass der Bauherr Pläne oder andere Unterlagen mit dem Planer erörtert oder den Planer auf seinem Baugrundstück gewähren lässt. Auf folgende Besonderheit ist hinzuweisen: Nach **Art. 395 OR,** der dem Auftragsrecht zugehört (Nr. 2.5), gilt ein «nicht sofort abgelehnter Auftrag» als angenommen, «wenn er sich auf die Besorgung solcher Geschäfte bezieht, die der Beauftragte kraft obrigkeitlicher Bestellung oder gewerbsmässig betreibt oder zu deren Besorgung er sich öffentlich empfohlen hat». Diese Bestimmung, nach der bei Stillschweigen das Akzept in widerlegbarer Weise vermutet wird[74], ist grundsätzlich auch auf Planerverträge anwendbar, da Planer in aller Regel gewerbsmässig tätig sind und zudem ihre Tätigkeit bewerben.[75] Dies gilt auch beim Gesamtvertrag, da es nicht nur bei seiner Beendigung (Nr. 1.50 und 2.104), sondern auch bei seinem Abschluss unmöglich ist, zwischen werkvertraglichen und auftragsrechtlichen Leistungsteilen zu unterscheiden. Zu beachten ist indes, dass ein dergestalt entstandener Vertrag dem Kündigungsrecht nach Art. 404 Abs. 1 OR unterliegt (Nr. 2.104)[76], von dem ein Planer auch bei einem «nicht sofort abgelehnten Auftrag» (Art. 395 OR) freien Gebrauch machen kann. Das nimmt der Abschlussvermutung die praktische Bedeutung. Von vornher-

---

lediglich die Kantone Freiburg, Genf, Luzern, Neuenburg, Tessin und Waadt den Architekturberuf reglementiert, die übrigen Kantone nicht (S. 8).

[73] Regeste zu BGE 117 II 47; dazu Anm. Tercier zu BGE 117 II 47, in: BR/DC 1993, S. 44 f., Nr. 99. Diesem Urteil zufolge begründet die fehlende Berufsausübungsbewilligung keine Vertragsnichtigkeit (Art. 19/20 OR). Zur Rechtswirkung eines Verbots, das sich auf die subjektive Beteiligung einer Partei am Vertrag bezieht, siehe auch BGE 134 III 54 E. 1.1.

[74] Dazu Fellmann, Berner Kommentar, N 72 zu Art. 395 OR.

[75] Tercier, Architektenrecht 1995, Nr. 111.

[76] Weber, Basler Kommentar, N 3 zu Art. 395 OR.

ein keine Anwendung findet die Bestimmung auf den reinen Planungsvertrag, der unter das Werkvertragsrecht fällt (Nr. 1.30).

2. Die Einigung der Parteien muss sich auf alle **wesentlichen Vertragspunkte** beziehen, damit überhaupt ein Vertrag zustande kommt (Nr. 2.7 ff.).[77] Gemeint sind damit einerseits die objektiv wesentlichen, anderseits die subjektiv wesentlichen Vertragspunkte. Erfasst die Einigung nicht sämtliche diese Vertragspunkte, kommt der Vertrag nicht zustande, sodass ungeachtet der an sich erzielten Einigung die Vertragswirkungen ausbleiben. Dies gilt für objektiv und subjektiv wesentliche Punkte gleichermassen. Im Übrigen ist zu unterscheiden: 2.44

a. Zu den objektiv wesentlichen Punkten gehört die *Leistung, die der Planer* zu erbringen hat.[78] Dazu wird den Parteien in den SIA-Ordnungen 102/103 geraten, die «zu erbringenden Leistungen … im Voraus so weit wie möglich zu beschreiben und mit dem Auftraggeber zu vereinbaren» (Art. 3.1.1 SIA 102/103).[79] Das verlangt den Parteien jedenfalls dann viel ab, wenn – wie es dem Normalfall entspricht – zu «Beginn der Zusammenarbeit … das gemeinsam zu erarbeitende Projekt noch weitgehend unbekannt» ist (Art. 2.2.2 SIA 102/103).[80] Der Hinweis, dass die vom Planer zu erbringende Leistung möglichst klar festgelegt werden sollte, ist jedoch nicht bloss ein guter Rat an die Parteien. Denn fehlt es an einer Abrede über Gegenstand und Inhalt der Planerleistung, kommt der Vertrag nicht zustande. Bei der Wahl des Detaillierungsgrades sind die Parteien allerdings völlig frei. So können sie die zu erbringenden Leistungen im Einzelnen beschreiben, sich aber auch damit begnügen, mittels funktionaler Kriterien lediglich ein Planungsziel festzulegen. Verbreitet ist die Orientierung an der Projektstruktur, die sich in den einschlägigen SIA-Ordnungen findet und die dem «üblichen Planungsablauf» entspricht (so Art. 4 SIA 102/103).[81] Im Übrigen greift für den Fall, dass der «Umfang des Auftrages nicht ausdrücklich bezeichnet worden» ist, die Regel, dass er sich «nach der Natur des zu besorgenden Geschäfts richtet» (Art. 396 Abs. 1 OR). 2.45

---

77 Gauch/Schluep/Schmid, Nr. 330.

78 Tercier, Architektenrecht 1995, Nr. 113.

79 BGer 4C.23/2004 (14.12.2004) E. 3.1.

80 Pichonnaz, Les règlements SIA, S. 60 ff.

81 Dort wird zwischen sechs Phasen unterschieden: strategische Planung, Vorstudien, Projektierung, Ausschreibung, Realisierung und Bewirtschaftung. Ihrerseits werden diese Phasen in der Ordnung in insgesamt zwölf Teilphasen unterteilt (vgl. Art. 3.2 und Art. 4 SIA 102/103).

2.46 **b.** Zum Vertragsgegenstand gehört auch eine allfällige *Gegenleistung des Bauherrn.* Nicht immer handelt es sich dabei um einen objektiv wesentlichen Punkt (Nr. 2.8). Mitunter kann ein Vertrag, der keine Honorarabrede enthält, durch dispositives Recht ergänzt werden (Nr. 7.35 ff.). So entscheidet sich für den einfachen Auftrag nach Massgabe der Verkehrsübung, ob die Leistungen zu entgelten sind (Art. 394 Abs. 3 OR). Zu beweisen ist die Übung von der Partei, die sich auf sie beruft (Art. 8 ZGB)[82]: dies kann der Bauherr sein, der meint, die Leistungen seien übungsgemäss unentgeltlich zu erbringen; es ist aber meist der Planer, der vom Bauherrn entschädigt werden will (Nr. 1.15). All dies ist sinngemäss auf den Gesamtvertrag anzuwenden. Ob es sich so auch im Fall verhält, in dem Planerleistungen versprochen wurden, die allein dem Werkvertragsrecht zugehören, ist umstritten. Nach der von GAUCH vertretenen Auffassung[83] ist die Entgeltlichkeit beim Werkvertrag (Art. 363 OR) nicht bloss ein typenbestimmender[84], sondern darüber hinaus ein objektiv wesentlicher Vertragspunkt. Immerhin kommt, wenn der Planer die Leistungen gewerbsmässig erbringt, eine tatsächliche Vermutung zum Tragen, nach der auf stillschweigend vereinbarte Entgeltlichkeit zu schliessen ist.[85] Diese Vermutung kann zwar durch Gegenbeweis widerlegt werden.[86] Schlichtes Behaupten reicht dazu indes nicht aus; vielmehr sind beim Gericht konkret begründete Zweifel daran zu erzeugen, dass sich der Vermutungsinhalt mit der stillschweigenden Vereinbarung deckt (Nr. 1.21 und 7.4). Ohne diese Vermutung lässt sich auskommen, wenn man die Entgeltlichkeit auch beim Werkvertrag als objektiv unwesentlichen Punkt versteht. Meiner Auffassung nach hindert nichts daran, auch in Fällen, in denen die Entgeltlichkeit einer

---

[82] FELLMANN, Berner Kommentar, N 382 zu Art. 394 OR; GAUCH, Werkvertrag, Nr. 191; WALTER, Berner Kommentar, N 111 zu Art. 8 ZGB; WEBER, Basler Kommentar, N 41 zu Art. 394 OR.

[83] GAUCH, Werkvertrag, Nr. 381.

[84] Typenbestimmend ist die Entgeltlichkeit deshalb, weil Art. 363 OR sie zum Begriff des Werkvertrages zählt und ohne sie gar kein Werkvertrag (aber allenfalls ein Innominatvertrag) vorliegt; siehe BGE 127 III 523 E. b; GAUCH, Werkvertrag, Nr. 110. Davon zu unterscheiden ist die Frage, ob die Entgeltlichkeit auch objektiv wesentlich sei, da es hier nicht darum geht, den Typus zu bestimmen, sondern darum zu entscheiden, ob man den lückenhaften Vertrag in diesem Punkt ergänzen könne. Siehe STÖCKLI, Synallagma, Nr. 162.

[85] Eingehend GAUCH, Werkvertrag, Nr. 111c; siehe auch BGer 4C.285/2006 (2.2.2007) E. 2.2.

[86] WALTER, Berner Kommentar, N 476 zu Art. 8 ZGB.

Werkleistung umstritten ist, auf Art. 394 Abs. 3 OR abzustellen und die Bestimmung hier sinngemäss anzuwenden.[87]

c. Was die *Höhe* eines allfälligen Entgelts anbelangt, handelt es sich dabei in keinem Fall um einen objektiv wesentlichen Punkt (Nr. 2.8 und 7.34). Sie kann durch Vertragsergänzung festgelegt werden. So verhält es sich beim Somplanerauftrag und beim Gesamtvertrag, wo auch für die Bemessung der Vergütung auf die Verkehrsübung abzustellen ist (Art. 394 Abs. 3 OR; Nr. 7.37).[88] So liegen die Dinge aber auch beim Planungsvertrag, für den sich die Vergütung in diesem Fall «nach Massgabe des Wertes der Arbeit und der Aufwendungen des Unternehmers» bestimmt (Art. 374 OR). Für beide Faktoren (Verkehrsübung und Wert der Arbeit und der Aufwendungen) trägt nach Art. 8 ZGB der Planer, der vom Bauherrn eine Vergütung in bestimmter Höhe fordert, die Beweislast. 2.47

d. Allerdings wird die Höhe der Vergütung für die eine oder die andere Partei regelmässig so bedeutsam sein, dass sie ihren Abschlusswillen von einer entsprechenden Einigung abhängig macht. Damit erweist sich die Höhe als *subjektiv wesentlicher Punkt,* sodass der Vertrag gar nicht zustande kommt, wenn darüber keine Einigung erzielt wird (Nr. 2.9). Man mag hier auch den Fall erwähnen, da der Planer zugleich als Verkäufer einer Bauparzelle auftritt und seinen Abschlusswillen davon abhängig macht, dass eine Architektenklausel in den Grundstückkaufvertrag aufgenommen wird (Nr. 2.58).[89] Hier ist die Architektenklausel ein subjektiv wesentlicher Punkt, da der Verkäufer den Vertrag nur dann abschliesst, wenn der Käufer der Klausel zustimmt. Davon zu trennen ist die Frage, ob die Einigung über eine Architektenklausel durchsetzbar ist (Nr. 2.64). 2.48

C. Weitere Fragen

a. Die Form des Vertrags

1. Gemäss Art. 11 Abs. 1 OR bedürfen Verträge «zu ihrer Gültigkeit nur dann einer besonderen Form, wenn das Gesetz eine solche vorschreibt». Im 2.49

[87] Stöckli, Synallagma, Nr. 188; schon Koller, Berner Kommentar, N 75 zu Art. 363 OR; vgl. weiter Tercier, Architektenrecht 1995, Nr. 114.

[88] BGer 4C.261/2005 (9.12.2005) E. 2.1; 4C.353/2000 (22.2.2001) E. 1b; auch: Weber, Berner Kommentar, N 39 zu Art. 394 OR; Werro, Commentaire romand, N 46 zu Art. 394 OR; anders Fellmann, Berner Kommentar, N 398 zu Art. 394 OR.

[89] Reber, Baubindung, S. 164.

Bereich der Planerverträge besteht weitgehend **Formfreiheit**[90]. Sie können mithin, wie die SIA-Ordnungen 102/103 sich ausdrücken, «schriftlich, mündlich oder durch entsprechendes Handeln abgeschlossen» werden (Art. 1.2.1). Formfrei gültig sind zudem die Verträge, die nach der Konzeption der SIA-Ordnungen 142/143 zur Durchführung von Wettbewerben und Studienaufträgen abgeschlossen werden (Nr. 2.39, 3.90 ff. und 4.47 ff.).

2.50 **2.** Eine wichtige Ausnahme gilt im Zusammenhang mit Verträgen, die sowohl kauf- als auch planervertragliche Elemente enthalten: Ein solcher Vertrag liegt vor, wenn darin der Verkauf einer Bauparzelle geregelt und zudem ein Planer mit Planerarbeiten betraut wird. Ein in dieser Weise **gemischter Kauf-/Planervertrag** unterliegt dann der Form der öffentlichen Beurkundung (Art. 216 Abs. 1 OR), wenn hinsichtlich der Vergütung ein Preis (Kaufpreis und Planerhonorar in einem) für das Ganze (für Grundstück und Planerleistungen zusammen) vereinbart wird.[91] Werden die beiden Leistungsteile auch hinsichtlich der Vergütung getrennt geregelt[92], fällt lediglich der kaufvertragliche Teil unter die Formvorschrift, nicht auch der planervertragliche.

2.51 **3.** Möglich ist aber auch, dass die Parteien eine bestimmte **Form** (meist die einfache Schriftlichkeit) **vertraglich vorbehalten.** Alsdann ist gestützt auf Art. 16 Abs. 1 OR zu vermuten, dass die «Parteien vor Erfüllung der Form nicht verpflichtet sein wollen», die Form also eine Abschluss-, nicht bloss eine Beweisform ist.[93] Die Widerlegung der Vermutung obliegt der Partei, die sich gegen die Vermutungsfolge wendet, indem sie schon einer formlosen Einigung vertragliche Bindungswirkung beilegen will. So fällt die Vermutung dahin, wenn nachgewiesen wird, dass die Parteien den Vorbehalt nachträglich beseitigten, sei dies ausdrücklich oder auch konkludent, indem der Planer nach mündlicher Einigung mit dem Bauherrn die anstehenden Arbeiten mit dessen Einverständnis an die Hand genommen hat. Nicht als Vereinbarung eines Formvorbehalts, sondern als rechtlich unbeachtlicher Ratschlag zu betrachten ist Art. 1.2 SIA 102/103, wonach die «Ausfertigung einer Ver-

---

[90] Vgl. WEBER, Basler Kommentar, N 9 zu Art. 395 OR; WERRO, Commentaire romand, N 12 zu Art. 395 OR; GAUCH/SCHLUEP/SCHMID, Nr. 489 ff.

[91] Vgl. BGE 135 III 299 E. 3; zur Frage der Formbedürftigkeit beim aus Grundstückkauf- und Werkvertrag gemischten Vertrag GAUCH, Werkvertrag, Nr. 408 ff.; siehe auch BGE 135 III 299 E. 3.

[92] BGE 117 II 265.

[93] Vgl. GAUCH/SCHLUEP/SCHMID, Nr. 590.

tragsurkunde und die Schriftlichkeit von Vertragsänderungen … empfohlen» werden (Nr. 2.67).

b. Der Einbezug allgemeiner Geschäftsbedingungen

1. In der Planerbranche sind von Dritten verfasste allgemeine Geschäftsbedingungen[94] weit verbreitet. Man denke an die diversen SIA-Ordnungen «für Leistungen und Honorare» und an den KBOB-Planervertrag, aber auch an die vielen Fälle, in denen planerseits eigene Regelwerke vorformuliert werden, die sich teils an die etablierten SIA-Ordnungen anlehnen, teils auf praktischen Erfahrungen beruhen. Solche Geschäftsbedingungen werden nur dann zum Bestandteil eines Planervertrags, wenn sie von den Parteien übernommen wurden, was im Regelfall durch Globalübernahme[95] erfolgt (Nr. 1.88). Auch den SIA-Ordnungen geht ohne rechtsgeschäftliche Übernahme an sich jegliche Verbindlichkeit ab. Nur ausnahmsweise ist eine Übernahme nicht erforderlich; dies ist der Fall, wenn es nach gesetzlicher Massgabe oder der Einigung der Parteien auf die Übung ankommen soll[96] und eine Regel in den SIA-Ordnungen die Verkehrsübung abbildet (Nr. 1.95). Von der Rechtsprechung wird ihnen die Eigenschaft, regelbildende Übung zu schaffen, stets abgesprochen (Nr. 1.96 und 7.38), was aber nicht ausschliesst, dass sie eine bestehende Übung zutreffend wiedergeben.[97] Im Übrigen unterliegt ihre Verbindlichkeit auch bei rechtsgeschäftlicher Übernahme den Schranken, wie sie im Bereich der allgemeinen Geschäftsbedingungen vor allem mit der Ungewöhnlichkeitsregel (Nr. 1.107)[98] sowie mit Art. 8 UWG 2.52

---

94 Vgl. GAUCH/SCHLUEP/SCHMID, Nr. 1118 ff.

95 Dazu GAUCH/SCHLUEP/SCHMID, Nr. 1130.

96 Siehe BGer 4A_69/2012 (2.5.2012) E. 4.2.

97 Vgl. BGE 117 II 284, in: BR/DC 1992, S. 93, Nr. 153, mit Anm. GAUCH; BGE 118 II 296 E. 2a, in: BR/DC 1993, S. 104, Nr. 216, mit Anm. GAUCH; BGer 4A_393/2007 (3.12.2007) E. 2.1; 4C.261/2005 (9.12.2005) E. 2, mit Anm. GAUCH; auch KGer SG, GVP 2002, Nr. 54 (25.6.2002), S. 163, E.4c/aa, in: BR/DC 2003, S. 164, Nr. 419. Ferner: KRAUSKOPF-FORERO/SIEGENTHALER, Nr. 8.52; TERCIER, La concurrence, S. 64, und Anm. zu BR/DC 1994, S. 47, Nr. 86. BGer 4A_393/2007 (3.12.2007) E. 2.1; 4C.261/2005 (9.12.2005) E. 2.3; vgl. auch GAUCH, Werkvertrag, Nr. 191. Zum Umstand, dass SIA-Normen keine Rechtsnormen sind, BGE 132 III 288 E. 1.3.

98 BGE 135 III 7 E. 2.1. Nach BGer 5C.271/2004 [12.7.2005] E. 2, der die ständige Rechtsprechung (siehe BGE 109 II 452 E. 4 und 5) wiedergibt, wird die Geltung von vorformulierten Vertragsbestimmungen namentlich «durch die Ungewöhnlichkeitsregel eingeschränkt, wonach von der global erklärten Zustimmung zu allgemeinen Geschäftsbedingungen alle ungewöhnlichen Klauseln ausgenommen sind, auf deren Vorhandensein die schwächere

(Nr. 1.109)[99] errichtet wurden. Schliesslich gehen individuelle Abreden den SIA-Ordnungen stets vor.[100]

2.53 **2.** Die **Auslegung** allgemeiner Geschäftsbedingungen unterliegt den Regeln, die auch für individuell verfasste Vertragsklauseln gelten.[101] Namentlich ist die Unklarheitsregel zu beachten (Nr. 1.116 f.), nach der «il faut préférer l'interprétation des clauses ambiguës qui correspond à la législation. Comme celle-ci a, en règle générale, opéré une pesée des intérêts en présence, la partie qui veut s'en écarter doit l'exprimer de façon suffisamment claire dans le contrat»[102]. Auf diese Regel stützte sich das Bundesgericht bei der Auslegung des Art. 1.6 SIA 102 (1984)[103], nach dem der Architekt bei «verschuldeter, fehlerhafter Auftragserfüllung» lediglich den dem «Auftraggeber entstandenen direkten Schaden» zu ersetzen hatte. Das Gericht legte dieser Regel keine haftungsbeschränkende Wirkung bei, sondern las sie als schlichte Erinnerung (als einen «rappel») daran, dass auch ein Architekt nur für jene Schäden einzustehen hat, für die sein Fehlverhalten adäquat kausal ist.[104]

---

oder weniger geschäftserfahrene Partei nicht gesondert aufmerksam gemacht worden ist»; dazu: Nr. 1.107; Probst, Handkommentar UWG, N 12 ff. zu Art. 8 UWG; auch: Gauch, Werkvertrag, Nr. 197; Gauch/Schluep/Schmid, Nr. 1141 ff. Zur Anwendung der Regel auf Art. 154 Abs. 3 SIA 118 in konkreten Fällen BGE 109 II 452 (bejaht) und OGer TG (verneint), in: RB TG 1996, Nr. 6, S. 92 ff., sowie BR/DC 1997, S. 127, Nr. 318, mit Anm. Gauch.

99 Zu dieser Bestimmung siehe Probst, Kommentierung des Art. 8 UWG, in Handkommentar UWG; vgl. auch Gauch, Werkvertrag, Nr. 199 f. Die Bestimmung wurde vor Kurzem revidiert (BBl 2011, S. 4926) und schützt jetzt die Lauterkeit des Wettbewerbs bloss noch hinsichtlich der Endkonsumenten – ein rechtspolitischer Fehlschlag; eingehend Stöckli, Inhaltskontrolle, S. 184 ff.

100 BGer 4A_53/2012 (31.7.2012) E. 5.4; 4A_55/2012 (31.7.2012) E. 6.4.

101 BGE 135 III 6 E. 2; 133 III 681 E. 3.3; siehe auch Gauch, Werkvertrag, Nr. 201 ff.

102 BGE 126 III 391 E. d.

103 In der SIA-Ordnung 102 (2003) findet sich die Unterscheidung nicht mehr. Zu Art. 1.6 SIA 102 (1984): BGE 126 III 388, in: BR/DC 2001, S. 78, Nr. 258, mit Anm. Werro; Schumacher, Die revidierten Honorarordnungen, S. 83 f.; Ders., Architektenrecht 1995, Nr. 555 ff.

104 BGE 126 III 391 E. d.

c. Der Abschluss nach einem Wettbewerb oder einem Studienauftrag

1. Der Abschluss des Vertrags im Nachgang zu einem Wettbewerbsverfahren (Nr. 3.110) oder einem Studienauftrag (Nr. 4.181) folgt den **allgemeinen Regeln.** Doch seien folgende Punkte hervorgehoben: 2.54

a. Gegenüber einem Planer, der in einem Wettbewerbsverfahren oder einem Studienauftrag obsiegt hat, besteht nach der Konzeption der einschlägigen SIA-Ordnungen *keine Kontrahierungspflicht* (Nr. 3.117; offengelassen in Nr. 4.181). Das ist angesichts des Art. 27.1 SIA 142 zu betonen. Zwar ist dort davon die Rede, dass der Gewinner eines Projektwettbewerbs «Anspruch auf den Auftrag, wie er gemäss Art. 3.3 und 13.3 lit. g im Wettbewerbsprogramm formuliert ist», hat; und der Gewinner eines Gesamtleistungswettbewerbs soll den «Auftrag für die Planerleistungen und den Zuschlag für die Bauleistungen, wie sie gemäss Art. 4 und 13.3 lit. g im Wettbewerbsprogramm formuliert sind», erhalten. Dies allein liesse zwar auf eine Abschlusspflicht des Auftraggebers schliessen; allerdings beruhen die Art. 27.2 und Art. 27.3 SIA 142 offensichtlich auf der Idee, dass der Auftraggeber nicht abschlusspflichtig ist, indem dort geregelt wird, welche Entschädigung der Auftraggeber dem siegreichen Planer, der ohne Vertrag ausgeht, auszurichten hat (Nr. 3.166 ff.). Dieses System liegt auch dem vergaberechtlichen Art. 55 VöB zugrunde, wobei hier einschränkend zu beachten ist, dass die Auftraggeberin nach Art. 53 VöB «grundsätzlich an die Empfehlung des Preisgerichts … gebunden» ist und sich nur in «Ausnahmefällen … von dieser Verpflichtung befreien [kann], indem sie eine Abgeltung … bezahlt und ein neues Verfahren durchführt». 2.55

b. Die Abschlussfreiheit des Auftraggebers gegenüber dem siegreichen Teilnehmer besteht selbst dann, wenn er einen *Studienauftrag mit Folgeauftrag* ausgeschrieben hat, obschon in Art. 27.1 SIA 143 ausdrücklich davon die Rede ist, dass der «Verfasser der vom Beurteilungsgremium zur Weiterbearbeitung empfohlenen Studie bzw. Studien Anspruch auf einen Auftrag gemäss den Programmbestimmungen» hat. Denn selbst hier soll es (nach Art. 27.2 SIA 143) zulässig sein, dass der Folgeauftrag «ohne Verwendung des Gewinnerprojektes an Dritte vergeben» und der siegreiche Teilnehmer auf eine Entschädigung verwiesen wird (Nr. 4.183). Möglich ist immerhin, dass nach Massgabe des konkreten Programms etwas anderes gilt. 2.56

2. Eine **freihändige Vergabe** ist im Umfeld von Wettbewerben unter vergaberechtlichen Gesichtspunkten nur zulässig, wenn der Vertrag gerade dem «Gewinner» vergeben wird (so Art. XV Ziff. 1 lit. j GPA; Nr. 3.22 und 4.87). 2.57

Eine Vergabe an einen anderen Teilnehmer oder gar einen Anbieter, der am Wettbewerb überhaupt nicht teilgenommen hat, ist demnach vergaberechtswidrig. Möglich aber ist es, den Auftrag in einem neuen Verfahren zu vergeben, sofern der Auftraggeber berechtigt ist, über die im Wettbewerb oder im Studienauftrag generierten Arbeitsergebnisse zu verfügen.

3. Die Architektenklausel

2.58 **1.** Als «Architektenklausel» (gelegentlich auch «Architekturverpflichtung» oder «engagement d'architecte»)[105] wird die **Abrede in einem Grundstückkaufvertrag** über eine Bauparzelle bezeichnet, mit der sich der Käufer je nach Ausgestaltung der Klausel dazu verpflichtet, entweder den Verkäufer oder einen Dritten[106] mit den bei der Überbauung der gekauften Parzelle anfallenden Planerarbeiten zu betrauen.[107] Gerichtsfälle dazu gibt es zwar kaum, doch macht die Praxis dem Vernehmen nach durchaus Gebrauch davon. Eine Architektenklausel, die einem einschlägigen Leiturteil des Bundesgerichts[108] entstammt und die ich hier als Beispiel zitiere, lautet wie folgt: «Die Käuferin verpflichtet sich, für sämtliche Architekturarbeiten bezüglich des Kaufareals das Architekturbüro Sauter & Dirler … zu SIA-Bedingungen zu berücksichtigen.»[109] Eine solche Klausel ist auf den künftigen Abschluss eines Planervertrags angelegt, zu dem sich der Käufer und künftige Bauherr schon im Grundstückkaufvertrag verpflichtet. Anders gelagert sind die Dinge, wenn zeitgleich mit dem Abschluss des Kaufvertrags mit dem Verkäufer oder einem Dritten ein Vertrag über die Planerleistungen abgeschlossen wird (zur Form Nr. 2.50). Anders liegt es auch, wenn sich jemand als Totalunternehmer dazu verpflichtet, zunächst das Bauwerk zu planen und es auf eigenem Boden

---

105 Z.B. in BGer 5A_496/2007 (30.10.2007) E. 1.

106 Reber, Baubindung, S. 145 f.; allgemein Kramer, Berner Kommentar, N 98 f. zu Art. 22 OR.

107 BGE 98 II 306. Der Architektenklausel entspricht im Bereich der Bauwerkverträge die «Unternehmerklausel» oder auch die «Bauverpflichtung» (so nach BGE 103 II 52). Zahlreiche (nicht alle) Fragen stellen und beantworten sich für Unternehmer- und Architektenklauseln gleich. Eingehend zur «Koppelung eines Grundstückkaufvertrages mit einer Baubindungsklausel» Reber, Baubindung, S. 237 ff.; weiter: Gauch, Werkvertrag, Nr. 416 ff.; Gauch/Schluep/Schmid, Nr. 1089 ff.; Kramer, Berner Kommentar, N 100 ff. zu Art. 22 OR. Zur Beurteilung aus vergaberechtlicher Sicht Beyeler, Geltungsanspruch, Nr. 1021.

108 BGE 98 II 306.

109 Vgl. die Erörterungen zu diesem Leiturteil von: Jäggi, Bemerkungen, S. 204 ff.; Kramer, Berner Kommentar, N 105 zu Art. 22 OR; Reber, Baubindung, S. 5 ff.

zu errichten, um dem Bauherrn schliesslich Eigentum am Baugrundstück zu verschaffen (aus Werkvertrag und Kaufvertrag gemischter Innominatvertrag).

2. Bei Architektenklauseln steht die Frage ihrer Durchsetzbarkeit im Vorder- 2.59
grund (Nr. 2.64 ff.). Zunächst aber geht es hier um ihre rechtliche Qualifikation (Nr. 2.60 ff.).

A. Rechtliche Qualifikation

1. Bei Abreden, die eine Architektenklausel enthalten, handelt es sich um 2.60
Vorverträge (Art. 22 OR).[110] Dabei lässt sich der Vorvertrag zugunsten des Verkäufers vom Vorvertrag zugunsten eines Dritten (wie in BGE 98 II 306) unterscheiden. In der Folge ist der Käufer nach Massgabe der Architektenklausel verpflichtet, entweder mit dem Verkäufer oder mit einem Drittplaner einen Planervertrag abzuschliessen (Kontrahierungspflicht), und dies je nach Klausel unbedingt oder bloss suspensiv bedingt für den Fall, dass er überhaupt Planerarbeiten zu vergeben hat. Die Klausel, die einen Drittplaner begünstigt, erweist sich als Vertrag zugunsten eines Dritten[111], für den allenfalls streitig werden kann, ob der Dritte einen eigenen Anspruch auf Vertragsschluss hat (Art. 112 Abs. 2 OR)[112] oder lediglich der Verkäufer die Abschlusspflicht des Käufers durchsetzen kann (Art. 112 Abs. 1 OR). Bei diesem Entscheid kommt es auf die «Willensmeinung», also die Abrede der Vertragsparteien[113]

---

110 BGE 98 II 307 E. 1; RPW 2005, S. 607; weiter: BUCHER, Basler Kommentar, N 11 zu Art. 22 OR; GAUCH, Werkvertrag, Nr. 416; GAUCH/SCHLUEP/SCHMID, Nr. 1089 ff.; KOLLER, Berner Kommentar, N 29 zu Art. 363 OR; TERCIER, Architektenrecht 1995, Nr. 165; TERCIER, Clauses d'architecte, S. 30; TERCIER/FAVRE/CONUS, Nr. 5368; WIEGAND, Klassische Probleme, S. 3; siehe auch: DUBEY, Concours, Nr. 1273; REBER, Baubindung, S. 41, mit Hinweisen.

111 Dass ein Vorvertrag auch zugunsten eines Dritten abgeschlossen werden kann, ist allseits anerkannt; siehe z.B. KOLLER, OR AT, § 22 Nr. 6; siehe auch WEBER, Berner Kommentar, N 85 zu Art. 112 OR. Zum Teil wird sogar gesagt, der Vorvertrag zugunsten eines Dritten sei der einzig sinnvolle Anwendungsfall, vgl. BGE 57 II 505.

112 Zweifelnd KRAMER, Berner Kommentar, N 99 zu Art. 22 OR; für den Regelfall bejahend REBER, Baubindung, S. 146, mit Hinweisen.

113 Der Dritte ist zwar berechtigt, sich auf eine entsprechende Abrede zu berufen, hat sie aber im Streitfall auch nachzuweisen (Art. 8 ZGB); dieser Beweis gelingt sicher dann nicht, wenn die beiden Vertragsparteien übereinstimmend erklären, ihre Vereinbarung begründe keine «Drittberechtigungsklausel» (dazu KRAUSKOPF, Der Vertrag zugunsten Dritter, Nr. 288).

an (Art. 112 Abs. 2 OR).[114] Rechtlich zulässig, aber praktisch kaum bedeutsam ist der Vorvertrag, mit dem sich sowohl der kaufende Bauherr als auch der verkaufende Planer dazu verpflichten, den intendierten Planervertrag abzuschliessen. Gebräuchlicher sind Klauseln, die einseitig nur den Bauherrn verpflichten, während der Planer frei bleibt.[115]

2.61 **2.** Ein Vorvertrag hat die wesentlichen Punkte des Hauptvertrags so zu umschreiben, dass diese Punkte bestimmt, zumindest aber bestimmbar sind.[116] Gerade weil ein Vorvertrag dem gleichen Bestimmtheitserfordernis unterliegt wie der Hauptvertrag, auf den er abzielt, wird der praktische Nutzen und damit die **Existenzberechtigung von Vorverträgen** zum Teil in Zweifel gezogen[117]. Gesagt wird, dass schon der Hauptvertrag vorliege, wenn die wesentlichen Punkte bestimmt oder doch bestimmbar seien – folglich sei es sinnlos, zwischen Vorvertrag und Hauptvertrag zu unterscheiden.[118] Das Bundesgericht geht zwar nicht so weit, dem Vorvertrag jegliche Existenzberechtigung abzusprechen, konstatiert aber, dass «in der Praxis der Vorvertrag oft dem Hauptvertrag gleichzusetzen ist»[119]. Diese Einschätzung trifft indes nur dann zu, wenn der Planervertrag zwischen den Parteien des Vorvertrags abgeschlossen werden soll und zudem nicht nur der Bauherr, sondern auch der Planer abschlussverpflichtet ist. Wie es sich damit verhält, lässt sich für Architektenklauseln nicht generell beantworten, sondern richtet sich nach deren Auslegung. Doch selbst wenn die beiden Elemente vorliegen, ist noch immer zu bedenken, dass «ein erst versprochener Vertrag noch kein abge-

[114] Nach Art. 112 Abs. 2 OR kann sich das Forderungsrecht des Dritten auch aus einer entsprechenden Übung ergeben, wo nicht schon die Vereinbarung die Frage regelt. Im Umfeld von Planerverträgen ist eine Übung praktisch nicht auszumachen, weshalb von ihr nicht länger die Rede ist; allgemein siehe Krauskopf, Der Vertrag zugunsten Dritter, Nr. 953 ff.

[115] Vgl. Gauch, Werkvertrag, Nr. 417; Koller, OR AT, § 22 Nr. 9.

[116] BGE 98 II 307 E. 1; Reber, Baubindung, S. 32 ff.; Gauch/Schluep/Schmid, Nr. 1084.

[117] Zum Bestimmtheitserfordernis z.B.: Gauch/Schluep/Schmid, Nr. 1084, und Koller, OR AT, § 22 Nr. 19, die dem Vorvertrag aber durchaus Sinn zumessen.

[118] Für einen Überblick über die verschiedenen Meinungen: Bucher, Basler Kommentar, N 29 ff. zu Art. 22 OR; Gauch/Schluep/Schmid, Nr. 1079 ff. sowie 1087; Koller, OR AT, § 22 Nr. 31 ff.; Kramer, Berner Kommentar, N 79 ff. zu Art. 22 OR, und die Stellungnahme bei N 90 ff. zu Art. 22 OR. Kritisch-ablehnend aber etwa von Büren, OR AT, S. 214 f. Siehe auch BGE 103 III 107, wo das Bundesgericht der verbreiteten Skepsis zum Trotz fragt, ob es nicht doch möglich sei «de concevoir certaines circonstances dans lesquelles il y aurait place pour une promesse de contracter». Art. 216 Abs. 2 OR geht ohne Weiteres davon aus, dass es «Vorverträge» («promesses de vente») gibt.

[119] BGE 118 II 33 E. 3b.

schlossener Vertrag ist»[120]. Das ist unmittelbar einsichtig, da ein Vorvertrag nicht die gleichen Rechte und Pflichten begründet wie der Hauptvertrag, auf dessen Abschluss er sich richtet. So etwa trifft den Planer aus Vorvertrag noch keine Pflicht, die im Vorvertrag in bestimmter oder bestimmbarer Form umrissenen Planerarbeiten an die Hand zu nehmen. Insoweit sie unterschiedliche Rechtswirkungen zeitigen, ist es sinnvoll, an der Unterscheidung zwischen Vor- und Hauptvertrag festzuhalten.

3. Die erforderliche **Bestimmbarkeit** bezieht sich auf die objektiv wesentlichen Punkte des intendierten Hauptvertrags.[121] Wo es daran fehlt, liegt von vornherein kein Vertrag (auch kein Vorvertrag) vor. In der Vertragspraxis werden Architektenklauseln häufig nur sehr rudimentär ausgestaltet, sodass sich für sie die Frage stellt, wie es hier um die Bestimmbarkeit steht. Bei der Klausel, die BGE 98 II 306 zugrunde lag, drehte sich der Streit zwar nicht um die Bestimmtheit der Abrede, wobei man sich füglich hätte fragen können, ob die «Architekturleistungen» ausreichend bestimmt waren (Nr. 2.48) und darin auch die Bauleitung eingeschlossen war. Abstrakt – losgelöst vom konkreten Fall – lässt sich solches nicht entscheiden. Sicher ist, dass es sich empfiehlt, bei der Formulierung von Architektenklauseln auch die Art der Planerleistungen möglichst genau zu umschreiben.[122] Ist die Bestimmbarkeit nicht gegeben und ist die Klausel damit nicht geeignet, eine Kontrahierungspflicht zu schaffen, bleibt noch immer zu prüfen, ob die Klausel nicht zumindest die Pflicht begründe, über den Abschluss eines Planervertrags zu verhandeln. Regeln die Parteien die Vergütung in der Weise, dass sie in der Architektenklausel auf die «SIA-Bestimmungen» verweisen[123], so haben sie zu beachten, dass der SIA keine Tarife mehr publiziert und auch die SIA-Ordnungen 102/103 in ihrer Fassung aus dem Jahr 2003 lediglich Berechnungsmethoden bereithalten, die als «Grundlagen zur Ermittlung einer angemessenen Honorierung» (Einleitung) verwendet werden können (Nr. 7.70).[124] 2.62

4. An sich unterliegen Vorverträge nur dort einer bestimmten **Form,** wo das «Gesetz zum Schutz der Vertragsschliessenden für die Gültigkeit des künf- 2.63

[120] Gauch/Schluep/Schmid, Nr. 1087.

[121] Vgl. Reber, Baubindung, S. 32 ff.; allgemein Bucher, Basler Kommentar, N 39 f. zu Art. 22 OR.

[122] Vgl. Tercier, Clauses d'architecte, S. 33.

[123] Wie in der Klausel, die Gegenstand des BGE 98 II 397 war.

[124] Zu einer Unternehmerklausel, nach der sich der Werklohn zu «mittleren Konkurrenzpreisen» bemisst: OGer LU, in: LGVE 1995 I, Nr. 5, S. 6 ff., sowie BR/DC 1996, S. 118, Nr. 239 und 240, mit Anm. Gauch.

tigen Vertrages eine Form vorschreibt» (Art. 22 Abs. 2 OR). Planerverträge unterliegen keiner Formvorschrift (Nr. 2.49), weshalb auch eine Architektenklausel grundsätzlich *nicht formbedürftig* ist. Wird eine Architektenklausel in den Grundstückkaufvertrag aufgenommen, wird sie von der öffentlichen Beurkundung, derer der Grundstückkaufvertrag bedarf, miterfasst.[125] Davon hängt die Wirksamkeit der Klausel allerdings nur dann ab, wenn sie «einen Teil der für das Grundstück versprochenen Gegenleistung ausmacht»[126] (Nr. 2.50).

B. Zur Durchsetzbarkeit

2.64 **1.** Die Frage der praktischen Durchsetzbarkeit stellt sich unterschiedlich, je nachdem, ob sich die Architektenklausel auf den Abschluss eines Planerauftrags, eines Gesamtvertrags oder aber eines reinen Planungsvertrags richtet. Ein Planerauftrag und ein Gesamtvertrag können nach **Art. 404 Abs. 1 OR** jederzeit ohne Grund aufgelöst werden, wobei dieses Recht bundesgerichtlicher Rechtsprechung zufolge zwingender Natur ist (Nr. 2.98). Zur Realvollstreckung einer Architektenklausel kann der Gläubiger zwar verlangen, dass die Willenserklärung des pflichtvergessenen Schuldners «durch den vollstreckbaren Entscheid ersetzt» wird (Art. 344 Abs. 1 ZPO).[127] Praktisch lässt sich damit allerdings wenig ausrichten, da Art. 404 Abs. 1 OR nicht erst nach Abschluss des Hauptvertrags, sondern schon gegenüber einem Vorvertrag offensteht.[128] Damit kann sich der Bauherr auch von einer lediglich vorvertraglichen Verpflichtung zum Abschluss eines Planervertrags durch Kündigung jederzeit und mit sofortiger Wirkung befreien.[129] Zwar schuldet der Bauherr dem Planer nach Massgabe der auftragsrechtlichen Vorschrift

---

[125] Dessemontet, Commentaire romand, N 10 zu Art. 22 OR; Koller, Berner Kommentar, N 32 zu Art. 363 OR; Tercier/Favre/Zen-Ruffinen, Nr. 1076.

[126] Gauch, Werkvertrag, Nr. 423; Reber, Baubindung, S. 210 ff.; siehe auch BGE 86 II 37.

[127] Vgl. Bommer, Handkommentar ZPO, N 1 f. zu Art. 344 ZPO; Bucher, Basler Kommentar, N 41 zu Art. 22 OR.

[128] BGE 117 II 275 E. b, 276 E. 4a (bzgl. Art. 377 OR); zur entsprechenden Rechtslage bei «Bauverpflichtungen» siehe Gauch, Werkvertrag, Nr. 429.

[129] BGE 98 II 312; Tercier, Clauses d'architecte, S. 39 ff. Zu beachten ist, dass das vorzitierte Urteil in der Rechtsmeinung gefällt wurde, jeglicher Architektenvertrag sei stets und ausschliesslich auftragsrechtlich zu qualifizieren – eine Praxis, von der das Bundesgericht mit BGE 109 II 462 abgerückt ist. Siehe Kramer, Berner Kommentar, N 105 zu Art. 22 OR. Zu Art. 377 OR siehe BGE 117 II 275 E. b und 276 E. 4a; Gauch, Werkvertrag, Nr. 429; Gauch/Schluep/Schmid, Nr. 1093.

auch dann Schadenersatz, wenn er den *Vorvertrag* (und nicht erst den Hauptvertrag) zur Unzeit auflöst (Art. 404 Abs. 2 OR; Nr. 2.113 ff. und 2.122 ff.). An der Unzeit aber wird es in diesen Fällen meist fehlen. Das führt zur Idee, zwecks Sicherung der Architektenklausel die Gültigkeit des Grundstückkaufs mit der resolutiven Bedingung (Art. 154 Abs. 1 OR) zu verknüpfen, dass dem verkaufenden Planer die mit dem Vorvertrag in Aussicht gestellten Planungsarbeiten nicht grundlos vorenthalten werden. Alsdann fällt der Grundstückkaufvertrag ohne Weiteres dahin, wenn die Bedingung eintritt, indem die Kündigung zwar gestützt auf Art. 404 Abs. 1 OR und damit berechtigterweise, der Sache nach aber grundlos erfolgt. Dies ist eine drastische Verstärkung der Architektenklausel[130], für die sich angesichts der zwingenden Natur des Auflösungsrechts die Frage stellt, ob eine solche Abrede im Kaufvertrag durchsetzbar oder nicht doch unwirksam ist, weil sie den Bauherrn faktisch von der Kündigung abhält und damit sein zwingendes Auflösungsrecht (Nr. 2.98) untergräbt. Der gleiche Vorbehalt ist gegenüber einer Abrede anzubringen, die für den Fall der grundlosen Auflösung des Planervertrags zugunsten des Planers ein Rückkaufsrecht statuiert. Die Rechtsprechung hält nicht nur die Wegbedingung, sondern «auch jede indirekte Beeinträchtigung des Widerrufsrechts»[131] für unvereinbar mit dessen zwingender Natur. Bei allem ist aber festzuhalten, dass Art. 404 Abs. 1 OR kein durchschlagendes Argument dafür ist, dass eine Architektenklausel – als Vorvertrag verstanden – von vornherein sinnlos ist. Denn mit dem gleichen Argument liesse sich auch an der Sinnhaftigkeit des Hauptvertrags zweifeln, dessen Bestand sich ja auch nicht absichern lässt, solange Art. 404 Abs. 1 OR mit zwingender Kraft ausgestattet ist.

2. Der «Ausweg» aus einer Architektenklausel über Art. 404 Abs. 1 OR ist versperrt, wenn sich der durch den Vorvertrag angepeilte Hauptvertrag als *Werkvertrag* erweist. Dies ist dann der Fall, wenn eine Architektenklausel lediglich Planungsleistungen beschlägt, nicht auch die Bauleitung und weitere Leistungen, auf die das Auftragsrecht anwendbar wäre (Nr. 1.45). Auch hier kann zwar der Bauherr den Vorvertrag, der eine Architektenklausel enthält, einseitig und voraussetzungslos kündigen, was sich aus **Art. 377 OR** ergibt.[132] Nicht zu übersehen ist allerdings, dass die Ausgangslage gleichwohl 2.65

---

130 Vgl. zu dieser und weiteren Sicherungsmöglichkeiten Reber, Baubindung, S. 153 ff.

131 Fellmann, Berner Kommentar, N 105 zu Art. 404 OR; siehe auch Weber, Basler Kommentar, N 13 zu Art. 404 OR, die aber beide eine differenzierte Position vertreten.

132 BGE 117 II 275 E. b, 276 E. 4a; Kramer, Berner Kommentar, N 102 zu Art. 22 OR.

eine ganz andere ist, wenn man erstens bedenkt, dass Art. 377 OR dispositiver Natur ist und damit wirksam wegbedungen werden kann (Nr. 2.98), und sich zweitens in Erinnerung ruft, dass der nach Art. 377 OR auflösende Bauherr die Pflicht hat, den Planer voll schadlos (positives Vertragsinteresse) zu halten (Nr. 2.112). Mit der heutigen Praxis sind diese Unterschiede[133] zwar in Kauf zu nehmen, innerlich rechtfertigen sie sich aber nicht.[134] Entschärfen liesse sich der Widerspruch, wenn Art. 404 Abs. 1 OR die zwingende Natur abgesprochen würde – was die in diesem Punkt festgefahrene Rechtsprechung des Bundesgerichts (Nr. 2.98) aber nicht so bald zulassen dürfte.

2.66 **3.** Gegenüber Architektenklauseln (und den gleichgelagerten Unternehmerklauseln) werden zum Teil Bedenken erhoben.[135] Gewiss ist es so, dass derartige Klauseln den «Leistungswettbewerb unter den Architekten und das freie Wahlrecht des Bauwilligen hinsichtlich eines Architekten seines Vertrauens»[136] beeinträchtigen. Indes ist zu vermerken, dass die Koppelung von Verträgen im Grundsatz rechtlich zulässig ist und nur in ausgewählten Konstellationen zwingendes Recht verletzt (vgl. vor allem Art. 254 OR und Art. 7 Abs. 2 lit. f KG). Auch eine übermässige Bindung, die gegen Art. 27

---

133 Vgl. DESSEMONTET, Commentaire romand, N 4 zu Art. 22 OR; siehe auch DUBEY, Concours, Nr. 405, für die Übertragung in den Bereich des Wettbewerbswesens.

134 Siehe REBER, Baubindung, S. 9, der auch darauf hinweist, dass der Widerspruch auch im Verhältnis zu den Unternehmerklauseln (Baubindung) besteht.

135 TERCIER, Architektenrecht 1995, Nr. 180 ff., nach dessen Meinung sich freilich «de très bonnes raisons» finden lassen, an der Zulässigkeit solcher Klauseln zu zweifeln. Bedenken äussern auch: KRAMER, Berner Kommentar, N 227 zu Art. 19–20 OR; TERCIER/FAVRE/CONUS, Nr. 5368; WIEGAND, Klassische Probleme, S. 2 f. Bezüglich der Unternehmerklauseln REBER, Baubindung, S. 289, der sie für unerwünscht hält und die Meinung vertritt, dass sie in gewissen Fällen gegen die öffentliche Ordnung verstossen; weiter GAUCH, Werkvertrag, Nr. 424; GAUCH/SCHLUEP/SCHMID, Nr. 1091a. Aus vergaberechtlicher Sicht siehe: BEYELER, Geltungsanspruch, Nr. 1021; DUBEY, Concours, Fn. 968; aus kartellrechtlicher Sicht vgl. die ihm Rahmen einer Vorabklärung im Sinne des Art. 26 KG angestellten Überlegungen in: RPW 2005, S. 605 ff., wo unter anderem darauf hingewiesen wird (S. 610), dass eine Architektenklausel in den Anwendungsbereich des Art. 7 Abs. 2 lit. f KG über Koppelungsgeschäfte fallen könne, deren Unzulässigkeit indes (wie der Bericht festhält) eine marktbeherrschende Stellung voraussetzt – an der es in casu fehlte; dazu auch REBER, Baubindung, S. 253 ff., der aber davon ausgeht, dass es im Regelfall an der Marktbeherrschung fehlen dürfte (S. 258; siehe aber S. 285).

136 Aus einem Urteil des deutschen Bundesgerichtshofs, BGH VII ZR 144/09 (22.7.2010), in: BauR 2010, S. 1772 ff.; zum Koppelungsverbot auch etwa BUSCHE, Münchener Kommentar, N 205 ff. zu § 631 BGB.

Abs. 2 ZGB verstiesse[137], ist hier zumindest im Regelfall nicht auszumachen. Dies ergibt sich schon aus den beschriebenen Befugnissen des Bauherrn, den Vorvertrag unter Berufung auf Art. 404 Abs. 1 OR (Nr. 2.64) und Art. 377 OR (Nr. 2.65) aufzulösen. Und überhaupt keine Skepsis ist in jenen Fällen angebracht, in denen der Käufer eines Grundstücks den «Architekten selbst veranlasst hat, ihm dieses zu vermitteln und gleichzeitig die Beauftragung mit der Architektenleistung in Aussicht gestellt hat»[138]. Anders kennt Deutschland seit 1971 ein Koppelungsverbot. Die einschlägige Gesetzesnorm sieht Folgendes vor: «Eine Vereinbarung, durch die der Erwerber eines Grundstücks sich im Zusammenhang mit dem Erwerb verpflichtet, bei der Planung oder Ausführung eines Bauwerks auf dem Grundstück die Leistungen eines bestimmten Ingenieurs oder Architekten in Anspruch zu nehmen, ist unwirksam. Die Wirksamkeit des auf den Erwerb des Grundstücks gerichteten Vertrages bleibt unberührt.» [139] Dieses Verbot steht in der Kritik, die sich unter anderem darauf richtet, dass es sich nur auf «freischaffende Ingenieure und Architekten» bezieht und damit zu deren Lasten einen «einseitigen Wettbewerbsnachteil» schafft.[140] Die Schweiz kennt kein derartiges Verbot, weshalb es dabei bleibt, dass eine Architektenklausel sich im Einzelfall als unwirksam erweisen mag, im Grundsatz aber eine zulässige Abrede ist.

---

137 Siehe aber: TERCIER, Architektenrecht 1995, Nr. 177 und 182; TERCIER, Clauses d'architecte, S. 34 f.; auch REBER, Baubindung, S. 275 ff., der die übermässige Bindung aber lediglich für Architekten-, nicht auch für Unternehmerklauseln annimmt; weiter KRAMER, Berner Kommentar, N 227 zu Art. 19–20 OR.

138 BGH VII ZR 144/09 (22.7.2010), in: BauR 2010, S. 1772 ff.

139 Art. 10 § 3 des Gesetzes zur Verbesserung des Mietrechts und zur Begrenzung des Mietanstiegs sowie zur Regelung von Ingenieur- und Architektenleistungen (MRVG) = § 3 des Gesetzes zur Regelung von Ingenieur- und Architektenleistungen (ArchLG). Den gewünschten Erfolg scheint das Verbot allerdings nicht zu zeitigen, vgl. z.B. HESSE, Verbot der Architektenbindung – Fehlschlag und Abhilfe, in: BauR 1985, S. 30 ff. Siehe dazu das Urteil des deutschen Bundesverfassungsgerichts 1 BvR 2394/10 (16.6.2011), in: NZBau 2011, S. 563 f., wo die Vereinbarkeit des Koppelungsverbots mit dem Grundrecht auf Berufsfreiheit bejaht wird. Dort wird auch auf den Umstand eingegangen, dass das Verbot nur die Planer, nicht auch die Unternehmer trifft. Diese Ungleichheit wird mit der Begründung, dass beim Unternehmer «mit der Grundstücksbeschaffung und der kompletten Erstellung eines Bauwerks andere Leistungen im Vordergrund stehen» als beim Planer, als unproblematisch angesehen. Zum Ganzen LOCHER/LOCHER, Nr. 362 ff.

140 WERNER, Referat zum 1. Deutschen Baugerichtstag, in: BauR 2006, S. 1607 f.

III. Die Abänderung von Planerverträgen

2.67 **1.** Die allgemeine Regel, wonach Schuldverträge zu halten sind («pacta sunt servanda»), gilt auch für Planerverträge. Vorbehalten sind indes veränderte Umstände, die in jenen seltenen Fällen einen Anspruch auf Vertragsanpassung begründen, in denen eine Anpassung im Licht des Art. 2 Abs. 1 ZGB unumgänglich ist («clausula rebus sic stantibus», auch Art. 373 Abs. 2 OR).[141] Zudem steht es den Parteien frei, ihren Planervertrag **einvernehmlich abzuändern.** Hinsichtlich der Form rechtsgeschäftlicher Vertragsänderungen ist zu vermerken, dass von den SIA-Ordnungen 102/103 die «Schriftlichkeit von Vertragsänderungen … empfohlen» wird (Art. 1.2.2). Dies ist indes kein Formvorbehalt im Sinne des Art. 16 Abs. 1 OR, sondern lediglich ein (kluger) Rat, den die Ordnungen geben (Nr. 2.51). Der KBOB-Planervertrag sieht zwar einen Schriftformvorbehalt vor, misst ihm aber eine beschränkte Bedeutung zu, indem der Vorbehalt nur «Änderungen der Leistungen sowie die erforderlichen Anpassungen von Vergütung, Terminen und anderen Vertragspunkten» erfasst (Art. 5.2 KBOB-Planervertrag). Andere Vertragsänderungen können ohne Beachtung der Schriftform wirksam vereinbart werden.

2.68 **2.** Dem Bauherrn kann sich die Frage stellen, ob er den Planervertrag auch einseitig, also **ohne Zustimmung des Planers** abändern könne.

2.69 **a.** Die SIA-Norm 118, die «Allgemeine Bedingungen für Bauarbeiten» enthält, begründet in Art. 84 Abs. 1 ein entsprechendes Gestaltungsrecht, sodass der Bauherr einseitig verlangen kann, dass der «Unternehmer Leistungen, zu denen dieser durch den Werkvertrag verpflichtet ist, auf andere Art als vereinbart, in grösseren oder kleineren Mengen oder überhaupt nicht ausführt; dies jedoch nur dann, wenn dadurch der Gesamtcharakter des zur Ausführung übernommenen Werkes unberührt bleibt».[142] Allerdings ist die SIA-Norm 118 nicht für Planerverträge konzipiert, weshalb sie dort auch nicht verwendet wird.

2.70 **b.** Dem *KBOB-Planervertrag* zufolge kann der «Auftraggeber … die Änderung von vereinbarten Leistungen verlangen» (Art. 5.1 KBOB-Planervertrag), was in der Sache ein Bestellungsänderungsrecht ist, wie die SIA-Norm 118 es zugunsten des Bestellers eines Bauwerks vorsieht. Diese Abrede gilt

---

141 Vgl. GAUCH/SCHLUEP/SCHMID, Nr. 1280.

142 Eingehend EGLI, KommSIA 118, N 1 ff. zu Art. 84.

unbekümmert darum, wie der konkrete Planervertrag im Einzelfall rechtlich zu qualifizieren ist, und besteht somit auch beim Gesamtvertrag.

c. In den *SIA-Ordnungen 102/103* findet sich zwar keine Entsprechung zu dieser Regel. Immerhin hält deren Art. 1.6.1 fest, dass der «Auftraggeber … gegenüber dem Architekten [Ingenieur] weisungsberechtigt» ist. Mit dieser Anordnung wiederholen die SIA-Ordnungen 102/103 indes bloss, was schon von Gesetzes wegen gilt.[143] Da sowohl das Werkvertrags- als auch das Auftragsrecht davon ausgehen, dass der Bauherr weisungsbefugt ist, muss dies auch für den Gesamtvertrag gelten. Inhaltlich ist das Weisungsrecht des Bauherrn beschränkt, indem es nur «innerhalb des vereinbarten Vertragsgegenstandes»[144] besteht. Doch ist der Gegenstand von Planerverträgen typischerweise wenig konkretisiert, was für Weisungen durch den Bauherrn breiten Raum lässt.[145] Ein eigentliches Leistungsänderungsrecht ist darin aber nicht enthalten. Ist ein Planervertrag lückenhaft, indem er kein Recht zur einseitigen Leistungsänderung begründet, ist er im Streitfall nach Massgabe des hypothetischen Parteiwillens zu ergänzen.[146] Bei einem lückenhaften Bauwerkvertrag ist der Bauherr alsdann zumindest dazu berechtigt, «eine unvermeidbare, behördlich verlangte oder für die einwandfreie Ausführung des Bauwerkes erforderliche Änderung der Bauleistung einseitig anzuordnen, solange er nicht eine so tiefgreifende Umgestaltung der vom Unternehmer geschuldeten Werkleistung verlangt, dass sie dem Unternehmer unter Abwägung der beidseitigen Interessen unzumutbar ist»[147]. Das ist das Mindeste, was auch für den Planervertrag zu gelten hat. Mit Rücksicht auf den Umstand, dass sich der künftige Gang einer Projektierung häufig wesentlich schwieriger abschätzen lässt als der Fortschritt einer Bauleistung, dürfte es sogar richtig sein, das Änderungsrecht des Bauherrn hier noch weiter zu spannen als beim Bauwerkvertrag. Ohnehin aber verhält es sich bei einem Planervertrag so, dass die Planung durch periodische Richtungsentscheide des Bauherrn getrieben wird, ohne die sie nicht vorankommt. In diesem Fall ist es schon in der richtig verstandenen Einigung über die geschuldete Planer- 2.71

143 Für den Werkvertrag siehe Art. 369 OR über die Ausführungsanweisungen des Bestellers, für den einfachen Auftrag siehe Art. 397 Abs. 1 OR für die Vorschriften des Auftraggebers über die Besorgung des übertragenen Geschäfts.

144 Fellmann, Berner Kommentar, N 77 zu Art. 397 OR.

145 Zur damit angesprochenen Offenheit des Weisungsrechts: Fellmann, Berner Kommentar, N 53 zu Art. 397 OR; Weber, Basler Kommentar, N 4 f. zu Art. 397 OR.

146 Eingehend Gauch, Werkvertrag, Nr. 778.

147 Gauch, Werkvertrag, Nr. 779.

leistung angelegt, dass dem Bauherrn ein weitgehendes Bestimmungsrecht zukommt, ohne dass man auf die am hypothetischen Parteiwillen orientierte Vertragsergänzung abzustellen hätte.

IV. Die Beendigung von Planerverträgen

2.72 Der ordentlichen Beendigung von Planerverträgen durch Erfüllung (Nr. 2.73) steht deren ausserordentliche, vorzeitige Beendigung gegenüber, die verschiedene Gründe haben kann. Zunächst ist an den Aufhebungsvertrag und an die Vertragskündigung gemäss Art. 377 und Art. 404 Abs. 1 OR zu denken (2.74 ff.), dann aber auch an die weiteren Beendigungsgründe, wie etwa den Verzug des Planers (Nr. 2.126 ff.).

1. Die ordentliche Beendigung durch Erfüllung

2.73 Sind alle Pflichten, die der Planervertrag begründet, erfüllt und alle Rechte, die aus ihm fliessen, erschöpft, so erlischt darob der Planervertrag selber. Die durch den Vertrag geschaffene Bindung wird gelöst, indem die Parteien dem vertraglich geschaffenen Leistungsprogramm durch vollständige, vertragskonforme Erfüllung nachleben. Häufig wirken Nebenpflichten noch nach, wenn die Hauptleistungspflichten schon durch Erfüllung untergegangen sind. Ihren Rechtsgrund haben diese Nebenpflichten im Planervertrag, der insoweit bestehen bleibt[148]; sie beruhen entweder auf einer entsprechenden Vertragsabrede der Parteien oder auf Vertragsergänzung durch das Gericht. Eine solche nachwirkende Pflicht ist etwa die Pflicht des Planers, die «Arbeitsergebnisse … während zehn Jahren ab Beendigung des Auftrages aufzubewahren» (Art. 1.3.7 SIA 102/103). Weitere Beispiele sind die Pflicht, «Kenntnisse aus der Auftragsbearbeitung» vertraulich zu behandeln (Art. 1.3.2 SIA 102/103), oder gegebenenfalls auch die nachwirkende Warnpflicht des Planers, nach der er den Bauherrn darauf hinzuweisen hat, wenn der gewählte Baustoff nach neuen Erkenntnissen geeignet ist, die Gesundheit der Nutzer zu beeinträchtigen, und deshalb Sanierungsmassnahmen getroffen werden müssen.[149]

---

[148] Eingehend zum Begriff MIDDENDORF, Vertragspflichten, Nr. 52 ff.

[149] Allgemein MIDDENDORF, Vertragspflichten, Nr. 184 ff. (Geheimhaltungspflicht) und Nr. 193 ff. (Warnpflicht).

2. Der Aufhebungsvertrag und die Kündigung

Vorzeitig beendet wird ein Planervertrag dann, wenn die Beendigung erfolgt, bevor die Leistungspflichten vollständig erfüllt sind. Diese vorzeitige Beendigung lässt sich vor allem durch einen zweiseitigen Aufhebungsvertrag (Nr. 2.75) oder auch dadurch bewerkstelligen, dass die eine Vertragspartei den Vertrag kündigt (Nr. 2.76 ff.). 2.74

A. Die vereinbarte Aufhebung

Der Planervertrag kann vorzeitig in der Weise aufgehoben werden, dass der Bauherr und der Planer einen **Vertrag** abschliessen, der die Aufhebung des Planervertrags und deren Folgen regelt.[150] Die Parteien können die *rückwirkende Aufhebung* vereinbaren, was die Liquidation ihres Verhältnisses bedingt. Häufiger aber werden sie den Planervertrag *lediglich für die Zukunft* aufheben und für einen allfälligen vermögensmässigen Ausgleich den Zeitpunkt der Aufhebung wählen. Die Freiheit der Parteien, einen solchen Aufhebungsvertrag zu vereinbaren, wird weder durch Art. 377 noch durch Art. 404 Abs. 1 OR beschränkt, da diese Bestimmungen lediglich die einseitige Vertragsbeendigung durch Kündigung regeln. Der Beweis dafür, dass ein Aufhebungsvertrag abgeschlossen wurde, liegt bei der Partei, die sich im Streitfall darauf beruft (Art. 8 ZGB). Das wird meist der Bauherr sein, der vom Planer auf volle Schadloshaltung im Sinne des Art. 377 OR in Anspruch genommen wird. Das Vorliegen eines Aufhebungsvertrags bedeutet zwar noch nicht, dass die Ersatzpflicht entfällt. Doch hat nun der Planer zu beweisen, dass der Aufhebungsvertrag eine Ersatzpflicht begründet, wenn er sich darauf beruft. Ohnehin beim Planer liegt in beiden Fällen der Beweis des Schadens, für den er Ersatz will (Art. 42 Abs. 1 OR/Art. 8 ZGB). Gelegentlich drücken sich Planer angesichts einer bauherrenseitigen Kündigung in der Weise aus, dass sie die Kündigung bestätigen oder sie anerkennen. Eine solche Äusserung ist schon deshalb nicht als Zustimmung zum Abschluss eines Aufhebungsvertrages zu verstehen, weil es an einer entsprechenden Offerte seitens des kündigenden Bauherrn fehlt (Nr. 2.82). 2.75

---

150 Siehe: Aepli, Zürcher Kommentar, N 16 ff. zu Art. 115 OR; Gauch, Werkvertrag, Nr. 564 ff.

B. Die Beendigung durch Kündigung

a. Im Allgemeinen

2.76 **1.** Der Planervertrag kann durch **einseitige Kündigung** vorzeitig aufgelöst werden, sodass seine *Wirkungen für die Zukunft (ex nunc) entfallen.* Die Rechtslage ist unterschiedlich je nachdem, ob es sich beim konkreten Planervertrag um einen Werkvertrag (Nr. 2.86 ff.), einen einfachen Auftrag (Nr. 2.93 ff.) oder einen Gesamtvertrag (Nr. 2.104 ff.) handelt. Je nach Qualifikation ergibt sich die Rechtsgrundlage des Kündigungsrechts vorab aus Art. 377 oder aus Art. 404 Abs. 1 OR, denen gemeinsam ist, dass sie ein voraussetzungsloses Kündigungsrecht schaffen. Hinzu treten weitere Bestimmungen, die ein Kündigungsrecht begründen, es aber an bestimmte Voraussetzungen knüpfen (z.B. Art. 366 OR).[151] In Art. 1.12 gehen zwar auch die SIA-Ordnungen 102/103 auf die «Vorzeitige Beendigung des Vertrages» und ihre Folgen ein, verweisen dabei aber im Wesentlichen auf das Gesetz. Immerhin schaffen sie in Art. 1.12.2 hinsichtlich der unzeitigen Kündigung eines Auftrags, die sonst unter Art. 404 Abs. 2 OR fiele, eine Sonderregel, nach der sich die Vermögensfolgen bestimmen, die bei einer Kündigung des Vertrags durch den Bauherrn eintreten (Nr. 2.119). Auffällig ist ein Zweifaches:

2.77 – Erstens scheint Art. 1.12 SIA 102/103 auf der Vorstellung zu beruhen, dass es sich beim Planervertrag, auf den er anwendbar ist, stets um einen einfachen Auftrag oder einen Gesamtvertrag handelt, der nach der bundesgerichtlichen Rechtsprechung wie ein einfacher Auftrag aufgelöst werden kann (Nr. 2.104). Denn er bezieht sich auf die «Kündigung … zur Unzeit» (Art. 1.12.2 und Art. 1.12.3 SIA 102/103), der lediglich im Auftragsrecht eine besondere Bedeutung zukommt. Auf den Planungsvertrag, der ein Werkvertrag ist, ist diese Bestimmung nicht anwendbar, sodass Art. 377 OR nicht verdrängt wird (Nr. 2.108).[152] Anwendung findet die Bestimmung somit nur dann, wenn es um eine Beendigung nach Massgabe des Art. 404 Abs. 1 OR geht.

2.78 – Zweitens verweisen die SIA-Ordnungen 102/103 zwar auf das Gesetz, beschränken diesen Verweis aber ausdrücklich auf die «Rechtsfolgen der

---

[151] Dazu können im konkreten Fall vereinbarte Kündigungsrechte kommen, beim reinen Planungsvertrag etwa von der Art, dass neben dem Bauherrn auch der Planer berechtigt ist, den Werkvertrag einseitig aufzulösen.

[152] Offengelassen von PICHONNAZ, Les règlements SIA, S. 73.

vorzeitigen Beendigung des Vertrages», die «sich nach den Bestimmungen des Schweizerischen Obligationenrechts» richten sollen (Art. 1.12.1 SIA 102/103). Während die «Rechtsfolgen der vorzeitigen Beendigung» durch diesen Verweis und die schon erwähnte Sonderregel geklärt werden, wird die nicht minder wichtige Frage, wer denn überhaupt zur Kündigung berechtigt sei, von den SIA-Ordnungen 102/103 nicht beantwortet. Wiederum ist für diese Frage auf das Gesetz abzustellen, das sie differenziert beantwortet, indem der einfache Auftrag von jeder Partei vorzeitig aufgelöst werden kann, während diese Befugnis beim Werkvertrag einzig dem Besteller zusteht. Den Gesamtvertrag stellt die Rechtsprechung in dieser Frage dem einfachen Auftrag gleich (Nr. 2.104).

a. Wirksam wird die Kündigung – als empfangsbedürftige Willenserklä- 2.79
rung – entweder direkt mit ihrem Zugang beim Kündigungsgegner[153] oder mit dem Ablauf einer allfälligen Kündigungsfrist[154] (Nr. 2.85). Ab diesem Zeitpunkt erlischt zum einen die Pflicht des Planers, auch inskünftig Planerleistungen zu erbringen. Zum anderen entfällt die Pflicht des Bauherrn, Planerleistungen zu vergüten, die der Planer erbringt, nachdem die Kündigung wirksam geworden ist, und Auslagen zu ersetzen, die darob anfallen.

b. Vorbehalten ist der Fall, da gerade durch eine seitens des Planers ausge- 2.80
sprochene Kündigung eines Auftrags oder eines Gesamtvertrags die Interessen des Bauherrn gefährdet werden: Nach Art. 405 Abs. 2 OR, der hier analog anzuwenden ist[155], hat der Planer über die Vertragsbeendigung hinaus jene Arbeiten zu leisten, die erforderlich sind, um eine unmittelbare Gefährdung dieser Interessen abzuwenden, bis der Bauherr (oder sein Vertreter) «in der Lage ist, es selbst zu tun» (Art. 405 Abs. 2 OR). Zu beachten ist, dass der Bauherr den Planer für die entsprechenden Leistungen nach Massgabe der dem Planervertrag eigenen Honorarabrede oder, wo es an einer Abrede fehlt, nach der Verkehrsübung (Art. 394 Abs. 3 OR) zu entschädigen hat. All dies gilt vor allem im Fall, da der Planer den Vertrag auflöst. Bei der Beendigung

---

153 Die Kündigung kann auch gegenüber einem Stellvertreter der anderen Vertragspartei (Art. 32 Abs. 1 OR) erklärt werden; vgl. Gauch, Werkvertrag, Nr. 525.

154 Wo nicht schon der Planervertrag eine entsprechende Frist vorsieht, kann der kündigende Teil seiner Kündigung eine solche beigeben. Kommt indes Art. 404 Abs. 1 OR zum Tragen, ist eine Vertragsabrede, die eine Kündigungsfrist festsetzt, ungültig (Nr. 2.88).

155 Siehe Krauskopf, Die Kündigung, S. 56. Die analoge Anwendung rechtfertigt sich deshalb, weil das Argument der «Auftragsfortführung kraft Treuepflicht» (Weber, Basler Kommentar, N 14 zu Art. 405 OR) nicht an die in Art. 405 OR Abs. 1 OR geregelten Beendigungsgründe gebunden ist.

eines Planungsvertrags nach Art. 377 OR darf eine entsprechende Pflicht, die das Werkvertragsrecht selber ohnehin nicht vorsieht, nur sehr zurückhaltend angenommen werden, da der Bauherr es in der Hand hat, den Zeitpunkt der Vertragsbeendigung auf seine Bedürfnisse abzustimmen und Vorsorge für die Zeit nach der Beendigung zu treffen. Unabhängig davon, von wem die Kündigung ausgeht, hat der Planer auch nach der Auflösung noch Rechenschaft abzulegen und seiner Erstattungspflicht nachzukommen (Art. 400 OR).

2.81 **2.** Beim Kündigungsrecht, von dem hier die Rede ist, handelt es sich unabhängig von seiner gesetzlichen Grundlage um ein **Gestaltungsrecht,** für das nach allgemeiner Auffassung das Folgende gilt:

2.82 **a.** Die Erklärung des Kündigenden ist zwar *empfangsbedürftig,* bedarf aber der Zustimmung des Kündigungsgegners nicht.[156] So ist es rechtlich belanglos, wenn der Kündigungsgegner sich gegen die Kündigung verwahrt; sofern die Kündigung zu Recht erfolgt, wird der Vertrag gleichwohl aufgelöst. Äussert sich der Kündigungsgegner umgekehrt in der Weise, dass er die Kündigung annehme bzw. akzeptiere, wird damit zwar kein Aufhebungsvertrag begründet[157], was sich von selbst ergibt, da es an einer entsprechenden Offerte fehlt (Nr. 2.75). Doch hat die entsprechende Äusserung gegebenenfalls zur Folge, dass sich der Kündigungsgegner nicht später auf eine allfällige Unrechtmässigkeit der Kündigung berufen kann. Allerdings ist kaum vorstellbar, dass die Rechtmässigkeit überhaupt zur Streitfrage wird, nachdem die gesetzlichen Kündigungsrechte an keinerlei Voraussetzungen gebunden sind. Dass der Planer damit auf Ersatzansprüche verzichtet, ist nur unter besonderen Umständen anzunehmen, im Regelfall nicht. Geht beim Planungsvertrag die Kündigung vom Planer aus und wird sie vom Bauherrn akzeptiert, ist darin allenfalls der Abschluss eines Aufhebungsvertrags zu erblicken, da der Planer gar nicht berechtigt ist, sich auf den hier an sich einschlägigen Art. 377 OR zu stützen und sich seine Erklärung deshalb nur als entsprechende Offerte verstehen lässt.

2.83 **b.** Dem Grundsatz nach sind Gestaltungsrechte *bedingungsfeindlich*[158], was auch für eine Vertragskündigung gilt. Doch greift dieser Grundsatz dann nicht, wenn die Bedingung, von welcher der Kündigende die Wirkung seiner Erklärung abhängig macht, beim Kündigungsgegner keine unklare Situ-

---

[156] BGE 69 II 141 E. 2.

[157] Vgl. GAUCH, Werkvertrag, Nr. 565.

[158] BGE 128 III 75 E. 2; 123 III 248 E. 3; GAUCH/SCHLUEP/SCHMID, Nr. 154 f.

ation schafft.[159] So ist es beispielsweise zulässig, dass der Kündigende die Wirksamkeit der Kündigungserklärung an die Bedingung knüpft, dass der Kündigungsgegner eine bestimmte Vertragsleistung, mit der er in Verzug ist, nicht binnen einer vom Kündigenden angesetzten Nachfrist erbringt. Statt sich damit begnügen zu müssen, die Kündigung bloss anzudrohen, kann er also auch eine suspensiv bedingte Kündigung aussprechen, wenn es allein am Kündigungsgegner liegt, ob die Bedingung eintritt oder ausbleibt.[160]

c. Einem weiteren Grundsatz zufolge ist ein einmal ausgeübtes Gestaltungsrecht *unwiderruflich.*[161] Dieser Grundsatz gilt auch für die Kündigung, was aber nicht ausschliesst, dass die Parteien sich nach der Kündigung auf eine Fortführung des Vertrags einigen und darob die Kündigungswirkung einvernehmlich beseitigen.[162] Schon gar nicht verwehrt ist den Parteien der Abschluss eines neuen Vertrags mit altem Inhalt. Das eine wie das andere setzt einen entsprechenden Konsens voraus (Art. 1 Abs. 1 OR). 2.84

d. Was schliesslich das *Zeitliche* anbelangt: Die Kündigung eines Planervertrags kann mit sofortiger Wirkung ausgesprochen werden. Dies gilt nicht nur für Art. 377 OR, sondern auch für die Vertragsbeendigung nach Art. 404 Abs. 1 OR. Die Unzeit, von der in Abs. 2 dieser Bestimmung die Rede ist, betrifft nicht das Kündigungsrecht, sondern verpflichtet (wenn sie vorliegt) den Kündigenden zum Ersatz des Schadens, den die Unzeitigkeit der Kündigung anrichtet (Nr. 2.114). Anzufügen ist, dass eine vertragliche Abrede, nach der bei einer Kündigung nach Art. 404 Abs. 1 OR eine Kündigungsfrist einzuhalten ist, mit der zwingenden Natur dieser Bestimmung nicht vereinbar und somit ungültig wäre. Selbstredend entfällt diese Einschränkung, wenn man Art. 404 Abs. 1 OR die zwingende Natur abspricht (Nr. 2.103). Wäre es zulässig, das jederzeitige Kündigungsrecht wegzubedingen, müsste es auch angehen, seine Ausübung zeitlich zu beschränken, indem Kündigungsfristen vereinbart werden. Davon unabhängig braucht der Kündigende die Kündigung nicht mit sofortiger Wirkung auszusprechen, sondern kann sie auf einen späteren Termin erklären (Nr. 2.93).[163] Er steht also nicht vor der schwierigen Wahl, entweder fristlos zu kündigen oder gar nicht kündigen zu können. Dabei ist aber zu beachten, dass der Bauherr, der den Vertrag nicht fristlos, 2.85

---

159 Fellmann, Berner Kommentar, N 38 zu Art. 404 OR.

160 Vgl. Gauch, Werkvertrag, Nr. 527.

161 BGE 128 III 75 E. 2; Gauch/Schluep/Schmid, Nr. 156 f.

162 Vgl. Gauch, Werkvertrag, Nr. 527.

163 Siehe HGer St. Gallen, HG.2006.106 (17.8.2010) E. 3.1.

sondern auf einen späteren Termin auflöst, Leistungen des Planers, die nach Massgabe des konkreten Planervertrags in die Zeit der Kündigungsfrist fallen, im Grundsatz auch dann zu vergüten hat, wenn sie sich gerade deshalb als nutzlos erweisen, weil sie erst in der Zukunft (nach der Beendigung) zum Tragen gekommen wären. Umgekehrt darf der Planer nicht vorpreschen und Arbeiten einzig deshalb vor den Kündigungstermin ziehen, um sich so das Entgelt für Arbeiten zu erwirken, die im ungebrochenen Ablauf erst später anfallen würden.

b. Die Kündigung des Planungsvertrags

2.86 **1.** Erweist sich der Planervertrag seinem Inhalt nach als Werkvertrag (Nr. 1.30 ff.), kann der Besteller ihn nach Massgabe des **Art. 377 OR** auflösen: «Solange das Werk unvollendet ist, kann der Besteller gegen Vergütung der bereits geleisteten Arbeit und gegen volle Schadloshaltung des Unternehmers jederzeit vom Vertrag zurücktreten.» So steht dem werkvertraglich verpflichteten Planer im Normalfall «kein Recht auf die Werkausführung» zu.[164]

2.87 **a.** Dieser Wortlaut und der zugehörige Randtitel, der vom «Rücktritt des Bestellers …» spricht, könnten zum Schluss verleiten, der Vertrag werde rückwirkend (ex tunc) beseitigt. Das Gegenteil trifft zu: die Beendigung wirkt nur für die Zukunft (ex nunc), sodass es sich nicht um ein Rücktritts-, sondern um ein Kündigungsrecht handelt.[165] Dies zeigt sich schon daran, dass der Besteller die bereits geleisteten Arbeiten zu vergüten hat. Zudem steht ihm die Befugnis nur «gegen Schadloshaltung» (Randtitel) des Planers zu; sie tritt an die Stelle der Vergütung künftiger Leistungen, die dem Planer als Folge der Kündigung entgeht.[166]

2.88 **b.** Das Kündigungsrecht kann vom Bauherrn ausgeübt werden, bevor der Planer seine Arbeit aufnimmt, und besteht so lange, als das Planerwerk unvollendet ist. Es erlischt mit der Werkvollendung, die von der Abnahme des

---

164 BGE 69 II 143.

165 BGE 129 III 748 E. 7.3; 117 II 276 E. 4a; Gauch, Werkvertrag, Nr. 528; Zindel/Pulver, Basler Kommentar, N 11 zu Art. 377 OR.

166 Zu dieser Additionsmethode eingehend Gauch, Werkvertrag, Nr. 546 ff.; auch Krauskopf, Die Kündigung, S. 41.

Werkes zu unterscheiden ist und schon dann eintritt, «wenn alle im Vertrag vorgesehenen Arbeiten ausgeführt sind»[167].

c. Verknüpft ist die Auflösung mit der Pflicht des Bauherrn, die bereits geleistete Arbeit zu vergüten und den Planer schadlos zu halten (Nr. 2.107). Diese Leistungspflichten können entfallen, wenn der Planer Anlass zur Vertragsauflösung gegeben hat. Weiter kann es sein, dass die Parteien Art. 377 OR vertraglich wegbedungen haben. Das ist zulässig, da die Bestimmung dispositiver Natur ist.[168] Immerhin ist dieser Verzicht kein totaler, sondern lässt das unabdingbare Recht, den Werkvertrag aus wichtigem Grund einseitig aufzulösen, unberührt.[169] 2.89

2. Die **Kündigung** des Planungsvertrags **aus wichtigem Grund** ist gesondert anzusprechen.[170] Betrachtet man die Dinge aus Sicht des Bauherrn, geht es hier nicht um einen zusätzlichen Auflösungsgrund, dessen der Bauherr gar nicht bedarf, da ihm schon Art. 377 OR ein voraussetzungsloses Beendigungsrecht zugesteht. Immerhin kann es im konkreten Fall sein, dass Art. 377 OR vertraglich wegbedungen wurde. Alsdann bleibt dem Bauherrn nur die Kündigung aus wichtigem Grund, sodass er dann in der gleichen Lage ist wie der Planer, dem Art. 377 OR nach der gesetzlichen Lage in keinem Fall offensteht. 2.90

a. Doch kommt dem wichtigen Grund selbst dann, wenn sich der Bauherr auf Art. 377 OR stützen kann, Bedeutung zu. Denn es kann sich rechtfertigen, den Bauherrn von der Pflicht, den Planer schadlos zu halten, vollständig oder teilweise zu befreien.[171] Ob ein wichtiger Grund vorliegt, bestimmt sich nach den Umständen im konkreten Fall (Art. 4 ZGB). Er ist zwar nicht leichthin, sicher aber dann zu bejahen, wenn er «auf einem vorwerfbaren Verhalten» 2.91

---

167 BGE 94 II 164 E. c; eingehend: GAUCH, Werkvertrag, Nr. 101 f.; ZINDEL/PULVER, Basler Kommentar, N 6 zu Art. 377 OR.

168 GAUCH, Werkvertrag, Nr. 582 ff.; TERCIER, Architektenrecht 1995, Nr. 1197; TERCIER/FAVRE/CARRON, Nr. 4800; ZINDEL/PULVER, Basler Kommentar, N 20 zu Art. 377 OR; CHAIX, Commentaire romand, N 20 zu Art. 377 OR; anders noch GAUTSCHI, Berner Kommentar, N 10 zu Art. 377 OR; offengelassen in BGE 117 II 276 E. 4a.

169 TERCIER, Architektenrecht 1995, Nr. 1198.

170 Eingehend GAUCH, Werkvertrag, Nr. 567 ff.

171 GAUCH, Werkvertrag, Nr. 569 ff.; ihm folgend BGer 4C.393/2006 (27.4.2007) E. 3.3.3, wo das Bundesgericht die Reduktion auf Art. 44 OR abstützt, den es hier analog anwendet; auch ZINDEL/PULVER, Basler Kommentar, N 18 zu Art. 377 OR.

des Planers beruht[172], das so schwerwiegend ist, dass dem Bauherrn die Fortführung des Planungsvertrags nicht zugemutet werden kann.[173]

2.92 **b.** Zudem vermag ein wichtiger Grund unter Umständen eine Ersatzpflicht des Planers zu begründen, der durch sein Verhalten Anlass zur Vertragsbeendigung gegeben hat, wenn dem Bauherrn daraus ein Schaden entstanden ist.[174] Anders als der Anspruch auf volle Schadloshaltung, den Art. 377 OR für den Regelfall begründet und der keine Vertragsverletzung bedingt[175], setzt dieser Ersatzanspruch, der auf eine positive Vertragsverletzung durch den Planer zurückgeht, voraus, dass der Planer für den Schaden nach Massgabe des Art. 97 Abs. 1 oder des Art. 101 Abs. 1 OR einzustehen hat. Zu denken ist dabei etwa an die Kosten, die mit der organisatorischen Umstellung auf einen neuen Planer verbunden sein können.

c. Die Kündigung des Plancrauftrags

2.93 **1.** Die Kündigung eines Planerauftrags, der ein einfacher Auftrag ist (Nr. 1.42 ff.), bildet Gegenstand des **Art. 404 Abs. 1 OR.** Dieser Bestimmung zufolge kann ein Planerauftrag (als einfacher Auftrag) «von jedem Teile … widerrufen oder gekündigt werden», und zwar «jederzeit». Dieses Recht steht demnach beiden Vertragsparteien zu, also auch dem Planer. Dazu kommt, dass es keinerlei Voraussetzungen unterliegt und selbst dann besteht, wenn die Auflösung ohne objektiven Grund[176] oder gar zur Unzeit (Nr. 2.115) erfolgt. Diese Offenheit des Kündigungsrechts ist zu betonen, weil es so einem Planer auch als potentes Druckmittel dienen kann, um gegen den Bauherrn einen Nachtrag durchzusetzen – Rechtsmissbrauch immerhin vorbehalten (Art. 2 Abs. 2 ZGB). Das Recht kann schon ausgeübt werden, bevor die Arbeiten aufgenommen wurden, und erlischt erst mit der vollständigen Durchführung des Auftrags.[177] Die Vertragsauflösung, zu der es mit der Ausübung dieses Gestaltungsrechts kommt, greift sofort, ohne Rücksicht auf eine vereinbarte Vertragsdauer, wobei aber der Kündigende die Auflösung auch auf einen bestimmten Termin aussprechen kann (Nr. 2.85). Sie wirkt lediglich in die Zukunft (ex nunc), hat also keine Rückabwicklung zur Folge, weshalb es sich

[172] Gauch, Werkvertrag, Nr. 572.
[173] BGer 4C.393/2006 (27.4.2007) E. 3.3.3.
[174] Gauch, Werkvertrag, Nr. 572.
[175] Gauch, Werkvertrag, Nr. 543; Zindel/Pulver, Basler Kommentar, N 15 zu Art. 377 OR.
[176] BGE 106 II 160 E. c.
[177] Gauch, Art. 404 OR, S. 10.

auch bei diesem Recht um ein Kündigungsrecht handelt.[178] So verhält es sich, obschon Art. 404 Abs. 1 OR neben die Kündigung den Widerruf stellt und sich Art. 404 Abs. 2 OR auf den «zurücktretenden Teil» bezieht.[179]

2. Die **Unterschiede zu Art. 377 OR** liegen auf der Hand: 2.94

a. Erstens sind nach Art. 404 Abs. 1 OR beide Parteien berechtigt, einen einfachen Auftrag einseitig aufzulösen, während sich bei Werkverträgen lediglich der Bauherr, nicht auch der Planer auf Art. 377 OR berufen kann. Dem Planer steht bei Werkverträgen ein Beendigungsrecht vor allem in jenen Fällen zu, in denen der Bauherr mit der Annahme der Planerleistung (Art. 95 OR) oder mit der Erfüllung seiner eigenen Leistungspflichten (Art. 107/109 OR) in Verzug ist. 2.95

b. Zweitens besteht hier eine Pflicht zur Schadloshaltung der anderen Vertragspartei nur dann, wenn die Auflösung zur Unzeit erfolgt (Nr. 2.114). So trifft den Kündigenden namentlich dann keine Ersatzpflicht, wenn er den Vertrag zwar ohne jegliche Veranlassung durch die andere Partei, dabei aber nicht unzeitig auflöst. 2.96

c. Drittens beschränkt sich die Ersatzpflicht beim Auftrag auf das negative Vertragsinteresse (auf den Vertrauensschaden). So hat der Bauherr namentlich den Gewinn, den der Planer aus dem Planerauftrag hätte erzielen können, nicht zu ersetzen. Zur Verdeutlichung ist aber festzuhalten, dass hier wie dort (nach Art. 404 Abs. 2 wie nach Art. 377 OR) die bisher geleisteten Arbeiten vom Bauherrn zu vergüten sind (Nr. 2.113). Das gilt im Falle des Art. 404 OR auch dann, wenn es der Planer ist, der den Planervertrag auflöst. Diese Regel wird indes nicht allen Fällen gerecht. Löst etwa der Planer den Vertrag zu einem Zeitpunkt auf, in dem die bisher geleistete Arbeit für den Bauherrn gänzlich nutzlos ist, ist nicht ohne Weiteres einsichtig, weshalb der Bauherr die Arbeit zu vergüten hat, wenn der Grund, aus dem der Planer den Vertrag beendigte, aus dessen Sphäre stammt, und nicht beim Bauherrn anzusiedeln ist. 2.97

---

[178] Schon BGE 57 II 192 E. 2.

[179] Gauch, Art. 404 OR, S. 10 f. Wie Art. 404 Abs. 1 OR spricht auch § 671 Abs. 1 BGB von Widerruf und Kündigung, wobei die Bestimmung eine Zuordnung vornimmt, indem der Auftrag von dem «Auftraggeber jederzeit widerrufen, von dem Beauftragten jederzeit gekündigt werden» kann. Auch hier aber unterscheiden sich Widerruf und Kündigung in ihren Wirkungen nicht. Eingehend zur Terminologie auch Fellmann, Berner Kommentar, N 11 ff. zu Art. 404 OR; auch BGE 98 II 308.

2.98 **d.** Dazu kommt ein vierter Punkt: Gemäss langjähriger Praxis des Bundesgerichts[180] und im Unterschied zu Art. 377 OR ist Art. 404 Abs. 1 OR **zwingender Natur,** weshalb Abreden, die ihm zuwiderlaufen, nichtig sind (Art. 20 OR). Das Bundesgericht stellt sich seit vielen Jahren auf den Standpunkt, das uneingeschränkte Auflösungsrecht gehöre zum Wesen des Auftrags, zur «essence même du mandat»[181].

2.99 – Diese Rechtsprechung ist *umstritten* und wird von einer überwiegenden Lehre[182] jedenfalls insoweit abgelehnt, als sie das zwingende Auflösungsrecht unterschiedslos auf sämtliche Verträge anwendet, die unter das Auftragsrecht fallen. Einschränkend wird zum Teil eine Differenzierung nach Massgabe der Intensität gefordert, die das Vertrauensverhältnis zwischen Auftraggeber und Auftragnehmer aufweist. Will man auf dieses Kriterium abstellen, ist zu bedenken, dass zumindest bei Planerverträgen das Vertrauen allenfalls insoweit eine Rolle spielt, als der Bauherr es seinem Planer schenkt, während in umgekehrter Richtung nicht zu erkennen ist, dass der Planer ein schützenswertes Vertrauen in seinen Bauherrn setzt. Hierher gehört auch der Hinweis, dass das Bundesgericht auf die Beendigung von Totalunternehmerverträgen ohne Zögern den dispositiven Art. 377 OR anwendet, obschon hier die Belastung des Bauherrn weit grösser ist

---

180 Der jüngste Leitentscheid, auf den sich das Bundesgericht stützt (z.B. in BGer 4A_141/2011 [6.7.2011] E. 2.2), ist BGE 115 II 464. Diese Rechtsprechung wurde durch BGE 59 II 261 begründet, reicht also ins Jahr 1933 zurück. Von ihrem Alter lässt sich aber nicht ohne Weiteres darauf schliessen, dass diese Rechtsprechung «bewährter Überlieferung» (Art. 1 Abs. 3 ZGB) entspricht. In BGE 98 II 307 E. 2a führt das Gericht zudem BGE 57 II 187 ins Feld, um seine Rechtsprechung von der zwingenden Natur zu belegen, wobei aber in jenem Entscheid nur von der jederzeitigen Auflösung, nicht auch davon die Rede ist, dass die Befugnis zwingend sei. Die Einschränkung auf die Rechtsprechung des *Bundesgerichtes* ist deshalb bedeutsam, weil kantonale Gerichte dazu übergegangen sind, Art. 404 OR für bestimmte Fälle als dispositive Norm einzustufen und insoweit von der bundesgerichtlichen Rechtsprechung, die der Bestimmung ohne Differenzierung für alle Fälle zwingenden Charakter beimisst, abzuweichen (vgl. Nr. 2.102).

181 BGE 106 II 160 E. c.

182 Für zahlreiche Nachweise siehe BGer 4A_437/2008 (10.2.2009) E. 1.5, in: BR/DC 2010, S. 178 f., Nr. 336, mit Anm. Stöckli. Hervorgehoben seien: Fellmann, Berner Kommentar, N 118 ff. zu Art. 404 OR; Gauch, Art. 404 OR, S. 18 ff.; Gauch, Der Auftrag, S. 524; Weber, Basler Kommentar, N 10 zu Art. 404 OR; Werro, Commentaire romand, N 16 zu Art. 404 OR. Für die Richtigkeit der bisherigen Rechtsprechung spricht sich Egli, Revidierte SIA-Ordnungen, S. 67, aus.

als bei einem Planervertrag.[183] Zum Teil wird aber auch postuliert, das Kündigungsrecht nur bei unentgeltlichen Aufträgen zwingend auszugestalten und bei entgeltlichen den Verzicht zuzulassen. Am weitesten geht, wer die Idee eines zwingenden Auflösungsrechts gänzlich fallen lässt und die Frage zum einen der Parteiautonomie, zum anderen den allgemeinen Regeln, die der Parteiautonomie Einhalt gebieten (wie Art. 27 Abs. 2 ZGB), überantwortet.

– Bei allen Unterschieden ist klar, dass die überwiegende Lehre heute einen Grundkonsens erreicht hat, indem sie Art. 404 Abs. 1 OR die *rundum zwingende Natur abspricht* und damit die Praxis des Bundesgerichts verwirft. Verschiedenes spricht gegen die Annahme, Art. 404 Abs. 1 OR sei zwingend, so schon der Umstand, dass das Gesetz selber nicht jegliches Auftragsverhältnis als jederzeit kündbar ausgestaltet hat (siehe Art. 418p OR) und damit das Argument, das Auflösungsrecht gehöre zur «essence même du mandat», entkräftet. Auch der Meinung, es belege die zwingende Natur, dass Art. 404 Abs. 1 OR ausdrücklich von «jederzeit» spreche, lässt sich entgegenhalten, dass dieses Wort bei richtigem Verständnis lediglich bewirkt, dass eine Kündigung, die auf dieser Bestimmung gründet, nach ihrer gesetzlichen Ausgestaltung eine fristlose ist. So verhält es sich im Übrigen auch bei Art. 377 OR, ohne dass von dieser werkvertragsrechtlichen Bestimmung gesagt würde, sie sei deshalb zwingend. 2.100

– Die Kontroverse und die Argumente, die sie erzeugt, brauchen hier nicht weiter nachgezeichnet zu werden. Mir selber scheint, dass man jedenfalls für den Planerauftrag und den Gesamtvertrag jener Meinung folgen kann, die den Parteien die Möglichkeit einräumen will, die Frage abweichend vom Gesetz zu regeln.[184] Zwar wird man, wenn man dieser Lösung folgt, noch immer kaum Planerverträge mit fester Laufzeit antreffen: Dieses Instrument der Vertragsgestaltung eignet sich bei Verträgen, die etwa eine Gebrauchsüberlassung regeln, kaum aber für schöpferische Prozesse. Doch stünde es den Parteien zum Beispiel frei, für den Fall der bauherren- 2.101

---

183 Zur werkvertraglichen Qualifikation des Totalunternehmervertrags BGE 117 II 274 E. 3a; 114 II 54 E. 2; BGer 4C.87/2003 und 4C.91/2003 (beide vom 25.8.2003) E. 4.3.1; Aepli, Zur Rechtsnatur des Totalunternehmervertrages, in: BR/DC 2000, S. 46 ff.; Gauch, Werkvertrag, Nr. 235.

184 Eingehend: Tercier, Architektenrecht 1995, Nr. 1179 ff.; Stöckli, Art. 404 ist zwingend, was sich aber nicht immer auswirkt, Anm. zu BGer 4A_427/2008 (10.2.2009), in: BR/DC 2010, S. 178 f., Nr. 336.

seitigen Kündigung zu vereinbaren, dass der Planer Anspruch auf volle Schadloshaltung hat, wie Art. 377 OR dies für Werkverträge vorsieht.

2.102 – Anzumerken ist schliesslich, dass *kantonale Gerichte* dem Bundesgericht nicht blindlings folgen. Liegt der Streitwert unter CHF 30 000.– (vgl. Art. 74 Abs. 1 lit. b BGG), scheint es heute so zu sein, dass das Bundesgericht auch dann nicht auf eine Beschwerde eintritt, wenn die kantonale Vorinstanz die zwingende Natur des Art. 404 Abs. 1 OR negierte.[185] Die Begründung, die das Bundesgericht anführt, geht dahin, dass es an einer Rechtsfrage von grundsätzlicher Bedeutung fehle. Deren Begriff sei «sehr restriktiv auszulegen. Soweit es bei der aufgeworfenen Frage lediglich um die Anwendung von Grundsätzen der Rechtsprechung auf einen konkreten Fall geht, handelt es sich nicht um eine Rechtsfrage von grundsätzlicher Bedeutung»[186]. Das Bundesgericht führt aus, es habe bisher «an seiner Praxis festgehalten und insbesondere erwogen, dass diese Praxis zwar kritisiert wird, sich die Kritiker aber keineswegs darüber einig sind, wie eine geänderte Praxis aussehen müsste. Daran hat sich nichts geändert. Auch heute gibt es … keine herrschende Lehre … Demzufolge besteht kein Bedürfnis zur Überprüfung der klaren und konstanten Rechtsprechung zur zwingenden Natur von Art. 404 OR.»[187] Das Gericht übersieht, dass sich die überwiegende Lehre zumindest dagegen ausspricht, Art. 404 Abs. 1 OR ohne jegliche Differenzierung als zwingend zu behandeln. Davon müsste es sich «inspirieren» lassen, wie Art. 1 Abs. 3 ZGB dies in seiner französischen Fassung ausdrückt. Dass das Gericht sich augenscheinlich damit begnügt, eine in allen Aspekten einmütige Lehre abzuwarten, wirkt wenig überzeugend.[188]

2.103 **3.** Meiner eigenen Meinung nach braucht Art. 404 Abs. 1 OR bei Planerverträgen nicht zwingend zu sein. Die allgemeinen Regeln reichen aus, um in all jenen Fällen für einen wirksamen Schutz zu sorgen, in denen dies erforderlich ist. Damit verfügen die Parteien über weitgehende Vertragsfreiheit. Sie können auf das Recht zur jederzeitigen Vertragsauflösung verzichten, das Kündi-

---

185 Siehe die Verweise auf kantonale Urteile, die Art. 404 Abs. 1 OR die zwingende Natur absprechen, in BGer 4A_141/2011 (6.7.2011) E. B.b (Obergericht Luzern); BGer 4A_437/2008 (10.2.2009) E. B (Obergericht Zürich).

186 BGer 4A_437/2008 (10.2.2009) E. 1.2.

187 BGer 4A_437/2008 (10.2.2009) E. 1.6; in: BR/DC 2010, S. 178 f., Nr. 336, mit Anm. STÖCKLI.

188 Eingehend STEINAUER, Nr. 441 ff.

gungsrecht an bestimmte Voraussetzungen knüpfen oder auch die Ersatzfolgen anders regeln, als Art. 404 Abs. 2 OR dies vorsieht (Nr. 2.114). Sehen die Parteien keine eigene Regelung vor, kommt noch immer Art. 404 Abs. 1 OR zum Zug, soweit er zum konkreten Vertrag passt. Passt er nicht, hat das Gericht die Vertragslücke nach Massgabe des hypothetischen Parteiwillens mit einer Regel zu füllen, die den Umständen gerechter wird als das jederzeitige Auflösungsrecht des Art. 404 Abs. 1 OR. Möglich ist etwa, dass das Gericht auf eine Lösung erkennt, nach der sich der Vertrag nur unter Einhaltung einer angemessenen Frist oder erst auf einen vom Projektstand abhängigen Termin auflösen lässt. Diese und weitere Gestaltungsmöglichkeiten bestehen heute dann nicht, wenn Art. 404 Abs. 1 OR zwingend wirkt.

d. Die Kündigung des Gesamtvertrags

1. Seit Längerem tritt das Bundesgericht dafür ein, dass nicht nur der Planeauftrag, sondern auch der Gesamtvertrag, der werkvertragliche und auftragsrechtliche Leistungen vereint (Nr. 1.47 ff.), nach dem zwingenden **Art. 404 Abs. 1 OR** aufgelöst werden kann.[189] Damit bleibt Art. 377 OR aus dem Spiel, und zwar unabhängig davon, in welcher Phase seiner Abwicklung der Gesamtvertrag aufgelöst wird. Die auftragsrechtliche Beendigungsnorm ist demnach auch dann anwendbar, wenn der Vertrag noch in der Projektierungsphase beendigt wird, obschon hier – was die Leistungen angeht – bundesgerichtlicher Rechtsprechung zufolge Werkvertragsrecht zum Tragen kommt (Nr. 1.47 und 8.18).[190] Dieser Lösung, die sich aus der bundesgerichtlichen Rechtsprechung ergibt, sind die Argumente entgegenzuhalten, die schon vorgängig im Zusammenhang mit der Auflösung des Planerauftrags angeführt wurden. Und zwar geht es um den Umstand, dass das Bundesgericht Art. 404 Abs. 1 OR ohne jegliche Differenzierung mit zwingender Kraft ausstattet und damit abweichende Abreden verunmöglicht (Nr. 2.98). Richtig wäre es, ihn zwar als lückenfüllende Bestimmung zu belassen, gleichzeitig aber zumindest den Parteien von Planerverträgen etwa die Freiheit einzuräumen, vertraglich eine abweichende Auflösungsordnung zu wählen und das jederzeitige Auflösungsrecht wegzubedingen. Diese Lösung liegt hier umso mehr auf 2.104

[189] BGE 127 III 545; 110 II 382 E. 2; 109 II 466; auch BGer 4A_53/2012 (31.7.2012) E. 3.4; 4A_55/2012 (31.7.2012) E. 4.4; 4C.18/2005 (30.5.2005) E. 2.1, in: BR/DC 2006, S. 67, mit Anm. Werro, nach dem das Auftragsrecht erst nach abgeschlossener Planungsphase greifen kann.

[190] BGE 109 II 466.

der Hand, weil schlicht nicht begründbar ist, inwiefern das Schutzbedürfnis der Parteien sich verändert je nachdem, ob der Bauherr den Planer lediglich mit der Planung (Art. 377 OR), nur mit der Bauleitung (Art. 404 Abs. 1 OR) oder in einem Gesamtvertrag mit beidem betraut (Art. 404 Abs. 1 OR).

2.105 **2.** Anders verhält es sich, wenn einem Land verkaufenden Planer Leistungen übertragen werden, die ihn als General- oder Totalunternehmer erscheinen lassen. Hier mag man es zwar noch immer mit einem gemischten Vertrag zu tun zu haben; dieser setzt sich jedoch aus Elementen des Grundstückkaufs und des Werkvertragsrechts (nicht des Auftragsrechts) zusammen, weshalb Art. 404 OR nicht anwendbar ist. Zwar kann auch hier der kaufende Besteller den Vertrag gemäss Art. 377 OR auflösen, wobei aber diese Bestimmung dispositiv ist und damit wegbedungen werden kann (Nr. 2.89). Überdies verschafft sie, wenn sie zum Tragen kommt, dem Planer/Unternehmer einen Anspruch im Umfang des positiven Vertragsinteresses (Nr. 2.112), was ihn gemeinhin besser stellt als das negative Vertragsinteresse.

C. Die Ersatzfolgen der Kündigung

2.106 Die Hauptfolge einer Kündigung besteht darin, dass der aufgelöste Vertrag ab dem Zeitpunkt, in dem die Kündigung greift, seine Wirkung insoweit einbüsst, als die Parteien für die Zukunft von ihren Leistungspflichten weitgehend befreit werden. Gewisse Vertragspflichten aber überdauern die Kündigung, weil sie der Liquidation des gekündigten Vertragsverhältnisses dienen (vgl. Nr. 2.73). Dies gilt insbesondere für die Pflicht zur Rechenschaftsablegung (Art. 400 OR) und die Ersatzpflichten, von denen nachstehend die Rede ist. Vorausgeschickt sei das Folgende: Unabhängig davon, ob der Planervertrag nun nach Art. 377 oder nach Art. 404 Abs. 1 OR aufgelöst wird, hat der Bauherr die schon erbrachten Planerleistungen zu vergüten. Unterschiede aber bestehen insoweit, als der Anspruch des Planers auf Schadenersatz je anderen Voraussetzungen unterliegt und sich nach unterschiedlichen Gesichtspunkten bemisst.[191]

---

191 Zu Fragen, die sich bei vorzeitiger Auflösung mit Blick auf das Urheberrecht stellen, Nr. 17.48.

a. Die Ersatzfolgen beim Planungsvertrag

1. Nach Art. 377 OR hat der Besteller die bereits geleistete **Arbeit zu vergüten** und den Planer überdies voll **schadlos zu halten.** Die Vergütung und der Ersatzanspruch sind demnach zusammenzuzählen, was der Additionsmethode entspricht.[192] Die gesetzliche Bestimmung begründet vertragliche Ansprüche des Planers gegen den Bauherrn, was namentlich für die Verjährungsfrist von Bedeutung ist, die sich hier nach Art. 127 OR richtet und damit zehn Jahre beträgt. 2.107

2. Geschuldet ist zunächst eine **Teilvergütung,** mit der die «bereits geleistete Arbeit» entgolten wird. Das wird in den SIA-Ordnungen 102/103 bestätigt, indem dort für den Fall der vorzeitigen Vertragsbeendigung der Anspruch auf das «Honorar für die vertragsgemäss geleistete Arbeit» festgehalten wird (Art. 1.12.2). An sich steht es den Parteien frei, sich nach erfolgter Kündigung auf einen Betrag zu einigen, den der Bauherr dem Planer unter diesem Rechtstitel zu leisten hat. Kommt keine Einigung zustande und enthält der Planervertrag keine Vergütungsabrede, bemisst sich die Teilvergütung nach Art. 374 OR (Nr. 2.8). Sonst aber richtet sich ihre Höhe nach der Vergütungsabrede, welche die Parteien ihrem Vertrag zugrunde gelegt haben.[193] Die Beweislast liegt in allen Fällen beim Planer, der die Vergütung in bestimmter Höhe beansprucht.[194] Haben sich die Parteien einer der Berechnungsmethoden[195] bedient, welche die SIA-Ordnungen 102/103 bereithalten, ist bei der gewählten Methode anzusetzen. Auf den ersten Blick steht diese Aussage zwar im Widerspruch zu Art. 1.12.1 SIA 102/103, wonach sich die «Rechtsfolgen einer vorzeitigen Beendigung des Vertrages … nach den Bestimmungen des Schweizerischen Obligationenrechts» richten. Eine von den gesetzlichen (werkvertragsrechtlichen) Bestimmungen abweichende Regel findet sich hier indes nicht. Insbesondere ist Art. 1.12.2 SIA 102/103 hier nicht einschlägig, weil diese Abrede sich nur auf den Fall bezieht, in dem der Vertrag gestützt auf Art. 404 OR aufgelöst wird und diese Kündigung zur 2.108

192 Nach Massgabe der Abzugsmethode sind von der vertraglich vereinbarten, vollen Vergütung die Einsparungen abzuziehen. Zum Ganzen GAUCH, Werkvertrag, Nr. 551 ff., der bei Art. 377 OR für die Additionsmethode eintritt; siehe auch ZINDEL/PULVER, Basler Kommentar, N 17 zu Art. 377 OR.

193 GAUCH, Werkvertrag, Nr. 537; TERCIER/FAVRE/CARRON, Nr. 4807.

194 BGer 4A_183/2011 (16.6.2011) E. 3.2.

195 In der Einleitung zu den SIA-Ordnungen 102/103 werden sie als «Kalkulationshilfen» bezeichnet.

Unzeit erfolgt (Nr. 2.77 und 2.114). Zudem gilt auch für Art. 377 OR, der von Art. 1.12.1 SIA 102/103 miterfasst wird, dass eine «vertragliche Preisabrede der Parteien»[196] ihm vorgeht. Alsdann lassen sich folgende Überlegungen anstellen:

2.109 **a.** Berechnet sich das Honorar nach dem *effektiven Zeitaufwand* (Art. 6 SIA 102/103; Nr. 7.75 ff.), kommt es in jedem Fall auf den bis zur Kündigung angefallenen «Zeitaufwand aller direkt am Auftrag eingesetzten Mitarbeiter und die entsprechenden angebotenen Stundenansätze»[197] an (Art. 6.1.2 SIA 102/103). Der Planer wird seiner Berechnung die Arbeitsrapporte zugrunde legen, in denen er seine Leistungen festzuhalten hat und «die vom Auftraggeber eingesehen werden können» (Art. 6.1.4 SIA 102/103). Eine natürliche Vermutung für ihre Richtigkeit schaffen diese Rapporte indes nur dann, wenn sie vom Bauherrn vorbehaltlos unterzeichnet wurden[198]; blosse Einsichtnahme begründet diese Vermutung nicht. Die «Nebenkosten und Drittleistungen» sind als «zusätzliche Kostenelemente» (dazu Art. 5.3 SIA 102/103) separat zu vergüten, sofern der Planer sie ausweist (Art. 6.1.4 SIA 102/103). Zudem kann der Planer die MWST in Rechnung stellen, da sie in seinem Stundenansatz nicht enthalten ist (Art. 5.1.1 SIA 102/103). Die weiteren Einzelheiten der Honorarberechnung ergeben sich daraus, ob nach der Vereinbarung die Berechnung nach Qualifikationskategorien, nach Gehältern oder nach mittleren Ansätzen erfolgen soll (Art. 6.1 SIA 102/103; Nr. 7.82 ff.). Wurde keine dieser drei Untermethoden von den Parteien vertraglich gewählt, kommt lückenfüllend Art. 374 OR zum Tragen, da es an jeglichem Anhaltspunkt fehlt, der bei der Lückenfüllung verwendet werden könnte.

2.110 **b.** Die Bestimmung in der SIA-Ordnung 102, wonach sich das Honorar nach den *Baukosten* berechnet (Art. 7 SIA 102; Nr. 7.95 ff.), ist zwar auch bei einem Planungsvertrag möglich. Da aber der Zusammenhang zwischen dem Aufwand des Planers und den «wirklichen Kosten des ausgeführten Bauwerks gemäss Bauabrechnung» (Art. 7.5.1 SIA 102) streng genommen lediglich insoweit besteht, als der Planer sämtliche «Grundleistungen … in den Phasen

---

196 GAUCH, Werkvertrag, Nr. 537.

197 Die SIA-Ordnungen 102/103 sind hier insoweit missverständlich, als es nicht auf die vom Planer angebotenen, sondern auf die zwischen Bauherrn und Planer vereinbarten Stundenansätze ankommt.

198 Zu dieser Praxis siehe z.B. BGer 4C.227/2002 (24.1.2003) E. 4.

3 bis 5 gemäss Art. 4» der SIA 102 erbringt (Art. 7.1.1 SIA 102), komme ich darauf zu sprechen, wo es um den Gesamtvertrag geht (Nr. 2.123).

c. Die SIA-Ordnungen 102/103 sehen vor, dass der Bauherr «zusätzliche Kostenelemente» gesondert zu ersetzen hat (Art. 5.1.1; Nr. 7.167 ff.). Diese Regel gilt unabhängig davon, wie der Planervertrag, um den es im konkreten Fall geht, rechtlich einzuordnen ist, soweit die SIA-Ordnungen auf ihn anwendbar sind. Der Bauherr hat dem Planer aber auch dann, wenn der Vertrag den SIA-Ordnungen nicht unterliegt, nach gesetzlicher Massgabe über die Vergütung der bereits «geleisteten Arbeit» hinaus die «im Preise nicht inbegriffenen Auslagen» zu ersetzen. Das wird zwar nur in Art. 378 OR für den Fall der durch den Besteller verschuldeten Unmöglichkeit angeordnet, muss hier aber sinngemäss gelten.[199] 2.111

3. Zur Vergütungspflicht tritt die **Pflicht zur «Schadloshaltung».** Sie ist verschuldensunabhängig.[200] Ihre Funktion besteht darin, den Planer dafür zu entschädigen, dass mit der Kündigung des Planungsvertrags nicht bloss seine Leistungspflicht, sondern auch sein Anspruch auf die Vergütung der noch ausstehenden Arbeiten erlischt. Der Anspruch richtet sich auf das positive Vertragsinteresse (auf das Erfüllungsinteresse), das auch einen allenfalls entgangenen Gewinn einschliesst, damit der Planer vermögensmässig schlussendlich so steht, als hätte er die vereinbarten, werkvertraglichen Leistungen in allen Teilen erbracht und wäre dafür vergütet worden. Die Beweislast hinsichtlich der entsprechenden Schadensposten liegt beim Planer, der sich aber gegebenenfalls auf Art. 42 Abs. 2 OR berufen kann, der dem Gericht die Möglichkeit gibt, den Schaden auch seiner Höhe nach zu schätzen. Ein Abzug ist zu machen für das, was der Planer durch die vorzeitige Vertragsbeendigung eingespart, anderweitig verdient oder – obschon zumutbar – treuwidrig zu verdienen unterlassen hat.[201] Beweisbelastet für diese Reduktionsfaktoren und den inneren Zusammenhang mit der vorzeitigen Vertragsbeendigung ist der Bauherr, der sie geltend macht, um seine Ersatzpflicht zu verringern (Art. 8 ZGB). Die Fälligkeit der entsprechenden Forderung tritt sogleich mit 2.112

199 Gauch, Werkvertrag, Nr. 730.

200 Gauch, Werkvertrag, Nr. 543; Zindel/Pulver, Basler Kommentar, N 15 zu Art. 377 OR; Chaix, Commentaire romand, N 13 zu Art. 377 OR.

201 Gauch, Werkvertrag, Nr. 549, der bei Art. 43 f. OR anknüpft (Nr. 554 ff.); weiter: Bühler, Zürcher Kommentar, N 41 zu Art. 377 OR, der sich aber an § 649 BGB orientiert; Zindel/Pulver, Basler Kommentar, N 15 zu Art. 377 OR; Chaix, Commentaire romand, N 15 zu Art. 377 OR; siehe auch BGE 32 II 272.

der Kündigung ein; sie wird also nicht aufgeschoben auf den (meist späteren) Zeitpunkt, in dem der entsprechende Betrag, der Gegenstand der vollen Schadloshaltung ist, bei ungekündigtem Verhältnis fällig geworden wäre.[202] Hat der Bauherr die vereinbarten Leistungen des Planers schon vollständig vergütet und damit vorgeleistet (Nr. 7.184), steht dem Planer kein Anspruch auf Schadloshaltung mehr zu. Vielmehr hat er dem Bauherrn den Teil der geleisteten Vergütung zurückzubezahlen und zu verzinsen, um den die vorab erhaltene Vergütung den Betrag übersteigt, mit welcher der Planer voll schadlos gestellt ist. Dieser Anspruch auf Rückerstattung ist vertraglicher, nicht bereicherungsrechtlicher Natur, was auch auf die anwendbare Verjährungsfrist durchschlägt (Art. 127 OR).[203]

b. Die Ersatzfolgen beim Planerauftrag

2.113 **1.** Auch beim Planerauftrag hat der Bauherr die vom Planer bereits (vertragsgemäss) geleistete Arbeit zu vergüten, ihm also eine **Teilvergütung** zu leisten. Das wird zwar in Art. 404 Abs. 1 OR, nach dem der Bauherr den Planerauftrag voraussetzungslos auflösen kann, nicht ausdrücklich gesagt, gilt aber gleichwohl, soweit die Auflösung (wie im Regelfall) lediglich in die Zukunft («ex nunc») geht. Wurden die Folgen der vorzeitigen Auflösung von den Parteien nicht speziell geregelt, berechnet sich die Vergütung entweder nach Massgabe der Honorarabrede oder aber, wo es auch daran fehlt, nach der Verkehrsübung, auf die Art. 394 Abs. 3 OR verweist. Zuzüglich zur Vergütung hat der Planer Anspruch auf Ersatz seiner Auslagen und Verwendungen (Art. 402 Abs. 1 OR). Was den Fall anbelangt, da die Parteien sich auf eine der Methoden der Honorarberechnung, die in den SIA-Ordnungen 102/103 vorgesehen sind (Nr. 7.63 ff.), geeinigt haben, kann auf die Überlegungen verwiesen werden, die im Zusammenhang mit den Auflösungsfolgen beim Planungsvertrag angestellt wurden (Nr. 2.107 ff.). Die geschuldete Teilvergütung bemisst sich hier wie dort nach den gleichen Grundsätzen. Noch einmal sei betont, dass die SIA-Ordnungen 102/103 zwar vorsehen, dass sich die «Rechtsfolgen einer vorzeitigen Beendigung des Vertrages … nach den Bestimmungen des Schweizerischen Obligationenrechts» richten

---

[202] BGE 129 III 749, anders noch 117 II 278 E. c; eingehend: Anm. Gauch zu BGE 117 II 273, in: BR/DC 1992, S. 98; Gauch, Werkvertrag, Nr. 557 ff.; Hürlimann/Siegenthaler, Handkommentar Privatrecht, N 6 zu Art. 372 OR; Zindel/Pulver, Basler Kommentar, N 15 zu Art. 377 OR. Zur Fälligkeit allgemein Nr. 7.175 ff.

[203] BGer 4A_89/2012 (17.7.2012) E. 3.2.3; schon Gauch, Werkvertrag, Nr. 1270.

(Art. 1.12.1 SIA 102/103). Gleichwohl ist zur Bemessung der Teilvergütung bei der vereinbarten Honorarberechnungsmethode anzuknüpfen, da in dieser Weise auch nach Massgabe des Gesetzes, auf das die Ordnungen verweisen, zu verfahren ist.

2. Zur Pflicht, eine Teilvergütung zu leisten, tritt nach Art. 404 Abs. 2 OR die Pflicht, der anderen Partei **Schadenersatz** zu leisten, sofern die **Kündigung «zur Unzeit»** («en temps inopportun») erfolgte. Anders als bei der Pflicht zur Teilvergütung, die naturgemäss nur den kündigenden Bauherrn treffen kann, kommt es bei der Schadenersatzpflicht darauf an, wer gekündigt hat. Diese Ersatzpflicht besteht (wie gesagt) nur bei einer unzeitigen (inopportunen) Kündigung; zudem ist sie auf das negative Interesse beschränkt. Im Folgenden ist zunächst auf den Begriff der Unzeit und die Frage einzugehen, wie es sich damit bei Planeraufträgen verhält. Dann ist zu klären, wie sich die Ersatzleistung bemisst. 2.114

a. Das Gesetz gibt nichts her, was bei der Auslegung der **«Unzeit»** helfen würde. Die Rechtsprechung stellt sich auf den Standpunkt, dass die «Annahme eines Widerrufs zur Unzeit … nicht nur [voraussetzt], dass der Architekt dazu keinen begründeten Anlass gegeben hat, sondern auch, dass die Vertragsauflösung hinsichtlich des Zeitpunkts und der von ihm getroffenen Dispositionen für ihn nachteilig ist»[204]. Demnach scheidet Unzeit nach der Rechtsprechung zum einen dann aus, wenn der Bauherr den Vertrag auflöst, weil der Planer dazu begründeten Anlass gegeben hat, indem er seine Vertragspflichten verletzte.[205] Indes ist selbst dann, wenn der Planer «keinen sachlich vertretbaren Grund geliefert hat»[206], nicht ohne Weiteres auf Unzeitigkeit der Beendigung zu erkennen. Unzeit – so das Bundesgericht – sei vielmehr nur dann anzunehmen, wenn der Planer durch die Auflösung «un préjudice particulier», also einen besonderen Nachteil erleidet[207]. Dieses Kriterium erweist sich als wenig aussagekräftig, indem es nicht einmal sagt, worin die Besonderheit des Nachteils zu bestehen hat, damit dieser alsdann durch die Leistung von Schadenersatz aufgewogen werden muss. Griffiger ist die Meinung, nach der schon dann ein «besonderer Nachteil» im Sinne des Art. 404 Abs. 2 OR anzunehmen ist, wenn der Kündigungsgegner einen 2.115

---

[204] BGE 110 II 383 E. b.

[205] BGE 109 II 469 E. c, in: BR/DC 1985, S. 15, Nr. 4, mit kritischer Anm. GAUCH; vgl. auch KGer NE (26.9.1994), in: BR/DC 1995, S. 92, Nr. 241, mit Anm. WERRO.

[206] BGE 109 II 469 E. c.

[207] BGE 106 II 160 E. c.

Schaden daraus erleidet, dass er mit der Kündigung nicht rechnete und sie nach Treu und Glauben auch nicht zu erwarten brauchte.[208] Angeknüpft wird so beim berechtigten Vertrauen des Kündigungsgegners in den Fortbestand des Auftrags, dessen Enttäuschung alsdann einen Vertrauensschaden begründet, den ihm der «zurücktretende Teil» (Art. 404 Abs. 2 OR) zu ersetzen hat. Die Pflicht, den Schaden des Kündigungsgegners auszugleichen, erweist sich damit als Preis, der für die (zulässige!) Ausübung des Kündigungsrechts zu entrichten ist. Bei dieser Auslegung, die im Ergebnis auch von der Rechtsprechung getragen ist, setzt die Ersatzpflicht zwar einen Kausalzusammenhang zwischen der Kündigung und dem Schaden, nicht aber ein Verschulden voraus.

2.116 Was die *SIA-Ordnungen 102/103* anbelangt, enthalten sie zu dieser Frage zunächst den schlichten Verweis, dass sich die «Rechtsfolgen einer vorzeitigen Beendigung des Vertrages … nach den Bestimmungen des Schweizerischen Obligationenrechts» richten (Art. 1.12.1). Damit kommt hier an sich Art. 404 Abs. 2 OR zum Tragen, der zulasten des kündigenden Teils für den Fall einer unzeitigen Kündigung eine Ersatzpflicht begründet. Bezüglich der «Unzeit» (Nr. 2.115) aber halten die Ordnungen ausdrücklich fest, dass eine unzeitige Kündigung durch den Auftraggeber insbesondere dann vorliege, «wenn der Architekt [Ingenieur] keinen begründeten Anlass zur Kündigung gegeben hat und die Kündigung hinsichtlich des Zeitpunktes und der von ihm getroffenen Dispositionen für ihn nachteilig ist» (Art. 1.12.2 SIA 102/103). Auszulegen ist diese Klausel im Sinne der gesetzlichen Ordnung. Bei der Beurteilung, ob die Kündigung durch den Bauherrn zur Unzeit erfolgte, hat man sich auch vor Augen zu führen, dass die SIA-Ordnungen selber Entscheide des Bauherrn vorbehalten, die auch auf einen Projektabbruch hinauslaufen können. So etwa ist der Bauherr nach Abschluss des Bewilligungsverfahrens zur «Festlegung des weiteren Vorgehens» verhalten (Art. 4.33 SIA 102). Sieht der Vertrag, in den die SIA-Ordnung 102 integriert wurde, somit den Projektabbruch als Handlungsoption des Bauherrn ausdrücklich vor, liegt zwar die Annahme

---

208 Siehe Gauch, Art. 404 OR, S. 11 f.; wohl auch Weber, Basler Kommentar, N 16 zu Art. 404 OR, der eine Auflösung «ohne Grund» für unzeitig hält, ohne dass das zeitliche Element eine besondere Rolle spielte; auf dieser Linie jetzt auch BGer 4A_155/2012 (14.5.2012) E. 4; siehe Schmid/Stöckli, Besonderer Teil, Nr. 1969 f. Nach Becker, Berner Kommentar, N 5 zu Art. 404 OR, ist eine unzeitige Kündigung «gerade im Hinblick auf den Zeitpunkt besonders ungünstig»; ihm folgend Fellmann, Berner Kommentar, N 48 zu Art. 404 OR.

nahe, dass der Abbruch nicht unzeitig ist, wobei es aber auch hier auf die konkreten Umstände ankommt.[209]

b. Bei der Bemessung der Ersatzleistung ist zu beachten, dass der Ersatzanspruch auf das *negative Vertragsinteresse* beschränkt ist.[210] Das bedeutet zunächst, dass Vermögensdispositionen, die nicht im Vertrauen auf die Fortdauer des Auftrags getroffen wurden, nicht ersatzfähig sind. Weiter ist auch der Gewinn, der sich aus dem nunmehr aufgelösten Auftrag hätte erzielen lassen, (als Bestandteil des Erfüllungsinteresses) nicht zu ersetzen. Zu ersetzen sind aber Dispositionen, die der Planer im berechtigten Vertrauen auf die Weiterführung des Auftrags getroffen hat und die sich infolge der Vertragsbeendigung als nutzlos erweisen[211]. Dies ist insoweit zu ergänzen, als der Bauherr dem Planer nach Art. 402 Abs. 1 OR Ersatz auch für solche Auslagen schuldet, die (ohne Kündigung) in Zukunft zum Tragen gekommen wären, solange der Planer diese Auslagen «in richtiger Ausführung des Auftrages gemacht hat». 2.117

3. Dass das Kündigungsrecht, wie es in Art. 404 Abs. 1 OR ausgestaltet ist, nach dem Stand der Rechtsprechung zwingender Natur ist, wurde schon ausgeführt (Nr. 2.98). Damit geht einher, dass eine **Konventionalstrafe**[212] für den Fall einer grundlosen Kündigung nicht gültig vereinbart werden kann.[213] Denn sie würde die Ausübung des Auflösungsrechts erschweren und damit dessen zwingender Natur entgegenwirken. Aus der gleichen Überlegung kann das Beendigungsrecht vertraglich auch nicht wirksam von Bedingungen abhängig gemacht werden. Umgekehrt ist es möglich, die Ersatzpflicht, die sich aus Art. 404 Abs. 2 OR ergibt, wegzubedingen[214], da so dem Kündigenden die Kündigung umso leichter von der Hand gehen wird. 2.118

a. In den SIA-Ordnungen 102/103 findet sich eine Abrede, die nicht die Kündigung an sich sanktioniert, sondern lediglich die Folgen einer unzeitigen Kündigung regelt: «Erfolgt die Kündigung durch den Auftraggeber zur Un- 2.119

---

[209] Siehe aber PICHONNAZ, Les règlements SIA, S. 73, der die Unzeitigkeit in diesen Fällen ausschliesst.

[210] BGer 4A_155/2012 (14.5.2012) E. 4; FELLMANN, Berner Kommentar, N 68 ff. zu Art. 404 OR (mit einer Präzisierung in N 70); WEBER, Basler Kommentar, N 17 zu Art. 404 OR.

[211] BGE 134 II 306 E. 5.

[212] Grundlegend: GAUCH/SCHLUEP/EMMENEGGER, Nr. 3782 ff.

[213] FELLMANN, Berner Kommentar, N 77 ff. zu Art. 404 OR; WEBER, Basler Kommentar, N 13 zu Art. 404 OR.

[214] TERCIER, Architektenvertrag 1995, Nr. 1189.

zeit, so ist der Architekt [Ingenieur] berechtigt, nebst seinem Honorar für die vertragsgemäss geleistete Arbeit, einen Zuschlag zu fordern. Der Zuschlag beträgt 10% des Honorars für den entzogenen Auftragsteil oder mehr, wenn der nachgewiesene Schaden grösser ist» (Art. 1.12.2 102/103). Das Bundesgericht qualifizierte eine frühere Fassung dieser Klausel als Konventionalstrafe, nicht als Vereinbarung einer Schadenspauschale.[215] Die Unterscheidung hat praktische Bedeutung, indem nur eine Schadenspauschale, nicht auch eine Konventionalstrafe den Nachweis voraussetzt, dass der Planer durch die Kündigung überhaupt einen Schaden erlitt.[216] Was die Zulässigkeit dieser Abrede angeht, hielt das Gericht fest: «Soweit der Honorarzuschlag bedingungslos für jeden Auftragsentzug geschuldet ist, läge darin in der Tat ein Verstoss gegen das jederzeitige Widerrufsrecht. Indes kann gemäss Art. 404 Abs. 2 OR ein rechtmässiger und wirksamer Widerruf dann Schadenersatzfolgen nach sich ziehen, wenn er zur Unzeit ausgeübt wird. Gleich muss es sich hinsichtlich der Zulässigkeit einer Konventionalstrafe verhalten.»[217] Sanktioniert wird nicht eine Vertragsverletzung; vielmehr wird die Strafe dem Bauherrn auferlegt für den Fall, dass er von seinem Kündigungsrecht zwar rechtmässigen, dabei aber unzeitigen Gebrauch macht.[218] Die Strafe bezieht sich mithin nicht auf die Kündigung, sondern auf deren Unzeitigkeit, was das Gericht zulässt. Erweist sich die Strafe als übermässig, kann sie nach Massgabe des Art. 163 Abs. 3 OR herabgesetzt werden.[219] Eine Strafe in Höhe von «10% des Honorars für den entzogenen Auftragsteil» (Art. 1.12.2 SIA 102/103) kann etwa dann übermässig sein, wenn der Bauherr den Auftrag zu einem Zeitpunkt (in einer frühen Phase) kündigt, in dem der Planer noch gar keine nennenswerten Dispositionen getroffen hat. Einer entsprechenden Reduktion lässt sich nicht entgegenhalten, dass der Gewinnausfall umso grösser ist, je früher der Auftrag aufgelöst wird, ist doch dieser Ausfall nach Massgabe des Art. 404 Abs. 2 OR gar nicht zu ersetzen. Allerdings legt die zitierte Klausel aus den SIA-Ordnungen 102/103 eine andere Auslegung nahe, indem sie den vom unzeitig kündigenden Bauherrn zu leistenden Betrag auf «10% des

215 BGE 109 II 468; 110 II 386 E. b; Schumacher, Die revidierten SIA-Vertragsordnungen, S. 92.

216 Siehe BGE 122 III 422 E. 2a.

217 BGE 109 II 468 E. b; bestätigt durch BGer 4A_141/2011 (6.7.2011) E. 2.4. Vgl. auch Pichonnaz, Les règlements SIA, S. 74.

218 Weber, Basler Kommentar, N 16 zu Art. 404 OR, mit Hinweisen; Werro, Commentaire romand, N 11 zu Art. 404 OR; a.M. Fellmann, Berner Kommentar, N 52 und 81 zu Art. 404 OR.

219 BGE 109 II 470.

Honorars für den entzogenen Auftragsteil» festsetzt. Damit rückt der entgangene Gewinn ins Zentrum, der aber – wie schon erwähnt – nicht Teil des nach Art. 404 Abs. 2 OR zu ersetzenden Schadens ist. So setzt die Klausel denn auch nur eine rechnerische Bemessungsgrösse fest, ohne den Bauherrn darob dazu zu verpflichten, dem Planer entgangenen Gewinn zu ersetzen. Daneben enthält die zitierte Klausel einen Vorbehalt, der dann greifen soll, wenn der nachgewiesene Schaden die Pauschale übersteigt. Diese Abrede ist zwar grundsätzlich zulässig; indes ändert die Klausel nichts daran, dass der übersteigende «nachgewiesene Schaden» nur insofern zu ersetzen ist, als er sich dem negativen Vertragsinteresse zuordnen lässt. Denn nur darauf richtet sich Art. 404 Abs. 2 OR, nicht auf das Erfüllungsinteresse.[220]

b. Was die Beweislast anbelangt, ist Folgendes festzuhalten: Der Planer bleibt auch unter der Herrschaft der SIA-Ordnungen 102/103 dafür beweispflichtig, dass die Kündigung durch den Bauherrn insofern unzeitig war, als er dadurch einen besonderen Nachteil erlitt. Verlangt der Planer Ersatz in einem Mass, das die Pauschale übersteigt, ist er auch dafür beweispflichtig. Umgekehrt ist es der Bauherr, der nachzuweisen hat, dass der Planer für die Kündigung einen begründeten Anlass bot und damit (mangels Unzeit) die Konventionalstrafe gar nicht verwirkt ist. 2.120

c. Für den Fall, da der Planerauftrag durch den Planer unzeitig gekündigt wird, soll der Bauherr nach den SIA-Ordnungen 102/103 «Anspruch auf Ersatz des nachgewiesenen Schadens» (Art. 1.12.3 SIA 102/103) haben. Eine Schadenspauschalierung ist nicht vorgesehen, was sich zum Teil damit erklären lässt, dass es an einem betragsmässigen Bezugspunkt für die Pauschalierung fehlt[221]. In rechtlicher Hinsicht schliesst dies allerdings nicht aus, dass im konkreten Fall[222] zulasten des Planers eine entsprechende Pauschale vereinbart wird, wobei auch sie allenfalls richterlich herabzusetzen ist (Art. 163 Abs. 3 OR). 2.121

c. Die Ersatzfolgen beim Gesamtvertrag

1. Der Gesamtvertrag lässt sich **wie ein Planerauftrag** nach Massgabe des Art. 404 Abs. 1 OR jederzeit kündigen (Nr. 2.93). Und wie beim Planerauftrag 2.122

---

[220] BGE 110 II 386 E. b.

[221] Anders als bei der Konventionalstrafe zulasten des Bauherrn, bei der die SIA-Ordnungen auf das «Honorar für den entzogenen Auftragsteil» abstellen (Art. 1.12.2 SIA 102/103).

[222] Die SIA-Ordnungen 102/103 sehen dies, wie erwähnt, nicht vor.

sind beim Gesamtvertrag auch die Ersatzfolgen ausgestaltet (Nr. 2.113 ff.). Eine Spaltung der Rechtsfolgen, wie das Bundesgericht sie im Bereich der Schlechterfüllung für möglich hält (Nr. 1.47, 2.3 und 8.17 ff.), greift hier nicht, weshalb auch keine Rücksicht auf die Phase zu nehmen ist, in welcher der Gesamtvertrag aufgelöst wird. Alsdann hat der Bauherr die schon erbrachten Planerleistungen zu vergüten und bei Unzeit auch Schadenersatz im Umfang des negativen Vertragsinteresses zu leisten. Was seine Vergütungspflicht anbelangt, so richtet sie sich in erster Linie nach der Honorarabrede, die von den Parteien getroffen wurde. Dies wurde schon ausgeführt (Nr. 2.108 ff. und 2.113).

2.123 **2.** Auf Gesamtverträge zugeschnitten ist die **Honorarberechnung nach den Baukosten,** die in Art. 7 SIA 102/103 geregelt wird (Nr. 7.95 ff.).[223] Berechnet sich das Honorar nach dieser Methode, ist zu bedenken, dass der dieser Methode zugrunde liegende Zusammenhang zwischen den «wirklichen Kosten des ausgeführten Bauwerks gemäss Bauabrechnung» (Art. 7.5.1 SIA 102), die in die Berechnungsformel einfliessen sollen, und dem Zeitaufwand des Planers lediglich dann besteht, wenn der Planer sämtliche «Grundleistungen … in den Phasen 3 bis 5 gemäss Art. 4» der SIA 102/103 erbringt (Art. 7.1.1 SIA 102; Nr. 7.95). Hat der Planer als Folge einer vorzeitigen Kündigung nicht sämtliche Grundleistungen zu erbringen, wird dieser Zusammenhang unterbrochen. Diesem Umstand muss bei der Berechnung der Teilvergütung Rechnung getragen werden, wobei verschiedene Ansatzpunkte zu prüfen sind:

2.124 **a.** Man könnte auf die Idee verfallen, der Honorarberechnung die Baukosten, die im Zeitpunkt der vorzeitigen Beendigung aufgelaufen sind, zugrunde zu legen. Doch übersieht diese Berechnung, dass der Planeraufwand nicht proportional zu den steigenden Baukosten zunimmt, sondern in wesentlichen Teilen vor der Realisierung anfällt. Eine andere Berechnungsmethode bestünde darin, den vereinbarten Stundenansatz (Nr. 7.109) mit dem tatsächlichen Aufwand des Planers zu multiplizieren. Sie entspricht indes nicht

[223] Diese Berechungsmethode beruht auf der Annahme, dass der «Aufwand des Architekten [Ingenieurs] für die Grundleistungen (vgl. Art. 3.3.3) in den Phasen 3–5 gemäss Art. 4 … erfahrungsgemäss in einem bestimmten Verhältnis zu den Baukosten des bearbeiteten Bauwerkes» (Art. 7.1.1 SIA 102/103) steht. Die genannten Phasen 3–5 umfassen die Projektierung, die Ausschreibung und die Realisierung und damit jene Planerleistungen, durch die ein Planervertrag überhaupt erst zum Gesamtvertrag wird, indem er diese drei Leistungsphasen auf sich vereint.

der vereinbarten Honorarabrede; zudem scheitert sie immer dann, wenn der Planer seinen tatsächlichen Aufwand nicht nachzuweisen vermag. Dass der fehlende Nachweis dem Planer nicht schaden darf, liegt auf der Hand: Vereinbaren die Parteien eine Abrechnung nach Massgabe der Baukosten, braucht der Planer über seinen Zeitaufwand nicht Buch zu führen; entsprechend darf es ihm auch nicht zum Nachteil gereichen, dass er seinen tatsächlichen Zeitaufwand nicht nachzuweisen vermag. So muss eine andere Lösung gefunden werden, die nicht nur diesen praktischen Schwierigkeiten, sondern auch dem Umstand Rechnung trägt, dass die vorzeitige Vertragsbeendigung durch den Bauherrn nicht bedeutet, dass mit dem Vertrag auch die getroffene Honorarabrede hinfällig wird.

b. Richtigerweise wird nach Massgabe der einschlägigen **Leistungstabelle** 2.125
(Art. 7.9 SIA 102 bzw. Art. 7.11 SIA 103), die Bestandteil des Gesamtvertrags ist, ermittelt, welchen prozentualen Anteil das vom Planer bisher Geleistete am Total der übernommenen Grundleistungen (= 100%) hat. Dieser Prozentwert entspricht alsdann dem prozentualen Anteil an der Gesamtvergütung, die der Planer bei einer vollständigen Abwicklung des Vertrags hätte fordern können. Dieser Anteil steht dem Planer als Teilvergütung für die bisher geleistete Arbeit zu. Wird der Gesamtvertrag mit einem Architekten zum Beispiel nach Abschluss der Phase 4 («Ausschreibung») beendet, so beläuft sich der massgebende Prozentwert gemäss der vereinbarten Leistungstabelle in Art. 7.9 SIA 102 auf 50,5%, sodass der Architekt für das bisher Geleistete Anspruch auf 50,5% der Gesamtvergütung hat. Zu klären bleibt, wie die massgeblichen Baukosten zu ermitteln sind. Das Problem besteht darin, dass die «wirklichen Kosten des ausgeführten Bauwerks», auf die es nach Art. 7.5.1 SIA 102 ankommen soll (siehe aber Nr. 7.119), im Zeitpunkt der vorzeitigen Vertragsbeendigung unbekannt sind, da die massgebliche «Bauabrechnung» noch nicht vorliegt. So liegt es nahe, eine andere Bezugsgrösse zu wählen. Diese andere Grösse findet sich in Art. 7.5.6 SIA 102 (vgl. auch Art. 7.5.8 SIA 103), wo für den Fall, dass ein Projekt überhaupt nicht ausgeführt wird, auf die «letzte Kostenermittlung» abgestellt wird. Diese letzte Kostenermittlung kann mit den ursprünglich geschätzten Baukosten identisch sein, doch kann sie, wenn sie nach Massgabe der anfallenden Kosten nachgeführt wird, davon auch abweichen, indem sie über oder unter jener Schätzung liegt. Sie ist geeignet, auch für die Honorarberechnung bei vorzeitiger Vertragsbeendigung verwendet zu werden. Kaum zweckmässig wäre es, die Berechnung aufzuschieben, bis die «wirklichen Kosten des ausgeführten Bauwerks» (Art. 7.5.1 SIA 102) bekannt sind – was nicht ausschliesst, dass

die Parteien sich im Rahmen einer Vereinbarung über die Beendigungsfolgen auf diese Bezugsgrösse einigen.

3. Weitere Beendigungsgründe

2.126 **1.** Neben Art. 377 und Art. 404 Abs. 1 OR treten weitere Beendigungsgründe, die auch bei Planerverträgen zur Anwendung kommen können. Im Vordergrund steht dabei die **Vertragsbeendigung infolge Verzugs,** wobei zwischen der Beendigung durch den Bauherrn und der Beendigung durch den Planer zu unterscheiden ist:

2.127 **a.** Im Verzug des Planers kann der *Bauherr* den Vertrag nach Art. 107–109 OR auflösen. Beim Planungsvertrag ist der Bauherr indes auch nach Art. 366 Abs. 1 OR befugt, den Vertrag aufzulösen. Diese Bestimmung greift dann, wenn der Planer die Arbeiten nicht rechtzeitig aufnimmt oder mit ihnen in vertragswidriger Weise so sehr im Rückstand ist, dass die rechtzeitige Vollendung nicht mehr absehbar ist.

2.128 **b.** Der *Planer* seinerseits kann den Vertrag verzugsbedingt auflösen, wenn der Bauherr mit der Leistung der Vergütung in Verzug gerät. Die Auflösung richtet sich nach den Art. 107–109 OR. Zu denken ist vor allem an den Fall, dass der Bauherr eine Akonto- oder eine Abschlagszahlung pflichtwidrig unterlässt. Möglich ist die Auflösung aber auch dann, wenn der Bauherr mit der Schlusszahlung säumig wird. Stets ist aber zu beachten, dass Art. 109 Abs. 1 OR zwar den Rücktritt regelt, diese Rechtsfolge aber dem Interesse des auflösenden Planers nicht immer gerecht wird. Deshalb ist es dem Planer auch zu gestatten, nicht den Rücktritt, sondern die Kündigung zu wählen und so den Vertrag mit Wirkung «ex nunc» aufzulösen, sodass eine Rückabwicklung unterbleiben und der Planer die Vergütung für das bereits Geleistete weiterhin fordern kann. Was aber den Ersatzanspruch anbelangt, richtet sich dieser auch dann auf das negative Vertragsinteresse, wenn der Planer den Vertrag kündigt. Will er sich auf das positive Vertragsinteresse verlegen, hat er von der Vertragsbeendigung abzusehen und sich an Art. 107 Abs. 2 OR zu halten.[224]

2.129 **c.** Der Planer ist aber auch dann zur Auflösung berechtigt (Art. 95 OR), wenn der Bauherr in Gläubigerverzug gerät, indem er die «Vornahme der ihm obliegenden Vorbereitungshandlungen, ohne die der Schuldner zu erfüllen nicht

[224] Eingehend dazu GAUCH, Werkvertrag, Nr. 1277.

imstande ist, ungerechtfertigterweise verweigert» (Art. 91 OR). Dies ist etwa dann der Fall, wenn der Bauherr es unterlässt, dem Planer Rahmenbedingungen, die bei der Planung zu beachten wären, zu umreissen, sodass der Planer nicht imstande ist, die Planung aufzunehmen oder sie voranzutreiben.

2. Bei nachträglicher **Leistungsunmöglichkeit** erlöschen die Leistungspflichten des Planers dann, wenn er die Unmöglichkeit nicht zu verantworten hat (Art. 119 Abs. 1 OR). Trifft auch den Bauherrn keine Verantwortung, wird er ebenfalls frei. Bei einem Planungsvertrag ist Art. 378 OR zu beachten, der die Fälle regelt, da die Unmöglichkeit auf einen beim Bauherrn eingetretenen «Zufall» zurückgeht (Abs. 1) oder die Unmöglichkeit vom Bauherrn verschuldet ist (Abs. 2). Im zweiten Fall hat der Bauherr nicht bloss die geleistete Arbeit zu vergüten und die «im Preise nicht inbegriffenen Auslagen» (Art. 378 Abs. 1 OR) zu ersetzen, sondern überdies den Planer schadlos zu halten (Art. 378 Abs. 2 OR). Dies entspricht der Rechtslage, wie auch Art. 377 OR sie für den dort geregelten Fall schafft. 2.130

3. Als **weitere Fälle** der Vertragsauflösung seien hier genannt: 2.131

a. Handelt es sich, wie es dem Normalfall entspricht, um einen entgeltlichen Planervertrag, ist an die Möglichkeit zu denken, ihn nach der Regel des Art. 83 OR aufzulösen. Diese Regel erlaubt es dem Planer, angesichts einer nachträglichen *Zahlungsunfähigkeit* des Bauherrn die eigene Leistung so lange zu verweigern, als er nicht sichergestellt wird, oder auch vom Vertrag zurückzutreten, wenn der Bauherr nicht binnen der ihm angesetzten Frist ausreichende Sicherheit leistet. 2.132

b. Der *Tod des Planers,* aber auch der Verlust seiner Handlungsfähigkeit (vgl. Art. 35 Abs. 1 OR)[225] können dazu führen, dass der Planervertrag aufgelöst wird.[226] Diese Auflösung setzt keine Erklärung des Bauherrn voraus, sondern tritt von Gesetzes wegen ein: der Vertrag «erlischt», wie sich die einschlägigen Bestimmungen (Art. 379 Abs. 1 und Art. 405 Abs. 1 OR) übereinstimmend ausdrücken. Dies gilt, soweit das Auftragsrecht einschlägig ist, auch für den Konkurs des Planers. In der Folge hat der Bauherr die erbrachten 2.133

---

[225] Ein Fall, an den hier zu denken ist, ist die Errichtung einer sogenannten umfassenden Beistandschaft, wie sie im neuen Erwachsenenschutz geregelt wird (Art. 398 nZGB).

[226] Gleiches gilt, wenn die juristische Person, die den Planervertrag eingegangen ist, im Handelsregister gelöscht oder eine Personengesellschaft aufgelöst wird. Allerdings dürfte es selten vorkommen, dass die Vertragsauflösung erst mit der Löschung und nicht schon im Zuge der Liquidation erfolgt; siehe FELLMANN, Berner Kommentar, N 26 zu Art. 405 OR.

Leistungen zu vergüten, soweit sie «für ihn brauchbar» sind. Diesen Gedanken bringt zwar nur Art. 379 Abs. 2 OR zum Ausdruck, doch greift er auch dann, wenn der auftragsrechtliche Art. 405 Abs. 1 OR anwendbar ist.

§ 3 Der Wettbewerb nach der SIA-Ordnung 142

STEFAN SCHERLER

Inhaltsverzeichnis

I. Grundlagen

1. Wettbewerb und die SIA-Ordnung 142

3.1 **1.** «Der Architekturwettbewerb ist ein objektives Verfahren, das dem Kulturauftrag der öffentlichen Hand nachkommt, gestalterisch und konstruktiv Dauerhaftes zu errichten»[1]. Nüchterner wird der **«Wettbewerb»** als **Verfahren** definiert, bei dem eine Auftraggeberin[2] mehrere Wettbewerbsteilnehmer konkurrieren lässt mit dem Zweck, Lösungsvorschläge für einen bestimmten Beschaffungsbedarfs zu erhalten. Die Teilnehmer unterbreiten nach den publizierten Regeln **planerische Lösungsvorschläge** für das im Wettbewerbsprogramm umschriebene Problem. Ein Preisgericht beurteilt, rangiert und prämiert die Ideen in konzeptionellen, gestalterischen, gesellschaftlichen, ökologischen, ökonomischen und technischen Aspekten. Je nach Wettbewerbsart bestehen die Preise für die Lösungsvorschläge der Gewinner in Ankäufen und/oder einer allfälligen Entschädigung sowie in der Aussicht auf einen **Folgeauftrag** für die Planungs- bzw. Bauleistungen.[3]

3.2 **2.** Der Wettbewerb – für öffentliche wie für private Auftraggeberinnen – wird in der Schweiz beeinflusst von der «SIA-Ordnung 142/2009 für Architektur- und Ingenieurverträge». Dabei handelt es sich um **vorformulierte Wettbewerbsbedingungen,** die vom Schweizerischen Ingenieur- und Architektenverein (SIA) in Zusammenarbeit mit nationalen Partnerorganisationen aufgestellt wurden (vgl. auch Nr. 1.68).[4] Die SIA-Ordnung 142 regelt nicht

---

1 BANDI, S. 34.

2 In öffentlichen Vergabeverfahren handelt es sich bei der Auftraggeberin um die Vergabestelle.

3 DUBEY, Concours, Nr. 6 ff.; KOLLER, Architektenrecht 1995, Nr. 205; ULRICH, SIA 142, S. 244; LEUTHOLD, Verhandlungen, Nr. 722; SCHNEIDER HEUSI/SCHERLER, S. 214.

4 Vgl. die «Erklärung der Partnerorganisationen», SIA-Ordnung 142/2009, S. 20. Es handelt sich dabei um: Schweizerische Bau-, Planungs- und Umweltdirektoren-Konferenz (BPUK), Bund Schweizer Architekten (BSA), Bund Schweizer Landschaftsarchitekten und Landschaftsarchitektinnen (BSLA), Verband freierwerbender Schweizer Architek-

nur das Vertragsverhältnis zwischen der Auftraggeberin und den einzelnen Teilnehmern, sie regelt auch grundsätzliche Verhaltenspflichten. Diese müssen zwar nicht unbedingt Teil der jeweiligen Einzelabsprache mit den Teilnehmern sein, aber sie stellen auf einer übergeordneten Ebene Leitlinien für den Architekturwettbewerb dar.

3a. Die SIA-Ordnung 142 und ihr Anwendungsbereich: Gemäss der Präambel zur SIA-Ordnung 142 bilden «Wettbewerbe im Sinne der vorliegenden Ordnung (…) die bewährte und generell zweckmässigste Beschaffungsform für **Architektur- und Ingenieurleistungen** wie auch für Leistungen verwandter Berufszweige, wie z.B. Raumplanung, Städtebau, Landschaftsarchitektur etc.». Weiter führt die SIA-Ordnung aus, dass sich Wettbewerbe zur Ausarbeitung von «Lösungen für Aufgabenstellungen, deren Rahmenbedingungen im Voraus genügend und abschliessend bestimmt werden können»,[5] eignen. 3.3

b. Adressaten: Die Mehrzahl der Wettbewerbe richtet sich in der Praxis an Architektinnen und Architekten. Geringer ist die Zahl der «reinen» Ingenieurwettbewerbe. Bis 1998 waren Totalunternehmer bei Wettbewerben für Planer nicht zugelassen: Wenn sie Planer beschäftigten, konnten sie nur an Wettbewerben teilnehmen, wenn sie sich als selbständige Architekten oder Ingenieure am Wettbewerb beteiligten.[6] Ab 1998 wurde die SIA-Ordnung 142 3.4

---

ten (FSAI), Fachverband Schweizer RaumplanerInnen (FSU), Interessengemeinschaft privater professioneller Bauherren (IPB), Konferenz der KantonsbaumeisterInnen und KantonsarchitektInnen Schweiz (KBCH), Koordinationskonferenz der Bau- und Liegenschaftsorgane der öffentlichen Bauherren (KBOB), Schweizerischer Städteverband (SSV), Schweizerischer technischer Verband, Swiss Engineering (STV), Schweizerische Vereinigung der Verkehrsingenieure und Verkehrsexperten (SVI), Schweizerische Vereinigung beratender Ingenieurunternehmungen (USIC).

5 Vgl. zur neuen SIA-Ordnung 142: Schneider Heusi, SIA-Ordnung 142/2009, S. 4 ff. Mit einer im April 2010 vom SIA publizierten «Wegleitung Wettbewerbsprogramme» Nummer 142i–101d (vgl. www.sia.ch/142i) stellt die Kommission SIA 142/143 ein detailliertes Hilfsmittel für die Erstellung von Programmen zur Verfügung. Diese legt «eine einheitliche Gliederung fest und enthält wichtige Hinweise zur Durchführung eines fairen Wettbewerbs». Im Anhang der Wegleitung findet sich neben dem empfohlenen Zeitablauf eines Wettbewerbs auch eine Übersicht der Wettbewerbs- und Studienauftragsarten sowie der Kombinationen von Vergabeformen und Verfahrensarten. Die Wegleitung steht im Kontext mit weiteren Wegleitungen zu den SIA-Ordnungen 142/143 in den Kategorien 1 «Vorbereitung/Begleitung/Durchführung», 2 «Teilnehmer», 3 «Abgabe», 4 «Jury/Jurierung», 5 «Erläuterungen zu den einzelnen Artikeln» und 6 «Spezielle Verfahren».

6 Der Verband Schweizerischer Generalunternehmungen (VSGU) lancierte deshalb 1989 den sogenannten Totalunternehmer-Submissionswettbewerb als Alternativ- resp. Konkurrenzverfahren; Ulrich, SIA 142, S. 244.

um eine Regelung für «Gesamtleistungswettbewerbe» ergänzt. Die Vergabe der Gesamtleistung erfolgt aufgrund von zwei sich ergänzenden, verbindlichen Angeboten zu Qualität und Preis: das eine für die Planerleistungen, das andere für die Bauleistungen (Nr. 3.11). Da sich aus verfahrensrechtlicher Sicht keine Unterschiede zwischen dem Architektur- und dem Ingenieurwettbewerb auf der einen Seite und dem Gesamtleistungswettbewerb auf der anderen Seite ergeben und die Wettbewerbsaufgaben in der Praxis häufig von Architekten und Ingenieuren bzw. Unternehmern gemeinsam (in Teams) gelöst werden, wird im Folgenden vereinfachend der Begriff des «Wettbewerbs» verwendet.[7]

3.5 **4a. Abgrenzungen:** Entsprechend der SIA-Ordnung 142 sind Wettbewerbe **zwingend anonym** durchzuführen (Nr. 3.35 ff).[8] Darin unterscheiden sie sich von Studienaufträgen. Diese waren bis zur Revision der SIA-Ordnung 142 im Herbst 2009 sowohl als anonyme wie auch als nicht anonyme Verfahren zugelassen.[9] Mit der SIA-Ordnung 143/2009 werden Studienaufträge nun separat geregelt und sind stets nicht anonym durchzuführen (Nr. 4.24). Eine Kombination von Wettbewerb und Studienauftrag zu einer «mehrstufigen Beschaffungsform für dieselbe Aufgabenstellung ist (nach dem System der Ordnungen) nicht zulässig, da die Anonymität des gesamten Verfahrens nicht gewährleistet ist» (Präambel zur SIA-Ordnung 142; Nr. 4.12).

3.6 **b.** Die SIA-Ordnung 142 unterscheidet zwischen dem Wettbewerb als «lösungsorientierte Beschaffungsform» einerseits und der «leistungsorientierten Beschaffungsform» andererseits.[10] Nach dem Verständnis der SIA-Ordnung sind «funktionale Leistungsofferten» oder «Leistungsofferten über detailliertes Pflichtenheft» im Rahmen eines konventionellen und gesetzlich detailliert geregelten Vergabeverfahrens als Honorarsubmissionen durchzuführen.[11]

---

7 DEURING, S. 155 ff.

8 SCHNEIDER HEUSI/SCHERLER, S. 222. Die Anonymität wird definiert als «die konsequente Trennung zwischen der Kenntnis des Lösungsvorschlags einerseits und des Verfassers andererseits». Vgl. SIA 142, Begriffsdefinitionen, S. 5; MESSERLI, Planungs- und Gesamtleistungswettbewerb, S. 78 f. und 117 ff.

9 SCHNEIDER HEUSI/SCHERLER, S. 214.

10 SCHNEIDER HEUSI, SIA-Ordnung 142/2009, S. 5; MESSERLI, Planungs- und Gesamtleistungswettbewerb, S. 78 f. und 117 ff.

11 Ein Entscheid, der im Ermessen der Auftraggeberin und nicht etwa deren Subventionsgeber liegt. Eine Übersicht im Anhang der SIA 142 veranschaulicht die anonymen Wettbewerbs- und nicht anonymen Studienauftragsarten und stellt systematisch die möglichen Beschaffungsformen und Verfahrensarten dar.

Der Wettbewerb lässt sich zur Honorarsubmission somit dahingehend abgrenzen, als dass die Evaluation der Angebote bzw. Lösungsvorschläge nicht in überwiegendem Masse über das Kriterium Preis stattfindet.[12]

2. Die Wettbewerbsarten

Die SIA-Ordnung 142 unterscheidet hinsichtlich der Wettbewerbsarten nach dem Gegenstand des Wettbewerbs zwischen Planungs- und Gesamtleistungswettbewerben.[13] 3.7

A. Der Planungswettbewerb

Mit dem Planungswettbewerb sollen Lösungsvorschläge für planerische Aufgaben generiert werden. Für die konkrete Umsetzung kommt die Durchführung eines Ideen- oder eines Projektwettbewerbs in Betracht.[14] 3.8

1. Der **Ideenwettbewerb** (vgl. Nr. 4.18) soll Vorschläge «für konzeptionelle Entscheide oder für die Lösung von Aufgaben bringen, die nur allgemein umschrieben und abgegrenzt sind und deren Ausführung nicht unmittelbar vorgesehen ist» (Art. 3.2 SIA 142). Der Gewinner eines Ideenwettbewerbs erhält den in Aussicht gestellten Preis,[15] hat in der Regel aber keinen Anspruch auf einen planerischen Folgeauftrag (Nr. 3.113).[16] 3.9

2. Beim **Projektwettbewerb** (vgl. Nr. 4.19) weiss eine Auftraggeberin schon im Voraus, was sie im «Wettbewerbsperimeter» machen will.[17] Sie hat konkrete Vorstellungen über die Nutzungsform und kann diese auch formulieren. Die Auftraggeberin will unter «verschiedenen Wettbewerbsbeiträgen auswäh- 3.10

---

12 GALLI/MOSER/LANG/CLERC, Nr. 547 und 645; vgl. aber bei Gesamtleistungswettbewerben Art. 4.3 SIA 142: «Die Vergabe der Realisierung der Lösung erfolgt auf Grund von zwei sich ergänzenden, verbindlichen Angeboten zu Qualität und Preis: Das eine für die Planerleistungen, das andere für die Bauleistungen»; SCHNEIDER HEUSI, SIA-Ordnung 142/2009, S. 5.

13 Art. 13 Abs. 3 BöB; Art. 12 Abs. 3 IVöB; Art. 3 und 4 SIA 142.

14 Art. 4 SIA 142, zu den Definitionen und zur Qualifikation gesamthaft SCHNEIDER HEUSI, SIA-Ordnung 142/2009, S. 4 ff.; RECHSTEINER, Die Wettbewerbe, S. 156 ff.; vgl. auch Wegleitung der SIA Kommission 142 «Planungswettbewerb für Architekten/Ingenieure und Investoren» SIA Nummer 142i-602d; vgl. www.sia.ch/142i.

15 Vgl. Art. 44 und 55 Abs. 2 lit. b VöB; Art. 17 SIA 142.

16 Art. 55 Abs. 1 lit. a VöB; Art. 27.1 lit. a SIA 142.

17 ULRICH, SIA 142, S. 249.

len können, sie will die ästhetisch, wirtschaftlich und funktionell beste Lösung erhalten und sucht dementsprechend anhand der eingereichten Projekte nach den für das konkrete Vorhaben am besten geeigneten Vorschlägen».[18] Projektwettbewerbe dienen zudem der Ermittlung geeigneter Vertragspartner, welche die vorgeschlagene Lösung planerisch ausführung können.[19] Der Gewinner eines Projektwettbewerbs hat daher in der Regel einen Anspruch auf einen weiteren planerischen Folgeauftrag (Nr. 3.114).[20]

B. Der Gesamtleistungswettbewerb

3.11 **1.** Der **Gesamtleistungswettbewerb** (vgl. Nr. 4.20) bietet der Auftraggeberin die Möglichkeit, sich im Rahmen des Wettbewerbs gleichzeitig Angebote für Planungs- und Bauleistungen unterbreiten zu lassen. Der Gesamtleistungswettbewerb dient der «Erarbeitung von Vorschlägen zur Lösung von Aufgaben, bei denen die Bestimmungen zur Aufgabenstellung klar und präzise definiert sind und die Auftraggeberin die Zusammenarbeit von Planern und Unternehmern wünscht».[21] Zur Erlangung von Transparenz hinsichtlich des Umfangs der angebotenen Leistungen und der Form der späteren Realisierung des Bauwerks wird der Gesamtleistungswettbewerb in der Regel in mehreren Stufen durchgeführt (Nr. 3.14).

3.12 **2.** Wie beim Projektwettbewerb steht beim Gesamtleistungswettbewerb ein Auftrag für die Planungsleistungen, zusätzlich aber auch der Zuschlag für Bauleistungen in Aussicht (Nr. 3.115). Die späteren Planungs- und Bauleistungen ergeben zusammen die Gesamtleistung.[22]

C. Kombinationen und Stufen der Wettbewerbe

3.13 **1.** Nach der SIA-Ordnung 142 können **Wettbewerbsformen** kombiniert werden. So ist vorgesehen, dass Ideen- mit Projektwettbewerben bzw. Ideen- mit Gesamtleistungswettbewerben verbunden werden können. Mit einem solchen Vorgehen soll ermöglicht werden, Resultate aus einem Ideenwettbewerb

---

18 Schneider Heusi/Scherler, S. 212.

19 Art. 42 Abs. 1 lit. b VöB; Art. 3.3 SIA 142.

20 Art. 55 Abs. 1 lit. b VöB; Art. 27.1 lit. b SIA 142.

21 Art. 42 Abs. 2 VöB; Art. 4 SIA 142.

22 Schneider Heusi, SIA-Ordnung 142/2009, S. 6.

als Grundlage für einen späteren Projekt- oder Gesamtleistungswettbewerb zu nutzen.[23]

2a. Von kombinierten Verfahren, bei denen die einzelnen Wettbewerbe jeweils formell abgeschlossen werden, ist die **Mehrstufigkeit des Wettbewerbsverfahrens** gemäss Art. 5.1 ff. SIA 142 zu unterscheiden. Darunter wird das Vorgehen verstanden, wonach die Teilnehmer ihren Wettbewerbsbeitrag schrittweise entwickeln bzw. vertiefen.[24] Die Auftraggeberin verkleinert dabei das Teilnehmerfeld sukzessive und konkretisiert allenfalls die Wettbewerbsaufgabe.[25] Eine Rangierung und Preisverteilung erfolgt erst auf der letzten Stufe (Art. 5.1 SIA 142). Die vorgeschalteten Stufen dienen somit der Reduktion der berücksichtigten Lösungsvarianten.[26] 3.14

b. Bereinigungen: In der SIA-Ordnung 142 wird auch die Überarbeitung von Projekten geregelt. Gemäss Art. 5.4 kann das Preisgericht den Wettbewerb mit Projekten «aus der engeren Wahl» verlängern, falls sich dies als notwendig erweist.[27] Die Rangierung findet erst nach dieser Bereinigungsstufe statt. Vorausgesetzt wird, dass die Bereinigungsstufe im Wettbewerbsprogramm als Option ausdrücklich erwähnt wird, weiterhin anonym erfolgt und separat entschädigt wird (Nr. 3.109). Das Preisgericht muss die Notwendigkeit der Überarbeitung begründen und zu den betroffenen Projekten eingehende Beurteilungen abgeben, die den Teilnehmern eine gezielte Verbesserung erlauben. Damit die Gleichbehandlung gewährleistet ist, sind all jene Projekte 3.15

---

23 Schneider Heusi/Scherler, S. 232.

24 Im Wettbewerbsprogramm z.B. bezeichnet als «offener Projektwettbewerb in zwei Stufen».

25 Die Präqualifikation im Rahmen eines selektiven Verfahrens gilt nicht als Stufe des Wettbewerbs, Art. 5.1 SIA 142; Messerli, Planungs- und Gesamtleistungswettbewerb, S. 102; Dubey, Concours, Nr. 681 ff.

26 Dieses Vorgehen und insbesondere die vorgesehene Möglichkeit, dass die Auftraggeberin die Wettbewerbsaufgabe ändern kann, sind vergaberechtlich problematisch. Die dem öffentlichen Vergaberecht unterstellten Auftraggeberinnen haben deshalb im Regelfall Wettbewerbe einstufig durchzuführen und bei mehrstufigen Verfahren aus vergaberechtlichen Gründen darauf zu verzichten, die Aufgabenstellung und das Wettbewerbsprogramm anzupassen. So auch die Empfehlung von Art. 5.1 SIA 142, wonach Planungswettbewerbe in der Regel einstufig und Gesamtleistungswettbewerbe zweistufig durchgeführt werden sollen. Messerli, Planungs- und Gesamtleistungswettbewerb, S. 81 f.; Schneider Heusi, SIA-Ordnung 142/2009, S. 7.

27 Schneider Heusi/Scherler, S. 232 f.

zur Überarbeitung vorzuschlagen, die bei objektiver Betrachtung das Siegerprojekt darstellen könnten. Auch diese Auswahl ist zu begründen.[28]

3.16 **c.** Das Preisgericht kann bei mehrstufigen Verfahren auf die Durchführung von **Stufen verzichten,** wenn sich erweist, dass das Resultat des Wettbewerbs bereits erreicht wurde (Art. 5.5 SIA 142). Voraussetzung dafür ist, dass die Auftraggeberin diese Vorgehensoption im Wettbewerbsprogramm vorsieht und das Preisgericht mit einer Mehrheit von mindestens drei Vierteln der Stimmen sowie einer Zustimmung aller Vertreter der Auftraggeberin entscheidet.[29]

3. Die Verfahrensarten

3.17 In Art. 6 ff. SIA 142 werden drei Verfahrensarten beschrieben. Die Wahl einer Art hängt vergaberechtlich bei öffentlichen Auftraggeberinnen vom Auftragswert ab, der sich aus der Gesamtpreissumme[30] und dem geschätzten Wert eines allfälligen Folgeauftrags zusammensetzt.[31] Private Auftraggeberinnen sind demgegenüber frei in der Wahl des Verfahrens.

3.18 **1.** Das **offene Verfahren:** In Art. 6.1 SIA 142 wird die übliche vergaberechtliche Regelung des offenen Verfahrens aufgenommen.[32] Das offene Wettbewerbsverfahren kennt keine Teilnahmebeschränkung mit der Ausnahme, dass

---

28 SCHNEIDER HEUSI, SIA-Ordnung 142/2009, S. 6 mit einer Empfehlung für öffentliche Auftraggeberinnen; MESSERLI, Planungs- und Gesamtleistungswettbewerb, S. 96 ff.; DUBEY, Concours, Nr. 620 ff.

29 Die Gesamtpreissumme, welche auch den Aufwand der reduzierten Stufen berücksichtigt, muss voll ausbezahlt werden.

30 Die Gesamtpreissumme ist durch die Auftraggeberin angemessen festzusetzen, Art. 44 Abs. 2 VöB; Art. 17.1 SIA 142. Vgl. dazu die Wegleitung der SIA-Kommission 142/143 «Bestimmung der Preissumme für Planungs- und Gesamtleistungswettbewerbe aus dem Bereich Architektur»; MESSERLI, Planungs- und Gesamtleistungswettbewerb, S. 45.

31 Art. 44 VöB; GALLI/MOSER/LANG/CLERC, Nr. 655; ESSEIVA, Concours et marchés publics, S. 219. Bei einem Projekt- oder Gesamtleistungswettbewerb ist somit der Wettbewerbswert mittels Addition von gesamter Preissumme und geschätztem Wert des Folgeauftrags zu ermitteln, während beim Ideenwettbewerb der Wettbewerbswert lediglich aus der Gesamtpreissumme besteht, VGer ZH, 13. Februar 2002, VB.2001.00035, BEZ 2002 Nr. 28 Planungswettbewerb im Einladungsverfahren. RECHSTEINER, Die Wettbewerbe, S. 159.

32 Z.B. gemäss Art. 14 BöB oder Art. 12 Abs. 1 lit. a IVöB.

die Teilnehmer «Fachleute» sein müssen. Der Begriff «Fachleute» wird jedoch in der SIA-Ordnung 142 nicht definiert.[33]

2. Das **selektive Verfahren:** Mit dem selektiven Wettbewerbsverfahren gemäss Art. 7 SIA 142 kann die Auftraggeberin die Teilnehmerzahl an einem Planungswettbewerb beschränken, indem sie vorab eine Auswahl unter den interessierten Anbietern trifft. Die Auswahl hat dabei anhand der «Eignung» der Teilnehmer zu erfolgen, wobei der Auftraggeberin bei der Festlegung der «Eignungskriterien» ein erheblicher Ermessensspielraum zusteht.[34] 3.19

3. Das **Einladungsverfahren:** Im Einladungsverfahren gemäss Art. 8 SIA 142 bestimmt die Auftraggeberin, «welche Teilnehmer sie direkt zum Wettbewerb einladen will. Die Anzahl der Teilnehmer kann frei gewählt werden. Sie soll mit dem Ziel bestimmt werden, dass der Wettbewerb ein genügend breites Spektrum von Lösungsmöglichkeiten hervorbringt.» Das Einladungsverfahren kommt für öffentliche Auftraggeberinnen grundsätzlich nur bei Wettbewerbsaufgaben infrage, bei denen die Schwellenwerte für die Durchführung des offenen oder selektiven Verfahrens nicht erreicht werden. So ist ein Einladungsverfahren häufig bei Ideenwettbewerben denkbar, bei welchen gemäss Art. 27.1 lit. a SIA 142 kein Folgeauftrag in Aussicht steht und deshalb die Vergabesumme allein aus der Gesamtpreissumme besteht (Nr. 3.108).[35] 3.20

II. Der Wettbewerb nach öffentlichem Vergaberecht

Seit Inkrafttreten der Gesetzgebung über das öffentliche Beschaffungswesen sind öffentliche Auftraggeberinnen verpflichtet, neben den Aufträgen und Lieferungen im Baugewerbe auch die Beschaffung von Planungsdienstleistungen über einem gewissen Schwellenwert öffentlich auszuschreiben. Für die Auftraggeberinnen des Bundes und der Kantone bestehen jedoch unterschiedlich detaillierte Vorgaben (Nr. 3.25). 3.21

---

[33] In Art. 6.2 SIA 142 wird mit der Zulassung geografischer Beschränkungen eine Regelung getroffen, welche für öffentliche Vergabevorhaben nicht zulässig ist. Sie gilt deshalb nur für private Auftraggeberinnen. ULRICH, SIA 142, S. 250.

[34] Wegleitung der SIA-Kommission 142 «Selektive Verfahren bei Architektur- und Ingenieurwettbewerben nach SIA 142» (SIA 142i-601d).

[35] D.h. aus der Summe aller Preise, Ankäufe und Entschädigungen.

1. Vergaberechtliche Konzeption

3.22 **1.** In **vergaberechtlicher Hinsicht** handelt es sich beim Wettbewerb nicht um ein eigenständiges Verfahren, weil auch er in einem offenen, selektiven oder in einem Einladungsverfahren durchgeführt wird.[36] Der Wettbewerb liefert allerdings die Grundlage für eine «freihändige Vergabe» an den Gewinner, soweit das vorausgehende Wettbewerbsverfahren die notwendigen Voraussetzungen der Nichtdiskriminierung, Transparenz und der Gleichbehandlung erfüllt.[37]

3.23 **2.** Die **Eingliederung** des Wettbewerbs **in die vergaberechtlichen Rahmenordnungen** (Nr. 2.33 ff.) ist unübersichtlich:

3.24 **a.** Das GATT/WTO-Übereinkommen über das öffentliche Beschaffungswesen vom 15. April 1994 (GPA)[38] sieht in Art. XV Ziff. 1 lit. j vor, dass eine freihändige Vergabe an den Gewinner eines Wettbewerbs zulässig ist, vorausgesetzt, die Organisation des Wettbewerbs entspricht den Grundsätzen des Übereinkommens, insbesondere hinsichtlich der Veröffentlichung der Ausschreibung (Nr. 3.44). Erforderlich ist zudem, dass eine unabhängige Jury eingesetzt wird und den Gewinnern Verträge in Aussicht gestellt werden.[39]

3.25 **b.** Diese staatsvertragsrechtliche Vorgabe wurde vom Bund und von den Kantonen je unterschiedlich detailliert umgesetzt:

3.26 – Im Bundesvergaberecht finden sich in den Art. 40 ff. VöB detaillierte Bestimmungen über die Planungs- und Gesamtleistungswettbewerbe,[40] wobei es der Auftraggeberin aber gemäss Art. 41 VöB freigestellt ist, das Wettbewerbsverfahren im Einzelfall auch anders zu regeln: «Sie kann dabei ganz oder teilweise auf einschlägige Bestimmungen von Fachverbänden verweisen, soweit solche Bestimmungen nicht denjenigen dieser Verordnung widersprechen». Im Vordergrund steht hier die SIA-Ordnung 142.

---

36 Art. 43 VöB; Art. 6 ff. SIA 142; Leuthold, Verhandlungen, Nr. 734 ff.

37 Galli/Moser/Lang/Clerc, Nr. 642 ff.

38 Übereinkommen über das öffentliche Beschaffungswesen vom 15. April 1996 Government Procurement Agreement, GPA (SR 0.632.231.422).

39 Messerli, Planungs- und Gesamtleistungswettbewerb, S. 29 ff.; Dubey, Concours, Nr. 62 ff.

40 Art. 13 Abs. 3 BöB bzw. Art. 40 ff. VöB; Messerli, Planungs- und Gesamtleistungswettbewerb, S. 34; Dubey, Concours, Nr. 84 ff.

– Das Konkordat der Kantone[41] enthält in Art. 12 Abs. 3 IVöB eine Bestimmung, wonach bei der Veranstaltung von Planungs- oder Gesamtleistungswettbewerben ganz oder teilweise auf «einschlägige Bestimmungen von Fachverbänden» verwiesen werden kann.[42] Weitere Regeln zum Wettbewerb enthält das Konkordat nicht. 3.27

c. Im Gemeinschaftsrecht der EU wird das Wettbewerbsverfahren ausdrücklich der Vergabe von Dienstleistungen vorbehalten. Nicht erfasst sind Lieferungen und Bauleistungen, also Leistungen, die bei einem Gesamtleistungswettbewerb nachgesucht werden.[43] Der Rechtsrahmen für den Wettbewerb in der EU ist folglich enger als derjenige, der den verschiedenen Wettbewerbsarten vom Schweizer Recht zugesprochen wird. Die Europäischen Richtlinien schreiben für den Wettbewerb vor, dass die Beiträge der Teilnehmer anonym von einer von der Vergabestelle unabhängigen Jury beurteilt werden müssen. Darüber hinaus legen sie aber keine verschiedenen Wettbewerbsarten fest, sondern überlassen den Mitgliedstaaten die Möglichkeit, Wettbewerbe hinsichtlich Folgeaufträge, Preise und Rechtswirkung über die Empfehlungen des Preisgerichts zu regeln.[44] 3.28

3. Private Auftraggeberinnen unterstehen bei der Suche nach einem Vertragspartner für Planerleistungen keinen zwingenden gesetzlichen Vorschriften,[45] während die dem öffentlichen Beschaffungswesen unterstellte Auftraggeberin **vorrangig zur SIA-Ordnung 142** die jeweils anwendbare Submissionsgesetzgebung zu beachten hat (vgl. Nr. 4.14).[46] Im Unterschied zu den von privaten Auftraggeberinnen durchgeführten Wettbewerben stehen den Teilnehmern bei Verfahren von öffentlichen Auftraggeberinnen, die dem Vergaberecht unterstellt sind, Rechtsmittel gegen die Zuschlagserteilung an einen 3.29

---

41 Interkantonale Vereinbarung über das öffentliche Beschaffungswesen (IVöB) vom 25. November 1994/15. März 2001. Dubey, Concours, Nr. 87 ff.

42 Detaillierte Regelungen in teilweise deutlicher Anlehnung an die VöB kennen z.B. die Kantone Wallis, Neuenburg, Luzern und Solothurn. Im Kanton Aargau wird auf das Bundesrecht verwiesen. Galli/Moser/Lang/Clerc, Nr. 646.

43 Schneider Heusi/Scherler, S. 220.

44 Vgl. Richtlinie 2004/18/EG des europäischen Parlaments und des Rates vom 31. März 2004 über die Koordinierung der Verfahren zur Vergabe öffentlicher Bauaufträge, Lieferaufträge und Dienstleistungsaufträge, Art. 1 Abs. 11 lit. e und Art. 66 ff.; Messerli, Planungs- und Gesamtleistungswettbewerb, S. 41.

45 Zu prüfen sind im Einzelfall Ansprüche auf der Grundlage von Art. 8 OR, Urheber,- Wettbewerbs- und Lauterkeitsrecht sowie Vertrauenshaftung.

46 Vgl. dazu Galli/Moser/Lang/Clerc, Nr. 645; Schneider Heusi/Scherler, S. 225 f.

Konkurrenten, den Ausschluss ihres Wettbewerbsbeitrags oder gegen den Verfahrensabbruch zur Verfügung.[47]

3.30 **4.** Die **Anwendbarkeit des öffentlichen Rechts** im Vergabeverfahren muss diejenige des privaten Rechts nicht gänzlich ausschliessen, insbesondere mit Blick auf die Haftung der öffentlichen Vergabestelle.[48] Bisher wurde nicht entschieden, ob Teilnehmer bei Wettbewerben von öffentlichen Auftraggeberinnen bei entsprechenden Pflichtverletzungen auch auf zivilrechtlichem Weg Ansprüche geltend machen können.[49] Wenn Wettbewerbsverfahren nach Art. 30 VöB abgebrochen werden, ist das gerechtfertigt und deshalb submissionsrechtlich unangreifbar. Es ist deshalb zum Schutz der Teilnehmer von einem Nebeneinander der submissionsrechtlichen und privatrechtlichen Ansprüche auszugehen.[50]

2. Abgrenzung zum Preisausschreiben (Art. 8 OR)

3.31 **1a.** Während in der Ausschreibung des konventionellen Vergabeverfahrens mit Honorarofferte lediglich eine Einladung zur Einreichung von Planer- oder Unternehmerofferten erfolgt, welche für die Vergabestelle als Auftraggeberin vertragsrechtlich nicht verbindlich ist,[51] handelt es sich beim «echten, offenen» Wettbewerb um ein **Preisausschreiben** im Sinne von Art. 8 OR.[52] Dabei entsteht dem Leistenden durch einseitiges Rechtsgeschäft eine bedingte Forderung auf Ausrichtung der ausgelobten Belohnung. Die Auftraggeberin ist an ihr Preisversprechen gebunden.[53]

3.32 **b.** Art. 8 OR setzt voraus, dass die Auskündigung **offen** ist. Davon ist nur auszugehen, wenn sich der Wettbewerb an jeden bzw. an unbestimmte Personen eines bestimmten Kreises richtet.[54] Soweit sich die Auskündigung – wie zum Beispiel im Einladungsverfahren (Nr. 3.20) – lediglich an einen bestimmten Teilnehmerkreis richtet, ist das Preisausschreiben ein «unechtes» und fällt damit nicht unter Art. 8 OR.

---

47 Art. 29 BöB und Art. 15 Abs. 1bis IVöB.

48 Gauch, Beschaffungswesen, S. 334 f.; ausführlich Beyeler, Vergaberecht, S. 638 ff.

49 Rechsteiner, Die Wettbewerbe, S. 154.

50 Rechsteiner, Die Wettbewerbe, S. 154.

51 BGE 46 II 369 E.2; Gauch, Werkvertrag, Nr. 458.

52 Gauch, Werkvertrag, Nr. 514; Leuthold, Verhandlungen, Nr. 730.

53 Koller, Architektenrecht 1995, Nr. 233.

54 Vgl. Art. 6 SIA 142.

2a. Für die Auftraggeberin ergibt sich aus Art. 8 Abs. 2 OR ein **Widerrufsrecht,** das so lange ausgeübt werden kann, als die Leistung, für welche der Preis ausgesetzt wurde, noch nicht erfolgt ist. Auf dieses Recht kann verzichtet werden.[55] Ein solcher Verzicht ist unter anderem anzunehmen, wenn die Auftraggeberin für die Leistungserbringung eine Frist setzt.[56] 3.33

b. Die Widerrufserklärung ist grundsätzlich formfrei gültig, muss jedoch mit den gleichen Mitteln erfolgen wie die Ankündigung, da sich Gutgläubige ansonsten den Widerruf nicht entgegenhalten lassen müssen. Wer von seinem Widerrufsrecht Gebrauch macht, wird unter den Voraussetzungen und nach Massgabe von Art. 8 Abs. 2 OR **schadenersatzpflichtig.** Der Teilnehmer hat Anspruch auf Ersatz der Aufwendungen, die er in Kenntnis des Preisausschreibens in gutem Glauben und bis zum Widerruf getätigt hat (negatives Vertragsinteresse analog Art. 404 Abs. 2 OR). Dabei gilt als Obergrenze der Betrag der ausgesetzten Belohnung (Art. 8 Abs. 2 OR); hat diese keinen materiellen Wert, entfällt der Ersatzanspruch gänzlich. Keinen Anspruch auf Ersatz hat derjenige Teilnehmer, dessen Aufwendungen offenkundig zu keinem Erfolg geführt hätten.[57] 3.34

3. Anonymität des Wettbewerbsverfahrens

1. Die **Anonymität** im Wettbewerbsverfahren gewährleistet die Gleichbehandlung der Teilnehmer und begünstigt objektive Preisgerichtsentscheide.[58] Zudem soll damit erreicht werden, dass das konkrete Projekt und nicht der bisherige Leistungsausweis oder die Reputation des Teilnehmers den Entscheid beeinflusst.[59] In der Umsetzung bedeutet dies, dass die Teilnehmer ihre Wettbewerbsbeiträge so eingeben müssen, dass sich aus den eingereichten Beiträgen keine direkten Hinweise auf die Identität der Verfasser ergeben (Nr. 3.54). In einigen Verfahren werden zur Sicherstellung der Anonymität 3.35

---

55 Koller, Architektenrecht 1995, Nr. 237 m.w.H.; zur Beweislast vgl. Bucher, Basler Kommentar, N 32 zu Art. 8 OR m.w.H.

56 Koller, Architektenrecht 1995, Nr. 237 m.w.H.

57 Bucher, Basler Kommentar, N 32 f. zu Art. 8 OR.

58 Ulrich, SIA 142, S. 252.

59 Koller, Architektenrecht 1995, Nr. 222; Schneider Heusi/Scherler, S. 222; für das selektive Verfahren vgl. Nr. 3.55.

unabhängige externe Personen (z.B. Treuhänder, Notare oder Rechtsanwälte) eingesetzt.[60]

3.36 **2.** Im Bundesvergaberecht wird die Anonymität des Wettbewerbsverfahrens in Art. 48 VöB ausdrücklich statuiert. Obgleich eine entsprechende Bestimmung in vielen Kantonen fehlt, wird die Anonymität nach kantonaler Rechtsprechungspraxis als unerlässliches Merkmal des Planungs- und Gesamtleistungswettbewerbs erachtet.[61] Fehlt die Anonymität im Verfahren, handelt es sich nicht um einen Wettbewerb, sondern um ein konventionelles Vergabeverfahren, das nach den jeweils anwendbaren vergaberechtlichen Bestimmungen durchzuführen ist.

3.37 **3.** Soweit ein Wettbewerb der SIA-Ordnung 142 untersteht, kommt der Anonymitätsgrundsatz nach Art. 1.4 SIA 142 zur Anwendung. Die Auftraggeberin, die Teilnehmer und die beteiligten Fachleute haben demzufolge die Anonymität der Wettbewerbsbeiträge zu sichern, bis das Preisgericht diese beurteilt, rangiert und die Preise zugesprochen sowie eine Empfehlung für das weitere Vorgehen abgegeben hat. Teilnehmer, die gegen das Anonymitätsgebot verstossen, werden vom Verfahren ausgeschlossen.[62] Für selektive Wettbewerbe im Sinne von Art. 7 SIA 142 (Nr. 3.19) gilt das Anonymitätsgebot selbstredend erst nach der Präqualifikation der Teilnehmer.

4. Folgebeauftragung des Wettbewerbsgewinners

3.38 Für die vergaberechtliche und die vertragsrechtliche Qualifikation des Wettbewerbs ist es bedeutend, ob mit dem Verfahren ein Folgeauftrag in Aussicht gestellt wird oder nicht:

3.39 **1a.** Wettbewerbsverfahren **ohne Folgeauftrag** werden mit der Abgabe der Lösungsvorschläge und – soweit vorgesehen – der Beurteilung dieser durch das Preisgericht abgeschlossen.

3.40 **b.** Beim Ideenwettbewerb sind die **Prämierung** und die Ausrichtung einer allfälligen **Entschädigung** für die Weiterverwendung des Lösungsvorschlags[63] als Zuschlag zu betrachten. Im Vergleich zu den konventionellen

---

60 Ulrich, SIA 142, S. 252.

61 Galli/Moser/Lang/Clerc, Nr. 659; VGer ZH, 9. Juli 2003, VB.2002.00044, BEZ 2003 Nr. 36, E. 2c.dd.

62 Art. 19.1 SIA 142.

63 Vgl. auch Art. 55 Abs. 2 lit. b VöB.

Vergabeverfahren ergibt sich damit die Besonderheit, dass die zu beschaffende Leistung (der Lösungsvorschlag) bereits vor der Zuschlagserteilung erbracht wurde.[64]

2. In Wettbewerbsverfahren **mit Folgeauftrag** haben die Wettbewerbsteilnehmer zusätzlich zu ihrem Lösungsvorschlag verbindliche Offerten für weitere planerische Leistungen, beim Gesamtleistungswettbewerb (Nr. 3.11) zudem für Bauausführungsleistungen einzureichen. Wie beim konventionellen Vergabeverfahren liegen der Vergabestelle also auch bei einem Wettbewerbsverfahren mit Folgeauftrag im Ergebnis Offerten vor. In vertragsrechtlicher Hinsicht unterscheidet sich das Wettbewerbsverfahren dadurch, dass die Teilnehmer ihre Offerten im Rahmen eines Vertragsverhältnisses einreichen und nicht wie im konventionellen Vergabeverfahren im Rahmen eines Vertragsverhandlungsverhältnisses.[65] 3.41

3. Die Vergabestelle darf den Zuschlag für den **Folgeauftrag direkt an den Gewinner** erteilen, soweit der Wettbewerb nach den anwendbaren vergaberechtlichen Grundsätzen durchgeführt wurde.[66] Im Anwendungsbereich der SIA-Ordnung 142 und der VöB ist allerdings fraglich, was unter der Bezeichnung «Gewinner» zu verstehen ist. Der Preisgerichtsentscheid setzt sich aus verschiedenen Elementen zusammen, nämlich aus der Festlegung der Rangfolge,[67] der Zusprechung der Preise und Ankäufe[68] sowie der Empfehlung.[69] Nur wenn ein Wettbewerbsbeitrag bei allen drei Elementen obsiegt, steht der Gewinner eindeutig fest.[70] 3.42

III. Die Phasen eines Wettbewerbs

Der typische Wettbewerb wird in drei Phasen durchgeführt: In der ersten Phase eröffnen und bearbeiten die Teilnehmer die Aufgabe, in der zweiten 3.43

---

64 Leuthold, Verhandlungen, Nr. 735.

65 Leuthold, Verhandlungen, Nr. 733.

66 Leuthold, Verhandlungen, Nr. 736 ff. mit Hinweisen: Gemäss Anhang 6 Abs. 1 zur VöB, dient die Ausschreibung von Wettbewerben zur «Bestellung eines Wettbewerbsprogramms und zur Teilnahme an einem Auswahlverfahren».

67 Art. 21 SIA 142; Art. 51 Abs. 1 und 52 Abs. 1 VöB.

68 Art. 22 SIA 142; Art. 51 Abs. 1 und 52 Abs. 3 VöB.

69 Art. 23 SIA 142; Art. 51 Abs. 2 VöB.

70 VGer ZH, 28. Januar 2004, VB.2003.00234, www.vgrzh.ch, E. 2.2.

Phase reichen sie die Projekte ein und in der dritten Phase werden diese beurteilt sowie die Preise zuerkannt. Abgeschlossen ist das Verfahren mit der «Entscheidung über die Auftragsvergabe»[71] bzw. der Mitteilung des Wettbewerbsergebnisses und der Ausrichtung der zuerkannten Preise.

1. Eröffnung des Wettbewerbs und Bearbeitung der Aufgabe

3.44 **1.** Der Wettbewerb wird dadurch **eröffnet,** dass eine Auftraggeberin Planer einlädt, auf der Grundlage eines Wettbewerbsprogramms Lösungsvorschläge einzureichen, «die den konzeptionellen, gestalterischen, gesellschaftlichen, ökologischen, ökonomischen und technischen Anforderungen entsprechen».[72] Die «Einladung» kann sich an von der Auftraggeberin individuell bestimmte Planer oder mittels Ausschreibung an einen offenen Kreis richten.[73]

3.45 **2. Wettbewerbsprogramm und Wettbewerbsaufgabe:** Gemäss Art. 13.3 SIA 142 enthält das Wettbewerbsprogramm Bestimmungen zur Durchführung des Verfahrens und zur Aufgabenstellung.

3.46 **a.** Für die öffentlichen Auftraggeberinnen sind hinsichtlich des verfahrensrechtlichen Ablaufs die Bestimmungen der jeweiligen Submissionserlasse anwendbar (Nr. 3.21). Ergänzend ergeben sich aus dem **Wettbewerbsprogramm** mit i) der Bezeichnung der Auftraggeberin und ii) den Angaben zur Art des Wettbewerbs und des Verfahren, iii) Hinweise auf massgebende öffentliche Vorschriften zum Wettbewerb, iv) Bestimmungen über die Teilnahmeberechtigung, v) der Stichtag für die Erfüllung der Bedingungen, vi) die Gesamtsumme für Auszeichnungen (Preise und allfällige Maximalsumme sowie Bedingungen für Ankäufe), vii) die Absichtserklärung der Auftraggeberin betreffend das weitere Vorgehen sowie viii) die Art und den Umfang des vorgesehenen Auftrags bzw. der Aufträge bei Teambildung. Sodann werden ix) die Namen der Preisrichter, der Ersatzpreisrichter sowie der bereits bekannten Experten angeführt und x) die Beurteilungskriterien angegeben.[74]

---

71 Ulrich, Architekturwettbewerb, S. 33, 39 ff.; Koller, Architektenrecht 1995, Nr. 208; vgl. Wegleitung der SIA-Kommission 142/143 «Wettbewerbsprogramme» Nummer 142i-101d; vgl. www.sia.ch/142i.

72 Präambel SIA-Ordnung 142.

73 Die Auftraggeberin kann die Wettbewerbsteilnahme von einer Anmeldung abhängig machen. Der Zweck eines solchen Erfordernisses besteht regelmässig darin, der Auftraggeberin Aufschluss über die mutmassliche Anzahl der Teilnehmer zu geben.

74 Vgl. die Liste und Aufzählung in Art. 13.3 SIA 142.

b. Die **Wettbewerbsaufgabe** wird je nach Wettbewerbsart im Programm von Ideenwettbewerben oder bei Projekt- und Gesamtleistungswettbewerben mehr oder weniger detailliert angegeben: 3.47

- Beim Ideenwettbewerb wird die Aufgabe regelmässig «nur (...) allgemein umschrieben und abgegrenzt».[75] 3.48

- Demgegenüber liegt beim Projekt- und beim Gesamtleistungswettbewerb eine «klar umschriebene Aufgabe» vor.[76] 3.49

Neben der Angabe der zu bearbeitenden Fachgebiete ist die «Bezeichnung der Rahmenbedingungen, die unbedingt einzuhalten sind, und solcher, deren Erfüllung wünschenswert ist»,[77] von Bedeutung. 3.50

3a. Gemäss Art. 14 SIA 142 können die Teilnehmer innerhalb einer angemessenen Frist schriftlich **Fragen** zum Wettbewerbsprogramm stellen. Im Namen der Auftraggeberin beantwortet das Preisgericht die Fragen ebenfalls in Schriftform, stellt sämtliche Fragen und Antworten in einem Dokument zusammen und lässt dieses allen Teilnehmern rechtzeitig zukommen.[78] 3.51

b. Bei einer Änderung des Wettbewerbsprogramms aufgrund der Fragenbeantwortung muss die Bearbeitungsfrist angemessen verlängert werden (Art. 14.3 SIA 142). Die Fragenbeantwortung hat im Wettbewerbsverfahren eine zweifache Bedeutung: Einerseits wird sie zusammen mit der SIA-Ordnung 142 und dem Wettbewerbsprogramm «Bestandteil des Vertrages» (Art. 2.2 SIA 142) zwischen der Auftraggeberin und den einzelnen Teilnehmern. Andererseits ist sie vom Preisgericht bei der Beurteilung der Wettbewerbsbeiträge zu beachten (Art. 20.1 SIA 142). 3.52

c. Die Auftraggeberin kann externe Experten und Fachstellen bestimmen, die den Teilnehmern für Abklärungen – unter Wahrung der Anonymität – zur Verfügung stehen. Deren Auskünfte sollen objektiv sein, und durch ihre Beratung darf kein Ideentransfer stattfinden. Die Experten stellen dem Preisgericht einen schriftlichen Bericht über die im Rahmen der Vorprüfung erlangten Erkenntnisse betreffend die Einhaltung der im Wettbewerbsprogramm angegebenen Anforderungen zur Verfügung. 3.53

---

75 Art. 3.2 SIA 142; MESSERLI, Planungs- und Gesamtleistungswettbewerb, S. 102.

76 Art. 3.3 SIA 142.

77 Art. 13.3 lit. s SIA 142.

78 Art. 14 i.V.m. Art. 10.2 SIA 142; MESSERLI, Planungs- und Gesamtleistungswettbewerb, S. 132.

2. Einreichung der Teilnahmeanträge und Wettbewerbsbeiträge – Vorprüfung

3.54 **1.** Mit der fristgerechten **Einreichung der Teilnahmeanträge** oder der **Wettbewerbsbeiträge** beginnt die zweite Phase des Wettbewerbs. Die Einreichung der Wettbewerbsbeiträge hat im offenen und im selektiven Verfahren anonym zu erfolgen. Die erwarteten Pläne, Modelle usw. sind mit einem Kennwort (oder einer Kennziffer) zu versehen, nicht aber mit dem Namen oder einem sonstigen Zeichen, das die Identifikation des Projektverfassers erlaubt. Zur späteren Identifizierung der Projektverfasser haben diese in einem verschlossenen Briefumschlag mit dem Kennwort Name und Adresse anzugeben (Verfassercouvert).[79] Teilnahmeanträge (Anmeldungen) bzw. Wettbewerbsbeiträge, die nicht termingerecht am im Wettbewerbsprogramm angegebenen Ort vorliegen, werden von der Beurteilung ausgeschlossen (Art. 19.1 lit. a SIA 142).

3.55 **2.** Nicht geregelt ist in der SIA-Ordnung 142, wer die **Auswahl der Teilnehmer** im selektiven Verfahren (Präqualifikation) zu treffen hat. Gemäss Art. 45 Abs. 3 lit. e VöB ist dies Sache der Auftraggeberin. Gelegentlich erfolgt in der Praxis eine Delegation dieser Aufgabe an das Preisgericht.[80] Die Mitteilung bezüglich des Präqualifikationsergebnisses erfolgt im Vergabeverfahren öffentlicher Auftraggeberinnen mittels Verfügung.[81]

3.56 **3.** In Abweichung von Art. 49 VöB enthält Art. 15.1 SIA 142 hinsichtlich der **Vorprüfung** der Wettbewerbsbeiträge durch die Auftraggeberin eine relativ offene Regelung (Art. 9.1 und 15.1 SIA 142): Sie ist nicht als «technische» Vorprüfung, sondern als Vorprüfung, die «sich auf die Erfüllung der Programmbestimmungen erstreckt», definiert. Im Übrigen lässt Art. 15.2 SIA 142 zu, dass die Vorprüfung im Einvernehmen mit dem Preisgericht während der Beurteilung stufenweise vertieft werden kann. Das Ergebnis ist gemäss Art. 15.1 letzter Satz SIA 142 in einem **Bericht** festzuhalten.

3. Beurteilung, Preisentscheid und Empfehlung

3.57 **1.** Die dritte und letzte Phase des Wettbewerbs stellt die Beurteilung der Projekte mit der Preisentscheidung und der Empfehlung dar. Die Entschei-

---

79 Art. 13.3 lit. n SIA 142.

80 Messerli, Planungs- und Gesamtleistungswettbewerb, S. 97 f.

81 Art. 29 BöB, Art. 15 Abs. 1bis lit. c IVöB.

dung darüber, wer die Wettbewerbsaufgabe am besten gelöst hat, obliegt dem **Preisgericht** (Art. 10.1 SIA 142).

2. Aus Art. 18 SIA 142 ergibt sich der Grundsatz, dass das Preisgericht in «voller» (recte: vollständiger) **Besetzung** zu tagen hat. Für den Fall, dass ordentliche Preisrichter verhindert sind, werden gemäss Art. 10.6 SIA 142 ein oder mehrere bereits im Wettbewerbsprogramm angekündigte Ersatzpreisrichter beigezogen. 3.58

3. Nach welchen **Kriterien** die Wettbewerbsbeiträge zu beurteilen sind, ist in den Wettbewerbsprogrammen meist nicht ausdrücklich geregelt, obschon gerade öffentliche Auftraggeberinnen aufgrund des Transparenzprinzips im Vergaberecht dazu verpflichtet sind.[82] Häufig ergeben sich aus den programmgemässen Projektanforderungen die Kriterien, die das Preisgericht bei der Beurteilung der Wettbewerbsbeiträge berücksichtigt. 3.59

4a. Das Preisgericht entscheidet über die **Rangierung** (Nr. 3.105)[83] sowie die Zusprechung der **Preise** (Nr. 3.61) und allfälliger **Ankäufe** (Nr. 3.62).[84] Gemäss Art. 17 SIA 142 ist im Wettbewerbsprogramm eine Gesamtpreissumme[85] für Preise, Ankäufe und Entschädigungen zu bestimmen. Über diese Instrumente wird die Arbeit der Teilnehmer gewürdigt,[86] hingegen werden damit nicht die Teilleistungen des späteren Auftragsverhältnisses entschädigt. Preise, Entschädigungen und Ankäufe sind demzufolge kein Bestandteil eines späteren Honorars.[87] 3.60

b. Die Preissumme beträgt beim Ideenwettbewerb das Dreifache der ordentlichen Vergütung für gleichartige Leistungen im Werkvertragsverhältnis, beim Projektwettbewerb das Zweifache, beim Gesamtleistungswettbewerb das An- 3.61

---

82 Vgl. bezüglich des Ablaufs der Beurteilung Art. 20 ff. SIA 142. Spielraum besteht etwa betreffend Anzahl Rundgänge, Einzelauswertung durch die Preisrichter, Führen von Debatten, Entscheidfindung durch einfaches oder qualifiziertes Mehr etc.; siehe dazu MESSERLI, Planungs- und Gesamtleistungswettbewerb, S. 144 ff.

83 Art. 21 SIA 142; Art. 52 Abs. 1 VöB.

84 Art. 22 SIA 142; Art. 52 Abs. 3 VöB; ULRICH, SIA 142, S. 254.

85 Unverändert geblieben ist die Höhe der auszurichtenden Gesamtpreissumme. Art. 44 Abs. 2 VöB; Art. 17.1 SIA 142; vgl. dazu die Wegleitung der SIA-Kommission 142/143 «Bestimmung der Preissumme» (Oktober 2009).

86 Unter gewissen Voraussetzungen ist es neu möglich, die Gesamtpreissumme und die Anzahl Preise zu reduzieren, vgl. Art. 17.5 SIA 142.

87 Art. 17.3 SIA 142; DEURING, S. 155 ff.; RECHSTEINER, Die Wettbewerbe, S. 164 ff.; SCHNEIDER HEUSI, SIA-Ordnung 142/2009, S. 7; SCHNEIDER HEUSI/SCHERLER, S. 235 f.

derthalbfache. Die zugrunde gelegte ordentliche Vergütung berücksichtigt alle im Programm geforderten Leistungen. Beim Projektwettbewerb wird für die Bestimmung der Preissumme von einem in Aussicht gestellten Auftrag von hundert Teilleistungsprozenten gemäss den SIA-Honorarordnungen ausgegangen. Bei Reduktion der Teilleistungen erhält der Gewinner zusätzlich zum Preisgeld bzw. Ankauf eine Entschädigung, die dem gleichen Prozentsatz der Gesamtpreissumme entspricht, um den die Teilleistungen reduziert wurden (Art. 17.1 SIA 142). Wenn die Teilnehmerzahl unerwartet gleich oder kleiner ausfällt als die Anzahl der vorgesehenen Preise, kann das Preisgericht die Gesamtpreissumme und die Anzahl Preise angemessen reduzieren. Die Reduktion der Gesamtpreissumme beträgt maximal die Hälfte und es müssen mindestens drei Preise vergeben werden (Art. 17.3 SIA 142).[88]

3.62 **c.** Gemäss Art. 19.1 SIA 142 dürfen nur diejenigen Wettbewerbsarbeiten rangiert und mit Preisen gewürdigt werden, welche die Wettbewerbsbedingungen in formeller und materieller Hinsicht einhalten. Bei Planungs- und Gesamtleistungswettbewerben können allerdings gemäss Art. 22.2 SIA 142 «hervorragende Wettbewerbsbeiträge, die wegen wesentlichen Verstössen gegen die Programmbestimmungen von der Preiserteilung ausgeschlossen wurden, angekauft werden». Angekaufte Wettbewerbsbeiträge darf das Preisgericht ebenfalls rangieren und denjenigen im ersten Rang zur Weiterbearbeitung empfehlen. Dies gilt aber nur, soweit diese Vorgehensmöglichkeit im Wettbewerbsprogramm ausdrücklich vorgesehen ist und ein Preisgerichtsentscheid mit einer Mehrheit von mindestens drei Vierteln der Stimmen und die Zustimmung aller Vertreter der Auftraggeberin vorliegt (Art. 22.3 SIA 142).[89]

3.63 **5.** Nach dem Abschluss der Beurteilung, d.h. dem Entscheid über die Rangierung sowie die Zusprechung der Preise und allfälliger Ankäufe, muss das Preisgericht zuhanden der Auftraggeberin einen **Wettbewerbsbericht**[90]

[88] Vgl. Wegleitung der SIA-Kommission 142 «Bestimmung der Preissumme für Planungs- und Gesamtleistungswettbewerbe aus dem Bereich Architektur» (SIA 142i-103d).

[89] Vgl. aber bezüglich der Zulässigkeit des Ankaufs in Wettbewerbsverfahren von kantonalen Vergabestellen: VGer SG B 2010/156 (14.10.2010), in: BR/DC 2011, S. 110, Nr. S11 mit Anmerkung Scherler. Im November 2011 hat die SIA-Kommission 142 eine neue Wegleitung «Ankauf» (SIA 142i-404) verabschiedet. Die Kommission erachtet den Ankauf als «Bestandteil der Wettbewerbskultur» für sinnvoll. Sie empfiehlt jedoch auch, die zwingend einzuhaltenden Rahmenbedingungen «auf das absolut Notwendige» zu beschränken.

[90] Bericht des Preisgerichts oder Jurybericht.

verfassen und eine **Empfehlung** aussprechen.[91] Die Empfehlung lautet auf Erteilung des Zuschlags für den in Aussicht gestellten Folgeauftrag. Beim Ideenwettbewerb (Nr. 3.9), der in der Regel keine Folgeauftragsoption enthält, wird auf eine Empfehlung verzichtet. In begründeten Fällen drängt sich eine Empfehlung für das «weitere Vorgehen»[92] auf, indem z.B. eine (teilweise) Überarbeitung der Wettbewerbsarbeiten empfohlen wird.

6. Mit dem Preisentscheid, der Empfehlung und der Unterzeichnung des Berichts durch das Preisgericht entfällt der Grund, die Projektverfasser geheim zu halten. Die Anonymität ist aufzuheben und die Verfassercouverts sind zu öffnen, um die Gewinner zu ermitteln (Art. 24.2 SIA 142).[93] Hierauf ist zu prüfen, ob die Preisgewinner zur Teilnahme am Wettbewerb berechtigt waren. Falls der für die Ausführung beantragte Wettbewerbsbeitrag ausscheidet, weil etwa dessen Verfasser nicht teilnahmeberechtigt war, so bestimmt das Preisgericht vor Ermittlung des nächsten Verfassers, ob sich ein anderer Wettbewerbsbeitrag zur Ausführung eignet. In diesem Fall liegt es im Ermessen des Preisgerichts, die Rangierung und die Preisabstufung zu ändern (Art. 24.3 SIA 142). 3.64

7. Die Empfehlung bzw. die Empfehlungen für die Erteilung eines Folgeauftrags sind bei Projektwettbewerben und Gesamtleistungswettbewerben öffentlicher Auftraggeberinnen im Sinne von Art. 53 VöB bindend.[94] In der SIA-Ordnung 142 ergibt sich eine solche Bindung aus dem Wettbewerbsprogramm gemäss Art. 13.3 lit. g sowie indirekt aus Art. 27 SIA 142. 3.65

8. Stellt das Preisgericht fest, dass aus dem Wettbewerb keine bewertbaren Wettbewerbsbeiträge («kein brauchbares Ergebnis») hervorgegangen sind (Art. 23.2 SIA 142), hält es dies in seinem Bericht fest. Die Auftraggeberin wird alsdann gemäss Art. 23.2 SIA 142 «für die Weiterbearbeitung der 3.66

---

91 Art. 51 Abs. 2 VöB; Art. 16, 23 und 24 SIA 142.

92 Art. 23.1 SIA 142.

93 GALLI/MOSER/LANG/CLERC, Nr. 547. Der Vergabestelle ist es indes nicht verwehrt, auch im Rahmen eines Ideenwettbewerbs einen Folgeauftrag an den Gewinner zu versprechen (vgl. DUBEY, Concours, Nr. 349; MESSERLI, Planungs- und Gesamtleistungswettbewerb, S. 74 f.). Ein so ausgestalteter Ideenwettbewerb kommt aber inhaltlich einem Projektwettbewerb sehr nahe oder unterscheidet sich überhaupt nicht von Letzterem (MESSERLI, Planungs- und Gesamtleistungswettbewerb, S. 77). Vorliegend wird daher unter Ideenwettbewerb jeweils ein Verfahren verstanden, in dessen Rahmen kein Folgeauftrag in Aussicht gestellt wird.

94 Bei Gesamtleistungswettbewerben mit einer Empfehlung für die Erteilung des Planungs- und Realisierungsauftrages; GALLI/MOSER/LANG/CLERC, Nr. 652 und 674.

Aufgabe von jeder Verpflichtung aus dem Wettbewerb befreit». In vergaberechtlicher Hinsicht ist in diesem Fall das Wettbewerbsverfahren durch die Auftraggeberin formell abzubrechen.[95] Diese Pflicht ergibt sich aus dem allgemeinen vergaberechtlichen Grundsatz, wonach Vergabeverfahren abzubrechen sind, wenn kein Angebot die geforderten Kriterien und technischen Anforderungen erfüllt.[96] Sofern die Ergebnislosigkeit nicht von der Auftraggeberin oder vom Preisgericht zu verantworten ist, sondern allein in den nicht bewertbaren Projekteingaben begründet liegt, muss im Anschluss an den Abbruch kein neues Wettbewerbsverfahren eingeleitet werden.[97] Vielmehr darf die Auftraggeberin einen Planungsauftrag «freihändig» erteilen und auf eine Wiederholung oder eine Neuauflage des Verfahrens verzichten.[98]

4. Vorgehen nach Abschluss des Wettbewerbs

3.67 **1.** Mit der Mitteilung des Wettbewerbsergebnisses an die Teilnehmer und der Ausrichtung der zuerkannten Preise ist der Wettbewerb abgeschlossen (Nr. 3.63).

3.68 **2a.** Die Preisentscheidung wird für die Auftraggeberin nach Abschluss der Beurteilung mit der schriftlichen Mitteilung an die Teilnehmer grundsätzlich verbindlich.[99] Sie kann nicht mehr von sich aus auf den Entscheid zurück-

---

95 Art. 1.4 i.V.m. Art. 24 SIA 142; Schneider Heusi/Scherler, S. 234 f.

96 § 37 Abs. 1 lit. a SVO ZH, Art. 30 Abs. 2 lit. a VöB. – Die Teilnehmer haben grundsätzlich Anspruch darauf, dass einem von ihnen der mit der Ausschreibung in Aussicht gestellte Folgeauftrag vergeben wird; wird aus wichtigen Gründen kein Zuschlag erteilt, ist das Verfahren förmlich abzubrechen.

97 Haben die Auftraggeberin (bei Mängeln in der Ausschreibung oder im Wettbewerbsprogramm) oder das Preisgericht (infolge mangelhafter Jurierung) den ergebnislosen Wettbewerb zu verantworten, ist der Wettbewerb zu wiederholen oder sind die Planungsleistungen in einem konventionellen leistungsorientierten Vergabeverfahren mit Honorarofferten zu vergeben.

98 Art. 13 Abs. 1 lit. a und b VöB; § 10 Abs. 1 lit. a und b SVO ZH; § 8 Abs. 3 lit. c SubmD AG. – Fraglich ist, ob hierfür Planer beauftragt werden dürfen, die bereits am ergebnislosen Wettbewerb teilnahmen.

99 Die Preisgewinner haben nun einen klagbaren Anspruch auf Entrichtung der Preise. Ist dem Sieger die Weiterbearbeitung der Bauaufgabe (Abschluss eines Planungsvertrags) versprochen, so kann bei Weigerung der Auftraggeberin, den Vertrag zu schliessen, die fehlende Willenserklärung durch Urteil des Richters ersetzt werden (BGE 97 II 51). Dem Gewinner wird dadurch in der Regel nicht geholfen sein, da die Auftraggeberin vom Planungsvertrag jederzeit zurücktreten kann; dem Gewinner verbleibt dann nur ein Scha-

kommen und eine andere Preisverteilung vornehmen.[100] Dies gilt für öffentliche und private Auftraggeberinnen gleichermassen.

b. Das Ausscheiden eines Preisgewinners führt nicht zu einer Neubeurteilung der Wettbewerbsbeiträge. Ebenso wenig ist eine neue Preisverteilung vorzunehmen. Vielmehr rückt der Verfasser des nächstbestqualifizierten Projekts nach (Nr. 3.64).[101] 3.69

c. Gemäss Art. 25.1 SIA 142 sind die Wettbewerbsergebnisse in der Presse «angemessen» zu veröffentlichen. Die Wettbewerbsbeiträge sind mit der Veröffentlichung des Entscheids während mindestens 10 Tagen öffentlich auszustellen.[102] 3.70

3. Die Auftraggeberin eines Wettbewerbs ist nicht verpflichtet, eines der eingereichten Projekte zur Ausführung zu bringen, auch nicht das erstprämierte (Nr. 2.55). Sie kann auf die Erteilung eines Folgeauftrags zur Realisierung des Bauvorhabens verzichten oder ein anderes Projekt ausführen lassen. Vorbehalten sind anderslautende Bestimmungen im Wettbewerbsprogramm. 3.71

4. In der Praxis behalten sich private Auftraggeberinnen häufig das ausdrückliche Recht vor, über die Weiterbearbeitung der Projekte nach Abschluss des Wettbewerbs selbständig zu entscheiden, ohne sich schon vorher auf ein bestimmtes Projekt (z.B. dasjenige des Preisgewinners) festzulegen. Die Auftraggeberin bleibt so frei, einen andern Planer direkt zu beauftragen. 3.72

---

denersatzanspruch nach Art. 377 OR, wenn es sich beim konkreten Planungsvertrag um einen Werkvertrag handelt, nach Art. 404 OR, wenn es sich um einen Auftrag handelt. Ob sich mit Rücksicht darauf, dass die Auftraggeberin eine allfällig bestehende Kontrahierungspflicht jederzeit in eine Schadenersatzpflicht «umwandeln» kann, die Annahme rechtfertigt, eine Klage auf Vertragsabschluss sei ausgeschlossen, es könne vielmehr nur auf Schadenersatz geklagt werden, bleibe dahingestellt.

[100] Eine andere Frage ist, ob der Entscheid auf Klage von Konkurrenten hin aufgehoben werden kann.

[101] Messerli, Planungs- und Gesamtleistungswettbewerb, S. 164.

[102] In begründeten Fällen kann unter Wahrung der Interessen der Teilnehmer auf eine Veröffentlichung und/oder eine öffentliche Ausstellung verzichtet werden. Dies ist im Wettbewerbsprogramm anzuzeigen (Art. 25.2 SIA 142).

IV. Die am Wettbewerb Beteiligten und ihre Rechtsbeziehungen

3.73 Über **Zuständigkeiten** bzw. **Verantwortlichkeiten** der Beteiligten finden sich in der SIA-Ordnung 142 verschiedene Regeln.

1. Die am Wettbewerb Beteiligten

A. Die Auftraggeberin

3.74 **1.** Die Aufgaben und Pflichten der Auftraggeberin werden in Art. 9.1 ff. SIA 142 festgelegt:[103] Sie hat die geeignete **Verfahrensart** zu wählen und das Verfahren so durchzuführen, «dass eine angestrebte Auftragserteilung an den Gewinner zulässig ist und das Vorhaben umgesetzt werden kann». Bei öffentlichen Auftraggeberinnen, die dem Vergaberecht unterstellt sind, ist der Wettbewerb gemäss den anwendbaren Schwellenwerten entweder im Einladungs- oder im offenen bzw. selektiven Verfahren durchzuführen.[104]

3.75 **2.** Die Auftraggeberin hat das Verfahren einer **Wettbewerbsform,** d.h. entweder der Kategorie anonymer Wettbewerb oder der Kategorie nicht anonymer Studienauftrag (Nr. 4.12) zuzuordnen. Eine Kombination von Wettbewerb und Studienauftrag ist aufgrund des Vorbehalts anonym durchzuführender Wettbewerbe nicht zulässig. Werden im Rahmen einer Projektentwicklung beide Vergabeformen, Wettbewerb und Studienauftrag (ohne Folgeauftrag), angewendet, so sind diese als in sich abgeschlossene Schritte durchzuführen.

3.76 **3.** Die Auftraggeberin ist für die Erstellung, die Publikation und den Versand des **Wettbewerbsprogramms** verantwortlich. Die Auftraggeberin ist verpflichtet, den Wettbewerb von Anfang bis Ende so durchzuführen, wie es im Wettbewerbsprogramm (Nr. 3.46) vorgesehen ist. Nach Eröffnung des Wettbewerbs darf sie keine Programmänderungen mehr vornehmen, es sei denn, diese seien ausdrücklich vorbehalten, ergeben sich aus der Fragebe-

---

103 Vgl. dazu auch Art. 45 und 50 f. VöB; Rechsteiner, Die Wettbewerbe, S. 160; Schneider Heusi/Scherler, S. 225 ff.

104 Wegleitung der SIA-Kommission 142/143 «Aufgaben und Verantwortung der Jurymitglieder» (Dezember 2010): Die Auftraggeberin ist verantwortlich für die notwendigen Vorabklärungen, um die Machbarkeit der Aufgabe, insbesondere die Finanzierbarkeit, zu sichern, S. 5.

antwortung (Nr. 3.51) oder alle Teilnehmer erteilen ihr Einverständnis dafür. Insbesondere darf sie das Programm nicht zum Nachteil der Teilnehmer – z.B. durch Verkürzung der Eingabefrist – abändern. Die Teilnehmer, die im Vertrauen auf das Wettbewerbsprogramm an die Lösung herangegangen sind, dürfen in diesem Vertrauen nicht nachträglich enttäuscht werden.

4. Die **Besetzung des Preisgerichts** bzw. der Experten ist ebenfalls Aufgabe der Auftraggeberin. Unter Beachtung bestimmter Schranken der personellen Zusammensetzung hat die Auftraggeberin bei der Bestellung der Preisrichter und Experten freie Hand.[105] 3.77

5. Die Auftraggeberin lässt durch das Preisgericht **Fragen** der Teilnehmer beantworten (Nr. 3.51). Nach Eingang der Wettbewerbsarbeiten ist sie für die **Vorprüfung** der Erfüllung der Programmbestimmungen der eingereichten Wettbewerbsbeiträge sowie für die Erstellung eines Vorprüfungsberichts zuhanden des Preisgerichts besorgt.[106] 3.78

6. Mit dem Abschluss des Verfahrens trifft die Auftraggeberin die Pflicht zu einer angemessenen **Bekanntmachung** des Wettbewerbsergebnisses in den Medien und einer **öffentlichen Ausstellung** der Wettbewerbsbeiträge.[107] Öffentliche Auftraggeberinnen teilen das Wettbewerbsergebnis den Teilnehmern durch eine Verfügung mit.[108] 3.79

B. Das Preisgericht

1. Zusammensetzung: Gemäss Art. 10.3 SIA 142 setzt sich das Preisgericht aus «qualifizierten Fachleuten aus den massgeblichen Fachgebieten, in denen der Wettbewerb ausgeschrieben wurde» zusammen. Die **Fachpreisrichter** müssen in ihrem Fachgebiet mindestens über dieselben Qualifikationen verfügen, die von den Teilnehmern gefordert werden. Bei Wettbewerben unter interdisziplinären Teams wird bei der Zusammensetzung des Preisgerichts eine gesamtheitliche Beurteilung durch den Einsatz von Generalisten, un- 3.80

---

105 Präambel SIA-Ordnung 142.

106 Art. 49 VöB; Art. 9.1 und 15 SIA 142; Messerli, Planungs- und Gesamtleistungswettbewerb, S. 67 und 124 f.; vgl. Wegleitung der SIA-Kommission 142 «Wettbewerbsbegleitung» Nummer 142i-102d; vgl. www.sia.ch/142i.

107 Art. 57 VöB; Art. 25 SIA 142.

108 Schneider Heusi, SIA-Ordnung 142/2009, S. 7.

terstützt durch Experten der untergeordneten Fachgebiete, sichergestellt.[109] Neben den Fachpreisrichtern können weitere «von der Auftraggeberin frei bestimmte Personen», sogenannte **Sachpreisrichter,** im Preisgericht Einsitz nehmen.

3.81 **2.** Ein Qualifikationsmerkmal eines Wettbewerbs ist die **Unabhängigkeit** des Preisgerichts.[110] Zu unterscheiden ist zwischen der Unabhängigkeit des Preisgerichts von der Auftraggeberin und der Unabhängigkeit der Teilnehmer: Aufseiten der Auftraggeberin reicht es aus, wenn die Hälfte der Fachpreisrichter von ihr unabhängig ist. Demgegenüber ist die Unabhängigkeit gegenüber den Teilnehmern zwingend zu beachten.[111]

3.82 **3.** Das Preisgericht bestimmt vorgängig, welche technischen Fachgebiete für die Lösung der Wettbewerbsaufgabe erforderlich sind. Es **genehmigt** das Wettbewerbsprogramm und damit auch die Beurteilungskriterien und es **beantwortet** die Fragen der Teilnehmer. Hauptaufgabe ist die **Beurteilung der Wettbewerbsbeiträge,** der Entscheid über die **Rangierung** sowie die Zusprechung der **Preise** und allfälliger **Ankäufe.**[112] Schliesslich ist der **Beurteilungsbericht** zu verfassen und eine **Empfehlung** für das weitere Vorgehen auszusprechen.[113]

---

109 Vgl. auch Art. 50 Abs. 2 VöB; MESSERLI, Planungs- und Gesamtleistungswettbewerb, S. 130 ff.; SCHNEIDER HEUSI/SCHERLER, S. 228 f.; vgl. dazu die Wegleitung der SIA-Kommission 142/143 «Aufgaben und Verantwortung der Jurymitglieder» (Dezember 2010), S. 5: «Jurymitglieder tragen Verantwortung gegenüber dem Auftraggeber, den Teilnehmern und als SIA-Mitglieder auch gegenüber dem SIA. Verantwortung gegenüber dem Auftraggeber: Jurymitglieder gehen mit dem Auftraggeber einen Vertrag ein und unterstehen der Treue- und Sorgfaltspflicht. Sie verpflichten sich, den Vertrag nach Treu und Glauben zu erfüllen. Insbesondere die Fachjuroren stellen ihre Fachkompetenz zur Verfügung, um das im Programm formulierte Ziel zu erreichen und haben die Pflicht, den Auftraggeber nach bestem Wissen und Gewissen zu beraten.» Und: «Jurymitglieder übernehmen gegenüber den Teilnehmern eine ethische und fachliche Verantwortung. Sie verpflichten sich zur Gleichbehandlung der Teilnehmer und zum fairen Wettbewerb.»

110 Art. XV Ziff. 1 lit. j GPA; Art. 50 VöB; kantonale Erlasse, z.B. § 10 Abs. 1 lit. i SVO ZH.

111 Art. 50 Abs. 4 Satz 3 VöB; Art. 10.4 SIA 142; zu einem vielbeachteten Entscheid vgl. VGer LU V 03 308 (7.01.2004), E. 10 und 11 (Planungswettbewerb Neubau Universität Luzern) Vgl. Wegleitung der SIA Kommission 142 «Befangenheit und Ausstandsgründe» Nummer 142i-202d; vgl. www.sia.ch/142i).

112 Vgl. Art. 21 und 22 SIA 142; Art. 52 VöB.

113 Art. 51 Abs. 2 VöB; Art. 16, 23 und 24 SIA 142; Wegleitung der SIA-Kommission 142/143 «Aufgaben und Verantwortung der Jurymitglieder» (Dezember 2010), S. 5: «Mitglieder des SIA sind gemäss den Statuten des SIA verpflichtet, sich an die technischen Normen, Ordnungen, Richtlinien und Empfehlungen des SIA zu halten. Für Handlungen von Ju-

C. Die Experten

1. Bei interdisziplinären Wettbewerben oder bei Wettbewerben, bei denen Problemstellungen für Fachplaner ein zusätzliches Gewicht erhalten, werden gewisse Spezialfragen in den eingereichten Projekten durch unabhängige Experten geprüft. In der Regel stehen sie den Teilnehmern auch im Rahmen der Fragenbeantwortung für detaillierte Abklärungen zur Verfügung.[114] 3.83

2. Experten kommt bei komplexen Wettbewerbsaufgaben eine bedeutende Stellung zu.[115] Ihre **Auskünfte** und Feststellungen im **Vorprüfungsbericht** und in der **Fragenbeantwortung** beeinflussen sowohl die Teilnehmer bei der Erarbeitung der Projekte als auch das Preisgericht bei dessen Beurteilung in der Regel massgeblich. Externe Experten haben zwar Verhaltensregeln zu beachten (Art. 14.2 SIA 142), verfügen aber über kein Stimmrecht im Preisgericht.[116] 3.84

D. Die Teilnehmer

1. Die Teilnehmer sind die zentralen Akteure im Wettbewerbsverfahren – ihre Stellung ist in der SIA-Ordnung 142 jedoch vergleichsweise knapp geregelt (vgl. Art. 12 SIA 142). Gemäss Art. 12.1 SIA 142 können Einzelplaner, mehrere Planer oder eine Kombination von Planern und Unternehmern am Wettbewerb teilnehmen.[117] 3.85

2a. Aus Art. 12.2 SIA 142 ergibt sich, dass am Wettbewerb **nicht teilnehmen** darf, «a) wer bei der Auftraggeberin, einem Preisrichter oder einem im Wettbewerbsprogramm aufgeführten Experten angestellt ist, b) wer mit einem Preisrichter oder einem im Wettbewerbsprogramm aufgeführten Experten nahe verwandt ist oder in einem beruflichen Abhängigkeits- oder Zusammengehö- 3.86

---

rymitgliedern, die mit Grundsätzen der Berufsausübung im Widerspruch stehen, sind die jeweiligen Standeskommissionen zuständig. Diese können im Fall des standesunwürdigen Verhaltens eines Mitglieds unter bestimmten Bedingungen Sanktionen und gegebenenfalls auch den Ausschluss aus dem Verein verfügen».

114 Wegleitung der SIA-Kommission 142 «Wettbewerbsbegleitung» (SIA 142i-102d).

115 Ulrich, SIA 142, S. 251.

116 Art. 50 Abs. 3 VöB; Art. 11.1 SIA 142. Wichtig ist dabei festzustellen, dass diese nur in Bezug auf die ihnen gestellten Spezialfragen beratende Funktion haben. Art. 11 Satz 2 SIA 142 muss somit eng ausgelegt werden.

117 Vgl. dazu Wegleitung der SIA-Kommission 142/143 «Teambildungen bei Projektwettbewerben» (Juni 2009) und VGer ZH, VB.2005.00153 25.1.2006; Deuring, S. 155 ff.; Dubey, Concours, Nr. 651 ff.; Schneider Heusi/Scherler, S. 229 f.

rigkeitsverhältnis steht oder c) wer den Wettbewerb begleitet». In Art. 12.3 SIA 142 wird zudem festgehalten, dass die «Kontaktaufnahme eines Teilnehmers mit der Auftraggeberin, dem Preisgericht oder einem Experten in Fragen, die den Wettbewerb betreffen», vor dem Preisgerichtsentscheid untersagt ist.

3.87 **b.** Am Wettbewerb darf hingegen teilnehmen, wer Vorleistungen vor Beginn des Wettbewerbs erbracht hat, sofern ihm gemäss Preisgericht aus seiner bisherigen Tätigkeit **keine unzulässigen Wettbewerbsvorteile** erwachsen. Vorleistungen und deren Verfasser sind im Programm zu nennen, und es sind deren Ergebnisse allen Teilnehmern zur Verfügung zu stellen. Damit wird die bundesgerichtliche Definition der Vorbefassung aus dem öffentlichen Vergaberecht aufgenommen.[118]

3.88 **c.** Vor der Beurteilung der Wettbewerbsbeiträge hat das Preisgericht darüber zu befinden, ob einem Teilnehmer aus seiner bisherigen Tätigkeit ein unzulässiger Wettbewerbsvorteil zukommt.[119] Konsequenterweise sind Ausschlüsse von Teilnehmern (von öffentlichen Auftraggeberinnen) mit einer Verfügung zu eröffnen.[120]

3.89 **3.** Unklar und wohl ohne praktische Bedeutung bezüglich Inhalt und Tragweite ist die Bestimmung von Art. 12.4 SIA 142, wonach «Bemühungen eines Teilnehmers um einen Auftrag, der mit der Empfehlung des Preisgerichts in Widerspruch steht», unzulässig sind.

2. Die Rechtsbeziehungen

A. Die Verträge der Beteiligten während des Wettbewerbsverfahrens im Überblick

3.90 Im Wettbewerbsverfahren bestehen bis zu dessen Abschluss verschiedene Vertragsverhältnisse zwischen den folgenden Beteiligten:[121]

3.91 – zwischen der Auftraggeberin und den intern und extern beigezogenen Mitgliedern des Preisgerichts bzw. den einzelnen Experten,

3.92 – zwischen der Auftraggeberin und den einzelnen Teilnehmern.

---

118 Vgl. dazu BGer 2P.164/2004 (25.1.2005) E. 3–4; Jäger, S. 63 ff.

119 Galli/Moser/Lang/Clerc, Nr. 677 f.

120 Galli/Moser/Lang/Clerc, Nr. 263 ff.

121 Ulrich, Architekturwettbewerb, S. 78 ff.

B. Der Vertrag zwischen Auftraggeberin und Preisrichter oder Experte

1. Die vertraglichen Beziehungen zwischen der Auftraggeberin und den extern beigezogenen einzelnen Mitgliedern des Preisgerichts bzw. den einzelnen Experten sind als einfache **Aufträge** im Sinn der Art. 394 ff. OR zu qualifizieren.[122] Eine solidarische Haftung der Preisrichter gemäss Art. 403 Abs. 2 OR besteht insofern nicht, als es in der Praxis stets an einer entsprechenden Willensübereinstimmung der Beteiligten zur gemeinschaftlichen Mandatsübernahme mangelt (Nr. 4.52).[123] 3.93

2. Mit der Zustimmung, als Mitglied eines Preisgerichts oder als Experte tätig zu sein bzw. durch die Unterzeichnung des Wettbewerbsprogramms, das die SIA-Ordnung 142 für anwendbar erklärt, werden deren Bestimmungen von den Vertragspartnern als **Allgemeine Geschäftsbedingungen** übernommen.[124] Wirksam als Vertragsinhalt ist zudem das Wettbewerbsprogramm, soweit es Rechte, Pflichten sowie Verfahrensregeln für das Preisgericht und/oder für Experten enthält (Art. 10.1 SIA 142). 3.94

3. Im Verhältnis zu den Teilnehmern bleibt die Auftraggeberin für das Verhalten der Preisrichter verantwortlich. Sie hat die Verantwortung für die unsorgfältige Auftragserledigung durch die Mitglieder des Preisgerichts und/oder Experten als **Hilfspersonen** gemäss Art. 101 OR zu tragen. Ob sie wiederum Mitglieder des Preisgerichts und/oder der Experten gestützt auf Art. 398 OR und auf die übernommenen Pflichten gemäss Art. 10 SIA 142 haftbar machen kann, ist im Einzelfall zu beurteilen. Die Haftung eines oder mehrerer Mitglieder des Preisgerichts wird im Wesentlichen davon abhängen, inwiefern sie eine ihnen im Rahmen der Verfahrensdurchführung obliegende Pflicht verletzten oder dazu beigetragen haben, dass ein fehlerhafter Entscheid gefällt wurde (Nr. 4.55).[125] 3.95

---

[122] Ulrich, Architekturwettbewerb, S. 85.

[123] BGE 124 III 363, E. II.5.a.

[124] Vgl. zur dieser Qualifikation als Allgemeine Geschäftsbedingungen: Ulrich, Architekturwettbewerb, S. 24.

[125] Es fallen diesbezüglich vor allem Verfahrensfehler oder inhaltliche fehlerhafte Entscheide in Betracht, die zu einem Konflikt mit dem öffentlichen Vergaberecht führen; vgl. Nr. 3.29.

C. Der Vertrag zwischen Auftraggeberin und Teilnehmern

3.96 **1.** Die Rechtswirkung des Wettbewerbs erschöpft sich (auch ausserhalb des Anwendungsbereichs der SIA-Ordnung 142) nicht in der Verpflichtung der Auftraggeberin, die (fristgemäss eingereichten) Projekte zu beurteilen, die Gewinner zu ermitteln und die ausgesetzten Preise auszurichten.[126] Vielmehr entstehen zulasten der Auftraggeberin einklagbare Vorbereitungspflichten.[127] Im Vordergrund stehen Versprechen der Auftraggeberin, die ihre Grundlage im Wettbewerbsprogramm haben. Das Programm bindet die Auftraggeberin, sobald sie es den Teilnehmern gegenüber für anwendbar erklärt hat (Nr. 3.76). Bei den Bedingungen, welche die Auftraggeberin in ihr Wettbewerbsprogramm aufnimmt und sie so für anwendbar erklärt,[128] handelt es sich um Bestimmungen bzw. **Abreden,** welche die Grundlagen für das Rechtsverhältnis zwischen den Auftraggeberinnen und den Teilnehmern durch die Wettbewerbseröffnung (Wettbewerbsverhältnis) bilden. Sie werden zum **Vertragsinhalt.**[129] Ein Teil der Bedingungen muss jeweils für den konkreten Wettbewerb individuell ausgearbeitet werden (z.B. die Angaben über die Projektierungsaufgabe, über Ort und Zeitpunkt der Projektabgabe etc.). Andere Bedingungen (z.B. hinsichtlich der Eigentumsverhältnisse an den eingereichten Projekten) können für eine Vielzahl von Wettbewerben vorformuliert sein und fallweise von der Auftraggeberin übernommen werden.[130]

3.97 **2.** Die Auftraggeberin offeriert mit der (Preis-) Ausschreibung[131] einem noch zu bestimmenden Kreis von zu prämierenden Teilnehmern die Ausrichtung von Preisgeldern bzw. die Erteilung eines (Folge-) Auftrags bei Einreichung von Wettbewerbsbeiträgen.[132] Dem leistenden Teilnehmer entsteht durch ein einseitiges Rechtsgeschäft eine bedingte Forderung auf Ausrichtung der ausgelobten Belohnung, sofern sein Wettbewerbsbeitrag rangiert wird.

---

126 Demgegenüber können programmwidrige Projekte unter Umständen vom Wettbewerb ausgeschlossen werden; vgl. Nr. 3.54.

127 Diese können sich einerseits gestützt aus dem Wettbewerbsprogramm und andererseits unmittelbar aus Art. 2 ZGB ergeben. Koller, Architektenrecht 1995, Nr. 239 ff.; zu den Wettbewerbsbedingungen vgl. Nr. 3.46.

128 Schneider Heusi, SIA-Ordnung 142/2009, S. 7.

129 Gauch/Schluep/Schmid, Nr. 1055; vgl. Art. 2.2 SIA 142.

130 Unter den vorformulierten Wettbewerbsbedingungen stehen diejenigen der SIA-Ordnung 142 im Vordergrund.

131 Oder mit der Einladung, falls keine Ausschreibung erfolgt oder falls im Zeitpunkt der Ausschreibung das Programm noch nicht feststeht.

132 Ulrich, Architekturwettbewerb, S. 110.

3. Demgegenüber nimmt nach der Konzeption der SIA-Ordnung 142 (Art. 2.2) der Teilnehmer mit seiner Teilnahme den «Antrag zum Abschluss eines Vertrages» an und «schliesst den Vertrag ab». Als «Bestandteile des Vertrages» gelten die SIA-Ordnung 142, das Wettbewerbsprogramm und die Fragenbeantwortung. Aus rechtlicher Sicht stellt sich die Frage, inwiefern sich aus dieser Formulierung eine vertragliche **Pflicht zur Abgabe eines Wettbewerbsbeitrags** durch die Teilnehmer ergibt.[133] Ob eine solche zu bejahen ist, ist im Einzelfall aufgrund der zwischen Auftraggeberin und Teilnehmern getroffenen Abrede zu klären. 3.98

a. Im **Einladungsverfahren** (Nr. 3.20) bestimmt die Auftraggeberin, welche Teilnehmer sie direkt zum Wettbewerb einladen will (Art. 8.1 SIA 142). Die Anzahl der Teilnehmer kann frei gewählt werden. Sie soll mit dem Ziel bestimmt werden, dass der Wettbewerb ein genügend breites Spektrum von Lösungsmöglichkeiten hervorbringt. Als Vertragsabschluss eignet sich in diesem Verfahren der Zeitpunkt, in dem die Teilnehmer die Einladung zum Wettbewerb annehmen. 3.99

b. Im **selektiven Verfahren** reichen die Teilnehmer zuerst einen «Antrag auf Teilnahme» mit den geforderten Qualifikationsunterlagen ein (Art. 7.1 SIA 142). Die Auswahl erfolgt durch eine Mitteilung der Auftraggeberin an die ausgewählten Teilnehmer. Eine mit der Einreichung der Qualifikationsunterlagen erklärte Zustimmung eines Teilnehmers zum Vertragsabschluss mit der Auftraggeberin, der die Durchführung des Verfahrens bis zum Wettbewerbsende regelt, kann stets nur unter der Bedingung ergehen, dass der Teilnehmer von der Auftraggeberin überhaupt zur Teilnahme am Wettbewerb auf der zweiten Stufe zugelassen (präqualifiziert) wurde. Andererseits setzt ein Vertragsabschluss im Zeitpunkt der Einreichung dieser Unterlagen voraus, dass das folgende Verfahren mit den Wettbewerbsbedingungen sowie die Wettbewerbsaufgabe bereits hinreichend bestimmt sind. Vorausgesetzt, dass die Teilnehmer das Wettbewerbsprogramm kennen, kann zwischen der Auftraggeberin und jedem der Teilnehmer ab dem Zeitpunkt, in dem dieser mit der Zustellung der Präqualifikationsunterlagen die Teilnahme am Verfahren ausdrücklich oder konkludent erklärt, je ein bedingtes Vertragsverhältnis bestehen.[134] Andernfalls ist ein Vertragsabschluss erst zum Zeitpunkt möglich, in dem die Teilnehmer die Mitteilung der Präqualifikation erhalten haben 3.100

---

133 ULRICH, Architekturwettbewerb, S. 111; KOLLER, Architektenrecht 1995, Nr. 210.
134 Art. 151 OR.

und sie über die notwendigen Unterlagen für die Anhandnahme der Wettbewerbsaufgabe auf der zweiten Stufe verfügen.

3.101 **c.** Im **offenen Verfahren** akzeptiert der Teilnehmer mit einer vorbehaltslosen Eingabe seines Beitrags die ihm ausgehändigten Bedingungen im Wettbewerbsprogramm.[135] Ob sich im offenen Verfahren tatsächlich eine vertragliche Pflicht zur Abgabe bzw. Überarbeitung eines Wettbewerbsbeitrags für die unbestimmte Zahl von Teilnehmern ergibt, ist im Einzelfall zu klären. Die einseitige Befreiungsmöglichkeit des Interessenten ist eine notwendige Folge der Tatsache, dass die Auftraggeberin ihrerseits ja auch nicht eine fixe Leistung, sondern nur eine Chance auf den Wettbewerbssieg bietet.[136]

3.102 **4.** Die **Wettbewerbsaufgabe** ist je nach Aufgabe festzulegen.[137] Mit der Herstellung von Plänen, Skizzen und allenfalls Konzepten schuldet der Teilnehmer einen Arbeitserfolg. Die von den Teilnehmern zu erbringenden Leistungen sind somit werkvertraglicher Natur. Das Vertragsverhältnis zwischen der Auftraggeberin und dem einzelnen Teilnehmer ist bei Betrachtung der geschuldeten Leistung als **werkvertragsähnlicher Innominatkontrakt** zu qualifizieren.[138]

3.103 **5a.** Kommt der Teilnehmer der Verpflichtung zur Abgabe eines Wettbewerbsbeitrags nicht nach, gerät er in **Verzug** und die Auftraggeberin kann gemäss den allgemeinen Verzugsregeln vorgehen.[139] Eine Nachfristansetzung zur Einreichung eines Wettbewerbsbeitrags ist bei öffentlichen Auftraggeberinnen bereits vor dem Hintergrund des Gleichbehandlungsgrundsatzes nicht zulässig (Nr. 3.22). Die Auftraggeberin kann nach Massgabe der Art. 107 ff. OR entweder Schadenersatz wegen Nichterfüllung verlangen oder vom Vertrag zurücktreten und Schadenersatz im Rahmen des negativen Vertragsinteresses geltend machen. Sie ist in einem solchen Fall nicht verpflichtet, eine Entschädigung zu leisten.

3.104 **b.** In der Praxis teilt der säumige Teilnehmer häufig bereits vor Ablauf der Frist zur Einreichung der Wettbewerbsbeiträge der Auftraggeberin mit, dass

---

135 Ulrich, Architekturwettbewerb, S. 80 f.

136 Ulrich, Architekturwettbewerb, S. 65 ff.

137 Art. 3.3 SIA 142 und Begriffsdefinitionen S. 5, 142.

138 Ulrich und Messerli qualifizieren sie als Werkverträge: Ulrich, SIA 142, S. 245; Ulrich, Architekturwettbewerb, S. 110; Messerli, Planungs- und Gesamtleistungswettbewerb, S. 51. Vgl. zur Qualifikation des reinen Planungsvertrags Nr. 1.30.

139 Art. 107 ff. OR; Art. 366 OR. Im Programm kann eine anderslautende, vorrangige Regelung getroffen werden.

er an der fristgerechten Einreichung des Wettbewerbsbeitrags verhindert ist. Oft erklärt sich die Auftraggeberin in solchen Fällen mit einer Vertragsauflösung einverstanden und gibt damit konkludent zum Ausdruck, dass sie weder auf die Erbringung der Leistung durch den Teilnehmer noch auf ihrem Schadenersatzanspruch besteht.

D. Rangierung und Ausschluss

1. Rangierung: Gemäss Art. 21.3 SIA 142 prüft das Preisgericht «die in der engeren Wahl verbleibenden Wettbewerbsbeiträge und legt deren Rangfolge fest. Es differenziert zwischen der Klassierung von Rängen und der Klassierung von Preisen und Ankäufen». Nach der Konzeption der SIA-Ordnung 142 werden die Preise jedoch nur an diejenigen Teilnehmer entsprechend der festgelegten Rangfolge zugesprochen, die mit ihrem Wettbewerbsbeitrag weder aus formellen noch aus materiellen Gründen ausgeschlossen worden sind (Art. 19.1 SIA 142). 3.105

2a. Welche Folgen ein Verstoss gegen das Wettbewerbsprogramm nach sich zieht, bestimmt sich in erster Linie nach den darin formulierten Bestimmungen bzw. nach dem anwendbaren Vergaberecht. Die Auftraggeberin ist grundsätzlich frei, welche Sanktionen sie für den Fall von Programmwidrigkeiten vorsehen will. Sie kann z.B. bestimmen, dass Beilagen (Fotos, Zeichnungen usw.), die dem Wettbewerbsbeitrag programmwidrig beigelegt werden, zu entfernen und bei der Projektbeurteilung nicht zu berücksichtigen sind. Pläne, die nicht im vorgeschriebenen Massstab angefertigt wurden, können zur Verbesserung zurückgewiesen werden. 3.106

b. Ausschluss: Die SIA-Ordnung 142 unterscheidet in Art. 19 zwischen dem «Ausschluss von der Beurteilung» und dem «Ausschluss von der Preiserteilung». In beiden Fällen entfällt ein Preisanspruch. Die SIA-Ordnung 142 schränkt den **Ausschluss von der Beurteilung** auf unverständliche oder in wesentlichen Belangen unvollständige Wettbewerbsbeiträge ein. Offen bleibt, ob bei zwar verständlichen, von der Auftraggeberin aber sonst als mangelhaft beurteilten Wettbewerbsbeiträgen eine Preiserteilung gleichwohl zulässig ist. Es ist jedoch fraglich, inwiefern ein Wettbewerbsbeitrag in diesem frühen Verfahrensstadium nebst den beiden Fällen von Unvollständigkeit und Unbrauchbarkeit überhaupt als mangelhaft qualifiziert werden kann. Sodann fehlt es zumindest bei öffentlichen Auftraggeberinnen an der Möglichkeit, dass der Teilnehmer ein Nachbesserungsrecht überhaupt ausüben könnte, da dieses mit dem Grundsatz der Gleichbehandlung im Vergaberecht 3.107

nicht vereinbar wäre. Neben den genannten Ausschlussgründen von Art. 19 SIA 142 können bei Verfahren von öffentlichen Auftraggeberinnen weitere Ausschlussgründe erfüllt sein, die vorrangig zu beachten sind.[140]

3.108 **3a.**Die Auftraggeberin ist zur «vollen» **Ausrichtung der Gesamtpreissumme**[141] gemäss der im Wettbewerbsprogramm festgelegten Regeln an die Teilnehmer verpflichtet. Wird die SIA-Ordnung 142 als anwendbar erklärt, bemisst sich die Höhe der Summe nach den darin festgelegten Regelungen (Art. 17.1 SIA 142).[142] Die Auftraggeberin legt bereits im Programm die Höhe der Preissumme und die ungefähre Zahl der Preise fest (Art. 13.3 lit. f SIA 142). Die Zahl der Preise bewegt sich zwischen drei bei kleinen und zwölf bei grossen Gesamtpreissummen (Art. 17.2 SIA 142). Bei mehrstufigen Wettbewerben sind die geforderten Leistungen jeder Stufe bei der Ermittlung der Gesamtpreissumme zu berücksichtigen. Gemäss Art. 17.3 SIA 142 fallen höchstens 40 Prozent der Gesamtpreissumme für allfällige Ankäufe in Betracht.[143]

3.109 **b.** Die **Entschädigung** einer optionalen Bereinigungsstufe wird nicht in der Gesamtpreissumme berücksichtigt, sondern nach Bedarf am Ende der letzten ordentlichen Stufe bestimmt. Jeder Teilnehmer der optionalen Stufe erhält die ordentliche Vergütung für gleichartige Leistungen im Auftragsverhältnis. Bei Wettbewerben unter selektionierten und/oder eingeladenen Teilnehmern kann zudem ein angemessener Teil der Gesamtpreissumme als Entschädigung gleichmässig unter die Teilnehmer, deren Arbeiten zur Beurteilung zugelassen werden, verteilt werden (Art. 17.5 SIA 142).

E. Folgeaufträge im Regelfall, Abgeltungen im Ausnahmefall

3.110 **1.** Neben den Ansprüchen auf das Preisgeld stellt sich für die Wettbewerbsgewinner regelmässig die Frage, welche weiteren Ansprüche und Folgeaufträge aus Wettbewerben resultieren. Zu unterscheiden sind:

---

140 Vgl. Entscheid VGer SG B 2010/156 (14.10.2010).

141 Anhang C Wegleitung der SIA-Kommission 142/143 «Wettbewerbsprogramme» (SIA 142i-101d).

142 Möglich sind anderslautende, vorrangige Regelungen. Bei fehlender Erklärung der Anwendbarkeit der SIA-Ordnung 142 hat die Festsetzung nach dem Wert der Arbeit und dem Aufwand zu erfolgen (Art. 374 OR).

143 Anhang C Wegleitung der SIA-Kommission 142/143 «Wettbewerbsprogramme» (SIA 142i-101d) und Wegleitung der SIA-Kommission 142/143 «Artikel 27: Ansprüche aus Wettbewerben und Studienaufträgen» SIA 142i-501d.

- die Ansprüche aus Wettbewerben im Sinne von **Folgeaufträgen** gemäss Art. 27.1 SIA 142 als Regelfall und 3.111

- die **Abgeltungen** gemäss Art. 27.2 und 27.3 SIA 142 als Ausnahmefälle.[144] 3.112

2a. Beim **Ideenwettbewerb** (Nr. 3.9) steht in der Regel kein Auftrag in Aussicht (Art. 3.2 SIA 142). In Art. 27.1 lit. a SIA 142 wird präzisiert, dass der Gewinner dann Anspruch auf einen planerischen Auftrag hat, wenn ein solcher im Programm in Aussicht gestellt wird. Öffentliche Auftraggeberinnen haben deshalb im Programm die Voraussetzungen und Kriterien festzulegen, damit die vergaberechtlichen Vorgaben für eine solche Zuschlagserteilung erfüllt sind. Wenn kein bzw. kein substanzieller Auftrag in Aussicht gestellt wurde, hat der Gewinner zusätzlich zum Preisgeld gemäss Art. 17.1 SIA 142 Anspruch auf eine Entschädigung.[145] 3.113

b. Der Gewinner im **Projektwettbewerb** (Nr. 3.10) hat indessen gemäss Art. 27.1 lit. b SIA 142 Anspruch auf den Auftrag, wie er im Wettbewerbsprogramm formuliert ist. Hierzu wird ausdrücklich festgehalten, dass in der Regel der volle Auftrag (100 Teilleistungsprozente gemäss SIA-Honorarordnungen) in Aussicht gestellt wird und bei Reduktion der Teilleistungen der Gewinner zusätzlich zum Preisgeld bzw. Ankauf eine Entschädigung erhält, die dem gleichen Prozentsatz der Gesamtpreissumme entspricht, um den die Teilleistungen reduziert wurden. Damit soll insbesondere die Reduktion bei einer späteren Generalunternehmerausschreibung abgegolten werden.[146] 3.114

c. Hinsichtlich der Folgeaufträge beim **Gesamtleistungswettbewerb** (Nr. 3.11 f.) besagt Art. 27.1 lit. c SIA 142, dass der Gewinner den Folgeauftrag für die Planungsleistungen und die Bauleistungen erhält. 3.115

3a. In Art. 27.2 SIA 142 werden zwei mögliche Fälle und die Voraussetzungen genannt, nach denen ein Gewinner, der keinen Folgeauftrag erhält, zusätzlich 3.116

---

144 Schneider Heusi, SIA-Ordnung 142/2009, S. 7; Schneider Heusi/Scherler, S. 235 f.

145 Der Begriff des substanziellen Auftrags wird noch zu klären sein. Auszugehen ist im Minimum von den Teilleistungen für die Phasen Vorprojekt, Bauprojekt und Bewilligungsverfahren; Schneider Heusi, SIA-Ordnung 142/2009, S. 8.

146 Vgl. auch Art. 17.1 SIA 142; Messerli, Planungs- und Gesamtleistungswettbewerb, S. 91 f.

zu den Preisgeldern gemäss Art. 17 SIA 142 Anspruch auf eine **Abgeltung** der Urheberrechte geltend machen kann.[147]

3.117 **b.** Eine wichtige Bestimmung findet sich sodann in Art. 27.3 SIA 142: **Verzichtet** die Auftraggeberin innerhalb von drei Jahren nach dem Preisgerichtsentscheid auf eine Realisierung des Vorhabens definitiv und erteilt sie den Auftrag für die ausgeschriebenen Leistungen nicht, kann eine **Abgeltung** verlangt werden. Dies gilt auch bei einem rechtmässigen Verzicht der Auftraggeberin und unabhängig von den Gründen, die diese zu diesem Schritt bewogen haben.[148] Mit dieser Bestimmung wird dem Umstand Rechnung getragen, dass die Auftraggeberin nicht gegen ihren Willen dazu gezwungen werden kann, dem Wettbewerbsgewinner den Zuschlag und einen Folgeauftrag zu erteilen (Nr. 2.55). Dem Entscheid des Preisgerichts kommt gemäss Rechtsprechung lediglich eine negative Bindungswirkung zu. Dies bedeutet, dass die dem öffentlichen Vergaberecht unterstellte Auftraggeberin nicht eine freihändige Vergabe an einen andern Anbieter als den Wettbewerbsgewinner vornehmen kann,[149] wobei der Vertragsabschluss aber vom Wettbewerbsgewinner seinerseits nicht durchgesetzt werden kann.[150]

3.118 **c.** Vom definitiven Verzicht ist der Fall zu unterscheiden, bei dem das Vorhaben zumindest teilweise weiterverfolgt bzw. eine neue Ausschreibung vorgenommen wird. Beabsichtigt eine öffentliche Auftraggeberin, ein neues Vergabeverfahren für dieselbe Beschaffung oder eine solche mit vergleichbarem Zweck durchzuführen, so ist dies nur möglich, wenn der bestehende Zuschlag vorgängig rechtswirksam widerrufen wird, wofür wichtige Gründe vorliegen müssen.[151] Die Geltendmachung einer Abgeltung gemäss Art. 27.3 SIA 142 ist unabhängig davon möglich.

---

147 Mit der präzisierten Formulierung im Vergleich zur bisherigen Fassung ist nun verdeutlicht, dass die Abgeltungen nicht die Unrechtmässigkeit des Auftragsentzugs voraussetzen. Eine Entschädigung ist unabhängig davon geschuldet, ob die Empfehlung des Preisgerichts rechtskonform erfolgt ist oder nicht; vgl. Messerli, Planungs- und Gesamtleistungswettbewerb, S. 44 und 83.

148 Schneider Heusi/Scherler, S. 238.

149 VGer ZH, 17. März 2004, VB.2004.00078 und 28. Januar 2004, VB.2003.00234.

150 BGE 129 I 410; VGer ZH, 20. April 2005, VB.2005.00068.

151 VGer ZH, 20. April 2005, VB.2005.0068.

F. Verhandlungen über die Wettbewerbsbeiträge

1. Der Auftraggeberin bzw. dem Preisgericht liegen nach Ablauf der Eingabefrist und durchgeführter Vorprüfung Angebote vor, über die theoretisch verhandelt werden könnte. Solche **Offertverhandlungen** sind jedoch aus vertragsrechtlicher und vergaberechtlicher Sicht nicht zulässig: Aus vertragsrechtlicher Sicht sind sie ausgeschlossen, weil die Vergabestelle an das bekannt gegebene Wettbewerbsprogramm gebunden ist.[152] Würde sie im Vorfeld zum Eingabetermin ein «Gegenangebot» eines Wettbewerbsteilnehmers akzeptieren, bestünde die Situation, dass gegenüber diesem Wettbewerbsteilnehmer andere Wettbewerbsbedingungen gelten als gegenüber den übrigen (potenziellen) Wettbewerbsteilnehmern. Diese Situation wäre mit dem Grundsatz von Treu und Glauben, der die Gleichbehandlung aller Teilnehmer gebietet, nicht vereinbar. In vergaberechtlicher Hinsicht führt sie zu einer Verletzung des Gleichbehandlungsprinzips. Diese Situation kann die Vergabestelle auch nicht verhindern, indem sie das Wettbewerbsprogramm gegenüber allen (potenziellen) Wettbewerbsteilnehmern ändert. Denn nach der Eröffnung des Wettbewerbs kann ohne Einverständnis aller (potenziellen) Teilnehmer keine Programmänderung mehr vorgenommen werden: Gegenüber den (potenziellen) Anbietern kann die Vergabestelle das als Offerte zu qualifizierende Wettbewerbsprogramm nicht einseitig ändern.[153] 3.119

2. Vor der Empfehlung des Preisgerichts[154] sind jegliche Verhandlungen auch in Wettbewerbsverfahren **ohne Folgeauftrag unzulässig.** Denn die Anonymität ist zu wahren, bis das Preisgericht die Wettbewerbsbeiträge beurteilt, rangiert und die Preise zugesprochen hat.[155] Vertragsverhandlungen sind mit dem Anonymitätsgrundsatz nicht vereinbar. Denn nach diesem Grundsatz müssen die Kenntnis über die Lösungsvorschläge einerseits und die Kenntnis über deren Verfasser andererseits konsequent auseinandergehalten werden.[156] Diese Trennung ist im Rahmen einer Vertragsverhandlung nicht möglich, bilden doch die Lösungsvorschläge regelmässig den Gegenstand des Angebots, über das mit den jeweiligen Verfassern verhandelt werden soll.[157] 3.120

152 Vgl. z.B. Art. 13 SIA 142.
153 Art. 3 Abs. 1 und Art. 5 Abs. 1 OR.
154 Art. 53 VöB; Art. 23 SIA 142.
155 Art. 48 VöB; Art. 1.4 SIA 142.
156 Vgl. zum Begriff der Anonymität die Begriffsdefinition in der SIA-Ordnung 142.
157 LEUTHOLD, Verhandlungen, Nr. 742 f.

3.121 **3.** In der Phase nach der Auswahl des für den Folgeauftrag zu berücksichtigenden Angebots sind **Verhandlungen über den Folgeauftrag** denkbar: Im Regelfall spricht das Preisgericht eine Empfehlung zuhanden der Vergabestelle für die Erteilung eines weiteren planerischen Auftrags oder eines Zuschlags aus.[158] Den Zuschlag selbst erteilt indes die Vergabestelle.[159] Dabei ist sie grundsätzlich an die Empfehlung des Preisgerichts gebunden, ein beliebiges Abweichen davon ist nicht zulässig.[160] Die Vergabestelle darf deshalb den Folgeauftrag nur dem empfohlenen Wettbewerbsteilnehmer und entsprechend dem vom Preisgericht vorgelegten Beitrag vergeben. Der Folgeauftrag hat ferner grundsätzlich der Wettbewerbsausschreibung oder dem -programm zu entsprechen.[161] In Bezug auf das **Änderungsverbot** in der Phase nach der Empfehlung des Preisgerichts ist die Rechtslage vergleichbar mit derjenigen nach der Erteilung des Zuschlags im «leistungsorientierten» Vergabeverfahren (Honorarsubmission; Nr. 4.21). Dort wie hier darf die Vergabestelle den Beschaffungsvertrag nur im Rahmen der Abschlusserlaubnis erteilen. Im Gegensatz zum konventionellen und gesetzlich detailliert geregelten Ausschreibungsverfahren ergibt sich die Abschlusserlaubnis beim Projekt- oder Gesamtleistungswettbewerb aber nicht aus dem Zuschlag, sondern aus der Empfehlung des Preisgerichts: Mit der Empfehlung erlaubt das Preisgericht der Vergabestelle, den ausgeschriebenen Folgeauftrag mit dem ausgewählten Wettbewerbsteilnehmer freihändig zu vergeben.[162]

3.122 **4.** Wie in der Abschlussphase beim konventionellen leistungsorientierten Vergabeverfahren mit Honorarofferte drängen sich auch im Wettbewerbsverfahren nach der Empfehlung des Preisgerichts oft noch Änderungen und Ergänzungen der Anbieter- und Auftraggeberparameter auf. Auch in dieser Hinsicht ist die Situation vergleichbar mit dem konventionellen Vergabever-

---

158 Art. 51 Abs. 2 VöB; Art. 23.1 SIA 142.

159 Art. 51 Abs. 2 VöB und Art. 23.1 SIA 142 unterscheiden zwischen «Empfehlung (...) für die Erteilung eines weiteren planerischen Auftrages» und «Empfehlung für die Erteilung (...) eines Zuschlages». Diese Unterscheidung ist im Zusammenhang mit der Unterscheidung zwischen Projekt- und Gesamtleistungswettbewerb zu verstehen: Der Gewinner eines Projektwettbewerbs hat in der Regel Anspruch auf einen weiteren planerischen Auftrag (Art. 55 Abs. 1 lit. b VöB) und der Gewinner eines Gesamtleistungswettbewerbs erhält in der Regel den Zuschlag (Art. 55 Abs. 1 lit. c VöB). Vergaberechtlich gesehen handelt es sich aber bei beiden Varianten um die Erteilung des Zuschlags für den Folgeauftrag (vgl. MESSERLI, Planungs- und Gesamtleistungswettbewerb, S. 76).

160 Art. 53 VöB.

161 LEUTHOLD, Verhandlungen, Nr. 752 f.

162 LEUTHOLD, Verhandlungen, Nr. 755.

fahren. Es rechtfertigt sich daher, Offertverhandlungen im gleichen Umfang und nach den gleichen Regeln zuzulassen, wie in der Abschlussphase beim konventionellen Vergabeverfahren. In der Phase nach der Empfehlung des Preisgerichts sind somit Offertverhandlungen nach den Verhandlungsregeln in der Abschlussphase zu führen. Danach dürfen die Offertverhandlungen im Ergebnis zu geringfügigen Änderungen der angebotenen Anbieter- und Auftraggeberparameter führen, soweit mit diesen Änderungen nicht die Gefahr einer Verfälschung des Wettbewerbsergebnisses einhergeht. Von einer solchen Verfälschung ist dann auszugehen, wenn die beabsichtigten Änderungen Rückwirkungen auf die Rangierung der Wettbewerbsbeiträge zeitigen könnten und damit wettbewerbsrelevant sind.[163]

3. Sonderfrage: Der fehlerhafte Preisentscheid

1. Mit dem Preisentscheid wird darüber befunden, welche Wettbewerbsbei- 3.123
träge preiswürdig sind. Die Preisentscheidung wird mit der Mitteilung an die Teilnehmer für die Auftraggeberin verbindlich. Das schliesst jedoch eine Anfechtung durch die Teilnehmer nicht aus: Deren Anspruch auf Einhaltung der Wettbewerbsbedingungen schliesst auch den Anspruch auf Behebung von Fehlern des Preisentscheids ein. Bei öffentlichen Auftraggeberinnen obliegt diese Überprüfung den Beschwerdeinstanzen (Nr. 3.29).[164]

a. Im Anwendungsbereich der SIA-Ordnung 142 ist zwischen dem unge- 3.124
rechtfertigten Ausschluss von der Beurteilung einerseits und der Preiserteilung andererseits zu unterscheiden. Im einen wie im andern Fall wird der Wettbewerbsbeitrag nicht auf seine Preiswürdigkeit untersucht; er ist somit von der Preisentscheidung im hier verstandenen Sinne ausgeschlossen.

b. Die Feststellung der Fehlertatbestände kann Schwierigkeiten bereiten. 3.125
Das gilt namentlich für Tatbestände, die einen Ermessensfehler voraussetzen. Ein solcher Fehler liegt nur vor, wenn der Spielraum verlassen, die Freiheit – das Ermessen – missbraucht wird.[165] Den Ermessensspielraum abzustecken, fällt nicht einfach. Die Gerichte sind zurückhaltend mit der Annahme, er sei

---

163 LEUTHOLD, Verhandlungen, Nr. 756.

164 KOLLER, Architektenrecht 1995, Nr. 267 ff.; ULRICH, Architekturwettbewerb, S. 125 ff.

165 Ein offensichtlicher Missbrauch ist nicht vorausgesetzt. Ein «blosser» Missbrauch genügt. Hingegen ist ein solcher nur anzunehmen, wenn vom «durchschnittlichen Empfinden» offensichtlich abgewichen wurde; KOLLER, Architektenrecht1995, Nr. 277.

nicht eingehalten, dies vor allem in ästhetischen und fachlichen Fragen, bei denen der Ermessensspielraum des Preisgerichts am grössten ist.[166]

3.126 **2.** Wird der Anspruch auf Fehlerbeseitigung klageweise geltend gemacht und ist nicht öffentliches Vergaberecht anwendbar, so stellt sich die Frage, wer zur Korrektur zuständig ist: Der Richter oder aber das Preisgericht. Eine eigentliche Korrektur des Beschlusses müssen sich die Teilnehmer grundsätzlich nicht gefallen lassen, da sie gemäss Wettbewerbsbedingungen mit dem Preisentscheid des Preisgerichts rechnen, nicht jedoch mit einem richterlichen «Ersatz-Entscheid».[167]

3.127 **3.** Sofern die Behebung eines Fehlers praktisch nicht mehr möglich ist, wandelt sich der Anspruch auf Fehlerbehebung nach Massgabe der Art. 97 ff. OR in einen Schadenersatzanspruch um.[168] Für eine fehlerhafte Preisentscheidung haftet die Auftraggeberin jedoch nur dann, wenn sie ein Verschulden trifft. Ein solches wird dort, wo die Preisentscheidung einem Preisgericht übertragen wurde, kaum je vorliegen.[169] In den Vordergrund rückt daher die Frage, unter welchen Voraussetzungen die Auftraggeberin für das Verhalten des Preisgerichts einzustehen hat. In dieser Hinsicht gilt Art. 101 OR.[170]

---

166 KOLLER, Architektenrecht 1995, Nr. 277 mit Verweisen.

167 Am Gesagten ändert nichts, dass der Richter mangels Sachverstand den fehlerhaften Preisentscheid regelmässig nicht selbst korrigieren, sondern damit Experten betrauen würde. Tragender Gedanke für den Ausschluss einer richterlichen Fehlerkorrektur ist ja das Vertrauen der Teilnehmer auf eine Preisentscheidung durch ein bestimmtes Preisgericht. Dieser Gedanke aber greift unabhängig davon durch, ob sich der Richter selbst an die Preisentscheidung wagt oder diese durch Experten vornehmen lässt. Aus der gleichen Überlegung darf die Fehlerkorrektur grundsätzlich auch keinem Ersatzpreisgericht übertragen werden. Immerhin mag «eine erneute Beurteilung der Wettbewerbsarbeiten durch ein Ersatzpreisgericht ausnahmsweise zulässig sein»; ULRICH, Architekturwettbewerb, S.185.

168 Die Anwendbarkeit von Art. 97 ff. OR versteht sich von selbst für den Fall, dass zwischen Auftraggeberinnen und Teilnehmern ein Vertragsverhältnis besteht; KOLLER, Architektenrecht 1995, Nr. 288.

169 Ausgeschlossen ist ein Verschulden freilich nicht. Culpa in eligendo fällt in Betracht, aber auch (z.B. verlängert die Auftraggeberin die Eingabefrist, ohne dem Preisgericht davon Kenntnis zu geben; in der Folge schliesst das Preisgericht einen Teilnehmer, der sich nicht an die im Programm angegebene Frist hält, – zu Unrecht – vom Wettbewerb aus) culpa in instruendo.

170 Abzulehnen ist somit die Ansicht, die Pflicht der Auftraggeberin «erschöpfe sich darin, dem Spruche des Preisgerichts entsprechend die versprochenen Leistungen zu erbringen», weshalb die Auftraggeberin «allein für gehörige Sorgfalt bei Wahl und Instruktion» des Preisgerichts haftbar gemacht werden könne; KOLLER, Architektenrecht 1995, Nr. 289.

4a. Zur Anfechtung eines (fehlerhaften) Preisentscheids sind nur Teilnehmer legitimiert, für die sich die Behebung des Mangels vorteilhaft auswirken kann. Daher haben z.B. Teilnehmer, welche die Eingabefrist verpasst haben und aus diesem Grunde zu Recht vom Wettbewerb ausgeschlossen wurden, keinen Anspruch auf Korrektur eines fehlerhaften Preisentscheids (Nr. 3.54). 3.128

b. Soweit ein Anspruch auf Korrektur einer Preisentscheidung vorhanden ist, besteht er nicht dem Preisgericht, sondern der Auftraggeberin gegenüber.[171] Denn nur diese treffen die Verpflichtungen aus dem Wettbewerbsverhältnis. Gegebenenfalls ist daher der Anspruch auf Fehlerbeseitigung in der Weise durchzusetzen, in der die Auftraggeberin verpflichtet wird, eine neue Beurteilung durch das Preisgericht zu veranlassen.[172] 3.129

171 ULRICH, Architekturwettbewerb, S. 149 f.

172 Ob das Preisgericht der Auftraggeberin gegenüber zu einer Neubeurteilung verpflichtet ist, ist eine hier nicht näher interessierende Frage. In einem von ULRICH, Architekturwettbewerb, S. 181 referierten Fall weigerte sich das Preisgericht, gemäss dem Entscheid der Wettbewerbskommission des SIA eine Neubeurteilung vorzunehmen.

§ 4 Der Studienauftrag nach der SIA-Ordnung 143

Claudia Schneider Heusi

Inhaltsverzeichnis

I. Einleitung

4.1 **1.** Der Studienauftrag wird herkömmlicherweise als eine Form der Konkurrenz verstanden. Dabei erteilt eine Auftraggeberin «Studienaufträge» für dieselbe Aufgabe gleichzeitig an mehrere Bewerber, um für die spätere Planung eines Vorhabens verschiedene Lösungsvorschläge zu erhalten.[1]

4.2 **2.** Der **Begriff des Studienauftrags** wird in zweifacher Weise verwendet: Zum einen wird damit eine *Verfahrensart* wie der Wettbewerb oder andere Formen der Planerauswahl *mit mehreren Teilnehmern* bezeichnet. Zum anderen wird darunter gleichzeitig das vom Veranstalter beim einzelnen Teilnehmer verlangte *Leistungsergebnis* (die Studie selber) verstanden.

4.3 **3.** Der Studienauftrag wird nachfolgend als Verfahrensart **insbesondere in Abgrenzung zum Wettbewerb** (Nr. 3.5) geschildert, fokussiert auf die SIA-Ordnung 143 für Architektur- und Ingenieurstudienaufträge (Nr. 4.11). Der Wettbewerb und der Studienauftrag sind seit 2009 in zwei verschiede-

---

1 Esseiva, Concours et marchés publics, S. 207; Dubey, Concours, Nr. 429; Dubey, VGT 10, S. 173.

nen Ordnungen geregelt.[2] Die neue SIA-Ordnung 143 für Studienaufträge orientiert sich in weiten Teilen an ihrer «Schwester-Ordnung» SIA 142 für Wettbewerbe (dazu Nr. 3.1 ff.). Sie wendet deren bisherige und neue Vorgaben analog auf den *ausschliesslich nicht anonymen Studienauftrag* an.[3] Entsprechend werden im folgenden Beitrag vor allem die Unterschiede zum in vielen Bereichen ähnlichen Wettbewerb herausgearbeitet. Auf eine wiederholende Darstellung wird verzichtet.

II. Grundlagen

1. Die Erscheinungsformen in der Praxis

1. Seit jeher werden eine Vielzahl *von unterschiedlichen Verfahren* als Studienaufträge bezeichnet. Es handelt sich um eine gewachsene Form der Auftragsvergabe,[4] die schon lange vor der Reglementierung der öffentlichen Vergaben eingesetzt wurde. 4.4

2. Studienaufträge decken alternativ im Wesentlichen folgende Bedürfnisse: 4.5

- Die Prüfung grundlegender Fragen zur möglichen weiteren Entwicklung und Nutzung einzelner oder mehrerer Parzellen bzw. grösserer Gebiete. 4.6
- Die Erarbeitung von Grundlagen für die Erstellung von planungs- und nutzungsrechtlichen Instrumenten. 4.7
- Die Durchführung einer weiteren Projektentwicklung, zum Beispiel im Rahmen eines Wettbewerbs, gestützt auf die Ergebnisse aus dem Studienauftrag. 4.8
- Auf der Basis des Studienauftrags sollen weitere Planeraufträge für die Projektierung eines Vorhabens ohne erneute Ausschreibung erteilt werden können. 4.9

---

2 Zuvor waren nur die Grundprinzipien für die Durchführung von Studienaufträgen in der SIA-Ordnung 142 für Architektur- und Ingenieurwettbewerbe (Ausgabe 1998) beschrieben worden; Dubey, Concours, Nr. 420.

3 Vgl. zur Darstellung der neuen SIA-Ordnung 143: Dubey, Mandats d'étude parallèles, S. 140 ff.

4 Ulrich, Architekturwettbewerb, S. 110.

4.10 **3.** Grössere öffentliche Bauherren setzten den Studienauftrag bis zum wegweisenden Entscheid «Cornavin»[5] insbesondere dort ein, wo die Notwendigkeit bestand, mit den Teilnehmern Zwischenergebnisse zu besprechen, und die Fragestellungen zu einem umfangreichen und komplexen Vorhaben in einem nicht anonymen Verfahren klären zu können.[6] Der Studienauftrag erwies sich indessen zusehends als ein Sammelbecken für alle möglichen Arten von Verfahren für kleinere und weniger anspruchsvolle Aufgabenstellungen, bei denen die Auftraggeberinnen, vor allem kleinere Gemeinwesen, *keinen anonymen* Wettbewerb gemäss der SIA-Ordnung 142/1998 durchführen wollten.[7]

2. Die SIA-Ordnung 143 und ihr Anwendungsbereich

4.11 **1.** Vor diesem Hintergrund beschloss der SIA, für den nicht anonymen Studienauftrag eine eigene Ordnung zu schaffen. Diese SIA-Ordnung 143 für Architektur- und Ingenieurstudienaufträge regelt die Durchführung von Studienaufträgen zur Vergabe von Architektur- und Ingenieurleistungen und legt Rechte und Pflichten von Auftraggeberin, Preisrichtern, Experten und Teilnehmern fest.

4.12 **2.** Auftraggeberinnen sollen durch die Regelung in zwei verschiedenen Ordnungen dazu angehalten werden, die Verfahren entweder dem Regelfall anonymer Wettbewerb oder dem Ausnahmefall nicht anonymer Studienauftrag zuzuordnen. Eine Kombination von Wettbewerb und Studienauftrag wird in beiden Ordnungen als unzulässig erklärt (Nr. 3.5).[8] Als Grund wird genannt, dass bei einer Kombination die Anonymität im gesamten Verfahren nicht gewährleistet werden könne. Die klare Trennung ist indessen in erster Linie vergaberechtlich geboten (Nr. 4.29).

A. Die öffentliche Auftraggeberin

4.13 **1.** Wie die SIA-Ordnung 142 kann die SIA-Ordnung 143 von privaten und öffentlichen Auftraggeberinnen als anwendbar erklärt werden. Das setzt eine

---

5 BRK 2004-017 (8.9.05) (Studienauftrag SBB Bahnhof Genf/Cornavin).

6 Vgl. dazu z.B. Studienaufträge der Stadt Zürich für das Stadtspital Triemli Zürich Mai 2005 und für den Neubau Stadion Letzigrund 2002.

7 Dubey, Concours, Nr. 420 ff.

8 Präambeln SIA-Ordnungen 142 (vgl. Nr. 3.5) und 143.

ausdrückliche Nennung im Programm voraus. Bei ihrer Übernahme bilden sie auch für eine öffentliche Auftraggeberin verbindliche Allgemeine Geschäftsbedingungen.[9]

2. Verfahren in Anwendung der SIA-Ordnungen werden mehrheitlich von der öffentlichen Hand durchgeführt, welche die Bestimmungen des **öffentlichen Vergaberechts**[10] vorrangig zu beachten hat (Nr. 3.21 ff.).[11] Die SIA-Ordnung 142 wird in Entscheiden zu Submissionsbeschwerden teilweise als subsidiäres öffentliches Recht bezeichnet.[12] Die mit vergaberechtlichen Fragen betrauten Gerichte räumen diesen SIA-Ordnungen – obwohl Regelwerke eines privaten Vereins und nicht Gesetz – eine starke Stellung ein.[13] 4.14

3. Welchen Stellenwert die SIA-Ordnung 143 einnehmen wird, ist noch offen. Dies ist davon abhängig, in welchem Umfang und für welche Vorhaben sie von den öffentlichen Auftraggeberinnen als anwendbar erklärt wird und wie durch die Gerichte Fragen nach der vergaberechtlichen Qualifikation des Studienauftrags sowie der Zulässigkeit der Erteilung von Folgeaufträgen beurteilt werden. 4.15

B. Die private Auftraggeberin

Die private Auftraggeberin untersteht keinen vergaberechtlichen Vorschriften. Private Bauherren erklären in den Fällen, in welchen sie Studienaufträge durchführen, in der Regel nicht oder nur auszugsweise Verbandsregelungen wie die SIA-Ordnung 143 als anwendbar. Rechte und Pflichten der Beteiligten ergeben sich entsprechend aus den von der privaten Auftraggeberin festgelegten individuellen Programmbestimmungen.[14] 4.16

---

9 DUBEY, Mandats d'étude parallèles, S. 140 und SCHNEIDER HEUSI, Die SIA-Ordnung 142, S. 4.

10 Zu den vergaberechtlichen Grundlagen Nr. 3.21 ff.

11 Zum Vorrang der gesetzlichen Vorschriften vgl. Entscheid VGer SG B 2010/156 (14.10.2010).

12 BRK 2004-017 (8.9.05) (Studienauftrag SBB Bahnhof Genf/Cornavin); GALLI/MOSER/LANG/CLERC, Nr. 658.

13 Vgl. SIEGENTHALER/STÖCKLI, S. 37 ff.

14 Im Einzelfall sind Anspruchsgrundlagen gemäss Art. 8 OR, Urheber-, Wettbewerbs- und Lauterkeitsrecht sowie die culpa in contrahendo zu prüfen.

3. Die Arten von Studienaufträgen

4.17 **1.** In der SIA-Ordnung 143 wird zwischen Planungs- und Gesamtleistungsstudien unterschieden (Art. 3 f. SIA 143). Als Planungsstudien gelten die Idee- und die Projektstudie (Art. 3.1 SIA 143).

4.18 **a. Ideenstudien** sollen ähnlich dem Ideenwettbewerb (vgl. Nr. 3.9) *Vorschläge* bringen für konzeptionelle Entscheide oder für die Lösung von komplexen Aufgaben, die nur allgemein umschrieben und abgegrenzt sind. In der Regel steht kein Folgeauftrag in Aussicht. Ideenstudien können zum Beispiel Testplanungen umfassen (Art. 3.2 SIA 143).[15]

4.19 **b.** Bedeutsamer sind **Projektstudien** (zum Projektwettbewerb vgl. Nr. 3.10) welche der Lösung komplexer Aufgaben, deren Ergebnis zur Realisierung vorgesehen ist, und der Ermittlung von Fachleuten dienen. Der Vertiefungsgrad der Projektstudie kann frei gewählt werden und ist im Gegenzug angemessen zu entschädigen (Art. 3.3 SIA 143). Ein Folgeauftrag kann, muss aber nicht, vorgesehen sein. Je nachdem, ob ein solcher Folgeauftrag vorgesehen ist oder nicht, läuft das Verfahren anders ab.

4.20 **2.** Die **Gesamtleistungsstudie** ist das «Spiegelbild» des Gesamtleistungswettbewerbs (vgl. Nr. 3.11 f.). Ähnlich wie dieser bedarf sie einer eingehenden, vorgängig definierten, möglicherweise funktionalen, sorgfältigen Leistungsbeschreibung und ist entsprechend zeit- und kostenaufwendig.

4. Die wesentlichen Unterschiede zum Wettbewerb

4.21 **1.** Die SIA-Ordnungen 142 und 143 unterscheiden grundlegend zwischen einer Beschaffung mittels eines leistungsorientierten Verfahrens, bei dem regelmässig ein Preisangebot zu unterbreiten ist und das deshalb in der Praxis häufig als *Honorarsubmission* bezeichnet wird und der Beschaffung mittels eines *Wettbewerbs oder eines Studienauftrags.*[16] Dem Wettbewerb und dem Studienauftrag ist *in Abgrenzung zum leistungsorientierten Verfahren* **gemeinsam,** dass die Evaluation nicht aufgrund des offerierten Honorars und somit nicht mittels des Kriteriums Preis[17] erfolgt. Auch wird sowohl beim

---

15 Dubey, VGT 10, S. 197.

16 Vgl. zum Unterschied zwischen leistungs- und lösungsorientierter Beschaffung Nr. 3.6 sowie Schneider Heusi/Scherler, S. 212.

17 Anders bei Gesamtleistungswettbewerben-/studienaufträgen, vgl. Nr. 3.11.

Wettbewerb als auch dem Studienauftrag ein unabhängiges Gremium[18] eingesetzt, dessen Entscheid für die Auftraggeberin verbindlich ist. Schliesslich erhält die Auftraggeberin beim Wettbewerb und beim Studienauftrag mehrere Lösungsvorschläge für eine bestimmte planerisch offene Ausgangslage.[19]

2. Unterschiede bestehen ist in erster Linie beim **Verfahren** des Studienauftrags: 4.22

- Die Auftraggeberin erteilt für die Erarbeitung von Lösungsvorschlägen *parallel identische, entgeltliche Aufträge* an verschiedene Planer. 4.23
- Der Studienauftrag wird *nicht anonym* durchgeführt. Die Anonymität ist definiert als *«die konsequente Trennung zwischen der Kenntnis des Lösungsvorschlags einerseits und des Verfassers andererseits».*[20] Bei einem nicht anonymen Verfahren haben Auftraggeberin, Beurteilungsgremium und Experten Kenntnis von der Identität der Teilnehmer. 4.24
- Der Studienauftrag erfolgt in der Regel *nicht in einem offenen,* sondern nur in einem *selektiven oder im Einladungsverfahren* (Art. 6 SIA 143).[21] 4.25
- Es wird ein *Dialog* zwischen dem Beurteilungsgremium und den Teilnehmern durchgeführt. 4.26
- Die Teilnehmer werden *alle gleich honoriert. Preise werden nicht vergeben und eine Rangierung der Beiträge ist nicht vorgesehen.* Die Teilnehmer konkurrenzieren sich nicht in Bezug auf ihre Entschädigung. 4.27

3. Die Meinung, dass sich mit einem Studienauftrag das gleiche Resultat etwas einfacher als mit einem anonymen Wettbewerbsverfahren erreichen liesse, ist verbreitet, aber unzutreffend,[22] wie die folgenden Überlegungen zeigen: 4.28

a. Vorab sind die **vergaberechtlichen Folgen** je nach Qualifikation des durchgeführten Verfahrens unterschiedlich und von den öffentlichen Auftraggeberinnen zu beachten. Eine Zuschlagserteilung im Anschluss an ein nicht anonymes Verfahren ist nur unter engen Voraussetzungen zulässig 4.29

---

18 Beim Wettbewerb wird dieses Gremium als Preisgericht (Nr. 3.80) und beim Studienauftrag als Beurteilungsgremium bezeichnet.

19 Dubey, VGT 10, S. 175.

20 Begriffsdefinitionen S. 5 SIA 142 und 143.

21 Vorrangig zu dieser Bestimmung sind die vergaberechtlichen Vorschriften zur Verfahrenswahl sowie zur Auftragswertberechnung; vgl. auch Nr. 4.14.

22 Vgl. Rechsteiner, Die Wettbewerbe, S. 174.

(Nr. 4.164 ff.). Häufig werden diese gerade nicht erfüllt sein. Die Auftraggeberin verfügt im Ergebnis für die von ihr angestrebte Zuschlagserteilung für eine weitere Projektierung möglicherweise also nicht über eine rechtmässige vergaberechtliche Grundlage. Diese Themen werden nachfolgend vertieft erörtert (Nr. 4.164 ff.).

4.30 **b.** Das nicht anonyme Verfahren sowie die Durchführung des Dialogs stellen **erhöhte Anforderungen**[23] an die Auftraggeberin und die Mitglieder des Beurteilungsgremiums. Die SIA-Ordnung 143 sagt dazu lediglich: *«Die Durchführung eines nicht anonymen Verfahrens stellt hohe Anforderungen an die Unabhängigkeit und die Integrität der Beteiligten.»*[24] Entscheidend ist, dass die Gleichbehandlung der Wettbewerbsteilnehmer trotz fehlender Anonymität gewährleistet ist. Auch darauf gehe ich nachfolgend näher ein (Nr. 4.146–150).

4.31 **c.** Gemäss der SIA-Ordnung 143 eignet sich der Studienauftrag nur für **komplexe Aufgaben,** die einen **direkten Dialog** zwischen dem Beurteilungsgremium und den Teilnehmern während der Projektentwicklung aus fachlicher Sicht erfordern.[25] Die Auftraggeberin hat die Notwendigkeit des Dialogs im Programm des Studienauftrags zu begründen.[26] Als mögliche Gründe, die im folgenden Beitrag noch im Detail und kritisch betrachtet werden (Nr. 4.114 ff.), nennt die SIA-Ordnung 143:

4.32 – Die Aufgaben können nicht im Voraus klar definiert werden, und die Projektierung soll als aktiver Lernprozess dienen,

4.33 – oder verschiedene Randbedingungen sollen während der Projektierung getestet werden (Art. 1.2 SIA 143).

4.34 **4.** Den nachfolgenden Ausführungen wird die Definition der SIA-Ordnung 143 des Studienauftrags als *nicht anonymes, lösungsorientiertes Verfahren für komplexe Aufgaben* zugrunde gelegt. Davon zu unterscheiden ist die vergabe- wie vertragsrechtlich (Nr. 4.63) zum Teil umstrittene Qualifikation des Studienauftrags sowie die bereits erwähnte Frage, ob die öffentliche Auftraggeberin befugt ist, mögliche Folgeaufträge zu erteilen (Nr. 4.164).

---

23 Präambel SIA 143.

24 Präambel SIA 143.

25 Präambel und Art. 13.3 lit. b SIA 143.

26 Präambel und Art. 1.2 SIA 143.

III. Die Beteiligten und ihre Rechtsbeziehungen

1. Stellung, Aufgaben und Pflichten der Beteiligten

A. Die Auftraggeberin

1. Die Stellung, die Zuständigkeiten sowie die Aufgaben der Auftraggeberin entsprechen im Wesentlichen denjenigen beim Wettbewerb.[27] Noch ausgeprägter als beim Wettbewerb ist beim Studienauftrag die Verantwortung der Auftraggeberin für die **Verfahrenswahl.** Sie ist zuständig für die Wahl des geeigneten Verfahrens und die Art des Studienauftrags (Art. 9.1 SIA 143) und hat im Einzelfall die für diese Wahl notwendigen vergaberechtlichen Abklärungen zu veranlassen. 4.35

2. Die SIA-Ordnung 143 erklärt die Auftraggeberin als zuständig für die **Einhaltung der Regeln des Dialogs** (Art. 9.1 SIA 143). Wie sie diese Pflicht wahrzunehmen hat, lässt die SIA-Ordnung 143 offen. Sie weist gleichzeitig den Mitgliedern des Beurteilungsgremiums die Verantwortung zu, dass der Studienauftrag ordnungsgemäss durchgeführt wird (Art. 10.1 SIA 143); diesen obliegt zudem die Federführung für die korrekte Durchführung des Dialogs (Art. 10.2 und 14.1 SIA 143). Damit übernimmt die Auftraggeberin vor allem die Pflicht, im Programm die Regeln des Dialogs festzusetzen. Die Durchführung des Dialogs aber obliegt dem Beurteilungsgremium. 4.36

3. Die öffentliche Auftraggeberin hat angesichts der fehlenden Anonymität des Verfahrens vorrangig dafür besorgt zu sein, dass die Gleichbehandlung der Teilnehmer gewährleistet ist. Ihr kommt die Pflicht zu, mit klaren Regelungen *im Programm* transparent offenzulegen, wie das Verfahren abgewickelt wird. Sie hat sodann die massgebenden Beurteilungskriterien[28] detailliert und die Einzelheiten zum Dialogverfahren (Anzahl, Zeitpunkt und Modalitäten der Besprechungen) umfassend bekannt zu geben. 4.37

---

27 Art. 9 SIA 142 und 143; vgl. Nr. 3.74 ff.

28 In der Praxis anzutreffen sind häufig allgemein gehaltene Kriterien wie: Städtebau, Architektur, Aussenraum, Funktionalität, Wirtschaftlichkeit und ökologische Nachhaltigkeit.

B. Die Teilnehmer

4.38 **1.** Die wenigen Bestimmungen zu den Teilnehmern in den beiden SIA-Ordnungen 142 und 143 sind mit Ausnahme des Hinweises auf die Regeln des Dialogs beim Studienauftrag identisch.[29]

4.39 **2.** Allerdings ist beim Studienauftragsvertrag die **vertragsrechtliche Stellung** der Teilnehmer eine andere. Darauf komme ich zurück (Nr. 4.65 und 4.70).

C. Das Beurteilungsgremium

4.40 **1.** Anstelle eines Preisgerichts wird ein *Beurteilungsgremium* eingesetzt, das nach denselben Regeln wie beim Wettbewerb zusammengesetzt ist. Eine Ausnahme besteht beim Studienauftrag ohne Folgeauftrag, bei denen nicht die Mehrheit, sondern nur zwei Fachleute[30] von der Auftraggeberin unabhängig[31] sein müssen (Art. 10.4. SIA 143).

4.41 **2.** Die Aufgaben eines Beurteilungsgremiums sind mit Ausnahme des zusätzlichen Dialogverfahrens dieselben wie die des Preisgerichts beim Wettbewerb. Das Beurteilungsgremium *«moderiert den Studienauftrag, beurteilt die Vorschläge, hält die Ergebnisse des Dialogs fest und formuliert Schlussfolgerungen sowie eine Empfehlung für das weitere Vorgehen».*[32]

4.42 **3.** Im Vordergrund steht somit die **Durchführung des Studienauftrags,** bei dem die Mitglieder des Beurteilungsgremiums wegen des Dialogverfahrens sowie der fehlenden Anonymität im Vergleich zum Wettbewerb besonders darauf achten müssen, dass keine Ausstands- und/oder Ablehnungsgründe vorliegen (Nr. 4.108). Das Beurteilungsgremium ist ebenfalls zuständig für die Erstellung von Protokollen nach den Zwischenbesprechungen (Art. 16 SIA 143). Es beurteilt zum Schluss des Verfahrens die Beiträge der Teilnehmer und gibt eine Empfehlung ab. Darauf gehe ich noch vertieft ein (Nr. 4.151 ff.).

4.43 **4.** Die SIA-Ordnung 143 weist den Mitgliedern des Beurteilungsgremiums ausdrücklich die **Verantwortung** dafür zu, dass der **Studienauftrag ord-**

29 Art. 12 SIA 142 und 143; vgl. Nr. 3.85 ff.

30 In der SIA-Ordnung 143 wird der Begriff «Fachleute» verwendet; er entspricht demjenigen des «Fachpreisrichters» in der SIA-Ordnung 142.

31 Zur Unabhängigkeit vgl. Nr. 3.81 und Nr. 4.108.

32 Präambel SIA-Ordnung 143.

nungsgemäss durchgeführt wird.[33] Sie verpflichtet die Mitglieder insbesondere, die Transparenz während der Durchführung des Verfahrens und die Gleichbehandlung der Teilnehmer sicherzustellen (Art. 10.1 und 10.5 SIA 143). Diese Pflichten gehen weit (Nr. 4.55) und setzen voraus, dass die Mitglieder des Beurteilungsgremiums über die notwendigen Kenntnisse im zu beurteilenden Fachgebiet und in der Durchführung von Wettbewerben sowie Studienaufträgen verfügen. Dabei handelt es sich nicht nur um fachliche Qualifikationen im Bereich der von den Teilnehmern geforderten Beiträge (Art. 9.2 und 10.3 SIA 143), sondern auch um fundiertes Fachwissen zum Inhalt der SIA-Ordnung 143 und der dazugehörigen Praxis. Da sie mit ihren Entscheiden die Grundlagen für Verfügungen von öffentlichen Vergabestellen schaffen und gegenüber der Auftraggeberin in der Verantwortung stehen, haben die Mitglieder die für den Studienauftrag vergaberechtlich relevanten Themen zu kennen. Dazu gehören beispielsweise die aus dem Gleichbehandlungsgebot resultierenden Verbote von Überarbeitungen, unzulässigen Änderungen von wesentlichen Rahmenbedingungen und der Erteilung von Folgeaufträgen an programmwidrig beurteilte Beiträge.

5. Hat die Auftraggeberin die SIA-Ordnung 143 nicht als anwendbar erklärt, 4.44
ist sie frei, wie sie die Zusammensetzung und die Aufgaben des Beurteilungsgremiums im Programm organisieren will. Während private Veranstalter von Studienaufträgen hier keine Vorgaben zu beachten haben, ist bei öffentlichen Auftraggeberinnen wiederum die jeweilige Vergabegesetzgebung mit ihren Anforderungen an die Unabhängigkeit des Beurteilungsgremiums vorrangig.[34]

D. Die Experten und Fachstellen

1. Wie beim Wettbewerb (Nr. 3.83 f.) kann das Beurteilungsgremium zur 4.45
Beurteilung spezifischer Fragen von der Auftraggeberin bestimmte Experten und Fachstellen konsultieren (Art. 11.1 SIA 143). Diese sind dabei den Interessen der Auftraggeberin als ihrer Vertragspartnerin verpflichtet (Art. 9.1 SIA 143).[35] Sie haben zum Beurteilungsgremium keine vertragliche Beziehung.

---

[33] Vgl. auch die Wegleitung der Kommission 142/143 142i-401d «Aufgaben und Verantwortung der Jurymitglieder» vom Dezember 2010.

[34] Art. 50 VöB; Art. 13 Abs. 1 lit. l VöB; § 10 Abs. 1 lit. i ZH-SVO; vgl. auch SCHERLER, Nr. 3.8.

[35] DUBEY, VGT 10, S. 199.

4.46 **2.** Die Auftraggeberin kann bestimmen, dass Experten und Fachstellen auch den Teilnehmern während des Dialogverfahrens für Beratungen zur Verfügung stehen. Die Experten und Fachstellen haben objektive Auskünfte zu erteilen, Informationen vertraulich zu behandeln und dafür zu sorgen, dass durch ihre Beratung kein Ideentransfer möglicher Lösungsansätze zwischen den Teilnehmern stattfindet (Art. 14.2 SIA 143). Anders als beim Wettbewerb können diese Experten oder Vertreter von Fachstellen, die den Teilnehmern für Beratungen zur Verfügung gestanden haben, auch an den Sitzungen des Beurteilungsgremiums teilnehmen.[36] Sie haben dabei eine beratende Funktion, jedoch kein Stimmrecht (Art. 11.1. SIA 143). Konkrete Verhaltensregeln in der SIA-Ordnung 143 zur wichtigen Expertentätigkeit fehlen. Angesichts der in der Praxis grossen Bedeutung der Expertenauskünfte für die Teilnehmer ist den Auftraggeberinnen zu empfehlen, mit diesen Experten neben der Honorarabrede ebenfalls die Aufgaben und Pflichten detailliert zu vereinbaren und diese gegenüber den Teilnehmern offenzulegen.

2. Die Qualifikation der Vertragsverhältnisse während des Verfahrens und die Rechtsfolgen

A. Die Verträge im Überblick

4.47 **1.** Beim Studienauftrag bestehen bis zu dessen Abschluss wie beim Wettbewerb **verschiedene Vertragsverhältnisse** zwischen den folgenden Beteiligten:

4.48 – zwischen *der Auftraggeberin* und jedem einzelnen der *extern beigezogenen Mitglieder des Beurteilungsgremiums;*

4.49 – zwischen *der Auftraggeberin* und *jedem einzelnen Teilnehmer;*

4.50 – zwischen *der Auftraggeberin* und *den einzelnen Experten/Fachstellen*.[37]

---

36 Vgl. Art. 14.2 letzter Satz SIA 142, wonach die Experten, die den Teilnehmern für Abklärungen zur Verfügung gestanden haben, nicht an der Beurteilung des Preisgerichts teilnehmen. Damit soll die Anonymität des Verfahrens sichergestellt werden.

37 Keine vertraglichen Beziehungen bestehen in der Regel zu hoheitlich tätigen Fachstellen wie beispielsweise Baubewilligungsbehörden.

2. Keine Unterschiede zum Wettbewerb (Nr. 3.93 ff.) ergeben sich hinsichtlich der Qualifikation der vertraglichen Beziehung zwischen **der Auftraggeberin und den Mitgliedern des Beurteilungsgremiums.**[38] 4.51

a. Die entsprechenden Verträge sind in Bezug auf die im externen Verhältnis beigezogenen Fachleute als Aufträge gemäss Art. 394 ff. OR zu qualifizieren.[39] Im Verhältnis zu den Teilnehmern sind die Mitglieder Hilfspersonen der Auftraggeberin (Art. 101 OR). Die Leistungserbringung erfolgt durch jeden Beauftragten einzeln; Art. 403 Abs. 2 OR gelangt nicht zur Anwendung (Nr. 3.93). 4.52

b. Mit der Erklärung über die Anwendbarkeit der SIA-Ordnung 143 im Studienauftragsprogramm und dem nach entsprechender Anfrage durch die Auftraggeberin erfolgten Akzept, als Mitglied eines Beurteilungsgremiums tätig zu sein, werden die entsprechenden Regelungen der SIA-Ordnung 143 (als allgemeine Geschäftsbedingungen)[40] in den Vertrag übernommen (Nr. 3.94). Dies gilt auch für die Bestimmungen des Programms, soweit sie Rechte und Pflichten (namentlich bezüglich der Verfahrensregeln) für das Beurteilungsgremium enthalten. Hinzu kommt die individuelle Festlegung der Entschädigung[41] für die Tätigkeit als Mitglied des Beurteilungsgremiums. 4.53

3. Die in der SIA-Ordnung 143 genannten Verpflichtungen der Mitglieder des Beurteilungsgremiums gehen weit. So wird ihnen vor allem die Verantwortung für die ordnungsgemässe Durchführung des Studienauftrags zugewiesen. Dabei haben sie während des Verfahrens die Transparenz sowie die Gleichbehandlung der Teilnehmer sicherzustellen (Nr. 4.130).[42] 4.54

4. Die Auftraggeberin haftet im Verhältnis zu den Teilnehmern für die Folgen einer unsorgfältigen Auftragserledigung durch die Mitglieder des Beurteilungsgremiums.[43] Es ist im Einzelfall zu prüfen, ob die Auftraggeberin gegen einzelne oder alle Mitglieder des Beurteilungsgremium gestützt auf Art. 398 OR und auf die übernommenen Pflichten gemäss Art. 10 SIA 143 Ansprüche geltend machen kann. Relevant dabei ist, ob eines, mehrere oder 4.55

---

38 Wie beim Wettbewerb (Nr. 3.93) ist sodann das Vertragsverhältnis zwischen der Auftraggeberin und den Experten auch hier als Auftragsverhältnis zu qualifizieren.

39 Ein Teil der Mitglieder des Beurteilungsgremiums steht zur Auftraggeberin in einem arbeitsvertraglichen Verhältnis.

40 Vgl. dazu Ulrich, Architekturwettbewerb, S. 24.

41 So werden in der Regel nur die extern beigezogenen Fachleute entschädigt.

42 Vgl. Art. 10.1 und Art. 10.5 SIA 143.

43 Nach Massgabe von Art. 101 OR.

alle Mitglieder des Beurteilungsgremiums eine ihnen im *Rahmen der Durchführung des Verfahrens* obliegende Pflicht verletzten. Im Vordergrund stehen insbesondere Verfahrensfehler oder inhaltlich fehlerhafte Entscheide, die mit dem öffentlichen Vergaberecht kollidieren. Im Beurteilungsgremium befinden sich regelmässig Vertreter der Auftraggeberin. Diese Vertreter verfügen allenfalls über die Möglichkeiten und Ressourcen, heikle Fragen inhaltlicher oder rechtlicher Natur rechtzeitig (und auf Kosten der Auftraggeberin) abklären zu lassen. Die extern beigezogenen Mitglieder verfügen in der Regel jedoch über das spezialisiertere Wissen und über grössere Erfahrungen mit der Durchführung von Wettbewerben und Studienaufträgen. Sie trifft insbesondere die Pflicht, die Auftraggeberin auf mögliche rechtswidrige Vorgehensweisen während des Verfahrens aufmerksam zu machen und abzumahnen.

B. Die Verträge zwischen der Auftraggeberin und den Teilnehmern

4.56 **1.** Die SIA-Ordnung 143 führt zum Vertragsabschluss zwischen der Auftraggeberin und den Teilnehmern Folgendes aus: *«Die Ausschreibung eines Studienauftrags ist ein Antrag zum Abschluss eines Vertrags. Mit seiner Teilnahme nimmt der Teilnehmer den Antrag an und schliesst den Vertrag ab»* (Art. 2.2 SIA 143). **Diese Bestimmung wirft Fragen auf.**

4.57 **2.** So stellt sich zuerst die Frage nach dem **Inhalt dieses Vertrags.** Dieser ergibt sich sinngemäss aus Art. 2.1 SIA 143 und beschlägt wie beim Wettbewerb die Regelung der Durchführung des Verfahrens sowie die Festlegung der Rechte und Pflichten der Beteiligten, d.h. des Auftraggebers, der Mitglieder des Beurteilungsgremiums, der Experten und der Teilnehmer.[44]

4.58 **3.** Unklar ist, **in welchem Zeitpunkt der Vertrag zustande kommt.** Der Begriff der in Art. 2.2 SIA 143 erwähnten «Teilnahme» lässt dies offen.

4.59 **a.** Die Auswahl der Teilnehmer durch die Auftraggeberin erfolgt beim Studienauftrag in der Regel nicht in einem offenen, sondern in einem selektiven Verfahren.[45] Die Teilnehmer reichen dabei zuerst einen *«Antrag auf Teilnahme mit den geforderten Qualifikationsunterlagen»* (Art. 7.1 SIA 143) ein. Die anschliessende Auswahl erfolgt durch eine Mitteilung der Auftrag-

[44] Vgl. auch Art. 2.1 SIA 142 sowie Nr. 3.96.

[45] Oder auf Einladung, Art. 7 und 8 SIA 143. Zum selektiven Verfahren als Regelfall vgl. Nr. 4.101.

geberin an die ausgewählten Teilnehmer. Diese äussern sich in der Folge in der Regel nicht und geben keine weitere Erklärung «zur Teilnahme» ab.

b. Eine mit der Einreichung der Qualifikationsunterlagen erklärte Zustimmung eines Teilnehmers zum Abschluss des Vertrags mit der Auftraggeberin, mit dem die Durchführung des Verfahrens bis zum Abschluss des Studienauftrags geregelt wird, kann, wenn überhaupt, nur unter der *Bedingung* erfolgen, dass er von der Auftraggeberin zur Teilnahme selektioniert wird. 4.60

c. Ein Vertragsabschluss setzt im Zeitpunkt der Einreichung dieser Unterlagen durch die Teilnehmer voraus, dass das spätere Verfahren und der Gegenstand der einzureichenden Beiträge ausreichend bestimmt sind. In der Regel hat die Auftraggeberin im Zeitpunkt der Ausschreibung bereits ein weitgehend bestimmtes Programm ausgearbeitet und wird dieses, um möglichst viele Teilnehmer anzusprechen, aus eigenem Interesse zu diesem Zeitpunkt veröffentlichen. 4.61

d. Unter der Voraussetzung, dass die Teilnehmer Kenntnis vom Programm der Auftraggeberin haben, kann zwischen der Auftraggeberin und jedem der Teilnehmer ab dem Zeitpunkt, da diese mit der Zustellung der Qualifikationsunterlagen die Teilnahme am Verfahren (ausdrücklich oder konkludent) erklären, **je ein bedingtes Vertragsverhältnis** bestehen.[46] Andernfalls ist ein Vertragsabschluss überhaupt erst im Zeitpunkt möglich, in dem die Teilnehmer die Mitteilung der Selektion erhalten haben. Ob dabei allerdings das blosse Schweigen eines Teilnehmers, der sich nicht mit der Teilnahme einverstanden erklärt, als Zustimmung qualifiziert werden kann,[47] ist im Einzelfall zu klären. Letzteres gilt auch, wenn der Studienauftrag gar nicht ausgeschrieben wird, sondern bloss auf **Einladung** erfolgt. 4.62

4. Schlussendlich stellt sich die Frage nach der **vertragsrechtlichen Qualifikation.** Die Auftraggeberin offeriert mit der Ausschreibung[48] den durch die Präqualifikation noch zu bestimmenden Teilnehmern die Vergütung zu identischen Konditionen für die von diesen zu erstellenden Studien, welche in der Regel **Pläne** darstellen.[49] 4.63

---

46 Art. 151 OR.

47 Vgl. Art. 6 OR.

48 Falls keine Ausschreibung erfolgt oder im Zeitpunkt der Ausschreibung das Programm noch nicht feststeht, erfolgt dieses Angebot erst mit der Einladung zur Einreichung der Studien.

49 ULRICH, Architekturwettbewerb, S. 110.

4.64 **a.** Der **Vertiefungsgrad** der abzugebenden Pläne ist von der Auftraggeberin je nach Aufgabe festzulegen. So können z.B. Lösungsvorschläge, ein Vorprojekt oder ein detailliertes Projekt gefordert werden.[50] Die Auftraggeberin verpflichtet sich demgegenüber diese Studien mit einer **Entschädigung** pro Teilnehmer zu vergüten (Art. 17 SIA 143). Wird die SIA-Ordnung 143 übernommen, hat die Auftraggeberin im Programm die Entschädigungssumme festzulegen, mit der jeder Teilnehmer pauschal entschädigt wird.[51]

4.65 **b.** Mit der Herstellung von Plänen, Skizzen oder Konzepten schuldet der Teilnehmer einen Arbeitserfolg, der im Unterschied zum Wettbewerb entschädigt wird. Die von den Teilnehmern zu erbringenden Leistungen sind werkvertraglicher Natur und legen eine Qualifikation als Werkvertrag gemäss Art. 363 ff OR nahe.[52] Zu bedenken ist aber, dass beim Studienauftrag über die Erstellung von Plänen und deren Vergütung hinaus weiter gehende Vereinbarungen zwischen der Auftraggeberin und den einzelnen Teilnehmern getroffen werden. Die im Programm sowie bei einer Übernahme der SIA-Ordnung 143 darin festgelegten Verhaltensregeln sowie Rechte und Pflichten der Beteiligten werden (als Allgemeine Geschäftsbedingungen) zum Vertragsgegenstand. Dazu gehört wie beim Wettbewerb die Verpflichtung der Auftraggeberin, den Studienauftrag programmgemäss durchzuführen und, bei Studienaufträgen mit Folgeaufträgen, den Gewinner durch das Beurteilungsgremium ermitteln zu lassen. Diese Verhaltensregeln sowie die Rechte und Pflichten aller Beteiligten gehen weit über das hinaus, was in einem reinen Planungsvertrag typischerweise geregelt wird. Das Vertragsverhältnis zwischen der Auftraggeberin und dem einzelnen Teilnehmer ist mit Blick auf diesen zusätzlichen Vertragsinhalt im Ergebnis somit als **werkvertragsähnlicher Innominatkontrakt**[53] zu qualifizieren.[54]

4.66 **5.** Ob eine vertragsrechtliche Verpflichtung zur **Abgabe der Studie** besteht, ist im Einzelfall aufgrund der zwischen der Auftraggeberin und den Teilnehmern getroffenen Abrede zu klären. Bei einer Übernahme der SIA-Ordnung

---

50 Art. 3.3 und Begriffsdefinitionen S. 5 SIA 143.

51 Zu den Fällen, bei denen diese Entschädigung nicht zu leisten ist, vgl. Nr. 4.74 ff.

52 Vgl. zur Qualifikation des reinen Planungsvertrags Nr. 1.30.

53 Zum Begriff des werkvertragsähnlichen Innominatkontrakts Nr. 1.32.

54 ULRICH und MESSERLI qualifizieren sie als Werkverträge. ULRICH, SIA 142, S. 245; ULRICH, Architekturwettbewerb, S. 110; MESSERLI, Planungs- und Gesamtleistungswettbewerb, S. 51.

143 ist eine solche Pflicht zur Abgabe zu bejahen.[55] Der Teilnehmer geht nach der vertraglichen Konzeption der SIA-Ordnung 143 die Verpflichtung ein, am Studienauftrag teilzunehmen und diese Pläne gemäss den Bedingungen des Studienauftragsprogramms herzustellen und abzuliefern. Voraussetzung dafür ist, dass er im Präqualifikationsverfahren überhaupt selektioniert wird.[56]

a. Reicht der Teilnehmer nicht fristgerecht eine Studie ein, gerät er in Verzug, und die Auftraggeberin kann gemäss den allgemeinen Verzugsregeln[57] vorgehen. Eine Nachfristansetzung zur Einreichung der Studie verstösst bei einer öffentlichen Auftraggeberin gegen den Gleichbehandlungsgrundsatz. Die Auftraggeberin kann nur entweder Schadenersatz wegen Nichterfüllung verlangen oder vom Vertrag zurücktreten und Schadenersatz im Rahmen des negativen Vertragsinteresses geltend machen (vgl. Art. 107–109 OR). 4.67

b. Säumige Teilnehmer teilen der Auftraggeberin meist vor Ablauf der Frist zur Einreichung der Beiträge mit, dass sie keine Studie einreichen können. Die Auftraggeberin erklärt sich in der Praxis häufig stillschweigend damit einverstanden und gibt dadurch konkludent zum Ausdruck, dass sie nicht auf der Leistungserbringung oder auf Schadenersatz besteht und mit der Vertragsauflösung einverstanden ist. 4.68

6. Bei Abgabe der Studie[58] wird die **Entschädigung** gemäss den im Programm festgelegten Regeln fällig und die Auftraggeberin ist zur Leistung an jeden Teilnehmer verpflichtet. Wird die SIA-Ordnung 143 als anwendbar erklärt, bemisst sich die Höhe der Pauschalentschädigungen nach den darin statuierten Regelungen (Art. 17.1 SIA 143).[59] 4.69

a. Nach der Konzeption der SIA-Ordnung 143 werden alle Teilnehmer mit **Pauschalentschädigungen** in gleicher Höhe entschädigt (Art. 17 SIA 143). Darin unterscheidet sich der Studienauftrag grundlegend vom Wettbewerb, 4.70

---

55 Ulrich, Architekturwettbewerb, S. 111 und S. 294; Koller, Architekturwettbewerb, Nr. 210; anders beim im offenen Verfahren durchgeführten Wettbewerb, vgl. Scherler, Nr. 3.101.

56 Koller, Architektenrecht, Nr. 210.

57 Art. 107 OR; Art. 366 OR. Im Programm kann eine anderslautende, vorrangige Regelung festgelegt werden.

58 Zu den Ausnahmen, wann die Entschädigung nicht geschuldet ist, vgl. Nr. 4.74 ff.

59 Möglich sind anderslautende, vorrangige Regelungen im Programm. Bei fehlender Erklärung der Anwendbarkeit der SIA-Ordnung 143 hat die Festsetzung nach dem Wert der Arbeit und dem Aufwand zu erfolgen (Art. 374 OR).

bei dem Preise nur an bestimmte Teilnehmer entsprechend der Rangfolge zugesprochen werden (Nr. 3.108).

4.71 **b.** Die Auftraggeberin legt bereits im Programm die Höhe dieser Entschädigung fest (Art. 13.3 lit. f SIA 143). Sie ist gemäss der SIA-Ordnung 143 von der Auftraggeberin vorgängig anhand des geschätzten Aufwands der Teilnehmer für die Herstellung der Beiträge unter Berücksichtigung sämtlicher zu erbringenden Leistungen aller Fachgebiete zu bestimmen (Art. 17.1 SIA 143). Hat die Auftraggeberin die Leistungen eines Teams mit verschiedenen Planern ausgeschrieben, ist die Pauschalentschädigung entsprechend der geforderten Leistung aller Teammitglieder zu bemessen (Art. 17.3 SIA 143). Die im Programm von der Auftraggeberin festgelegte Entschädigung ist fest, unabhängig davon, ob die Auftraggeberin den Aufwand realistisch und richtig einschätzte. Verlangt die Auftraggeberin nach Ablieferung der Studie weitere Leistungen oder eine Überarbeitung, so sind diese zusätzlich zu entschädigen.

4.72 **c.** Bei Studienaufträgen, bei denen die spätere Erteilung eines Folgeauftrags vorgesehen ist, beträgt die Entschädigung 80% des geschätzten Aufwands.[60] Erteilt die Auftraggeberin später den vorgesehenen Folgeauftrag, kann sie einen Teil dieser bereits an den Teilnehmer ausgerichteten Pauschalentschädigung, höchstens die Hälfte, als Akontozahlung an das Honorar für diesen Folgeauftrag anrechnen (Art. 17.1 lit. a SIA 143). Dies setzt voraus, dass die Auftraggeberin diese Möglichkeit bereits im Programm ankündigte. Die SIA-Ordnung 143 nennt als weitere Voraussetzungen, dass der Folgeauftrag substanziell[61] ist und die Auftraggeberin keine grundlegenden Änderungen an der Aufgabenstellung vornimmt (Art. 17.1 lit. a SIA 143).

4.73 **d.** Bei Studienaufträgen ohne Folgeauftrag ist gemäss der SIA-Ordnung 143 die zu leistende Pauschalentschädigung anhand des geschätzten *vollen Aufwands* ebenfalls vorgängig festzulegen (Art. 17.1 lit. b SIA 143). Mit dieser höheren Entschädigung wird berücksichtigt, dass die Teilnehmer kein Honorar für einen Folgeauftrag erlangen können.

4.74 **7.** Ist die Schlussabgabe der Studien termingerecht sowie vollständig erfolgt und werden die Projekte zur Beurteilung zugelassen, hat die Auftraggeberin

---

[60] Bei Planungsstudien; bei den seltenen Gesamtleistungsstudien nur 50% (Art. 17.1 lit. a SIA 143).

[61] Wobei nicht näher definiert wird, was ein substanzieller Beitrag ist; vgl. dazu SCHNEIDER/HEUSI/SCHERLER, S. 246.

gemäss Art. 17.2 SIA 143 die Pauschalentschädigung auszurichten (Art. 17.2 und 19.1 SIA 143). Damit geht die SIA-Ordnung 143 davon aus, dass *nur in ganz bestimmten Ausnahmefällen,* die abhängig sind von berechtigten Ausschlüssen, die Entschädigung nicht geschuldet ist.

a. Art. 19 SIA 143 beschränkt den *Ausschluss von der Beurteilung* von Beiträgen auf die folgenden, wenigen Fälle: 4.75

– Nicht rechtzeitige Einreichung, 4.76

– Unvollständigkeit in wesentlichen Belangen, 4.77

– Unverständlichkeit des Beitrags, 4.78

– unlauteres Handeln des Verfassers (Art. 19 SIA 143).[62] 4.79

b. Es stellt sich die Frage, ob die Entschädigung dann auszurichten ist, wenn die Auftraggeberin das Ergebnis aus anderen Gründen nicht verwenden kann oder als unzureichend beurteilt. Nebst den Ausschlussgründen von Art. 19 SIA 143 können bei einem Studienauftrag einer öffentlichen Auftraggeberin weitere Ausschlussgründe erfüllt sein, die diese vorrangig zu beachten hat.[63] Zwar sieht Art. 22 SIA 143 vor, dass hervorragende Beiträge, die *wesentliche Verstösse gegen die Programmbestimmungen* aufweisen, zur Weiterbearbeitung empfohlen werden dürfen. Bei kantonalen öffentlichen Auftraggeberinnen ist eine solche Zuschlagserteilung an den Verfasser eines programmwidrigen Beitrags mangels vergaberechtlicher Spezialregelung allerdings unzulässig.[64] Sie verstösst gegen den Grundsatz der Gleichbehandlung der Anbieter. Die vorgängige Ankündigung dieses Vorgehens im Programm (Art. 22.2. SIA 143) bedeutet nicht, dass die Teilnehmer damit ihr Einverständnis erteilt haben und eine spätere Zuschlagserteilung der Auftraggeberin an den Verfasser eines programmwidrigen Projekts nicht mehr anfechten könnten.[65] 4.80

c. Solche vergaberechtlich gebotenen Ausschlüsse, wie beispielsweise bei einer Verletzung wesentlicher von der Auftraggeberin vorgegebener Rah- 4.81

---

62 Unlauteres Handeln des Teilnehmers wird beispielsweise in Art. 12.3 und 12.4 SIA 143 umschrieben.

63 Vgl. Nr. 3.107 sowie Entscheid VGer (SG) B 2010/156 (14.10.2010).

64 Art. 52 VöB enthält – allerdings nur auf Verordnungsstufe – eine Regelung zur Rangierung von angekauften Projekten; bei Wettbewerben vgl. auch BGer 2C_46/2011 (7.6.2011).

65 Art. 22.1 SIA 143 widerspricht dem übergeordneten kantonalen Vergaberecht (dazu Nr. 4.14), vgl. Entscheid VGer (SG) B 2010/156 (14.10.2010).

menbedingungen und bei Programmverstössen, können im Einzelfall die Auftraggeberin ebenfalls vertragsrechtlich dazu berechtigen, auf die Ausrichtung der Pauschalentschädigung an den Verfasser des ausgeschlossenen Beitrags zu verzichten. Voraussetzung dafür ist, dass die Auftraggeberin den ausgeschlossenen Beitrag nicht verwenden kann und der Ausschluss im Verhalten des Teilnehmers begründet ist.

4.82 **d.** Die SIA-Ordnung 143 beschränkt weiter den Ausschluss auf unverständliche Beiträge und deren Unvollständigkeit in wesentlichen Belangen (Art. 19.1 SIA 143). Es stellt sich die Frage, ob bei zwar verständlichen, von der Auftraggeberin aber sonst als mangelhaft beurteilten Beiträgen eine Minderung der Entschädigung entgegen der Regelung gemäss Art. 17.2 SIA 143 gleichwohl zulässig ist. Inwiefern ein Beitrag in diesem frühen Verfahrensstadium nebst den beiden Fällen Unvollständigkeit und Unbrauchbarkeit überhaupt als mangelhaft qualifiziert werden kann, ist fraglich. Bei einer öffentlichen Auftraggeberin ist es nicht möglich, dass der Teilnehmer ein Nachbesserungsrecht überhaupt ausüben könnte. Dies wäre mit dem Grundsatz der Gleichbehandlung nicht vereinbar.

4.83 **e.** Die werkvertraglichen Bestimmungen zur Mängelhaftung[66] sind somit nicht auf den Studienauftrag zugeschnitten und gelangen nicht zur Anwendung. Denkbar ist aber eine Schadenersatzpflicht bei Verschulden eines Teilnehmers,[67] zum Beispiel in Fällen, bei denen sich ein Teilnehmer unlauter verhält[68] und dadurch das Vorhaben verzögert wird.

3. Der Studienauftrag als Instrument zur Anbahnung von Folgeaufträgen

4.84 **1.** Der Studienauftrag kann nebst dem Vertrags- **auch ein Vergabeverhältnis** und damit eine Form der Vertragsanbahnung sein, das der Ermittlung des Planers und späteren Vertragspartners nach Abschluss des Verfahrens dient. Beide SIA-Ordnungen 142 und 143 bezeichnen die lösungsorientierten Verfahren Wettbewerb und Studienauftrag als eine Form der Beschaffung.[69]

---

66 Art. 367 ff. OR.

67 Art. 97 Abs. 1 OR.

68 Indem er beispielsweise Ideen eines Konkurrenten ohne dessen Zustimmung verwendet, vgl. auch Art. 12.3 und 12.4 SIA 143.

69 So heben bereits die Präambeln der SIA-Ordnungen 142 und 143 die Wahl der Beschaffungsform hervor.

2. Für die Teilnehmer stellt die Teilnahme an einem Wettbewerbs- oder Studienauftrag eine wichtige Möglichkeit dar, Aufträge für grössere und renommierte Vorhaben zu erlangen. Für die Teilnehmer und die Auftraggeberin ist zentral, welche Ansprüche und Folgeaufträge aus solchen Verfahren resultieren, unter welchen Voraussetzungen die öffentliche Auftraggeberin einen Zuschlag erteilen kann und inwiefern sie an den Entscheid des Beurteilungsgremiums gebunden ist. 4.85

3. Die private Veranstalterin von Wettbewerben und Studienaufträgen untersteht bei der Suche nach einem Vertragspartner für Planerleistungen den allgemeinen Regeln,[70] während die dem Vergaberecht unterstellte Auftraggeberin vorrangig zur SIA-Ordnung 143 die jeweils anwendbare Vergabegesetzgebung zu beachten hat.[71] Im Unterschied zu den von privaten Auftraggeberinnen durchgeführten Verfahren verfügen die Teilnehmer eines Studienauftrags wie beim Wettbewerb über die Möglichkeit, sich mit vergaberechtlichen Rechtsmitteln gegen Verfügungen der öffentlichen Auftraggeberin zur Wehr zu setzen und beispielsweise eine Zuschlagserteilung an einen Konkurrenten, einen Ausschluss ihres Beitrags oder einen Verfahrensabbruch anzufechten. 4.86

4. Das GPA sieht in Art. XV Ziff. 1 lit. j vor, dass eine freihändige Vergabe an den *Gewinner eines Wettbewerbs* zulässig ist, vorausgesetzt, die Organisation des Wettbewerbs entspricht den Grundsätzen des Übereinkommens, insbesondere hinsichtlich der Veröffentlichung der Ausschreibung. Erforderlich ist zudem, dass eine unabhängige Jury eingesetzt wird und den Gewinnern Verträge in Aussicht gestellt werden.[72] 4.87

a. Diese staatsvertragsrechtliche Bestimmung wurde von Bund und Kantonen unterschiedlich ausführlich umgesetzt: Im für Auftraggeberinnen des Bundes massgebenden Recht, insbesondere in Art. 13 Abs. 3 BöB und Art. 40 ff. VöB, wurden detaillierte, aber nicht abschliessende Bestimmungen über Planungs- und Gesamtleistungswettbewerbe erlassen.[73] 4.88

---

70 Zu prüfen sind im Einzelfall Ansprüche auf der Grundlage von Art. 8 OR, Urheber,- Wettbewerbs- und Lauterkeitsrecht sowie der culpa in contrahendo.

71 Vgl. dazu Galli/Moser/Lang/Clerc, Nr. 645; zur Darstellung der gesetzlichen Grundlagen und den vergaberechtlichen Mindestanforderungen im Detail Schneider Heusi/Scherler, S. 225 f.

72 Messerli, Planungs- und Gesamtleistungswettbewerb, S. 29 ff.; Dubey, Concours, Nr. 62 ff.

73 Messerli, Planungs- und Gesamtleistungswettbewerb, S. 34; Dubey, Concours, Nr. 84 ff.

4.89 **b.** Gemäss Art. 12 Abs. 3 IVöB,[74] der für die Kantone massgebend ist, kann die öffentliche Auftraggeberin bei der Veranstaltung von Planungs- oder Gesamtleistungswettbewerben ganz oder teilweise auf «einschlägige Bestimmungen von Fachverbänden» verweisen. Die Umsetzung in den kantonalen Erlassen erfolgte wiederum meist rudimentär und nur vereinzelt eingehend.[75]

4.90 **5.** In diesen Regelungen zum Wettbewerbsverfahren wird indessen der Studienauftrag nirgends geregelt. Die folgenden Bestimmungen erwähnen ihn in beschränkten Umfang:

4.91 **a.** Anhang 1 zur VöB führt in Ziff. 13 unter den dem Gesetz unterstellten Dienstleistungen den Studienauftrag auf und definiert diesen als *«Vergabe identischer Aufträge an mehrere Anbieter und Anbieterinnen zwecks Erarbeitung von Lösungsvorschlägen»*. Ähnliche Bestimmungen finden sich auch in den kantonalen Erlassen.

4.92 **b.** Mit dem neuen Art. 13 Abs. 1 lit. l VöB ist für Beschaffungen der dem Bundesrecht unterstellten Auftraggeberinnen eine Grundlage geschaffen worden, wonach für Planerleistungen nach nicht anonymen Verfahren eine freihändige Auftragserteilung unter bestimmten *kumulativen Voraussetzungen* zulässig ist.[76]

4.93 **6.** Das Verfahren zum Studienauftrag selber ist vergaberechtlich nicht geregelt und bis heute ist seine vergaberechtliche Qualifikation umstritten und nicht geklärt.

4.94 **a.** Nach der vergaberechtlichen Konzeption bildet der Wettbewerb die Grundlage für eine freihändige Vergabe an den Gewinner des Wettbewerbs, soweit das vorausgehende Wettbewerbsverfahren wesentliche formelle Voraussetzungen erfüllt (Nr. 3.22).

4.95 **b.** Die von der öffentlichen Auftraggeberin angestrebte freihändige Vergabe an den Gewinner setzte gemäss bisheriger Rechtsprechung insbesondere voraus, dass dieser anonym durchgeführt und ein unabhängiges Preisgericht eingesetzt wurde. Der nicht anonyme Studienauftrag wurde von den Gerichten entweder als per se unzulässiges, weil vom Gesetzgeber nicht vorgesehenes

---

74 Dubey, Concours, Nr. 87 ff.

75 Detaillierte Regelungen in teilweise deutlicher Anlehnung an die VöB kennen z.B. die Kantone Wallis, Neuenburg, Luzern und Solothurn. Im Kanton Aargau wird auf das Bundesrecht verwiesen. Vgl. Schneider Heusi/Scherler, S. 218.

76 Zu diesen Voraussetzungen vgl. Nr. 4.166.

Verfahren oder bestenfalls noch als «normales» Ausschreibungsverfahren qualifiziert.[77]

c. Diese Rechtsprechung war unter anderem der Anlass, weshalb der SIA den nicht anonymen Studienauftrag in einer eigenen Ordnung regelte und gleichzeitig eine enge Begriffsdefinition festlegte. Bis zum Inkrafttreten des neuen Art. 13 Abs. 1 lit. l VöB am 1. Januar 2010 sowie der SIA-Ordnung 143 mussten die öffentlichen Auftraggeberinnen davon ausgehen, dass sie bei der Durchführung von nicht anonymen Verfahren die strengeren Vorschriften zum konventionellen und gesetzlich detailliert geregelten Ausschreibungsverfahren der «Honorarsubmission» zu beachten hatten.[78] Bei solchen Verfahren ist insbesondere dem Kriterium Preis eine Mindestgewichtung einzuräumen.[79] Zudem verfügt das Beurteilungsgremium nicht mehr über den gewünschten Spielraum bei der Beurteilung der Projekte, und die getroffene Projektauswahl ist mit erheblich grösserem Aufwand zu begründen.[80] 4.96

d. Art. 13 Abs. 1 lit. l VöB weist nun für den nicht anonymen Studienauftrag den Weg zur vergaberechtlichen Konzeption, wonach dieser nicht ein Vergabeverfahren, sondern wie der Wettbewerb *die Grundlage* für die anschliessende *freihändige Vergabe* aufgrund des abgeschlossenen Studienauftrags darstellen kann. Der von einem Teilnehmer eingereichte Beitrag im Rahmen des Studienauftrags ist dabei nicht ein entgeltliches Angebot, dem der Zuschlag erteilt wird.[81] Unter welchen – engen – Voraussetzungen nach Abschluss des Studienauftrags der in Aussicht gestellte Folgeauftrag freihändig zugeschlagen werden kann, wird nachfolgend dargelegt (Nr. 164 ff.). 4.97

---

77 Vgl. SCHNEIDER HEUSI/SCHERLER, S. 212 und S. 223; BRK 2004-017 (8.9.05) (Studienauftrag SBB Bahnhof Genf/Cornavin) und BRK 2005-025 (18.5.06) (Gesamtleistungswettbewerb EAWAG Dübendorf); VGer (ZH) VB.2002.00044 (9.08.2003), BEZ 2003 Nr. 36; VGer (ZH) VB.2001.00035 (13.02.2002), BEZ 2002 Nr. 28; VGer (ZH) VB 2000.00261 (10.05.2001); RB 2001 Nr. 46. Gemäss einem neueren, in diesem Punkt allerdings nicht näher begründeten Entscheid des Verwaltungsgerichts Waadt müssen Wettbewerbe nicht zwingend anonym sein, VGer (VD) MPU.2010.0019 (14.4.2011) = BR/DC 4/2011, S. 231, Nr. S70 mit Anm. DUBEY.

78 Zum Begriff der «Honorarsubmission» vgl. Nr. 4.21; ein Beispiel für ein solches Verfahren mit dem Kriterium «Zugang zur Aufgabe» über eine Skizze findet sich in VGer (ZH) VB.2011.00322 (28.9.2011).

79 Wobei die untere Grenze der Mindestgewichtung des Kriteriums Preis bei 20% liegt, VGer (ZH) VB.2011.00322 (28.9.2011).

80 SCHNEIDER HEUSI/SCHERLER, S. 213; VGer (TG) 2010 Nr. 4 (14.4.2010).

81 DUBEY, Mandats d'étude parallèles, S. 140; a.M. MESSERLI, Planungs- und Gesamtleistungswettbewerb, S. 51.

4.98 **7.** Die Konsequenzen der Verfahrenswahl liegen auf der Hand: Je nach eingeschlagenem Weg – leistungsorientiertes Vergabeverfahren mit Einholung einer Honorarofferte oder Wettbewerb bzw. Studienauftrag – gelten unterschiedliche vergaberechtliche Vorschriften und sind andere Voraussetzungen zu beachten.[82]

IV. Die Vorbereitung und Durchführung des Studienauftrags

1. Die Verfahrenswahl

A. Das selektive und einstufige Verfahren als Regelfall

4.99 **1.** Für die öffentlichen Auftraggeberinnen sind die Vorschriften des Vergaberechts bei der Bestimmung der Verfahrenswahl vorrangig. Entscheidend ist der Auftragswert, der sich aus der Gesamtsumme der Pauschalentschädigungen (Art. 17.1 SIA 143) und dem geschätzten Wert eines allfälligen Folgeauftrags zusammensetzt.[83] Bis zu einem gewissen Schwellenwert[84] darf der Studienauftrag im Einladungsverfahren durchgeführt werden.[85]

4.100 **2.** Private Auftraggeberinnen können demgegenüber frei diejenigen Teilnehmer bestimmen, die sie direkt zum Studienauftrag einladen möchten (Art. 8 SIA 143).

4.101 **3.** Im Vordergrund stehen beim Studienauftrag entweder **selektive Verfahren oder Einladungsverfahren.** Gemäss der Präambel der SIA-Ordnung 143 eignen sich für die Durchführung von Studienaufträgen nur *selektive Verfahren* bzw. solche *auf Einladung.*[86] Angesichts der hohen Aufwendungen,

---

82 Vgl. dazu SCHNEIDER HEUSI/SCHERLER, S. 212.

83 Analog der Auftragswertbestimmung beim Wettbewerb, vgl. dazu SCHNEIDER HEUSI/SCHERLER, S. 231.

84 Derzeit im Bund: Fr. 230 000 bei Planungs- bzw. Fr. 2 Mio. bei Gesamtleistungswettbewerben (Art. 6 Abs. 1 BöB; Art. 43 Abs. 1 VöB; V des EVD vom 23. November 2011 über die Anpassung der Schwellenwerte im öffentlichen Beschaffungswesen für die Jahre 2012 und 2013). In den Kantonen: Fr. 250 000.- bei Planungs- und Fr. 500 000 bei Gesamtleistungswettbewerben (Anhang 2 IVöB).

85 VGer (ZH) VB.2001.00035 (13.2.2002), BEZ 2002 Nr. 28 (Planungswettbewerb im Einladungsverfahren).

86 Vgl. auch Art. 6.1 SIA 143.

die bei einem Dialogverfahren[87] sowohl bei der Auftraggeberin als auch den Teilnehmern anfallen, ist dem selektiven (bzw. sofern vergaberechtlich zulässig, dem Einladungsverfahren) im Vergleich zu einem offenen Verfahren bei Studienaufträgen der Vorzug zu geben.[88]

a. Beim **selektiven Verfahren** schreibt die Auftraggeberin den Studienauf- 4.102
trag öffentlich aus. Durch das dem Studienauftrag vorgelagerte Präqualifikationsverfahren werden geeignete Bewerber selektioniert (Art. 7 SIA 143); die Auftraggeberin kann so die Teilnehmerzahl beschränken, indem sie vorab eine Auswahl unter den an der Teilnahme interessierten Anbietern trifft. Die Auswahl der Teilnehmer durch ein selektives Verfahren ist bei öffentlichen Auftraggeberinnen abschliessend vergaberechtlich geregelt.

b. Beim **Einladungsverfahren** bestimmt die Auftraggeberin, welche Teil- 4.103
nehmer sie direkt einladen will. Sie nimmt keine Ausschreibung vor und die Präqualifikation entfällt.

4. Gemäss der SIA-Ordnung 143 bildet das selektive Verfahren noch keine 4.104
Stufe des Studienauftrags selber (Art. 5.1 SIA 143). In der Regel erfolgt der im Anschluss an die Präqualifikation durchgeführte Studienauftrag einstufig in einem Verfahrensschritt.[89] Die SIA-Ordnung 143 sieht ähnlich dem Wettbewerb für den Studienauftrag die Möglichkeit vor, dass **mehrstufige Verfahren** durchgeführt werden können (Art. 5.1–5.6 SIA 143).[90] Dabei verkleinert das Beurteilungsgremium die Zahl der Teilnehmer sukzessive. Es kann dabei gemäss der SIA-Ordnung 143 die Aufgabenstellung modifizieren und konkretisieren (Art. 5.1 SIA 143). Massgebend für das Gesamtverfahren ist dabei erst die letzte Stufe mit den verbleibenden Teilnehmern (Art. 5.1 SIA 143). Die vorgeschalteten Stufen dienen somit der Reduktion der Lösungsvarianten und der Teilnehmer. Dieses Vorgehen und insbesondere die vorgesehene Möglichkeit, dass das Beurteilungsgremium die Aufgabenstellung ändern kann, sind vor dem Hintergrund des Gleichbehandlungsgebots vergaberecht-

---

87 Vgl. zum Begriff und dem Verfahren Nr. 4.133 ff.

88 Erläuternder Bericht zur Änderung der Verordnung über das öffentliche Beschaffungswesen vom 1.1.2010, Art. 26a VöB, S. 17 f.; Dubey, VGT 10, S. 178.

89 Die in der Praxis selten durchgeführten Gesamtleistungsstudienaufträge müssen zweistufig durchgeführt werden; vgl. Art. 5.1 SIA 143.

90 Anders als beim Wettbewerb schreibt Art. 5.6 SIA 143 eine Mindestteilnehmerzahl von 20 Teilnehmern für die erste Stufe vor; im Übrigen Nr. 3.14.

lich problematisch.[91] Der dem Vergaberecht unterstellten Auftraggeberin ist zu empfehlen, im Regelfall Studienaufträge einstufig durchzuführen[92] und bei ausnahmsweise mehrstufigen Verfahren darauf zu verzichten, die Aufgabenstellung und das Programm grundlegend zu ändern.

4.105 **5.** Vorgesehen sind ebenfalls optionale Bereinigungsstufen (Art. 5.4 SIA 143; Nr. 3.15). Sie kollidieren bei öffentlichen Auftraggeberinnen mit dem Verhandlungsverbot und dem Grundsatz der Unabänderlichkeit von Angeboten. Auf ihre Durchführung ist deshalb zu verzichten, zumal sie beim Studienauftrag nicht notwendig sind. Da das Beurteilungsgremium und die Teilnehmer miteinander bereits im Dialog stehen, besteht kein Bedarf für solche Bereinigungsstufen.

B. Der Studienauftrag als nicht anonymes Verfahren

4.106 **1.** Der Studienauftrag ist das nicht anonyme Verfahren für komplexe Vorhaben.[93] Dabei hat das Beurteilungsgremium und damit die Auftraggeberin **Kenntnis von der Identität der Verfasser der Teilnehmerbeiträge.**

4.107 **2.** Bei einem anonymen Verfahren sind nicht der bisherige Leistungsausweis oder die Reputation eines Wettbewerbsteilnehmers ausschlaggebend, sondern allein der eingereichte Beitrag.[94] Umso mehr besteht das Risiko, dass bei Kenntnis der Teilnehmer andere, nicht objektive Beurteilungsmassstäbe, wie beispielsweise die Person des Teilnehmers und sein Bekanntheitsgrad, als die im Programm zur Beurteilung der Beiträge genannten Kriterien einfliessen. Die fehlende Anonymität beim Studienauftrag verlangt, dass die Auftraggeberin, die Mitglieder des Beurteilungsgremiums sowie die beauftragten Experten dem Grundsatz der Gleichbehandlung der Teilnehmer grosse Aufmerksamkeit schenken. Die SIA-Ordnung 143 konkretisiert diese Grundsätze allerdings nicht näher. Den folgenden Themen ist deshalb Rechnung zu tragen:

4.108 **a.** Den zu beachtenden Ausstandsregeln kommt im Vergleich zum Wettbewerb erhöhte Bedeutung zu. Art. 12.2 SIA 143 nennt die Gründe, wonach

---

91 Im Detail dazu die Ausführungen bei Nr. 3.14 und Messerli, Planungs- und Gesamtleistungswettbewerb, S. 82.

92 So auch die Empfehlung von Art. 5.1 SIA 143, wonach Planungsstudienaufträge in der Regel einstufig und Gesamtleistungsstudienaufträge zweistufig durchgeführt werden sollen.

93 Zur Komplexität der Vorhaben vgl. Nr. 4.125.

94 Jost/Schneider Heusi, S. 352.

eine Teilnahme am Studienauftrag nicht erlaubt ist. Bei öffentlichen Auftraggeberinnen gehen die jeweiligen **gesetzlichen Ausstandsregelungen** indessen vor.[95] Mitglieder des Beurteilungsgremiums,[96] die mit einem Teilnehmer besonders befreundet oder persönlich verfeindet sind oder die zu ihm in einem besonderen Pflicht- oder Abhängigkeitsverhältnis stehen, können demzufolge abgelehnt werden bzw. müssen von sich aus in den Ausstand treten.[97]

b. Die Auftraggeberin hat darüber hinaus dafür besorgt zu sein, dass die einzelnen Verfahrensschritte sowie die für die Beurteilung massgebenden Kriterien im Studienauftragsprogramm detailliert offengelegt werden (Nr. 4.130). 4.109

c. Das Beurteilungsgremium hat die Beiträge der Teilnehmer objektiv zu beurteilen. Die Reputation des einzelnen Teilnehmers hat es nicht zu beachten.[98] 4.110

d. Die öffentliche Auftraggeberin muss in der Lage sein, einen **Vergabeentscheid** zur Erteilung des Folgeauftrags an einen Gewinner gestützt auf die Empfehlung des Beurteilungsgremiums inhaltlich eigenständig begründen zu können. Sie kann sich im vergaberechtlichen Beschwerdefall nicht mit dem Verweis auf den Bericht des Beurteilungsgremiums begnügen.[99] 4.111

e. Die Teilnehmer unterwerfen sich durch Einreichung des Teilnahmeantrags[100] den im Programm definierten Regeln. Art. 12.4 SIA 143 verbietet ihnen ausserhalb des Dialogs eine Kontaktnahme mit der Auftraggeberin, dem Beurteilungsgremium sowie den Experten in Fragen, die den Studienauftrag betreffen.[101] 4.112

---

95 Unpräzis ist Art. 1 der Wegleitung 142i-202d der Kommission SIA 142/143 «Befangenheit und Ausstandsgründe» (Oktober 2011).

96 Gemäss Art. 10.5 SIA 143 haben die Mitglieder des Beurteilungsgremiums *alle Tatsachen offenzulegen, die auf eine Befangenheit hinweisen könnten.*

97 Vgl. dazu VGer LU V 03 308 (7.1.2004), E. 10 und 11 (Planungswettbewerb Neubau Universität Luzern) sowie Jost/Schneider Heusi, S. 357 f.

98 Die Auswahl im Rahmen der Präqualifikation erfolgt demgegenüber mittels der Beurteilung der Bewerbungen aufgrund der vorgängig festgelegten Eignungskriterien. Dabei wird schwergewichtig auf Referenzobjekte der Teilnehmer abgestellt. Mit erfolgter Auswahl und Zulassung zur Teilnahme am Studienauftrag ist diese Prüfung abgeschlossen.

99 Ein blosser Verweis auf von einem Beurteilungsgremium erteilte Punkte oder Noten ist unzureichend, vgl. VGer (ZH) VB.2009.00393 (8.9.2010).

100 Zum Zeitpunkt, in dem sich die Teilnehmer verpflichten, vgl. Nr. 4.66.

101 Ob eine unzulässige Kontaktnahme zu einem Ausschluss führt, ist bei öffentlichen Auftraggeberinnen vorrangig zu Art. 19 SIA-Ordnung 143 anhand der in der jeweils anwendbaren Vergabegesetzgebung geregelten Ausschlussgründe zu prüfen.

4.113 **3.** Das nicht anonyme Verfahren soll bereits vor diesem Hintergrund die Ausnahme bleiben. Es ist nur dann zu wählen, wenn ein **Dialog** zwischen dem Beurteilungsgremium und den Teilnehmern notwendig ist.

C. Die Notwendigkeit des Dialogs und die Komplexität der Vorhaben

4.114 **1.** Die Notwendigkeit des Dialogs ist nach der SIA-Ordnung 143 bereits im Programm selber zu begründen (Art. 13.3 lit. b SIA 143). Zum Erfordernis dieser Notwendigkeit finden sich in der SIA-Ordnung 143[102] selber an verschiedenen Stellen Aussagen, die allerdings unpräzis und uneinheitlich sind. Genannt werden dort etwa:

4.115 – *die Komplexität der Aufgabenstellung, deren Randbedingungen im Voraus nicht genügend und abschliessend bestimmt werden können* (Präambel SIA 143),

4.116 – *die Aufgaben können nicht im Voraus klar definiert werden und die Projektierung soll als aktiver Lernprozess dienen* (Art. 1.2 SIA 143),

4.117 – *verschiedene Randbedingungen während der Projektierung sollen getestet werden* (Art. 1.2 SIA 143),

4.118 – *die Randbedingungen müssen flexibel gehandhabt werden und die Durchführung des Studienauftrags soll als interaktiver Lernprozess dienen* (Präambel SIA 143),

4.119 – *der Studienauftrag ist gekennzeichnet durch offene Aufgabenstellungen und interaktive Prozesse* (Präambel SIA 143),

4.120 – *die Auftraggeberin soll während der Projektentwicklung Einfluss nehmen können* (Art. 3.3 SIA 143).

4.121 **2.** Nicht alle der oben genannten Gründe sind vergaberechtlich zulässig. Sie sind zudem zu unbestimmt. Will eine öffentliche Auftraggeberin aufgrund eines Studienauftrags einen Folgeauftrag vergeben, so kann sie sich nicht mit einem Verweis auf die SIA-Ordnung 143 begnügen. Sie hat der **Begründungspflicht erhöhte Aufmerksamkeit** zu schenken, wobei folgende Themen wichtig sind:

---

[102] Die Wegleitung der SIA-Kommission 142/143 «Programme für Wettbewerbe und Studienaufträge» (SIA 142i-101d) enthält keine weiter gehenden Erläuterungen oder Beispiele.

a. Ungeklärt ist, ob eine Auftragserteilung aufgrund eines nicht anonymen Verfahrens vor allem bei den dem kantonalen Recht unterstellten Auftraggeberinnen ohne entsprechende gesetzliche Grundlagen zulässig ist (Nr. 4.178). 4.122

b. Die öffentliche Auftraggeberin kann die Wahl des Dialogverfahrens nicht damit begründen, dass sie ihren Einfluss auf die Teilnehmer und deren Beiträge wahrnehmen will. Sodann kann sie Änderungen der Rahmenbedingungen[103] und der Aufgabenstellung nur untergeordnet im Sinne von Präzisierungen vornehmen. 4.123

c. Umso mehr hat die öffentliche Auftraggeberin die Kriterien für die Notwendigkeit des Dialogs in Bezug auf das konkrete Vorhaben zu definieren.[104] Eine blosse Wiederholung der in der SIA-Ordnung 143 aufgeführten Gründe, die in sich selber nicht kongruent sind, vermag nicht zu genügen. 4.124

d. Komplex aufgrund der späteren Betriebsabläufe können zum Beispiel Spitalbauten sein, weiter auch Vorhaben, die auf einen längeren Zeithorizont ausgerichtet sind (wie PPP- oder Investorenausschreibungen). Nebst dem *Kriterium der Komplexität der Aufgabenstellung,* das in jedem Fall eng zu fassen ist, hat die Auftraggeberin im Programm darzulegen, weshalb sie objektiv *nicht in der Lage* ist, zum Zeitpunkt der Einleitung des Verfahrens selber sämtliche *Rahmenbedingungen* der Aufgabenstellung festzulegen, und sie deshalb den gemeinsamen *Austausch mit den Teilnehmern benötigt.* Sie hat ebenfalls zu deklarieren, welche *Programmbestimmungen* durch diesen Dialogprozess *wann und in welchem Umfang präzisiert* werden sollen. 4.125

2. Der Verfahrensablauf

A. Das Programm des Studienauftrags

1. Wie beim Wettbewerbsverfahren kommt der Auftraggeberin die Aufgabe zu, das Programm des Studienauftrags zu formulieren. Die Rahmenbedingungen sowie die von den Teilnehmern zu erbringenden Leistungen sind bereits vor der Ausschreibung und der Erstellung des Programms sorgfäl- 4.126

---

[103] Die SIA-Ordnung 143 verwendet die Begriffe Rand- und Rahmenbedingungen uneinheitlich und definiert diese nicht. Vorliegend wird der Begriff «Rahmenbedingung» verwendet.

[104] Art. 26a VöB; Erläuternder Bericht zur Änderung der Verordnung über das öffentliche Beschaffungswesen vom 1.1.2010.

tig zu klären. Um einen hohen, durch die Entschädigung nicht abgedeckten Aufwand der Teilnehmer zu vermeiden, soll die Auftraggeberin von den Teilnehmern nur so viel verlangen, als zur Beurteilung der Beiträge durch das Beurteilungsgremium notwendig und relevant ist (Art. 13.1 SIA 143).[105]

4.127 **2.** Im Unterschied zum Wettbewerb sind im Programm zusätzlich aufzuführen: die Begründung zur Notwendigkeit des Dialogs (Art. 13.3 lit. b SIA 143), der Terminplan für die Abwicklung des Studienauftrags (Art. 13.3 lit. k SIA 143), die Angaben für die Zwischen- und Schlussbesprechung (Art. 13.3 lit. m und n SIA 143) sowie der Hinweis, ob die Öffentlichkeit einbezogen wird (Art. 13.3 lit. o SIA 143). Ein solcher Einbezug der Öffentlichkeit ist nur in «begründeten Fällen» bei Studienaufträgen ohne Folgeauftrag möglich (Art. 14.3 und 20.3 SIA 143).[106]

4.128 **3.** Wie dargelegt, ist es empfehlenswert, das Programm bereits bei der Ausschreibung zu veröffentlichen und nach der Auswahl der Teilnehmer höchstens noch geringfügig anzupassen. Zu einer solchen Anpassung gehören beispielsweise die Namen der selektionierten Teilnehmer (Art. 13.3 lit. j SIA 143).

4.129 **4.** Die Auftraggeberin kann im Programm erklären, ob Lösungsvarianten möglich sind (Art. 13.3 lit. t SIA 143). Was Lösungsvarianten sind, wird weder für den Wettbewerb noch für den Studienauftrag definiert. Angesichts der beim Studienauftrag vergleichbar offenen Aufgabenstellung ist es ohnehin fraglich, wo die Grenze zwischen den Beiträgen gemäss der im Programm definierten Aufgabenstellung und solchen Lösungsvarianten zu ziehen wäre. Keine zulässigen Varianten sind jedenfalls Beiträge, die sich über die von der Auftraggeberin festgelegten Rahmenbedingungen hinwegsetzen.[107]

4.130 **5.** Die SIA-Ordnung 143 nennt das Beurteilungsgremium als federführend für die Durchführung des Studienauftrags. Im Verhältnis zu den Teilnehmern steht jedoch die Auftraggeberin in der vertraglichen und bei öffentlichen Vergabestellen zudem vergaberechtlichen Verantwortung für rechtswidrige Entscheide, die das Beurteilungsgremium fällt. Gerade angesichts der fehlenden Anonymität des Verfahrens hat die öffentliche Auftraggeberin selber umso mehr dafür besorgt zu sein, dass die Gleichbehandlung der Teilneh-

---

105 Die Auftraggeberin riskiert bei einer zu tief von ihr festgelegten Entschädigung, dass potenzielle und auch renommierte Planer von vornherein auf eine Teilnahme verzichten.

106 Nr. 4.139.

107 Zum Vorgehen bei Programmverstössen vgl. Nr. 4.80 f.

mer gewährleistet ist. Die Auftraggeberin hat deshalb bereits *im Programm* möglichst umfassend die **Einzelheiten zum Dialogverfahren** bekannt zu geben *(Anzahl, Zeitpunkt und Modalitäten der Besprechungen),* und sie hat die Mitglieder des Beurteilungsgremiums zu verpflichten, die Ergebnisse der Präsentationen und Besprechungen umgehend und detailliert mit **Protokollen** zu dokumentieren (Art. 14.2 SIA 143).

6. Grundlegende Änderungen der Aufgabenstellung und der Rahmenbedingungen, verletzen das vergaberechtliche Gleichbehandlungsgebot der Teilnehmer und sind bei der öffentlichen Auftraggeberin unzulässig.[108] 4.131

B. Die Durchführung des Dialogs

1. Entscheidender Unterschied zum im Übrigen beim Verfahrensablauf weitgehend gleich konzipierten Wettbewerbsverfahren ist der bereits erwähnte Dialog. Die SIA-Ordnung 143 definiert ihn als *«die geregelte, nicht anonyme, mündliche Kommunikation zwischen dem Beurteilungsgremium und den Teilnehmenden».*[109] 4.132

Der Dialog zeichnet sich gemäss Art. 14 SIA 143 durch die folgenden **Merkmale** aus: 4.133

a. Die Beteiligten: Ungenau ist Art. 14.1 SIA 143, der als *«Beteiligte, die auf den Studienauftrag Einfluss nehmen können»,* nennt: *«Die Auftraggeberin, das Beurteilungsgremium sowie Vertretungen der Eigentümer, der Nutzer oder der Öffentlichkeit. Das Beurteilungsgremium hat die Federführung während des ganzen Studienauftrags.»* Der Dialog selber findet nur[110] zwischen dem Beurteilungsgremium und den Teilnehmern statt, nicht aber mit der Auftraggeberin.[111] Die Auftraggeberin kann wie bereits erwähnt externe Experten und Fachstellen bestimmen, die den Teilnehmern für Beratungen zur Verfügung stehen (Art. 14.2 SIA 143) und mit beratender Funktion, nicht jedoch mit Stimmrecht an den Sitzungen des Beurteilungsgremiums teilnehmen können.[112] Sie kann weiter eine von allen Beteiligten am Studienauftrag 4.134

---

108 Vgl. Entscheid VGer (SG) B 2010/156 (14.10.2010).

109 Begriffsdefinitionen SIA 143.

110 Dies ergibt sich aus der Begriffsdefinition zum Dialog der SIA 143.

111 Die immerhin im Beurteilungsgremium vertreten ist.

112 Vgl. Nr. 4.46. Die bereits bekannten Experten sind im Programm zu nennen (Art. 13.3. lit. i SIA 143; ein späterer Beizug von Experten zur Beurteilung fachspezifischer Fragen, insbesondere während der Durchführung des Dialogverfahrens, ist zulässig).

unabhängige Person bestimmen, die für den korrekten Ablauf des Dialogs zuständig ist.

4.135 **b.** Das Verfahren: Durchgeführt werden eine schriftliche Fragerunde und nach Einreichung der Beiträge der Teilnehmer mindestens eine Zwischen- und eine Schlussbesprechung (Art. 14.2 SIA 143). Die Teilnehmer haben ihre Beiträge im Rahmen der Zwischen- und Schlussbesprechungen zu präsentieren (Art. 14.3 und 14.4 SIA 143). Das Beurteilungsgremium verfasst nach jeder Besprechung ein Protokoll, das die Beurteilung der Beiträge, die Erkenntnisse und die verbindlichen Empfehlungen zur weiteren Bearbeitung enthält (Art. 14.2 SIA 143). Die Teilnehmer erhalten aufgrund dieser Protokolle die Möglichkeit, ihre Beiträge anzupassen. Diese überarbeiteten Beiträge werden nach Abschluss des Dialogs vom Beurteilungsgremium bewertet. Ausserhalb dieser Besprechungen dürfen keine weiteren Kontakte zwischen den am Studienauftrag Beteiligten stattfinden (Art. 14.2 SIA 143).

4.136 **c.** Der Inhalt: Die SIA-Ordnung 143 äussert sich nicht zum in der Praxis wichtigen Inhalt der Präsentationen der Teilnehmer und der Besprechungen zwischen den Teilnehmern und dem Beurteilungsgremium. Die Auftraggeberin hat deshalb ausgehend vom Vorhaben und dessen Komplexität im Programm selber festzulegen, was von den Teilnehmern an den Präsentationen für Aussagen erwartet werden und zu welchen Themen sich das Beurteilungsgremium bei den Zwischen- und Schlussbesprechungen zu äussern hat. Öffentliche Auftraggeberinnen haben zu beachten, dass Präsentationen kein zulässiges eigenständiges Beurteilungskriterium bilden.[113]

4.137 **2.** Die SIA-Ordnung 143 unterscheidet beim Verfahren ebenfalls zwischen dem Studienauftrag *mit Folgeauftrag und ohne Folgeauftrag:*

4.138 – Beim Studienauftrag *mit Folgeauftrag* werden die Präsentationen der Beiträge der Zwischen- und Schlussbesprechungen mit den Teilnehmern je einzeln durchgeführt. Das Beurteilungsgremium berät in Abwesenheit der Teilnehmer und ohne Mitwirkung der Öffentlichkeit. Die Protokolle zu projektspezifischen Fragen werden nur den betroffenen Teilnehmern zugestellt (Art. 14.3 SIA 143).

4.139 – Beim Studienauftrag *ohne bzw. ohne substanziellen Folgeauftrag:* Die Präsentationen der Beiträge der Zwischen- und Schlussbesprechungen können in Anwesenheit aller Teilnehmer durchgeführt werden. Das Beur-

---

[113] LUTZ, VGT 08, S. 245.

teilungsgremium kann in Anwesenheit oder Abwesenheit der Teilnehmer beraten. In begründeten Fällen kann die Meinung der Öffentlichkeit während der Durchführung eingeholt werden (Art. 14.4 SIA 143). Was ein begründeter Fall ist und wie dieses Verfahren durchzuführen ist, regelt die SIA-Ordnung 143 nicht. Öffentliche Auftraggeberinnen haben dabei Verfahrensregeln festzulegen, die die Gleichbehandlung der Teilnehmer sowie das Transparenzgebot sicherstellen. Bei Vorhaben, die einer späteren Volksabstimmung unterstehen, ist das Kriterium «Public Voting» in untergeordnetem Rahmen zulässig.[114] Gemäss Rechtsprechung hat ein solcher Einbezug der Öffentlichkeit den Charakter eines Mitwirkungsverfahrens für die Bevölkerung. Damit ein solches Vorgehen zulässig ist, hat die Auftraggeberin den Einbezug so auszugestalten, dass die freie und unbeeinflusste Äusserung der Stimmberechtigten gewährleistet ist.[115]

3. Damit der in Art. 14 SIA 143 geregelte Dialog den Anforderungen des Vergaberechts genügt, ist Folgendes zu beachten:[116] 4.140

a. Mit der Revision der Verordnung über das öffentliche Beschaffungswesen wurde kurz nach Inkrafttreten der SIA-Ordnung 143 für Beschaffungen auf Bundesebene ebenfalls ein Dialog[117] als Verfahrenselement eingeführt. Zumindest für die dem Vergaberecht des Bundes unterstellte Auftraggeberin besteht somit eine **gesetzliche Grundlage** zur Durchführung eines Dialogverfahrens. 4.141

b. Dieses nur rudimentär geregelte Verfahren unterscheidet sich allerdings in einigen Punkten vom detaillierter geregelten Dialogverfahren der SIA-Ordnung 143. Beim Verfahren gemäss Art. 26a VöB wählt die Auftraggeberin diejenigen Anbieter aus, mit denen sie den Dialog durchführen will. Als Anforderungen werden genannt: *«Hinweise auf die Durchführung eines Dialogs in der Ausschreibung und in den Ausschreibungsunterlagen zur Vergütung der Teilnahme sowie der Verwendung der Teilnahmebeiträge»*.[118] 4.142

c. Beim Studienauftrag gemäss der SIA-Ordnung 143 wird der Dialog – im Unterschied zum vergaberechtlichen Dialogverfahren gemäss Art. 26a VöB – 4.143

114 Zur Zulässigkeit von «Public Voting» als Kriterium im Umfang von 10% vgl. BGE 138 I 143.

115 VGer (ZH) VB.2012.00074 (28.3.12).

116 Schneider Heusi/Scherler, S. 250.

117 Art. 26a VöB, in Kraft seit 1.1.2010.

118 Zum Dialogverfahren gemäss Art. 26a VöB vgl. Leuthold, VGT 10, S. 283 ff.

mit allen Teilnehmern durchgeführt. Damit wird dem vergaberechtlich zentralen Grundsatz der Gleichbehandlung der Anbieter Rechnung getragen; unter diesem Aspekt ist das Dialogverfahren zulässig.

4.144 **d.** Die SIA-Ordnung 143 sieht vor, dass das Verfahren **flexibel** gestaltet werden kann und sowohl die Rahmenbedingungen[119] des Studienauftrags als auch die Anforderungen an die Teilnehmer entsprechend den Erkenntnissen während der Durchführung angepasst werden können.[120] Vergaberechtlich unzulässig sind die **grundlegende Änderung oder Anpassung der Aufgabenstellung und der Rahmenbedingungen** während des laufenden Verfahrens. Ebenfalls nicht zulässig ist, die Anforderungen an die Teilnehmer anzupassen oder Änderungen bei der Zusammensetzung der Teilnehmer zuzulassen. Weiter sind Verhandlungen zwischen der Auftraggeberin und den Teilnehmern nicht statthaft und eine Einflussnahme der Auftraggeberin hat zu unterbleiben.

4.145 **e. Im Vergaberecht der Kantone** fehlt bis heute eine gesetzliche Regelung von Dialogverfahren. Auftraggeberinnen, die dem kantonalen Recht unterstellt sind, können innerhalb ihrer Vergabeverfahren nicht in einen Dialog mit den Anbietern treten. Offen bleibt, inwiefern die öffentlichen Auftraggeberinnen ohne eine explizite gesetzliche Grundlage *im Rahmen eines Studienauftrags* gleichwohl ein Dialogverfahren durchführen dürfen. Der Studienauftrag ist in den kantonalen Erlassen nicht geregelt. Gemäss Art. 12 Abs. 3 IVöB können die Veranstalter von Wettbewerbsverfahren auf einschlägige Bestimmungen von Fachverbänden verweisen. Dazu gehören die SIA-Ordnung 143 und das darin geregelte Dialogverfahren. Weiter findet das Dialogverfahren nicht mit der Auftraggeberin, sondern mit dem Beurteilungsgremium und noch nicht im Rahmen eines Vergabeverfahrens statt. Vor diesem Hintergrund ist die Durchführung von Dialogverfahren bei mit der SIA-Ordnung 143 konformen Studienaufträgen – mit den oben erwähnten Einschränkungen (Nr. 4.140–145) – zulässig.[121]

4.146 **4.** Insbesondere bei Studienaufträgen, bei denen Folgeaufträge in Aussicht gestellt werden, stellt sich die Frage, wie ein **Ideentransfer** unter den Teilnehmern verhindert wird und wie das Beurteilungsgremium Empfehlungen

---

119 Die SIA-Ordnung 143 verwendet die Begriffe Rand- und Rahmenbedingungen uneinheitlich und definiert diese nicht. Vorliegend wird der Begriff «Rahmenbedingung» verwendet.

120 Begriffsdefinition «Flexibilität» S. 5 SIA 143.

121 Eine klare gesetzliche Grundlage wäre zu begrüssen.

für die Weiterbearbeitung vornehmen kann, ohne dabei Hinweise auf andere Teilnehmerbeiträge zu geben.[122]

a. Unzulässig ist ein eigentliches «Cherry-Picking»,[123] bei der das Beurteilungsgremium und später allenfalls die Auftraggeberin aus den einzelnen Beiträgen der Teilnehmer die besten Elemente herauspflücken und an die anderen Teilnehmer weitergeben.[124] Bei öffentlichen Auftraggeberinnen resultiert ein solches Verbot bereits aus dem Grundsatz der Vertraulichkeit.[125] Eine private oder öffentliche Auftraggeberin, die einen Beitrag eines Teilnehmers unbefugt verwertet, handelt möglicherweise unlauter[126] und verletzt allfällige Urheberrechte. 4.147

b. Weiter sind auch **Massnahmen der Auftraggeberin** zur Verhinderung des Ideentransfers notwendig, ansonsten die Teilnehmer nicht mehr bereit wären, ihr ganzes Know-how und ihre projektbezogenen Ideen einzubringen. Die Auftraggeberin hat demnach bereits *im Programm* das Dialogverfahren detailliert darzulegen und sie hat bei Studienaufträgen mit der möglichen späteren Erteilung von Folgeaufträgen zu regeln, dass die Besprechungen und Präsentationen mit dem Beurteilungsgremium je einzeln stattzufinden haben (Art. 14.3 SIA 143). 4.148

c. Ein Dialog darf nicht zur Folge haben, dass die Empfehlungen des Beurteilungsgremiums zum weiteren Vorgehen auf einen Teilnehmerbeitrag zugeschnitten werden.[127] 4.149

d. Die Mitglieder des Beurteilungsgremiums sind im Rahmen ihres Auftragsverhältnisses zur Auftraggeberin dafür verantwortlich, dass die oben genannten Regeln eingehalten werden. 4.150

---

122 LEUTHOLD, VGT 10, S. 297.
123 Oder «Best-of-best-Lösung».
124 LEUTHOLD, VGT 10, S. 297.
125 Art. 8 Abs. 1 lit. d BöB; Art. 11 lit. g IVöB.
126 Art. 5 lit. a UWG.
127 LEUTHOLD, VGT 10, S. 297.

3. Das Ergebnis des Studienauftrags

A. Der Schlussbericht und die Empfehlung des Beurteilungsgremiums

4.151 **1.** Der Ablauf der Bewertung der Studien gleicht mit Ausnahme des Dialogs dem Wettbewerb. Das Beurteilungsgremium ist im Anschluss an das Dialogverfahren zuständig für die Schlussbeurteilung und erstellt einen Beurteilungsbericht (Art. 20 SIA 143). Im Unterschied zum Wettbewerb nimmt es **keine Rangierung vor und spricht keine Preise** zu (Art. 21 SIA 143; vgl. Nr. 4.27).

4.152 **a.** Bei einem Studienauftrag *mit Folgeauftrag* wählt das Beurteilungsgremium den besten Beitrag aus und empfiehlt diesen zur Weiterbearbeitung (Art. 21.1 lit. a und 23.1 lit a SIA 143). Auch ohne Rangierung kann das Beurteilungsgremium einen **Gewinner** bestimmen.[128]

4.153 Die Auftraggeberin ist wie bei einem Wettbewerbsverfahren an diese Empfehlung gebunden (Nr. 3.65 und 3.117).[129] Der Umfang des Folgeauftrags richtet sich dabei nach den im Programm in Aussicht gestellten Teilleistungen.

4.154 **b.** Wurde ein Studienauftrag *ohne Folgeauftrag* ausgeschrieben, bestimmt das Beurteilungsgremium keinen Gewinner. Es formuliert einen Synthesisbericht mit Schlussfolgerungen zur Aufgabenstellung und gibt Empfehlungen für das weitere Vorgehen ab (Art. 21.1 lit. b und 23.1 lit. b SIA 143). Was unter dem Synthesisbericht zu verstehen ist und welches der Inhalt der abzugebenden Empfehlungen ist, definiert die SIA-Ordnung 143 nicht näher. Sie überlässt dies den Mitgliedern des Beurteilungsgremiums. Die Auftraggeberin und die Mitglieder des Beurteilungsgremiums treffen deshalb sinnvollerweise zusätzliche Abmachungen zum Inhalt und Umfang des Berichts.

4.155 **2.** Stellt das Beurteilungsgremium fest, dass aus dem Studienauftrag **kein brauchbares Ergebnis** (Art. 23.2 SIA 143)[130] hervorgegangen ist, muss es zuhanden der Auftraggeberin die Gründe des Scheiterns im Bericht analysieren und Schlussfolgerungen formulieren. Welches diese Schlussfolgerungen sind, lässt die SIA-Ordnung 143 offen. Denkbar sind Hinweise dazu, welche

---

[128] Die SIA-Ordnung 143 ist allerdings nicht präzise: Der Begriff des Gewinners erscheint mehr zufällig in Art. 24.1 lit. a, nicht jedoch in Art. 16.1. lit. d sowie Art. 21.1 SIA 143 vgl. Nr. 1.177.

[129] Vgl. Jost/Schneider Heusi, S. 370.

[130] Zum Begriff des unbrauchbaren Ergebnisses Nr. 3.66.

Schritte die Auftraggeberin einzuleiten hat, um die Grundlagen für die weitere Planung zu schaffen oder inwiefern sie die Aufgabenstellung und die Rahmenbedingungen zu überprüfen hat.

a. Art. 23.2 SIA 143 legt für den Fall, da das Verfahren kein brauchbares Ergebnis erzielte, fest, dass die Auftraggeberin für die Weiterbearbeitung der Aufgabe von jeder Verpflichtung aus dem Verfahren befreit wird. Diese Formulierung ist missverständlich. Gemeint ist, dass die Teilnehmer aus einem solchen Verfahren keine Ansprüche gemäss Art. 27 SIA 143 geltend machen können. Die Auftraggeberin bleibt beim ergebnislosen Studienauftrag grundsätzlich verpflichtet, die Pauschalentschädigungen zu vergüten (Art. 23.2 SIA 143).[131] Sie darf vorbehältlich einer anderen Regelung im Programm die Beiträge der Teilnehmer nicht weiter verwenden. 4.156

b. Der ergebnislose Studienauftrag ist zu unterscheiden vom Fall, dass ein oder mehrere (aber nicht alle) Teilnehmer einen fehlerhaften, ungenügenden oder unvollständigen Beitrag einreichten. Diese Beiträge sind von der Beurteilung auszuschliessen und nicht zu entschädigen (Nr. 4.74 ff.). 4.157

3. Ein Studienauftrag ist dann **abgeschlossen,** wenn das Beurteilungsgremium bei einem Verfahren mit Folgeauftrag den besten Beitrag und damit den Gewinner bestimmt. Das Verfahren ohne Folgeauftrag ist dann beendet, wenn das Beurteilungsgremium den Synthesisbericht mit den Schlussfolgerungen sowie den Empfehlungen zum weiteren Vorgehen unterzeichnet hat (Art. 24.1 SIA 143). Wie beim Wettbewerb teilt die Auftraggeberin nach Abschluss der Beurteilung den Teilnehmern den Entscheid des Beurteilungsgremiums mit und sorgt für eine angemessene Veröffentlichung in der Presse (Art. 25 SIA 143).[132] 4.158

4. Die **Verbindlichkeit der Empfehlung des Beurteilungsgremiums** unterscheidet sich nicht von derjenigen des Preisgerichts beim Wettbewerb (Nr. 3.65 und 3.117). 4.159

---

131 Zu den Fällen, bei denen die Pauschalentschädigung nicht zu leisten ist, vgl. Nr. 4.74 ff.

132 Die Mitteilung in der Presse erfolgt unabhängig davon, ob bereits während des Verfahrens ein Einbezug der Öffentlichkeit stattgefunden hat. Die SIA-Ordnung klärt den Begriff der «Presse» nicht. Ausschlaggebend ist, dass insbesondere die Öffentlichkeit und die Fachwelt mit der Publikation erreicht und damit Transparenz geschaffen wird.

B. Die Vergütung der Studien

4.160 Die Vergütung der Studien ist nebst der korrekten Durchführung des Verfahrens ein wesentliches Element der vertraglichen Beziehungen zwischen der Auftraggeberin und den Teilnehmern. Wie die Entschädigung festzusetzen ist und welches die Voraussetzungen sind, damit die Auftraggeberin sie auszurichten hat, habe ich bereits beschrieben (Nr. 4.69).

C. Die weitere Verwendung der Ergebnisse

4.161 **1.** Die Auftraggeberin legt bereits im Programm entsprechend ihren Bedürfnissen (Nr. 4.5 f.) die Ziele des Verfahrens sowie die weitere Verwendung der Studien und insbesondere die möglichen Folgeaufträge fest (vgl. Art 27.1 SIA 143). Dabei sind je nach Ausgangslage verschiedene Szenarien und Verfahren denkbar (Nr. 4.17).

4.162 **2.** Soll der Studienauftrag die Grundlage für eine **weitere Projektentwicklung im Rahmen eines Wettbewerbs** bilden, sind der Studienauftrag und der Wettbewerb als in sich abgeschlossene Schritte durchzuführen; eine Kombination ist nicht zulässig.[133] Denkbar ist zum Beispiel, dass für eine komplexe Aufgabe, wie die Umnutzung einer Industriebrache in städtischem Umfeld, mit einem Studienauftrag die städtebaulichen Rahmenbedingungen festgelegt werden. Das Ergebnis des Studienauftrags kann ein Bebauungsplan sein, auf dessen Grundlage dann in einem neuen Verfahren ein oder mehrere Wettbewerbe mit Folgeaufträgen zur Projektierung und Ausführung zu einzelnen Teilgebieten durchgeführt werden.[134]

4.163 **3.** Wie die Auftraggeberin die von den Teilnehmern eingereichten Studien weiter verwenden darf, hängt von der Festlegung im Programm und der Übernahme der SIA-Ordnung 143 ab. Hält sich die Auftraggeberin nicht an diese von ihr definierten Verpflichtungen oder verletzt sie vergaberechtliche Bestimmungen, können die Teilnehmer sich zur Wehr setzen. Im Vordergrund steht dabei meistens der Wunsch, dieses Vorgehen unterbinden zu können. Im Einzelfall ist zu prüfen, ob ein siegreicher Teilnehmer auf einer vergaberechtlichen Grundlage vorgehen und beispielsweise eine Auftragserteilung anfechten kann, wenn die öffentliche Auftraggeberin die Empfehlung des

---

[133] Präambel SIA 142, vgl. Nr. 3.5 und 4.12.

[134] Vgl. Wegleitung der SIA-Kommission 142/143 «Programme für Wettbewerbe und Studienaufträge» (SIA 142i-101d).

Beurteilungsgremiums zur weiteren Bearbeitung missachtet oder Verfahrensregeln verletzt. Denkbar ist ebenfalls, dass eine Ausschreibung einer öffentlichen Auftraggeberin angefochten wird, mit dem Argument, dass ein früher durchgeführtes Verfahren nie abgebrochen wurde und nun unter Verwendung der seinerzeitigen Beiträge ausgeschrieben wird. Erst in zweiter Linie wird die Geltendmachung von Schadenersatzansprüchen zum Thema.[135]

D. Die Zulässigkeit der Erteilung von Folgeaufträgen

1. Zentral für die Teilnehmer und die Auftraggeberin ist wie beim Wettbewerb, welche **Ansprüche und Folgeaufträge aus einem Studienauftrag** resultieren, unter welchen Voraussetzungen die öffentliche Auftraggeberin eine Zuschlagserteilung an den Verfasser des siegreichen Projekts vornehmen kann und inwiefern sie an den Entscheid des Beurteilungsgremiums gebunden ist (Nr. 3.110). Zu unterscheiden sind nach dem Konzept der SIA-Ordnung 143 die Ansprüche aus einem Studienauftrag im Sinne von Folgeaufträgen gemäss Art. 27.1 als Regelfall und die Abgeltungen gemäss Art. 27.2 und 27.3 als Ausnahmefälle. 4.164

2. Bereits dargelegt habe ich, unter welchen Voraussetzungen die öffentliche Auftraggeberin einen Dialog durchführen kann (Nr. 4.140 ff.). Die Zulässigkeit der Zuschlagserteilung selber ist auf den folgenden Grundlagen zu beurteilen: 4.165

a. Mit Art. 13 Abs. 1 lit. l VöB besteht für Beschaffungen auf Bundesebene eine gesetzliche Grundlage, wonach für Planerleistungen nach nicht anonymen Verfahren eine freihändige Auftragserteilung unter bestimmten *kumulativen Voraussetzungen* zulässig ist: *«das vorausgehende Verfahren wurde in Übereinstimmung mit den Bestimmungen des Gesetzes durchgeführt; die Lösungsvorschläge wurden von einem mehrheitlich unabhängigen Gremium beurteilt und die Auftraggeberin hat sich in der Ausschreibung vorbehalten, die Folgeplanung oder die Koordination freihändig zu vergeben.»* 4.166

b. Nicht gesetzlich geregelt wird das Verfahren zum nicht anonymen Studienauftrag an sich. Dieses wird in den Bestimmungen zum anonymen Planungs- und Gesamtleistungswettbewerb gemäss dem 4. Kapitel der VöB nicht erwähnt. Klar scheint immerhin, dass nicht anonyme Verfahren nicht als Wettbewerbe selber, aber auch nicht als Vergabeverfahren qualifiziert werden. 4.167

135 Anspruchsgrundlage bildet Art. 27.2 SIA 143, sofern vereinbart (Nr. 4.183).

Der nicht anonyme Studienauftrag stellt vielmehr wie der Wettbewerb unter bestimmten Voraussetzungen die Grundlage für die anschliessende freihändige Vergabe dar (Nr. 2.57, 3.22 und 3.42).

4.168 **c.** Die Anforderungen, nach denen Art. 13 Abs. 1 lit. l VöB eine freihändige Zuschlagserteilung im Anschluss an einen nicht anonymen Studienauftrag erlaubt, bleiben mit dem Verweis auf eine *«Durchführung in Übereinstimmung mit den Bestimmungen des Gesetzes»* allerdings vage. Sie sind zu konkretisieren.

4.169 **d.** Erklärt die Auftraggeberin die SIA-Ordnung 143 als anwendbar, bestehen für die Durchführung des Verfahrens und des Dialogs zumindest transparente Regeln. Gleichwohl sind überdies die aus der Rechtsprechung entwickelten vergaberechtlichen Mindestanforderungen bei Wettbewerben beizuziehen (Nr. 3.26 f.).

4.170 **3.** Damit vergaberechtlich eine Zuschlagserteilung zulässig ist, sind *über die Regelung der SIA-Ordnung 143 hinaus* die folgenden Punkte zu beachten:

4.171 – Das Verfahren ist nach Massgabe des Auftragswerts und oberhalb der massgebenden Schwellenwerte öffentlich auszuschreiben.

4.172 – Die Auftraggeberin begründet im Programm die Verfahrenswahl ausreichend sowie die Notwendigkeit des Dialogs bezogen auf die Komplexität des Vorhabens (Nr. 4.121).

4.173 – Sie setzt ein mehrheitlich unabhängiges Beurteilungsgremium ein und erklärt im Programm dessen Entscheid als verbindlich (Nr. 4.159).[136]

4.174 – Die Folgeaufträge, die nach Abschluss des Studienauftrags erteilt werden sollen, werden im Programm bezeichnet (Inhalt und Umfang der Teilleistungsprozente; Nr. 4.153).[137]

4.175 – Das Dialogverfahren wird bereits im Programm detailliert beschrieben und die Bestimmungen und ihr Umfang, die durch den Dialog präzisiert werden sollen, werden bereits im Programm gekennzeichnet (Nr. 4.124 f.).

4.176 – Grundlegende Änderungen der Aufgabenstellung, der Rahmenbedingungen und der an die Teilnehmer gestellten Anforderungen sind zu unterlassen (Nr. 4.123).

---

136 Art. 53 VöB.

137 Art. 55 VöB; Art. 13.3. lit. g VöB.

– Das Beurteilungsgremium legt einen Gewinner in dem Sinne fest, als es ohne Rangierung die Studie bestimmt, die die Beurteilungskriterien am besten erfüllt. Vorgängig hat es zu prüfen, ob kein vergaberechtlich relevanter Ausschlussgrund gegeben oder ein Beitrag von der Beurteilung auszuschliessen ist (Nr. 4.74 ff.). 4.177

4. Noch offen ist, ob und wie die *kantonalen Gesetzesgrundlagen* angeglichen werden. Eine Zuschlagserteilung nach einem Studienauftrag ist jedenfalls nur dann möglich, wenn in den gesetzlichen Grundlagen die Anonymität *nicht* als Voraussetzung für die Zuschlagserteilung genannt wird und *das Verfahren gemäss der SIA-Ordnung 143 mit den oben genannten zusätzlichen Anforderungen durchgeführt wurde.*[138] 4.178

4. Urheberrecht und Ansprüche aus dem Studienauftrag

A. Die Regelung des Urheberrechts beim Studienauftrag

Die SIA-Ordnung 143 sieht vor, dass das Urheberrecht an den Studien bei den Teilnehmern verbleibt (Art. 26.1 SIA 143). Im Unterschied zum Wettbewerbsverfahren können die Ergebnisse des Studienauftrags bei bestimmten, von der SIA-Ordnung als **prozessorientiert** bezeichneten **Planungsstudien,** auch durch Dritte verwendet werden (Art. 26.3 SIA 143). Solche Studien bilden die Grundlage für weitere Planungsschritte. Dabei wird nicht das Urheberrecht an die Auftraggeberin abgetreten, sondern es wird bereits im Programm die weitere Nutzung der Studien im nachfolgenden, separat einzuleitenden Verfahren geregelt. Die Auftraggeberin ist dabei darauf angewiesen, in einem solchen Fall die Ergebnisse aus den Studien im Rahmen eines Prozesses weiterverwenden zu können, ansonsten das durchgeführte Verfahren für sie nutzlos wäre. Eine zusätzliche Entschädigung für diese Nutzung ist in der SIA-Ordnung 143 nicht vorgesehen. 4.179

B. Die Ansprüche der Teilnehmer

Bereits erwähnt wurden die von der Auftraggeberin zu leistenden Pauschalentschädigungen (Nr. 4.70). Sie sind zu unterscheiden von den Ansprüchen gemäss Art. 27 SIA 143. Dabei wird zwischen einem Regelfall gemäss 4.180

---

[138] Wünschenswert wäre die Schaffung einer expliziten gesetzlichen Grundlage für das Dialogverfahren sowie die freihändige Zuschlagserteilung.

Art. 27.1 und den Abgeltungen gemäss Art. 27.2 und Art. 27.3 SIA 143 als Ausnahmefälle differenziert.

a. Der Regelfall gemäss Art. 27.1 SIA

4.181 **1.** Art. 27.1 statuiert bei einem Studienauftrag *mit Folgeauftrag* einen Anspruch auf einen Auftrag gemäss den Programmbestimmungen. Ob aus dieser Bestimmung eine Kontrahierungspflicht abgeleitet werden kann, ist umstritten.[139]

4.182 **2.** Beim Studienauftrag *ohne Folgeauftrag* steht der Auftraggeberin nach Entrichtung der im Programm aufgeführten Pauschalentschädigung das Recht zu, die Arbeitsergebnisse zu verwenden. Zusätzliche Entschädigungsansprüche stehen dem Teilnehmer im Unterschied zum Wettbewerb[140] nicht zu (Nr. 3.113). Vorbehalten bleiben die Bestimmungen über das Urheberrecht, das bei den Teilnehmern verbleibt.

b. Die Abgeltung des Gewinners bei einer weiteren Verwendung seines Beitrags

4.183 **1.** Art. 27.2 SIA 143 nennt zwei mögliche Fälle und die Voraussetzungen, nach denen der Gewinner bei einem Studienauftrag *mit Folgeauftrag* zusätzlich zur Pauschalentschädigung Anspruch auf eine Abgeltung geltend machen kann. Dies ist der Fall wenn:

4.184 – das Beurteilungsgremium empfohlen hat, dem Gewinner den ausgeschriebenen Folgeauftrag oder den Zuschlag zu erteilen, diesen jedoch ohne Verwendung des Gewinnerprojekts an Dritte vergeben wird, oder

4.185 – die Auftraggeberin einen im Rahmen des Studienauftrags geleisteten Beitrag mit dem nachträglichen Einverständnis des Gewinners weiterverwendet, ohne diesem den ausgeschriebenen Folgeauftrag zu erteilen.

4.186 **2.** Abgeltungen gemäss den beiden alternativen Fällen von Art. 27.2 lit. a und b SIA 143 können kumuliert werden, sofern die Voraussetzungen erfüllt sind.[141]

---

[139] Zu dieser grundsätzlichen Fragestellung vgl. Nr. 2.55 und 3.117.

[140] Vgl. Art. 27.1 SIA 142.

[141] Mit der präzisierten Formulierung im Vergleich zur bisherigen Fassung ist nun verdeutlicht, dass die Abgeltungen nicht die Unrechtmässigkeit des Auftragsentzugs voraussetzen. Eine

3. Beide Bestimmungen setzen voraus, dass die Auftraggeberin nicht bereits im Programm eine Abtretung des Urheberrechts vorgeschrieben hatte.[142] 4.187

c. Der Verzicht auf die Realisierung des Vorhabens

1. Wie beim Wettbewerb kann beim Studienauftrag *mit Folgeauftrag* der siegreiche Gewinner beim definitiven Verzicht der Auftraggeberin auf Realisierung innerhalb von drei Jahren nach dem Entscheid des Beurteilungsgremiums eine zusätzliche Entschädigung geltend machen (Nr. 3.117). Erteilt die Auftraggeberin keinen Folgeauftrag für die ausgeschriebenen Leistungen, hat der Gewinner des Studienauftrags bei einem solchen Verzicht Anspruch auf die restliche Entschädigung des im Studienauftrag erbrachten Aufwands (Art. 27.3 SIA 143). Dabei handelt es sich um den Aufwand, der nicht mit der bereits geschuldeten und in aller Regel ausgerichteten Pauschalentschädigung abgedeckt wird. 4.188

2. Anders als beim Wettbewerb steht dem Gewinner gemäss Art. 27.3 SIA 143 für den Fall des nachträglichen Verzichts aber keine feste Entschädigung (Art. 27.3 SIA 142) zu. Er hat vielmehr seinen Aufwand nachzuweisen. 4.189

Entschädigung ist unabhängig davon geschuldet, ob die Empfehlung des Beurteilungsgremiums rechtskonform erfolgt ist oder nicht, vgl. Jost/Schneider Heusi, Fn. 159.

142 Vgl. Schneider Heusi/Scherler, S. 237.

§ 5 Die Vollmacht des Planers

Rudolf Schwager / Valentin Monn

Inhaltsverzeichnis

I. Grundsätzliches

Die Bezeichnung «Planer» wird in diesem Buch verwendet als Oberbegriff für Architekten und Ingenieure (Bauingenieure und Fachingenieure für Gebäudeinstallationen). Diese Terminologie darf indessen nicht darüber hinwegtäuschen, dass eine Vollmacht, den Bauherrn bei bestimmten Rechtshandlungen zu vertreten, diesen Personen gerade nicht im Zusammenhang mit der Planung eines Bauwerks erteilt wird, sondern ihnen in den meisten 5.1

Anwendungsfällen aufgrund der Übertragung der Bauleitung bei der Ausführung des Werks zusteht.

1. Die juristische und praktische Bedeutung der Vollmacht

5.2 **1.** Vollmacht ist die durch eine Willenserklärung des Vertretenen eingeräumte **Vertretungsmacht.**[1] Vertretung ist eine Modalität des Handelns, bei welcher die Rechtswirkungen des Handelns nicht beim Handelnden selbst, sondern direkt beim Vertretenen eintreten.[2] Voraussetzung dafür ist, dass der Handelnde in fremdem Namen handelt und zum Handeln namens des Vertretenen ermächtigt ist (Art. 32 Abs. 1 OR).

5.3 Zieht ein Bauherr für die Verwirklichung eines Bauvorhabens einen Architekten, Ingenieur oder anderen Planer bei, so stellt sich bei der damit geschaffenen 3-Personen-Situation sofort die Frage, ob und inwieweit der Planer ermächtigt ist, für den Bauherrn direkt Rechtswirkungen zu erzeugen in dessen Verhältnis zu den übrigen Beteiligten (Unternehmer etc.). Im Zentrum dieser vertretungsrechtlichen Problematik steht dabei die Frage nach dem Bestand und Umfang der Vertretungsmacht[3] des Planers. Sie ist notwendige *Voraussetzung der Vertretungswirkung,* d.h. für die Erzeugung von Rechtswirkungen in der Person des Bauherrn durch das rechtsgeschäftliche Handeln des Planers. Für den Eintritt der Vertretungswirkung muss als weitere Voraussetzung allerdings auch noch hinzukommen, dass der Planer in fremdem Namen handelt (Nr. 5.11).

---

1 Das Wort «Vollmacht» wird (ähnlich wie das Wort «Vertrag») im allgemeinen Sprachgebrauch mit einer dreifachen Bedeutung verwendet: Es bezeichnet sowohl das Rechtsgeschäft (Bevollmächtigung) als auch die dadurch erzeugte Rechtswirkung (Vollmacht) und die dem Nachweis dieser Rechtswirkung dienende Urkunde (Vollmachtsurkunde). In der vorliegenden Abhandlung wird es nur mit der zweiten Wortbedeutung verwendet.

2 Dies gilt nur für die direkte (echte) Stellvertretung. Bei der indirekten (unechten) Stellvertretung handelt der Vertreter in eigenem Namen, aber auf Rechnung eines Dritten. Die Rechtswirkungen treten dabei in der Person des Handelnden ein. Vgl. ZÄCH, Berner Kommentar, Vorbemerkungen zu Art. 32–40 OR, N 5, und N 175 zu Art. 32 OR.

3 Die anderen nebst einer Vollmacht möglichen Rechtsgründe für den Bestand von Vertretungsmacht, nämlich die Stellung als Organ oder als gesetzlicher Vertreter, bleiben hier ausser Betracht, da ihnen bei der Vertretung des Bauherrn durch einen Planer nur geringe praktische Bedeutung zukommt. Selbst wenn ausnahmsweise einmal ein Planer Organ oder gesetzlicher Vertreter des Bauherrn ist, erbringt er seine Planerleistungen meistens gestützt auf einen separaten Planervertrag mit entsprechender, rechtsgeschäftlich eingeräumter Vertretungsmacht.

Die Besonderheit der vertretungsrechtlichen Probleme im Beziehungsfeld Bauherr – Planer – Unternehmer besteht darin, dass sich die Vertretung des Bauherrn durch den Planer nicht nur (und in erster Linie gerade nicht) auf den Abschluss von Verträgen mit den Unternehmern bezieht (Nr. 5.85 ff.),[4] sondern auf sehr unterschiedliche Willenserklärungen im Zusammenhang mit der beidseitigen Leistungserbringung von Bauherr und Unternehmer im Rahmen eines zwischen ihnen bestehenden Vertragsverhältnisses. Für jede dieser verschiedenen Erklärungen stellt sich gesondert die Frage, ob der Planer sie mit verpflichtender Wirkung für den Bauherrn abgeben kann (aktive Vertretung). Analoges gilt für die Entgegennahme der vom Unternehmer in Zusammenhang mit der Leistungserbringung abgegebenen Willenserklärungen (passive Vertretung). 5.4

Das *Gesetz* spricht nur von der Vertretung beim Abschluss eines Vertrages. Besteht dazu eine Vollmacht, so erstreckt sich diese nach Lehre und Rechtsprechung im Sinne eines stillschweigend mitenthaltenen Sinngehaltes[5] häufig auch auf einzelne im Zusammenhang mit der Erfüllung stehende Willenserklärungen der Vertragsparteien.[6] Das Werkvertragsverhältnis ist besonders reich an solchen Willenserklärungen im Zusammenhang mit der beidseitigen Leistungserbringung (z.B. Fristansetzung, Mängelrüge, Abmahnung, Genehmigung des Werks, Anerkennung der Rechnung etc.). Kann nicht einfach nach dem Grundsatz «in maiore minus» auf eine Vollmacht zum Vertragsabschluss zurückgegriffen werden, so muss für jede dieser Willenserklärungen gesondert das Vorliegen einer Vertretungsmacht geprüft werden.[7] 5.5

2. Die praktische Bedeutung[8] der Vollmacht ist für die einzelnen am Bauvorhaben Beteiligten verschieden, da sie aus einer unterschiedlichen Aus- 5.6

---

4 Der Unternehmer wird hier jeweils erwähnt als Hauptfall des betroffenen Dritten.

5 Vgl. Jäggi/Gauch, Zürcher Kommentar, N 333 zu Art. 18 OR.

6 Vgl. BGer 4D_14/2008 (31.3.2008) E. 2.1; Gauch/Schluep/Schmid, Nr. 1311 f.; Watter/Schneller, Basler Kommentar, N 21 zu Art. 33 OR; Bucher, OR AT, S. 607; BGE 31 II 118 (Vollmacht für die Handlungen, die nach dem Vertragsabschluss notwendig werden oder auf die Ausgleichung von Schwierigkeiten bei der Ausführung abzielen).

7 Die sich häufig in der älteren Literatur findende generelle und abstrakte Fragestellung, ob der Architekt Vertreter des Bauherrn sei oder nicht, wird deshalb dem Problem nicht gerecht. So aber z.B. Bollag, S. 110 ff.; Kreis, S. 125 ff.; Sauter, S. 44 ff.

8 Nicht geteilt werden kann die Auffassung von Reber, Rechtshandbuch, S. 266, dass Streitigkeiten, welche die Vollmacht eines Architekten betreffen, verhältnismässig selten sind. Die Zahl der in den letzten Jahren dazu publizierten Gerichtsentscheide spricht dagegen. Hinzu kommt, dass die Bauherren häufig resignieren und z.B. Arbeiten, die vom Planer

gangslage mit der Frage nach dem Bestand der Vollmacht konfrontiert werden:

5.7 – Für den *Bauherrn* ist die Vollmacht massgeblich für die Beantwortung der Frage, inwieweit er durch die rechtsgeschäftlichen Erklärungen des Planers berechtigt und verpflichtet wird. Fehlt die Vollmacht, so kann er das Handeln jedoch immer noch nachträglich genehmigen, was er vor allem bei Handlungen tun wird, die er als in seinem Interesse liegend betrachtet. Die Frage nach der Vollmacht des Planers stellt sich für ihn auch meistens erst nachträglich, einige Zeit nach Vornahme der entsprechenden Handlungen durch diesen.

5.8 – Für den *Planer* steht der Auftrag im Vordergrund, im Interesse des Bauherrn an der Verwirklichung eines Bauvorhabens mitzuwirken. Die Frage nach seiner eigenen Vollmacht stellt sich ihm, wenn er bestimmte Handlungen im Interesse des Bauherrn als geboten oder nützlich erachtet: Je nachdem kann er die entsprechende Erklärung als Vertreter des Bauherrn selbst abgeben oder muss er den Bauherrn veranlassen, diese Handlung persönlich vorzunehmen (oder ihm dazu eine Vollmacht zu erteilen). Handelt er im Zweifelsfall, so riskiert er eine Vollmachtsüberschreitung; handelt er nicht, so setzt er sich der Gefahr einer Verletzung seiner auftragsrechtlichen Sorgfaltspflicht aus.[9]

5.9 – Für den *Unternehmer* stellt sich nach Abschluss des Vertrages insbesondere die Frage, inwieweit er sich auf Willenserklärungen des Planers verlassen darf bzw. einlassen muss. Nimmt er zu Unrecht das Vorliegen einer Vollmacht an, so hat dies für ihn nachteilige Auswirkungen, wenn der Bauherr das Handeln des Planers nachträglich nicht genehmigt. Betrachtet er hingegen fälschlicherweise das Handeln des Planers (z.B. eine Ausführungsweisung oder eine Bestellungsänderung) als unbeachtlich, so kann dies eine Verletzung seiner vertraglichen Verpflichtungen gegenüber dem Bauherrn bedeuten. Häufig ist der Bauherr nicht sofort erreichbar, um von ihm eine Klarstellung zu erlangen.

5.10 **3. Die Interessenlage** ist somit bei Rechtshandlungen, welche im Rahmen eines bestehenden Vertragsverhältnisses von einem Vertreter namens einer Vertragspartei vorgenommen werden, viel komplexer als im Falle der Ver-

---

ohne Vollmacht vergeben wurden und mit deren Ausführung schon begonnen wurde, im Interesse des Baufortschrittes nachträglich genehmigen.

9 Ähnliche Probleme ergeben sich z.B. auch bei der Bankvollmacht.

tretung beim Vertragsabschluss. Dort ist der Dritte, gegenüber welchem der Vertreter als solcher auftritt, einfach frei, im Zweifelsfalle auf den Vertragsabschluss zu verzichten. Bezieht sich eine vertretungsrechtliche Auseinandersetzung hingegen auf Rechtshandlungen innerhalb eines bestehenden Vertragsverhältnisses, so muss berücksichtigt werden, dass sich sowohl der Vertreter (Planer) wie auch der Dritte (Unternehmer) häufig im dargestellten Sinn zwischen Scylla und Charybdis befinden.

2. Das Handeln in fremdem Namen

1. Das Handeln des Planers erzeugt nur dann Rechtswirkungen für den Bauherrn, wenn der Planer auch in dessen Namen handelt. Zum **Handeln in fremdem Namen** gehört der Wille des Handelnden, dass die Rechtswirkungen seines Tuns nicht seinen eigenen Rechtsbereich treffen, sondern im Rechtsbereich des Vertretenen eintreten sollen.[10] Dieser innere Wille zur Fremdwirkung muss entweder dem Vertragspartner erklärt werden oder sich aus den Umständen ergeben, oder es muss dem Vertragspartner gleichgültig sein, mit wem er den Vertrag abschliesst (Art. 32 Abs. 2 OR).[11] Ob jemand in eigenem oder in fremdem Namen handelt, ist eine tatsächliche Frage, die von derjenigen nach dem Bestand einer Ermächtigung zum Handeln in fremdem Namen unterschieden werden muss. 5.11

2. Ist mit dem «Planer» jene Person gemeint, die bei der Verwirklichung des Bauvorhabens eines Dritten (nur) Leistungen im Bereich der Planung und Bauleitung erbringt (Nr. 1.47),[12] so besteht die natürliche Vermutung, dass er gegenüber den anderen Beteiligten in fremdem Namen handelt.[13] Dieses Handeln im Namen des Bauherrn ist auch ohne ausdrückliche Erklärung aus den Umständen ersichtlich, wenn die Anordnungen und Willenserklärungen 5.12

---

10 BGE 126 III 64; BGer 4C.134/2005 (13.9.2005) E. 2.2 = BR/DC 2006, S. 65, Nr. 206; GAUCH/SCHLUEP/SCHMID, Nr. 1327 ff.; ZÄCH, Berner Kommentar, N 28 zu Art. 32 OR; WATTER/SCHNELLER, Basler Kommentar, N 16 zu Art. 32 OR.

11 BGE 99 II 41; BGer 4P.109 und 111/2004 (11.1.2005) E. 5.2.2.1; GAUCH/SCHLUEP/SCHMID, Nr. 1329 ff.; WATTER/SCHNELLER, Basler Kommentar, N 16 ff. zu Art. 32 OR.

12 In diesem Sinne verwendet auch Art. 371 Abs. 2 OR die Begriffe des Architekten und des Ingenieurs.

13 SJ 1988, S. 26 ff. = BR/DC 1989, S. 12, Nr. 9; WATTER/SCHNELLER, Basler Kommentar, N 17 zu Art. 32 OR. Auch die Tatsache, dass der Bauherr nicht namentlich genannt wird, schliesst das Handeln in fremdem Namen («für wen es angeht») nicht aus; dazu STIERLI, S. 7; allgemein ZÄCH, Berner Kommentar, N 32 ff. zu Art. 32 OR.

sich auf einen bereits bestehenden Werkvertrag zwischen dem Bauherrn und dem Unternehmer beziehen. **Unklarheit,** ob ein Handeln in eigenem oder in fremdem Namen vorliege, kann hingegen bei der Vergabe von Bauarbeiten, d.h. beim Abschluss von Werkverträgen mit Unternehmern bestehen.[14] Der Unternehmer hat keine zuverlässige Kenntnis von den Rechtsbeziehungen zwischen derjenigen Person, die ihm gegenüber handelnd auftritt, und dem Bauherrn. Auch einer Person, welche die Berufsbezeichnung «Architekt» oder «Ingenieur» trägt und normalerweise Planerleistungen erbringt, ist es nicht verwehrt, die Ausführung von Bauten als Totalunternehmer[15] zu übernehmen und dann die Werkverträge mit den Subunternehmern in eigenem Namen abzuschliessen.[16] Ob der Vertragsabschluss in eigenem oder in fremdem Namen erfolgte, ist aufgrund des sich gegen aussen manifestierenden Verhaltens des Planers und der dem Unternehmer erkennbaren Umstände zu entscheiden. Dabei ist auch zu berücksichtigen, ob dem Unternehmer bekannt oder erkennbar war, dass der Handelnde in seinem Verhältnis zum Bauherrn die Funktion eines Total- bzw. Generalunternehmers oder diejenige eines Planers hatte:[17] Da ein General- oder Totalunternehmer im Bereich, welcher vom General- bzw. Totalunternehmervertrag erfasst wird, nie ermächtigt ist, als Vertreter des Bauherrn zu handeln,[18] ist die Kenntnis dieser Innenbeziehung für den Dritten im Zweifelsfall zumindest ein klares Indiz für ein Handeln des andern in eigenem Namen.

5.13 **3.** Eine besondere Konstellation liegt vor, wenn ein Planer Mitglied eines als Bauherrschaft fungierenden **Baukonsortiums** (einfache Gesellschaft; Nr. 14.16) ist. Der einfachen Gesellschaft kommt keine eigene Rechtspersönlichkeit zu, sodass deren Mitglieder zur gesamten Hand berechtigt und

---

[14] Vgl. dazu BGE 97 II 66 ff.; ZWR 1998, S. 132 f. = BR/DC 1998, S. 133, Nr. 350; SJ 1988, S. 26 ff. = BR/DC 1989, S. 17, Nr. 9; Rep 1982, S. 35 ff. = BR/DC 1983, S. 54, Nr. 36 mit Anm. TERCIER.

[15] Im Sinne eines Generalunternehmers, der auch die Projektierung und Bauleitung selbst besorgt; vgl. dazu GAUCH, Werkvertrag, Nr. 233 f.; REBER, Rechtshandbuch, S. 267 ff.; CARRON, S. 172 f.; BGer 4C.347/2003 (1.4.2004) E. 2.2; 4C.85/2003 (25.8.2003) E. 4.3.1.

[16] Eine Vergabe von Arbeiten durch den Planer in eigenem Namen kann auch aktuell werden, wenn diese der Behebung eigener Fehler dienen; vgl. STIERLI, S. 52.

[17] Vgl. dazu SCHWAGER, Vertreter, S. 21.

[18] Vgl. GAUCH, Werkvertrag, Nr. 241; ZÄCH, Berner Kommentar, N 94 zu Art. 33 OR; SCHWAGER, Vertreter, S. 19 f.; REBER, Rechtshandbuch, S. 267; BGE 97 II 70 sowie die in Fn. 14 zitierten kantonalen Entscheide.

solidarisch verpflichtet werden.[19] Vertritt der Planer – aufgrund seiner Stellung als Gesellschafter oder aufgrund eines eigentlichen Auftragsverhältnisses für Planung und Bauleitung – das Baukonsortium, so verpflichtet er damit sich selbst und die übrigen Mitglieder des Konsortiums. Voraussetzung ist nebst dem Erfordernis der Ermächtigung[20] auch hier, dass der Gesellschafter (Planer) im Namen der Gesellschaft oder sämtlicher Gesellschafter handelt (Art. 543 Abs. 2 OR; vgl. auch Nr. 14.106).[21] Das Handeln als Mitgesellschafter eines Baukonsortiums bleibt im Folgenden ausgeklammert.[22] Besteht zwischen dem Konsortium und dem ihm angehörenden Planer ein eigentliches Vertragsverhältnis für die Planung und Bauleitung, so gelten da-

19 Handschin/Vonzun, Zürcher Kommentar, N 10 ff. und 44 zu Art. 544 OR; Pestalozzi/Hettich, Basler Kommentar, N 3 und 14 ff. zu Art. 544 OR; Guhl/Druey, S. 673, Nr. 18); Gauch, Vertragsrecht, S. 26 f.; Gauch, Werkvertrag, Nr. 243, 247 ff.; Peter, S. 42 f.

20 Die Ermächtigung zur Vertretung der Gesellschaft bzw. sämtlicher Gesellschafter kann sich aus dem Gesellschaftsvertrag, einem Gesellschaftsbeschluss oder einem konkludenten Verhalten sämtlicher Mitglieder ergeben; Lendi/Schulin, S. 189; Handschin/Vonzun, Zürcher Kommentar, N 52 zu Art. 543 OR; Pestalozzi/Hettich, Basler Kommentar, N 8 zu Art. 543 OR; ausführlich Reichmuth Pfammatter, S. 122 ff. Gemäss Art. 543 Abs. 3 OR wird eine Ermächtigung des einzelnen Gesellschafters vermutet, sobald ihm die Geschäftsführung überlassen ist. Massgeblich ist auch dafür in erster Linie die interne Regelung gemäss dem Gesellschaftsvertrag und den Gesellschaftsbeschlüssen. Im Umfang, welcher der Geschäftsführungsbefugnis entspricht, gilt gegenüber gutgläubigen Dritten die unwiderlegbare Vermutung des Art. 543 Abs. 3 OR. Fehlt eine interne Regelung über die Geschäftsführung, so steht diese nach der subsidiären gesetzlichen Regelung (Art. 535 Abs. 1 OR) für die Geschäfte, die zum gewöhnlichen Betrieb gehören, allen Gesellschaftern einzeln zu. Ist diese subsidiäre gesetzliche Regelung anwendbar, wird auch damit die Vollmachtsvermutung von Art. 543 Abs. 3 OR begründet. Eine interne Regelung, nach welcher einem bestimmten Mitglied die Einzelgeschäftsführungsbefugnis fehlt, verdrängt hingegen die subsidiäre gesetzliche Regelung von Art. 535 Abs. 1 OR, sodass dann auch keine Vollmachtsvermutung gilt. Vgl. BGE 118 II 318; 124 III 359; BGer 4C.16/2006 (17.11.2006) E. 7.2 = BR/DC 2007, S. 61, Nr. 201 mit Anm. Stöckli; BGer 4C.339/2004 (12.1.2005) E. 3.2; 4C.217/2006 (15.8.2007) E. 5.1; ZWR 1998, S. 253; Guhl/Druey, S. 684 f., Nr. 39 ff.; Lendi/Schulin, S. 190 f.; Scherrer, Freuden und Leiden, S. 99; Tercier/Favre/Carron, Nr. 7760 ff.; anders Reichmuth Pfammatter, S. 157 ff., nach deren Ansicht Art. 543 Abs. 3 OR gegenüber gutgläubigen Dritten keine unwiderlegbare Vermutung begründet; kritisch auch Handschin/Vonzun, Zürcher Kommentar, N 41 ff. zu Art. 543 OR.

21 In casu verneint in BGE 118 II 318; vgl. auch BGer 4C.217/2006 (15.8.2007) E. 5.1; Reichmuth Pfammatter, S. 115 ff.

22 Vgl. dazu Scherrer, Freuden und Leiden, S. 99 ff.; allgemein zur Vertretung in der einfachen Gesellschaft Reichmuth Pfammatter, S. 116 f.; Handschin/Vonzun, Zürcher Kommentar, N 1 ff. zu Art. 543 OR.

für die gleichen Grundsätze wie beim Handeln für einen fremden Bauherrn.[23] Dass der Planer zugleich Gesellschafter des Baukonsortiums ist, spielt dabei keine Rolle.

3. Die Unerheblichkeit der Qualifikation des Grundverhältnisses

5.14 **1.** Nach heute vorherrschender Auffassung ist der **reine Planungsvertrag** (Ausarbeitung von Plänen etc., ebenso Erstellung eines Kostenvoranschlags) ein Werkvertrag (Nr. 1.30 ff.).[24] Vollmachtsfragen stellen sich dabei höchstens beim Beizug von Spezialplanern. Will der vom Bauherrn beigezogene Planer dies derart tun, dass daraus der Bauherr verpflichtet wird, muss er in dessen Namen handeln und bedarf er dazu einer Vollmacht. Letztere untersteht den Regeln von Art. 32 ff. OR. Sie lässt sich, da ein Werkvertrag und kein einfacher Auftrag vorliegt, von vornherein nicht aus dem Grundverhältnis ableiten. Unumstritten ist weiter, dass der **reine Bauleitungsvertrag** einen einfachen Auftrag darstellt (Nr. 1.45 f. und 9.25),[25] womit die Vollmacht zu bestimmten Rechtshandlungen namens des Bauherrn gemäss Art. 396 Abs. 2 OR aus dem Inhalt des Auftrags abgeleitet werden kann (vgl. Nr. 5.19 f.).

5.15 **2.** Unterschiedlich sind die Auffassungen bezüglich des **Gesamtvertrags** des Planers (Planung und Bauleitung), der als einheitlicher einfacher Auftrag (Nr. 1.48)[26] oder (entsprechend der Auffassung des Bundesgerichts[27]) als gemischter Vertrag (Innominatvertrag) betrachtet wird (Nr. 1.47). Die für eine Vertretung des Bauherrn erforderliche Vollmacht ist ohnehin vom Grundverhältnis zwischen Vertreter und Vertretenem unabhängig; sie hat ihr eigenes rechtliches Schicksal und kann auch ohne gleichzeitigen Bestand eines solchen Grundverhältnisses vorliegen. Das Grundverhältnis regelt lediglich die Pflichtbindung des Vertreters, d.h. die Frage, ob und in welcher Weise er von seiner Vertretungsmacht Gebrauch machen darf und soll. Dafür

---

23 Die Vertretungsmacht des Planers kann sich dann also entweder aus diesem Auftragsverhältnis oder aus dem Gesellschaftsverhältnis ergeben; vgl. BGE 118 II 313 ff.

24 Statt vieler Gauch, Werkvertrag, Nr. 49 ff.; BGE 109 II 464 ff., bestätigt in BGE 130 III 365.

25 Gauch, Werkvertrag, Nr. 55 f.; BGE 114 II 56; 109 II 465; BGer 4A_252/2010 (25.11.2010) E. 4.1.

26 So Gauch, Werkvertrag, Nr. 57 ff.

27 BGE 134 III 363; 127 III 545; 114 II 55 f.; 109 II 465 f.

ist es ohne Bedeutung, wie das Grundverhältnis qualifiziert wird. Auch bei der Annahme eines gemischten Vertrags findet bei den auftragsrechtlichen Elementen (Bauleitung) Art. 396 Abs. 2 OR Anwendung.[28]

II. Die Grundlagen für den Bestand und Umfang der Vollmacht

1. Der individuelle Wille des Bauherrn

1. Die Bevollmächtigung (Vollmachterteilung) ist ein **einseitiges Rechtsgeschäft** des Vollmachtgebers.[29] Auch der Planer erlangt somit nur insoweit Vollmacht zur Vertretung des Bauherrn, als dieser ausdrücklich oder stillschweigend einen entsprechenden Willen äussert. Adressat dieser Willenserklärung ist der Vertreter (Planer) selbst.[30] Für den Unternehmer, gegenüber welchem der Planer dann in einem bereits bestehenden Vertragsverhältnis als Vertreter des Bauherrn auftritt, ergibt sich daraus die bereits geschilderte Problematik (vgl. Nr. 5.9). 5.16

Der *Umfang der Vollmacht* des Planers kann vom Bauherrn nach Belieben abgestuft werden.[31] So kann er einem Architekten Vollmacht erteilen für alle Arten von Willenserklärungen im Zusammenhang mit dem Bauvorhaben vom Vertragsabschluss bis zur Schlussrechnung gegenüber allen Beteiligten. In der Praxis kommt jedoch eine solche Generalvollmacht nur selten vor. Häufiger ist eine blosse Gattungsvollmacht, mit welcher die Planer für bestimmte Typen von Rechtshandlungen (z.B. Ausführungsweisungen, Mängelrügen, Anerkennung von Regierapporten etc.) oder zu solchen Rechtshandlungen gegenüber bestimmten Unternehmern bevollmächtigt werden. Schliesslich ergeben sich auch immer wieder punktuelle Bevollmächtigungen (Spezial- 5.17

---

[28] BGE 118 II 315.

[29] Zäch, Berner Kommentar, N 28 zu Art. 33 OR; Watter/Schneller, Basler Kommentar, N 8 zu Art. 33 OR; Gauch/Schluep/Schmid, Nr. 1344 ff.; BGE 78 II 372; ZWR 1998, S. 132.

[30] Vgl. Zäch, Berner Kommentar, N 32 zu Art. 33 OR; Gauch/Schluep/Schmid, Nr. 1343; von Tuhr/Peter, OR AT, S. 355; Engel, S. 382; teilweise abweichend Bucher, OR AT, S. 601, Fn. 20 und S. 602. In BGE 101 II 119 wird die Frage entgegen BGE 99 II 42 in einem obiter dictum offengelassen.

[31] BGE 99 II 43; Watter/Schneller, Basler Kommentar, N 22 ff. zu Art. 33 OR; Scherrer, Tragweite, S. 81.

vollmachten), indem der Bauherr den Planer nur von Fall zu Fall bei unmittelbarem Bedarf ermächtigt, in seinem Namen bestimmte einzelne Rechtshandlungen vorzunehmen (z.B. Vertragsabschluss für eine Gattung von Arbeiten mit einem bestimmten Unternehmer zu einem bestimmten Preis).

5.18 *Ausdrückliche* Erklärungen des Bauherrn an einen Planer, die dessen Vertretungsmacht grundsätzlich für das ganze Bauvorhaben regeln, sind in der Praxis eher selten.[32] Manchmal erfolgt die ausdrückliche Bevollmächtigung in verschiedenen Etappen im Zug der Verwirklichung des Bauvorhabens. Eine *stillschweigende* Bevollmächtigung liegt vor, wenn sich der Wille zur Vollmachtserteilung aus dem mitverstandenen Sinngehalt einer ausdrücklichen Erklärung des Vollmachtgebers (vgl. Nr. 5.5)[33] oder aus seinem sonstigen tatsächlichen Verhalten gegenüber dem Bevollmächtigten ergibt.[34] So darf je nach den näheren Umständen eine stillschweigende Bevollmächtigung zur entsprechenden Bestellung angenommen werden, wenn z.B. der Bauherr dem Architekten für die Lampen den Prospekt eines bestimmten Lieferanten mit Preisangaben übergibt und erklärt, er möchte diese Lampen in bestimmten Zimmern installieren lassen.

5.19 **2.** Die Bevollmächtigung kann sich auch aus dem Grundverhältnis zwischen dem Vertretenen und dem Vertreter ergeben. Gemäss **Art. 396 Abs. 2 OR** ist im Auftrag auch die Ermächtigung enthalten zu den Rechtshandlungen, die zu dessen Ausführung gehören.[35] Der Auftrag, einen bestimmten Vertrag mit einem Unternehmer im Namen des Bauherrn abzuschliessen, enthält auch die Vollmacht dazu. Die richtige Erfüllung der einem Planer übertragenen Bauleitung setzt ebenfalls voraus, dass der Planer ermächtigt ist, den Unternehmern Weisungen zu erteilen und Mängel in der Arbeitsausführung zu rügen. Ist der Umfang des Auftrages von den Parteien nicht ausdrücklich

---

[32] Eine Ausnahme stellen die Allgemeinen Vertragsbedingungen KBOB für Planerleistungen dar. Ziff. 4 dieser Bedingungen regelt den Inhalt und den Umfang der Vertretungsmacht des Planers auch für die Realisierungsphase und setzt den Befugnissen des Beauftragten sehr enge Grenzen (dazu Nr. 5.51 ff.).

[33] Für weitere Rechtshandlungen, die in der Vollmacht zum Vertragsabschluss enthalten sind, vgl. Nr. 5.99 ff.

[34] Vgl. ZÄCH, Berner Kommentar, N 36 ff. zu Art. 33 OR; VON TUHR/PETER, OR AT, S. 356; BUCHER, OR AT, S. 602; ENGEL, S. 384.

[35] Vgl. VON TUHR/PETER, OR AT, S. 356; BUCHER, OR AT, S. 616, Fn. 49; ENGEL, S. 386 f.; GAUTSCHI, Berner Kommentar, N 27 zu Art. 396 OR; FELLMANN, Berner Kommentar, N 48 ff. zu Art. 396 OR; WEBER, Basler Kommentar, N 8 ff. zu Art. 396 OR; HOFSTETTER, SPR VII/6, S. 47 f.; GAUCH, Werkvertrag, Nr. 400.

bezeichnet worden, so bestimmt er sich nach der Natur des zu besorgenden Geschäftes (Art. 396 Abs. 1 OR). Für dessen genaue Bestimmung müssen häufig auch die Handelsübung, Gewohnheiten und bekannten Verhältnisse herangezogen werden.[36] Daraus darf aber nicht etwa als Vereinfachung abgeleitet werden, die Vollmacht des Architekten oder Ingenieurs bestimme sich im Einzelfall nach dem üblichen Umfang statt nach dem individuellen Willen des Bauherrn (Nr. 5.45 ff.).[37]

Wichtigste Quelle für die Abgrenzung des Umfangs der Vollmacht des Planers ist somit der zum Planervertrag gehörende Leistungsbeschrieb.[38] Soweit dieser nicht klarstellt, inwieweit der Planer für den Bauherrn Rechtshandlungen vorzunehmen hat, ist davon auszugehen, dass der Planer normalerweise zugezogen wird als Fachmann für die Planung und Projektierung sowie für die Leitung und Überwachung der Bauausführung durch die Unternehmer. Handlungen, welche direkt finanzielle Verpflichtungen begründen, behält sich der Bauherr im Normalfall selbst vor; dafür ist auch nicht das besondere Fachwissen des Planers erforderlich. Demgemäss lässt sich aus dem Auftrag zur Erbringung von Planerleistungen gemäss Art. 396 Abs. 2 OR keine Ermächtigung des Planers ableiten für rechtsgeschäftliche Erklärungen im Namen des Bauherrn, die für diesen erhebliche finanzielle Verpflichtungen begründen[39] 5.20

36 TERCIER/FAVRE/CONUS, Nr. 5057 f.; REBER, Rechtshandbuch, S. 259; AGVE 1976, S. 84; BJM 1954, S. 41 f.

37 Vgl. KOLLER, Der gute und der böse Glaube, S. 78; FELLMANN, Berner Kommentar, N 25 ff. und 70 ff. zu Art. 396 OR. Missverständlich deshalb BJM 1985, S. 23; mit zu starker Betonung der objektiven Kriterien STIERLI, S. 55, sowie HESS, KommSIA 102/103/108, N 39 zu Art. 1.4. SIA 102 (Ausgabe 1984).

38 STIERLI, S. 49 ff.; KRAUSKOPF-FORERO/SIEGENTHALER, S. 308.

39 So GAUCH, Werkvertrag, Nr. 400 a.E. und 1267 a.E.; TERCIER/FAVRE/CONUS, Nr. 5084; ZÄCH, Berner Kommentar, N 94 zu Art. 33 OR; KRAUSKOPF-FORERO/SIEGENTHALER, S. 308; STIERLI, S. 51; REBER, Rechtshandbuch, S. 259 f. und 261; BGE 118 II 315; 109 II 459; BGer 4C.85/2003 (25.8.2003) E. 5.2; ZWR 2000, S. 278 f.; ZWR 1998, S. 133 = BR/DC 1998, S. 133, Nr. 350; Rep 1989, S. 185 = BR/DC 1991, S. 41, Nr. 57 mit Anm. TERCIER; PKG 1989, Nr. 32, S. 138 f. = BR/DC 1991, S. 41 f., Nr. 58 mit Anm. TERCIER; BJM 1985, S. 24; OGer BL 1983, S. 42 f. = BR/DC 1984, S. 52, Nr. 59 = SJZ 1984, Nr. 57/7, S. 320 f.; a.M. HESS, KommSIA 102/103/108, N 38, 45 und 56 zu Art. 1.4 SIA 102, der «in der Praxis» bereits aufgrund von Art. 396 Abs. 2 OR eine recht umfassende Vollmacht des Architekten oder Ingenieurs ohne Rücksicht auf die finanzielle Tragweite bejaht für «alle Handlungen, die vernünftigerweise mit der Erfüllung seines Auftrags zusammenhängen» (N 61 und 68).
Die in BGE 109 II 459 f. verwendete Wendung, für eine bestimmte Handlung sei eine ausdrückliche bzw. besondere Vollmacht erforderlich, bedeutet, dass sich die Ermächtigung

oder einen erheblichen Rechtsverlust zur Folge haben.[40] Dem Planer ist auch keine allgemeine Wahrung der Vermögensinteressen des Bauherrn übertragen.[41] Handlungen im Interesse des Bauherrn ohne unmittelbare finanzielle Verpflichtungen sind demgegenüber weitgehend durch Art. 396 Abs. 2 OR abgedeckt. Dazu gehören insbesondere Rechtshandlungen im Hinblick auf eine vertragsgemässe (mängelfreie) Werkausführung durch die übrigen Baubeteiligten, soweit damit nicht der Verlust bestimmter Rechtsansprüche verbunden ist.[42] Die Dringlichkeit oder Notwendigkeit einer Handlung begründet hingegen für sich allein noch keine Vollmacht zu deren Vornahme, ist aber bei der Ermittlung des Umfangs der übertragenen Aufgaben zu berücksichtigen.[43] Für rechtsgeschäftliche Erklärungen im Rahmen eines bestehenden Vertragsverhältnisses ist im Übrigen, soweit die entsprechenden Handlungen zur Erfüllung des Auftrages gehören, der Schluss auf eine entsprechende Vollmacht zwingend, da das vom Auftrag her gebotene Ergebnis nur durch das Handeln als direkter Vertreter und nicht auch auf dem Weg der indirekten Vertretung erzielt werden kann.[44]

5.21 **3.** Keinerlei Vollmacht lässt sich hingegen gemäss Art. 396 Abs. 2 OR aus dem Grundverhältnis ableiten, wenn ein «Architekt» oder «Ingenieur» die Ausführung eines Bauwerkes als **Totalunternehmer** übernimmt. Da der Totalunternehmer das Werk selbst als Inhalt seiner eigenen vertraglichen Leistungspflicht schuldet, ist er nicht ermächtigt, Arbeiten zu dessen Ausführung im Namen des Bauherrn zu vergeben.[45]

---

nicht bereits gemäss Art. 396 Abs. 2 OR aus dem Auftrag zur Erbringung von Planerleistungen ableiten lässt.

40 Stierli, S. 51; Krauskopf-Forero/Siegenthaler, S. 308.

41 Stierli, S. 104.

42 Vgl. die Zusammenstellung bei Stierli, S. 103 f.

43 Weitergehend Stierli, S. 51 ff. Zur Geschäftsführung ohne Auftrag Nr. 5.133.

44 Es muss deshalb hier nicht Stellung genommen werden zur Kontroverse, ob Art. 396 Abs. 2 OR eine Vermutung für die Ausführung des Auftrages in direkter Stellvertretung enthalte, wenn diese auch in indirekter Vertretung möglich ist. Vgl. dazu von Tuhr/Peter, OR AT, S. 356, Anm. 14; Engel, S. 386 f.; Gautschi, Berner Kommentar, N 12b zu Art. 396 OR; Fellmann, Berner Kommentar, N 48 ff. zu Art. 396 OR; Hofstetter, SPR VII/6, S. 47 f.; Stierli, S. 48.

45 Vgl. Fn. 18.

2. Die SIA-Ordnungen 102, 103, 105 und 108

1. Die SIA-Ordnungen gelten immer nur, wenn und soweit sie von den Vertragsparteien durch **Übernahme** zum Vertragsinhalt erhoben worden sind (Nr. 1.85).[46] Wird im Vertrag zwischen Bauherr und Planer eine der SIA-Ordnungen für Architekten oder Ingenieure übernommen, so ist letztlich ebenfalls der Wille des Bauherrn Geltungsgrund für die in dieser Ordnung umschriebene und mit der Übernahme begründete Vollmacht des Planers. 5.22

Die Ausgabe 2003 der *SIA-Ordnung 102* für Leistungen und Honorare der Architektinnen und Architekten enthält unter Art. 1 «Allgemeine Vertragsbedingungen» die nachstehenden Bestimmungen: 5.23

«1.3.3 Vertretung des Auftraggebers 5.24

1.3.31 Inhalt und Umfang der Vertretungsbefugnisse des Architekten richten sich nach dem Vertrag. 5.25

1.3.32 Im Zweifelsfall hat der Architekt die Weisung des Auftraggebers einzuholen für alle rechtsgeschäftlichen Vorkehren sowie für Anordnungen, die terminlich, qualitativ oder finanziell wesentlich sind. 5.26

1.3.33 Gegenüber Dritten, wie Behörden, Unternehmern, Lieferanten und weiteren Beauftragten, vertritt der Architekt den Auftraggeber rechtsverbindlich, soweit es sich um Tätigkeiten handelt, die mit der Auftragserledigung üblicherweise direkt zusammenhängen. Sämtliche mündlichen und schriftlichen Abmahnungen sind umgehend in schriftlicher Form an den Auftraggeber weiterzuleiten. 5.27

1.3.34 Zur Abwehr von Schaden und Gefahr ist der Architekt, in dringlichen Fällen auch ohne Einholung des Einverständnisses des Auftraggebers, befugt und verpflichtet, sämtliche angemessenen Massnahmen zu ergreifen bzw. anzuordnen.» 5.28

---

46 Gauch, Werkvertrag, Nr. 283 (mit Bezug auf Inhaltsbestimmungen der SIA-Norm 118); Egli, Revidierte SIA-Ordnungen, S. 47; BGE 117 II 284; BGer 4A_393/2007 (3.12.2007) E. 2.1 = BR/DC 2008, S. 67, Nr. 126 mit Anm. Stöckli; 4C.371/2006 (19.1.2007) E. 4 = BR/DC 2007, S. 167, Nr. 363 mit Anm. Pichonnaz = SJ 2007 I, S. 372; 4C.261/2005 (9.12.2005) E. 2.3 und 2.4 = BR/DC 2006, S. 67, Nr. 213 mit Anm. Gauch; 4C.347/2003 (1.4.2004) E. 3.1.2; vgl. auch 4C.158/2001 (15.10.2001) E. 1c = BR/DC 2002, S. 89 f., Nr. 211 mit Anm. Werro = SJ 2002 I, S. 206; GVP SG 2002, Nr. 54, S. 163 f. = BR/DC 2003, S. 164, Nr. 419; ZWR 2001, S. 194 = BR/DC 2001, S. 169, Nr. 463 mit Anm. Aepli; BR/DC 1998, S. 132, Nr. 348 mit Anm. Werro.

5.29 Die *SIA-Ordnung 103* für Leistungen und Honorare der Bauingenieure und Bauingenieurinnen (Ausgabe 2003) enthält ebenfalls unter Art. 1.3.3 wörtlich übereinstimmende Bestimmungen. Dies gilt auch für die weiteren auf die Leistungen von Planern ausgerichteten Ordnungen, nämlich

5.30 – die *SIA-Ordnung 105* für Leistungen und Honorare der Landschaftsarchitektinnen und Landschaftsarchitekten (Ausgabe 2007)

5.31 – die *SIA-Ordnung 108* für Leistungen und Honorare der Maschinen- und der Elektroingenieure sowie der Fachingenieure für Gebäudeinstallationen (Ausgabe 2003).

5.32 Die *SIA-Ordnung 112* Leistungsmodell (Ausgabe 2001) enthält Allgemeine Vertragsbedingungen für die Verträge mit den beauftragten Planern. Dieser Abschnitt entspricht wörtlich den mit Art. 1 bezeichneten Allgemeinen Vertragsbedingungen in den SIA-Ordnungen 102, 103, 105 und 108. Damit findet sich dort als Art. 3.3 «Vertretung des Auftraggebers» die gleiche Regelung wie in Art. 1.3.3 der genannten SIA-Ordnungen. Die SIA-Ordnungen sind somit hinsichtlich der allgemeinen Bestimmungen zur Regelung der Vertretung des Auftraggebers durch die Planer vollständig harmonisiert.

5.33 **2.** Der in **Art. 1.3.31** (Nr. 5.25) enthaltene Hinweis auf den (individuellen) Vertrag ist ein *blosser Verweis ohne eigenen Regelungsgehalt.*[47] Die *SIA-Vertragsformulare* Nr. 1002 (Architekturleistungen), Nr. 1003 (Bauingenieurleistungen), Nr. 1005 (Landschaftsarchitekturleistungen) und Nr. 1008 (Ingenieurleistungen) der Ausgaben 2003 bzw. 2007 enthalten unter Ziff. 11 jeweils einen Abschnitt «Stellvertretung und Vollmacht», in welchem die Parteien individuelle Regelungen treffen können. Gewählt werden kann dabei die Ermächtigung,

5.34 – Abschlüsse und Änderungen von Verträgen mit Dritten vorzunehmen,

5.35 – Leistungen Dritter anzuerkennen und abzunehmen,

5.36 – Weisungen an Dritte zu erteilen,

5.37 – mit Behörden zu verhandeln und Anträge an diese zu richten.

---

47 Vgl. SCHUMACHER, Die revidierten SIA-Honorarordnungen, S. 78 f. Zu beanstanden ist im Übrigen das Wort «Vertrag», da die Bevollmächtigung ein einseitiges Rechtsgeschäft ist. Nach STIERLI, S. 139, sind damit die individuellen Vereinbarungen und die vorgehenden Allgemeinen Geschäftsbedingungen gemeint. Der Architekturvertrag ist hingegen indirekt über Art. 396 Abs. 2 OR von Bedeutung.

Für die drei erstgenannten Bereiche ist vorgesehen, dass die Parteien eine betragsmässige Begrenzung pro Einzelfall und einen Höchstbetrag insgesamt festlegen.[48] 5.38

Damit wird die Frage der Vollmacht des Planers zur Vertretung des Bauherrn allerdings *nur teilweise geklärt.* In Ziff. 11 der Vertragsformulare sind nur einzelne Bereiche, in welchen eine solche Vollmacht in Betracht kommt, ausdrücklich aufgeführt. Es stellt sich deshalb die Frage nach dem Verhältnis zwischen der hier festgelegten Regelung und der Umschreibung der Aufgaben des Planers in den SIA-Ordnungen 102, 103, 105 und 108, die in Ziff. 1.5 der Vertragsformulare jeweils zu Vertragsbestandteilen erklärt werden und aus denen sich gemäss Art. 396 Abs. 2 OR eine entsprechende Vollmacht ergibt (vgl. Nr. 5.19). Dabei ist zu unterscheiden zwischen Rechtshandlungen, die in Ziff. 11 der Vertragsformulare ebenfalls aufgeführt sind (so die Weisungen an Unternehmer), und dort nicht erwähnten Bereichen (z.B. Mängelrügen). Massgeblich ist in erster Linie der nach den Grundsätzen der Vertragsauslegung zu ermittelnde Wille der Parteien. Kommt das Vertrauensprinzip zum Tragen, kann wie folgt differenziert werden: 5.39

- Sind in Ziff. 11 des Vertragsformulars alle Bereiche angekreuzt, so darf wohl angenommen werden, dass ergänzend dazu auch die Vollmacht zu Rechtshandlungen gemäss der massgeblichen SIA-Ordnung besteht. 5.40
- Sind in Ziff. 11 des Vertragsformulars einzelne Bereiche angekreuzt, andere nicht, so gilt der Ausschluss einer Vollmacht in den nicht angekreuzten Bereichen, auch wenn dafür nach der massgeblichen SIA-Ordnung eine Vollmacht bestehen würde (z.B. Weisungen an Unternehmer). Bei den in Ziff. 11 nicht aufgeführten Bereichen ist aufgrund des Willens bezüglich der aufgeführten Bereiche zu prüfen, ob ergänzend auch eine Vollmacht zu Rechtshandlungen nach Massgabe der einschlägigen SIA-Ordnung besteht. 5.41
- Ist Ziff. 11 des Vertragsformulars überhaupt nicht ausgefüllt, so stellt sich die Frage, ob dies nach dem Willen der Parteien einen Ausschluss jeglicher Vollmacht des Planers zur Vertretung des Bauherrn bedeutet oder ob eine Nicht-Äusserung vorliegt. Im letztgenannten Fall besteht dann eine Vollmacht, soweit sich eine solche aus der massgeblichen SIA-Ordnung ergibt. 5.42

---

48 Vgl. dazu kritisch EGLI, Revidierte SIA-Ordnungen, S. 69.

5.43 **3.** Die in **Art. 1.3.32** (Nr. 5.26) statuierte Verpflichtung, in bestimmten Fällen die Weisung des Auftraggebers einzuholen, *sagt direkt nichts aus über den Umfang der Vollmacht* des Planers, da diese die Frage betrifft, wie weit der Planer gegen aussen zum Handeln als Vertreter ermächtigt sei.[49] Die Bestimmung könnte zum Schluss verleiten, «im Zweifelsfall» sei der Bestand der Vertretungsmacht des Planers von der Einholung einer speziellen Weisung des Auftraggebers abhängig.[50] Diese Auslegung stünde jedoch im Widerspruch zu den Grundsätzen des Stellvertretungsrechts: Massgeblich ist, ob der Auftraggeber durch seine Willensäusserungen für eine bestimmte Rechtshandlung eine Vollmacht erteilt hat oder nicht. Ergibt sich bei der Auslegung dieser Willenserklärungen nach dem Vertrauensprinzip aus der Sicht des Planers eine solche Vollmacht, so wird diese nicht später zunichte gemacht durch den Umstand, dass über deren Bestand im Verhältnis zwischen Bauherr und Planer Zweifel auftauchen. Für das Verhältnis gegenüber dem Unternehmer ist allein massgeblich, ob in diesem Sinne eine Vollmacht erteilt wurde. Die Verpflichtung, im Zweifelsfall die Weisung des Auftraggebers einzuholen, kann sich deshalb nur auf das Innenverhältnis zwischen Planer und Auftraggeber beziehen.[51] Sie kann auch bedeutsam werden im Hinblick auf die Frage des Verschuldens beim vollmachtslosen Handeln (vgl. Nr. 5.126 f.).

5.44 Unklar ist in Art. 1.3.32 auch die Abgrenzung zwischen den «rechtsgeschäftlichen Vorkehren» und den «Anordnungen, die terminlich, qualitativ oder finanziell wesentlich sind». Bei der zweiten Kategorie handelt es sich häufig ebenfalls um Willenserklärungen im Sinne der Rechtsgeschäftslehre.[52]

5.45 **4.** Die in **Art. 1.3.33** (Nr. 5.27) der SIA 102, 103, 105 und 108 enthaltene Regelung *weicht erheblich von Art. 396 Abs. 2 OR ab.*[53] Dass als Gegenstand der Ermächtigung «Tätigkeiten» und nicht wie im Gesetz «Rechtshandlungen»

---

49 Pichonnaz, Les règlements SIA, S. 70.

50 Abzulehnen ist die Auffassung von Stierli, S. 142 f., wonach im Zweifel die Vermutung gilt, dass keine Vollmacht besteht. Hess, KommSIA 102/103/108, N 69 zu Art. 1.4 SIA 102, erblickt in Abs. 2 nur eine (das Aussenverhältnis nicht berührende) Einschränkung der Vertretungsbefugnis.

51 Pichonnaz, Les règlements SIA, S. 70.

52 Gemäss Schumacher, Die revidierten SIA-Honorarordnungen, S. 79, fallen alle rechtsgeschäftlichen Erklärungen unter die Kategorie, für welche im Zweifelsfall eine Weisung eingeholt werden muss, auch wenn es sich um Anordnungen terminlicher, qualitativer oder finanzieller Art handelt. Für den Versuch einer Abgrenzung vgl. Stierli, S. 144 f.

53 Pichonnaz, Les règlements SIA, S. 70.

genannt werden, ist wohl juristisch unpräzis, aber ohne sachliche Bedeutung. Bedeutsam ist aber, dass nicht auf den notwendigen Zusammenhang mit der Auftragserledigung abgestellt wird, sondern darauf, dass ein solcher direkter Zusammenhang «üblicherweise» besteht. Mit dieser Formulierung wird ein Bauherr, der die Anwendbarkeit der SIA-Ordnung akzeptiert, dazu angehalten, sich bezüglich des Umfanges der eingeräumten Vollmacht dem Üblichen zu unterwerfen. Sollte sich z.B. herausstellen, dass ein Architekt, der mit der Bauleitung beauftragt ist, üblicherweise ermächtigt ist, Regiearbeiten anzuordnen und namens des Bauherrn den damit zusammenhängenden Aufwand anzuerkennen, so würde dies für jeden Bauherrn gelten, der die Anwendbarkeit der SIA-Ordnung 102 akzeptiert und diesbezüglich nicht ausdrücklich etwas anderes erklärt.

Es ist *unklar,* ob diese Abweichung von Art. 396 Abs. 2 OR gewollt ist oder auf der irrtümlichen Auffassung beruht, mit dem gewählten Wortlaut sei inhaltlich jene Regelung übernommen worden.[54] Von der Sache her ist eine Abweichung sicher nicht gerechtfertigt.[55] Wenn Allgemeine Geschäftsbedingungen statt einer eigenen inhaltlichen Regelung bloss auf das Übliche verweisen, ist unter dem Gesichtspunkt der Klarstellung der gegenseitigen Rechte und Pflichten nicht viel gewonnen. Was bezüglich des Umfanges der Vollmacht des Planers «üblich» ist, ist dem Bauherrn bei Übernahme der entsprechenden SIA-Ordnung meistens nicht im Einzelnen bekannt. Die undankbare Aufgabe zu bestimmen, was im Einzelnen «üblicherweise» darunter fällt, würde damit den Gerichten zufallen, nachdem der SIA als Fachverband sich dieser Aufgabe entzogen hat. 5.46

Der Verweis auf das Übliche in Art. 1.3.33 *widerspricht auch dem vorbehaltlosen Verweis auf den Vertrag,* d.h. auf den Willen des Auftraggebers, in Art. 1.3.31. Nach dem Vertrauensprinzip ist dieser Widerspruch derart zu 5.47

---

54 Hess, KommSIA 102/103/108, N 59 ff. zu Art. 1.4 SIA 102, erblickt in der Bestimmung überhaupt nur einen Verweis auf die sich bereits aus Art. 396 Abs. 2 OR ergebende Regelung; Stierli, S. 134 ff., legt die SIA-Bestimmung so aus, dass sie im Ergebnis weitgehend Art. 396 Abs. 2 OR angeglichen wird.

55 Wegen der Problematik haben auch einzelne Gruppen von Bauherren (wie z.B. die Grossbanken) in Zusatzbedingungen zur SIA-Ordnung 102 eine abweichende Vertretungsregelung geschaffen; vgl. Derendinger, Ergänzungen und Änderungen, S. 46. Kritisch auch Scherrer, Tragweite, S. 83.

lösen, dass Art. 1.3.31 den Vorrang geniesst,[56] womit Art. 1.3.33 im Sinne von Art. 396 Abs. 2 OR auszulegen ist.[57]

5.48 Für die Bestimmung dessen, was üblicherweise mit der Auftragserledigung direkt zusammenhängt, wäre im Übrigen der Leistungsbeschrieb im jeweiligen *Art. 4 der SIA 102, 103, 105 und 108* von Bedeutung.[58] Dieser unterscheidet konsequent zwischen Grundleistungen und besonders zu vereinbarenden Leistungen. Die Grundleistungen umfassen diejenigen Leistungen, die zur ordnungsgemässen Erfüllung eines Auftrages im Allgemeinen erforderlich und ausreichend sind (Art. 3.3.3). Gestützt auf Art. 396 Abs. 2 OR lässt sich aus der Vereinbarung über die so verstandenen Grundleistungen eine Ermächtigung des Planers zu den entsprechenden Rechtshandlungen gegenüber den Unternehmern ableiten. Wenn z.B. Art. 4.52 der SIA 102 die Ausmassarbeiten unter den Grundleistungen des Architekten aufführt, bedeutet dies, dass das vom Architekten mit dem Unternehmer aufgenommene Ausmass für den Bauherrn verbindlich ist. Ebenfalls aufgeführt sind im Leistungsbeschrieb unter Art. 4 der SIA-Ordnungen Entscheide, die dem Auftraggeber vorbehalten sind (z.B. Art. 4.1.52 SIA 103: Genehmigen von Terminänderungen). Für solche Rechtshandlungen fehlt dem Planer somit eine Vollmacht. Die Aufzählung der dem Auftraggeber vorbehaltenen Entscheide ist indessen sehr lückenhaft. Verfehlt wäre deshalb der Umkehrschluss, dass für alle Rechtshandlungen, die nicht in dieser Rubrik aufgeführt sind, der Planer bevollmächtigt sei. Dagegen spricht oft auch die jeweilige Umschreibung der einzelnen Grundleistungen des Planers (z.B. Art. 4.52 SIA 102: Kontrolle von Leistungsaufstellungen und Rechnungen, Zahlungsanweisungen und Abschluss der Unternehmer- und Lieferantenrechnungen; nicht zur Grundleistung gehört damit die rechtsverbindliche Genehmigung der Rechnungen). Werden Zusatzleistungen zwischen den Parteien vereinbart (Art. 3.3.4), so ist damit auch die Vollmacht zu den Rechtshandlungen verbunden, die zu deren Erfüllung gehören.

---

56 Vgl. auch GAUCH, Werkvertrag, Nr. 401, und SCHUMACHER, Die revidierten SIA-Honorarordnungen, S. 80 f.

57 So im Ergebnis auch SCHUMACHER, Die revidierten SIA-Honorarordnungen, S. 81; STIERLI, S. 134 ff., und SCHERRER, Tragweite, S. 83; anders PICHONNAZ, Les règlements SIA, S. 70, nach dessen Ansicht Art. 1.3.33 SIA-Ordnung 102 «constitue bel et bien une extension des pouvoirs de l'architecte par rapport au régime légal ordinaire.»

58 Für Widersprüche zwischen Art. 1.4.3 Abs. 3 und Art. 4 SIA 102 (Ausgabe 1984) vgl. STIERLI, S. 138 und 173 f.

5. Art. 1.3.34 (Nr. 5.28) ermächtigt den Planer, in dringlichen Fällen alle Rechtshandlungen im Namen des Bauherrn vorzunehmen, die zur Abwehr von Schaden und Gefahr als geboten erscheinen. Von eigenständiger Bedeutung ist diese Bestimmung, wenn es sich dabei um Rechtshandlungen handelt, die ausserhalb des Vollmachtsbereichs gemäss Art. 1.3.31 und Art. 1.3.33 liegen. Ob die Voraussetzungen für eine solche Ausnahmevollmacht vorgelegen haben, ist zu beurteilen nach der Situation, wie sie dem Planer im Zeitpunkt seines Handelns vorgelegen hat. Dringlichkeit ist gegeben, wenn die Zeit nicht reichte, dass der Auftraggeber selbst sachgerecht hätte handeln oder der Planer eine ausdrückliche Ermächtigung des Auftraggebers hätte einholen können.[59] Die vom Planer im Namen des Auftraggebers vorgenommene Rechtshandlung kann z.B. im Beizug eines Spezialisten oder in der Vergabe bestimmter in den Werkverträgen nicht vorgesehener Arbeiten bestehen. 5.49

6. Art. 3.4.1 der SIA 102, 103, 105 und 108 führt «die Vertretung des Auftraggebers gegenüber Dritten im vereinbarten Rahmen» noch einmal als Teil der Gesamtleitung auf, welche in den einzelnen Grundleistungen enthalten ist. Die Zuordnung der Vertretung zur Funktion der Gesamtleitung ist ohne stellvertretungsrechtliche Relevanz und bedeutet nur, dass dafür kein besonderes Entgelt geschuldet ist. Der Verweis auf den «vereinbarten Rahmen»[60] übernimmt die Regelung von Art. 1.3.31. Selbst dort, wo dem Planer durch ausdrückliche Willenserklärung eine Vertretungsmacht erteilt wird, die über den üblichen Rahmen hinausgeht, gehört deren Ausübung im genannten Sinn zur Gesamtleitung. 5.50

3. Allgemeine Vertragsbedingungen KBOB

1. Die Allgemeinen Vertragsbedingungen KBOB für Planerleistungen (Ausgabe 2006)[61] enthalten in Ziff. 4 ausdrückliche Bestimmungen über den «In- 5.51

---

59 Vgl. Art. 397 Abs. 1 OR für die Abweichung von Weisungen des Auftraggebers wegen Dringlichkeit. Eine Vollmacht zum Handeln als Vertreter des Auftraggebers lässt sich aber entgegen der Auffassung von Pedrazzini, Nouvelles dispositions KBOB, S. 203 f., nicht aus Art. 397 Abs. 1 OR ableiten. Hingegen ergibt sich aus den Bestimmungen über die Geschäftsführung ohne Auftrag (Art. 422 OR) ein Anspruch des ohne Vollmacht Handelnden gegenüber dem Geschäftsherrn auf Befreiung von seinen Verpflichtungen (vgl. Nr. 5.133).

60 In Art. 3.3.1 der SIA 102 (Ausgabe 1984) war demgegenüber vom «üblichen Rahmen» die Rede. Diese Formulierung verwies auf Art 1.4.3 Abs. 3 SIA 102 (Ausgabe 1984), vgl. Stierli, S. 147 f.

61 Vgl. dazu den Überblick von Stöckli, KBOB-Werkvertrag, passim.

halt und Umfang der Vertretungsbefugnisse des Beauftragten». Die Regelung ist sehr restriktiv.[62] Der Beauftragte ist **grundsätzlich nicht befugt,** gegenüber Dritten für den Auftraggeber verbindliche rechtsgeschäftliche Erklärungen abzugeben (Ziff. 4.1 Abs. 1).[63]

5.52 **2.** Als **Ausnahme** von diesem Grundsatz verleiht die Vertragsbestimmung dem Planer in zwei Bereichen ausdrücklich eine Vollmacht zum verbindlichen Handeln für den Bauherrn:

5.53 **a.** Der Planer ist befugt, einmalige und in sich abgeschlossene Leistungen und Lieferungen im Rahmen des Kostenvoranschlages bis zu CHF 5000.– im Einzelfall selbständig zu vergeben (Ziff. 4.1 Abs. 2).

5.54 **b.** Soweit dem Planer die Bauleitung übertragen ist, verweist Ziff. 4.2 Abs. 1 auf Art. 33 ff. der SIA 118. Gemäss Art. 33 Abs. 2 SIA 118 sind alle Willensäusserungen der Bauleitung, die das Werk betreffen, für den Bauherrn rechtsverbindlich (Nr. 5.68 ff.). Ausdrücklich davon ausgenommen sind in Ziff. 4.2 Abs. 1 hingegen die nachstehenden Rechtshandlungen, welche sich der Auftraggeber selbst vorbehält:

5.55 – Vertragsänderungen, die keine Bestellungsänderungen sind;

5.56 – Bestellungsänderungen, die in terminlicher, qualitativer sowie finanzieller Hinsicht wesentlich sind;

5.57 – Erklärungen über das Vorliegen von Mängeln im Zusammenhang mit Abnahmen und Teilabnahmen;

5.58 – Abschliessende Anerkennung von Ausmassen, Regierapporten sowie Genehmigung der Schlussabrechnung nach Prüfung durch die Bauleitung;

5.59 – Einforderung und Inanspruchnahme von Sicherheitsleistungen und Konventionalstrafen.

5.60 **3.** Der Beauftragte wird auch angewiesen, diese Zuständigkeitsordnung in die von ihm vorbereiteten **Werkverträge zu integrieren** (Ziff. 4.2 Abs. 2).

---

62 So auch PEDRAZZINI, Nouvelles dispositions KBOB, S. 203.

63 Nach PEDRAZZINI, Nouvelles dispositions KBOB, S. 203 f., verfügt der Beauftrage trotz dieses grundsätzlichen Ausschlusses jeglicher Vertretungsbefugnisse gestützt auf das subsidiär anwendbare Obligationenrecht (Art. 397 Abs. 1 und Art. 419 OR) über eine Vollmacht in Notfällen (vgl. auch Art. 1.3.34 SIA 102, 103, 105 und 108). Die Dringlichkeitssituation vermag indessen den für eine Vollmacht erforderlichen Willen des Beauftragten nicht zu ersetzen (vgl. Fn. 59).

Damit soll gewährleistet werden, dass die Kundgabe gegenüber dem Dritten mit der Regelung übereinstimmt, wie sie zwischen dem Auftraggeber und dem Planer gilt.[64]

4. Indirekt geregelt ist in den Allgemeinen Vertragsbedingungen KBOB die **passive Vertretung** des Bauherrn durch den Beauftragten, d.h. die Vollmacht des Planers zur Entgegennahme rechtsgeschäftlicher Erklärungen Dritter (Nr. 5.99 f.). Ziff. 4.1 Abs. 4 verpflichtet den Beauftragten, Mitteilungen und Erklärungen Dritter (Behörden, Unternehmer, Spezialisten usw.), die das Auftragsziel tangieren, unverzüglich an den Auftraggeber weiterzuleiten. Daraus ist eine generelle passive Vertretungsmacht des Beauftragten abzuleiten. 5.61

4. Gutglaubensschutz infolge Kundgabe durch den Bauherrn

1. Teilt der Vollmachtgeber eine Ermächtigung einem Dritten mit, so beurteilt sich ihr Umfang diesem gegenüber gemäss **Art. 33 Abs. 3 OR** nach Massgabe der erfolgten Kundgabe. Diese Bestimmung findet auch Anwendung, wenn der Vertretene[65] nach aussen eine Vollmacht kundgibt, obwohl im Innenverhältnis zwischen ihm und dem Vertreter überhaupt keine Vollmacht besteht.[66] Der Eintritt der Vertretungswirkung nach Massgabe der erfolgten Kundgabe (Art. 33 Abs. 3 OR) setzt aber voraus, dass der Dritte im Vertrauen auf die Kundgabe gutgläubig ist, d.h. das Fehlen einer Vollmacht bzw. ihren engeren Umfang nicht kennt und nach den Umständen auch nicht kennen musste (Art. 3 Abs. 2 ZGB).[67] So fehlt beispielsweise dem Dritten, der um die einschränkenden internen Weisungen des Vollmachtgebers weiss 5.62

---

64 So auch PEDRAZZINI, Nouvelles dispositions KBOB, S. 203.

65 ZÄCH, Berner Kommentar, N 131 zu Art. 33 OR; BUCHER, OR AT, S. 613; KOLLER, Der gute und der böse Glaube, S. 62; STIERLI, S. 177 f.

66 Vgl. GAUCH/SCHLUEP/SCHMID, Nr. 1396; VON TUHR/PETER, OR AT, S. 357 ff.; BUCHER, OR AT, S. 606 f.; KELLER/SCHÖBI, S. 72 ff.; ENGEL, S. 384 f.; GUHL/KOLLER, S. 167, Nr. 6 ff.; ISENRING, S. 102; DANUSER, Die Anscheinsvollmacht, Diss. Bern 1975. Eine fundierte Auseinandersetzung mit den Problemen von Art. 33 Abs. 3 OR findet sich insbesondere bei KOLLER, Der gute und der böse Glaube, S. 53–94; zu den einzelnen Begriffselementen auch STIERLI, S. 190 ff.

67 Das Erfordernis der Gutgläubigkeit wird im Wortlaut des Gesetzes nicht ausdrücklich genannt. Lehre und Rechtsprechung haben jedoch Art. 33 Abs. 3 OR immer in diesem Sinne verstanden; vgl. ZÄCH, Berner Kommentar, N 15 zu Art. 33 OR; WATTER/SCHNELLER, Basler Kommentar, N 29 zu Art. 33 OR; GAUCH/SCHLUEP/SCHMID, Nr. 1390 ff.; sowie die in Fn. 66 zitierten Autoren, insbesondere KOLLER, Der gute und der böse Glaube, S. 59 f. und 89. Ebenso BGE 131 III 519; 120 II 202; 99 II 42; 77 II 141 ff.

oder bei zumutbarer Aufmerksamkeit wissen muss, der gute Glaube. Gemäss Art. 3 Abs. 1 ZGB wird der gute Glaube vermutet, sodass der Bauherr den Beweis der Bösgläubigkeit (Beweis des Gegenteils) zu erbringen hat.[68] Die herrschende Lehre[69] und die neuere Rechtsprechung des Bundesgerichts[70] betrachten Art. 33 Abs. 3 OR als Anwendungsfall des Gutglaubensschutzes.[71] Ob bzw. mit welchem Umfang vom Vertretenen eine Vollmacht kundgegeben wird, beurteilt sich nach dem Vertrauensprinzip aus der Sicht des Dritten. Sind indessen der Vertretene und der Dritte tatsächlich übereinstimmend von demselben Umfang der Vollmacht ausgegangen, so gilt die kundgegebene Vollmacht in diesem Umfang.[72]

5.63 Die Kundgabe durch den Vertretenen kann insbesondere auch erfolgen durch die Übernahme von *Allgemeinen Geschäftsbedingungen* im Vertrag zwischen dem Vertretenen und dem Dritten.[73] Damit kann zwar keine Vertretungsmacht mehr begründet werden für den Abschluss dieses Vertrages selbst; hingegen sind die darin enthaltenen Kundgabeklauseln relevant für die weiteren Willenserklärungen im Verlauf der Abwicklung des Vertrags. Wichtigster Anwendungsfall im Bereich des Bauvertragsrechts ist Art. 33 Abs. 2 der SIA 118 (vgl. Nr. 5.69 ff.).

---

68 BGE 131 III 519.

69 Zäch, Berner Kommentar, N 128 ff. zu Art. 33 OR; Watter/Schneller, Basler Kommentar, N 30 zu Art. 33 OR; Fellmann, Berner Kommentar, N 85 zu Art. 396 OR; Chappuis, Commentaire romand, N 19 ff. zu Art. 33 OR; Gauch/Schluep/Schmid, Nr. 1406 ff.; von Tuhr/Peter, OR AT, S. 358; Bucher, OR AT, S. 602 und 606 f.; Koller, Der gute und der böse Glaube, S. 66; Stierli, S. 180.

70 BGE 131 III 518; BGer 5A_136/2008 (25.9.2008) E. 4; 4C.232/2006 (4.1.2007) E. 3.1.2.2 = BR/DC 2007, S. 165, Nr. 358; BGer 4C.299/2005 (19.12.2005) E. 4.1; 4C.72/2005 (23.2.2005) E. 3.2; 4C.127/2001 (22.8.2001) E. 2; 4C.377/2000 (8.3.2001) E. 1a. In BGE 120 II 197 ff. spricht das Bundesgericht von der normativ zurechenbaren, auf Rechtsschein beruhenden Vollmacht (vgl. Leitsatz).

71 Anders noch die Vorauflage (Schwager, Architektenrecht 1995, S. 266), wo vom Handeln des Vertretenen ausgegangen und angenommen wurde, dass die Kundgabe seitens des Vertretenen bei gutem Glauben des Dritten auch ohne entsprechenden Willen Vertretungsmacht begründet. In der praktischen Anwendung führen beide Konzepte zu gleichen Ergebnissen. Bei von Tuhr/Peter, OR AT, S. 357 ff., und Bucher, OR AT, S. 606 f., ist unklar, von welchem theoretischen Konzept sie ausgehen.

72 BGer 4C.299/2005 (19.12.2005) E. 4.1.

73 Zäch, Berner Kommentar, N 147 ff. zu Art. 33 OR; Gauch/Schluep/Schmid, Nr. 1394; Koller, Der gute und der böse Glaube, S. 84; Stierli, S. 202 ff.; Lendi/Briner, S. 34 f.

Lehre und Rechtsprechung verwenden ausserdem die Begriffe der *Duldungsvollmacht und Anscheinsvollmacht,* wenn ein vom Vertreter abgeschlossenes Geschäft für den Vertretenen verbindlich sein soll, ohne dass seinerseits eine Bevollmächtigung an den Vertreter vorliegt.[74] Bei der Duldungsvollmacht hat der Vertretene vom Auftreten eines nicht ermächtigten Dritten als sein Vertreter Kenntnis und unternimmt trotz Fehlen einer Ermächtigung dagegen keine Schritte; bei der Anscheinsvollmacht fehlt eine solche Kenntnis des Vertretenen, jedoch hätte dieser das Handeln des nicht ermächtigten Vertreters bei pflichtgemässer Sorgfalt erkennen müssen und verhindern können.[75] Duldungs- und Anscheinsvollmacht sind indessen keine selbständigen Rechtsinstitute. Die rechtliche Grundlage für die Begründung der Verbindlichkeit des Handelns des vollmachtslosen Vertreters für den Vertretenen bietet wiederum einzig Art. 33 Abs. 3 OR.[76] Das Verhalten muss also im einen wie im andern Fall die Voraussetzung einer Kundgabe der Ermächtigung durch den Vertretenen gegenüber dem bestimmten Dritten erfüllen, damit das Handeln des Vertreters für den Vertretenen verbindlich ist.[77] Zudem ist der gute Glaube des Dritten erforderlich. 5.64

2. Für das **Verhältnis Bauherr – Planer – Unternehmer** ist in diesem Zusammenhang die grundlegende Feststellung zu machen, dass allein *die Tatsache des Beizugs eines Planers* durch den Bauherrn noch keine Kundgabe einer Ermächtigung zu dessen Vertretung im Sinne von Art. 33 Abs. 3 OR bedeutet.[78] Auch wenn der Planer im Werkvertrag mit dem Unternehmer als 5.65

---

74 Vgl. VON TUHR/PETER, OR AT, S. 357, Anm. 17; BUCHER, OR AT, S. 612 ff.; GUHL/KOLLER, S. 167 f., Nr. 10; GAUCH/SCHLUEP/SCHMID, Nr. 1409 ff., sowie die in Fn. 66 zit. Dissertation von DANUSER; ebenso BGE 107 II 115; ZÄCH, Berner Kommentar, N 46 ff., zu Art. 33 OR, verwendet demgegenüber den Begriff für besondere Tatbestände der Bevollmächtigung des Vertreters im Sinne von Art. 33 Abs. 2 OR.

75 BGer 5C.244/2002 (20.1.2003) E. 3.2; GAUCH/SCHLUEP/SCHMID, Nr. 1411 f.; ISENRING, S. 99 f.; vgl. auch BGer 4C.12/2002 (14.5.2002) E. 3.2 = BR/DC 2002, S. 177, Nr. 416 mit Anm. AEPLI; 4C.287/2005 (15.12.2005) E. 4; KGer SG, BZ 2007, S. 70 ff., E. 4b/bb.

76 Vgl. BUCHER, OR AT, S. 613; KOLLER, Der gute und der böse Glaube, S. 70 f.; BGE 131 III 518; 124 III 421 f.; 120 II 199. Missverständlich war deshalb BGE 118 II 316 f., wo der Eindruck erweckt wurde, unter besonderen Umständen sei aufgrund eines «vertrauensbegründenden Tatbestandes» auch ohne Vollmachtskundgabe eine Duldungs- oder Anscheinsvollmacht anzunehmen.

77 Vgl. zum Ganzen BGer 5C.244/2002 (20.1.2003) E. 3.2.

78 BUCHER, S. 614; KOLLER, Der gute und der böse Glaube, S. 78 f.; GAUCH, Werkvertrag, Nr. 400; FELLMANN, Berner Kommentar, N 60 zu Art. 396 OR; STIERLI, S. 184 ff.; ZWR 1998, S. 133; unzutreffend SJZ 1974, Nr. 93, S. 334.

«Vertreter des Bauherrn» bezeichnet wird, ist dies noch keine Kundgabe von Vertretungsmacht. Eine solche Kundgabe müsste sich auf einen bestimmten Umfang der Vertretungsmacht beziehen,[79] was bei dieser bloss generellen Bezeichnung gerade nicht zutrifft. Diese darf auch nicht als Kundgabe einer Generalvollmacht im Zusammenhang mit dem Bauvorhaben verstanden werden.[80] Wird der Nennung des Planers im Werkvertrag mit dem Unternehmer oder auf der Bautafel hingegen beigefügt, dass ihm die *Bauleitung* übertragen ist, so bedeutet dies eine Kundgabe von Vertretungsmacht in dem Umfang, als eine solche mit der angegebenen Aufgabe zusammenhängt.[81] Die Anrufung des Gutglaubensschutzes infolge Kundgabe (vgl. Nr. 5.62 f.) ist jedoch nur erforderlich, wenn diese Aufgabe dem Planer in Wirklichkeit nicht übertragen wurde; andernfalls ist bereits die Vertretungsmacht aufgrund des erteilten Auftrages (Art. 396 Abs. 2 OR) gegeben.

5.66 Die Bezeichnung als Vertreter des Bauherrn und als Bauleitung genügt insbesondere nicht für die Annahme einer Ermächtigung des Planers zur *Vergabe von Bauleistungen* an Unternehmer.[82] Selbst die Tatsache, dass der Planer namens des Bauherrn mit den Unternehmern Verhandlungen über den künftigen Vertragsabschluss führt, bedeutet noch keine Kundgabe einer Vollmacht zum Vertragsabschluss selbst.[83] Auch der Umstand, dass Verträge mit anderen Unternehmern vom Planer namens des Bauherrn abgeschlossen und vom Bauherrn dann auch honoriert wurden, genügt nicht als Grundlage für eine sog. Anscheinsvollmacht für den Abschluss eines Vertrags mit einem anderen

---

79 Art. 33 Abs. 3 OR verlangt die Kundgabe einer Vollmacht, wozu auch ein bestimmter Inhalt gehört. Nur in diesem Fall kann sich überhaupt eine Diskrepanz zwischen dem Umfang der Kundgabe und dem Umfang der Vollmacht ergeben, worauf die Bestimmung nach dem Wortlaut zugeschnitten ist. Vgl. BUCHER, OR AT, S. 613; KOLLER, Der gute und der böse Glaube, S. 61; FELLMANN, Berner Kommentar, N 60 und 87 zu Art. 396 OR. Es genügt deshalb nicht, dass der Umfang der kundgegebenen Vollmacht durch Auslegung zu ermitteln sei (so STIERLI, S. 201).

80 Vgl. GAUCH, Werkvertrag, Nr. 400; FELLMANN, Berner Kommentar, N 80 zu Art. 396 OR; STIERLI, S. 186; SCHWAGER, Vertreter, S. 23 f.; BGE 109 II 459; OGer BL 1979, S. 45 ff. = BR/DC 1979, S. 10, Nr. 1 mit Anm. GAUCH = SJZ 1977, Nr. 31; S. 82. ZÄCH, Berner Kommentar, N 161 zu Art. 33 OR, empfiehlt generell grosse Zurückhaltung bei der Annahme einer Anscheinsvollmacht eines Planers.

81 STIERLI, S. 188 ff., 200 und 202; zur Problematik der Kundgabe einer Aufgabe vgl. Nr. 5.54 f.

82 BJM 1985, S. 24; OGer BL 1983, S. 42 f. = BR/DC 1984, S. 52, Nr. 59 = SJZ 1984, Nr. 57/7, S. 320 f.; OGer BL 1975, S. 45 f. = SJZ 1977, Nr. 31, S. 82; GVP SG 1961, Nr. 11, S. 34 = SJZ 1963, Nr. 100, S. 188.

83 ZWR 1998, S. 133; GVP SG 1961, Nr. 11, S. 34 = SJZ 1963, Nr. 100, S. 188.

Unternehmer: Rechtswirkungen aus der Kundgabe kann nur derjenige für sich ableiten, an den sie gerichtet war.[84] Aktuell werden kann der Gutglaubensschutz infolge Kundgabe vor allem bei der Übertragung von *Zusatzarbeiten:* Anerkennt der Bauherr Zusatzarbeiten, die der Planer in früheren Phasen der Bauverwirklichung selbständig vergeben hat, so kann dies für die Vergabe späterer Zusatzarbeiten durch den Planer gegenüber dem gleichen Unternehmer eine Kundgabe der Ermächtigung gemäss Art. 33 Abs. 3 OR bedeuten.

Kein Raum für die Anwendung von Art. 33 Abs. 3 OR besteht mit Bezug auf 5.67
die Anerkennung von *Regierapporten und der Schlussrechnung* durch den Planer.[85] Zahlt der Bauherr Rechnungen anderer Unternehmer, die vom Planer anerkannt wurden, so ist dies nicht ein Verhalten gegenüber dem späteren Unternehmer, der sich darauf berufen will.[86] Ausserdem bedeutet die Bezahlung einer vom Planer akzeptierten Schlussrechnung nach den Umständen nicht ohne Weiteres, dass der Bauherr die Beurteilung der Schlussrechnung als für sich verbindlich anerkannt hat.[87] Die gleichen Überlegungen gelten auch bezüglich der Bezahlung von Regierechnungen durch den Bauherrn aufgrund von Regierapporten, die vom Planer in seinem Namen anerkannt wurden. Vom Sachverhalt her ist es dort hingegen wie bei Zusatzarbeiten (vgl. Nr. 5.66 i.f.) möglich, dass das frühere Verhalten des Bauherrn gegenüber dem gleichen Unternehmer für spätere Regiearbeiten als Kundgabe einer diesbezüglichen Vertretungsmacht des Planers gewertet wird.

---

84 Vgl. ZÄCH, Berner Kommentar, N 132 und 154 zu Art. 33 OR; WATTER/SCHNELLER, Basler Kommentar, N 31 und 35 zu Art. 33 OR; GAUCH/SCHLUEP/SCHMID, Nr. 1391; KOLLER, Der gute und der böse Glaube, S. 67; BGE 131 III 518. Vgl. auch HÜRLIMANN, KommSIA 118, N 5 zu Art. 33. Diese klare Voraussetzung wird in der Rechtsprechung häufig verwischt, indem darauf abgestellt wird, wie *die* Dritten (les tiers) das Verhalten des Vertreters nach Treu und Glauben verstehen mussten; so z.B. Rep 1981, S. 185 ff. = BR/DC 1982, Nr. 3, S. 13 mit Anm. TERCIER. Vgl. BGE 131 III 518 E. 3.2.1; WATTER/SCHNELLER, Basler Kommentar, N 31 zu Art. 33 OR. Diese generalisierende Betrachtungsweise aus dem Bereich der kaufmännischen Vertretung (vgl. BGE 120 II 204 f.) darf nicht einfach auf die Vertretung des Bauherrn durch den Planer übertragen werden.

85 Vgl. AGVE 1976, S. 85 f.; BJM 1957, S. 40 ff. Zur Regelung im Geltungsbereich der SIA-Norm 118 vgl. Nr. 5.95 und 5.113 f.

86 Vgl. Fn. 84.

87 Vgl. SCHWAGER, Vertreter, S. 25.

5. Die Bedeutung der SIA-Norm 118

5.68 **1.** Die SIA-Norm 118 Allgemeine Bedingungen für Bauarbeiten (Ausgabe 1977/91) bezieht sich auf das Werkvertragsverhältnis zwischen dem Bauherrn und einem Unternehmer und enthält auch Bestimmungen über die **Vertretung des Bauherrn** im Zusammenhang mit diesem Vertragsverhältnis durch die Bauleitung. Soweit einem Planer (Architekt, Ingenieur) die Bauleitung übertragen ist, sind diese Bestimmungen damit ebenfalls relevant für dessen Vollmacht zur Vertretung des Bauherrn. Auch die SIA-Norm 118 gilt im Verhältnis zwischen dem Bauherrn und dem Unternehmer nur, wenn sie von den Vertragsparteien durch *Übernahme* zum Vertragsinhalt erhoben worden ist.[88] Dies trifft für eine grosse Zahl von Werkverträgen für Bauleistungen zu. Im SIA-Vertragsformular Nr. 1023 für den Werkvertrag (Ausgabe 1977/1995) wird unter Ziff. 2.5 die SIA-Norm 118 ausdrücklich als anwendbar erklärt. Auch die meisten privaten Vertragsformulare, welche von den Planern für die von ihnen vorbereiteten Werkverträge verwendet werden, enthalten eine entsprechende Übernahmeklausel. Probleme ergeben sich daraus, dass die Bestimmungen der SIA-Norm 118 über die Vertretung des Bauherrn durch die Bauleitung nicht vollständig mit denjenigen in den SIA-Ordnungen 102, 103, 105 und 108 über die Vertretung des Auftraggebers durch den jeweiligen Planer koordiniert sind.[89]

5.69 **a.** *In Art. 33 Abs. 2 der SIA 118* findet sich im Abschnitt über die «Vertretung der Vertragsparteien» die folgende Bestimmung:

5.70 «Soweit der Werkvertrag in der Vertragsurkunde (Art. 21 Abs. 3) nicht ausdrücklich etwas anderes bestimmt, vertritt die Bauleitung den Bauherrn gegenüber dem Unternehmer; alle Willensäusserungen der Bauleitung, die das Werk betreffen, sind für den Bauherrn rechtsverbindlich, insbesondere Weisungen, Bestellungen, Bestätigungen und Planlieferungen; auch nimmt die Bauleitung Mitteilungen und Willensäusserungen des Unternehmers, die das Werk betreffen, für den Bauherrn rechtsverbindlich entgegen.»

---

[88] BGE 118 II 296; BGer 4A_393/2007 (3.12.2007) E. 2.1 = BR/DC 2008, S. 67, Nr. 126 mit Anm. Stöckli; BGer 4C.261/2005 (9.12.2005) E. 2.3 und 2.4 = BR/DC 2006, S. 67, Nr. 213 mit Anm. Gauch; Gauch, Werkvertrag, Nr. 282 ff.; Stöckli, KommSIA 118, Einleitung, N 17. Nicht erforderlich ist hingegen, dass bereits im Planervertrag auf die Geltung der SIA-Norm 118 für die Werkverträge hingewiesen wird; missverständlich deshalb PKG 1989, Nr. 32, S. 138 f. = BR/DC 1991, S. 41 f., Nr. 58 mit Anm. Gauch.

[89] Vgl. zur Vollmacht für die einzelnen Rechtshandlungen Nr. 5.81 ff.

Diese Kundgabeklausel, mit der der Bauherr dem Unternehmer die darin umschriebene Vollmacht der Bauleitung kundgibt,[90] entfaltet grundsätzlich die Rechtswirkungen gemäss Art. 33 Abs. 3 OR (Nr. 5.62 f.).[91] Auslegungsbedürftig ist dabei, was zu den «Willensäusserungen der Bauleitung, die das Werk betreffen», zählt.[92] Unmittelbar auf das Werk bezogen sind Weisungen für die Ausführung sowie deren Darstellung in Plänen. Erwähnt werden aber auch Bestellungen; aus diesen ergeben sich direkt finanzielle Verpflichtungen für den Bauherrn. Da die Anwendbarkeit der SIA-Norm 118 einen bereits abgeschlossenen Werkvertrag zwischen dem Bauherrn und dem Unternehmer mit einer entsprechenden Übernahmeklausel voraussetzt,[93] ist der Einbezug von Bestellungen vor allem bei Zusatzleistungen, Bestellungsänderungen[94] und Regiearbeiten aktuell. Mit der Übernahme der SIA-Norm 118 wird somit eine Stellung der Bauleitung kundgegeben, die ab dem Zeitpunkt des Vertragsabschlusses mit dem einzelnen Unternehmer beinahe einer Generalvollmacht für jegliche Rechtshandlungen im Zusammenhang mit dem bestimmten Bauvorhaben gleichkommt. Art. 33 Abs. 2 SIA 118 geht damit weit über den Umfang der Vollmacht hinaus, welche die SIA-Ordnungen 102, 103, 105 und 108 dem jeweiligen Planer einräumen (vgl. Nr. 5.22).[95] Durch 5.71

90 Gauch, Werkvertrag, Nr. 297.

91 Weiter Gauch, Werkvertrag, Nr. 299 ff.; Hürlimann, KommSIA 118, Vorbem. zu Art. 33–36, lit. c; Krauskopf-Forero/Siegenthaler, S. 309 f.; Schenker, S. 20; und die in Fn. 73 zit. Autoren. Ebenso BGE 118 II 1316; LGVE 2003, I, Nr. 19, S. 30 f. = BR/DC 2004, S. 180, Nr. 483 = ZBJV 2004, S. 294 f.; PKG 1989, Nr. 32, S. 138 f. = BR/DC 1991, S. 41 f., Nr. 58 f. mit Anm. Gauch; ZR 1988, Nr. 135, S. 317 f. = BR/DC 1989, S. 93 f., Nr. 113; so wohl auch BGer 4C.232/2006 (4.1.2007) E. 3.1.2.2 = BR/DC 2007, S. 165, Nr. 358. Auch dem Entscheid BGE 109 II 452 ff. liegt die Anwendung von Art. 33 Abs. 3 OR zugrunde, obwohl nirgends ausdrücklich auf diese Gesetzesbestimmung Bezug genommen wird und einzelne Formulierungen missverständlich sind. Dies zu betonen, erscheint nicht als überflüssig, da in verschiedenen kantonalen Gerichtsentscheiden (z.B. ZR 1984, Nr. 16, S. 50 f., und ZR 1980, Nr. 118, S. 252 ff.) argumentiert wird, wie wenn die SIA-Norm 118 selbst das Vollmachtsverhältnis zwischen Bauherr und Planer regeln würde.

92 Vgl. dazu Hürlimann, KommSIA 118, N 7 zu Art. 33.

93 Hürlimann, KommSIA 118, N 11 zu Art. 33; Gauch, Werkvertrag, Nr. 279 und 402; Stierli, S. 211.

94 Dazu Scherrer, Tragweite, S. 85 ff.

95 Eine detaillierte Gegenüberstellung findet sich bei Stierli, S. 210 ff. und 234 f.; ebenso Lendi/Briner, S. 35; Schenker, S. 20 f.; Scherrer, Tragweite, S. 83. Unproblematisch sind demgegenüber die Fälle, wo die Kundgabe (SIA-Norm 118) weniger weit geht als die interne Regelung (Art. 396 Abs. 2 OR bzw. SIA-Ordnung 102): Die dem Planer erteilte Vollmacht gilt, auch wenn sie gegen aussen nicht kundgegeben oder sogar verneint wird;

die SIA-Norm 118 selbst eingeschränkt wird die Kundgabeklausel in Art. 33 Abs. 2 indessen durch Bestimmungen der Norm, welche für bestimmte einzelne Rechtshandlungen[96] das eigene Handeln des Bauherrn voraussetzen oder verlangen. Diese spezielleren Bestimmungen haben vor der generellen Umschreibung in Art. 33 Abs. 2 den Vorrang.[97]

5.72 Der letzte Satzteil von Art. 33 Abs. 2 SIA 118 bezeichnet die Bauleitung generell als Vertreter des Bauherrn für die *Entgegennahme von Willenserklärungen* des Unternehmers, die das Werk betreffen. Damit wird im Sinne von Art. 33 Abs. 3 OR eine generelle Vollmacht der Bauleitung zur sog. passiven Vertretung des Bauherrn kundgegeben.[98] Dass die Bauleitung Mitteilungen und Willensäusserungen «für den Bauherrn rechtsverbindlich entgegennimmt», bedeutet, dass diese mit dem Zugang bei der Bauleitung als dem Bauherrn selbst zugegangen gelten. Gemäss Art. 35 Abs. 2 SIA 118 fallen insbesondere auch Abmahnungen darunter.[99] Keine das Werk betreffende Willenserklärungen sind hingegen Mahnungen für Zahlungen.[100]

5.73 **b.** Nebst der Umschreibung der Vollmacht der Bauleitung in Art. 33 Abs. 2 findet sich in *Art. 34 SIA 118* auch eine Umschreibung der Aufgaben der Bauleitung, obwohl diese Aufgaben gar nicht Gegenstand des Vertragsverhältnisses zwischen dem Bauherrn und dem Unternehmer sein können, sondern im Vertrag zwischen dem Bauherrn und dem Planer geregelt werden.[101] Auch in zahlreichen weiteren Bestimmungen der SIA-Norm 118 (vgl. z.B. Art. 45 Abs. 1 betreffend Regiearbeiten, Art. 95 Abs. 1 betreffend zusätzliche Vorkehren zur Einhaltung der Fristen und Art. 140 Abs. 1 betreffend Materialvorräte SIA 118) ist von der Bauleitung die Rede, insbesondere hinsichtlich der Entgegennahme von Erklärungen des Unternehmers.[102] Es stellt sich deshalb die Frage, ob solche Bestimmungen der SIA-Norm 118 ebenfalls eine Kundgabe

vgl. ZÄCH, Berner Kommentar, N 43 zu Art. 33 OR; WATTER/SCHNELLER, Basler Kommentar, N 32 zu Art. 33 OR.

96 So die Auslegung von STIERLI, S. 212 f., von Art. 84 SIA 118 (Bestellungsänderung); anders Nr. 5.93.

97 Ebenso STIERLI, S. 138 und 213.

98 HÜRLIMANN, KommSIA 118, N 14 zu Art. 33; STIERLI, S. 217.

99 HÜRLIMANN, KommSIA 118, N 14 zu Art. 33; STIERLI, S. 217 f.

100 Vgl. HÜRLIMANN, KommSIA 118, N 15 zu Art. 33.

101 Die Kundgabe einer Aufgabe wird in der Lehre verschiedentlich als mittelbare Vollmachtskundgabe bezeichnet: so STIERLI, S. 205; HÜRLIMANN, KommSIA 118, N 2 und 6 zu Art. 34.

102 STIERLI, S. 217 f.

von Vertretungsmacht des Planers zur Vertretung des Bauherrn bei den entsprechenden Rechtshandlungen enthalten.

Dazu ist vorerst festzuhalten, dass die Norm in der Terminologie inkonsequent ist.[103] Die Erwähnung der «Bauleitung» bedeutet in erster Linie, dass der Unternehmer kein Recht auf persönliches Handeln des Bauherrn hat.[104] Unter stellvertretungsrechtlichen Gesichtspunkten ist ausserdem zu beachten, dass diese Bestimmungen gegenüber dem Unternehmer nur eine Aussage machen über die Aufgabe des Planers. Sie beschreiben also nur den Inhalt des Auftragsverhältnisses zwischen ihm und dem Bauherrn und sagen nichts direkt über das Vertretungsverhältnis aus. In diesem Innenverhältnis ergibt sich aus dem Auftragsverhältnis allerdings auch die Vollmacht zur Vornahme der Rechtshandlungen, die zur Ausführung dieses Auftrages gehören (Art. 396 Abs. 2 OR). Für das Aussenverhältnis stellt sich deshalb die Frage, ob auch die Bekanntgabe eines Auftrages gegenüber einem Dritten den Gutglaubensschutz gemäss Art. 33 Abs. 3 OR auslösen kann.[105] Sicher ist dies zu verneinen, wenn der bekannt gegebene Auftrag sowohl in direkter als auch in indirekter Vertretung erfüllt werden kann. 5.74

Soweit in der SIA-Norm 118 Aufgaben der Bauleitung erwähnt werden, die sich auf ein bereits bestehendes Vertragsverhältnis zwischen dem Bauherrn und dem Unternehmer beziehen, besteht hingegen keine derartige Alternative bezüglich der Ausführungsart des Auftrages, sodass eine Gleichstellung mit einer direkten Kundgabe einer Vollmacht möglich ist. Ob mit der Erwähnung der Bauleitung in der SIA-Norm 118 auch tatsächlich eine Ermächtigung zum entsprechenden Handeln namens des Bauherrn kundgegeben werden 5.75

---

[103] Entgegen Stierli, S. 206, ist diese Inkonsequenz auch bei einer Auslegung nach dem Vertrauensprinzip relevant und erschwert sie.

[104] Vgl. Hürlimann, KommSIA 118, N 3d zu Art. 33, mit Hinweis auf einzelne Bestimmungen; Schwager, Vertreter, S. 24; Gauch, Gedächtnisschrift Jäggi, S. 210 f. (insbes. Fn. 18).

[105] Ohne dies ausdrücklich zu verneinen, beschränkt Koller, Der gute und der böse Glaube, S. 74 ff., den Tatbestand der Vollmachtsmitteilung konsequent auf die ausdrückliche oder stillschweigende Kundgabe einer Vollmacht. Die Frage bejahend auch Tercier/Favre/Conus, Nr. 5083; wohl auch Werro, Commentaire romand, N 9 zu Art. 396 OR. Kein Problem ist die aufgeworfene Frage für jene Auffassungen, die Art. 33 Abs. 3 OR ohne klare Kriterien einfach immer dann anwenden, wenn der Vertretene dem als Vertreter Handelnden «eine Stellung einräumte, mit der üblicherweise eine Ermächtigung verbunden ist». Vgl. dazu die Kritik bei Bucher, OR AT, S. 613; Koller, Der gute und der böse Glaube, S. 77 ff., sowie Schwager, Vertreter, S. 25; einschränkend nun auch BGE 120 II 204 f.

will, muss dabei aber aufgrund der inkonsequenten Terminologie für jede einzelne Bestimmung gesondert geprüft werden.[106]

5.76 **c.** Das *SIA-Vertragsformular Nr. 1023* (Ausgabe 1977/1995) für den Werkvertrag enthält unter anderem eine Rubrik, in welcher der Name des beauftragten Planers einzusetzen ist und dieser als «Bauleitung» bezeichnet wird. Damit wird nur eine Aussage gemacht über den Bestand eines Auftragsverhältnisses mit einem Planer, also nicht direkt eine bestimmte Vollmacht kundgegeben. Mit der blossen Bezeichnung als «Bauleitung» ist die Umschreibung des Auftrages zwar noch sehr unbestimmt; diese kann aber immerhin genügen als Kundgabe einer Vollmacht zur Erteilung von Weisungen für die Bauausführung (vgl. Nr. 5.97).[107]

5.77 **2.** Die Rechtswirkungen der Kundgabeklauseln in der SIA-Norm 118 unterstehen den **Beschränkungen,** die sich aus dem Stellvertretungsrecht und dem Recht der Allgemeinen Geschäftsbedingungen ergeben:

5.78 **a.** Die Kundgabe der Vertretungsmacht entfaltet *nur gegenüber dem gutgläubigen Dritten Rechtswirkungen* (vgl. Nr. 5.62 f.).[108] Dieser gute Glaube wird zerstört, wenn der Dritte, gegenüber welchem die Kundgabe erfolgt, weiss oder bei der nach den Umständen gebotenen Aufmerksamkeit wissen muss (Art. 3 Abs. 2 ZGB), dass die kundgegebene Vollmacht vom Vertretenen dem Vertreter gar nicht erteilt worden ist.[109] Ob der Dritte bezüglich der in Art. 33 Abs. 2 SIA 118 kundgegebenen Vertretungsmacht gutgläubig war, ist im konkreten Einzelfall je nach den Umständen zu entscheiden. GAUCH[110] verneint den guten Glauben des Unternehmers schon, wenn dieser weiss oder nach den Umständen annehmen muss, dass der Bauherr die SIA-

---

[106] SOG 1991, S. 14 = BR/DC 1993, S. 45, Nr. 100; HÜRLIMANN, KommSIA 118, N 3d zu Art. 33; anders BGer 4C.232/2006 (4.1.2007) E. 3.1.2.2 und GAUCH, Werkvertrag, Nr. 278, wonach die Kundgabe einer Vollmacht im Sinne von Art. 33 Abs. 3 OR immer dann zu bejahen ist, wenn in der SIA-Norm 118 für eine bestimmte Tätigkeit gegenüber dem Unternehmer die Bauleitung erwähnt wird. Ebenso STIERLI, S. 205 ff.

[107] Vgl. auch HÜRLIMANN, KommSIA 118, N 3 zu Art. 33.

[108] Vgl. auch (im Zusammenhang mit Art. 33 Abs. 2 SIA 118) HÜRLIMANN, KommSIA 118 N 3b zu Art. 33; HÜRLIMANN, Lücken und Tücken, S. 51 f.; SCHENKER, S. 21; KRAUSKOPF-FORERO/SIEGENTHALER, S. 309.

[109] Vgl. KOLLER, Der gute und der böse Glaube, S. 59 f. und 88 f.; SCHERRER, Tragweite, S. 84, sowie die vorne in Fn. 66 und 67 zit. Autoren.

[110] GAUCH, Werkvertrag, Nr. 299, sowie seine Besprechung von BGE 109 II 452 ff. in recht 1985, S. 30 ff. Vgl. auch KOLLER, Der gute und der böse Glaube, S. 84, Fn. 333; so auch SCHENKER, S. 21; SCHERRER, Tragweite, S. 84.

Norm 118 oder zumindest die darin enthaltene Kundgabebestimmung bloss global, also ohne Kenntnis oder Verständnis ihres Inhaltes übernommen hat. Diese Auffassung stellt sehr strenge Anforderungen an die Aufmerksamkeit des Unternehmers,[111] die über das hinausgehen, was in anderen Bereichen unter dem Gesichtspunkt von Art. 3 Abs. 2 ZGB verlangt wird.[112] Zu verneinen ist der gute Glaube des Unternehmers aber auf alle Fälle dann, wenn der Unternehmer weiss oder aufgrund besonderer Anhaltspunkte wissen muss, dass im Verhältnis zwischen dem Bauherrn und dem Planer die SIA-Ordnung 102, 103, 105 bzw. 108 gilt,[113] und wenn es für ihn klar erkennbar ist, dass die fragliche Rechtshandlung über die dort festgelegte Vollmacht hinausgeht.

b. Da sich die Kundgabeklausel von Art. 33 Abs. 2 der SIA 118 in Allgemeinen Geschäftsbedingungen findet, gelangt gegebenenfalls auch die sog. *Ungewöhnlichkeitsregel* zur Anwendung (Nr. 1.115 f.).[114] Das Bundesgericht hat zwar in BGE 109 II 461 f. festgehalten, dass auch einer mit der SIA-Norm 118 nicht vertrauten Vertragspartei allein schon bei der Durchsicht des Inhaltsverzeichnisses in die Augen springen müsse,[115] dass die Norm neben den Vorschriften über das Verhältnis zwischen Bauherr und Unternehmer auch Bestimmungen über die Vertretung des Bauherrn durch die Bauleitung umfasse. Aus den Art. 33–36, die im Inhaltsverzeichnis unter dem Titel «Vertretung der Vertragsparteien» aufgeführt werden, gehe allerdings nur hervor, dass die Bauleitung den Bauherrn bezüglich der Leitung und Überwachung der Bauausführung mit unbeschränkter Vollmacht vertrete. Hingegen liessen 5.79

111 Diese strengen Anforderungen lassen sich rechtfertigen, da die Kundgabe durch die Übernahme von Allgemeinen Geschäftsbedingungen erfolgt. Dazu Koller, Der gute und der böse Glaube, S. 84, sowie Gauch, Zwei Entscheide, S. 33. Auch in BGE 107 II 116 f. werden sehr strenge Anforderungen an den guten Glauben des Dritten gestellt.

112 Dazu Jäggi, Berner Kommentar, N 114 ff. zu Art. 3 ZGB.

113 Solche Anhaltspunkte bestehen z.B., wenn der Planer sich ausdrücklich als «Architekt SIA» bezeichnet. Denn nach Art. 6 Abs. 2 der SIA-Statuten sind die Mitglieder verpflichtet, «die vom Verein aufgestellten Ordnungen einzuhalten».

114 Weiter Zäch, Berner Kommentar, N 149 zu Art. 33 OR; Gauch/Schluep/Schmid, Nr. 1394; Krauskopf-Forero/Siegenthaler, S. 310; Hürlimann, Lücken und Tücken, S. 52; Koller, Der gute und der böse Glaube, S. 84, mit weiteren Verweisen; sowie RBOG TG 1996, S. 93 f. = BR/DC 1997, S. 127, Nr. 318 mit Anm. Aepli; LGVE 2003, I, Nr. 19, S. 31 = BR/DC 2004, S. 180, Nr. 483 = ZBJV 2004, S. 295 (die Anwendbarkeit der Ungewöhnlichkeitsregel wurde in diesem Fall verneint).

115 Das Bundesgericht geht also auch hier unausgesprochen vom Erfordernis aus, dass eine global zustimmende Partei überhaupt die Möglichkeit haben musste, sich in zumutbarer Weise vom Inhalt der vorgeformten Bestimmungen Kenntnis zu verschaffen. Vgl. dazu Nr. 1.105; Jäggi/Gauch, Zürcher Kommentar, N 473 zu Art. 18 OR; BGE 100 II 209 f.

diese Bestimmungen nicht erkennen, dass die Bauleitung auch die Befugnis haben solle, den Bauherrn in finanzieller Hinsicht zu verpflichten.[116] Soweit sich aus anderen Bestimmungen der Norm eine Ermächtigung der Bauleitung ergebe für rechtsgeschäftliche Erklärungen im Namen des Bauherrn, die diesem erhebliche finanzielle Verpflichtungen auferlegen, seien diese als geschäftsfremd zu betrachten.[117] Für einen branchenunkundigen «einmaligen» Bauherrn, d.h. eine Partei ohne Bauerfahrung, sind solche Klauseln nach der Auffassung des Bundesgerichts ungewöhnlich,[118] weshalb sich daraus keine Rechtswirkungen zulasten des Bauherrn ergeben. Dies gilt, auch wenn beim Vertragsabschluss mit dem Unternehmer seitens des Bauherrn der Planer mitgewirkt hat.[119]

5.80 **3.** Die Übernahme der SIA-Norm 118 in die Verträge mit den einzelnen Unternehmern erfolgt meistens auf Veranlassung des Planers, der den Werkvertrag redigiert und in «seinen» Allgemeinen Werkvertragsbestimmungen deren Anwendbarkeit stipuliert. Meist wird die Werkvertragsurkunde auch **vom Bauherrn, Unternehmer und Planer unterzeichnet.** Damit enthält die Urkunde auch eine Willenserklärung des Vertretenen (Bauherrn) an den Vertreter (Planer), die eine eigentliche Bevollmächtigung im Sinne von Art. 33 Abs. 2 OR begründet.[120] Die im Innenverhältnis bestehende Vollmacht und

---

[116] A.M. Stierli, S. 208; kritisch auch Hürlimann, KommSIA 118, N 7 zu Art. 33.

[117] BGE 109 II 459. Der geschäftsfremde Charakter wird deshalb vom Bundesgericht bejaht für die sich aus Art. 154/155 SIA 118 ergebende Ermächtigung des Planers zur Anerkennung der Schlussrechnung des Unternehmers; vgl. dazu Nr. 5.113 f.; Stierli, S. 209, erachtet demgegenüber vor allem die Ermächtigung zur Genehmigung des Werks als geschäftsfremd.

[118] BGE 109 II 462; vgl. auch RBOG TG 1996, S. 93 ff. = BR/DC 1997, S. 127, Nr. 318 mit Anm. Aepli (Branchenerfahrung bejaht); SOG 1991, S. 14 f. = BR/DC 1993, S. 45, Nr. 100 (Branchenunkundigkeit verneint). Zu den besonderen Problemen, die sich bei der Anwendung der Ungewöhnlichkeitsregel auf Kundgabebestimmungen in Allgemeinen Geschäftsbedingungen ergeben, vgl. Gauch, Zwei Entscheide, S. 30 ff.; Zäch, Berner Kommentar, N 146 ff. zu Art. 33 OR.

[119] Das Wissen des Planers ist hier dem Bauherrn nicht anzurechnen, da sich dies zugunsten des Planers auswirken würde und insoweit eine «Interessenkollision» vorliegt; a.M. Stierli, S. 209. Auch in BGE 109 II 452 ff. war der Werkvertrag vom bauerfahrenen Architekten mitunterzeichnet. Vgl. auch RBOG TG 1996, S. 94 f. = BR/DC 1997, S. 127, Nr. 318 mit Anm. Aepli (das Baukonsortium musste sich das Wissen des Architekten, der dem Baukonsortium angehörte, anrechnen lassen).

[120] Analog zur Übernahme der SIA-Ordnung 102, 103, 105 bzw. 108 im Planervertrag. Die so aus der Übernahme der SIA-Norm 118 abgeleitete Vollmacht gilt jedoch nur für Rechtshandlungen gegenüber dem betreffenden Unternehmer.

die Kundgabe gegen aussen stimmen damit überein, sodass sich der Unternehmer auf die in der SIA-Norm 118 niedergelegte Vertretungsmacht des Planers als Bauleitung berufen kann, ohne guten Glauben geltend machen zu müssen.[121] Hingegen untersteht auch diese Vollmacht den Beschränkungen, die sich aus dem Recht der Allgemeinen Geschäftsbedingungen ergeben (vgl. Nr. 5.79). Haben Bauherr und Planer im Planervertrag die SIA-Ordnung 102, 103, 105 oder 108 übernommen, so liegen einander widersprechende Erklärungen des Bauherrn gegenüber dem Planer über den Umfang der Vollmacht vor. Dieser Widerspruch ist nach dem Vertrauensprinzip zu lösen.[122] Wurde die SIA-Norm 118 in den Werkverträgen mit den Unternehmern nur global übernommen, so verdient die Vertretungsordnung in der SIA-Ordnung 102, 103, 105 oder 108 den Vorrang, da diese direkt auf das Verhältnis zwischen Bauherr und Planer ausgerichtet ist und der Bauherr somit für die Frage der Bevollmächtigung des Planers wohl dieser mehr Beachtung geschenkt hat als der für das Verhältnis zu den Unternehmern geltenden SIA-Norm 118.[123] Nicht beeinträchtigt wird damit die Wirkung der übernommenen SIA-Norm 118 gegenüber dem gutgläubigen Unternehmer als Kundgabe der Vertretungsmacht gemäss Art. 33 Abs. 3 OR.

III. Die Vollmacht für die einzelnen Rechtshandlungen

Da für den Bestand und Umfang der Vollmacht des Planers grundsätzlich 5.81
der individuelle Wille des Bauherrn massgeblich ist (Nr. 5.16 ff.), können **keine allgemein gültigen Aussagen** darüber gemacht werden, ob nun der Planer zur Vornahme bestimmter Rechtshandlungen namens des Bauherrn ermächtigt sei oder nicht. Keiner näheren Erörterung bedürfen die Fälle, wo der Bauherr dem Planer ausdrücklich für bestimmte Rechtshandlungen Vollmacht erteilt oder eine solche ausgeschlossen hat. Solche ausdrücklichen Erklärungen finden sich in Ziff. 11 der SIA-Vertragsformulare für die Planer (vgl. Nr. 5.33 ff.) und in Art. 4 der Allgemeinen Vertragsbedingungen KBOB

121 LGVE 2003, I, Nr. 19, S. 31= BR/DC 2004, S. 180, Nr. 483 mit Anm. Aepli = ZBJV 2004, S. 295.

122 Das Vertrauensprinzip ist dem Grundsatz, dass die spätere Willenserklärung der früheren vorgeht, übergeordnet. Es erfolgt auch nicht einfach eine Kumulation der beiden Vertretungsordnungen.

123 Vgl. Jäggi/Gauch, Zürcher Kommentar, N 434 zu Art. 18 OR; sowie Nr. 5.79.

für Planerleistungen (vgl. Nr. 5.51 ff.). Die nachstehenden Ausführungen beschränken sich deshalb jeweils auf die Prüfung der Frage,

5.82 – ob sich die Ermächtigung zu einer bestimmten Rechtshandlung gemäss Art. 396 Abs. 2 OR aus dem Auftrag des Planers ergibt, und

5.83 – ob die SIA-Bestimmungen für die einzelnen Rechtshandlungen eine Regelung vorsehen.

5.84 Beim erteilten Auftrag, der dieser Untersuchung zugrunde gelegt wird, soll dabei vom *Gesamtvertrag* entsprechend den Grundleistungen von Art. 4 der SIA 102, 103, 105 oder 108[124] ausgegangen werden. Die Grundleistungen sind dort nach den Teilphasen des Planungs- und Bauablaufs gegliedert. Umfasst der Auftrag des Planers nur einzelne Teilphasen, so besteht die Vollmacht für die einzelnen Rechtshandlungen nur, soweit sich diese aus den Grundleistungen der Teilphasen ergeben, welche der Auftrag umfasst.

1. Rechtshandlungen gegenüber den Unternehmern

5.85 **1.** Seit Jahren darf als allgemein anerkannt gelten, dass der Vertragsabschluss zur **Vergabe von Bauleistungen** an Unternehmer nicht zum Aufgabenbereich des Planers gehört, auch wenn ihm die Bauleitung übertragen ist. Der Architekt oder Ingenieur hat wohl die Unterlagen für den Kostenvoranschlag auszuarbeiten und soll auch als Berater des Bauherrn die Offerten der Unternehmer prüfen. Er ist auch ermächtigt, mit den Unternehmern Verhandlungen im Hinblick auf den Vertragsabschluss zu führen, und fertigt dann die Vertragsurkunden aus. Der Vertragsabschluss selbst bleibt jedoch dem Bauherrn vorbehalten. Dies gilt nicht bloss für den Entscheid, wem die Bauarbeiten zur Ausführung zu übertragen seien; vielmehr gibt auch der Bauherr selbst gegenüber dem Unternehmer die für den Abschluss des Vertrages massgebliche Willenserklärung ab. Äusseren Ausdruck findet dies darin, dass die schriftlich ausgefertigten Werkverträge (meist nebst dem Planer) vom Bauherrn selbst unterzeichnet werden. Aus dem normalen Planervertrag lässt sich also keine

---

124 Diese Umschreibung ist weitgehend Ausdruck der Verkehrsübung, welche Leistungen der Gesamtvertrag mit dem Planer umfasst, und somit auch wegleitend in Fällen, wo keine Übernahme der SIA-Ordnungen 102, 103, 105 bzw. 108 erfolgte; vgl. STIERLI, S. 22 und 125.

Vollmacht zu diesem Vertragsabschluss ableiten.[125] Das Fehlen einer solchen Vollmacht ergibt sich auch aus dem vom Bundesgericht anerkannten Grundsatz, wonach der Planer nicht ermächtigt ist, rechtsgeschäftliche Erklärungen im Namen des Bauherrn abzugeben, die für diesen erhebliche finanzielle Verpflichtungen begründen.[126]

In gleicher Weise fehlt dem Planer auch die Ermächtigung, *Zusatzarbeiten* an den Unternehmer zu vergeben, mit denen eine neue Leistungspflicht des Unternehmers gegen entsprechenden zusätzlichen Werklohn begründet wird.[127] Für die Anordnung von *Planänderungen* gegenüber den Unternehmern ist die Ermächtigung des Planers jedoch grundsätzlich zu bejahen, da es zu seiner Aufgabe gehört, das Bauwerk zu planen sowie die Konstruktion und die Ausführung festzulegen. Ein Vorbehalt muss allerdings angebracht werden für diejenigen Planänderungen, die bezogen auf das ganze Bauvorhaben den Charakter von Projektänderungen haben oder die (im Verhältnis zur Gesamtleistung des betreffenden Unternehmers) zu recht beträchtlichen Mehrkosten 5.86

---

125 Gauch, Werkvertrag, Nr. 400; Stierli, S. 66 f.; Zäch, Berner Kommentar, N 94 zu Art. 33 OR; BGer 4C.85/2003 (25.8.2004) E. 5.2 (n. publ. in BGE 129 III 738 ff.); BJM 1985, S. 24; OGer BL 1983, S. 42 f. = BR/DC 1984, S. 52, Nr. 59 = SJZ 1984, Nr. 57/7, S. 320 f.; abweichend noch FZR 1978, S. 57 = BR/DC 1980, S. 45, Nr. 24 = SJZ 1980, Nr. 35, S. 287.

126 BGE 118 II 315 und 109 II 459 f.; bestätigt in BGer 4C.85/2003 (25.8.2004) E. 5.2 (n. publ. in BGE 129 III 738 ff.); Zäch, Berner Kommentar, N 94 zu Art. 33 OR; Fellmann, Berner Kommentar, N 72 zu Art. 396 OR; Weber, Basler Kommentar, N 10 zu Art. 396 OR; Hess, KommSIA 102/103/108, N 10 zu Art. 1.4 SIA 102; Lendi/Briner, S. 35; Schwager, Umfang, S. 37; Reber, Rechtshandbuch, S. 259; auf den konkreten Einzelfall verweisend Gauch, Werkvertrag, Nr. 399 f.; vgl. auch BGer 4C.198/2001 (3.12.2001) E. 5; ZWR 2000, S. 279.

127 ZR 1980, Nr. 118, S. 253 = BR/DC 1981, S. 53, Nr. 45; Zäch, Berner Kommentar, N 94 Art. 33 OR; Schwager, Umfang, S. 37 f.; Hess, KommSIA 102/103/108, N 45 zu Art. 1.4 SIA 102, bejaht demgegenüber eine praktisch umfassende Vollmacht für die Vergabe von Zusatzarbeiten aller Art unter Ausschluss eigentlicher Auftragserweiterungen; Stierli, S. 67 ff., betrachtet den Architekten als ermächtigt für die Vergabe von Zusatzarbeiten, die den Bauherrn nicht erheblich finanziell belasten, wobei die Limite recht grosszügig bei 10% Mehrkosten liegen soll. Der Hinweis von Reber, Rechtshandbuch, S. 263 f., dass die Unterzeichnung des ursprünglichen Vertrages durch den Bauherrn selbst einen allfälligen guten Glauben des Dritten an eine Vollmacht des Architekten zur Vergabe von Zusatzarbeiten zerstört, gilt nur insoweit, als die Kundgabe einer entsprechenden Vollmacht bereits vor der Unterzeichnung des ursprünglichen Vertrages erfolgt ist; bei einer späteren Kundgabe kann dieser Umstand allenfalls Anlass zu berechtigten Zweifeln sein, der vom Dritten weitere Abklärungen verlangt.

führen und dadurch den Charakter von Zusatzarbeiten annehmen.[128] Dafür ist die Genehmigung des Bauherrn erforderlich.

5.87 Auch die *SIA-Ordnung 102* (Ausgabe 2003) ermächtigt den Architekten nicht zur Vergabe von Bauleistungen an Unternehmer.[129] Im Gegenteil wird im Leistungsbeschrieb der neuen Fassung nun mit aller wünschbaren Deutlichkeit klargestellt, dass der Architekt wohl die Verhandlungen mit den Unternehmern und Lieferanten führt sowie Vergabeanträge erstellt (Art. 4.41) und auch die Verträge ausfertigt (Art. 4.51), der Entscheid über die Vergabe der Arbeiten aber beim Auftraggeber liegt (Art. 4.41) und dieser auch die Verträge unterzeichnet (Art. 4.51). Mangels einer anderen Regelung gilt dies auch für Zusatzarbeiten. Für Ausführungsänderungen und deren Kosten verlangt Art. 4.52 die Genehmigung des Auftraggebers. Die Ermächtigung zu Planänderungen beschränkt sich damit auf untergeordnete Änderungen in der Ausführungsplanung (Art. 4.51), die zudem keine Kostenwirkungen haben.

5.88 Die *SIA-Ordnungen 103, 105 und 108* stimmen bezüglich der Vergabe von Bauleistungen etc. im Ergebnis mit der SIA-Ordnung 102 überein, auch wenn sich dort abweichende Umschreibungen der jeweiligen Grundleistungen finden. Die entsprechenden Grundleistungen und dem Auftraggeber vorbehaltenen Entscheide finden sich in

5.89 – SIA-Ordnung 103 (Bauingenieure) in Art. 4.1.41, Art. 4.1.51 und 4.1.52,

5.90 – SIA-Ordnung 105 (Landschaftsarchitekten) in Art. 4.2.51,

5.91 – SIA-Ordnung 108 (Elektroingenieure, Fachingenieure für Gebäudeinstallationen) in Art. 4.41, Art. 4.51. und Art. 4.52.

5.92 Selbst aus der weit gefassten Kundgabeklausel in Art. 33 Abs. 2 der *SIA 118* lässt sich keine Vertretungsmacht des Planers zur Vergabe von Bauleistungen

---

[128] Vgl. SCHWAGER, Umfang, S. 38. Abzulehnen ist der weitere Vorbehalt von STIERLI, S. 71 ff., dass die Planänderungen nicht wegen eines eigenen Fehlverhaltens des Architekten notwendig werden dürfen, denn dies ist für den Dritten nicht überprüfbar. Zu weit gehend HESS, KommSIA 102/103/108, N 47 zu Art. 1.4 SIA 102, der die Vollmacht unabhängig von allen finanziellen Konsequenzen bejaht.

[129] OGer BL 1975, S. 45 f. = BR/DC 1979, S. 10, Nr. 1 mit Anm. GAUCH = SJZ 977, Nr. 31, S. 81; BJM 1957, S. 42; KGer ZG 1952, S. 55 f.; STIERLI, S. 154 ff.; SCHWAGER, Umfang, S. 37.

an Unternehmer ableiten,[130] auch wenn dort «Bestellungen» ausdrücklich genannt werden. Normalerweise wird diese Norm von den Vertragsparteien erst beim Abschluss des Werkvertrages mit dem Unternehmer als Vertragsinhalt übernommen. Eine darin enthaltene Bestimmung kann deshalb nicht schon selbst Grundlage sein für die Ermächtigung des Planers zu diesem Vertragsabschluss im Namen des Bauherrn. Selbst wenn die Norm ausnahmsweise bereits für die Vertragsverhandlungen als anwendbar erklärt wird,[131] bleibt zu beachten, dass Art. 33 Abs. 2 SIA 118 nach seiner systematischen Stellung erst auf die Zeit nach Abschluss des Bauwerkvertrages anwendbar ist.

Die *Bestellungsänderungen* im Sinne von Art. 84 SIA 118 sind das Ergebnis 5.93
von Weisungen oder Planänderungen. Nach der genannten Bestimmung steht das Änderungsrecht dem «Bauherrn» zu. Damit wird aber nur festgehalten, dass es sich um ein einseitiges Änderungsrecht handelt, für welches keine Zustimmung des Unternehmers erforderlich ist.[132] Gemäss Art. 33 Abs. 2 und Art. 35 ist die Bauleitung für die Erteilung von Weisungen an den Unternehmer zuständig; das Gleiche ergibt sich aus Art. 100 Abs. 1 SIA 118 für die Planänderung.[133] Den Bestellungsänderungen durch Weisungen und Planänderungen gleichgestellt wird in Art. 84 Abs. 1 auch die Auftragserteilung für im Werkvertrag nicht vorgesehene Leistungen *(Zusatzarbeiten)*. Für solche «Bestellungen»[134] wird in Art. 33 Abs. 2 in Abweichung von den SIA-Ordnungen 102, 103, 105 und 108 demnach eine uneingeschränkte Vollmacht der Bauleitung kundgegeben.[135]

---

130 GAUCH, Werkvertrag, Nr. 402; HÜRLIMANN, KommSIA 118, N 11 zu Art. 33; HÜRLIMANN, Lücken und Tücken, S. 52, Fn. 14; STIERLI, S. 211; LENDI/SPIESS, S. 82 f.; SCHWAGER, Umfang, S. 37 mit weiteren Verweisen.

131 Zu den Abschlussbestimmungen vgl. GAUCH, Werkvertrag, Nr. 295 ff.; HÜRLIMANN, Lücken und Tücken, S. 50 ff.

132 Vgl. EGLI, KommSIA 118, N 1 zu Art. 84.

133 Ergibt sich daraus die Vereinbarung eines neuen oder die Anpassung eines vereinbarten Einheitspreises, so überträgt Art. 87 Abs. 4 ebenfalls der Bauleitung die Kompetenz, mangels Einigung darüber, die Arbeit in Regie ausführen zu lassen oder an einen Dritten zu vergeben (vgl. dazu EGLI, KommSIA 118, N 19 ff. zu Art. 87).

134 Nach EGLI, KommSIA 118, N 1 zu Art. 84, können damit nur Bestellungsänderungen gemeint sein; nach HÜRLIMANN, KommSIA 118, N 11 zu Art. 33, bezieht sich der Ausdruck «Bestellungen» in einem untechnischen Sinne daneben auch auf den (blossen) Abruf bereits vereinbarter Leistungen (z.B. von Eventualpositionen).

135 So EGLI, KommSIA 118, N 1 zu Art. 84; HÜRLIMANN, KommSIA 118, N 11 zu Art. 33; HÜRLIMANN, Lücken und Tücken, S. 52, Fn. 14. Für diese Abweichung von der SIA-Ordnung 102 kommt dem Erfordernis des guten Glaubens und dem Vorbehalt der Unge-

5.94 **2.** Ebenfalls Zusatzarbeiten stellen die im Werkvertrag nicht vorgesehenen **Regiearbeiten** dar. Ihre Notwendigkeit ergibt sich aus der momentanen Situation im Verlauf der Bauausführung, weshalb sie auch häufig sofort angeordnet werden müssen, damit der Fortgang der übrigen Arbeiten nicht gehemmt wird. Die Ermächtigung des Planers zur Anordnung derartiger notwendiger Regiearbeiten ergibt sich deshalb aus seinem Auftrag.[136] Davon auszunehmen sind aber umfangreichere Regiearbeiten, für deren Anordnung es nach den Umständen möglich ist, eine Auftragserteilung durch den Bauherrn selbst abzuwarten.[137]

5.95 Die *SIA-Ordnungen 102, 103, 105 und 108* erwähnen die Anordnung der Regiearbeiten ausdrücklich unter den zur Bauleitung gehörenden Aufgaben (Art. 4.52 SIA 102; Art. 4.1.52 SIA 103; Art. 4.2.52 SIA 105; Art. 4.52 SIA 108).[138] Auch die *SIA-Norm 118* spricht bei der Anordnung von Regiearbeiten bzw. der Zustimmung zu deren Ausführung durchgehend von der «Bauleitung» (Art. 44 und 45 SIA 118), sodass hier die Kundgabe mit der Vollmacht übereinstimmt.

5.96 **3.** Weder aus dem erteilten Auftrag noch aus den SIA-Bestimmungen ergibt sich eine Ermächtigung des Planers, mit den Unternehmern eine **Änderung der** im Werkvertrag festgelegten **Preise** zulasten des Bauherrn zu vereinbaren.[139] In gleicher Weise fehlt dem Planer auch die Ermächtigung, mit den Unternehmern eine Änderung des **Abrechnungsmodus** (z.B. Regiearbeit statt Einheitspreise) zu vereinbaren oder vertraglich festgelegte **Fristen** zu verändern.[140] Für Änderungen der Materialwahl sind die für Planänderungen

---

wöhnlichkeitsregel (Nr. 1.107) besondere Bedeutung zu (vgl. Nr. 5.78 f.); a.M. Stierli, S. 212 f.; differenzierend Scherrer, Tragweite, S. 85 ff.

136 Hürlimann, KommSIA 118, N 11 zu Art. 33. Dies gilt insbesondere, wenn im Werkvertrag bereits ein approximativer Betrag für Regiearbeiten eingesetzt ist. Stierli, S. 67 ff., unterscheidet nicht zwischen der Anordnung von Regiearbeiten und anderen Zusatzarbeiten. Solche Regiearbeiten sind wohl auch gemeint mit den «kleineren Bauleistungen», für welche Zäch, Berner Kommentar, N 94 zu Art. 33 OR, eine Vollmacht bejaht.

137 Lendi/Briner, S. 35; Schwager, Umfang, S. 38.

138 Zur Ausgabe 1984 der SIA-Ordnung 102 vgl. Stierli, S. 159 f., der diese Vollmacht ebenfalls einschränkt auf Regiearbeiten von betragsmässig geringerem Umfang.

139 Stierli, S. 73 f. und 162; Hess, KommSIA 102/103/108, N 43 zu Art. 1.4 SIA 102. Zur Ermächtigung bei der Anwendung von vertraglich vereinbarten Preisanpassungsklauseln vgl. Schwager, Umfang, S. 39. Generell gegen eine Ermächtigung zu Vertragsänderungen Lendi/Spiess, S. 82 f.

140 Zäch, Berner Kommentar, N 94 zu Art. 33 OR; Stierli, S. 73 und 74.

aufgestellten Grundsätze sinngemäss anwendbar.[141] Bereits für die ursprüngliche Materialwahl sieht Art. 4.51 SIA 102 vor, dass diese mit dem Auftraggeber erfolgt.

4. Aufgrund des Auftragsverhältnisses zum Bauherrn obliegt dem Planer die Leitung, Beaufsichtigung und Koordination der Arbeitsausführung durch die verschiedenen Unternehmer. Er ist deshalb gemäss Art. 396 Abs. 2 OR ermächtigt, den Unternehmern namens des Bauherrn die erforderlichen **Weisungen** zu erteilen.[142] Diese Weisungen werden dem Bauherrn namentlich unter dem Gesichtspunkt der Mängelhaftung und der Abmahnungspflicht des Unternehmers als eigenes Handeln angerechnet (Art. 101 OR).[143] Ist im Werkvertrag für bestimmte Arbeiten die Ausführung in Regie vorgesehen, umfasst die Vollmacht des Planers zum Erteilen von Weisungen auch die nähere Bestimmung von Ausführungsart und Umfang dieser Arbeiten. 5.97

Die *SIA-Ordnungen 102, 103, 105 und 108* führen in der Teilphase Ausführung jeweils als Grundleistung des Planers die Bauleitung auf. Nach der dortigen Umschreibung gehören dazu die allgemeine Leitung, Koordination und Überwachung der Arbeiten auf der Baustelle sowie die Kontrolle der Materialien und Lieferungen (Art. 4.52 SIA 102; Art. 4.1.52 SIA 103; Art. 4.2.52 SIA 105; Art. 4.52 SIA 108). Diese Aufgabe umfasst auch die Erteilung von Weisungen an die Unternehmer und Lieferanten. Die *SIA-Norm 118* enthält in Art. 33 Abs. 2 die Kundgabe einer unbeschränkten Vollmacht der Bauleitung für alle Willensäusserungen, die das Werk betreffen, wozu auch die Erteilung von Weisungen gehört.[144] 5.98

5. Das Gegenstück der Erteilung von Weisungen ist die **Entgegennahme von Erklärungen** des Unternehmers **(passive Vertretung[145]).** In der Regel ist der zur Abgabe einer Willenserklärung ermächtigte Vertreter mindestens im gleichen Umfang auch ermächtigt, Willenserklärungen des Vertragspart- 5.99

141 Stierli, S. 161 f., verneint nach der SIA-Ordnung 102 eine Vollmacht zur Änderung des Qualitätsstandards; im Übrigen ordnet er die Materialwahl unter die Ausführungsweisungen ein (S. 75).

142 Stierli, S. 75 ff.; Hess, KommSIA 102/103/108, N 44 zu Art. 1.4 SIA 102; Lendi/Briner, S. 35; Zäch, Berner Kommentar, N 94 zu Art. 33 OR; vgl. auch Nr. 5.19 f.

143 Vgl. Gauch, Werkvertrag, Nr. 1922.

144 Hürlimann, KommSIA 118, N 10 zu Art. 33.

145 Vgl. dazu Gauch/Schluep/Schmid, Nr. 1313 und 1358 f.; Zäch, Berner Kommentar, Vorbemerkungen zu Art. 32–40, N 3.

ners rechtsverbindlich entgegenzunehmen.[146] Die an den Planer gerichteten Erklärungen des Unternehmers im Zusammenhang mit der Arbeitsausführung (z.B. Mahnung wegen Arbeitsrückstand anderer Unternehmer) gelten deshalb als gegenüber dem Bauherrn rechtswirksam abgegeben. Von besonderer Bedeutung ist die Abmahnung durch den Unternehmer gemäss Art. 369 OR. Auch dafür genügt die Abgabe der Erklärung gegenüber dem Planer, wobei sie jedoch an ihn persönlich zu richten ist und nicht etwa bloss an eine seiner Hilfspersonen wie z.B. den örtlichen Bauführer.[147] Nicht ermächtigt ist der Planer hingegen zur Entgegennahme von Erklärungen des Unternehmers, welche die finanziellen Leistungspflichten des Bauherrn betreffen. Solche Erklärungen, insbesondere Mahnungen für Zahlungen, sind direkt an den Bauherrn zu richten.

5.100 Die Entgegennahme von Erklärungen der Unternehmer wird in den *SIA-Ordnungen 102, 103, 105 und 108* nicht ausdrücklich genannt; sie ist in der allgemeinen Leitung der Arbeiten auf der Baustelle enthalten und bildet das Gegenstück zum Erteilen von Weisungen.[148] In Art. 33 Abs. 2 *SIA 118* wird hingegen eine generelle passive Vertretungsmacht der Bauleitung zur Entgegennahme von Willenserklärungen der Unternehmer kundgegeben,[149] was grundsätzlich mit der sich im internen Verhältnis aus Art. 396 Abs. 2 OR ergebenden Regelung übereinstimmt. Gemäss Art. 35 Abs. 2 sind die von der Bauleitung dem Unternehmer bezeichneten Personen auch zur Entgegennahme von Anzeigen und Abmahnungen ermächtigt.[150]

5.101 **6.** Die **Abnahme** ist das Gegenstück zur Ablieferung und bedeutet: Entgegennahme des vom Unternehmer in Erfüllungsabsicht angebotenen vollendeten Werks durch den Besteller.[151] Sie löst im Zusammenhang mit der Gewähr-

---

146 ZÄCH, Berner Kommentar, N 101 zu Art. 33 OR; BUCHER, OR AT, S. 607; VON TUHR/PETER, OR AT, S. 363; detailliert STIERLI, S. 79 ff.

147 BGE 95 II 51; GAUCH, Werkvertrag, Nr. 1942; ZÄCH, Berner Kommentar, N 94 zu Art. 33 OR; STIERLI, S. 80; HESS, KommSIA 102/103/108, N 48 zu Art. 1.4 SIA 102; HENNINGER, Pflichten, S. 89. Nach GAUCH, Werkvertrag, Nr. 1944, soll hingegen die Abmahnung gegenüber dem Architekten nicht genügen, wenn sich die Abmahnung auf Fehler bezieht, die dieser selbst begangen hat, und Grund zur Annahme besteht, dass er sich nur deswegen den vorgebrachten Bedenken verschliesst (so auch HENNINGER, Pflichten, S. 90).

148 Vgl. STIERLI, S. 163, zur Ausgabe 1984 der SIA-Ordnung 102.

149 HÜRLIMANN, KommSIA 118, N 14 zu Art. 33. Bei vielen Einzelbestimmungen ist auch ausdrücklich geregelt, an wen bestimmte Erklärungen zu richten sind, vgl. STIERLI, S. 217 f.

150 HÜRLIMANN, KommSIA 118, N 14 zu Art. 33; HENNINGER, Pflichten, S. 70 und 89.

151 GAUCH, Werkvertrag, Nr. 97 ff.

leistung Fristen aus. Die Abnahme fällt im Rahmen der ihm übertragenen Bauleitung in den Aufgabenbereich des Planers. Auch die anschliessende *Prüfung* der Mängelfreiheit des Werkes gemäss Art. 367 OR ist eine dem Planer obliegende fachtechnische Aufgabe. Dazu gehört auch die Erhebung von *Mängelrügen* gegenüber dem Unternehmer.[152]

Die *SIA-Ordnungen 102, 103, 105 und 108* sind insoweit missverständlich, 5.102
als sie die Abnahme des Bauwerks ausdrücklich als Entscheid des Auftraggebers aufführen (Ziff. 4.53 SIA 102; Art. 4.1.53 SIA 103; Art. 4.2.53 SIA 105; Art. 4.53 SIA 108), damit aber die Genehmigung des Werks meinen (vgl. Nr. 5.103).[153] Zu den Aufgaben des Planers gehören nach diesen Bestimmungen hingegen die Prüfung des Werks «im Hinblick auf die Abnahme durch den Auftraggeber», das Feststellen von Mängeln und die Anordnung von Massnahmen und Fristen zu deren Behebung,[154] die Organisation der Abnahme durch den Bauherrn sowie das Erstellen der Abnahmeprotokolle. Eine Einschränkung enthält Art. 4.1.53 SIA 103 für Bauingenieure, indem die Rügen von Mängeln «in Absprache mit dem Auftraggeber» erfolgen sollen. Die *SIA-Norm 118* weist demgegenüber alle Handlungen im Zusammenhang mit der Abnahme allein der Bauleitung zu.[155] Die Vollendung des Werkes ist ihr anzuzeigen, worauf dessen Prüfung gemeinsam durch Bauleitung und Unternehmer erfolgt (Art. 158 SIA 118). Auch Art. 34 Abs. 1 SIA 118 erwähnt die Prüfung des Werks unter den Aufgaben der Bauleitung. Die Ingebrauchnahme des Bauwerks durch den Bauherrn ohne vorangegan-

---

152 Vgl. ZÄCH, Berner Kommentar, N 94 zu Art. 33 OR; STIERLI, S. 85 f.; HESS, KommSIA 102/103/108, N 50 zu Art. 1.4 SIA 102; SCHWAGER, Umfang, S. 39 f.; AGVE 1985, Nr. 6, S. 34 f. Das Gleiche gilt auch für den ausdrücklichen Vorbehalt der Konventionalstrafe bei Terminverzögerung; a.M. hingegen STIERLI, S. 84 f. und 165.

153 Diese Terminologie entspricht weder der Regelung nach Gesetz noch der Abnahme nach der SIA-Norm 118; vgl. STIERLI, S. 163 f.

154 Nicht ausdrücklich erwähnt wird die Erhebung von Mängelrügen gegenüber den Unternehmern. Diese gehört zur Prüfung des Werks, womit auch dafür eine entsprechende Vollmacht des Planers gegeben ist. Die alte SIA-Ordnung 102 (Ausgabe 1984) erwähnte demgegenüber in Art. 4.5.3 die «Mängelrügen des Auftraggebers» als Grundlagen der dem Architekten obliegenden Leitung der Garantiearbeiten. Entgegen der Vorauflage (Nr. 131) verneinte STIERLI, S. 165 f., gestützt auf diese Bestimmung eine Vollmacht des Architekten zur Mängelrüge.

155 Die SIA-Norm 118 verwendet den Ausdruck «Abnahme» ebenfalls als Korrelat zur Ablieferung, weicht aber in der Abnahmeordnung (Art. 157–164) in verschiedener Hinsicht vom Gesetz ab. Vgl. GAUCH, KommSIA 118, Vorbem. zu Art. 157–164 sowie N 10 zu Art. 157.

gene Vollendungsanzeige des Unternehmers bedeutet für sich noch keine Abnahme, sondern löst lediglich die Frist für die Durchführung der gemeinsamen Prüfung zwischen Bauleitung und Unternehmer aus (Art. 158 Abs. 1 SIA 118). Obliegt die Prüfung des Werks dem mit der Bauleitung betrauten Planer, so ist er auch zur Erhebung von Mängelrügen ermächtigt. Eine blosse Inkonsequenz der Terminologie liegt in Art. 160–162 SIA 118 vor, wo jeweils die Fristansetzung durch den «Bauherrn» erwähnt wird.

5.103 **7.** Von der Abnahme des Werks zu unterscheiden ist dessen **Genehmigung:** Sie ist eine Willenserklärung des Bauherrn an den Unternehmer, er sehe das abgelieferte Werk als vertragsgemäss und damit mängelfrei an.[156] Es ist nicht Aufgabe des Planers, durch eigene Willenserklärungen die Rechtsstellung des Bauherrn bezüglich vorhandener Mängel des Bauwerkes zu dessen Nachteil zu verändern.[157] Er ist deshalb nicht ermächtigt, festgestellte Mängel ausdrücklich zu genehmigen oder sonst irgendeine Willenserklärung abzugeben, welche die Verwirkung der Mängelrechte zur Folge hat. Auch die Untätigkeit des Planers (Unterlassen der Prüfung oder Unterlassen der Anzeige) kann für sich allein keine stillschweigende Genehmigung zulasten des Bauherrn bedeuten,[158] da innerhalb der Prüfungs- und Rügefrist immer noch die Möglichkeit der eigenen Wahrnehmung der Rechte durch den Bauherrn selbst besteht. Hingegen gelten die bei der Prüfung durch den Planer erkannten Mängel hinsichtlich der Fristauslösung für die Mängelrüge als vom Bauherrn erkannt.[159] Bei der späteren Entdeckung von Mängeln durch den Planer ist sein Wissen aber im Hinblick auf die Rügepflicht nur bei besonderen Voraussetzungen bereits dem Bauherrn anzurechnen.[160]

---

156 Gauch, Werkvertrag, Nr. 2070. Die Genehmigung kann entweder ausdrücklich oder stillschweigend erfolgen. Nach Massgabe von Art. 370 Abs. 2 OR wird die Genehmigung ausserdem fingiert, wenn der Besteller die gesetzlich vorgesehene Prüfung und Anzeige unterlässt.

157 BGE 89 II 234 f.; AGVE 1985, Nr. 6, S. 34 f.; GVP SG 1957, Nr. 15, S. 46 = SJZ 1958, Nr. 122, S. 203 f.; Gauch, Werkvertrag, Nr. 2070; Zäch, Berner Kommentar, N 94 zu Art. 33 OR; Schwager, Umfang, S. 40; eingehend Stierli, S. 89 ff. Nicht aus der Aufgabe des Planers begründen lässt sich die Differenzierung von Hess, KommSIA 102/103/108, N 51 zu Art. 1.4 SIA 102, wonach die Vollmacht zur Genehmigung des Endergebnisses fehlen, für Teilleistungen (Fundament, Unterputzleitungen, Armierungen) hingegen bestehen soll.

158 So auch Sauter, S. 53 f.; AGVE 1985, Nr. 6, S. 34 f.; vgl. Nr. 5.101.

159 Vgl. Gauch, Werkvertrag, Nr. 2137, hinsichtlich der Prüfung durch einen sachverständigen Dritten im Sinne von Art. 367 Abs. 2 OR.

160 Zur Wissensanrechnung allgemein Nr. 5.117.

Die *SIA-Ordnungen 102, 103, 105 und 108* führen die Abnahme des Bauwerks ausdrücklich als Entscheid des Auftraggebers auf (Art. 4.53 SIA 102, Art. 4.1.53 SIA 103; Art. 4.2.53 SIA 105; Art. 4.53 SIA 108). «Abnahme» ist hier im Sinne von Genehmigung des Werks zu verstehen, während die Prüfungshandlungen zu den Aufgaben des Planers gehören. Im Widerspruch dazu steht die *SIA-Norm 118:* Nach Art. 163 SIA 118 wird im Falle einer gemeinsamen Prüfung durch Bauleitung und Unternehmer für die Genehmigung von Mängeln ausschliesslich auf das Verhalten der Bauleitung abgestellt.[161] Durch die Übernahme der SIA-Norm 118 im Werkvertrag wird also dem Unternehmer gemäss Art. 33 Abs. 3 OR eine im Innenverhältnis nicht bestehende diesbezügliche Vollmacht des Planers zur Genehmigung erkannter Mängel kundgegeben.[162] Diese Regelung ist als zu weit gehend und ungewöhnlich zu qualifizieren; im Streitfall ist deshalb anhand der konkreten Umstände sorgfältig zu prüfen, ob diese Kundgabe nicht wegen des fehlenden guten Glaubens oder aufgrund der Ungewöhnlichkeitsregel unwirksam ist (vgl. Nr. 5.77 ff.).[163] 5.104

8. Die **Wahl zwischen den Ansprüchen auf Nachbesserung, Wandelung oder Minderung** beim Vorliegen von Mängeln (Art. 368 OR) ist grundsätzlich allein Sache des Bauherrn.[164] Aufgrund des erteilten Auftrages, für eine mängelfreie Ausführung des Werks durch die Unternehmer zu sorgen, ist der Planer aber ermächtigt, namens des Bauherrn die Nachbesserung zu verlangen.[165] Das Recht des Bauherrn auf Wandelung oder Minderung wird dadurch auch nicht definitiv ausgeschlossen, falls der Unternehmer der Pflicht zur Nachbesserung nicht oder nur ungenügend nachkommt. Im Falle der Minderung ist der Planer hingegen allein aufgrund seiner Aufgabe nicht 5.105

---

161 Vom Recht des Bauherrn, während der Garantiefrist Mängel jederzeit zu rügen (Art. 173 Abs. 1), sind die bei der gemeinsamen Prüfung festgestellten, aber nicht geltend gemachten Mängel a priori ausgenommen; vgl. Gauch, KommSIA 118, N 3 zu Art. 173. Entgegen der Auffassung von Stierli, S. 223, liegt somit kein Widerspruch zwischen Art. 173 Abs. 1 und Art. 163 Abs. 1 bzw. Art. 33 Abs. 2 SIA 118 vor.

162 Hürlimann, KommSIA 118, N 8 zu Art. 33.

163 Vgl. auch Hürlimann, KommSIA 118, N 8 zu Art. 34; Gauch, Werkvertrag, Nr. 2634; Stierli, S. 227; Schwager, Umfang, S. 40.

164 Zäch, Berner Kommentar, N 94 zu Art. 33 OR; Stierli, S. 86 ff.; Hess, KommSIA 102/103/108, N 52 zu Art. 1.4 SIA 102.

165 Nach Stierli, S. 87, gilt dies nur, wenn der Anspruch des Bauherrn nach dem konkreten Werkvertrag primär auf die Nachbesserung beschränkt ist.

ermächtigt, namens des Bauherrn mit dem Unternehmer für einen Mangel einen bestimmten Abzug von der Vergütung verbindlich zu vereinbaren.[166]

5.106 Gemäss den *SIA-Ordnungen 102, 103, 105 und 108* gehört nur die Anordnung von Massnahmen und Fristen zur Behebung von Mängeln zu den Aufgaben des mit der Bauleitung betrauten Planers (Art. 4.53 SIA 102, Art. 4.1.53 SIA 103; Art. 4.2.53 SIA 105; Art. 4.53 SIA 108).[167] Auch die *SIA-Norm 118* enthält keinen Hinweis auf eine Ermächtigung des Planers zur Wahl von Wandelung oder Minderung.[168] Aus der Ermächtigung zur Anerkennung der Schlussrechnung (Art. 154 SIA 118)[169] darf nicht auf eine Ermächtigung zur Vereinbarung eines Minderwertabzuges mit dem Unternehmer geschlossen werden, da eine solche Vereinbarung gleichzeitig eine Verfügung über die Mängelrechte des Bauherrn darstellt.

5.107 **9.** Die **Aufnahme des Ausmasses** mit den Unternehmern für die nach Einheitspreisen zu verrechnenden Arbeiten gehört zu den Aufgaben des Planers. Das von ihm anerkannte Ausmass hat somit die gleichen Wirkungen wie bei Unterzeichnung durch den Bauherrn selbst.[170] Das gemeinsam aufgenommene Ausmass ist indessen generell nur ein Beweismittel für den tatsächlichen Aufwand des Unternehmers. Es kann vom Bauherrn durch andere Beweismittel, insbesondere durch die Aufnahme eines neuen Ausmasses entkräftet oder widerlegt werden.[171] Zur Entkräftung der tatsächlichen Vermutung der Richtigkeit des anerkannten Ausmasses genügt der Gegenbeweis, ohne dass der Beweis des Gegenteils erforderlich wäre.[172] Aus dem Auftrag des Planers

166 Vgl. SCHWAGER, Umfang, S. 40 f. Für die analoge Frage bei einem Rechnungsabzug wegen verspäteter Arbeitsausführung im gleichen Sinne ZWR 1980, S. 381 = BR/DC 1982, S. 14, Nr. 4. In diesem Entscheid sowie in ZWR 1979, S. 352 ff., wird wegen des Charakters als aussergerichtlicher Vergleich auch eine «besondere Ermächtigung» gemäss Art. 396 Abs. 3 OR verlangt. Zur Geltendmachung des Mangelfolgeschadens vgl. STIERLI, S. 88 f.

167 STIERLI, S. 168, macht auch hier hinsichtlich der Ermächtigung, die Nachbesserung zu verlangen, den in Fn. 165 erwähnten Vorbehalt.

168 STIERLI, S. 225 f. Auch in der generellen Bestimmung von Art. 33 Abs. 2 SIA 118 wird keine solche Ermächtigung kundgegeben, vgl. HÜRLIMANN, KommSIA 118, N 7 zu Art. 33.

169 Soweit diese überhaupt besteht; vgl. dazu Nr. 5.112 ff.

170 ZWR 2000, S. 278; STIERLI, S. 93 ff.; LENDI/BRINER, S. 35.

171 ZWR 2000, S. 278; ZR 1990, Nr. 37, S. 65 f. = BR/DC 1991, S. 98, Nr. 158 mit Anm. GAUCH; STIERLI, S. 93 ff.

172 ZWR 2000, S. 278; GAUCH, Werkvertrag, Nr. 921. Es gilt diesbezüglich das Gleiche wie für die Regierapporte; vgl. Fn. 177. Abweichend HESS, KommSIA 102/103/108, N 54 zu

lässt sich hingegen keine Ermächtigung ableiten für eine Anerkennung, dass die Vergütung des vereinbarten Einheitspreises für die im Ausmass festgestellte Menge vom Bauherrn geschuldet sei.[173]

Die *SIA-Ordnungen 102, 103, 105 und 108* erwähnen unter den Grundleistungen der Bauleitung (Art. 4.52 SIA 102; Art. 4.1.52 SIA 103; Art. 4.2.52 SIA 105; Art. 4.52 SIA 108) die «Ausmassarbeiten», was den Charakter als blosse Tathandlung unterstreicht.[174] Nach der *SIA-Norm 118* anerkennen Bauleitung und Unternehmer die Ausmasse gegenseitig in der Massurkunde (Art. 142 SIA 118). Auch diese Anerkennung ist nur eine Tatsachenfeststellung, gegen welche der Gegenbeweis offenbleibt.[175] Die Kundgabe stimmt somit insoweit mit der im internen Verhältnis bestehenden Vollmacht überein. Auch in den Fällen von Art. 142 Abs. 3 und Art. 143 Abs. 3 SIA 118, wo das einseitig aufgenommene Ausmass als «anerkannt» gilt, kommt diesem nur Beweisfunktion zu,[176] sodass die Wirksamkeit des Handelns des Planers für den Bauherrn nicht zu beanstanden ist. 5.108

10. Wie die Aufnahme des Ausmasses gehört auch die Überprüfung des Umfanges der geleisteten Regiearbeiten zur Aufgabe des mit der Bauleitung betrauten Planers. Dies geschieht normalerweise durch die laufende **Unterzeichnung von Regierapporten.** Wie das vom Planer anerkannte Ausmass ist auch der unterzeichnete Regierapport nur ein (widerlegbares) Beweismittel dafür, dass der entsprechende Arbeitsaufwand geleistet wurde und erforderlich war.[177] Für die Frage, ob diese Arbeit im vereinbarten Pauschal- oder 5.109

Art. 1.4 SIA 102, der gegenüber dem gemeinsamen Ausmass nur noch die «gesetzes- oder vertragskonformen Einreden und Einwendungen» zulassen will.

173 ZWR 2000, S. 278; Gauch, Werkvertrag, Nr. 921 und 1264 f. Als Anerkennung der Vergütungspflicht hingegen Hess, KommSIA 102/103/108, N 54 zu Art. 1.4 SIA 102.

174 Stierli, S. 169 f., verneint die Vollmacht des Architekten zur Anerkennung der ermittelten Ausmasswerte.

175 Schumacher, KommSIA 118, N 9 zu Art. 142; Gauch, Werkvertrag, Nr. 923; Stierli, S. 229; SJ 1995, S. 83 = BR/DC 1995, S. 39 f., Nr. 124; AGVE 1985, Nr. 16, S. 65 = BR/DC 1987, S. 17 f., Nr. 9 mit Anm. Gauch. In ZR 1985, Nr. 103, S. 253 f. = BR/DC 1986, S. 62 f., Nr. 86 mit Anm. Schwager, wird zu wenig klar zwischen der Anerkennung des Ausmasses und der Anerkennung der Rechnung des Unternehmers bzw. der Vergütungspflicht des Bauherrn unterschieden.

176 Schumacher, KommSIA 118, N 23 zu Art. 142 und N 17 zu Art. 143; Stierli, S. 229. In ähnlichem Sinn SJ 1995, S. 83 = BR/DC 1995, S. 39 f., Nr. 124 mit Anm. Tercier; ZR 1985, Nr. 103, S. 254.

177 BGer 4C.227/2002 (24.1.2003) E. 4, bestätigt in 4C. 385/2005 (31.1.2006) E. 9; ARGVP 1997, S. 95; ZR 1984, Nr. 16, S. 49 ff. = BR/DC 1984, S. 53, Nr. 62 mit Anm. Gauch; PKG

Globalpreis inbegriffen sei, kommt ihm nur die Bedeutung einer fachkundigen Meinungsäusserung des Planers zu, die den Bauherrn aber mangels Ermächtigung des Planers zur Anerkennung finanzieller Verpflichtungen nicht verpflichtet. Werden die unterzeichneten Regierapporte laufend oder periodisch dem Bauherrn zugestellt und erhebt er innert nützlicher Frist dagegen keine Einwände, so darf dann allerdings aus seinem Stillschweigen häufig auf eine Anerkennung der Vergütungspflicht geschlossen werden.

5.110 Die *SIA-Ordnungen 102, 103, 105 und 108* führen unter den zur Bauleitung gehörenden Aufgaben auch die Kontrolle der Regiearbeiten und der entsprechenden Rapporte auf (Art. 4.52 SIA 102; Art. 4.1.52 SIA 103; Art. 4.2.52 SIA 105; Art. 4.52 SIA 108). Daraus darf gemäss Art. 396 Abs. 2 OR aber noch keine Ermächtigung zur Anerkennung finanzieller Verpflichtungen im Zusammenhang mit den geleisteten Regiearbeiten abgeleitet werden. Die *SIA-Norm 118* sagt in Art. 47 direkt nichts aus über die rechtliche Tragweite der von der Bauleitung zu unterzeichnenden Regierapporte. Nach herrschender Auffassung[178] begründen auch sie nur eine natürliche Vermutung, die durch blossen Gegenbeweis entkräftet werden kann.

5.111 **11.** Der mit der Bauleitung betraute Planer ist zur Entgegennahme der **Rechnung** des Unternehmers ermächtigt. Deren Prüfung gehört zu den ihm aufgrund seines fachspezifischen Wissens übertragenen Aufgaben.[179] Daraus lässt sich jedoch keine Ermächtigung zur Anerkennung einer Forderung des Unternehmers namens des Bauherrn ableiten.[180] Bereinigt der Planer in einer

1979, Nr. 8, S. 27 ff. = BR/DC 1983, S. 56, Nr. 43 mit Anm. GAUCH; ZWR 1998, S. 252 f.; GAUCH, Werkvertrag, Nr. 1019 f. und 1021 f.; ZINDEL/PULVER, Basler Kommentar, N 18 zu Art. 374 OR; BÜHLER, Zürcher Kommentar, N 17 zu Art. 374 OR; STIERLI, S. 97 f. und 170. Als Anerkennung der Vergütungspflicht unter Vorbehalt der «im Gesetz oder Werkvertrag vorgesehenen Einreden oder Einwendungen» HESS, KommSIA 102/103/108, N 53 zu Art. 1.4 SIA 102; für Ausschluss des Gegenbeweises ZR 1985, Nr. 103, S. 253 = BR/DC 1986, S. 62 f., Nr. 86 mit Anm. SCHWAGER.

178 GAUCH, KommSIA 118, N 15 zu Art. 47; STIERLI, S. 230 f.; vgl. auch die in Fn. 177 zit. Gerichtsentscheide.

179 ZWR 2000, S. 279 = BR/DC 2001, S. 80, Nr. 260 mit Anm. AEPLI; RBOG TG 1996, S. 92 = BR/DC 1997, S. 127, Nr. 318; HESS, KommSIA 102/103/108, N 55 zu Art. 1.4 SIA 102.

180 BGE 118 II 315; ZWR 2000, S. 279 = BR/DC 2001, S. 80, Nr. 260 mit Anm. AEPLI; RBOG TG 1996, S. 92 = BR/DC 1997, S. 127, Nr. 318; ebenso STIERLI, S. 99 f.; ZÄCH, Berner Kommentar, N 94 zu Art. 33 OR; LENDI/BRINER, S. 35. Unzutreffend und ohne nähere Begründung für die gegenteilige Auffassung HESS, KommSIA 102/103/108, N 55 zu Art. 1.4 SIA 102; ZR 1984, Nr. 16, S. 51 = BR/DC 1984, S. 53, Nr. 62. Erst recht weit geht diese Auffassung dann, wenn wie im zitierten Entscheid unter besonderen Umständen schon

Besprechung mit dem Unternehmer dessen Rechnung oder übermittelt er ihm eine Zusammenstellung über das Ergebnis seiner Rechnungsprüfung, so bedeuten diese Handlungen und Erklärungen mangels einer entsprechenden Vollmacht keine für den Bauherrn verbindliche Schuldanerkennung, sondern nur eine fachkundige Meinungsäusserung.[181]

Die *SIA-Ordnungen 102, 103, 105 und 108* erwähnen unter den zur Bauleitung gehörenden Aufgaben die Kontrolle der Rechnung und der Zahlungsanweisungen sowie den «Abschluss» der Unternehmer- und Lieferantenrechnungen (Art. 4.52 SIA 102; Art. 4.1.52 SIA 103; Art. 4.2.52 SIA 105; Art. 4.52 SIA 108). Daraus lässt sich gemäss Art. 396 Abs. 2 OR keine Ermächtigung zur Anerkennung einer Forderung namens des Bauherrn ableiten.[182] Während die Kontrolle die fachtechnische Beurteilung umfasst, beziehen sich die erwähnten Zahlungsanweisungen nur auf die administrative Abwicklung des Zahlungsvorganges. Die Genehmigung der Schlussabrechnung, welche jeweils als Entscheid des Auftraggebers aufgeführt wird (Art. 4.53 SIA 102, Art. 4.1.53 SIA 103; Art. 4.2.53 SIA 105; Art. 4.53 SIA 108), bezieht sich demgegenüber auf die Abrechnung über das gesamte Bauwerk. 5.112

---

das Stillschweigen des Planers auf die ihm zugestellte Schlussrechnung als Anerkennung behandelt wird.

Entgegen dem Hinweis in ZR 1980, Nr. 118, S. 253, wird die Ermächtigung der Bauleitung zur Anerkennung der Schlussrechnung auch von GAUCH, Gedächtnisschrift, S. 211, nicht etwa bejaht; die Voraussetzung der Ermächtigung wird dort überhaupt nicht geprüft. Auch wenn ein Planer als Bauleitung eingesetzt ist, verstösst es entgegen diesem Entscheid noch keineswegs gegen Treu und Glauben, wenn der Bauherr die Anerkennung der Schlussrechnung durch den Planer mangels entsprechender Vollmacht für sich nicht als verbindlich anerkennen will.

181 RBOG TG 1996, S. 92 = BR/DC 1997, S. 127, Nr. 318; Rep 1989, S. 185 = BR/DC 1991, S. 41, Nr. 57 mit Anm. TERCIER; BJM 1985, S. 24; OGer BL 1983, S. 42 f. = BR/DC 1984, S. 52, Nr. 59 = SJZ 1984, Nr. 57/7, S. 320 f.; OGer BL 1975, S. 45 f. = BR/DC 1979, S. 10, Nr. 1 mit Anm. GAUCH = SJZ 1977, Nr. 31, S. 82; AGVE 1976, S. 85; BJM 1957, S. 41 f.; BGE 23, S. 230 ff. Zum Grundsatz, dass sich aus dem Architekturauftrag keine Ermächtigung zur finanziellen Verpflichtung des Bauherrn ergibt, vgl. BGE 118 II 315, 109 II 459 f. sowie die in Fn. 39 zit. Autoren. Das Zürcher Handelsgericht erblickt in der Anerkennung der Rechnung durch den Architekten nur eine Tatsachenfeststellung (ZR 1985, Nr. 103, S. 253 f. = BR/DC 1986, S. 62 f., Nr. 86 mit Anm. SCHWAGER), während das Zürcher Obergericht sie als Schuldanerkennung versteht (ZR 1988, Nr. 135, S. 317 ff. = BR/DC 1989, S. 93 f., Nr. 113 mit Anm. GAUCH).

182 BGE 118 II 315 f.; STIERLI, S. 170; GAUCH, Werkvertrag, Nr. 1268a; vgl. auch RBOG TG 1996, S. 92 = BR/DC 1997, S. 127, Nr. 318.

5.113 Auch die *SIA-Norm 118* weist die Prüfung der Rechnung des Unternehmers der Bauleitung zu (Art. 154 Abs. 2 SIA 118). In Abweichung von den SIA-Ordnungen 102, 103, 105 und 108 bestimmt jedoch *Art. 154 Abs. 3 SIA 118,* dass die Schlussrechnung mit dem Prüfungsentscheid der Bauleitung als beidseitig anerkannt gilt, falls sich bei der Prüfung keine Differenzen ergeben. Die damit kundgegebene Ermächtigung des Planers zur Anerkennung der sich aus der Schlussabrechnung[183] ergebenden Werklohnforderung[184] ist aussergewöhnlich.

5.114 In einem grundlegenden Entscheid (BGE 109 II 452 ff.) hat deshalb das Bundesgericht festgehalten, dass diese besondere Regelung einem Bauherrn ohne Bauerfahrung, der bei der Übernahme der SIA-Norm 118 nicht ausdrücklich darauf aufmerksam gemacht worden ist, nicht entgegengehalten werden kann.[185] Für die Anwendung der Ungewöhnlichkeitsregel (Nr. 5.79) spricht insbesondere der Umstand, dass Art. 154 Abs. 3 SIA 118 sowohl im Widerspruch steht zu Art. 34 der gleichen Norm, wo unter den Aufgaben der Bauleitung nur die Prüfung der Rechnungen erwähnt wird, wie auch zu

---

183 Nach dem Wortlaut gilt die kundgegebene Ermächtigung nur für die Schlussabrechnung, nicht aber für die verschiedenen Einzelabrechnungen wie Regierechnungen, Abschlagsrechnungen und die Teuerungsabrechnung; vgl. STIERLI, S. 232 f.; SCHUMACHER, KommSIA 118, N 22 zu Art. 154; vgl. auch GAUCH, Werkvertrag, Nr. 1268.

184 Vorbehalten bleiben die Anfechtungsmöglichkeiten wegen Willensmängeln; vgl. SCHUMACHER, KommSIA 118, N 25 zu Art. 154. Für weiter gehende noch mögliche Einreden STIERLI, S. 232, und ZR 1985, Nr. 103, S. 253 ff. = BR/DC 1986, S. 62 f., Nr. 86 mit Anm. SCHWAGER. Vgl. auch die in Fn. 91 zit. Gerichtsentscheide. Aus BGE 119 IV 58 f. geht nicht deutlich hervor, ob unter dem Gesichtspunkt der Falschbeurkundung die Garantenstellung des die Schlussabrechnung anerkennenden Architekten allein aus Art. 154 Abs. 3 SIA 118 abgeleitet wird. Nach den SIA-Ordnungen 102, 103, 105 bzw. 108 und der sich aus Art. 396 Abs. 2 OR ergebenden Regelung fehlt dem Planer gerade eine entsprechende Vollmacht (vgl. Nr. 5.112).

185 Vgl. RBOG TG 1996, S. 93 f. = BR/DC 1997, S. 127, Nr. 318 mit Anm. AEPLI; BR/DC 1985, Nr. 8, S. 16 f., mit Anm. GAUCH; GAUCH, Werkvertrag, Nr. 297 und 1268a; HÜRLIMANN, Lücken und Tücken, S. 52; HÜRLIMANN, KommSIA 118, N 7 zu Art. 34; STIERLI, S. 232 f.; SCHWAGER, Umfang, S. 42. Zu eng ist die Begründung von REBER, Rechtshandbuch, S. 261 f., mit dem Vorrang des abgeschlossenen Werkvertrages; dem Planer fehlt die Ermächtigung auch, wenn die anerkannte Rechnung dem Werkvertrag entspricht. Abweichend hingegen die Zürcher Praxis, ZR 1985, Nr. 103, S. 253 ff. = BR/DC 1986, S. 62 f., Nr. 86 mit Anm. SCHWAGER; ZR 1984, Nr. 16, S. 51 = BR/DC 1984, S. 53, Nr. 62; ZR 1980, Nr. 118, S. 252 ff. = BR/DC 1981, S. 52, Nr. 44 die gemäss dem erstgenannten Entscheid nun aber doch verschiedene Einreden zulässt. In ZR 1988, Nr. 135, S. 317 ff. = BR/DC 1989, S. 93, Nr. 113 mit Anm. GAUCH) werden auch die Voraussetzungen für eine Berufung auf Ungewöhnlichkeit verneint.

den SIA-Ordnungen 102, 103, 105 und 108, in welchen das Rechtsverhältnis zwischen Bauherr und Planer selbst direkt geregelt wird. Die Kundgabe der Ermächtigung entfaltet nach allgemeiner Regel (Art. 33 Abs. 3 OR) auch keine Wirkungen, wenn der gute Glaube des betreffenden Unternehmers fehlt (Nr. 5.78).[186] Selbst wenn sie grundsätzlich wirksam ist, bleibt jeweils im Einzelfall zu prüfen, ob der Planer mit der Mitteilung des Ergebnisses seiner Prüfung der Schlussabrechnung an den Unternehmer tatsächlich im Sinne von Art. 154 Abs. 3 die sich ergebende Werklohnforderung namens des Bauherrn anerkennen wollte.[187] Vorbehalten bleibt im Übrigen auch die Anfechtung seiner Anerkennungserklärung wegen Willensmängeln.[188]

2. Rechtshandlungen gegenüber anderen Planern und Spezialisten

1. Bauingenieure, Fachingenieure für die Gebäudeinstallationen und Spezia- 5.115
listen (Bauphysiker, Geologen etc.) erfüllen wie der Architekt Planungs- und Projektierungsaufgaben oder haben beratende Funktion. In der Regel wird dafür ein direktes Vertragsverhältnis zwischen dem Bauherrn und diesen Planern bzw. Spezialisten begründet, womit dokumentiert wird, dass deren Tätigkeitsbereich grundsätzlich nicht mehr zum Aufgabenbereich des Architekten gehört. Aus dem Auftrag des Architekten lässt sich **normalerweise keine Vollmacht** ableiten, entsprechende Verträge namens des Bauherrn abzuschliessen.[189] Nach einer verschiedentlich vertretenen Auffassung kann eine solche höchstens bejaht werden für umfangmässig geringfügige Inge-

[186] Dieser gute Glaube wird insbesondere zerstört durch einen ausdrücklichen Hinweis auf die fehlende Vollmacht durch den anerkennenden Planer; vgl. SCHUMACHER, KommSIA 118, N 24c und d zu Art. 154.

[187] Wurde aufgrund der konkreten Umstände verneint in BGE 118 II 317; vgl. auch STIERLI, S. 101 f.

[188] SCHUMACHER, KommSIA 118, N 25d zu Art. 154; STIERLI, S. 232.

[189] Vgl. SCHWAGER, Umfang, S. 38; ebenso mit Zulassung einzelner Ausnahmen STIERLI, S. 62 ff. und 152 ff. Nach der Auffassung von REBER, Rechtshandbuch, S. 265, soll dies nach den konkreten Umständen von Fall zu Fall entschieden werden. Grundsätzlich verneint wird die Vollmacht auch in BJM 1985, S. 25; bejahend hingegen Rep 1981, S. 185 ff. = BR/DC 1982, S. 13, Nr. 3 mit Anm. TERCIER; FZR 1978, S. 57 f. = BR/DC 1980, S. 45, Nr. 24 = SJZ 1980, Nr. 35, S. 287; GVP SG 1961, Nr. 12, S. 35 f. = SJZ 1963, Nr. 101, S. 88 f.; SJZ 1980, Nr. 35, S. 287; GVP SG 1961, Nr. 12, S. 35 f. = SJZ 1963, Nr. 101, S. 88 f. (vgl. dazu die ausführliche Kritik bei KOLLER, Der gute und der böse Glaube, S. 78).

nieurarbeiten (z.B. Beizug für die Ausarbeitung der Ausschreibungsunterlagen bei kleineren Bauvorhaben).[190]

5.116 **2.** Die **SIA-Ordnungen 102, 103, 105 und 108** erwähnen unter den Aufgaben der Gesamtleitung (Art. 3.4 SIA 102, 103 und 108; Art. 3.5 SIA 105) die Koordination der Leistungen aller Beteiligten, die fachliche und administrative Leistung des Planerteams und die Zuteilung von Aufgaben im Planerteam. Das Planerteam wird gebildet entweder durch Einzelbeauftragung des Gesamtleiters und der verschiedenen Spezialisten oder durch Gesamtbeauftragung einer Planergemeinschaft oder durch Gesamtbeauftragung eines Planers, der die entsprechenden Leistungen selbst erbringt oder teilweise an Spezialisten weiter vergibt (Art. 3.5 der SIA 102, 103 und 108; Art. 3.7 SIA 105, wo das Planerteam als Arbeitsgruppe bezeichnet wird). Damit wird die Art der Vertragsstruktur offengelassen. Bei keiner der drei erwähnten Gestaltungsarten ergibt sich hingegen eine Ermächtigung des Gesamtleiters, im Namen des Bauherrn Verträge mit anderen Planern abzuschliessen. Auch bei der Gesamtbeauftragung eines Planers hat dieser die Leistungen, die er nicht selbst erbringt, als Auftraggeber in eigenem Namen (und nicht im Namen des Bauherrn) an die Subplaner weiterzuvergeben (vgl. Nr. 5.21). In den genannten Bestimmungen der SIA-Ordnungen wird schliesslich noch erwähnt, dass zusätzlich in besonderen Bereichen Berater eingesetzt werden können, wenn die Art der Aufgabe es verlangt. Auch diesbezüglich besteht keine Ermächtigung des mit der Gesamtleitung betrauten Planers, im Namen des Bauherrn solche Berater beizuziehen. Dieser Regelung entspricht auch die Umschreibung der Grundleistungen des Planers in den einzelnen Phasen des Planungs- und Bauablaufs. So hat der Planer lediglich Vorschläge zum Einsatz von Spezialisten und Beratern zu unterbreiten, während der Entscheid über den Einsatz dieser Personen ausdrücklich dem Bauherrn vorbehalten

---

[190] Vgl. Zäch, Berner Kommentar, N 94 zu Art. 33 OR; Schwager, Umfang, S. 38. Die Begründung für diese Ausnahme kann darin gefunden werden, dass in diesen Fällen die dem Architekten übertragene Aufgabe auch diesen untergeordneten Teilbereich, der von einem Ingenieur auszuführen ist, mit umfasst, während sich das vereinbarte Honorar des Architekten nur auf seine eigenen Leistungen bezieht. Zur Geringfügigkeit vgl. BJM 1985, S. 25. Die fehlende eigene Fachkenntnis des Architekten für einen Teilaspekt der übertragenen Aufgabe ist entgegen der Auffassung von Stierli, S. 64 f. noch kein genügender Grund, um eine Vollmacht anzunehmen, wonach der Architekt dessen Bearbeitung im Namen des Bauherrn weitervergeben kann. Zur Substitutionsbefugnis vgl. Stierli, S. 65 f.; Fellmann, Berner Kommentar, N 567 ff. zu Art. 398 OR.

bleibt (Art. 4.31 SIA 102; Art. 4.21 SIA 103; Art. 4.1.11 SIA 105; Art. 4.21 SIA 108).

3. Die Anrechnung des Wissens

In verschiedenen Belangen ist das Wissen einer Vertragspartei rechtlich von Bedeutung (z.B. Willensmängel und guter Glaube). Die Rechtsordnung rechnet dabei das Wissen einer anderen Person nicht nur an (sog. Wissensvertretung), wenn zwischen dieser und der Vertragspartei ein Vertretungsverhältnis für das betreffende Rechtsgeschäft besteht, sondern auch bei indirekter Vertretung oder sogar allein aufgrund der Zugehörigkeit zum Geschäftsbetrieb des andern, sofern sie am Tatbestand beteiligt war oder hätte beteiligt sein sollen.[191] Die Tatsache, dass der Planer selbst normalerweise keine Vertretungsmacht zum Abschluss von Werkverträgen mit den Unternehmern hat, schliesst deshalb die Anrechnung seines Wissens gegenüber dem Bauherrn nicht aus. Keine eigentliche Wissensvertretung liegt vor bei der Berücksichtigung des Fachwissens im Zusammenhang mit der Abmahnungspflicht des Unternehmers gegenüber Weisungen des Bauherrn. Erteilt der Planer namens des Bauherrn Weisungen, so ist sein Fachwissen ebenfalls zulasten des Bauherrn zu berücksichtigen.[192] Das Gleiche gilt auch, wenn der Planer die Ausschreibungsunterlagen ausarbeitet und die Analyse der Angebote der Unternehmer besorgt (Art. 4.41 SIA 102; Art. 4.1.41 SIA 103; Art. 4.1.51 SIA 105; Art. 4.41 SIA 108). 5.117

4. Vertretung gegenüber den Behörden

1. Inwieweit in einem Verwaltungsverfahren (z.B. zur Erlangung der Baubewilligung) eine Vertretung **zulässig** ist, bestimmt sich nach *öffentlichem* 5.118

---

191 Vgl. dazu Jäggi, Berner Kommentar, N 137 ff. zu Art. 3 ZGB; von Tuhr/Peter, OR AT, S. 351; Abegglen, S. 11 ff.; Chou, Wissen und Vergessen, S. 28 ff.; Walter, Wissenszurechnung, S. 167 ff.; BGE 109 II 341 f.; BGer 4A_303/2007 (29.11.2007) E. 3.4.3; 4C.332/2005 (27.1.2006) E. 3.3; SJ 1996, S. 560; ZR 1971, Nr. 117, S. 319 (Wissen des Architekten um eine Haftungsbeschränkung in übernommenen Allgemeinen Geschäftsbedingungen). Für die Anrechnung des Wissens des Architekten im Hinblick auf das absichtliche Verschweigen von Mängeln (Art. 370 Abs. 1 OR) vgl. auch BGer 4A_27/2008 (9.5.2008) E. 2.3 f.

192 Gauch, Werkvertrag, Nr. 1923 ff. und Nr. 1956; vgl. auch BGE 130 III 605 f.; Chou, Wissen und Vergessen, S. 30 f.

Recht.[193] So bestimmen häufig die Baureglemente, dass ein Baugesuch vom Bauherrn, vom Projektverfasser und vom Grundeigentümer zu unterzeichnen sei. Es ist dann Auslegungsfrage, ob damit eine Vertretung des Bauherrn durch den Planer für diesen Akt im Sinne seines alleinigen Handelns ausgeschlossen werden soll.[194] Abgesehen davon wird die Vertretung des Bauherrn im Bewilligungsverfahren jedoch allgemein zugelassen.[195] Erklärungen des Planers haben, soweit er dazu ermächtigt ist, die gleichen Rechtswirkungen wie entsprechende Erklärungen des Bauherrn selbst. Da die Behörden an das Gesetz gebunden sind, erzeugen Erklärungen des Privaten in einem Verwaltungsverfahren nicht per se entsprechende Rechtswirkungen.

5.119 **2.** Die **Ermächtigung** zum Handeln als Vertreter des Bauherrn gegenüber den Behörden gehört jedoch zum *privatrechtlichen Verhältnis* zwischen Bauherrn und Planer. Wie bei der Vollmacht für privatrechtliche Rechtsgeschäfte ist der individuelle Wille des Bauherrn dafür massgeblich, ob eine solche Ermächtigung besteht. Die Ermächtigung zur Vertretung im Bewilligungsverfahren für das Bauvorhaben ergibt sich meistens gemäss Art. 396 Abs. 2 OR aus dem erteilten Auftrag. Im Bewilligungsverfahren ist vor allem das spezifische Fachwissen des Planers, seine detaillierte Kenntnis des vorgelegten Projektes sowie die Fähigkeit, nötigenfalls Anpassungen des Projekts vorzunehmen, von Bedeutung.[196] Die *SIA-Ordnungen 102, 103 und 105* führen deshalb unter den Grundleistungen des Planers in der Projektphase auch ausdrücklich die Einreichung des Bewilligungsgesuchs und die Verhandlung mit Behörden unter den Grundleistungen auf (Art. 4.32 und 4.33 SIA 102; Art. 4.1.33 SIA 103; Art. 4.2.32 und Art. 4.2.33 SIA 105). Art. 4.33 der SIA 108 erwähnt demgegenüber nur die Begleitung des Baubewilligungsverfahrens. Projektänderungen bedürfen indessen der Zustimmung des Bauherrn.

---

[193] Vgl. Häfelin/Müller/Uhlmann, Nr. 848 ff.; Imboden/Rhinow, Nr. 29 B II und III; Zäch, Berner Kommentar, Vorbemerkungen zu Art. 32–40 OR, N 95; vgl. auch BGE 132 V 176. Das öffentliche Recht kann auch, wie in einigen Kantonen vor allem der Westschweiz, die Vertretung des Bauherrn auf Architekten beschränken, die in einem staatlichen Register eingetragen sind, oder einen Vertretungszwang statuieren. Vgl. dazu Nr. 18.12 ff.; Stierli, S. 58 ff.

[194] Vgl. BR/DC 1979, S. 10, Nr. 2, wo es nicht zulässig war, dass der Architekt anstelle des Bauherrn die Pläne unterzeichnete.

[195] Für die Vertretung in einem Rechtsmittelverfahren gelten dann die Beschränkungen bezüglich der entgeltlichen Rechtsvertretung.

[196] Nach Stierli, S. 61 und 152, besteht die Vollmacht nur zur Entgegennahme von Erklärungen der Behörden, nicht aber für die Zustimmung zu Projektänderungen.

IV. Die Folgen des Fehlens der Vollmacht

1. Die Möglichkeit der Genehmigung

1. Ausser bei der Kundgabe einer Vollmacht durch den Vertretenen (Art. 33 Abs. 3 OR; vgl. Nr. 5.62 f.) ist der gute Glaube des Dritten in den Bestand einer (in Tat und Wahrheit fehlenden) Vollmacht nicht geschützt. Fehlt dem handelnden Planer für eine Rechtshandlung im Namen des Bauherrn die nötige Vertretungsmacht, so wird diese Handlung für den Bauherrn nach **Art. 38 Abs. 1 OR** nur verbindlich, wenn er sie nachträglich genehmigt.[197] Bis zu seinem Entscheid über die Genehmigung ist das Geschäft für ihn schwebend unwirksam.[198] Auf das Fehlen der Vertretungsmacht kann sich jedoch nur der Vertretene berufen. Ist das ermächtigungslos abgeschlossene Geschäft ein Vertrag, so ist also der Vertragspartner bis zum Entscheid des Vertretenen über die Genehmigung an diesen gebunden, und es besteht somit ein Schwebezustand.[199] Vom vollmachtslosen Handeln sind die Fälle zu unterscheiden, in denen die Handlungen des Planers von der Vollmacht zwar formell gedeckt sind, jedoch in einer Weise gegen interne Regeln verstossen, die eine Berufung auf die Vollmacht als missbräuchlich erscheinen lässt.[200] Ein Vollmachtsmissbrauch liegt insbesondere bei Kollusion vor, wenn also der Planer mit dem Dritten einvernehmlich zusammenwirkt, um den Bauherrn absichtlich zu schädigen, indem er beispielsweise eine offensichtlich fragwürdige Schlussabrechnung anerkennt.[201] Trotz Bestand einer Vollmacht ist in solchen Fällen das Handeln des Vertreters für den Vertretenen nicht verbindlich. Die Frage einer Genehmigung stellt sich bei diesem Sachverhalt nicht. 5.120

---

197 Dazu statt vieler ZÄCH, Berner Kommentar, N 45 ff. zu Art. 38 OR.

198 GAUCH/SCHLUEP/SCHMID, Nr. 1383; WATTER/SCHNELLER, Basler Kommentar, N 4 zu Art. 38 OR; ausführlich ZÄCH, Berner Kommentar, N 33 ff. zu Art. 38 OR; BGE 101 II 229 f.; BGer 4A_239/2007 (9.10.2007) E. 5.

199 Statt vieler: WATTER/SCHNELLER, Basler Kommentar, N 4 zu Art. 38 OR; BGE 107 II 109.

200 BGer 4C.243/2004 (30.3.2005) E. 2.1 = BR/DC 2007, S. 359, Nr. 55; ZÄCH, Berner Kommentar, N 14 zu Art. 38 OR.

201 BGer 4C.243/2004 (30.3.2005) E. 2 = BR/DC 2007, S. 359, Nr. 55, wo der Missbrauch aber verneint wurde; ZÄCH, Berner Kommentar, N 14 und 18 zu Art. 38 OR; VON TUHR/PETER, OR AT, S. 362 f.; REICHMUTH PFAMMATTER, S. 263 f. und 272 f.

5.121 **2.** Die **Genehmigung** durch den Vertretenen kann sowohl gegenüber dem Vertreter als auch gegenüber dem Dritten[202] erklärt werden; sie kann auch stillschweigend oder durch konkludentes Handeln erfolgen.[203] Äusserungen und Verhaltensweisen des Vertretenen sind dabei im Streitfall aus der Sicht des Adressaten (des Vertreters oder des Dritten) nach dem Vertrauensprinzip zu würdigen.[204] Eine konkludente Genehmigung liegt z.B. vor bei vorbehaltloser Entgegennahme der Leistung aus dem vom Vertreter ohne Vollmacht abgeschlossenen Vertrag.[205] Vergibt also der Planer unbefugterweise Bauarbeiten und stellt der Bauherr deren Ausführung fest, ohne Widerspruch zu erheben, so genehmigt er damit den vom Planer abgeschlossenen Vertrag.[206] Er kann dann auch nicht etwa bei der Rechnungsstellung die vom Planer vereinbarten Preise gegenüber dem Unternehmer infrage stellen. Denn die Genehmigung erfasst den Vertrag in seinem vollen Umfang so, wie er vom vollmachtslosen Vertreter abgeschlossen worden ist.[207] Für die Annahme einer Genehmigung ist auch nicht vorausgesetzt, dass der genehmigende Vertretene den ganzen Inhalt des in seinem Namen abgeschlossenen Vertrages kennt.[208] Die Genehmigung des Bauherrn gegenüber dem Unternehmer schliesst indessen Schadenersatzansprüche des Bauherrn gegen den Planer

---

[202] BGE 93 II 307.

[203] Zäch, Berner Kommentar, N 53 ff. zu Art. 38 OR; BGE 124 III 361; 101 II 230; BGer 4A_239/2007 (9.10.2007) E. 4; 4C.420/2006 (3.8.2007) E. 5; 4C.57/1999 (15.5.2000) E. 4.

[204] BGer 4C.293/2006 (17.11.2006) E. 3.1; 4C.147/2000 (23.8.2000) E. 2a.aa; Chappuis, Commentaire romand, N 8 zu Art. 38 OR.

[205] Vgl. von Tuhr/Peter, OR AT, S. 404, Fn. 39; BGE 93 II 308; 75 II 342; ZR 1910, Nr. 88, S. 143 f. Zur Genehmigung eines vom Architekten vereinbarten Pauschalabzuges für Verspätungsschaden ZWR 1980, S. 261 = BR/DC 1982, S. 14, Nr. 4.

[206] JdT 1935, I, S. 431. Vgl. dazu auch Stierli, S. 252 f.; Schwager, Vertreter, S. 25. Für eine Genehmigung von Zusatzarbeiten muss aber auch ersichtlich sein, dass es sich um nicht im Vertrag enthaltene Zusatzleistungen handelt. Vgl. auch BGer 4C.420/2006 (3.8.2007) E. 5: Gewisse Zusatzarbeiten, welche die Bauleitung nicht hätte autorisieren dürfen, genehmigte der Bauherr dadurch, dass er an den entsprechenden Bausitzungen regelmässig zusammen mit dem Architekt anwesend war und der Ausführung dieser Arbeiten nicht widersprach.

[207] Zäch, Berner Kommentar, N 52 zu Art. 38 OR; Engel, S. 404; Violand, S. 135; BGE 93 II 307.

[208] Vorbehalten bleibt die Anfechtung der Genehmigung wegen Willensmangels bei Unkenntnis wichtiger Bestimmungen.

wegen dessen unbefugten Eingriffs in seine Rechtssphäre nicht von vornherein aus.[209]

3. Lehnt der Bauherr die **Genehmigung ab,** so hat der Dritte aus dem ohne Vollmacht abgeschlossenen Vertrag keine Ansprüche gegenüber dem Bauherrn. Vorbehalten bleiben die Ansprüche aus ungerechtfertigter Bereicherung oder verwandten Rechtstiteln (vgl. Nr. 5.134 ff.). 5.122

2. Die Schadenersatzpflicht des Planers bei Nichtgenehmigung

1. Lehnt der ohne Vollmacht Vertretene die Genehmigung ab, so kommt der Vertrag auch nicht in der Person des vollmachtslosen Vertreters zustande;[210] hingegen ist dieser gegenüber dem Dritten **gemäss Art. 39 OR zu Schadenersatz verpflichtet.**[211] Voraussetzung dieser Schadenersatzpflicht ist, dass er ohne Ermächtigung gegenüber dem Dritten als Vertreter gehandelt und dass der Vertretene eine Genehmigung abgelehnt hat.[212] Der vom Dritten in Anspruch genommene Vertreter kann deshalb bestreiten, dass er ohne Vollmacht gehandelt hat, indem er seine tatsächlich bestehende Vollmacht im Schadenersatzprozess nachweist. Auch wenn der Dritte zuvor bereits erfolglos gegenüber dem Vertretenen auf Erfüllung geklagt hat, ist jenes Urteil für den Vertreter bei der Schadenersatzklage des Dritten gegen ihn nicht verbindlich.[213] Der Vertreter kann seine Haftung auch abwenden mit dem Nachweis, dass der Vertretene das ohne Vollmacht abgeschlossene Geschäft nachträglich genehmigt hat (vgl. Nr. 5.120). Dies ist insofern von Bedeutung, als auch eine Genehmigung gegenüber dem Vertreter, von welcher der 5.123

---

209 ZÄCH, Berner Kommentar, N 78 ff. zu Art. 38 OR; SCHMID, Nr. 642 ff., 660 ff. und 707 ff.; VIOLAND, S. 139 f.; STIERLI, S. 270 f.; GAUCH/SCHLUEP/SCHMID, Nr. 1422 f.; anders WATTER/SCHNELLER, Basler Kommentar, N 8 zu Art. 38 OR.

210 So Rep 1986, S. 23 ff. = BR/DC 1987, S. 65, Nr. 72 mit Anm. TERCIER. Unklar ist deshalb, wie es gemäss FZR 1978, S. 57 f. = BR/DC 1980, S. 45, Nr. 24 mit Anm. TERCIER = SJZ 1980, Nr. 35, S. 287 dazu kommen soll, dass der Architekt, der ohne Vollmacht im Namen des Bauherrn einen Ingenieur beigezogen hatte, das (von ihm gar nicht geschuldete) Ingenieurhonorar einfach in sein eigenes Architektenhonorar soll einschliessen können.

211 GAUCH/SCHLUEP/SCHMID, Nr. 1420; KOLLER, Der gute und der böse Glaube, S. 116 ff.; WATTER/SCHNELLER, Basler Kommentar, N 1 ff. zu Art. 39 OR.

212 ZÄCH, Berner Kommentar, N 7 ff. zu Art. 39 OR.

213 Für die Wirkungen einer Streitverkündung gegenüber dem Planer im Prozess des Dritten gegen den Vertretenen vgl. GULDENER, S. 312 ff.; HABSCHEID, Zivilprozessrecht, S. 181 f.; SPÜHLER/DOLGE/GEHRI, S. 80.

Dritte allenfalls keine Kenntnis hatte, die Wirksamkeit des Vertretergeschäfts bewirkt und damit eine Haftung des Vertreters ausschliesst.[214] Nach neuerer Auffassung kann sich der vollmachtslose Vertreter schliesslich auch mit dem Nachweis befreien, dass das Geschäft wirksam ist, weil der Vertretene gegenüber dem Dritten eine entsprechende Vollmacht gemäss Art. 33 Abs. 3 OR kundgegeben hatte und dieser gutgläubig war.[215]

5.124 **2.** Die Haftung des vollmachtslosen Vertreters gegenüber dem Dritten setzt gemäss Art. 39 Abs. 1 OR voraus, dass der andere **den Mangel der Vollmacht nicht kannte oder nicht hätte kennen müssen.** Für das Kennenmüssen (Art. 3 Abs. 2 ZGB) ist auf die verkehrsübliche Sorgfalt abzustellen, die nach den Umständen verlangt werden darf.[216] Dabei ist davon auszugehen, dass keine allgemeine Erkundigungs- und Nachprüfungspflicht besteht; nur wer konkrete Anhaltspunkte für einen Verdacht hat, muss sich erkundigen.[217] So wird der gute Glaube zerstört durch frühere klare Äusserungen des Bauherrn über die fehlende Vertretungsmacht des Planers.[218] Ein konkreter Anhaltspunkt für einen Verdacht kann z.B. auch die Kenntnis sein, dass der Planer Mitglied des SIA ist, dass er aufgrund der Statuten[219] zur Einhaltung der vom Verein aufgestellten Ordnungen verpflichtet ist und dass die einschlägige SIA-Ordnung 102, 103, 105 oder 108 dem Planer für die betreffende Handlung keine Vertretungsmacht zuerkennt. Unter diesem Gesichtspunkt kann also die ausdrückliche Bezeichnung als «Architekt SIA» oder «Ingenieur SIA» stellvertretungsrechtliche Bedeutung erlangen.[220] Die blosse Tatsache, dass für bestimmte Handlungen (z.B. die Vergabe von Bauarbeiten) eine Vollmacht des Planers nicht üblich ist, begründet für sich allein aber noch keinen Verdacht, der weitere Abklärungen seitens des Dritten (Unternehmer) verlangen würde. Der gute Glaube des Dritten ist in Art. 39 Abs. 1 OR im Übrigen der gleiche wie in Art. 33 Abs. 3 OR und bezieht sich

---

214 Zur Problematik vgl. ZÄCH, Berner Kommentar, N 58 ff. zu Art. 38 OR; BGE 93 II 307; 41 II 273.

215 Vgl. ZÄCH, Berner Kommentar, N 9 zu Art. 39 OR; KOLLER, Der gute und der böse Glaube, S. 94.

216 JÄGGI, Berner Kommentar, N 115 und 122 ff. zu Art. 3 ZGB; ZÄCH, Berner Kommentar, N 19 zu Art. 39 OR; BGE 116 II 692 f.

217 JÄGGI, Berner Kommentar, N 128 zu Art. 3 ZGB; ZÄCH, Berner Kommentar, N 19 zu Art. 33 OR.

218 Vgl. STIERLI, S. 266, sowie Fn. 127.

219 Art. 7 Abs. 2 der Statuten des SIA (Ausgabe 12/07, in Kraft seit 1.1.2008).

220 Vgl. auch Nr. 5.78 betreffend den guten Glauben bei der Kundgabe von Vertretungsmacht.

wie dieser auf den Zeitpunkt des Handelns des Vertreters.[221] Wird der gute Glaube unter dem Gesichtspunkt des Gutglaubensschutzes zulasten des Vertretenen infolge Kundgabe der Vollmacht durch ihn verneint, so ist er auch zu verneinen im Hinblick auf die Haftung des Vertreters für vollmachtloses Handeln.[222]

Nach der Rechtsprechung des Bundesgerichts[223] vermag allerdings nicht jede als Sorgfaltspflichtverletzung zu wertende Unaufmerksamkeit des Dritten eine Haftungsbefreiung des vollmachtslosen Vertreters zu begründen. Beim gleichzeitigen Verschulden seinerseits[224] ist vielmehr in analoger Anwendung von Art. 44 OR das Mass der Haftung in Abwägung der gegenseitig zu vertretenden Umstände festzulegen, d.h. anstelle eines gänzlichen Haftungsausschlusses ist allenfalls eine wegen Selbstverschuldens reduzierte Haftung anzunehmen.[225] 5.125

3. Das Mass der Haftung des vollmachtslosen Vertreters ist **abhängig von seinem Verschulden:** Trifft ihn kein Verschulden, so haftet er gemäss Art. 39 Abs. 1 OR nur für *das negative Vertragsinteresse.*[226] Beim Vorliegen eines Verschuldens hat er hingegen gemäss Art. 39 Abs. 2 OR nach Billigkeitsermessen des Richters auch *den weiteren Schaden* zu ersetzen, worunter allgemein das positive Vertragsinteresse verstanden wird.[227] 5.126

Ein Verschulden des vollmachtslosen Vertreters, das vom Dritten nachzuweisen ist, liegt vor, wenn er das Fehlen der Vollmacht im Zeitpunkt seines Handelns selbst kannte oder hätte kennen sollen (vgl. Nr. 5.124). Bei Unklarheit, ob der Bauherr den Planer zum Handeln in seinem Namen ermächtigt hat, darf von Letzterem verlangt werden, dass er sich zuerst über den Bestand der 5.127

---

221 Der Umstand, dass der gute Glaube des Dritten erst nach Vertragsabschluss zerstört wird, schliesst eine Haftung nach Art. 39 OR nicht aus, kann aber zur Haftungsreduktion führen, vgl. KOLLER, Der gute und der böse Glaube, S. 119.

222 Vgl. Nr. 5.123 i.f. und die in Fn. 215 zit. Autoren.

223 BGE 116 II 692 ff. mit Hinweisen auf die kontroversen Auffassungen in der Lehre.

224 Zum Verschulden des vollmachtslosen Vertreters vgl. Nr. 5.126 f.

225 In BGE 116 II 692 ff. führte die leichte Fahrlässigkeit des Dritten gegenüber einem vorsätzlichen Handeln des vollmachtslosen Vertreters zu einer reduzierten Haftung des letzteren für ⅔ des Schadens.

226 Statt vieler: BGE 123 III 28; WATTER/SCHNELLER, Basler Kommentar, N 6 zu Art. 39 OR.

227 ZÄCH, Berner Kommentar, N 60 zu Art. 39 OR; VON TUHR/PETER, OR AT, S. 403; BUCHER, OR AT, S. 644; GAUCH/SCHLUEP/SCHMID, Nr. 1420 f.; ENGEL, S. 405 f.; BGE 116 II 690; 106 II 132.

Vollmacht vergewissert, bevor er gegenüber Dritten als Vertreter des Bauherrn rechtliche Verpflichtungen eingeht. Die *SIA-Ordnungen 102, 103, 105 und 108* halten dies in Art. 1.3.32 auch ausdrücklich fest (vgl. Nr. 5.43). Ein Verschulden fehlt hingegen meistens, wenn ein Vertreter von einem Mangel der ihm erteilten Vollmacht keine Kenntnis hat.

5.128 **4.** Das **negative Vertragsinteresse,** das der vollmachtslose Vertreter bei fehlendem Verschulden dem Dritten schuldet, umfasst insbesondere dessen Aufwendungen im Hinblick auf den Vertragsabschluss und die Vertragserfüllung.[228] Vergibt ein Planer ohne Vollmacht Bauarbeiten und lehnt der Bauherr die Genehmigung des Vertragsabschlusses ab, so können dem Unternehmer bis dahin schon erhebliche Aufwendungen entstanden sein (z.B. Einkauf oder Zuschneiden von Material, das nur schwer anderweitig verwertet werden kann). Alle derartigen Aufwendungen im Hinblick auf die eigene Vertragserfüllung gehören ebenfalls zum negativen Vertragsinteresse.[229]

5.129 Haftet der Planer infolge des Verschuldens auf das **positive Vertragsinteresse** (auf den «Ersatz weitern Schadens» nach Art. 39 Abs. 2 OR), so ist der Dritte finanziell so zu stellen, wie wenn der Vertrag mit dem Bauherrn ordnungsgemäss erfüllt worden wäre.[230] Auch in diesem Falle hat der Unternehmer jedoch keinen Anspruch darauf, dass er die ihm ohne Vollmacht vergebenen Arbeiten am Bau tatsächlich ausführen kann, da der Bauherr diesen Eingriff in sein Eigentum nicht zu dulden braucht. Der vom vollmachtslosen Planer in Geld zu leistende Schadenersatz ist nach der sog. Additionsmethode[231] zu ermitteln. Zu vergüten sind dabei nicht nur der entgangene Gewinn aus dem nicht zustande gekommenen Vertragsabschluss, sondern auch die Aufwendungen für freigewordene Arbeitskräfte, Maschinen etc., die der Unternehmer während der geplanten Ausführungszeit nicht anderweitig verwenden kann.[232]

---

228 ZÄCH, Berner Kommentar, N 59 zu Art. 39 OR; WATTER/SCHNELLER, Basler Kommentar, N 6 zu Art. 39 OR; VON TUHR/PETER, OR AT, S. 86 f.; BUCHER, OR AT, S. 342; ENGEL, S. 734 ff.; VIOLAND, S. 182 f.

229 Weitere Beispiele bei STIERLI, S. 268. Für das bereits eingebaute Material besteht der Ersatzanspruch gegenüber dem Grundeigentümer gemäss Art. 672 ZGB; vgl. Fn. 243.

230 BGE 106 II 132; WATTER/SCHNELLER, Basler Kommentar, N 9 zu Art. 39 OR; KOLLER, Der gute und der böse Glaube, S. 130.

231 GAUCH, Werkvertrag, Nr. 546 ff.

232 Zur Berechnung des positiven Vertragsinteresses generell vgl. WIEGAND, Basler Kommentar, N 38 zu Art. 97 OR; GAUCH/SCHLUEP/EMMENEGGER, Nr. 2898; VON TUHR/PETER, OR AT, S. 86; BUCHER, OR AT, S. 342 f.; ENGEL, S. 717 f.

Grosse Schwierigkeiten ergeben sich bei der Ermittlung des negativen und positiven Interesses, wenn die vollmachtslose Handlung nicht im Abschluss eines Vertrages, sondern in anderen Rechtshandlungen besteht (z.B. Ausübung des Wahlrechts bei Gewährleistungsansprüchen, Verzicht auf Mängelrechte, Anerkennung der Schlussrechnung etc.). 5.130

5. Der Schadenersatzanspruch des Dritten gegenüber dem vollmachtslosen Vertreter **verjährt** gemäss Art. 60 OR innert einem Jahr ab Kenntnis des Schadens.[233] Massgeblich ist dabei der Zeitpunkt, in welchem der Dritte von der Nichtgenehmigung durch den Vertretenen Kenntnis erlangt.[234] 5.131

Die Haftung des Planers als vollmachtsloser Vertreter gemäss Art. 39 OR ist eine Haftung für **reinen Vermögensschaden.** In der Berufshaftpflichtversicherung besteht deshalb dafür oft keine Deckung (vgl. Nr. 16.130). Auch bei Bestand einer solchen Deckung gilt meistens ein umfangreicher Katalog von Ausschlüssen.[235] 5.132

6. War das vollmachtslose Handeln des Vertreters durch das Interesse des Geschäftsherrn geboten, so hat der Vertreter als **Geschäftsführer ohne Auftrag** zwar keinen Anspruch darauf, dass der Vertretene das Geschäft genehmigt.[236] Bei fehlender Genehmigung steht dem Vertreter nach Art. 422 OR hingegen für den Schadenersatz, den er dem Dritten aufgrund von Art. 39 OR leisten muss, ein Regressanspruch gegenüber dem Vertretenen zu.[237] Der 5.133

---

233 BGE 104 II 94; GAUCH/SCHLUEP/SCHMID, Nr. 1421; VIOLAND, S. 160 ff.; STIERLI, S. 269. Abweichend für die Anwendung der 10-jährigen Frist gemäss Art. 127 OR ZÄCH, Berner Kommentar, N 42 ff. zu Art. 39 OR; VON TUHR/PETER, OR AT, S. 404; BUCHER, OR AT, S. 645; KOLLER, Der gute und der böse Glaube, S. 128.

234 Wenn die Genehmigung ausbleibt, ohne dass der vertretene Bauherr die Nichtgenehmigung ausdrücklich erklärt, kommt es gemäss Art. 38 Abs. 2 OR auf den Zeitpunkt an, in welchem der Unternehmer die Genehmigung hätte erwarten können oder in welchem die Frist, die der Unternehmer dem Bauherrn zur Genehmigung gesetzt hatte, unbenutzt abgelaufen ist.

235 Vgl. zum Begriff des Ausschlusses MONN, S. 94 f.

236 ZÄCH, Berner Kommentar, N 62 und 64 zu Art. 38 OR; VON TUHR/PETER, OR AT, S. 401; OTT, S. 290; VIOLAND, S. 96 ff.

237 Vgl. ZÄCH, Berner Kommentar, N 63 ff. zu Art. 38 OR und N 17 zu Art. 39 OR; OTT, S. 289 f.; VIOLAND, S. 97; SCHMID, Nr. 507 ff., leitet demgegenüber aus dem Befreiungsanspruch unmittelbar einen Genehmigungsanspruch des Geschäftsführers ab. Vgl. auch Rep 1986, S. 23 f. = BR/DC 1987, S. 65 f., Nr. 72.

Handelnde kann sich jedoch auf diese Bestimmung nur berufen, wenn sein Eingreifen dringlich war.[238]

3. Ansprüche aus ungerechtfertigter Bereicherung

5.134 Bei vollmachtslosem Handeln eines Vertreters und Ausbleiben der Genehmigung durch den Vertretenen bleiben die Ansprüche aus ungerechtfertigter Bereicherung in allen Fällen vorbehalten (Art. 39 Abs. 3 OR). Diese Ansprüche des Dritten können sich grundsätzlich gegen den Vertreter oder den Vertretenen richten;[239] im Unterschied zum Schadenersatzanspruch sind sie auch nicht vom guten Glauben des Dritten abhängig.[240]

5.135 Diese Grundsätze gelten auch für Bauleistungen, die ein Unternehmer aufgrund eines vom Planer ohne Vollmacht im Namen des Bauherrn abgeschlossenen Vertrages erbringt, falls dieser die Genehmigung verweigert. Keine ungerechtfertigte Bereicherung tritt hingegen beim Vertretenen ein, wenn der Leistung des Dritten an ihn ein eigener Anspruch des Vertretenen gegenüber dem Vertreter aus deren Innenverhältnis entspricht.[241] Diese Situation ist insbesondere gegeben, wenn ein Generalunternehmer Verträge mit den Unternehmern statt in eigenem Namen als vollmachtsloser Vertreter im Namen des Bauherrn abschliesst.[242] In solchen Fällen verbleiben dem Dritten für die bereits ausgeführten Arbeiten (nebst dem Schadenersatzanspruch gegenüber dem Vertreter) gegenüber dem Bauherrn einzig die Ansprüche gemäss Art. 672 ZGB für die Verwendung von Material auf fremdem Boden.[243] Diese Ansprüche bestehen nebst dem Bereicherungsanspruch auch in anderen Fäl-

---

238 Vgl. HOFSTETTER, SPR VII/2, S. 260 f.; WEBER, Basler Kommentar, N 13 zu Art. 419 OR; BGE 95 II 103 f.; STIERLI, S. 271, bejaht stattdessen in solchen Fällen das Vorliegen einer Vollmacht.

239 BGE 116 II 691; ZÄCH, Berner Kommentar, N 77 ff. zu Art. 39 OR; WATTER/SCHNELLER, Basler Kommentar, N 11 zu Art. 39 OR; VIOLAND, S. 144 ff.

240 BGE 116 II 691; 90 II 413 f.

241 BGE 99 II 134 f.; 97 II 71. Ebenso bei der Gesamtbeauftragung eines Planers; vgl. Nr. 5.116.

242 ZÄCH, Berner Kommentar, N 81 zu Art. 39 OR; STIERLI, S. 245.

243 Vgl. BGE 105 II 94 ff.; 103 II 239 f.; 99 II 142 ff.; 95 II 225 ff.; Rep 1984, S. 357 ff. = BR/DC 1985, S. 60 f., Nr. 51 mit Anm. TERCIER; ebenso SCHMID, Nr. 1415 ff.

len, wo ein Unternehmer aufgrund eines vom Planer ohne Vollmacht abgeschlossenen Vertrages Leistungen erbracht hat und die Genehmigung durch den Bauherrn verweigert wird.[244]

[244] STIERLI, S. 244 f.

§ 6 Die Nutzungsvereinbarung

ADRIAN MURER

Inhaltsverzeichnis

I. Einleitung

6.1 Jede erfolgreiche Werksplanung beginnt mit einer systematischen Erfassung aller wesentlichen Anforderungen an das Werk. Deswegen hatte der SIA schon vor Jahrzehnten den Planern von Tragwerken im Rahmen der Vorprojektierung zwei Dokumente als Projektierungsinstrumente vorgeschrieben: Den «Sicherheitsplan» als Erfassung der Gefährdungsbilder und den «Nutzungsplan» als Erfassung der wesentlichen Anforderungen an die Tragwerke; die Pläne sollten «fachbezogen» sein und die Gefährdungsbilder und Anforderungen technisch, in der Sprache der Ingenieure, erfassen. Das Erarbeiten dieser zwei Dokumente gehörte seither zu den Regeln der Bautechnik. Der SIA gab im Jahre 2003 mit der grundlegenden Neuformulierung der Tragwerksnormen (SIA-Normen 260 bis 267) den Nutzungs- und Sicherheitsplan auf und schrieb zwei neue Dokumente als Projektierungsinstrumente vor:[1]

1 Allerdings ist die Ablösung der Begriffe «Nutzungs- und Sicherheitsplan» durch die «Nutzungsvereinbarung» vom SIA noch nicht konsequent umgesetzt worden. Zur Terminologie «Sicherheits- und Nutzungsplan» in den SIA-Ordnungen 102, 103 und 112 Nr. 6.44.

die «Nutzungsvereinbarung» und die «Projektbasis».[2] Diese zwei Dokumente gehören heute wiederum zu den Regeln der Bautechnik.

- Die **Nutzungsvereinbarung** erfasst die Nutzungs- und Schutzziele des Bauherrn sowie die grundlegenden Bedingungen, Anforderungen und Vorschriften der Projektierung, Ausführung und Nutzung des Bauwerks. Die Nutzungsvereinbarung muss in einer dem Bauherrn verständlichen Sprache, gegebenenfalls also in der Sprache eines bautechnischen Laien, formuliert sein. Die Tragwerksnormen nehmen generell als Verfasser der Nutzungsvereinbarung(en) den Planer an. Das gilt indes nur eingeschränkt: Der Bauherr will meistens selbst zumindest seine Nutzungs- und Schutzziele formulieren, und er will oft auch etwas zu den Bedingungen, Anforderungen und Vorschriften der Projektierung, Ausführung und Nutzung des Bauwerks sagen. Der Bauherr ist insofern regelmässig Mitverfasser. Nach der Formulierung müssen Bauherr und Planer die Nutzungsvereinbarung «unterzeichnen» und damit vereinbaren. 6.2
- Die **Projektbasis** umfasst die bauwerksspezifische Umsetzung der Nutzungsvereinbarung. Die Projektbasis soll wiederum fachbezogen, in der Sprache der Ingenieure formuliert sein. Die Tragwerksnormen nehmen als Verfasser den Planer an; das dürfte uneingeschränkt gelten. 6.3

Die unterzeichnete Nutzungsvereinbarung enthält eine Einigung über die weitere Planung und damit über das gesamte weitere Verhältnis zwischen Bauherr und Planer. Die Nutzungsvereinbarung hat deswegen zentrale Bedeutung. Viele Planer ausserhalb der Tragwerksplanung, im wesentlichen Architekten und Fachplaner, haben diese Bedeutung erfasst und arbeiten ebenfalls mit Nutzungsvereinbarungen.[3] Es stellt sich somit die Frage, welche Rechte und Pflichten sich aus der Nutzungsvereinbarung für Bauherrn und Planer in der Tragwerksplanung und in der sonstigen Planung ergeben.[4] 6.4

---

2 Am 1. Januar 2003 traten die neuen Tragwerksnormen (SIA-Normen 260–267 sowie die ergänzenden Festlegungen [SIA 261/1 bis 267/1]) in Kraft und lösten per 30. Juni 2004 die alten SIA-Normen 160, 161, 162, 164 und 177 (Ausgaben 1993) ab; wenn in diesem Beitrag von den SIA-Tragwerksnormen bzw. den SIA-Normen 260 bis 267 die Rede ist, ist jeweils die Normengeneration aus dem Jahr 2003 gemeint.

3 Müller, Generalisten, S. 34.

4 Die Verantwortlichkeit des Planers im Zusammenhang mit der Nutzungsvereinbarung ergibt sich in der Regel aus privatrechtlichem Vertrag. Die Behandlung der Haftung wird in diesem Beitrag wie folgt abgegrenzt und eingeschränkt: Nicht behandelt wird die privatrechtliche Haftung, welche sich allenfalls aus unerlaubter Handlung gemäss Art. 41 ff. OR ergeben kann. Ausgeklammert bleibt auch die Haftung des Planers, welcher sich zur

II. Die Nutzungsvereinbarung: Begriff

1. Im Anwendungsbereich der SIA-Tragwerksnormen

6.5 **1.** Die **Nutzungsvereinbarung** im engeren Sinn ist eine begriffliche Schöpfung der SIA-Tragwerksnormen (SIA-Normen 260 bis 267) aus dem Jahre 2003.[5] Die Einführung der Nutzungsvereinbarung erfolgte – zusammen mit weiteren Begriffen – durch die Ablösung und Aufteilung der SIA-Norm 160 (Ausgabe 1989) in die SIA-Normen 260 (Grundlagen der Projektierung von Tragwerken) und 261 (Einwirkungen auf Tragwerke). Im Anwendungsbereich der SIA-Tragwerksnormen ersetzten die Begriffe *Nutzungsvereinbarung und Projektbasis* den *«Nutzungs- und Sicherheitsplan»* der alten SIA-Normengeneration von 1990 (Nr. 6.43).[6] Die Nutzungsvereinbarung wird im Rahmen des (Tragwerk-)Entwurfs erarbeitet. Als Entwurf wird die «Gesamtheit der von den Nutzungsanforderungen zum Tragwerkskonzept[7] führenden Tätigkeiten und Entwicklungen sowie deren Ergebnis» bezeichnet.[8] Die Nut-

---

Leistung von Bauarbeiten (dazu GAUCH, Werkvertrag, Nr. 240 ff.) in einem Konsortium (dazu GAUCH, Werkvertrag, Nr. 243 ff.) oder als General- oder Totalunternehmer (dazu GAUCH, Werkvertrag, Nr. 222 ff. bzw. 233 ff.) verpflichtet hat. Nicht behandelt wird zudem die strafrechtliche Verantwortlichkeit des Planers (dazu Nr. 19.1 ff.), welche sich aufgrund von Art. 227 StGB (Verursachung eines Einsturzes) und von Art. 229 StGB (Verletzung der Regeln der Bautechnik) ergeben kann.

5 Vor Einführung der SIA-Norm 260 wurden die Nutzungsanforderungen im sogenannten *Nutzungsplan* festgelegt, vgl. SIA-Norm 160 (Ausgabe 1989).

6 Der Nutzungs- und Sicherheitsplan hatte sich nicht restlos bewährt, insbesondere da er für den Bauherrn teilweise schwer verständliche technische Elemente enthielt. Gemäss DUPRAZ, S. 7, ist die SIA-Norm 260 ein strategisches Dokument, welches «material-unabhängig» und übergeordnet die Prinzipien und Anforderungen für Sicherheit, Gebrauchstauglichkeit und Dauerhaftigkeit von Tragwerken festlegt. Die SIA-Norm 260 gilt aufgrund ihrer «Material-Unabhängigkeit» in Verbindung mit SIA-Norm 261/1 (Einwirkungen auf Tragwerke – Ergänzende Festlegungen), SIA-Norm 261 (Einwirkungen auf Tragwerke), SIA-Norm 262 (Betonbau), SIA-Norm 263 (Stahlbau), SIA-Norm 265 (Holzbau), SIA-Norm 266/1 (Mauerwerk – Ergänzende Festlegungen), SIA-Norm 266 (Mauerwerk) sowie SIA-Norm 267 (Geotechnik).

7 Der Begriff Tragwerkskonzept beinhaltet die «projektbestimmende Grundidee hinsichtlich des Tragwerks» (SIA-Norm 260, S. 14); Art. 2.3.1 SIA 260 umschreibt die grundlegenden Anforderungen an ein Tragwerk: Ein Tragwerk soll bei angemessener Einpassung, Gestaltung und Zuverlässigkeit wirtschaftlich, robust und dauerhaft sein.

8 SIA-Norm 260, S. 10.

zungsvereinbarung steht auf der obersten Stufe der sogenannten **Bauwerksakten** und stellt – wie die Projektbasis – ein Grundlagendokument dar.[9]

2. Die Nutzungsvereinbarung **hält die Nutzungsanforderungen** fest (Art. 2.1.2 SIA 260). Die Nutzungsanforderungen umfassen nutzungs- und sicherheitsrelevante Aspekte, d.h. Anforderungen bezüglich *Gebrauchstauglichkeit und Tragsicherheit.*[10] Art. 2.2 SIA 260 legt fest: 6.6

«Die Nutzungsvereinbarung ist aufgrund eines Dialogs zwischen Bauherrschaft und Projektverfassenden zu erstellen. Die Nutzungsvereinbarung umschreibt: 6.7

- Umfeld und Drittanforderungen
- Bedürfnisse des Betriebs und des Unterhalts
- besondere Vorgaben der Bauherrschaft
- Schutzziele und Sonderrisiken
- normbezogene Bestimmungen

Die Schutzziele und der Schutzgrad sind aufgrund einer Risikobewertung festzulegen.»

2. Abgrenzung zur Projektbasis

Nutzungsvereinbarung und Projektbasis zusammen enthalten die notwendigen Informationen über die Belastungsannahmen sowie andere Ausgangsparameter des Tragwerkes und stellen die Bemessungsbasis[11] für den Tragwerksplaner dar. Die Projektbasis[12] enthält *ingenieurtechnische, tragwerksspezifische Festlegungen* und stellt damit die fachbezogene Beschrei- 6.8

---

[9] Vgl. die übersichtliche Darstellung in Figur 1 SIA-Norm 260.

[10] Vgl. Streule, http://www.cds-sieber.ch/media/100_bsw/120_campus/events/statikertagung/statikertagung_2009_nutzungsvereinbarung.pdf (5.7.2012), S. 4.

[11] D.h. die Grundlage der statischen Berechnungen.

[12] Art. 2.5.2 SIA 260: «Die Projektbasis umschreibt: die geplante Nutzungsdauer, die betrachteten Nutzungszustände, die betrachteten Gefährdungsbilder, die Anforderungen an Tragsicherheit, Gebrauchstauglichkeit und Dauerhaftigkeit sowie die zu deren Gewährleistung vorgesehenen Massnahmen inkl. Verantwortlichkeiten, Abläufen, Kontrollen und Korrekturmechanismen, die angenommenen Baugrundverhältnisse, die wesentlichen Annahmen für die Tragwerks- und Berechnungsmodelle, die akzeptierten Risiken, weitere projektrelevante Bedingungen.»

bung der bauwerksspezifischen Umsetzung der Nutzungsvereinbarung dar.[13] Die nachstehende Tabelle zeigt die Unterschiede, aber auch den Zusammenhang zwischen der Nutzungsvereinbarung und der Projektbasis:

6.9

Nutzungsvereinbarung (Art. 2.2 SIA 260)	**Projektbasis** (Art. 2.5.2 SIA 260)
Beschreibt die Nutzungs- und Schutzziele des Bauherrn sowie die Anforderungen und Vorgaben des Bauherrn für die Projektierung, Ausführung und Nutzung des Bauwerks.	Enthält die fachbezogene (ingenieurtechnische, tragwerksspezifische) Beschreibung der Umsetzung der Nutzungsvereinbarung (Umschreibung von Nutzungsdauer, Nutzungszuständen, Gefährdungsbildern, Tragsicherheit, Gebrauchstauglichkeit, Dauerhaftigkeit der vorgesehene Massnahmen, akzeptierte Risiken, etc.).
Die Schutzziele und der Schutzgrad sind aufgrund einer Risikobewertung festzulegen.	Umfang und Inhalt der Projektbasis sind auf die Bedeutung und die Gefährdung des Bauwerks sowie auf dessen Risiken für die Umwelt abzustimmen.[14]

3. Ausserhalb der SIA-Tragwerksnormen

6.10 Die Erarbeitung einer Nutzungsvereinbarung findet vermehrt auch in Planungen Anwendung, in welchen der Begriff «Nutzungsvereinbarung» in den massgeblichen Normen und Ordnungen keinen Eingang gefunden hat.[15] Der Begriff wird nicht einheitlich verwendet.

---

13 Die Erarbeitung der Nutzungsvereinbarung (wie auch der Projektbasis) gehört zum Vorprojekt. Die Nutzungsvereinbarung und die Projektbasis zusammen enthalten die notwendigen Informationen über die Belastungsannahmen und die anderen Ausgangsparameter eines Tragwerkprojektes (vgl. die Beispiele in der SIA-Dokumentation D 0191 [Grundlagen der Projektierung von Tragwerken, Einwirkungen auf Tragwerke, Bemessungsbeispiele zu den Normen SIA 260 und 261]).

14 Bei späteren Änderungen der Nutzung oder Konstruktion sowie zur Erstellung des Kontrollplans liefert die Projektbasis in der Regel die für den Planer notwendigen Angaben.

15 Der Begriff «Nutzungsvereinbarung» findet sich nicht nur in den SIA-Tragwerksnormen (SIA-Normen 260 bis 267), sondern auch in weiteren seit 2003 verfassten oder überarbeiteten Normen: SIA-Norm 118/198 (Allgemeine Bedingungen für Untertagebau), SIA-Norm 118/262 (Allgemeine Bedingungen für Betonbau), SIA-Norm 118/263 (Allgemeine

Unabhängig von der Planerdisziplin – und analog zur Definition in den SIA-Tragwerksnormen[16] – bezeichne ich als Nutzungsvereinbarung im weiteren Sinn *jede Vereinbarung, in welcher zwischen Planer und Bauherr die Nutzungs- und Schutzziele sowie die grundlegenden Bedingungen, Anforderungen und Vorschriften für die Projektierung, Ausführung und Nutzung des Bauwerks festgelegt sind.* 6.11

III. Inhalt und Form der Nutzungsvereinbarung

1. Inhalt

1. Planer und Bauherr können den Inhalt der zu erarbeitenden Nutzungsvereinbarung grundsätzlich frei festlegen.[17] Die Nutzungsvereinbarung legt – abweichende Vereinbarungen zwischen Bauherr und Planer vorbehalten – die **Anforderungen im Endzustand** (des Bauwerkes) fest.[18] In der Praxis anzutreffen sind insbesondere die folgenden Festlegungen:[19] 6.12

- Grundlagen mittels Plänen, Berichten, Protokollen etc.; 6.13
- Allgemeine Ziele für die Nutzung mittels Baubeschrieb, Skizzen etc.; 6.14
- Festlegung der Lebens-/Nutzungsdauer einzelner Bauwerksteile;[20] 6.15
- Umfeld und Drittanforderungen: Erschliessung, Baustellenverkehr, Befahrbarkeit, Immissions- und Umweltschutz, Gefährdungszonen etc.; 6.16

Bedingungen für Stahlbau), SIA-Norm 118/265 (Allgemeine Bedingungen für Holzbau), SIA-Norm 118/266 (Allgemeine Bedingungen für Mauerwerk), SIA-Norm 118/267 (Allgemeine Bedingungen für geotechnische Arbeiten), SIA-Norm 166 (Klebebewehrungen), SIA-Norm 197/1 (Projektierung Tunnel), SIA-Norm 197/2 (Projektierung Strassentunnel), SIA-Norm 197 (Projektierung Tunnel), SIA-Norm 198 (Untertagbau Ausführung).

16 Vgl. die Definition auf S. 13 SIA-Norm 260.

17 Zu den Inhaltsschranken vgl. 6.68.

18 Vereinbarungen, die lediglich den Bauzustand betreffen, sind in der Nutzungsvereinbarung als Randbedingungen für die Bauausführung zu formulieren.

19 Der Inhalt und die Gliederung der Nutzungsvereinbarung im Bereich der Tragwerksnormen (SIA-Normen 260 bis 267) richten sich nach Art. 2.2.2 SIA 260.

20 Die Lebensdauer des Tragwerks hat unter Umständen Einfluss auf die Installation anderer Gewerke, wie zum Beispiel die Haustechnik. Ebenfalls können sich aufgrund der vereinbarten (minimalen) Lebensdauer Auswirkungen auf den Unterhaltsplan ergeben.

6.17 – Anforderungen an Betrieb und Unterhalt: Zugänglichkeit des Tragwerks, Unterhaltsanforderungen einer Struktur etc.;

6.18 – Nutzlasten: Lastenannahmen einzelner Bauwerkteile etc.[21];

6.19 – Schnee- und andere Lasten: Charakteristische Normwerte, abweichende Werte[22] etc.;

6.20 – Gebrauchstauglichkeit: Verformungs- und Schwingungsverhalten von Bauteilen etc.[23];

6.21 – Besondere Vorgaben der Bauherrschaft: Ästhetik, Zugänglichkeit, Termine, Materialien etc.;

6.22 – Aussergewöhnliche Einwirkungen und Schutzziele[24]/Sonderrisiken: Erdbebensicherheit, Brandschutz, Hochwasserschutz, Anpralllasten auf Stützen, Einwirkungen von Lawinenniedergängen, Schallschutz etc.;

6.23 – Normbezogene Bestimmungen: Anwendbarkeit von Normen und Richtlinien, Abweichungen von Normen, spezielle Bestimmungen und Reduktionsbeiwerte.

2. Konkrete Anwendungsbeispiele zur Illustration:[25]

6.24 *Nutzungsvereinbarung im engeren Sinn: Nutzung des Daches einer Einstellhalle*

Bauherr und Planer vereinbaren, wie der erdüberdeckte Teil einer Einstellhalle genutzt werden soll. Sie vereinbaren die Aufbringung einer 50 cm dicken Erdschicht und die Bepflanzung. Der Platz soll als Kinderspielplatz genutzt werden. Die Nutzungsvereinbarung hält fest, dass die Decke nicht mit Fahrzeugen über 2 Tonnen befahren werden darf.

6.25 *Nutzungsvereinbarung im engeren Sinn: Schutz vor Hochwasser*

Bei der Erstellung eines Bauwerkes gilt die SIA-Norm 261 (Einwirkungen auf Tragwerke) in Verbindung mit der SIA-Norm 261/1 (Einwirkungen auf Tragwerke – Ergänzende Fest-

---

21 Der Tragwerksplaner setzt diese Festlegung in der Projektbasis in «normgerechte» Einheiten um.

22 Beispielsweise um eine wirtschaftlichere Lösung zu ermöglichen. Sich daraus ergebende Konsequenzen (etwa Festlegen der Grenzbelastung, Prozeduren zur Schneeentfernung, Messen der Schneelast) sind vom Planer in Nutzungsanweisungen festzuhalten.

23 Vereinbarungen bezüglich der Gebrauchstauglichkeit betreffen meist das Verformungs- und Schwingungsverhalten von Bauteilen.

24 Die Schutzziele werden vom Planer in Schutzgrade umgesetzt: «Mass für die materielle Umsetzung von Schutzzielen (zum Beispiel Brand – Einteilung in Feuerwiderstandsklassen, Erdbeben – Zuordnung zu Bauwerksklassen)», vgl. S. 13 SIA 260.

25 Ein Beispiel einer Nutzungsvereinbarung findet sich in der SIA-Dokumentation D 0181 «Einführung in die Tragwerksnormen».

legungen). In der SIA-Norm 261/1 werden verschiedene Naturgefahrenarten behandelt und klassiert.[26] Bauherr und Planer vereinbaren folgendes Schutzziel: Als Schutzziel wird ein 300-jährliches Ereignis vereinbart. Eine Überschwemmungshöhe von 0,5 m darf keine Schäden am Gebäude verursachen.[27]

Nutzungsvereinbarung im weiteren Sinn: Energie- und Gebäudetechnik 6.26

Planer und Bauherr halten in einer Nutzungsvereinbarung fest, dass einzelne Räume lediglich als Abstellräume genutzt werden und daher sowohl mit Blick auf die Baukosten als auch im Hinblick auf einen ökonomisch und ökologisch optimierten Betrieb nicht den für die übrigen Räume – ebenfalls in der Nutzungsvereinbarung – festgelegten Anforderungen an Raumklima und Minimaltemperaturen zu genügen haben.

2. Form

Die SIA-Ordnungen und -Normen verstehen die Nutzungsvereinbarung *im engeren Sinn* als Teil der Bauwerksakten. Damit nehmen die SIA-Ordnungen und -Normen stets die **einfache Schriftlichkeit** der Nutzungsvereinbarung an.[28] 6.27

Eine Nutzungsvereinbarung kann jedoch grundsätzlich **in jeder Form,** auch mündlich, abgeschlossen werden (Art. 11 Abs. 1 OR). 6.28

IV. Die Nutzungsvereinbarung im Gesamtkontext der Leistungen des Planers

1. Der hybride Charakter der Nutzungsvereinbarung

1. Die Nutzungsvereinbarung stellt eine durch den Planer zu erbringende Leistung (Nr. 6.40) im Rahmen der Erstellung der Bauwerksakten und damit *Bestandteil der geschuldeten Projektierungsarbeit* dar. Die Nutzungsvereinbarung ist jedoch kein isolierter Bestandteil der Leistung des Planers, sondern dient der weiteren Planung. Mit der Nutzungsvereinbarung werden wesentliche Festlegungen des Inhalts der weiteren Leistungen des Planers 6.29

---

[26] In Kapitel 4 SIA 261/1: Rutschungen, Murgänge und Hochwasser; in Kapitel 5: Schnee- und Lawinendruck; in Kapitel 6: Hagel und in Kapitel 7: Stein-, Block- und Eisschlag.

[27] Vgl. Egli, Tragwerke, S. 117.

[28] Vgl. beispielsweise Art. 2.1.2 SIA 260: «Die Nutzungsanforderungen sind in der Nutzungsvereinbarung festzuhalten» oder Art. 4.31 SIA 102: «Erstellen eines Nutzungs- und Sicherheitsplans».

getroffen. Insofern ist die Nutzungsvereinbarung *eine Vereinbarung über die weitere Planung,* mithin eine Teilvereinbarung des Planervertrages.

6.30 **2.** Die Nutzungsvereinbarung weist daher einen **hybriden Charakter** auf, nämlich einerseits als eine vom Planer *im Rahmen der Projektierung zu erbringende Leistung,* andererseits als *Bestandteil des Planervertrages* zwischen Bauherr und Planer.[29] Oder anders formuliert: Erst schuldet der Planer die Erarbeitung der Nutzungsvereinbarung; dann vereinbaren Planer und Bauherr die (allenfalls modifizierte, überarbeitete) Nutzungsvereinbarung als Grundlage der weiteren Planung.

2. Qualifikation

6.31 **1.** Beschränken sich die Leistungen des Planers auf die Erarbeitung einer Nutzungsvereinbarung und auf weitere Planungsleistungen, ist der Vertrag *als Werkvertrag* (Art. 363 ff. OR) zu qualifizieren (Nr. 1.30).[30] Inhalt des Werkvertrages ist also die Herstellung des Planwerks, dessen Bestandteil die Nutzungsvereinbarung darstellt.[31]

6.32 **2.** Verpflichtet sich der Planer nebst der Projektierung und der damit verbundenen Erarbeitung der Nutzungsvereinbarung auch zur Leitung der Bauausführung (vgl. Art. 2.2 SIA 102 und 103) oder ist der Planer für ein gesamtes Bauwerk verantwortlich (Gesamtleiter,[32] vgl. Art. 2.3 SIA 102 und 103), so

---

29 Dies kann – nebst der Tatsache, dass es «die Nutzungsvereinbarung» im Sinne einer Vereinbarung mit immer gleichem Inhalt aufgrund der Vertragsfreiheit der Parteien nicht gibt – zu heiklen Abgrenzungsfragen führen; den Begriff «hybrid» habe ich unter anderem von SCHUMACHER, Sicherheit, S. 792, welcher die Bauarbeitenverordnung (BauAV) als hybride Norm mit dem Charakter von Vertragsnormen und technischer (Bau-)Norm bezeichnet.

30 Zur Qualifikation der Erstellung von Nutzungs- und Sicherheitsplan nach «alter» SIA-Norm 160 als Werkvertrag vgl. BRINER, Nutzungsplan, S. 527.

31 Mängel einer Nutzungsvereinbarung (als Planwerk) zeigen sich unter Umständen erst an der mangelhaften Gebrauchstauglichkeit oder der ungenügenden Sicherheit des Bauwerkes; vgl. auch TERCIER/FAVRE/CONUS, Nr. 5360.

32 Zu den Aufgaben eines Gesamtleiters vgl. SIA-Ordnung 112, S. 8. Auch bei einem Gesamtleiter können für die Koordination und Beschreibung einzelner Planerleistungen die SIA-Ordnungen 102, 103,104, 108 und 110 dienen. Zur Regelung der Beziehung zwischen dem Auftraggeber und dem Planerteam bzw. dem Gesamtleiter stehen zudem Formularverträge der SIA zur Verfügung (zum Beispiel Planervertrag SIA 1012/1).

liegt ein **Gesamtvertrag** («contrat complet») vor.[33] Gemäss Auffassung des Bundesgerichts handelt es sich bei einem solchen Gesamtvertrag um ein aus Werkvertrag und Auftrag gemischtes Vertragsverhältnis (mischvertragliche Konzeption), was eine Spaltung der Rechtsfolgen zur Folge haben kann (vgl. Nr. 1.47). Ob die Haftung des Gesamtplaners – auch im Zusammenhang mit seinen Pflichten hinsichtlich der Nutzungsvereinbarung – in Zukunft einheitlich nach Auftragsrecht zu beurteilen sein wird (vgl. Nr. 1.48), wird sich weisen.[34] Jedenfalls liessen sich damit die unpassenden werkvertraglichen Verwirkungsregeln ausschalten.

3. Nachführung der Nutzungsvereinbarung und Widersprüche zu anderen Dokumenten

1. Die Nutzungsvereinbarung wird von den Planern als ein *«rollendes Planungsinstrument»* verstanden. «Rollendes Planungsinstrument» meint, dass die Nutzungsvereinbarung (und die Projektbasis) im Laufe der weiteren Projektierung vom Planer nachzuführen ist.[35] Diese Auffassung steht in Übereinstimmung mit dem Wortlaut der SIA 102 und 103,[36] welche «Nachführpflichten» des Nutzungs- und Sicherheitsplanes – gemeint ist die Nachführung der Nutzungsvereinbarung[37] – als Leistung des Planers festlegen. Zeigen sich zwischen den in der Nutzungsvereinbarung festgelegten Anforderungen und den Festlegungen in anderen Bauwerksakten (Dokumenten, Plänen und dgl.) Widersprüche, stellt sich die Frage, inwiefern und inwieweit den in der Nutzungsvereinbarung getroffenen Festlegungen **Vorrang vor den Festlegungen zukommt,** welche (in der Regel in zeitlich späteren und detaillierteren) Dokumenten getroffen werden. Geht die Nutzungsvereinbarung den späteren Dokumenten vor und sind spätere Dokumente, welche die Nutzungsvereinbarung widersprüchlich oder unvollständig konkretisieren, deswegen man- 6.33

---

33 BGE 127 III 545.

34 So der Entscheid des HGer St. Gallen vom 23.3.2010 (HG.2008.127); ablehnend jedoch BGer 4A_53/2012 (31.7.2012).

35 Dietsche/van Rooden, S. 32; vgl. dazu auch Art. 4.32 SIA 102, welche als Auftragsgegenstand des Planers «Nachführen des Nutzungs- und Sicherheitsplans» bezeichnet; vgl. weiter Art. 4.1.32 SIA 103, «Überprüfen und Aktualisieren der Projektorganisation, der Pflichtenhefte und der Abgrenzungen (insbesondere auch Nutzungs- und Sicherheitsplan)» sowie Art. 4.1.51 SIA 103, «Sicherstellen der Nachführung des Nutzungsplanes.»

36 Vgl. zum Beispiel Art. 4.1.32 SIA 103.

37 Zur Terminologie der SIA-Ordnungen 102 und 103 Nr. 6.43.

gelhaft oder geht die spätere Dokumentation (z.B. Ausführungspläne) der Nutzungsvereinbarung vor?

6.34 Beispiel: In der Nutzungsvereinbarung halten die Parteien fest, das Bauwerk solle als Halle für Fahrzeuge mit einer Höhe von 2,7 m dienen. Der Planer erstellt und der Bauherr unterzeichnet in der Folge Ausführungspläne, welche eine betonierte Deckenhöhe von 2,7 m aufzeigen. Durch die Installation von Deckenleitungen, Garagentorantrieben und Isolationsmaterial erweist sich später die tatsächliche (lichte) Hallenhöhe von stellenweise bloss 2,5 m als nicht ausreichend, um ein unbehindertes Rangieren der Fahrzeuge zu gestatten.

6.35 2. **Vorrangig vor anderen Dokumenten** hält die Nutzungsvereinbarung die Anforderungen des Bauherrn fest. Die vereinbarten Anforderungen sind vom Planer *umfassend* in der weiteren Projektierung zu berücksichtigen.

6.36 3. Eine **Änderung der Festlegungen der Nutzungsvereinbarung** *durch den Planer* bedarf eines eindeutigen und unmissverständlichen Hinweises an den Bauherrn und seiner Zustimmung.[38] Ein Konsens, dass der Inhalt der Nutzungsvereinbarung abgeändert werden soll oder von der Nutzungsvereinbarung abweichende Festlegungen getroffen werden sollen, ist vom Planer nicht leichthin anzunehmen, auch nicht durch Genehmigung der Ausführungspläne (vgl. zum Beispiel Art. 4.51 SIA 102, «Leistungen und Entscheide des Bauherrn»).[39] Ob der Planer von einer (stillschweigenden) Änderung der Festlegungen der Nutzungsvereinbarung ausgehen darf, ist anhand der Umstände des Einzelfalls zu entscheiden. Wesentlich ist, ob der Bauherr auf die Abweichung gegenüber der Nutzungsvereinbarung aufmerksam gemacht wurde oder ob er eine abweichende Festlegung ohne Weiteres hätte erkennen müssen. Im letzteren Fall ist wesentlich, ob der Bauherr selbst sachkundig ist.[40]

6.37 Ein anderes Verständnis, nämlich eine eigentliche, einseitige Änderung des Inhalts der Nutzungsvereinbarung durch den Planer ohne einen (erneuten) Konsens zwischen Planer und

---

[38] Währenddessen die blosse Konkretisierung der in der Nutzungsvereinbarung festgehaltenen Anforderungen gerade zur Hauptaufgabe des Planers gehört und keines Hinweises bedarf.

[39] Zum Zeitpunkt des Abschlusses einer Nutzungsvereinbarung steht meist eine Reihe von Parametern noch nicht fest. Auf gewisse Parameter hat der Planer zudem nur beschränkt Einfluss. Teilweise hängen sie von Planungsleistungen anderer Planer(-Disziplinen) ab. Der verantwortliche Planer ist gut beraten, in der Nutzungsvereinbarung festzuhalten, unter welchen Bedingungen und Voraussetzungen die festgelegten Anforderungen einzuhalten sind.

[40] Oder sachkundig vertreten war, beispielsweise durch einen Bauherrenvertreter. Andernfalls stellt die Nutzungsvereinbarung oft das einzige Dokument dar, welches für den Bauherrn aufgrund der nicht technischen Sprache verständlich ist.

Bauherr ist nicht mit dem Grundsatz der Vertragstreue (pacta sunt servanda) vereinbar.[41] Die in der Nutzungsvereinbarung festgehaltenen Anforderungen des Bauherrn sind durch den Planer einzuhalten.[42]

4. Das **Bestellungsänderungsrecht des Bauherrn** beinhaltet das Recht, die Anforderungen an das Bauwerk und damit den Inhalt der Nutzungsvereinbarung (neu) festzulegen. Die Nutzungsvereinbarung ist somit auf Verlangen des Bauherrn anzupassen. Zwar steht dem Bauherrn im Werkvertragsrecht nach Art. 363 ff. OR kein allgemeines Bestellungsänderungsrecht zu, doch dürfte ein solches Recht mangels Vereinbarung im Normalfall dem hypothetischen Parteiwillen entsprechen.[43] Ein einseitiges Recht des Bauherrn auf Bestellungsänderung (unabhängig von der Qualifikation des Vertragsverhältnisses) sehen die SIA-Ordnungen 102 und 103 vor. Auch nach Auftragsrecht steht dem *Auftraggeber das allgemeine Recht* zu, die Anforderungen und damit die Aufgaben des Planers durch einseitige Weisungen zu ändern (Art. 397 OR). 6.38

V. Nutzungsvereinbarung und die Leistungen des Planers

1. Nutzungsvereinbarung als zu vereinbarende Leistung

1. Planer und Bauherr können allfällige Pflichten der Parteien zur Erarbeitung einer Nutzungsvereinbarung frei vereinbaren.[44] Ohne Vereinbarung besteht grundsätzlich **keine Pflicht** des Planers zur Erarbeitung einer 6.39

---

41 STAUDER, S. 481.

42 Vgl. auch WEBER, S. 1; positive gesetzliche Anpassungsregeln sehen die Vertragsanpassung an veränderte Verhältnisse vor und weichen somit vom Grundsatz der Vertragstreue ab. Zu den positiven Anpassungsregeln gehören diejenigen Bestimmungen des OR, die eine Vertragsanpassung aus wichtigen Gründen und die Vertragsanpassung bei ausserordentlichen Umständen (zum Beispiel Art. 373 Abs. 2 OR) vorsehen. Eine Anpassung der Nutzungsvereinbarung an veränderte Verhältnisse, welche unter dem Stichwort «clausula rebus sic stantibus» bekannt ist, ist möglich. Es besteht jedoch eine gewisse Resistenz der Nutzungsvereinbarung gegenüber der Veränderung der Verhältnisse (vgl. GAUCH/SCHLUEP/SCHMID, Nr. 1280 ff.).

43 EGLI, Architektenrecht 1995, S. 344, Fn. 201.

44 Im Rahmen der in der Privatautonomie begründeten Vertragsfreiheit und in den Schranken der Rechtsordnung (Art. 19 f. OR; Art. 27 ZGB, vgl. GAUCH/SCHLUEP/SCHMID, Nr. 629 ff.).

Nutzungsvereinbarung. Aus der Einhaltung der allgemeinen Sorgfalts- und Treuepflichten, insbesondere aus der Einhaltung der anerkannten Regeln der Bautechnik, können sich für den Planer allerdings Pflichten zur Erarbeitung einer Nutzungsvereinbarung ergeben (vgl. Nr. 6.66).

6.40 **2.** Das Festhalten der Nutzungsanforderungen in einer Nutzungsvereinbarung – entsprechend der Art, Grösse und Bedeutung des zu erstellenden Bauwerks – kann sinnvoll sein, selbst wenn zwischen den Parteien keine konkreten Leistungen vereinbart wurden und sich diesbezügliche Pflichten des Planers nicht durch die Einhaltung der anerkannten Regeln der Bautechnik ergeben. Dies insbesondere aus folgendem Grund: Mit der Nutzungsvereinbarung steht dem Bauherrn und dem Planer ein Instrument zur Verfügung, die Pflichten des Planers zu konkretisieren und die Anforderungen des Bauherrn an das Werk zu dokumentieren. Es wird ein **Beweismittel** geschaffen: Mithilfe der Nutzungsvereinbarung kann dem Bauherrn beispielsweise der Beweis gelingen, dass der Eintritt einer bestimmten Tatsache als (objektive) Vertragsverletzung zu qualifizieren ist.[45] Andererseits kann die Nutzungsvereinbarung den Planer vor nicht vereinbarten Ansprüchen des Bauherrn schützen und dem Planer den Gegenbeweis ermöglichen, dass er die Anforderungen an das Werk erfüllt und damit die erforderliche (subjektive) Sorgfalt aufgebracht hat.[46]

6.41 Um sicherzustellen, dass ein Beweismittel auch für die mit der Projektbasis vorzunehmenden Konkretisierungen vorliegt, kann der Planer dem sachkundigen Bauherrn (oder seinem sachkundigen Vertreter)[47] auch die Projektbasis erläutern und darin festhalten, dass der Bauherr auch mit der Projektbasis und den darin enthaltenen Festlegungen einverstanden ist.

---

45 Beispielsweise vermag der Bauherr mittels einer Nutzungsvereinbarung zu beweisen, dass mit dem Planer gegenüber den «praxisüblichen» Festlegungen höhere Anforderungen an das Bauwerk vereinbart wurden.

46 Womit den Planer kein Verschulden trifft. Zur Vertragsverletzung und zum Verschulden des Planers vgl. Nr. 6.79 ff.; zufolge der «Objektivierung» und der Vermutung des Verschuldens gelingt es dem Planer allerdings selten, zu beweisen, dass kein Verschulden vorliegt, wenn vom Bauherrn eine Vertragsverletzung nachgewiesen wird. Die Tatsache, dass eine Nutzungsvereinbarung vorliegt, kann allerdings Hinweise auf die Erfüllung der Sorgfaltspflichten des Planers (Informations-, Aufklärungs-, Beratungspflichten, etc., dazu Nr. 6.62 ff.) geben.

47 Sachkunde ist notwendig, da die Projektbasis in einer technischen Sprache verfasst ist (vgl. Nr. 6.8).

2. Leistungen des Planers gemäss SIA-Ordnungen 102, 103 und 112

A. Nutzungsvereinbarung und Projektbasis statt Nutzungs- und Sicherheitsplan

1. Um eine klare Verteilung von Rechten und Pflichten zu erreichen, können von den Parteien **vorformulierte Vertragsbedingungen,** welche die Parteien zu Vertragsbestandteilen erklären, in den Planervertrag übernommen werden.[48] Zu solch vorformulierten Vertragsbedingungen gehören insbesondere die SIA-Ordnungen 102 und 103 als Allgemeine Geschäftsbedingungen für Architekten- bzw. Ingenieurverträge.[49] Der Begriff Nutzungsvereinbarung findet sich **nicht in den SIA-Ordnungen 102 und 103.** Die SIA-Ordnungen 102 und 103 sprechen unverändert vom «Nutzungs- und Sicherheitsplan» und meinen im Wesentlichen dasselbe wie die Nutzungsvereinbarung und die Projektbasis.[50] Gemäss Verständnis der SIA-Ordnungen 102 und 103 (und der alten SIA-Norm 160, Ausgabe 1993) werden die Nutzungsanforderungen im «Nutzungsplan», die Schutz- und Sicherheitsanforderungen im «Sicherheitsplan» geregelt.[51] 6.42

2. Mit Einführung der SIA-Normen 260–267 wurde *der Nutzungs- und Sicherheitsplan* durch die Nutzungsvereinbarung und die Projektbasis abgelöst und eine neue Gliederung eingeführt. Die sicherheitsrelevanten Aspekte werden gemäss SIA-Norm 260 nicht ausschliesslich der Projektbasis, die 6.43

---

48 Zur eingebürgerten Unterscheidung zwischen technischen Normen und Vertragsnormen, vgl. STÖCKLI, Private Baunormung, S. 3 f., der zudem festhält, dass die Unterscheidung von technischen Normen und Vertragsnormen insoweit ungenau ist, als selbstverständlich auch technische Normen zum Inhalt von Verträgen werden können.

49 Rechtserheblich sind solche Vertragsbedingungen nur insoweit, als sie von den Parteien einzelvertraglich übernommen werden; siehe auch BGE 118 II 296 E. 2a; 107 II 178.

50 Gemäss SIA-Norm 160 wurden die Nutzungsanforderungen resp. die konkreten Nutzungszustände im *Nutzungsplan* festgehalten. Basierend darauf erstellte der Planer die Gefährdungsbilder, welche im *Sicherheitsplan* festgehalten wurden. Der Sicherheitsplan diente unter anderem für die Berechnung und Bemessung. Darüber hinaus diente der Sicherheitsplan als Grundlage für den Kontrollplan und die Nutzungsanweisungen. Eine Anpassung der Terminologien in den SIA-Ordnungen 102 und 103 ist seit Einführung der SIA-Tragwerksnormen im Jahre 2003 noch nicht erfolgt.

51 Analog der Aufteilung gemäss der alten SIA-Norm 160 (Ausgabe 1989), Art. 2.33.1: «Im Nutzungsplan werden die für das Tragwerk zu berücksichtigenden Nutzungszustände zusammengestellt und festgelegt, mit welchen Massnahmen die *Gebrauchstauglichkeit* gewährleistet werden soll.»

nutzungsrelevanten Aspekte nicht ausschliesslich der Nutzungsvereinbarung zugeordnet. Sowohl die Nutzungsvereinbarung als auch die Projektbasis enthalten Elemente des Nutzungs- und Sicherheitsplanes. Die Nutzungsvereinbarung enthält sowohl **Aspekte der Sicherheit als auch der Gebrauchstauglichkeit.**[52] Ebenso die Projektbasis; diese enthält die fachbezogenen Elemente der abgelösten Dokumente «Nutzungsplan» und «Sicherheitsplan».

6.44 **3.** Die Nutzungsvereinbarung und die Projektbasis enthalten keine Ergebnisse, die weiter gehen als der Nutzungs- und Sicherheitsplan.[53] An die Stelle der Pflichten der Planer im Zusammenhang mit dem Nutzungs- und Sicherheitsplan treten die *Pflichten im Zusammenhang mit der Erarbeitung der Nutzungsvereinbarung und der Projektbasis.*

B. Leistungen gemäss SIA-Ordnung 102

6.45 Die SIA-Ordnung 102 weist die Leistungen des Architekten im Zusammenhang mit der Erstellung und Nachführung von Nutzungs- und Sicherheitsplan den **besonders zu vereinbarenden Leistungen**[54] zu. Die Erarbeitung einer Nutzungsvereinbarung gehört somit *nicht* zu den Grundleistungen des Architekten:[55]

---

52 Der Aspekt der Sicherheit wird allgemein im Baurecht als Teilaspekt der Gebrauchstauglichkeit behandelt. Im Gegensatz zu der «alten» SIA-Norm 160 (vgl. dazu Fn. 2), welche die Sicherheit getrennt von der Gebrauchstauglichkeit (im engen Sinne ohne Sicherheitsaspekte) verstanden hat (Art. 2 SIA 160, vgl. auch HESS-ODONI, Das Tragwerk, S. 4).

53 Zu beachten ist jedoch, dass mit der Nutzungsvereinbarung gegenüber dem Nutzungs- und Sicherheitsplan neue Anforderungen an die Verständlichkeit gestellt werden (vgl. TEC21, 27–28/2001, S. 28).

54 Die vom Planer zu erbringenden Leistungen werden in Grundleistungen und besonders zu vereinbarende Leistungen (Zusatzleistungen) gegliedert. Grundleistungen umfassen jene Leistungen, die zur ordnungsgemässen Erfüllung eines Auftrages in der Regel erforderlich und ausreichend sind. Je nach Aufgabe des Planers können einzelne Grundleistungen wegfallen, ohne dass dadurch die Qualität der Ergebnisse vermindert wird (Art. 3.3.3 SIA 102). Sofern zwischen Planer und Bauherr vereinbart, treten zu den Grundleistungen besonders zu vereinbarende Leistungen hinzu (Art. 3.3.4 SIA 102, vgl. auch Art. 3.2.2 SIA 102, wonach für besondere Aufträge wie Studien, Beratungen, Koordination, Kontroll- und Überwachungsaufgaben die Leistungen speziell zu vereinbaren sind. Die Aufgaben der Gesamtleitung sind in Art. 3.4.1 SIA 102 umschrieben).

55 Diese Leistung wird als besonders zu erbringende Leistung in der Regel nur vereinbart, wenn der Architekt ebenfalls Leistungen im Zusammenhang mit der Tragwerksplanung erbringen soll.

- Gemäss Art. 4.31 SIA 102 ist mit dem Architekten die «Erstellung eines Nutzungs- und Sicherheitsplanes» im Rahmen der Projektierung (Vorprojekt) *besonders* zu vereinbaren. 6.46
- Gemäss Art. 4.32 SIA 102 hat der Architekt den Nutzungs- und Sicherheitsplan, sofern besonders vereinbart, nachzuführen. 6.47

C. Leistungen gemäss SIA-Ordnung 103

Abhängig davon, ob der Bauingenieur als *Gesamtleiter* (vgl. Art. 2.3 SIA 103) oder als *Spezialist* (vgl. Art. 2.4 SIA 103) tätig ist, sieht die SIA-Ordnung 103 für den Bauingenieur einen unterschiedlichen Leistungsumfang vor.[56] 6.48

Die Leistungen des Bauingenieurs in Bezug auf den Nutzungs- und Sicherheitsplan gehören gemäss der SIA-Ordnung 103 immer zu den **Grundleistungen.** 6.49

a. Leistungen des Bauingenieurs als Gesamtleiter

- Gemäss Art 4.1.31 SIA 103 hat der Bauingenieur im Rahmen der Projektierung (Vorprojekt), Unterlagen für Projektkonzepte (Nutzungs- und Betriebskonzepte) zu erstellen. 6.50
- Gemäss Art. 4.1.31 SIA 103 hat der Bauingenieur im Rahmen der Projektierung (Vorprojekt) die Grundlagen für den Nutzungs- und Sicherheitsplan zu erarbeiten. 6.51
- Gemäss Art. 4.1.31 SIA 103 hat der Bauingenieur im Rahmen der Projektierung (Vorprojekt) den Nutzungs- und Sicherheitsplan zu erstellen. 6.52
- Gemäss Art. 4.1.32 SIA 103 hat der Bauingenieur im Rahmen der Projektierung (Bauprojekt) unter dem Titel «Gesamtleitung» die Projektorganisation, die Pflichtenhefte und die Abgrenzungen (insbesondere auch den Nutzungs- und Sicherheitsplan) zu überprüfen und zu aktualisieren. 6.53

---

[56] Die SIA-Ordnung 103 unterscheidet zwischen den vom Bauingenieur als Gesamtleiter für «ganze Bauwerke» (vgl. Art. 4.1 SIA 103) und den vom Bauingenieur als Spezialisten für «Teile von Bauwerken» (vgl. Art. 4.2 SIA 103) zu erbringenden Leistungen. Als Gesamtleiter verfasst der Bauingenieur den Entwurf und es obliegt ihm insbesondere die Leitung der Projektierung und Ausführung. Als Spezialist übernimmt er – unter der Führung des Gesamtleiters – die Bearbeitung einzelner Bauwerksteile, oft der Tragwerkskonstruktion.

6.54 – Gemäss Art. 4.1.51 SIA 103 hat der Bauingenieur bei der Realisierung des Ausführungsprojekts die Nachführung des Sicherheits- und Nutzungsplanes sowie die Verträglichkeit von zur Ausführung vorgesehenen Varianten mit den Projektanforderungen sicherzustellen.

b. Leistungen des Bauingenieurs als Spezialist

6.55 – Gemäss Art 4.2.31 SIA 103 hat der Bauingenieur im Rahmen des Beschriebs und der Visualisierung der Projektgrundlagen bei der Erarbeitung des Nutzungs- und Sicherheitsplanes mitzuwirken.[57]

D. Leistungen gemäss SIA-Ordnung 112 (Leistungsmodell)

6.56 Leistungen des Planers bezüglich Nutzungsvereinbarung können durch Übernahme der SIA-Ordnung 112, Leistungsmodell (Ausgabe 2001; Nr. 1.78 ff.), vereinbart werden.[58] Die vom Planer zu erbringende Leistung wird in der SIA-Ordnung 112 «integral» bzw. «universell» beschrieben und nach Modulen gegliedert.[59] Zur fachspezifischen Leistungsbeschreibung werden in der Regel die SIA-Ordnungen 102 und 103 verwendet (Nr. 6.42 ff.).[60] Die SIA-Ordnung 112 selbst hält bezüglich Nutzungsvereinbarung fest:

6.57 – Art. 312.4 SIA 112 definiert die Erstellung der notwendigen Dokumente, Berichte und Nachweise als Modulinhalt bzw. als eine von den Planern im Rahmen der Projektierung (Rahmen Vorprojekt) zu erbringende Leistung. Als erwartetes Ergebnis (Dokument) der Konzeption und der Optimierung der Wirtschaftlichkeit werden u.a. der *Nutzungsplan, Gefährdungsbilder* und der *Sicherheitsplan* vereinbart.

---

57 Was genau vom Begriff der Mitwirkung erfasst wird, lässt die Ordnung offen.

58 Zur Regelung der Beziehung zwischen dem Auftraggeber und dem Planerteam bzw. dem Gesamtleiter stehen Formularverträge der SIA zur Verfügung (zum Beispiel der Planervertrag SIA 1012/1).

59 EGLI, Revidierte SIA-Ordnungen, S. 49.

60 Das Leistungsmodell ist für eine Anwendung im Verbund mit den Ordnungen für Leistungen und Honorare der Architekten, der Landschaftsarchitekten, der Bauingenieure, der Forstingenieure, der Maschinen- und der Elektroingenieure, der Fachingenieure für Gebäudeinstallationen sowie der Raumplaner (SIA-Ordnungen 102, 103, 104, 108 und 110) konzipiert. Die Leistungsbeschreibungen in diesen Ordnungen können gezielt herangezogen werden, um in einem Projekt die Leistungen, die in einem Modul erbracht werden sollen, zu definieren.

– Art. 322.3 SIA 112 hält fest, dass der Planer im Rahmen des Bauprojekts die Konzepte bereinigen, das Bauprojekt mit den notwendigen Dokumenten, Berichten und Nachweisen sowie die Detailpläne, soweit für das Bauprojekt erforderlich, erstellen muss. Als Ergebnis (Dokument) gehört die «Nachführung Nutzungsplan und Sicherheitsplan» zu den erwarteten Leistungen des Planers. 6.58

3. Nutzungsvereinbarung und Sorgfalts- und Treuepflichten des Planers

1. Der Planer kann die im Zusammenhang mit der Nutzungsvereinbarung stehenden Pflichten dadurch verletzen, dass er den vertraglich festgelegten Leistungen und den abgegebenen Zusicherungen nicht nachkommt. Eine Vertragsverletzung kann weiter dadurch erfolgen, dass der Planer die **vertraglich geschuldete «getreue und sorgfältige» Leistungserbringung** missachtet.[61] Unabhängig davon, ob die Pflichten des Planers im Zusammenhang mit der Erarbeitung einer Nutzungsvereinbarung nach Auftrags- oder Werkvertragsrecht zu beurteilen sind, hat der Planer die notwendige Sorgfalt anzuwenden und die berechtigten Interessen der Bauherrschaft in guten Treuen zu wahren (Art. 364 Abs. 1 und Art. 398 OR).[62] 6.59

2. Massgebend für die Beurteilung der bei der Erarbeitung und Prüfung der Nutzungsvereinbarung geschuldeten Sorgfalt des Planers ist ein **abstrakter Sorgfaltsmassstab,** gemessen an einem berufsspezifischen Durchschnittsverhalten (Nr. 8.40 ff.). Für verschiedene Spezialisierungstiefen (allgemeine Planer, Architekten, Tragwerksplaner, etc.) ist ein unterschiedlicher Massstab anzulegen.[63] Die geschuldeten Sorgfalts- und Treuepflichten bei der Erarbei- 6.60

---

61 Vgl. auch Art. 1.3.1 SIA 102/103: «Sorgfaltspflicht: Der Architekt wahrt die Interessen des Auftraggebers, insbesondere die Erreichung seiner Ziele, nach bestem Wissen und Können und erbringt die vertraglich vereinbarten Leistungen unter Beachtung der allgemeinen anerkannten Regeln seines Fachgebietes.» Gemäss Art. 1.9.11 SIA 102/103 haftet der Planer «(...) insbesondere bei Verletzung seiner Sorgfalts- und Treuepflicht, bei Nichtbeachtung oder Verletzung anerkannter Regeln seines Fachgebietes, bei mangelnder Koordination oder Beaufsichtigung, bei ungenügender Kostenerfassung sowie bei Nichteinhaltung von verbindlich vereinbarten Fristen oder Terminen.»

62 Vgl. BGer 4C.284/2006 (7.11.2006).

63 Scherler, Die Haftung, S. 44, weist auf die kaskadenartige Betrachtungsweise des Bundesgerichts bei der Beurteilung der Sorgfalt des Planers hin, welches auf einer ersten Stufe von der nach objektiven Kriterien zu bestimmenden Sorgfalt eines gewissenhaften

tung der Nutzungsvereinbarung verlangen insbesondere die Einhaltung der folgenden Pflichten des Planers:

A. Klärung der Anforderungen des Bauherrn

6.61 Der Planer hat sich über die (Nutzungs-) Anforderungen und Vorstellungen des Bauherrn an das Werk zu informieren. Konkret erforderlich ist die **Beschreibung und Quantifizierung der Anforderungen des Bauherrn.**[64] Dies setzt voraus, dass sich der Planer durch gezielte und strukturierte Fragestellungen in die Lage versetzt, die Vorstellungen des Bauherrn bezüglich Nutzung, Nutzungsdauer, Gebrauchstauglichkeit, usw. korrekt zu erfassen. Unklarheiten müssen durch den Planer geklärt werden. Demgegenüber obliegt es dem Bauherrn, seine eigenen Bedürfnisse abzuklären und diese dem Planer mitzuteilen.

B. Informations-, Aufklärungs- und Beratungspflicht

6.62 **1.** Aus dem Zweck der Nutzungsvereinbarung ergibt sich, dass der Bauherr deren Inhalt verstehen muss, diese somit in einer für den Bauherrn verständlichen Sprache abgefasst sein muss.[65] Die Intensität von Dialog und Beratung durch den Planer richtet sich nach den für den Planer erkennbaren Bedürfnissen des Bauherrn, mithin nach dem Sachverstand des Bauherrn oder seiner Hilfspersonen.[66] Der Planer hat den Bauherrn über alles zu **informieren** und ihm von sich aus die notwendigen Hilfestellungen zu geben, um ihn in die Lage zu versetzen, seine Anforderungen zu formulieren.[67] Darüber

---

Beauftragen ausgeht, alsdann auf einer zweiten Stufe die berufstypischen Verhaltensregeln und Usanzen heranzieht, und schliesslich auf einer dritten Stufe die Beurteilung an den besonderen Grundlagen des Einzelfalles sowie der Art des Auftrages verfeinert; zum sogenannten Übernahmeverschulden vgl. FELLMANN, Haftung für Werkmängel, S. 111: Der Planer vermag sich durch die Geltendmachung fehlender Ausbildung, von Unerfahrenheit, von Zeitmangel oder dergleichen nicht zu entlasten, im Gegenteil, gerade die eigene Unfähigkeit gereicht dem Planer zum Verschulden.

64 LÖFFELMANN/FLEISCHMANN, Nr. 61.

65 Art. 2.2 SIA 260: «Der Planer erstellt die Nutzungsvereinbarung im Dialog mit dem Bauherrn.»

66 Vgl. SCHUMACHER, Architektenrecht 1995, Nr. 441 und Nr. 456; vgl. KRAUSKOPF-FORERO/SIEGENTHALER, S. 300, mit Hinweis auf BRINER, Architektenverträge, S. 31 f.

67 Grundsätzlich hat der Planer als Ausfluss seiner Sorgfalts- und Treuepflicht den Bauherrn über alles zu informieren, was für dessen Rechtsausübung und Rechtsstellung wichtig ist (SCHUMACHER, Architektenrecht 1995, Nr. 441; Nr. 8.120 ff.).

hinausgehende Informationen oder Informationen, welche der Bauherr zur Formulierung seiner Anforderungen bereits kennt oder entsprechend seinem Sachverstand kennen müsste, sind nicht geschuldet.

2. Nebst der Informationspflicht trifft den Planer eine **Aufklärungspflicht.** 6.63
Diese reicht weiter als die blosse Information, indem der Bauherr nicht nur zu informieren, sondern ihm die Festlegungen in der Nutzungsvereinbarung – soweit erforderlich – auch zu erklären sind.[68] Im Hinblick auf die Nutzungsanforderungen hat der Planer denn auch bereits im Stadium des Vorprojekts den Bauherrn im Sinne eines Grobfilters auf die Vor- und Nachteile seiner Festlegungen aufmerksam zu machen. Der Planer muss den Bauherrn über die Konsequenzen der in der Nutzungsvereinbarung getroffenen Anforderungen und deren Tragweite *belehren.*[69] Dies insofern und soweit, als dem (sachverständigen) Bauherrn die Konsequenzen seiner Anforderungen nicht bereits bekannt sind oder bekannt sein müssten. Der Planer hat den Bauherrn sofort zu informieren, sollten dessen Anforderungen nicht wie erwartet umgesetzt werden können.[70]

3. In Bezug auf die Erarbeitung der Nutzungsvereinbarung trifft den Planer 6.64
zusätzlich die noch anspruchsvollere **Beratungspflicht,** die über die blosse Aufklärung hinausgeht.[71] Der Planer hat dem Bauherrn Empfehlungen abzugeben und insbesondere Vorschläge zu den festzulegenden Anforderungen zu unterbreiten. Der Planer hat sicherzustellen, dass der Bauherr seine Anforderungen[72] aufgrund realistischer Vorstellungen und Kenntnisse von den das Bauvorhaben betreffenden Rahmenbedingungen, Risiken und (technischen und ökonomischen) Möglichkeiten formulieren kann.[73]

---

68 Schumacher, Architektenrecht 1995, Nr. 442, mit weiteren Hinweisen; vgl. Krauskopf-Forero/Siegenthaler, S. 301, mit Hinweisen.

69 Der Bauherr muss vom Planer beispielsweise in die Lage versetzt werden, rechtzeitig sämtliche Folgen seiner Anforderungen zu erkennen, beispielsweise bezüglich Schwingungen, Verformungen, Raumklima, Akustik, usw. (vgl. Schumacher, Architektenrecht 1995, Nr. 442).

70 Löffelmann/Fleischmann, Nr. 61; Briner, Architektenverträge, S. 31.

71 Vgl. Schumacher, Architektenrecht 1995, Nr. 443; vgl. auch Art. 3.3.1 SIA 102.

72 Aus der vorgesehenen Nutzung resultierende Anforderungen an die Eigenschaften und das Verhalten eines Bauwerks (vgl. SIA-Norm 260, S. 12).

73 Vgl. Art. 2.2 SIA 260: «Die Nutzungsvereinbarung ist aufgrund des Dialogs zwischen Bauherrschaft und Projektfachleuten zu erstellen (…)».

C. Abmahnungspflicht

6.65 Der Planer hat **unzweckmässige oder gefährliche Festlegungen** des Bauherrn abzumahnen (Nr. 8.132).[74] Eine schriftliche Enthaftungserklärung, worin der Planer seine Verantwortung ablehnt, ist rechtlich nicht zwingend.[75] Es genügt eine mündliche Abmahnung.[76] Im Rahmen der Erarbeitung der Nutzungsvereinbarung empfiehlt es sich jedoch, in beweissichernder Form, am besten in der Nutzungsvereinbarung selbst, abzumahnen. Hält der Bauherr trotz Abmahnung an seinen Festlegungen in der Nutzungsvereinbarung fest oder verschuldet er auf andere Weise selbst Mängel, fallen die ihm bei einer Mangelhaftigkeit des Werkes gegebenen Rechte dahin (Art. 369 OR).

4. Nutzungsvereinbarung und anerkannte Regeln der Bautechnik

6.66 Es besteht eine natürliche Vermutung, dass die technischen Normen der SIA im Zeitpunkt ihrer Veröffentlichung die anerkannten Regeln der Bautechnik[77] zum Ausdruck bringen.[78] Die Sorgfaltspflichten und die Wahrung der berechtigten Interessen des Bauherrn[79] erfüllt der Planer bestmöglich dann, wenn er die allgemein anerkannten Regeln der Bautechnik einhält. Bezüglich Nutzungsvereinbarung gilt dabei Folgendes:

---

[74] Vgl. BGE 115 II 65; vgl. SCHUMACHER, Architektenrecht 1995, Nr. 449; KRAUSKOPF-FORERO/SIEGENTHALER, S. 301, mit weiteren Hinweisen; ungünstige Anforderungen können unter dem Gesichtspunkt von Bautechnik, Wirtschaftlichkeit und anderen Umständen vorliegen.

[75] KRAUSKOPF-FORERO/SIEGENTHALER, S. 301; wie Abmahnung vom Bauherrn bzw. vom Dritten empfangen werden, vgl. BGE 116 II 308.

[76] Vgl. SCHUMACHER, Architektenrecht 1995, Nr. 450; vgl. auch Art. 1.4.4 SIA 102/103. Mündlichkeit genügt auch für die Abmahnungen des Unternehmers gemäss Art. 25 SIA 118; gemäss Art. 25 Abs. 2 SIA 118 ist Schriftlichkeit jedoch empfohlen (vgl. HÜRLIMANN, KommSIA 118, N 10 zu Art. 25).

[77] Es existiert keine Legaldefinition der anerkannten Regeln der Bautechnik. Zum Begriff vgl. GAUCH, Werkvertrag, Nr. 845 ff.; auch BGer 4A_458/2008 (21.1.2009) E. 3.3.

[78] STÖCKLI, Private Baunormung, S. 14 f.; SIA-Normen können, müssen aber nicht, «anerkannte Regeln der Technik» enthalten (GAUCH, Werkvertrag, Nr. 850 f.).

[79] Vgl. Art. 398 Abs. 1 und 2 OR bzw. 364 Abs. 1 OR.

A. Tragwerksplanung: Nutzungsvereinbarung als anerkannte Regel der Bautechnik

Durch die SIA-Tragwerksnormen (SIA-Normen 260 bis 267) werden im Bereich der Tragwerksplanung die Pflichten des Planers im Zusammenhang mit der Nutzungsvereinbarung als Regeln der Bautechnik fixiert.[80] Es muss eine Nutzungsvereinbarung erarbeitet werden, und der Planer hat bei der Erarbeitung der Nutzungsvereinbarung mitzuwirken (vgl. auch Art. 2.2 SIA 260).[81] Ob der Planer oder der Bauherr die Nutzungsvereinbarung zu erarbeiten hat, lassen die SIA-Tragwerksnormen offen. In der Regel wird die Pflicht zur Erstellung der Nutzungsvereinbarung im konkreten Planervertrag dem Planer zugewiesen, allenfalls sind die Pflichten des Planers durch Auslegung zu ermitteln.[82] 6.67

B. Inhaltsschranken der Nutzungsvereinbarung

Selbstverständlich können in einer Nutzungsvereinbarung ohne Weiteres Anforderungen festgelegt werden, welche **über die anerkannten Regeln der Bautechnik hinausgehen** bzw. weiter gehen, als nach den Vorgaben der SIA-Norm 260 gefordert ist. Es stellt sich jedoch die Frage, inwiefern mittels einer Nutzungsvereinbarung zwischen Bauherr und Planer weniger weit gehende Anforderungen und Vorgaben vereinbart werden dürfen. Klar scheint zunächst lediglich, dass Festlegungen, die Leib und Leben von Mitmenschen in unerlaubter Weise gefährden, wegen deren *Rechts- und Sittenwidrigkeit* ungültig 6.68

---

80 Dies galt bezüglich des Nutzungs- und Sicherheitsplaners bereits gemäss SIA-Norm 160, währenddessen vor der Einführung dieser Normen die Pflicht des Ingenieurs, in seiner fachlichen Kompetenz den entsprechenden Beitrag und die Gewährleistung einer vom Bauwerk verlangten Nutzung und Sicherheit zu leisten, nur als weniger genau fassbare, ungeschriebene Regel der Bautechnik bestand (vgl. Briner, Nutzungsplan, S. 633); zur SIA-Norm 260 als «Stand der Technik» vgl. BGer 1C.183/2008 (23.5.2008) E.6.1; zur Zulässigkeit von Abweichungen von den SIA-Normen vgl. die Bestimmungen in den Normen selbst, beispielsweise Art. 0.3.1 SIA 262: «Ausnahmen von der vorliegenden Norm sind zulässig, wenn sie durch Theorie oder Versuche ausreichend begründet werden oder wenn neue Entwicklungen und Erkenntnisse dies rechtfertigen.»

81 Zudem sind «Schutzziele und Schutzgrad» aufgrund einer Risikobewertung festzulegen (Art. 2.2 SIA 260).

82 Gerade beim Vorliegen mehrerer Planerverträge ist die Abgrenzung der Pflichten der Planer teils nur durch Auslegung des vereinbarten Leistungsinhaltes festzustellen.

wären.[83] Die SIA-Norm 260 behandelt die Sicherheit[84] (Art. 4.4.3 SIA 260) getrennt von der Gebrauchstauglichkeit (Art. 4.4.4 SIA 260).[85] Entsprechend zu differenzieren ist auch hinsichtlich der Zulässigkeit von Festlegungen in einer Nutzungsvereinbarung.[86]

a. Gebrauchstauglichkeit

6.69 **1.** Der Planer hat im Rahmen seiner Zuständigkeit zu gewährleisten, dass seine Planung bei richtiger Umsetzung zu einem gebrauchstauglichen Bauwerk führt.[87] Im Bereich der Tragwerksplanung ist die Gebrauchstauglichkeit definiert als «die Fähigkeit eines Tragwerks und seiner Bauteile, die Funktionstüchtigkeit und das Aussehen des Bauwerks sowie den Komfort der das Bauwerk nutzenden Personen entsprechend den Gebrauchsgrenzen zu gewährleisten».[88]

---

83 Vgl. SCHERLER, Die Haftung, S. 44.

84 Genauer, die Tragsicherheit: «Fähigkeit eines Tragwerks und seiner Bauteile, die Gesamtstabilität sowie einen für die anzunehmenden Einwirkungen ausreichenden Tragwiderstand (einschliesslich der Ermüdungsfestigkeit) entsprechend einer festgelegten, erforderlichen Zuverlässigkeit zu gewährleisten.» (SIA 260, S. 14).

85 Währenddessen ansonsten im Baurecht in der Regel die Sicherheit als Teilaspekt der Gebrauchstauglichkeit behandelt wird (vgl. HESS-ODONI, Das Tragwerk, S. 4); gemäss GAUCH, Werkvertrag, Nr. 1423, darf der «Besteller erwarten, dass ein bewegliches oder unbewegliches Werk, wenn es bestimmungsgemäss gebraucht wird, keine Gefahren für Leib und Leben des Benützers oder Dritter schafft, die mit dem Gebrauch des Werkes der betreffenden Art nicht schon an sich und unvermeidbar verbunden sind». Im Falle der Tragwerksbemessung sieht die SIA-Norm 260 die Betrachtung von Grenzzuständen vor. Als solche werden die Tragsicherheit und die Gebrauchstauglichkeit unterschieden.

86 Die Unterscheidung zwischen Gebrauchstauglichkeit und Sicherheit findet sich auch in den SIA-Tragwerksnormen; beispielsweise sieht Art. 4.3.1.4 SIA 261 (Einwirkungen auf Tragwerke) vor, dass je nach Tragwerksverhalten und Bemessungssituation für die Nachweise der Tragsicherheit und der Gebrauchstauglichkeit unterschiedliche Erddrücke massgebend werden können.

87 Vgl. Art. 2.4.7 SIA 260: «Die vorhersehbaren Nutzungszustände sind durchzudenken und entsprechende Massnahmen zur Gewährleistung der Gebrauchstauglichkeit sind festzulegen.»

88 Definition der Gebrauchstauglichkeit gemäss SIA 260, S. 10. Die rechtlich unbestimmten Begriffe werden gemessen an Kriterien wie Schwingungsverhalten, Rissbildungen, Verformungen, etc.

2. Durch die in den SIA-Normen enthaltenen numerischen Richtwerte bezüglich Funktionstüchtigkeit, Aussehen und Komfort[89] wird der **Begriff der Gebrauchstauglichkeit objektiviert.** Ein (zwischen Planer und Bauherr in der Nutzungsvereinbarung oder in einem anderen Vertragsbestandteil) nicht vereinbartes Abweichen von den Richtwerten hat daher zur Folge, dass das Bauwerk nicht die Gebrauchstauglichkeit aufweist, die der Bauherr voraussetzen bzw. erwarten durfte und damit mangelhaft ist.[90] 6.70

3. Da es sich bei den Werten zur Gebrauchstauglichkeit lediglich um Richtwerte[91] handelt, sind diese mittels **Festlegungen in der Nutzungsvereinbarung** einer vertraglichen Abänderung zugänglich. Planer und Bauherrn steht es frei, höhere oder tiefere Anforderungen als in den Richtwerten vorgegeben zu vereinbaren.[92] Beispielsweise können in der Nutzungsvereinbarung zugunsten einer besseren Wirtschaftlichkeit Einschränkungen bei Aussehen und Komfort festgelegt werden, oder Bauherr und Planer können festlegen, dass bei bestimmten Ereignissen ein gewisses Mass an Schäden akzeptiert wird. 6.71

Dies unter der Voraussetzung, dass die Sicherheit nicht gefährdet wird bzw. dass keine Einsturzgefahr besteht. Für Erdbebenereignisse ist die Verifizierung der in der Nutzungsvereinbarung festgelegten Anforderungen an die Gebrauchstauglichkeit für Bauwerke der Bauwerksklasse III vorgeschrieben.[93] 6.72

---

89 Die SIA-Norm 260 enthält weiter Grenzwerte für die Durchbiegung und das Schwingungsverhalten von Decken und Balken sowie für die horizontale Auslenkung von Wänden, Rahmen und Stützen.

90 Ein Abweichen von den Richtwerten bedeutet, dass das Bauwerk nicht das gewünschte Niveau an Funktionstüchtigkeit, Aussehen oder Komfort erreicht (vgl. GASCHE, S. 48).

91 Es handelt sich bei den Parametern zur Gebrauchstauglichkeit der SIA-Norm 260 somit nicht durchwegs um Regeln der Bautechnik, sondern um Konventionen bzw. Erfahrungswerte aus der Praxis, sowohl bezüglich Bemessungssituation als auch bezüglich Bemessungskriterien und deren Grenzen (vgl. S. 48 SIA 260).

92 Vgl. zum Beispiel SIA 260, S. 39 und 41: «Die Verformungen sind gemäss den Normen SIA 262 bis 266 zu bestimmen. Abweichende Gebrauchsgrenzen können in Absprache mit der Aufsichtsbehörde festgelegt werden und sind in der Nutzungsvereinbarung festzuhalten. Insbesondere für so genannt sekundäre Bauteile und besondere Strecken wie Anschluss- und Mehrschienengleise können reduzierte Anforderungen gelten.»

93 Art. 16.1.5 SIA 261 (Einwirkungen auf Tragwerke): «Der Nachweis der Tragsicherheit ist für alle Bauwerksklassen zu erbringen, der Nachweis der Gebrauchstauglichkeit nur für die Bauwerksklasse III»; vgl. auch Art. 4.4.4.1 SIA 260: «Nachweise der Gebrauchstauglichkeit sind für andauernde und vorübergehende Bemessungssituationen zu führen, in Ausnahmefällen auch für aussergewöhnliche Bemessungssituationen (zum Beispiel Erdbeben für Bauwerksklasse 3 gemäss Norm SIA 261).»

6.73 Die Einhaltung der Sorgfaltspflichten verlangt vom Planer gerade, dass die Richtwerte zur Gebrauchstauglichkeit projektspezifisch den Anforderungen des Bauherrn angepasst werden. Der Planer ist verpflichtet, die Richtwerte situativ relativiert oder fallweise auch verschärft anzuwenden.[94] Jedenfalls hat der Planer den Bauherrn auf die Tragweite seiner Anforderungen – ob den Richtwerten entsprechend oder von diesen abweichend – aufmerksam zu machen.[95]

6.74 **4.** Soweit die Gebrauchstauglichkeit betroffen ist, können die Vertragsparteien vereinbaren, auf die Erarbeitung einer Nutzungsvereinbarung – entgegen den anerkannten Regeln der Bautechnik – *zu verzichten.* Ein solcher Verzicht ist zulässig, aber nicht leichthin zu vermuten.[96]

b. Sicherheit

6.75 **1.** Im Bereich der Anwendbarkeit der SIA-Tragwerksnormen haben die Parteien die Sicherheitsanforderungen in einer Nutzungsvereinbarung festzulegen. Die Gefährdungen[97] sind auf jeden Fall unter Kontrolle zu halten oder auf ein akzeptierbar kleines Mass zu beschränken.[98] Bezüglich Sicherheit sind den Parteien Festlegungen in einer Nutzungsvereinbarung daher *teilweise entzogen* (vgl. zur Beschreibung der «akzeptierten Risiken» in der Projektbasis Art. 2.5.2 SIA 260).

---

94 Dies insbesondere im Hinblick auf ein kostenoptimiertes Projekt. Anspruchsvoll ist die Arbeit des Planers bei der Erarbeitung der Nutzungsvereinbarung insbesondere dann, wenn die anerkannten Regeln der Bautechnik keine oder aber nur sehr strenge Kriterien zur Erfüllung der Gebrauchstauglichkeit enthalten.

95 Die Sorgfaltspflichten des Planers gebieten es unter Umständen, mehrere Varianten mit unterschiedlichen Anforderungen zu studieren und mit dem Bauherrn zu diskutieren.

96 Ziff. 0.4.1 SIA 198 (Bauwesen, Untertagbau, Ausgabe 2004) hält zu Abweichungen von der Norm beispielsweise fest: «Objektspezifisch begründete Abweichungen von der vorliegenden Norm sind zulässig, wenn die vorhandenen Randbedingungen oder neue Entwicklungen und Erkenntnisse diese rechtfertigen.» Und Ziff. 0.4.2: «Die Abweichungen sind in der *Nutzungsvereinbarung* darzulegen und zu begründen sowie in der Projektbasis zu dokumentieren.»

97 Definition der Gefährdung: «Die Tragsicherheit in Frage stellender Umstand» (SIA 260, S. 10).

98 Vgl. Art. 2.4.4 SIA 260: Mögliche Gefährdungsbilder sind durchzudenken und geeignete Massnahmen sind festzulegen, um die Gefährdungen unter Kontrolle zu halten oder auf ein akzeptierbar kleines Mass zu beschränken.

Beispielsweise hat der Planer bei der Erdbebenbemessung von Gebäuden die SIA-Tragwerksnormen anzuwenden und einzuhalten.[99] Die SIA-Norm 260 schreibt für Neubauten bestimmte Annahmen für Erdbebeneinwirkungen[100] vor.[101] 6.76

2. Sollte der Bauherr in Bezug auf die Sicherheit ungenügende Festlegungen in der Nutzungsvereinbarung vornehmen wollen, hat der Planer sowohl bei Umbauten als auch bei Neubauten abzumahnen.[102] 6.77

3. Grössere Sicherheiten, als sie nach den Vorgaben der SIA gefordert werden, können zwischen Planer und Bauherr in der Nutzungsvereinbarung vereinbart werden.[103] Die Parteien können beispielsweise die Anwendung von Baumethoden vereinbaren, die eine grössere Erdbebensicherheit versprechen.[104] 6.78

VI. Nutzungsvereinbarung und die Haftung des Planers aus Vertrag

1. Auftragsrechtliche Haftung

1. Unterliegt die Haftung des Planers im Zusammenhang mit der Nutzungsvereinbarung dem Auftragsrecht (Nr. 6.32), leitet sich die Haftung aus den Pflichtverletzungen ab, welche dem Planer vorzuwerfen sind. Der Planer hat für sein pflichtwidriges Verhalten einzustehen, insbesondere für *die Nichterfüllung* und für die *fehlerhafte Erfüllung* seiner Pflichten im Zusammenhang mit der Nutzungsvereinbarung (Art. 97 ff. OR). 6.79

---

99 DAZIO, S. 9.

100 Vgl. zum Begriff «Erdbebenwirkung» Art. 16.2 SIA 261 (Einwirkungen auf Tragwerke).

101 Die SIA-Norm 260 schreibt für Neubauten wesentlich höhere Erdbebeneinwirkungen als die frühere SIA-Norm 160 vor (vgl. SCHERLER, Die Haftung, S. 43); Erdbebenvorschriften finden sich nebst den SIA-Tragwerksnormen (SIA-Normen 260–267) in den SIA-Dokumenten D0181 (Ausgabe 2003), D0182 (Ausgabe 2003), D0191 (Ausgabe 2004), SGEB (Ausgabe 2004), D0211 (Ausgabe 2005); vgl. SCHUMACHER, SIA-Erdbebennormen, S. 13; zur Überprüfung bestehender Gebäude bezüglich Erdbeben siehe SIA-Merkblatt 2018 (Ausgabe 2004).

102 Zur Abmahnungs- und Anzeigepflicht des Planers bei ungenügender Erdbebensicherheit, vgl. MAFFIOLETTI, S. 25.

103 SCHERLER, Die Haftung, S. 44, mit Hinweis auf SCHUMACHER, Erdbebensicherung, S. 105.

104 Dabei kann es sich um konstruktive Vorschriften handeln, die strenger sind als die zurzeit geltenden Regeln der Technik, jedoch noch nicht anerkannt sind, oder um Vorschriften zur Erdbebenvorsorge für spezielle Bauwerke (SCHUMACHER, Erdbebensicherung, S. 114).

6.80 **2.** Die **Vertragsverletzung** kann darin bestehen, dass der zuständige Planer den *vertraglich festgelegten oder den sich aus den anerkannten Regeln der Bautechnik*[105] *ergebenden Pflichten zur Erarbeitung* der Nutzungsvereinbarung nicht nachkommt und keine Nutzungsvereinbarung erstellt.[106] Eine Pflichtverletzung liegt weiter dann vor, wenn der Planer seine Sorgfaltspflichten bei der Erstellung der Nutzungsvereinbarung nicht einhält oder wenn er gegen die *allgemeinen Verhaltenspflichten,* die sich aus der Treue- und Sorgfaltspflicht des Planers ableiten, verstösst.[107] Der Bauherr darf erwarten, dass im Rahmen der Erarbeitung der Nutzungsvereinbarung die wesentlichen zu diesem Zeitpunkt zu treffenden Festlegungen (da Grundlage der weiteren Planung darstellend) vom Planer erörtert und in der Nutzungsvereinbarung festgehalten werden.

6.81 **3.** Für die (behauptete) Verletzung der vertraglichen Pflichten des Planers ist der Bauherr beweisbelastet (Art. 8 ZGB). Dem Bauherrn obliegt eine **doppelte Beweislast,**[108] nämlich einerseits der *Beweis der Existenz* der angeblich verletzten Pflicht. Dies erfordert den Beweis der Begründung der betreffenden Pflicht durch Vertragsschluss. Der Bauherr hat andererseits die *Verletzung* der nachgewiesenen Pflicht des Planers zu beweisen. Dieser Beweis kann durch den direkten Beweis der Verletzung der anerkannten Regeln der Bautechnik oder – falls der direkte Beweis nicht möglich oder unzumutbar ist – durch Wahrscheinlichkeitsbeweis erfolgen.[109]

6.82 **4.** Bei einer Vertragsverletzung wird das **Verschulden** des Planers vermutet (Art. 97 Abs. 1 OR).[110] Der Planer hat das Gegenteil zu beweisen, dass er

---

105 Die Nichtbeachtung einer Regel der Bautechnik bedeutet eine Pflichtverletzung des Planers. Eine Pflichtverletzung ist insbesondere dann anzunehmen, wenn das Arbeitsergebnis öffentlich-rechtlichen Bestimmungen widerspricht, zu denen auch die technischen Bauvorschriften gehören (vgl. SCHUMACHER, Erdbebensicherung, S. 113).

106 So auch HESS-ODONI, Das Tragwerk, S. 4; anders BRINER, Nutzungsplan, S. 633, welcher in Bezug auf die Erstellung des Sicherheits- und Nutzungsplans gemäss der alten SIA-Norm 160 in der Frage der Pflichtverletzung nicht auf die formal korrekte Erstellung, sondern auf die generelle Einhaltung der Sorgfaltspflichten des Planers abstellen will.

107 Vgl. SCHERLER, Die Haftung, S. 44.

108 Vgl. zur Beweislast BÜHLER, Beweislast, S. 295 f.

109 Vgl. SCHUMACHER, Architektenrecht 1995, Nr. 430 ff.

110 Vgl. SCHUMACHER, Architektenrecht 1995, Nr. 583 ff.; zu beachten ist auch Folgendes: Setzt der Planer bei der Erfüllung des Planervertrages Hilfspersonen ein, haftet er nach Art. 101 Abs. 1 OR für deren schädigendes Verhalten «in Ausübung ihrer Verrichtungen» kausal, d.h. ohne eigenes Verschulden (vgl. SCHUMACHER, Architektenrecht 1995, Nr. 587).

die erforderliche Sorgfalt aufgebracht hat und ihn deshalb kein Verschulden trifft.[111] Der Planer muss sich fortbilden und sich über seine Pflichten im Zusammenhang mit der Nutzungsvereinbarung auf dem Laufenden halten. Auch der Gesamtleiter, den die Pflichten im Zusammenhang mit der Nutzungsvereinbarung hauptsächlich treffen (vgl. Nr. 6.50 ff.), muss in der Lage sein, die übernommene Aufgabe zu bewältigen. Ist er dazu ganz oder teilweise nicht in der Lage, hat der Planer dem Bauherrn den Beizug von Spezialisten (zum Beispiel von Tragwerksplanern) vorzuschlagen. Andernfalls haftet der Planer aus Übernahmeverschulden.[112]

5. Voraussetzung der Haftung des Planers ist weiter, dass dem Bauherrn ein 6.83
Schaden[113] entstanden ist. Der Schaden im Zusammenhang mit den Pflichten des Planers (Nr. 6.39 ff.) bei der Erstellung der Nutzungsvereinbarung ist in der Regel ein Vertrauensschaden.[114] Der Bauherr ist insoweit geschädigt, als er bei einer sorgfältigen Erfüllung der Pflichten des Planers im Zusammenhang mit der Nutzungsvereinbarung anderweitige Anforderungen an das Werk festgelegt hätte und der durch die (überhöhten) Anforderungen entstandene Mehrwert für ihn nutzlos ist (etwa durch unnötige Überdimensionierungen») oder seine wirtschaftlichen Möglichkeiten übersteigt.[115] Da ein durch ungeeignete Festlegungen der Anforderungen geschaffener Mehrwert dem Bauherrn insoweit als Vorteil anzurechnen ist, als er ein persönliches Interesse daran hat, kann der massgebliche Schaden als Differenz zwischen dem objektiven Wert der Baute und dem subjektiven Nutzen des Bauherrn daran umschrieben werden. Hat der Planer durch unsorgfältige Erarbeitung oder durch eine fehlende Nutzungsvereinbarung den daraus entstehenden

[111] Der Planer trägt die Folgen der Beweislosigkeit, wenn der Richter weder von seinem Verschulden noch von der Behauptung, er habe die erforderliche Sorgfalt angewendet, überzeugt ist (SCHUMACHER, Architektenrecht 1995, Nr. 583).

[112] Vgl. SCHUMACHER, Architektenrecht 1995, Nr. 577; der Planer kann sich nicht mit mangelnder Ausbildung oder ungenügender Erfahrung entlasten (vgl. SCHUMACHER, Architektenrecht 1995, Nr. 488).

[113] Als Schaden wird eine unfreiwillige Vermögensverminderung, welche in einer Verminderung der Aktiven, einer Vermehrung der Passiven oder in einem entgangenen Gewinn bestehen kann, bezeichnet (GAUCH/SCHLUEP/EMMENEGGER, Nr. 2620).

[114] Vgl. BGE 122 III 61 mit zahlreichen Verweisen sowie 119 II 249.

[115] Bezüglich des für den Vertrauensschaden erforderlichen hypothetischen alternativen Verhaltens des Bauherrn vgl. BGer. 4A_187/2009 (14.7.2009) E. 4.1 und 5.1. Dieses Urteil äussert sich zum Vertrauensschaden infolge Verletzung der Pflicht des Planers zur Kostenüberwachung.

Schaden schuldhaft zu vertreten, haftet er dem Bauherrn.[116] Dieser ist so zu stellen, wie wenn der Planer seinen Pflichten im Zusammenhang mit der Nutzungsvereinbarung korrekt nachgekommen wäre.

6.84 **6.** Die Haftung des Planers erstreckt sich nur auf Schäden, welche in einem **Kausalzusammenhang** mit der betreffenden Vertragsverletzung stehen.[117] Die Pflichtverletzung des Planers muss für den Eintritt des Schadens somit ursächlich sein.[118] Der Fehler des Planers im Zusammenhang mit der Nutzungsvereinbarung muss als natürliche Ursache des Schadens erscheinen und nach dem gewöhnlichen Lauf der Dinge und der allgemeinen Lebenserfahrung geeignet sein, den Schadenseintritt herbeizuführen oder ihn allenfalls zu begünstigen.[119] Der *Beweis des Schadens und des natürlichen Kausalzusammenhangs* obliegt dem Bauherrn, der Schadenersatz beansprucht.[120]

6.85 **7.** Befindet sich der Planer mit der Erstellung der Nutzungsvereinbarung in **Verzug,** wird die Haftung des Planers wegen verspäteter Leistung durch die Art. 102–109 OR geregelt.[121] Die Bestimmung der Erfüllungszeit der Nutzungsvereinbarung erfolgt im Regelfall *durch vertragliche Abmachung.* Fehlt eine solche, gilt Art. 75 OR; die Fälligkeit und Erfüllbarkeit richtet sich nach der Natur des Vertrages.[122] Versäumt der Planer die Ablieferung der Nutzungsvereinbarung bei Fälligkeit, gerät er durch Mahnung (vgl. Art. 102 Abs. 1 OR) des Bauherrn in Verzug. Eine Mahnung erübrigt sich, wenn ein Verfalltag vereinbart wurde (vgl. Art. 102 Abs. 2 OR). Befindet sich der Planer mit der Erarbeitung der Nutzungsvereinbarung verschuldeterweise, d.h. vorwerfbar, in Verzug, hat er dem Bauherrn den Schaden (Verspätungsschaden) zu ersetzen, der diesem durch die Verspätung adäquat kausal entstanden ist (vgl. Art. 103 und 106 OR).[123]

6.86 **8.** Zur Durchsetzung der Haftungsansprüche gegenüber dem Planer darf die fehlerhafte Leistung des Planers, die zu einem Schaden im Zusammenhang

---

[116] Krauskopf-Forero/Siegenthaler, S. 323.

[117] Vgl. Schumacher, Erdbebensicherung, S. 113.

[118] Fellmann, Haftung für Werkmängel, S. 99.

[119] Vgl. Scherler, Die Haftung, S. 45, mit Hinweis auf Fellmann, Haftung für Werkmängel, S. 99.

[120] BGer 4A_38/2008 (21.42008).

[121] Sofern nicht die spezielle Verzugsregel des Art. 366 Abs. 1 OR anwendbar ist (vgl. Schumacher, Architektenrecht 1995, Nr. 396).

[122] Gauch/Schluep/Emmenegger, Nr. 2194 f.

[123] Zum Verspätungsschaden vgl. BGE 106 II 453 f.

mit der Nutzungsvereinbarung geführt hat, nicht **verjährt** sein. Für Pflichtverletzungen, welche dem Planer im Zusammenhang mit der Nutzungsvereinbarung vorzuwerfen sind, findet die ordentliche zehnjährige Verjährungsfrist des Art. 127 OR Anwendung.[124]

2. Werkvertragliche Kausalhaftung

1. Ist Werkvertragsrecht anwendbar (Nr. 6.31), tritt die besondere **werkvertragliche Haftungsordnung** (Art. 367 ff. OR) an die Stelle der allgemeinen Haftungsordnung (Art. 97 ff. OR).[125] Die Nutzungsvereinbarung ist mangelhaft, wenn ihr eine nach Vertrag vereinbarte oder eine vom Bauherrn nach Treu und Glauben erwartete Eigenschaft fehlt.[126] Die Nutzungsvereinbarung ist insbesondere dann mangelhaft, wenn sie die anerkannten Regeln der Bautechnik verletzt oder wenn die Anforderungen des Bauherrn bei der Erarbeitung der Nutzungsvereinbarung vom Planer nicht oder nur unvollständig berücksichtigt oder eingeholt wurden.[127] 6.87

2. Wandelungs-, Minderungs- und Nachbesserungsrecht des Bauherrn setzen kein Verschulden des Planers voraus (Art. 368 OR). Bei einer mangelhaften Nutzungsvereinbarung (einem mangelhaften Planwerk, Nr. 6.32) stehen dem Bauherrn diese Rechte also auch dann zu, wenn den Planer kein Verschulden trifft. Insoweit haftet der Planer kausal.[128] 6.88

3. Die mangelhafte Nutzungsvereinbarung kann zu einem mangelhaft ausgeführten Bauwerk führen. Es handelt sich in diesem Fall um einen Mangelfolgeschaden. Für Mangelfolgeschäden nach Art. 368 OR haftet der Planer nur, wenn ihn ein *Verschulden oder eine Hilfspersonenhaftung* (Art. 101 OR) trifft. 6.89

4. Zur Wahrung der werkvertraglichen Mängelrechte muss der Bauherr die Prüfungs- und Rügebestimmungen (Art. 367–370 OR) beachten. Erarbeitet 6.90

---

124 Eine (bloss deklaratorische) Bestätigung der 10-jährigen Verjährungsfrist enthalten die SIA-Ordnungen 102/103. Art. 1.11.1 hält fest: «Ansprüche aus dem Vertrag verjähren innert 10 Jahren ab dem Zeitpunkt der schädigenden Handlung.» Dies gilt für alle Vertragsverletzungen des Planers (die Ausnahme in Art. 1.11.2 SIA 102/103 vorbehalten).

125 KRAUSKOPF-FORERO/SIEGENTHALER, S. 322.

126 FELLMANN, Haftung für Werkmängel, S. 108; GAUCH, Werkvertrag, Nr. 1353 ff.

127 Vgl. auch SCHUMACHER, Architektenrecht 1995, Nr. 552.

128 Vgl. KRAUSKOPF-FORERO/SIEGENTHALER, S. 322; SCHUMACHER, Architektenrecht 1995, Nr. 554 und 591; GAUCH, Werkvertrag, Nr. 1503 f.

der Planer eine Nutzungsvereinbarung, trifft den Bauherrn die Obliegenheit, diese zu prüfen und offene[129] Mängel sofort, geheime[130] Mängel sofort[131] nach der späteren Entdeckung zu rügen.[132] Es kann vom Bauherrn zumindest die Überprüfung, ob die Festlegungen in der Nutzungsvereinbarung seine Anforderungen an das Werk in quantitativer und qualitativer Hinsicht korrekt wiedergeben, erwartet werden. Der Bauherr verwirkt seine Mängelrechte für offensichtliche oder erkennbare Mängel durch **Genehmigung** (Unterzeichnung) der Nutzungsvereinbarung. Gemäss den Verwirkungsregeln (Art. 367/370 OR) verliert der Bauherr durch die Genehmigung den betreffenden Haftungsanspruch und auch das Recht auf Ersatz des Mangelfolgeschadens.[133]

6.91 **5.** Ansprüche des Bauherrn wegen Mängeln der Nutzungsvereinbarung (d.h. aus *Mängelhaftung des Planwerks*) **verjähren** nach Art. 371 Abs. 1 OR i.V.m. Art. 210 OR in zwei Jahren seit Ablieferung der Nutzungsvereinbarung.[134] Sofern die mangelhafte Nutzungsvereinbarung allerdings zu einem Mangel an einem unbeweglichen Werk führt, gilt nach Art. 371 Abs. 2 OR[135] eine Verjährungsfrist von 5 Jahren, beginnend mit der Abnahme (Ablieferung) des unbeweglichen Werkes.[136] Die Verjährungsfrist kann vertraglich verlängert werden, jedoch nicht über die Höchstdauer von 10 Jahren hinaus.[137] Im Falle der absichtlichen Verschweigung eines Mangels durch den Planer beträgt die

---

129 Vgl. Gauch, Werkvertrag, Nr. 2074.

130 Vgl. Gauch, Werkvertrag, Nr. 2075 ff.

131 D.h. unverzüglich, vgl. BGE 118 II 148 f.; 117 II 427 f.; 107 II 175 ff.

132 Wird die Nutzungsvereinbarung ausdrücklich oder stillschweigend genehmigt, ist der Planer nach Art. 370 Abs. 1 OR «von seiner Haftpflicht befreit, soweit es sich nicht um Mängel handelt, die bei der Abnahme und ordnungsgemässen Prüfung nicht erkennbar waren oder vom Unternehmer absichtlich verschwiegen wurden».

133 Schumacher, Architektenrecht 1995, Nr. 628.

134 Für Vereinbarungen, die nach bisherigem Verjährungsrecht (also nicht nach den am 16. März 2012 verabschiedeten Art. 210/371 OR) zu beurteilen sind, gilt eine (strenge) Einjahresfrist; Gauch, Werkvertrag, Nr. 2213.

135 Siehe auch Art. 1.11.21 SIA 102/103, wo allerdings noch von «Bauwerk» die Rede ist, während das Gesetz neu nur noch vom «unbeweglichen Werk» (und nicht länger vom «unbeweglichen Bauwerk») spricht.

136 BGE 130 III 362 E. 4.2; vgl. Schumacher, Architektenrecht 1995, Nr. 638 ff.; vgl. Gauch, Werkvertrag, Nr. 2215; auch nach Ablauf der fünfjährigen Verjährungsfrist kann der Planer ausservertraglich haftbar gemacht werden.

137 Art. 60 Abs. 1 OR.

Verjährungsfrist nach Art. 371 OR i.V.m. Art. 210 Abs. 3 OR zehn Jahre seit Ablieferung des Werkes.[138]

VII. Nutzungsvereinbarung und das Honorar des Planers

1. Grundsatz: Erarbeitung der Nutzungsvereinbarung ist zu vergüten

1. Ob der Bauherr dem Planer für die Erarbeitung einer Nutzungsvereinbarung eine (separate) Vergütung schuldet und – falls ja – in welcher Höhe, bestimmt sich in erster Linie nach der **getroffenen Vereinbarung.** Auch in der Festsetzung der Höhe des für die Erarbeitung der Nutzungsvereinbarung geschuldeten Honorars sind die Parteien frei.[139] 6.92

2. Grundsätzlich ist die *Erarbeitung der Nutzungsvereinbarung vom Bauherrn* **zu vergüten.** Die (stillschweigende) Vereinbarung einer Vergütung wird im Werkvertrag vermutet, wenn sie vom Planer im Rahmen seiner Berufsausübung erbracht wird.[140] Falls der Bauherr geltend machen wollte, es sei keine Vergütung geschuldet, würde ihn dafür die Beweislast treffen. Auch bei Anwendbarkeit des Auftragsrechts sind die Leistungen des Planers zur Erarbeitung der Nutzungsvereinbarung grundsätzlich zu vergüten, da es sich um eine Leistung des Planers handelt, deren Vergütung üblich ist (Art. 394 Abs. 3 OR).[141] 6.93

2. Honorierung nach den SIA-Ordnungen 102 und 103

1. Die SIA-Ordnungen 102 und 103 enthalten **Vertragsbestimmungen zur Bemessung der Honorare** (Nr. 7.62 ff.). Für die Honorierung des Planers bestehen gemäss Art. 5.2.1 SIA 102/103 folgende Honorierungsarten: Nach 6.94

---

138 Art. 371 Abs. 1 i.V.m. Art. 210 Abs. 3 OR; Gauch, Werkvertrag, Nr. 2276; vgl. Schumacher, Erdbebensicherung, S. 113.

139 Dies gilt auch für die Mitglieder des SIA, vgl. Egli, Architektenrecht 1995, Nr. 894.

140 Egli, Architektenrecht 1995, Nr. 887.

141 Wobei die SIA-Ordnung 102 bei der Frage der Vergütung der Planerleistung nicht Ausdruck der Verkehrsübung darstellt; vgl. BGer 4C.58/2001 (30.5.2001).

effektivem Zeitaufwand, nach den Baukosten (Stundenaufwandmodell),[142] als Pauschale (ohne Berücksichtigung der Teuerung) oder als Globale (mit Berücksichtigung der Teuerung).

6.95 **2.** Im Zusammenhang mit der Erarbeitung der Nutzungsvereinbarung stellen sich in erster Linie Fragen, falls zwischen Planer und Bauherr eine **Honorarberechnung nach den Baukosten** vereinbart wurde.[143] Gemäss Art. 7.4 SIA 102 ist die Vergütung des *Architekten* für die Leistungen im Zusammenhang mit der Erarbeitung der Nutzungsvereinbarung im Honorar grundsätzlich *nicht* bereits inbegriffen, da es sich um eine besonders zu vereinbarende Leistung handelt.[144] Mangels anderslautender Vereinbarung sind diese Leistungen gemäss Art. 7.13 SIA 102 vom Bauherrn nach dem effektiven Zeitaufwand (Art. 6 SIA 102) zu vergüten. Eine zusätzliche Vergütung wäre dann nicht geschuldet, falls die Nutzungsvereinbarung als Grundleistung vereinbart wurde oder falls diese «im weiteren Verlauf der Auftragserfüllung zur Grundleistung» wurde (Art. 7.13.1 SIA 102).

6.96 **3.** Soweit es sich bei den *Leistungen des Ingenieurs* im Zusammenhang mit der Erarbeitung der Nutzungsvereinbarung um **Grundleistungen** (Nr. 6.49) handelt, sind diese nach Art. 7.4 SIA 103 im Honorar enthalten. Art. 7.1.3 SIA 103 hält indessen fest, dass besonders zu vereinbarende Leistungen im Honorar des Ingenieurs nicht inbegriffen sind. Soweit es sich also im Zusammenhang mit der Nutzungsvereinbarung nicht um Grundleistungen, sondern um besonders zu vereinbarende Leistungen handelt, hat der Ingenieur Anspruch auf eine zusätzliche Vergütung.

3. Änderung der Leistungen des Planers nach Vertragsabschluss

6.97 **1.** Ändern die Parteien die Leistungen bezüglich Nutzungsvereinbarung[145] im Laufe der Projektierung, stellt sich die Frage, ob das vereinbarte Planerho-

---

142 Vgl. SIA-Dokumentation D 0206, Stundenaufwandermittlung (Ausgabe 2005).

143 Für die Fragen im Zusammenhang mit einer Honorierung nach effektivem Zeitaufwand vgl. eingehend Nr. 7.75 ff.

144 Art. 7.6 SIA 102: «Die Entschädigung für besonders zu vereinbarende Leistungen gemäss Art. 4 ist im Honorar gemäss Art. 7.4 nicht inbegriffen.»; dazu Nr. 7.100.

145 Keine Änderung liegt dann vor, wenn die hinsichtlich Nutzungsvereinbarung zu erbringende Leistung lediglich konkretisiert wird oder wenn eine Weisung des Bauherrn lediglich zum Ziel hat, den Planer zur Erbringung der vertraglich geschuldeten Leistung oder

norar eine Anpassung erfährt. Die Antwort darauf ergibt sich möglicherweise bereits aus dem abgeschlossenen Vertrag, wenn die Parteien darin **positive oder negative Anpassungsregeln** vereinbart haben.[146]

2. Gemäss Werkvertragsrecht liegt eine Änderung des Leistungsinhaltes dann vor, wenn der Planer gegenüber dem abgeschlossenen Vertrag andere *Leistungen, zusätzliche oder weniger Leistungen oder Leistungen unter veränderten Ausführungsvoraussetzungen* erbringen muss.[147] Haben die Parteien das Honorar zum Voraus vereinbart und hat der Planer gegenüber dem vereinbarten Leistungsinhalt Mehr- oder Minderleistungen zu erbringen (beispielsweise soll er entgegen der ursprünglichen Vereinbarung nun doch nicht bei der Erarbeitung der Nutzungsvereinbarung mitwirken), ist das Planerhonorar an den nun grösser oder kleiner gewordenen Aufwand anzupassen. 6.98

Nach der SIA-Ordnung 103 hat eine vertraglich vereinbarte Kürzung der Leistungen im Zusammenhang mit der Erarbeitung der Nutzungsvereinbarung keine Minderung des Honorars zur Folge, sofern der Wegfall der Grundleistung aufgabenbedingt erfolgt und das vereinbarte Ziel der Teilphase ohne Qualitätseinbusse erreicht wird (Art. 7.1.5 SIA 103). Ebenso Art. 7.15 SIA 103: Wird ein Spezialist durch den Bauherrn beauftragt, werden dessen Honorare durch den Bauherrn getragen. Die Übertragung der Erarbeitung der Nutzungsvereinbarung vom Ingenieur an einen Spezialisten hat keine Reduktion des Ingenieurhonorars zur Folge, sofern der Ingenieur die ihm obliegenden Grundleistungen erfüllt. 6.99

Anders bei der Erbringung von Leistungen des Architekten im Zusammenhang mit der Nutzungsvereinbarung nach der SIA-Ordnung 102. Da es sich bei den Leistungen im Zusammenhang mit der Nutzungsvereinbarung um besonders zu vereinbarende Leistungen handelt (welche gemäss Art. 6 SIA 102 und mangels anderslautender Vereinbarung nach dem effektiven Zeitaufwand zu vergüten sind), führt ein Wegfall von Leistungen (automatisch) zu einer Honoraranpassung. 6.100

---

zur Einhaltung der Regeln der Bautechnik anzuhalten (vgl. Egli, Architektenrecht 1995, Nr. 1076, Fn. 202).

146 Gauch/Schluep/Schmid, Nr. 1280 ff., insbesondere Nr. 1284.

147 Vgl. Gauch, Werkvertrag, Nr. 768.

§ 7 Das Planerhonorar

ANTON EGLI / HUBERT STÖCKLI[1]

Inhaltsverzeichnis

---

[1] Wir danken MLaw Christof BERGAMIN, MLaw Lisa AESCHIMANN und MLaw Johanna HENSCHEL, alle Lehrstuhl für Zivil- und Handelsrecht der Universität Freiburg, herzlich für die kritische Durchsicht unseres Textes und die wertvolle Unterstützung bei der Nachführung und Kontrolle der Belegstellen.

Die Vergütung, mit der sich Planer für ihre Bemühungen entschädigen lassen, wird in der Alltagssprache als Honorar bezeichnet. Diese Ausdrucksweise, der sich auch die einschlägigen SIA-Ordnungen bedienen («Ordnungen für Leistungen und Honorare …»; «Règlement concernant les prestations et honoraires …»; «Regolamento per le prestazioni e gli onorari …»), ist so üblich, dass wir sie hier übernehmen. Doch sei festgehalten, dass der Ausdruck weder im gesetzlichen Werkvertrags- noch im Auftragsrecht verwendet wird. Dort ist jeweils von der «Vergütung» (vgl. Art. 363 und Art. 394 Abs. 3 OR) die Rede, wo es um die Gegenleistung geht, die der Besteller und der Auftraggeber dem Planer zu erbringen haben.[2] 7.1

I. Der Anspruch auf ein Honorar

1. Die Leistungen von Planern sind nicht notwendigerweise (ihrer «Natur» nach) entgeltlich; vielmehr können sie auch unentgeltlich erbracht werden. Das ist klar. Auf die Frage, wann Entgeltlichkeit anzunehmen ist, gehen schon die Beiträge von GAUCH/MIDDENDORF (Nr. 1.12 ff.) und STÖCKLI (Nr. 2.20 und 2.46 ff.) ein, weshalb wir uns hier darauf beschränken, die wesentlichen **Grundsätze** in Erinnerung zu rufen: 7.2

- Unterstehen die Planerleistungen dem *Auftragsrecht* (Art. 394 ff. OR; Nr. 1.27 ff.), hat der Planer Anspruch auf eine Vergütung, wenn dies entweder verabredet oder üblich ist (Art. 394 Abs. 3 OR). Haben die Parteien keine Vereinbarung getroffen, gibt die Verkehrsübung den Ausschlag (Nr. 1.3 ff.). Werden Dienstleistungen im Rahmen einer Berufstätigkeit erbracht, sind sie üblicherweise zu vergüten[3], was auch für die Dienstleistungen von Planern gilt. Natürlich können die Parteien auch vereinbaren, 7.3

---

2 Der Ausdruck «Honorar» findet sich aber etwa in den gesetzlichen Regeln über den Verlagsvertrag (siehe Art. 388 OR).

3 BGE 82 IV 145 E. 2a (Arztvertrag); BGer 4C.261/2005 (9.12.2005) E. 2.1 (Elektroplanungsvertrag); BGer 4C.353/2000 (22.2.2001) E. 1b (Architektenvertrag).

dass die Planerleistungen unentgeltlich (honorarfrei) erbracht werden. Diese Vereinbarung hat im Regelfall der Bauherr zu beweisen, der sich auf die Unentgeltlichkeit beruft.[4] Die Rechtsprechung nimmt dies nur zurückhaltend an.[5]

7.4 – Unterstehen die Planerleistungen hingegen dem *Werkvertragsrecht* (Art. 363 ff. OR; Nr. 1.30 f.), verweist das Gesetz zwar für die Vergütung (anders als das Auftragsrecht in Art. 394 Abs. 3 OR) nicht auf die Verkehrsübung, weshalb die Übung nicht unmittelbar massgeblich ist. Indessen wird die stillschweigende Vereinbarung einer Vergütung vermutet, wenn der Planer die werkvertraglichen Planerleistungen im Rahmen seiner Berufsausübung erbringt.[6] Gegenüber dieser natürlichen Vermutung steht dem Bauherrn der Gegenbeweis offen, der schon dann erbracht ist, wenn er beim Gericht Zweifel an der Richtigkeit des Vermuteten streut (Nr. 1.21).[7] Kommen entsprechende Zweifel auf, ist die Vermutung nicht weiter bedeutsam, weshalb der Planer jetzt den Vollbeweis zu führen hat.[8]

7.5 **2.** Strittiger als diese Grundsätze sind die Fragen, welche die Bemessung des Planerhonorars betreffen. Was vorab die **Terminologie** anbelangt, das Folgende:

7.6 – Bei den sogenannten freien Berufen spricht man zum einen vom Honorar (also von der Vergütung)[9], zum andern vom Ersatz der *Auslagen und Ver-*

---

4 Denkbar ist, dass der Planer die Unentgeltlichkeit behauptet, um daraus eine Haftungsmilderung abzuleiten (Art. 99 Abs. 2 OR). Diese Konstellation ist aber so ungewöhnlich, dass wir sie nicht weiter erörtern. Siehe aber BGer (29.10.1997), in: BR/DC 1998, S. 54, Nr. 182, mit Anm. WERRO.

5 Gestützt auf WEBER, Basler Kommentar, N 16 zu Art. 394 OR; HGer ZH, Entscheid vom 4.5.2009, in: ZR 2009, S. 205, E. 1.2.2.1 sowie BR/DC 2010, S. 71, Nr. 142, mit Anm. STÖCKLI. Im Urteil ist zwar die Rede von der Gefälligkeit, wobei aber festzuhalten ist, dass das Gegenstück zum entgeltlichen Vertrag nicht die Gefälligkeit, sondern der unentgeltliche Vertrag ist.

6 BGer 4C.421/2006 (4.4.2007) E. 2.1; BGer 4C.285/2006 (2.2.2007) E. 2.2; BGE 119 II 40 E. 2d; KGer SG vom 29.11.2007 E. 3a.

7 Zum Gegenbeweis: BGer 4C.421/2006 (4.4.2007) E. 2.1; WALTER, Berner Kommentar, N 476 zu Art. 8 ZGB; zum Beweismass BGE 133 III 8 E. 2.2; BGer 4C.285/2006 (2.2.2007) E. 2.2.

8 REETZ, Der Beweis im Bauprozess, S. 152; WALTER, Berner Kommentar, N 476 zu Art. 8 ZGB.

9 Vom «Honorar» spricht man in der Bausprache auch dann, wenn die Planerleistung im konkreten Fall dem Werkvertragsrecht untersteht. GMÜR, S. 34, Fn. 3.

wendungen.[10] An diese Unterscheidung halten sich der Sache nach auch die SIA-Ordnungen 102/103[11], wo die Auslagen als Teil der «Zusätzlichen Kostenelemente» figurieren, bei denen die Ordnungen zwischen «Nebenkosten» und «Drittleistungen» unterscheiden (Art. 5.3 SIA 102/103).

- Im Werkvertragsrecht dagegen spricht man nicht von Auslagen und Verwendungen, sondern einzig von der Vergütung, die gleichzeitig den «Wert der Arbeit und die Aufwendungen» (so die Ausdrucksweise in Art. 374 OR) abdeckt. Der Begriff «Aufwendungen» in Art. 374 OR ist allerdings weiter gefasst als derjenige der «Auslagen und Verwendungen» in Art. 402 Abs. 1 OR. Er umfasst alle Personal-, Sach- und übrigen Kosten[12], während der auftragsrechtliche Begriff der «Auslagen» die Personal- und die Gemeinkosten nicht umfasst; letztere sind ein Faktor, der bei der Bestimmung der Vergütung (des Honorars) in Rechnung zu stellen ist.[13] 7.7

Wichtiger als diese terminologischen Unterscheidungen sind indes die Methode und die Faktoren, nach denen das Planerhonorar bemessen wird. 7.8

3. Im Folgenden unterscheiden wir – ohne Rücksicht auf die rechtliche Qualifikation des Planervertrags im konkreten Fall – zwischen dem *Honorar* für die Planerleistungen einerseits (Nr. 7.10 ff.) und dem *Auslagenersatz* andererseits (Nr. 7.167 ff.). Das Honorar bemisst sich entweder nach den allgemeinen Regeln des Obligationenrechts oder, sofern der Vertrag dies vorsieht, nach dem System der SIA-Ordnungen 102/103 (Nr. 7.30 ff. und 7.62 ff.). 7.9

---

10 Fellmann, Berner Kommentar, N 387 zu Art. 394 und N 11 ff. zu Art. 402 OR; Gmür, Nr. 112 ff.; Weber, Basler Kommentar, N 36 zu Art. 394 OR; Krauskopf-Forero/Siegenthaler, Nr. 8.48; Werro, Commentaire romand, N 5 zu Art. 402 OR.

11 Seit der Auflage von Gauch/Tercier, Das Architektenrecht, 3. Aufl., Freiburg 1995, hat der SIA die Ordnungen 102 und 103 revidiert. Die Fassungen, die diesem Text zugrunde liegen, sind jene aus dem Jahr 2003. Die beiden Ordnungen sind hinsichtlich der Honorierung in vielen Teilen identisch. Wo Unterschiede bestehen, sind wir wie folgt verfahren: Liegt der Unterschied lediglich in der Formulierung, halten wir uns an den Wortlaut der SIA-Ordnung 102. Liegt der Unterschied nicht nur in der Formulierung, sondern auch in der Sache, weisen wir auf die unterschiedlichen Lösungen hin.

12 Vgl. Gauch, Werkvertrag, Nr. 948; Gautschi, Berner Kommentar, N 5 zu Art. 37 OR; Hürlimann/Siegenthaler, Handkommentar, N 3 zu Art. 374 OR.

13 Fellmann, Berner Kommentar, N 26 ff. zu Art. 402 OR; Weber, Basler Kommentar, N 5 zu Art. 402 OR; Werro, Commentaire romand, N 6 zu Art. 402 OR.

II. Die Bemessung des Honorars

7.10 Soweit die Parteien eines Planervertrags die Höhe des geschuldeten Honorars geregelt haben, gilt die entsprechende Abrede (Nr. 7.13 ff.). Fehlt im Vertrag eine Regelung, kommen die gesetzlichen Bestimmungen zum Tragen (Art. 374 und Art. 394 Abs. 3 OR).

1. Die Höhe des Honorars wird vereinbart

A. Allgemeines

7.11 **1.** Aus dem Grundsatz von Treu und Glauben ergibt sich – unabhängig von der Qualifikation des Planervertrags – die **Pflicht des Planers,** zumindest einen in Baufragen unerfahrenen Bauherrn vor Aufnahme seiner Arbeiten über die Höhe des zu erwartenden Honorars **aufzuklären.**[14] Auch nach Art. 5.1.2 SIA 102/103 ist der Planer «verpflichtet, dem Auftraggeber einen Vorschlag über die geeignete Honorierungsart zu machen und ihn über die voraussichtliche Höhe seines Honorars sowie der anfallenden zusätzlichen Kostenelemente und der Kosten der beizuziehenden Spezialisten und Berater zu orientieren».[15] Diese dem Bauherrn mitgeteilte Schätzung stellt in der Regel «keine Willenserklärung dar, sondern eine Vorstellungsäusserung des Architekten [allgemeiner: des Planers], die seinen Vertragspartner über den mutmasslichen Preis der eigenen Arbeiten informiert (ohne ihn verbindlich festzulegen)»[16]. Nur unter besonderen Umständen darf der Bauherr die Mit-

---

[14] KGer VS vom 12.10.00 E. 6c/cc, in: ZWR 2001, S. 192 ff.; vgl. GAUCH, Werkvertrag, Nr. 437; FELLMANN, Berner Kommentar, N 151 zu Art. 398 OR; GAUCH/SCHLUEP/SCHMID, Nr. 956 ff.; KOLLER, OR AT, § 14 Nr. 154; WERRO, in: BR/DC 1994, S. 106, Nr. 215, mit Hinweisen; ZR 93/1994, Nr. 86, S. 264; zur Rechtsprechung des BGer auch Präjudizienbuch OR (STEHLE), N 8 zu Art. 28 OR. Zu vorvertraglichen Treuepflichten auch Nr. 2.10 ff.

[15] Solange der Planervertrag noch nicht abgeschlossen ist, begründet Art. 5.1.2 SIA 102/103 keine vertragliche Pflicht des Planers. In diesem Fall ist die Bestimmung Ausdruck einer vorvertraglichen Pflicht, die den Planer ohnehin trifft.

[16] ZEHNDER, Haftung des Architekten, Nr. 61, mit Hinweisen. Verfänglich ist daher Ziff. 2.3 («Art und Höhe der Vergütungen») des SIA-Formularvertrags Nr. 1002 (2003), wo ein «Total Architektenhonorar» ziffernmässig ausgewiesen wird, obschon die schlussendlich geschuldete Honorarsumme – die Vereinbarung eines «Festhonorars» vorbehalten – regelmässig von Faktoren abhängt, die sich bei Vertragsschluss noch nicht beziffern lassen (wie die Baukosten nach Massgabe der Schlussabrechnungen oder auch der Zeitaufwand).

teilung so verstehen, dass der Planer sich damit auf eine Höchstsumme festlegen will, die seinen Honoraranspruch nach oben hin begrenzt (Nr. 7.22).

2. Wie der Planervertrag als Ganzes (Nr. 2.49) kann die *Höhe* des Honorars ausdrücklich (schriftlich oder mündlich) oder stillschweigend (namentlich konkludent) vereinbart werden, wobei aber mit einer bloss stillschweigenden Vereinbarung Beweisschwierigkeiten verbunden sein können. In der Festsetzung der Höhe des Honorars sind die Parteien frei, was mit Blick auf die kartellrechtlichen Vorgaben (vgl. Art. 5 KG) auch für die Mitglieder des SIA gilt. Diese Freiheit wird durch die von der KBOB jährlich publizierten «Ansätze für Vergaben im freihändigen Verfahren» nur insoweit eingeschränkt, als sich die weisungsunterworfenen Auftraggeberinnen an diese Maximalansätze zu halten haben. Vereinbaren sie in einem Planervertrag weisungswidrig höhere Ansätze, ist die entsprechende Honorarabrede gleichwohl gültig. Stets aber ist möglich, dass sich eine Honorarabrede nach den allgemeinen Regeln – namentlich infolge eines Willensmangels (Art. 23 ff. OR) oder auch Übervorteilung (Art. 21 OR) – als ungültig erweist. 7.12

B. Drei Arten von Honorarabreden

Entweder gibt die von den Parteien getroffene Honorarabrede die Höhe des Honorars mit einem festen Geldbetrag an (Nr. 7.14 ff.) oder sie beschränkt sich darauf, die Faktoren, nach denen die Vergütung zu einem späteren Zeitpunkt masslich bestimmt werden soll, festzulegen.[17] Als Faktoren werden meist der Zeitaufwand mit zugehörigen Stundenansätzen (Nr. 7.20 ff.) oder ein Interessenwert (Nr. 7.28 f.) vereinbart. Diese Faktoren lassen sich auch kombinieren. 7.13

a. Festpreis («Pauschal- oder Globalhonorar»)

1. Die Vereinbarung eines Pauschalhonorars[18] liegt dann vor, wenn die Parteien die Geldsumme, die der Bauherr dem Planer für die von diesem zu erbringenden Leistungen zu zahlen hat, **zum Voraus genau bestimmen** (Festpreis). Zwar wird der Planer, der ein Pauschalhonorar offeriert, zunächst 7.14

---

[17] Gauch/Schluep/Schmid, Nr. 344 f.

[18] Der Einfachheit halber sprechen wir zunächst nur vom Pauschalhonorar, das sich vom Globalhonorar dadurch unterscheidet, dass eine allfällige Teuerung nicht zu berücksichtigen ist (Nr. 7.18).

den von ihm zu betreibenden Aufwand abschätzen, wobei aber grundsätzlich keine nachträgliche Korrektur erfolgt, wenn er sich dabei verschätzt (verkalkuliert) hat. Belanglos ist also, welcher Aufwand bei der Ausführung effektiv anfällt.[19] Die Parteien sind frei, eine solche Abrede auch dann zu treffen, wenn sich der nötige Aufwand entweder gar nicht oder bloss grob schätzen lässt.[20] Dem Inhalt nach fällt die Vereinbarung eines Pauschalhonorars unter Art. 373 OR, der an sich dem Werkvertragsrecht zugehört, auf die Vereinbarung aber auch dann anzuwenden ist, wenn der Planervertrag als einfacher Auftrag oder als gemischter Vertrag (Nr. 1.47 ff.) zu qualifizieren ist.[21] Damit gilt bei Vereinbarung eines Pauschalpreises auch Art. 373 Abs. 2 OR, wonach das Gericht dessen Erhöhung oder die Vertragsauflösung bewilligen kann, wenn ausserordentliche Umstände, die nicht vorausgesehen werden konnten oder die nach den von beiden Beteiligten angenommenen Voraussetzungen ausgeschlossen waren, die «Fertigstellung» – hier die Erbringung der vereinbarten Planerleistung – hindern oder zumindest übermässig erschweren (Nr. 7.159 ff.).[22] Die Beweislast dafür, dass ein Pauschalhonorar vereinbart wurde, trifft jene Partei, die sich darauf beruft[23]; zu vermuten ist eine entsprechende Vereinbarung nicht.[24]

7.15 **a.** Pauschaliert wird meist *nur das Honorar,* nicht auch die Gegenleistung, die der Planer zu erbringen hat, um sich das Honorar zu verdienen. Mitunter kommt es aber doch vor, dass die Parteien nicht bloss das Honorar, sondern mittels einer Vollständigkeitsklausel auch die vom Planer für die Erreichung des vereinbarten Ziels zu erbringenden Leistungen pauschalieren. Welche

---

19 Vgl. BGer 4C.203/2005 (9.1.2006) E. 4.1; BGer 4C.23/2004 (14.12.2004) E. 3.1; BGer 4C.172/2001 (8.8.2001) E. 3b; KGer GR vom 18.11.08 E. 3b, in: GR ZF 08 56 und auch BR/DC 2010, S. 73, Nr. 155; FELLMANN, Berner Kommentar, N 430 und 441 ff. zu Art. 394 OR; WERRO, Commentaire romand, N 48 zu Art. 394 OR; ZINDEL/PULVER, Basler Kommentar, N 6 zu Art. 373 OR.

20 Vgl. BGer 4C.23/2004 (14.12.2004) E. 3.1.

21 Selbst wenn man es ablehnte, Art. 373 Abs. 2 OR analog auch im Auftragsrecht anzuwenden, könnte der Planer auch bei einem auftragsrechtlichen Verhältnis gestützt auf die sogenannte clausula rebus sic stantibus das Gericht zur Lückenfüllung anrufen. Zur Anpassung an veränderte Verhältnisse GAUCH/SCHLUEP/SCHMID, Nr. 1280 ff.; KOLLER, OR AT, § 29 Nr. 33 ff.; zur Rechtsprechung Präjudizienbuch OR (STEHLE), N 55 zu Art. 18 OR; zum blossen Teuerungsausgleich vgl. Nr. 7.18.

22 So auch: FELLMANN, Berner Kommentar, N 445 zu Art. 394 OR; GMÜR, Nr. 173; WERRO, Commentaire romand, N 48 zu Art. 394 OR.

23 BGer 4C.203/2005 (9.1.2006) E. 4.1; BGer 4C.23/2004 (14.12.2004) E. 3.1.

24 BGer 4C.23/2004 (14.12.2004) E. 3.1.

Leistungen durch die Pauschale abgegolten werden, ist im Streitfall durch Auslegung zu ermitteln.[25] Um einen Streit darüber zu vermeiden und Beweisschwierigkeiten vorzubeugen, hält Art. 5.2.4 SIA 102/103 hinsichtlich der Vereinbarung von Festpreisen fest, dass die «Honorierung … eine klare gegenseitige Abstimmung über die Ziele, die erwarteten Ergebnisse und damit die zu erbringenden Leistungen» voraussetzt.[26] Das ist indes lediglich eine Empfehlung, keine Voraussetzung im rechtlichen Sinn, sodass die Parteien einen Festpreis gültig vereinbaren können, ohne die empfohlene Abstimmung vorzunehmen. Welche Gegenleistung der Planer schuldet, ist alsdann – weil es an einer ausreichend konkretisierenden Parteiabrede fehlt – durch gerichtliche Vertragsergänzung zu bestimmen.

b. Durch Auslegung ist zu ermitteln, ob nach dem Willen der Parteien auch 7.16
die Auslagen im Pauschalhonorar inbegriffen oder vom Bauherrn zusätzlich (nach effektiven Kosten) zu vergüten sind.[27] Die MWST aber ist im Pauschalhonorar eingeschlossen, wenn die Parteien dies nicht anders vereinbaren.[28] Eine solche Vereinbarung treffen die Parteien insbesondere dann, wenn sie die SIA-Ordnungen 102/103 vorbehaltlos übernehmen, indem dort in Art. 5.1.1 festgehalten wird, dass die «MWST … in den Honoraren und den zusätzlichen Kostenelementen nicht inbegriffen» ist.[29]

c. Ändern die Parteien ihren Vertrag nachträglich ab (Nr. 2.67 ff.), indem 7.17
sich der Planer zu zusätzlichen Leistungen verpflichtet oder der Leistungsumfang reduziert wird, zieht dies, wenn die Parteien nichts anderes vereinbaren, eine entsprechende Erhöhung bzw. Reduktion des Pauschalhonorars nach sich (Nr. 7.165 f.).[30]

---

25 Gauch, KommSIA 118, N 9 zu Art. 40.

26 Das gilt nicht nur für die in Art. 5.2.4 SIA 102/103 genannten Preisarten, sondern auch in jenen Fällen, in denen die Parteien die Honorarhöhe mit den Baukosten verknüpfen.

27 Untersteht der Vertrag dem Auftragsrecht, so spricht Art. 402 Abs. 1 OR dafür, dass der Auftraggeber diese Kosten separat zu ersetzen hat. Fellmann, Berner Kommentar, N 447 zu Art. 394 OR. Vgl. auch Gmür, Nr. 169.

28 Gauch, Werkvertrag, Nr. 1225. Die Preisbekanntgabeverordnung (SR 942.211) steht einer Abrede, nach der die MWST separat gefordert werden kann, nicht entgegen, weil die Leistungen der Planer im Katalog der unterstellten Dienstleistungen (Art. 10) nicht aufgeführt werden.

29 Siehe auch Art. 1.10 SIA 102/103, wonach die MWST «in allen Abrechnungen offen auszuweisen» ist.

30 KGer GR vom 18.11.08 E. 3b, in: GR ZF 08 56 sowie BR/DC 2010, S. 73, Nr. 155.

7.18 **2.** Bezüglich einer allfälligen **Teuerung** haben die Parteien zu vereinbaren, ob sie zu berücksichtigen ist oder nicht. Soll die Teuerung in Anschlag gebracht werden, sprechen die SIA-Ordnungen 102/103 von einer Globalen, während die Teuerung bei einer Pauschalen unberücksichtigt bleibt (Art. 5.2.1 SIA 102).[31] Einigen die Parteien sich auf eine Globale, versäumen es aber, das Verfahren festzulegen, in dem die Teuerung zu berechnen ist, ist ihre Honorarabrede lückenhaft und alsdann nach Massgabe des hypothetischen Parteiwillens zu ergänzen. Die KBOB empfiehlt zwar die Anwendung der Gleitpreisformel,[32] was für ein vertragsergänzendes Gericht aber nicht verbindlich ist.

7.19 **3.** Nicht zu verwechseln sind Pauschal- und Globalhonorar mit einem ungefähren Kostenansatz[33] bei der Vergütung nach Zeitaufwand, mit dem der Planer den Bauherrn über das zu erwartende Honorar orientiert (Nr. 7.23). So ist der Planer hier nicht verpflichtet, seine Leistungen zum genannten Betrag zu erbringen. Umgekehrt hat er nicht Anspruch auf den dem Bauherrn genannten Betrag, wenn der erforderliche Aufwand unter seinen Erwartungen bleibt.

b. Abhängig vom Zeitaufwand

7.20 **1.** Beim Zeithonorar vereinbaren die Parteien, dass die **Vergütung des Planers nach Massgabe des tatsächlichen Zeitaufwands,** den der Planer und seine Hilfspersonen für das Projekt betreiben, berechnet wird.[34] In der Regel legen sie auch die einzelnen Stundenansätze fest, die sie gegebenenfalls nach Aufgabenbereichen und der damit korrespondierenden Verantwortung abstufen. Bei der Festlegung der Stundenansätze können etwa die Ausbildung und die Erfahrung der Sachbearbeiter, die zeitliche Dringlichkeit, die Schwierigkeit der Aufgabe, aber auch weitere Kriterien berücksichtigt werden. Wie bei den Regieansätzen nach SIA-Norm 118 (Art. 50 Abs. 1) gelten nebst dem

---

31 Die SIA-Ordnung 103 schweigt sich darüber aus. Gleichwohl trifft sie die Unterscheidung auch (in Art. 5.2.1) und scheint davon auszugehen, dass der Unterschied bekannt ist. Zu dieser Begrifflichkeit auch Art. 40 f. SIA 118.

32 Siehe KBOB-Empfehlungen zur Honorierung bei Verträgen mit Architekten und Ingenieuren (2012), S. 3; eingehend zum Verfahren mit Gleitpreisformel die SIA-Norm 122 (2012).

33 Vgl. GAUCH, Werkvertrag, Nr. 937 ff.

34 Vgl. auch FELLMANN, Berner Kommentar, N 451 f. zu Art. 394 OR, und GMÜR, Nr. 174 ff.

Wert der eigentlichen Arbeitsleistung namentlich auch die Generalunkosten und der Unternehmergewinn des Planers als in die Ansätze eingerechnet.[35]

2. Die Vereinbarung eines Zeithonorars birgt das Risiko, dass mit dem Zeitaufwand auch das Honorar in unerwartete Höhen steigt. Um diese Gefahr zu bannen, wird häufig ein **Kostendach** vereinbart. Was unter einem Kostendach zu verstehen ist, lässt sich nicht generell sagen, sondern ist im konkreten Fall durch Vertragsauslegung zu ermitteln.[36] Infrage kommen: 7.21

- Das Kostendach als *Maximalhonorar:* Diese Bedeutung steht praktisch im Vordergrund.[37] Die Parteien vereinbaren zwar eine Vergütung nach Zeitaufwand, legen jedoch einen reinen Höchstpreis[38] fest, so dass der Bauherr auch bei grösseren Arbeitsaufwendungen des Planers nicht mehr als den vereinbarten Betrag schuldet.[39] Mit der Vereinbarung eines Maximalhonorars kann auch die Abrede verbunden sein, dass der Planer finanziell partizipiert, wenn sein Aufwand unter dem Kostendach bleibt. 7.22
- Das Kostendach als *einseitige Honorarschätzung* des Planers: Der Planer ist an den prognostizierten Betrag nicht gebunden.[40] Ist absehbar, dass der Betrag überschritten wird, hat der Planer dies dem Bauherrn anzuzeigen und ihn so in die Lage zu versetzen, seine weiteren Dispositionen zu überprüfen.[41] 7.23

  Allenfalls kann der Bauherr den Vertrag gestützt auf Art. 375 OR auflösen. Diese Gesetzesbestimmung, die einen Fall des Grundlagenirrtums (Art. 24 Abs. 1 Ziff. 4 OR) speziell regelt[42], gehört zwar ins Werkver- 7.24

---

35 Vgl. Gauch, Werkvertrag, Nr. 953.

36 Egli, Revidierte SIA-Ordnungen, S. 63. Siehe auch BGer 4A_187/2009 (14.7.2009), wo von einem «Kostendach» die Rede, aber eine Bausummengarantie gemeint ist, so das Verständnis von Stöckli, Anm. zu BGer 4A_187/2009 (14.7.2009), in: BR/DC 2009, S. 156, Nr. 164; dazu BGer 4C.424/2004 (15.3.2005) E. 3.3.

37 Gauch, Werkvertrag, Nr. 1040 und 1036 ff. Für einen Anwendungsfall siehe Art. 8.2 Allgemeine Vertragsbedingungen KBOB für Planerleistungen (2011): «Die Überschreitung eines vereinbarten Kostendaches geht zulasten des Beauftragten …».

38 Zum reinen Höchstpreis Gauch, Werkvertrag, Nr. 1036 ff.

39 Kostendach in diesem Sinne VGer SZ vom 22.6.95, in: EGV-SZ 1995, Nr. 10, S. 43 ff., sowie BR/DC 1997, S. 52, Nr. 131, mit Anm. Gauch; Ziff. 8.2 der Allgemeinen Vertragsbedingungen KBOB für Planerleistungen (Ausgabe 2011).

40 Gauch, Werkvertrag, Nr. 937 ff.

41 Vgl. BGer 4C.424/2004 (15.3.2005) E. 3.3, in: BR/DC 2009, S. 156 (herangezogen in der Anm. Stöckli zu BGer 4A_187/2009 [14.7.2009]).

42 Vgl. BGer 4A_15/2011 (3.5.2011) E. 3.2.1; BGE 115 II 460 E. 3.

tragsrecht, lässt sich aber analog auf andere Verträge anwenden. Alternativ kann sich der Bauherr, der den Planervertrag auflösen will, auch auf Art. 404 Abs. 1 OR stützen, soweit diese Bestimmung auf den konkreten Planervertrag anwendbar ist (Nr. 2.93 und 2.104). War der Planer bei der Prognose unsorgfältig, kann der Bauherr zudem Schadenersatz verlangen, wenn die weiteren Voraussetzungen erfüllt sind.

7.25 – Das Kostendach als reines *Warnungsdach:* Danach ist der Planer bloss verpflichtet, dem Bauherrn rechtzeitig anzuzeigen, dass er so viel Zeit aufgewendet hat, dass der Betrag des Kostendachs erreicht ist. Weitergehende, honorarbegrenzende Wirkung hat der Betrag in diesem Fall nicht.

7.26 Einigen sich die Parteien auf ein Kostendach als Maximalhonorar oder als Kostenschätzung, haben sie auch zu entscheiden, welche Planerleistungen mit dem entsprechenden Betrag korrespondieren. Vergrössert sich bei einem an sich vereinbarten Maximalhonorar der Leistungsumfang gegenüber dem, was bei Festsetzung des Maximalhonorars vereinbart wurde, zieht das im Regelfall auch eine honorarseitige Anpassung nach sich.

7.27 **3.** Unnötiger Aufwand ist nicht zu vergüten.[43] Stellt sich der Bauherr auf den Standpunkt, eine bestimmte Tätigkeit des Planers sei unnötig gewesen, hat der Planer deren Erforderlichkeit nachzuweisen, da er es ist, der für die richtige Erfüllung beweisbelastet ist.[44]

c. Das Prozenthonorar

7.28 **1.** Beim Prozenthonorar vereinbaren die Parteien, die Vergütung des Planers **in Prozenten des Interessenwertes** zu berechnen. Als Interessenwert, der hier in Anschlag gebracht werden kann, bieten sich in erster Linie die Baukosten an. Die Festsetzung von Interessenwert und Prozentsatz ist indes schwierig, da es für die Angemessenheit des Honorars an objektiven Kriterien weitge-

---

43 Derendinger, Nichterfüllung, Nr. 424; Fellmann, Berner Kommentar, N 451 zu Art. 394 OR; Gauch, Werkvertrag, Nr. 964; Weber, Basler Kommentar, N 6 zu Art. 402 OR; Werro, Commentaire romand, N 7 zu Art. 402 OR.

44 BGer 4A_183/2010 (27.5.2010) E. 3.2; Gauch, Werkvertrag, Nr. 1021; Präjudizienbuch OR (Siegenthaler), N 4 zu Art. 374 OR; siehe zum Erfüllungsbeweis allgemein Walter, Berner Kommentar, N 542 zu Art. 8 ZGB. Anders Hürlimann/Siegenthaler, Handkommentar, N 4 zu Art. 374 OR, nach denen die Beweislast beim Bauherrn liegt, da es um den Nachweis einer positiven Vertragsverletzung gehe.

hend fehlt. Sind die Faktoren aber einmal festgelegt, ist die Vereinbarung eines Prozenthonorars in der praktischen Handhabung einfach.

2. Die Rechtsprechung stellt sich auf den Standpunkt, dass eine allein am Interessenwert orientierte Honorierung «in der Regel keine angemessene, der Billigkeit entsprechende Vergütung für Arbeit und Verantwortung» darstellt.[45] Wenn sie nicht vereinbart, üblich[46] oder vom Gesetz ausdrücklich zugelassen wird[47], soll sie vom Gericht nur dann angewandt werden, wenn besondere Umstände dies rechtfertigen.[48] Was die Üblichkeit dieser Berechnungsart anbelangt, ist daran zu erinnern, dass die SIA-Ordnungen nicht per se die einschlägige Verkehrsübung abbilden (Nr. 7.38), weshalb auch der Schluss zu weit ginge, die dort eingehend geregelte Honorarberechnung nach den Baukosten (Art. 7 SIA 102/103) entspreche der massgeblichen Verkehrsübung. 7.29

C. Übernahme einer SIA-Ordnung

1. Statt die Honorarbemessung in allen Einzelheiten individuell auszuhandeln, übernehmen Parteien häufig eine der einschlägigen SIA-Ordnungen als vorformulierten Vertragsinhalt (Nr. 1.88 und 2.52). Eine solche Übernahme erfolgt gemeinhin durch Verweis. Häufig liegt dann eine mittelbare Übernahme vor (Nr. 1.88), indem die Parteien einen vorformulierten Vertragstext (z.B. eines der vom SIA separat herausgegebenen Vertragsformulare[49]) verwenden, der seinerseits auf eine einschlägige SIA-Ordnung weiterverweist. 7.30

2. Bei einem blossen Verweis auf die SIA-Ordnungen 102 oder 103 ist der Streit über die Höhe des Honorars allerdings so gut wie vorprogrammiert. Zwar enthalten diese SIA-Ordnungen zahlreiche Regeln darüber, was mangels individueller Absprache als vereinbart gilt.[50] Gleichzeitig aber lassen sie 7.31

---

45 BGE 78 II 127 E. 2; auch BGE 101 II 111 E. 2.

46 Gmür, Nr. 182 f.

47 So bei den Provisionen für Mäkler und Agenten und bei der Vergütung der Rechtsanwälte für die Vertretung in zivilprozessualen Verfahren.

48 BGE 101 II 112, mit zahlreichen Verweisungen; Fellmann, Berner Kommentar, N 448 f. zu Art. 394 OR; Werro, Commentaire romand, N 47 zu Art. 394 OR.

49 Etwa die Vertragsformulare SIA 1002 (2003) und 1003 (2003).

50 Beispielsweise sieht Art. 3.1.5. SIA 102/103 vor, dass der Auftrag alle Teilleistungen umfasst; nach Art. 5.3. SIA 102/103 sind die zusätzlichen Kostenelemente gesondert zu vergüten und werden dabei die effektiven Aufwendungen verrechnet; und nach Art. 7.13.1 SIA 102/Art. 7.12.1 SIA 103 werden besonders zu vereinbarende Leistungen mangels anderer Vereinbarung nach dem effektiven Zeitaufwand honoriert – wobei zu dieser Auf-

etliche Fragen offen. Was die Honorierung angeht, geht ihnen eine Auffangregel von der Art, dass sie eine bestimmte Methode für anwendbar erklärten, wo die Parteien die Frage nicht selber regeln, gänzlich ab. Aber auch dann, wenn die Methode bestimmt wurde, bleiben wesentliche Fragen offen, wenn die Parteien keine Regel treffen – so z. B. bei der Honorarabrechnung sowohl nach dem effektiven Zeitaufwand als auch nach den Baukosten die massgeblichen Stundenansätze. Mithin ist es ein Trugschluss zu glauben, dass die Honorierung mit der schlichten Übernahme einer SIA-Ordnung ausreichend zu regeln wäre.[51]

7.32 **3.** Dazu kommt, dass in Fällen, in denen ein branchenunkundiger Bauherr die SIA-Ordnungen 102/103 nur global übernimmt (Nr. 1.88), die vertragliche Geltung in Anbetracht der Komplexität der Honorarberechnung, die dort erzeugt wird, keineswegs gesichert ist.

2. Die Höhe des Honorars wurde nicht vereinbart

A. Allgemeines

7.33 **1.** Haben die Parteien keine oder eine bloss lückenhafte Vereinbarung über die Höhe des Planerhonorars getroffen, so wird der Planer die Höhe seines Honoraranspruchs nach eigenem Gutdünken festsetzen und dem Bauherrn alsdann eine **Rechnung** präsentieren.[52] «Genehmigt» der Bauherr die gestellte Rechnung, so anerkennt er zwar, den in Rechnung gestellten Betrag zu schulden, beraubt sich indessen nicht des Rechts, dem Planer sämtliche Einreden aus dem Grundverhältnis entgegenzuhalten, auf die er (ungeachtet der Genehmigung, die sich nur auf den Rechnungsbetrag bezieht) nicht verzichtet hat. Schweigt der Bauherr, so darf dies «nur unter ganz besonderen Umständen (praktisch nur gestützt auf eine vorangehende Abrede) als Schuldanerkennung oder als Einredeverzicht aufgefasst werden»[53].[54] Hat der Bauherr die Rechnung bezahlt, so kann er das allenfalls zu viel Bezahlte nach

fangregel aber kritisch anzumerken ist, dass die Honorarberechnung nach effektivem Zeitaufwand mit Hilfe dreier unterschiedlicher Methoden erfolgen kann (Nr. 7.82 ff.) und die Auffangregel nicht festlegt, nach welcher Methode zu verfahren ist.

51 Pichonnaz, Les règlements SIA, S. 78.

52 Vgl. Gauch, Werkvertrag, Nr. 1258.

53 LGVE 1979, I, S. 551 f., in: BR/DC 1982, S. 14, Nr. 6.

54 Anerkennung der Rechnung durch Schweigen des Empfängers: KGer GR vom 30.8.1994 (PKG 1994, S. 68 f., Nr. 21, sowie BR/DC 1996, S. 47, Nr. 99).

den Grundsätzen über die ungerechtfertigte Bereicherung (Art. 62 ff. OR) zurückverlangen.[55]

2. Zwar ist die Höhe der geschuldeten Vergütung weder im Werkvertragsrecht[56] (Art. 374 OR) noch im Auftragsrecht (Art. 394 Abs. 3 OR) ein objektiv wesentlicher Vertragspunkt, dessen Regelung für das Zustandekommen des Vertrages erforderlich wäre (Nr. 2.8).[57] Ist aber im konkreten Fall die Höhe des Honorars für eine Partei ein **subjektiv wesentlicher Vertragspunkt** (eine «condicio sine qua non» für den Abschluss; vgl. Nr. 2.9) und haben die Parteien darüber keine Einigung erzielt, so ist ein Planervertrag mangels Konsenses gar nicht zustande gekommen.[58] Immerhin kann es sein, dass die subjektive Wesentlichkeit nur im Zeitpunkt des Vertragsschlusses gegeben war und im Lauf der Vertragsabwicklung entfällt. Alsdann steht einer gerichtlichen Ergänzung des lückenhaften Vertrags nichts entgegen. 7.34

B. Gesetzliche Regelung

1. Untersteht der Planervertrag dem **Auftragsrecht** (Nr. 1.42 ff.), enthält das Gesetz über die Höhe der Vergütung (im Gegensatz zum Auslagenersatz) keine eindeutige Regelung.[59] Doch rechtfertigt es sich, den Verweis von Art. 394 Abs. 3 OR nicht bloss auf die Entgeltlichkeit als solche, sondern auch auf die Höhe der Vergütung zu beziehen (Nr. 1.17 f.).[60] So kann auch für die Honorarbemessung auf eine allenfalls vorhandene Verkehrsübung ab- 7.35

---

55 BGE 130 III 510 E. 6.2; 127 III 426 c/bb. Alsdann beträgt die relative Verjährungsfrist gemäss Art. 67 OR ein Jahr; BGE 107 II 220, in: BR/DC 1982, S. 58, Nr. 53. Hat der Bauherr demgegenüber Abschlags- oder Akontozahlungen geleistet, so beruht die Rückforderung auf Vertrag; BGE 130 III 512 E. 6.4; 126 III 199; BGer 4A_89/2012 (17.7.2012) E. 3.2.2; 4C.267/2001 (19.12.2001) E. 1, weshalb die Verjährungsfrist gemäss Art. 127 OR 10 Jahre beträgt; GAUCH/SCHLUEP/SCHMID, Nr. 1508; BUCHER, Hundert Jahre, S. 331; BR/DC 1992, S. 38, Nr. 72, mit Anm. GAUCH.

56 KGer SG vom 29.10.2007 E. 3a; KGer ZH, in: ZR 95, 1996, Nr. 27, S. 85, sowie BR/DC 1996, S. 120, Nr. 244, mit Anm. GAUCH; GAUCH, Werkvertrag, Nr. 110.

57 GAUCH/SCHLUEP/SCHMID, Nr. 338; KOLLER, OR AT, § 6 Nr. 36.

58 Als «irrelevant» wurde ein entsprechender Einwand in KGer SG vom 29.10.2007 E. 3c betrachtet, weil die betreffende Partei «trotz fehlender Einigung über die Höhe des Honorars mit der Bearbeitung des Projekts durch die Klägerin einverstanden war».

59 FELLMANN, Berner Kommentar, N 397 zu Art. 394 OR, mit Hinweisen.

60 BGE 135 III 262; 101 II 109 E. 2; BGer 4C.261/2005 (9.12.2005) E. 2.1; GMÜR, Nr. 325 ff.; TERCIER/FAVRE/CONUS, Nr. 5261; WEBER, Basler Kommentar, N 39 zu Art. 394 OR. Anders FELLMANN, Berner Kommentar, N 395 ff. zu Art. 394 OR mit Hinweisen.

gestellt werden. «Verkehrsübung (auch Verkehrssitte genannt) ist die Tatsache, dass sich die jeweils Beteiligten in Einzelfällen bestimmter Art (z.B. bei Abwicklung von Verträgen bestimmten Inhalts) durchwegs in gleicher Weise verhalten. Zu ihrer Bildung bedarf es eines gewissen Zeitraums, einheitlicher Auffassung aller Beteiligten und allgemeiner tatsächlicher Übung».[61] Wer sich im Streitfall auf eine Verkehrsübung beruft, hat diese zu beweisen.[62] Fragen mag man sich, ob die Stundenansätze, die von der KBOB alljährlich für die freihändige Beschaffung von Planerleistungen publiziert werden, eine entsprechende Verkehrsübung begründen (Nr. 7.70). Wie es sich damit verhält, ist eine Beweisfrage, der sich jene Partei anzunehmen hat, die sich auf die KBOB-Ansätze beruft. Misslingt der Beweis und lässt sich auch sonst keine Übung nachweisen, hat das Gericht die Höhe des Honorars vertragsergänzend festzusetzen, indem es sich am Zeitaufwand und an den Kosten orientiert, die der Planer gehabt hat.[63]

7.36 **2.** Untersteht der Planervertrag dem **Werkvertragsrecht** (Nr. 1.30 ff. und 2.3), bemisst sich die Vergütung nach Massgabe des Wertes der Arbeit und der Aufwendungen des Planers (Art. 374 OR; Nr. 1.21).[64] Nicht relevant ist dagegen der Wert des vollendeten Werks, der im Einzelfall durch andere Faktoren als durch den Aufwand bestimmt wird.[65]

7.37 **3.** Wie verhält es sich im Falle eines **Gesamtvertrags?** Ihn weist das Bundesgericht (mit seiner Spaltungstheorie) je nach Leistungsteil dem Werkvertrags- oder dem Auftragsrecht zu (Nr. 1.47). Für die Beendigung aber sieht es von einer Spaltung ab und erklärt Art. 404 OR unabhängig davon, in welcher Phase der Vertrag beendet wird, für anwendbar (Nr. 1.50 und 2.104). Auch was die Honorierung angeht, liegt es nahe, den Gesamtvertrag nicht aufzuspalten, sondern die Frage nach Massgabe des Auftragsrechts (Art. 394 Abs. 3 OR;

---

61 JÄGGI/GAUCH, Zürcher Kommentar, N 392 zu Art. 18 OR, mit Hinweisen.

62 BGE 127 III 524 E. d, in: BR/DC 2004, S. 80, Nr. 191, mit Anm. PICHONNAZ; weiter FELLMANN, Berner Kommentar, N 382 zu Art. 394 OR; GAUCH, Werkvertrag, Nr. 191; TERCIER/FAVRE/CONUS, Nr. 5249; WALTER, Berner Kommentar, N 111 zu Art. 8 ZGB; WEBER, Basler Kommentar, N 41 zu Art. 394 OR.

63 BGer 4A_86/2011 (28.4.2011) E. 6; 4C.158/2001 (15.10.2001) E. 1b; BGE 118 II 296 E. 2a; 117 II 283 E. 4.

64 BGE 119 II 40 E. 3; Vergütung ist aufwand- und nicht ergebnisbezogen: KGer VS vom 12.10.2000 E. 6a, in: ZWR 2001, S. 192 ff.; HÜRLIMANN/SIEGENTHALER, Handkommentar, N 3 zu Art. 374 OR.

65 GAUCH, Werkvertrag, Nr. 947; HÜRLIMANN/SIEGENTHALER, Handkommentar, N 3 zu Art. 374 OR.

Nr. 7.35) zu lösen. Die Frage ist allerdings von geringer Bedeutung, da auch eine werkvertragliche Anknüpfung praktisch zu keinem anderen Ergebnis führt.

C. Die SIA-Ordnungen 102/103 und die Verkehrsübung

1. Die Frage, ob die SIA-Ordnungen für Planerverträge a priori Ausdruck 7.38
der Verkehrsübung seien, ist zu verneinen, dies in Einklang mit der bundesgerichtlichen Praxis (Nr. 1.96).[66] Zwar ist die Honorarbemessung entweder nach Aufwand oder nach Interessenwert in der Branche verbreitet. Trotzdem lässt sich weder vom Zeit- noch vom Kostenhonorar ohne Weiteres sagen, dass es in der Ausgestaltung, die es in den SIA-Ordnungen erfahren hat, einer gefestigten Verkehrsübung entspricht. Dazu kommt, dass die SIA-Ordnungen von einem Branchenverband aufgestellt wurden[67], was die Vermutung nahelegt, dass sie zumindest in der Tendenz einseitig sind. Ihre Einseitigkeit allein spricht allerdings noch nicht gegen ihre Verkehrsüblichkeit.[68] So soll es sogar angehen, sich an diesen Ordnungen zu orientieren, wo die Parteien das Honorar nicht selber geregelt haben.[69] Ins Gewicht aber fällt, dass die KBOB für die öffentlichen Bauherren einen Planervertrag mitsamt zugehörigen Allgemeinen Vertragsbedingungen für Planerleistungen geschaffen hat, der mit Bezug auf die Vergütung ohne die SIA-Ordnungen 102/103 auskommt. Aber

---

66 BGE 118 II 296 E. 2a, in: BR/DC 1993, S. 104, Nr. 216, mit Anm. Gauch; BGE 117 II 284, in: BR/DC 1992, S. 93, Nr. 153, mit Anm. Gauch; BGer 4A_393/2007 (3.12.2007) E. 2.1; 4C.261/2005 (9.12.2005) E. 2, mit Anm. Gauch; auch KGer SG, GVP 2002, Nr. 54 (25.6.2002), S. 163, E.4c/aa, in: BR/DC 2003, S. 164, Nr. 419; KGer GR (7.6.1994), in: PKG 1994, Nr. 13, S. 52 f., sowie BR/DC 1996, S. 46, Nr. 98, mit Anm. Gauch. Ferner: Krauskopf-Forero/Siegenthaler, Nr. 8.52; Tercier, in: BR/DC 1993, S. 64, und BR/DC 1994, S. 47, Anm. zu Nr. 86. Anders: BR/DC 1992, S. 36, Nr. 67, mit Anm. Gauch, und BR/DC 1993, S. 44, Nr. 98, mit Anm. Tercier (wo sich die Parteien offenbar trotz fehlender ursprünglicher Übernahme der SIA-Ordnung 102 vor Gericht auf diese Ordnung berufen haben, worin eine nachträglich konkludente Übernahme zu erblicken ist). Klar ist, dass den SIA-Normen auch die Qualität von Rechtsnormen abgeht, BGE 132 III 288 E. 1.3.

67 Der Schlussformel zufolge waren an der Schaffung der SIA-Ordnung 102 (2003) auch Vertreter des Bundes Schweizer Architekten (BSA) beteiligt.

68 Vgl. Gauch, Werkvertrag, Nr. 191.

69 BGer 4C.336/2001 (22.1.2002) E. 3a, wo das Gericht festhält, «le fait de s'inspirer de la norme SIA» verstosse nicht gegen Bundesrecht; zu den Tarifen nach SIA-Ordnung 102 (1984) OGer ZH, in: ZR 95, 1996, Nr. 27, S. 89, sowie BR/DC 1996, S. 117, Nr. 238, mit kritischer Anm. Gauch.

auch andere Grossbauherren haben Allgemeine Geschäftsbedingungen und Vertragsformulare geschaffen, welche die SIA-Ordnungen 102/103 in wesentlichen Punkten aufheben, abändern oder ergänzen.[70] All dies sind Indizien, die gegen die Verkehrsüblichkeit der SIA-Ordnungen sprechen.

7.39 Selbst wenn man aber den SIA-Ordnungen zugestehen wollte, dass sie die Verkehrsübung abbilden (was wir ablehnen), so ist zu beachten, dass sie keinen «SIA-Tarif» enthalten.[71] Sie geben die Stundenansätze, die sowohl beim Kosten- als auch beim Zeithonorar zentrale Grössen sind, vorab aus kartellrechtlichen Gründen nicht vor[72], weshalb sich ihnen auch nicht ablesen lässt, wie hoch ein Honorar im konkreten Fall zu sein hat. Aber auch früher gab es keinen SIA-Tarif schlechthin. Vielmehr enthielten die damaligen SIA-Ordnungen verschiedene Tarife und innerhalb der einzelnen Tarife verschiedene Berechnungselemente, die erhebliche Ermessensspielräume offenliessen und von den Parteien denn auch unterschiedlich ausgenutzt wurden.

7.40 **2.** Nach einer Rechtsprechung soll es allerdings zulässig sein, die SIA-Ordnungen 102/103 «als Richtlinie für die Bewertung der Leistungen des Architekten heranzuziehen».[73] Heute (mit den Ordnungen aus dem Jahr 2003) ist es aber, wie erwähnt, ohnehin so, dass die SIA-Ordnungen keine Stundenansätze mehr enthalten, weshalb sie auch als Richtlinie dafür, welcher Stundenansatz einer bestimmten Leistung angemessen ist, nicht mehr taugen. Die entsprechende Diskussion ist mithin überholt.[74]

---

70 Zur SIA-Ordnung 102 (1984): Schumacher, Die revidierten SIA-Honorarordnungen, S. 72, und Egli, Die revidierten SIA-Honorarordnungen, S. 100.

71 Vgl. Egli, Revidierte SIA-Ordnungen, S. 59, der anmerkt, dass die aktuelle SIA-Ordnung 102 im Vergleich zur SIA-Ordnung 102 (1984) weitestgehend von «Automatismen» befreit ist.

72 Vgl. Egli, Revidierte SIA-Ordnungen, S. 45. Bekanntmachung der Wettbewerbskommission betreffend die Voraussetzungen für die kartellgesetzliche Zulässigkeit von Abreden über die Verwendung von Kalkulationshilfen vom 28. Juli 1998, in: BBl 1998, S. 3936.

73 So KGer SG, GVP 2002, Nr. 54 (25.6.2002), S. 163, E. 4c/bb. In diesem Sinne auch BGer 4C.336/2001 (22.1.2002) E. 3a; analoge Anwendung der SIA-Ordnung 102 (1984): TC VD vom 18.12.1996, in: BR/DC 1998, S. 132, Nr. 348; Orientierung an der SIA-Ordnung 102 (1984) trotz Ablehnung ihrer Anwendbarkeit: KGer VS vom 12.10.2000 E. 6c, in: ZWR 2001, S. 192 ff.; SIA-Ordnung 102 (1984) als «Ausdruck der in dieser Branche üblichen Massstäbe und Richtlinien»: OGer ZH vom 18.6.1993, in: ZR 95, Nr. 27, S. 87, sowie BR/DC 1996, S. 117, Nr. 238.

74 So zutreffend schon KGer SG, GVP 2010, Nr. 94 (16.12.2010), S. 216, E. 1d/aa. Wenn das St. Galler Kantonsgericht dann aber festhält, die auf statistischen Daten basierende Berechnungsmethode erscheine «als taugliches Mittel, um den angemessenen Zeitaufwand

D. Festsetzung des Honorars durch das Gericht

1. Haben die Parteien die Höhe der Vergütung nicht oder nur lückenhaft vereinbart, so hat im Streitfall das Gericht über diese zu entscheiden.[75] Dazu muss der Planer zunächst die Tatbestandselemente, die für die Bemessung des Honorars wesentlich sind, darlegen und beweisen.[76] In materieller Hinsicht ist zu beachten: 7.41

a. Untersteht der Planervertrag dem **Werkvertragsrecht** (Nr. 1.30 ff.), setzt das Gericht die Vergütung nach Massgabe des Wertes der Arbeit und der Aufwendungen (Art. 374 OR) fest.[77] Es ist dabei auch an ein gerichtliches Gutachten nicht gebunden.[78] 7.42

b. Untersteht das Vertragsverhältnis dagegen dem **Auftragsrecht** (Nr. 1.42 ff.), hat das Gericht (mangels gesetzlicher Regel und einer Verkehrsübung) den Vertrag in Bezug auf die Höhe der Vergütung zu ergänzen. Dabei soll das Honorar *«den geleisteten Diensten entsprechen,* ihnen *objektiv angemessen* sein»; dies und die dabei anzuwendenden Kriterien richten sich nach den «Umständen des Einzelfalls, namentlich nach der Art und Dauer des Auftrages, der übernommenen Verantwortung sowie der beruflichen Tätigkeit und Stellung des Beauftragten».[79] Das Gericht hat somit die vom Planer erbrachten Leistungen zu bewerten. 7.43

---

für ein Bauprojekt abzuschätzen, selbst wenn die Parteien wie im vorliegenden Fall die SIA-Ordnung 102 nicht übernommen haben», ist kritisch nachzufragen, warum es dem Planer erlaubt sein soll, seinen Aufwand mittels einer Statistik nachzuweisen, die der SIA in die Welt gesetzt hat. Soll es aber nur darum gehen, den vom Planer nachgewiesenen Aufwand auf seine Angemessenheit zu kontrollieren, mag die Statistik beachtenswerte Anhaltspunkte liefern, die aber nicht sklavisch übernommen werden dürfen.

75 BGE 101 II 109 E. 2; 120 V 515 E. 4b/bb; BGer 4C.261/2005 (9.12.2005) E. 2.1.

76 LGVE 1977, I, S. 419, in: SJZ 1979, S. 41, sowie BR/DC 1979, S. 13, Nr. 18 und 19.

77 BGer 4C.261/2005 (9.12.2005) E. 2.1.

78 BGer 4A_219/2009 (25.9.2009) E. 4.

79 BGE 101 II 111 E. 2; 117 II 284 E. c; vgl. weiter BGE 120 V 515 E. 4b/bb, in: BR/DC 1995, S. 92, Nr. 242, mit Anm. Werro; BGer 4C.261/2005 (9.12.2005) E. 2.1; 4C.158/2001 (15.10.2001) E. 1b, in: BR/DC 2002, S. 89, Nr. 211, mit Anm. Werro. Auch: Fellmann, Berner Kommentar, N 411, 420 und 425 zu Art. 394 OR; Gmür, Nr. 363; Werro, Commentaire romand, N 47 zu Art. 394 OR.

7.44 **2.** Ob die zu vergütenden Leistungen des Planers nun dem Werkvertrags- oder dem Auftragsrecht unterstehen, die wesentlichen Bewertungselemente sind dieselben.[80]

7.45 **a. Hauptkriterium** ist der für die vereinbarten Planerleistungen erforderliche *Aufwand an Personal-, Sach- und übrigen Kosten.*[81] Die entsprechenden Berechnungselemente sind:

7.46 – Anzahl Stunden, die der Büroinhaber mit seinen Angestellten für das konkrete Vertragsobjekt gearbeitet hat. Dabei ist zu berücksichtigen, dass mit zunehmender Berufserfahrung der Zeitaufwand für eine bestimmte Arbeit abnimmt.

7.47 – Personalaufwand: Lohn- und Lohnnebenkosten, berechnet nach dem für das Vertragsobjekt ermittelten Zeitaufwand.

7.48 – Sachaufwand: Materialkosten für das Vertragsobjekt, sofern sie nicht separat als Auslagen in Rechnung gestellt werden (Nr. 7.167).

7.49 – General- oder Gemeinkosten: Gemeint sind die Aufwendungen, die der Planer tätigen muss, um überhaupt ein Büro betreiben und Planerleistungen erbringen zu können.[82] Dazu zählen Miete und Unterhalt von Büroräumen, die Büroeinrichtung, Kosten der beruflichen Hilfsmittel (Büroapparate, technische Einrichtungen, insbesondere IT, Bibliothek) und deren Amortisation sowie sonstige in den Lohnkosten und Auslagen nicht enthaltene Aufwendungen (Akquisition, Weiterbildung, Teilnahme an Wettbewerben). Die Generalunkosten sind ins Verhältnis zum konkreten Vertragsobjekt zu setzen. Das kann mittels des Zeitaufwandes oder der Bruttohonorarsumme einer Kalenderperiode geschehen.[83]

---

80 Während nach dem Werkvertragsrecht der Aufwand des Planers (inkl. seines Gewinns) das einzige Kriterium darstellt (Gauch, Werkvertrag, Nr. 946; Zindel/Pulver, Basler Kommentar, N 11 zu Art. 374 OR: «Die Vergütung nach Art. 374 ist also aufwand- und nicht ergebnisbezogen»), lässt das Auftragsrecht die Berücksichtigung der Bedeutung des Auftrags für den Auftraggeber als Hilfskriterium zu. BGer 4C.158/2001 (15.10.2001) E. 1b.

81 KGer SG vom 25.6.2002 E. 4c, in: GVP 2002, S. 163 f., Nr. 54, sowie BR/DC 2003, S. 164, Nr. 419; KGer VS vom 12.10.2000 E. 6a, in: ZWR 2001, S. 192 ff. sowie BR/DC 2001, S. 169, Nr. 463, mit Anm. Aepli; Gauch, Werkvertrag, Nr. 948; Gmür, Nr. 367 ff.

82 Fellmann, Berner Kommentar, N 26 f. zu Art. 402 OR; Gauch, Werkvertrag, Nr. 948; Gmür, Nr. 115 und 381; Werro, Commentaire romand, N 6 zu Art. 402 OR.

83 Gautschi, Berner Kommentar, N 76g zu Art. 394 OR.

– Zuschlag für Gewinn und Risiko.[84] 7.50

b. Als **Hilfskriterien** können etwa herangezogen werden: 7.51

– Schwierigkeit der Bauaufgabe; 7.52

– besondere Risiken, die der Planer übernommen hat[85]; 7.53

– zeitliche Dringlichkeit.[86] 7.54

c. Die Hauptschwierigkeit besteht darin, den **Lohn des Büroinhabers** und seinen Anspruch auf Gewinn- und Risikodeckung festzulegen. Dabei sind folgende Gesichtspunkte zu berücksichtigen: 7.55

– Die Ausbildung des Planers: Eine Rolle spielt sein Abschluss. Zudem hat derjenige, der wegen seiner Berufsausbildung erst später erwerbstätig sein konnte, gegenüber dem, der eine Lehre absolviert hat und seither mehr oder weniger voll erwerbstätig war, Anspruch auf angemessene Berücksichtigung der ihm entgangenen Erwerbsmöglichkeit.[87] 7.56

– Die Aufwendungen für die berufliche Vorsorge. 7.57

– Einkommensausfälle des Büroinhabers und seiner Angestellten wegen Krankheit, Militärdienst, Ferien, Fortbildung.[88] 7.58

– Anzahl der Angestellten bzw. Umfang der zu schaffenden Auftragsreserven. 7.59

d. Soweit Auftragsrecht zur Anwendung gelangt, wird die (materielle oder immaterielle) Bedeutung der erbrachten Leistung bzw. der Interessenwert für den Auftraggeber als Hilfskriterium angeführt. Dies ist aber umstritten.[89] 7.60

---

84 LGVE 1977, I, S. 419; GAUCH, Werkvertrag, Nr. 948; GMÜR, Nr. 388.

85 BGE 101 II 115, 119 III 69 E. 3c; GMÜR, Nr. 394 ff. und Nr. 409; WERRO, Commentaire romand, N 47 zu Art. 394 OR.

86 BGE 101 II 116; FELLMANN, Berner Kommentar, N 413 zu Art. 394 OR.

87 GMÜR, Nr. 382.

88 BGE 101 II 113 E. 3b; GMÜR, Nr. 386.

89 Abgelehnt in BGE 101 II 113 und 78 II 127 E. 2; ebenso MERZ, ZBJV 1968, S. 54 f. Bejaht jedoch in BGE 119 III 69 (für das Anwaltshonorar); FELLMANN, Berner Kommentar, N 414 zu Art. 394 OR; GMÜR, Nr. 400 ff.; WEBER, Basler Kommentar, N 39 zu Art. 394 OR. Nach FELLMANN wirkt sich die Interessenhöhe indirekt über das Kriterium «übernommene Verantwortung» (das GMÜR, Nr. 409, mit guten Gründen verwirft) auf den Honoraransatz aus. Nach WERRO, Commentaire romand, N 47 zu Art. 394 OR, ist der Interessenwert nur unter ausserordentlichen Umständen in Anschlag zu bringen.

7.61 **3.** Sollte ein Gericht – statt die Bemessung nach den aufgeführten Kriterien vorzunehmen – der Versuchung erliegen, die von der KBOB publizierten Stundenansätze als Anhaltspunkt und Hilfsgrösse für seine von ihm vorzunehmende Honorarbemessung heranzuziehen, so hat es die Besonderheiten dieser (von einer staatlichen Stelle herausgegebenen) Tarife zu berücksichtigen und sollte sich nur zurückhaltend an ihnen orientieren.[90] Sicherlich sind diese Tarife nicht schlechthin ausgewogen, bloss weil eine staatliche Stelle sie für ihre eigenen Zwecke publiziert.[91]

III. Die Honorarberechnung nach den SIA-Ordnungen 102/103

7.62 Der Übergang vom alten zum neuen System, das den aktuellen SIA-Ordnungen 102/103 aus dem Jahr 2003 zugrunde liegt, ist vor allem davon geprägt, dass nicht mehr mit standardisierten Stundenansätzen (also mit Tarifen), sondern auf der Grundlage individueller, bürospezifischer Ansätze zu offerieren ist. Das gilt sowohl für die Honorarberechnung nach dem effektiven Zeitaufwand als auch für die Honorarberechnung nach den Baukosten. Während beide Methoden vom Arbeitsaufwand abhängig sind, ist die Vergütung nur nach der ersten Methode vom tatsächlichen Aufwand abhängig, während sie bei der Abrechnung nach Baukosten vom tatsächlichen Aufwand unabhängig ist. Hier steht sie in einem bestimmten Verhältnis zu den (veranschlagten oder abgerechneten; Nr. 7.119) Baukosten und ist in diesem Sinn fest (Festpreis). Die Vereinfachung, die mit der Vereinbarung eines Kostenhonorars nach SIA-Ordnungen verbunden ist, besteht darin, dass dort die Korrelation zwischen Baukosten und Planeraufwand in einer Formel ausgedrückt wird, die auf statistischen Erhebungen des SIA beruht. Damit ist der Planer beim Kostenhonorar davon entbunden, seinen tatsächlichen Zeitaufwand nachweisen zu müssen. Auch hier aber hat er nachzuweisen, welche Leistungen er erbracht hat, um seinen Honoraranspruch durchsetzen zu können.

---

[90] So auch Tercier, in: BR/DC 1994, S. 47, Anm. 2 zu Nr. 86.

[91] Anders KGer SG (6.12.2010) E. III/1, in: BR/DC 2011, S. 63 f., Nr. 181: «Für den Stundensatz kann auf die Empfehlungen der Koordination der Bau- und Liegenschaftsorgane des Bundes (KBOB) abgestellt werden. Da der Bund diese Sätze anwendet, wenn er selbst als Bauherr auftritt, ist davon auszugehen, dass sie angemessen sind»; mit kritischer Anm. Stöckli.

1. Überblick

1. Die SIA-Ordnungen 102/103 sehen **drei Honorierungsarten** vor (Art. 5.2), die unabhängig davon vereinbart werden können, wie der Planervertrag im konkreten Fall rechtlich zu qualifizieren ist. Es spielt hier mithin keine Rolle, ob der Vertrag seinem Inhalt nach dem Auftrags- oder dem Werkvertragsrecht untersteht oder ein gemischter Vertrag ist (Nr. 1.27 ff.). Nach dem Konzept der SIA-Ordnungen einigen sich die Parteien 7.63

– entweder auf eine Honorarberechnung *«nach dem effektiven Zeitaufwand»* (Art. 6 SIA 102/103; Nr. 7.25 ff.); 7.64

– auf die Honorarberechnung *«nach den Baukosten»* (Art. 7 SIA 102/103; Nr. 7.95 ff.) oder 7.65

– auf ein *Pauschal- oder ein Globalhonorar* (Nr. 7.68). 7.66

a. Bei den **Stundenaufwandmodellen** (Honorar nach Zeitaufwand oder Baukosten) werden – ähnlich wie bei einem Werkvertrag mit Einheitspreisen – lediglich gewisse Einheiten (Stundenansätze, Berechnungselemente) vereinbart, während die definitive Honorarberechnung entweder vom effektiven Zeitaufwand oder vom Zeitaufwand abhängig ist, der sich gestützt auf die «wirklichen Kosten des ausgeführten Bauwerks gemäss Bauabrechnung» (Art. 7.5.1 SIA 102/103) ermittelt (Nr. 7.120)[92] und vom effektiven Zeitaufwand unabhängig ist. Von «Kostentarif» und «Volumentarif» ist in den aktuellen Ordnungen aus dem Jahr 2003 nicht mehr die Rede.[93] Dies ist eine Folge davon, dass der SIA keine Tarife, sondern nur noch «Kalkutionshilfen» publiziert, was auch in den Einleitungen zu den SIA-Ordnungen 102/103 zum Ausdruck kommt. Anzumerken ist freilich, dass auch die Festlegung der 7.67

---

92 Die Koppelung von tatsächlichen Kosten und Honorarhöhe, die auch der SIA-Ordnung 102 (1984) zugrunde lag, ist unverändert kritisch zu beurteilen, da diese den Planer dazu verleiten kann, die Baukosten eher anzutreiben als sie einzudämmen. Dazu ist er zwar nicht berechtigt, weil er damit gegen seine Pflicht verstösst, die Interessen des Bauherrn zu wahren. Da die Pflichtverletzung aber vom Bauherrn zu beweisen ist und dieser Beweis nicht einfach zu führen ist, befindet sich der Planer in einer stärkeren Position. Abhilfe lässt sich schaffen etwa mit der Vereinbarung einer Honorarobergrenze oder auch nach Massgabe des vom Planer angefertigten Kostenvoranschlags, für dessen Überschreiten der Planer allenfalls schadenersatzpflichtig wird.

93 Zur Abschaffung des Volumentarifs: Egli, Revidierte SIA-Ordnungen, S. 59; Pichonnaz, Les règlements SIA, S. 77.

für das Kostenhonorar zentralen Z-Werte durch den SIA nichts anderes ist als eine branchenweite Standardisierung eines wichtigen Berechnungsfaktors.

7.68 **b.** Vereinbaren die Parteien ein **Pauschal- oder Globalhonorar** (Art. 5.2.4 SIA 102/103), ist die Honorarberechnung unabhängig vom Zeitaufwand, den der Planer zu treiben hat. Ungesagt bleibt, nach welchen Kriterien und ab wann bei einem Globalhonorar die Teuerung aufgerechnet werden soll. Eine Analogie zur SIA-Norm 118 ist hier nicht möglich, da dort die Indexverfahren nur bei entsprechender Vereinbarung anwendbar sind und das subsidiär zu befolgende «Verfahren mit Mengennachweis» (Art. 65 Abs. 1 SIA 118) für Planerleistungen nicht geeignet ist. Einen insoweit lückenhaften Planervertrag hat das Gericht nach Massgabe des hypothetischen Parteiwillens zu ergänzen.[94]

7.69 **2.** Die Parteien können in ein und demselben Planervertrag **verschiedene Honorierungsarten** vereinbaren. Beschränken sie sich darauf, die SIA-Ordnung 102 oder 103 zu übernehmen, ohne zu vereinbaren, nach welcher Methode das Honorar zu bemessen ist, stellt sich die Frage, ob dies ausreiche. Bei der Beantwortung ist zu differenzieren. Eine Auffangregel findet sich in den aktuellen SIA-Ordnungen 102/103 nur insoweit, als das Folgende gilt: Haben die Parteien die «Honorarberechnung nach den Baukosten» vereinbart, gilt diese Vereinbarung lediglich für die «Grundleistungen … in den Phasen 3 bis 5 gemäss Art. 4» (Art. 7.1.1 SIA 102/103)[95], nicht auch für die «besonders zu vereinbarenden Leistungen», die «mangels anderer Vereinbarung … nach dem effektiven Zeitaufwand honoriert» werden (Art. 7.13.1 SIA 102/Art. 7.12.1 SIA 103). Im Übrigen enthalten die Ordnungen keine Auffangregel, nach der sich für den Fall, dass die Parteien nichts anderes vereinbaren, entscheiden liesse, welche Honorierungsart anzuwenden ist. Insoweit gilt dann die Honorarbemessung als nicht vereinbart, und es kommen die gesetzlichen Regeln zum Tragen. Darin unterscheiden sich die aktuellen Ordnungen von der SIA-Ordnung 102 (1984), nach der «Grundleistungen … mangels anderer Vereinbarung nach Art und Umfang des Baues», nicht nach dem «Zeittarif» zu vergüten waren (Art. 5.3 SIA 102 [1984]).

---

94 Den einschlägigen KBOB-Empfehlungen zur Honorierung bei Verträgen mit Architekten und Ingenieuren (2012) zufolge entwickeln sich die Kosten im Planerbereich nicht entsprechend dem Landesindex der Konsumentenpreise (LIK), weshalb die KBOB zur Berechnung von Preisänderungen «auf die Berechnung mit dem Nominallohnindex der Wirtschaftszweige 70–74» (S. 3) umstellt.

95 Gemeint sind die Phasen Projektierung, Ausschreibung und Realisierung.

3. Den aktuellen Ordnungen liegen keine Verbandstarife für Planerleistungen zugrunde, worin sie sich von ihren Vorgängerinnen unterscheiden. Nach der SIA-Ordnung 102 (1984) verhielt es sich noch so, dass bei der «Honorarberechnung nach dem Zeitaufwand» neben den Honorarkategorien die den «Honorarkategorien entsprechenden Stundenansätze … jährlich als Gabel- und Mittelwerte vom SIA publiziert» wurden, wobei «ohne besondere Vereinbarung … der Mittelwert anzuwenden» war (Art. 6.3 SIA 102 [1984]). Daran liess sich aus kartellrechtlichen Gründen nicht länger festhalten. Noch immer aber nimmt der SIA Einfluss auf die Honorierung von Planerleistungen: zum einen schon dadurch, dass er entsprechende Berechnungsformeln publiziert; zum anderen durch die Veröffentlichung einzelner Faktoren, die in diese Formeln einzusetzen sind. Grossen Einfluss auf die Planerhonorare hat aber auch die öffentliche Hand und hier vorab die KBOB, die alljährlich frankenmässige Ansätze für die im freihändigen Verfahren festgelegten Honorare publiziert (Nr. 7.12). Zwar handelt es sich bei diesen Ansätzen nicht um branchenweit verbindliche Vorgaben und auch nicht a priori um den Ausdruck einer allenfalls zu beachtenden Verkehrsübung (Nr. 7.35). Praktisch erfüllen diese Ansätze aber doch eine bestimmende Orientierungsfunktion (Nr. 7.86). Anders verhält es sich in Deutschland, wo in Form der HOAI eine staatliche Verordnung Mindestsätze vorschreibt, die der «Vermeidung eines ruinösen Preiswettbewerbs zwischen Architekten/Architektinnen, der die Qualität der Planungstätigkeit gefährden würde»[96], dient.[97] 7.70

4. Das Umfeld der Planerverträge hat sich mit dem Inkrafttreten des GATT/WTO-Übereinkommens und der Regeln des öffentlichen Vergaberechts stark verändert. So spielt bei der Beurteilung von Planerofferten heute häufig die offerierte Honorarsumme eine überragende Rolle. Der Preisdruck ist eine Realität, obschon auch die öffentliche Hand konstatiert, dass die «Vergabe ausschliesslich auf Grund des Preises … bei Planerleistungen nicht sinnvoll» ist.[98] Der Druck ist aber nicht nur eine Folge der Vergabe öffentlicher Aufträge unter Konkurrenz, sondern auch des Umstands, dass vor allem grössere Bauherren jenen Organisationsformen, bei denen die Leistungsträger zusam- 7.71

---

96 Deutscher Bundesrat, Drucksache 395/09 (30. April 2009), S. 150.

97 Verbindliches Preisrecht in diesem Bereich ist europaweit gesehen die Ausnahme. Siehe dazu die Übersicht in Mertes (u.a.), Statusbericht 2000plus Architekten/Ingenieure (Schlussbericht), www.a.tu-berlin.de/hoai2000plus/schlussbericht.html, S. 2 ff.

98 KBOB-Leitfaden zur Beschaffung von Leistungen im Planerbereich (2009), S. 14, wo sich auch Empfehlungen zur Gewichtung des Preiskriteriums finden, die in Abhängigkeit von der Komplexität der Planerleistung steht.

mengefasst werden (Generalplaner, Total- und Generalunternehmer), heute regelmässig den Vorzug geben.[99] Diese Entwicklungen sind dem SIA nicht entgangen. So liegt seinem **«Leistungsmodell 112»**[100] (Nr. 1.78 ff.) aus dem Jahr 2001 die praktische Erfahrung zugrunde, dass vermehrt «ganzheitliche, vernetzte, spartenübergreifende Planungsleistungen, die von interdisziplinären Planerteams erbracht werden», nachgefragt werden. Entsprechend soll das Leistungsmodell es «Planern wie Auftraggebern ermöglichen, Zusammenarbeitsformen zu entwickeln, die heutigen Marktanforderungen entsprechen». Vertragspartner des Bauherrn sind nicht länger einzelne Planer aus den verschiedenen Fachrichtungen, sondern ein Planerteam, das die erforderlichen Kompetenzen bündelt, oder aber ein «Planer mit Gesamtleiterfunktion», der seinerseits Subplaner der erforderlichen Fachrichtungen beizieht. Die Projektorganisation ist für jedes konkrete Bauvorhaben massgeschneidert festzulegen, womit Lücken und Überschneidungen in den bisherigen Honorarordnungen vermieden werden sollen. Von besonderem Interesse sind hier das Verhältnis zu den SIA-Ordnungen 102/103 und Fragen des Planerhonorars.

7.72 – Die SIA-Ordnungen werden durch das Leistungsmodell 112 nicht gänzlich verdrängt; im Vertrag mit dem Bauherrn allerdings sollen sie nicht figurieren, was auch erklärt, dass das Leistungsmodell 112 eigene «Allgemeine Vertragsbedingungen» aufweist. Gleichwohl verhält es sich so, dass das «Leistungsmodell … für eine Anwendung im Verbund mit den Ordnungen für Leistungen und Honorare der Architekten, der Landschaftsarchitekten, der Bauingenieure, der Forstingenieure, der Maschinen- und der Elektroingenieure, der Fachingenieure für Gebäudeinstallationen sowie der Raumplaner (Ordnungen SIA 102, 103, 104, 108 und 110) konzipiert [ist].» Zum einen können die Ordnungen in den Verträgen mit Subplanern verwendet werden. Zum andern dienen sie dem Beschrieb der Planerleistungen:

7.73 – Denn, so wird gesagt, die «Leistungsbeschreibungen der Ordnungen SIA 102, 103, 104, 108 und 110) [sind] auf die Gliederung des Leistungs-

---

99 Egli, Revidierte SIA-Ordnungen, S. 45.

100 Eingehend: Egli, Revidierte SIA-Ordnungen, S. 48 ff.; Gasche/Bösch, Neue Grundlagen für die Gestaltung von Planerverträgen, in: BR/DC 2001, S. 3 ff.; Pichonnaz, Les règlements SIA, S. 60 ff. Zum «Leistungsmodell 95»; Rechsteiner, Das SIA-Leistungsmodell 95 in verlängerter Vernehmlassung, in: BRT 1997, S. 79 ff.; Egli, Das Leistungsmodell 95 – aus Sicht des Bauherrn, in: BRT 1997, S. 97 ff.

modells abgestimmt. Die Leistungsbeschreibungen in diesen Ordnungen können also gezielt herangezogen werden, um in einem Projekt die Leistungen, die in einem Modul erbracht werden sollen, genau zu definieren.» Was die Abstimmung zwischen den SIA-Ordnungen und dem Leistungsmodell 112 angeht, ist allerdings anzumerken, dass diese nicht in allen Teilen vorgenommen wurde.

- Die Honorierung der «vertraglich vereinbarten Leistungen und Ergebnisse bezieht sich nicht auf die Baukosten, sondern basiert auf einer aufgabenspezifischen Aufwand- und einer betriebsspezifischen Kostenkalkulation des Planerteams oder des Gesamtleiters». Dies wird im Leistungsmodell 112 als «Leitgedanke» formuliert, der aber im konkreten Vertrag der Konkretisierung bedarf. 7.74

2. Honorarberechnung nach Zeitaufwand («Zeithonorar»)

A. Überblick

1. Die «Honorarberechnung nach dem effektiven Zeitaufwand» knüpft beim alten «Zeittarif» an, der sich in der Ausgabe 1984 der SIA-Ordnungen 102/103 fand und seinerseits den «Tarif B» abgelöst hatte.[101] Der Planer wird nach seinem Zeitaufwand vergütet. Die Grundzüge: 7.75

- «Grundlagen für die Honorarberechnung … bilden der Zeitaufwand aller direkt am Auftrag eingesetzten Mitarbeiter und die entsprechenden angebotenen Stundenansätze» (Art. 6.1.2 SIA 102/103). 7.76
- Unterschieden werden drei Methoden der Honorarberechnung (Art. 6.1.1 SIA 102/103): die Berechnung nach Qualifikationskategorien, die Berechnung nach Gehältern und die Berechnung nach mittleren Ansätzen. Welche Methode im konkreten Fall zur Anwendung kommt, bestimmt sich nach dem Vertrag, ist also zu vereinbaren. Die SIA-Ordnungen 102/103 geben keiner der drei Methoden den Vorzug in dem Sinne, dass bei fehlender Vereinbarung nach einer bestimmten Methode zu verfahren wäre. 7.77
- Nebenkosten und Drittleistungen sind separat zu vergüten (Art. 6.1.5 SIA 102/103), was auch bei einem Vertrag gilt, der unter das Werkvertragsrecht fällt (Nr. 7.63). 7.78

---

[101] EGLI, Revidierte SIA-Ordnungen, S. 59.

7.79 – Ein Anspruch auf Teuerungsausgleich besteht nur bei entsprechender Vereinbarung (Art. 6.1.6 SIA 102/103).

7.80 **2.** Gestützt auf diese Elemente sowie eine Schätzung des gesamten Stundenaufwands der Mitarbeiter des Planungsteams und der «zusätzlichen Kostenelemente» (Art. 6.5.2 SIA 102/103) legen die Parteien, wenn sie der Empfehlung in den SIA-Ordnungen folgen, einen **Richtpreis** fest. Der Richtpreis «beinhaltet sowohl die Honorare für Arbeitsleistungen als auch die zusätzlichen Kostenelemente» (Art. 6.5.2 SIA 102/103). Zuweilen wird der Richtpreis mit einem Kostendach (Nr. 7.23) gleichgesetzt.[102] Diese Gleichsetzung ist jedenfalls dann falsch, wenn man das Kostendach als maximale Obergrenze der Planervergütung ansieht (Nr. 7.22). Diese Bedeutung hat ein Richtpreis gerade nicht. Dem (Art. 56 SIA 118 entnommenen) Wortlaut nach zu schliessen, handelt es sich dabei nur um einen ungefähren Ansatz (im Sinne von Art. 375 Abs. 1 OR).[103] Mit dem Richtpreis wird das Honorar somit bloss ungefähr und nicht fest bestimmt. Die SIA-Ordnungen 102/103 sehen vor, dass der Planer den «Auftraggeber so rasch als möglich zu informieren hat, wenn infolge Auftragserweiterungen oder Änderung der Randbedingungen absehbar wird, dass der vereinbarte Richtpreis um mehr als 10% überschritten wird» (Art. 6.5.3). Diese Anzeigepflicht greift schon, wenn die Überschreitung absehbar ist, weshalb eine Anzeige, die erst im Zeitpunkt der Überschreitung erfolgt, im Regelfall verspätet ist.

7.81 **3.** Die SIA-Ordnungen 102/103 äussern sich dazu, für welche Fälle sich eine Honorarberechnung nach Zeitaufwand eignet. Empfohlen wird sie vor allem «für Studien und für Aufträge, deren Zeitaufwand im Voraus nicht oder nur schwer abschätzbar ist» (Art. 5.2.2 SIA 102/103). Weitere Empfehlungen finden sich hinsichtlich der drei Berechnungsarten, wobei diese Empfehlungen deklaratorisch sind und die Parteien in der Wahl der Methode nicht einschränken. Massgeblich ist allein die getroffene Vereinbarung.

B. Die drei Berechnungsmethoden beim Zeithonorar

a. Die Berechnung nach Qualifikationskategorien

7.82 **1.** Vereinbaren die Parteien die Honorarberechnung nach Qualifikationskategorien, bleibt es zwar dabei, dass sich die geschuldete Vergütung nach

---

[102] So im KBOB-Leitfaden zur Beschaffung von Leistungen im Planerbereich (2009), S. 7.

[103] Vgl. GAUCH, Werkvertrag, Nr. 937 f.

dem effektiven Zeitaufwand bemisst. Indes sieht das vereinbarte System unterschiedliche Stundenansätze vor, die im Vertrag je nach Anforderungen an die Funktion sowie die Erfahrung und das Können des jeweiligen Funktionsträgers abgestuft sind. Die entsprechenden Ansätze sind nicht auf bestimmte Personen zugeschnitten (im Unterschied zur Honorarberechnung nach Gehältern, Nr. 7.87), sondern werden gewissermassen **abstrakt** festgelegt, so dass die Leistungen irgendeines Planers zu jenem Stundenansatz abgerechnet werden können, der für seine Qualifikationskategorie vereinbart wurde. Durch Auslegung ist zu ermitteln, welche Anforderungen mit welcher Qualifikationskategorie verknüpft sind, während die Beweislast dafür, dass der konkrete Planer die entsprechenden Anforderungen erfüllt, beim Planer liegt, der das Honorar zum Stundenansatz einer bestimmten Qualifikationskategorie berechnen will.

2. Bei dieser Methode der Honorarberechnung sind drei **Elemente** massgeblich: 7.83

a. Der *Zeitaufwand.* Massgeblich ist zunächst der Aufwand an Stunden, die der Planer und seine Angestellten für die vereinbarten Planerleistungen benötigt haben. Ob die tatsächlich eingesetzte Stundenzahl auch nötig war, beurteilt sich im Streitfall nach einem objektiven (durchschnittlichen) Massstab und ist dann zu klären, wenn der Bauherr unnötigen Aufwand behauptet, den er nicht zu entschädigen hat. Was im Besonderen die Reisezeit anbelangt, ist sie «in der Regel … als Arbeitszeit zu vergüten» (Art. 5.4.2 SIA 102/103; Nr. 7.168), was aber nur dann gelten kann, wenn der Planer während der Reisezeit nicht für ein anderes Projekt tätig ist. 7.84

b. Die *Qualifikationskategorien.* Massgeblich ist ferner, wer für das Vertragsobjekt gearbeitet hat. Dabei kommt es nicht auf die Person und auch nicht auf ihre hierarchische Stellung im Planerbüro an (Art. 6.2.4 SIA 102/103), sondern auf die Aufgabe, die sie im Hinblick auf die Vertragserfüllung verrichtet hat. Die SIA-Ordnungen 102/103 operieren in Art. 6.2.5 mit zahlreichen Funktionen (vom Chefarchitekten/Chefingenieur bis hinunter zum Lehrling bzw. zum Hilfspersonal), mit drei Stufen (1 als niedrigste, 3 als höchste Stufe), die der Gewichtung von Erfahrung und Können dienen, und mit sieben Qualifikationskategorien (A als höchste, G als niedrigste Kategorie). Jeder Funktion sind zwei oder drei Kategorien zugeordnet. Wer schlussendlich in welche Qualifikationskategorie fällt, hängt zunächst von der Funktion und dann innerhalb der Funktion davon ab, wie Erfahrung und Können des konkreten Funktionsträgers zu gewichten sind. Die Qualifikationskategorie ergibt sich 7.85

also aus den drei Determinanten Funktion, Erfahrung und Können. So stehen etwa für die Funktion eines leitenden Ingenieurs abstrakt die Qualifikationskategorien C und B offen, während über die Zuordnung zur einen oder zur anderen Kategorie (C oder B) entscheidet, ob Erfahrung und Können des Funktionsträgers mit 2 oder mit 3 zu gewichten sind. Eine Gewichtung mit 2 führt in die Kategorie C, eine Gewichtung mit 3 in die (höhere) Kategorie B. Mit der Übernahme der SIA-Ordnungen 102 oder 103 wird nicht die Zuordnung konkreter Planer vorgenommen, sondern das System vereinbart, das alsdann der Honorarberechnung zugrunde zu legen ist. Von Bedeutung ist, dass auch die administrative Tätigkeit (Sekretariat) als separate Funktion gilt und dementsprechend separat zu vergüten ist. Sie ist somit nicht in den Honorarkategorien der technischen Angestellten inbegriffen. Arbeiten, die von einem dafür überqualifizierten Planer geleistet werden, hat der Bauherr nicht nach der höheren, sondern nach Massgabe jener Qualifikationskategorie zu vergüten, die zu den Arbeiten passt. Dies ergibt sich aus dem Grundsatz, dass unnötiger Aufwand nicht zu vergüten ist.

7.86 **c.** Die *Stundenansätze.* Anders als nach den SIA-Ordnungen aus dem Jahr 1984, unter denen der SIA die anwendbaren Stundenansätze als «Gabel- und Mittelwerte» auf seinem Tarifblatt bekannt gab, sind jetzt die von den Parteien für die jeweiligen Qualifikationskategorien objektspezifisch vereinbarten Stundenansätze massgebend. Nach dem Modell der SIA-Ordnungen 102/103 handelt es sich dabei um individuell vereinbarte Ansätze. Praktisch spielen hier aber die von der KBOB alljährlich publizierten Honoraransätze für Vergaben im freihändigen Verfahren eine bestimmende Rolle (Nr. 7.70). Die MWST ist in diesen Ansätzen nicht enthalten (Art. 5.1.1 SIA 102/103), was auch den erwähnten KBOB-Honorarvorgaben entspricht.[104]

b. Die Berechnung nach Gehältern

7.87 Die Berechnung nach Gehältern kann nach Art. 6.3 SIA 102/103 «vereinbart werden, wenn für Aufgaben, wie sie im Artikel 6.2.1 aufgeführt sind, aus speziellen Gründen einzelne persönlich genannte Mitarbeiter zum Einsatz kommen sollen». Diese Berechnungsart muss – wie jede andere auch – besonders vereinbart werden; es reicht nicht aus, die SIA-Ordnungen 102/103 zu übernehmen. Zugeschnitten ist sie auf den Fall, dass zwischen dem Bau-

---

104 KBOB-Empfehlungen zur Honorierung bei Verträgen mit Architekten und Ingenieuren (2012), S. 4.

herrn und dem Planer der Einsatz eines bestimmten Mitarbeiters vereinbart wird. Dieser Mitarbeiter wird meist neben anderen Mitarbeitern eingesetzt, für die nach Qualifikationskategorien abgerechnet wird. Hier bestimmt sich der Stundenansatz nicht nach Kategorien; auszugehen ist vielmehr von der «AHV-pflichtigen Jahreslohnsumme mit einem bürospezifischen Zuschlag in Prozenten für Gemeinkosten, Risiko und Gewinn» (Art. 6.3.2 SIA 102/103). Dies ist die «Grundlage für die Berechnung des Stundenansatzes», wie sich die SIA-Ordnungen ausdrücken. Ob es reicht, im Planervertrag lediglich die Jahreslohnsumme mitsamt prozentualem Zuschlag festzulegen, ist zweifelhaft. Sicher ist, dass sich aus der Jahreslohnsumme nur dann ein Stundenansatz ableiten lässt, wenn nicht nur die Lohnsumme, sondern auch die zugehörige, arbeitsvertraglich geschuldete Jahresarbeitszeit feststeht. Ein Vertrag, der nicht beide Werte enthält, ist insoweit lückenhaft und muss ergänzt werden. Praktisch empfiehlt es sich deshalb, im Planervertrag den Stundenansatz festzuschreiben, zu dem die Leistungen des betroffenen Mitarbeiters in Rechnung gestellt werden können.

c. Die Berechnung nach mittleren Ansätzen

1. Bei dieser Berechnungsart handelt es sich um eine Fortentwicklung der Idee eines «Zeit-Mitteltarifs», den der SIA im Jahr 1992 als weitere Tarifart in der Empfehlung 111/2 und im Vertragsformular Nr. 1011/2 (1990/1995) vorgeschlagen hatte. Diese Vorschläge wurden in die SIA-Ordnungen integriert. Heute beruht die Honorarberechnung jedoch nicht länger auf einem Tarif, weshalb es im Grunde genommen ungenau ist, wenn hier in der Praxis zuweilen weiterhin vom Zeitmitteltarif die Rede ist.[105] Geblieben ist die Idee, das Honorar nicht nach dem jeweiligen Zeitaufwand der verschiedenen Planer und den ihnen zugeordneten Qualifikationskategorien, sondern nach dem Zeitaufwand eines für den konkreten Planungsauftrag individuell zusammengestellten **Planerteams** (Planungsgruppen) zu berechnen. So wird für alle *Mitarbeiter* des Planerteams ein *einheitlicher Stundenansatz* vereinbart und in Folge in Rechnung gestellt. Nach Art. 6.4.1 SIA 102/103 eignet sich diese Berechnungsart für Fälle, in denen der Bauherr Ziel und Zweck der zu be- 7.88

105 Von einem Tarif mag man dann sprechen, wenn die öffentliche Hand hier Maximalansätze vorgibt, wie das die KBOB und die öffentlichen Auftraggeberinnen, die ihre Ansätze an jene der KBOB anlehnen, tun. Der Sache nach werden damit die kartellrechtlich kritischen Preisabsprachen, die man früher beim SIA verortete, heute von der öffentlichen Hand vollbracht.

arbeitenden Etappe, der Phase oder des zu bearbeitenden Gesamtauftrags und damit die zu erwartenden Ergebnisse sowie die Art deren Präsentation weitgehend definieren kann und zwischen Bauherr und Planer Einigkeit über die Aufgabenstellung und die Anforderungen besteht. Mit anderen Worten: Der Planer muss möglichst genau abschätzen können, welche Leistungen erforderlich sind, weil er nur so das Planerteam punktgenau zusammenstellen und einen einheitlichen, ausgemitteten Stundenansatz errechnen kann.

7.89 **2.** Bei dieser Methode der Honorarberechnung sind folgende **Elemente** massgeblich (siehe Art. 6.4.2 SIA 102/103):

7.90 **a.** Der *Zeitaufwand.*

7.91 **b.** Der *Stundenansatz.* Dieser ist für alle Mitarbeiter des Planungsteams (ob leitende Planerin, Bautechniker, Zeichner, Sekretärin) gleich hoch. Er wird nur dann der Teuerung angepasst, wenn dies vereinbart wurde, und ist ansonsten fest (Art. 6.1.6 SIA 102/103). Die MWST ist nicht inbegriffen (Art. 5.1.1 SIA 102/103).

7.92 **c.** Der *Anforderungsfaktor «a».* Dieser Faktor ist das Herzstück der Honorarberechnung nach mittleren Stundenansätzen. Er ist «Ausdruck der für die Bearbeitung der gestellten Aufgabe erforderlichen Qualifikation der einzusetzenden Mitarbeiter» (Art. 6.4.4 SIA 102/103). Je anspruchsvoller die Planerleistung ist, desto höher ist der Faktor. Die SIA-Ordnungen 102/103 enthalten Richtwerte für dessen Festlegung. Diese Richtwerte sind aufgabenbezogen (so gilt für eine multidisziplinäre Expertise der Faktor 1,3 und für die Bauleitung eines einfachen Bauvorhabens der Faktor 0,8). Die Empfehlungen der KBOB sind unbestimmter als die SIA-Ordnungen 102/103, indem sie für den Faktor «a» Bereiche vorgeben (z.B. für Vorstudien den Bereich 0,95<a<1,10), innerhalb derer im konkreten Fall der anzuwendende Faktor festzulegen ist. In amtlichen Verlautbarungen wird zum Teil gesagt, bei der Beurteilung von Angeboten im Mittelansatz könnten die Ansätze für die einzelnen Projektphasen mit dem Anforderungsfaktor «a» korrigiert werden.[106] Da auch die mittleren Stundenansätze von den Planern offeriert und nicht von der öffentlichen Hand festgesetzt werden, ist diese Korrektur aber sicher nicht so zu verstehen, dass damit die Offerte des Planers verändert (korrigiert) werden könnte. Gemeint ist denn auch nur, dass die Korrektur, die nicht vertragswirksam werden kann, lediglich dazu dient, die Offerten miteinander zu

[106] Vgl. etwa die Verlautbarung der Baudirektion des Kantons Zug über die Honoraransätze (2011).

vergleichen. Dem Faktor «a» liegt «die normale Büroausrüstung» zugrunde. Dem Einsatz spezieller Geräte und Programme, der «über die normale Arbeitsplatzausrüstung hinausgeht und effizienzsteigernd wirkt», lässt sich je nach Fall durch eine Erhöhung des Anforderungsfaktors um 0,05–0,30 oder durch einen «Mengenpreis oder eine Pauschale» Rechnung tragen (Art. 6.4.9 SIA 102/103).

3. In vielen Fällen werden Planerleistungen durch ein Team mehrerer Planer 7.93
mit unterschiedlichem Ausbildungs- und Erfahrungsgrad erbracht. Der für alle Mitarbeiter einheitliche Stundenansatz erleichtert hier die Abrechnung. Er kann den Büroinhaber dazu motivieren, seine Angestellten flexibler einzusetzen und sie durch das Arbeiten im Team beruflich zu fördern, wovon er langfristig selber einen Vorteil zieht.[107] Die Einschätzung des Anforderungsfaktors «a», der Zusammensetzung der Planungsgruppe sowie des angebotenen mittleren Stundenansatzes setzt aufseiten des Bauherrn entsprechende Fachkunde und Erfahrung voraus. Dem unbeschlagenen Einmalbauherrn gehen die erforderlichen Kenntnisse in der Regel ab. Anders als früher lässt sich die Angemessenheit des Ansatzes auch nicht mehr durch eine Vergleichsrechnung anhand des üblichen Zeittarifs abschätzen, da es den Zeittarif gar nicht mehr gibt. Umso grösser ist die Bedeutung der Auftragsvergabe in Konkurrenz, die einen direkten Vergleich zulässt.

C. Würdigung

Die Honorarberechnung nach dem effektiven Zeitaufwand ist nicht ohne Tü- 7.94
cken. Zumindest für Branchenunkundige ist es schwierig, die Methoden zu überblicken und die Angemessenheit der verschiedenen Faktoren, zu denen stets auch die Stundenansätze gehören, einzuschätzen. Zudem besteht gerade bei langandauernden und grossen Bauvorhaben die Gefahr, dass der Führungs- und Organisationswille des Büroinhabers nicht gleich intensiv ist wie beim Kostenhonorar, weil ohnehin jede Arbeitsstunde in Rechnung gestellt werden kann. Umgekehrt gehört es – aus Sicht des Bauherrn – zu den Vorzügen des Zeithonorars, dass der Planer über seine Leistungen detaillierten Aufschluss zu geben hat, was die Transparenz seiner Honorarermittlung steigert.

107 KBOB-Leitfaden zur Beschaffung von Leistungen im Planerbereich (2009), S. A2-1.

3. Honorarberechnung nach Baukosten («Kostenhonorar»)

A. Überblick

7.95 **1.** Die Honorarberechnung nach den Baukosten ersetzte den alten «Kostentarif», der sich in der Ausgabe 1984 der SIA-Ordnungen 102/103 fand und seinerseits den «Tarif A» abgelöst hatte.[108] Anders als früher besteht der relevante Zusammenhang nicht mehr zwischen den Baukosten und einem vom SIA aufgestellten Tarif. Ausgangspunkt der Honorarberechnung ist vielmehr die **Relation zwischen Baukosten und Aufwand.** Was den Anwendungsbereich dieser Berechnungsmethode anbelangt, enthalten die SIA-Ordnungen 102/103 keine Empfehlungen. Sie begnügen sich damit, die These aufzustellen, dass «zwischen den Baukosten eines Objektes und dem erforderlichen Zeitaufwand des Architekten/Ingenieurs für die Erbringung der Grundleistungen … erfahrungsgemäss ein Zusammenhang» besteht (Art. 5.2.3 SIA 102/103); dieser Zusammenhang erlaube es, «den angemessenen durchschnittlichen Zeitaufwand (T_m) in Bezug zu den Baukosten zu bestimmen» (Art. 5.2.3 SIA 102/103). Mittels der Formeln, die diese Relation abbilden, schaffen die Ordnungen eine Grundlage, auf der sich das Planerhonorar berechnen lässt. Dienlich sind die Formeln aber auch «für die Herleitung oder Überprüfung von Pauschal- und Global-Angeboten» (Art. 5.2.3 SIA 102/103). In der Praxis steht letztere Anwendung häufig im Vordergrund, wenn dort gesagt wird, diese Formeln sollen «nur noch zur Überprüfung der Plausibilität von Honorarangeboten verwendet werden».[109] Wird aber das Honorar nach dieser Methode berechnet, vereinbaren die Parteien damit für die Planerleistungen einen Preis, dessen Höhe vorerst zwar nur bestimmbar und noch nicht bestimmt ist[110], für den im Übrigen aber feststeht, dass bei seiner Berechnung der effektive Zeitaufwand des Planers keine Rolle spielt. In diesem Sinn einigen sich die Parteien auf einen **Festpreis.** Was die These, nach der zwischen Baukosten und Planeraufwand ein Zusammenhang besteht, anbelangt, ist zu vermerken, dass der SIA sich dabei auf statistische Untersuchungen stützt, die diesen Zusammenhang offenbar belegen – was sich hier nicht nachprüfen lässt. Zudem können die Verhältnisse im konkreten Fall vom statistischen

---

108 Egli, Revidierte SIA-Ordnungen, S. 59; eingehend zum alten Kostentarif Egli, Die revidierten SIA-Honorarordnungen, S. 106 ff.

109 Aus einem Rundschreiben des Kantons Freiburg vom Februar 2012, S. 1. Auf diese Funktion weist auch Art. 5.2.3 SIA 102/103 hin.

110 Bestimmt (nicht bloss bestimmbar) ist der Preis dann, wenn auf den Kostenvoranschlag abgestellt wird.

Mittel abweichen, was die Berechnungsformeln durch den Einbezug individualisierender Faktoren zu berücksichtigen suchen. Wichtig ist die Feststellung, dass die statistisch unterfütterte Baukosten-Aufwand-Relation die Verhandlungsfreiheit der Parteien in keiner Weise beschränkt.

2. Gestützt auf die Berechnung nach Baukosten werden nur die **Grundleistungen** abgegolten, während die sogenannten «besonders zu vereinbarenden Leistungen» (nachfolgend auch als «Zusatzleistungen» bezeichnet[111]) zusätzlich zu vergüten sind (Art. 7.1.6 SIA 102 und Art. 7.1.3 SIA 103). Was die hier bedeutsame Abgrenzung zwischen Grund- und Zusatzleistungen anbelangt, sei das Folgende angemerkt: 7.96

a. Die SIA-Ordnungen 102 und 103 enthalten je eine detaillierte Beschreibung der Planerleistungen, die dem üblichen chronologischen «Planungs- und Bauablauf» (Art. 3.2 SIA 102/103) folgt. Dieser sogenannte *Leistungsbeschrieb* (Art. 4) umfasst: 7.97

- Eine *Tabelle* der für die Planung und Ausführung erforderlichen Leistungen. Diese Leistungen werden auf sechs Phasen verteilt und dort weiter in Teilleistungen aufgegliedert. Die in den Phasen 3 bis 5 erforderlichen Grundleistungen werden im Verhältnis zur Gesamtleistung (100%) nach Prozenten gewichtet und ergeben das Berechnungselement «Leistungsanteil q» (Art. 7.11 SIA 103; mit anderer Terminologie Art. 7.9 SIA 102). 7.98
- Eine *Umschreibung der Teilleistungen* nach Ziel, Grundlagen, Grund- und Zusatzleistungen derselben sowie eine Angabe darüber, welche Entscheide dem Bauherrn vorzulegen sind. 7.99

b. Bei jeder Teilleistung werden Grund- und Zusatzleistungen aufgeführt. *Grundleistungen* umfassen jene «Leistungen, die zur ordnungsgemässen Erfüllung eines Auftrags im Allgemeinen erforderlich und ausreichend sind» (Art. 3.3.2 SIA 102/103). Die *Zusatzleistungen* «können zu den Grundleistungen hinzutreten, wenn die Art der Aufgabe dies erfordert oder wenn sie der Auftraggeber wünscht» (Art. 3.3.4 SIA 102/103). Sie werden im Leistungsbeschrieb nicht abschliessend aufgezählt. Dieser Aufteilung der Pla- 7.100

111 Dieser Ausdruck stammt aus der SIA-Ordnung 102 (1984); siehe EGLI, Die revidierten SIA-Honorarordnungen, S. 99. In den aktuellen Ordnungen wird diese praktische Kurzbezeichnung nicht mehr verwendet, was uns nicht daran hindern soll, von ihr Gebrauch zu machen. Unverändert ist es so, dass diese Leistungen vereinbart werden müssen, damit der Planer sie schuldet – was allerdings nicht nur für die besonders zu vereinbarenden Leistungen, sondern auch für die Grundleistungen gilt.

nerleistungen in Grund- und in Zusatzleistungen haftet zwangsläufig etwas Schematisches an. Der Hauptzweck dieser Aufteilung besteht nicht darin, den Ablauf der Planerarbeiten sachlich zu strukturieren, sondern liegt in der Honorarberechnung. So umfasst die Honorierung nach den Baukosten (wie schon ausgeführt; Nr. 7.96) lediglich die Grundleistungen, nicht auch die besonders zu vereinbarenden Leistungen. Der Bauherr ist insofern geschützt, als die Ausführung von Zusatzleistungen vorgängig zu vereinbaren ist (Art. 3.3.4 SIA 102/103). Für die entsprechende Abrede beweispflichtig ist der Planer, der ein entsprechendes Zusatzhonorar verlangt. Wird nicht vereinbart, wie Zusatzleistungen zu vergüten sind, hält Art. 7.13.1 SIA 102 fest, dass Zusatzleistungen «mangels anderer Vereinbarung … nach dem effektiven Zeitaufwand (Art. 6) honoriert» werden. Für die Verträge mit Ingenieuren fehlt es an einer entsprechenden Auffangregel. Doch ist auch die Regel in der SIA-Ordnung 102 unvollständig, weil mit dem Verweis auf das Zeithonorar noch nicht gesagt ist, nach welcher der drei in der Ordnung vorgesehenen Berechnungsmethoden (Nr. 7.82 ff.) zu verfahren ist. Dies bedarf einer nachträglichen Vereinbarung oder im Streitfall der gerichtlichen Lückenfüllung.

7.101 **c.** Wenn einerseits besonders zu vereinbarende Leistungen zusätzlich zu vergüten sind (Nr. 7.100), so fragt es sich, ob anderseits der durch das konkrete Bauobjekt bedingte Wegfall von Grundleistungen zu einer Reduktion des Kostenhonorars führt. Erkennen die Parteien die Problematik bei Vertragsschluss, so können sie ihr dadurch Rechnung tragen, dass sie eine entsprechend tiefere Baukategorie oder eine Reduktion mittels des Korrekturfaktors vereinbaren oder die Teilleistungsprozente (Leistungsanteil q) reduzieren. Erkennen sie die Problematik bei Vertragsabschluss nicht oder fallen einzelne Grundleistungen, die vereinbart wurden, erst im Verlauf der Ausführung weg, so kommt in Verträgen, für welche die SIA-Ordnung 102 gilt, Art. 7.1.5 zum Zug, wonach der «aufgabenbedingte Wegfall[112] von Grundleistungen … keine Minderung des Honorars zur Folge [hat], sofern das vereinbarte Ziel der Teilphase ohne Qualitätseinbusse erreicht wird». Beurteilungskriterium dafür, ob eine Honorarreduktion eintritt, ist nach dieser Bestimmung, ob das Ziel der Teilphase ohne Qualitätseinbusse erreicht wurde, obwohl Grundleistungen entfielen – oder anders ausgedrückt – obschon der Planer von ihm versprochene Grundleistungen gar nicht erbrachte. Je nach Art und Umfang der weggefallenen Teilleistung kann diese Regel richtig oder falsch sein.

[112] Darunter ist wohl der durch das konkrete Projekt bedingte Wegfall zu verstehen.

Das Ziel einer Teilleistung kann durchaus erreicht werden, obwohl nicht alle im Leistungsbeschrieb aufgeführten und nach SIA-Ordnung 102 zu honorierenden Grundleistungen erforderlich waren. Entscheidend ist jedoch das Ausmass der weggefallenen Grundleistung. Hat der Architekt wesentliche Leistungen einsparen können und soll er dennoch 100% des Honorars fordern können, so verletzt das den Grundsatz von Art. 1.5.1 SIA 102, wonach das Honorar der erbrachten Leistung entsprechen soll (Nr. 1.71); auch verlieren die in Art. 7.9 SIA 102 aufgeführte Leistungstabelle und die darin je Teilleistung aufgestellten Prozentwerte ihren Sinn. Je nach Umfang der weggefallenen Leistungen kann sich somit auch Art. 7.1.5 SIA 102 als ungewöhnlich erweisen (Nr. 1.107). Die Bestimmung kann zudem die gerade von Planern vielgescholtene Spekulation begünstigen, indem ein Planer mit einem Dumping-Angebot antritt und dabei auf die Hoffnung baut, er müsse gewisse Grundleistungen gar nicht erbringen und könne gleichwohl das volle Honorar beanspruchen. Vielsagend ist es, dass die SIA-Ordnung 103 keine entsprechende Bestimmung aufweist.

Zu unterscheiden ist der aufgabenbedingte Wegfall von Grundleistungen vom 7.102
Fall, da der Architekt eine Grundleistung, die für die richtige Vertragserfüllung erforderlich wäre, nicht, nur teilweise oder fehlerhaft erbringt. Dann hat er den Vertrag nicht richtig erfüllt, was Haftungsfolgen nach sich ziehen kann (Nr. 8.47 ff.).

B. Die Formeln

1. Die Honorarberechnung nach den Baukosten erfolgt anhand einer Reihe 7.103
von Formeln, deren Gehalt sich jedenfalls dem Branchenunkundigen kaum erschliesst. Unzutreffend ist die Vorstellung, dass sich anhand dieser Formeln das Honorar sozusagen automatisch errechnen lässt. Richtig ist vielmehr, dass die Formeln in all ihren Teilen erheblichen Spielraum offen lassen, der sich in Offertverhandlungen nutzen lässt. Das gilt namentlich für den Stundenansatz, der für die Honorarberechnung eine zentrale Grösse ist und der nicht länger auf einem Verbandstarif beruht[113], sondern (nach dem System

[113] Nach § 7 Abs.1 der deutschen HOAI richtet sich das «Honorar nach … den durch diese Verordnung festgesetzten Mindest- und Höchstsätzen». Diese Vorgabe gilt indes nicht für sämtliche Planerleistungen; Beratungsleistungen etwa sind davon nicht länger erfasst (vgl. § 3 Abs. 1 HOAI), sondern wurden dereguliert.

der SIA-Ordnungen) vom Planer bürospezifisch zu ermitteln und anzubieten ist.

7.104 **2.** Grundlagen für die Honorarberechnung nach den Baukosten sind nach Art. 7.1.2 SIA 102/103 die aufwandbestimmenden Baukosten, die statistisch ermittelten Grundfaktoren Z1 und Z2 für den Stundenaufwand, die Baukategorie bzw. der Schwierigkeitsgrad, der Umfang der zu erbringenden Leistungen (in %), ein allfälliger Korrekturfaktor (Anpassung an den konkreten Auftrag), der Teamfaktor (Eigenschaften und Zusammensetzung des eingesetzten Teams), Sonderleistungen (mehrwertbringend oder kostensenkend) sowie der Stundenansatz. Die Formeln, die diese Faktoren aufnehmen, bauen aufeinander auf. Bei unserer Darstellung beginnen wir am Ende, indem wir zunächst die Formel erläutern, mittels der sich das Honorar in Franken ermittelt. Dann erläutern wir die vorgelagerten Formeln, die der Ermittlung einzelner Faktoren dienen.

a. Formel für die Berechnung des Honorars (H)

7.105 **1.** Die Formel für die Berechnung des Honorars in Franken (H) – ohne MWST – lautet (Art. 7.4 SIA 102/103):

$$H = T_p \times s \times h$$

7.106 **2.** Die Faktoren sind:

7.107 **a.** Der prognostizierte Zeitaufwand in Stunden (T_p). Dazu Nr. 7.110.

7.108 **b.** Der Faktor für **Sonderleistungen (s):** Dabei handelt es sich um Leistungen des Planers, die im Einzelnen zu vereinbaren sind und die dem Bauherrn «grosse wirtschaftliche oder funktionale Vorteile» bringen (Art. 7.12.1 SIA 102; Art. 7.10.1 SIA 103).[114] Dieser Faktor erlaubt es den Parteien, den Planer am Nutzen seiner Leistung partizipieren zu lassen. Im Unterschied zur SIA-Ordnung 103 (vgl. Art. 7.10) sieht die SIA-Ordnung 102 eine entsprechende Beteiligung auch dann vor, wenn die Arbeiten des Architekten «besondere Kenntnisse voraussetzen» oder «einen wesentlichen kulturellen Beitrag er-

[114] Sie sind von den besonders zu vereinbarenden Leistungen (dazu Art. 4 SIA 102/103) zu unterscheiden. Bei den Sonderleistungen handelt es sich nicht um Leistungen, die zu den Grundleistungen hinzutreten. Vielmehr sind es Grundleistungen, die für den Bauherrn aber (aus verschiedensten Gründen) von besonderer Bedeutung sind.

bringen» (Art. 7.12.1).[115] Entsprechende Überlegungen können indes auch in den Stundenansatz einfliessen, den der Planer zu offerieren hat. Zudem beeinflusst der spezifische Schwierigkeitsgrad der Planerleistungen, die sich unter Umständen nur mit besonderen Kenntnissen bewältigen lassen, die Honorarberechnung schon über den Faktor (n), was Abgrenzungsprobleme schafft. Dass die Sonderleistungen gleichwohl in Form eines eigenen Faktors erscheinen, versteht nur, wer sich das alte System vor Augen führt, in dem nicht auf bürospezifische Stundenansätze, sondern einen Verbandstarif abgestellt wurde. Die SIA-Ordnungen 102/103 führen aus, der Architekt bzw. der Ingenieur könne bei entsprechenden Voraussetzungen «ein der Bedeutung seiner Leistung angemessenes, höheres Honorar vereinbaren» (Art. 7.12.1 SIA 102; Art. 7.10.1 SIA 103). Dazu ist hier lediglich anzumerken, dass das Honorar in jedem Fall zu vereinbaren ist und sich in keinem Fall aus den Ordnungen ergibt. Dass der Planer ein höheres Honorar vereinbaren könne, ist damit sicher missverständlich ausgedrückt; freilich kann er aber in seiner Honorarofferte Sonderleistungen geltend machen und diese mit dem Faktor (s>1) ansatzerhöhend in die Vertragsverhandlungen einbringen.

c. Der angebotene **Stundenansatz (h):** Die Stundenansätze sind nicht mehr tarifiert. Einzusetzen ist vielmehr der vom Planer offerierte Ansatz, der bürospezifisch kalkuliert wird.[116] Ungeachtet der Klage über Preisdumping gibt es Unterangebote, die von vornherein unzulässig wären, im vergaberechtlichen Sinne nicht; immerhin hat eine öffentliche Auftraggeberin bei einem ungewöhnlich tiefen Angebot aber der Frage nachzugehen, wie es um die Eignung des offerierenden Planers steht (siehe Art. XIII Ziff. 4 lit. a GPA; Art. 25 Abs. 4 VöB). Zudem stellt sich die Frage, ob in einem solchen Fall nicht auch der Tatbestand von Art. 3 lit. f UWG erfüllt sei, nach dem wiederholte Angebote unter Einheitspreisen unlauter sind, wenn der Anbieter damit «den Kunden über die eigene oder die Leistungsfähigkeit von Mitbewerbern täuscht». 7.109

[115] Die SIA-Ordnung 103 geht richtigerweise lediglich dann von einer Sonderleistung aus, wenn die Arbeit des Ingenieurs «für den Auftraggeber grosse wirtschaftliche oder funktionale Vorteile» hervorbringt (Art. 7.10.1 SIA 103). Von «besonderen Kenntnissen» ist dort nicht die Rede.

[116] Der SIA bewirbt ein sia VertragsTool, das sich bei der Kalkulation bürospezifischer mittlerer Stundenansätze und von Stundenansätzen nach Qualifikationskategorien heranziehen lässt.

b. Formel für die Prognose des Zeitaufwands (T_p)

7.110 **1.** Die Honorarberechnung beruht auf der vom SIA geltend gemachten Relation zwischen den Baukosten und dem Aufwand des Planers, der bei der Erbringung der Grundleistungen in den Phasen 3 bis 5 gemäss Art. 4 SIA 102/103 anfällt. Die Rede ist von «aufwandbestimmenden Baukosten». Der durchschnittliche Stundenaufwand wird im Faktor (T_m) ausgedrückt, der im konkreten Fall durch den Teamfaktor (i) modifiziert wird. Erst daraus ergibt sich der auftragsspezifisch prognostizierte Zeitaufwand (T_p). Der prognostizierte Zeitaufwand in Stunden (T_p) ermittelt sich nach der Formel (Art. 7.3 SIA 102/103):

$$T_p = T_m \times i$$

7.111 **2.** Die Faktoren sind:

7.112 **a.** Der **durchschnittliche Zeitaufwand (T_m):** Dieser Faktor ist das Kernstück der Honorarberechnung nach den Baukosten, da er die Relation zwischen Baukosten und Zeitaufwand in operabler Form darstellt. Umso bedeutsamer sind die Überlegungen, die in den SIA-Ordnungen 102/103 zur Ermittlung dieses Faktors angestellt werden. Von ihnen ist gleich nachstehend die Rede (Nr. 7.114 ff.).

7.113 **b.** Der **Teamfaktor (i):** Mit diesem Faktor wird «die teamspezifische Abweichung vom durchschnittlich aufzuwendenden Zeitaufwand für das Erbringen der vereinbarten Leistung prognostiziert», die sich mit Rücksicht auf die «Eigenschaften und Zusammensetzung des eingesetzten Teams» allenfalls ergeben kann (Art. 7.11 SIA 102/Art. 7.9 SIA 103). Zwar sind die Parteien in der Festsetzung des Teamfaktors frei, wobei die SIA-Ordnungen 102/103 aber verlangen, dass «Abweichungen vom Werte i = 1,0 … zu begründen» sind (Art. 7.11 SIA 102/ Art. 7.9 SIA 103). Ein Teamfaktor <1 bedeutet, dass der prognostizierte Zeitaufwand teambedingt unter dem durchschnittlichen Zeitaufwand liegt, während ein Teamfaktor >1 für einen überdurchschnittlichen Aufwand steht. Bleibt es im konkreten Fall bei Teamfaktor 1, wird nicht angepasst, und der auftragsspezifisch prognostizierte Zeitaufwand (T_p) entspricht dem durchschnittlichen Zeitaufwand (T_m).

c. Formel für die Ermittlung des durchschnittlichen Zeitaufwands (T_m)

1. Der durchschnittliche Zeitaufwand in Stunden (T_m) ergibt sich aus der Formel (Art. 7.2 SIA 102/103): 7.114

$$T_m = B \times p/100 \times n \times q/100 \times r$$

2. Unter den hier massgeblichen Faktoren sticht der Faktor der **aufwandbestimmenden Baukosten in Franken (B)** hervor: 7.115

a. Aufwandbestimmend sind im Grundmodell (siehe aber Nr. 7.119 und 7.121) die «wirklichen Kosten des ausgeführten Bauwerkes gemäss Bauabrechnung, nach Abzug der vertraglich vereinbarten Rabatte (exkl. MWST)» (Art. 7.5.1 SIA 102) bzw. «sämtliche finanziellen Aufwendungen für die vom Ingenieur bearbeiteten Installationen und Anlagen nach Abzug der vertraglich vereinbarten Rabatte (exklusive Mehrwertsteuer)» (Art. 7.5.1 SIA 103). Um Skontoabzüge können (anders als nach den Ordnungen 1984) die Kosten nicht mehr reduziert werden. Nicht einzurechnen ist aber die MWST, wobei sich diese hier auf die Unternehmer- und Lieferantenrechnungen bezieht, nicht auf den Honoraranspruch des Planers. Dieser Vorbehalt der MWST ist richtig, da es sich dabei um einen Posten handelt, der den Aufwand des Planers nicht beeinflusst. Mit anderen Worten: Für diese Kosten lässt sich nicht behaupten (geschweige denn belegen), dass sie auf den Aufwand des Planers durchschlagen. Nicht aufwandbestimmend sind namentlich auch (Beispiele gemäss Art. 7.5.5 SIA 102/Art. 7.5.4 SIA 103): Honorare, zusätzliche Kostenelemente und Reisezeitvergütungen des Architekten und der an der Projektierung und Ausführung beteiligten Spezialisten und Berater, Kosten aus dem Erwerb von Grundstücken und Rechten, die Finanzierungskosten, öffentliche Gebühren, Versicherungsprämien, die Kosten von Architektur-, Ingenieur-, Kunst- und anderen Wettbewerben sowie Anwalts- und Gerichtskosten. Umgekehrt werden den aufwandbestimmenden Baukosten etwa die Energiekosten und die Eigenleistungen des Bauherrn zugerechnet (siehe Art. 7.5.3 SIA-Ordnung 102). Die Zuordnung ist nicht immer eindeutig. Dazu sagt Art. 7.1.4 SIA-Ordnung 102: «Das Honorar ist als gewogenes Mittel zu verstehen und bezieht sich auf die Gesamtbaukosten, einschliesslich der Bauwerksteile, deren Betreuung teilweise bei den an der Planung beteiligten Spezialisten und Beratern liegt». Damit erweist sich die Honorarberechnung jedenfalls nicht als dermassen exakt und zwingend, wie man aufgrund der mathematischen Darstellungsweise womöglich annehmen könnte. 7.116

7.117 Um einem Auslegungsstreit vorzubeugen, empfiehlt es sich, im Planervertrag klar festzuhalten, welche Kostenelemente in die Ermittlung des durchschnittlichen Zeitaufwands einfliessen können und welche Kostenelemente dabei ausgespart bleiben, weil für sie feststeht, dass der Aufwand des Planers dadurch weder grösser noch geringer wird. Dass die SIA-Ordnungen 102/103 diese Klarstellung nicht selber vornehmen, sondern eher noch Verwirrung stiften, ist eine ihrer kritikwürdigen Schwächen.

7.118 **b.** Eine spezifische Einschränkung findet sich indes auch in der SIA-Ordnung 103, indem honorarwirksam nur jene Baukosten sind, die bezüglich der «vom Ingenieur bearbeiteten Installationen und Anlagen» anfallen (Art. 7.5.1 SIA 103). Diese Einschränkung erklärt sich daraus, dass die Ingenieure meist Teilprojekte betreuen und nicht für das Gesamtprojekt zuständig sind. Hinsichtlich der Architekten beruht die SIA-Ordnung 102 auf einer anderen Vorstellung, indem dort festgehalten wird, die Honorarberechnung nach den Baukosten gehe davon aus, «dass der Architekt die Gesamtleitung ausübt» (Art. 7.1.3 SIA 102). Ist dies nicht der Fall und auch ein Architekt lediglich für ein Teilprojekt zuständig, schlägt dies auf die aufwandbestimmenden Baukosten durch, die entsprechend einzugrenzen sind. Festzuhalten ist dabei, dass der Architekt nach Art. 2.3 SIA 102 Gesamtleiter für den Bau ist und seine entsprechenden Bemühungen nicht gesondert in Rechnung stellen kann. Erst wenn er die «Funktion einer übergeordneten Gesamtleitung» (Art. 3.4.3 SIA 102) übernimmt, stellt sich die Frage einer zusätzlichen Vergütung.

7.119 **c.** Hier ist auf einen weiteren Unterschied zwischen der SIA-Ordnung 102 und der SIA-Ordnung 103 einzugehen. Er betrifft die Erwahrung der aufwandbestimmenden Baukosten. Die SIA-Ordnung 102 erklärt, aufwandbestimmend seien die «wirklichen Kosten des ausgeführten Bauwerks gemäss Bauabrechnung» (Art. 7.5.1 SIA 102). Anders die SIA-Ordnung 103, nach der «im Vertrag» (gemeint ist: in der Vertragsurkunde, wobei das einschlägige SIA-Formular eine entsprechende Rubrik vorsieht) zu klären ist, «ob die aufwandbestimmenden Baukosten aufgrund der Schlussabrechnung oder eines genehmigten Kostenvoranschlags (mit einer Position für Unvorhergesehenes) festgelegt werden» (Art. 7.5.8 SIA 103). Der Unterschied ist evident, indem nur die SIA-Ordnung 103 dem Kostenvoranschlag eine mögliche Bedeutung zumisst, während die SIA-Ordnung 102 ausschliesslich bei der «Bauabrechnung» ansetzt. Weniger klar ist, weshalb für die beiden Ordnungen in diesem zentralen Punkt zwei so unterschiedliche Ansätze gewählt wurden. Der Klarheit dient allein die Regel der SIA-Ordnung 102, während sich bei der SIA-Ordnung 103 die Frage stellt, was gelten soll, wenn die

Parteien es unterlassen haben, sich im Planervertrag über die Geltung der einen oder der anderen Bezugsgrösse auszusprechen. Alsdann ist der Vertrag auszulegen, wobei die Auslegung zu berücksichtigen hat, dass in Art. 7.5.1 SIA 103 an sich davon die Rede ist, dass nicht der Kostenvoranschlag, sondern «sämtliche finanziellen Aufwendungen» für die Aufwandschätzung den Ausschlag geben. Natürlich steht es auch den Parteien eines Planervertrags, der auf der SIA-Ordnung 102 beruht, frei, für die Baukostenerwahrung einen anderen Bezugspunkt als die «Bauabrechnung» zu bestimmen (Nr. 7.121). Das einschlägige SIA-Vertragsformular (Nr. 1002) ist entsprechend eingerichtet. Doch bleibt es bei der Bauabrechnung, wenn die Parteien sich nicht anderweitig einigen.

d. Im Übrigen ist zu fragen, was überhaupt gemeint ist, wenn in der SIA- 7.120
Ordnung 102 von der «Bauabrechnung» (Art. 7.5.1 SIA 102), in der SIA-Ordnung 103 von der «Schlussabrechnung» (Art. 7.5.8 SIA 103) die Rede ist. Dass die relevante Bezugsgrösse mal so, mal anders heisst, ohne dass der Sache nach ein Bedürfnis bestünde, die Dinge unterschiedlich zu regeln, ist ein Mangel der Ordnungen. Lässt man sich auf die Frage ein, was hier gemeint sei, hat man zunächst festzuhalten, dass es bei diesen Rechnungen um Unternehmer- und Lieferantenrechnungen geht, nicht um die Rechnungen des am Planervertrag beteiligten Planers selber. Dies ergibt sich auch aus dem Ausnahmenkatalog, von dem schon die Rede war und wo festgehalten wird, dass die Planerhonorare nicht zu den aufwandbestimmenden Baukosten zählen. Alsdann hat man zu konstatieren, dass zum einen die SIA-Ordnungen 102/103 selber von der «Schlussabrechnung» sprechen (Art. 4.53 SIA 102/ Art. 4.2.53 SIA 103). Etwas ausführlicher ist dabei allerdings nur die SIA-Ordnung 102, wenn sie das «Aufstellen, Nachprüfen und Bereinigen der Schlussabrechnung gemäss vereinbarter Darstellungsart und Gliederung» als eine der Grundleistungen benennt, die in der Realisierungsphase zu erbringen sind (Art. 4.53 SIA 102). Zum andern ist die SIA-Norm 118 zu erwähnen, nach deren Art. 153 die Schlussabrechnung (des Unternehmers!) Regiearbeiten und Teuerungsabrechnung nicht erfasst. Ob diese Beschränkung auch bei der Ermittlung der aufwandbestimmenden Baukosten hinzunehmen ist, halten wir schon deshalb für fraglich, weil sich Art. 7.5.1 SIA 103 nicht nur auf die «Schlussabrechnung», sondern ausdrücklich auch auf «sämtliche finanziellen Aufwendungen» bezieht und im einschlägigen Art. 7.5.1 SIA 102

ohnehin von der «Bauabrechnung», nicht von der «Schlussabrechnung» die Rede ist.[117]

7.121 **e.** Den Parteien steht es – wie schon erwähnt (Nr. 7.119) – auch bei einem Architektenvertrag nach der SIA-Ordnung 102 frei, nicht auf die «Bauabrechnung», sondern auf den «Kostenvoranschlag» abzustellen[118], obwohl auf diese Alternative nur in der SIA-Ordnung 103, nicht auch in der SIA-Ordnung 102 hingewiesen wird. Vorgesehen aber ist diese Option im SIA-Vertragsformular 1002 (Ziff. 2.2). Welche Bezugsgrösse soll man als Bauherr hier wählen? Auf diese Frage gibt es keine eindeutige Antwort. Wählt der Bauherr den Kostenvoranschlag, läuft er Gefahr, dass der Planer den Kostenvoranschlag aufbläht, da sich dies honorartreibend auswirkt. Darin liegt zwar eine Verletzung des Planervertrags, die der Bauherr indes nachzuweisen hat (Art. 97 Abs. 1 OR)[119], wenn er sich beim Planer schadlos halten und das Honorar mindern will. Immerhin lässt sich so verhindern, dass er dem Planer auf Kostenüberschreitungen ein Honorar schuldet. Strittig kann werden, ob die Ausschöpfung einer beim Kostenvoranschlag vereinbarten Toleranzgrenze (z.B. von ± 10%) Auswirkungen auf die Honorarberechnung haben soll. Dies entscheidet sich in erster Linie nach Massgabe der Vereinbarung. Sonst aber wird es sich im Regelfall rechtfertigen, für die Honorarberechnung beim tatsächlichen Kostenstand anzuknüpfen, solange dieser sich innerhalb der vereinbarten Toleranzgrenze bewegt.[120] Im Ergebnis wirkt sich die Vereinbarung eines Kostenhonorars ähnlich wie ein Pauschalhonorar aus. Fallen aufgrund von Bestellungsänderungen vom Kostenvoranschlag erfasste Baukosten dahin, reduziert sich die honorarbestimmende Bausumme um den im Kostenvoranschlag für die abbestellte Bauleistung eingesetzten Betrag, soweit der Planer die damit korrespondierende planerische Leistung nicht schon erbracht hat. Kommen indes Baukosten hinzu, so erhöht sich die honorarbestimmende Bausumme um diesen Betrag (sofern für die bestellte Zusatzleistung ebenfalls ein Kostenvoranschlag eingeholt wird, ist dieser massgebend, sonst die effektiven Mehrkosten der Ausführung). Wählt der Bauherr umgekehrt die «Bauabrechnung», ist nicht ausgeschlossen, dass

---

[117] Dazu kommt, dass auch die mit Lieferungen verbundenen Kosten offensichtlich zu den aufwandbestimmenden Baukosten gehören, auf die aber die SIA-Norm 118 gar nicht anwendbar ist, weshalb auch bezüglich der Lieferungsverträge der Ausdruck «Schlussabrechnung» nicht im Sinne der SIA-Norm 118 auszulegen ist.

[118] Zur SIA-Ordnung 102 (1984) Egli, Die revidierten SIA-Honorarordnungen, S. 108.

[119] Walter, Berner Kommentar, N 551 zu Art. 8 ZGB.

[120] Offengelassen bei Egli, Die revidierten SIA-Honorarordnungen, S. 108.

der Planer für überhöhte Baukosten und damit für ein höheres Honorar sorgt. Das ist wiederum eine vom Bauherrn nachzuweisende Vertragsverletzung; zudem liegt darin einer der Hauptkritikpunkte am alten Kostentarif, der sich dadurch, dass der SIA nicht länger Tarife, sondern den durchschnittlichen honorarwirksamen Aufwand publiziert, natürlich nicht beseitigen liess. Der Bauherr ist in einem Dilemma, aus dem er herausfindet, indem er sich ausserhalb der Honorarabrechnung nach den Baukosten nach Modellen umsieht, die den Planer an einer von ihm bewirkten Einsparung partizipieren lassen.

3. Weitere Faktoren sind hier: 7.122

a. Der **Grundfaktor für den Stundenaufwand (p):** Mit der Formel, die der Ermittlung des Grundfaktors (p) dient, unternimmt es der SIA, den von ihm geltend gemachten Zusammenhang zwischen Baukosten und Zeitaufwand in einer mathematischen Formel auszudrücken. Diese Formel ist – neben den aufwandbestimmenden Baukosten – der wichtigste Parameter für die Berechnung des Planerhonorars. Die heute aktuelle Formel hat die Nachfolge jener Formel angetreten, anhand derer unter der Herrschaft der SIA-Ordnung 102 (1984) der Honorar-Grundprozentsatz zu errechnen war (Art. 8.1.2 SIA 102 [1984]), ohne aber an Klarheit zugelegt zu haben. Die SIA-Ordnungen 102/103 halten sich bedeckt, was auch hinsichtlich der Koeffizienten Z1 und Z2 gilt, die der SIA «aus statistischen Reihen» ableitet und periodisch veröffentlicht (Art. 7.2.2 SIA 102/103). Ohne Erläuterungen ist zumindest der branchenunkundige Bauherr nicht in der Lage, dieser Formel etwas abzugewinnen und ihre Tragweite zu erkennen, weshalb man sich im konkreten Fall fragen kann, ob sie überhaupt gültig vereinbart wurde. Diese Frage hat es in sich, da die Honorarberechnung nach den Baukosten ohne die Formel nicht möglich ist. Was den praktischen Umgang mit den Z-Werten angeht, das Folgende: Diese Werte werden «durch den SIA periodisch veröffentlicht» (Art. 7.2.2 SIA 102/103), können sich also (auch abhängig von einer allfälligen Bauteuerung) verändern. Während die Parteien frei sind zu vereinbaren, dass bei der Honorarberechnung die jeweils neuen Z-Werte in Anschlag zu bringen sind, empfiehlt die KBOB den öffentlichen Bauherren, «über die gesamte Dauer eines Planerauftrages die gleichen Z-Werte zu benützen».[121] 7.123

b. Der **Schwierigkeitsgrad gemäss Einteilung in Baukategorien (n):** Die Höhe des Planerhonorars wird ferner von der Schwierigkeit der dem Planer gestellten Aufgabe abhängig gemacht. In Art. 7.8 SIA 102 werden beispielhaft 7.124

121 KBOB-Leitfaden zur Beschaffung von Leistungen im Planerbereich (2009), S. 9.

Bauwerke und die für sie infrage kommenden (insgesamt sieben) Baukategorien aufgelistet. Die Spannbreite zwischen Kategorie I–VII liegt zwischen 70% und 130% (Art. 7.2 SIA 102); die Kategorie I erfasst anspruchslose, die Kategorie IV mittlere und die Kategorie VII aussergewöhnliche Bauaufgaben (Art. 7.7.1 SIA 102). Mit der Festlegung der Baukategorien bzw. des Schwierigkeitsgrades soll dem voraussichtlichen Umfang «der künstlerischen, technischen und organisatorischen Leistung des Architekten und der ihm daraus erwachsenden Verantwortung» Rechnung getragen werden (Art. 7.7.1 SIA-Ordnung 102). Diese Liste «kann weder vollständig noch allein massgebend sein. Sie soll für übliche Fälle den Weg weisen» (Art. 7.7.2 SIA 102) – und ist also bloss deklaratorisch, nicht verbindlich. Den öffentlichen Bauherren wird empfohlen, den entsprechenden Wert schon ins Wettbewerbsprogramm aufzunehmen[122], sodass entsprechende Diskussionen gar nicht aufkommen können. Die SIA-Ordnung 103 enthält keine entsprechende Liste, sondern gibt lediglich Richtwerte vor, wobei die Spannbreite hier zwischen 80% und 120% liegt (Art. 7.7.2 SIA 103).

7.125 c. Der **Leistungsanteil in Prozenten (q):** In den Tabellen zum Leistungsbeschrieb (Art. 7.9 SIA 102 und Art. 7.11 SIA 103) wird der «durchschnittliche Zeitaufwand für die Grundleistungen gemäss Art. 4» für den Regelfall «auf die einzelnen Phasen und Teilphasen aufgeteilt» und darob im Verhältnis zur Gesamtleistung in Prozenten gewichtet. Werden alle Grundleistungen von der Projektierungs- über die Ausschreibungs- zur Realisierungsphase (Phasen 3 bis 5) erbracht, so liegt eine Gesamtleistung (100%) vor. Werden nur einzelne Grundleistungen erbracht, so liegt ein Leistungsanteil (q) vor, weshalb der Bauherr nur einen Teilprozentsatz zu bezahlen hat. Hat z.B. ein Planer lediglich ein Vorprojekt zu erstellen, so beträgt der einschlägigen Tabelle zufolge der Faktor (q) = 9%. Die Tabelle ist nicht allgemeinverbindlich, sondern enthält lediglich Indikatoren, von denen die Parteien im konkreten Fall auch abweichen können. Die Unterteilung der Leistungstabelle in Phasen und Teilleistungen ist unterschiedlich feingliedrig und die prozentuale Gewichtung der einzelnen Teilleistungen ausserordentlich grobmaschig. Hat der Planer nur einen Teil einer Teilleistung zu erbringen (weil der Bauherr Spezialisten beizieht, die teilweise Aufgaben des Planers übernehmen, weil er objektbezogen nur einen Teil der Grundleistungen erbracht haben will oder weil gar nicht alle Grundleistungen erforderlich sind), so ist es sehr schwierig,

122 KBOB-Empfehlungen zur Honorierung bei Verträgen mit Architekten und Ingenieuren (2012), S. 7.

die einzelnen Teilleistungen sachgerecht aufzuschlüsseln und unter die beteiligten Planer aufzuteilen. Es empfiehlt sich daher, diese Aufteilung anhand des Leistungsbeschriebs und nicht bloss anhand der Teilleistungsprozente vorzunehmen und sie wenn immer möglich vorgängig zur Auftragserteilung an den Planer mit allen Beteiligten abzusprechen. Der Planer ist verpflichtet, den Bauherrn entsprechend aufzuklären und zu beraten (Art. 5.1.2 SIA 102/103). Vor allem bei Grossbauprojekten und bei Planungsaufträgen der öffentlichen Hand ist die gestaffelte Auftragserteilung je für eine einzelne Phase (nicht zuletzt aus kreditrechtlichen Gründen) verbreitet. Das ermöglicht auch eine laufende Überprüfung der vorhandenen Grundlagen und der anzustrebenden Ziele der nächsten Planungsphase. Nebst der Auftragserteilung für eine einzelne Planungsphase kann es sich planerisch und finanziell lohnen, den Leistungsanteil einer einzelnen Phase aufgrund der bereits vorhandenen Arbeitsunterlagen und der vom Bauherrn angestrebten Ziele je nach Objekt individuell festzulegen. Kritisch ist die Tendenz zu beurteilen, dass aus Standesinteressen die eigentlichen Planungsleistungen gegenüber der Ausführung stärker gewichtet werden; eine Untergewichtung der wichtigen Teilleistungen Bauleitung und Kostenkontrolle wirkt sich jedenfalls fatal auf den (technischen und finanziellen) Erfolg eines Bauwerkes aus.

d. Der **Anpassungsfaktor (r):** Anders als beim Faktor (s), mit dem sich Sonderleistungen des Planers berücksichtigen lassen (Nr. 7.108), geht es beim Anpassungsfaktor (r) um äussere (nicht um innere) Einflüsse, die in den SIA-Ordnungen 102/103 den Kategorien «Lokale Einflüsse», «Organisatorische Einflüsse», «Einflüsse des Programms» und «Bearbeitungsaufwand» zugewiesen werden. Die massgebenden Einflüsse können lokaler oder organisatorischer Natur sein oder mit dem Programm in Zusammenhang stehen. Anhand der nicht abschliessend aufgezählten Beispiele zeigt sich, dass es sich allerdings mehr um einen Honorarerhöhungs- als um einen Reduktionsfaktor handelt. Die SIA-Ordnungen enthalten die Regel, nach der «ohne besondere Vereinbarungen … der Anpassungsfaktor 1,0 [gilt]. Dieser ist in jedem Fall angebracht, wenn ein Bauvorhaben in der Planung und Ausführung normal zu verlaufen verspricht» (Art. 7.10.2 SIA 102; Art. 7.8.2 SIA 103). Bei einem Faktor (r) 1,0 erfolgt keine Korrektur des durchschnittlichen Zeitaufwands. Art. 7.10.4 SIA 102 sieht jedoch vor, dass die Parteien die Anpassung des Anpassungsfaktors für verbleibende Leistungen vereinbaren können, wenn sich die äusseren Umstände im Laufe der Auftragserfüllung ändern. Diese Bestimmung ist deklaratorisch und auch bei Übernahme der SIA-Ordnung 102 unverbindlich (Nr. 7.166). Mangels anderer Vereinbarungen gilt also 7.126

hinsichtlich der in den erwähnten Kategorien aufgeführten Gegebenheiten, dass diese bei der Honorarberechnung nicht speziell zu berücksichtigen sind. Selbstredend steht es dem Planer frei, entsprechende Einflüsse an anderen Orten einzurechnen, namentlich bei der Kalkulation seines Stundenansatzes. Machen sich die äusseren Einflüsse, von denen in den SIA-Ordnungen die Rede ist, erst nach Vertragsschluss in der Weise bemerkbar, dass der Aufwand des Planers viel grösser ist als erwartet, ist es denkbar, dass der Planer unter Anrufung des Art. 373 Abs. 2 OR auf eine Nachforderung dringen kann. Nachdem die besonderen Einflüsse bei Ausführung eines Planervertrags auf verschiedene Weise (Schwierigkeitsgrad, separat zu vergütende Zusatzleistungen, Festsetzung der Leistungsanteile z.B. bei Eigenleistungen des Bauherrn etc.) berücksichtigt werden, ist die Notwendigkeit dieses Anpassungsfaktors nicht einzusehen. Die Honorarberechnung ist auch ohne ihn verwickelt genug.

C. Würdigung

7.127 **1.** Die Honorarberechnung nach den Baukosten ist nicht leicht fassbar, da sie sich aus zahlreichen Elementen zusammensetzt. Überdies erwecken die mathematischen Formeln, auf denen sie aufbaut, womöglich den Eindruck, die Honorarberechnung sei eine exakte Wissenschaft. Der Eindruck täuscht, da praktisch für jedes einzelne, eben dargelegte Berechnungselement eine sorgfältige Abwägung im Hinblick auf die konkrete Bauaufgabe erforderlich ist. Zumindest der Branchenunkundige wird damit nicht selten überfordert sein. Diese kritische Sichtweise ist aber zu relativieren: Die einzelnen Faktoren sind in erster Linie darauf angelegt, den Planer bei der Kalkulation seiner Honorarofferte anzuleiten. Würde man für Bauwerkverträge entsprechende Kalkulationshilfen in der SIA-Norm 118 verankern, entstünde ein ähnliches Bild, da auch die Überlegungen, die in die Kalkulation eines Werkpreises einfliessen, nicht einfach, sondern komplex sind. Indem die SIA-Ordnungen 102/103 die einzelnen Faktoren offenlegen und sie so auch zur Disposition stellen, sorgen sie für ein Mass an Transparenz der Honorarkalkulation, welches das Mass bei Bauwerkverträgen deutlich übertrifft.

7.128 **2.** Sicher aber ist kritisch zu fragen, ob die Z-Werte, die eine zentrale Rolle spielen, angemessen seien. Irritierend ist jedenfalls, dass die Methodik, welcher der SIA bei der Ermittlung dieser Werte folgt, nicht öffentlich zugänglich ist und damit nicht überprüfbar ist, ob seine Erhebungen repräsentativ oder aber vor allem darauf angelegt sind, die Interessen der Branche zu befördern.[123]

4. Wichtige Einzelheiten zum Kostenhonorar

Zu den Überlegungen, die im Zusammenhang mit den für das Kostenhonorar relevanten Faktoren anzustellen sind, kommen verschiedene Einzelfragen, welche die Höhe des Honorars beeinflussen. Wichtig sind namentlich das Verhältnis der Leistungen des Planers zu den Leistungen Dritter und die Honorierung von Leistungen des Planers im Zusammenhang mit Varianten und Projektänderungen. 7.129

A. Leistungen Dritter

a. Einleitung

1. Bei den meisten Bauaufgaben stellen sich Probleme, die der Planer nicht allein lösen kann. Zum Teil müssen deshalb für die Planung und die Leitung der Bauausführung – sei es durch den Bauherrn selbst oder durch den Planer – Dritte beigezogen werden. Das gilt vor allem für komplexe und grosse Bauvorhaben. Als Dritte kommen zum Beispiel infrage: 7.130

- Spezialisten, d.h. Fachleute anderer Fachrichtungen: Fachingenieure (Bau-, Heizungs-, Klima-, Lüftungs-, Sanitär-, Elektro- und Maschineningenieur), Bauphysiker, Geologe, Metallbauplaner, Fassadenplaner, Gartenarchitekt, Beleuchtungsfachmann, Akustiker, Küchenplaner, Innenarchitekt usw., 7.131
- Baukostenplaner, 7.132
- Berater, 7.133
- Delegierte des Bauherrn, 7.134
- Projekt- und/oder Fachkoordinatoren, 7.135
- Unternehmer, soweit sie Leistungen aus dem Bereich der Planer erbringen. 7.136

[123] Schon PICHONNAZ, Les règlements SIA, S. 79 (zu den K-Werten).

7.137 Auch kommt es vor, dass der Bauherr selbst Leistungen aus dem Bereich des Leistungsbeschriebs des Planers erbringt. In Bezug auf die Berechnung des Honorars ist er in diesem Falle einem Dritten gleichzustellen.

7.138 **2.** Zu unterscheiden sind zwei Hauptfälle: Entweder erbringt der Planer gleichzeitig Leistungen aus dem Bereich der Spezialisten, oder der Bauherr zieht Spezialisten bei.

b. Der Planer als Spezialist

7.139 **1.** Übernimmt der Planer auch alle Aufgaben der Spezialisten (weil er gleichzeitig Spezialist ist, in seinem Büro entsprechende Fachleute angestellt hat oder selber entsprechende Arbeiten an Dritte weitervergibt [Nr. 5.115]), liegt gemäss Art. 3.5.2 SIA 102/103 eine «Gesamtbeauftragung» vor. In diesem Falle hat der Bauherr ein **Gesamthonorar** zu bezahlen: Zum Planerhonorar werden die Honorare geschlagen, die der Bauherr den Spezialisten bezahlen müsste, wenn er sie direkt beauftragt hätte. Für die Übernahme der Gesamtverantwortung kann zudem im Rahmen des Anpassungsfaktors ein Zuschlag vereinbart werden (Art. 7.19.4 SIA 102). Übernimmt der Planer nicht alle, sondern nur einzelne Leistungen aus dem Aufgabenbereich von Spezialisten, so hat er in gleicher Weise wie bei der Gesamtbeauftragung Anspruch auf das Fachhonorar, das der Bauherr dem Spezialisten bei Einzelbeauftragung bezahlen müsste. Vereinbaren die Parteien das Gesamthonorar und insbesondere den Zuschlag für Leistungen, die der Planer als Spezialist erbringt, nicht individuell, so bleibt *unklar,* wie der Zuschlag zu bemessen ist. Art. 7.19.2 SIA 102/103 verweist zwar auf die «entsprechenden Fachhonorare», die der Bauherr den Spezialisten zu bezahlen hätte, würde er sie direkt beauftragen. Damit ist jedoch nicht gesagt, wie dieses Fachhonorar zu ermitteln ist. Eine Verkehrsübung dürfte bezüglich der Fachhonorare ebenso wenig bestehen wie bezüglich des Planerhonorars selber.

7.140 **2.** Kritisch ist anzumerken, dass diese Honorarregelung zu einer Kumulation von Honoraren führt, welche die aus einer Gesamtbeauftragung sich ergebenden Synergien völlig ausser Acht lässt.

c. Der Planer und die Spezialisten

7.141 **1.** Übernimmt der Planer keine Leistungen aus dem Bereich der Spezialisten, so hat, wenn die Bauaufgabe es verlangt, der Bauherr selbst diese Fachleute beizuziehen. Er schliesst mit ihnen einen entsprechenden Vertrag ab (Einzelbeauftragung) und hat die beigezogenen **Spezialisten separat zu vergüten.** Zu beachten ist, dass der Planer ohne ausdrückliche Ermächtigung des Bauherrn nicht berechtigt ist, auf dessen Kosten einen Spezialisten beizuziehen (Nr. 5.115). Planer und Dritte bilden *eine Arbeitsgruppe* (Art. 3.5 SIA 102) bzw. *ein Planerteam* (Art. 3.5 SIA 103). Die Leitung und Koordination der Arbeitsgruppe obliegt dem Planer, es sei denn, der Bauherr habe (bei «komplexen Bauvorhaben mit hohen Koordinationsanforderungen») zusätzlich einen besonderen Koordinator beigezogen (Art. 3.6.2 SIA 102/103). An sich aber ist diese Leitungsaufgabe in den Grundleistungen des Planers inbegriffen und somit nicht zusätzlich zu vergüten.[124]

2. Es fragt sich indessen, ob der Beizug von Spezialisten und Dritten, die der Bauherr separat zu honorieren hat, zu einer **Reduktion des Planerhonorars** führen kann. Die Frage wird durch Art. 7.19.1 SIA 102 (und in Art. 7.15.1 SIA 103) für den Fall verneint, dass der Planer die ihm obliegenden Grundleistungen erbringt. Erbringt jedoch ein Spezialist Leistungen, die dem Aufgabenbereich des Planers zuzuordnen sind, «so hat er *an dessen Stelle* Anspruch auf das entsprechende Honorar» (Art. 7.19.2 SIA 102/Art. 7.15.2 SIA 103). Diese Formulierung ist unpräzis, denn der Spezialist hat (bei entsprechender Beauftragung) ohnehin Anspruch auf ein Honorar, und dieses richtet sich nach seiner Vereinbarung mit dem Bauherrn und nicht nach der Vereinbarung des Bauherrn mit dem Planer. Bei richtiger Auslegung besagt die Bestimmung, dass das Planerhonorar *reduziert* wird, insoweit der Spezialist Leistungen erbringt, die der Planer selber dem Bauherrn vertraglich versprochen hat. 7.142

– Was den Umfang der Reduktion betrifft, so kann damit nur der Leistungsanteil in Prozenten gemäss Leistungstabelle (Art. 7.9 SIA 102/Art. 7.11 SIA 103) gemeint sein. Art. 7.19.2 SIA 102 stellt einen (allerdings versteckten) Durchbruch in Richtung «Team Architekt und Ingenieure» dar. Er «ermöglicht es der Bauherrschaft, die Leistungen im Planungsteam frei zusammenzustellen, also auch auszutauschen» – wobei das nur ein Bauherr merkt, der sich in den Verästelungen der verschiedenen SIA-Ordnungen auskennt. Es verwundert daher nicht, wenn gesagt wird, die meisten Bauherren hätten diese Öffnung nicht realisiert, sie werde allerdings auch nicht – selbst von den Ingenieuren nicht![125] – «besonders propagiert». Nach dem Wortlaut der SIA-Ordnungen 102/103 muss die Beauftragung 7.143

124 Art. 3.4.2, 3.4.3 und 7.1.3 SIA 102/103.

125 Siehe aber Deuring, S. 155 ff.

des Spezialisten, der Leistungen aus dem Aufgabenbereich des Planers erbringt, mit dem Planer nicht bei Vertragsabschluss geregelt werden, ja überhaupt nicht mit ihm vereinbart werden. Letzteres kann jedoch – nach dem auch für Planer geltenden Vertrauensprinzip – nicht die Meinung sein.

7.144 – Zuweilen ist es *schwierig festzustellen, ob der Spezialist Leistungen «anstelle» des Planers erbringt.* So dürfte es sich aber insbesondere beim Beizug eines Koordinators, eines Kosten- oder eines Fassadenplaners, eines Innen- oder eines Gartenarchitekten verhalten. Noch schwieriger ist es, die Leistungsausscheidung zwischen dem Planer und dem Spezialisten/Dritten nach Prozenten der Leistungsanteile vorzunehmen, weil die Prozentwerte der Leistungstabelle (Art. 7.9 SIA 102/Art. 7.11 SIA 103) zu wenig detailliert sind. Der Bauherr kann eine leistungsgerechte Ausscheidung nur vornehmen, wenn er selbst sachkundig ist oder sachkundig (und ohne Eigennutz) beraten wird.

7.145 – Nebst dem Wegfall von Teilleistungen (oder Teilen von Teilleistungen) dürfte der Beizug von Spezialisten für den Planer meist eine Arbeitserleichterung zur Folge haben, obwohl die Leitungs- und Koordinationsaufgaben bei ihm verbleiben. Dieser Erleichterung kann bei der Bestimmung der Honorarberechnungsformel Rechnung getragen werden.

7.146 **3.** Die eben dargelegte honorarmässige Aussonderung zwischen Planer und Spezialisten müsste eigentlich in gleicher Weise auch **bei den übrigen Dritten,** nämlich beim Berater, Delegierten und Fachkoordinator des Bauherrn greifen. Doch sieht die SIA-Ordnung 102 differenzierende Regelungen vor. So sind Beraterhonorare zwischen Bauherrn und Architekten aufzuteilen. Dies ist jedoch vorgängig zu vereinbaren (Art. 7.19.3 SIA 102); ohne Vereinbarung erfolgt keine Aufteilung. Unabhängig davon gilt: Wer den Berater beizieht, hat ihm auch das Honorar zu bezahlen. Der Einsatz eines Delegierten des Bauherrn hat nach Art. 7.19.5 SIA 102/Art. 7.15.3 SIA 103 insoweit eine Honorarreduktion zulasten des Planers zur Folge, als der Planer vertraglich übernommene Leistungen nicht zu erbringen hat.[126] Das Honorar des Fachkoordinators wird nach Massgabe des Nutzens für den Bauherrn bzw. der Leistungsreduktion des Planers und der Spezialisten aufgeteilt (Art. 7.20.1

126 Die SIA-Ordnung 102 scheint in Art. 7.19.5 davon auszugehen, dass die Beweislast für die «Entlastung von … Grundleistungen» beim Bauherrn liegt. Nach allgemeiner Regel verhält es sich indes so, dass der Planer, der Honorar fordert, nachzuweisen hat, welche Leistungen er erbracht hat.

SIA 102/Art. 7.15.4 SIA 103). Wann diese Aufteilung zu erfolgen hat, sagen die SIA-Ordnungen 102/103 nicht.

B. Varianten und Änderungsleistungen

a. Der Unterschied

Das Planen ist ein schöpferischer Prozess und ruft zwangsläufig nach verschiedenen Darstellungsweisen, nach Abänderungen von Plänen und Planunterlagen. Die **SIA-Ordnung 102 unterscheidet zwischen Projektvarianten und Änderungsleistungen** (Art. 7.13.3 und Art. 7.13.4 SIA 102), enthält aber keine Definitionen. Im Grunde handelt es sich bei beiden Vorgängen um Abänderungen bereits bestehender Pläne und Unterlagen. Der Unterschied liegt im Umfang und im Zeitpunkt der Abänderung. Im Einzelnen: 7.147

- Unter einer *Variante* ist die Darstellung einer andern Lösungsmöglichkeit oder eine Abwandlung eines bereits bestehenden Entwurfs zu verstehen. Die Änderung bezieht sich auf das Projekt als Ganzes und erfolgt im Entwurfsstadium. 7.148
- Die *Änderungsleistung* geht materiell weniger weit. Sie berührt nicht das ganze Projekt mit seinen Grundbedingungen, sondern bezieht sich mehr auf Teile desselben. Sie kann sowohl im Entwurfs- als auch im Ausführungsstadium erfolgen. 7.149

Letztlich ist diese Abgrenzung eine Frage des Ermessens. Sie hat ihre Bedeutung für die Honorierung. Je nachdem sind die betreffenden Leistungen in den Grundleistungen inbegriffen oder zusätzlich zu honorieren. 7.150

b. Varianten

1. Bei der Teilleistung «Studium von Lösungsmöglichkeiten» (Art. 4.31 SIA 102) gehört das Erarbeiten einer oder mehrerer Lösungen für das Vorprojekt zu den Grundleistungen. Bei den Teilleistungen «Vorprojekt» (Art. 4.31 SIA 102) und «Bauprojekt» (Art. 4.32 SIA 102) ist in den **Grundleistungen** nur *ein* fertig ausgearbeitetes Projekt enthalten. Bei allen drei Teilleistungen wird die Ausarbeitung von Varianten dann als **Zusatzleistung** qualifiziert, wenn sie «aufgrund wesentlich abweichender Grundlagen oder Anforderungen» erfolgt. 7.151

7.152 **a.** Daraus ergibt sich, dass in diesen drei Planungsstadien Varianten aufgrund *gleicher oder nur unwesentlich abweichender Grundlagen* oder Anforderungen zu den Grundleistungen zu zählen und damit nicht zusätzlich zu vergüten sind. Abgrenzungskriterien sind also die «wesentlich abweichenden Grundlagen oder Anforderungen».[127] Im Einzelfall kann die Abgrenzung schwierig sein. Allgemein lässt sich Folgendes sagen: Ob eine (zusätzlich zu honorierende) Zusatzleistung vorliegt, ist zunächst anhand der Grundlagen und Anforderungen, die der Bauherr dem Planer bekannt gegeben hat, dann anhand dessen, was er an Leistungen bereits genehmigt hat, und schliesslich anhand der von ihm verlangten Änderungen zu beurteilen. Diese Änderungen müssen gegenüber den bisherigen Grundlagen oder Anforderungen *wesentlich* sein. Eine Zusatzleistung wird zu bejahen sein, wenn der Bauherr seine Zielvorstellungen, die Zweckbestimmung, das Raumprogramm oder das Konzept völlig oder ganz erheblich umgestaltet haben will und der Planer in Bezug auf das Basisprojekt neue geistige Arbeit leisten muss.[128] Von vornherein keine Zusatzleistung stellt die einfache Verbesserung oder die Beseitigung von Planungsmängeln dar.

7.153 **b.** Nachzutragen ist, dass die Variante, für die der Planer eine besondere Vergütung beansprucht, immer einen entsprechenden Auftrag des Bauherrn voraussetzt.[129] Das ergibt sich daraus, dass die «Ausführung von besonders

---

[127] Art. 7.13.3 SIA 102 spricht von den Varianten, die wesentlich vom Basisprojekt abweichen aufgrund von geänderten Anforderungen. Die Art. 4.31, 4.32 SIA 102 sprechen jedoch von den Varianten «aufgrund wesentlich abweichender Grundlagen oder Anforderungen». Bei dieser unterschiedlichen Definition muss es sich um ein redaktionelles Versehen handeln. Denn eine Variante aufgrund wesentlich abweichender Grundlagen oder Anforderungen wird zwangsläufig zu einer Variante führen, die vom Basisprojekt wesentlich abweicht. Ändern sich die Grundlagen oder Anforderungen nicht wesentlich und kreiert der Architekt trotzdem ein völlig anderes Bauprojekt, so hat der Bauherr dies gar nicht bestellt. Der Architekt hat seinen allfälligen Mehraufwand – nur der kann ein Zusatzhonorar rechtfertigen – sich selbst zuzuschreiben.

[128] Vgl. auch SJZ 82, 1986, S. 99, Nr. 15 = BR/DC 1986, S. 14, Nr. 3: Der Bauherr verlangte für den Warenlift einen neuen Standort. Da sich die Geschossverhältnisse verändert präsentierten, ergaben sich wesentliche Abänderungen vom ursprünglichen Projekt (u.a. wurde zusätzlich eine Laderampe mit Hebebühne vorgesehen). Das Vorliegen einer Variante wurde daher bejaht (im Gegensatz zur Auffassung des Architekten, der das ursprüngliche Projekt und dessen Abänderung als je separat und voll zu entschädigendes Bauprojekt betrachtete).

[129] Die Terminologie ist allerdings auch hier nicht einheitlich. Gemäss Art. 3.3.4 SIA 102 sind Varianten als Zusatzleistung vorgängig zu vereinbaren. Art. 7.13.3 SIA 102 spricht von Ver-

zu vereinbarenden Leistungen … vorgängig gemeinsam festzulegen» ist (Art. 3.3.4 SIA 102).

2. Ist eine Variante als zusätzlich zu honorierende Zusatzleistung zu qualifizieren, so stellt sich die Frage, wie das Zusatzhonorar zu berechnen ist. Die SIA-Ordnung 102 unterscheidet nach dem Zeitpunkt wie folgt: 7.154

– Das Studium von Varianten (aufgrund wesentlich abweichender Grundlagen oder Anforderungen) bei der Teilleistung «Studium von Lösungsmöglichkeiten» (Art. 4.31 SIA 102) ist mangels anderer Vereinbarung nach dem effektiven Zeitaufwand zu vergüten (Art. 7.13.1 SIA 102; Nr. 7.75 ff.). 7.155
– Hat der Planer zum Vorprojekt (Art. 4.31 SIA 102) oder zum Bauprojekt (Art. 4.32 SIA 102) eine oder mehrere Varianten auszuarbeiten, so ist deren Vergütung aufgrund der Baukosten desjenigen Bauprojekts, das nicht mehr weiter bearbeitet wurde, zu berechnen und um 50% zu reduzieren (Art. 7.13.3 SIA 102). Die aufwandbestimmenden Baukosten wird man meistens schätzen müssen.[130] 7.156
– Werden Varianten zum Vor- und Bauprojekt nach Art 7.13.3 SIA 102 vergütet, so entfällt die Berechnung nach dem effektiven Zeitaufwand. Haben die Parteien ein Pauschal- oder Globalhonorar vereinbart und liegt dafür keine Preisanalyse vor, so ist die Honorarberechnung anhand der Baukosten, wie dies Art. 7.13.3 SIA 102 vorsieht (Nr. 7.156), kaum möglich. 7.157

c. Änderungsleistungen

Änderungen an Plänen und andern Unterlagen sind nur dann zusätzlich zu honorieren, wenn die Änderung erheblich ist, der Bauherr sie ausdrücklich oder konkludent in Auftrag gibt (vgl. dazu Nr. 7.153) oder sie «aus andern zwingenden Gründen» erforderlich ist (Art. 7.13.4 SIA 102). Alleiniges **Kriterium für die Erheblichkeit** ist der mit der Abänderung verbundene Mehraufwand des Planers, nicht etwa deren ästhetischer oder wirtschaftlicher Wert. Kein Zusatzhonorar ist geschuldet, wenn die Änderung auf einen Fehler 7.158

anlassung oder Einverständnis des Bauherrn. In beiden Fällen bedarf es eines entweder ausdrücklichen oder konkludenten Auftrags des Bauherrn, den der Architekt zu beweisen hat.

130 Zum Zeitpunkt, zu dem die für die Honorarberechnung massgeblichen Baukosten zu erwahren sind, schweigt sich die SIA-Ordnung 102 aus. Unseres Erachtens ist vom Zeitpunkt der Ausarbeitung der Variante auszugehen.

des Planers zurückzuführen ist. Mangels anderer Vereinbarung erfolgt die Vergütung nach dem effektiven Zeitaufwand.

IV. Die Anpassung der Honorare bei veränderten Verhältnissen

1. Allgemeines

7.159 Haben die Parteien die Höhe des Honorars zum Voraus fest vereinbart, so stellt sich die Frage, ob das Honorar an später eintretende, veränderte Verhältnisse angepasst werden könne. Die Antwort darauf ergibt sich möglicherweise bereits aus dem abgeschlossenen Vertrag, wenn die Parteien Anpassungsregeln vereinbart haben (Nr. 2.67).[131] Solche Regeln sind entweder positiv (und besagen, wann und wie die Anpassung zu erfolgen hat) oder negativ (und schliessen Anpassungen aus). Selbstverständlich können die Parteien auch erst bei Eintreten veränderter Verhältnisse eine Vereinbarung treffen. Kommt keine Einigung zustande, so ist zu prüfen, worin diese Veränderung der Verhältnisse besteht. Abgesehen vom Fall der Änderung des Leistungsinhalts gilt allgemein Folgendes:

7.160 – Unterliegt der Planervertrag dem *Werkvertragsrecht* und wurde die Höhe des Honorars fest vereinbart, so kommt Art. 373 Abs. 2 OR zur Anwendung.[132] Die Hürden, die der eine Mehrvergütung fordernde Planer zu überwinden hat, sind erheblich. Zu beachten ist namentlich, dass es dem Planer obliegt, «alles in seiner Macht stehende zu tun, um sich über sämtliche die [Kosten] beeinflussende Verhältnisse genau ins Bild zu setzen, weil es an ihm ist, den Preis seiner Arbeit zu bestimmen. Mangelnde Sorgfalt bei der Ausarbeitung der Offerte verschliesst dem Unternehmer das Recht, Art. 373 Abs. 2 OR anzurufen».[133]

---

131 Vgl. Nr. 2.66. Zu den vertraglichen Anpassungsregeln überhaupt: JÄGGI/GAUCH, Zürcher Kommentar, N 576 ff. zu Art. 18 OR.

132 GAUCH, Werkvertrag, Nr. 1044 ff.; BGE 109 II 335 f. und 113 II 516 (Pra 78 82 ff.); BGer 4C.385/2005 (31.1.2006) E. 5; BGer 4C.203/2005 (9.1.2006) E. 4.1; BGer 4C.23/2004 (14.12.2004) E. 4.1; BGer 4C.292/2002 (20.11.2003) E. 3.1.

133 BGer 4C.292/2002 (20.11.2003) E. 3.1.

– Wurde das Honorar nur ungefähr bestimmt und wird der ungefähre Kostenansatz unverhältnismässig überschritten, ist Art. 375 OR anwendbar.[134] 7.161

– Für das *Auftragsrecht* enthält das Gesetz keine Regel über die Anpassung. Haben die Parteien keine Anpassungsregel vereinbart, so hat das Gericht die Lücke nach Massgabe von Treu und Glauben zu schliessen.[135] Eine Vertragsanpassung setzt jedoch in jedem Falle ein offenbares Missverhältnis zwischen der Planerleistung und dem dafür vereinbarten Honorar voraus.[136] 7.162

2. Anpassung der Honorare wegen veränderter Kostengrundlagen

1. Die Honorarvereinbarung erfolgt zum Teil aufgrund bestimmter, objektiver, vom Ermessen unabhängiger Grundlagen, die den Kostenaufwand des Planers mitbestimmen.[137] Im Vordergrund stehen die Personal- und Gemeinkosten. Je länger ein Vertrag dauert, umso erheblicher können sich die Kostengrundlagen wegen der Geldentwertung oder der Entwicklung der allgemeinen Wirtschaftslage verändern. Man spricht von der Anpassung des Honorars an die Teuerung. Eine Anpassung des Honorars wegen veränderter Kostengrundlagen erfolgt – vorbehältlich einer individuellen Vereinbarung – nur unter den Voraussetzungen von Art. 373 Abs. 2 OR (Nr. 7.14). 7.163

2. Haben die Parteien unter der Herrschaft der SIA-Ordnung 102 nicht ein Pauschal-, sondern ein Globalhonorar vereinbart, steht zwar fest, dass eine Anpassung des Honorars an eine allfällige Teuerung zu erfolgen hat (Art. 5.2.1 SIA 102).[138] Über die Einzelheiten aber schweigt die Ordnung sich aus. Nicht weiter hilft der Rat, dass die «Anpassung laufender Verträge 7.164

---

[134] Vgl. Gauch, Werkvertrag, Nr. 973 ff.; BGer 4P.99/2005 (18.8.2005) E. 3.2.

[135] Gauch/Schluep/Schmid, Nr. 1280 ff., Koller, OR AT, § 29 Nr. 33 ff. und Jäggi/Gauch, Zürcher Kommentar, N 620 zu Art. 18 OR.

[136] BGE 104 II 317; Gauch/Schluep/Schmid, Nr. 1300.

[137] Gauch/Prader, KommSIA 118, Vorbemerkungen zu Art. 62–63, S. 127, lit. a.

[138] Die SIA-Ordnung 103 unterscheidet zwar auch zwischen Global- und Pauschalhonorar (in Art. 5.2.1), regelt aber nicht ausdrücklich, worin der Unterschied besteht. Richtigerweise ist davon auszugehen, dass die Begrifflichkeit hier gleich ist wie in der SIA-Ordnung 102; sie ist auch in Ziff. 2.2. des SIA-Vertragsformulars 1002 übernommen worden. So heisst es dort ausdrücklich: «pauschal (es erfolgt keine Anpassung an die Teuerung)» und «global (mit Anpassung an die Teuerung)». Egli, Revidierte SIA-Ordnungen, S. 61, beurteilt die bestehende Regelung als «allzu rudimentär».

an die Teuerung … vertraglich vereinbart werden» müsse (Art. 6.1.6 SIA 102). Haben die Parteien es unterlassen, die Einzelheiten der Teuerungsabrechnung (durch eigene Regeln oder unter Verwendung eines Regelwerks wie z.B. der SIA-Norm 122 [2012]) zu regeln, hat das Gericht den lückenhaften Vertrag zu ergänzen.

3. Änderung des Auftrags nach Vertragsabschluss

7.165 **1.** Ein Sonderfall «veränderter Verhältnisse» liegt bei einer «rechtsgeschäftlichen Änderung des vertraglichen Leistungsinhaltes» vor; im Werkvertragsrecht wird dieser Sachverhalt gemeinhin als Bestellungsänderung bezeichnet.[139] Sie kann entweder, wenn der Planervertrag dies zulässt, vom Bauherrn einseitig angeordnet oder von den Parteien nachträglich vereinbart werden (Nr. 2.66 ff.). Eine Änderung des Auftrags liegt in jedem Fall vor, wenn der Planer gegenüber dem abgeschlossenen Vertrag andere Leistungen (ein wesentlich anderes Bauprojekt), zusätzliche oder weniger Leistungen oder dieselben Leistungen unter veränderten Ausführungsvoraussetzungen (z.B. nachträgliche Anordnung oder Herabsetzung einer vereinbarten Baukostenlimite) erbringen muss.[140] Weil der Inhalt der vom Planer zu erbringenden Leistungen durch eine (einseitige oder einvernehmliche) Auftragsänderung verändert wird, hat der Planer bei Mehrleistungen nicht bloss eine Mehrvergütung nach Massgabe des restriktiven Art. 373 Abs. 2 OR zugute. Vielmehr richtet sich die Anpassung der Vergütung nach den Regeln, welche die Parteien vereinbarten. Fehlen solche Regeln, lässt sich die Anpassung nicht immer einfach bewerkstelligen. Haben die Parteien ein Pauschal- oder Globalhonorar vereinbart, so kann die Anpassung allenfalls anhand der Leistungstabelle und der Prozentwerte von Art. 7.9 SIA 102 bzw. Art. 7.11 SIA 103 ermittelt werden. Mangels einer Vereinbarung richtet sich eine Mehrver-

---

139 Eingehend GAUCH, Werkvertrag, Nr. 768 ff.

140 Keine Auftragsänderung liegt vor, wenn eine Weisung des Bauherrn lediglich zum Ziel hat, den Planer zur Erbringung der vertraglich geschuldeten Leistung oder zur Einhaltung von vereinbarten (technischen) Vorschriften anzuhalten, oder wenn die Weisung lediglich darauf abzielt, die nicht abschliessend geregelte Leistung nachträglich zu konkretisieren. Vgl. dazu GAUCH/EGLI, KommSIA 118, S. 209 f., und GAUCH, Werkvertrag, Nr. 768.

gütung nach dem Mehraufwand (Art. 374 und Art. 394 Abs. 3 OR)[141], für den alsdann der Planer beweispflichtig ist.

2. Die **SIA-Ordnungen 102/103** enthalten zahlreiche Anpassungsregeln, nach denen der Planer bei bestimmten Arten von Auftragsänderungen einen Anspruch auf ein zusätzliches Honorar hat: so bei besonders zu vereinbarenden Leistungen zum Kostenhonorar (Art. 7.1.6 SIA 102/Art. 7.1.3 SIA 103; dazu Nr. 7.100); bei Projektvarianten (Art. 7.13.3 SIA 102; dazu Nr. 7.151 ff.); bei Änderungsleistungen (Art. 7.13.4 SIA 102; dazu Nr. 7.158); bei Überstundenarbeit im Zeithonorar (Art. 6.1.3 SIA 102/103); bei Ausschreibungen ohne Kostenvoranschlag (Art. 7.18 SIA 102); bei Leistungen des Planers aus dem Aufgabenbereich von Spezialisten (Art. 7.19.2 SIA 102/Art. 7.15.2 SIA 103; Nr. 7.139). Unverbindlich, weil deklaratorisch ist indes Art. 7.10.4 SIA 102/Art. 7.8.4 SIA 103 über die Änderung des Anpassungsfaktors für den Fall, dass sich die äusseren Umstände im Lauf der Auftragserfüllung ändern (Nr. 7.126). 7.166

V. Der Ersatz der Auslagen

1. Der Begriff der Auslagen

1. Im Auftragsrecht schuldet der Auftraggeber dem Auftragnehmer den Ersatz von Auslagen und Verwendungen (Art. 402 OR), selbst wenn die Parteien dies nicht vereinbart haben (Nr. 1.19). Es genügt schon, dass der Beauftragte sie «in richtiger Ausführung des Auftrages gemacht hat».[142] Gleiches gilt im Werkvertragsrecht (Art. 374 OR, der inhaltlich jedoch weiter gefasst ist; Nr. 7.7). Unabhängig von der rechtlichen Einordnung des Planervertrags weist der Planer die Auslagen in seiner Rechnung meist separat aus. Man versteht darunter den **Geldaufwand** des Beauftragten.[143] Die Terminologie ist uneinheitlich: Barauslagen, Spesen, Unkosten, Nebenkosten, Verwendun- 7.167

---

[141] BGer 4A_183/2010 (27.5.2010) E. 3.2; 4C.23/2004 (14.12.2004) E. 4.1. Anders aber: EGLI, Architektenrecht 1995, Nr. 1076; vgl. auch GAUCH/EGLI, KommSIA 118, N 9 zu Art. 89, ferner N 6 zu Art. 86 und N 12 ff. zu Art. 87 SIA 118.

[142] GMÜR, Nr. 103.

[143] FELLMANN, Berner Kommentar, N 15 und 19 f. zu Art. 402 OR; GMÜR, Nr. 112 ff.; WEBER, Basler Kommentar, N 4 zu Art. 402 OR.

gen[144], Aufwendungen, «zusätzliche Kostenelemente» (Art. 5.1 SIA 102/103) etc.; die Generalunkosten aber gehören nicht dazu.[145] Gemeint sind Kosten insbesondere für[146]: Plotterausdrucke und Fotokopien, Modelle, Porti, Telefon- und Reisespesen, öffentlich-rechtliche Gebühren, Kosten für Leistungen Dritter, die der Planer als Substitut (im Sinne von Art. 398 Abs. 3 OR)[147] und als Stellvertreter des Bauherrn[148] in Auftrag gegeben und vorfinanziert hat (z.B. Untersuchungen durch Materialprüfungsanstalten, Expertisen etc.). Zu den Auslagen kann auch die MWST gezählt werden[149], es sei denn, die Parteien hätten vereinbart, dass diese Steuer im Honorar inbegriffen sei. Werden die SIA-Ordnungen 102/103 übernommen, rechnet der Planer die MWST offen ab; sie ist «in den Honoraren und den zusätzlichen Kostenelementen nicht inbegriffen» (Art. 5.1.1 SIA 102/103). Die SIA-Ordnungen 102/103 führen als Auslagen etwa auch die Kosten für den «Einsatz von Spezialgeräten», «Gebühren und spezielle Versicherungen» und die «Kosten für Baustellenbüros» (Art. 5.3 SIA 102/103) auf. Überdies sehen sie – wenn auch nur für «spezielle Fälle» – «eine Vergütung von EDV-Aufwendungen» vor, die indes gesondert vereinbart werden muss, also nicht schon dadurch geschuldet wird, dass die Parteien eine SIA-Ordnung in ihren Vertrag übernehmen (Art. 5.3.5 SIA 102/103).

7.168 **2.** Von den Reisespesen, die zu den Auslagen gehören, ist der *Zeitaufwand für das Reisen* zu unterscheiden. Der Zeitaufwand gehört nicht zu den Auslagen, sondern ist Teil der Arbeitsleistung. Nach den SIA-Ordnungen 102/103 ist dieser Aufwand «angemessen zu entschädigen», wobei die «Art der Vergütung» nicht festgelegt, sondern «vorgängig zu vereinbaren» ist (Art. 5.4.1 SIA 102/103). Dass mangels abweichender Vereinbarung auch die Reisezeit zu vergüten ist, steht somit fest. Versäumen es die Parteien zu regeln, wie sie zu vergüten ist, ist beim Zeithonorar die Reisezeit als Arbeitszeit zu vergüten, was Art. 5.4.2 SIA 102/103 vorsieht (Nr. 7.84). Bei einem Vertrag, nach dem das Kostenhonorar gilt, geben die SIA-Ordnungen lediglich kund, dass

---

144 Im strengen Sinne versteht man darunter den Verbrauch von Sachen, der keinen Geldaufwand darstellt und dem die übermässige Abnutzung gleichgestellt wird; Fellmann, Berner Kommentar, N 16 f. zu Art. 402 OR.

145 Fellmann, Berner Kommentar, N 26 ff. zu Art. 402 OR; Gmür, Nr. 115; Weber, Basler Kommentar, N 5 zu Art. 402 OR; Werro, Commentaire romand, N 6 zu Art. 402 OR.

146 Vgl. dazu auch Art. 5.3 SIA 102.

147 Vgl. Gmür, Nr. 116 ff.

148 Zur Vollmacht des Planers für den Beizug Dritter vgl. Nr. 5.115.

149 Vgl. BGer 4C.21/2004 (12.1.2005) E. 4.1.2 (zu Art. 374 OR).

die «Reisezeit im durchschnittlichen Zeitaufwand … nicht eingerechnet» sei (Art. 5.4.3 SIA 102/103); damit lässt sich eine lückenhafte Vereinbarung offensichtlich nicht ergänzen. Welche Reisen der Planer auf Kosten des Bauherrn zu unternehmen hat, ist grundsätzlich durch Vereinbarung zu regeln. Auch ohne gesonderte Vereinbarung hat der Planer Anspruch auf die Vergütung von Reisen, die ihn zur Baustelle, in Werkstätten und zu Amtsstellen führen, soweit die vertraglich übernommenen Aufgaben diese Reisen bedingen. Davon war in der SIA-Ordnung 102 (1984) noch ausdrücklich die Rede (Art. 5.7), doch gilt dies auch unter den aktuellen SIA-Ordnungen 102/103.

2. Die Höhe des Auslagenersatzes

1. Der Bauherr schuldet dem Planer die Vergütung derjenigen Auslagen, die ihm bei der Erfüllung seiner vertraglichen Aufgaben tatsächlich entstanden sind.[150] Seine **effektiven Aufwendungen** (Art. 5.3.3 SIA 102/103) bestimmen auch die Höhe des Ersatzes. Der Planer hat keinen Anspruch auf einen Gewinn (dieser ist im Honorar enthalten)[151], wohl aber auf Verzinsung ab dem Zeitpunkt der Verwendung.[152] 7.169

Dabei sind aber nur jene Auslagen zu ersetzen, die der Planer in richtiger Ausführung des Auftrags getätigt hat (siehe Art. 402 Abs. 1 OR), also nur Auslagen, die nach den Umständen erforderlich, objektiv sinnvoll und angemessen waren.[153] Das gilt auch, wenn der Planervertrag dem Werkvertragsrecht untersteht.[154] Übertriebener oder unnötiger Aufwand ist in keinem Fall zu ersetzen. 7.170

Bezüglich der Reisespesen sehen die SIA-Ordnungen 102/103 vor, dass sie für «Fahrten innerhalb eines Lokalrayons von 10 km» nicht zu den Nebenkosten gehören, für die der Bauherr den Planer gesondert zu vergüten hätte (Art. 5.3.4 SIA 102/103).[155] Demnach sind die entsprechenden Spesen (nicht 7.171

[150] Fellmann, Berner Kommentar, N 11 und 48 zu Art. 402 OR; Gmür, Nr. 114.

[151] Vgl. BGE 107 Ia 33.

[152] Fellmann, Berner Kommentar, N 51 zu Art. 402 OR; Weber, Basler Kommentar, N 6 zu Art. 402 OR; Werro, Commentaire romand, N 9 zu Art. 402 OR.

[153] Fellmann, Berner Kommentar, N 37 ff. und 75 ff. zu Art. 402 OR; Gmür, Nr. 133 ff.; Weber, Basler Kommentar, N 6 zu Art. 402 OR; Werro, Commentaire romand, N 7 zu Art. 402 OR.

[154] Gauch, Werkvertrag, Nr. 964.

[155] Egli, Revidierte SIA-Ordnungen, S. 61.

aber das Honorar für die Reisezeit) inbegriffen, ganz unabhängig davon, auf welche Art der Honorierung sich die Parteien geeinigt haben.

7.172 **2.** Im Streitfall hat der Planer die Auslagen, für die er vom Bauherrn Ersatz verlangt, nachzuweisen.[156] An den Nachweis für Porti, Telefonspesen – sofern die entsprechenden Auslagen überhaupt zu vergüten sind (Nr. 7.167) – Fotokopien etc. dürfen jedoch keine allzu strengen Anforderungen gestellt werden, da dies den Planer unverhältnismässig belasten würde. Immerhin müssen die Auslagen so detailliert ausgewiesen werden, dass eine Plausibilitätsprüfung möglich ist. Nicht erforderlich ist der Nachweis dann, wenn die Parteien sich auf eine pauschale Abgeltung der Auslagen verständigt haben (Art. 5.3.3 SIA 102/103), was indes immer auch bedeutet, dass der Planer im Grundsatz auch dann keinen höheren Ersatz fordern kann, wenn sich zeigt, dass seine effektiven Auslagen von der Pauschale nicht gedeckt werden.

VI. Einzelfragen

1. Das Honorar bei vorzeitiger Vertragsauflösung

7.173 Wird der Planervertrag vorzeitig aufgelöst, so hat der Bauherr den Planer für die richtig erbrachten Leistungen grundsätzlich voll zu vergüten (Nr. 2.106). Dies gilt auch dann, wenn die Vertragsauflösung vom Planer ausgeht. Unterliegt der Vertrag dem *Auftragsrecht* und erfolgt der Widerruf zur Unzeit, so hat der auflösende Teil dem anderen überdies den verursachten Schaden im Umfang des negativen Interesses (nicht aber das Erfüllungsinteresse) zu ersetzen (Art. 404 Abs. 2 OR). Beim Planungsvertrag (der dem *Werkvertragsrecht* untersteht) hat der Bauherr den Planer vollumfänglich schadlos zu halten (Art. 377 OR). Überlegungen dazu werden auch im Beitrag STÖCKLI angestellt (Nr. 2.106 ff.).

2. Honorarminderung bei Schlechterfüllung des Vertrags

7.174 Erfüllt der Planer seinen Vertrag schlecht (unvollständige, fehlerhafte Leistungen) und unterliegt der Vertrag dem *Auftragsrecht,* so ist sein Honorar nach dem Äquivalenzprinzip herabzusetzen oder aber ihm gänzlich abzusprechen,

[156] FELLMANN, Berner Kommentar, N 50 zu Art. 402 OR.

wenn das «Ergebnis des unsorgfältigen Beauftragten für den Auftraggeber vollständig unbrauchbar ist».[157] Kommt *Werkvertragsrecht* zur Anwendung und erbringt der Planer seine Leistung nur unvollständig, so kann der Bauherr die Bezahlung des Honorars verweigern.[158] Ist seine Leistung zwar vollständig, aber fehlerhaft, so hat er – falls der Bauherr nicht Wandelung erklären kann – Anspruch auf das volle Honorar, das aber der Minderung unterliegt (Art. 368 Abs. 2 OR). Allenfalls hat der Planer mangelhafte Pläne oder sonstige Unterlagen nachzubessern.[159] Zu einer Spaltung der Rechtsfolgen, die das Bundesgericht für den Gesamtvertrag propagiert (Nr. 1.74 und 2.3), kann es hinsichtlich der Honorarminderung im Grundsatz nicht kommen, da sie sowohl bei den auftrags- als auch den werkvertragsrechtlichen Leistungsteilen greifen kann. Was aber deren Voraussetzungen angeht, wird man beim heutigen Stand der bundesgerichtlichen Rechtsprechung davon ausgehen müssen, dass eine Minderung bei werkvertraglichen Leistungen zwar möglich, indes davon abhängig ist, dass der Bauherr den Mangel, auf den er sich für die Minderung beruft, wirksam gerügt hat. Nebst der Minderung des Honorars stellt sich zusätzlich die Frage nach der Schadenersatzpflicht des Planers.[160] Darauf gehen DENZLER/HOCHSTRASSER ein (Nr. 8.155 ff.).

---

[157] BGer 4A_89/2012 (17.7.2012) E. 3.1; 4A_34/2011 (10.5.2011) E. 3; siehe auch das Leiturteil BGE 124 III 423 E. 4a, in: BR/DC 1999, S. 48, Nr. 79, mit Anm. WERRO; dazu auch STÖCKLI, Sorgfaltsmangel, S. 932 ff.; KGer VD (5.2.1997), in: BR/DC 1998, S. 134, Nr. 352, mit Anm. WERRO. Zum Ganzen: DERENDINGER, Nichterfüllung, Nr. 370 ff.; FELLMANN, Berner Kommentar, N 496 ff. und 488 ff. (Beweislast) zu Art. 394 OR und N 76 ff. zu Art. 402 OR; GMÜR, Nr. 453 ff.; TERCIER/FAVRE/CONUS, Nr. 5252 ff.; KRAUSKOPF-FORERO/SIEGENTHALER, Nr. 8.63; WEBER, Basler Kommentar, N 43 zu Art. 394 OR; ZEHNDER, Haftung des Architekten, Nr. 72 ff. und 357 ff. Kritisch, was das Kriterium der «Brauchbarkeit» anbelangt: WERRO, Commentaire romand, N 35 zu Art. 398 OR; DERS., Anm. in BR/DC 2011, S. 208, Nr. 445. Siehe zudem WÄGER, Minderungsrecht, Nr. 274 ff., der ein Minderungsrecht bei «Geschäftsbesorgungsverträgen» ablehnt.

[158] GAUCH, Werkvertrag, Nr. 1447.

[159] Zu den einzelnen Mängelrechten s. GAUCH, Werkvertrag, Nr. 1487 ff. und 1527 ff.

[160] BGE 124 III 426 E. c.

3. Die Zahlungsmodalitäten

A. Gesetzliche Fälligkeitstermine

a. Nach Werkvertragsrecht

7.175 Beim Planungsvertrag, der dem Werkvertragsrecht untersteht, wird die Vergütung mangels anderer Abrede mit der Ablieferung (Abnahme) des vollendeten Werkes fällig (Art. 372 Abs. 1 OR).[161]

b. Nach Auftragsrecht

7.176 **1.** Bei Planerleistungen, die dem Auftragsrecht unterstehen, ist zwischen Auslagenersatz und Honoraranspruch zu unterscheiden:

7.177 – Die *Auslagen* sind zur Zahlung fällig, sobald der Planer sie getätigt hat.[162] Ab diesem Zeitpunkt beginnen zulasten des Bauherrn Verwendungszinsen zu laufen.[163]

7.178 – Das Gesetz enthält keine Bestimmung über die Fälligkeit des *Honorars.* Nach Lehre und Rechtsprechung tritt sie erst ein, wenn der Beauftragte die *letzte* unter einen bestimmten Auftrag fallende *Leistung abgeschlossen* hat.[164] Der Beauftragte ist also grundsätzlich vorleistungspflichtig.[165]

7.179 **2.** Wurde ein Planer mit allen Leistungen für ein Bauwerk oder mit der Leitung der Ausführung beauftragt, so stellt sich die *Frage, wann* seine *Leistungen abgeschlossen* sind und damit sein Honorar fällig wird. Ist dies bei der Fertigstellung des Bauwerks, bei Abgabe der Schlussabrechnung oder nach Behebung sämtlicher Mängel der Fall?

---

161 GAUCH, Werkvertrag, Nr. 1151 ff.; HÜRLIMANN/SIEGENTHALER, Handkommentar, N 3 zu Art. 372 OR.

162 FELLMANN, Berner Kommentar, N 52 zu Art. 402 OR; GMÜR, Nr. 306 ff.; WEBER, Basler Kommentar, N 7 zu Art. 402 OR; WERRO, Commentaire romand, N 9 zu Art. 402 OR.

163 FELLMANN, Berner Kommentar, N 51 zu Art. 402 OR; WEBER, Basler Kommentar, N 7 zu Art. 402 OR; WERRO, Commentaire romand, N 9 zu Art. 402 OR.

164 Zur Rechtsprechung Präjudizienbuch OR (KRAUSKOPF), N 20 zu Art. 394 OR. Weiter: FELLMANN, Berner Kommentar, N 469 zu Art. 394 OR, und GMÜR, Nr. 268; KRAUSKOPF-FORERO/SIEGENTHALER Nr. 8.65; WEBER, Basler Kommentar, N 40 zu Art. 394 OR; WERRO, Commentaire romand, N 50 zu Art. 394 OR.

165 GMÜR, Nr. 263.

a. Es entspricht allgemeiner Lebenserfahrung, dass praktisch jedes Bauwerk bei seiner Fertigstellung offene Mängel aufweist und zudem mit der Ingebrauchnahme neue Mängel zutage treten. Der Bauherr ist sowohl bei der Prüfung und Beurteilung von Baumängeln und der daran anschliessenden Ausübung seiner Mängelrechte (sofern ihm ein Wahlrecht zusteht) als auch bei der Anordnung, Überwachung und Abnahme der Nachbesserungen auf die Hilfe seines Planers angewiesen. Er wird diese Unterstützung, unabhängig von der Frage eines allfälligen Mitverschuldens, als selbstverständlich und als zu den übrigen Leistungen gehörend betrachten. So stellt denn auch nach der SIA-Ordnung 102 (nicht aber nach der SIA-Ordnung 103) die Leitung der Garantiearbeiten einen Teil der Grundleistungen des Architekten dar (Art. 4.53 SIA 102). Würde man sich diese Sicht zu eigen machen, würde das ganze Honorar des Planers erst fällig, wenn die letzte Nachbesserungsarbeit eines am Bau beteiligten Unternehmers abgenommen ist. Gegebenenfalls hätte der Planer so bis fünf Jahre oder mehr nach Fertigstellung eines Bauwerks auf sein ganzes Honorar zu warten. Ein solches Ergebnis aber wäre stossend, umso mehr, als die Leitung der Garantiearbeiten für den Bauherrn zwar von grosser Wichtigkeit, gemessen an den Gesamtleistungen des Planers aber doch von verhältnismässig geringem Gewicht ist.[166] Zu einem andern, sachgerechteren Ergebnis gelangt man, wenn man sich von folgenden Überlegungen leiten lässt: 7.180

b. Nach Art. 75 OR bestimmt sich die Fälligkeit bei fehlender Vereinbarung zunächst nach der Natur des Rechtsverhältnisses.[167] Bei zwar befristeten, aber langfristigen Verträgen, die zudem inhaltlich unterschiedliche Leistungen zum Gegenstand haben, entspricht es der Natur des Rechtsverhältnisses, dass die Fälligkeit des Honorars dann eintritt, wenn der Beauftragte seine *Hauptarbeit abgeschlossen* und damit den Vertrag im Wesentlichen erfüllt hat.[168] Die Fälligkeit des Planerhonorars richtet sich demnach nach der Hauptarbeit des dem Planer erteilten Auftrags. Hatte er einen Gesamtauftrag (Planung und Bauleitung), so tritt die Fälligkeit des Honorars mit Abgabe der Schlussabrechnungen ein.[169] Wurde das Rechnungswesen einem 7.181

---

166 Nach Art. 7.9 SIA 102 beträgt der Leistungsanteil 1,5% (was allenfalls unterbewertet ist).

167 WEBER, Berner Kommentar, N 88 zu Art. 75 OR.

168 So auch FELLMANN, Basler Kommentar, N 473 zu Art. 394 OR, und GMÜR, Nr. 269.

169 Diese stellt eine wichtige Leistung des Planers dar, weil Planer und Bauherr erst nach deren Vorliegen wissen, wie viel das Bauwerk gekostet hat und ob allfällige Vorgaben des Bauherrn eingehalten worden sind. Die Abgabe der Schlussabrechnungen ist nicht zu

Kostenplaner übertragen oder von einem Generalunternehmer übernommen, so wird das Planerhonorar mit der Ablieferung des Bauwerks bzw. Bauwerkteils an den Bauherrn fällig. Diese Grundsätze hindern einen Bauherrn nicht daran, bei gegebenen Voraussetzungen einem Planer, der das ganze Honorar einfordert, das Rückbehaltungsrecht nach Art. 82 OR entgegenzuhalten (Nr. 7.187 ff.).

7.182 **c.** Hat der Planer den Auftrag zwar vollständig, aber nicht richtig, sondern schlecht erfüllt, so wird nach verbreiteter Auffassung[170] mit Abschluss der Hauptarbeiten das Honorar gleichwohl fällig. Indes kann der Bauherr, indem er die Vergütung mindert, die Zahlung des Honorars im Umfang der Minderung verweigern (vgl. Nr. 7.174). Die geminderte Vergütung aber kann er nicht zurückbehalten[171], es sei denn, er habe bereits das Nachbesserungsrecht ausgeübt (Nr. 8.186).[172] Dies gilt auch, wenn die Parteien die SIA-Ordnung 102 übernommen haben.[173]

B. Vereinbarungen über die Fälligkeit

7.183 **1.** Die gesetzlichen Regeln über die Fälligkeit des Honorars sind für den Planer ungünstig. Deshalb treffen die Parteien häufig davon *abweichende Vereinbarungen.* Darin sind sie frei. So vereinbaren sie etwa[174]:

7.184 – **Honorarvorschüsse**[175]: Das Honorar wird fällig, bevor der Planer mit der Arbeit begonnen (allenfalls bevor er seine Leistungen vollständig erbracht) hat.

---

verwechseln mit der Rechenschaftsablegung des Planers über seine eigenen Leistungen und seine eigene Honorarabrechnung. Vgl. dazu Art. 400 Abs.1 OR.

170 BR/DC 1989, S. 94, Nr. 114, mit Anm. Gauch; Fellmann, Berner Kommentar, N 471 zu Art. 394 OR; Gmür, Nr. 273 ff., mit Verweis auf Schenker, Nr. 241 ff.; Koller, Das Nachbesserungsrecht, Nr. 280 ff.

171 Gmür, Nr. 302.

172 BR/DC 1989, S. 94, Nr. 114, mit Anm. Gauch.

173 Art. 1.5.1 SIA 102/103 stellt keine Fälligkeitsabrede dar; so Hess, Der Architekten- und Ingenieurvertrag, S. 129, Nr. 6.

174 Gmür, Nr. 276 ff. Als weitere Fälligkeitsabrede nennt er (Nr. 292 ff.) die Teilzahlungen. Danach wird die Zahlung mit Abschluss eines im Vertrag konkret umschriebenen Auftragsteils fällig, mit der Besonderheit, dass die Teilzahlung (anders als bei den Abschlags- und Akontozahlungen) endgültig und nicht unter Vorbehalt der Schlussabrechnung erfolgt. Eine solche Abrede dürfte beim Architektenvertrag selten sein.

175 Zur Rechtsnatur vgl. Fellmann, Berner Kommentar, N 476 zu Art. 394 OR.

– **Abschlagszahlungen**[176]: Das Honorar ist in Teilbeträgen nach Massgabe der bereits erbrachten Leistungen (also nicht erst nach Abschluss der Hauptarbeiten) zur Zahlung fällig. Die einzelnen Fälligkeitstermine werden im Vertrag entsprechend der Stadien der Planung bzw. des Baufortschritts festgelegt. Möglich ist aber auch, dass der Planer nach dem Vertrag berechtigt ist, durch Einreichung eines Zahlungsbegehrens die Fälligkeit der Abschlagszahlung herbeizuführen. Von Abschlagszahlungen handelt Art. 1.4.4 SIA 102/103, der vorsieht, dass der Planer «Anspruch auf Abschlagszahlungen von mindestens 90% der vertragsgemäss erbrachten Leistungen» hat. Die Höhe der Abschlagszahlungen richtet sich nach dem Umfang der bereits vertragsgemäss erbrachten Leistungen. Der Planer ist zwar vorleistungspflichtig, dies aber nicht auf seine ganze Leistung. In beiden Fällen erfolgen die Zahlungen unter Vorbehalt der Schlussabrechnung und einer allfälligen vertraglichen Rückforderung seitens des Bauherrn.[177] 7.185

2. Fehlt es an einer entsprechenden Vereinbarung, ist der Bauherr nicht verpflichtet, dem Planer Honorarvorschüsse, Abschlagszahlungen oder sonstige Sicherstellung zu leisten.[178] 7.186

C. Das Rückbehaltungsrecht des Bauherrn

a. Überblick

1. Die Frage, ob der Bauherr die Bezahlung von Honorar und Auslagenersatz zurückbehalten darf, stellt sich nur dann, wenn der Anspruch des Planers überhaupt fällig ist. Haben die Parteien keine Vereinbarung über die Fälligkeit des Honorars getroffen, so wird der Anspruch erst mit Abschluss der Hauptarbeiten fällig (Nr. 7.181). Haben die Parteien Abschlagszahlungen vereinbart, so ist die Vergütung bis zum Abschluss derjenigen Leistungen, für die sie eine Abschlagszahlung vereinbart haben, nicht fällig. Solange das Planerhonorar 7.187

---

176 Zum Teil ist auch von Akontozahlungen die Rede, wobei in der Regel das Gleiche gemeint ist. Zu den Abschlags- und Akontozahlungen vgl. ferner Gauch, Werkvertrag, Nr. 1163.

177 Diese beruht auf Vertrag und nicht auf ungerechtfertigter Bereicherung; BGE 130 III 512 E. 6.4; 126 III 199; BGer 4A_89/2012 (17.7.2012) E. 3.2.2; 4C.267/2001 (19.12.2001) E. 1; BR/DC 1992, S. 38, Nr. 72, und BR/DC 1982, S. 58, Nr. 53, je mit Anm. von Gauch; Gauch/Schluep/Schmid, Nr. 1508;

178 Fellmann, Berner Kommentar, N 480 zu Art. 394 OR; vgl. Gauch, Werkvertrag, Nr. 1162 ff.; Krauskopf-Forero/Siegenthaler, Nr. 8.66; Weber, Basler Kommentar, N 10 zu Art. 402 OR; Werro, Commentaire romand, N 8 zu Art. 402 OR.

nicht fällig ist, kann sich der Bauherr auf die Vorleistungspflicht des Planers berufen und die Zahlung verweigern.[179] Er benötigt dafür kein besonderes Rückbehaltungsrecht. Ist umgekehrt der Bauherr vorleistungspflichtig (bei vereinbarten Vorauszahlungen [Nr. 7.184]), bleibt für ein Rückbehaltungsrecht kein Raum; vielmehr kann der Planer seine Leistung verweigern, bis der Bauherr bezahlt oder Bezahlung angeboten hat.

7.188 **2.** Das Rückbehaltungsrecht des Bauherrn wird daher nur **in vier Fällen** aktuell:

7.189 **a.** Bei vereinbarten *Abschlagszahlungen:* Hat der Planer die Leistung, für die er Abschlagszahlungen verlangt, nicht vollständig erbracht, so ist seine Forderung noch nicht fällig. Der Bauherr braucht sich nicht auf ein Rückbehaltungsrecht zu berufen. Hat der Planer die Leistung, für die er eine Abschlagszahlung verlangt, zwar vollständig, dabei aber schlecht erbracht, und verlangt der Bauherr bei gegebener Interessenlage Nachbesserung, so kann Letzterer die Abschlagszahlung verweigern, bis die Nachbesserung ausgeführt ist. Dazu ist er gestützt auf Art. 82 OR berechtigt, weil zwischen dem Nachbesserungsanspruch des Bauherrn und dem Vergütungsanspruch des Planers ein Austauschverhältnis besteht.[180] Verzichtet der Bauherr auf Nachbesserung (weil die Schlechterfüllung durch Nachbesserung überhaupt nicht oder nicht mehr zeitgerecht behoben werden könnte) oder kommt der Planer seiner Nachbesserungspflicht nicht nach und ist er dazu auch nicht verpflichtet (weil die Nachbesserung unverhältnismässig wäre oder weil die fragliche Leistung dem Auftrags- und nicht dem Werkvertragsrecht untersteht), entfällt ein Rückbehaltungsrecht des Bauherrn. Hingegen kann er wegen dieser Schlechterfüllung das Honorar mindern (Nr. 7.174) oder – wenn er schon zu viel Honorar bezahlt hat – den Überschuss zurückverlangen.[181]

7.190 **b.** Bei erbrachter Hauptleistung, aber *ausstehenden Dokumentations- und Garantiearbeiten:* Haben die Parteien keine Vereinbarung über die Fälligkeit des Honorars getroffen, wird das ganze Honorar mit Ablieferung bzw. Abschluss der Hauptarbeiten (Nr. 7.181) zur Zahlung fällig, auch wenn die «Dokumentation über das Bauwerk» noch nicht erstellt ist und die «Leitung der Garantiearbeiten» noch aussteht (Grundleistungen nach Art. 4.53 SIA 102).[182]

---

[179] Weber, Berner Kommentar, N 150 zu Art. 82 OR.

[180] Gauch, Werkvertrag, Nr. 2366 ff.; Weber, Berner Kommentar, N 98 zu Art. 82 OR.

[181] Gmür, Nr. 302.

[182] Haben die Parteien die SIA-Ordnung 102 übernommen, so sind allerdings 1,5% des Honorars noch nicht zur Zahlung fällig. Vgl. Nr. 7.180.

Trotz Fälligkeit darf der Bauherr einen angemessenen Teil des Honorars nach Art. 82 OR zurückbehalten, wenn ihm die Dokumentation über das Bauwerk noch nicht übergeben wurde oder wenn er gegenüber dem Planer bereits einen Anspruch auf Leitung der Nachbesserungsarbeiten hat und dieser Anspruch fällig ist.[183] Die blosse Möglichkeit, dass Mängel am Bauwerk eintreten könnten, die ein Mitwirken des Planers bei deren Behebung erforderlich machen würden, begründet noch kein Rückbehaltungsrecht.

c. Bei Weigerung des Planers, *Rechenschaft* abzulegen[184]: Meistens geht es 7.191
dabei um die Vorlage einer detaillierten und prüfbaren Honorarrechnung inkl. einer Rechnung für Auslagenersatz.[185] Hat der Bauherr dem Planer (nebst Abschlagszahlungen für das Honorar) für die Erfüllung des Auftrags Geld übergeben oder hat der Planer im Rahmen seines Auftrags auf Rechnung des Bauherrn Geld einzunehmen oder auszugeben, hat der Planer darüber abzurechnen.[186] Kommt der Planer seiner Pflicht zur Rechenschaftsablegung – hinsichtlich der er vorleistungspflichtig ist[187] – nicht nach, so steht dem Bauherrn ein Rückbehaltungsrecht zu. Dieses stützt sich wegen des fehlenden Austauschverhältnisses nicht auf Art. 82 OR, sondern auf das allgemeine, obligatorische Rückbehaltungsrecht (Retentionsrecht).[188]

d. Bei Weigerung des Planers, die ihm zugekommenen und von ihm geschaf- 7.192
fenen *Gegenstände herauszugeben:* Der Planer ist zur Herausgabe der ihm in Ausführung des Auftrags zugekommenen Unterlagen (z.B: Regierapporte) und Pläne (der Spezialisten, der Unternehmer) und der von ihm in Erfüllung des Auftrags geschaffenen Gegenstände (Kopien der von ihm geschaffenen Pläne[189], Kostenvoranschlag, Ausmassprotokolle, Revisionspläne usw.) verpflichtet.[190] Handelt es sich bei den vom Planer geschaffenen Gegenständen um Ergebnisse seiner Hauptleistungspflicht (so beim Planungsvertrag das Vorprojekt und das Bauprojekt), zählt die Übergabe der entsprechenden Unterlagen zur Hauptleistungspflicht, hinsichtlich welcher der Planer ohnehin

---

183 WEBER, Berner Kommentar, N 127 ff. zu Art. 82 OR; SIMMEN, S. 50 ff.

184 FELLMANN, Berner Kommentar, N 13 ff. zu Art. 400 OR.

185 FELLMANN, Berner Kommentar, N 50 ff. zu Art. 400 OR; HESS, Der Architekten- und Ingenieurvertrag, S. 132, Nr. 5 ff.; WEBER, Basler Kommentar, N 7 f. zu Art. 400 OR.

186 FELLMANN, Berner Kommentar, N 35 ff. zu Art. 400 OR.

187 FELLMANN, Berner Kommentar, N 60 ff. zu Art. 400 OR.

188 FELLMANN, Berner Kommentar, N 485 zu Art. 394 OR und N 186 ff. zu Art. 400 OR.

189 Zum Eigentumsrecht daran vgl. Nr. 17.12 ff.

190 FELLMANN, Berner Kommentar, N 113 ff. zu Art. 400 OR.

vorleistungspflichtig ist[191], weshalb das Honorar vor der Übergabe dieser Unterlagen gar nicht zur Zahlung fällig ist.[192] Die Frage des Rückbehaltungsrechts stellt sich somit nur für die Herausgabe derjenigen Unterlagen, die das Ergebnis einer Nebenleistungspflicht sind. Dann aber steht es dem Bauherrn gestützt auf das obligatorische Rückbehaltungsrecht (Retentionsrecht) zu.[193]

b. Schranken des Rückbehaltungsrechts

7.193 Das Rückbehaltungsrecht des Bauherrn wird durch den **Grundsatz von Treu und Glauben** beschränkt.[194] Dieser Grundsatz bezieht sich sowohl auf das Verhalten des Bauherrn als auch auf dasjenige der Unternehmer und anderer am Bau beteiligter Dritter. Verweigert ein Unternehmer die Nachbesserung, zieht sich die Nachbesserung in die Länge, tauchen nach der Garantieabnahme der offenen Mängel versteckte Mängel auf usw., so bleibt für das Rückbehaltungsrecht nach Art. 82 OR kein Platz, es sei denn, es treffe den Planer ein Mitverschulden. Von Bedeutung ist der Grundsatz von Treu und Glauben auch in Bezug auf die *Höhe* des zurückzubehaltenden Betrags. Der Bauherr darf nur so viel zurückbehalten, als erforderlich ist, um das Tätigwerden des Planers «ausgiebig zu sichern und darüber hinaus angemessenen Druck» auszuüben.[195] Wie die Praxis zeigt, ist das Rückbehaltungsrecht vor allem in Bezug auf die Nachbesserung von grosser Bedeutung, weil das Interesse von Planern an den oft unangenehmen Nachbesserungsarbeiten zuweilen nur noch schwach ausgebildet ist.

c. Rückbehaltungsrecht und vorzeitige Vertragsauflösung

7.194 **1.** Kein Austauschverhältnis im strengen Sinne liegt zwar vor, wenn der Austausch der Leistungen nicht mehr im Hinblick auf die Erfüllung, sondern (zu Liquidationszwecken) im Anschluss an eine vorzeitige Auflösung des Planervertrags erfolgt. Nach herrschender Lehre aber ist **Art. 82 OR** auf Abwick-

---

191 Fellmann, Berner Kommentar, N 190 zu Art. 400 OR.

192 So auch in Bezug auf Leistungen, die Gegenstand von Akontozahlungen sind.

193 Fellmann, Berner Kommentar, N 485 zu Art. 493 OR und N 186 ff. zu Art. 400 OR.

194 Weber, Berner Kommentar, N 192 ff. zu Art. 82 OR.

195 Weber, Berner Kommentar, N 8 f. zu Art. 82 OR; Gauch, Werkvertrag, Nr. 2387 ff. Zur Höhe des Betrags vgl. auch Koller, Das Nachbesserungsrecht, Nr. 317 f.

lungsverhältnisse **analog anzuwenden.**[196] Mit der Vertragsauflösung erlischt die Vorleistungspflicht des Planers, sodass die beidseitigen Leistungen Zug um Zug, d.h. *gleichzeitig* zu erfüllen sind. Der Bauherr kann seinen Anspruch auf Herausgabe der vom Planer geschaffenen Unterlagen und Plankopien und der ihm übergebenen Akten (Unternehmerofferten, Rechnungen) nicht durchsetzen, ohne die Vergütung zu bezahlen. Umgekehrt kann der Planer die Bezahlung der Vergütung nicht verlangen, ohne die Gegenleistungen zu erbringen.[197] Vergütung und Herausgabe stehen in einem Austauschverhältnis.

2. Kann der Bauherr wegen der Schlechterfüllung durch den Planer das *Honorar mindern* (Nr. 7.174) und/oder steht ihm *Schadenersatz* (Nr. 8.155 ff.) zu, kann er unter den Voraussetzungen der Art. 120 ff. OR *verrechnen.*[198] In diesem Falle besteht das Austauschverhältnis (mit dem daraus fliessenden Zug-um-Zug-Prinzip) zwischen der Herausgabepflicht des Planers einerseits und der durch Verrechnung reduzierten Vergütungspflicht des Bauherrn anderseits. Reduziert sich die Vergütungspflicht infolge der Verrechnung auf null, so entfällt die Einrede des Planers, da seiner Herausgabepflicht keine Vergütungspflicht mehr gegenübersteht. 7.195

3. Ob der Herausgabeanspruch des Bauherrn, falls zeitlich dringend, sich im Verfahren für Rechtsschutz in klaren Fällen (Art. 257 ZPO) durchsetzen lässt, hängt von den Umständen ab. Sind die Verhältnisse nicht ausreichend liquid, so besteht eine Vermittlungslösung darin, dass der Bauherr für den behaupteten Vergütungsanspruch des Planers Sicherheit leistet. Dies ist eine praktische Lösung, die den Interessen beider Parteien Rechnung trägt, einen Verspätungsschaden verhindern kann und beiden Parteien Zeit für die Bereinigung der gegenseitigen Geldforderungen lässt.[199] 7.196

D. Die Zahlungsmodalitäten nach den SIA-Ordnungen 102/103

Die SIA-Ordnungen 102/103 enthalten einige wenige Bestimmungen über die Zahlungsbedingungen und die Abrechnung der Vergütung. Sie gelten so- 7.197

---

[196] BGE 111 II 195 E. 3; 94 II 267; FELLMANN, Berner Kommentar, N 485 zu Art. 394 OR und N 186 ff. zu Art. 400 OR; GAUCH/SCHLUEP/EMMENEGGER, Nr. 2219; SIMMEN, S. 41 und 116; WEBER, Berner Kommentar, N 15 zu Art. 82 OR.

[197] BGE 94 II 267.

[198] Vgl. GAUCH, Werkvertrag, Nr. 2371.

[199] Mit Bedenken SIMMEN, S. 112.

wohl für das Honorar als auch für den Ersatz der Auslagen (also der «zusätzlichen Kostenelemente»).[200]

a. Anspruch auf Abschlagszahlungen und deren Fälligkeit

7.198 **1.** Der Planer hat nach Art. 1.4.4 SIA 102/103 Anspruch auf Abschlagszahlungen. Obwohl (versehentlich) von der Fälligkeit nicht ausdrücklich die Rede ist[201], begründet diese Bestimmung auch das Recht des Planers, durch einseitige Erklärung die Fälligkeit der entsprechenden Forderung herbeizuführen.[202] So wird seine Forderung **mit Eingang des Zahlungsbegehrens** beim Bauherrn **fällig.** Alsdann hat die Zahlung «innerhalb 30 Tagen nach Rechnungsstellung» zu erfolgen (Art. 1.5.1 SIA 102/103). Diese Bestimmung schiebt die Fälligkeit nicht hinaus, berechtigt aber den Bauherrn, die «an sich» fällige Zahlung bis zum Ablauf der Frist einredeweise zu verweigern.[203] Damit wird auch der Verjährungsbeginn bis zum Ablauf der Zahlungsfrist aufgeschoben (Nr. 7.203).[204] Die Bestimmung stellt gleichzeitig klar, bis zu welchem Tag der Bauherr die Rechnung spätestens zu bezahlen hat. Das Ende der 30-tägigen Zahlungsfrist stellt somit einen *Verfalltag* gemäss Art. 102 Abs. 2 OR dar[205], sodass der Bauherr mit Ablauf der Frist (also ohne Mahnung) in Verzug gerät, wenn er nicht fristgerecht bezahlt hat. Ob diese Verfalltagsregelung für eine nur global zustimmende und erst noch rechtsunkundige Partei verbindlich ist, ist indes zweifelhaft (Nr. 1.107).

7.199 **2.** Der Eintritt der Fälligkeit bei der Abschlagszahlung wird insoweit objektiviert, als das Zahlungsbegehren des Planers voraussetzt, dass er bereits Leistungen erbracht hat. Dann aber soll er berechtigt sein, für mehr als 90% der erbrachten Leistungen Abschlagszahlungen zu verlangen, indem Art. 1.4.4 SIA 102/103 von «mindestens 90%» spricht.[206] Im Gegensatz zur SIA-Norm

---

[200] Wie aus Art. 5.1.2 SIA 102/103 hervorgeht; so auch Hess, Der Architekten- und Ingenieurvertrag, S. 131, Nr. 1.

[201] Im Gegensatz zu Art. 190 SIA 118.

[202] Weber, Berner Kommentar, N 68 zu Art. 75 OR.

[203] Vgl. Gauch, Werkvertrag, Nr. 1179 (zur SIA-Norm 118).

[204] Vgl. Gauch, Werkvertrag, Nr. 1179, 1166; BR/DC 1986, S.13, Nr. 2.

[205] Schenker, Nrn. 75 f. und 175; vgl. auch Nr. 168; a.M. Hess, Der Architekten- und Ingenieurvertrag, S. 131, Nr. 4.

[206] Nach Hess, Der Architekten- und Ingenieurvertrag, S. 134, Nr. 18, sind Akontozahlungen von mehr als 90% «absolut unüblich», sodass der Planer grundsätzlich nur Akontozahlungen von maximal 90% verlangen dürfe.

118 (Art. 144 Abs. 1) wird das Zahlungsbegehren zeitlich nicht näher (z.B. nach Monaten oder anderen Perioden) bestimmt, sondern in das Belieben des Planers gestellt, der sich dabei aber an Treu und Glauben auszurichten hat.[207]

3. Die dargestellte Regelung über Fälligkeit und Verfalltag gilt nicht nur für Abschlagszahlungen, sondern für alle Rechnungen des Planers. Was das nach Leistung von Abschlagszahlungen verbleibende «restliche Honorar» anbelangt, so wird dieses mit dem «Eintreffen der Schlussabrechnung» beim Bauherrn fällig (Art. 1.4.1 SIA 102/103), womit der Planer es in der Hand hat, diesen Fälligkeitstermin herbeizuführen. 7.200

b. Sicherstellung und Vorauszahlung

Über sein Recht auf Abschlagszahlungen hinaus «kann der [Architekt oder Ingenieur] Sicherstellung seines Honorars oder angemessene Vorauszahlung verlangen» (Art. 1.4.4 SIA 102/103). In Abweichung vom Gesetz hat er darauf einen vertraglichen Anspruch.[208] In der früheren Ordnung stand ihm dieser Anspruch nur «in besonderen Fällen» zu. Von dieser Einschränkung ist in den aktuellen Ordnungen nicht mehr die Rede. 7.201

c. Fälligkeit und Garantiearbeiten

Die Leitung der Garantiearbeiten *vor Ablauf der zweijährigen Rügefrist* zählt nach dem Leistungsbeschrieb zu den Grundleistungen und macht 1,5% der Gesamtleistungen aus (Art. 4.5 und 7.9 SIA 102; vgl. auch Art. 4.1.53 SIA 103).[209] 7.202

---

207 Gmür, Nr. 289 mit Verweis auf Weber, Berner Kommentar, N 75 zu Art. 75 OR.

208 Nach Hess, Der Architekten- und Ingenieurvertrag, S. 135, Nr. 27, vermag diese Bestimmung aus sich heraus kein Recht zu begründen, Sicherstellung oder Vorauszahlung zu verlangen.

209 Leistungen, die vor Ablauf der zweijährigen Frist gerügt, aber erst nachher nachgebessert werden, gelten indessen als Zusatzleistungen und sind zusätzlich zu bezahlen. Das ist allerdings nicht konsequent, da häufig offene Mängel zufolge der Rügefristbestimmungen der SIA-Norm 118 unmittelbar vor Ablauf der Frist (aufgrund einer Schlussprüfung, bei der sämtliche Unternehmerleistungen geprüft werden) gerügt werden. Der Architekt, der die Nachbesserungsarbeiten hinausschiebt mit dem Zweck, dadurch ein Zusatzhonorar zu erwirken, handelt treuwidrig und erfüllt damit seinen Vertrag nicht richtig.

Das Honorar für diese Teilleistung ist erst dann fällig, wenn sie tatsächlich erbracht worden ist (Art. 1.5.1 SIA 102/103).[210]

4. Die Verjährung dieser Ansprüche

7.203 Der Anspruch des Planers auf Honorar und Auslagenersatz verjährt mit Ablauf von 10 Jahren ab Fälligkeit (vgl. Nr. 7.175 ff.).[211] Das gilt auch für den werkvertraglich verorteten Planungsvertrag.[212] Werden verschiedene Teile der geschuldeten Vergütung aufgrund von Vereinbarungen zu verschiedenen Zeiten fällig (bei Voraus-, Teil- oder Abschlagszahlungen), so läuft die 10-jährige Verjährung für jeden Vergütungsteil ab Eintritt seiner Fälligkeit[213], bei Übernahme der SIA-Ordnungen 102/103 mit Ablauf von 30 Tagen ab Erhalt der entsprechenden Rechnung.[214]

---

210 EGLI, Revidierte SIA-Ordnungen, S. 70. Unter der SIA-Ordnung 102 (1984) war die Fälligkeit von 10,9% des Honorars entsprechend aufgeschoben, sofern sich die Akontozahlungen an den Planer auf 90% beliefen; dazu: EGLI, Die revidierten SIA-Honorarordnungen, S. 114; DERS., Architektenrecht 1995, Nr. 1121 f.; HESS, Der Architekten- und Ingenieurvertrag, S. 134, Nr. 22 f.

211 BGE 98 II 184; BR/DC 1986, S. 13, Nr. 34.

212 GAUCH, Werkvertrag, Nr. 1284 und 1298; HÜRLIMANN/SIEGENTHALER, Handkommentar, N 10 zu Art. 372 OR.

213 GAUCH, Werkvertrag, Nr. 1298a.

214 Art. 1.5.1. SIA 102/103. Vgl. zur SIA-Norm 118: GAUCH, Werkvertrag, Nr. 1179, 1166; a.M. HESS, Der Architekten- und Ingenieurvertrag, S. 110, Nr. 13.

§ 8 Die Haftung für die Planung

Beat Denzler / Michael Hochstrasser

Inhaltsverzeichnis

I. Einleitung[1]

1. Inhalt der Planungsleistungen

8.1 **1.** Welche Leistungen der Planer erbringen muss, ergibt sich aus dem konkreten Vertrag (Nr. 1.29). Der Planer kann sich z.B. verpflichten, lediglich die Statik eines Bauvorhabens zu prüfen, die Pläne für ein Baugesuch zu zeichnen oder auch die Gesamtplanung eines komplexen Projekts zu übernehmen. Die einzelnen Leistungen sind deshalb im Vertrag festzulegen, sei es individuell oder in Allgemeinen Geschäftsbedingungen.

8.2 **2.** Dem Planervertrag werden häufig die SIA-Ordnungen 102 (Architektinnen und Architekten) und 103 (Bauingenieure und Bauingenieurinnen) zugrunde gelegt,[2] die folgende Phasen vorsehen:

8.3 – Die **strategische Planung** (Phase 1) soll die Bedürfnisse, Ziele und Rahmenbedingungen definieren und Lösungsstrategien festlegen. Der Planer klärt die Bedürfnisse des Bauherrn und analysiert die Problemstellung; er tätigt unter anderem Vorabklärungen bei Behörden, zeigt Risiken und alternative Vorgehensweisen auf.

8.4 – Im Rahmen der **Vorstudien** (Phase 2) geht es zunächst darum, das Vorgehen und die Organisation festzulegen sowie die Machbarkeit nachzuweisen (Teilphase 21). In einer zweiten Teilphase (22) soll der Anbieter bzw. das Projekt ausgewählt werden, das den Anforderungen am besten

---

1 Der vorliegende Beitrag ist ausgerichtet auf Architekten und Ingenieure, die Leistungen im Umfeld eines Bauprojekts erbringen. Aus diesem Grund wird der Vertragspartner des Planers als «Bauherr», das Projekt als «Bauwerk» bezeichnet. Die Ausführungen in diesem Beitrag gelten indessen auch für andere Planer, z.B. Maschineningenieure etc.
Der Beitrag soll nicht einfach die Ausführungen Prof. SCHUMACHERS in der Vorauflage auf den aktuellen Stand bringen. Vielmehr haben wir uns bemüht, die Thematik eigenständig darzustellen, namentlich auch für Leserinnen und Leser ohne juristischen Hintergrund. Für eine vertiefte Auseinandersetzung mit juristischen und dogmatischen Fragen lohnt sich weiterhin auch ein Blick in die Vorauflage.

2 Verbreitet sind auch die in den SIA-Ordnungen 111 und 112 umschriebenen Leistungsmodelle. Vgl. im Übrigen die Leistungsbeschriebe in den SIA-Ordnungen 105 (Landschaftsarchitektinnen und Landschaftsarchitekten), 108 (Maschinen- und Elektroingenieure sowie Fachingenieure für Gebäudeinstallationen) und 110 (Raumplanerinnen und Raumplaner). Die SIA-Ordnungen sind allgemeine Geschäftsbedingungen, vgl. BGer 4A_86/2011 (28.4.2011) E.6.1.

entspricht. Der Planer beschafft in Phase 2 die notwendigen Daten und führt Machbarkeitsstudien durch.

– Die **Projektierung** (Phase 3) umfasst die Teilphasen Vorprojekt (31; der Planer entwickelt Konzepte und Lösungen, er klärt die Kosten ab, stellt Zeitpläne auf und entwirft Pläne), Bauprojekt (32; Konzepte bereinigen, Pläne im vorgeschriebenen Massstab ausarbeiten) und Bewilligungsverfahren (33; Unterlagen für das Baugesuch erstellen, Kosten und Termine bereinigen). 8.5

– Bei der **Ausschreibung** (Phase 4) erstellt der Planer unter anderem die Ausschreibungsunterlagen, vergleicht und bereinigt die Angebote und erstellt den Vergabeantrag. 8.6

– Von der **Realisierung** (Phase 5) gehört die Ausführungsplanung (Teilphase 51) noch zu den Planungsleistungen. Dabei überprüft der Planer insbesondere die Pläne der Unternehmer; er stellt den Zahlungsplan und den definitiven Terminplan auf und verfasst allenfalls die Verträge mit den Unternehmern. Auch einzelne Elemente der gestalterischen Leitung (als Teil der Ausführung, Teilphase 52) lassen sich noch zur Planung zählen. 8.7

3. Unterteilt man den ganzen Planungs- und Bauablauf in Planung einerseits und Bauleitung andererseits, lassen sich die Planungsleistungen negativ definieren als alle jene Leistungen des Architekten oder Ingenieurs, die nicht zur Bauleitung gehören. In unserem Beitrag behandeln wir die Haftung für Planungsleistungen. Die Haftung für fehlerhafte Bauleitung wird im Beitrag von LOCHER (Nr. 9.162 ff.), die Haftung für unzureichende Kosteninformation in jenem von SIEGENTHALER (Nr. 10.35 ff.) behandelt. Von der Haftung, die den Planer in seiner Funktion als Sachverständigen treffen kann, ist bei HÜRLIMANN die Rede (Nr. 13.168 ff. und 13.235 ff.). 8.8

2. Auf die Planungsleistungen anwendbares Recht

A. Im Allgemeinen

1. Ob der Planervertrag rechtlich als **Werkvertrag** oder als **Auftrag** zu qualifizieren ist, wird im Schrifttum heftig und kontrovers diskutiert. Nicht-Juristen mag erstaunen, dass Planer-«Aufträge» nicht automatisch dem Auftragsrecht unterstehen. Sie müssen sich mit der juristischen Figur des 8.9

«Geist-Werkvertrags» vertraut machen (Nr. 1.27).[3] Das Bundesgericht hat sich für folgenden Ansatz entschieden: Wer Pläne oder Submissionsunterlagen erstellt oder wer projektiert, erbringt werkvertragliche Leistungen. Wer hingegen die Bauleitung übernimmt, Arbeiten vergibt, Bauwerke prüft oder die Mängelbeseitigung überwacht, soll dem Auftragsrecht unterstehen (Nr. 1.42 ff., 1.45 f. sowie 9.24 f.).[4] Auch die Ausarbeitung eines Kostenvoranschlags hat das Bundesgericht jüngst als Auftrag qualifiziert, nachdem es zuvor einen Werkvertrag angenommen hatte (Nr. 1.33).[5] Den Gesamtvertrag qualifiziert das Bundesgericht als gemischten Vertrag (Nr. 1.47, 8.17 ff.).

8.10 **2.** Schon diese knappe Aufzählung zeigt, dass es keine gleichsam mathematischen Kriterien gibt, Planungsleistungen der einen oder anderen Vertragskategorie zuzuordnen. Als Faustregel mag gelten, dass jene Leistungen werkvertraglich sind, deren Resultat klar fassbar ist (z.B. das Zeichnen eines Bauplanes), während dem Auftragsrecht konzeptionelle Arbeiten zuzuordnen sind, die sich an einem Ziel ausrichten, sich aber nicht planscharf erfassen lassen (z.B. die Projektleitung).

8.11 An sich könnte man sich sehr wohl fragen, ob es klug (und richtig) ist, Planerverträge je nach Ausprägung Werkvertragsrecht oder Auftragsrecht oder mitunter gar beiden Vertragstypen zu unterstellen. Unseres Erachtens wäre es mehr als nur vertretbar und gewiss auch der Rechtssicherheit zuträglich, die Planerverträge generell dem Auftragsrecht zu unterstellen.[6] Der «Geist-

---

[3] Gegenstand eines Werkvertrags können nicht nur körperliche, sondern auch unkörperliche – geistige – Werke (z.B. wissenschaftliche oder künstlerische Leistungen) sein. Eingehend GAUCH, Werkvertrag, Nr. 25 ff.

[4] BGE 109 II 465 f.; 110 II 382; 114 II 56; 127 III 543 ff. = Pra 2001, Nr. 194, S. 1178 ff.; 130 III 365 = Pra 2005, Nr. 7, S. 59 und 134 III 363 = Pra 2009, Nr. 8, S. 56. Vgl. auch die Zusammenstellung bei ZINDEL/PULVER, Basler Kommentar, N 17 zu Art. 363 OR.

[5] BGE 134 III 365 = Pra 2009, Nr. 8, S. 58; BR/DC 2009, S. 58 f., Nr. 123 mit Anm. STÖCKLI; anders noch BGE 110 II 382; 114 II 56.

[6] Für die ausschliessliche Anwendung von Auftragsrecht auch HESS-ODONI, Bauhaftpflicht, Nr. 580 ff. Vgl. auch das HGer SG, Urteil vom 23.3.2010, in BR/DC 2010, S. 58, Nr. 129 mit Anm. STÖCKLI. Das HGer beurteilte die Haftungsfragen bei einem Gesamtvertrag mit einem Ingenieur einheitlich nach Auftragsrecht. Erwägung 10 enthält Gedanken, die u.E. auch für den Planer, der lediglich Planungsleistungen erbringt, zutreffen: «Indessen ist der Kern der geistigen Arbeits- bzw. Dienstleistung des Ingenieurs als solcher nicht das Resultat, das im Plan verkörpert ist, sondern die fachlich saubere Beurteilung der bauphysikalischen Verhältnisse von den bodenmechanischen Verhältnissen bis zur eigentlichen Tragkonstruktion. Hier drängt sich – zumal angesichts zahlreicher Unwägbarkeiten – gerade auch bei der Bodenmechanik, dem Baumaterial, den Witterungseinflüssen u.a.m.

Werkvertrag» bleibt eben im Grunde ein juristischer Homunkulus. Das Bundesgericht wird seine Praxis wohl vor allem deshalb nicht ändern, weil es das Recht, den Auftrag jederzeit aufzulösen (Art. 404 Abs. 1 OR), für zwingend erachtet (Nr. 2.98 ff.).[7] Gäbe es diese Praxis auf, könnte man den «Geist-Werkvertrag» getrost begraben, könnte das Werkvertragsrecht auf körperliche Werke und das Auftragsrecht auf Dienstleistungen, mithin auf sämtliche Planungsleistungen, angewendet werden.[8]

3. Das Problem der rechtlichen Qualifizierung der Planerverträge soll an dieser Stelle nicht weiter vertieft werden. Genüge es festzuhalten, dass auf einen Grossteil der Planungsleistungen gemäss der bundesgerichtlichen Rechtsprechung grundsätzlich Werkvertragsrecht anzuwenden ist. Dies gilt auch für die Haftung. In den nachstehenden Ausführungen behandeln wir die Haftung des Planers daher **primär nach werkvertraglichen Regeln,** weisen aber jeweils auf abweichende Grundsätze des Auftragsrechts hin. 8.12

4. Anzumerken ist freilich, dass die **Unterschiede** zwischen dem Auftragsrecht und dem Werkvertragsrecht in Bezug auf die Haftung **nicht derart fundamental** sind, wie man angesichts der lebhaften Diskussionen über die Vertragsqualifikation annehmen könnte:[9] 8.13

a. Zwar wird immer wieder betont, beim Werkvertrag sei ein Erfolg geschuldet, beim Auftrag lediglich sorgfältiges Tätigwerden.[10] Allerdings kennt auch das Werkvertragsrecht eine allgemeine Sorgfaltspflicht (Art. 364 Abs. 1 OR), und auch der Beauftragte muss mit seinem Wissen und Können auf den erwünschten Erfolg hinwirken.[11] Ein Schadenersatzanspruch setzt ferner sowohl nach Auftrags- (Art. 97 Abs. 1 OR i.V.m. Art. 398 Abs. 2 OR) wie nach Werkvertragsrecht (Art. 368 Abs. 1 und 2 OR) ein Verschulden des Planers voraus; und die verschuldensunabhängigen Rechtsbehelfe des Werkvertragsrechts (Nachbesserung, Minderung und Wandelung) wollen auf den «Geist-Werkvertrag» nicht recht passen. 8.14

b. Relevante Unterschiede bestehen vor allem hinsichtlich der strengen Prüfungs- und Rügeobliegenheit im Werkvertragsrecht (Art. 367 Abs. 1 OR, 8.15

als Beurteilungskriterium eher die Sorgfalt der Abklärung und der gedanklichen Durchdringung denn die Garantie eines Ergebnisses auf.»

7 BGE 115 II 466; 109 II 466 f.

8 Immer noch grundlegend und überzeugend von Büren, OR BT, S. 123 ff.

9 Zum Ganzen auch Schumacher, Architektenrecht 1995, Nr. 554 sowie Nr. 424 und 435.

10 Statt vieler Huguenin, OR BT, Nr. 612.

11 BGE 120 Ib 412 f.; von Büren, OR BT, S. 124.

Art. 370 OR).[12] Ein Unterschied besteht auch bei der Verjährung der Haftungsansprüche: Werkvertragliche Ansprüche verjähren grundsätzlich nach einem Jahr (Art. 371 Abs. 1 OR), auftragsrechtliche Ansprüche nach zehn Jahren (Art. 127 OR). Bei unbeweglichen Werken freilich verjähren die Ansprüche gemäss Art. 371 Abs. 2 OR nach fünf Jahren, unabhängig davon, ob der Planervertrag dem Werkvertrags- oder dem Auftragsrecht untersteht (Nr. 8.229).

8.16 **5.** Aufgrund der stets verbleibenden Unsicherheit, ob eine Leistung des Planers der werkvertraglichen oder der auftragsrechtlichen Haftung unterliegt, bleibt den **Parteien** im Grunde nichts anderes übrig, als sich stets **auf den ungünstigsten Vertragstypus auszurichten.** In Bezug auf die Haftung ist der Werkvertrag hinsichtlich der Verjährung und der Verwirkung für den Planer vorteilhaft. Der Bauherr wird daher gut beraten sein, die Arbeitsergebnisse des Planers stets zu prüfen und allfällige festgestellte Mängel umgehend und substanziiert zu rügen. Weiter wird sich der kluge Bauherr auf die kürzeste der denkbaren Verjährungsfristen einrichten und vor Ablauf dieser Frist für eine Unterbrechung der Verjährung sorgen.

B. Bei Vorliegen eines Gesamtvertrags im Besonderen

8.17 **1.** Den **Gesamtvertrag,** der die Planung, die Erstellung des Kostenvoranschlags sowie die Bauleitung umfasst, qualifiziert das Bundesgericht als **gemischten Vertrag** mit auftragsrechtlichen und werkvertraglichen Elementen (Nr. 1.47 ff.).[13]

8.18 **2.** Damit stellt sich die Frage, welchen Regeln die Haftung für Planungsleistungen im Rahmen eines Gesamtvertrags folgt. Ein gewichtiger Teil der Lehre befürwortet die Anwendung von Auftragsrecht (Nr. 1.48 ff.).[14] Das

---

12 Zur Prüfungs- und Rügeobliegenheit gemäss Art. 367 Abs. 1 OR Nr. 8.199 und 8.203 ff.

13 So im Leitentscheid BGE 109 II 465, bestätigt in BGE 110 II 382; 114 II 56; 127 III 545 = Pra 2001, Nr. 194, S. 1179; BGer 4C.18/2005 (30.5.2005) E.2.1 = BR/DC 2006, S. 67, Nr. 212 mit kritischen Anmerkungen von WERRO und BGE 134 III 363 = Pra 2009, Nr. 8, S. 56. Ebenfalls für die Annahme eines gemischten Vertrags ZINDEL/PULVER, Basler Kommentar, N 18 zu Art. 363 OR m.w.H.

14 GAUCH, Werkvertrag, Nr. 57 ff.; vgl. auch SCHUMACHER, Architektenrecht 1995, Nr. 397, Fn. 58; ebenso das HGer SG, Urteil vom 23.3.2010 = BR/DC 2010, S. 58, Nr. 129 mit Anm. STÖCKLI.

Bundesgericht liess die Frage in BGE 127 III 543 ff. offen.[15] In BGE 109 II 462 ff., 466 hatte es ausgeführt, eine Spaltung der Rechtsfolgen sei denkbar. Zum Beispiel könne sich die Haftung für Planungsfehler nach Werkvertrag und die Haftung für eine unsorgfältige Bauleitung nach Auftrag richten.[16]

a. Eine **Spaltung der Rechtsfolgen** kann zwar praktische Probleme mit sich bringen.[17] Entscheidet man sich aber mit dem Bundesgericht dafür, einen gemischten Vertrag anzunehmen, ist es nur konsequent, die Haftung je nach Leistungsteil des Gesamtvertrags den entsprechenden Haftungsbestimmungen zu unterstellen. Die Haftung für fehlerhafte Planungsleistungen richtet sich deshalb grundsätzlich nach Werkvertragsrecht (Art. 367 ff. OR).[18] 8.19

b. Dagegen wird eingewendet, es sei dem Bauherrn nicht zuzumuten, bei einer Schlechterfüllung des Planers abzuschätzen, ob sich die Haftung nach Werkvertragsrecht oder Auftragsrecht richte. Auch könne der gleiche Fehler bereits bei der Planung erfolgen und in der Phase der Bauleitung zum Beispiel als Ausführungsanweisung wiederholt werden.[19] Die Einwände verlangen indes nicht, von einer Anwendung des Werkvertragsrechts abzusehen. Der Bauherr ist ohnehin gut beraten, die strengeren Vorgaben des Werkvertragsrechts zu befolgen (Nr. 8.15 f.). 8.20

c. Ein echter juristischer Befreiungsschlag wäre nur zu erreichen, wenn man erstens die Figur des «Geist-Werkvertrags» aufgeben und zweitens die zwingende Natur von Art. 404 Abs. 1 OR auf jene Aufträge beschränken würde, 8.21

---

15 BGE 127 III 543, 545 = Pra 2001, Nr. 194, S. 1180. Gemäss ZINDEL/PULVER, Basler Kommentar, N 18 zu Art. 363 OR soll das Bundesgericht in jenem Entscheid eine Tendenz zur generellen Anwendung von Auftragsrecht bei der Haftung des Architekten beobachtet haben. U.E. geht diese Interpretation zu weit. Das Bundesgericht führte zur Haftung lediglich einen Entscheid an; dieser Entscheid betraf sodann einen Kostenvoranschlag, just also jene Leistung, deren Haftung das Bundesgericht kürzlich in einer Praxisänderung dem Auftragsrecht unterstellte (BGE 134 III 365 = Pra 2009, Nr. 8, S. 58).

16 In diesem Sinne auch BGE 134 III 363 = Pra 2009, Nr. 8, S. 56: «è possibile un'applicazione differenziata del diritto a seconda dell'oggetto del litigio»; BGer 4A_252/2010 (25.11.2010) E. 4.1; BGer 4A_53/2012 (31.7.2012) E. 3.4 und BGer 4A_55/2012 (31.7.2012) E. 4.4.

17 GAUCH, Architektenrecht 1995, Nr. 41; DERS., Werkvertrag, Nr. 60; SCHUMACHER, Architektenrecht 1995, Nr. 397, Fn. 58.

18 Vgl. BGer 4A_252/2010 (25.11.2010) E. 4.3 a.E., der erwägt, «aus Gründen der Koordination zwischen Ingenieur- und Bauleistung» von einer Spaltung der Rechtsfolgen abzusehen und einheitlich Werkvertragsrecht anzuwenden, «allerdings nur, soweit die Anwendung der werkvertraglichen Gewährleistungsregeln mit den strengen Prüfungs- und Rügeobliegenheiten (Art. 367 ff. OR) nicht als unsachgerecht erscheint.»

19 SCHUMACHER, Architektenrecht 1995, Nr. 397, Fn. 58.

welche (wie z.B. Mandate an Ärzte oder Rechtsanwälte) ein besonderes und persönliches Vertrauensverhältnis voraussetzen.[20] Dann könnten die Planerverträge einheitlich nach Auftragsrecht beurteilt werden. Dazu scheint die Zeit (noch) nicht reif.

3. Begriff der «Haftung»

8.22 «Haftung» bedeutet allgemein, dass der Schuldner für die Erfüllung seiner Schuld einstehen muss.[21] Bei der Haftung für die Planung geht es um die Verantwortlichkeit des Planers für Planungsfehler und den dem Bauherrn dadurch verursachten Schaden. Praktisch steht die Schadenersatzpflicht im Vordergrund.

II. Voraussetzungen der Haftung

1. Werkvertragliche Rechtsbehelfe

8.23 Auf die Planungsleistungen ist nach der eben dargestellten bundesgerichtlichen Rechtsprechung Werkvertragsrecht anzuwenden. Ist die Planung mangelhaft, kann der Bauherr die werkvertraglichen Mängelrechte Nachbesserung, Minderung und Wandlung geltend machen (Nr. 8.182 ff.). Diese Rechtsbehelfe bestehen auch ohne Verschulden des Planers. Sie können mit einem Schadenersatzanspruch kombiniert werden, der jedoch wie im Auftragsrecht ein Verschulden des Planers voraussetzt (sogleich Nr. 8.24 ff.). Für die werkvertraglichen Rechtsbehelfe sind die zusätzlichen (negativen) Voraussetzungen der Verwirkung (Nr. 8.193 ff.) und der Verjährung (Nr. 8.221 ff.) zu beachten.

---

20 Oder wenn man (noch weiter gehend) die zwingende Natur von Art. 404 Abs. 1 OR überhaupt verneinen würde.

21 GAUCH/SCHLUEP/SCHMID, Nr. 105 ff.

2. Allgemeine Voraussetzungen des Schadenersatzanspruchs

A. Übersicht

1. Nachstehend stellen wir die allgemeinen Voraussetzungen der Schadenersatzpflicht dar. Diese Voraussetzungen gelten grundsätzlich unabhängig davon, ob der Planer für eine Planungsleistung, für die Bauleitung oder für Kosteninformationen haftet. Je nach Anspruchsgrundlage kommen weitere Voraussetzungen hinzu. 8.24

2. Der Bauherr hat Anspruch auf Schadenersatz, wenn folgende **Voraussetzungen** kumulativ erfüllt sind: 8.25

- Der Planer verhält sich vertragswidrig (Vertragsverletzung); 8.26
- der Bauherr erleidet einen Schaden; 8.27
- zwischen der Vertragsverletzung und dem eingetretenen Schaden besteht ein (natürlicher und adäquater) Kausalzusammenhang; 8.28
- der Planer ist für den Schaden verantwortlich (in der Regel aus Verschulden). 8.29

3. Der Bauherr trägt die **Beweislast** für die Vertragsverletzung (und zwar sowohl für das Bestehen der vertraglichen Pflicht als auch für deren Verletzung), den Schaden und den (natürlichen) Kausalzusammenhang (Art. 8 ZGB).[22] Die Beweislast für das Verschulden ist umgekehrt. Das Verschulden wird vermutet und der Planer muss beweisen, dass ihn kein Verschulden trifft (Art. 97 Abs. 1 OR). 8.30

B. Vertragsverletzung

1. Ist Werkvertragsrecht anzuwenden, muss der Planer für den Erfolg der versprochenen Planungsleistung einstehen. Ist Auftragsrecht anwendbar, haftet er nicht für den Erfolg, muss aber immerhin mit seinem Wissen und Können fachgerecht auf den Erfolg hinwirken.[23] Die Unterscheidung Werkvertrag/Auftrag ist damit für die Vertragsverletzung ohne grosse Bedeutung.[24] 8.31

---

22 Zur Beweislast ausführlich Schumacher, Architektenrecht 1995, Nr. 430 ff., 570 f., 573 f. und 583 f. je m.w.H.

23 BGE 120 Ib 412 f.

24 Vgl. Schumacher, Architektenrecht 1995, Nr. 554 sowie Nr. 424 und 435.

Die Haftung setzt in beiden Fällen voraus, dass der Planer eine vertragliche Pflicht nicht oder nicht richtig erfüllt hat.

8.32 **2.** Die Vertragsverletzung kann etwa in einer Fehlplanung (insbesondere der Verletzung der Regeln der Baukunde), der Missachtung einer Weisung des Bauherrn, einer unsorgfältigen Bauleitung, der Missachtung der allgemeinen Sorgfalts- und Treuepflicht oder einer fehlerhaften Berechnung oder Kontrolle der Kosten liegen.

C. Schaden

8.33 **1.** Der Schaden ist rechtlich eine unfreiwillige Vermögensverminderung. Er kann in einer Abnahme der Aktiven, in einer Zunahme der Passiven oder in einem entgangenen Gewinn bestehen. Der Schaden entspricht der Differenz zwischen dem gegenwärtigen Vermögensstand und dem Stand, den das Vermögen ohne das schädigende Ereignis hätte (Differenztheorie).[25]

8.34 **2.** Nach der Differenztheorie sind Schadensposten, die sich nicht in einer Verminderung des Nettovermögens niederschlagen, nicht ersatzfähig. Grundsätzlich keinen ersatzfähigen Schaden stellt daher eine entgangene Nutzungsmöglichkeit oder ein reines Affektionsinteresse dar (Nr. 8.106 ff.).

8.35 **3.** Zu ersetzen sind alle Schadensarten: reine Vermögensschäden ebenso wie Personen- und Sachschäden.

D. Kausalzusammenhang

8.36 **1.** Zwischen der Vertragsverletzung und dem Schaden muss ein *natürlicher Kausalzusammenhang* bestehen. Die Vertragsverletzung darf nicht weggedacht werden können, ohne dass auch der eingetretene Erfolg entfiele.[26]

8.37 **2.** Zudem muss die Vertragsverletzung nach dem gewöhnlichen Lauf der Dinge und nach der allgemeinen Lebenserfahrung geeignet sein, einen Erfolg von der Art des eingetretenen herbeizuführen *(adäquater Kausalzusammenhang)*.[27] Die Adäquanz-Formel ist ein Werturteil. Sie dient dazu, die Haftung auf ein vernünftiges Mass zu begrenzen. Unter allen na-

---

25 BGE 116 II 444; 129 III 332; 132 III 366; GAUCH/SCHLUEP/EMMENEGGER, Nr. 2848.

26 BGE 128 III 177; GAUCH/SCHLUEP/EMMENEGGER, Nr. 2947.

27 BGE 123 III 110112 f.; BGer 4C.103/2005 (1.6.2005) E. 5.1; GAUCH/SCHLUEP/EMMENEGGER, Nr. 2949.

türlichen Ursachen gilt es jene herauszufiltern, die dem Haftpflichtigen fairerweise zuzurechnen sind.[28]

3. Im Falle einer Unterlassung des Planers ist der hypothetische Kausalverlauf festzustellen. Es ist zu fragen, ob der eingetretene Schaden nach dem gewöhnlichen Lauf der Dinge und der allgemeinen Lebenserfahrung hätte vermieden werden können, wenn die rechtmässige Handlung vorgenommen worden wäre.[29] Bei der Feststellung des hypothetischen Kausalverlaufs fliessen bereits wertende Gesichtspunkte ein, sodass es sich erübrigt, die Adäquanz separat zu prüfen.[30] 8.38

4. In der Praxis scheitert die Haftung (bei festgestellter Vertragsverletzung) nur selten am Kausalzusammenhang. Auch das Verhalten des Geschädigten oder eines Dritten vermag den Kausalzusammenhang in der Regel nicht zu beseitigen, mitunter selbst dann nicht, wenn das Verschulden des Geschädigten oder Dritten jenes des Planers übersteigt.[31] 8.39

E. Verschulden

1. Der Planer hat den Schaden nur zu ersetzen, wenn ihm die Vertragsverletzung vorzuwerfen ist. Der Schadenersatzanspruch des Bauherrn setzt daher grundsätzlich ein Verschulden des Planers voraus (vgl. Art. 368 Abs. 1 und 2 OR sowie Art. 97 Abs. 1 OR). Kein Verschulden des Planers ist erforderlich bei der Haftung für seine Hilfspersonen nach Art. 101 OR.[32] 8.40

2. Der Planer handelt schuldhaft, wenn sein Verhalten von dem den Umständen angemessenen Durchschnittsverhalten negativ abweicht.[33] Der Schaden als Folge des vertragsverletzenden Verhaltens kann gewollt (Vorsatz, Absicht), 8.41

---

28 GAUCH/SCHLUEP/EMMENEGGER, Nr. 2948 f.; HUGUENIN, OR AT, Nr. 627.

29 Vgl. BGE 132 III 718 f.

30 BGer 4C.459/2004 (2.5.2005) E. 2.1; BGer 4C.284/2006 (7.11.2006) E. 4.4.

31 GAUCH/SCHLUEP/EMMENEGGER, Nr. 2949. Vgl. aber BGer 4C.284/2006 (7.11.2006) E. 4.1 und 4.4, in welchem das Bundesgericht die Ausführungen der Vorinstanz schützte, wonach eine ungenügende Abklärung der Bodenbeschaffenheit durch den Planer nicht adäquat kausale Ursache des Schadens gewesen sei, weil eine Rutschung des Hanges bei einer aufmerksamen Bauleitung (die nicht dem Planer oblag) hätte verhindert werden können.

32 Zur Haftung für Hilfspersonen Nr. 8.174 ff. Ebenfalls ohne Verschulden haftet der Planer als Geschäftsherr gemäss Art. 55 OR (Nr. 8.270).

33 Der Vollständigkeit halber sei erwähnt, dass schuldhaft nur handeln kann, wer überhaupt urteilsfähig ist; d.h., das Verschulden hat auch eine subjektive Komponente. Im Bereich des Planervertrags ist diese Thematik freilich kaum je relevant.

in Kauf genommen (Eventualvorsatz) oder sorgfaltswidrig (Fahrlässigkeit) sein;[34] der Planer haftet für jedes Verschulden (Art. 99 Abs. 1 OR).

8.42 **a.** *Praktisch* steht die *Fahrlässigkeit* im Vordergrund. Der fahrlässig handelnde Planer ist sich nicht bewusst, dass er eine Vertragsverletzung begeht und den Bauherrn dadurch (möglicherweise) schädigt. Entweder kennt er die Verhaltenspflicht nicht, gegen die er verstösst (z.B. eine Regel der Baukunde), oder er kennt sie, aber er nimmt nicht wahr, dass er dagegen verstösst (z.B. weil er unaufmerksam ist).[35] Dem Planer ist vorzuwerfen, dass er die nach den Umständen gebotene Aufmerksamkeit nicht beachtet hat und er den Schaden – bei pflichtgemässer Aufmerksamkeit – hätte voraussehen und vermeiden können.[36] Je nach Schweregrad des Verschuldens werden leichte, mittlere und grobe Fahrlässigkeit unterschieden.[37]

8.43 **b.** Die Fahrlässigkeit ist im Zivilrecht *objektiviert.* Persönliche Umstände (z.B. Arbeitsbelastung, Müdigkeit) sind nicht zu beachten. Es geht einzig darum, zu beurteilen, wie sich eine «vernünftige Person» mit entsprechender Ausbildung in derselben Situation verhalten hätte.[38] Der Planer kann sich nicht mit dem Argument entlasten, er habe nicht über die nötigen Kenntnisse verfügt. Verpflichtet sich der Planer zu einer Leistung, obwohl er weiss oder wissen müsste, dass er nicht über das nötige Fachwissen verfügt, trifft ihn ein *Übernahmeverschulden.*[39]

8.44 **c.** An die Sorgfalt des Planers sind hohe Anforderungen zu stellen.[40] Der Planer muss seine eigenen Fähigkeiten kritisch einschätzen. Verfügt er selber nicht über die erforderlichen Kenntnisse, muss er einen Spezialisten beiziehen.[41] Der Bauherr darf grundsätzlich davon ausgehen, dass der Planer über das nötige Fachwissen verfügt und seine Pflichten nicht vernachlässigt.[42] Die Anforderungen an die Sorgfalt des Planers dürfen indessen nicht überspannt

---

34 Gauch/Schluep/Emmenegger, Nr. 2963 ff.; Huguenin, OR AT, Nr. 634 ff.

35 Schumacher, Architektenrecht 1995, Nr. 577.

36 Oftinger/Stark, § 5 Nr. 48 ff.; BGE 113 II 56 f.; vgl. auch BGE 89 II 253.

37 Statt vieler Gauch/Schluep/Emmenegger, Nr. 2969 ff.

38 Gauch/Schluep/Emmenegger, Nr. 2984 ff.; Huguenin, OR AT, Nr. 636 ff.

39 BGE 124 III 164; BGer 4C.126/2004 (15.9.2004) E. 2.2; Weber, Berner Kommentar, N 100 zu Art. 99 OR.

40 Gauch/Schluep/Emmenegger, Nr. 2993 m.w.H.; Schumacher, Architektenrecht 1995, Nr. 580.

41 BGE 93 II 314; BGer 4C.284/2006 (7.11.2006) E. 4.4; Oftinger/Stark, § 5 Nr. 86, Fn. 89.

42 Vgl. Schumacher, Architektenrecht 1995, Nr. 577 f.

werden. Erteilt ein erfahrener Bauherr sachverständige Weisungen, kann dies den Planer bis zu einem gewissen Grad von seinen Pflichten entbinden (Nr. 8.141).[43] Das Verschulden ist aufgrund der gesamten Umstände des Einzelfalls zu beurteilen.

3. Das Verschulden und die Vertragsverletzung (Pflichtwidrigkeit) überlagern sich beim Planervertrag und lassen sich praktisch kaum unterscheiden.[44] Namentlich die Sorgfalt ist sowohl bei der Vertragsverletzung[45] als auch beim Verschulden zu prüfen.[46] Rechnet zum Beispiel ein Statiker nachlässig, verletzt er den Vertrag; sein Verhalten ist aber auch fahrlässig und daher schuldhaft. Im Prozess hat der Bauherr die Vertragsverletzung zu beweisen. Gelingt ihm dies, wird es dem Planer nur ganz ausnahmsweise möglich sein zu beweisen, dass ihn trotzdem kein Verschulden treffe. 8.45

4. Auch Art. 1.9.11 SIA 102/103 setzt ein Verschulden voraus: Der Planer hat den bei «verschuldet fehlerhafter Auftragserfüllung» entstandenen Schaden zu ersetzen. Die SIA-Ordnungen entsprechen der werkvertraglichen Regelung. Die übrigen Gewährleistungsansprüche des Werkvertragsrechts (Wandelung, Minderung und Nachbesserung) werden von Art. 1.9.11 SIA 102/103 nicht erfasst; sie stehen dem Bauherrn damit auch im Anwendungsbereich der SIA-Ordnungen 102/103 verschuldensunabhängig zur Verfügung.[47] 8.46

III. Fallgruppen zur Haftung für Planungsleistungen

1. Übersicht

1. Das theoretische Gerüst der Haftung wird dem Praktiker nicht immer helfen, seine Fälle juristisch zu entwirren. Die Übertragung der dogmatischen Prinzipien auf den Bau- und Planeralltag ist mitunter knifflig. Wir erachten 8.47

---

43 Sehr streng hinsichtlich der Anforderungen an den Planer ist demgegenüber SCHUMACHER, Architektenrecht 1995, Nr. 577 ff., insb. Nr. 580.

44 Oft ist es auch schwierig, das Verschulden vom Kausalzusammenhang abzugrenzen.

45 Vgl. Art. 364 Abs. 1 OR und Art. 398 Abs. 2 OR.

46 Zum Ganzen GAUCH/SCHLUEP/EMMENEGGER, Nr. 2997 ff.; vgl. auch TRÜMPY, S. 60.

47 Voraussetzung ist, dass die Planungsleistung dem Werkvertragsrecht untersteht. Vgl. BR/DC 2009, S. 58 f., Nr. 123 Anm. STÖCKLI zu BGE 134 III 361; im Übrigen auch SCHUMACHER, Architektenrecht 1995, Nr. 586.

es daher als zweckmässig, Fallgruppen zu bilden, die sich nicht an der Dogmatik, sondern an der Praxis ausrichten.

8.48 **2.** Die erste Fallgruppe umfasst die eigentliche Fehlplanung (Nr. 8.49 ff.). Die zweite Fallgruppe umfasst generelle Verletzungen der Sorgfalts- und Treuepflicht (Nr. 8.114 ff.). Die dritte Fallgruppe umfasst weitere Vertragsverletzungen (Nr. 8.146 ff.), die sich weder der einen noch der anderen Kategorie zuordnen lassen. Innerhalb dieser Fallgruppen werden wir die wichtigsten Szenarien beleuchten.

2. Fehlplanung

A. Erscheinungsformen

a. Allgemein: Verstoss gegen vereinbarte Pflichten

8.49 **1.** Der Planer kann sich zu einer ganzen Reihe verschiedener **Planungsleistungen** verpflichten (Nr. 8.1 ff.). Die einzelnen Leistungen können *ausdrücklich* (schriftlich oder mündlich), aber auch *stillschweigend vereinbart* werden. Häufig hat der Bauherr, insbesondere ein unerfahrener, jedoch nur ein bestimmtes Ziel (z.B. Aussehen, Kosten, Zeit und Qualität) vor Augen. Die Realisierung des Ziels überlässt er dem Planer, ohne die einzelnen Leistungen im Vertrag zu konkretisieren.[48]

8.50 **2.** Jeder **Verstoss gegen eine vereinbarte Pflicht** stellt eine Vertragsverletzung dar und ist grundsätzlich geeignet, eine Haftung des Planers zu begründen (vgl. Nr. 19.40). Die Fehlplanung kann zunächst einmal darin liegen, dass der Planer einen mangelhaften Plan erstellt oder sonst eine Leistung schlecht erbringt. Sie kann weiter darin liegen, dass der Planer öffentlich-rechtliche Bauvorschriften nicht kennt oder nicht beachtet und das Bauprojekt deshalb nicht bewilligungsfähig ist.[49] Möglich ist auch, dass der Planer Abklärungen nicht sorgfältig tätigt (z.B. wenn er sich im konkreten Fall verpflichtet hat, die Bodenbeschaffenheit zu prüfen), Sicherheitsvorschriften nicht beachtet oder

---

48 Schumacher, Architektenrecht 1995, Nr. 461 ff.

49 Eine Ausnahme besteht dann, wenn der Bauherr weiss, dass eine Planung gegen die Bauvorschriften verstösst und ein Projekt ausarbeiten lässt, im Wissen darum, dass die Bewilligung unwahrscheinlich ist (vgl. Reber, Rechtshandbuch, S. 293 m.w.H.).

Ausschreibungsunterlagen und Verträge mit Unternehmern, Lieferanten und Spezialisten fehlerhaft ausarbeitet.[50]

3. Der Planer verletzt den Vertrag auch, wenn er **Weisungen** des Bauherrn zuwiderhandelt. Mittels Weisungen kann der Bauherr verbindlich vorschreiben, wie der Planer seine Leistungen auszuführen hat (vgl. Art. 369 OR; Art. 1.6.1 SIA 102/103). Die Weisung kann sich zum Beispiel auf die Konstruktionsweise, das zu verwendende Material, die Reihenfolge der Arbeiten oder den Beizug von Spezialisten, Unternehmern etc. beziehen.[51] Der Planer haftet, wenn er die Weisungen überhaupt nicht beachtet oder davon abweicht.[52] Er haftet aber auch dann, wenn er Weisungen pflichtwidrig nicht einholt,[53] ebenso wenn er unzweckmässige oder gefährliche Weisungen des Bauherrn nicht abmahnt (Nr. 8.132 ff.). 8.51

4. Ein Spezialfall liegt vor, wenn der Bauherr und der Planer eine **Nutzungsvereinbarung** treffen (vgl. Nr. 6.87 ff.). Der Fehler des Planers kann zum einen darin liegen, dass er sich nicht an die Nutzungsvereinbarung hält. Zum anderen kann eine Pflichtverletzung aber auch vorliegen, wenn der Planer sich zwar an die Nutzungsvereinbarung hält, diese aber nicht dem Interesse des Bauherrn entspricht und der Planer aufgrund seiner Sorgfalts- und Treuepflicht gehalten gewesen wäre, den Bauherrn (insbesondere den nicht sachverständigen) bei der Ausarbeitung der Nutzungsvereinbarung darauf hinzuweisen.[54] 8.52

b. Insbesondere: Verletzung der anerkannten Regeln der Baukunde

1. Die Ursache der Fehlplanung liegt häufig in der Verletzung einer **anerkannten Regel der Baukunde** (z.B. Regeln über die Konstruktion; Nr. 1.97 und 9.41). Die Pflicht zur Beachtung der Regeln der Baukunde ist in Art. 1.3.1 8.53

---

50 Zum Ganzen ausführlich SCHUMACHER, Architektenrecht 1995, Nr. 484 f., 486 f., 493 f. und 495 ff. Zu den Leistungspflichten des bauleitenden Planers nach den SIA-Ordnungen 102/103 Nr. 9.60 ff.; zu seiner Haftung Nr. 9.162 ff.

51 Ausführlich zum Weisungsrecht des Bestellers GAUCH, Werkvertrag, Nr. 1927 ff.

52 Vgl. ZR 1984, Nr. 91, S. 231 (zu einem Auftragsverhältnis – Entsprechendes gilt im Werkvertragsrecht).

53 SCHUMACHER, Architektenrecht 1995, Nr. 478.

54 Nur die erste Art Fehler stellt eine Fehlplanung dar; die zweite Variante ist ein Anwendungsfall der Sorgfalts- und Treuepflicht (dazu Nr. 8.112 ff.).

SIA 102/103 ausdrücklich erwähnt.[55] Der Planer ist aber auch ohne ausdrückliche Abrede verpflichtet, die Regeln der Baukunde zu beachten.[56]

8.54 **2.** *Anerkannt* sind die Regeln der Baukunde, wenn sie erstens von der Wissenschaft für theoretisch richtig befunden wurden, sie zweitens etabliert sind und sie sich drittens gemäss der klaren Mehrheit der sie anwendenden Fachleute in der Praxis bewährt haben.[57] Anerkannte Regeln der Baukunde können namentlich die technischen SIA-Normen darstellen.[58] Jedoch bedeutet die Tatsache, dass ein Hinweis in den SIA-Regelwerken fehlt, nicht automatisch, dass keine Regeln der Baukunde zu beachten sind.[59] Überhaupt ist nicht erforderlich, dass die Regeln der Baukunde niedergeschrieben sind.[60]

8.55 **3.** Die anerkannten Regeln der Baukunde können aufgrund der *technischen Entwicklung* ändern.[61] Der Planer muss mit dieser Entwicklung Schritt halten und sich laufend fortbilden. Soweit er nicht selber über die erforderlichen Kenntnisse und Fähigkeiten verfügt, muss er Spezialisten und Berater (z.B. Geologen, Landschaftsplaner, Bauphysiker, Akustiker) beiziehen.[62]

8.56 **4.** Verlangt ist jedoch nicht, dass die vom Planer gewählte Vorgehensweise in jeder Hinsicht korrekt ist oder dass der Planer künftige Entwicklungen gleich einem Propheten voraussieht. Dem Planer stehen in der Regel verschiedene Möglichkeiten zur Verfügung; bei der Auswahl steht ihm ein *Ermessensspielraum* zu. Er haftet nicht, wenn er bei einer nachträglichen Betrachtung nicht die objektiv beste, wohl aber eine nach dem allgemeinen fachlichen Wissens-

---

55 Entsprechend Art. 1.3.1 SIA 108/110 sowie die allgemeinen Vertragsbedingungen der SIA-Ordnungen 111/112 (Art. 3.1) und des KBOB-Planervertrags (Art. 1.1).

56 BGE 93 II14 f.; BGer 4A_428/2007 (2.12.2008) E. 3.1 = BR/DC 2009, S. 57, Nr. 119 mit Anm. PICHONNAZ; BÜHLER, Zürcher Kommentar, N 37 zu Art. 364 OR; SCHUMACHER, Architektenrecht 1995, Nr. 488; SIEGENTHALER/SCHERLER, S. 4 f.

57 BGer 4A_428/2007 (2.12.2008) E. 3.1. Vgl. auch BÜHLER, Zürcher Kommentar, N 37 zu Art. 364 OR, nach welchem entscheidend ist, dass die betreffende Regel «nach dem Stand des Erfahrungswissens feststeht, d.h., unbestritten ist» und mit Hinweisen auf die Rechtslage in der EU; a.M. ZINDEL/PULVER, Basler Kommentar, N 8 zu Art. 364 OR, die nicht für erforderlich halten, dass die Regel «völlig unangefochten ist»; ebenso GAUCH, Werkvertrag, Nr. 846.

58 BGer 4A_428/2007 (2.12.2008) E. 3.1; BACHMANN, Haftungsfolgen, S. 186.

59 BR/DC 2009, S. 57, Nr. 119 mit Anm. PICHONNAZ.

60 ZINDEL/PULVER, Basler Kommentar, N 8 zu Art. 364 OR m.w.H.

61 KOLLER, Berner Kommentar, N 271 zu Art. 363 OR.

62 BGE 93 II 314; SCHUMACHER, ARCHITEKTENRECHT 1995, Nr. 488.

stand *vertretbare Lösung* gewählt hat.[63] Das zu beurteilen, ist keine einfache Aufgabe für die Gerichte. Der Planer muss, oft unter Zeitdruck, künftige Risiken abwägen. Er kann einen vertretbaren Entscheid treffen, der sich später als falsch erweist. Die Gerichte hingegen kennen die (negativen) Folgen des (vertretbaren) Entscheids. Sie könnten daher dazu neigen, zu strenge Anforderungen an die Sorgfalt der Planer zu stellen. Umsichtige Gerichte werden daher nicht automatisch auf eine Verletzung der Baukunde schliessen, wenn ein Projekt misslungen ist.[64]

c. Insbesondere: Fehlerhafte Ausschreibung

1. Der Planer kann auch im Zusammenhang mit der **Ausschreibung** von Leistungen haftbar werden. Gemäss Art. 4.41 der SIA 102 muss der Planer die Ausschreibung der einzelnen Arbeiten vorbereiten, die Angebote auswerten und dem Bauherrn einen Vergabeantrag stellen.[65] 8.57

2. Namentlich bei Projekten der öffentlichen Hand genügt es nicht, sorgfältige Pläne, Devis etc. auszuarbeiten. Vielmehr muss der Planer die Rahmenbedingungen des Submissionsrechts[66] beachten. Die *Verrechtlichung* des Vergabewesens führt zu zusätzlichen Risiken. Genügte es früher, die Unterlagen sorgfältig zu erstellen und die Angebote ebenso auszuwerten, wird der Planer heute vermehrt auch darauf achten müssen, keine juristisch anfechtbaren Ausschreibungsunterlagen zu erstellen (z.B. durch Vermengung von Eignungs- und Zuschlagskriterien) und bei der Auswertung die strengen submissionsrechtlichen Rahmenbedingungen einzuhalten (insb. Transparenz, Gleichbehandlung, Zuschlag auf das wirtschaftlich günstigste Angebot). Nun wird man jedoch den Bogen nicht überspannen dürfen. Der Bauherr darf nicht erwarten, vom Planer umfassend rechtlich beraten zu werden. Dafür 8.58

---

[63] BGE 120 Ib 413 zur ärztlichen Kunst (Auftrag), jedoch auf den dem Werkvertragsrecht unterstehenden Planervertrag übertragbar.

[64] Die Problematik, dass aus einem Schaden (zu) leicht auf einen Haftpflichtigen geschlossen wird, ist nicht auf den Planervertrag beschränkt. Gelegentlich wäre es gut, sich den Grundsatz *casum sentit dominus* (der Eigentümer muss einen Schaden grundsätzlich selber tragen) in Erinnerung zu rufen.

[65] Ob man diese Leistungen eher der «Planung» oder der «Bauleitung» zurechnen will, mag dahingestellt bleiben.

[66] Namentlich das Bundesgesetz über das öffentliche Beschaffungswesen (BöB) bei Vergaben eidgenössischer Stellen und die Interkantonale Vereinbarung über das öffentliche Beschaffungswesen (IVöB) sowie die diese ergänzenden kantonalen Submissionsverordnungen bei Vergaben kantonaler und kommunaler Stellen.

ist der Planer weder ausgebildet noch bezahlt. Immerhin ist der Planer aber gehalten, dem Bauherrn – sofern dieser nicht über eigene Rechtskenntnisse verfügt – zu empfehlen, die rechtlichen Aspekte der Ausschreibung durch einen Juristen betreuen zu lassen.[67]

8.59 In der Praxis scheinen die Planer den Gang zum Juristen zu fürchten und tendenziell eher zu spät als zu früh anzutreten. Die Rechtsfragen scheinen (im Vergleich zu den umfangreichen Planungsarbeiten) eher nebensächlich; und man kann ja auf «bewährte» Muster zurückgreifen. Freilich: Copy/Paste ist im Submissionsrecht eine überaus riskante Methode. Und so wenig der Jurist dem Planer in statischen, geologischen oder sonstigen planerischen Fragen Rat erteilen sollte, sowenig sollte der Planer sich zutrauen, das Recht gleichsam nebenbei auch noch zu beherrschen. Tut er es dennoch, riskiert er nicht nur Verzögerungen des von ihm betreuten Projekts (z.B. durch Submissionsbeschwerden mit aufschiebender Wirkung), sondern auch eine persönliche Haftung (z.B. für Mehrkosten aufgrund erfolgreich angefochtener Ausschreibungsunterlagen).

B. Kasuistik

8.60 Eine Fehlplanung liegt in folgenden Fällen vor:

8.61 – Der Architekt, der eine bestimmte Konstruktionsweise vorschlägt, ist dafür verantwortlich, dass diese den anerkannten Regeln der Baukunde entspricht und zum beabsichtigten Erfolg führt. Die Pläne sind fehlerhaft, wenn sie eine ungenügende Schräge des Dachs vorsehen, die dazu führt, dass das Dach undicht ist.[68]

8.62 – Der Architekt und der Ingenieur müssen geeignete Massnahmen zur Sicherung der Baugrube treffen. Die Planung ist fehlerhaft, wenn der Planer beim Bau eines viergeschossigen Hauses in einer Hanglage eine Baugrube ausheben lässt, ohne vorgängig abzuklären, ob der Hang rutschen könnte.[69]

8.63 – Der Ingenieur, der zur Projektierung einer Baugrube und zur Baugrubensicherung verpflichtet ist, muss – soweit für die korrekte Erfüllung seiner

---

67 Ebenso kann der Planer verpflichtet sein, dem Bauherrn zum Abschluss einer Versicherung zu raten (Nr. 8.131).

68 BGE 93 II 311 ff.

69 Pra 1985, Nr. 179, S. 519 ff., teilweise wiedergegeben in BGE 111 II 72 ff.

Aufgabe nötig – die Bodenbeschaffenheit prüfen. Kann er die erforderlichen Abklärungen nicht selber durchführen, muss er dem Bauherrn den Beizug von Fachleuten (z.B. eines Geologen) empfehlen und ihn im Weigerungsfall abmahnen.[70]

– Der Architekt zeichnet fehlerhafte Pläne. Diese sind mitursächlich dafür, dass das Gebäude nicht dicht ist und an zahlreichen Stellen im Mauerwerk und in den Böden Wasser eindringt.[71] 8.64

– Der Architekt verletzt den Vertrag, wenn er die örtlichen Gegebenheiten nicht sorgfältig abklärt und keine Massnahmen gegen eindringendes Wasser ergreift.[72] 8.65

– Ein Verstoss gegen die Regeln der Baukunde liegt vor, wenn die Kelleraussenwände (murs contre terre) nicht bituminös abgedichtet werden.[73] Für den durch eindringendes Wasser verursachten Schaden kann der Planer dem Bauherrn haftbar werden, wenn er nicht dafür sorgt, dass der Unternehmer die Wände abdichtet. 8.66

– Der Architekt begeht eine Fehlplanung, wenn er die SIA-Empfehlung 358 betreffend Geländer, Brüstungen usw. nicht befolgt. Er haftet, wenn ein Kind durch die Öffnung in einem Balkongeländer hindurchrutscht und sich beim Sturz tödlich verletzt.[74] 8.67

– Der Architekt verletzt den Vertrag, wenn er es bei der Planung unterlässt, die nötigen Sicherheitsvorkehrungen zu treffen.[75] 8.68

---

70 BGer 4C.284/2006 (7.11.2006) insb. E. 4.4.

71 BGE 130 III 362 ff. = Pra 2005, Nr. 7, S. 57 ff.

72 Vgl. BGE 89 II 405 ff.

73 Vgl. BGer 4A_428/2007 (2.12.2008) E. 3 = BR/DC 2009, S. 57, Nr. 119 mit Anm. PICHONNAZ. In diesem Entscheid ging es um einen Generalunternehmervertrag. Der beigezogene Experte sah einen (schweren) Verstoss gegen die Regeln der Baukunde darin, dass der Unternehmer die Grundmauern nicht abdichtete. Diese Feststellung dürfte auch für Planer relevant sein (vgl. auch die Erwägung 2.b des BGE 93 II 311 ff.).

74 Unveröffentlichter Entscheid des BGer C.420/83 (19.6.1984), zitiert nach SCHUMACHER, Architektenrecht 1995, Nr. 494.

75 Vgl. BGE 95 II 93 ff., in dem ein Architekt (allerdings in der Funktion eines Generalunternehmers) gegenüber einem Bauarbeiter haftete, der in einen offenen Treppenschacht fiel und sich verletzte, weil die nötigen Abschrankungen fehlten. Nicht nur der Unternehmer, auch der Planer kann haftbar werden, wenn er im Rahmen der Planung (oder der Bauleitung) erforderliche Sicherheitsmassnahmen unterlässt. Er haftet dem Bauherrn, wenn dieser sich selber verletzt oder einem Dritten schadenersatzpflichtig wird (z.B. aus Art. 58 OR).

8.69 – Der Planer haftet für die Mehrkosten, die dem Bauherrn aufgrund einer unwirtschaftlichen oder fehlerhaften Planung, durch ungünstige Vergabe oder unrichtige Weisungen entstehen.[76]

8.70 – Der Planer begeht eine Vertragsverletzung, wenn er bei der Projektierung und Realisierung eines Bauwerks die Erdbebensicherheit ausser Acht lässt. Fehlerhaft ist die Planung insbesondere, wenn er die möglichen Gefahrenbilder nicht erarbeitet und (soweit ihm die Fachbauleitung übertragen ist) nicht dafür sorgt, dass die erforderlichen Sicherheitsdispositionen getroffen werden.

8.71 – Der Planer verletzt den Vertrag, wenn das von ihm erarbeitete Bauprojekt nicht bewilligungsfähig ist, weil es z.B. nicht zonenkonform ist oder den baupolizeilichen Vorschriften nicht entspricht.[77] Allerdings kann aus der Tatsache allein, dass ein Bauprojekt nicht bewilligt wurde, nicht zwingend geschlossen werden, dass die Pläne mangelhaft waren.[78] Ist unsicher, ob ein Projekt bewilligungsfähig ist, muss der Planer den Bauherrn darüber aufklären.[79]

8.72 – Der Planer verletzt den Vertrag, wenn er Ausschreibungsunterlagen fehlerhaft erstellt (z.B. unvollständiges Leistungsverzeichnis, falsche Zeitpläne).

8.73 – Der Ingenieur verfasste einen Bericht über den Zustand einer Kanalisationsleitung. Der Bericht sollte als Grundlage für den Entscheid der Sanierungsmethode (Einzug eines sog. Inliners oder lediglich punktuelle Sanierung) dienen. Der Bericht hielt fälschlicherweise fest, der Kanal befinde sich nach der Behebung einzelner Undichtheiten in gutem Zustand. Nach der gestützt auf den Bericht vorgenommenen punktuellen Sanierung

---

[76] BGE 122 III 62; BGer 4C.424/2004 (15.3.2005) E. 3.1; KGer GE vom 10.10.1997 = BR 1998, S. 133 f., Nr. 351. Diese vertragswidrig verursachten Zusatzkosten sind zu unterscheiden von der Haftung für die Überschreitung des Kostenvoranschlags (BGer 4C.424/2004 [15.3.2005] E. 3.1; eingehend Nr. 10.44 ff.; SCHUMACHER, Architektenrecht 1995, Nr. 761.

[77] KGer VS vom 4.11.2010 E. 7 = ZBJV 2012, S. 231 ff.: Strassenabstände und Dachneigung verstiessen gegen das kommunale Baureglement; vgl. auch TRÜMPY, S. 66 f.; REBER, Rechtshandbuch, S. 292 f.

[78] BGer 4C.421/2006 (4.4.2007) E. 5.2.

[79] Zur Haftung wegen der Verletzung der Aufklärungspflicht Nr. 8.120 ff.

wies der Kanal weiterhin einen erheblichen Wasserverlust auf. Der Planer haftete der Bauherrin für die unnütz aufgewendeten Mittel.[80]

– Erstellt der Planer fehlerhafte Zeitpläne (z.B. weil er wesentliche Arbeitsschritte nicht aufführt oder verschiedene Arbeiten nicht miteinander koordiniert), haftet er dem Bauherrn für die dadurch verursachten Mehrkosten. 8.74

– Eine Fehlplanung liegt auch vor, wenn der Planer eine Weisung des Bauherrn nicht beachtet (oder nicht einholt) und das Werk deshalb den Wünschen des Bauherrn nicht entspricht.[81] 8.75

C. Schaden aus Fehlplanung

a. Übersicht

1. Der Planer haftet für allen Schaden, der dem Bauherrn durch die schuldhaft begangene Vertragsverletzung entstanden ist. Der mangelhafte Plan selber stellt noch keinen Schaden dar. Zu ersetzen ist ein **Mangelfolgeschaden.**[82] 8.76

2. Häufig liegt folgende Kausalkette vor: Die mangelhafte Planung führt zu einem Mangel am Bauwerk (der Schaden kann z.B. in den Kosten der Verbesserung durch einen Dritten oder einem merkantilen Minderwert[83] bestehen) und das mangelhafte Bauwerk zu weiterem Schaden (z.B. weil der Bauherr als Grund- oder Werkeigentümer einem Dritten haftbar wird).[84] 8.77

In den erwähnten Fällen erleidet der Bauherr gewöhnlich einen reinen Vermögensschaden (Nr. 16.99 ff.). Wenn der Bauherr durch das Verhalten des 8.78

---

80 BGer 4C.165/2005 (22.7.2005).

81 Der Planer haftet dem Bauherrn unter Umständen auch dann, wenn das Bauwerk keine objektiven Mängel aufweist. Schwierigkeiten kann in diesem Fall die Haftungsvoraussetzung des Schadens bereiten (dazu Nr. 8.111 ff.).

82 Zum Begriff des Mangelfolgeschadens und dessen Unterscheidung vom Mangel vgl. Gauch, Werkvertrag, Nr. 1853 ff., insb. Nr. 1864.

83 Zum merkantilen Minderwert Nr. 8.86.

84 Die von Schumacher (Architektenrecht 1995, Nr. 538 ff.) getroffene begriffliche Unterscheidung zwischen *Planmangel* (mangelhafter Plan), *Baumangel* (Mangel am Bauwerk) und *reinem Architektenmangel* (nachteilige körperliche Beschaffenheit des Bauwerks infolge einer Weisungsverletzung, ohne dass ein Mangel am Bauwerk vorliegt) wird in diesem Beitrag nicht verwendet (kritisch zur Unterscheidung auch Trümpy, S. 69).

Planers verletzt (Personenschaden) oder sein Eigentum beschädigt (Sachschaden) wird, hat der Planer jedoch auch diesen Schaden zu ersetzen.

8.79 – Führt die fehlerhafte Planung dazu, dass ein Kran umstürzt und Eigentum des Bauherrn beschädigt, hat dieser einen Anspruch auf Ersatz des Schadens gegenüber dem fehlbaren Planer.[85]

b. Mangel an den Plänen

8.80 Durch den mangelhaften Plan selber erleidet der Bauherr keinen Schaden. Entsprechend kann er für den fehlerhaften Plan keinen Schadenersatz verlangen, namentlich auch nicht für einen allfälligen Minderwert des Plans.[86] Der Bauherr könnte einzig Nachbesserung des mangelhaften Plans oder Minderung bzw. Wandelung verlangen.[87] In der Praxis spielen diese Ansprüche jedoch eine weitaus geringere Rolle als der Ersatz des Mangelfolgeschadens.

c. Mangel am Bauwerk

8.81 **1.** Führt die Fehlplanung zu einem Mangel am Bauwerk, hat der Bauherr Anspruch auf Ersatz des Schadens. Dabei stehen die **Kosten der Verbesserung** im Vordergrund; der Schaden kann aber auch in einem Umsatzausfall bestehen. Bei den Kosten der Verbesserung geht es, wohl gemerkt, um die Kosten der Zusatzarbeiten eines Dritten (insbesondere des Unternehmers) – nicht des Planers selbst –, die durch die Fehlplanung nötig werden.[88] Die Kosten der Verbesserung sind ungeachtet dessen zu ersetzen, ob der Bauherr den Mangel beheben lässt oder nicht.[89]

8.82 **a.** Zu den Kosten der Verbesserung gehören auch alle weiteren Kosten, die bei den Vorbereitungs- und Wiederherstellungsarbeiten anfallen (sog. *Begleitkosten*). Zu ersetzen sind etwa:

---

85 Vgl. BGE 111 II 171 f. (mit leicht anders gelagertem Sachverhalt).

86 Der Minderwert ist nicht als Schadenersatz, sondern als Minderung (des Honorars des Planers) geltend zu machen (BGer 4C.297/2003 [20.2.2004] E. 2.1).

87 Zur Vergütung des Planers und einer allfälligen Minderung vgl. Nr. 7.174.

88 Der Planer muss das Bauwerk nicht nachbessern, da er nicht zu dessen Erstellung verpflichtet war (GAUCH, Werkvertrag, Nr. 2739; TRÜMPY, S. 59 f.).

89 SCHUMACHER, Architektenrecht 1995, Nr. 541. Ob der Bauherr den Mangel beheben lässt, spielt keine Rolle; der Schaden muss sich nicht in seinem Barvermögen niederschlagen, es genügt, wenn sein Bilanzvermögen (Wert des Bauwerks als Aktivum) beeinträchtigt ist (vgl. BGE 64 II 138 und 116 II 444 f.).

– die Transportkosten; 8.83

– die Kosten eines Ausweichquartiers für die Unterbringung des Bauherrn und seiner Familie während der Verbesserung.[90] 8.84

b. Grundsätzlich stellen die Kosten der Verbesserung durch einen Dritten auch dann einen Schaden des Bauherrn dar, wenn sie gemessen am Interesse des Bauherrn unverhältnismässig hoch sind. Es widerspräche allerdings dem Grundsatz von Treu und Glauben (Art. 2 ZGB), wenn der Bauherr eine Behebung der Mängel verlangen könnte, obwohl der Nutzen, den ihm die Mängelbeseitigung bringt, in einem Missverhältnis zu den Kosten für den Planer steht. In einem solchen Fall kann der Bauherr daher nur Ersatz des Minderwerts oder Ersatz der Kosten einer zumutbaren Behelfslösung verlangen.[91] 8.85

2. Weist das Bauwerk einen **Minderwert** auf, weil ein Mangel nicht (gar nicht oder nur teilweise) behebbar oder eine Verbesserung nicht zumutbar ist, hat der Bauherr Anspruch auf Schadenersatz.[92] Möglich ist aber auch, dass das Bauwerk nur zu einem niedrigeren Preis verkauft werden kann, obwohl die Mängel vollständig behoben wurden. Liegt ein solcher sog. *merkantiler Minderwert* vor, ist er vom Planer ebenfalls zu ersetzen.[93] 8.86

– Der Planer haftet für den Minderwert, wenn dem Bauwerk der Ruf eines Pfuschwerks anhaftet und es trotz vollständiger Behebung der Mängel nur zu einem tieferen Preis verkauft werden kann.[94] 8.87

---

90 BGE 111 II 174 (zur Nachbesserung durch den Vertragspartner; Entsprechendes gilt für die Verbesserung durch einen Dritten).

91 SCHUMACHER, Architektenrecht 1995, Nr. 542; einlässlich auch TRÜMPY, S. 68 ff. Im Mietrecht kann die Instandstellung der Mietsache ebenfalls verweigert werden, wenn sie unverhältnismässige Kosten verursachen würde (BGer 4A_244/2009 [7.9.2009] E. 3.2).

92 SCHUMACHER, Architektenrecht 1995, Nr. 542; vgl. auch die Hinweise bei REBER, Rechtshandbuch, S. 291 unten.

93 Zum merkantilen Minderwert GAUCH, Werkvertrag, Nr. 1633 ff. mit dem Hinweis darauf, dass der merkantile Minderwert einen Mangelfolgeschaden darstellt und nicht zum Bereich der Minderung gehört; vgl. auch OFTINGER/STARK, § 6 Nr. 370 (zu einem Unfallauto).

94 SCHUMACHER, Architektenrecht 1995, Nr. 561.

d. Weiterer Schaden

8.88 **1.** Zum weiteren Schaden zählen die **Kosten** und **Aufwendungen,** die dem Bauherrn aufgrund der Fehlplanung entstehen. Neben den zuvor erwähnten Kosten im Zusammenhang mit der Verbesserung des Bauwerks kann der Schaden namentlich in **unnötigen Mehrkosten (Baukosten)** bestehen.

8.89 – Der Planer haftet dem Bauherrn für unnötige Baukosten, die durch die fehlerhafte oder unwirtschaftliche Planung entstanden sind.[95]

8.90 – Der Planer haftet für eine Mehrvergütung an den Unternehmer, die fällig wird, weil sich infolge der Fehlplanung die Ausführungskosten erhöhen.[96] Zum Schaden gehören auch die Kosten eines allfälligen, mit der Mehrvergütung zusammenhängenden Prozesses mit dem Unternehmer.

8.91 **2.** Der **Bauherr** erleidet einen Schaden, wenn er aufgrund der Fehlplanung seinerseits **Dritten gegenüber haftpflichtig** wird. Für diese Haftungssumme hat der Planer aufzukommen; ebenso für die Kosten der Auseinandersetzung mit dem Dritten (z.B. Gerichtskosten, Anwaltskosten).

8.92 – Der Planer haftet dem Bauherrn für den Verspätungsschaden, der aufgrund der Fehlplanung (z.B. Säumnis) entsteht. Er hat den Schadenersatz und eine allfällige Konventionalstrafe zu ersetzen, die der Bauherr einem Dritten bezahlen muss.[97]

8.93 – Der Bauherr wurde von einem Nachbarn gestützt auf Art. 679 ZGB haftbar gemacht, dessen Haus beschädigt wurde, als der Hang ins Rutschen kam. Ursachen des Hangrutsches waren eine fehlerhafte Planung der Baugrube und eine fehlerhafte Bauleitung beim Aushub. Der Bauherr nahm für den Schadenersatz und die Kosten des Prozesses mit dem Nachbarn Regress auf den Architekten und den Ingenieur.[98]

8.94 – Wird der Bauherr von Dritten haftbar gemacht, die durch einen umstürzenden Kran verletzt wurden, kann er auf den Planer Rückgriff nehmen, dessen fehlerhafte Planung ursächlich für die instabile Montage des Krans war.[99]

---

95 BGer 4C.424/2004 (15.3.2005) E. 3.1.

96 Vgl. SCHUMACHER, Architektenrecht 1995, Nr. 560 m.w.H.

97 Vgl. BGE 116 II 443 f.

98 Pra 1985, Nr. 179, S. 519 ff., teilweise wiedergegeben in BGE 111 II 72 ff.; vgl. auch BGer 4C.284/2006 (7.11.2006) insb. E. 4.4.

99 Vgl. BGE 111 II 171 f. (mit leicht anders gelagertem Sachverhalt).

– Tritt der Bauherr auf die Offerte eines Unternehmers nicht ein, weil die Ausschreibungsbedingungen mangelhaft waren, kann er dem Unternehmer für den Aufwand der Offertstellung haftbar werden (aus culpa in contrahendo). Der Bauherr kann auf den Planer Rückgriff nehmen, der die Ausschreibungsunterlagen fehlerhaft erstellte.[100] 8.95

Zum Schaden gehören auch die Kosten für Gutachter sowie gegebenenfalls die vorprozessualen Anwaltskosten.[101] Zu ersetzen sind jene Kosten, die gerechtfertigt, nötig und verhältnismässig sind.[102] Keinen Schaden stellen dagegen die Kosten im Prozess des Bauherrn gegen den Planer dar. Diese sind vielmehr gemäss dem anwendbaren Prozessrecht der unterliegenden Partei aufzuerlegen.[103] 8.96

3. Zu ersetzen ist sodann der **entgangene Gewinn.** 8.97

– Das mangelhafte Bauwerk oder die Behebung des Mangels führt dazu, dass eine Fabrik geschlossen werden muss. Der Planer haftet für den Ertragsausfall und für einen allfälligen Kundenverlust.[104] 8.98

– Könnte der Bauherr das Bauwerk zu einem höheren Preis weiterverkaufen, doch scheitert der Weiterverkauf daran, dass der Planer das Bauwerk nicht oder nicht rechtzeitig abliefert, entgeht dem Bauherrn ein Gewinn. Der Planer hat dem Bauherrn die Differenz zwischen der Vergütung und dem (hypothetischen) Verkaufspreis zu ersetzen. Dies grundsätzlich sogar dann, wenn der Bauherr das Werk gar nicht weiterveräussert hätte.[105] 8.99

– Der Planer haftet dem Bauherrn für entgangene (höhere) Mietzinseinnahmen, wenn er ihn nicht richtig über die Baukosten orientiert und der Bauherr es daher unterlässt, Mietverträge mit höheren Erträgen abzuschliessen.[106] 8.100

4. Zum Schaden zählen grundsätzlich auch die **nutzlosen Aufwendungen.**[107] 8.101

---

100 Vgl. Trümpy, S. 145 f.

101 BGE 126 III 392 m.w.H.; BGer 4A_83/2009 (6.5.2009) E. 4.2; KGer VS vom 9.7.1997 = BR/DC 1998, S. 53, Nr. 181.

102 KGer VS vom 9.7.1997 = BR/DC 1998, S. 53, Nr. 181.

103 Art. 106 ZPO.

104 Vgl. Schumacher, Architektenrecht 1995, Nr. 562.

105 Vgl. BGE 104 II 201; 120 II 300.

106 Schumacher, Architektenrecht 1995, Nr. 562.

107 Schumacher, Architektenrecht 1995, Nr. 563; vgl. auch Gauch, Werkvertrag, Nr. 1866.

8.102 – Gestützt auf einen fehlerhaften Bericht entschied sich der Bauherr für eine punktuelle Sanierung einer Kanalisationsleitung. Die punktuelle Sanierung erwies sich als ungenügend, die Kanalisation wies weiterhin einen erheblichen Wasserverlust auf und musste noch einmal saniert werden. Der Planer haftete der Bauherrin für die unnütz aufgewendeten Mittel der punktuellen Sanierung.[108]

8.103 – Der Planungsfehler führt dazu, dass das Bauwerk erst vier Monate später als geplant bezugsbereit ist. Die Zinsen, die der Bauherr während dieser Zeit für das Eigen- und Fremdkapital (für Land und Gebäude) bezahlen muss, sind nutzlos. Der Architekt haftet für die unnötigen Mehrkosten.[109]

8.104 – Der Architekt, der seine Haftung gegenüber dem Bauherrn zu Unrecht bestreitet und diesen dadurch zum Prozess gegen den Unternehmer veranlasst, haftet dem Bauherrn für die Kosten des (verlorenen) Prozesses gegen den Unternehmer.[110]

8.105 Die Haftung für die durch die Fehlplanung entstandenen Mehrkosten und nutzlosen Aufwendungen ist zu unterscheiden von der Haftung für unzutreffende Kosteninformationen (Nr. 10.38 ff.).

8.106 5. **Keinen ersatzfähigen Schaden** stellen entgangene Nutzungsmöglichkeiten oder ein blosses Affektionsinteresse des Bauherrn dar:

8.107 **a.** Das Bundesgericht verneinte eine Schadenersatzpflicht des Architekten für die **entgangene Nutzungsmöglichkeit** eines Teils einer Villa, in der an verschiedenen Orten Wasser eindrang. Das Bundesgericht begründete dieses Ergebnis damit, es liege kein ersatzfähiger, rechtlich anerkannter Schaden (im Sinne der Differenztheorie) vor.[111] Allerdings könne die entgangene Nutzungsmöglichkeit im Einzelfall eine Genugtuung nach Art. 49 OR rechtfertigen.[112] Die erforderliche Schwere der Persönlichkeitsverletzung dürfte indessen selten gegeben sein.

---

108 BGer 4C.165/2005 (22.7.2005).

109 SCHUMACHER, Architektenrecht 1995, Nr. 563.

110 SCHUMACHER, Architektenrecht 1995, Nr. 560.

111 BGE 126 III 392 ff.

112 BGE 126 III 394 (im betreffenden Fall verneint); vgl. auch BR/DC 2001, S. 78 f., Nr. 258 mit Anm. WERRO.

b. Auch die Beeinträchtigung eines blosses **Affektionsinteresses** berechtigt den Bauherrn nicht zu Schadenersatz. 8.108

– Ein Walliser Chalet musste als Folge einer Fehlplanung des Architekten mit einem Dach auf zwei Niveaus (anstelle wie geplant einem) gebaut werden, um die zulässige Höhe nicht zu überschreiten. Ein Gutachten stellte fest, dass es sich um ein rein ästhetisches Defizit handle und sich der Fehler nicht auf den Verkaufswert des Chalets auswirke. Mangels einer Vermögensverminderung verneinte das Kantonsgericht Wallis einen Schadenersatzanspruch des Bauherrn.[113] 8.109

Der Entscheid des Kantonsgerichts Wallis ist richtig, da es an einem rechtlich anerkannten Schaden fehlte. Infolge der Fehlplanung wäre allenfalls das Honorar des Architekten zu kürzen gewesen (Minderung).[114] Anders hätte der Entscheid freilich dann ausfallen müssen, wenn sich der ästhetische Mangel in einem Minderwert des Bauwerks niedergeschlagen hätte.[115] 8.110

e. Exkurs: Schaden beim anderen und beim wertvolleren Bauwerk

1. Weicht der Planer von einer Weisung des Bauherrn ab oder holt er eine solche pflichtwidrig nicht ein, so muss das Bauwerk nicht zwingend einen objektiven Mangel aufweisen. Plant er zum Beispiel mit einem anderen (gleichwertigen) Fassadenanstrich oder anderen Badezimmerplatten als vom Bauherrn gewünscht, liegt darin eine Vertragsverletzung. Der Bauherr hat grundsätzlich die gleichen Rechte, wie wenn die Fehlplanung zu einem Mangel am Bauwerk führt. Er kann insbesondere Nachbesserung, Minderung oder Schadenersatz verlangen.[116] Schadenersatz steht dem Bauherrn freilich nur zu, wenn er eine Vermögenseinbusse (z.B. Mehrkosten) erleidet; das blosse Affektionsinteresse ist nicht zu ersetzen. 8.111

2. Die Weisungsabweichung kann auch zu einem wertvolleren Bauwerk (z.B. Parkettboden statt Laminat) führen. In diesem Fall steht den Mehrkosten ein Mehrwert des Bauwerks gegenüber. Der Mehrwert ist allerdings unter Umständen vom Bauherrn nicht gewünscht und ihm insofern aufgedrängt. Der 8.112

---

113 Unveröffentlichtes Urteil des KGer VS vom 9.7.1997 = BR/DC 1998, S. 53 f., Nr. 181 mit Anm. WERRO.

114 BR/DC 1998, S. 53 f., Nr. 181 mit Anm. WERRO; vgl. auch STÖCKLI, Sorgfaltsmangel, S. 931 ff.

115 Vgl. KGer TI, Urteil vom 26.8.1997 = in BR/DC 1999, S. 47, Nr. 75 mit Anm. TERCIER.

116 So auch SCHUMACHER, Architektenrecht 1995, Nr. 546 und 548.

Planer haftet grundsätzlich für die Mehrkosten; der Schaden entspricht aber nicht einfach den Mehrkosten, vielmehr ist der Mehrwert bzw. Nutzen für den Bauherrn zu berücksichtigen.[117]

8.113 **3.** Schliesslich kann der Planer so stark von den Weisungen des Bauherrn abweichen, dass die erbrachte Planungsleistung als eine völlig andere Leistung als die in Auftrag gegebene erscheint. Rechtlich handelt es sich in diesem Fall nicht um eine mangelhafte Leistung, sondern um eine Nichterfüllung (sog. *aliud*). Es kommen die allgemeinen Regeln über die Nichterfüllung zur Anwendung.[118]

3. Verletzung der Sorgfalts- und Treuepflicht

A. Bedeutung und Inhalt der Sorgfalts- und Treuepflicht

8.114 **1.** Die allgemeine Sorgfalts- und Treuepflicht ergibt sich beim Werkvertrag aus Art. 364 Abs. 1 OR.[119] Untersteht der Planervertrag den SIA-Ordnungen 102/103, halten deren Art. 1.9.11 fest, dass der Planer für jede Vertragsverletzung haftet, auch und «insbesondere bei Verletzung seiner Sorgfalts- und Treuepflicht».[120] Die *Sorgfalt* bezieht sich auf die Pflicht zum allgemeinen

117 Vgl. BGE 122 III 64: «Der Kläger als Bauherr ist insoweit geschädigt, als er bei Kenntnis der Unrichtigkeit des Kostenvoranschlages über seine finanziellen Mittel anders disponiert hätte und der – aufgedrängte – Mehrwert des Hauses für ihn nutzlos ist oder die Investition gar seine wirtschaftlichen Möglichkeiten übersteigt. Da der Mehrwert dem Bauherrn insoweit als Vorteil anzurechnen ist, als er ein persönliches Interesse daran hat, kann der massgebliche Schaden als Differenz zwischen dem objektiven Wert der Baute und dem subjektiven Nutzen des Bauherrn daran umschrieben werden (BGE 119 II 253 E. 3b/bb).» (bezüglich einer falschen Kostenschätzung). Vgl. auch das KGer GE (10.10.1997) = BR/DC 1998, S. 133 f., Nr. 351, nach welchem die Mehrkosten, die einen Gegenwert im objektiven Mehrwert des Bauwerks aufweisen, keinen Schaden darstellen, soweit der Bauherr das Werk auf die gleiche Art und zum gleichen Preis hätte bauen lassen, wenn er richtig informiert worden wäre. Zur Haftung für unzutreffende Kosteninformation ausführlich Nr. 10.38 ff.

118 Vgl. zum völlig anderen Werk Gauch, Werkvertrag, Nr. 1443 ff.

119 Vgl. Gauch, Werkvertrag, Nr. 817 und 822 ff. Im Auftragsrecht ergibt sich die Sorgfalts- und Treuepflicht aus Art. 398 Abs. 2 OR. Vgl. auch Art. 23 Abs. 1 SIA 118: «Mit dem Abschluss des Werkvertrags werden Bauherr und Unternehmer verpflichtet, den Vertrag gewissenhaft zu erfüllen».

120 Ebenso die SIA-Ordnungen 108/110 (Art. 1.9.11), 111/112 (Allgemeine Vertragsbedingungen, Art. 9.11) sowie der KBOB-Planervertrag (Allgemeine Vertragsbedingungen, Art. 12.1).

Richtigverhalten, die *Treue* darauf, dass der Planer sein Verhalten nach den Interessen des Bauherrn zu richten hat.[121]

2. Die allgemeine Sorgfalts- und Treuepflicht ist eine *Nebenpflicht.* Wie alle Nebenpflichten dient auch sie der richtigen Erfüllung der Hauptleistung und der Verwirklichung des beabsichtigten Erfolgs. Sie ist nicht Selbstzweck und erweitert den Inhalt der Hauptpflicht nicht.[122] Führt die Verletzung der Sorgfalts- und Treuepflicht zu einem Mangel am abgelieferten Bauwerk, wird sie von der Mängelhaftung «absorbiert» (Nr. 8.158). 8.115

3. Das Gesetz verweist für das Mass der anzuwendenden Sorgfalt auf den Arbeitsvertrag (Art. 364 Abs. 1 OR). Regelmässig – aber nicht immer – ist der Planer die sachkundig(er)e Partei des Planervertrags. Grundsätzlich sind daher an die Sorgfalts- und Treuepflicht des Planers höhere Anforderungen zu stellen als an jene des Arbeitnehmers.[123] Der Bauherr darf erwarten, dass der als Spezialist beigezogene Planer seine Pflichten vollständig, sorgfältig und rechtzeitig erfüllt.[124] Der Planer muss wenigstens die Sorgfalt aufwenden, die nach der Verkehrsanschauung von einem gewissenhaften Vertragspartner erwartet wird, der sich zur Planung eines Bauwerks wie des vorliegenden verpflichtet.[125] Die Anforderungen dürfen andererseits nicht unzumutbar hoch geschraubt werden (Nr. 8.142).[126] Für die Sorgfalt ist immer auf die konkreten Umstände abzustellen.[127] 8.116

B. Erscheinungsformen

Aufgrund der Sorgfalts- und Treuepflicht muss der Planer dem Bauherrn alle erforderlichen Informationen erteilen, ihn über Zusammenhänge und Risiken aufklären, Empfehlungen abgeben und ihn abmahnen, wenn die Weisungen des Bauherrn unzweckmässig oder gefährlich sind. Im Folgenden werden einzelne Erscheinungsformen der Sorgfalts- und Treuepflicht unterschie- 8.117

---

121 SCHUMACHER, Architektenrecht 1995, Nr. 437 f.

122 MERZ, Berner Kommentar, N 260 zu Art. 2 ZGB.

123 GAUCH, Werkvertrag, Nr. 840; SCHUMACHER, Architektenrecht 1995, Nr. 436.

124 BGer 4C.424/2004 (15.3.2005) E. 3.2.1.

125 Zum Ganzen GAUCH, Werkvertrag, Nr. 841 m.w.H.

126 Vgl. ZR 1938, Nr. 95, S. 203; GAUCH, Werkvertrag, Nr. 841 m.w.H.

127 Vgl. BGE 113 II 432 (zur ärztlichen Sorgfaltspflicht, sinngemäss auf den Werkvertrag übertragbar).

den.[128] Diese Einteilung dient der Übersichtlichkeit; die Rechtsfolgen bei einem Verstoss sind jeweils dieselben.

a. Informationspflicht

8.118 Der Planer muss den Bauherrn laufend informieren (Nr. 9.27). Er muss von sich aus oder auf Anfrage alle Auskünfte erteilen, die für den Bauherrn objektiv oder subjektiv wichtig sind. Der Bauherr ist der «Herr des Bauens». Er soll seine Entscheidungen in voller Kenntnis der Sachlage treffen können. Der Planer muss dem Bauherrn daher alle Informationen liefern, die dieser braucht, um Grundsatzfragen zu entscheiden, um Weisungen zu erteilen und seine Rechte auszuüben.[129]

8.119 – Der Planer muss den Bauherrn informieren, wie lange ein Bauprojekt dauert und welche Kosten dabei voraussichtlich anfallen.

b. Aufklärungspflicht

8.120 **1.** Die Aufklärungspflicht geht weiter als die Informationspflicht (Nr. 8.118). Der Planer muss den Bauherrn über Zusammenhänge und über die Auswirkungen einer bestimmten Vorgehensweise aufklären (Nr. 9.28). Er muss ihn auf die Folgen seiner Weisungen, insbesondere hinsichtlich Terminen, Qualität und Kosten, aufmerksam machen.[130] Nach SCHUMACHER ist der Planer der «Dolmetscher», der dem Bauherrn die Pläne und die Fachausdrücke erklärt, die dieser als Laie in Baufragen oder in baulichen Spezialgebieten sonst nicht verstehen würde.[131]

8.121 Der Planer muss den Bauherrn insbesondere auf allfällige Risiken hinweisen, wenn dieser sie nicht selber erkennen kann.[132] Unterlässt der Planer die Aufklärung über bestimmte Risiken, erweckt er grundsätzlich den Eindruck (und damit das Vertrauen des Bauherrn), diese Risiken bestünden nicht.[133] Die Aufklärungspflicht ist jedoch ihrem Umfang nach beschränkt; der Bauherr

---

[128] Die Unterscheidung folgt im Wesentlichen der Einteilung von SCHUMACHER, Architektenrecht 1995, Nr. 440 ff.

[129] SCHUMACHER, Architektenrecht 1995, Nr. 441.

[130] So ausdrücklich Art. 1.3.51 SIA 102/103.

[131] SCHUMACHER, Architektenrecht 1995, Nr. 442.

[132] BGE 119 II 458 = Pra 1995, Nr. 72, S. 235 f. m.w.H.; vgl. auch BGE 127 III 360.

[133] BGer 4C.424/2004 (15.3.2005) E. 3.2.1.

trägt insbesondere dann eine Mitverantwortung, wenn er selber über Fachwissen verfügt oder Fachleute zur Baubegleitung beigezogen hat.[134]

- Der Ingenieur begeht eine Vertragsverletzung, wenn er erkennt oder mit seinem Fachwissen ohne Weiteres erkennen könnte, dass eine Unternehmervariante mit besonderen Risiken verbunden ist, und er den Bauherrn nicht darauf aufmerksam macht.[135] 8.122

- Der Planer muss den Bauherrn über wesentliche Punkte in den Verträgen mit den Unternehmern aufklären (z.B. in Bezug auf Haftungsrisiken). Zwar ist er nicht der Rechtsberater des Bauherrn; soweit er diesen bei den Vertragsverhandlungen begleitet und selber Verträge mit Unternehmern verfasst, muss er aber über die erforderlichen juristischen Kenntnisse verfügen.[136] 8.123

- Sieht die Planung die Verwendung eines neu entwickelten, noch nicht erprobten Baustoffs vor, muss der Planer den Bauherrn auf die damit verbundenen Risiken hinweisen. Tut er dies nicht, verletzt er seine Aufklärungspflicht.[137] 8.124

2. Der Planer muss die Interessen des Bauherrn umfassend wahren. Die herrschende Lehre zum Auftragsrecht leitet daraus eine *Pflicht* des Planers *zur Selbstanzeige* ab. Wenn der Planer feststellt, dass ein Mangel durch seinen Fehler verursacht oder mitverursacht wurde, müsse er dies (nach dieser Meinung) dem Bauherrn mitteilen und diesem so ermöglichen, Schadenersatzansprüche (auch) gegen ihn geltend zu machen.[138] Orientiert der Planer den Bauherrn nicht über seinen Fehler, soll er eine zweite Vertragsverletzung begehen. Eine zweite Vertragsverletzung soll auch vorliegen, wenn der Planer den eigenen, allenfalls befürchteten Fehler nicht entdeckt, weil er die 8.125

---

[134] Zum Umfang der Aufklärungspflicht Nr. 8.141 ff.

[135] BGer 4C.284/2006 (7.11.2006) E. 2.3 = BR/DC 2007, S. 61, Nr. 202 mit Anm. Stöckli. Der Planer kann mit der fachlichen oder rechnerischen Überprüfung von Unternehmervarianten ausdrücklich beauftragt werden (Art. 4.1.41 und 4.2.41 SIA 103; vgl. auch Art. 4.41 SIA 102). Auch ohne spezielle Vereinbarung, jedoch aufgrund der allgemeinen Sorgfalts- und Treuepflicht, kann der Planer haftbar werden, wenn die Untauglichkeit der Unternehmervariante für ihn offensichtlich ist.

[136] Vgl. Schumacher, Nr. 447 m.w.H.; vgl. auch Art. 4.51 SIA 102.

[137] Reber, Rechtshandbuch, S. 292 und 323 f.

[138] Schumacher, Architektenrecht 1995, Nr. 523 m.w.H.; Fellmann, Berner Kommentar, N 169 f. zu Art. 398 OR (zum Auftrag); Roggo/Staffelbach, S. 421 f.; a.M. Wiegand, Zur Haftung, S. 134, 138 f. und 143.

Ursache des Mangels nicht oder nicht sorgfältig abklärt.[139] Eine derart verstandene Treuepflicht geht schon im Auftragsrecht sehr weit. Umso mehr erscheint fraglich, ob sie auf den Werkvertrag ausgedehnt werden soll. Eine Pflicht zur Selbstanzeige kann jedenfalls dann nicht mehr bestehen, wenn die beiderseitigen Leistungen erbracht wurden. Andernfalls würde die gesetzliche Verjährungsordnung ausgehebelt.[140]

c. Beratungspflicht

8.126 **1.** Den Planer trifft ferner eine umfassende Beratungspflicht (Nr. 9.29).[141] Er muss die Bedürfnisse, Ideen und Wünsche des Bauherrn erfassen, analysieren und umsetzen. Er muss sich hierfür laufend mit dem Bauherrn austauschen und gleichzeitig den Überblick über das ganze Projekt behalten.[142]

8.127 **2.** Die Entscheidungen fällt letztlich der Bauherr (z.B. ob er eine Versicherung abschliessen will). Um seine Entscheidungen treffen zu können, muss der Bauherr nicht nur die Sachlage (z.B. ein Risiko) und die Konsequenzen (z.B. der möglichen Folgen, wenn das Risiko sich verwirklicht) kennen. Er ist zudem auf die Empfehlungen und Vorschläge des Planers angewiesen.[143] Wie weit die Beratungspflicht geht, bestimmt sich aufgrund der Umstände des Einzelfalls, insbesondere der Kenntnisse und Erfahrung des Bauherrn (Nr. 8.141).

8.128 **3.** Beispiele:

8.129 – Der Planer muss den Bauherrn hinsichtlich der Kosten des in Aussicht genommenen Projekts beraten (wirtschaftliche Beratungspflicht).[144]

---

139 Schumacher, Architektenrecht 1995, Nr. 523 f.

140 Siegenthaler/Scherler, S. 7.

141 Die Pflicht zur Beratung des Bauherrn ist auch in den Art. 2.1 und 3.4.1 SIA 102/103 statuiert.

142 Schumacher, Architektenrecht 1995, Nr. 443.

143 Vgl. Schumacher, Architektenrecht 1995, Nr. 444; Fellmann, Berner Kommentar, N 167 zu Art. 398 OR.

144 BGE 119 II 458 = Pra 1995, Nr. 72, S. 235 f.; BR/DC 1994, S. 106 f., Nr. 215 mit Anm. Werro; zuvor schon als obiter dictum in BGE 114 Ia 358 f. und 116 II 521 f.; vgl. die Leistungsbeschriebe in den SIA-Ordnungen 102/103 (Nr. 8.2 ff.), insb. die Phasen 2 (Vorstudien; Nr. 8.4) und 3 (Projektierung; Nr. 8.5).

– Der Architekt muss den Bauherrn auf die Risiken des Bauens in steilem Gelände hinweisen und ihm empfehlen, eine Bauherrenhaftpflichtversicherung abzuschliessen.[145] 8.130

– Der Architekt muss den Bauherrn auf Risiken bei komplexen Bauvorhaben aufmerksam machen. Er muss ihn auf die Möglichkeit hinweisen, eine Bauwesenversicherung abzuschliessen und ihm gegebenenfalls den Abschluss einer solchen empfehlen.[146] 8.131

d. Abmahnungspflicht

1. Der werkvertraglich verpflichtete Planer muss den Bauherrn unaufgefordert abmahnen, wenn dieser ihm **unzweckmässige oder gefährliche Weisungen** erteilt (Nr. 9.32).[147] Mit der Abmahnung muss der Planer mitteilen, inwiefern die Weisung fehlerhaft ist, und dem Bauherrn davon abraten. 8.132

2. Beispiele: 8.133

– Der Bauherr wies den Planer an, einen bestimmten Unternehmer mit den Montagearbeiten zu beauftragen. Der Planer war der Ansicht, der betreffende Unternehmer verfüge nicht über genügend Erfahrung, Branchenkenntnis und personelle bzw. maschinentechnische Kapazität, um die Arbeiten auszuführen. Er hätte den Bauherrn daher abmahnen müssen.[148] 8.134

– Der Planer muss den Bauherrn abmahnen, wenn die Weisung betreffend die Konstruktion der Bodenbeläge in einem Geschäftshaus verfehlt (konkret der Zementüberzug zu wenig dick) ist.[149] 8.135

– Der Ingenieur, der dem Bauherrn nahelegt, zur Prüfung der Bodenbeschaffenheit einen Fachmann (Geologen) beizuziehen, muss den Bauherrn im Weigerungsfall abmahnen.[150] 8.136

3. Die Abmahnung muss ausdrücklich erfolgen, sie muss bestimmt, klar und deutlich sein.[151] Der Planer muss damit *unmissverständlich zum Ausdruck* 8.137

---

145 BGE 111 II 75; dazu kritisch WIEGAND, Zur Haftung, S. 139.

146 SCHUMACHER, Architektenrecht 1995, Nr. 446

147 SCHUMACHER, Architektenrecht 1995, Nr. 449; GAUCH, Werkvertrag, Nr. 1937 ff.; vgl. auch Art. 1.3.51 SIA 102/103.

148 Vgl. BGE 116 II 309 f.

149 Vgl. BGE 95 II 43 ff.

150 BGer 4C.284/2006 (7.11.2006) E. 2.3 = BR/DC 2007, S. 62, Nr. 203 mit Anm. STÖCKLI.

151 BGE 95 II 50.

bringen, dass die erteilte Weisung seines Erachtens zu einem Werkmangel oder einem anderen Nachteil führen könnte und dass er deswegen seine Verantwortung für die Ausführung des Werks ablehne.[152] Keine genügende Abmahnung liegt vor, wenn der Planer sich allgemein vorbehält, er würde einen anderen Subunternehmer vorziehen.[153] Sodann hat die Abmahnung gegenüber dem Bauherrn oder einem entsprechend bevollmächtigten Vertreter zu erfolgen.[154]

8.138 Hält der Bauherr an seiner Weisung fest, ist der Planer verpflichtet, diese zu befolgen.[155] Die ausdrückliche Abmahnung befreit den Planer von seiner Haftung (Art. 369 OR).[156] Die Befreiung gilt freilich nur für den durch die abgemahnte Weisung verursachten Schaden, nicht für allfällige Fehler des Planers. Kann er die Weisung nicht befolgen, weil sie z.B. gegen die Regeln der Baukunde verstiesse oder gefährlich wäre, muss der Planer das Vertragsverhältnis beenden.[157]

8.139 **4.** Ist im Einzelfall – entgegen der gesetzgeberischen Vorstellung[158] – der Bauherr sachverständig (sei es, dass er selber sachverständig ist oder sich fachmännisch beraten lässt), darf sich der Planer freilich darauf verlassen, dass die Weisungen durchdacht sind. Eine Abmahnung ist in solchen Situationen nur erforderlich, wenn der Planer die Fehlerhaftigkeit der Weisung erkannt hat oder sie hätte erkennen müssen.[159] Eine Abmahnung ist ferner erforderlich, wenn die Weisung Bereiche betrifft, die der (im übrigen) fachkundige Bauherr nicht kennt, wohl aber der Planer.

---

152 BGE 95 II 50; 116 II 308; BGer 4C.217/2005 (20.2.2006) E. 3.2.1. Die zweite Voraussetzung (Ablehnung der Verantwortung) wird in der Lehre mitunter kritisiert (GAUCH, Werkvertrag, Nr. 1941; vgl. auch die Übersicht bei ZINDEL/PULVER, Basler Kommentar, N 10 zu Art. 369 OR).

153 BGE 116 II 308 f.; GAUCH, Werkvertrag, Nr. 1940.

154 Ungenügend ist die Abmahnung, wenn sie an dessen Monteur gerichtet ist (BR/DC 2009, S. 56, Nr. 116 mit Anm. STÖCKLI).

155 SCHUMACHER, Architektenrecht 1995, Nr. 449.

156 Ebenso Art. 1.6.1 SIA 102/103.

157 GAUCH, Werkvertrag, Nr. 598 gesteht dem Planer in diesem Fall ein Auflösungsrecht aus wichtigem Grund zu. Vgl. auch BACHMANN, Haftungsfolgen, S. 186 zum Fall, da der Bauherr die Ratschläge zur Erdbebensicherheit nicht befolgt.

158 Zum Umfang der Sorgfalts- und Treuepflicht bei einem sachverständigen Bauherrn Nr. 8.141 ff.

159 BGE 116 II 309 f.; BGer 4A_166/2008 (7.8.2008) E. 2.1.

5. Die Abmahnung bedarf *keiner besonderen Form.*[160] Auch die mündliche Abmahnung ist grundsätzlich wirksam. Da der Planer die Beweislast für die genügende Abmahnung trägt, ist ihm aber zu empfehlen, auf jeden Fall schriftlich abzumahnen.[161] Will der Bauherr die erforderlichen Massnahmen nicht ergreifen, sollte der Planer eine Bestätigung einholen, dass der Bauherr von ihm ausreichend informiert wurde und er sich der Tragweite seines Entscheids bewusst ist. Weigert sich der Bauherr, eine solche Bestätigung abzugeben, sollte der Planer schriftlich (eingeschrieben) abmahnen oder sich allenfalls überlegen, den Vertrag aufzulösen.[162] 8.140

C. Umfang und Zeitpunkt

1. Die gesetzliche Regelung beruht auf der **Vorstellung,** dass der **Planer sachverständig** ist und der **Bauherr nicht.** Die Sorgfalts- und Treuepflicht des Planers ist deshalb immer dann einzuschränken, wenn die konkreten Verhältnisse von der gesetzgeberischen Vorstellung abweichen.[163] Dies ist der Fall, wenn der Bauherr seinerseits sachverständig ist, sei es, dass er selber über die fachlichen Kenntnisse verfügt oder dass er sich fachmännisch beraten lässt (wie z.B. grössere private Unternehmen oder Gemeinwesen). Dem Bauherrn ist der Sachverstand seiner Berater anzurechnen.[164] 8.141

a. Die in der Literatur mitunter erhobene Forderung, der Planer müsse den Bauherrn vollständig, umfassend und klar informieren, aufklären und beraten, *geht u.E. in dieser allgemeinen Form zu weit.* Der Planer ist keine «Kasko-Versicherung» für alle nur erdenklichen Pflichten. Vielmehr ist das Mass der Nebenpflichten auch und vor allem davon abhängig, über welche Kenntnisse und Erfahrungen der Bauherr verfügt.[165] SCHUMACHER weist darauf hin, dass die Bedürfnisse der jeweiligen Bauherren unterschiedlich sind. Während der eine wünschen mag, über alle Details orientiert zu werden, möchte ein anderer nur über die wesentlichen Belange Bescheid wissen. Eine Überinformation kann den Bauherrn auch desinformieren. Die Information 8.142

---

160 Vgl. BGE 95 II 47.

161 Vgl. auch Art. 1.3.51 SIA 102/103.

162 Vgl. auch BACHMANN, Haftungsfolgen, S. 186.

163 BGE 116 II 309; 116 II 456; BGer 4A_166/2008 (7.8.2008) E. 2.1.

164 Vgl. BGE 116 II 456; BGer 4A_166/2008 (7.8.2008) E. 2.1 und 2.2; beide Entscheide zur Abmahnung lassen sich u.E. allgemein für den Umfang der Sorgfalts- und Treuepflicht heranziehen.

165 Vgl. BGE 119 II 335.

hat eben nicht «erschöpfend» im anderen Sinne des Wortes zu sein. Ziel der Information, Aufklärung und Beratung muss sein, dass der Bauherr seine Entscheide in voller Kenntnis der Sachlage und der Konsequenzen fällen kann.[166] Nicht mehr und nicht weniger.

8.143 **b.** Wiegand stellt eine Tendenz zur Ausweitung der Verhaltenspflichten fest. Er weist zu Recht darauf hin, dass die Ausdehnung der Verhaltenspflichten lediglich das dogmatische Instrumentarium ist, das beim Planervertrag zur Verlagerung des Risikos auf den Planer führt. Die eigentliche Frage ist eine rechtspolitische Wertung (oder müsste es jedenfalls sein): Es geht darum, wer den Schaden tragen soll.[167] Und hier wird man – etwas gegen den Zeitgeist – daran erinnern dürfen, dass eine Möglichkeit immer auch ist, dass der Bauherr selbst den Schaden zu tragen hat.[168] Wenn immer mehr Risiken auf den Planer überwälzt werden, führt dies nicht zu besseren, sondern zu teureren Verträgen.[169]

8.144 **2.** Die Information und Aufklärung, die Empfehlungen und Vorschläge hat der Planer so **frühzeitig** abzugeben, dass der Bauherr seine Entscheide rechtzeitig fällen kann.[170] Zu spät erfolgt die Orientierung, wenn der Bauherr praktisch vor vollendete Tatsachen gestellt wird. Dies ist zum Beispiel der Fall, wenn eine von zwei Varianten aus zeitlichen Gründen nicht mehr oder nur noch mit hoher Kostenfolge gewählt werden kann. Der Planer hat deshalb auch unaufgefordert zu informieren, aufzuklären und zu beraten.[171]

---

166 Schumacher, Architektenrecht 1995, Nr. 456.

167 Wiegand, Zur Haftung, S. 138 f. und 143.

168 Vgl. auch die von Reber aufgezeigte Wandelung der SIA-Ordnung 103: Die Ausgabe 1962 sah eine Beschränkung der Haftung des Ingenieurs auf den Honorarbetrag vor; nach Ausgabe 1969 musste die Haftung noch «in einem angemessenen Verhältnis zum Honorar» stehen; die nächste Ausgabe enthielt bereits keine summenmässige Beschränkung mehr (Reber, Rechtshandbuch, S. 326). Auch insofern ist eine Verlagerung des Risikos auf den Planer zu beobachten.

169 Mit dem Haftungsrisiko steigen die Versicherungsprämien, die der Planer bezahlen muss. Der Planer wird versucht sein, aus betriebswirtschaftlichen Gründen gar gezwungen, die Prämien auf den Bauherrn zu überwälzen. Höhere Haftungsrisiken können den Planer ausserdem dazu bewegen, seine Haftung vertraglich zu beschränken. Auch eine solche Freizeichnung schlägt letztlich auf den Bauherrn zurück.

170 Schumacher, Architektenrecht 1995, Nr. 457.

171 Vgl. BGE 115 II 65.

D. Schaden aus der Verletzung der Sorgfalts- und Treuepflicht

Führt die Verletzung der Sorgfalts- und Treuepflicht zu einer Fehlplanung und zu einem Mangel am Bauwerk, «absorbiert» die Mängelhaftung und deren Schadenersatz gewissermassen die Sorgfaltshaftung.[172] Für den zu ersetzenden Schaden kann auf die Ausführungen bei der Fehlplanung verwiesen werden (Nr. 8.76 ff.); es gelten die werkvertraglichen Verwirkungs- und Verjährungsbestimmungen (Nr. 8.193 ff. und Nr. 8.221 ff.). Mitunter führt die Verletzung der Sorgfalts- und Treuepflicht jedoch zu einem reinen Vermögensschaden. Alsdann richtet sich die Haftung des Planers nach den Art. 97 Abs. 1 OR i.V.m. Art. 364 Abs. 1 OR, allenfalls i.V.m. Art. 101 Abs. 1 OR, ohne dass die werkvertraglichen Verwirkungs- und Verjährungsbestimmungen zu beachten sind.[173] 8.145

4. Weitere Pflichtverletzungen

A. Verletzung vertraglicher Nebenpflichten

1. Die Verletzung einer vertraglichen Nebenpflicht stellt eine sog. positive Vertragsverletzung dar. Einzelne vertragliche Nebenpflichten sind selbständig einklagbar (z.B. Einhaltung eines Konkurrenzverbots). Andere führen nur zu einem Schadenersatzanspruch nach Art. 97 Abs. 1 OR oder Art. 101 Abs. 1 OR.[174] 8.146

2. Ein Teil der allgemeinen Nebenpflichten wurde bereits im Rahmen der Verletzung der Sorgfalts- und Treuepflicht behandelt (z.B. Aufklärungspflicht). Weitere Nebenpflichten sind insbesondere: 8.147

a. Der Planer hat *Interessenkollisionen* zu *vermeiden.* Er darf zwar Doppelaufträge annehmen (der Bau mehrerer Häuser einer Siedlung kann zu Synergien führen, die im Interesse der Bauherren liegen). Wenn zwischen den einzelnen Bauherren Streit entsteht, muss der Planer aber neutral bleiben und darf nicht zugunsten eines Bauherrn Partei ergreifen.[175] 8.148

b. Die Treuepflicht zum Bauherrn verbietet dem Planer, von Dritten *persönliche Vergünstigungen* (z.B. Geschenke von Unternehmern) entgegenzuneh- 8.149

[172] BGE 111 II 172; Gauch, Werkvertrag, Nr. 853.
[173] Vgl. BGE 113 II 422.
[174] Gauch/Schluep/Emmenegger, Nr. 2638; Huguenin, OR AT, Nr. 594 ff.
[175] Schumacher, Architektenrecht 1995, Nr. 454.

men.[176] In extremen Fällen könnte sich der Planer sogar nach Art. 4a Abs. 1 lit. b UWG i.V.m. Art. 23 UWG (Privatbestechung) strafbar machen. Umgekehrt darf der Planer einen ihm nahestehenden Unternehmer nicht begünstigen.

8.150 **c.** Der Planer ist zur *Verschwiegenheit* verpflichtet. Persönliche Verhältnisse des Bauherrn (z.B. Einkommens- und Vermögensverhältnisse), von denen er Kenntnis erlangt, muss er vertraulich behandeln. Die Pflicht zur Verschwiegenheit kann je nach den Umständen des Einzelfalls unterschiedlich weit gehen.[177] Sie besteht über die Zeit der Vertragserfüllung hinaus.[178]

8.151 **d.** Der Planer ist verpflichtet, die Arbeitsergebnisse (z.B. Pläne, Baujournale, Machbarkeitsstudien) zehn Jahre über die Beendigung des Planervertrags hinaus *aufzubewahren.*[179]

B. Verzug

8.152 Hält der Planer den Zeitplan nicht ein (z.B. indem er Pläne zu spät liefert) oder erfüllt er andere Pflichten nicht rechtzeitig, gerät er nach Massgabe von Art. 102 ff. OR in Schuldnerverzug.

C. Unmöglichkeit

8.153 Die Leistung des Planers kann unmöglich sein oder werden. An dieser Stelle interessiert vor allem der Fall der nachträglichen objektiven Unmöglichkeit.[180] Denkbar ist zum Beispiel, dass das umzubauende Haus durch einen Brand

---

176 GAUCH, Werkvertrag, Nr. 1248.

177 Vgl. auch Art. 1.4.2 SIA 102/103, wonach der Planer das Werk veröffentlichen kann, jedoch unter Wahrung der Interessen des Auftraggebers.

178 Ausführlich zur Diskretions- und Geheimhaltungspflicht FELLMANN, Berner Kommentar, N 39 ff. zu Art. 398 OR (zum Auftrag).

179 So ausdrücklich Art. 1.3.7 SIA 102/103. Zu den Vorschriften über die kaufmännische Buchführung, insbesondere der Aufbewahrung von Geschäftsbüchern und -korrespondenz vgl. Art. 962 OR.

180 Die Leistung kann aber auch anfänglich unmöglich sein (Art. 20 Abs. 1 OR). Sie kann ausserdem nachträglich subjektiv unmöglich sein in dem Sinne, dass zwar der betreffende Planer sie nicht mehr erbringen kann, ein anderer Planer jedoch noch leisten könnte (zur nachträglichen subjektiven Unmöglichkeit statt vieler HUGUENIN, OR AT, Nr. 556 f. und Nr. 572 ff.).

zerstört wird oder dass das Baugrundstück ausgezont wird.[181] Der Planer haftet, wenn er die Unmöglichkeit zu vertreten hat (Nr. 8.192).

D. Abgrenzung: Haftung für Kosteninformationen und Haftung für Bauleitung

Der Planer verletzt den Vertrag auch dann, wenn er Kosteninformationen unterlässt oder sie falsch sind, ferner wenn er vereinbarte Kostenlimiten nicht einhält. Der Fehler des Planers kann sich ausserdem im Rahmen der Bauleitung ereignen. Die Haftung für unzutreffende Kosteninformationen (Nr. 10.38 ff.) und die Haftung für Bauleitung (Nr. 9.162 ff.) werden in separaten Beiträgen behandelt. 8.154

IV. Rechtsfolgen

1. Schadenersatz

A. Haftung für eigenes Fehlverhalten

a. Rechtsfolge der Haftung: Schadenersatz

1. Haftet der Planer für die Verletzung des Planervertrags, so hat er dem Bauherrn den entstandenen Schaden zu ersetzen. 8.155

a. Grundlage des Schadenersatzanspruchs ist im Werkvertragsrecht[182] Art. 368 OR, soweit der Schaden die Folge einer mangelhaften Planungsleistung ist.[183] Der Schadenersatzanspruch nach Art. 368 OR setzt (im Gegensatz zu jenem nach Art. 97 ff. OR) voraus, dass der Bauherr die Pläne rechtzeitig prüft und allfällige Mängel umgehend rügt.[184] 8.156

---

[181] Beispiele nach SCHUMACHER, Architektenrecht 1995, Nr. 381.

[182] Das Bundesgericht unterstellt die Haftung für Planungsleistungen (also den reinen Planungsvertrag) dem Werkvertragsrecht (Nr. 1.30 ff.). Kritisch dazu Nr. 8.11.

[183] Anders als im Kaufrecht ist die alternative Anwendung von Art. 97 Abs. 1 OR neben der werkvertraglichen Gewährleistung ausgeschlossen (BGE 100 II 32 f.; GAUCH, Werkvertrag, Nr. 2326 und 2328; ZINDEL/PULVER, Basler Kommentar, N 78 zu Art. 368 OR).

[184] Zur Verwirkung der Sachgewährleistungsansprüche Nr. 8.191 ff. Überdies darf der Anspruch nicht verjährt sein (Nr. 8.221 ff.), und es darf kein Ausschluss der Sachgewährleistung (z.B. Genehmigung, Verschulden durch Weisung etc.) vorliegen (Nr. 8.253 f.).

8.157 Der Schadenersatzanspruch tritt im Werkvertragsrecht kumulativ zu den anderen Mängelrechten (Wandelung, Minderung, Nachbesserung)[185] hinzu. Der Bauherr ist nicht verpflichtet, eines der anderen Mängelrechte tatsächlich auszuüben.[186] Einen allfälligen Minderwert der Planleistung kann er allerdings nicht als Schadenersatz geltend machen, sondern muss dafür (allenfalls kumulativ) Minderung verlangen.[187]

8.158 **b.** Resultiert der Schaden aus der Verletzung der allgemeinen Sorgfalts- und Treuepflicht, so hat der Planer für seine Vertragsverletzung nach den Grundsätzen der Art. 97 ff. OR und Art. 364 Abs. 1 OR einzustehen.[188] Führt die Verletzung der allgemeinen Sorgfalts- und Treuepflicht zu einem Mangel der Planungsleistung, sind jedoch in jedem Fall die Regeln der Mängelhaftung (Art. 367–371 OR) anwendbar. Die Mängelhaftung «absorbiert» gewissermassen die Sorgfaltshaftung.[189]

8.159 **c.** Im Anwendungsbereich des Auftragsrechts ergibt sich die Schadenersatzpflicht aus Art. 97 ff. OR i.V.m. Art. 398 Abs. 2 OR.

8.160 **2.** Nach Art. 43 Abs. 1 OR i.V.m. Art. 99 Abs. 3 OR könnte der Richter statt auf Schadenersatz in Geld auch auf eine andere Art des Ersatzes, insbesondere eine Beseitigung des Mangels, erkennen. Da der Planer das Bauwerk nicht selber herstellt, ist indes ein solcher Naturalersatz kaum je sinnvoll.

b. Schadensberechnung

8.161 **1.** Der Schaden ist konkret zu berechnen.[190] Zu ersetzen ist in erster Linie das **positive Interesse.** Der Bauherr ist so zu stellen, wie wenn der Vertrag richtig erfüllt worden wäre.[191]

---

185 Vgl. dazu Nr. 8.182 ff.

186 Nach BGer 4C.297/2003 (20.2.2004) E. 2.1 verliert aber der Besteller, der einzig Schadenersatz verlangt, ohne eines der übrigen Mängelrechte auszuüben, die übrigen Gewährleistungsrechte. Vgl. auch GAUCH, Werkvertrag, Nr. 1851; HÜRLIMANN/SIEGENTHALER, Handkommentar Privatrecht, N 14 zu Art. 368 OR.

187 BGer 4C.297/2003 (20.2.2004) E. 2.1. Vgl. dagegen, wenn das (vom Unternehmer hergestellte) Bauwerk einen Minderwert aufweist, Nr. 8.85.

188 BGE 111 II 172; GAUCH, Werkvertrag, Nr. 853; TRÜMPY, S. 60.

189 BGE 111 II 172; GAUCH, Werkvertrag, Nr. 853.

190 Vgl. BGE 119 II 252 f.; SCHUMACHER, Architektenrecht 1995, Nr. 570.

191 Vgl. GAUCH/SCHLUEP/EMMENEGGER, Nr. 2898 und 2900.

Führt insbesondere eine Verletzung der Informations- oder Aufklärungspflicht (z.B. über die Kosten eines Bauprojekts) dazu, dass der Bauherr im Vertrauen auf die Richtigkeit der Information Dispositionen tätigt, die er sonst nicht getätigt hätte, ist der sog. **Vertrauensschaden** zu ersetzen.[192] Bei der Berechnung des Vertrauensschadens geht es darum, die Aufwendungen zu ermitteln, die der Bauherr nicht getätigt hätte, wenn die Information richtig gewesen wäre und er die tatsächlichen Kosten gekannt hätte.[193] Ebenso sind die Dispositionen zu ermitteln, die der Bauherr im Vertrauen auf die falsche Information unterliess, die er jedoch bei richtiger Information getätigt hätte (z.B. wenn der Bauherr, hätte der Planer die Kosten nicht zu hoch geschätzt, zusätzliche Investitionen getätigt hätte und einen höheren Gewinn erzielen könnte). Der Vertrauensschaden entspricht der Differenz zwischen dem aktuellen Vermögensstand und dem Stand, den das Vermögen hätte, wenn der Planer richtig informiert und aufgeklärt hätte. 8.162

2. Allfällige **Vorteile,** die dem Bauherrn aus der Vertragsverletzung entstehen, sind auszugleichen. Vorauszusetzen ist ein innerer Zusammenhang der Vor- und Nachteile unter sich und mit der entsprechenden Vertragsverletzung.[194] Beispiele:[195] 8.163

– Haftet der Planer, weil er den Bauherrn nicht über mögliche Versicherungen beraten hat, sind die eingesparten Versicherungsprämien vom Schaden abzuziehen. 8.164

– Erhöht sich der Schaden durch die Mehrwertsteuer, ist ein allfälliger Vorsteuerabzug anzurechnen. 8.165

3. Sogenannte **Ohnehin-Kosten,** die dem Bauherrn auch dann entstanden wären, wenn der Planer den Vertrag richtig erfüllt hätte, sind nicht zu ersetzen.[196] Der Bauherr soll durch die fehlerhafte Planungsleistung nicht besser gestellt werden. Hätte ihn die korrekt erbrachte Vertragsleistung mehr gekos- 8.166

---

192 Vgl. BGE 119 II 252. Der Vertrauensschaden wird mitunter auch als negatives Interesse bezeichnet, wobei die Terminologie in der Lehre jedoch uneinheitlich ist (vgl. GAUCH/SCHLUEP/EMMENEGGER, Nr. 2899).

193 Vgl. zur Weisungsabweichung, die zu einem wertvolleren Bauwerk führt, auch Nr. 8.111 ff.; zur Haftung für unzutreffende Kosteninformationen ausführlich Nr. 10.38 ff.

194 Vgl. BGE 71 II 89 f.

195 Beispiele nach SCHUMACHER, Architektenrecht 1995, Nr. 569.

196 Zu den Ohnehin-Kosten GAUCH, Werkvertrag, Nr. 1728; vgl. auch Art. 170 Abs. 2 SIA 118: «Kosten [der Nachbesserung], die dem Bauherrn auch bei ursprünglich mängelfreier Ausführung entstanden wären, trägt der Bauherr.»

tet als die fehlerhafte, muss er sich die Differenz auf den Schaden anrechnen lassen. Beispiel:

8.167 – Fehlt in den Plänen ein Wasseranschluss und muss der Sanitär deshalb nachträglich nochmals bestellt werden, geht der zusätzliche Weg zulasten des Planers – die eigentliche Arbeit und das Material muss er dem Bauherrn jedoch nicht ersetzen.

c. Schadenersatzbemessung

8.168 **1.** Bei der Schadenersatzbemessung ist zu entscheiden, ob der ziffernmässig nachgewiesene oder richterlich abgeschätzte Schaden (Art. 42 Abs. 2 OR) im vollen Umfang oder nur zu einem Teil zu ersetzen ist. Für die Schadenersatzbemessung gelten die Art. 43 f. OR, auf welche Art. 99 Abs. 3 OR verweist.

8.169 **2.** Bei der Bemessung des Ersatzes ist unter anderem die Grösse des Verschuldens zu berücksichtigen (Art. 43 Abs. 1 OR). Trifft den Planer nur eine leichte Fahrlässigkeit, kann dies zu einer Herabsetzung des Schadenersatzanspruchs führen.[197] Zu einer Reduktion des Schadenersatzes führt auch ein Selbstverschulden des Bauherrn (Art. 44 Abs. 1 OR).[198] Dabei ist dem Bauherrn das Verhalten, aber auch der Sachverstand seiner Hilfspersonen anzurechnen.[199]

8.170 **3.** Der Schadenersatz ist vom Zeitpunkt des Schadenseintritts bis zur Bezahlung mit 5% zu verzinsen. Der Nachweis eines höheren Schadens bleibt vorbehalten.[200]

---

197 BGE 91 II 297; 92 II 240; gl.M. SCHNYDER, Basler Kommentar, N 8 zu Art. 43 OR.

198 Auch das Festhalten an einer unzweckmässigen Weisung trotz Abmahnung durch den Planer stellt ein Selbstverschulden dar und führt dazu, dass der Bauherr seinen Anspruch verliert (Art. 369 OR).

199 BGE 130 III 606 (Architekt als Hilfsperson); im Übrigen auch BGE 95 II 53.

200 BGE 131 III 24 f.; BREHM, Berner Kommentar, N 97 ff. zu Art. 41 OR, insb. N 99 und 101. Es handelt sich um Schadenszins, nicht um Verzugszins. Ein Teil der (vor allem älteren) Lehre spricht sich dafür aus, den Schadenszins nach den konkreten Verhältnissen auf dem Kapitalmarkt zu berechnen, was zu höheren oder oft zu tieferen Zinsen führen könnte (vgl. die Hinweise bei GAUCH, Werkvertrag, Nr. 1901).

d. Freizeichnung

1. Die Vertragsfreiheit erlaubt den Parteien, die gesetzlichen Haftungsregeln zu modifizieren. Die Parteien können die Voraussetzungen der Haftung definieren oder die Folgen regeln; sie können die gesetzliche Haftung verschärfen, beschränken oder ausschliessen. Für die beiden letzteren Fälle hat sich der Oberbegriff «Freizeichnung» eingebürgert. Für eine Freizeichnung des Planers (z.B. eine betragsmässige Beschränkung) gibt es gute Gründe.[201] Dennoch ist heute eher unüblich, dass sich ein Planer freizeichnet.[202] 8.171

2. Wie weit die Freizeichnung geht, ist durch Auslegung zu ermitteln.[203] Der Zulässigkeit der Freizeichnung sind Grenzen gesetzt. 8.172

a. So ist eine Freizeichnung für vorsätzliche oder grobfahrlässige Schädigung nach Art. 100 Abs. 1 OR nichtig. Gemäss Art. 100 Abs. 2 OR kann der Richter bei obrigkeitlich konzessionierten Gewerben auch die Freizeichnung von leichter Fahrlässigkeit für nichtig erklären. Umstritten ist, ob die sog. freien Berufe, die einer Polizeierlaubnis bedürfen, unter diese Bestimmung fallen.[204] Zu weit geht es u.E., wenn ein Teil der Lehre Planer, die ihren Beruf nur gestützt auf ein staatliches Fähigkeitszeugnis ausüben dürfen,[205] ebenfalls darunter subsumieren will.[206] 8.173

---

201 Der Planer hat ein berechtigtes Interesse daran, sein Haftungsrisiko zu begrenzen, um seine wirtschaftliche Existenz nicht zu gefährden. Durch die Kalkulierung des Risikos kann er seine Leistung zu einem niedrigeren Preis anbieten, was wiederum dem Bauherrn zugute kommt. Sinnvoll kann es z.B. sein, die Haftung des Planers auf die Versicherungssumme zu beschränken. Eine Haftung, die höher ist, hat für den Bauherrn wenig praktischen Nutzen, wenn beim Planer nichts zu holen ist; die Vernichtung von Existenzen ist auch gesamtwirtschaftlich nicht erstrebenswert. Sinnvoll ist eine Freizeichnung auch dann, wenn sich der Bauherr einfach(er) Versicherungsschutz verschaffen kann als der Planer. Heikel sind Freizeichnungen hingegen, wenn sich ungleich starke Vertragspartner gegenüberstehen. Vgl. HOCHSTRASSER, Nr. 32 ff.; REBER, Rechtshandbuch, S. 325 f.; ZR 1971, Nr. 117, S. 317 ff.

202 REBER, Rechtshandbuch, S. 326, weist darauf hin, dass die SIA-Ordnung 103 (1962) eine Haftungsbeschränkung enthielt, die in späteren Ausgaben abgeschwächt wurde und ganz entfiel (vgl. Fn. 171).

203 BGE 118 II 144 f.; GAUCH, Werkvertrag, Nr. 2552; vgl. auch ZR 1971, Nr. 117, S. 317 ff.

204 Vgl. die Übersicht bei WEBER, Berner Kommentar, N 116 ff. zu Art. 100 OR; HOCHSTRASSER, Nr. 89.

205 KNAPP, Architektenrecht 1995, Nr. 1653 ff.

206 So aber SCHUMACHER, Architektenrecht 1995, Nr. 405; kritisch auch WIEGAND, Basler Kommentar, N 10 f. zu Art. 100 OR.

8.174 **b.** Nach heute durchaus verbreiteter Auffassung verletzt ein Ausschluss der Haftung für Körperschäden grundsätzlich das Persönlichkeitsrecht und ist deshalb nichtig (Art. 27 Abs. 2 ZGB i.V.m. Art. 20 OR).[207] Ein generelles Verbot geht zu weit.[208] Zwar ist eine gewisse Zurückhaltung durchaus angebracht, wenn die Haftung unausgewogen wegbedungen wird. Eine differenzierte Betrachtung ist indessen angezeigt, wenn z.B. der Bauherr über eine entsprechende Versicherungsdeckung verfügt und der Preis der Planungsleistung der Freizeichnung Rechnung trägt. Auch wenn der Bauherr eine neuartige Konstruktion oder ein unerprobtes Baumaterial wünscht, erscheint eine diesbezügliche Freizeichnung keineswegs unangemessen. In einem auf Freiheit basierenden Rechtssystem müsste generell auch die Freiheit geschützt sein, ein Risiko selbst tragen zu wollen.

8.175 **c.** Sind Freizeichnungen in Allgemeinen Vertragsbedingungen (AGB) enthalten, gelten zusätzliche Einschränkungen: Ungewöhnliche Klauseln, mit denen der Vertragspartner nicht gerechnet hat und nicht rechnen musste, erlangen keine Geltung, wenn sie global übernommen wurden.[209] Der Verwender einer unklaren Klausel muss sich nach der sog. Unklarheitenregel die für ihn ungünstigere Auslegungsvariante entgegenhalten lassen.[210] Und schliesslich sind im Verhältnis zu Konsumenten AGB, die in Treu und Glauben verletzender Weise ein erhebliches und ungerechtfertigtes Missverhältnis der vertraglichen Rechte und Pflichten vorsehen, nach Art. 8 UWG unlauter und damit nichtig. Die Praxis wird klären müssen, ob bei Art. 8 UWG ein anderer Konsumentenbegriff gilt als bei Art. 32 Abs. 2 ZPO, der den Schutz auf Leistungen des «üblichen Verbrauchs» beschränkt. Befürwortet man einen

---

207 Gauch, Werkvertrag, Nr. 2573; Huguenin, Basler Kommentar, N 44 zu Art. 19/20 OR; Kramer, Berner Kommentar, N 212 zu Art. 19–20 OR; Schumacher, Architektenrecht 1995, Nr. 403; Schwenzer, OR AT, N 24.14. Für eine (beschränkte) Zulässigkeit demgegenüber Weber, Berner Kommentar, N 34 zu Art. 100 OR; von Büren, OR AT, S. 407, Fn. 214; Hochstrasser, Nr. 108 ff. Das Bundesgericht hat bis heute nicht klar Stellung genommen.

208 Zumal die herrschende Lehre im Widerspruch zum Freizeichnungsverbot die Einwilligung in eine Körperverletzung grundsätzlich erlaubt (vgl. Hochstrasser, Nr. 111 m.w.H.).

209 BGE 109 II 452 ff. (sog. Hühnerstall-Fall: Die Art. 154 Abs. 3 und Art. 155 Abs. 1 SIA 118, welche die Bauleitung ermächtigen, die Schlussrechnung des Unternehmers zu genehmigen, sind für einen branchenfremden, einmaligen Bauherrn ungewöhnlich); BGE 119 II 445 f.; Gauch/Schluep/Schmid, Nr. 1141 ff.

210 BGE 124 III 158; BGer 4C.215/2002 (11.11.2002) E. 2.4.

solchen weiteren Konsumentenbegriff,[211] so kann sich auch ein privater Bauherr auf Art. 8 UWG berufen.

B. Haftung für Hilfspersonen und Substituten

1. Zieht der Planer für die Erfüllung des Vertrags Hilfspersonen bei, haftet er für den Schaden, den diese in Ausübung ihrer Verrichtungen verursachen (Art. 101 Abs. 1 OR). Der Planer haftet dabei nicht für das eigene, sondern für fremdes Verhalten. Er haftet, wenn ihm die Handlung der Hilfsperson vorzuwerfen wäre, hätte er sie selbst vorgenommen (hypothetische Vorwerfbarkeit). Er kann sich von der Haftung nur befreien, wenn er beweist, dass die Hilfsperson alle Sorgfalt angewendet hat, die von ihm (dem Planer) selber zu erwarten war.[212] 8.176

2. Als Hilfspersonen im Sinne von Art. 101 OR sind insbesondere die Arbeitnehmer des Planers und seine Subplaner zu qualifizieren.[213] 8.177

3. Der Beizug eines Subplaners setzt voraus, dass der Planer hierzu berechtigt ist. Grundsätzlich ist der Planer verpflichtet, die Planungsleistung persönlich zu erbringen oder unter seiner persönlichen Leitung ausführen zu lassen (Art. 364 Abs. 2 OR). Dass es auf die «persönliche[n] Eigenschaften» des Planers nicht ankommt und der Beizug eines Subplaners demzufolge von Gesetzes wegen erlaubt wäre, wird selten zutreffen. Der Beizug eines Subplaners setzt daher voraus, dass der Bauherr dem zustimmt (sei es aufgrund einer Vereinbarung im Planervertrag oder aufgrund einer nachträglichen Erlaubnis). So erlaubt namentlich Art. 1.4.3 SIA 102/103 den Beizug von Dritten zur Vertragserfüllung. Ist der Beizug eines Subplaners dagegen nicht erlaubt und zieht der Planer trotzdem einen solchen bei, liegt darin eine Vertragsverletzung, für welche der Planer nach Art. 97 Abs. 1 OR haftet.[214] 8.178

4. Ist Auftragsrecht auf die Leistung des Planers anwendbar, gilt für Substituten das Haftungsprivileg von Art. 399 Abs. 2 OR. Der Planer haftet nur für 8.179

---

[211] So STÖCKLI, Inhaltskontrolle, S. 186.

[212] GAUCH, Werkvertrag, Nr. 1893 ff., insb. Nr. 1895; allgemein zur Hilfspersonenhaftung GAUCH/SCHLUEP/EMMENEGGER, Nr. 3013 ff.

[213] Vgl. GAUCH, Werkvertrag, Nr. 177; vgl. BGE 116 II 307 f. (Subunternehmer). Gemäss Art. 1.9.14 SIA 102/103 haftet der Planer für die Tätigkeit von Dritten, die er selber beigezogen hat, nach Art. 101 OR.

[214] GAUCH, Werkvertrag, Nr. 177.

die gehörige Sorgfalt bei der Wahl und Instruktion des Substituten.[215] Ein Haftungsprivileg enthält auch Art. 1.9.15 SIA 102/103: Der Planer haftet nur für gehörige Instruktion und Überwachung des Dritten, wenn der Bauherr entgegen der Abmahnung des Planers den Beizug des Dritten verlangte.

2. Genugtuung

8.180 Ein Anspruch auf Genugtuung besteht, wenn der Bauherr wegen eines Planungsfehlers getötet oder verletzt wird (Art. 47 i.V.m. Art. 99 Abs. 3 OR). Ausserdem kommt ein Anspruch nach Art. 49 i.V.m. Art. 99 Abs. 3 OR infrage, wenn der Bauherr in seiner Persönlichkeit schwer verletzt wird. Denkbar wäre dies allenfalls, wenn krasse Planungsfehler dazu führen, dass die Lebensqualität des Bauherrn während längerer Zeit erheblich beeinträchtigt wird.[216]

3. Weitere Ansprüche des Bauherrn

8.181 Je nachdem, welche Pflicht der Planer verletzt, kann der Bauherr auch andere Ansprüche geltend machen. Diese weiteren Rechtsbehelfe sollen hier nur kurz und mit dem Fokus auf die Rechtslage beim Werkvertrag[217] dargestellt werden. Im Übrigen sei auf die Spezialliteratur zum Werkvertrag verwiesen.

A. Im Falle der Mangelhaftigkeit

8.182 **1.** Gegenstand des vorliegenden Beitrags ist die *Haftung* des Planers. Als Haftungsfolge steht bei Planungsfehlern der Schadenersatz im Vordergrund. Führt ein Planungsfehler zu einem Mangel an einem Bauwerk, ist dem Bauherrn mit einer Nachbesserung des Plans in der Regel nicht gedient, da der verbesserte Plan den Mangel am Bauwerk nicht beseitigt. Der Bauherr kann aber trotzdem, wenn er dies wünscht, grundsätzlich alle Sachgewährleistungsrechte von Art. 368 OR ausüben.

---

[215] Auch unter dem Auftragsrecht muss der Planer seine Leistung grundsätzlich persönlich erbringen (Art. 398 Abs. 3 OR). Aufgrund des erwähnten Haftungsprivilegs ist erst recht eine Zustimmung des Bauherrn zum Beizug eines Substituten erforderlich.

[216] Schumacher, Architektenrecht 1995, Nr. 600. Ein blosses Affektionsinteresse ist dagegen nicht zu ersetzen (Nr. 8.106 f.).

[217] Zum auf die Haftung für Planungsleistungen anwendbaren Recht Nr. 8.9 ff.

2. Voraussetzung der Sachgewährleistungsrechte (inklusive des Schadenersatzes) ist, dass der Bauherr die Planungsleistung rechtzeitig geprüft und allfällige Mängel umgehend gerügt hat. Im Gegensatz zum Schadenersatzanspruch setzen Wandelung, Minderung und Nachbesserung kein Verschulden des Planers voraus. 8.183

a. Wandelung

Ist die Planungsleistung so fehlerhaft, dass sie für den Bauherrn unbrauchbar ist oder ihm die Annahme nicht zugemutet werden kann, kann er den Planervertrag aufheben (Art. 368 Abs. 1 OR) und – soweit schon bezahlt – das Honorar zurückfordern.[218] 8.184

b. Minderung

Bei einer mangelhaften Planung kann der Bauherr sodann eine Minderung des Honorars verlangen (Art. 368 Abs. 2 OR).[219] Im Gegensatz zur Wandelung ist Minderung auch bei weniger schwer wiegenden Mängeln möglich. 8.185

c. Nachbesserung

1. Gestützt auf Art. 368 Abs. 2 OR kann der Bauherr auch die Nachbesserung der mangelhaften Leistung (z.B. eines mangelhaften Plans oder einer fehlerhaften Machbarkeitsstudie) verlangen. Die Nachbesserung ist jedoch ausgeschlossen, wenn sie übermässige Kosten verursacht. 8.186

2. Der Planer schuldet die Planungsleistung, nicht die Herstellung des Bauwerks. Das Nachbesserungsrecht bezieht sich immer auf den fehlerhaften Plan. Der Planer ist nicht verpflichtet, den Mangel am Bauwerk zu beseitigen.[220] Eine Nachbesserung des fehlerhaften Plans ist nur dann sinnvoll, wenn das Bauwerk noch nicht erstellt ist. Ist das Bauwerk erstellt (und infolge der fehlerhaften Planung mangelhaft), bringt dem Bauherrn die Nachbesserung des Plans nichts mehr.[221] Führt die Verbesserung des Bauwerks durch 8.187

---

218 Zu den Rückleistungspflichten ausführlich GAUCH, Werkvertrag, Nr. 1538 ff.

219 Zur Minderung des Honorars Nr. 7.174.

220 TRÜMPY, S. 59 f.

221 Eine Nachbesserung würde in diesem Fall übermässige Kosten verursachen. Übermässige Kosten liegen gemäss BGer 4C.258/2001 (5.9.2002) E. 4.1.3 vor, «wenn ein Missverhältnis zwischen den voraussichtlichen Nachbesserungskosten und dem Nutzen besteht,

den Unternehmer zu Mehrkosten des Bauherrn, kann er für diese Schadenersatz vom Planer verlangen (Nr. 8.81).

d. Verhältnis der Ansprüche zueinander

8.188 Der Bauherr kann zwischen Nachbesserung, Wandelung und Minderung frei wählen, mit den erwähnten Einschränkungen, dass die Wandelung einen erheblichen Mangel voraussetzt und die Nachbesserung keine übermässigen Kosten verursachen darf. Kumulativ hat er Anspruch auf Schadenersatz (Nr. 8.157).

e. Ersatzvornahme

8.189 Lässt sich bereits während der Ausführung bestimmt voraussehen, dass die Planungsleistung mangelhaft ist, kann der Bauherr eine angemessene Frist zur Abhilfe ansetzen und im Unterlassungsfall die Verbesserung oder die Fortführung[222] der Arbeiten auf Gefahr und Kosten des Planers einem Dritten übertragen (Art. 366 Abs. 2 OR).

B. Im Falle des Verzugs

8.190 **1.** Ist der Planer mit seiner Leistung im Verzug, erlaubt Art. 366 Abs. 1 OR dem Bauherrn, schon vor dem Lieferungstermin vom Vertrag zurückzutreten. Voraussetzung ist, dass der Planer die Leistungen nicht rechtzeitig erbringt, er die Ausführung in vertragswidriger Weise verzögert oder damit ohne Schuld des Bauherrn so sehr im Rückstand ist, dass die rechtzeitige Vollendung nicht mehr vorauszusehen ist. Mit dem Rücktritt kann der Bauherr die Vergütung verweigern und ein allenfalls schon geleistetes Honorar zurückfordern. Er hat Anspruch auf Schadenersatz nach Massgabe von Art. 109 Abs. 2 OR, verliert aber andererseits seinen Anspruch auf die Leistung des Planers.

---

den die Mängelbeseitigung dem Besteller [Bauherrn] bringt. Das Verhältnis der Nachbesserungskosten zu den Baukosten bzw. zum Werklohn [Honorar des Planers] ist nicht massgebend. Bei der Abwägung von Kosten und Nutzen können aufseiten des Bestellers [Bauherrn] nicht nur wirtschaftliche, sondern auch nichtwirtschaftliche Interessen berücksichtigt werden». Vgl. auch TERCIER/STÖCKLI, Garantie, S. 54.

222 Nicht aber die ganze Werkausführung (KOLLER, Berner Kommentar, N 536 zu Art. 366 OR).

2. Art. 366 Abs. 1 OR ist durch die allgemeinen Vorschriften über den Verzug in den Art. 102–109 OR zu ergänzen. Der Bauherr kann demnach alle Wahlrechte des Schuldnerverzugs nach Art. 107 Abs. 2 OR ausüben.[223] Statt vom Vertrag zurückzutreten, kann er zum einen an der Leistung festhalten und Schadenersatz wegen der Verspätung verlangen oder zum anderen auf die Leistung verzichten und Schadenersatz wegen Nichterfüllung verlangen. 8.191

C. Im Falle der Unmöglichkeit

Wird die Leistung des Planers (nachträglich objektiv) unmöglich, ist für die Rechtsfolgen zu unterscheiden: Hat der Planer die Unmöglichkeit *nicht zu vertreten,* wird er von seiner Leistungspflicht befreit (Art. 119 Abs. 1 OR). Andererseits verliert er seinen Anspruch auf die vertraglich vereinbarte Vergütung (Art. 119 Abs. 2 OR). Hat der Planer die Unmöglichkeit dagegen *zu vertreten,* muss er dem Bauherrn den entstandenen Schaden ersetzen (Art. 97 Abs. 1 OR). Der Planer behält – anders als nach Art. 119 Abs. 2 OR – seinen Anspruch auf die Vergütung.[224] 8.192

V. Verwirkung

1. Grundsätzliches

1. Der Bauherr kann seine Haftungsansprüche gegenüber dem Planer verwirken, wenn er die Planungsleistung **genehmigt.**[225] 8.193

a. Der Bauherr kann die Planungsleistung *ausdrücklich* genehmigen (vgl. Art. 370 Abs. 1 OR). Er kann sie indessen auch *stillschweigend genehmigen,* indem er die Leistung etwa vorbehaltlos bezahlt[226] oder sie vorbehaltlos entgegennimmt und darüber verfügt.[227] 8.194

---

[223] BGer 4A_2011/2011 (20.9.2011) E. 4.3; ZINDEL/PULVER, Basler Kommentar, N 19 ff. zu Art. 366 OR; GAUCH, Werkvertrag, Nr. 675.

[224] GAUCH/SCHLUEP/EMMENEGGER, Nr. 2589.

[225] Die Haftung für Planungsleistungen richtet sich gemäss dem Bundesgericht grundsätzlich nach Werkvertragsrecht (Nr. 1.30 ff.; kritisch dazu Nr. 8.11). Eine Prüfungs- und Rügeobliegenheit besteht nicht, wenn die Haftung Auftragsrecht untersteht (Nr. 8.15).

[226] BGer 4C.231/2004 (8.10.2004) E. 2.2; ZINDEL/PULVER, Basler Kommentar, N 11 zu Art. 370 OR.

[227] BÜHLER, Zürcher Kommentar, N 14 zu Art. 370 OR; ZINDEL/PULVER, Basler Kommentar, N 11 zu Art. 370 OR.

8.195 **b.** Praktisch muss der Bauherr darauf achten, dass er seine Rechte nicht verliert, weil er (zu lange) untätig bleibt. Das Gesetz nimmt eine stillschweigende Genehmigung an, wenn der Bauherr die gesetzlich vorgesehene Prüfung unterlässt (Art. 370 Abs. 2 OR). Die Genehmigung wird hier fingiert, sodass die Verwirkung eintreten kann, ohne dass der Bauherr dies will. Ein gegenteiliger Beweis ist ausgeschlossen.[228]

8.196 **2.** Um seine Haftungsansprüche zu wahren, muss der Bauherr:

8.197 – die Planungsleistung rechtzeitig prüfen (Prüfungsobliegenheit);

8.198 – dem Planer allfällige Mängel umgehend anzeigen (Rügeobliegenheit);

8.199 – und beides innerhalb der absoluten Rügefrist tun, die sich nach der massgeblichen Verjährungsfrist (Nr. 8.223 ff.) richtet.[229]

8.200 **3.** Sowohl die Prüfung als auch die Rüge stellen rechtlich keine Pflichten des Bauherrn dar, sondern *Obliegenheiten.*[230] Der Planer kann den Bauherrn weder zur Prüfung bzw. zur Rüge zwingen noch hat er einen Schadenersatzanspruch, wenn der Bauherr diese unterlässt. Kommt der Bauherr seinen Obliegenheiten nicht nach (weil er z.B. die Rüge versäumt), verliert er vielmehr seine Rechte.

2. Prüfungsobliegenheit (Art. 367 Abs. 1 OR)

8.201 **1.** Grundsätzlich muss der Bauherr die Planungsleistung nach erfolgter Ablieferung prüfen, *«sobald es nach dem üblichen Geschäftsgange tunlich ist»* (Art. 367 Abs. 1 OR).

8.202 **2.** Ziel der Prüfung ist es herauszufinden, ob die Pläne die zugesicherten und die vorausgesetzten Eigenschaften aufweisen. Der Bauherr muss daher sorgfältig prüfen, ob die Leistung des Planers Mängel aufweist.[231] Der Bauherr muss dabei denjenigen Aufwand betreiben, der ihm nach den Umständen

---

228 GAUCH, Werkvertrag, Nr. 2106; ZINDEL/PULVER, Basler Kommentar, N 13 zu Art. 370 OR.

229 Zur Verjährungsfrist als absoluter Rügefrist BGE 130 III 367 = Pra 2005, Nr. 7, S. 61; GAUCH, Werkvertrag, Nr. 2295.

230 BÜHLER, Zürcher Kommentar, N 25 zu Art. 367 OR; GAUCH, Werkvertrag, Nr. 2108.

231 Vgl. GAUCH, Werkvertrag, Nr. 2119 f.; vgl. im Übrigen BGE 96 II 60.

vernünftigerweise zumutbar ist. Jedoch ist er grundsätzlich nicht gehalten, die Leistung des Planers durch Sachverständige begutachten zu lassen.[232]

a. Zu berücksichtigen ist, dass dem Bauherrn die fachlichen Kenntnisse, um die Pläne zu überprüfen, regelmässig abgehen.[233] Praktisch wird ein Mangel oft erst während der Ausführung der Bauarbeiten oder sogar noch später (z.B. im Prozess des Bauherrn gegen den Unternehmer) entdeckt. An die Prüfungsobliegenheit des Bauherrn dürfen deshalb keine überzogenen Anforderungen gestellt werden. Kaum ein Bauherr ist mit der Figur des Geist-Werkvertrags vertraut; kaum ein Bauherr wird damit rechnen, seine Schadenersatzansprüche zu verlieren, nur weil er sich auf den Rat des Planers verlassen hat. 8.203

b. Nach SCHUMACHER soll dies auch für den sachverständigen Bauherrn gelten. Auch der sachverständige Bauherr soll nicht die ganzen Pläne nachvollziehen müssen. Ansonsten sei der Beizug eines Planers unnötig. Konsequenterweise dürfe daher vom Bauherrn meistens gar keine Prüfung verlangt werden.[234] Der sachverständige Bauherr ist zwar stärker in die Pflicht zu nehmen als ein Laie. Der Beizug des Planers bleibt auch dann sinnvoll, wenn der sachverständige Bauherr die ganze Arbeit oder einen wesentlichen Teil überprüft (die Planung ist arbeitsintensiver als die Prüfung). Auch hier dürfen aber die Anforderungen nicht überspannt werden. Die Prüfungsobliegenheit geht jedenfalls nicht so weit, dass der Bauherr einen zweiten Planer beiziehen muss, um die Pläne des ersten zu überprüfen. 8.204

3. Rügeobliegenheit (Art. 367 Abs. 1 OR)

1. Mängel, die der Bauherr bei der Prüfung entdeckt, hat er *umgehend*[235] zu rügen (Art. 367 Abs. 1 OR und Art. 370 Abs. 2 OR). Versteckte Mängel, die er bei einer ordnungsgemässen Prüfung nicht erkennen konnte, muss er sofort[236] nach der Entdeckung rügen (Art. 370 Abs. 3 OR). Ein während der Prüfung erst im Keim angelegter und anschliessend allmählich zutage 8.205

---

[232] Vgl. BGE 46 II 37; 107 II 176; GAUCH, Werkvertrag, Nr. 2124; BÜHLER, Zürcher Kommentar, N 50, 55 zu Art. 367 OR.

[233] BÜHLER, Zürcher Kommentar, N 55 zu Art. 367 OR; vgl. auch BGE 119 IV 58 f.

[234] SCHUMACHER, Architektenrecht 1995, Nr. 627.

[235] ZINDEL/PULVER, Basler Kommentar, N 20 zu Art. 367 OR.

[236] Nach BGer 4A_53/2012 (31.7.2012) E. 6.2 und BGer 4A_55/2012 (31.7.2012) E. 7.2 ist die Rechtzeitigkeit der Mängelrüge aufgrund der konkreten Umstände zu beurteilen. Grundsätzlich erachtet das BGer eine siebentätige Rügefrist für angemessen; besteht die

tretender Mangel (z.B. wachsende Mauerrisse[237]) gilt als entdeckt, wenn er zweifelsfrei festgestellt ist und mit einer gewissen Präzision umschrieben werden kann.[238]

8.206 **2.** Die Rügeobliegenheit verlangt zum einen, dass der Bauherr den Planer von den festgestellten Mängeln in Kenntnis setzt, und zum anderen, dass der Bauherr zum Ausdruck bringt, dass er die Leistung nicht als vertragsgemäss anerkennt und den Planer dafür haftbar macht.[239] Die Rüge muss so konkret (substanziiert) sein, dass der Planer weiss, um welchen Mangel es geht. Es genügt nicht, allgemein zu erklären, dass die Leistung nicht in Ordnung sei oder dass man auf die Angelegenheit zurückkommen werde.[240]

8.207 **3.** Hat der Planer die Mängel absichtlich verschwiegen, verwirken die Rechte des Bauherrn nicht (Art. 370 Abs. 1 OR).

4. Die Verwirkung im Auftragsrecht, bei Verletzung der Sorgfalts- und Treuepflicht sowie bei Vorliegen eines Gesamtvertrags

8.208 **1.** Das Problem der Verwirkung stellt sich im Bereich der werkvertraglichen Mängelhaftung (Art. 367–371 OR). Das Auftragsrecht kennt keine Prüfungs- und Rügeobliegenheiten. Immerhin trifft den Bauherrn eine Schadensminderungspflicht. Er muss dem Planer Mängel anzeigen, wenn dadurch (weiterer) Schaden verhindert werden kann. Tut der Bauherr dies nicht, hat er den (weiteren) Schaden selber zu tragen.[241]

Gefahr, dass ein Zuwarten zu einem grösseren Schaden führt, ist die Rügefrist kürzer zu bemessen.

237 Vgl. BGE 117 II 427.

238 BGer 4A_297/2008 (6.10.2008) E 4.2 = BR/DC 2009, S. 57, Nr. 118 mit Anm. Pichonnaz; 4A_83/2009 (6.5.2009) E. 3.2.1 (sog. «défaut évolutif») = BR/DC 2009, S. 154 f., Nr. 158 mit Anm. Pichonnaz.

239 BGer 4C.421/2006 (4.4.2007) E. 5.2; vgl. auch BGE 107 II 175 f.; Gauch, Werkvertrag, Nr. 2129 ff.

240 Vgl. BGE 107 II 175 f. Zu streng aber BGer 4D_25/2010 (29.6.2010) E.3 und BGer 4D_4_2011 (1.4.2011) E. 4.1, welche die kommentarlose Zusendung eines Gutachtens respektive von Fotos für ungenügend erachten. Doch wie anders, als dass der Vertragspartner haftbar gemacht werden soll, ist die Zusendung eines Gutachtens nach Treu und Glauben zu verstehen?

241 Vgl. Schumacher, Architektenrecht 1995, Nr. 633; vgl. auch BGE 107 Ib 158; ZR 1989, Nr. 48, S.158.

2. Eine Verwirkung tritt ebenfalls nicht ein, wenn der Planervertrag zwar dem Werkvertragsrecht untersteht, der Schadenersatzanspruch jedoch einzig aus der Verletzung der allgemeinen Sorgfalts- und Treuepflicht (Art. 97 ff. i.V.m. Art. 364 Abs. 1 OR) resultiert. 8.209

3. Bei einem Gesamtvertrag untersteht die Haftung für fehlerhafte Planungsleistungen nach der herrschenden Rechtsprechung dem Werkvertragsrecht (Nr. 8.19; vgl. aber Nr. 1.48). Entsprechend sind die werkvertraglichen Prüfungs- und Rügeobliegenheiten einzuhalten, wenn der Mangel die Planung betrifft – nicht dagegen, wenn der Mangel die (dem Auftragsrecht unterliegende) Bauleitung betrifft. 8.210

5. Vertragliche Änderung der gesetzlichen Bestimmungen

1. Art. 367 OR ist nicht zwingendes Recht. Die Parteien sind frei, von der gesetzlichen Ordnung abweichende Vereinbarungen zu treffen.[242] 8.211

2. Häufig vereinbaren die Parteien eine sog. «Garantiefrist» oder eine «Garantiezeit». Dabei ist durch Auslegung zu ermitteln, ob die Parteien die Frist für die Prüfung und Rüge oder die Verjährungsfrist oder den Beginn der Verjährung modifizieren wollten.[243] Das Bundesgericht nahm in einem älteren Entscheid an, dass sich die vertragliche Regelung «im Zweifel» nur auf die Verjährungsfrist beziehe.[244] 8.212

---

242 Gauch, Werkvertrag, Nr. 2463; BGE 63 II 180; vgl. auch BGE 91 II 348 (zum Kaufrecht).

243 Gauch, Werkvertrag, Nr. 2478 ff., insb. 2483 und Nr. 2485 ff., Nr. 2496; Zindel/Pulver, Basler Kommentar, N 40 zu Art. 371 OR; vgl. auch Tercier/Stöckli, Garantie, S. 11 f.

244 BGE 63 II 180; vgl. auch BGer 4C.258/2001 (5.9.2001) E. 4.1.2 f.

6. Rügevorschriften gemäss SIA-Ordnungen 102/103

8.213 **1.** Gemäss Art. 1.11.21 SIA 102/103[245] können Mängel des Bauwerks «während der ersten zwei Jahre nach der Abnahme jederzeit» gerügt werden. Nach Ablauf dieser Frist sind die Mängel «sofort nach der Entdeckung» zu rügen.

8.214 **2.** Die Formulierung in den SIA-Ordnungen ist unglücklich gewählt, scheint sie sich doch auf den Werkvertrag mit dem Unternehmer zu beziehen. Aus der Stellung in den SIA-Ordnungen 102/103 und ihrem Zweck ergibt sich aber, dass die Rügefrist auch gegenüber dem Planer gilt, der Leistungen zur Herstellung eines Bauwerks erbringt.[246]

8.215 **3.** Mit der Möglichkeit, Mängel während der ersten zwei Jahre nach der Abnahme jederzeit zu rügen, weichen die aktuellen SIA-Ordnungen 102/103 sowohl von der gesetzlichen Regelung als auch von der Regelung in der früheren Fassung der SIA-Ordnungen (1984)[247] ab. Damit werden im Bereich SIA die im Grunde problematischen Folgen des Geist-Werkvertrags erheblich entschärft. Insgesamt ist die neue Regelung daher zu begrüssen. Art. 1.11.21 SIA 102/103 ist u.E. so zu lesen, dass sowohl Mängel, die sich am Bauwerk auswirken, wie auch jene, die sich allein in den Plänen manifestieren, während der ersten zwei Jahre nach der Abnahme jederzeit gerügt werden können. Die beiden «Sennhof»-Entscheide des Bundesgerichts zeigen nun freilich eine Tendenz, die Rügeobliegenheit strenger zu fassen.[248] Zwar betrafen die

---

[245] Ebenso Art. 1.11.21 SIA 108 sowie die allgemeinen Vertragsbedingungen der SIA-Ordnungen 111 (Art. 11.2) und 112 (Art. 11.21). Ähnlich auch Art. 14.2 der allgemeinen Vertragsbedingungen des KBOB-Planervertrags (für unbewegliche Bauwerke). Im KBOB-Planervertrag fehlt der Hinweis darauf, dass der Bauherr den aus der verzögerten Rüge entstehenden Schaden selber trägt. Dies stellt jedoch keinen Unterschied zu den genannten SIA-Ordnungen dar, da sich diese Rechtsfolge bereits aus der Schadensminderungspflicht ergibt; vielmehr dient der Hinweis in den SIA-Ordnungen lediglich der Klarstellung. Keine entsprechende Regelung enthält die SIA-Ordnung 110 (Raumplaner); für die Verjährung verweist Art. 1.11.2 auf das OR, das mangels einer anderen Regelung auch für die Rüge massgebend ist.

[246] In diesem Sinn klarer formuliert ist Art. 371 Abs. 2 OR: «Architekten oder Ingenieure, die zum Zwecke der Erstellung [eines unbeweglichen Werkes] Dienste geleistet haben».

[247] Nach Art. 1.8.2 SIA 102 (1984), waren Mängel des (unbeweglichen) Bauwerks «unverzüglich zu rügen». Zur damaligen Rechtslage SCHUMACHER, Architektenrecht 1995, Nr. 634 ff.

[248] Vgl. BGer 4A_53/2012 (31.7.2012) E. 5 und BGer 4A_55/2012 (31.7.2012) E. 6 betreffend den Neubau des Schulhauses Sennhof in Winterthur. Das BGer erachtete die Interpretation des Handelsgerichts des Kantons Zürich für bundesrechtskonform, eine Abrede im Planervertrag, wonach Mängel «des unbeweglichen Bauwerkes» während der ersten zwei

beiden Entscheide nicht die SIA-Ordnungen 102/103. Doch kann nicht ausgeschlossen werden, dass das Bundesgericht auch die Verwirkungsregeln der SIA-Ordnungen 102/103 ähnlich rigoros auslegen würde.

4. Anzumerken ist, dass Art. 1.11.21 der SIA 102/103 keine Prüfungspflicht des Bauherrn erwähnt. Umgekehrt entbindet er aber auch nicht davon.[249] 8.216

5. Falls der Bauherr die Rüge nicht rechtzeitig erhebt, sieht Art. 1.11.21 SIA 102/103 vor, dass er den aus der verzögerten Rüge entstehenden Schaden selber zu tragen hat. Die Mängelrechte verwirken somit nicht.[250] Die Kosten, welche bei rechtzeitiger Rüge hätten eingespart werden können, soll der säumige Bauherr selber tragen. Die Regelung ist klar und zulässig und müsste auch nach den «Sennhof»-Entscheiden Bestand haben. Gleichwohl wird sich der vorsichtige Bauherr künftig nicht mit einem Verweis auf die SIA Ordnungen 102/103 begnügen wollen, sondern in den Vertrag eine explizite Regelung aufnehmen, wonach erstens alle Mängel während einer bestimmten Frist jederzeit gerügt werden können und zweitens eine verspätete Rüge lediglich zu einer Reduktion, nicht zum Wegfall von Schadenersatzansprüchen führen. 8.217

Aus der Formulierung von Art. 1.11.21 wird nicht klar, ob sich die Rechtsfolge für die verzögerte Rüge nur auf die Zeit nach Ablauf der ersten beiden Jahre nach der Abnahme bezieht oder ob sie schon vorher gilt. Aus der Schadensminderungspflicht ergibt sich u.E., dass der Bauherr schon während der ersten beiden Jahre dafür einstehen muss, wenn sein Zuwarten zu Beweisschwierigkeiten oder zu einer Vergrösserung des Schadens führen würde. 8.218

6. Man kann sich mit Fug fragen, ob die Rügevorschrift systemgerecht ist, wenn ein Planervertrag dem Auftragsrecht untersteht.[251] Für Klarheit sorgt sie immerhin beim Gesamtvertrag, indem sie eine einheitliche Regelung aufstellt, unabhängig davon, ob eine Teilleistung dem Auftragsrecht oder dem Werkvertragsrecht untersteht. 8.219

Jahre nach der Abnahme jederzeit gerügt werden konnten, umfasse nur Mängel des unbeweglichen Bauwerks, nicht aber Planmängel. Das BGer liess offen, ob unter Art. 1.11.21 SIA 103 dasselbe gilt (E. 5.4 bzw. 6.4).

249 So schon die frühere Fassung der SIA-Ordnungen; vgl. auch SCHUMACHER, Architektenrecht 1995, Nr. 636.

250 Vgl. DERENDINGER, Ergänzungen und Änderungen, S. 47 (zu den Ergänzungen und Änderungen der Grossbanken zu den SIA-Ordnungen 102, 103 und 108), nach welchem an die Verletzung der Obliegenheit demnach gar keine echte Sanktion geknüpft ist.

251 Dieser Gedanke schon bei DERENDINGER, Ergänzungen und Änderungen, S. 47.

7. Rechtsfolgen der Verwirkung

8.220 Mit der Verwirkung gehen die Sachgewährleistungsrechte des Bauherrn unter. Verwirkte Rechte sind erloschen.[252]

VI. Verjährung[253]

1. Zweck der Verjährung und Übersicht

8.221 **1.** Die Verjährung dient der Rechtssicherheit und dem Rechtsfrieden.[254] Der Gläubiger soll seine Forderungen innert einer vernünftigen Frist geltend machen. Nach Ablauf dieser Frist soll die Ungewissheit des Schuldners, ob er allenfalls belangt wird, beendet sein.

8.222 **2.** Auf Planungsleistungen sind je nach Fall eine von drei Verjährungsfristen anwendbar: zwei Jahre, fünf Jahre oder zehn Jahre. Im Folgenden wird zunächst die gesetzliche Regelung (mit Schwerpunkt auf dem Werkvertrag[255]) dargestellt, anschliessend werden die Konsequenzen für den Planervertrag zusammengefasst. An dieser Stelle kann nur ein kurzer Überblick über das System der Verjährung gegeben werden; im Übrigen sei auf die ausführliche Abhandlung von GAUCH verwiesen.[256]

---

252 Statt vieler GAUCH/SCHLUEP/EMMENEGGER, Nr. 3386 f.; GAUCH, Werkvertrag, Nr. 2069 und 2195. Die Verwirkung ist von der Verjährung zu unterscheiden, bei der lediglich die Klagbarkeit der Forderung entfällt.

253 Die eidgenössischen Räte beschlossen am 16. März 2012 eine Verlängerung der Gewährleistungsansprüche im Kauf- und Werkvertrag; die Referendumsfrist lief am 5. Juli 2012 ab. Der vorliegende Beitrag behandelt die Verjährung gemäss der am 16. März 2012 verabschiedeten neuen Regelung. Eingehend GAUCH, Der Revisionsentwurf zur Verjährung der kauf- und werkvertraglichen Mängelrechte: Analyse und Kritik der E-Art. 210, 371 und 199 OR, in: recht 2011, S. 145 ff.

254 BGE 90 II 437 f.

255 Die Haftung für Planungsleistungen richtet sich gemäss dem Bundesgericht grundsätzlich nach Werkvertragsrecht (kritisch dazu Nr. 8.11). Die Ausführungen zum Werkvertragsrecht sind auf den Planervertrag zugeschnitten; soweit sie allgemein für den Werkvertrag gelten und nicht besonders auf den Planervertrag zutreffen, wird auch die werkvertragliche Terminologie verwendet («Besteller» statt «Bauherr», «Unternehmer» statt «Planer» sowie allgemein «Werk» statt «Planungsleistung» bzw. «Bauprojekt»).

256 GAUCH, Werkvertrag, Nr. 2195 ff.

2. Gesetzliche Verjährungsfristen

A. Zweijährige Verjährungsfrist (Art. 371 Abs. 1 OR)

1. In zwei Jahren verjährt die Haftung des Planers für den Mangel am Plan selber. Ebenfalls in zwei Jahren verjährt seine Haftung, wenn der fehlerhafte Plan zu einem **Mangel** an einem **beweglichen Werk** führt (Art. 371 Abs. 1 OR i.V.m. Art. 210 Abs. 1 OR).[257] 8.223

2. Art. 371 Abs. 1 OR verkürzt die ordentliche Verjährungsfrist, um die werkvertragliche Verjährung mit anderen Verjährungsbestimmungen zu koordinieren.[258] Für bewegliche Werke soll der Unternehmer nur so lange haften, wie er auf Materiallieferanten und andere Gewährsleute *zurückgreifen* kann (Art. 371 Abs. 1 OR). 8.224

Für den Planer gilt die zweijährige Verjährungsfrist, wenn der Planervertrag dem Werkvertragsrecht untersteht. Entsprechend dem Zweck von Art. 371 Abs. 2 OR (den Regress auf den Unternehmer sichern) gilt die zweijährige Verjährungsfrist von Art. 371 Abs. 1 OR für Architekten und Ingenieure aber auch dann, wenn der Planervertrag dem Auftragsrecht untersteht.[259] 8.225

3. Die Frist *beginnt* mit der Ablieferung des Werks zu laufen (Art. 371 Abs. 1 OR i.V.m. Art. 210 Abs. 1 OR).[260] Leistet der Planer Arbeit im Hinblick auf ein bewegliches Werk (z.B. Pläne für eine Maschine), ist der Zeitpunkt massgebend, in dem dieses abgenommen wird.[261] 8.226

4. Vor dem Inkrafttreten der am 16. März 2012 vom Parlament beschlossenen zweijährigen Frist verjährten die Ansprüche des Bauherrn nach Art. 371 Abs. 1 OR in einem Jahr. In einem Jahr verjähren auch heute noch die *ausservertraglichen* Haftpflichtansprüche des Bauherrn (Art. 60 Abs. 1 OR).[262] Die 8.227

---

257 Vgl. BGE 113 II 264 ff. betreffend die Erstellung eines Lehrgerüsts für den Bau einer Betonbrücke.

258 Vgl. ZINDEL/PULVER, Basler Kommentar, N 4 zu Art. 371 OR.

259 Vgl. BÜHLER, Zürcher Kommentar, N 33 zu Art. 371 OR; SCHUMACHER, Architektenrecht 1995, Nr. 645 und 662; GAUCH, Werkvertrag, Nr. 2308 (gegenüber der Vorauflage geänderte Meinung).

260 Dies im Unterschied zur ordentlichen Verjährung (vgl. Nr. 8.251) und zur ausservertraglichen Haftung.

261 Vgl. für unbewegliche Werke Nr. 8.246.

262 Nach dem Willen des Bundesrates sollen die vertraglichen und die ausservertraglichen Verjährungsfristen harmonisiert werden und einheitlich drei (relativ) bzw. zehn Jahre (absolut) betragen. Ob diesem Projekt Erfolg beschieden sein wird, ist noch unklar.

Frist beginnt hier erst mit der Kenntnis vom Schaden und vom Haftpflichtigen zu laufen. Allerdings gilt eine absolute Verjährungsfrist von zehn Jahren. Eine Ausnahme gilt für strafbare Handlungen, bei denen eine allfällige längere strafrechtliche Verjährungsfrist auch für die Zivilansprüche gilt (Art. 60 Abs. 2 OR). Im Bereich der Planungsleistungen ist namentlich Art. 229 StGB zu beachten, der die vorsätzliche oder fahrlässige Gefährdung durch Verletzung der Regeln der Baukunde unter Strafe stellt.[263]

B. Fünfjährige Verjährungsfrist (Art. 371 Abs. 2 OR)

8.228 **1.** Die Ansprüche aus **Mängeln** an einem **unbeweglichen Werk** verjähren nach fünf Jahren (Art. 371 Abs. 2 OR). Der Gesetzgeber hat dabei die Tatsache, dass Mängel an unbeweglichen Werken oft erst nach längerer Zeit erkennbar werden, stärker gewichtet als die Koordination mit Verjährungsbestimmungen ausserhalb des Werkvertragsrechts.[264]

8.229 **2.** Die fünfjährige Frist gilt auch für *Architekten und Ingenieure* (Art. 371 Abs. 2 OR), und zwar ungeachtet der Qualifikation des Planervertrags. Der Architekt oder Ingenieur soll dem Bauherrn nur so lange haften, wie er seinerseits auf den Unternehmer zurückgreifen kann. Dadurch soll verhindert werden, dass der Planer dem Bauherrn Schadenersatz bezahlen muss, ohne seinerseits auf den Unternehmer zurückgreifen zu können.[265] Ob im konkreten Fall tatsächlich ein Regressrecht besteht, ist unerheblich.[266] Die Begriffe «Architekt» und «Ingenieur» sind in einem weiten Sinn zu verstehen. Unter Art. 371 Abs. 2 OR fällt nicht nur der eigentliche Bauingenieur, sondern auch der Elektroingenieur, der Maschineningenieur, der Geotechniker und

---

263 Siegenthaler/Scherler, S. 7.

264 BGE 93 II 245 f.

265 BGE 102 II 418; 115 II 457 f.; Zindel/Pulver, Basler Kommentar, N 4 zu Art. 371 OR m.w. H. – Freilich vermag die gesetzliche Regelung nicht alle unbefriedigenden Ergebnisse zu beseitigen: So ist es möglich, dass ein Unternehmer [Planer] dem Besteller [Bauherrn] nach Art. 371 Abs. 2 OR noch haftet, seinerseits aber auf den Subunternehmer [Unternehmer] nicht mehr zurückgreifen kann, weil dieser sein Werk nicht selbst eingebaut hat und sich deshalb auf die einjährige Verjährungsfrist berufen kann (BGE 120 II 220 = Pra 1995, Nr. 77 S. 250). Vgl. zum Rückgriff des Planers auf den Unternehmer BGE 133 III 6 ff.; Krauskopf/Siegenthaler, Der Rückgriff, S. 53 ff. und den Beitrag von Krauskopf (Nr. 15.99 ff.).

266 BGE 115 II 458; Gauch, Werkvertrag, Nr. 2300.

sogar der Geologe.[267] Entscheidend ist die Funktion und nicht der formelle Titel.[268]

3. Art. 371 Abs. 2 OR kommt nur zur Anwendung auf Ansprüche des Bauherrn aus Mängeln eines *unbeweglichen Werks*. Die frühere Fassung von Art. 371 Abs. 2 OR sprach demgegenüber von einem «unbeweglichen *Bau*werk».[269] Als solches galt eine durch Verwendung von Material und Arbeit in (unmittelbarer oder mittelbarer) Verbindung mit dem Erdboden hergestellte unbewegliche Sache.[270] Das Bundesgericht ging von den gleichen Kriterien aus, stellte jedoch entsprechend dem Gesetzeszweck eine weitere Voraussetzung in den Vordergrund: die besondere Natur des Werks und der Mängel, die es aufweisen kann. Bei einem unbeweglichen Bauwerk war erst nach längerer Zeit feststellbar, ob es mit der notwendigen Festigkeit erstellt wurde oder den geologischen und atmosphärischen Bedingungen standhält.[271] Entscheidend war somit das *Risiko spät erkennbarer Mängel.*[272] 8.230

a. Die Praxis wird dem Begriff des «unbeweglichen Werks» erst Konturen geben müssen. Klar scheint jedoch bereits heute: Der Begriff des unbeweglichen Werks ist weiter als jener des unbeweglichen Bauwerks. Was früher als unbewegliches Bauwerk galt, ist zweifellos auch ein unbewegliches Werk. Neu könnten nun aber weitere Werke (z.B. Gerüste) als unbewegliche Werke qualifiziert werden. Es scheint sodann, dass sich das vom Bundesgericht ver- 8.231

---

267 GAUCH, Werkvertrag, Nr. 2299.

268 BÜHLER, Zürcher Kommentar, N 70 zu Art. 371 OR.

269 Lehre und Rechtsprechung nahmen unbewegliche Bauwerke nur mit Zurückhaltung an. Sie fassten den Begriff enger als jenen der «Bauten oder anderen Werke auf einem Grundstück» gemäss den Bestimmungen zum Bauhandwerkerpfandrecht nach Art. 837 Abs. 1 Ziff. 1 ZGB (BGE 93 II 245 f.; 109 II 39 f.; 120 II 216 = Pra 1995, Nr. 77, S. 247 ff.; ZINDEL/PULVER, Basler Kommentar, N 19 zu Art. 371 OR; a.M. GAUTSCHI, Berner Kommentar, N 12a und 12b zu Art. 371 OR).

270 BÜHLER, Zürcher Kommentar, N 40 zu Art. 371 OR; GAUCH, Werkvertrag, Nr. 2222; KOLLER, Nachbesserungsrecht, Nr. 413. Diese Definition ist herrschend, jedoch nicht unumstritten (vgl. die Übersicht bei BÜHLER, Zürcher Kommentar, N 47 zu Art. 371 OR).

271 BGE 93 II 245; 120 II 216 = Pra 1995, Nr. 77, S. 247; BGer 4A_235/2008 (23.7.2008) E. 5.5. Nach dem letztgenannten Entscheid soll sodann ein vorfabriziertes Serienprodukt kein unbewegliches Bauwerk darstellen können (vgl. auch BR/DC 2008, S. 167, Nr. 309 mit kritischen Anm. STÖCKLI).

272 GAUCH, Werkvertrag, Nr. 2225; a.M. KOLLER, der das Risiko der Späterkennbarkeit für unpraktikabel hält und stattdessen verlangt, dass das unbewegliche Bauwerk eine gewisse technische und baukonstruktive Komplexität aufweist (Nachbesserungsrecht, Nr. 413, 418 f. und 423).

wendete Kriterium der spät erkennbaren Mängel unter der neuen Fassung von Art. 371 Abs. 2 OR aufrechterhalten lässt.

8.232 **b.** Oft besteht das unbewegliche Werk in einem Neubau. Doch auch Umbau-, Renovations- und Unterhaltsarbeiten können unter Art. 371 Abs. 2 OR fallen. Bei solchen Arbeiten ist im Einzelfall zu entscheiden, ob die betreffende Arbeit *selber* als unbewegliches Werk qualifiziert werden kann.[273] Erforderlich ist eine wesentliche Bedeutung für das schon bestehende Werk.[274] Nicht unter Art. 371 Abs. 2 OR fällt zum Beispiel die Vermessung eines Grundstücks und die Eintragung in einen Situationsplan durch einen Geometer, da die Vermessungsarbeiten selber kein unbewegliches Werk zum Gegenstand haben.[275] Anders würde es sich verhalten, wenn die Vermessung der Überbauung des Grundstücks diente, da der Geometer in diesem Fall Arbeit zur Erstellung eines unbeweglichen Werks leistete.

8.233 **c.** Unbewegliche Werke sind zum Beispiel:[276]

8.234 – Häuser und andere Hochbauten;

8.235 – Strassen, Wege, Tunnels und Brücken;[277]

8.236 – eine Gleisanlage;[278]

8.237 – eine im Boden verlegte Wasserleitung;[279]

8.238 – Sanitäranlagen;[280]

8.239 – Verputzarbeiten und Gipserarbeiten an Neubauten;[281]

8.240 – die Asphaltierung eines Vorplatzes;[282]

---

273 BGE 93 II 246; 109 II 39 f.; 120 II 216 = Pra 1995, Nr. 77 S. 247.

274 GAUCH, Werkvertrag, Nr. 2234; ZINDEL/PULVER, Basler Kommentar, N 27 zu Art. 371 OR.

275 BGE 109 II 39 f.

276 Vergleiche im Übrigen die umfangreiche Kasuistik bei BÜHLER, Zürcher Kommentar, N 48 f., 51 f., und 61 f. zu Art. 371 OR.

277 GAUTSCHI, Berner Kommentar, N 10b zu Art. 371 OR; BÜHLER, Zürcher Kommentar, N 48 zu Art. 371 OR.

278 GAUCH, Werkvertrag, Nr. 2232.

279 BÜHLER, Zürcher Kommentar, N 48 zu Art. 371 OR; GAUCH, Werkvertrag, Nr. 2232.

280 ZR 1979, Nr. 61, S. 126.

281 BGE 117 II 428.

282 Dagegen stellte die Asphaltierung eines Vorplatzes kein unbewegliches *Bau*werk dar (BÜHLER, Zürcher Kommentar, N 62 zu Art. 371 OR mit Hinweisen auf a.M.).

– Malerarbeiten an einem bereits bewohnten Wohnhaus.[283] 8.241

Dagegen sind folgende Werke als beweglich zu qualifizieren: 8.242

– Das Lehrgerüst für den Bau einer Brücke;[284] 8.243

– ein Silo zur Einlagerung von Feuchtgetreide;[285] 8.244

– eine mit dem Boden verbundene Kegelbahn.[286] 8.245

4. Die Frist *beginnt* mit der Ablieferung des Werks zu laufen (Art. 371 Abs. 3 OR i.V.m. Art. 210 Abs. 1 OR) bzw. mit der Ablieferung desjenigen Teils eines unbeweglichen Werks, auf den sich die mangelhaften Planungsarbeiten beziehen.[287] Massgebend ist also nicht der Zeitpunkt, in dem die Fehlplanung stattfindet oder in dem der Planer seine Leistung vollendet bzw. die Pläne dem Bauherrn übergibt. Entscheidend ist der Zeitpunkt, in dem das Werk des Unternehmers abgenommen wird.[288] 8.246

Die Verjährungsfrist läuft unabhängig davon, ob der Bauherr vom Mangel Kenntnis hat oder nicht.[289] Es ist daher möglich, dass die Ansprüche des Bauherrn verjähren, bevor er den Mangel entdeckt. Die Lehre hat diese Rechtsfolge kritisiert und verlangt, dass die Verjährungsfrist für Forderungen aus einem Mangelfolgeschaden so lange ruhen, als der Mangel noch nicht eingetreten sei.[290] Das Bundesgericht hat diesen Lösungsansatz indessen mit Verweis auf den Willen des Gesetzgebers abgelehnt.[291] Die Verjährungsfristen von Art. 371 OR können gemäss Art. 134 ff. OR gehemmt und unterbrochen werden. 8.247

---

283 Dagegen stellten die Malerarbeiten an einem bereits bewohnten Wohnhaus kein unbewegliches *Bau*werk dar (BGE 93 II 242 ff.).

284 BGE 113 II 267 f.

285 BGer 4A_235/2008 (23.7.2008) E. 5.5.

286 BGE 96 II 183 f. (die Kegelbahn sei «une construction légère, facilement amovible»); BÜHLER, Zürcher Kommentar, N 49 zu Art. 371 OR.

287 BGE 130 III 366 = Pra 2005, Nr. 7, S. 60.

288 SCHUMACHER, Architektenrecht 1995, Nr. 649.

289 BGE 130 III 366 f. = Pra 2005, Nr. 7, S. 60 f.; BGE 106 II 138 f.

290 ZINDEL/PULVER, Basler Kommentar, N 15 zu Art. 371 OR; vgl. auch BÜHLER, Zürcher Kommentar, N 29 zu Art. 371 OR; ablehnend GAUCH, Werkvertrag, Nr. 2259 ff. (gegenüber 4. Aufl. geänderte Meinung).

291 BGE 130 III 366 = Pra 2005, Nr. 7, S. 60.

C. Zehnjährige Verjährungsfrist (Art. 127 OR)

8.248 **1.** Wenn die Haftung des Planers **nicht** auf einen **Mangel** – sei es des beweglichen oder des unbeweglichen Werks – zurückzuführen ist, unterliegt der Schadenersatzanspruch des Bauherrn (auch im Werkvertragsrecht) der allgemeinen zehnjährigen Verjährungsfrist von Art. 127 OR.[292]

8.249 **a.** Nach zehn Jahren verjähren damit sowohl die Ansprüche aus der Verletzung der Sorgfalts- und Treuepflicht als auch der blossen Abweichung von einer Weisung des Bauherrn (Haftung aus Art. 97 ff. OR i.V.m. Art. 364 Abs. 1 OR) – in beiden Fällen vorausgesetzt, dass die Vertragsverletzung zu keinem Mangel am Werk führt.[293] Dasselbe gilt, wenn der Fehler des Planers lediglich zu einer Verzögerung im Bauprogramm führt.

8.250 **b.** Da das Auftragsrecht keine speziellen Verjährungsfristen enthält, verjähren die Leistungen des Planers sodann grundsätzlich nach zehn Jahren, wenn auf sie Auftragsrecht anwendbar ist.[294] Dies gilt freilich nur, soweit Haftungsansprüche aus Auftrag nicht nach Art. 371 Abs. 1 und 2 OR verjähren (Nr. 8.223 f. und 8.228).

8.251 **2.** Die Verjährungsfrist *beginnt* gemäss Art. 130 Abs. 1 OR grundsätzlich mit der Fälligkeit der Forderung (anders als bei der Regelung nach Art. 371 OR, wonach die Ablieferung massgebend ist). Bei einer Schlechterfüllung ist dies im Zeitpunkt der Vertragsverletzung der Fall.[295] Die Verjährung beginnt unabhängig davon zu laufen, ob der Gläubiger von seiner Forderung oder deren Fälligkeit weiss.[296]

8.252 **3.** Auch Ansprüche aus Werkmängeln verjähren erst nach zehn Jahren, wenn der Planer *absichtlich* über ihr Vorliegen *täuscht* (Art. 371 Abs. 3 OR i.V.m. Art. 210 Abs. 6 OR). Voraussetzung ist, dass der Planer die Mängel kennt und sie bewusst verschweigt. Die längere Frist gilt auch bei unbeweglichen

---

292 BGer in Pra 2009, Nr. 8, S. 55, E. 5 (Erwägung nicht publiziert in BGE 134 III 361 ff.); BGE 102 II 418 f.; GAUTSCHI, Berner Kommentar, N 22 zu Art. 371 OR.

293 Vgl. SCHUMACHER, Architektenrecht 1995, Nr. 657; vgl. auch BGE 111 II 172.

294 Die zehnjährige Frist ist damit insbesondere relevant für die Leistungen der Planer im Bereich der Bauleitung (dazu Nr. 8.163); vgl. zur Haftung für Kosteninformationen Nr. 10.38 ff.).

295 DÄPPEN, Basler Kommentar, N 11a zu Art. 130 OR.

296 BGE 119 II 219 f.

Werken, obwohl nur Art. 371 Abs. 1 OR ausdrücklich auf Art. 210 Abs. 3 OR verweist.[297]

D. Konsequenzen für den Planervertrag

1. Zusammengefasst gelten für Planungsleistungen folgende Verjährungsfristen:[298] 8.253

- Die **zweijährige Verjährungsfrist** (Art. 371 Abs. 1 OR) gilt für den mangelhaften Plan selber und für Fehlplanungen, die zu einem Mangel an einem beweglichen Werk führen. 8.254
- Die **fünfjährige** Verjährungsfrist (Art. 371 Abs. 2 OR) gilt, wenn der mangelhafte Plan zu einem Mangel an einem unbeweglichen Werk führt. Die Verjährungsfrist gilt für alle damit zusammenhängenden Schadensposten. 8.255
- Die **zehnjährige** Verjährungsfrist (Art. 127 OR) gilt für alle anderen Fehler des Planers (insbesondere wenn die Fehlplanung oder die Verletzung der Sorgfalts- und Treuepflicht zu keinem Mangel an einem Bauwerk führt). 8.256

2. Bei einem **Gesamtvertrag** untersteht die Haftung für fehlerhafte Planungsleistungen nach der herrschenden Ansicht dem Werkvertragsrecht (Nr. 8.19; vgl. aber Nr. 1.48 ff.). Entsprechend verjähren die Ansprüche des Bauherrn nach den werkvertraglichen Bestimmungen. Begeht der Planer einen Fehler sowohl in der Planungsphase als auch im Rahmen der Bauleitung, ist es möglich, dass die Ansprüche verschiedenen Verjährungsbestimmungen unterliegen. Zu einer gewissen Vereinheitlichung führen die Art. 371 Abs. 1 und 2 OR, welche die Leistungen der Planer, die zu einem Mangel an einem Werk führen, unabhängig von der Qualifikation des Planervertrags, der ein- bzw. fünfjährigen Verjährung unterstellen. 8.257

3. Der Einordnung, ob ein bewegliches oder ein unbewegliches Werk vorliegt, kommt grosse Bedeutung zu. In der Praxis kann aber gerade diese Unterscheidung Schwierigkeiten bereiten. Für den Bauherrn besteht ein (im Einzelfall unterschiedlich grosses) Risiko, dass seine Ansprüche schon zwei Jahre nach der Ablieferung der Planungsleistung verjähren. Er ist daher in 8.258

---

[297] BGE 89 II 405 ff.; 107 II 231 ff.; Gauch, Werkvertrag, Nr. 2276.

[298] BGE 130 III 365 f. = Pra 2005, Nr. 7, S. 60; 134 III 363 f. = Pra 2009, Nr. 8, S. 56 f.

jedem Fall gut beraten, sich rechtzeitig um verjährungsunterbrechende Massnahmen (z.B. Schuldbetreibung, Klage, Verjährungsverzicht) zu kümmern. In diesem Zusammenhang ist darauf hinzuweisen, dass das Bundesgericht der Ansicht ist, die Schuldbetreibung vermöge die Verjährung des Nachbesserungsrechts nicht zu unterbrechen, weil dieses nicht auf dem Betreibungsweg durchgesetzt werden könne.[299]

3. Vertragliche Änderung der gesetzlichen Bestimmungen

8.259 **1.** Art. 371 OR ist dispositiv. Das heisst, die Parteien können die Verjährungsfrist verlängern oder verkürzen.[300] Dabei sind ihnen gewisse Grenzen gesetzt: So können sie erstens die Verjährungsfrist nur so weit verkürzen, als dadurch die Rechtsverfolgung nicht in unbilliger Weise erschwert wird.[301] Zweitens ist die Verlängerung auf zehn Jahre seit der Ablieferung des Werks begrenzt.[302] Drittens ist die zehnjährige Verjährungsfrist im Falle der absichtlichen Täuschung (Art. 371 Abs. 3 OR i.V.m. Art. 210 Abs. 6 OR) zwingend.[303] Und viertens darf von der zehnjährigen Verjährungsfrist gemäss Art. 127 OR nicht abgewichen werden (Art. 129 OR). In all diesen Fällen kann der Planer aber nach bereits abgelaufener Frist darauf verzichten, die Verjährung geltend zu machen. Fünftens verbietet Art. 371 Abs. 3 OR i.V.m. Art. 210 Abs. 4 OR eine Verkürzung der Verjährung bei Konsumentenverträgen. Die Praxis wird weisen müssen, ob auch die Planerverträge mit privaten Bauherren unter diese Bestimmung fallen.[304]

---

299 BGer 4C.258/2001 (5.9.2002) E. 4.1.2 (Erwägung nicht publiziert in BGE 128 III 416 ff.); gl.M. Koller, Nachbesserungsrecht, Nr. 427; kritisch demgegenüber Tercier/Stöckli, Garantie, S. 13; Gauch, Werkvertrag, Nr. 2272a; Zindel/Pulver, Basler Kommentar, N 14 zu Art. 371 OR.

300 BGE 120 II 220 = Pra 1995, Nr. 77, S. 251; 108 II 196; 63 II 180; Gautschi, Berner Kommentar, N 5b zu Art. 371 OR; Gauch, Werkvertrag, Nr. 2489 ff. m.w.H. auch auf abweichende Meinungen.

301 BGE 108 II 196 m.w.H.; Gauch, Werkvertrag, Nr. 2494 f.; Koller, Nachbesserungsrecht, N 461 f.

302 BGE 99 II 189; Gauch, Werkvertrag, Nr. 2490; Koller, Nachbesserungsrecht, N 460.

303 Koller, Nachbesserungsrecht, Nr. 382 und 464; Gautschi, Berner Kommentar, N 5c zu Art. 371 OR.

304 Vgl. Nr. 8.175 zum Konsumentenbegriff bei Art. 8 UWG und dessen Anwendbarkeit auf Planerverträge. Art. 210 Abs. 4 lit. b OR setzt voraus, dass die Leistung für den persönlichen oder familiären Gebrauch bestimmt ist – anders als Art. 32 Abs. 2 ZPO jedoch nicht, dass sie zum üblichen Verbrauch gehört.

2. Zur Bedeutung der praktisch häufig vorkommenden «Garantiefrist» siehe Nr. 8.211. 8.260

4. Verjährungsvorschriften gemäss SIA-Ordnungen 102/103

1. Nach Art. 1.11.21 SIA 102/103 verjähren «Ansprüche aus Mängeln des Bauwerks» innert fünf Jahren.[305] Die Frist beginnt «mit der Abnahme des Werks beziehungsweise des Werkteils zu laufen». Die etwas glücklos formulierte Regelung (Nr. 8.213) gilt für Planer, die Leistungen zur Herstellung eines Bauwerks erbracht haben. 8.261

2. Die fünfjährige Verjährungsfrist gilt sowohl für Ansprüche aus Mängeln des beweglichen als auch des unbeweglichen Werks. Die SIA-Ordnungen 102/103 (2003) weichen von der Regelung in Art. 1.8.2 SIA 102/103 (1984) ab, welche die fünfjährige Verjährungsfrist gleich dem OR auf unbewegliche Werke beschränkten. Die SIA-Ordnungen 102/103 (1984) waren in der Literatur kritisiert worden, weil sie eine im Vergleich zu Art. 180 Abs. 1 SIA 118 unterschiedliche, für den Bauherrn nachteilige, Verjährungsbestimmung vorsahen.[306] Heute ist es nicht mehr nötig, im Anwendungsbereich der SIA-Ordnungen 102/103 zwischen beweglichen und unbeweglichen Werken zu unterscheiden. 8.262

3. Die «generelle» Verjährungsfrist beträgt nach Art. 1.11.1 SIA 102/103[307] zehn Jahre ab dem Zeitpunkt der schädigenden Handlung. Sie kommt – gleich wie bei der gesetzlichen Verjährungsordnung – zur Anwendung, wenn die Fehlplanung oder die Verletzung der Sorgfalts- und Treuepflicht zu keinem Mangel an einem Werk führt. 8.263

---

305 Ebenso Art. 1.11.21 SIA 108 sowie die allgemeinen Vertragsbedingungen der SIA 111 (Art. 11.2) und 112 (Art. 11.21). Ähnlich auch Art. 14.2 der allgemeinen Vertragsbedingungen des KBOB-Planervertrags (für unbewegliche Bauwerke). Keine entsprechende Regelung enthält die SIA-Ordnung 110 (Raumplaner), die für die Verjährung von Plänen und anderen Unterlagen zum Ergebnis der Planung auf das OR verweist (Art. 1.11.2).

306 SCHUMACHER, Architektenrecht 1995, Nr. 672 f.; a.M. HESS, KommSIA 102/103/108, N 26 zu Art. 1.8.2. Vgl. auch DERENDINGER, Ergänzungen und Änderungen, S. 46 f. (zu den Ergänzungen und Änderungen der Grossbanken zu den SIA-Ordnungen 102, 103 und 108 [EGB], welche im Wesentlichen den SIA-Ordnungen 102/103 [2003] entsprechen).

307 Auch die übrigen in Fn. 304 erwähnten Ordnungen, inklusive der SIA-Ordnung 110 (Art. 1.11.1), sehen eine generelle Verjährungsfrist von zehn Jahren vor.

5. Rechtsfolgen der Verjährung

8.264 **1.** Mit dem Eintritt der Verjährung sind die Forderungen nicht mehr klagbar.[308] Der Bauherr kann sie Ansprüchen des Planers jedoch weiterhin einredeweise entgegenhalten und z.B. die Zahlung verweigern oder Verrechnung erklären.[309] Voraussetzung hierfür ist, dass der Bauherr die Mängel rechtzeitig und auf jeden Fall vor Ablauf der Verjährungsfrist gerügt hat (Art. 210 Abs. 2 OR i.V.m. Art. 371 Abs. 1 OR).[310]

8.265 **2.** Schwierige Fragen können sich stellen, wenn einem Bauherrn mehrere Haftpflichtige (in der Regel unecht) solidarisch haften und die Haftung eines Teils der Haftpflichtigen verjährt ist. Sie werden im Beitrag von KRAUSKOPF vertieft (Nr. 15.99 ff.).

VII. Ausservertragliche Haftung

1. Gegenüber dem Bauherrn

A. Unerlaubte Handlung (Art. 41 ff. OR)

8.266 **1.** Die Fehlplanung kann nicht nur eine Vertragsverletzung darstellen. In ihr kann zugleich eine unerlaubte Handlung liegen. Der Bauherr kann sich alternativ auf die vertraglichen und die ausservertraglichen Schadenersatzansprüche berufen.[311]

8.267 **2.** Im Unterschied zur vertraglichen Haftung muss das Verhalten des Planers widerrechtlich sein (Art. 41 Abs. 1 OR). Diese Voraussetzung ist erfüllt, wenn der Planer die körperliche Integrität des Bauherrn verletzt oder dessen Eigentum beschädigt (z.B. wenn das Dach infolge der Fehlplanung undicht ist und eindringendes Wasser die Möbel des Bauherrn zerstört). Der Bauherr ist kraft des Akzessionsprinzips (Art. 667 Abs. 2 ZGB) in der Regel Eigentümer des unvollendeten Bauwerks.[312]

---

308 GAUCH, Werkvertrag, Nr. 2280; ZINDEL/PULVER, Basler Kommentar, N 37 f. zu Art. 371 OR. Anders als bei der Verwirkung gehen die Forderungen nicht unter.

309 Vgl. BGE 107 II 54 f.; GAUCH, Werkvertrag, Nr. 2288.

310 BGE 130 III 367 = Pra 2005, Nr. 7, S. 61. Die Frage der Verjährung stellt sich rechtslogisch nur für jene Mängelrechte, die nicht verwirkt sind (vgl. GAUCH, Werkvertrag, Nr. 2195).

311 BGE 120 II 61; 113 II 247.

312 Vgl. auch GAUCH, Untergang, S. 43.

Die schweizerische Praxis und Lehre machen aber folgende Einschränkung: Die Mangelhaftigkeit eines abgelieferten Werks allein stellt noch keine Eigentumsverletzung dar. Dies selbst dann nicht, wenn sich der Mangel im Werk, das nunmehr dem Bauherrn gehört, «weiterfrisst».[313] Für den Planervertrag ist diese Einschränkung indessen nicht von grosser Bedeutung. Das Werk ist die Planungsleistung. Inwiefern sich ein Mangel innerhalb der Planungsleistung weiterfressen könnte, ist nicht ersichtlich. Und sobald die Fehlplanung zu einem Mangel am Bauwerk führt, resultiert automatisch ein Mangelfolgeschaden, der grundsätzlich zu ersetzen ist. 8.268

3. Anders als bei der vertraglichen Mängelhaftung gelten die Prüfungs- und Rügeobliegenheit für den Anspruch aus unerlaubter Handlung nicht. Ob sich eine Freizeichnung auch auf den Anspruch aus unerlaubter Handlung bezieht, ist durch Auslegung im Einzelfall zu entscheiden.[314] 8.269

B. Geschäftsherrenhaftung (Art. 55 OR)

Für den Schaden, den seine Arbeitnehmer oder andere Hilfspersonen in Ausübung ihrer dienstlichen oder geschäftlichen Verrichtungen verursachen, haftet der Planer nach Art. 55 OR. 8.270

C. Überwälzung der Mängelbeseitigungskosten (Art. 422 Abs. 1 OR)

1. Wenn die werkvertraglichen Mängelrechte verjährt oder verwirkt sind, stellt sich für den Bauherrn die Frage, ob er noch verlangen kann, dass der Planer die Mängel beseitigt oder die Kosten der Mangelbeseitigung übernimmt. Das Bundesgericht verneinte eine auf Art. 41 Abs. 1 OR gestützte Ersatzpflicht.[315] Nach einer neueren Lehrmeinung soll der Bauherr jedoch vom Planer verlangen können, die durch die Fehlplanung verursachte Gefahr zu beseitigen. Kommt der Planer dieser Aufforderung nicht nach, soll der Bauherr selber die erforderlichen Massnahmen treffen und die Kosten nach den Regeln der Geschäftsführung ohne Auftrag auf den Planer überwälzen können.[316] Folgt man dieser Ansicht, sind alle notwendigen oder nützlichen 8.271

---

313 Gauch, Werkvertrag, Nr. 2345; Werro, Responsabilité pour faute, S. 66.

314 Oesch, S. 173 f.

315 BGE 117 II 269 f. bezüglich der Ersatzpflicht der Kosten der zur Gefahrenabwehr (drohende Rutschung einer Böschung) selbst vorgenommenen Massnahmen. Vgl. auch Gauch, Grundbegriffe, S. 233, der die Folgen der Rechtsprechung als stossend bezeichnet.

316 Koller, Ausservertragliche Haftung, Nr. 4 ff. m.w.H.

und den Verhältnissen angemessenen Verwendungen zu ersetzen (Art. 422 Abs. 1 OR).

8.272 **2.** Diese neuere Lehrmeinung ist u.E. abzulehnen. Zum einen ergibt sich aus dem Gefahrensatz keine Pflicht, die Gefahr gänzlich zu beseitigen, sondern lediglich die Pflicht, den Eintritt eines Schadens zu verhindern.[317] Zum anderen ist fraglich, ob die Geschäftsführung ohne Auftrag die richtige Anspruchsgrundlage ist. Anders als bei der Geschäftsführung ohne Auftrag besteht ein Vertragsverhältnis zwischen Bauherr und Planer. Nur weil die Mängelrechte verwirkt sind, besteht noch kein Zustand der Auftragslosigkeit. Vielmehr würde eine Überwälzung der Mängelbeseitigungskosten nach den Regeln der Geschäftsführung ohne Auftrag dazu führen, dass die werkvertragliche Verjährungs- und Verwirkungsordnung ausgehebelt wird. Das ist abzulehnen.

D. Exkurs: Haftung der Subplaner und anderer Hilfspersonen des Planers

8.273 Der Bauherr kann allenfalls auf Subplaner und andere Hilfspersonen des Planers zurückgreifen. Im Auftragsrecht hat der Bauherr einen direkten Anspruch gegen den Substituten (Art. 399 Abs. 3 OR). Im Werkvertragsrecht (sowie im Auftragsrecht gegen Hilfspersonen, die keine Substituten sind) muss der Bauherr seine Haftungsansprüche mangels eines Vertrags mit den Subplanern und Hilfspersonen auf die Regeln der unerlaubten Handlung (Art. 41 Abs. 1 OR) stützen. Möglich ist ferner, dass der Planer, der dem Bauherrn nach Art. 101 OR haftet, auf die Hilfspersonen Rückgriff nimmt.

2. Gegenüber dem Unternehmer und gegenüber anderen Planern

8.274 **1.** Der Planer hat in der Regel keinen Vertrag mit dem Unternehmer oder mit anderen Planern. Folglich wird er diesen gegenüber nicht vertraglich haftbar. Denkbar ist jedoch eine Haftung aus unerlaubter Handlung (Art. 41 ff. OR) oder allenfalls eine Geschäftsherrenhaftung (Art. 55 OR).

---

317 So auch BGE 123 III 312, auf den sich KOLLER bezieht («afin d'empêcher un dommage de se produire»).

2. Aus unerlaubter Handlung haftet der Planer, wenn die fehlerhafte Planung das Eigentum (z.B. Werkzeuge oder Maschinen) oder die körperliche Integrität der Unternehmer oder der anderen Planer verletzt.[318] Mit der Verletzung des absolut geschützten Rechtsguts ist die Widerrechtlichkeit gegeben. 8.275

3. Eine Fehlplanung kann auch dazu führen, dass einem Unternehmer oder einem anderen Planer «nur» ein reiner Vermögensschaden entsteht. In diesem Fall fehlt es grundsätzlich an der die Haftpflicht des Planers begründenden Widerrechtlichkeit. Dennoch ist es unter Umständen möglich, den Planer verantwortlich zu machen: 8.276

a. In BGE 119 II 127 ff. führte die fehlerhafte Projektierung eines Ingenieurs zum Einsturz eines (zu erstellenden) Zwischengeschosses. Zwar kamen dabei weder Personen noch Sachen zu Schaden, jedoch führte die Neuerstellung zu beträchtlichen Mehrkosten des Unternehmers. Ein Anspruch des Unternehmers gegen den Ingenieur aus unerlaubter Handlung (Art. 41 OR) scheiterte an der fehlenden Widerrechtlichkeit.[319] Der Unternehmer hätte allerdings vom Bauherrn eine zusätzliche Vergütung verlangen können, da der Ingenieur im Verhältnis zum Unternehmer Hilfsperson des Bauherrn war.[320] Der Bauherr wiederum hätte vom Ingenieur wegen der Fehlplanung Schadenersatz für die Mehrkosten verlangen können. 8.277

b. Das Bundesgericht liess im erwähnten Entscheid in sinngemässer Anwendung von Art. 51 OR einen Rückgriff des Unternehmers auf den Ingenieur zu (und dies «direkt», ohne dass der Ingenieur Schadenersatz an den Bauherrn zahlte), was in der Lehre auf Kritik stiess.[321] 8.278

3. Gegenüber Dritten

Gegenüber Nachbarn, Passanten, späteren Mietern des geplanten Wohngebäudes oder anderen Dritten besteht keine Vertragsbeziehung des Planers. Der Planer haftet deshalb ausschliesslich nach ausservertraglichen Regeln, 8.279

---

318 Vgl. BGE 119 II 129.

319 BGE 119 II 129 f., wonach Art. 229 StGB (Gefährdung durch Verletzung der Regeln der Baukunde) nur das absolute Recht auf körperliche Integrität schützt, jedoch nicht das Vermögen.

320 BGE 119 II 130 f.; kritisch Gauch, Untergang, S. 44.

321 BGE 119 II 130 f.; kritisch dazu: Gauch, Untergang, S. 44 ff. Vergleiche im Übrigen zur Haftung mehrerer Nr. 15.1 ff.

insbesondere aufgrund unerlaubter Handlung (Art. 41 ff. OR). Allenfalls denkbar ist eine Haftung nach Art. 55 OR für seine Arbeitnehmer.

VIII. Schlussbemerkungen

8.280 **1.** Der Planer hat erhebliche Haftungsrisiken, mit zunehmender Tendenz. Es gilt, Sorge zu tragen, dass die Anforderungen an die Planer nicht ausufern, sondern vielmehr eine Balance zwischen den Interessen des Bauherrn und jenen der Planer gefunden werden kann. Der Bauherr darf einwandfreie Arbeit des Planers erwarten, hat Anrecht auf kundige Beratung. Er ist aber gehalten, seinerseits mitzudenken und namentlich dann, wenn er selbst fachkundig ist, Mitverantwortung zu tragen. Geht das Augenmass bei der Haftung verloren, drohen «amerikanische» Verhältnisse, von denen weder Bauherr noch Planer profitieren werden.

8.281 **2.** Und ganz praktisch: Solange man beim Planervertrag nie ganz sicher sein kann, ob nun ein Auftrag oder Werkvertrag vorliegt, werden Planer und Bauherr gut beraten sein, jeweils auch die Vorschriften des für sie ungünstigeren Vertragsmodells zu beachten.

§ 9 Die Bauleitung

Christoph Locher

Inhaltsverzeichnis

I. Einleitung

1. Grundlagen und Abgrenzung

Der vorliegende Beitrag befasst sich mit dem Leistungsbild der Bauleitung, der im Baugeschehen eine zentrale Rolle zukommt. Dabei geht es um vertragliche Leistungen der selbständigen, also freiberuflichen Bauleitung, die dem Bauherrn in der Phase der Bauausführung eine Dienstleistung erbringt, ohne selber das Bauwerk erstellen zu müssen. Nicht zur Sprache kommt die ausservertragliche Haftung (Art. 41 ff. OR), die gegebenenfalls konkurrierend zur Vertragshaftung hinzutreten kann (Nr. 8.266 ff.).[1] Ausgeklammert bleiben zudem die strafrechtliche Verantwortlichkeit sowie Fragen der Haftung aus öffentlichem Recht. 9.1

2. Der Begriff der Bauleitung

A. Die Bedeutung der Parteivereinbarung

1. Der Begriff der **Bauleitung** ist in keinem Gesetz definiert. Soweit die Parteien des Bauleitungsvertrages (der Bauherr als Auftraggeber und die 9.2

1 Zur Haftungskonkurrenz SCHUMACHER, Architektenrecht 1995, Nr. 372 f. mit Hinweisen.

Bauleitung als Beauftragte[2]) im Bauleitungsvertrag, den sie mündlich oder schriftlich schliessen können (Art. 11 Abs. 1 OR), die zu erbringenden Leistungen nicht beschreiben, ist nicht ohne Weiteres klar, was unter Bauleitung zu verstehen ist.[3]

9.3 **2.** Nach Art. 18 Abs. 1 OR ist für die Bestimmung des Inhaltes eines Vertrages der wirkliche Wille und nicht die unrichtige Bezeichnung oder Ausdrucksweise massgebend (subjektive Vertragsauslegung). Soweit sich dieser wirkliche Wille der Parteien feststellen lässt, bleibt kein Raum für Interpretationen. In diesem Sinne hat die subjektive Auslegung den Vorrang vor der objektivierten Auslegung. Der wirkliche Wille kann mit allen zulässigen Beweismitteln bewiesen werden. Wenn eine tatsächliche Willensübereinstimmung nicht gegeben ist oder unbewiesen bleibt, sind die Erklärungen der Parteien aufgrund des Vertrauensprinzips so auszulegen, wie sie nach Treu und Glauben verstanden werden durften und mussten (objektivierte Auslegung).[4]

9.4 **3.** Wenn es um die Ermittlung des Sinnes eines Wortes geht, das die Parteien verwendet haben, ist zunächst darauf abzustellen, wie dieses Wort in der Umgangssprache verstanden wird.[5] Zur Ermittlung dieses Wortsinns können neben der allgemeinen Lebenserfahrung auch Hilfsmittel wie Lexika herbeigezogen werden.[6] Wenn die Parteien einen individuellen Sprachgebrauch verwendet haben, so geht dieser dem allgemeinen Sprachgebrauch vor. Das ist etwa dann der Fall, wenn sie im Vertrag Begriffe definiert haben.[7] Gleiches gilt, wenn sich die Parteien einer Fachsprache bedienen und beide Parteien diese Fachsprache kennen (so etwa eine technische oder eine branchenspezifische Ausdrucksweise).[8] Dabei ist zu berücksichtigen, was sachgerecht ist,

---

2 Zur rechtlichen Qualifikation des Bauleitungsvertrages Nr. 1.45 und 9.25.

3 Trümpy, S. 79; Gauch, Bauleitung, S. 6.

4 BGer 4C.301/2004 (9.12.2004) E. 2; BGer 4C.128/2005 (4.5.2006) E. 2.2; ferner Schumacher, Vertragsgestaltung, Nr. 152 mit zahlreichen Hinweisen; Gauch/Schluep/Schmid, Nr. 207 ff.

5 Kramer, Berner Kommentar, N 22 ff. zu Art. 18 OR; Wiegand, Basler Kommentar, N 19 zu Art. 18 OR; BGer 5C.179/2006 (16.11.2006) E. 2.4.2; BGer 5C.87/2002 (24.10.2002) E. 2.3.1.

6 Wiegand, Basler Kommentar, N 19 zu Art. 18 OR; siehe die Beispiele bei BGE 116 II 190 und 115 II 269 E. 5; BGer 5C.179/2006 (16.11.2006) E. 2.4.

7 Wiegand, Basler Kommentar, N 20 zu Art. 18 OR; Kramer, Berner Kommentar, N 25 zu Art. 18 OR.

8 Wiegand, Basler Kommentar, N 22 f. zu Art. 18 OR; Kramer, Berner Kommentar, N 23 zu Art. 18 OR.

weil nicht anzunehmen ist, dass die Parteien eine unangemessene Lösung gewollt haben.[9]

B. Der Begriff im allgemeinen Sprachgebrauch

1. Unter Bauleitung versteht man im allgemeinen Sprachgebrauch die *Leitung der Ausführung einer Baute* (d.h. die Tätigkeit) und *den Kreis von Personen, die mit der Leitung der Ausführung einer Baute beauftragt sind.*[10] Der Begriff hat somit zwei Bedeutungen: eine Tätigkeit sowie eine Person, der diese Tätigkeit übertragen wurde.[11] 9.5

2. Bei der Bauleitung als Tätigkeit geht es also darum, dass die *Ausführung* d.h. die Realisierung des Baues geleitet, überwacht und koordiniert wird.[12] Der Ausführung vorgelagert ist die Planung des Baues, die somit nicht zur Bauleitung gehört.[13] Die mit der Bauleitung betraute Person setzt somit das Projekt um, das vorher geplant wurde. Sie tut dies nicht selber (im Sinne eines Generalunternehmers), sondern sie leitet die Unternehmer an, welche die einzelnen Bauleistungen erbringen.[14] Ziel dieser Bemühungen ist es, dafür zu sorgen, dass die Unternehmer das Projekt, so wie es geplant wurde, realisieren. 9.6

3. Die Bauleitung setzt ein, wenn die Planung einen solchen Stand erreicht hat, dass sie umgesetzt werden kann. Wer mit dieser Aufgabe betraut wird, muss die Unternehmer koordinieren, muss sie auf der Baustelle überwachen und muss laufend kontrollieren, ob die Planungsvorgaben richtig umgesetzt werden. Welche einzelnen Tätigkeiten dies umfasst, lässt sich aus dem allgemeinen Sprachgebrauch kaum ableiten.[15] Insbesondere gibt es Tätigkeiten, welche allein aufgrund des Sprachgebrauchs nicht immer eindeutig der Planung oder der Bauleitung zugeordnet werden können (z.B. die Erstellung der Werkverträge oder der Ausführungspläne). Tendenziell wird man sagen dürfen, dass die Bauleitung im allgemeinen Sprachgebrauch darin besteht, mit 9.7

---

9 BGE 115 II 264 E. 5.a; BGer 4A_82/2008 (29.4.2009) E. 4.3 mit zahlreichen Hinweisen.

10 DUDEN, S. 469.

11 TRÜMPY, S. 79.

12 TERCIER/FAVRE, Nr. 5344; CHAIX, Commentaire Romand, N 28 zu Art. 363 OR.

13 TERCIER, Direction des travaux, S. 6.

14 GAUCH, Architektenrecht 1995, Nr. 36 f.; MICHEL, Architektenrecht 1995, Nr. 2004; TERCIER, Direction des travaux, S. 6.

15 So auch SCHERRER, Nebenunternehmer, Nr. 107 für den mit der Bauleitung betrauten Nebenunternehmer.

den vorhandenen Plänen, anhand der vorliegenden Werkverträge, im vorgegebenen Terminprogramm, auf dem angewiesenen Grundstück die Erstellung des Bauwerkes zu koordinieren und zu begleiten bis dieses vollendet ist.[16]

C. Der Begriff der Bauleitung im SIA-Regelwerk

a. Nach der SIA-Ordnung 102

9.8 **1.** In der SIA-Ordnung 102 findet sich der Begriff «Bauleitung» im Kapitel 4.52, «Ausführung». Es wird unterschieden zwischen der «gestalterischen Leitung» und der «Bauleitung». Mit der Bauleitung ist die Bauleitung im engeren Sinne gemeint, d.h. die Leitung der Baustelle während der Erstellung des Bauwerkes.

9.9 **2.** Die Bauleitung (als beauftragte Person) wird – auch wenn sie ausschliesslich mit der Bauleitung (im Sinne der Tätigkeit) beauftragt wird, also die Bauleitung nicht im Rahmen eines Gesamtvertrages übernimmt – regelmässig mit weiteren Leistungen als jenen gemäss dem Unterkapitel Bauleitung in Art. 4.52 SIA 102 betraut. Meist übernimmt sie auch die Teilleistungen gemäss Art. 4.53 Inbetriebnahme, Abschluss:«Inbetriebnahme», «Dokumentation über das Bauwerk» und «Leitung der Garantiearbeiten».

b. Nach den SIA-Ordnungen 103 und 108

9.10 **1.** Die SIA-Ordnung 103 unterscheidet zwei Konstellationen:

9.11 **a.** Der Ingenieur kann als **Gesamtleiter** eingesetzt werden. Ihm kommen dann vergleichbare Aufgaben zu, wie sie die SIA-Ordnung 102 für den Architekten vorsieht. Bei technischen Bauwerken, bei denen technisch-konstruktive Berechnungen oder die Statik im Vordergrund stehen, wird meist ein Ingenieur als Gesamtleiter eingesetzt. Die entsprechenden Bauleitungs-Leistungen finden sich in Art. 4.1.52 und Art. 4.1.53 SIA 103.

9.12 **b.** Der Ingenieur kann aber auch als **Spezialist** beigezogen werden. Dann erbringt er seine Leistungen neben einem Architekten (oder neben einem Ingenieur), der als Gesamtleiter tätig ist. Die entsprechenden Bauleitungs-Leistungen sind in Art. 4.2.52 und Art. 4.2.53 SIA 103 erwähnt.

---

16 SCHUMACHER, Architektenrecht 1995, Nr. 499 f.

2. Auch die Maschinen- und Elektroingenieure sowie die Fachingenieure für Gebäudeinstallationen können als Gesamtleiter oder als Spezialisten eingesetzt werden. Nach Art. 2.31 SIA 108 wird der Ingenieur aber im Regelfall nur im Maschinen- und Elektroanlagenbau als Gesamtleiter eingesetzt. Im Baubereich im engeren Sinne (Hoch- und Tiefbau) werden diese Ingenieure als Spezialisten unter der Führung eines anderen Gesamtleiters (Bauingenieur oder Architekt) eingesetzt. Die Bauleitungs-Leistungen werden in Art. 4.52 und 4.53 SIA 108 beschrieben. 9.13

3. In der Baupraxis werden neben dem Begriff der Bauleitung auch die Begriffe «Oberbauleitung» und «örtliche Bauleitung» verwendet. Diese Begriffe werden in der neueren SIA-Ordnung 102 nicht mehr verwendet.[17] Weiterhin finden sie sich aber in Art. 4.1.52 SIA 103 (Nr. 9.126 und 9.138). 9.14

c. Nach der SIA-Norm 118

1. Die SIA-Norm 118 regelt die gegenseitigen Rechte und Pflichten des Unternehmers und des Bauherrn. Sie enthält auch Mitwirkungsobliegenheiten und -pflichten des Bauherrn. Ohne die Mitwirkung des Bauherrn ist es dem Unternehmer bei komplexeren Bauvorhaben gar nicht möglich, seine Leistung zu erbringen. 9.15

2. Wenn die SIA-Norm 118 die Bauleitung erwähnt, so ist damit in vertraglicher Hinsicht eigentlich der Bauherr gemeint. Das ergibt sich aus Art. 23 Abs. 3 SIA 118, der bestimmt, dass der Bauherr selbst gemeint sei, wenn er keine Bauleitung einsetzt.[18] Im Rahmen der SIA-Norm 118 ist daher die Bauleitung die Stellvertretung bzw. die Hilfsperson des Bauherrn. Der Unternehmer, der mit dem Bauherrn einen Werkvertrag schliesst und dabei die SIA-Norm 118 übernimmt, hat gegenüber dem Bauherrn (seinem Vertragspartner) Anspruch darauf, dass die Bauleitung bzw. der Bauherr die Aufgaben übernimmt, die die SIA-Norm 118 der Bauleitung zuweist. 9.16

3. Da die Bauleitungsaufgaben, die die SIA-Norm 118 beschreibt, nicht identisch sind mit den in den SIA-Ordnungen 102, 103 und 108 definierten Bauleitungsaufgaben, kann der Bauherr von seiner Bauleitung nach den SIA-Ordnungen a priori nicht das Gleiche verlangen, was er dem Unternehmer 9.17

---

17 Siehe GAUCH, Die Bauleitung, S. 6, zur SIA-Ordnung 102 (1984).

18 SCHUMACHER, Architektenrecht 1995, Nr. 498; GAUCH, KommSIA 118, N 9 Einleitung.

nach der SIA-Norm 118 schuldet.[19] Nach der hier vertretenen Ansicht hat die Bauleitung aber zumindest dann auch die Aufgaben zu übernehmen, welche die SIA-Norm 118 der «Bauleitung» zuweist, wenn sie dem Bauherrn den Abschluss von Werkverträgen nach der SIA-Norm 118 selber vorschlägt und entsprechende Vertragsurkunden vorbereitet[20] – was zu den Aufgaben des Planers nach Art. 4.51 SIA 102 und Art. 4.1.52 SIA 103 (Bauingenieur als Gesamtleiter) sowie Art. 4.51 SIA 108 (nicht aber im Bereich der SIA-Ordnung 103, sofern der Bauingenieur als Spezialist eingesetzt wird) gehört.[21]

9.18 **4.** Damit verbleibt die Frage, wie es sich verhält, wenn der Bauleitung die Erstellung der Werkverträge im Sinne von Art. 4.51 SIA 102 (bzw. der entsprechenden Bestimmungen in den SIA-Ordnungen 103 und 108) nicht übertragen wurde (was z.B. im Geltungsbereich der SIA-Ordnung 103 zutrifft, wenn der Ingenieur als Spezialist eingesetzt wird), wenn also ein anderer Planer/Gesamtleiter oder der Bauherr selbst die Werkverträge vorbereitet. Man kann diesbezüglich argumentieren, dass die SIA-Norm 118 dem Bauleiter zeige, wozu der Bauherr in den Bauwerksverträgen verpflichtet wird und was der Bauherr entsprechend von seiner Bauleitung erwarte.[22]. Zumindest wenn die Bauleitung in einem «von den SIA-Normen geprägten Umfeld»[23] erfolgt, muss man so entscheiden, als hätte die Bauleitung die Werkverträge selber entworfen: Die Bauleitung, die die SIA-Norm 118 dem Unternehmer gegenüber durchzusetzen hat, weil sie Bestandteil der Werkverträge ist, deren Umsetzung ihre Aufgabe ist, muss diese Norm kennen und muss daher auch wissen, was die Bauherrschaft aufgrund dieser Bestimmungen ihrem Unternehmer schuldet und damit von ihrer Bauleitung erwartet. Wenn sie die Ansicht vertreten sollte, dass sie diese Aufgaben nicht oder nicht vollumfänglich erbringen kann oder muss (etwa weil sie vom Bauherrn einen beschränkteren Bauleitungsauftrag erhalten hat), muss sie den Bauherrn entsprechend aufklären.[24]

9.19 **5.** Anders wäre nur dann zu entscheiden, wenn etwa ein professioneller Bauherr die Werkverträge selber erstellt, darin die SIA-Norm 118 aufnimmt und

19 GAUCH, Die Bauleitung, S. 6.

20 SCHUMACHER, Architektenrecht 1995, Nr. 468; HÜRLIMANN, KommSIA 118, N 17 zu Art. 33.

21 SCHUMACHER, Architektenrecht 1995, Nr. 468.

22 Vgl. SCHUMACHER, Sicheres Bauen, Nr. 309.

23 SIEGENTHALER, Haftung der Bauleitung, Rz. 7.

24 SCHUMACHER, Architektenrecht 1995, Nr. 468; a.M. HÜRLIMANN, KommSIA 118, N 17 zu Art. 33.

dann der Bauleitung ein sehr eingeschränktes Mandat erteilt, das nicht all die Leistungen umfasst, die die SIA-Norm 118 der Bauleitung zuweist. Ein solcher Bauherr muss sich bewusst sein, dass er eine Reihe von Bauleitungsaufgaben gemäss der SIA-Norm 118 selber übernehmen oder an Dritte vergeben muss.

3. Bedeutung und Auslegung des Bauleitungsvertrages

1. Aus dem Umstand, dass der Begriff der Bauleitung bzw. der Katalog der Aufgaben, die der Bauleitung zufallen, nicht fest umrissen ist, kommt der konkreten Vereinbarung zwischen Bauherr und Bauleitung zentrale Bedeutung zu. Einigen sich die Parteien des Bauleitungsvertrages lediglich darauf, dass die «Bauleitung» zu erbringen sei, ist durch Auslegung zu ermitteln, welche Aufgaben damit übertragen werden. Dabei kommt auf den Bauleitungsauftrag, der ein Auftrag im Sinne der Art. 394 ff. OR ist (Nr. 1.24 ff. und 9.25), Art. 396 OR zur Anwendung. Nach dieser Bestimmung richtet sich der Umfang des Auftrages, sofern er nicht ausdrücklich bezeichnet worden ist, nach der Natur des zu besorgenden Geschäfts.[25] Geschuldet sind von der Bauleitung alle Leistungen, die *nötig* sind, um den Leistungserfolg (d.h. die Erstellung des Bauwerkes) zu erzielen.[26] Im Zweifel muss die Bauleitung als fachkundige Partei selber definieren, was dazu nötig ist, d.h., sie muss ihren Auftrag pflichtgemäss interpretieren und gegebenenfalls mit dem Bauherrn Rücksprache nehmen.[27] Im Streitfall entscheidet über den Inhalt des Bauleitungsvertrages der Richter.[28] 9.20

2. Dem Risiko der richterlichen Fremdbestimmung kann durch eine sorgfältige Vertragsgestaltung begegnet werden.[29] Will ein Bauherr einem Planer (sei das ein Architekt oder ein Ingenieur) die Bauleitung übertragen, liegt es in seinem eigenen Interesse, mit dem Planer den Inhalt der gewünschten Leistungen sorgfältig zu vereinbaren. Aber auch der Planer, der eine Bauleitungsaufgabe übernimmt, muss daran interessiert sein, die Leistungen, die er zu erbringen bereit und in der Lage ist, mit dem Bauherrn sorgfältig und vollständig zu vereinbaren. 9.21

25 FELLMANN, Berner Kommentar, N 241 f. zu Art. 394 OR.

26 FELLMANN, Berner Kommentar, N 234 f. zu Art. 394 OR.

27 FELLMANN, Berner Kommentar, N 237 ff. zu Art. 394 OR.

28 SCHUMACHER, Vertragsgestaltung, Nr. 151 f.

29 SCHUMACHER, Vertragsgestaltung, Nr. 159.

9.22 **3.** Die Parteien können entweder die Bauleitungsaufgaben, die zu erfüllen sind, selber formulieren oder sie können sich an bestehenden Regelwerken, namentlich an den SIA-Ordnungen 102, 103 und 108 orientieren, d.h., sie können diese Ordnungen zu Bestandteilen des Bauleitungsvertrages erklären. Wenn sie aus den in den Ordnungen enthaltenen Leistungskatalogen die gewünschten Leistungen bestimmen, sind die ausgewählten Leistungen vertraglich geschuldet.[30]

9.23 **4.** Wenn es die Parteien unterlassen, die Bauleitungsleistungen im Vertrag klar zu regeln, hat der Richter zu ergründen, was in der Fachsprache der Baubranche unter «Bauleitung» verstanden wird. Das Bundesgericht hat entschieden, dass es zumindest in einem «von den SIA-Normen geprägten Umfeld»[31] nicht bundesrechtswidrig sei, wenn sich das Gericht von der SIA-Ordnung 102 inspirieren lasse, um zu ermitteln, welche Leistungen geschuldet seien.[32] Das entspricht dem Grundsatz, dass die branchenkundigen Parteien vermutungsweise Begriffe im branchenüblichen Sinne verwendet haben wollen.[33]

4. Der Bauleitungsvertrag als einfacher Auftrag (Art. 394 ff. OR)

A. Allgemeines

9.24 **1.** Die Bauleitung kann die alleinige Leistung sein, die ein Planer im konkreten Fall zu erbringen hat; sie kann indessen auch eine Teilleistung in einem umfassenderen Planervertrag darstellen.[34]

9.25 **2.** Die Bauleitung und die Vergabe von Arbeiten gelten nach der Rechtsprechung des Bundesgerichts als Leistungen mit auftragsrechtlichem Charakter.[35] Der Bauleitungsvertrag wird demnach als Auftrag im Sinne von Art. 394 ff. OR qualifiziert (Nr. 1.45).[36] Auch wenn ein Planer im Rahmen

---

30 Gauch, Architektenrecht 1995, Nr. 61 ff.

31 Siegenthaler, Haftung der Bauleitung, Rz. 7.

32 BGer 4A_242/2008 (2.10.2008) E. 2.2.

33 Wiegand, Basler Kommentar, N 31 zu Art. 18 OR.

34 Zur rechtlichen Qualifikation des Gesamtvertrages Nr. 1.47 ff.

35 BGE 109 II 466; 114 II 56; 127 III 545; BGer 4A_252/2010 (25.11.10) E. 4.1.

36 Fellmann, Berner Kommentar, N 181 zu Art. 394 OR; Gauch, Architektenrecht 1995, Nr. 36; Gauch, Die Bauleitung, S. 9; Trümpy, S. 81 ff.; Weber, Basler Kommentar, N 31 zu Art. 394 OR; Koller, Berner Kommentar, N 196 zu Art. 363 OR; Bühler, Zürcher

eines Gesamtvertrages sowohl Leistungen mit werkvertragsrechtlichem Charakter (insbesondere Planung) als auch Bauleitungsaufgaben zu erbringen hat, sind nach der Rechtsprechung des Bundesgerichts, welche eine Spaltung der Rechtsfolgen vorsieht,[37] bezüglich der Haftung für einzelne Bauleitungsaufgaben die Regeln des Auftragsrechts anzuwenden. Das bedeutet, dass für Bauleitungsaufgaben die auftragsrechtliche Sorgfalts- und Treuepflicht gilt und dass sich die Haftung nach auftragsrechtlichen Kriterien richtet (Art. 398 OR).

B. Allgemeine Aufgaben der Bauleitung

Aus der Natur der Bauleitung als Leistung mit auftragsrechtlichem Charakter lassen sich Aufgaben allgemeiner Art ableiten, die die Bauleitung bewältigen muss, auch wenn dies nicht explizit vereinbart ist. Gemeint sind die Aufgaben, die «geeignet und zweckmässig sind, den Auftragserfolg herbeizuführen» und die somit auch dann zu erfüllen sind, wenn sie nicht ausdrücklich festgelegt wurden, weil sie sich aus der Pflicht ergeben, den Auftrag sorgfältig und getreu zu erfüllen.[38] 9.26

a. Die Informationspflicht

Die Bauleitung ist verpflichtet, den Bauherrn unaufgefordert über alle wesentlichen Vorgänge auf der Baustelle zu informieren, namentlich über den Baufortschritt und über allfällige Probleme, die sich ergeben, wie auch über die Gegenmassnahmen, die getroffen wurden oder zu treffen sind (Nr. 8.118).[39] Diese Information hat frühzeitig zu erfolgen, sodass der Bauherr seine Entscheide noch zeitgerecht fällen kann.[40] 9.27

Kommentar, N 170 zu Art. 363 OR; Tercier, Direction des travaux, S. 13; Tercier/Favre, Nr. 5358; Chaix, Commentaire Romand, N 28 zu Art. 363 OR .

37 BGE 109 II 466; BGer 4A_252/2010 (25.11.10) E. 4.1; Zindel/Pulver, Basler Kommentar, N 18 zu Art. 363 OR; Koller, Berner Kommentar, N 197 zu Art. 363 OR.

38 Fellmann, Berner Kommentar, N 368 zu Art. 398 OR.

39 Schumacher, Architektenrecht 1995, Nr. 441; vgl. Tercier/Favre, Nr. 5146; Werro, Commentaire Romand, N 17 Art. 398 OR.

40 BGer 4C.273/1999 (2.3.2000) E. 2c; Schumacher, Architektenrecht 1995, Nr. 457.

b. Die Aufklärungspflicht

9.28 Weiter ist die Bauleitung verpflichtet, den Bauherrn über alle wesentlichen Vorgänge und Zusammenhänge aufzuklären (Nr. 8.120). Das geht weiter als eine blosse Information. Die Bauleitung muss Klarheit schaffen und dem Bauherrn Zusammenhänge, Risiken und Konsequenzen erläutern.[41] Der Umfang dieser Aufklärungspflicht ist auch davon abhängig, inwiefern der Bauherr einer solchen überhaupt bedarf, d.h., inwiefern er selber fach- und sachkundig ist.

c. Die Beratungspflicht

9.29 **1.** Im Rahmen der Gesamtleitung muss der Planer den Überblick über das Geschehen bei der Erstellung der Baute haben, und er muss den Bauherrn in allen Fragen, die dieser zu entscheiden hat, fachkundig beraten (Nr. 8.126).[42] Dies beinhaltet auch eine Pflicht, den Bauherrn auf Risiken hinzuweisen (Warnpflicht).[43] Die Beratungspflicht ist allerdings bei einem sachkundigen und erfahrenen Bauherrn zu relativieren.[44]

9.30 **2.** Wenn Planung und Bauleitung verschiedenen Planern übertragen wird, ist zu prüfen, in welchen Fragen der Planer und in welchen die Bauleitung den Bauherrn beraten muss. Einfach ist der Entscheid dort, wo der Problemkreis, zu dem der Bauherr eine Beratung braucht, einen klaren Zusammenhang mit den Kernaufgaben des Planers oder der Bauleitung hat.

9.31 **3.** Aber es gibt Problemkreise, die sich u.U. nicht eindeutig dem einen oder anderen Aufgabenbereich zuordnen lassen. Hier besteht dann das Risiko, dass keiner der involvierten Planer einen Anlass sieht, den Bauherrn zu beraten. Zu denken ist z.B. an die Pflicht des Planers, den Bauherrn auf die Notwendigkeit von Versicherungen hinzuweisen. Will man mit dem Bundesgericht[45] und trotz kritischer Stimmen dazu[46] eine entsprechende Beratungspflicht annehmen, so ist ein Zusammenhang am ehesten mit der Ausschreibung zu

---

41 SCHUMACHER, Architektenrecht 1995, Nr. 442.

42 So ausdrücklich im Geltungsbereich der SIA Ordnung 102 (siehe Art. 3.4.1 SIA 102); SCHUMACHER, Architektenrecht 1995, Nr. 443; vgl. auch TERCIER/FAVRE, Nr. 5149.

43 WERRO, Commentaire Romand, N 18 zu Art. 398 OR.

44 GEHRER/GIGER, Handkommentar Privatrecht, N 6 zu Art. 398 OR.

45 BGE 111 II 74 ff.

46 WIEGAND, recht 1990, S. 139, und ungenannter Verfasser, Versicherungs-Kurier 1985, S. 141 ff. zit. bei SCHUMACHER, Architektenrecht 1995, Nr. 446.

sehen. Derjenige Planer, welchem die Aufgabe zufällt, alle für die Realisierung des Bauwerkes nötigen Leistungen zu identifizieren und auszuschreiben, muss sich auch die Frage stellen, welche Versicherungen abzuschliessen sind. Entsprechend ist es auch seine Aufgabe, den Bauherrn darauf anzusprechen. Dies schon deshalb, weil die Kosten der Versicherungen eine Position im BKP sind und daher in den Kostenvoranschlag aufgenommen werden müssen.[47]

d. Die Abmahnungspflicht

1. Eine weitere Aufgabe der Bauleitung ist die **Abmahnung** des Bauherrn, falls dieser unzweckmässige oder unerfüllbare Weisungen erteilt (Nr. 8.132).[48] Die Bauleitung als Beauftragte untersteht dem Weisungsrecht des Bauherrn (Art. 397 Abs. 1 OR[49]). Sie muss zudem überall dort, wo Entscheidungen zu treffen sind, bei denen der Bauherr ein erkennbares Interesse an einer Mitbestimmung hat,[50] unaufgefordert Weisungen des Bauherrn einholen.[51] 9.32

2. Allerdings muss sie Weisungen, die sie empfängt, kritisch hinterfragen und den Bauherrn über die Folgen seiner Weisungen, insbesondere hinsichtlich Termin, Qualität und Kosten aufklären (Art. 1.3.52 SIA 102).[52] Wenn die Bauleitung erkennen kann oder mit pflichtgemässer Sorgfalt erkennen müsste, dass sich die Umsetzung dieser Weisungen für den Bauherrn nachteilig auswirkt, so hat sie den Bauherrn abzumahnen. Sie muss ihm abraten, die Weisung umzusetzen bzw. ihm beliebt machen, die Weisung zurückzunehmen oder zu ändern.[53] 9.33

3. Diese Abmahnung muss die Bauleitung fachtechnisch begründen. Die Abmahnung ist ausdrücklich und klar zu formulieren, sodass für den Bauherrn klar ist, dass und weshalb die Bauleitung ihm abrät, in der gewünschten Art vorzugehen, und dass die Bauleitung die Verantwortung für die Ausführung 9.34

---

47 BKP 53.

48 BGE 108 II 198.

49 SCHUMACHER, Architektenrecht 1995, Nr. 470 ff.; FELLMANN, Berner Kommentar, N 13 ff. zu Art. 397.

50 Zur Abgrenzung des weisungsfreien Bereichs vgl. SCHUMACHER, Architektenrecht 1995, Nr. 482.

51 SCHUMACHER, Architektenrecht 1995, Nr. 478 ff.

52 Vgl. HESS, KommSIA 102/103/108, N 6 zu Art. 1.4.1 und N 77 ff. zu Art. 1.4.4.

53 SCHUMACHER, Architektenrecht 1995, Nr. 449.

der Weisung ablehnt.[54] Aus Beweisgründen empfiehlt sich eine schriftliche Abmahnung.[55]

C. Die Sorgfaltspflichten der Bauleitung

a. Allgemeines

9.35 **1.** Die Bauleitung schuldet die vereinbarten Teilleistungen. Diese Dienstleistungen sind die Hauptpflichten der Bauleitung. Die Bauleitung ist sodann verpflichtet, diese Dienstleistungen *sorgfältig* zu erbringen. Während also der Leistungskatalog etwas darüber aussagt, *was* die Bauleitung zu tun hat, ergibt sich aus der Sorgfaltspflicht, *wie* die Dienstleistung zu erbringen ist.[56] Sorgfalt hat daher etwas mit der Qualität der Dienstleistung zu tun.[57]

9.36 **2.** Von Sorgfalt wird indessen auch im Zusammenhang mit dem Verschulden gesprochen. Der Begriff der Sorgfaltspflichtverletzung bezeichnet also zum einen den Verstoss gegen vertraglich geschuldete Verhaltenspflichten (Vertragsverletzung) und zum andern den Verstoss gegen ein Verhaltensgebot (Fahrlässigkeit).[58] Während der Auftraggeber, der Schadenersatz wegen Schlechterfüllung des Vertrages verlangt, die Vertragsverletzung (und damit z.B. das *unsorgfältige* – im Sinne von qualitativ ungenügende – Vorgehen der Bauleitung) beweisen muss, wird das Verschulden vermutet, und es liegt am Beauftragten, den Exkulpationsbeweis anzutreten (Art. 97 OR).

9.37 **3.** Der Auftraggeber kann die Vertragsverletzung somit dadurch beweisen, dass er darlegt, was einem «berufsspezifischen Durchschnittsverhalten»[59] entsprechen würde, und dass der konkrete Beauftragte diesem Massstab nicht genügte. Zwar wird auch im Rahmen des Verschuldens von einem objektiven Sorgfaltsmassstab ausgegangen,[60] aber das Verschulden ist immer subjektiv,

---

[54] Analog betr. Art. 369 OR: BGE 116 II 308; BGer 4C.452/1999 (27.3.2000) E. 2a.b; BÜHLER, Zürcher Kommentar, N 42 zu Art. 369 OR.

[55] SCHUMACHER, Architektenrecht 1995, Nr. 450; Art. 1.3.51 SIA 102; HESS, KommSIA 102/103/108, N 82 zu Art. 1.4.4.

[56] FELLMANN, Berner Kommentar, N 16 ff. zu Art. 398 OR; im Ergebnis gleich SCHUMACHER, Architektenrecht 1995, Nr. 439.

[57] FELLMANN, Berner Kommentar, N 343 zu Art. 398 OR.

[58] FELLMANN, Berner Kommentar, N 352 zu Art. 398 OR.

[59] FELLMANN, Berner Kommentar, N 355 zu Art. 398 OR; WEBER, Basler Kommentar, N 27 zu Art. 398 OR.

[60] FELLMANN, Berner Kommentar, N 464 zu Art. 398 OR; WEBER, Basler Kommentar, N 24 zu Art. 398 OR.

d.h. auf die konkrete Person bezogen.[61] Es geht einesteils also um den Massstab und andernteils um den Vorwurf.[62]

4. Der Verweis auf den Sorgfaltsmassstab beim Einzelarbeitsvertrag in Art. 398 Abs. 1 OR ist irreführend.[63] Zumindest an den Beauftragten, der seine Dienste berufsmässig anbietet, sind höhere Anforderungen zu stellen als an einen Arbeitnehmer.[64] Massgebend ist ein bereichs- oder berufsspezifischer Sorgfaltsmassstab. 9.38

5. Vom Beauftragten kann im Grundsatz das verlangt werden, was von einem sorgfältigen Durchschnittsfachmann seines Gebietes erwartet werden kann (berufsspezifischer Sorgfaltsmassstab).[65] Wählt der Auftraggeber indessen einen Spezialisten seines Fachgebietes aus, so sind an diesen erhöhte Anforderungen zu stellen.[66] Umgekehrt gilt, dass reduzierte Anforderungen an den Beauftragten zu stellen sind, wenn dem Auftraggeber bei der Mandatierung bewusst ist, dass der Beauftragte bloss über unterdurchschnittliche Fähigkeiten verfügt.[67] 9.39

6. Primär ist es aber Sache des Beauftragten, vor der Mandatsannahme zu prüfen, ob er über die für den konkreten Auftrag notwendigen Fähigkeiten verfügt. Unterlässt er das oder übernimmt er dennoch ein Mandat, das ihn fachlich überfordert, so wird er gleichwohl am Durchschnittsmassstab gemessen, und er kann sich nicht mit seinem Unwissen entschuldigen. Es trifft ihn ein Übernahmeverschulden.[68] 9.40

---

[61] FELLMANN, Berner Kommentar, N 465 zu Art. 398 OR.

[62] FELLMANN, Berner Kommentar, N 465 zu Art. 398 OR.

[63] FELLMANN, Berner Kommentar, N 480 zu Art. 398 OR; SCHUMACHER, Architektenrecht 1995, Nr. 436.

[64] FELLMANN, Berner Kommentar, N 485 zu Art. 398 OR; SCHUMACHER, Architektenrecht 1995, Nr. 436; WEBER, Basler Kommentar, N 23 zu Art. 398 OR.

[65] FELLMANN, Berner Kommentar, N 355 und 486 zu Art. 398 OR; WEBER, Basler Kommentar, N 22 zu Art. 398 OR; GEHRER/GIGER, Handkommentar Privatrecht, N 9 zu Art. 398 OR.

[66] FELLMANN, Berner Kommentar, N 355 zu Art. 398 OR; WEBER, Basler Kommentar, N 23 zu Art. 398 OR.

[67] FELLMANN, Berner Kommentar, N 490 zu Art. 398 OR.

[68] FELLMANN, Berner Kommentar, N 485 zu Art. 398 OR; WEBER, Basler Kommentar, N 28 zu Art. 398 OR; HESS, KommSIA 102/103/108, N 10 zu Art. 1.4.1; GEHRER/GIGER, Handkommentar Privatrecht, N 10 zu Art. 398 OR.

b. Die Beachtung der anerkannten Regeln der Baukunde

9.41 **1.** Zur geschuldeten Sorgfalt oder eben Qualität der Leistungen der Bauleitung gehört insbesondere, dass die Bauleitung die **anerkannten Regeln der Baukunde** kennt und im Rahmen ihrer Tätigkeit umsetzt (Nr. 1.97 und 8.53).[69]

9.42 **a.** Als anerkannte Regeln der Baukunde gelten nach der Rechtsprechung des Bundesgerichts Regeln, die «von der Wissenschaft als theoretisch richtig anerkannt wurden, feststehen und sich nach einer klaren Mehrheitsmeinung der fachkompetenten Anwender in der Praxis bewährt haben».[70] Welches der Inhalt dieser Regeln ist, muss im Streitfall durch eine gerichtliche Expertise ermittelt werden. Dabei unterstellt das Bundesgericht, dass im Bauwesen vermutungsweise die Empfehlungen und Normen des SIA grundsätzlich die anerkannten Regeln der Baukunde wiedergeben.[71] Das heisst aber nicht, dass daraus der Umkehrschluss gezogen werden dürfte, dass alles, was nicht in diesen Empfehlungen und Normen steht, nicht anerkannten Regeln der Baukunde entspreche.[72] Ein Gerichtsexperte kann daher sehr wohl auch bestimmte bauliche Massnahmen zu den anerkannten Regeln der Baukunde zählen, die in keiner Norm oder Empfehlung des SIA enthalten sind, denn die Bauleitung muss die Entwicklung in ihrem Fachgebiet kennen. Es kann namentlich erwartet werden, dass die Bauleitung die schweizerischen Fachpublikationen kennt und weiss, was an Weiterbildungsveranstaltungen in der Schweiz gelehrt wird.[73]

9.43 **b.** Soweit bestimmte bauliche Massnahmen in Normen oder Empfehlungen des SIA beschrieben sind, fällt der Beweis der anerkannten Regeln der Baukunde relativ leicht. Die beweisbelastete Partei kann sich auf diese Normen/Empfehlungen berufen (muss sie im Gerichtsverfahren dem Gericht als Urkunde einreichen, weil sie nicht gerichtsnotorisch sind[74]), und die Gegenpartei kann versuchen, den Gegenbeweis zu erbringen, nämlich, dass es an-

---

69 Fellmann, Berner Kommentar, N 369 zu Art. 398 OR; Schumacher, Architektenrecht 1995, Nr. 488 ff.; Gauch, Die Bauleitung, S. 11; vgl. Tercier/Favre, Nr. 5125.

70 Zindel/Pulver, Basler Kommentar, N 8 zu Art. 364 OR.

71 BGer 4A_428/2007 (30.5.2007) E. 3.1; vgl. dazu Gauch, Werkvertrag, Nr. 850 f.; Schumacher, Architektenrecht 1995, Nr. 488 ff.;

72 BGer 4A_428/2007 (2.12.2008) E. 3.2.

73 Hess, KommSIA 102/103/108, N 11 zu Art. 1.4.1.

74 BGer 4A_428/2007 (30.5.2007) E. 3.1.

erkannt sei, dass diese Normen/Empfehlungen nicht (mehr) oder noch nicht dem heutigen Stand entsprechen.

c. Wenn indessen zu einer Frage keine Normen oder Empfehlungen des SIA bestehen, kommt dem Ermessen des beigezogenen Experten grosse Bedeutung zu. Oft sind Gerichtsexperten nicht in der Lage, mit Hinweisen auf die Fachliteratur darzulegen, dass ihre persönliche Meinung «von der Wissenschaft als theoretisch richtig anerkannt wird, feststeht und sich nach einer klaren Mehrheitsmeinung der fachkompetenten Anwender in der Praxis bewährt hat». Sie führen einfach aus, nach ihrer Erfahrung «mache man das so» und die vorgetragene Lösung habe sich «in der Praxis bewährt». Ein solches Gutachten ist indessen nicht nachvollziehbar bzw. nicht hinreichend belegt und damit im Sinne von Art. 188 Abs. 2 ZPO «nicht gehörig begründet». Entsprechend muss das Gericht den Sachverständigen zur Ergänzung oder Erläuterung anhalten (Art. 188 Abs. 2 ZPO; Nr. 13.112). 9.44

d. Noch schwieriger ist die Rechtslage dann, wenn neuartige Konstruktionen oder Materialien zum Einsatz gelangen sollen. Dafür gibt es naturgemäss keine in der Praxis bewährten Regeln der Baukunde. Entscheidet sich die Bauleitung für solche neuen Konstruktionen oder Materialien, hat sie aufgrund ihrer Aufklärungspflicht (Nr. 9.28) gegenüber dem Bauherrn diesen auf die möglichen Risiken hinzuweisen und darzulegen, dass man «Neuland» betritt.[75] Dabei sind auch die Risiken zu beschreiben, die damit verbunden sind. Es liegt dann am Bauherrn zu entscheiden, ob er solche Risiken eingehen will. 9.45

2. Die anerkannten Regeln der Baukunde befassen sich mit technischen Fragen, d.h. mit der Frage, wie eine bestimmte Bauaufgabe technisch zu lösen ist. Für die Bauleitung stellen sich aber nicht nur technische, sondern auch **organisatorische Fragen.** So muss sie namentlich den Bauablauf organisieren. Die Organisation eines Bauvorhabens und namentlich auch die Koordinations- und Kontrollpflichten der Baubeteiligten ergeben sich nicht aus den anerkannten Regeln der Baukunde, sondern aus den vertraglich geschuldeten Sorgfaltspflichten der Baubeteiligten. Dabei haben sich die Handlungen des Bauleiters nach einem «berufsspezifischen Durchschnittsverhalten» zu richten.[76] Soweit für Bauleiter allgemein befolgte Verhaltensregeln und Usanzen 9.46

---

75 Reber, Rechtshandbuch, S. 323 f.; Hess, KommSIA 102/103/108, N 14 zu Art. 1.4.2.

76 Fellmann, Berner Kommentar, N 355 zu Art. 398 OR; Weber Basler Kommentar, N 27 zu Art. 398 OR.

bestehen, können sie bei der Bestimmung des Sorgfaltsmasses herangezogen werden.[77] Dabei ist zu berücksichtigen, dass der Bauleiter nicht für jede Massnahme oder Unterlassung allein schon deshalb einzustehen hat, weil sich aus nachträglicher Betrachtung zeigt, dass sie den Schaden bewirkt oder vermieden hätte.[78]

9.47 **3.** Wenn vor Gericht streitig ist, was im Bereich der Bauleitung zum «berufsspezifischen Durchschnittsverhalten» und zu den «allgemein befolgten Verhaltensregeln und Usanzen» gehört, muss allenfalls ein Gerichtsgutachter beigezogen werden. Um den Anforderungen von Art. 188 Abs. 2 ZPO zu genügen, muss der Gutachter dabei nachvollziehbar darlegen und belegen, auf welcher Basis er zu Aussagen über das «berufsspezifische Durchschnittsverhalten» bzw. die «allgemein befolgten Verhaltensregeln und Usanzen» kommt. Eine mögliche Basis ist insbesondere die Fachliteratur, namentlich solche, welche bei entsprechenden Lehrveranstaltungen der Fachhochschulen, der ETH und im Rahmen der Kurse zur Erlangung des Diploms für die «Höhere Fachprüfung im Ingenieur- und Architekturwesen» (HFP) verwendet wird.

D. Die Treuepflicht der Bauleitung

a. Allgemeines

9.48 **1.** Die Bauleitung wahrt fremde Interessen, nämlich jene des Bauherrn.[79] Das bedeutet, dass die Bauleitung ihre eigenen Interessen jenen des Bauherrn unterzuordnen hat.[80]

9.49 **2.** Die Bauleitung hat ihr Verhalten und Handeln auf den nach dem Vertrauensprinzip zu bestimmenden Leistungszweck auszurichten,[81] der regelmässig darin besteht, das geplante Bauvorhaben für den Bauherrn bestmöglich zu realisieren. Die Treuepflicht gehört zu den Nebenpflichten des Beauftrag-

---

77 BGer 4C.18/2004 (3.12.2004) E. 1.1; BGE 115 II 64; Weber, Basler Kommentar, N 27 zu Art. 398 OR.

78 Vgl. BGE 127 III 359; 108 II 198.

79 Fellmann, Berner Kommentar, N 251 zu Art. 394 OR und N 23 ff. zu Art. 398 OR; ferner Schumacher, Architektenrecht 1995, Nr. 435.

80 Fellmann, Berner Kommentar, N 23 zu Art. 398 OR mit Hinweisen; Schumacher, Architektenrecht 1995, Nr. 438; Weber Basler Kommentar, N 8 zu Art. 398 OR.

81 Fellmann, Berner Kommentar, N 24 zu Art. 398 OR.

ten.[82] Sie tritt also bei der Bauleitung neben die Hauptpflicht, die Bauausführung zu leiten. Dabei sind die Treuepflichten im Einzelfall zu bestimmen. Inhalt und Umfang dieser Pflichten richten sich vor allem nach dem Mass des Vertrauens, das der Auftraggeber dem Beauftragten entgegenbringt.[83] Bei der Bestimmung der entsprechenden Verhaltenspflichten kommt dem Grundsatz von Treu und Glauben massgebende Bedeutung zu.[84]

3. In der Lehre werden drei Gruppen von Treuepflichten unterschieden: 9.50

a. Eine erste Gruppe befasst sich mit Treuepflichten, die unmittelbar der Hauptpflicht zugeordnet sind, und besagt im Kern, dass der Beauftragte alles zu unterlassen hat, was die vertraglich geschuldete Leistung oder die Erreichung des Ziels beeinträchtigen könnte. Dazu gehört z.B. das Gebot, Interessenkollisionen zu vermeiden.[85] 9.51

b. Eine zweite Gruppe befasst sich mit Hilfspflichten, die dazu dienen, die Hauptleistung zu unterstützen. Als Beispiel gilt die Informationspflicht.[86] 9.52

c. Die dritte Gruppe befasst sich mit den Obhuts- und Schutzpflichten, die darauf ausgerichtet sind, die Rechtsgüter des Auftraggebers nicht zu gefährden. Sie sind daher unabhängig von der primären Leistungspflicht (bei der Bauleitung: die Leitung des Bauvorhabens).[87] 9.53

4. Die meisten Treuepflichten sind nicht mittels Leistungsklage einklagbar. Sie sind somit Nebenpflichten, deren Verletzung zu einem Schadenersatzanspruch des Bauherrn führt. Ist ausnahmsweise ein Leistungsanspruch zu bejahen, so liegt eine sog. Nebenleistungspflicht vor, die klagbar ist. 9.54

5. Obwohl – wie erwähnt – der Inhalt und das Ausmass der aus der Treuepflicht abzuleitenden Verhaltensweisen des Beauftragten nur im Einzelfall aufgrund einer Gesamtwürdigung bestimmt werden kann, lassen sich doch Fallgruppen bilden.[88] Die Reihe der nachfolgenden Fallgruppen ist jedoch nicht abschliessend. 9.55

---

82 FELLMANN, Berner Kommentar, N 28 zu Art. 398 OR.

83 FELLMANN, Berner Kommentar, N 26 zu Art. 398 OR.

84 FELLMANN, Berner Kommentar, N 30 zu Art. 398 OR.

85 FELLMANN, Berner Kommentar, N 33 f. zu Art. 398 OR.

86 FELLMANN, Berner Kommentar, N 35 zu Art. 398 OR.

87 FELLMANN, Berner Kommentar, N 36 und 132 ff. zu Art. 398 OR.

88 SCHUMACHER, Architektenrecht 1995, Nr. 440; FELLMANN, Berner Kommentar, N 38 zu Art. 398 OR.

b. Die Diskretions- und Geheimhaltungspflicht

9.56 Aus der auftragsrechtlichen Treuepflicht wird die Diskretions- und Geheimhaltungspflicht der Bauleitung abgeleitet.[89] Der Bauherr muss sich darauf verlassen können, dass Informationen, die er der Bauleitung gibt, nicht ohne sachlichen Grund Dritten weiter gegeben werden.[90] Davon ausgenommen sind selbstredend alle Informationen, die die Bauleitung den am Bau Beteiligten offenbaren muss, damit diese ihre Arbeit erfüllen können. Wie weit diese Pflichten gehen, ist im Einzelfall aufgrund getroffener Vereinbarung oder aus den Umständen abzuleiten.[91]

c. Die Pflicht zur Vermeidung von Interessenkollisionen

9.57 **1.** Ein weiterer Ausfluss der Treuepflicht ist die Pflicht der Bauleitung zur Vermeidung von Interessenkollisionen.[92] Interessenkollisionen können sich im Bereich der Bauleitung etwa dann ergeben, wenn ein und dieselbe Bauleitung von zwei Bauherren mandatiert wird, die als Nachbarn im Konflikt liegen.

9.58 **2.** Während FELLMANN die Vertretung zweier Auftraggeber mit entgegengesetzten Interessen der Doppelvertretung gleichstellt, womit sie unstatthaft ist,[93] plädiert SCHUMACHER dafür, dass der Architekt in einer solchen Situation neutral bleibt und nicht Partei zugunsten des einen oder anderen Bauherrn ergreift.[94] Richtig dürfte sein, dass eine Bauleitung durchaus auch dann Aufträge von zwei Bauherren übernehmen darf, wenn sich diese in einer Konfliktsituation befinden, vorausgesetzt dass diese Konfliktsituation nichts mit den Bauprojekten der beiden Auftraggeber zu tun hat. Die Bauleitung wird aber zumindest eines der beiden Mandate niederlegen müssen, wenn sich der Konflikt unmittelbar auf ihre Aufgabe auswirkt, etwa wenn die Bauherren benachbart sind und sich nicht über die Platzierung von Baustelleninstallationen im Grenzbereich einigen können.

---

89 GEHRER/GIGER, Handkommentar Privatrecht, N 4 zu Art. 398 OR.

90 TERCIER/FAVRE, Nr. 5157.

91 SCHUMACHER, Architektenrecht 1995, Nr. 452 f.; ausführlich FELLMANN, Berner Kommentar, N 39 ff. zu Art. 398 OR; WEBER, Basler Kommentar, N 11 ff. zu Art. 398 OR.

92 TERCIER/FAVRE, Nr. 5150; WERRO, Commentaire Romand, N 29 zu Art. 398 OR.

93 FELLMANN, Berner Kommentar, N 108 f. zu Art. 398 OR.

94 SCHUMACHER, Architektenrecht 1995, Nr. 454.

d. Das Verbot ungetreuer Geschäftsführung

1. Aus dem Verbot der ungetreuen Geschäftsführung ist abzuleiten, dass es der Bauleitung untersagt ist, von am Bau Beteiligten Vergünstigungen entgegenzunehmen (Schmiergelder etc.),[95] egal ob die Bauleitung im Gegenzug den entsprechenden Dritten zum Nachteil des Bauherrn begünstigt oder nicht. Die Bauleitung muss im Interesse des Bauherrn unabhängig bleiben. 9.59

2. Hier eröffnet sich ein anspruchsvolles Spannungsfeld. Bauleiter entwickeln mit der Zeit persönliche Beziehungen zu Anbietern im Baubereich. Das hat durchaus etwas Positives für den Bauherrn, weil ein eingespieltes Team besser arbeitet. Die Grenze liegt aber da, wo sich dieses Team gegen den Bauherrn verbündet. Solche Machenschaften sind klar unzulässig. Ein Verstoss gegen das Gebot der getreuen Geschäftsführung ist eine Vertragsverletzung und führt gegebenenfalls zu einem Schadenersatzanspruch des Bauherrn. 9.60

II. Das Leistungsbild im SIA-Regelwerk

1. Allgemeines

1. Ob eine Vertragsverletzung gegeben ist, hängt davon ab, welche Leistung die Bauleitung nach Vertrag schuldet.[96] Daher soll zunächst umschrieben werden, was die Bauleitung nach den einzelnen Bestimmungen des SIA-Regelwerkes schuldet. Erbringt die Bauleitung diese Leistungen nicht oder schlecht, so hat sie den Vertrag verletzt und wird haftbar, wenn auch die weiteren Haftungsvoraussetzungen erfüllt sind. 9.61

2. Die nachfolgende Ausführungen beschränken auf die Teilleistungen «Gestalterische Leitung» und «Bauleitung» gemäss Art. 4.51 SIA 102 sowie auf die «Inbetriebnahme», «Dokumentation über das Bauwerk» und «Leitung der Garantiearbeiten» gemäss Art. 4.52 dieser Ordnung. Dieses Vorgehen impliziert aber keineswegs, dass ausschliesslich diese Leistungen von der Bauleitung geschuldet sind. Massgebend ist immer, was vertraglich vereinbart wurde. 9.62

---

95 SCHUMACHER, Architektenrecht 1995, Nr. 455; HESS, KommSIA 102/103/108, N 22 ff. zu Art. 1.4.2.

96 SCHUMACHER, Architektenrecht 1995, Nr. 425 ff.

9.63 **3.** Im Regelwerk des SIA werden die Aufgaben der Bauleitung allgemein und stichwortartig umschrieben. Nach den SIA-Ordnungen 102, 103 und 108 umfassen die Grundleistungen (siehe Art. 4 SIA 102/103/108) jene Leistungen, «die zur ordnungsgemässen Erfüllung eines Auftrages im Allgemeinen erforderlich und ausreichend sind. Je nach Aufgabe können Grundleistungen wegfallen oder in ihrer Bedeutung variieren, ohne dass dadurch die Qualität der Ergebnisse vermindert wird» (Art. 3.3.3 SIA 102/103/108). Soweit die Grundleistungen zur richtigen Vertragserfüllung *erforderlich* sind, begeht der Planer eine Vertragsverletzung, wenn er eine solche Grundleistung nicht oder nicht richtig erfüllt.[97] Leistungen, die in den SIA-Ordnungen 102/103/108 als «besonders zu vereinbarende Leistungen» bezeichnet werden, «können zu den Grundleistungen hinzutreten, wenn die Art der Aufgabe dies erfordert oder wenn sie der Auftraggeber wünscht» (Art. 3.3.4 SIA 102/103/108). Der Katalog dieser besonders zu vereinbarenden Leistungen ist nicht abschliessend. Deren Ausführung «ist vorgängig gemeinsam festzulegen» (Art. 3.3.4 SIA 102/103/108).

9.64 **4.** Die Leistungsbeschreibungen in den Normen und Ordnungen des SIA sind immer mit Rücksicht auf das konkrete Projekt zu lesen. So lässt der blosse Umstand, dass eine Bauleitung eine bestimmte Teilleistung, die in einer Norm oder Ordnung enthalten ist, nicht erbracht hat, nicht automatisch auf eine Vertragsverletzung schliessen. Immerhin ist von der Bauleitung zu verlangen, dass sie dann, wenn sie ganze Teilleistungen nicht erbringen will (weil sie der Ansicht ist, sie seien nicht nötig), dies dem Bauherrn mitteilt und begründet, sodass dieser intervenieren könnte, falls er an der Teilleistung festhalten möchte. Zudem kann die Bauleitung das gemäss der entsprechenden SIA-Ordnung auf die nicht erbrachte Teilleistung entfallende Honorar nicht verlangen. Umgekehrt kann sich die Bauleitung auch nicht darauf berufen, alle Grundleistungen erbracht zu haben und *daher* den Vertrag korrekt erfüllt zu haben. Wenn «die Art der Aufgabe dies erfordert», müssen auch besonders zu vereinbarende Leistungen erbracht werden. Ob die Art der Aufgabe Leistungen der Bauleitung erfordert, die über die Grundleistungen hinausgehen, kann der Bauherr häufig nicht beurteilen. Als Fachkundiger hat der Bauleiter in diesem Fall dem Bauherrn vorerst die Problemstellung darzulegen und ihm zu empfehlen, solche besonders zu vereinbarenden Leistungen zu bestellen,

---

97 SCHUMACHER, Architektenrecht 1995, Nr. 464.

und dem Bauherrn aufzuzeigen, welche Risiken entstehen, wenn er darauf verzichtet.[98]

5. Es muss also immer im Einzelfall geprüft werden, ob eine bestimmte Leistung, die an sich im Leistungsbeschrieb enthalten ist, im konkreten Projekt nötig war. Diese Prüfung muss indessen dann nicht erfolgen, wenn der Bauherr mit der Bauleitung explizit (und nicht nur unter Verweisung auf die flexiblen SIA-Ordnungen 102, 103 und 108) vereinbart hat, dass bestimmte Leistungen zu erbringen sind. In diesem Falle kann der Bauherr diese Leistungen einfordern, egal ob diese nun nötig sind oder nicht. 9.65

6. Die SIA-Ordnungen 102, 103 und 108 sehen jeweils in Art. 1.3 eine umfassende Sorgfalts- und Treuepflicht des Architekten, bzw. des Ingenieurs (und damit auch der Bauleitung vor). Diese Sorgfalts- und Treuepflicht ist für den einfachen Auftrag, aber auch für den Werkvertrag charakteristisch. Die SIA-Ordnungen beschreiben daher ausdrücklich, was Lehre und Rechtsprechung aus Art. 398 OR ableiten (Nr. 9.35 ff.). Die Bauleitung hat demnach die Interessen des Bauherrn umfassend zu wahren. Sie hat ihn über alle für das Gelingen des Bauvorhabens kritischen Feststellungen zu informieren und hat sich seinen Weisungen zu unterziehen.[99] Im Zweifel muss sie die Weisungen bzw. Entscheidungen des Bauherrn von sich aus einholen. 9.66

7. Aus dieser Sorgfalts- und Treuepflicht hat das Bundesgericht etwa abgeleitet, dass ein Ingenieur den Bauherrn auf die Risiken einer ihm bekannten Unternehmervariante selbst dann hinzuweisen hat, wenn er keinen Zusatzauftrag zur Prüfung dieser Unternehmervariante erhalten hat, soweit er eben die Untauglichkeit dieser Unternehmervariante tatsächlich erkannt hat.[100] 9.67

8. Nach der hier vertretenen Ansicht muss der Ingenieur aber nicht nur dann aktiv werden, wenn er tatsächlich erkennt, dass eine Unternehmervariante untauglich ist. Vielmehr muss er den Bauherr als Ausfluss seiner Aufklärungs- (Nr. 9.28) und Beratungspflicht (Nr. 9.29) darauf hinweisen, dass er die Variante ohne entsprechenden Zusatzauftrag nicht prüfen werde. Ausserdem muss er gegenüber dem Bauherrn klären, inwiefern die Unternehmervariante seine eigenen Leistungspflichten ändert – namentlich inwiefern er in Bezug auf die von der Unternehmervariante betroffenen Arbeiten noch 9.68

---

98 Vgl. FELLMANN, Berner Kommentar, N 156 zu Art. 398 OR.

99 HESS, KommSIA 102/103/108, N 75 zu Art. 1.4.4.

100 BGer 4C.284/2006 (7.11.2006) E. 2.3.

Kontroll- und Koordinationsaufgaben wahrnehmen kann und soll bzw. wer diese Arbeiten an seiner Stelle ausführen wird.

2. Das Leistungsbild in der SIA-Ordnung 102

9.69 Wie angekündigt (Nr. 9.61), werden nun nachfolgend die Teilleistungen «Gestalterische Leitung» und «Bauleitung» gemäss Art. 4.51 sowie «Inbetriebnahme», «Dokumentation über das Bauwerk» und «Leitung der Garantiearbeiten» gemäss Art. 4.52 SIA 102 aufgegriffen:

A. Die gestalterische Leitung

9.70 **1.** Die gestalterische Leitung umfasst nach der Beschreibung in der SIA-Ordnung 102[101] Leistungen, die im Falle der Aufteilung von Planung und Bauleitung auf zwei verschiedene Planer teilweise dem planenden Architekten und teilweise der Bauleitung übertragen werden.

9.71 **2.** Geschuldet ist zunächst das «Leiten und Überprüfen der Ausführung durch den entwerfenden Architekten im Hinblick auf ihre Übereinstimmung mit dem gestalterischen Grundkonzept» sowie die «Angabe der in den Ausführungsunterlagen nicht festlegbaren Gestaltungselemente». Das sind definitionsgemäss Aufgaben, die der planende Architekt übernehmen muss, denn er ist für die Gestaltung insgesamt verantwortlich und hat in diesem Sinne die Bauleitung zu überwachen. Es geht darum, dass das gestalterische Grundkonzept, das der entwerfende Architekt seinem Projekt zugrunde gelegt hat, in der konkreten Umsetzung auf der Baustelle befolgt wird. Die Bauleitung hat dabei die Aufgabe, rechtzeitig den Rat bzw. die Weisung des entwerfenden Architekten einzuholen. Sie darf die Details der Umsetzung nicht vernachlässigen und nicht einfach den Weg des geringsten Widerstands beschreiten.

9.72 **3.** Während die Bauleitung auf effiziente und kostengünstige Umsetzung achtet (und achten muss), wacht der entwerfende Architekt darüber, dass seine Gestaltung nicht aus Kosten- oder Effizienzgründen oder gar Gleichgültigkeit über den Haufen geworfen wird. Hier gilt es, einen Zielkonflikt zwischen Gestaltung einerseits und Kosten bzw. Effizienz andererseits zu lösen. «Schiedsrichter» ist bei Uneinigkeit zwischen entwerfendem Archi-

---

[101] Art. 4.51 SIA 102.

tekten und Bauleitung der Bauherr. Die involvierten Planer haben bei Uneinigkeit dem Bauherrn ihre Differenz anzuzeigen, und dieser wird dann entsprechende Weisungen erteilen. Es ist indessen nicht Aufgabe der Bauleitung, eine vom Bauherrn genehmigte Planung aus Kosten- und Effizienzgründen nachträglich generell infrage zu stellen.

4. Zur gestalterischen Leitung gehört sodann die *Bemusterung*. Das bedeu- 9.73
tet, dass die Bauleitung vom Bauherrn rechtzeitig die Entscheidung über die Auswahl von Materialien herbeiführen muss, die in den werkvertraglichen Unterlagen nicht definiert sind. In diesem Zusammenhang ist die Rechtzeitigkeit besonders hervorzuheben. Dem Bauherrn muss genügend Zeit eingeräumt werden, sich zu den entsprechenden Lieferanten zu begeben, um sich die Palette der möglichen Materialien und Geräte etc. vorstellen zu lassen. Zur Bemusterung gehört auch eine gewisse Beratung des Bauherrn durch die Bauleitung, soweit eine solche durch die Lieferanten nicht angeboten wird oder der Lieferant nicht produktunabhängig ist. Die Bauleitung muss sich daher mit den Bedürfnissen und Vorlieben des Bauherrn auseinandersetzen, um ihm einen sinnvollen Rat geben zu können. Sie muss abraten, wenn ein Lieferant Materialien, die offensichtlich nicht geeignet sind für den vorgesehenen Einsatz, oder Geräte empfiehlt, die den Bedürfnissen des Bauherrn nicht entsprechen. Im Rahmen der Bemusterung hat die Bauleitung zudem eine Ab- und Aufklärungspflicht mit Bezug auf die Kosten. Falls sie nicht ohnehin für das Kostenmanagement verantwortlich ist, muss sie sich vor der Bemusterung vom zuständigen Planer den Kostenrahmen vorgeben lassen und den Bauherrn bei der Bemusterung auf allfällige Kostenüberschreitungen hinweisen (Nr. 10.37). Schliesslich erwähnt die SIA-Ordnung 102 die *«Beratung des Auftraggebers bei der Wahl und Anordnung des Mobiliars und von Einrichtungen»* (Art. 4.52 SIA 102). Diese Teilleistung wird die Bauleitung oft nur auf Wunsch des Bauherrn erbringen. Immerhin muss sich die Bauleitung bis zu einem gewissen Grad für die geplante Einrichtung des Objektes interessieren, denn diese bedingt allenfalls bestimmte Installationen (z.B. Steckdosen).

B. Die Bauleitung im engeren Sinne

Die Bauleitung im Sinne von Art. 4.52 SIA 102 umfasst die Bauleitungsauf- 9.74
gaben im engeren Sinne. Gemeint sind alle jene Aufgaben, die sich unmittelbar auf die Baustelle (sowohl Hoch- als auch Tiefbau) beziehen.

a. Kontroll- und Überwachungsaufgaben

9.75 **1.** Die SIA-Ordnung 102 erwähnt in Art. 4.52 zunächst die *«Allgemeine Leitung und Überwachung der Arbeiten auf der Baustelle»*. Dabei geht es im Wesentlichen um die Umsetzung der Ausführungsplanung auf der Baustelle, die ihren Niederschlag in den Ausführungsplänen, im definitiven Terminplan und in den Werkverträgen gefunden hat.

9.76 **2.** In der Rubrik «Organisation» nennt Art. 4.52 SIA 102 das *Einsetzen und Leiten der Spezialisten, Unternehmer und Lieferanten* sowie die *Koordination ihrer Tätigkeiten.* Die Bauleitung hat die Leistungserbringung durch Spezialisten, Unternehmer und Lieferanten so zu planen, dass diese zeitgerecht erfolgt, d.h. in der richtigen Reihenfolge, termingemäss und fachlich korrekt.[102] Das setzt voraus, dass die Bauleitung weiss, welche Dritten bereits vertraglich gebunden sind und welche Leistungen mit ihnen vereinbart wurden. Stellt sie fest, dass es weitere Unternehmer oder Spezialisten braucht, um eine fachgerechte Bauleistung zu erbringen, muss sie der Bauherrschaft deren Beizug beantragen[103] – allenfalls nach Rücksprache mit dem Planer, der für die Ausführungsplanung zuständig war.

9.77 **3.** Die Unternehmer haben gegenüber dem Bauherrn und der Bauleitung keinen gesetzlichen Anspruch auf Überwachung.[104] Sie können sich daher im Falle von Mängeln nicht darauf berufen, die Bauleitung hätte erkennen können und müssen, dass sie sich anschicken, ein mangelhaftes Werk zu erstellen, weshalb den Bauherrn ein Mitverschulden treffe.[105] Demgegenüber hat der Bauherr gegenüber der Bauleitung einen Anspruch darauf, dass diese die Arbeiten auf der Baustelle überwacht. Entsteht dem Bauherrn ein Schaden aus unterlassener Überwachung, so kann die Bauleitung schadenersatzpflichtig werden (Nr. 9.162). Dadurch, dass dem Bauherrn gegenüber zunächst der Unternehmer für die Qualität seiner Leistung einstehen und sodann die Bauleitung die Leistung des Unternehmers überwachen muss, entsteht ein

---

[102] SCHUMACHER, Architektenrecht 1995, Nr. 500 und eingehend zu den verschiedenen Kontrollen Nr. 501 ff.

[103] BGer 4C.284/2006 (7.11.2006) E. 4.4.

[104] BGer 4C.16/2003 (24.6.2003) E. 2.2; GAUCH, Werkvertrag, N 1346 und 2057.

[105] GAUCH, Werkvertrag, Nr. 2057; SCHUMACHER, Architektenrecht 1995, Nr. 502; ZINDEL/PULVER, Basler Kommentar, N 4 zu Art. 369 OR; BÜHLER, Zürcher Kommentar, N 21 zu Art. 369 OR.

«Mehrfachsicherungssystem», mit dem Mängel zuverlässiger vermieden werden können als mit einer bloss einfachen Sicherung.[106]

4. Wie weit diese Überwachung gehen muss, hängt vom konkreten Bau- 9.78
projekt ab (Nr. 19.61). Man kann aber allgemein festhalten, dass es nicht Aufgabe der Bauleitung sein kann, *dauernd* auf der Baustelle anwesend zu sein und *sämtliche* Arbeitsschritte der involvierten Unternehmer permanent zu überwachen. Die Anforderungen an die Bauaufsicht dürfen in zeitlicher und fachtechnischer Hinsicht nicht überspannt werden.[107] Die Bauaufsicht findet ihre Grenze am (vorausgesetzten) Fachwissen des Bauleiters. Der Bauleiter muss weder die gesamte Planung von Grund auf nachvollziehen, noch kann von ihm erwartet werden, dass er über das gleiche technische und handwerkliche Wissen verfügt wie die beigezogenen Fachpersonen.[108] Andererseits kann aber von der Bauleitung erwartet werden, dass sie die wichtigsten Bauabschnitte, von denen das Gelingen des gesamten Werkes abhängt, überwacht und sich nach der Ausführung von deren Ordnungsmässigkeit überzeugt.[109] Bei der Bauaufsicht muss der Bauleiter den typischen Gefahrenquellen, neuen Baumaterialien oder -methoden und unvorhergesehenen Schwierigkeiten seine erhöhte Aufmerksamkeit schenken.[110] Dazu gehören anspruchsvolle oder bedeutende Arbeiten, deren unsorgfältige Ausführung wesentliche Schäden bewirken können wie z.B. Abdichtungen. Gleiches gilt, wenn durch das im Bau befindliche Werk Menschen oder Sachen gefährdet werden können.[111] Ferner gehören Phasen dazu, wo es wichtig ist, dass das Bauwerk besonders sorgfältig vor Witterungseinflüssen geschützt wird (etwa die Abdeckung des offenen Daches bei einem Umbau). Wo mit starken Witterungseinflüssen zu rechnen ist, müssen die entsprechenden Vorsorgemassnahmen getroffen werden. In diesen Phasen hat die Bauleitung nicht permanent, aber doch regelmässig persönlich vor Ort zu sein und hat sich zu versichern, dass zuverlässige Arbeiter am Werk sind, die die nötige Sensibilität für die Problematik haben. Der Bauherr hat ein Interesse daran, dass Mängel sofort erkannt und behoben werden, nicht erst bei der Abnahme. Je früher Mängel beseitigt werden, desto geringer sind erfahrungsgemäss der

---

106 SCHUMACHER, Architektenrecht 1995, Nr. 505.
107 SCHUMACHER, Architektenrecht 1995, Nr. 506.
108 SCHUMACHER, Architektenrecht 1995, Nr. 507.
109 OLG München in NJW-RR 188, S. 336; SCHUMACHER, Architektenrecht 1995, Nr. 506.
110 SCHUMACHER, Architektenrecht 1995, Nr. 506.
111 FELLMANN, Haftung für Werkmängel, S. 91.

erforderliche Aufwand und das Risiko von Mangelfolgeschäden.[112] Diesem Ziel dient die Überwachung der Arbeiten durch die Bauleitung.

9.79 **5.** Besonderes Augenmerk ist weiter den Phasen zu widmen, wo ein Unternehmer seine Arbeit beendet und ein nachfolgender Unternehmer auf den Vorzustand aufsetzt. Hier muss die Bauleitung dafür sorgen, dass das Werk des Vorunternehmers geprüft wird, bevor der Nachunternehmer daran weiterarbeitet, weil eine nachfolgende Prüfung eventuell nicht mehr möglich ist.[113]

9.80 **6.** Der Unternehmer hat Anspruch darauf, dass die Bauleitung die Nebenunternehmer koordiniert und entsprechend auch auf deren Kontrolle (Art. 34 Abs. 3 SIA 118). In dieser Funktion ist die Bauleitung Hilfsperson des Bauherrn. Soweit die Bauleitung die Koordination vernachlässigt und damit einen Schaden verursacht (z.B. einen Mangel), handelt sie als Hilfsperson des Bauherrn, was im Verhältnis zum Unternehmer ein (volles oder beschränktes) Selbstverschulden bedeuten kann, weil dem Bauherrn nicht nur das Verhalten der Hilfsperson anzurechnen ist, sondern auch deren Sachverstand.[114] Der Bauherr hat in solchen Fällen einen Schadenersatzanspruch gegenüber der Bauleitung.[115]

9.81 **7.** Eine aufmerksame Bauleitung kann mit entsprechenden Weisungen an die Unternehmer den Bauherrn aber auch in anderen Bereichen vor Schäden bewahren. Dies gilt namentlich in Bereichen, wo sich erfahrungsgemäss keiner der Unternehmer für zuständig hält.[116]

b. Werkstatt- und Materialkontrollen

9.82 **1.** Die SIA-Ordnung 102 nennt weiter «*Werkstattkontrollen*», «*Kontrolle der Materialien und Lieferungen*» sowie «*Beantragen und Überwachen von Ma-*

---

112 SCHUMACHER, Architektenrecht 1995, Nr. 505.

113 Zudem wird der Weiterbau im Anwendungsbereich der SIA-Norm 118 der Anzeige der Vollendung gleichgestellt (Art. 158 Abs. 1, letzter Satz SIA 118) und lässt die Monatsfrist nach Art. 158 Abs. 2 SIA 118 laufen. Unterbleibt danach die Prüfung innert Monatsfrist, so gilt das Werk als abgenommen (Art. 164 Abs. 1 SIA 118).

114 BGer 4C.96/2004 (13.8.2004) E. 5.5.4.

115 SCHUMACHER, Architektenrecht 1995, Nr. 503.

116 Zu denken ist an eine Anordnung, nach der Räume zur Vermeidung von Schimmelbildung zu lüften oder zur Vermeidung von Diebstählen abzuschliessen sind.

terialuntersuchungen». Auch hier geht es im weiteren Sinne um die Überwachung der eingesetzten Lieferanten und Unternehmer (Nr. 9.77).

2. Werkstattkontrollen werden sich nur da aufdrängen, wo ein Unternehmer Bauteile in seiner Werkstatt vorfabriziert (Metall- oder Stahlbau oder Elementbau). Dort kann es angezeigt sein, frühzeitig solche Werkstattkontrollen durchzuführen. 9.83

3. Materialien und Lieferungen sind in der Regel nur dann durch die Bauleitung zu kontrollieren, wenn sie der Bauherr selber bestellt hat und dem Unternehmer zur Verfügung stellt. Für diesen Stoff ist grundsätzlich der Bauherr verantwortlich. Führt mangelhafter Werkstoff zu einem Baumangel, so hat der Bauherr diesen Mangel grundsätzlich selber verschuldet.[117] Für den entsprechend vom Bauherrn gekauften Werkstoff hat dieser gegenüber dem Lieferanten die kaufrechtliche Prüfungs- und Rügeobliegenheit. Diese ist durch die Bauleitung wahrzunehmen, damit der Bauherr seine Mängelrechte gegenüber seinen Lieferanten nicht verwirkt.[118] Demgegenüber muss die Bauleitung die Materialien und Lieferungen, welche die Unternehmer bestellt haben, nicht kontrollieren, weil hier die Qualitätskontrolle dem Unternehmer obliegt.[119] Materialuntersuchungen durch externe Prüfanstalten hat die Bauleitung nur bei Bauteilen anzuordnen, wo die Qualität von besonderer Bedeutung ist, wo ein Verdacht besteht, dass vereinbarte Qualitäten nicht eingehalten sind oder wo dies üblich ist. 9.84

c. Die Organisation von Bemusterungen

Das «Organisieren von Bemusterungen» (im Rahmen der Gestalterischen Leitung) unterscheidet sich kaum wesentlich vom «Veranlassen von Bemusterungen» (im Rahmen der Bauleitung) (Art. 4.52 SIA 102). Im ersten Fall spricht die Bauleitung den Bemusterungstermin mit Bauherr und Lieferant ab, im zweiten Fall hält sie den Bauherrn an, die Bemusterung durchzuführen. Im Regelfall wird man davon auszugehen haben, dass die Bauleitung die Bemusterung organisiert und den Bauherrn dabei begleitet und berät. 9.85

---

117 GAUCH, Werkvertrag Nr. 1979; vgl. aber die Obliegenheit des Unternehmers bei Mängeln des vom Bauherrn gelieferten Stoffes in Art. 365 Abs. 3 OR (Anzeige); dazu ZINDEL/PULVER, Basler Kommentar, N 17 ff. zu Art. 365 OR; BÜHLER, Zürcher Kommentar, N 64 ff. zu Art. 365 OR; KOLLER, Berner Kommentar, N 57 ff. zu Art. 365 OR.

118 TRÜMPY, S. 98 ff.

119 Art. 365 Abs. 1 OR; ZINDEL/PULVER, Basler Kommentar, N 5 ff. zu Art. 365 OR.

d. Anordnung und Kontrolle von Regiearbeiten

9.86 **1.** Eine wesentliche Bauleitungsaufgabe ist die Anordnung und Kontrolle der Regiearbeiten und der entsprechenden Rapporte. Ordnet die Bauleitung Regiearbeiten an, so muss sie vorgängig klären, ob sie über ein entsprechendes Budget verfügt und ob sie vom Bauherrn entsprechend bevollmächtigt wurde (Nr. 5.94 und 9.159).

9.87 **2.** Kommt im Verhältnis zwischen Bauherrn und Unternehmer, der die Regiearbeiten ausführt, die SIA-Norm 118 zur Anwendung, so kann sich der Unternehmer gegenüber dem Bauherrn auf die Regelung von Art. 33 Abs. 2, Art. 44 sowie Art. 87 Abs. 4 und Art. 88 Abs. 2 SIA 118 berufen. Wenn diese Voraussetzungen erfüllt sind, muss der Bauherr für die entsprechenden Werklöhne aufkommen, auch wenn die Bauleitung die interne Vollmacht überschritten hat.

9.88 **3.** Werden Regiearbeiten ausgeführt und kommt im Verhältnis zum Unternehmer die SIA-Norm 118 zur Anwendung, so trifft den Unternehmer eine Rapportpflicht und die Bauleitung die Pflicht, die Rapporte *unverzüglich* zu prüfen und innerhalb von sieben Tagen unterzeichnet (allenfalls mit Beanstandungen versehen) zurückzugeben.[120]

9.89 **4.** Um dieser Mitwirkungsobliegenheit genügen zu können, muss die Bauleitung zumindest täglich, allenfalls mehrmals täglich auf der Baustelle anwesend sein, um überhaupt prüfen zu können, ob die Rapporte inhaltlich zutreffen.

9.90 **5.** Die Bauleitung darf Regierapporte nicht leichtfertig oder gar unbesehen visieren. Immerhin ist mit unterzeichneten Regierapporten die tatsächliche Vermutung verbunden, dass deren Inhalt richtig ist und dass der darin ausgewiesene Aufwand nötig war.[121] Der Bauherr muss daher den Gegenbeweis antreten, falls er später diese tatsächliche Vermutung widerlegen und behaupten will, dass die rapportierten Arbeiten nicht erbracht worden sind oder unnötig waren.[122]

---

120 Art. 47 SIA 118; SCHUMACHER, Architektenrecht 1995, Nr. 512.

121 BGer 4C.227/2002 (24.1.2003) E. 4; GAUCH, Werkvertrag, Nr. 1020 und 1022.

122 GAUCH, Werkvertrag. Nr. 1020 und 1028.

e. Die Prüfung von Ausmassarbeiten

1. Eine ähnlich grosse Verantwortung trifft die Bauleitung bei den Ausmassarbeiten.[123] Auch hier geht es um finanzielle Interessen des Bauherrn. Die Bauleitung muss in der Lage sein, für die Bauleistungen, die nach Einheitspreisen abzurechnen sind, Ausmass zu nehmen. Sie muss daher die Ausmassvorschriften der einzelnen Arbeitsgattungen kennen. 9.91

2. Wichtig ist in diesem Zusammenhang, dass die Ausmasse – soweit sie am Bau zu nehmen sind – zeitnah, also in einem Stadium, wo die Bauleistung noch erkennbar und messbar ist, ermittelt werden. 9.92

f. Laufende Aufnahmen

1. Die nächstfolgende Leistung im Katalog von Art. 4.52 SIA 102 umfasst zwei Teilleistungen, die separat behandelt werden müssen. 9.93

2. Zunächst geht es um die *laufende Aufnahme von eingetretenen Änderungen.* Gemeint sind Änderungen gegenüber dem ursprünglichen Bauprojekt, so wie es in den Vertragsplänen und Leistungsbeschreibungen mit den Unternehmern definiert ist. 9.94

a. Diese Aufgabe hat zwei Aspekte: Zum einen müssen die Pläne nachgeführt werden, damit am Ende ein aktualisierter Satz Baupläne (Revisionspläne) an die Bauherrschaft übergeben werden kann (Nr. 9.109). Diese Informationen gibt die Bauleitung dem Planer weiter, der die Ausführungspläne erstellt hat, soweit das nicht die Bauleitung selber ist. 9.95

b. Zum andern geht es um die Dokumentation der Leistungsänderungen, um die Kostenkontrolle zu ermöglichen. Denkbar sind Bestellungsänderungen seitens des Bauherrn. Hier hat die Bauleitung das «change management» zu besorgen, d.h. dafür zu sorgen, dass der betroffene Unternehmer eine Nachtragsofferte erstellt und der Bauherr die Zusatzleistungen bestellt, sodass klare Grundlagen für die Abrechnung dieser Bestellungsänderung gegeben sind. Soweit im Verhältnis zum Unternehmer die SIA-Norm 118 gilt, hat sich die Bauleitung an die Regeln von Art. 84 ff dieser Norm zu halten. Vonseiten der Unternehmer und der Bauleitungen wird hier oft mit dem Zeitdruck argumentiert, der es nicht erlaube, zeitaufwendige Offerten und Bestellungen auszutauschen. Die Bauleitung muss in solchen Situationen gegenüber 9.96

---

[123] Gauch, KommSIA 118, N 1 ff. zu Art. 141.

der Bauherrschaft kommunizieren, dass man entweder daran festhalten kann, dass die Bestellungsänderung formell korrekt dokumentiert wird (was aber zu Terminverschiebungen und entsprechenden Kosten führen kann) oder dass man die Einigung über die Nachtragspreise auf später verschieben kann, was aber das Risiko in sich birgt, dass darüber später ein Abrechnungsstreit entsteht. Unter Umständen kann eine Bestellungsänderung auch handschriftlich oder in einem Baustellenprotokoll dokumentiert werden, womit klare Verhältnisse geschaffen werden, ohne dass eine Terminverzögerung entsteht.

9.97 **3.** Sodann geht es um die *laufende Aufnahme von nachträglich nicht mehr kontrollierbaren Arbeiten.* Das können Regiearbeiten oder Ausmassarbeiten sein. Diesbezüglich hat diese Teilleistung keine selbständige Bedeutung. Es kann auf die Ausführungen zu den Regiearbeiten (Nr. 9.86) bzw. den Ausmassarbeiten (Nr. 9.91) verwiesen werden.

g. Gesuche um offizielle Kontrollen

9.98 **1.** Der Bauleitung obliegt es sodann, bei der Amtsstelle um die gebotenen amtlichen Kontrollen nachzusuchen. Es ist Sache der Bauleitung zu klären, welche Kontrollen bezüglich des konkreten Bauprojekts erforderlich sind. Dies geschieht einerseits durch Einblick in die Baubewilligung (sofern ein bewilligungspflichtiges Bauvorhaben vorliegt) und andererseits durch Nachfrage bei der Baubewilligungsbehörde und anderen Behörden (z.B. betreffend Betriebsbewilligungen).

9.99 **2.** Die Bauherrschaft trifft hier in dem Sinne eine Mitwirkungsobliegenheit, als sie zumindest auf Verlangen die entsprechenden Unterlagen herausgibt. Dort, wo es um nötige Spezialkontrollen geht, von denen eine normale Bauleitung keine Kenntnis haben kann, ist die Bauherrschaft gehalten, von sich aus die Bauleitung zu informieren.

h. Überwachungsaufgaben bei Auflagen

9.100 Die Bauleitung hat ferner die Einhaltung von Auflagen zu überwachen. Gemeint sind Auflagen der Baubewilligungsbehörden. Die Bauleitung muss sich daher von sich aus kundig machen und die Baubewilligung bei der Bauherrschaft anfordern, um diese Leistung erbringen zu können. Sie hat dafür zu sorgen, dass auch die Unternehmer sich an die Auflagen halten (z.B. kein Bauabwasser in öffentliche Gewässer leiten, den öffentlichen Grund nicht für Bauinstallationen benützen, öffentliche Strassen nicht durch Baustellenfahrzeuge verschmutzen etc.). Sie überwacht dies vor Ort und gibt den Unternehmern entsprechende Weisungen.

i. Aufgaben im Zusammenhang mit Berichten, Protokollen und dem Baujournal

1. Schliesslich obliegt der Bauleitung, das «periodische Erstellen von Berichten» (Art. 4.52 SIA 102). Schriftliche Berichte an die Bauherrschaft sind nur bei grossen oder besonders komplexen Bauvorhaben erforderlich. Bei den übrigen Bauvorhaben genügt eine mündliche Orientierung im Rahmen der Bausitzungen, die protokolliert werden. 9.101

2. Unter der Rubrik «Administration» erwähnt Art. 5.52 SIA 102 als weitere Leistung der Bauleitung das Erstellen der Protokolle der Bauplatzsitzungen und das Führen des Baujournals sowie das Nachführen der Pendenzenlisten. Beide Aufgaben sind für den Bauherrn von grosser Bedeutung, weil sie wesentliche Beweismittel darstellen. Wenn eine Bauleitung die Protokollierung vertragswidrig unterlässt, verschlechtert sie die Beweislage des Bauherrn – und zwar insbesondere auch im Falle von Differenzen zwischen der Bauherrschaft und der Bauleitung. Dem ist im Falle eines Zivilprozesses zwischen der Bauleitung und der Bauherrschaft dadurch Rechnung zu tragen, dass der Bauherrschaft Beweiserleichterungen gewährt werden.[124] Wie detailliert ein Baujournal aussehen soll, hängt vom Bauprojekt und der relevanten Phase ab. Es sollen darin die für die aktuelle Bauphase relevanten Werte enthalten sein. So spielen die Aussentemperatur oder die Witterung für gewisse Bauarbeiten eine Rolle, oder es ist wichtig festzuhalten, welche Unternehmer zeitgleich auf der Baustelle anwesend sind, dass ein Spezialist vor Ort war oder dass gegenüber einem bestimmten Unternehmer Massnahmen angeordnet wurden. Aus dem Baujournal sollten sich sodann der Bauablauf mit den relevanten Kennwerten, aber auch Leistungsstörungen und die Massnahmen zu deren Begegnung ablesen lassen. Selbstredend muss das Baujournal fortlaufend geführt werden und nicht Tage später. Regelmässig werden heute dem Baujournal auch Fotos beigefügt. 9.102

---

124 Vgl. analog im Arzt-Haftpflichtrecht: BGer 4C.378/1999 (23.11.2004) E. 3.2, mit Hinweisen. Ausserdem gilt der Prozessgrundsatz, wonach bei vorprozessual (oder während des Prozesses) erfolgter Beweisvereitelung das Regelbeweismass erheblich herabgesetzt werden kann (BGer 4C.378/1999 [23.11.2004] E. 3.2; BGer 2A_103/1991 [13.3.1992] E. 5c).

C. Hinsichtlich der Inbetriebnahme des Bauwerks

9.103 **1.** Art. 4.53 SIA 102 beschreibt die Leistungen im Zusammenhang mit der Inbetriebnahme des Bauwerkes. Zu diesen Leistungen gehören zusammengefasst die Abnahmeprüfung, das Feststellen von Mängeln bei dieser Prüfung (verbunden mit der Anordnung von Massnahmen und Fristen zu deren Behebung) und die Erstellung des Abnahmeprotokolls.

9.104 **2.** In diesem Zusammenhang muss die Bauleitung die Unterschiede zwischen einer Abnahme nach OR[125] und einer Abnahme nach der SIA-Norm 118 kennen. Dabei sind die Regeln des OR für den Bauherrn tendenziell ungünstiger als jene der SIA-Norm 118. Übergibt der Unternehmer unter der Herrschaft des gesetzlichen Werkvertragsrechts der Bauherrschaft das vollendete Bauwerk, so trifft den Bauherrn die Obliegenheit, das Werk «sobald es nach dem üblichen Geschäftsgang tunlich ist» zu prüfen und allfällig entdeckte Mängel sofort zu rügen.[126] Dabei wird dem Bauherrn für die Prüfung des Werkes eine den Umständen angepasste Zeitspanne zugebilligt, während die Rüge nach erfolgter Prüfung nach der Rechtsprechung des Bundesgerichts innerhalb sehr kurzer Frist erfolgen muss.[127] Unterbleiben rechtzeitige Prüfung oder Rüge, so gilt das Werk hinsichtlich erkennbarer Mängel als genehmigt.[128] Diese Regelung ist für den Bauherrn fatal. Sie kann eintreten, wenn er das Bauwerk ungeprüft zur weiteren Bearbeitung übernimmt oder wenn er das gänzlich vollendete Bauwerk ungeprüft in Gebrauch nimmt. Es liegt an der Bauleitung, dafür zu sorgen, dass die Bauherrschaft von diesen fatalen Folgen verschont bleibt, indem sie die Prüfung des Bauwerkes zeitgerecht vornimmt (die nach den Regeln des OR allein von der Bauherrschaft auszuführen ist, also nicht in Zusammenarbeit mit dem Unternehmer). Ausserdem sollte die Bauleitung, sofern sie Einfluss auf die Gestaltung der Werkverträge hat, darauf drängen, dass die Rügeobliegenheiten des Bauherren weniger rigide ausgestaltet werden, als das Gesetz dies vorsieht.

---

125 Insbesondere Art. 363 ff. über den Werkvertrag.

126 Art. 367 Abs. 1 OR.

127 Zindel/Pulver, Basler Kommentar, N 6 zu Art. 367 OR; BGer 4A_51/2007 (11.9.2007) E. 4.5; zur siebentägigen Rügefrist BGer 4A_336/2007 (31.10.2007) und 4C.130/2006 (8.5.2007).

128 Art. 370 Abs. 2 OR; vgl. zum Ganzen Gauch, Werkvertrag, Nr. 2080 ff. insbesondere Nr. 2083; Zindel/Pulver, Basler Kommentar, N 13 zu Art. 370 OR; Bühler, Zürcher Kommentar, N 26 und 39 zu Art. 370 OR.

3. Die Regeln der SIA-Norm 118 über die Abnahme finden sich in Art. 157 ff. dieser Norm. Sie geben dem Bauherrn etwas mehr zeitlichen Spielraum, erweisen sich für ihn aber bei gänzlicher Passivität ebenfalls als fatal: Zunächst leitet der Unternehmer die Abnahme seines Werkes (seiner vertraglichen Arbeiten) durch die Vollendungsanzeige ein.[129] Der Vollendungsanzeige gleichgestellt ist die Ingebrauchnahme des vollendeten Werkes durch den Bauherrn, z.B. durch Weiterbau. Ab Vollendungsanzeige bzw. Ingebrauchnahme läuft eine Monatsfrist, innerhalb deren Bauherr und Unternehmer die Abnahmeprüfung durchführen sollen.[130] Diese Monatsfrist ist länger und zudem klarer als die nach Massgabe des «üblichen Geschäftsganges» zu bemessende gesetzliche Prüfungsfrist, die zwar nach der Lehre und Rechtsprechung eher grosszügig auszulegen ist, aber doch Ungewissheit erzeugt.[131] Unterlässt es die Bauleitung, innerhalb dieser Monatsfrist die gemeinsame Prüfung mit dem Unternehmer zu verlangen oder verweigert sie gar die Mitwirkung bei der durch den Unternehmer angeregten Prüfung, so gilt das Werk auch ohne Prüfung als abgenommen[132] und – wie nach den Regeln des OR – mit Bezug auf Mängel, die bei einer ordentlichen Prüfung erkennbar gewesen wären, als genehmigt.[133] 9.105

4. Die Bauleitung kann das Abnahme-Formular verwenden, das der SIA zur Verfügung stellt (Form. 1029). Dabei ist dafür zu sorgen, dass das Formular auch dann unterzeichnet wird, wenn die Abnahme zurückgestellt wird, weil wesentliche Mängel festgestellt wurden. Die Unterzeichnung des Abnahmeprotokolls dokumentiert in erster Linie, dass die von der SIA-Norm 118 vorgesehene Abnahmeprüfung durchgeführt wurde, womit keine Abnahme ohne Prüfung gemäss Art. 164 SIA 118 stattfindet. Das Abnahmeprotokoll dokumentiert sodann, ob die Abnahme erfolgt ist oder zurückgestellt wurde. Und schliesslich dokumentiert das Abnahmeprotokoll die festgestellten Mängel. 9.106

5. Ist zwischen Bauleitung und Unternehmer umstritten, ob eine bestimmte Beanstandung der Bauleitung ein Mangel im Rechtssinne (d.h. eine Vertragsabweichung) ist, so ist nach der hier vertretenen Ansicht zu raten, die Beanstandung gleichwohl aufzuführen, aber mit dem Hinweis zu versehen, dass der Unternehmer das Vorliegen eines Mangels bestreitet. 9.107

---

[129] Art. 158 Abs. 1 SIA 118.

[130] Art. 158 Abs. 2 SIA 118.

[131] Fn. 127.

[132] Art. 164 Abs. 1 SIA 118; Gauch, KommSIA 118, N 12 zu Art. 164.

[133] Art. 163 SIA 118.

9.108 **6.** Schliesslich gehören die Übergabe des Bauwerkes oder von Bauwerksteilen an den Auftraggeber (Bauherrn) zu den Aufgaben der Bauleitung im Zusammenhang mit der Inbetriebnahme.[134]

D. Die Dokumentation über das Bauwerk

9.109 **1.** Die Leistungen im Zusammenhang mit der Dokumentation über das Bauwerk umfassen das *Eintragen der während der Bauausführung vorgenommenen Änderungen in die wichtigsten Baupläne.* Hat die Bauleitung diese Pläne nicht selber erstellt, so wird sie die entsprechenden Informationen laufend dem Planer übermitteln, der diese Pläne erstellt hat und demnach nachführt. Ziel muss sein, dass der Bauherr bei Bauvollendung einen Satz sog. Revisionspläne erhält, die den tatsächlich ausgeführten Zustand zeigen. Zur Baudokumentation gehört ferner eine Liste mit den Adressen aller involvierten Unternehmer und eine Liste, aus der die Fristen (zweijährige Rügefrist und fünfjährige Verjährungsfrist, allenfalls abweichende Fristen) für jede Teilleistung am Bau hervorgehen.

9.110 **2.** Weiter obliegt der Bauleitung das *Einholen der von den Spezialisten nachgeführten Pläne, von Schemenplänen, Gebrauchs-, Wartungs- und anderen Anweisungen von Unternehmern und Lieferanten.* Hier geht es um Elektro-, Sanitär- und Heizungs-/Lüftungspläne, die entweder der Spezialplaner oder der Unternehmer erstellt und nachführt. Auch hier muss der tatsächlich ausgeführte Zustand dokumentiert sein. Für Gebäudeinstallationen wie Heizung, Lüftung und Klimaanlagen wird es Gebrauchs- und Wartungsanleitungen geben, die von den Unternehmern oder Lieferanten zur Verfügung gestellt werden müssen.[135] Gleiches gilt für sonstige Geräte.

9.111 **3.** Diese Unterlagen sind für den Bauherrn wichtig, damit er erkennen kann, wie die Installationen und Geräte zu bedienen sind und welche Wartungsarbeiten in welchen Intervallen durchgeführt werden müssen. Zudem geht aus diesen Unterlagen regelmässig hervor, an wen sich der Bauherr bei Defekten zu wenden hat (namentlich nach Ablauf der Garantiefrist). Wo nötig und sinnvoll muss die Bauleitung eine Instruktion des Bauherrn durch den

---

134 Sogenannte «Architektenabnahme», die aber im Verhältnis zwischen Bauherrn und Unternehmer nicht die Wirkungen der Abnahme gemäss Art. 367 Abs. 1 OR bzw. Art. 157 ff. SIA 118 entfaltet.

135 Vgl. BGer 4C.106/2005 (7.10.2005) E. 5.4.

zuständigen Unternehmer oder Lieferanten veranlassen (so etwa mit Bezug auf die Hausinstallationen).

4. Schliesslich hat die Bauleitung eine *Dokumentation des Bauwerkes* zu erstellen. Diese Dokumentation enthält die Pläne und Unterlagen gemäss den vorstehenden beiden Abschnitten. Darüber hinaus soll sie eine Anleitung an den Bauherrn enthalten, aus der die wesentlichsten Wartungsarbeiten hervorgehen, die periodisch auszuführen sind. Dazu gehören die periodische Spülung von Drainage- und Sickerleitungen mit der Angabe darüber, wo sich die Spülstutzen befinden, der Hinweis über die periodische Erneuerung von plastischen Fugen mit Angabe, wo sich solche befinden und Ähnliches. 9.112

E. Die Leitung der Garantiearbeiten

Im letzten hier zu behandelnden Leistungspaket, der Leitung der Garantiearbeiten, geht es um die Wahrung der Mängelrechte des Bauherrn gegenüber den Unternehmern und Lieferanten. Das bedingt, dass die Bauleitung mit den entsprechenden Regeln des OR bzw. der SIA-Norm 118 (soweit anwendbar) vertraut ist, namentlich die Unterschiede zwischen diesen beiden Regelwerken kennt.[136] Die Bauleitung muss zudem die Bedeutung der Verwirkung der Mängelrechte zufolge unterlassener oder verspäteter Prüfung und Rüge und die Bedeutung der Verjährung der Mängelrechte kennen.[137] 9.113

a. Die Mängelaufnahme während der «Garantiefrist (Rügefrist)»

1. Die erste Teilleistung in diesem Zusammenhang wird umschrieben mit *«Einsammeln bzw. Aufstellen und Nachführen der Listen von Mängeln, die bis zum Ablauf der zweijährigen Rügefristen aufgetreten sind»*. Die Bauleitung muss diese Aufgabe rechtzeitig an die Hand nehmen. Das bedingt, dass sie sich über den Lauf der Fristen, den sie zuhanden des Bauherrn zu dokumentieren hat, im Klaren ist. 9.114

2. Der Ablauf der zweijährigen Rügefrist (gem. Art. 172 SIA 118) kann für die unterschiedlichen Leistungen am Bau gerade bei einem grossen Bauwerk erheblich auseinander liegen. Unter Umständen muss daher die Bauleitung zu verschiedenen Zeitpunkten mit dem Einsammeln bzw. Nachführen der Mängellisten beginnen. In der Praxis geschieht dieses Einsammeln/Nach- 9.115

---

136 FELLMANN, Haftung für Werkmängel, S. 95.

137 ENGELER, S. 61.

führen der Mängellisten häufig so, dass die Bauleitung zusammen mit dem Bauherrn einen Rundgang am Bau macht und allfällige Mängel dokumentiert. Zeichnet sich ab, dass es nur wenige Mängel sind oder dass nur einzelne wenige Unternehmer betroffen sind, so können die betroffenen Unternehmer zu diesem Rundgang eingeladen werden. Die Mängel sind so zu dokumentieren, dass eine gehörige Mängelrüge erhoben werden kann, d.h. der Mangel ist in seiner erkennbaren Erscheinungsform zu beschreiben.[138]

9.116 **3.** Die SIA-Ordnung 102 erwähnt nur die Mängel, die *bis zum Ablauf der zweijährigen Rügefristen aufgetreten* sind. Sie unterstellt damit die Anwendung der SIA-Norm 118. Die Bauleitung muss indessen die Garantiearbeiten auch dann leiten, wenn die Werkverträge mit den betroffenen Unternehmern nicht der SIA-Norm 118 unterstellt worden sind. Diesfalls muss sie die Mängel gegenüber den Unternehmern fortlaufend und sofort nach deren Entdeckung rügen.

9.117 **4.** Aus dem Umstand, dass Leistungen nach Ablauf der zweijährigen Rügefristen besonders zu vereinbarende Leistungen (vgl. Nr. 9.63) sind, kann jedoch geschlossen werden, dass die entsprechenden Leistungen der Bauleitung ohne Zusatzvereinbarung nur während zweier Jahre ab Abnahme zu erbringen sind. In diesen Fällen obliegt es aber der Bauleitung, den Bauherrn nach Ablauf der zwei Jahre darauf hinzuweisen, dass er ohne Zusatzvereinbarung (und Zusatzhonorar) fortan die Leitung der Garantiearbeiten und somit auch die Überwachung der Fristen selber übernehmen muss. Zudem muss die Bauleitung den Bauherrn darauf hinweisen, dass er fortan Mängel sofort rügen muss,[139] ansonsten er seine Mängelrechte verwirkt, und dass er die fünfjährige Verjährungsfrist (die für jeden Unternehmer separat zu berechnen ist) zu wahren hat.

b. Die Anordnung der Mängelbeseitigung

9.118 **1.** Die nächsten Teilleistungen umfassen das *Organisieren der Mängelbehebungen in Zusammenarbeit mit Spezialisten* und das *Aufbieten der Unternehmer und Lieferanten zur Mängelbehebung, und das Überwachen dieser Arbeiten.* Dies wird durch Zustellung der Mängelrügen an die betroffenen

---

[138] Vgl. Gauch, Werkvertrag, Nr. 2130; Zindel/Pulver, Basler Kommentar, N 18 zu Art. 367 OR; Bühler, Zürcher Kommentar, N 54 zu Art. 367 OR; ferner BGer 4C.395/2001 (28.5.2002) und 4C.358/2001 (20.2.2002) E. 3.1.

[139] Art. 179 Abs. 2 SIA 118.

Unternehmer eingeleitet. Die Zustellung muss schriftlich, im Regelfall mit eingeschriebenem Brief erfolgen, weil die Mängelrüge eine rechtswahrende Erklärung des Bauherrn darstellt. Eine verspätete Mängelrüge hat für den Bauherrn einen Rechtsverlust zur Folge, wenn sich der Unternehmer strikt an die gesetzlichen Regeln hält. Die Bauleitung muss daher im Streitfall nachweisen können, dass sie rechtzeitig, d.h. vor Ablauf der Zweijahresfrist (im Anwendungsbereich der SIA-Norm 118) bzw. sofort nach Entdeckung (im Anwendungsbereich des OR) gerügt hat.

2. Zusammen mit der Mängelrüge setzt die Bauleitung dem Unternehmer 9.119
eine angemessene Frist zur Mängelbehebung. Was angemessen ist, beurteilt sich aus dem Gesamtzusammenhang. Abzustellen ist dabei auf die Art und den Umfang der Arbeiten, allenfalls auch auf die äusseren Rahmenbedingungen, die für eine einwandfreie Arbeitsausführung herrschen müssen (Temperaturen, Witterung). Falls unsicher ist, ob der Unternehmer überhaupt bereit ist, die Nachbesserung vorzunehmen, kann ihm eine erste, relativ kurze Frist zur Erklärung der Leistungsbereitschaft angesetzt werden.[140] Somit muss die Bauherrschaft nicht während einer angemessenen Nachbesserungsfrist warten, bis feststeht, ob der Unternehmer grundsätzlich zur Nachbesserung bereit ist.

3. Im Anwendungsbereich des OR kann der Bauherr wählen, ob er Nachbes- 9.120
serung oder Preisminderung wünscht, während er im Anwendungsbereich der SIA-Norm 118 zunächst nur Nachbesserung verlangen kann.[141] Folgt der Unternehmer der Aufforderung zur Mängelbehebung, so organisiert die Bauleitung den Zeitpunkt der Arbeiten und koordiniert sie mit anderen Mängelbehebungen und Anschlussarbeiten. Die Bauleitung spricht diese Arbeiten mit dem Bauherrn ab. Auf dessen Bedürfnisse ist in gleicher Weise Rücksicht zu nehmen wie auf die Möglichkeiten der betroffenen Unternehmer.

4. Zum Überwachen gehört, dass die Bauleitung prüft, ob überhaupt nachge- 9.121
bessert wird und wenn ja ob die Nachbesserung rechtzeitig und fachlich richtig erfolgt. Wenn dem nicht so ist, muss die Bauleitung beim Unternehmer intervenieren. Falls für die Beurteilung, ob die Nachbesserung fachgerecht erfolgt ist, Spezialwissen nötig ist, kann die Bauleitung den entsprechenden Spezialisten beiziehen. Dabei klärt sie indessen vorgängig ab, ob dieser Beizug für den Bauherrn mit Kosten verbunden ist oder ob der Spezialist gemäss

---

140 BGer 4C.433/2005 (20.4.2006) E. 2.2.2.

141 Art. 368 Abs. 2 OR bzw. Art. 169 SIA 118.

seinem Vertrag auch ohne Zusatzentgelt mitwirken muss. Falls Kosten für den Bauherrn anfallen, holt die Bauleitung vorweg vom Bauherrn die Kompetenz ein, den Spezialisten auf Kosten des Bauherrn beizuziehen.

9.122 **5.** Es bleibt die Frage, wie weit die Bauleitung gehen muss, wenn sich ein Unternehmer auf den Standpunkt stellt, er sei nicht nachbesserungspflichtig – sei es, dass er das Vorhandensein eines Mangels im Grundsatz bestreitet oder die Ansicht vertritt, die Nachbesserung sei unverhältnismässig oder die Mängelrechte seien verwirkt oder verjährt. Nach der hier vertretenen Ansicht ist die Bauleitung nur – aber immerhin – gehalten, die Handwerker aufzubieten und gegebenenfalls zu mahnen, sollte der Handwerker der Aufforderung zur Mängelbeseitigung nicht freiwillig nachkommen.

9.123 **6.** Stösst die Bauleitung auf Widerstand, so informiert sie den Bauherrn. Danach liegt es am Bauherrn, gegebenenfalls rechtliche Schritte einzuleiten. Gleiches gilt, falls der Bauherr nicht länger Nachbesserung, sondern allenfalls Preisminderung und überdies Schadenersatz verlangen will. Solche Ansprüche muss der Bauherr selber durchsetzen. Die Bauleitung hat dabei den Bauherrn bzw. seinen Rechtsvertreter nur noch fachtechnisch zu unterstützen, soweit sie dazu in der Lage ist. Was das im Einzelnen umfasst, lässt sich allgemein nicht abschliessend festlegen. Immerhin ist aus dem Umstand, dass *Mehrleistungen infolge umfangreicherer Garantiearbeiten, die der Architekt nicht zu verantworten hat,* eine besonders zu vereinbarende Leistung sind,[142] zu schliessen, dass die Bauleitung nicht beliebigen Aufwand ohne Zusatzentgelt leisten muss, soweit sie den entsprechenden Mangel nicht (mit-) zu verantworten hat.

3. Das Leistungsbild in den SIA-Ordnungen 103 und 108

A. Allgemeines

9.124 Der Aufbau der SIA-Ordnung 103 übernimmt, was die Phasen des Planungs- und Bauablaufes anbetrifft, die Gliederung der SIA-Ordnung 102.[143] Für diverse Teilleistungen des Ingenieurs kann daher auf die Anmerkungen zu den entsprechenden Teilleistungen der SIA-Ordnung 102 verwiesen werden. Im Folgenden geht es lediglich um jene Teilleistungen, welche in der SIA-

142 Art. 4.53 SIA 102.

143 Art. 3.2 SIA 103 enthält eine Gliederung, die mit jener in Art. 3.2 SIA 102 identisch ist.

Ordnung 103 eine Regelung gefunden haben, die von der SIA-Ordnung 102 abweicht.

B. Der Ingenieur als Gesamtleiter (SIA-Ordnung 103)

Die **Gesamtleitung** umfasst gemäss Art. 4.1.52 SIA103 neben dem *Einreichen der Gesuche um offizielle Kontrollen,* die auch dem Architekten-Bauleiter obliegt, die *Umsetzung des projektbezogenen QM-Konzeptes bezgl. Ausführung und Änderungswesen,* das *Beantragen von Spezialuntersuchungen* und das *Erlassen von Ausführungsweisungen.* Letzteres setzt voraus, dass sich die Bauleitung mit der Planung und deren Umsetzung durch den Bauunternehmer auseinandersetzt und wo nötig mit Ausführungsanweisungen eingreift. 9.125

C. Die Oberbauleitung

a. Allgemeines

Die **Oberbauleitung** umfasst gemäss Art. 4.1.52 SIA 103 insgesamt neun Teilleistungen, die bei der SIA-Ordnung 102 teilweise in anderen Projektphasen eingeordnet sind. Die *oberste allgemeine Leitung der Bauausführung* umfasst dabei auch den Entscheid, welche der Leitungsaufgaben die Oberbauleitung selber wahrnimmt und welche sie an die (örtliche) Bauleitung delegiert. 9.126

b. Die Ausfertigung der Werkverträge

1. Gemäss Art. 4.1.52 SIA 103 ist das «Ausfertigen der Werkverträge» eine Aufgabe der Oberbauleitung. Im Zusammenhang mit der Vertragsredaktion sind zwei Bereiche auseinanderzuhalten: Der Werkvertrag mit dem Unternehmer umfasst in der Regel die Ausschreibungsunterlagen, insbesondere das Leistungsverzeichnis und die Ausführungspläne.[144] Die Erstellung dieser Unterlagen fällt in die Kernkompetenz der Planer, welche bei der Erstellung jene Sorgfalt aufzuwenden haben, welche von ihnen als Fachperson erwartet werden kann.[145] Die Abfassung der eigentlichen Vertragsurkunde fällt da- 9.127

---

144 Vgl. Art. 4.1.41 SIA 103.

145 Zur Haftung für fehlerhafte Leistungsverzeichnisse vgl. SIEGENTHALER, Mangelhafte Leistungsverzeichnisse, S. 163 ff, insb. S. 173 f.

gegen eher in den juristischen Fachbereich – ebenso wie die Vereinbarung allgemeiner Vertragsbedingungen (wie namentlich der SIA-Norm 118 und allfälliger Abweichungen dazu). Diesbezüglich kann vom Planer nicht die gleiche Fachkompetenz erwartet werden wie von einem Rechtsanwalt – jedenfalls keine weitreichende Kenntnis der Rechtsprechung und auch keine vertieften Kenntnisse der Lehrmeinungen. Erwartet werden können indessen jene Kenntnisse, welche für die Berufspraxis eines Planers erforderlich sind, also namentlich,[146] dass der Planer die gängigen Vertragsformulare (z.B. SIA 1023 bzw. SIA 1024) korrekt verwenden kann und er sich in den Grundzügen des Werkvertragsrechts und der SIA-Norm 118 auskennt.[147] Dazu gehört auch, dass er im Vertrag in jenen Punkten eine Regelung vorsieht, zu denen die SIA-Norm 118 die Parteien einlädt, eine Regelung zu treffen.[148]

9.128 **2.** Soweit der Planer kein Vertragsformular verwendet, darf erwartet werden, dass er bei der Abfassung der Werkverträge zumindest die Vertragsparteien richtig benennt sowie die zu erbringende Leistung und den dafür geschuldeten Preis hinreichend eindeutig definiert. Der Planer ist nicht gehalten, in jedem Vertrag die SIA-Norm 118 als Vertragsbestandteil vorsehen. Wenn die SIA-Norm 118 nicht Vertragsbestandteil wird, darf vom Planer aber erwartet werden, dass er eine Vertragsklausel vorsieht, welche zugunsten des Bestellers die gesetzliche Obliegenheit zur sofortigen Mängelrüge lockert (beispielsweise durch eine Vereinbarung analog Art. 172 f. SIA 118). Vom Planer als Baufachmann darf jedenfalls erwartet werden, dass er diese gesetzliche Regel kennt und ihm auch bekannt ist, dass diese Regelung den Besteller stark benachteiligt.

9.129 **3.** Vom Planer kann indessen nicht generell erwartet werden, dass er alle «Lücken und Tücken»[149] der SIA-Norm 118 und des Obligationenrechts kennt; es sollte ihm aber zumindest dem Grunde nach bekannt sein, dass es solche gibt. Vom Planer, der keine umfassenden Kenntnisse des Werkvertragsrechts und der SIA-Norm 118 hat, ist zudem Zurückhaltung bei der Abweichung von den in diesen Regelwerken vorgesehenen Bestimmungen zu erwarten, weil durch unbedachte Eingriffe in diese Regelwerke Lücken

[146] BGer 4C.14/2002 (5.7.2002) E. 5.2.

[147] Vgl. SCHUMACHER, Architektenrecht 1995, Nr. 497; SCHUMACHER, Schwierige Haftungsfragen, S. 10 f.; a.M. FELLMANN, Haftung für Werkmängel, S. 77 ff., insbesondere S. 92.

[148] Z.B. Art. 11, 27 Abs. 2, Art. 37, Art. 44 Abs. 1, Art. 92, Art. 98 Abs. 1, Art. 107, Art. 141, Art. 147, Art. 149 Abs. 3, Art. 151, Art. 182 SIA 118.

[149] Vgl. HÜRLIMANN, Lücken und Tücken, S. 47 ff.

und Widersprüche entstehen können, die im Streit gegen den Bauherrn (als Verfasser der Vertragsdokumente) ausgelegt werden. Das gilt auch und insbesondere dann, wenn der Planer eigene allgemeine Vertragsbedingungen zu Vertragsbestandteilen erklärt, durch die vom OR und/oder von der SIA-Norm 118 abgewichen wird. Der Planer darf zudem im Werkvertrag oder den Bestandteilen dazu keine Regeln vorsehen, durch die zu seinen Gunsten und zulasten des Bauherrn von den Bestimmungen des OR oder der SIA-Norm 118 abgewichen wird. Schliesslich kann vorausgesetzt werden, dass dem Planer bekannt ist, dass gerade bei grösseren Projekten die für den Besteller bestehende Gefahr, mit nicht vorhergesehenen Nachtragsforderungen konfrontiert zu werden, mit Mitteln der Vertragsgestaltung reduziert werden kann (z.B. mit sog. Vollständigkeitsklauseln, Klauseln betr. «No-damage-for-delay» etc.). Bei Werkverträgen über umfangreiche Bauarbeiten sollte der Planer dem Bauherrn daher empfehlen, sich von einem Baujuristen entsprechend beraten zu lassen.[150]

4. Sofern der Planer sich umfassende Baurechtskenntnisse zumutet – namentlich indem er Formulierungsvorschläge unterbreitet, welche wesentlich vom Gesetz oder von der SIA-Norm 118 abweichen – muss er für diese in gleicher Weise einstehen, wie ein Jurist dafür einstehen müsste.[151] 9.130

5. Der Werkvertrag enthält zudem rechtliche Bestimmungen. Oft wird darin die SIA-Norm 118 als anwendbar erklärt und es werden sonstige Vereinbarungen rechtlicher Natur getroffen (Abweichungen von der SIA-Norm 118, Regelungen über Sicherstellungen etc.). Diese Thematik gehört im Regelfall nicht zur Kernkompetenz einer Bauleitung. Ein Bauherr muss sich bewusst sein, dass er von einer Bauleitung nicht die gleiche juristische Kompetenz erwarten kann wie von einem erfahrenen Baujuristen. Nach der hier vertretenen Ansicht kann deshalb von einer Bauleitung kein juristisches Spezialwissen erwartet werden. 9.131

6. Inhaltlich kommt neben der Beschreibung von Sachleistung und Geldleistung auch der Terminierung der Arbeiten im Rahmen des Werkvertrages grosse Bedeutung zu. Das ergibt sich aus der Aufgabe der Bauleitung, die verschiedenen Arbeitsgattungen zu koordinieren. Wird im Werkvertrag kein konkreter Ausführungstermin vereinbart (etwa mit dem Hinweis «nach Baufortschritt» in der entsprechenden Rubrik), muss der Ausführungstermin 9.132

---

150 Vgl. SCHUMACHER, Schwierige Haftungsfragen, S. 11.

151 SCHUMACHER, Schwierige Haftungsfragen, S. 11.

danach mit dem Unternehmer vereinbart werden. Die Bauleitung ist nicht berechtigt, den Termin dann später einseitig anzuordnen. Das erschwert indessen die Koordination der Arbeiten, weil dem Wunsch der Bauleitung die allenfalls fehlende Bereitschaft oder Kapazität des Unternehmers gegenübersteht, womit Terminprobleme programmiert sind.

c. Die Auslösung grundsätzlicher Entscheide

9.133 Mit der Teilleistung *Herbeiführen grundsätzlicher Entscheide* (Art. 4.1.52 SIA 103) sind die Entscheide des Bauherrn gemeint. Zu ergänzen ist, dass die Bauleitung diese Entscheide rechtzeitig beim Bauherrn abrufen und ihn wo nötig beraten muss. Gegebenenfalls muss sie abmahnen, sollte der Bauherr einen unzweckmässigen oder unerfüllbaren Entscheid treffen oder Entscheide in einer den Baufortschritt hemmenden Weise verzögern.[152]

d. Die Kontrolle der Arbeiten auf Platz

9.134 Die Oberbauleitung *kontrolliert* sodann *periodisch die Arbeiten auf Platz* (auch wenn sie dafür eine örtliche Bauleitung eingesetzt hat) und *ordnet* die nötigen *Massnahmen bei Abweichungen* an. Vorbereitet werden diese Massnahmen von der örtlichen Bauleitung. Damit soll erreicht werden, dass das Projekt wieder «auf Kurs» kommt, wenn sich Probleme abzeichnen. Sofern sich als entsprechende Massnahme ein Rücktritt vom Werkvertrag bzw. die Einsetzung eines Ersatzunternehmers abzeichnet, achtet die Oberbauleitung darauf, dass die formellen Voraussetzungen eingehalten werden (Art. 366 OR).

e. Die Abwicklung des Zahlungsverkehrs

9.135 Der Oberbauleitung obliegt sodann die *Abwicklung des Zahlungsverkehrs.* Gemeint ist damit die Prüfung der eingehenden Rechnungen und die Vorbereitung der Zahlungsaufträge zuhanden des Bauherrn. Die Rechnungsprüfung gehört zudem auch zu den Aufgaben der örtlichen Bauleitung.

---

152 BGE 108 II 198.

f. Das Einholen von Garantieverpflichtungen

Weiter wird das *Einholen von Garantieverpflichtungen* als Leistung der Oberbauleitung erwähnt. Die Bauleitung muss sich anhand der Werkverträge bzw. der SIA-Norm 118 vergewissern, in welchen Konstellationen und in welchem Umfang ein Unternehmer Garantieverpflichtungen erbringen muss (z.B. Anzahlungsgarantien, Erfüllungsgarantien, Solidarbürgschaft für die Verpflichtungen des Unternehmers im Zusammenhang mit den Mängeln). Dazu muss die Bauleitung die Unterschiede zwischen einer Bürgschaft und einer Garantie kennen, denn diese bringen für den Bauherrn in ganz unterschiedlichem Masse Sicherheit. Schliesslich muss die Bauleitung diese Garantieverpflichtungen nicht bloss einholen, sondern bei ihrem Eingang auch auf Vertragskonformität und (soweit anwendbar) auf Übereinstimmung mit den Vorgaben der SIA-Norm 118 prüfen. 9.136

g. Die Massnahmen zur Mängelbeseitigung

Schliesslich obliegt der Oberbauleitung die Festlegung der Massnahmen zur Mängelbeseitigung, während die örtliche Bauleitung diese Massnahmen vorschlägt.[153] 9.137

D. Die örtliche Bauleitung

a. Allgemeines

Der **örtlichen Bauleitung** obliegt gemäss Art. 4.1.52 SIA 103 eine ganze Reihe von Einzelaufgaben, die teilweise auch von der Architekten-Bauleitung zu erbringen sind und hier daher nicht nochmals besprochen werden. Besonders hervorzuheben sind hier die nachfolgenden, ingenieurspezifischen Leistungen. 9.138

b. Die Kontrolle des Baugrundes

Der Bauleitung obliegt das *Kontrollieren und Beurteilen des Baugrundes im Einvernehmen mit dem Spezialisten (Geotechnik-Ingenieur).* Es geht nament- 9.139

---

[153] Die SIA-Ordnung 108 ist hier missverständlich, wenn sie auch der örtlichen Bauleitung die Anordnung von Mängelbehebungsaufgaben als Aufgabe zuschiebt. Wenn es eine Oberbauleitung gibt, soll diese die Massnahmen anordnen.

lich um die Kontrolle, ob der Baugrund den in der Planungsphase erfolgten Baugrundabklärungen entspricht – zumal trotz Einsatz der verschiedenen Methoden der Baugrunderkundung ein grosser Teil der aus baulicher Perspektive massgebenden Fragen zur Geologie nur ungenau und generell beantwortet werden kann.[154]

c. Baukontrollen durch Projektverfasser, Spezialisten und Behörden

9.140 Das Veranlassen von *Baukontrollen durch den Projektverfasser, die Spezialisten und Behörden* dient dazu, diesen Instanzen rechtzeitig die Möglichkeit einer Intervention zu geben, um Abweichungen vom Sollzustand zu vermeiden. Es liegt also an der Bauleitung, zu entscheiden wann und wie oft sie solche Baukontrollen veranlassen soll.

d. Die Übertragung der projektdefinierenden Haupt- und Höhenfixpunkte

9.141 Eine weitere Aufgabe des Ingenieurs ist gemäss Art. 4.1.52 SIA 103 das *Übertragen der projektdefinierenden Hauptpunkte und der Höhenfixpunkte ins Gelände sowie gegebenenfalls die Veranlassung ihrer Versicherung.* Oft wird diese Aufgabe durch die Baubewilligungsbehörde oder einen von dieser mandatierten Geometer vorgenommen. Dann muss die Bauleitung diese Vermessung (Schnurgerüst) rechtzeitig initialisieren. Damit wird die Übereinstimmung zur Baubewilligung hergestellt und es werden vermeidbare Zusatzkosten (z.B. für zu grossen Aushub) vermieden.

e. Die Auswertung der notwendigen Messungen am Bauwerk und in der beeinflussten Umgebung

9.142 **1.** Ingenieur-spezifisch ist das *Durchführen und Auswerten der notwendigen Messungen am Bauwerk und in der beeinflussten Umgebung.* Das ist namentlich in der Phase des Aushubes oder bei anderen Arbeiten, die die Nachbarschaft beeinträchtigen können (Vibrationen etc.) ein zentrales Thema. Es gilt dabei, negative Einflüsse auf die Umgebung zu verhindern bzw. so rasch als möglich festzustellen, um Massnahmen treffen zu können.

---

154 EGLI, KommSIA 118, N 6 zu Art. 5.

2. Die übrigen Leistungen der Bauleitung, die in Art. 4.1.53 beschrieben sind, lehnen sich eng an die entsprechenden Teilleistungen in der SIA-Ordnung 102 an. 9.143

E. Der Ingenieur als Spezialist (SIA-Ordnung 103)

a. Allgemeines

Wird der Ingenieur als **Spezialist** beigezogen, so ist der Leistungsumfang gemäss der SIA-Ordnung 103 gegenüber jenem des Ingenieurs als Gesamtleiter deutlich reduziert. 9.144

b. Die Baukontrolle

1. In Art. 4.2.52 ist nicht die Rede von «Bauleitung», sondern von «Baukontrolle (über die vom Ingenieur bearbeiteten Bauteile)». Der Ingenieur kontrolliert die von ihm bearbeiteten Bauteile (z.B. die Baugrube oder das Tragwerk etc.). Aus der allgemeinen Sorgfalts- und Treuepflicht des Planers (Art. 1.4.1 SIA 103) ergibt sich indessen, dass der Ingenieur als Spezialist auch ohne Zusatzauftrag jene Gefahren und Risiken, die er im Rahmen seiner Aktivitäten tatsächlich erkannt hat, dem Bauherrn anzeigen muss – auch wenn es nicht zu seinen vertraglichen Aufgabenbereich gehört, aktiv nach solche Gefahren und Risiken zu suchen.[155] 9.145

2. Da der Ingenieur als Spezialist nicht permanent auf der Baustelle ist, ist es Teil der Koordinationspflicht der Bauleitung, ihn aufzubieten, wenn der Baufortschritt eine Kontrolle durch den Spezialisten erfordert. Wenn der Spezialist aber feststellen muss, dass die Bauleitung diese Koordinationspflicht nicht hinreichend wahrnimmt (z.B. indem er feststellt, dass er während überlanger Zeit nicht aufgeboten wurde), hat er sich bei der Bauleitung nach dem Baufortschritt zu erkundigen. 9.146

c. Die Beratung der Bauleitung

Auch die *Beratung der Bauleitung und die Mitwirkung bei der Festlegung des Bauvorganges* wird der Ingenieur als Spezialist in der Regel auf Anforderung durch die Bauleitung erbringen. Anders ist die Sache dann zu beur- 9.147

155 Vgl. BGer 4C.284.2006 (7.11.2006) E. 2.3.

teilen, wenn der Ingenieur erkennt oder erkennen könnte, dass die Bauleitung überfordert ist und gar nicht auf die Idee kommt, die Unterstützung durch den Ingenieur anzufordern.

F. Die Bauleitung nach der SIA-Ordnung 108

a. Allgemeines

9.148 **1.** Die **SIA-Ordnung 108** beruht auf dem Grundgedanken, dass der Ingenieur die Gesamtleitung i.d.R. nur im Maschinen- und Elektroanlagenbau übernimmt und dass die Aufgaben dieser Gesamtleitung nicht in den Grundleistungen gemäss dem Leistungsbeschrieb in Art. 4 enthalten, sondern separat zu vereinbaren sind.[156] Im Baubereich arbeitet der Maschinen- oder Elektroingenieur daher regelmässig als Spezialist. Er arbeitet in dieser Funktion mit dem Gesamtleiter oder der Fachkoordination zusammen und erbringt die Beiträge aus seinem Fachgebiet.[157]

9.149 **2.** Die Bauleitungs-Aufgaben, die in Art. 4.52 SIA 108 unter dem Titel «Bauleitung» erwähnt werden, entsprechen im Wesentlichen dem Aufgabenkatalog der SIA-Ordnung 103, angepasst auf das vom Fachingenieur betreute Gebiet. Der Fachingenieur unterstützt dabei mit Bezug auf sein Bauteil die Gesamtleitung (Ingenieur als Gesamtleiter oder Architekt).

b. Die Inbetriebnahme des Werks

9.150 Bei der Inbetriebnahme werden die *einmalige Instruktion des Bedienerpersonals, die Mitwirkung beim Einholen der definitiven Betriebsbewilligung* und die *Planung, Organisation und Überwachung integrierter Tests* als spezifische Leistungen aufgezählt. Das sind Leistungen, die sich im Zusammenhang mit der Gebäudetechnik speziell aufdrängen. Gleiches gilt für das *Einholen und Überprüfen der von Lieferanten und Unternehmern erstellten Betriebsinstruktionen* und *nachgeführten Ausführungsunterlagen.* Auch hier ist das fachtechnische Wissen des Installationsplaners gefordert.

---

[156] Art. 3.41 und 3.43 SIA 108.

[157] Art. 3.51 SIA 108.

4. Die Bauleitung in der SIA-Norm 118

A. Allgemeines

Die SIA-Norm 118 erwähnt die Bauleitung an über 80 Stellen. Die Aufgaben, die sie der Bauleitung dabei zuordnet, lassen sich in folgende Gruppen einteilen: (i) Die Bauleitung als Empfänger von Mitteilungen und Willenserklärungen der Unternehmer; (ii) die Bauleitung als Koordinator und Organisator des Bauablaufes; (iii) die Bauleitung als Erbringer von Vorleistungen für den Unternehmer oder von Mitwirkungshandlungen, die der Bauherr schuldet; (iv) die Bauleitung als «Sprachrohr» des Bauherrn, der Entscheidungen zu treffen hat. Nachfolgend werden diese vier Gruppen von Aufgaben besprochen, ohne auf jede einzelne Aufgabe im Einzelnen einzugehen. Diesbezüglich kann auf die Kommentare zur SIA-Norm 118 verwiesen werden. 9.151

B. Die Bauleitung als Adressatin von Mitteilungen

Die Bauleitung ist zunächst *Adressat einer Reihe von Mitteilungen,* die der Unternehmer bei besonderen Gelegenheiten abgeben muss, um sich einer Haftung zu entschlagen.[158] Die Bauleitung muss nach Empfang der Mitteilung die notwendigen Massnahmen treffen, um die Interessen des Bauherrn zu wahren. Gegebenenfalls muss sie daher mit dem Bauherrn in Kontakt treten und von ihm Entscheidungen verlangen, namentlich wenn sich Terminverzögerungen oder Kostenfolgen abzeichnen. Diese Aufgabe ist dann heikel, wenn sich Mitteilungen des Unternehmers gegen die Bauleitung selber richten, so etwa die Abmahnung des Unternehmers gegen – nach seiner Ansicht fehlerhafte – Weisungen der Bauleitung.[159] Die Bauleitung hat dennoch die Pflicht, dies dem Bauherrn anzuzeigen. Nach SCHUMACHER trifft den Planer generell eine Pflicht zur «Selbstanzeige». Orientiert der Planer den Bauherrn nicht über seine eigenen Fehler, begeht er zusätzlich zum ursprünglichen Fehler eine weitere Vertragsverletzung.[160] 9.152

---

[158] Z.B. Art. 25 Abs. 1, Art. 25 Abs. 3 und 4, Art. 30 Abs. 4 und 5, Art. 33 Abs. 2, Art. 36 Abs. 1, Art. 44 Abs. 4, Art. 66 Abs. 2, Art. 79, Art. 95 Abs. 2, Art. 96 Abs. 1, Art. 110 Abs. 2, Art. 116, Art. 136 Abs. 2 und 3 und Art. 158 Abs. 1 SIA 118.

[159] Art. 25 Abs. 4 SIA 118.

[160] SCHUMACHER, Architektenrecht 1995, Nr. 523.

C. Die Koordinations- und Organisationsaufgaben der Bauleitung

9.153 **1.** Die SIA-Norm 118 überträgt der Bauleitung sodann eine ganze Reihe von *Koordinations- und Organisationsaufgaben.*[161] Diese lehnen sich an die Leistungen an, die auch die SIA-Ordnungen 102, 103 und 108 der Bauleitung überbinden.[162] Es kann diesbezüglich auf jene Ausführungen verwiesen werden.

9.154 **2.** Besonders zu erwähnen ist hier, dass die SIA-Norm 118 von der Bauleitung eine *rechtzeitige* Koordination aller am Bauwerk beteiligten Unternehmer *unter Berücksichtigung der von ihnen benötigten Vorbereitungszeit* verlangt.[163]

9.155 **3.** An sich ist diese Aufgabe Sache jenes Planers, der nach Art. 4.51 SIA 102[164] zuständig ist für das Erstellen des definitiven Terminplanes, der dann in den Werkverträgen abgebildet werden muss, die ebenfalls vom entsprechenden Planer zu erstellen sind. Die Bauleitung muss daher jene Vorleistungen umsetzen, die ein anderer Planer erbracht hat (falls sie nicht selber für jene Leistungen zuständig war). Sollte sich zeigen, dass jene Aufgaben nicht oder mangelhaft erfüllt worden sind, etwa weil in den Werkverträgen in der Rubrik «Termine» der Hinweis «nach Baufortschritt» steht (was leider nicht selten angetroffen wird), so muss die Bauleitung hier korrigierend wirken. Sie muss dann notfalls selber einen Terminplan erstellen und mit den Unternehmern die definitiven Ausführungstermine und -zeiten *vereinbaren.* Solche Termine werden mit den Unternehmern *vereinbart* und nicht durch die Bauleitung *gesetzt.* Der Zeitpunkt, an dem der Unternehmer mit seiner Arbeit beginnen soll bzw. bis wann er sein Werk zu vollenden hat, sind wesentliche Elemente des Werkvertrages, die zu vereinbaren sind. Es ist (ausser bei kleineren Arbeiten) nicht zulässig, diesbezüglich der Bauleitung ein Recht zur einseitigen Festsetzung einzuräumen. Damit würde sich der Unternehmer der Willkür und dem Belieben der Bauleitung aussetzen, was gegen Art. 27 Abs. 2 ZGB

---

161 Z.B. Art. 34 Abs. 3, Art. 35 Abs. 1 und 2, Art. 36 Abs. 3, Art. 44 Abs. 3, Art. 53, Art. 55 Abs. 1, Art. 104 Abs. 1, Art. 109 Abs. 1, Art. 111 Abs. 2 und 3, Art. 118 Abs. 1, 2 und 4, Art. 124 Abs. 2, Art. 125 Abs. 3, Art. 126 Abs. 1 und 3, Art. 128 Abs. 1 und 3, Art. 134 Abs. 1, Art. 136 Abs. 1, Art. 137 Abs. 2, Art. 138 Abs. 1, Art. 139 Abs. 1, Art. 143 Abs. 2, Art. 148 und Art. 154 Abs. 1 und 2 SIA 118.

162 Z.B. Art. 4.52 und 4.53 SIA 102.

163 Art. 34 Abs. 3 SIA 118.

164 Bzw. Art. 4.1.51 und 4.2.51 SIA 103 und Art. 4.51 SIA 108.

verstösst. Der Unternehmer hat ein Recht darauf, dass seinen Interessen bei der Terminvereinbarung ebenfalls Rechnung getragen wird.

4. Dasselbe gilt entsprechend auch gegenüber jenen Personen, welche für die Erstellung der Ausführungsplanung verantwortlich sind: Das Planlieferungsprogramm ist mit dem zuständigen Planer zu vereinbaren und kann von der Bauleitung bzw. dem Bauherrn nicht einseitig verfügt werden. Dies ist für die Bauleitung insofern von Bedeutung, als ihr nach Art. 34 Abs. 1 SIA 118 die «Beschaffung der Pläne» obliegt und sie diese (und andere Ausführungsunterlagen) dem Unternehmer so frühzeitig zur Verfügung stellen muss, dass dieser die vertraglichen Fristen einhalten kann (Art. 94 Abs. 1 SIA 118). Diese Pflicht kann die Bauleitung nur erfüllen, wenn die vereinbarten Terminprogramme des Unternehmers und des zuständigen Planers koordiniert sind. Diese Koordinationsaufgabe obliegt jenem Planer, der nach Art. 4.51 SIA 102[165] zuständig ist für das Erstellen des definitiven Terminplanes. 9.156

D. Vorleistungen und Mitwirkungshandlungen

1. Die SIA-Norm 118 erklärt die Bauleitung sodann als zuständig für eine Reihe von *Vorleistungen für den Unternehmer oder von Mitwirkungshandlungen,* die der Bauherr schuldet.[166] Immer wieder betont die SIA-Norm 118, dass diese Leistungen *rechtzeitig* zu erbringen sind, um dem Unternehmer zu ermöglichen, die mit ihm vereinbarten Termine und Fristen zu halten. Wird der Unternehmer in der Ausführung des Werkes behindert, weil die Bauleitung eine dem Bauherrn obliegende Mitwirkungshandlung pflichtwidrig unterlässt oder verzögert, so kann der Bauherr gegenüber dem Unternehmer zum Ersatz des dadurch entstandenen Mehraufwandes und – im Anwendungsbereich der SIA-Norm 118 – möglicherweise gar zur Leistung von Schadenersatz verpflichtet werden.[167] Der Bauherr kann dafür bei gegebenen Voraussetzungen auf die Bauleitung regressieren. 9.157

2. Zur Vermeidung des Verzugs bei den Mitwirkungshandlungen hat die Bauleitung gegenüber den Spezialisten und Vorunternehmern, soweit es nach deren Verträgen möglich ist, entsprechende zeitliche Vorgaben zu machen 9.158

---

165 Bzw. Art. 4.1.51 und 4.2.51 SIA 103 und Art. 4.51 SIA 108.

166 Z.B. Art. 34 Abs. 1, Art. 85 Abs. 2, Art. 94 Abs. 1, Art. 99, Art. 100, Art. 114 Abs. 1 und 2, Art. 115 Abs. 3, Art. 142 Abs. 1 und 2, Art. 144 Abs. 3 und Art. 158 Abs. 2 SIA 118.

167 Vgl. dazu im Einzelnen Gauch, Werkvertrag, Nr. 1335 ff.; Henninger, Bauverzögerungen, S. 237 ff.

und deren Einhaltung aktiv einzufordern. Die Bauleitung sollte zudem die Bauherrschaft darauf hinweisen, welche Auswirkungen verzögerte Bauherrenentscheide haben können.

E. Die Bauleitung als Sprachrohr des Bauherrn

9.159 **1.** Schliesslich ernennt die SIA-Norm 118 die Bauleitung zum «Sprachrohr» des Bauherrn, der in gewissen Situationen Entscheidungen zu treffen hat.[168] Damit wird die Bauleitung zum Stellvertreter des Bauherrn. Im Verhältnis zum Unternehmer sind die Erklärungen, die die Bauleitung abgibt, für den Bauherrn verbindlich. Ob die Bauleitung zur Abgabe solcher Erklärungen an die Adresse des Unternehmers ohne Rücksprache mit dem Bauherrn befugt ist, ist eine Frage des Umfanges der Vollmacht, die der Bauherr der Bauleitung erteilt hat.[169]

9.160 **2.** Insbesondere bei jenen Erklärungen, die für den Bauherrn nachteilige finanzielle Folgen nach sich ziehen oder dessen Rechtsposition gegenüber dem Unternehmer verschlechtern, ist die Bauleitung gehalten, den Umfang ihrer Vollmacht vorgängig zu prüfen und im Zweifel mit dem Bauherrn Rücksprache zu nehmen. Gerade in diesem Bereich wirkt sich das Fehlen einer Koordination der Vollmachtsregelungen in den SIA-Ordnungen 102, 103 und 108 mit jenen in der SIA-Norm 118 negativ und konfliktträchtig aus.[170]

F. Das SIA-Merkblatt Nr. 2027

9.161 Das SIA-Merkblatt Nr. 2027[171] nimmt sich des Problems an, dass die Aufgaben der Bauleitung in den Honorarordnungen (102, 103 und 108) nicht gleich umschrieben sind wie in den Allgemeinen Bedingungen Bau (ABB) SIA 118/262, SIA 118/263, SIA 118/265, SIA 118/266 und SIA 118/267 (die ergänzende Regeln zur SIA-Norm 118 für verschiedene Bauweisen enthal-

---

[168] Z.B. Art. 45 Abs. 1 und 2, Art. 47 Abs. 1 und 2, Art. 51 Abs. 2, Art. 94 Abs. 2, Art. 95 Abs. 2 und 3, Art. 101 Abs. 2 und 3, Art. 102, Art. 109 Abs. 1 und 2, Art. 112 Abs. 2, Art. 115 Abs. 1, Art. 122 Abs. 1, Art. 125 Abs. 2, Art. 128 Abs. 2, Art. 140 Abs. 1, Art. 154 Abs. 3, Art. 158 Abs. 3 und Art. 163 Abs. 1 SIA 118.

[169] Ferner Trümpy, S. 106 ff.

[170] Vgl. etwa die Problematik, die in der Anerkennungswirkung des Prüfungsbescheides der Bauleitung nach Art. 154 Abs. 3 SIA 118 liegt in Gauch, KommSIA 118, N 25 ff. zu Art. 154.

[171] Dieses Merkblatt hatte Gültigkeit bis 30. April 2009.

ten): Gemäss dem Vorwort dieses Merkblattes soll darin aufgezeigt werden, welche Aufgaben die Allgemeinen Bedingungen Bau (ABB) SIA 118/262, SIA 118/263, SIA 118/265, SIA 118/266 und SIA 118/267 der Bauleitung zuweisen. In den Erläuterungen heisst es dann aber klar, dass es Aufgabe der Parteien des Ingenieurvertrages sei, auf den Einzelfall bezogen die entsprechenden Leistungen zu vereinbaren. Dieses Merkblatt ist demnach nur eine Art Checkliste, d.h. eine Hilfestellung für die Parteien, um eine Übereinstimmung zwischen den Leistungskatalogen der Honorarordnung und den ABB herzustellen. Das Merkblatt hat demnach keine selbständige rechtliche Bedeutung.

III. Die Haftung der Bauleitung

1. In den vorstehenden Kapiteln wurden die vertraglichen Pflichten der Bauleitung dargestellt, d.h. es wurde erläutert, welche Leistungen die Bauleitung zu erbringen hat. Zeigt sich, dass die Bauleitung diese Leistungen nicht oder schlecht erbracht hat, so liegt eine *Vertragsverletzung* vor (vgl. Nr. 8.23 ff.; 19.41 ff.). Die Vertragsverletzung muss – damit der Bauherr einen Schadenersatzanspruch gegenüber der Bauleitung hat – einen *Schaden* beim Bauherrn *verursacht* haben. Zwischen einem ziffernmässig nachgewiesenen oder allenfalls ermessensweise festzusetzenden (Art. 42 Abs. 2 OR) Schaden des Bauherrn und der Vertragsverletzung der Bauleitung muss demnach ein Kausalzusammenhang gegeben sein. Schliesslich muss die Bauleitung ein Verschulden treffen, wobei blosse Fahrlässigkeit genügt. Zudem wird das Verschulden vermutet, sodass die Bauleitung zu beweisen hat, dass der Schaden trotz Anwendung der gebotenen Sorgfalt eingetreten ist.[172] 9.162

2. Die Frage, ob eine Bauleitung haftet, stellt sich häufig in einem Kontext, in welchem auch die Haftpflicht anderer Baubeteiligter zur Diskussion steht, also im Rahmen einer Haftung mehrerer. Dazu sei auf den Beitrag von KRAUSKOPF verwiesen (Nr. 15.151). 9.163

3. Sodann ist auf die verjährungsrechtliche Sonderstellung[173] zu verweisen, die der Haftung der Bauleitung zukommt. Die Ansprüche des Bauherrn gegen die Bauleitung aus Mängeln eines unbeweglichen Werks unterliegen nach 9.164

---

[172] GEHRER/GIGER, Handkommentar Privatrecht, N 28 zu Art. 398 OR.

[173] FELLMANN, Haftung für Werkmängel, S. 84 ff.

Art. 371 Abs. 2 OR der fünfjährigen Verjährungsfrist. Die übrigen Ansprüche fallen unter die allgemeine, zehnjährige Verjährungsfrist (Art. 127 OR), da es sich beim Bauleitungsvertrag um einen einfachen Auftrag handelt (Nr. 1.45 und 9.25).

§ 10 Die Kosteninformation

THOMAS SIEGENTHALER*

Inhaltsverzeichnis

* Ich danke Prof. Dr. FRÉDÉRIC KRAUSKOPF und Dr. HANNES ZEHNDER für die kritische Durchsicht des Manuskripts und ihre wertvollen Hinweise.

I. Die Kosteninformationspflichten

1. Kosteninformationspflichten im Allgemeinen

10.1 **1.** Der Entscheid, ein Bauprojekt zu realisieren, ist ein Investitionsentscheid. Als Grundlage dient dabei eine Kostenprognose, welche vom Planer erstellt wird. Im Folgenden wird der Frage nachgegangen, inwiefern der Planer verpflichtet ist, die Bauherrschaft über die voraussichtlichen Kosten des Bauprojekts zu informieren und welche Verlässlichkeit bei solchen Kostenprognosen erwartet werden darf.

10.2 **2.** Die Rechenschaftsablegung des Beauftragten nach Art. 400 Abs. 1 OR umfasst alle Informationen, die für die Rechtsstellung und die Rechtsausübung, namentlich die Geltendmachung des Weisungs- und Widerrufsrechts sowie des Rechts auf Schadenersatz, von Belang sind.[1] Der Beauftragte hat den Auftraggeber über alles zu informieren, was für ihn von Bedeutung sein kann.[2] Auch wenn der Auftraggeber nicht gezielte Fragen stellt, sondern nur allgemeine Auskünfte verlangt, muss die Information all jene Tatsachen enthalten, die der sorgfältige Beauftragte als für die Rechtsstellung und Rechtsausübung des Auftraggebers wesentlich erkennen muss.[3] Der Umfang der zu erteilenden Auskunft bestimmt sich nach dem Begehren des Auftraggebers,[4] aber auch nach seinen Kenntnissen und dem Stand seiner Erfahrung.[5] Die allgemeine Informationspflicht sowie die Pflicht zur Erteilung der vom Auf-

1 FELLMANN, Berner Kommentar, N 19 zu Art. 400 OR; SCHUMACHER, Architektenrecht 1995, Nr. 441.

2 FELLMANN, Berner Kommentar, N 19 zu Art. 400 OR; SCHMID/STÖCKLI, Besonderer Teil, Nr. 1912.

3 FELLMANN, Berner Kommentar, N 20 zu Art. 400 OR.

4 FELLMANN, Berner Kommentar, N 25 zu Art. 400 OR.

5 BGE 119 II 335; BGer 4A_140/2011 (27.6.2011) E. 3.1.

traggeber verlangten Einzelauskünfte umfasst auch die Aufklärung des Bauherrn über die finanziellen Konsequenzen des Bauvorhabens.[6]

3. Die allgemeine Pflicht der Planer, über die finanziellen Konsequenzen 10.3
des Bauvorhabens zu orientieren, kann demnach grundsätzlich auf die aus Art. 400 Abs. 1 OR abgeleitete allgemeine Informationspflicht gestützt werden. Diese als Nebenleistungspflicht aus dem Gesetz abgeleitete allgemeine Informationspflicht wird der Realität des Bauens indessen nicht gerecht: Die Kostenermittlung, die Kosteninformation und die Kostenkontrolle sind bei Bauprojekten meist **von ebenso zentraler Bedeutung** wie die übrigen Teilleistungen des Planers. Die Erarbeitung der Kostenprognosen[7] erfolgt parallel zur Erarbeitung des Bauprojektes; Bauprojekt und Kostenprognosen bedingen sich wechselseitig.[8] Die Kostenprognose ist in den meisten Fällen nicht einfach ein Nebenpunkt, sondern für die Bauherrschaft von gleicher Wichtigkeit wie die anderen Bestandteile des Projekts (Bauprojekt, Detailstudien, Baueingabepläne etc.). Auch die Kostenkontrolle ist für die Bauherrschaft in der Regel keine Nebensache, sondern steht auf der gleichen Stufe wie die Überwachung der Arbeiten auf der Baustelle. Bei der Kostenermittlung, der Kosteninformation und der Kostenkontrolle handelt es sich somit um Hauptleistungspflichten des Planers – nicht um Nebenleistungspflichten.

4. Eine **vorvertragliche Pflicht des Planers, über die zu erwartenden** 10.4
Kosten zu informieren, besteht nicht. Dies ergibt sich allein schon daraus, dass die Erarbeitung einer Kostenprognose eine vertragliche Hauptpflicht darstellt und zwangsläufig parallel zur Erarbeitung des Bauprojekts erfolgen muss. Eine vorvertragliche Kostenprognose scheitert meist schon daran, weil zuerst ein Projekt erarbeitet werden muss, dessen Kosten dann geschätzt werden können.

5. Der Planer haftet, wenn er es vertragswidrig unterlässt, die Kosten zu er- 10.5
mitteln und den Bauherrn darüber zu informieren. Im Einzelfall ist die Frage massgebend, welcher konkrete Anspruch auf Kosteninformationen bestand und ob dieser pflichtwidrig nicht erfüllt wurde:

---

[6] SCHUMACHER, Architektenrecht 1995, Nr. 745 mit Verweis auf BGE 119 II 458 E. 2a.

[7] Die SIA-Ordnungen 102/103 unterscheiden zwischen der «Kostenschätzung» (im Vorprojekt), dem «Kostenvoranschlag» (bei der Projektierung) und der «Gesamtkostenübersicht» (bei der Ausschreibung). Der Ausdruck «Kostenprognose» wird im Folgenden als Oberbegriff für alle Arten von Angaben über künftig zu erwartende Kosten verwendet.

[8] BGer 4A_86/2011 (28.4.2011) E. 3.2.

10.6 **a.** Wie erwähnt, handelt es sich bei der Pflicht des Planers, Kosten zu ermitteln und darüber zu informieren, um eine Hauptleistungspflicht (Nr. 10.3). Die konkrete Ausgestaltung dieser Pflicht ist von den Vertragsparteien zu vereinbaren – z.B. indem die entsprechende SIA-Honorarordnung (102, 103 oder 108) als Vertragsbestandteil vereinbart wird (Nr. 1.85). Eine entsprechende Vereinbarung kann auch nach Abschluss des Planervertrages erfolgen, z.B. im Sinne der Vereinbarung einer Zusatzleistung.

10.7 **b.** Nach Art. 400 Abs. 1 OR ist der Beauftragte dazu verpflichtet, dem Auftraggeber auf dessen Verlangen jederzeit Rechenschaft über seine Geschäftsführung abzulegen. Die Pflicht zur Rechenschaftsablegung erstreckt sich auf sämtliche, im Zusammenhang mit dem Auftrag vom Auftraggeber verlangten Einzelauskünfte.[9] Der Umfang der zu erteilenden Auskunft bestimmt sich dabei nach dem vertraglich Vereinbarten bzw. nach dem Begehren des Auftraggebers.[10] In Bezug auf die Kosteninformationen des Planers bedeutet das, dass der Planer die Bauherrschaft immer dann über die Kosten informieren muss, wenn es entweder vereinbart ist oder wenn der Planer von der Bauherrschaft dazu aufgefordert wird. Die Ermittlung künftiger oder bereits aufgelaufener Kosten und die Information darüber sind mit wesentlichem Arbeitsaufwand verbunden. Soweit und sofern ein Honorar üblich oder vereinbart ist, kann der Beauftragte für diese Bemühungen Rechnung stellen.[11] Gerade weil es sich zumeist um eine zu vergütende (Haupt-) Leistung des Planers handelt, ist den Vertragsparteien zu empfehlen, ausdrücklich zu vereinbaren, mit welcher Häufigkeit und mit welcher Genauigkeit der Planer die zu erwartenden oder die bereits aufgelaufenen Kosten ermitteln und darüber informieren soll.

10.8 **c.** Eine Pflicht, über die zu erwartenden Kosten zu informieren, kann sich indirekt auch aus der Pflicht ergeben, unzweckmässige Weisungen des Auftraggebers abzumahnen (Art. 397 OR[12] bzw. Art. 369 OR): Zu Beginn der Projektierung eines Bauvorhabens äussert die Bauherrschaft ihre Absichten und Bedürfnisse bezüglich des Bauwerks und in der Regel zugleich auch eine Vorstellung über das dafür maximal zur Verfügung stehende Budget. Falls sich die Bauherrschaft nicht äussert, muss der Planer nachfragen und diese Weisung einholen.[13] Wenn sich im Verlaufe der Planung herausstellt, dass die

9 Fellmann, Berner Kommentar, N 23 zu Art. 400 OR.

10 Vgl. Fellmann, Berner Kommentar, N 25 zu Art. 400 OR.

11 Fellmann, Berner Kommentar, N 26 zu Art. 400 OR.

12 Fellmann, Berner Kommentar, N 106 zu Art. 397 OR.

13 Schumacher, Architektenrecht 1995, Nr. 478.

Absichten und Bedürfnisse der Bauherrschaft mit dem in Aussicht genommenen Budget nicht verwirklicht werden können, so hat der Planer die Bauherrschaft auf die fehlende Realisierbarkeit hinzuweisen.[14] Der Planer muss also ermitteln, welche finanziellen Mittel für die Umsetzung der Absichten und Bedürfnisse der Bauherrschaft erforderlich sind, denn er hat möglichst frühzeitig Anzeige zu machen, wenn sich diese im Rahmen des Budgets der Bauherrschaft nicht realisieren lassen.

d. Aus Art. 400 Abs. 1 OR wird sodann eine allgemeine Informationspflicht 10.9
des Planers abgeleitet, die unter anderem die Pflicht beinhaltet, über die finanziellen Konsequenzen des Bauvorhabens zu informieren. In der Rechtsprechung des Bundesgerichts wurde dies wie folgt konkretisiert: «Der beauftragte Architekt hat im Rahmen des ihm erteilten Auftrags allgemein, d.h. auch ohne besondere Vereinbarungen über die Handhabung oder Begrenzung der Baukosten, unaufgefordert eine Kostenberechnung anzustellen und den Bauherrn über die zu erwartenden Kosten zu informieren. Namentlich hat er einen Kostenvoranschlag sorgfältig zu erstellen und die Baukosten ständig daraufhin zu überprüfen, ob sie sich im Rahmen des Voranschlags halten.»[15] Nach dieser Rechtsprechung hat der Planer also auch ohne besondere Vereinbarung zumindest *eine* Kostenberechnung zu erstellen. Richtigerweise kann indessen nicht generell, sondern nur unter Würdigung der Umstände im Einzelfall beurteilt werden, ob es zu den Pflichten des Planers gehört, «unaufgefordert eine Kostenberechnung anzustellen».[16] Wenn ein Kostenvoranschlag abgegeben werden muss, ist dieser so darzustellen, dass sich auch die unerfahrene Bauherrschaft ohne grossen Aufwand ein zuverlässiges Bild über die zu erwartenden Kosten machen kann.[17] In Ermangelung anderer Vereinbarungen der Parteien geht das Bundesgericht dabei von einer «Toleranzgrenze» (Genauigkeitsgrad) von 10% aus.[18]

---

14 Schumacher, Architektenrecht 1995, Nr. 477.

15 BGer 4C.424/2004 (15.3.2005) E. 3 mit Verweis auf BGE 119 II 251, 115 II 67, 108 II 198 und auf Schumacher, Architektenrecht 1995, Nr. 749 ff.; vgl. zu diesem Urteil Pichonnaz, Dépassement de devis, S. 8 ff.

16 Stöckli, Pflicht des Architekten, S. 56; a.M. Pichonnaz, Dépassement de devis, S. 9; Schumacher, Haftung für Kosteninformationen, S. 131; Zehnder, Haftung des Architekten, Nr. 89.

17 Vgl. BGE 115 II 66; vgl. Schumacher, Haftung für Kosteninformationen, S. 131: «Die Information des Architekten muss eindeutig, bestimmt sowie klar und damit unmissverständlich sein.»

18 BGer 4C.424/2004 (15.3.2005) E. 3.2.2.

10.10 **6.** Nach der Rechtsprechung des Bundesgerichts ist also von Folgendem auszugehen: Auch ohne besondere Vereinbarung und ohne konkretes Auskunftsbegehren des Bauherrn ist der Planer verpflichtet, *eine* Kostenberechnung mit einer «Toleranzgrenze» von 10% zu erstellen. Zu beachten ist sodann, dass der Beauftragte den Auftraggeber über alles zu informieren hat, was für ihn von Bedeutung sein kann.[19] Auch wenn die Erstellung mehrerer Kostenberechnungen (z.B. zuerst einer Kostenschätzung in der Vorprojektphase und dann einer Kostenprognose bei Abschluss der Projektphase) nicht ausdrücklich vereinbart ist und die Bauherrschaft auch kein entsprechendes Auskunftsbegehren stellt, hat der Planer die Bauherrschaft darauf hinzuweisen, dass die Möglichkeit bestünde, bei Abschluss der Vorprojektphase eine solche Schätzung zu erstellen. Soweit die Bauherrschaft aber davon bereits anderweitig Kenntnis hat, kann dieser Hinweis des Planers unterbleiben.

10.11 **7.** Der Beauftragte hat den Auftraggeber auch über die Folgen der Anordnungen des Auftraggebers aufzuklären.[20] Bei Bestellungsänderungen an den Unternehmer muss der Planer die Bauherrschaft darauf hinweisen, wenn diese mit Mehrkosten verbunden sind.[21] Wenn eine Bauherrschaft eine Änderung in Erwägung zieht, genügt der Planer seinen Pflichten, wenn er die Bauherrschaft in allgemeiner Weise auf Mehrkosten, die entstehen werden, aufmerksam macht – eine genaue Bezifferung ist nicht erforderlich und ohne wesentlichen Aufwand häufig auch nicht möglich. Falls die Bauherrschaft eine genaue Schätzung der entsprechenden Mehrkosten wünscht, kann sie vom Planer entsprechende Abklärungen und Auskünfte verlangen. Soweit nicht ausdrücklich etwas anderes vereinbart wurde, kann aus den allgemeinen Informationspflichten des Auftragsrechts jedenfalls nicht abgeleitet werden, dass der Planer vor der Bestellungsänderung an den Unternehmer unaufgefordert deren genaue Kostenfolgen zu ermitteln und darüber zu informieren hat.[22] Dies ergibt sich aus Art. 400 Abs. 1 OR, wonach die Rechenschaftsablegung alle Informationen, die für die Rechtsstellung und die Rechtsausübung für den Auftraggeber von Belang sind, umfasst: In einem

---

19 FELLMANN, Berner Kommentar, N 19 zu Art. 400 OR.

20 FELLMANN, Berner Kommentar, N 164 zu Art. 398 OR.

21 GAUCH, Notizen zur Vertragshaftung, S. 82; FELLMANN, Berner Kommentar, N 163 zu Art. 398 OR; FELLMANN, Haftung für falsche Kostenschätzung, S. 229; SCHUMACHER, Architektenrecht 1995, Nr. 753; ZEHNDER, Prognosen, S. 51.

22 A.M. SCHUMACHER, Haftung für Kosteninformationen, S. 132 f., der offenbar verlangt, dass der Planer unaufgefordert nicht nur generell, sondern betragsmässig auf die Mehrkosten hinweist.

ersten Schritt muss der Hinweis des Planers genügen, dass die von der Bauherrschaft in Erwägung gezogenen Bestellungsänderungen Mehrkosten verursachen könnten. Diese Information ermöglicht es dann der Bauherrschaft, ihre Rechte dahingehend auszuüben, dass sie eine konkrete Einzelauskunft verlangt, nämlich die Bezifferung der zu erwartenden Mehrkosten. Somit entscheidet die Bauherrschaft selber, ob und inwiefern sie eine Bezifferung der Mehrkosten möglicher Bestellungsänderungen wünscht – zumal die Ermittlung der Mehrkosten mit Mehraufwand verbunden sein kann, den die Bauherrschaft unter Umständen (d.h. je nach Art der Honorarabrede) vergüten muss.

8. Bei der Arbeitsvergabe hat der Planer der Bauherrschaft aufzuzeigen, 10.12
ob und in welchem Umfang der Vergabeentscheid der Bauherrschaft die Gesamtkosten beeinflusst – namentlich, ob der Vergabeentscheid zu einer Überschreitung des Kostenvoranschlags führen könnte.[23] Dies ergibt sich aus der vom Bundesgericht auch ohne besondere Vereinbarung vorausgesetzten Pflicht des Planers, die Baukosten ständig daraufhin zu überprüfen, ob sie sich im Rahmen des Voranschlags halten.[24]

9. Die Unternehmens- und Finanzanlageberatung gehört typischerweise nicht 10.13
zu den Pflichten des Planers. Ohne besondere Vereinbarung[25] beschränkt sich seine Informationspflicht auf die mit der Erstellung des Bauwerks zusammenhängenden Kosten. Es ist Sache des derart informierten Bauherrn, abzuschätzen, ob ihm das geplante Bauwerk in wirtschaftlicher oder persönlicher Hinsicht jenen Nutzen bringen wird, den er sich von seiner Investition erhofft. In der Regel gehört es namentlich nicht zu den Informationspflichten des Planers, die Rentabilität von Bauprojekten zu schätzen.[26]

10. Im vorliegenden Beitrag geht es um Kosteninformationen. Nicht zu ver- 10.14
gessen ist dabei, dass Planer die Kostenerwartung des Bauherrn auch in anderer Weise prägen: Planer erstellen die Leistungsverzeichnisse, welche mit den darin vorgegebenen Leistungspositionen und Vorausmassen zur Grundlage

---

23 Schumacher, Architektenrecht 1995, Nr. 754.

24 BGer 4C.424/2004 (15.3.2005) E. 3 mit Verweis auf BGE 119 II 251, 115 II 67, 108 II 198 und auf Schumacher, Architektenrecht 1995, Nr. 749 ff.

25 In Art. 4.31 SIA 102 werden «Finanzierungs- und Anlagestudien» als «besonders zu vereinbarende Leistungen» genannt. Auch Vorstudien sind nach Art. 4.2 SIA 102 «besonders zu vereinbarende Leistungen».

26 Krauskopf-Forero/Siegenthaler, S. 305; a.M. Beatrice Pistor/Jost Schumacher, Wirtschaftliche Realisierbarkeit der Projekte des Architekten, BR 2/1998, S. 64 ff.

der Unternehmerofferten werden. Nach Eingang der entsprechenden Offerten prägen die darin enthaltenen Angebotssummen die Kostenerwartung des Bauherrn.[27]

2. Kosteninformationspflichten nach den SIA-Ordnungen

10.15 **1.** Im Bereich der Kostenprognose ist die Praxis stark geprägt von der Regelung und der Terminologie der SIA-Ordnungen, namentlich der SIA-Ordnungen 102, 103 und 108. Im Rahmen des Vorprojekts sieht die **SIA-Ordnung 102** in Art. 4.31 als Grundleistung des Architekten unter der Überschrift «Kostenschätzung (Vorprojekt)» vor, dass eine Schätzung der Baukosten «unter Benützung der kubischen Berechnung, der Flächenberechnung, oder nach anderen Erfahrungswerten» zu erstellen ist, wobei der Genauigkeitsgrad «mangels anderer Vereinbarung +/– 15%» betragen soll (Art. 4.31 SIA 102). In der Phase der Projektierung soll dann der sog. Kostenvoranschlag erstellt werden, und zwar «mit detaillierter Beschreibung der vorgesehenen Arbeiten und Lieferungen, Bezeichnung der gewählten Materialien, mit Ausmass und geschätzten Preisen» (Art. 4.32 SIA 102). Dieser Kostenvoranschlag sollte «mangels besonderer Vereinbarung» einen Genauigkeitsgrad von +/– 10% haben, wobei Beträge für Unvorhergesehenes separat auszuweisen sind (Art. 4.32 SIA 102). Als «besonders zu vereinbarende Leistungen» gelten in dieser Phase das «Schätzen der Betriebs- und Unterhaltskosten, Rentabilitätsberechnungen», der «Baukostenvergleich grundsätzlich verschiedener Konstruktionsarten» und das «Erstellen eines Finanzierungsplans» (Art. 4.32 SIA 102). In der Phase der Ausschreibung ist sodann die Kostenermittlung aufgrund der Angebote zu revidieren und ein Vergleich mit dem Kostenvoranschlag zu erstellen (Art. 4.41 SIA 102). Als «besonders zu vereinbarende Leistung» gilt dabei das Erstellen eines revidierten Kostenvoranschlags auf der Grundlage der eingegangenen Angebote (Art. 4.41 SIA 102).

10.16 **2.** Die **SIA-Ordnung 103** gleicht den Bestimmungen zu den Kostenprognosen der SIA-Ordnung 102 auch im Bereich der Kosteninformation in vielem. Allerdings unterscheidet sie zwischen dem Ingenieur als Gesamtleiter (Art. 4.1 SIA 103) und dem Ingenieur als Spezialisten (Art. 4.2 SIA 103), und entsprechend beziehen sich die Bestimmungen über die Kosteninformation im Falle des Gesamtleiters auf das Gesamtwerk und im Falle des Spezialis-

[27] Zur Haftung für mangelhafte Leistungsverzeichnisse vgl. SIEGENTHALER, Mangelhafte Leistungsverzeichnisse, S. 163 ff.

ten nur auf den von ihm betreuten Teil des Bauwerks. Wie die SIA-Ordnung 102 unterscheidet auch die SIA-Ordnung 103 zwischen Grundleistungen und «besonders zu vereinbarenden Leistungen»:

- Die «Strategische Planung», welche eine «besonders zu vereinbarende Leistung» ist, umfasst auch die grobe Schätzung der finanziellen Auswirkungen der verschiedenen Lösungsstrategien» (Art. 4.1.11 und 4.2.11 SIA 103). Ebenfalls «besonders zu vereinbarende Leistungen» sind die Vorstudien zu denen auch das Ermitteln der voraussichtlichen Investitionskosten gehört (Art. 4.1.21 und 4.2.21 SIA 103). 10.17
- In der Vorprojektphase gehört das «Ermitteln der voraussichtlichen Investitionskosten (Baukosten, Kosten für notwendige Ausrüstung)» zu den Grundleistungen (Art. 4.1.31 und 4.2.31 SIA 103). Bezüglich des Genauigkeitsgrads wird dazu in Art. 4.1.31 Folgendes festgehalten: «Umfang, Methode und Genauigkeitsgrad sind jeweils speziell zu vereinbaren. Üblicherweise wird im Vorprojekt mit einer Genauigkeit von +/– 20% im Tiefbau und +/– 15% im Hochbau gerechnet.» 10.18
- In der Projektierungsphase gehört sodann das Erstellen eines Kostenvoranschlags, das Ermitteln der Investitionskosten und ein «stufengerechter Nachweis der Einhaltung der Kostenvorgaben (design to cost)» zu den Grundleistungen (Art. 4.1.32 und 4.2.32 SIA 103). «Umfang, Methode und Genauigkeitsgrad» des Kostenvoranschlags sind speziell zu vereinbaren. «In der Regel beträgt die Kostengenauigkeit +/– 10%» (Art. 4.1.32 und 4.2.32 SIA 103). 10.19
- Nach der Ausschreibung gehört gemäss Art. 4.1.41 SIA 103 Folgendes zu den Grundleistungen des Ingenieurs: «Ermitteln und Begründen von Abweichungen gegenüber dem Kostenvoranschlag» und «Revidieren des Kostenvoranschlags». 10.20

3. In Bezug auf die **SIA-Ordnung 108** ist festzuhalten, dass deren Bestimmungen zur Kosteninformationspflicht mit den entsprechenden Bestimmungen der SIA-Ordnung 103 weitgehend identisch sind (Vgl. Art. 4.11, 4.21, 4.31, 4.32 und 4.41 SIA 108). 10.21

3. Rechtliche Einordnung

1. Kostenschätzungen und Kostenvoranschläge des Planers sind Prognosen darüber, was die Realisierung eines bestimmten Bauprojekts kosten wird. Es 10.22

handelt sich also um Informationen, welche im Rahmen eines Planerauftrags erteilt werden. Für Informationen, welche im Rahmen eines Vertragsverhältnisses abgegeben werden, besteht – wenn die Informationen sorgfaltswidrig ermittelt wurden und falsch sind – grundsätzlich eine vertragliche Haftung.[28] Allerdings stellt sich die Frage, wie die Erteilung von Kosteninformationen im Rahmen eines konkreten Vertrages rechtlich zu qualifizieren ist:

10.23 **a. Kosteninformation als vertragliche Nebenpflicht:** Wenn die Parteien die Erteilung von Kosteninformationen ausnahmsweise nicht als Teil der vertraglichen Hauptleistungen vereinbart haben, besteht im Auftragsrecht, gestützt auf die vertragliche Treuepflicht sowie auf Art. 400 OR, eine vertragliche Nebenpflicht, den Auftraggeber über alles zu informieren, was für ihn von Bedeutung sein kann.[29] Soweit die Informations- und Aufklärungspflicht keine vertragliche Hauptpflicht ist, erübrigt sich die Frage nach der rechtlichen Qualifikation dieser Pflichten. Es handelt sich einfach um Nebenpflichten zu vertraglichen Hauptpflichten, wobei sich wiederum für diese Hauptpflichten die Frage der Vertragsqualifikation stellt.

10.24 **b. Kosteninformation als vertragliche Hauptpflicht:** Das Bundesgericht hatte in BGE 127 III 328 in Bezug auf die rechtliche Qualifikation von Gutachten festgehalten, dass technische Gutachten, welche nach objektiven Kriterien überprüft und als richtig oder falsch qualifiziert werden können, als objektiv gewährleistungsfähig gelten, sodass der Anwendung von Werkvertragsrecht nichts entgegenstehe. Wenn objektive Kriterien für die Beurteilung der Richtigkeit des Gutachterergebnisses fehlen, kann die objektive Richtigkeit des Resultats nicht gewährleistet werden. In diesen Fällen schuldet der Gutachter nicht die Richtigkeit des Resultats, sondern nur ein sorgfältiges Tätigwerden im Interesse des Vertragspartners und im Hinblick auf einen bestimmten Erfolg, dessen Eintritt jedoch nicht garantierbar ist.[30] Die bundesgerichtliche Rechtsprechung tendiert gegenwärtig offenbar dazu, nur noch Leistungen, bei denen ein mess- und objektivierbarer Erfolg geschuldet ist, dem Werkvertragsrecht zu unterstellen.[31] In Bezug auf den Kostenvoranschlag eines Architekten hat das Bundesgericht in BGE 134 III 365[32] entschieden, dass

---

28 Vgl. BGE 112 II 350.

29 Fellmann, Berner Kommentar, N 19 zu Art. 400 OR.

30 BGE 127 III 330; kritisch dazu Werro/Haas, S. 63 ff; Gauch, Werkvertrag, Nr. 46a und 332a f.

31 BGer 4A_252/2010 (25.11.2010) E. 4.1.

32 Pra. 2009, Nr. 8, S. 58.

der Kostenvoranschlag kein Werk im Sinne von Art. 363 ff. OR darstelle, weil der Architekt nicht in der Lage sei, bei der Erstellung des Kostenvoranschlags ein Resultat zu garantieren, das nach objektiven Kriterien messbar wäre, da immer eine grosse Unsicherheit verbleibe. Der Kostenvoranschlag sei eine Prognose und eine Schätzung, die der Planer mit höchster Sorgfalt auszuführen habe, wobei er nicht ein Resultat, sondern die Qualität seiner Arbeit schulde.[33] Die Erstellung von Kostenprognosen (Kostenschätzung und Kostenvoranschlag) falle demnach unter das Auftragsrecht (Art. 398 ff. OR). Dazu ist Folgendes kritisch anzumerken (Nr. 1.37 ff.):

- In seinem Entscheid stellt das Bundesgericht darauf ab, dass bei der Erstellung des Kostenvoranschlags eine grosse Unsicherheit verbleibe und kein nach objektiven Kriterien messbares Resultat garantiert werden könne. Kostenvoranschläge werden aber üblicherweise mit einem Genauigkeitsgrad von +/– 10% erstellt (vgl. Art. 4.32 SIA 102). Weshalb ein Genauigkeitsgrad von +/– 10% für eine Überprüfung «nach objektiven Kriterien» nicht ausreichen soll, ist nicht ohne Weiteres einleuchtend. 10.25
- Wenn Werkvertragsrecht auf die Erstellung von Kostenvoranschlägen zur Anwendung käme, würde dies a priori insbesondere dazu führen, dass bei Mängeln des Kostenvoranschlags die Rügeobliegenheiten (Art. 367 OR, Art. 370 OR) eingehalten werden müssten und dass die zweijährige Verjährungsfrist nach Art. 371 Abs. 1 OR gelten würde (sofern nicht etwas anderes vereinbart wäre)[34]. Dies wird in Bezug auf Kostenprognosen offenbar als unangemessen betrachtet und soll durch eine Qualifikation als auftragsrechtliche Leistung vermieden werden. Die gesetzliche Haftungsordnung ist indessen kein rechtlich notwendiges Merkmal des Werkvertrags.[35] In Fällen, wo die Anwendung der Rügeobliegenheiten auf das kon- 10.26

---

33 BGE 134 III 365; so auch Fellmann, Haftung für falsche Kostenschätzung, S. 227; Trümpy, S. 66; Quinto/Maffioletti, Handbuch zum Bauwesen, Nr. 214; anders Gauch, Werkvertrag, Nr. 52; Zehnder, Haftung des Architekten, Nr. 43; Krauskopf-Forero/Siegenthaler, S. 292 je mit Verweis auf BGE 114 II 56, worin das Bundesgericht noch feststellte, dass die selbständige Erstellung von Kostenvoranschlägen durchaus Inhalt eines Werkvertrags sein könne (so auch Zehnder, Haftung des Architekten, Nr. 43). Seltsamerweise erwähnte das Bundesgericht im Entscheid 4A_252/2010 (25.11.2010) E. 4.1 «das Verfassen von Plänen und Kostenvoranschlägen» als Beispiel einer werkvertraglichen Leistung. Unmittelbar davor wurde aber auf «BGE 134 III 361 E. 5.1» verwiesen. Es war wohl nicht die Absicht des Gerichts, diesen Entscheid dadurch umzustossen.

34 Vgl. zu Art. 1.11 SIA 102 aber BGer 4A_53/2012 (31.7.2012) E. 5.3–5.4.

35 Stöckli, Haftung aus Gesamtvertrag, S. 58; vgl. Werro/Haas, S. 86; BGE 115 II 53 f.

krete Rechtsverhältnis klarerweise nicht «passt», kann sich der Schluss aufdrängen, dass die dispositive gesetzliche Haftungsordnung von den Parteien stillschweigend modifiziert und das Rügeerfordernis wegbedungen wurde.[36]

10.27 **2.** Die Argumentation des Bundesgerichts, welche auf die Erstellung von Kostenvoranschlägen Auftragsrecht statt Werkvertragsrecht zur Anwendung bringt, überzeugt also nicht restlos.[37] Angemessener wäre die Anwendung von Werkvertragsrecht – jedoch ohne die hier nicht sachgerechten werkvertragsrechtlichen Gewährleistungsregeln, d.h. ohne die Prüfungs- und Rügeobliegenheiten (vgl. Nr. 1.37 ff.). Diese Meinung entspricht aber weder der herrschenden Lehre noch der Rechtsprechung. Entsprechend hätte es wenig Praxisnutzen, den vorliegenden Beitrag darauf aufzubauen. Im Folgenden wird daher auf die bundesgerichtlichen Rechtsprechung abgestellt, wonach die Erstellung von Kostenvoranschlägen als auftragsrechtliche Leistung zu qualifizieren ist. Immerhin hat diese Rechtsprechung des Bundesgericht für den Bauherrn in der Praxis den erheblichen Vorteil, dass die Anwendung der überaus strengen werkvertraglichen Prüfungs- und Rügeobliegenheiten (Art. 367 OR, Art. 370 OR) und der zweijährigen Verjährungsfrist (Art. 371 Abs. 1 OR) vermieden wird. Stattdessen gilt die Verjährungsfrist von 10 Jahren gemäss Art. 127 OR. Indem das Bundesgericht Auftragsrecht zur Anwendung bringt, besagt es auch, dass die Haftung des Planers für seinen Kostenvoranschlag eine auftragsrechtliche Haftung für die Einhaltung von Sorgfaltspflichten ist – nicht eine verschuldensunabhängige Mängelhaftung.

II. Die Kostenkontrolle

1. Nach der Rechtsprechung des Bundesgerichts

10.28 **1.** Nach der Rechtsprechung des Bundesgerichts hat «der beauftragte Architekt» im Rahmen des ihm erteilten Auftrags allgemein, d.h. auch ohne besondere Vereinbarung, den Bauherrn über die zu erwartenden Kosten zu

---

36 Vgl. Werro, Le mandat, S. 30 f.; vgl. BGer 4A_252/2010 (25.11.2010) E. 4.3, wo das Bundesgericht die Möglichkeit andeutet, die «werkvertraglichen Gewährleistungsregeln mit den strengen Prüfungs- und Rügeobliegenheiten (Art. 367 ff. OR)» nicht anzuwenden, wenn diese «unsachgerecht» wären.

37 Vgl. dazu auch die Kritik bei Nr. 1.37 ff.; Werro/Haas, S. 85 f.

informieren und dazu namentlich auch die Baukosten ständig daraufhin zu überprüfen, ob sie sich im Rahmen des Kostenvoranschlags halten (vgl. auch Nr. 16.141).[38]

2. Soweit die Kostenkontrolle für einen bestimmten Fachbereich einem Fachplaner überlassen wurde, hat der für die Überwachung der Gesamtkosten zuständige Gesamtplaner den Fachplaner anzuhalten, ohne Verzug die Ausmassarbeiten durchzuführen und über die Kosten zu rapportieren. Falls der Gesamtplaner dies unterlässt, hat er die Unkenntnis der bei den Fachplanern entstandenen Kostenüberschreitungen selber zu vertreten.[39] 10.29

2. Nach den SIA-Ordnungen

1. An die Erstellung der Kostenprognosen in der Phase der Projektierung schliesst die Kostenkontrolle in der Ausführungsphase an. Auch bei der Kostenkontrolle ist die Praxis geprägt von den SIA-Ordnungen. In der **SIA-Ordnung 102** werden die unter dem Titel «Kostenkontrolle» als Grundleistungen zu verrichtenden Aufgaben wie folgt definiert: «Kontrolle von Leistungsaufstellungen und Rechnungen; Erstellen anteilmässiger Kostenverteiler; Zahlungsanweisungen und Abschluss der Unternehmer- und Lieferantenrechnungen; Führen der Baubuchhaltung, Gliederung in Übereinstimmung mit dem Kostenvoranschlag; Periodische Kostenrapporte, Vergleich von Zahlungen und Verpflichtungen mit dem Kostenvoranschlag; Nachführen des generellen Zahlungsplanes; Einholen und Kontrollieren der Bank- oder gleichwertiger Garantien; Erstellen der Liste der Garantieverfalldaten» (Art. 4.52 SIA 102). Als «besonders zu vereinbarende Leistungen» gelten: «Aufstellen, Überwachen und Nachführen eines detaillierten Zahlungsplanes; Finanzverwaltung und -überwachung für eine Finanzierungsstelle» (Art. 4.52 SIA 102). Die Kostenkontrolle endet in der Abschlussphase mit dem Erstellen einer Abrechnung über die Gesamtkosten, was in Art. 4.53 SIA 102 wie folgt umschrieben wird: «Aufstellen, Nachprüfen und Bereinigen der Schlussabrechnung gemäss vereinbarter Darstellungsart und Gliederung; Gegenüberstellung mit dem Kostenvoranschlag; Bestimmen der sich aus den Gesamtkosten des Bauwerks ergebenden Kennwerte.» 10.30

---

38 BGer 4C.424/2004 (15.3.2005) E. 3 mit Verweis auf BGE 119 II 249, 115 II 67 und 108 II 197; Schumacher, Haftung für Kosteninformationen, S. 130.

39 BGer 4A_187/2009 (14.7.2009) E. 3.3; Quinto/Maffioletti, Handbuch zum Bauwesen, Nr. 219.

10.31 **2.** Die **SIA-Ordnung 103** ist in Bezug auf die Kostenkontrolle während der Realisierung weniger detailliert als die SIA-Ordnung 102. Betreffend den Ingenieur als Gesamtleiter werden in der Ausführungsphase das «Führen der Baubuchhaltung» und «laufendes Überwachen der Baukostenentwicklung» als Grundleistungen erwähnt (Art. 4.1.52 SIA 103). In der Abschlussphase kommen dann noch folgende Aufgaben dazu: «Aufstellen, Nachprüfen und Bereinigen der Schlussabrechnung gemäss vereinbarter Darstellungsart und Gliederung; Gegenüberstellen mit dem Kostenvoranschlag; Veranlassen von Freigaben, Verlängerung oder Beanspruchung von Garantien» (Art. 4.1.53 SIA 103). Wenn der Ingenieur nicht als Gesamtleiter, sondern als Spezialist tätig ist, beschränken sich seine Aufgaben in der Ausführungsphase auf die «Beihilfe bei der Abrechnung» (Art. 4.2.52 SIA 103). In der SIA-Ordnung 108 sind die Aufgaben des (Maschinen-) Ingenieurs ähnlich geregelt wie in der SIA-Ordnung 103 für den Ingenieur als Gesamtleiter (vgl. Art. 4.52 und 4.53 SIA 108).

10.32 **3.** Bei der Betrachtung der Leistungsbeschriebe der SIA-Ordnungen fällt auf, dass die *Kostensteuerung* dort nicht erwähnt wird. Bei der Kostensteuerung würde es darum gehen, die im Rahmen der Kostenkontrolle gewonnenen Informationen mit Blick auf die geplanten Gesamtkosten zu verwerten und Massnahmen zu erarbeiten, um korrigierend einzuwirken. Von einer solchen Pflicht zur Kostensteuerung scheint indessen das Bundesgericht[40] (Nr. 10.107) bei Vorliegen einer sog. *Kostenlimite* (Nr. 10.105 ff.) auszugehen.

3. Rechtliche Einordnung

10.33 **1.** Aus den Umschreibungen der SIA-Ordnungen zu den kostenbezogenen Leistungen des Planers während der Realisierungsphase lässt sich zusammenfassen, dass die Pflicht zur Kostenkontrolle unter anderem darin besteht, die während der Ausführung eingehenden Rechnungen von Unternehmern und Lieferanten zu kontrollieren. Zudem geht es darum, die Baubuchhaltung zu führen, die Baukostenentwicklung zu überwachen und den Bauherrn über beides zu informieren. Diese Leistungen sind Teil der Pflichten des Planers während der Realisierungsphase (Bauleitung) und stellen keine Verpflichtung

40 BGer 4C.424/2004 (15.3.2005) E. 3.3.

zur Herstellung eines Werks dar (Art. 363 OR). Sie fallen daher in den Anwendungsbereich des einfachen Auftrags (Art. 394 ff. OR).[41]

2. Die Kostenkontrolle kann in Einzelfällen im Rahmen eines von der übrigen Bauleitung getrennten Baukostencontrollings erfolgen. Auch ein solches auf das Baukostencontrolling beschränktes Vertragsverhältnis wäre als einfacher Auftrag im Sinne von Art. 394 ff. OR zu qualifizieren. Einzelne Leistungen (wie z.B. das Erstellen der Schlussabrechnung) könnten bei einer isolierten Betrachtung zwar als Werk (im Sinne von Art. 363 ff. OR) gelten, diese Leistungen sind indessen nur ein unselbständiger Teil eines primär auf die umfassende Wahrung der finanziellen Interessen des Bauherrn ausgerichteten Vertragsverhältnisses und somit Teil einer auftragsrechtlichen Leistung (Art. 394 ff. OR). 10.34

III. Die Haftung für pflichtwidrig unterlassene Kosteninformationen

1. Wenn ein Planer den Bauherrn pflichtwidrig nicht über die zu erwartenden oder bereits entstandenen Kosten informiert, liegt eine Vertragsverletzung vor. Der Planer haftet dem Bauherrn für den daraus entstehenden Schaden. Dabei sind zwei Konstellationen zu unterscheiden: 10.35

a. Die pflichtwidrige Unterlassung einer Kosteninformation kann bedeuten, dass dem Bauherrn überhaupt keine Kosteninformationen vorliegen. Dies ist beispielsweise der Fall, wenn der Planer entgegen einer im konkreten Fall bestehenden Pflicht in der Vorprojektphase keine Kostenschätzung vorlegt.[42] In solchen Fällen ist der Bauherr so zu stellen, wie wenn er pflichtgemäss über die Kosten informiert worden wäre. 10.36

b. Die pflichtwidrige Unterlassung einer Kosteninformation kann weiter auch darin bestehen, dass der Bauherr auf die Gültigkeit einer vorgängig abgegebenen, von inzwischen eingetretenen Ereignissen aber seither überholten Kosteninformation vertrauen darf. Zu denken ist etwa an den Fall, in dem 10.37

---

41 BGE 114 II 56; 110 II 382; 109 II 465; vgl. Fellmann, Berner Kommentar, N 181 zu Art. 394 OR.

42 Also beispielsweise, wenn die SIA-Ordnung 102 auf das Vertragsverhältnis anwendbar ist. Art. 4.1.31 SIA 102 sieht vor, dass zum Vorprojekt eine Kostenschätzung mit einem Genauigkeitsgrad von +/– 15% erstellt wird.

es der Planer bei Projektänderungen oder Bestellungsänderungen unterlässt, auf die gegenüber vorgängigen Kostenprognosen zu erwartenden Mehrkosten hinzuweisen (und der Bauherr sich der Mehrkosten nicht ohnehin bewusst ist). Auch in diesen Fällen ist der Bauherr grundsätzlich so zu stellen, wie wenn er pflichtgemäss über die Kosten informiert worden wäre.[43] Ausgangspunkt ist dabei jene vorgängige Kosteninformation, auf welche der Bauherr vertrauen durfte.

IV. Die Haftung für unzutreffende Kosteninformationen

1. Zur vertraglichen Haftung für falsche Informationen

10.38 **1.** Wer im Rahmen einer vertraglichen Leistungspflicht seinem Vertragspartner Informationen übergibt, haftet grundsätzlich für diese Informationen. Allerdings ist die Art der Haftung abhängig vom zugrunde liegenden Vertragsverhältnis:

10.39 – Werkvertrag: Die Information kann Teil eines Werks (z.B. eines technischen Gutachtens) sein, dessen objektive Richtigkeit geprüft werden kann. In diesen Fällen richtet sich die Haftung nach werkvertragsrechtlichen Grundsätzen (Art. 363 ff. OR), was bedeutet, dass der Besteller in Bezug auf den konkreten Mangel verschuldensunabhängige Mängelrechte (Nachbesserung, Minderung, Wandelung) geltend machen kann (Art. 368 OR). Für die Folgeschäden des Mangels besteht eine verschuldensabhängige Haftung (Art. 368 OR).

10.40 – Auftrag: Wenn die Information als Teil einer auftragsrechtlichen Leistungserbringung erfolgt, so besteht keine Haftung für die objektive Richtigkeit der Information, sondern nur eine Haftung dafür, dass der Beauftragte mit der vertraglich geschuldeten Sorgfalt informiert. Der Beauftragte schuldet dabei jene Sorgfalt, «welche ein gewissenhafter Beauftragter in der gleichen Lage bei der Besorgung der ihm übertragenen Geschäfte anzuwenden pflegt.»[44] Der Beauftragte haftet, wenn er die von ihm aufzuwendende Sorgfalt verschuldet nicht angewandt hat.

---

43 Vgl. Gauch, Notizen zur Vertragshaftung, S.82.

44 BGE 115 II 64; Fellmann, Berner Kommentar, N 355 zu Art. 398.

2. Im Falle unrichtiger Informationen bemisst sich der Schaden an der hypothetischen Vermögenslage des Geschädigten bei richtiger Auskunft.[45] Zu ersetzen ist der Schaden, den der Empfänger einer Information erleidet, weil er im Vertrauen auf die Richtigkeit der (in Wahrheit falschen) Information nachteilige Dispositionen getroffen hat, die er bei richtiger Information unterlassen hätte oder dass er vorteilhafte Dispositionen unterlässt, welche er bei richtiger Information vorgenommen hätte.[46] Nur wenn ein Garantievertrag vorliegt, mit dem die Richtigkeit der Information zugesichert wird, wäre der Empfänger so zu stellen, wie wenn die unrichtige Information richtig gewesen wäre. Wenn indessen keine solche Garantie vorliegt, darf bei der Schadensbemessung nicht auf den Zustand abgestellt werden, der bestünde, wenn die erteilte Information richtig gewesen wäre.[47] 10.41

2. Besonderheiten der Haftung für falsche Prognosen

1. Die Informationen, welche im Rahmen einer vertraglichen Leistungspflicht zu erarbeiten und dem Besteller abzugeben sind, können sich auch auf die Zukunft beziehen. Aussagen über die Zukunft sind typischerweise mit Unsicherheiten behaftet,[48] weil bei der Erarbeitung einer Prognose noch nicht alle Parameter feststehen: Das gilt für Kostenprognosen eines Planers genauso wie für Wetterprognosen einer Meteorologin oder für die Prozesschancenbeurteilung eines Rechtsanwalts. In manchen Fällen kann immerhin der Grad der Unsicherheit beziffert werden – z.B. durch Angabe der prozentualen Zuverlässigkeit einer Wetterprognose. 10.42

2. Solche Prognosen können – im Zeitpunkt ihrer Abgabe – nicht nach objektiven Kriterien überprüft und somit nicht als richtig oder falsch qualifiziert werden. Die Anwendung der werkvertraglichen Gewährleistungsregeln ist daher nicht sachgerecht. Die Erstellung von Prognosen wird dementsprechend als auftragsrechtliche Leistung qualifiziert (Nr. 10.24; kritisch Nr. 1.47 ff. und 10.25 f.).[49] Damit ist auch gesagt, dass die Fachperson, welche eine Prognose abgibt, nicht für den Eintritt der Prognose, sondern lediglich für die fachge- 10.43

---

[45] BGer 4C.366/2000 (19.6.2001) E. 3b.cc; BGer 4D_131/2009 (16.12.2009) E. 3.3.3; LÜCHINGER, S. 303.

[46] LÜCHINGER, S. 323.

[47] LÜCHINGER, S. 302.

[48] Vgl. ZEHNDER, Haftung des Architekten, Nr. 31.

[49] BGE 134 III 365; FELLMANN, Haftung für falsche Kostenschätzung, S. 227.

rechte Erstellung derselben nach den anerkannten Regeln des entsprechenden Fachgebiets haftet. Auch bei Prognosen darf unter dem Begriff der Pflichtverletzung nicht jede Massnahme oder Unterlassung verstanden werden, welche bei nachträglicher Betrachtung den Schaden bewirkt bzw. vermieden hätte.[50] Allein aus der Tatsache, dass der prognostizierte Zustand nicht eingetreten ist, ergibt sich nicht notwendigerweise eine Pflichtverletzung der Fachperson bei der Erstellung der Prognose. Es gilt auch hier der Grundsatz, dass das Vorliegen einer Sorgfaltspflichtverletzung nicht nach dem Sachverhalt beurteilt werden kann, welcher sich dem Gericht ex post darstellt.[51]

3. Die Haftung für falsche Kostenprognosen

10.44 **1.** Die Haftung des Planers für falsche Kostenprognosen wird in der Praxis als Haftung «für die Überschreitung des Kostenvoranschlags» bezeichnet (vgl. auch Nr. 16.140). Diese Bezeichnung ist missverständlich, weil die Überschreitung nicht vom Planer, sondern durch Entscheide des Bauherrn verursacht werden, welcher auf die (relative) Richtigkeit der Kostenprognose vertraut.[52] Die Kostenüberschreitung wird nicht unmittelbar vom Planer *verursacht.*[53] Weil dem Planer im Rahmen seines Mandats in der Regel auch keine Verfügungsautonomie über das Vermögen des Bauherrn eingeräumt wird, ist eine Überschreitung der Kostenprognose auch nicht als strafrechtlich relevante ungetreue Geschäftsbesorgung zu qualifizieren.[54] Die Haftung für die Ungenauigkeit von Kostenprognosen ist auch abzugrenzen von der Haftung für Zusatzkosten, welche der Planer vertragswidrig verursacht hat (Nr. 10.66), beispielsweise durch unwirtschaftliche oder fehlerhafte Planung, ungünstige Vergabe oder unrichtige Weisungen.[55]

10.45 **2.** Der Fehler einer Kostenprognose, für welchen der Planer haftet, kann sich aus dem Vergessen einzelner Positionen, aus Rechnungsfehlern, aus unge-

---

50 BGE 120 Ib 413.

51 BGer 4C.53/2000 (13.6.2000) E. 1c.

52 Zur Abgrenzung von der Haftung für vom Planer pflichtwidrig verursachte Kosten vgl. Nr. 10.54.

53 Schon SCHUMACHER, Haftung für Kosteninformationen, S. 134, hat darauf hingewiesen, dass der Ausdruck «Haftung […] für die Überschreitung des Kostenvoranschlages» missverständlich ist.

54 Urteil des Obergerichts des Kantons Solothurn vom 30.4/13.4.1997 (SOG 1997 Nr. 13), SJZ 1999, S. 277 f.

55 GAUCH, Haftung des Architekten, S. 81, nennt dies das «Trennungsprinzip».

nügender Kenntnis des Baugrundes, aus der Falscheinschätzung der nötigen Ausführungsqualität, aus der Fehleinschätzung des Ausmasses der Regiearbeiten oder einer falschen Einschätzung der Preise ergeben.[56] Der Planer, der in Verletzung seiner Sorgfaltspflichten dem Bauherrn eine ungenaue Kostenprognose unterbreitet, gibt diesem eine unrichtige Auskunft über die zu erwartenden Baukosten, weshalb er den Vertrag nicht richtig erfüllt und bei gegebenem Verschulden haftet.[57] Zu ersetzen ist dabei der Vertrauensschaden, den die Bauherrschaft erlitten hat, weil sie auf die Kosteninformationen vertraut und entsprechende Dispositionen getroffen hat, d.h. nachteilige Vorkehren getroffen oder vorteilhafte unterlassen hat.[58] Ein Vertrauensschaden kann dabei von vornherein nur bestehen, soweit der Bauherr auf die Richtigkeit des Voranschlags überhaupt vertraut hat, was namentlich voraussetzt, dass er den Voranschlag überhaupt als solchen zur Kenntnis nahm und nicht um dessen Unrichtigkeit wusste.[59] Wenn in der Kosteninformation ein Genauigkeitsgrad («Toleranzgrenze») angegeben wurde oder der Bauherr anderweitig nur von einer relativen Richtigkeit der Kosteninformation ausgehen durfte, ist sein Vertrauen insoweit nicht zu schützen, als er von der toleranzgemässen Ungenauigkeit ausgehen musste. Geschützt wird also nur das relative Vertrauen darauf, dass die Baukosten die um den Genauigkeitsgrad erhöhte Summe der Kostenprognose nicht überschreiten.[60] In diesem Rahmen darf die Bauherrschaft indessen im Vertrauen darauf handeln, dass der von ihr zugezogene Planer seine Pflichten vollständig und sorgfältig erfüllt; er ist namentlich nicht gehalten und regelmässig auch nicht in der Lage, die Tätigkeit des Planers zu überwachen und die Kostenprognose auf ihre Richtigkeit hin zu überprüfen.[61]

---

[56] BGer 4D_131/2009 (16.12.2009) E. 3.3.3.

[57] Für das deutsche Recht wird indessen davon ausgegangen, dass ein Schadenersatzanspruch wegen Überschreitung des Kostenrahmens voraussetzt, dass die Vertragspartner den Kostenrahmen vereinbart haben (Schliemann, Nr. 391 mit Verweis auf BGH NJW-RR 1997 850).

[58] BGer 4C.424/2004 (15.3.2005) E. 3.2; BGE 122 II 64; 119 II 252; vgl. Gauch, Notizen zur Vertragshaftung, S. 81; a.M. Honsell, Haftung des Architekten, S. 1261, welcher die Qualifizierung als Vertrauensschaden ablehnt und die Ansicht vertritt, der Bauherr sei so zu stellen, «wie wenn der Architekt seine Vertragspflicht ordentlich erfüllt hätte» – wobei er aber nicht erklärt, inwiefern dies zu einem anderen Resultat führen würde.

[59] BGer 4C.424/2004 (15.3.2005) E. 3.2.1; Gauch, Notizen zur Vertragshaftung, S. 82.

[60] Zehnder, Prognosen, S. 52.

[61] BGer 4C.424/2004 (15.3.2005) E. 3.2; Schumacher, Architektenrecht 1995, Nr. 772.

10.46 **3.** Nach der Formulierung von GAUCH wird «nicht das Vertrauen des Bauherrn in die absolute Richtigkeit des Kostenvoranschlags» geschützt, sondern nur sein Vertrauen darauf, dass sich der Voranschlag innerhalb der «Toleranzgrenze»[62] hält, diese Grenze also nicht überschritten wird.[63] Diese Formulierung ist insoweit etwas missverständlich, als sie zwischen der «absoluten Richtigkeit des Kostenvoranschlags» und der «Toleranzgrenze» (Genauigkeitsgrad) unterscheidet. Wenn zu einer Kostenprognose deren Genauigkeitsgrad angegeben ist, so ist diese Angabe integraler Bestandteil der Kosteninformation. Wenn also bei einer Kostenprognose die Genauigkeit z.B. auf +/− 10% beziffert wird und letztlich Kosten von 110% entstehen, dann war die Kostenprognose («absolut») *richtig* und es liegt keine Kostenüberschreitung vor, jedenfalls keine, welche zu einer Haftung wegen falscher Kosteninformation führen könnte. Die Bauherrschaft darf also durchaus auf die Richtigkeit der Kostenprognose vertrauen – allerdings nur auf die Richtigkeit der Gesamtheit aller mit dem Kostenvoranschlag abgegebenen Informationen.[64] Der Bauherr muss damit rechnen, dass die Gesamtkosten am oberen Rand der in der Kostenprognose angegebenen Bandbreite (Genauigkeitsgrad) liegen werden.[65] Die Bauherrschaft darf sich also nicht ausschliesslich auf das in der Kostenprognose ausgewiesene Total der geschätzten Baukosten verlassen; sie hat auch alle weiteren in der Kostenprognose enthaltenen Angaben zu beachten (wie insbesondere eben die Angabe eines Genauigkeitsgrades oder anderer Vorbehalte). Generell ist das Vertrauen der Bauherrschaft in die Richtigkeit der Kostenprognose nur insoweit berechtigt, als es nicht durch den Kontext der Abgabe der Kostenprognose oder durch das Vorwissen der Bauherrschaft relativiert werden muss. Beispielsweise muss sich eine in Bausachen erfahrene Bauherrschaft, auch ohne Angabe eines Genauigkeitsgrads im Kostenvoranschlag, entgegenhalten lassen, dass eine Kostenprognose immer mit einem Unsicherheitsfaktor behaftet ist. Soweit im vorliegenden Beitrag von der «richtigen» Kostenprognose die Rede ist, geht es daher immer darum, dass die Prognose insgesamt, d.h. unter Beachtung aller darin enthaltenen Informationen, als richtig erscheint. Es liegt auch erst dann eine Überschreitung einer Kostenprognose vor, wenn die im Einzelfall

[62] Zur Terminologie («Toleranzgrenze»/«Genauigkeitsgrad») vgl. Nr. 10.50.

[63] GAUCH, Notizen zur Vertragshaftung, S. 81.

[64] Was von GAUCH als «relative Richtigkeit» bezeichnet wird (vgl. Notizen zur Vertragshaftung, S. 81; Haftung des Architekten, S. 84).

[65] SCHUMACHER, Haftung für Kosteninformationen, S. 137.

zu erwartende Ungenauigkeitsbandbreite (d.h. unter Berücksichtigung des Genauigkeitsgrads) überschritten wird.

4. In der Regel enthalten Kostenvoranschläge eine detaillierte Beschreibung der vorgesehenen Arbeiten und Lieferungen sowie die Bezeichnung der gewählten Materialien mit Ausmassen und geschätzten Preisen.[66] Dies führt zur Frage, ob die Bauherrschaft darauf vertrauen darf, dass jede im Kostenvoranschlag genannte Kostenposition auch für sich allein genommen richtig geschätzt wurde, dass also der angegebene Einzelbetrag von der Realität nur im Rahmen des anwendbaren Genauigkeitsgrads abweichen wird.[67] Das Problem kann ohne praktische Bedeutung bleiben, wenn die Kostenüberschreitung in einer Position durch eine Kostenunterschreitung in anderen Positionen ausgeglichen wird und entsprechend das Vertrauen der Bauherrschaft in die relative Richtigkeit des Gesamttotals des Kostenvoranschlags nicht enttäuscht wird. Der Planer wird der Bauherrschaft in solchen Fällen entgegenhalten können, dass diese auf der Basis des Kostenvoranschlags bereit war, den Gesamtbetrag des Kostenvoranschlags zu bezahlen und dass sie letztlich auch nicht mehr bezahlt hat – entsprechend wäre die Bauherrschaft nicht geschädigt. Dennoch ist eine Schädigung denkbar und zwar namentlich wenn die Bauherrschaft anders disponiert hätte, wenn sie die wahren Kosten einer vom Planer falsch geschätzten Einzelposition gekannt hätte: Es ist z.B. möglich, dass eine Bauherrschaft auf eine im Kostenvoranschlag enthaltene Arbeit verzichtet und dabei darauf vertraut, dass sich dadurch die Gesamtkosten entsprechend den für diese Position veranschlagten Kosten verringern. Wenn dabei die Kosten dieser Position vom Planer zu hoch veranschlagt wurden und die Bauherrschaft im Vertrauen auf diese Kostenangabe die vermeintlich frei gewordenen Mittel anders einsetzt, kann dies eine Schädigung bedeuten. Ob und inwiefern eine Bauherrschaft (unter Berücksichtigung des Genauigkeitsgrads) auf die Richtigkeit der einzelnen, im Kostenvoranschlag enthaltenen Positionen vertrauen darf, muss im Streitfall letztlich durch Auslegung unter Berücksichtigung sämtlicher im Kostenvoranschlag enthaltenen Angaben und aller Umstände des Einzelfalls entschieden werden. Das Vertrauen in die Richtigkeit der einzelnen im Kostenvoranschlag enthaltenen Positionen 10.47

[66] Vgl. Art. 4.32 SIA 102: «Erstellen des Kostenvoranschlages mit detaillierter Beschreibung der vorgesehenen Arbeiten und Leistungen, Bezeichnung der gewählten Materialien, mit Ausmass und geschätzten Preisen. Aufbau des Kostenvoranschlages z.B. nach Untergruppen und Gattungen des BKP oder nach Elementmethode gegliedert.»

[67] Dagegen für Deutschland LÖFFELMANN/FLEISCHMANN, Nr. 2152, wonach nur die tatsächliche Gesamtkostenbelastung für den Bauherrn von Interesse sei.

ist jedenfalls nicht a priori ausgeschlossen. Allerdings muss auch einer wenig erfahrenen Bauherrschaft bewusst sein, dass zwischen den einzelnen Positionen eines Kostenvoranschlags wechselseitige Abhängigkeiten bestehen, sodass im Einzelfall z.B. eine Einsparung in einer Position zu Mehrkosten in einer anderen Position führen kann. Wenn Bestellungsänderungen mit Mehrkosten verbunden sind, muss der Planer die Bauherrschaft darauf hinweisen.[68] Dasselbe muss gelten, wenn Bestellungsänderungen zwar mit Minderkosten verbunden sind, aber diese nicht den Betrag erreichen, mit welchem die Bauherrschaft bei einer nicht fachkundigen Betrachtung des Kostenvoranschlags rechnen könnte.

10.48 **5.** Keine Haftung des Planers für falsche Kosteninformationen besteht, wenn der Fehler in der Kosteninformation dem Bauherrn selber zuzurechnen ist. Dies kann etwa der Fall sein, wenn ein als Hilfsperson des Bauherrn handelnder Spezialist die Kosten eines Teilbereichs (z.B. die Kosten der Baugrubensicherung) falsch schätzt und der Planer diese (falsche) Angabe in seine Kostenprognose integriert.[69]

4. Die Genauigkeitsgrade bei Kostenprognosen

A. Rechtsprechung des Bundesgerichts

10.49 **1.** Haben die Vertragsparteien über die Genauigkeit des Kostenvoranschlags keine besondere Vereinbarung getroffen, so besteht nach der Rechtsprechung des Bundesgerichts beim **detaillierten Kostenvoranschlag für einen Neubau** eine sogenannte «Toleranzgrenze» von 10%.[70] «Mit dieser Toleranz soll den Unabwägbarkeiten, die mit der Kostenschätzung und der Verwirklichung eines Bauvorhabens verbunden sind, und den sich im Lauf der Realisierung allenfalls verändernden Verhältnissen Rechnung getragen werden.»[71]

---

68 FELLMANN, Berner Kommentar, N 163 zu Art. 398 OR; SCHUMACHER, Architektenrecht 1995, Nr. 753 ff.

69 Vgl. aber Nr. 10.29; vgl. ZEHNDER, Prognosen, S . 51; vgl. ZEHNDER, Haftung des Architekten, Nr. 183.

70 BGer 4C.424/2004 (15.3.2005) E. 3.2.2; BGer 4C.71/2003 (27.5.2003) E. 3.

71 BGer 4C.424/2004 (15.3.2005) E. 3.2.2 mit Verweis auf FELLMANN, Haftung für falsche Kostenschätzung, S. 230 ff.; SCHUMACHER, Architektenrecht 1995, Nr. 760; BGer 4C.287/1991 (22.12.1992) E. 5a; vgl. GAUCH, Notizen zur Vertragshaftung, S. 83; ZEHNDER, Haftung des Architekten, Nr. 189.

2. Bezüglich der **Terminologie** ist erstaunlich, wie hartnäckig das Bundesgericht und die Rechtslehre den missverständlichen Ausdruck «Toleranzgrenze» verwenden: Der Ausdruck «Toleranzgrenze» suggeriert, der Bauherr habe Kostenüberschreitungen innerhalb gewisser Grenzen *generell* zu tolerieren.[72] Dieser Eindruck ist aber unzutreffend, wie das das Bundesgericht erläutern musste: 10.50

– «Mangels besonderer Absprache kann allerdings auch eine vereinbarte Toleranzgrenze nicht als Haftungsbeschränkungsklausel ausgelegt werden, die den [Planer] im Rahmen [dieser] ‹Toleranzgrenze› von der Haftung für Vertragsverletzungen befreien würde.»[73] 10.51

– «Die Toleranzgrenze schafft also, sofern sie nicht ausdrücklich als haftungsbeschränkender Genauigkeitsgrad für den Kostenvoranschlag festgelegt worden ist, nicht einen Bereich, innerhalb dessen Kostenüberschreitungen vom Bauherrn unter allen Umständen entschädigungslos hingenommen werden müssen und damit bei der Schadensberechnung ausser Betracht fallen. […] Beim direkten Beweis einer Vertragsverletzung kann sich der Architekt nicht auf eine Toleranzgrenze berufen, sondern hat für die daraus resultierende Kostenüberschreitung grundsätzlich einzustehen […]».[74] 10.52

3. Es geht demnach gerade *nicht* darum, dass der Bauherr irgendetwas zu «tolerieren» hätte. Der Bauherr muss namentlich keine Mehrkosten «tolerieren», welche vom Planer durch nicht richtige Erfüllung seines Vertrags verursacht wurden (z.B. durch ungünstige Vergabe, fehlerhafte Planung, Verzögerungen in der Planlieferung, ungenügende Bauaufsicht etc.). Mit dem Ausdruck «Toleranzgrenze» meint das Bundesgericht den *Genauigkeitsgrad* (bzw. den Ungenauigkeitsgrad) einer Kostenprognose. Es handelt sich um eine Angabe darüber, wie weit eine Kostenprognose verlässlich ist, d.h. um eine Information zur Verlässlichkeit der Kosteninformation. Diese Informa- 10.53

---

72 In den juristischen Sprachgebrauch wurde dieser Ausdruck durch Gauch, Notizen zur Vertragshaftung, S.81 ff., eingeführt, wobei in dieser Publikation aber nicht die Auffassung vertreten wurde, es sei im Rahmen der «Toleranzgrenze» eine Kostenüberschreitung generell, d.h. unabhängig von deren Ursache zu tolerieren. Nach dem Wortgebrauch von Gauch geht es allein um eine «Marge, in deren Grenzen der Bauherr nach Rechtsprechung und Lehre eine Ungenauigkeit tolerieren muss» – es geht demzufolge um die Uneinigkeit der Kosteninformation, also um einen Ungenauigkeitsgrad.

73 BGer 4C.424/2004 (15.3.2005) E. 3.2.2.

74 BGer 4C.424/2004 (15.3.2005) E. 3.2.2.2.

tion ist integraler Bestandteil der Kosteninformation. Bezeichnenderweise wird in den SIA-Ordnungen 102, 103 und 108 dafür die Bezeichnung «Genauigkeitsgrad» gebraucht und nicht der missverständliche Ausdruck «Toleranzgrenze». Noch treffender wäre das Wort «Ungenauigkeitsgrad».

10.54 **4.** Der Genauigkeitsgrad («Toleranzgrenze») gilt demnach nicht als Haftungsbeschränkung, innerhalb dessen Kostenüberschreitungen unter allen Umständen entschädigungslos hingenommen werden müssten. Nach der Rechtsprechung des Bundesgerichts kann sich der Planer beim direkten Beweis einer Vertragsverletzung nicht auf die «Toleranzgrenze» berufen. Der Bauherr kann demzufolge Kosten, welche vom Planer pflichtwidrig verursacht wurden (z.B. die Folgekosten einer fehlerhaften Planung), auch dann als Schaden geltend machen, wenn dadurch die «Toleranzgrenze» nicht überschritten wird. Der Bauherr kann solche Kosten sogar dann als Schaden fordern, wenn die Kostenprognose unterschritten wird. Dies folgt aus der Überlegung, dass solche pflichtwidrig verursachten Kosten mit dem Vertrauen in die relative Richtigkeit des Kostenvoranschlags nichts zu tun haben. Der Genauigkeitsgrad («Toleranzgrenze») ist zwar keine Haftungsbeschränkung, aber er ist eine *Vertrauensbeschränkung:* Selbst wenn der Bauherr dem Planer einen konkreten Fehler bei der Erstellung der Kostenprognose nachweisen kann (z.B. einen Additionsfehler oder eine vergessene Position), ändert dies nichts daran, dass der Bauherr nur in der Bandbreite des angegebenen Genauigkeitsgrades auf eine Kostenprognose vertrauen darf. Gerade weil der Bauherr weiss, dass die Kostenprognose im Rahmen des angegebenen Genauigkeitsgrads eine Schätzungsungenauigkeit beinhaltet, kann er nicht geltend machen, er habe darauf vertraut, dass es keine solche Schätzungsungenauigkeit gebe – und zwar auch dann nicht, wenn ein Fehler des Planers die Ursache der Schätzungsungenauigkeit ist (z.B. ein Additionsfehler). Der Vertrauensschutz, den die Kostenprognose begründet, lässt keine Differenzierung nach den Ursachen der Ungenauigkeit zu.[75] Der Umstand, dass ein solcher Fehler des Planers *keinen Vertrauensschaden* bewirkt (soweit der Genauigkeitsgrad eingehalten wird), bedeutet aber nicht den generellen Ausschluss der Haftung für diese Fehler: Der Bauherr könnte beispielsweise geltend machen, dass er ohne den entsprechenden Fehler (z.B. ohne Additionsfehler) einen insgesamt etwas höheren Kostenvoranschlag hätte erhalten müssen (z.B. 5%) und dass

---

[75] Gauch, Notizen zur Vertragshaftung, S. 83; a.M. Schumacher, Haftung für Kosteninformationen, S. 132 und 136; Schumacher, Architektenrecht 1995, Nr. 772; Fellmann, Haftung für falsche Kostenschätzung, S. 232.

ihm, weil dies nicht der Fall war, ein bestimmter Nachteil entstanden oder ein Vorteil entgangen sei (z.B. eine günstigere Finanzierung).[76] Lediglich eine Haftung wegen einer Überschreitung der Kostenprognose ist in solchen Fällen nicht denkbar, weil die obere Bandbreite der Kostenprognose (Genauigkeitsgrad) gar nicht überschritten ist.

5. Nach Lehre[77] und Rechtsprechung[78] hat die «Toleranzgrenze» (Genauigkeitsgrad) die Funktion eines «doppelten Anscheinsbeweises»: «Kostenüberschreitungen, welche die Toleranzgrenze übersteigen, lassen dabei auf Pflichtverletzungen des Architekten schliessen, solche unterhalb dieser Grenze hingegen auf das Fehlen von Pflichtverletzungen. Dieser Anscheinsbeweis kann entkräftet werden, wenn die dadurch belastete Partei Tatsachen nachweist, die Zweifel an dieser Folgerung erwecken.»[79] Auch diese Wortwahl ist missverständlich, denn der sog. «doppelte Anscheinsbeweis» ist weder doppelt noch ein Beweis:[80] Es handelt sich vielmehr um eine widerlegbare *tatsächliche Vermutung,*[81] dass die Kostenprognose unsorgfältig erstellt wurde, wenn sich herausstellt, dass die tatsächlichen Baukosten höher liegen als gemäss des Genauigkeitsgrads der Kostenprognose maximal erwartet werden musste. Wenn die tatsächlichen Baukosten tiefer liegen, besteht diese Vermutung nicht. Diese tatsächliche Vermutung kann indessen nur gelten, wenn der Ersteller der Kostenprognose auch an allen übrigen Phasen der Projektierung, Ausschreibung und Realisierung beteiligt war (Nr. 10.68). 10.55

6. Das Bundesgericht geht davon aus, dass sich ein Planer aufgrund seiner weitreichenden Aufklärungs- und Benachrichtigungspflichten nur dann uneingeschränkt auf die Geltung einer bestimmten «Toleranzgrenze» (Ge- 10.56

---

[76] Zutreffend ist daher, dass bei einer Unsorgfalt bei der Erstellung einer Kostenprognose der Hinweis auf die Toleranzgrenze nicht generell von jeglicher Haftung befreit (so Fellmann, Haftung für falsche Kostenschätzung, S. 231). Eine Haftung, welche darauf abstützt, dass der Bauherr auf die (relative) Richtigkeit der Kostenschätzung vertraut habe, kann aber nicht bestehen, weil dieses Vertrauen durch diese mangelnde Sorgfalt des Planers insoweit nicht enttäuscht wird, als die Gesamtkosten im Rahmen des angegebenen Genauigkeitsgrads bleiben.

[77] Schumacher, Haftung für Kosteninformationen, S. 133; Schumacher, Architektenrecht 1995, Nr. 759; Fellmann, Haftung für falsche Kostenschätzung, S. 231.

[78] BGer 4C.424/2004 (15.3.2005) E. 3.2.2.1.

[79] BGer 4C.424/2004 (15.3.2005) E. 3.2.2.1.

[80] Zehnder, Prognosen, S. 50.

[81] Fellmann, Haftung für falsche Kostenschätzung, S. 230; vgl. Pichonnaz, Dépassement de devis, S. 9, welcher von einer «double présomption de fait» ausgeht.

nauigkeitsgrad) berufen kann, wenn er den Bauherrn über das Bestehen einer solchen und über deren Tragweite rechtzeitig orientiert hat.[82] Der Planer darf sich namentlich nicht darauf verlassen, dass der Bauherr aus eigener Initiative die Angaben zu den Genauigkeitsgraden in den SIA-Ordnungen nachliest und versteht. Unterlässt der Architekt eine Aufklärung über Kostenrisiken, insbesondere über die Ungenauigkeit seiner Kostenprognosen, erweckt er grundsätzlich den Eindruck und damit das Vertrauen des Bauherrn, *besondere* Risiken bestünden nicht[83] – was aber nicht ausschliesst, dass die Bauherrschaft mit den üblichen Risiken dennoch zu rechnen hat. Wenn also eine entsprechende Orientierung unterblieb, muss im Einzelfall festgestellt werden, welches konkrete Vertrauen der Bauherr nach Treu und Glauben in die Kosteninformation des Planers haben durfte[84] bzw. mit welchen Kostenrisiken die Bauherrschaft auch ohne Angabe zum Genauigkeitsgrad ohnehin rechnen musste:

10.57 **a.** Wenn es sich bei der Bauherrschaft um Baufachleute handelt, kann davon ausgegangen werden, dass diese die übliche «Toleranzgrenze» von 10% (Genauigkeitsgrad) kennen.[85] Von Baufachleuten mit besonderer Erfahrung in diesem Bereich kann zudem erwartet werden, dass sie Kenntnis der unterschiedlichen Genauigkeitsgrade entsprechend den einschlägigen SIA-Ordnungen haben bzw. diese bei Bedarf in den SIA-Ordnungen nachlesen.

10.58 **b.** Wenn es sich bei der Bauherrschaft um eine in Bausachen gänzlich unerfahrene Person handelt, ist nicht ohne Weiteres anzunehmen, dass ihr die übliche «Toleranzgrenze» von 10% (Genauigkeitsgrad) bekannt ist. In solchen Fällen ist zu prüfen, mit welcher Genauigkeit diese Bauherrschaft konkret rechnen durfte und musste:[86] Wenn der Planer z.B. den Ausdruck «Kostenschätzung» verwendet, ist schon der Wortbestandteil «Schätzung» ein Hinweis darauf, dass keine absolute Genauigkeit erwartet werden darf.[87] Wenn

---

82 BGer 4C.424/2004 (15.3.2005) E. 3.2.2.2.

83 BGer 4C.424/2004 (15.3.2005) E. 3.2.1.

84 BGer 4C.424/2004 (15.3.2005) E. 3.2.2.2 mit Verweis auf SCHUMACHER, Architektenrecht 1995, Nr. 775 und FELLMANN, Haftung für falsche Kostenschätzung, S. 237; vgl. SCHUMACHER, Haftung für Kosteninformationen, S. 136.

85 ZR 2009, S. 31, E. 8.2.

86 SCHUMACHER, Haftung für Kosteninformationen, S. 136.

87 In BGer 4C.424/2004 (15.3.2005) E. 4.1 gab das Bundesgericht einen Entscheid des Kantonsgerichts Graubünden wie folgt wieder: «Allein der Umstand, dass die Beklagte die Kostenschätzung als «approximativ» bezeichnet habe, sei unter den vorliegend gegebenen Umständen nicht ausreichend gewesen, um das Vertrauen des Klägers in deren Genauig-

die Bauherrschaft im konkreten Fall indessen von der absoluten Genauigkeit des Prognosebetrages ausgehen durfte, so begründet dessen Überschreitung bereits eine tatsächliche Vermutung der unsorgfältigen Erstellung der Kostenprognose.

c. Wenn sich ergibt, dass die Bauherrschaft zwar mit einer gewissen Un- 10.59
genauigkeit rechnen musste, welche sich aber nicht genau (in Prozenten) beziffern lässt, so gibt es keine entsprechende tatsächliche Vermutung.[88] Eine allfällige Unsorgfalt bei der Kostenprognose müsste demnach ohne Rückgriff auf eine tatsächliche Vermutung durch direkten Nachweis bewiesen werden – z.B. indem ein Experte die Kostenprognose auf der Basis jenes Planungsstands überprüft, wie er im Zeitpunkt ihrer Erstellung bestand. Es ist aber Teil der Informationspflicht des Planers, auf die Genauigkeitsgrade seiner Kosteninformationen hinzuweisen.[89] Daher wäre es stossend, wenn der Planer mit seiner Pflichtverletzung die Position des Bauherrn rechtswirksam erschweren könnte, indem dem Bauherrn die Möglichkeit der Berufung auf die durch den Genauigkeitsgrad begründete tatsächliche Vermutung verwehrt würde. Es ist m.E. daher gerechtfertigt, diese Pflichtverletzung durch eine Beweislastumkehr auszugleichen: Im Falle der Überschreitung einer Kostenprognose, deren Genauigkeitsgrad nicht angegeben wurde, sollte der fehlbare Planer den (Entlastungs-) Beweis führen müssen, dass seine Kostenprognose mit der geschuldeten Sorgfalt erstellt wurde und eine allfällige Abweichung der Kosten von der Prognose auf allgemeine Unsicherheiten zurückzuführen ist, die sich aus dem Prognose-Charakter der Kosteninformation ergeben. Der Planer kann beispielsweise aufzeigen, dass sich die Verhältnisse gegenüber dem, was er bei der Erstellung der Kostenprognose annehmen durfte, wesentlich geändert haben.

7. Ob ein Kostenvoranschlag ungenau ist, beurteilt sich immer nur nach 10.60
dem Gegenstand des konkreten Voranschlags. Worauf sich der Voranschlag

keit zu zerstören.» Dass ein Bauherr bei einer als «approximativ» bezeichneten «Kostenschätzung» auf deren Genauigkeit (!) vertrauen durfte, kann wohl nur an den im konkreten Fall «gegebenen Umständen» gelegen haben und darf nicht verallgemeinert werden: Im Entscheid wird namentlich erwähnt, dass der Architekt dem Bauherrn mündlich eine Abweichung um höchstens 1–2% in Aussicht gestellt habe (vgl. dazu auch QUINTO/MAFFIOLETTI, Handbuch zum Bauwesen, Nr. 232).

[88] A.M. ZEHNDER, Prognosen, S. 49, welcher in diesen Fällen die Anwendbarkeit des «gemeinhin anerkannten Genauigkeitsstandards von +/− 10%» befürwortet.

[89] Vgl. ZEHNDER, Haftung des Architekten, Nr. 116, Nr. 206 ff.

bezieht, muss im Streitfall durch Auslegung ermittelt werden.[90] Soweit die Bauherrschaft den Kostenvoranschlag nicht gleich verstanden hat wie der Planer, kommt es darauf an, wie die Bauherrschaft ihn verstehen durfte und musste (Vertrauensprinzip).[91] Auch in Bezug auf die Angabe eines Genauigkeitsgrads kann zwischen dem Planer und der Bauherrschaft streitig sein, ob sich dieser auf sämtliche in der Kostenprognose enthaltenen Positionen bezieht oder nicht. Es kann fraglich sein, ob sich ein angegebener Genauigkeitsgrad auf die Gesamtsumme einer Kostenprognose bezieht oder ob er z.B. auf die Reserve für Unvorhergesehenes (BKP 583), die in der Gesamtsumme auch enthalten sein kann, keine Anwendung findet.[92] Die Auslegung kann *im Einzelfall* zum Resultat führen, dass sich die angegebene Kostengenauigkeit nur auf jene Kosten bezieht, welche durch die Bauleitung beeinflussbar sind – was aber nicht als allgemeingültiger Grundsatz gelten kann.[93]

10.61 **8.** Eine Selbstverständlichkeit ist sodann, dass die Kosten für Änderungswünsche, die der Bauherr erst im Nachhinein vorbringt, nicht in der Kostenprognose enthalten sein können.[94] Bei der Ermittlung einer Kostenüberschreitung sind solche Zusatzkosten daher vorab von den Gesamtkosten in Abzug zu bringen, und erst dann kann festgestellt werden, ob eine haftungsbegründende Überschreitung der Kostenprognose vorliegt.[95]

B. Die Genauigkeitsgrade nach den SIA-Ordnungen

10.62 **1.** Nach den SIA-Ordnungen variieren die Genauigkeitsgrade in Abhängigkeit von der Bearbeitungstiefe der einzelnen Projektphasen:

10.63 – *Vorprojekt:* Der Architekt erstellt in Bezug auf das Vorprojekt eine Kostenschätzung, welche mangels anderer Vereinbarung einen Genauigkeitsgrad von +/– 15% aufweisen sollte (Ziff. 4.31 SIA 102). Ein als Gesamtleiter tätiger Ingenieur hat im Rahmen des Vorprojekts eine Kostenschätzung zu erstellen, welche «üblicherweise» eine Genauigkeit von +/– 20% im Tief-

---

90 GAUCH, Notizen zur Vertragshaftung, S. 80; ZEHNDER, Haftung des Architekten, Nr. 36.

91 GAUCH, Notizen zur Vertragshaftung, S. 81; ZEHNDER, Haftung des Architekten, Nr. 40.

92 Z.B. der Position «Unvorhergesehenes» vgl. ZEHNDER, Haftung des Architekten, Nr. 214 ff.

93 Anders: Urteil des Zürcher Handelsgericht vom 8. April 2008, ZR 2009, Nr. 31, S. 103; vgl. dazu SIEGENTHALER, Kostenvoranschlag, S. 57.

94 GAUCH, Notizen zur Vertragshaftung, S. 81; ZEHNDER, Haftung des Architekten, Nr. 131.

95 PICHONNAZ, Dépassement de devis, S. 10; vgl. FELLMANN, Haftung für falsche Kostenschätzung, S. 232.

bau und +/–15% im Hochbau haben sollte (Art. 4.1.31 SIA 103). Dasselbe gilt sinngemäss für den Ingenieur als Spezialist (Art. 4.2.31 SIA 103). Im Anwendungsbereich der SIA-Ordnung 108 gilt beim Vorprojekt in der Regel ein Genauigkeitsgrad von +/– 15% (Art. 4.31 SIA 108).

– *Bauprojekt:* Beim Kostenvoranschlag des Architekten für das Bauprojekt soll der Genauigkeitsgrad +/– 10% betragen, wobei Beträge für Unvorhergesehenes separat auszuweisen sind (Art. 4.32 der SIA 102). Der gleiche Genauigkeitsgrad gilt auch beim Kostenvoranschlag des Ingenieurs (Art. 4.1.32 und Art. 4.2.32 SIA 103, Art. 4.32 SIA 108), wobei aber festgehalten wird, dies gelte lediglich «in der Regel» – primär sind Umfang, Methode und Genauigkeitsgrad zu vereinbaren. 10.64

2. Die SIA-Ordnungen sehen sodann vor, dass im Rahmen der Ausschreibung eine revidierte Kostenermittlung aufgrund der Angebote und ein Vergleich mit dem Kostenvoranschlag zu erstellen ist (Art. 4.41 SIA 102, vgl. Art. 4.41 SIA 108) bzw. dass ein revidierter Kostenvoranschlag erstellt wird (Art. 4.1.41 SIA 103). Für diesen Kostenvergleich bzw. den revidierten Kostenvoranschlag sehen die SIA-Ordnungen keinen Genauigkeitsgrad vor. Dabei hängt die Genauigkeit dieser Kosteninformation stark von der Vollständigkeit und Verbindlichkeit der Angebote der Unternehmer ab. Es ist denkbar, dass z.B. einzelne «Angebote» nur Aufwandschätzungen mit einem ungefähren Kostenansatz sind (Art. 375 OR) oder dass Offerten Leistungspositionen ohne Mengenangaben enthalten (sog. «Per-Positionen»), welche auf die Gesamtsumme der Offerte keine Auswirkung haben. Daher kann es gerade auch bei Kosteninformationen, welche auf konkreten Offerten beruhen, notwendig sein, dass der Planer die Bauherrschaft auf verbleibende Unsicherheiten und Ungenauigkeiten hinweist – andernfalls könnte bei ihr der Eindruck entstehen, sie könne sich auf die absolute Richtigkeit dieser Kosteninformation verlassen. 10.65

C. Entfallen der tatsächlichen Vermutung bei Aufteilung des Planerauftrags

1. Die Haftung für die Ungenauigkeit von Kostenprognosen ist abzugrenzen von der Haftung für Zusatzkosten, welche der Planer vertragswidrig verursacht hat, wie beispielsweise durch unwirtschaftliche oder fehlerhafte Planung, ungünstige Vergabe oder unrichtige Weisungen. Die Haftung für 10.66

solche Zusatzkosten besteht unabhängig von der Erstellung einer Kostenprognose.[96]

10.67 **2.** Obschon die Haftung für vertragswidrig verursachte Zusatzkosten grundsätzlich mit der Haftung für die Ungenauigkeit von Kostenprognosen nichts zu tun hat, besteht bei der praktischen Durchsetzung entsprechender Haftungsansprüche der Bauherrschaft ein enger Zusammenhang: Der Bauherrschaft ist in der Praxis oft nicht bekannt, ob eine Überschreitung der Kostenprognose auf die Ungenauigkeit der Kostenprognose oder auf vom Planer vertragswidrig verursachte Zusatzkosten zurückgeht. In Ermangelung genauer Kenntnisse über die Ursachen der Kostenüberschreitung ist es für die Bauherrschaft naheliegend, sich auf die tatsächliche Vermutung zu stützen, dass die Kostenprognose unsorgfältig erstellt wurde, wenn die tatsächlichen Baukosten höher liegen als unter Einbezug des Genauigkeitsgrads der Kostenprognose maximal erwartet werden musste. Der Planer hat in solchen Fällen nichts zu gewinnen, wenn er geltend macht, die Überschreitung sei nicht auf eine Ungenauigkeit seiner Kostenprognose, sondern auf von ihm vertragswidrig verursachte Zusatzkosten zurückzuführen. Dies führt faktisch dazu, dass ein Teil jener Kostenüberschreitungen, welche eigentlich auf vertragswidrige verursachte Zusatzkosten zurückzuführen sind, im Rechtsalltag als Haftung für die Ungenauigkeit von Kostenprognosen abgewickelt werden.[97] Die Haftung für die Ungenauigkeit von Kostenprognosen hat demnach faktisch die Funktion eines Auffangtatbestands, wenn die Bauherrschaft nicht belegen kann, dass der Planer vertragswidrig Zusatzkosten verursacht hat. Das ist zwar juristisch-dogmatisch unbefriedigend, aber im Resultat für die Bauherrschaft trotzdem besser als mit dem Anspruch aus vertragswidrigen Zusatzkosten an der Beweislast zu scheitern.[98]

10.68 **3.** Nicht haltbar wäre diese Praxis indessen, wenn die Kostenprognose und die vertragswidrig verursachten Zusatzkosten nicht von derselben Person zu verantworten sind. Wenn ein Planer lediglich für die Erstellung des Kosten-

---

96 BGer 4C.424/2004 (15.3.2005) E. 3.1; BGer 4D_131/2009 (16.12.2009) E. 3.3.2; Schumacher, Architektenrecht 1995, Nr. 761; Zehnder, Haftung des Architekten, Nr. 133, Nr. 149 ff.

97 Vgl. Schumacher, Architektenrecht 1995, Nr. 761.

98 Unbefriedigend bleibt dabei, dass der Planer, welcher gegenüber der Bauherrschaft seine vertragswidrig verursachten Zusatzkosen vertuscht hat, bei der Abwicklung über eine Haftung für die Ungenauigkeit von Kostenprognosen von der «Toleranzgrenze» (Genauigkeitsgrad) profitieren kann und zudem nur insoweit haftet, als ein Vertrauensschaden vorliegt.

voranschlags verantwortlich ist und die Ausschreibung und die Überwachung der Realisierung einem andern übertragen werden, würde die vorerwähnte Praxis zu unhaltbaren Resultaten führen: Der Ersteller der Kostenprognose müsste den Nachweis der Ursachen für die Kostenüberschreitung erbringen, obschon er in die Realisierungsphase nicht involviert war und entsprechend in Beweisnotstand geraten würde. Es ist nicht a priori wahrscheinlicher, dass eine Kostenüberschreitung auf die Ungenauigkeit des Kostenvoranschlags zurückgeht, als dass vertragswidrig verursachte Zusatzkosten oder von der Bauherrschaft selber verursachte Mehrkosten für die Kostenüberschreitung ursächlich sind. Wenn also der Ersteller des Kostenvoranschlags nicht an allen übrigen Phasen der Projektierung, Ausschreibung und Realisierung beteiligt war und wenn dann die tatsächlichen Baukosten höher liegen, als aufgrund des Genauigkeitsgrads der Kostenprognose maximal erwartet werden musste, so kann die Bauherrschaft, welche eine Haftung wegen ungenauer Kostenprognose gelten machen will, keine tatsächliche Vermutung geltend machen, sondern sie hat den *direkten Nachweis* zu erbringen, dass die Ursache der Kostenüberschreitung eine Sorgfaltspflichtverletzung bei der Erstellung der Kostenprognose war.

V. Die ungenügende Kostenkontrolle

1. Im Rahmen der Bauleitung hat der Planer die Pflicht, den Bauherrn über die zu erwartenden Kosten zu informieren; namentlich muss er die Baukosten ständig daraufhin überprüfen, ob sie sich im Rahmen des Kostenvoranschlags halten.[99] Eine ungenügende Kostenkontrolle hat dabei zur Folge, dass die Entwicklung der Baukosten später erkannt wird als dies bei einer pflichtgemässen Kostenkontrolle der Fall gewesen wäre. Wenn eine Bauleitung also während der Ausführungsphase die Kostenentwicklung nicht pflichtgemäss kontrolliert und entsprechend nicht bemerkt und auch nicht mitteilt, dass die Kostenentwicklung vom Kostenvoranschlag abweicht, liegt letztlich ein Fall fehlender Kosteninformation vor (vgl. Nr. 10.37). In der Regel wird die Bauherrschaft aus dem Schweigen der Bauleitung zur Kostenentwicklung nach dem Vertrauensprinzip den Schluss ziehen dürfen, dass der Kostenvoranschlag eingehalten werde. Oder mit anderen Worten: Eine nicht pflichtgemässe Kos- 10.69

[99] Vgl. BGer 4C.424/2004 (15.3.2005) E. 3 mit Verweis auf BGE 119 II 249, 115 II 67 und 108 II 197.

tenkontrolle führt indirekt zu einer andauernden Bestätigung des Vertrauens des Bauherrn in die Einhaltung des Kostenvoranschlags. Eine pflichtwidrige Kostenkontrolle kann also dazu führen, dass der Bauleiter haftet, wenn das Vertrauen der Bauherrschaft in die Richtigkeit des Kostenvoranschlags enttäuscht wird (Nr. 10.71). Das gilt auch dann, wenn die Kostenkontrolle nicht durch jenen Planer erfolgt, der den Kostenvoranschlag erstellt hat.

10.70 **2.** Eine Haftung für ungenügende Kostenkontrolle kann auch bestehen, wenn der Kostenvoranschlag aus einem Grund überschritten wird, der keine Sorgfaltswidrigkeit des Erstellers des Kostenvoranschlages bedeutet: Im Rahmen der Kostenkontrolle hat der Planer auch Kosten festzustellen, welche im Kostenvoranschlag noch nicht enthalten waren – also namentlich auch Kosten, welche bei der Erstellung des Kostenvoranschlags noch nicht voraussehbar waren und somit auch nicht im Kostenvoranschlag enthalten sein konnten (z.B. Mehrkosten zufolge unerwarteter Baugrundverhältnisse oder Kosten von Bestellungsänderungen). Soweit die Bauleitung die Entstehung solcher Mehrkosten im Rahmen der Kostenkontrolle nicht feststellt und der Bauherrschaft nicht mitteilt, kann sie damit bei der Bauherrschaft den Eindruck erwecken, dass diese Kosten nicht existieren oder dass sie zumindest keine wesentlichen Auswirkungen auf die Gesamtkosten haben werden. Es ist im Einzelfall zu prüfen, ob und inwiefern ein solcher Eindruck bestand oder ob die Bauherrschaft aufgrund anderer Informationen nicht auf die Einhaltung des Kostenvoranschlags vertrauen durfte.

VI. Der Vertrauensschaden bei falschen oder unterlassenen Kosteninformationen

1. Grundgedanke

10.71 **1.** Die Haftung des Planers für ungenaue Kosteninformationen besteht in einer Haftung für falsche Auskunft. Der haftbare Planer muss den Schaden ersetzen, den die Bauherrschaft erleidet, weil sie berechtigterweise auf die Genauigkeit einer pflichtwidrig falschen Kosteninformation vertraut hat und im Vertrauen darauf Dispositionen getroffen hat, welche die Bauherrschaft nicht oder anders getätigt hätte, wenn sie über die pflichtgemäss richtige

Kosteninformation verfügt hätte.[100] Der haftpflichtige Planer hat den Bauherrn so zu stellen, wie wenn dieser rechtzeitig die pflichtgemäss richtige Kosteninformation erhalten hätte und entsprechend dieser richtigen Kosteninformation gehandelt hätte[101] – in den Worten des Bundesgerichts: «Zu ersetzen ist der Vertrauensschaden, den der Bauherr erlitten hat, weil er in die Verlässlichkeit der Kosteninformationen vertraut und dementsprechend seine Dispositionen getroffen hat, d.h. nachteilige Vorkehren getroffen und vorteilhafte unterlassen hat.»[102] Der Vertrauensschaden ist demnach die Differenz zwischen dem Vermögensstand der Bauherrschaft, welche auf die pflichtwidrig falsche Kosteninformation vertraut und entsprechend gehandelt hat und dem hypothetischen Vermögensstand dieser Bauherrschaft, wenn sie die pflichtgemäss richtige Kosteninformation erhalten und ihre Entscheide darauf abgestützt hätte.[103] Der so verstandene *Vertrauensschaden* existiert in verschiedenen Ausprägungen:

a. Ein Vertrauensschaden kann dadurch entstehen, dass ein Bauherr im Vertrauen auf die Verlässlichkeit der Kosteninformation Dispositionen trifft, welche für ihn nachteilig sind, z.B. indem er aufgrund einer ungenauen Kostenschätzung die Weiterführung der Planung eines Bauvorhabens veranlasst, obschon er bei einer korrekten Schätzung die Projektierung abgebrochen hätte.[104] Die Kosten der Weiterführung der Planung sind in solchen Fällen nutzlose Aufwendungen und stellen damit einen Schaden dar. 10.72

b. Die nachteiligen Dispositionen, welche ein vertrauender Bauherr trifft, müssen sich nicht notwendigerweise auf das Bauprojekt beziehen. Es ist auch 10.73

---

[100] Vgl. GAUCH, Notizen zur Vertragshaftung, S. 81; SCHUMACHER, Haftung für Kosteninformationen, S. 135; LÜCHINGER, S. 303, S. 953; FELLMANN, Haftung für falsche Kostenschätzung, S. 233.

[101] Bei der «pflichtgemäss richtigen Kosteninformation» handelt es sich um jene Kosteninformation, welche der Planer bei einer sorgfältigen Schätzung bzw. bei einer sorgfältigen Erfassung der Kosten hätte abgeben müssen – dabei ist eine Kostenschätzung bzw. eine Kostenerfassung nicht schon deswegen unsorgfältig, weil die tatsächlichen Kosten letztlich davon abweichen, denn dies kann von Faktoren abhängen, welche mit der Sorgfalt bei der Schätzung bzw. Erfassung von Kosten nichts zu tun haben (z.B. massive Änderungen der Rohstoffpreise, Änderungen von Normen, Bestellungsänderungen, unerwartete Baugrundverhältnisse).

[102] BGer 4C.424/2004 (15.3.2005) E. 3.2 mit Verweis auf BGE 122 III 61 E. 2c.aa und BGE 119 II 249 E. 2b.aa.

[103] Vgl. ZEHNDER, Prognosen, S. 52.

[104] Ausführlich zu dieser Konstellation ZEHNDER, Haftung des Architekten, Nr. 255 ff.; für das deutsche Recht vgl. LÖFFELMANN/FLEISCHMANN, Nr. 2127.

denkbar, dass ein Bauherr im Vertrauen auf die Verlässlichkeit der Kosteninformation den Finanzbedarf des Projekts zu tief einschätzt und daher Ausgaben tätigt, welche er bei Kenntnis des wahren Finanzbedarfs vermieden oder aufgeschoben hätte (z.B. teure Ferien). Solche Ausgaben sind ebenfalls als Vertrauensschaden zu qualifizieren.

10.74 **c.** Ein Vertrauensschaden kann auch bei einem zu tiefen Kostenvoranschlag entstehen, z.B. wenn zu tiefe Subventionen bei der kantonalen Denkmalpflege beantragt werden oder eine günstigere Finanzierung der Gesamtkosten verpasst wird.[105]

10.75 **d.** Ein Vertrauensschaden ist insbesondere auch der sog. «Ausführungsschaden», welcher dadurch entsteht, dass der Bauherr bei pflichtgemäss richtiger Information über die Baukosten das Bauwerk auf kostengünstigere Weise realisiert oder von der Realisierung überhaupt abgesehen hätte.[106]

10.76 **2.** Die Haftung für die Ungenauigkeit von Kostenprognosen ist abzugrenzen von der Haftung für Zusatzkosten, welche der Planer vertragswidrig verursacht hat, wie beispielsweise durch unwirtschaftliche oder fehlerhafte Planung, ungünstige Vergabe oder unrichtige Weisungen. Die Haftung für solche Zusatzkosten besteht unabhängig von der Erstellung einer Kostenprognose.[107] Dennoch wird ein Teil jener Kostenüberschreitungen, welche eigentlich auf vertragswidrige verursachte Zusatzkosten zurückzuführen sind, im Rechtsalltag als Haftung für die Ungenauigkeit von Kostenprognosen abgewickelt (vgl. Nr. 10.67).

2. Kausalzusammenhang: Hypothetisches Alternativverhalten

10.77 **1.** Der Planer, welcher dem Bauherrn eine pflichtwidrig falsche Kosteninformation erteilt hat, hat den Bauherrn so zu stellen, wie wenn dieser rechtzeitig die pflichtgemäss richtige Kosteninformation erhalten und entsprechend dieser richtigen Kosteninformation gehandelt hätte. Es geht also um die Frage nach dem mutmasslichen Verhalten des Bauherrn bei richtiger Kosteninformation, d.h. um sein hypothetisches Alternativverhalten. Massgebend ist da-

[105] Beispiele gem. ZEHNDER, Prognosen, S. 53.

[106] GAUCH, Haftung des Architekten, S. 86; ZEHNDER, Prognosen, S. 53.

[107] BGer 4C.424/2004 (15.3.2005) E. 3.1; SCHUMACHER, Architektenrecht 1995, Nr. 761; ZEHNDER, Haftung des Architekten, Nr. 150 ff.

bei das Alternativverhalten des Bauherrn, das im Zeitpunkt der Vertragsverletzung des Planers möglich und wahrscheinlich gewesen wäre.[108]

2. Der Bauherr, der einen Schaden geltend macht, ist darlegungspflichtig und grundsätzlich auch beweispflichtig, dass er sein Verhalten bei einer pflichtgemäss richtigen Kosteninformation geändert hätte.[109] Weil es sich aber um eine Hypothese handelt, ist ein strikter Nachweis nicht möglich: Es geht um einen hypothetischen Kausalverlauf, für den nach den Erfahrungen des Lebens und dem gewöhnlichen Lauf der Dinge eine überwiegende Wahrscheinlichkeit sprechen muss.[110] Der Richter muss von jenem Verhalten ausgehen, welches ein Bauherr unter den gegebenen, konkreten Verhältnissen vernünftigerweise gewählt hätte.[111] Es muss daher grundsätzlich genügen, dass es aufgrund der Darlegung des Bauherrn und der konkreten Umstände als wahrscheinlich erscheint, dass der Bauherr bestimmte Kosten hätte einsparen können.[112] 10.78

3. Soweit im konkreten Fall aufgrund der Erfahrungen des Lebens und nach dem gewöhnlichen Lauf der Dinge der Bauherr bei richtiger Kosteninformation vernünftigerweise gewisse Kosten vermieden hätte, ist es Sache des Planers, den (Gegen-)Beweis anzutreten, dass sich der Bauherr im konkreten Einzelfall trotz richtiger und rechtzeitiger Kosteninformation dennoch nicht anders verhalten hätte.[113] Weil es sich auch bei diesem Gegenbeweis um eine Hypothese handelt, kann auch dafür kein strikter Nachweis gefordert 10.79

---

108 Schumacher, Architektenrecht 1995, Nr. 768.

109 Zehnder, Prognosen, S. 53; Pichonnaz, Dépassement de devis, S. 10; BGer 4D_131/2009 (16.12.2009) E. 3.3.3 (fr.); BGer 4C.71/2003 (25.5.2003) E. 3.

110 BGE 124 III 165; vgl. dagegen für das deutsche Recht Schliemann, Nr. 390 (mit Verweisen auf BGH, BauR 1997, S. 494, 497) wonach die Rechtsprechung zur Beweiserleichterung in diesen Fällen nicht greife, weil die Entscheidung des Bauherrn bei ordnungsgemässer Aufklärung des Architekten über die Baukosten derart von den persönlichen Wünschen und Vorstellungen sowie den finanziellen Möglichkeiten des Bauherrn abhänge, dass ein Erfahrungsurteil als Grundlage einer Vermutung nicht möglich sei.

111 Vgl. Schumacher, Architektenrecht 1995, Nr. 768; Zehnder, Prognosen, S. 53; vgl. auch Fellmann, Haftung für falsche Kostenschätzung, S. 236: «Hat der Bauherr den Kostenvoranschlag akzeptiert, spricht allerdings eine natürliche Vermutung dafür, dass er Mehrkosten, soweit vermeidbar, vermieden und unvermeidbare Mehrkosten durch Kostensenkungsmassnahmen ausgeglichen hätte.»

112 BGer 4D_131/2009 (16.12.2009) E. 3.3.3; BGer 4C.71/2003 (27.5.2003) E. 3.

113 Vgl. Gauch, Notizen zur Vertragshaftung, S. 82; Schumacher, Haftung für Kosteninformationen, S. 138; Fellmann, Haftung für falsche Kostenschätzung, S. 236.

werden.[114] Um den Gegenbeweis zu führen, hat der Planer daher Indizien zu belegen, welche aufzeigen, dass vom Bauherrn im konkreten Fall kein Verhalten zu erwarten gewesen wäre, welches vernünftig gewesen wäre und «den Erfahrungen des Lebens und dem gewöhnlichen Lauf der Dinge» entsprochen hätte. Er kann demzufolge nachweisen, dass der Bauherr die ihm noch nicht bekannten Kosten ohnehin in Kauf genommen hätte.[115] Dieser Gegenbeweis könnte beispielsweise gelingen, wenn der Planer nachweisen kann, dass für den Bauherrn beim konkreten Projekt die Kosten keine Rolle spielten.[116] Wenn ein Bauherr, welcher eine falsche Kostenprognose erhalten hat, während der Bauausführung mit Wissen um die Mehrkosten Projektänderungen vornimmt, kann m.E. allein daraus nicht geschlossen werden, dass er keine Kosteneinsparungen vorgenommen hätte, wenn er eine richtige Kostenprognose erhalten hätte.[117]

10.80 **4.** Der Bauherr, welcher geltend macht, dass er sein Verhalten bei einer pflichtgemäss richtigen Kosteninformation geändert hätte, muss zudem die Möglichkeit zur tatsächlichen Änderung seines Verhaltens bei pflichtgemässer Kosteninformation darlegen. Insbesondere muss der Bauherr, welcher geltend machen will, er hätte kostengünstiger gebaut, aufzeigen, inwiefern er überhaupt hätte kostengünstiger bauen können.[118]

10.81 **5.** Wenn der Bauherr im Verlaufe der Bauausführung von einer drohenden oder einsetzenden Überschreitung der Kostenprognose Kenntnis erhält und trotzdem nicht deutlich und nachdrücklich auf einer Einhaltung der ursprünglichen Kostenprognose besteht, so ist diese Gleichgültigkeit ein Faktor, der zur Kostenüberschreitung beiträgt (Selbstverschulden). Die Schadenersatz-

---

114 Dagegen fordert SCHUMACHER, Haftung für Kosteninformationen, S. 135 (ebenso: SCHUMACHER, Architektenrecht 1995, Nr. 769, 782), dass man es mit den Anforderungen an einen solchen Entlastungsbeweis «sehr streng» zu nehmen habe.

115 Vgl. FELLMANN, Haftung für falsche Kostenschätzung, S. 242.

116 So lag der Sachverhalt offenbar in BGer 4D_131/2009 (16.12.2009) E. 3.3.4: «Au regard de ces circonstances concrètes et de la volonté du maître de l'ouvrage d'arriver à la fin de la rénovation coûte que coûte, il n'est pas douteux qu'il n'aurait pas adopté un comportement différent s'il avait été informé des coûts exacts des divers postes mal estimés par l'architecte dans le budget initial.»

117 In diese Richtung deutet aber BGer 4D_131/2009 (16.12.2009) E. 3.3.4: «On ne voit en particulier pas que la recourante ait pu prendre la décision de construire à moindre frais, puisqu'elle a, de son côté, imposé à l'architecte de nouvelles modifications coûteuses tout au long du chantier.»

118 Vgl. dazu ZEHNDER, Prognosen, S. 54.

pflicht des Planers ist in solchen Fällen nach Art. 44 Abs. 1 OR zu ermässigen.[119] Soweit sich gar ergibt, dass der Bauherr die Überschreitung der Kostenprognose bewusst in Kauf genommen hat, entfällt die Schadenersatzpflicht gänzlich.[120]

3. Der Schaden

A. Der Schaden nach der Differenztheorie

1. Nach der konstant wiederholten Formulierung des Bundesgerichts,[121] der sich die überwiegende Lehre anschliesst,[122] ist der Schaden eine «ungewollte Verminderung des Reinvermögens. Er kann in einer Verminderung der Aktiven, einer Vermehrung der Passiven oder in entgangenem Gewinn bestehen und entspricht […] der Differenz zwischen dem gegenwärtigen Vermögensstand und dem Stand, den das Vermögen ohne das schädigende Ereignis hätte».[123] Dieser *klassische Schadensbegriff* beruht auf der Differenztheorie, indem er den Schaden als Gesamtvermögensdifferenz versteht.[124] 10.82

Die Praxis des Bundesgerichts betrachtet jene Kosten als Schaden, welche über der Summe der Kostenprognose liegen (zuzüglich eines allfälligen Toleranzbetrages) abzüglich eines gewissen Prozentsatzes für den anzurechnenden «objektiven Mehrwert».[125] Diese Abweichung vom klassischen Schadensbegriff ist indessen unbegründet. Die Haftung für pflichtwidrige Kosteninformationen lässt sich in den normalen Kategorien des Schadensrechts abwickeln und bedarf keiner Sonderregel. Insbesondere lässt sich der (klassische) Schadensbegriff auch auf den Fall einer pflichtwidrig falschen Kosteninformation anwenden.[126] Zu diesem Zweck muss eine Hypothese 10.83

---

[119] Krauskopf-Forero/Siegenthaler, S. 325 mit Verweis auf BGer 4C.82/1996 (11.2.1998) E. 5; vgl. Gauch, Notizen zur Vertragshaftung, S. 85.

[120] Gauch, Notizen zur Vertragshaftung, S. 83.

[121] BGE 127 III 75 f.; 120 II 424; 116 II 444; 115 II 481.

[122] Werro, La responsabilité civile, S. 236 f.; Werro, Commentaire romand, N 8 zu Art. 41 OR; Gauch/Schluep/Emmenegger, Nr. 2848 ff.; Wiegand, Basler Kommentar, N 53 zu Art. 97 OR.

[123] BGE 116 II 444; 136 III 332; 132 III 359; 132 III 324; 129 III 332; 129 III 23; 127 III 405; 127 III 75 f.; 126 III 393; 120 II 298.

[124] Lüchinger, S. 22.

[125] BGE 122 III 65; 119 II 252; vgl. Schumacher, Architektenrecht 1995, Nr. 777 ff.

[126] Vgl. Schumacher, Haftung für Kosteninformationen, S. 135.

darüber aufgestellt werden, wie sich die Situation bei pflichtgemässem Verhalten des Planers entwickelt hätte:[127] Ein Schaden des Bauherrn aus falscher Kosteninformation besteht in der Differenz zwischen dem gegenwärtigen Stand des Gesamtvermögens des Bauherrn und dem Stand, den es ohne sein enttäuschtes Vertrauen in die Richtigkeit des Kostenvoranschlags mutmasslich hätte.[128]

10.84 **2.** Wenn ein Bauherr aufgrund falscher Kosteninformationen Baukosten in Kauf nimmt, welche er bei einer richtigen Kosteninformation vermieden hätte, ist der Betrag jener Kosten, welche vermieden worden wären, längst nicht immer als Schaden im Sinne der Differenztheorie zu betrachten: Es ist denkbar, dass diesen Kosten ein entsprechender objektiver Wert (baulicher Gegenwert) gegenübersteht. In solchen Fällen gibt es nach der Differenztheorie keine Vermögenseinbusse und demnach auch keinen Schaden, weil den höheren Kosten ein entsprechend höherer objektiver Wert des Bauwerks gegenübersteht. Dies ist zu präzisieren:

10.85 **a.** Es gibt keine tatsächliche Vermutung, dass der objektive Wert eines Bauwerks den effektiven Kosten entspricht. Und erst recht gibt es keine tatsächliche Vermutung, dass der objektive Wert des Bauwerks den prognostizierten Kosten entspricht. Der objektive Wert eines Bauwerks (Verkehrswert) hängt von den Marktkräften ab – nicht von den Erstellungskosten und schon gar nicht von den Kostenprognosen. Allein aus der Tatsache, dass die effektiven Kosten höher sind als die prognostizierten Kosten, kann somit nicht geschlossen werden, dass der objektive Wert den effektiven Kosten entspricht (und somit kein Schaden im Sinne der Differenztheorie vorliegt). Umgekehrt gilt aber auch, dass allein aus der Tatsache, dass die effektiven Kosten (des unveränderten Bauprojekts) höher sind als die prognostizierten Kosten, nicht gefolgert werden kann, die gesamte Differenz sei Schaden im Sinne der Differenztheorie.

10.86 **b.** Um den Schaden im Sinne der Differenztheorie zu berechnen, muss also der *objektive Wert (Verkehrswert) des ausgeführten Bauwerks* geschätzt[129]

[127] Vgl. LÜCHINGER, S. 269.

[128] GAUCH, Notizen zur Vertragshaftung, S. 82; GAUCH, Haftung des Architekten, S. 84; FELLMANN, Haftung für falsche Kostenschätzung, S. 233; FRANZ WERRO, Contrat d'ingénieur, S. 133; a.M. HONSELL, Haftung des Architekten, S. 1261.

[129] LÖFFELMANN/FLEISCHMANN, Nr. 2162; vgl. FRANZ WERRO, Responsabilité de l'architecte, S. 117, der ebenfalls auf den Verkehrswert abstellt – allerdings nur für den Fall, dass der Bauherr die Möglichkeit habe, das Bauwerk zu verkaufen. Anders ZEHNDER, Haftung des

und *mit dem Vermögensstand verglichen werden, den der Bauherr hypothetisch hätte, wenn er vom Planer rechtzeitig die mit pflichtgemässer Sorgfalt ermittelte Kosteninformation erhalten hätte.* Massgebend ist dabei der Zeitpunkt des Abschlusses der Bauarbeiten.[130] Der hypothetische Vermögensstand bei einer pflichtgemässen Kosteninformation ist davon abhängig, wie der Bauherr (hypothetisch) gehandelt hätte, wenn er die pflichtgemässe Kosteninformation erhalten hätte: Wenn der Bauherr auf die Ausführung des Bauwerks verzichtet hätte, ist auf den hypothetischen Vermögensstand abzustellen, welcher bestünde, wenn der Bauherr das Projekt nach Erhalt der pflichtgemässen Kosteninformation abgebrochen hätte.[131] Ist indessen davon auszugehen, dass der pflichtgemäss informierte Bauherr das Projekt zwar weiterverfolgt hätte, jedoch Einsparungen vorgenommen hätte, so ist zu schätzen, welchen objektiven Wert (Verkehrswert) das Bauwerk hätte, wenn die entsprechenden Einsparungen vorgenommen worden wären.

3. Die Differenztheorie stellt auf die *Gesamtvermögensdifferenz* ab. Es würde 10.87
also zu kurz greifen, die Betrachtung ausschliesslich auf den Wert jener Leistungen zu fokussieren, welche bei einer pflichtgemässen Kosteninformation vom Bauherrn vermieden worden wären. Ein Beispiel: Ein privater Bauherr entschliesst sich aufgrund einer falschen Kosteninformation, seinen Garagenvorplatz statt mit einem Teerbelag mit einer (teureren) Pflästerung auszuführen (z.B. mit «Onsernone Rustico»). Bei der Schadensberechnung ist nun aber nicht der (Verkehrs-)Wert der Pflästerung massgebend, sondern das gesamte Vermögen des Bauherrn. Es geht demnach um die Frage, inwiefern der objektive Wert (Verkehrswert) der gesamten Liegenschaft durch die Tatsache, dass sie einen gepflästerten statt einen geteerten Garagenvorplatz aufweist, gesteigert wurde. Es ist denkbar, dass man dabei zum Schluss kommt, die Pflästerung des Garagenvorplatzes habe den Verkehrswert der Liegenschaft nicht (oder nur geringfügig) beeinflusst, weil bei der Bestimmung des Verkehrswerts andere Faktoren dominieren (insbes. die Lage). Es kann z.B. sein, dass in wirtschaftlich schwächeren Regionen kaum ein Käufer bereit wäre,

Architekten, Nr. 242, welcher befürwortet, bei der Festlegung des einschlägigen Wertes vollumfänglich auf die Erstellungskosten abzustellen.

130 Löffelmann/Fleischmann, Nr. 2163.

131 Zehnder, Prognosen, S. 54; anders Fellmann, Haftung für falsche Kostenschätzung, S. 235: «Soweit der Architekt daher nicht nachweisen kann, dass der Bauherr das Bauvorhaben auch bei Kenntnis der Mehrkosten realisiert hätte, entspricht der Schaden in solchen Fällen regelmässig den Mehrkosten abzüglich der Toleranzmarge von 10% der veranschlagten Baukosten.»

für einen luxuriösen Ausbau entsprechend mehr zu bezahlen. Wenn der Verkehrswert durch die teure Pflästerung nicht gesteigert wird, so bedeutet dies eine Verringerung des Vermögens des Bauherrn um den gesamten Betrag, um welchen die Pflästerung mehr kostete als der Teerbelag. Bei diesem Resultat wären demzufolge in Anwendung des Schadensbegriffs die gesamten Mehrkosten der Pflästerung als Schaden des Bauherrn zu qualifizieren.[132]

10.88 **4.** In der Rechtslehre wird argumentiert, dass ein «objektiver Mehrwert» eines Bauwerks, welcher aus «Mehrkosten» folge, im Sinne einer Vorteilsanrechnung gegenüber dem Schaden des Bauherrn in Abzug gebracht werden müsse.[133] Im Resultat ist damit wohl dasselbe gemeint wie die vorerwähnte Anwendung der Differenztheorie. Die verwendete Terminologie ist indessen missverständlich:

10.89 – Der Ausdruck «Mehrkosten» suggeriert, dass das erstellte Bauwerk mehr kostet, als es hätte kosten müssen – darum geht es aber eben gerade nicht. Vielmehr geht es um die pflichtwidrig zu tief ausgefallene Kostenprognose eines Projekts, welche die *unvermeidbaren* effektiven Kosten dieses Projekts nicht abdeckt. Die Umsetzung dieses Bauprojekts hätte also ohne Projektänderungen gar nicht weniger kosten können. «Mehrkosten» sind es nur insofern als diese Kosten bei einer pflichtgemässen Kosteninformation durch eine Projektänderung hätten vermieden werden können.

10.90 – Aus falschen Kosteninformationen entsteht *kein* unmittelbarer «Mehrwert», denn ein Bauwerk hat keinen objektiv höheren Wert (Verkehrswert), nur weil es mehr kostet, als in der Kostenprognose vorgesehen war. Der objektive Wert (Verkehrswert) eines Bauwerks hat nur bedingt einen Zusammenhang mit den Erstellungskosten, sodass aus den Kosten einer Bauleistung auch nicht geschlossen werden kann, dass diesen ein objekti-

---

132 Wenn indessen nicht auf den Verkehrswert der Liegenschaft abgestellt wird, sondern auf den «subjektiven Mehrwert» (vgl. dazu Nr. 10.94 ff.) der Pflästerung, wäre sogar denkbar, dass dem Bauherrn diesbezüglich einen gewisser «subjektiver Mehrwert» angerechnet wird. Damit wird von LÖFFELMANN/FLEISCHMANN, Nr. 2157 für das deutsche Recht begründet, dass ein Augenmerk darauf zu richten sei, ob nicht auf den objektiven Wert, sondern auf den höheren (!) Gebrauchswert abzustellen sei. Das Abstellen auf den sog. «subjektiven Mehrwert» einzelner Bauleistungen (statt auf die Gesamtvermögensdifferenz) ist demzufolge für den Bauherrn längst nicht immer vorteilhaft.

133 So z.B. SCHUMACHER, Architektenrecht 1995, Nr. 779 ff.; PICHONNAZ, Dépassement de devis, S. 10.

ver (d.h. ein am Immobilienmarkt realisierbarer) baulicher Gegenwert der Liegenschaft gegenübersteht.

- Die Fokussierung auf «Mehrkosten» und einen entsprechenden «objektiven Mehrwert» kann dazu verführen, die Betrachtung auf den Wert jener Leistungen zu beschränken, welche bei einer korrekten Kosteninformation vermieden worden wären.[134] Nach dem Schadensbegriff (Differenztheorie) ist indessen die Gesamtvermögensdifferenz massgebend. 10.91
- Der missverständliche Ausdruck «Mehrwert» führt einzelne Autoren so weit, dass sie eine Vorteilsanrechnung überall dort ausschliessen wollen, wo die Überschreitung des Kostenvoranschlags auf Kalkulationsfehlern oder Fehlern im Kostenmanagement zurückzuführen ist, weil diesen «Mehrkosten» kein «Mehrwert» gegenüberstehe.[135] Das kann nicht sein: Der Kalkulationsfehler führt zu einer falschen Kosteninformation und diese verleitet den Bauherr zu Ausgaben, welche er bei einer richtigen Kosteninformation unterlassen hätte. Diesen Ausgaben kann durchaus ein baulicher Gegenwert gegenüberstehen, welcher bei der Schadenberechnung nicht einfach übergangen werden darf. Mit anderen Worten: Auf die Ursache der Fehlerhaftigkeit der Kosteninformation kommt es bei der Ermittlung des Vertrauensschadens nicht an. 10.92

5. Die Ausdrücke «Mehrkosten» und «objektiver Mehrwert» sind m.E. also zumindest missverständlich. Auch die Argumentation mit der Ausgleichung eines «Vorteils» wäre im Sinne einer einfacheren Verständlichkeit zu vermeiden. Abzustellen ist auf den Schaden, welcher in Anwendung des klassischen Schadenbegriffs (Differenztheorie) zu ermitteln ist. Die Existenz und die Höhe des Schadens sind vom Geschädigten zu beweisen (Art. 42 Abs. 2 OR), was grundsätzlich für sämtliche Elemente der Schadensberechnung gilt (bzw. für die Anhaltspunkte zur Schätzung des Schadens gemäss Art. 42 Abs. 2 OR). Zu beweisen ist sowohl der objektive Wert (Verkehrswert) des ausgeführten Bauwerks als auch der Vermögensstand, den der Bauherr hypo- 10.93

---

134 So z.B. bei FELLMANN, Haftung für falsche Kostenschätzung, S. 238: «Einigkeit besteht darin, dass die Investitionen, die die Kostenüberschreitung bewirkt haben, zu einer Wertsteigerung des Grundstückes des Bauherrn führen können.»

135 FELLMANN, Haftung für falsche Kostenschätzung, S. 241; SCHUMACHER, Architektenrecht 1995, Nr. 772; vgl. SCHUMACHER, Haftung für Kosteninformationen, S. 137: «Weil jedoch viele (nicht prognostizierte) Mehrkosten (z.B. vergessene Positionen) zum vornherein nicht geeignet sind, dem Bauherrn einen Mehrwert zu verschaffen, dürfte die Vorteilsausgleichung in der Praxis eher die Ausnahme bilden.»

thetisch hätte, wenn er vom Planer rechtzeitig die pflichtgemässe Kosteninformation erhalten hätte. Der Nachweis eines Mehrwerts entfällt, weil falsche Kosteninformationen a priori keinen Mehrwert schaffen.[136]

B. «Subjektiver Mehrwert»?

10.94 **1.** In der Rechtslehre wird vertreten, dass es unbillig sein könne, dem Bauherrn den gesamten «objektiven Mehrwert» zuzurechnen, denn es handle sich um einen *aufgedrängten* Mehrwert.[137] Daher will die herrschende Rechtslehre im Falle pflichtwidriger Kosteninformationen dem Bauherrn nicht den «objektiven Mehrwert» anrechnen, sondern nur den «subjektiven Mehrwert» bzw. «subjektive Vermögensvorteile».[138] Dieser «subjektive Mehrwert» bestimme sich danach, welche konkreten wirtschaftlichen Vorteile für diesen Bauherrn unter Berücksichtigung seiner Vermögensplanung im konkreten Einzelfall entstanden seien. Es könne sich dabei nur um Vorteile handeln, welche der betreffende Bauherr im Rahmen der von ihm frei gewählten Zweckbestimmung (innerhalb seiner autonomen Vermögensplanung) unmittelbar wirtschaftlich realisieren kann. Der Wert liege im Nutzen, den eine Sache bringt, d.h. in ihrer Nützlichkeit (Nutzungswert) für den Bauherrn.[139] Diese Rechtslehre wurde in den Urteilsbegründungen des Bundesgerichts zwar sinngemäss übernommen. Indes haben die mit der Feststellung des Tatbestands befassten unteren Instanzen erhebliche Schwierigkeiten, den Begriff des «subjektiven Mehrwerts» hinreichend zu konkretisieren, um diesen im Rahmen eines Beweisverfahrens festzustellen.[140] Meines Erachtens sind diese praktischen Schwierigkeiten letztlich darauf zurückzuführen, dass mit

---

[136] Somit erübrigt es sich auch, dem Planer die Beweislast für einen solchen Mehrwert aufzuerlegen. So aber ZEHNDER, Haftung des Architekten, Nr. 27.

[137] Vgl. z.B. SCHUMACHER, Anmerkung zu BGE 122 III 61 ff., in: BR/DC 1996, S.116, Nr. 236; SCHUMACHER, Haftung für Kosteninformationen, S. 134.

[138] BGE 119 II 252; vgl. SCHUMACHER, Architektenrecht 1995, Nr. 779; SCHUMACHER, Haftung für Kostenvoranschlag, S. 116; FELLMANN, Haftung für falsche Kostenschätzung, S. 240; vgl. auch GAUCH, Notizen zur Vertragshaftung, S. 85, welcher auf den «subjektiven Wert des ausgeführten Bauwerks» abstellt, den der Richter nach Art. 42 Abs. 2 OR abzuschätzen habe; a.M. HONSELL, Haftung des Architekten, S. 1261; WERRO, La responsabilité de l'architecte, S. 98.

[139] SCHUMACHER, Haftung für Kosteninformationen, S. 137; ebenso noch KRAUSKOPF-FORERO/SIEGENTHALER, S. 324 f.

[140] Vgl. KOLLER, Freipass, S. 168, welcher die Ausführungen zum subjektiven Mehrwert im Leitentscheid BGE 122 III 64 f. als «wirr formuliert und schwer verständlich» bezeichnete.

dem Begriff des «subjektiven Mehrwerts» versucht wird, ein Problem zu lösen, das zumindest teilweise bereits auf der missverständlichen Denkfigur des «objektiven Mehrwerts» (vgl. Nr. 10.88 ff.) fundiert. Statt auf den kaum praxistauglichen Begriff des «subjektiven Mehrwerts» abzustellen, ist m.E. der klassische Schadensbegriff konsequent anzuwenden – namentlich die Betrachtung der Gesamtvermögensdifferenz (und damit des Verkehrswerts des gesamten Bauwerks).[141] Damit können unbillige Resultate in den meisten Fällen vermieden werden:

a. Zutreffend ist, dass Kosten, welche bei einer richtigen Kosteninformation vermieden worden wären, einen objektiven baulichen Gegenwert haben *können*. Dies ist indessen längst nicht immer der Fall, denn der bauliche Gegenwert – welchen sich der Bauherr entgegenhalten lassen muss – bestimmt sich nicht nach dem Wert der einzelnen Bauleistung, welche vermieden worden wäre, sondern nach dem Einfluss dieser einzelnen Bauleistung auf den Gesamtwert des Bauwerks. Das ergibt sich aus dem Grundsatz, dass nach der Differenztheorie die Gesamtvermögensdifferenz massgebend ist. Der gesamte, nach dem schädigenden Ereignis festgestellte Vermögensstand ist mit dem Stand des Gesamtvermögens ohne das schädigende Ereignis zu vergleichen.[142] Ob ein baulicher Gegenwert besteht, ist demzufolge aufgrund einer Schätzung des Werts der gesamten von der Bauleistung betroffenen Vermögenswerte des Bauherrn (i.d.R. also der gesamten Liegenschaft) festzustellen. Längst nicht alle Ausbauten, welche durch die individuellen Bedürfnisse und Vorstellungen der Bauherrschaft begründet sind, haben einen Einfluss auf den Verkehrswert des Gebäudes.[143] Baukosten, welche keinen Einfluss auf den Verkehrswert eines Gebäudes haben, steht *kein* objektiver baulicher Gegenwert gegenüber (und somit auch kein «objektiver Mehrwert» nach der Terminologie der herrschenden Lehre). 10.95

b. Soweit eine Bauleistung, welche bei einer richtigen Kosteninformation vermieden worden wäre, einen baulichen Gegenwert (d.h. eine Entsprechung 10.96

---

141 KOLLER, Freipass, S. 168, regt zur Vereinfachung der Rechtslage an, es sei auf jegliche Vorteilsanrechnung zu verzichten. Dem ist m.E. insofern zu folgen, als die Denkfigur des «Mehrwerts» und damit auch der Vorteilsanrechnung im Bereich der Haftung für falsche Kosteninformationen missverständlich und unnötig ist.

142 BGE 127 III 76; 120 II 424; 116 II 444; 112 II 481.

143 Vgl. SCHUMACHER, Haftung für Kostenvoranschlag, S. 115: «Investitionen, die kosten, schaffen nicht zwangsläufig objektive Werte. Der Bauherr darf ganz individuelle Wünsche befriedigen, deren Kosten ganz oder teilweise weder einen höheren Verkaufspreis noch einen höheren Mietertrag zu erzielen vermögen.»

im Verkehrswert des Gesamtwerks) hat, ist der Bauherr nicht geschädigt, weil sein Vermögen durch die Kosten dieser Bauleistung nicht verringert wurde. Allerdings ist es denkbar, dass der Bauherr zur Finanzierung der Kosten dieser (bei richtiger Kosteninformation vermiedenen) Bauleistung Fremdkapital aufnehmen muss. Der erforderliche Aufwand zur Beschaffung von Fremdkapital (also insbesondere der Zinsaufwand) verringert das Vermögen des Bauherrn und ist entsprechend ein Schaden im Sinne der Differenztheorie.[144]

10.97 **c.** Ein Teil der Rechtslehre will bei der Festlegung des einschlägigen Werts neu errichteter Bauten nicht auf deren Verkehrswert abstellen, sondern auf deren Erstellungskosten.[145] Begründet wird dies mit dem Postulat einer praktikablen Rechtsanwendung und namentlich damit, dass bei öffentlichen Bauten die Erstellungskosten nicht immer dem Verkehrswert entsprechen. Dem ist zu entgegnen, dass es mit dem Schadensbegriff nicht zu vereinbaren ist, dem Bauherrn einen Wert zuzurechnen, welcher nicht seiner realen Vermögenslage entspricht. Primär ist also auf den Verkehrswert abzustellen – was aber nicht ausschliesst, dass es in Ermangelung hinreichender Anhaltspunkte zur Bestimmung eines Verkehrswerts im Einzelfall sachgerecht sein kann, den Wert einer Liegenschaft (und damit den Vermögensstand des Bauherrn) nach einem anderen Verfahren (z.B. Sachwertverfahren, Vergleichswertverfahren etc.) zu bestimmen.

10.98 **2.** Auch wenn – im Sinne der hier vertretenen Auffassung – bei der Bestimmung des baulichen Gegenwerts der wegen falscher Kosteninformationen nicht vermiedenen Baukosten (erstens) nicht auf die einzelne bauliche Leistung abgestellt, sondern konsequent die Gesamtvermögensdifferenz angewandt wird (vgl. Nr. 10.87) und (zweitens) die Finanzierungskosten in den Schaden einbezogen werden (Nr. 10.54, 10.74 und 10.96), können Fälle verbleiben, in welchen der Bauherr die zwar werthaltigen, aber unerwarteten Baukosten nicht finanzieren kann (weder mit Eigenkapital noch mit Fremdkapital). In solchen Fällen besteht zwar keine Verringerung des Vermögens (soweit und sofern den unerwarteten Baukosten eben ein objektiver baulicher Gegenwert gegenübersteht), der Bauherr verfügt jedoch nicht mehr über die nötigen *liquiden Mittel.* Weil das Vermögen dadurch nicht verringert wird,

---

144 Zehnder, Haftung des Architekten, Nr. 265; Vgl. Gauch, Notizen zur Vertragshaftung, S. 81; Werro, La responsabilité de l'architecte, S. 99; Schumacher, Haftung für Kosteninformationen, S .135; Schumacher, Architektenrecht 1995, Nr. 771; Fellmann, Haftung für falsche Kostenschätzung, S. 234.

145 Zehnder, Haftung des Architekten, Nr. 242, 386.

entsteht nach der Differenztheorie in solchen Fällen kein Schaden – und entsprechend auch kein Anspruch auf Schadenersatz. Ein Teil der Rechtslehre hat darauf mit dem Postulat der Subjektivierung des «Mehrwerts» reagiert (vgl. Nr. 10.94 ff.). Ein anderer Teil will für den Fall einer Notlage des Bauherrn eine Ersatzpflicht des Planers aus normativen Gründen bejahen.[146] Meines Erachtens verkennen beide Ansätze den Kern des Problems: Eine Vertragsverletzung (falsche Kostenprognose) führt zu einer Immobilisierung von Vermögenswerten (Verringerung der liquiden Mitteln bei entsprechender Vergrösserung der im Anlagevermögen gebundenen Mittel), was aber nach dem klassischen Schadensbegriff (Differenztheorie) keinen Schaden darstellt, weil dem Abfluss von liquiden Mitteln ein entsprechend höheres Anlagevermögen gegenübersteht. Obschon demnach im Sinne der Differenztheorie kein Schaden vorliegt, ist offensichtlich, dass eine zu starke Verringerung der liquiden Mittel sowohl bei Privaten wie auch bei Unternehmen die wirtschaftliche Existenz gefährden kann und somit klarerweise Schadensqualität hat.[147] Dieses Grundproblem wird auch durch die Theorie des «subjektiven Mehrwerts» nicht gelöst, denn auch ein «subjektiver Mehrwert» bedeutet eine Immobilisierung von Vermögen (Entzug von Liquidität). Der rechtliche Umgang mit der Schädigung durch Entzug von Liquidität (bei gleichbleibendem Vermögen) ist ein schadenrechtliches Grundproblem, welches nicht im Rahmen eines Beitrags zum spezifischen Thema der Kosteninformation des Planers gelöst werden kann.

3. Dennoch soll hier versucht werden, zumindest die Skizze einer Lösung zu erstellen: Mein Ansatz beruht dabei auf dem Gedanken des Naturalersatzes[148] und lehnt sich an die Rechtsprechung über die Bevorschussung von Nachbesserungskosten an:[149] Die Schädigung besteht im Entzug von flüssigen Mitteln (nicht aber in einer Vermögensverminderung, weil ein baulicher Gegenwert für die entzogenen flüssigen Mittel besteht). Ein Ausgleich kann 10.99

---

146 ZEHNDER, Prognosen, S. 54; ZEHNDER, Haftung des Architekten, Nr. 247 ff.; PICHONNAZ, Dépassement de devis, S. 10; vgl. auch LÖFFELMANN/FLEISCHMANN, Nr. 2168 mit Hinweisen; a.M. SCHUMACHER, Haftung für Kosteninformationen, S. 140.

147 Wobei diese Realität von der Rechtsordnung durchaus anerkannt wird, indem ein Konkurs nicht nur aufgrund Überschuldung, sondern auch wegen Zahlungsunfähigkeit (welche nicht notwendigerweise auf eine Überschuldung zurückzuführen ist) eröffnet werden kann (vgl. Art. 191 SchKG).

148 WERRO, La responsabilité civile, S. 284. Vgl. Art. 43 Abs. 1 OR, wonach der Richter nicht nur die «Grösse» sondern auch die «Art» des Schadenersatzes bestimmt.

149 BGE 128 III 418.

dadurch erreicht werden, dass der fehlbare Planer verpflichtet wird, dem Bauherrn flüssige Mittel zur Verfügung zu stellen. Dies müsste allerdings nicht in der Form einer Schadenszahlung erfolgen (denn das würde zu einer Überentschädigung führen, weil das Vermögen des Bauherrn dadurch letztlich grösser würde, als es ohne die schädigende Handlung gewesen wäre), sondern in der Form eines vom fehlbaren Planer zu gewährenden *Darlehens,*[150] welches der entsprechend geschädigte Bauherr innert einer angemessenen Frist zurückzahlen müsste. Die Rückzahlungsfrist müsste sich danach richten, bis wann dem Bauherrn die Wiederherstellung einer genügenden Liquidität zugemutet werden kann – allenfalls auch durch den Verkauf der Liegenschaft. Die Zumutbarkeit hängt dabei von der individuellen Lebenssituation des Bauherrn ab (z.B. zu erwartender Wegfall des Bedarfs nach Kinderzimmern etc.).

VII. Der Schaden bei ungenügender Kostenkontrolle

10.100 **1.** Auch bei einer ungenügenden Kostenkontrolle ist der Schaden entsprechend dem Schadensbegriff zu ermitteln, was bedeutet, dass sich die Höhe des Schadens nach der Gesamtvermögensdifferenz bestimmt. Allerdings sind bei der ungenügenden Kostenkontrolle zwei Konstellationen zu unterscheiden, welche parallel auftreten können:

10.101 **a.** Die ungenügende Kostenkontrolle kann (aber muss nicht) dazu führen, dass vermeidbare Kosten nicht vermieden werden – insbesondere indem Unternehmerrechnungen vom Planer zur Zahlung freigegeben werden oder Ansprüche anerkannt werden, welche eigentlich nicht bestehen.

10.102 **b.** Die ungenügende Kostenkontrolle führt meist zu verspäteten oder falschen Informationen über bereits aufgelaufene Kosten des Planers gegenüber dem Bauherrn. Denkbar ist allerdings auch, dass der Planer die Kosten zwar eigentlich ungenügend überwacht, er aber die Kostenentwicklung im Resultat (zufällig) doch richtig schätzt und so den Bauherrn zwar ohne genügende Kostenkontrolle dennoch (zufällig) richtig informiert.

---

150 Ähnlich LÖFFELMANN/FLEISCHMANN, Nr. 2169, welche für entsprechende Fälle eine «Verpflichtung des Architekten zur Stellung von Sicherheiten (Bürgschaft, Hypothek)» vorschlagen, «wenn der Bauherr ohne diese nicht oder nur zu wirtschaftlich unzumutbaren Bedingungen die notwendige Nachfinanzierung durchführen kann.»

2. Wenn die ungenügende Kostenkontrolle dazu führt, dass die Rechnungskontrolle vernachlässigt wird (vgl. Nr. 10.100), handelt es sich um einen Bauleitungsfehler (Nr. 9.125), für den der fehlbare Planer unabhängig davon haftet, ob zusätzlich auch noch seine Kosteninformationen falsch oder verspätet waren: Wenn der Bauherr im Vertrauen auf die Kostenkontrolle des Planers von diesem zur Zahlung freigegebene, aber eigentlich nicht geschuldete, Rechnungen bezahlt und vom Unternehmer mit vertretbarem Aufwand keine Rückzahlung erreicht werden kann (Versuch der Schadenminderung), haftet der Planer dem Bauherrn: Der Planer hat den Bauherrn dabei so zu stellen, wie dieser wirtschaftlich stünde, wenn der Planer die Kosten pflichtgemäss überwacht und die Rechnungen entsprechend korrekt geprüft hätte. 10.103

3. Die falsche Information über bereits angefallene Kosten hat gegenüber der falschen Information über künftige Kosten die Besonderheit, dass die Kosten eben bereits aufgelaufen sind und sie somit, auch bei einer richtigen Information, nicht mehr zu verhindern sind. Der Bauherr kann demnach eine Vermeidung dieser bereits eingetretenen Kosten nicht geltend machen. Eine rechtzeitige und richtige Information über bereits aufgelaufene Kosten und eine entsprechende Anpassung der Kostenprognose kann indessen aufzeigen, dass die Einhaltung des Gesamtkostenziels des Bauherrn gefährdet ist. Der Bauherr kann in solchen Fällen geltend machen, er hätte bei einer korrekten Kostenkontrolle (und einer entsprechenden Aktualisierung der Kostenprognose) Kosteneinsparungen bei noch nicht erbrachten Bauleistungen angeordnet. Letztlich geht es also bei der ungenügenden Kostenkontrolle darum, dass der Bauherr *während den Bauarbeiten* eine falsche, eine verspätete oder gar keine auf der Basis der bereits aufgelaufenen Kosten aktualisierte Kostenprognose erhält. Entsprechend gelten für die Bemessung des Schadens aus einer ungenügenden Kostenkontrolle dieselben Grundsätze wie sie generell für falsche, verspätete oder fehlende Kosteninformationen gelten (vgl. Nr. 10.82 ff.). 10.104

VIII. Die Kostenlimite

10.105 **1.** Nach der Rechtsprechung des Bundesgerichts handelt es sich bei der Kostenlimite (Kostengrenze) um eine Weisung des Bauherrn, nach der die Kosten des Bauwerks einen bestimmten Betrag nicht überschreiten dürfen.[151] Ob der Bauherr eine entsprechende Weisung abgegeben hat, ist eine Auslegungsfrage. Wenn z.B. der Bauherr von Anbeginn gegenüber dem Planer betont, dass ihm nur eine bestimmte Summe zur Verfügung stehe, muss dies der Planer als Kostenlimite auffassen.[152] Eine Frage der Auslegung ist auch, ob der Bauherr seine entsprechende Weisung widerruft oder ändert – z.B. indem er kostenerhöhende Projektänderungen vornimmt.

10.106 **2.** Auf die Einhaltung einer vom Bauherrn angeordneten Kostenlimite kann der Planer Einfluss nehmen. Es gibt aber auch Kosten, die er nicht verhindern kann. Wenn z.B. Umstände, welche im Risikobereich des Bauherrn liegen (wie üblicherweise z.B. das Baugrundrisiko), zu Kostensteigerungen führen, hat der Planer darauf keinen Einfluss. Das einseitige Ansetzen einer Kostenlimite durch den Bauherrn kann daher nicht die Wirkungen einer Bausummengarantie haben. Eine Bausummengarantie wäre die Zusicherung einer bestimmten Bausumme. Sie wird als «selbständiges, verschuldensunabhängiges Erfolgsversprechen» des Planers qualifiziert. Dieser übernimmt damit das Risiko von Kostenüberschreitungen.[153] Ein solches Erfolgsversprechen des Planers kann der Bauherr selbstverständlich nicht einseitig anordnen.

10.107 **3.** Stattdessen begründet die Ansetzung einer Kostenlimite gemäss Bundesgericht folgende Pflicht des Planers: «Wenn der Architekt bemerkt oder bemerken muss oder Anlass zu Zweifeln hat, dass die Kostenlimite nicht eingehalten

---

151 BGer 4C.424/2004 (15.3.2005) E. 3.3; BGer 4A_187/2009 (14.7.2009) E. 4.1; SCHUMACHER, Architektenrecht 1995, Nr. 737; FELLMANN, Haftung für falsche Kostenschätzung, S. 218; a.M. ZEHNDER, Prognosen, S. 50, welcher die Auffassung vertritt, der Bauherr könne dem Architekten nicht einseitig eine Kostenlimite mittels Weisung aufzwingen – allerdings versteht ZEHNDER die Rechtswirkungen einer Kostenlimite anders, indem er davon ausgeht, dass sich deren Wirkungen «in der Nichtgeltung der Toleranzgrenze erschöpfen» (vgl. dazu ZEHNDER, Prognosen, S. 55; vgl. auch ZEHNDER, Haftung des Architekten, Nr. 69 ff.). Dagegen gilt nach der in Deutschland herrschenden Rechtsprechung ein Toleranzrahmen offenbar auch bei einem «Kostenlimit» (LÖFFELMANN/FLEISCHMANN, Nr. 2149; LOCHER, Bausummenüberschreitung, S. 859).

152 SCHUMACHER, Architektenrecht 1995, Nr. 738.

153 Vgl. dazu FELLMANN, Haftung für falsche Kostenschätzung, S. 219; SCHUMACHER, Architektenrecht 1995, Nr. 739; ZEHNDER, Haftung des Architekten, Nr. 79 ff.

werden kann, hat er die Arbeiten grundsätzlich unverzüglich einzustellen, Abklärungen zu treffen und den Bauherren zu orientieren, damit Massnahmen zur Einhaltung der Kostengrenze getroffen werden können.»[154] Die Anordnung einer Kostenlimite bedeutet demzufolge, dass der Planer alles in seiner Macht stehende tun muss, damit die Kostenlimite nicht überschritten wird (Kostensteuerung). Dem muss er offenbar auch die Wahrnehmung anderer Interessen des Bauherrn unterordnen: Nach Auffassung des Bundesgerichts hat der Planer, wenn es für die Einhaltung der Kostenlimite notwendig ist, unverzüglich die Arbeiten (je nach Notwendigkeit) ganz oder teilweise einzustellen.

4. Wenn der Planer diesen Pflichten sorgfaltswidrig nicht nachkommt und 10.108
damit die Überschreitung der Kostenlimite verschuldet, hat er dem Bauherrn den *dadurch* verursachten Schaden zu ersetzen. Nach wohl herrschender Ansicht besteht dieser Schaden grundsätzlich in den Mehrkosten, welche der Bauherr mit seiner Weisung (Kostenlimite) verhindern wollte.[155] Dabei wird offenbar die Meinung vertreten, dass es bei einer haftungsbegründenden Überschreitung der Kostenlimite auch nicht darauf ankomme, ob das Projekt im Rahmen der Kostenlimite objektiv überhaupt realisierbar war.[156] Falls dies dahingehend zu verstehen wäre, dass im Fall der Überschreitung einer Kostenlimite der Schadensbegriff (Differenztheorie) nicht gelten solle, könnte dem nicht gefolgt werden: Der Schadensbegriff kann durch eine *einseitige* Weisung des Bauherrn nicht ausser Kraft gesetzt werden – auch nicht durch die Anordnung einer Kostenlimite. In Anwendung der Differenztheorie ist also auch bei der Überschreitung einer Kostenlimite der gesamte Vermögensstand des Bauherrn nach der Überschreitung der Kostenlimite (einschliesslich dem vollen objektiven Wert des Bauwerks) mit jener Vermögenssituation zu vergleichen, welche bestünde, wenn der Planer weisungsgemäss gehandelt hätte – also namentlich wenn der Planer, als er hätte ahnen müssen, dass die Kostenlimite überschritten wird, die nötigen Massnahmen ergriffen hätte.

5. Nach der Rechtsprechung des Bundesgerichts hat der Planer, sobald er die 10.109
Überschreitung der Kostenlimite ahnt, die Bauarbeiten einzustellen. Bekanntlich führt aber gerade die Einstellung der Arbeiten zu Zusatzkosten, und zwar insbesondere wegen der damit verbundenen Ansprüche der Unternehmer auf

---

[154] BGer 4C.424/2004 (15.3.2005) E. 3.3; BGer 4C.54/2006 (9.5.2006) E. 3.2.2.

[155] Schumacher, Architektenrecht 1995, Nr. 737; Fellmann, Haftung für falsche Kostenschätzung, S. 219; BGer 4C.424/2004 (15.3.2005) E. 3.3; a.M. Zehnder, Prognosen, S. 50.

[156] So offenbar die Meinung des Bundesgerichts in BGer 4C.54/2006 (9.5.2006) E. 3.2.2.

Aufwendungsersatz (Bauablaufstörung) oder wegen der Ansprüche aus einem (Teil-)Rücktritt vom Werkvertrag (Art. 377 OR). Dazu kommen weitere Kosten, welche entstehen, wenn der Bauherr zur Verhinderung einer «Bauruine» die Arbeiten wieder aufnehmen lässt und die Unternehmer möglicherweise einen Anspruch auf Vergütung ihres Re-Mobilisierungsaufwands geltend machen können. Diesen Folgekosten einer Einstellung der Bauarbeiten steht in der Regel kein objektiver baulicher Gegenwert gegenüber, weshalb das Vermögen des Bauherrn durch solche Folgekosten ohne jeglichen Gegenwert verringert wird. Wenn der Planer demnach die Bauarbeiten im Falle einer sich abzeichnenden Überschreitung der Kostenlimite pflichtwidrig nicht einstellt, ist bei der Ermittlung des Schadens aufzurechnen, dass durch die pflichtwidrige Nichteinstellung der Arbeiten solche nicht werthaltigen Folgekosten einer Arbeitseinstellung vermieden wurden. Denkbar ist zudem, dass der Schaden aus der (weisungsgemässen) Einstellung der Arbeiten grösser ist, als der Schaden, welcher aus der (weisungswidrigen) Überschreitung der Kostenlimite resultiert wäre. Mit seiner Weisung (Kostenlimite) nimmt der Bauherr dies jedoch in Kauf – sofern die vom Bauherrn angeordnete «Kostenlimite» im Sinne der Rechtsprechung des Bundesgerichts zu verstehen ist.

10.110 **6.** Mit Fug und Recht kann die Frage nach dem praktischen Nutzen einer Kostenlimite für den Bauherrn gestellt werden. Mit der Ansetzung einer Kostenlimite erreicht der Bauherr im Wesentlichen nur, dass der Planer die Arbeiten unverzüglich einstellen muss, wenn sich eine Überschreitung der Kostenlimite abzeichnet. Angesichts der Folgekosten einer Einstellung der Bauarbeiten kann dies erhebliche Verluste verursachen. Natürlich stellt sich in solchen Fällen die Frage, ob der Planer dem Bauherrn möglicherweise aus einem anderen Grund für diese Verluste haftet (z.B. wegen vom Planer verursachten Mehrkosten oder wegen einer pflichtwidrigen Kostenschätzung, wenn die Kostenlimite auf der Kostenschätzung beruht). Wenn ein Bauherr von einem Planer eine Sicherheit will, dass die Erstellung eines Bauwerks nicht mehr als eine bestimmte Summe (Kostengrenze) kostet und dass alle Kosten über dieser Grenze vom Planer getragen werden, so muss der Bauherr mit dem Planer eine *Bausummengarantie* (Nr. 10.106) vereinbaren oder er muss einen Totalunternehmervertrag (mit einer Pauschalvergütung) abschliessen. Eine andere Lösung wäre ein Kostengarantievertrag.[157] Für beides braucht es

[157] Vgl. dazu Jauch-Stolz, S. 191 ff.; vgl. auch Quinto/Maffioletti, Handbuch zum Bauwesen, Nr. 236 ff. insbesondere zu den Vertragsformularen SIA 1018 (2001) und SIA 1019/1–2 (1998).

indessen eine (beidseitige) Vereinbarung – durch eine (einseitige) Weisung kann der Bauherr keine solche Garantie erwirken.

IX. Fazit

Die Haftung für falsche Kosteninformationen ist komplex. Daher soll versucht werden, mit nachstehendem Schema eine Übersicht zu schaffen. Diese Darstellung ist notwendigerweise eine Vereinfachung und erspart die Auseinandersetzung mit Lehre und Rechtsprechung nicht. 10.111

Erster Schritt: Liegt eine haftungsrelevante Überschreitung der Kostenprognose vor? Zur Beantwortung ist von folgender Formel auszugehen: 10.112

Kü = G – Zk1 – Zk2 – neK + wgK – (BKp + Gg%) 10.113

- Kü: haftungsrelevante **K**osten**ü**berschreitung
- G : tatsächliche **G**esamtkosten
- Zk1: nachträgliche **Z**usatz**k**osten, welche der Bauherr kannte
- Zk2: **Z**usatz**k**osten, welche der Planer pflichtwidrig verursacht hat (und für die er somit unabhängig von der Frage nach der Richtigkeit der Kostenprognose haftet)
- neK: in der Kostenprognose **n**icht **e**nthaltene **K**osten (wobei der Gegenstand der Kostenprognose im Streitfall nach dem Vertrauensprinzip auszulegen ist).
- wgK: in der Kostenprognose enthaltene **K**osten für Leistungen, welche **w**eg**g**efallen sind[158]
- BKp: **B**etrag der **K**osten**p**rognose
- Gg: **G**enauigkeits**g**rad («Toleranzgrenze») der Kostenprognose in Prozent

Zweiter Schritt: Falls eine Kostenüberschreitung vorliegt (Kü > 0) steht fest, dass die Kostenprognose im Resultat falsch war, woraus sich eine (widerlegbare) tatsächliche Vermutung ergibt, dass eine Sorgfaltspflichtverletzung des Planers bei der Erstellung der Kostenprognose für die Kostenüberschreitung ursächlich war. 10.114

Dritter Schritt: Falls die natürliche Vermutung nicht umgestossen wird, der Planer also seine Sorgfaltspflicht verletzt hat, stellt sich die Frage nach der Höhe des Schadens. Dazu ist vorab zu klären, ob sich der Bauherr bei richtiger Kosteninformation anders verhalten hätte (Verzicht auf das Projekt, Einsparung von Kosten etc.). 10.115

[158] BGer 4A_187/2009 (14.7.2009) E. 5.5.

10.116 Vierter Schritt: Falls festgestellt wird, dass der Bauherr sich bei richtiger Kosteninformation anders verhalten hätte, ist sein gegenwärtiger Vermögensstand mit jenem Vermögensstand zu vergleichen, der bestünde, wenn er die richtige Kosteninformation erhalten und sich entsprechend anders verhalten hätte. Die Differenz ist der Schaden, welcher durch die unrichtige Kostenprognose verursacht wurde.

10.117 Fünfter Schritt: Auch wenn kein Schaden im vorerwähnten Sinne besteht, ist es denkbar, dass der Bauherr aufgrund der unrichtigen Kostenprognose einen Nachteil in der Form eines Liquiditätsengpasses erleidet. Diesbezüglich hat der Bauherr m.E. Anspruch auf Naturalersatz in Form eines Darlehens (vgl. Nr. 10.99).

§ 11 Der Prüfingenieur – Pflichten und Haftung

Felix Huber

Inhaltsverzeichnis

I. Einleitung

11.1 **1.** Die Tätigkeit des Bauingenieurs ist mit beträchtlichen Risiken verbunden. Diese beeinflussen nicht nur die Wirtschaftlichkeit des einzelnen Bauwerks und die Qualität der gebauten Umwelt, sondern ganz direkt auch die Sicherheit von Personen. Obwohl die Ingenieure heute besser ausgebildet sind denn je und sie auf mehr Wissen und eine bessere Technik zurückgreifen können als ihre Vorgänger, steigt die Zahl der Schadenfälle.[1] Im Sinne des Vieraugenprinzips wird deshalb zur Vermeidung derartiger Schadenfälle in den letzten Jahren die Planung des projektierenden Ingenieurs vermehrt durch einen weiteren Ingenieur, den Prüfingenieur, überprüft.

11.2 **2.** Im Gespräch mit Ingenieuren hat sich gezeigt, dass diese Entwicklung nicht nur begrüsst wird. Als kritisch werden die Vermischung von Verantwortlichkeiten sowie die schwierige Erfassung des Prüfungsumfangs und die damit verbundene unklare Haftung des Prüfingenieurs genannt.

11.3 **3.** Nachfolgend werden die Tätigkeitsfelder des Prüfingenieurs umschrieben (Nr. 11.4 ff.), der Leistungsumfang des Prüfingenieurs erläutert (Nr. 11.22 ff.), die rechtliche Einordnung des Prüfingenieurvertrages geprüft (Nr. 11.31 ff.) und abschliessend Haftungsfragen im Zusammenhang mit dem Prüfingenieurvertrag behandelt (Nr. 11. 42 ff.).

II. Tätigkeitsfelder des Prüfingenieurs

1. Übersicht

11.4 **1.** Im Zusammenhang mit Bauten und Anlagen, die ein grosses Gefährdungspotenzial aufweisen, haben Bund und Kantone diverse gesetzliche Grundlagen geschaffen, welche den Beizug eines Prüfingenieurs vorsehen.

---

1 Faber/Galmarini, S. 22.

Dabei sind ganz verschiedene Regelungen anzutreffen. Grob können diese wie folgt eingeteilt werden:

- Normen, die von der Bauherrschaft den Beizug eines Prüfingenieurs verlangen; 11.5
- Normen, die den Beizug eines Prüfingenieurs durch die beurteilende Behörde regeln; 11.6
- Normen, die den Beizug von Prüfingenieuren durch das bauende Gemeinwesen vorsehen. 11.7

2. Daneben werden Prüfingenieure von öffentlichen und privaten Bauherrschaften bei grösseren Bauvorhaben auch beigezogen, ohne dass dies gesetzlich vorgeschrieben wäre. 11.8

2. Der gesetzlich vorgesehene Prüfingenieur

A. Die Pflicht, einen Prüfingenieur beizuziehen

Diverse Normen sehen vor, dass die Bauherrschaft einen unabhängigen Prüfingenieur beizieht, der die Tätigkeit des projektierenden Ingenieurs zu prüfen und darüber einen Bericht zu verfassen hat. Als Beispiele werden nachfolgend die Eisenbahngesetzgebung und die Seilbahngesetzgebung aufgeführt. 11.9

a. Gemäss Eisenbahngesetz und dessen Ausführungsbestimmungen

1. Art. 17 Abs. 1 EBG verlangt, dass Eisenbahnanlagen und Fahrzeuge nach den Anforderungen des Verkehrs, des Umweltschutzes und gemäss dem Stande der Technik zu erstellen, zu betreiben, zu unterhalten und zu erneuern sind. Nach Art. 17a EBG hat das Bundesamt für Verkehr (BAV) in den Bewilligungsverfahren die sicherheitsrelevanten Aspekte risikoorientiert auf der Grundlage von Sicherheitsgutachten oder Stichproben zu beurteilen. Es legt fest, wofür die Gesuchstellerin Sicherheitsgutachten zu erbringen hat. 11.10

2. Im Plangenehmigungsverfahren hat das BAV abzuklären, ob die einzureichenden Unterlagen die Erstellung einer vorschriftskonformen Baute oder Anlage erlauben (Art. 6 Abs. 2 EBV). Das BAV hat die eingereichten Unterlagen risikoorientiert zu prüfen. Es kann Unterlagen selbst prüfen oder durch Sachverständige prüfen lassen oder Nachweise vom Gesuchsteller verlangen (Art. 6 Abs. 3 EBV). Der Beizug von Sachverständigen soll in Richtlinien des 11.11

BAV näher geregelt werden (Art. 6 Abs. 4 EBV). Gestützt auf diese Normen hat das BAV die Sachverständigen-Richtlinie vom 1. Mai 2000 (nachstehend: BAV-Richtlinie) erlassen.

11.12 **3.** Der Beizug des Sachverständigen soll gewährleisten, dass eine vom Projektverfasser unabhängige, sicherheitsorientierte Prüfung der Projekte, Bauten und Anlagen vorgenommen wird und im Sinne des Vieraugenprinzips Fehler bei der Projektierung und Ausführung vermieden werden. Unter dem Begriff des Sachverständigen werden die Funktionen des Experten, des Begutachters und des Prüfingenieurs verstanden (Ziff. 1 BAV-Richtlinie).

11.13 **4.** Der Sachverständige ist von der Bahnunternehmung zu beauftragen. Dazu ist ihm ein schriftlicher Auftrag mit einem konkreten Pflichtenheft zu erteilen. Der Auftrag kann die Phasen Vorprojekt, Auflageprojekt, Bauprojekt und Bau bis und mit Abnahme umfassen (Ziff. 3 Abs. 4 BAV-Richtlinie). Vom Sachverständigen wird Fachkompetenz und Unabhängigkeit verlangt (Ziff. 6 BAV-Richtlinie). Die vom Projektverfasser unabhängige, sicherheitsorientierte Prüfung ist in einem Prüfbericht festzuhalten. Dessen minimaler Inhalt wird in der Richtlinie vorgegeben (Ziff. 4.1 und Anhang 2 BAV-Richtlinie). Das BAV ist über die Bestimmung des Sachverständigen in Kenntnis zu setzen (Ziff. 5.2 BAV-Richtlinie). Die Richtlinie nennt sodann die Eisenbahnbauten und -anlagen, welche der Prüfungspflicht durch einen Sachverständigen unterstehen, wobei im Plangenehmigungsverfahren für weitere Projekte oder Projektteile Prüfberichte angefordert werden können (Ziff. 7 und Anhang 1 BAV-Richtlinie).

b. Gemäss Seilbahngesetz und dessen Ausführungsbestimmungen

11.14 **1.** Das Seilbahngesetz regelt den Bau und Betrieb von Seilbahnen, die der Personenbeförderung dienen. Es soll dafür sorgen, dass Seilbahnen für Menschen sicher sowie umweltverträglich, raumplanungskonform und wettbewerbsfähig gebaut und betrieben werden (Art. 1 SebG).

11.15 **2.** In den Bewilligungsverfahren hat die Behörde die sicherheitsrelevanten Aspekte risikoorientiert auf der Grundlage von Sicherheitsgutachten oder Stichproben zu beurteilen. Sie legt fest, wofür der Gesuchsteller Sicherheitsgutachten zu erbringen hat. Die Gutachten sind von unabhängigen Stellen zu erarbeiten (Art. 6 SebG). Im Rahmen der Betriebsbewilligung wird ausdrücklich verlangt, dass sicherheitsrelevante Bauteile durch eine unabhängige Stelle auf die Einhaltung der grundlegenden Anforderungen hin geprüft worden sind. Diese Stelle hat eine Konformitätsbescheinigung oder einen Sachverständigenbericht auszufertigen (Art. 27 SebV). Ein Sachverständigenbericht ist mindestens erforderlich zur Prüfung der Nutzungsvereinbarung und der Projektbasis, der Schnittstellen zwischen den Teilsystemen und zwischen den Teilsystemen und der Infrastruktur, der Tragsicherheits-, Ermüdungssicherheits- und der Gebrauchstauglichkeitsnachweise sowie der sicherheitsrelevanten Bauteile der Infrastruktur (Art. 29 Abs. 1 SebV).

B. Der Beizug durch eine Genehmigungs-/Bewilligungsbehörde

Verschiedene Gesetze sehen vor, dass Behörden zur Prüfung von Vorhaben Prüfingenieure beiziehen müssen bzw. beiziehen können. Damit soll gesichert werden, dass die Behörden über die für die Beurteilung von komplexen Vorhaben erforderlichen Grundlagen verfügen. 11.16

a. Bei Bauvorhaben in Gefahrenzonen (Kanton Graubünden)

Bauvorhaben in Gefahrenzonen werden im Kanton Graubünden nur bewilligt, wenn eine Genehmigung der Gebäudeversicherung des Kantons Graubünden vorliegt.[2] Voraussetzung dieser Genehmigung ist der Beizug eines von der Gebäudeversicherung bezeichneten Prüfingenieurs. Dieser hat im Rahmen der Vorprüfung des Gesuchs die erforderlichen baulichen Schutzmassnahmen zu bestimmen und der Bauherrschaft sowie der Standortgemeinde mitzuteilen. Unter Berücksichtigung dieser Auflagen wird die Genehmigung durch die Gebäudeversicherung erteilt, sodass das Baubewilligungsverfahren weitergeführt werden kann. Vor Baubeginn prüft der Prüfingenieur die Statik sowie die Ausführungspläne darauf hin, ob die Schutzauflagen berücksichtigt sind. Nach Fertigstellung der Bauarbeiten nimmt der Prüfingenieur den Bau ab.[3] 11.17

b. Beim Bau von Stauanlagen

Die gestützt auf das Bundesgesetz über die Wasserbaupolizei vom 22. Juni 1877 (SR 721.10) erlassene Stauanlageverordnung (StAV) hält fest, dass Bau- und Umbauprojekte für Stauanlagen und für sicherheitsrelevante Nebenan- 11.18

---

2 Art. 38 Abs. 5 Raumplanungsgesetz für den Kanton Graubünden vom 6. Dezember 2004 (BR 801.100).

3 Richtlinien Bauvorhaben in Gefahrenzonen der Gebäudeversicherung Kt. Graubünden vom Oktober 2009.

lagen der Genehmigung durch die Aufsichtsbehörde bedürfen (Art. 5 Abs. 1 StAV). Während der Betriebsphase sind regelmässige Überwachungen der Anlage vorzunehmen und ist die Aufsichtsbehörde darüber zu informieren und zu dokumentieren. Zur Erfüllung ihrer Aufgaben kann die Aufsichtsbehörde auf Kosten der Inhaberin der Anlage Sachverständige beiziehen (Art. 25 StAV). Das Amt für Energie und Verkehr Graubünden hat am 23. Juli 2008 ein Informationsblatt für Projektanten von Stauanlagen erstellt. Darin weist es auf das Konzept des im Kanton Graubünden für die Aufsicht zuständigen Bau-, Verkehrs- und Forstdepartementes zur Umsetzung der kantonalen Stauanlagenaufsicht hin und hält fest, dass für eine Bewilligung nach StAV ein durch das Amt für Energie beauftragter Prüfingenieur zu beurteilen habe, ob die geplante Stauanlage sämtliche Voraussetzungen erfülle. Dem erwähnten Konzept kann sodann entnommen werden, dass der Prüfingenieur die Aufsichtsbehörde nicht nur im Rahmen der Bewilligung, sondern auch im Rahmen der übrigen Aufsichtstätigkeit unterstützt.

C. Der Beizug durch das bauende Gemeinwesen

11.19 Gestützt auf die genehmigten Ausführungsprojekte im Sinne des Nationalstrassengesetzes werden Detailprojekte ausgearbeitet. Insbesondere die Kunstbauten der Nationalstrassen (z.B. Brücken, Tunnels, Stützbauwerke) stellen sehr komplexe Projekte mit grossem Gefährdungs- und Kostenrisiko dar. Art. 18 NSV hält daher die Möglichkeit zur Begutachtung der Detailprojekte durch Prüfingenieure ausdrücklich fest.

3. Der empfohlene Beizug eines Prüfingenieurs

11.20 **1.** Die steigende Komplexität bei grösseren Bauvorhaben sowie die regelmässig damit verbundenen grossen Sicherheits- und Kostenrisiken haben dazu geführt, dass immer häufiger Prüfingenieure beigezogen werden. Insbesondere die Gemeinwesen setzen bei grossen Bauvorhaben regelmässig auf Prüfingenieure.

11.21 **2.** Am 18. Januar 2008 hat das Eidgenössische Finanzdepartement Weisungen zur Erdbebenvorsorge bei Mitgliedern der KBOB erlassen. Darin wird verlangt, dass das vom Bundesamt für Umwelt erarbeitete Instrumentarium «Erdbebensicherheit von Bundesbauten» bei der Projektierung und Ausführung von Bauten und Anlagen anzuwenden sei. In Teil 1 Ziff. 3 dieses Instrumentariums wird darauf hingewiesen, dass die Kontrolle der Statik bei

Neubauten und Erweiterungen durch einen Prüfingenieur nicht obligatorisch sei, aber aufgrund von Erfahrungswerten für grosse Investitionen sehr empfohlen werde.[4]

III. Die Leistungen des Prüfingenieurs

Der Prüfingenieur hat die Arbeitsergebnisse des projektierenden Ingenieurs auf deren Vollständigkeit und Richtigkeit hin zu überprüfen. Dies stellt allerdings eine nur sehr grobe Umschreibung der zu erbringenden Leistungen des Prüfingenieurs dar. Was der jeweilige Prüfingenieur im konkreten Fall zu prüfen und wie er dabei vorzugehen hat bzw. wie eingehend die Prüfung vorzunehmen ist, hängt von der konkreten Aufgabenstellung ab. Dabei ist zu unterscheiden, ob der Prüfingenieur für eine Genehmigungs-/Bewilligungsbehörde handelt oder aber direkt für die Bauherrschaft tätig ist. 11.22

1. Der Prüfingenieur einer Behörde

Handelt der Prüfingenieur für eine Genehmigungs-/Bewilligungsbehörde, so tritt er gegenüber der Bauherrschaft hoheitlich auf. Der vom Prüfingenieur zu erbringende Leistungsumfang hängt davon ab, in welchem Umfang Aufgaben dieser Behörden an ihn delegiert werden. 11.23

2. Der Prüfingenieur der Bauherrschaft

A. Bei vorgeschriebenem Beizug

1. Basiert der Beizug eines Prüfingenieurs auf einer Beizugspflicht, so hat die Rechtsordnung auch den minimal zu erbringenden Leistungsumfang des Prüfingenieurs zu umschreiben. 11.24

2. Im Rahmen der Beizugspflicht nach Art. 6 Abs. 3 EBV ist diesbezüglich auf die Sachverständigen-Richtlinie des BAV zu verweisen. Es soll ein schriftlicher Auftrag mit einem konkreten Pflichtenheft erteilt werden. Der Auftrag kann die Phasen Vorprojekt, Auflageprojekt, Bauprojekt und Bau (bis und mit Abnahme) umfassen (Ziff. 3 Abs. 4 BAV-Richtlinie). Der Sachverständige 11.25

4 Siehe unter www.bafu.admin.ch/erdbeben.

hat eine vom Projektverfasser unabhängige, sicherheitsorientierte Prüfung vorzunehmen, welche in einem Prüfbericht festzuhalten ist (Ziff. 4 Abs. 1 BAV-Richtlinie). Der Gegenstand der Prüfung wird in Ziff. 7 BAV-Richtlinie eingehender umschrieben. Unterlagen für die Prüfung können insbesondere Pläne, Schemas, technische Berichte, Sicherheitsberichte, Sicherheitsnachweise, Sicherheits- und Nutzungspläne, Kontroll-, Überwachungs- und Unterhaltspläne sowie Berechnungen des Projektverfassers (Entwürfe und Enddokumente) sein (Ziff. 7 Abs. 5 BAV-Richtlinie). Die Festlegung des Prüfungsumfanges soll fallweise erfolgen, wobei als Leitfaden Anhang 1 BAV-Richtlinie dient (Ziff. 7 Abs. 4 BAV-Richtlinie). In diesem Anhang wird der Umfang der Prüfung entsprechend der spezifischen Sicherheitsrelevanz der zu prüfenden Bauten in nicht abschliessender Aufzählung umschrieben.

B. Bei freiwilligem Beizug

11.26 **1.** Besteht keine gesetzliche Pflicht zum Beizug eines Prüfingenieurs, sind die Parteien in der Vereinbarung des Leistungsumfanges des Prüfingenieurs grundsätzlich frei. Da die möglichen Leistungen sehr vielfältig sein können, kommt der Einigung der Parteien über den Leistungsumfang grosse Bedeutung zu. Ein detaillierter Beschrieb der vorzunehmenden Prüfungen sowie die Nennung der nicht zu prüfenden Arbeitsbereiche des Projektingenieurs oder nicht zu prüfenden Unterlagen können den übereinstimmenden Willen der Parteien über den Leistungsumfang aufzeigen und so die Gefahr späterer Auseinandersetzungen zwischen Bauherrschaft und Prüfingenieur reduzieren bzw. bei Auseinandersetzungen die Ermittlung des vereinbarten Leistungsumfangs vereinfachen.

11.27 **2.** Bei der Leistungsumschreibung geht es nicht nur darum, welche Leistungen des Projektingenieurs zu überprüfen sind, sondern auch darum, in welcher Tiefe und im Hinblick auf welche Aspekte sowie wann bzw. in welchem Projektierungsstand die Leistungen des Projektingenieurs zu prüfen sind. So ist es beispielsweise möglich, die Berechnungen und Pläne des Projektingenieurs lediglich stichprobenweise oder auf ihre Plausibilität zu prüfen. Stattdessen kann aber auch jedes Detail nachgerechnet und jede Annahme kritisch hinterfragt werden. Schliesslich kann die Prüfung lediglich unter dem Aspekt der Sicherheit oder aber auch im Hinblick auf die Gebrauchstauglichkeit, Dauerhaftigkeit und Wirtschaftlichkeit des zu erstellenden Werks vorgenommen werden.

3. Es ist möglich, die zu erbringenden Leistungen direkt in der Vertragsurkunde oder in einem als Vertragsbestandteil ausgestalteten Pflichtenheft detailliert zu regeln. Nebst zu prüfenden und nicht zu prüfenden Arbeitsergebnissen des Projektingenieurs kann insbesondere vereinbart werden, dass der Prüfingenieur auch prüft, ob der Projektingenieur die massgebenden Aufgaben und Probleme erkannt und gelöst hat. Der Prüfingenieur hat in diesem Fall zu prüfen, ob alle Nutzungszustände und relevanten Gefährdungsbilder erfasst und im Projekt berücksichtigt sind. 11.28

4. Zumeist wird der Prüfingenieur verpflichtet, einen detaillierten Prüfbericht zu erstellen. Das Muster eines Prüfberichts kann als Vertragsbestandteil aufgenommen werden. Mit dem Prüfbericht sind die vorgenommenen Prüfungen dokumentiert und nachvollziehbar. Für die Erstellung eines Musters kann Anhang 2 BAV-Richtlinie beigezogen und an den konkreten Vertrag angepasst werden. 11.29

5. Aus Haftungsgründen sollte darauf verzichtet werden, dem Prüfingenieur direkte Weisungsbefugnisse gegenüber dem Projektingenieur zu erteilen (Nr. 11.66). Stellt der Prüfingenieur Unstimmigkeiten in den Leistungen des Projektingenieurs fest, soll er sich nicht an den Projektingenieur richten, sondern den Bauherrn darüber informieren. Dieser soll gestützt auf die Empfehlungen des Prüfingenieurs entscheiden, wie weiter vorzugehen ist. 11.30

IV. Die Rechtsbeziehungen zum Prüfingenieur

1. Beim Beizug durch eine Behörde

1. Der Bauherr steht in keinem Vertragsverhältnis mit dem Prüfingenieur. Der Prüfingenieur tritt gegenüber dem Bauherrn entweder nicht oder dann hoheitlich in Vertretung der Behörde auf. Das Verhältnis zwischen Bauherrschaft und Prüfingenieur richtet sich daher nach öffentlichem Recht. 11.31

2. Das Verhältnis zwischen Behörde und Prüfingenieur kann ebenfalls dem öffentlichen Recht unterstehen. Dies ist dann der Fall, wenn die vom Prüfingenieur zu erbringende Leistung eine direkte Erfüllung einer öffentlichen Aufgabe darstellt,[5] wie dies beispielsweise beim Prüfingenieur bei Bauvorhaben in Gefahrenzonen im Kanton Graubünden der Fall ist. 11.32

---

[5] MÄCHLER, S. 118, Nr. 9, mit Hinweisen.

11.33 **3.** Wird der Prüfingenieur von der Genehmigungs-/Bewilligungsbehörde lediglich als Berater beigezogen, so wird der Vertrag zwischen den Parteien vom Privatrecht beherrscht.[6] Ein derartiger Vertrag untersteht den gesetzlichen Bestimmungen über den einfachen Auftrag (Art. 394 ff. OR).

2. Beim Beizug durch die Bauherrschaft

11.34 **1.** Die Qualifikation von Architekten- und Ingenieurverträgen wird immer wieder kontrovers diskutiert (vgl. Nr. 1.27 ff.). Zu Diskussionen Anlass gab auch die Qualifikation des Gutachtervertrages. Im Entscheid BGE 127 III 328 erläuterte das Bundesgericht, die Vielfalt der möglichen Vertragsinhalte verlange eine Differenzierung bei der rechtlichen Einordnung des Gutachtervertrages. Das Bundesgericht sah es als richtig an, bei Gutachten, welche nach objektiven Kriterien überprüft und als richtig oder falsch qualifiziert werden können (wie insbesondere technische Gutachten), von einem Werkvertrag auszugehen. Demgegenüber sollen Gutachterverträge, bei denen die Ergebnisse nicht objektiv garantiefähig sind, dem Auftragsrecht unterstehen. Geschuldet sei bei derartigen Gutachten nicht ein Arbeitserfolg im Sinne der objektiven Richtigkeit des Resultats, sondern lediglich ein sorgfältiges Tätigwerden im Interesse des Vertragspartners (kritisch Nr. 1.37 ff.).

11.35 **2.** Der Prüfingenieur hat gestützt auf den konkreten Vertrag mit der Bauherrschaft die Leistungserbringung des Projektingenieurs sorgfältig zu prüfen. Er verspricht damit der Bauherrschaft ein Tätigwerden in deren Interesse. Einen davon abweichenden Arbeitserfolg verspricht er meines Erachtens nicht. Soweit überhaupt von einem Erfolg gesprochen werden kann, geht dieser in der Tätigkeit auf.[7]

11.36 **3.** In der Regel wird der Prüfingenieur zwar einen Prüfbericht zu erstellen haben. Dieser Bericht könnte als Gutachten über die Richtigkeit der Leistungen des Projektingenieurs verstanden werden. Nun handelt es sich aber bei der Erstellung des Prüfberichts nicht um die Hauptleistung des Prüfingenieurs. Die Hauptleistung besteht in der Prüfung der Leistungen des Projektingenieurs und damit nicht in der Schaffung eines eigenen Werks, sondern in der Besorgung eines dem Prüfingenieur von der Bauherrschaft übertragenen Geschäftes. Der Prüfbericht dient lediglich als Dokumentation dieser Ge-

---

6 MÄCHLER, S. 118, Nr. 9, mit Hinweisen.

7 KOLLER, Berner Kommentar, N 69 zu Art. 363 OR.

schäftsbesorgung. Er ist diesbezüglich vergleichbar mit einem von der Bauleitung geführten Baujournal.

4. Damit untersteht der Prüfingenieurvertrag nach meinem Dafürhalten dem Auftrags- und nicht dem Werkvertragsrecht.[8] Der Qualifikation als Auftrag kommt in verschiedener Hinsicht Bedeutung zu: 11.37

a. Klar ist, dass damit zwingend Art. 404 Abs. 1 OR zur Anwendung gelangt, wonach das Vertragsverhältnis von jedem Teile jederzeit aufgelöst werden kann.[9] 11.38

b. Von erheblicher Bedeutung ist aber auch Art. 396 Abs. 1 OR, wonach sich der Umfang des Auftrages nach der Natur des zu besorgenden Geschäfts bestimmt, wenn er nicht ausdrücklich bezeichnet worden ist. Da der Auftrag an den Prüfingenieur vom Grundsatz des Vieraugenprinzips geleitet und das grosse Schadenspotenzial bei Fehlern im Arbeitsergebnis des Projektingenieurs der Grund für den Beizug des Prüfingenieurs ist, muss der Prüfingenieur damit rechnen, dass der von ihm zu erbringende Leistungsumfang bei unklarer vertraglicher Regelung eher weit gefasst wird. 11.39

c. Zu erwähnen ist auch die sehr weit gehende Sorgfalts- und Treuepflicht nach Art. 398 Abs. 2 OR. Der Prüfingenieur als Auftragnehmer hat alles zu tun, um die richtige Erfüllung der Hauptleistung und die Verwirklichung des Leistungserfolges zu gewährleisten. Er hat die Interessen des Auftraggebers umfassend zu wahren und alles zu unterlassen, was dem Auftraggeber Schaden zufügen könnte.[10] 11.40

d. Schliesslich haftet der Auftragnehmer nur bei Verschulden,[11] wohingegen im Werkvertragsrecht bei der Mängelhaftung – von der Haftung für Mangelfolgeschaden abgesehen – kein Verschulden vorausgesetzt ist (Kausalhaftung).[12] 11.41

---

8 Hess-Odoni, Rechtsfragen, S. 3 f.

9 BGE 115 II 464.

10 Fellmann, Berner Kommentar, N 24 zu Art. 398 OR.

11 Fellmann, Berner Kommentar, N 462 zu Art. 398 OR.

12 Gauch, Werkvertrag, Nr. 1504 f.

V. Die Haftung des Prüfingenieurs

1. Ansprüche gegen einen hoheitlich tätigen Prüfingenieur

11.42 **1.** Ist der Prüfingenieur hoheitlich tätig (Nr. 11.23), richtet sich seine Haftung nach dem anwendbaren öffentlichen Recht. Massgebend ist das jeweilige Verantwortungsrecht, welchem das Gemeinwesen untersteht, für das der Prüfingenieur handelt. Dabei ist zu beachten, dass der Bund und die meisten Kantone eine ausschliessliche Haftung des Staates vorsehen und die Geschädigten keinen Anspruch gegenüber der handelnden Amtsperson geltend machen können.[13]

11.43 **2.** Ob der Staat im Falle eines Schadens haftbar gemacht werden kann, weil der Prüfingenieur die ihm obliegende Prüfung ungenügend vorgenommen hat, hängt davon ab, inwiefern den Staat eine Handlungspflicht getroffen hat, welche im Interesse der Rechtsgüter des Geschädigten erlassen worden ist. Der Geschädigte müsste also aufzeigen können, dass der Prüfingenieur eine Amtspflicht verletzte, welche ihn und seine Rechtsgüter vor dem konkret eingetretenen Schaden schützen sollte.[14]

11.44 **3.** Wird das Gemeinwesen wegen einer pflichtwidrigen Prüfung des Prüfingenieurs in Anspruch genommen und hat es dem Geschädigten einen Schaden zu ersetzen, stellt sich die Frage, wie weit es auf den Prüfingenieur Rückgriff nehmen kann. Regelmässig wird dieser Rückgriff ebenfalls in den entsprechenden Verantwortlichkeits- bzw. Haftungsgesetzen geregelt. Zumeist verlangen die entsprechenden Gesetze für einen Rückgriff ein vorsätzliches oder grobfahrlässiges Verschulden des hoheitlich tätigen Prüfingenieurs.[15]

11.45 **4.** Der Prüfingenieur hat jeweils Leistungen des Projektingenieurs zu prüfen. Hat er die Prüfung im Zusammenhang mit einer hoheitlichen Tätigkeit ungenügend vorgenommen und ist in der Folge ein Dritter zu Schaden gekommen, wird kaum je der Prüfingenieur bzw. der Staat allein als Pflichtiger dastehen. Von einer Haftung betroffen sein dürften insbesondere der Projektingenieur, der Bauherr und der Werk- oder Grundeigentümer. Es stellt sich dabei jeweils die Frage, ob das Verschulden dieser Personen derart schwer wiegt, dass es den adäquaten Kausalzusammenhang zwischen der Pflichtwidrigkeit des

---

13 Häfelin/Müller/Uhlmann, S. 491, Nr. 2306.

14 Sobotich, S. 73 f.

15 Z.B. nach Art. 7 VG (SR 170.32) oder nach Art. 11 des Gesetzes über die Staatshaftung des Kantons Graubünden vom 5. Dezember 2006 (BR 170.050).

Prüfingenieurs und dem eingetretenen Schaden zu unterbrechen vermag.[16] Kann das Verschulden der weiteren Beteiligten nicht als derart gravierend beurteilt werden, dass die Staatshaftung wegfallen würde, ist zu klären, in welchem Verhältnis die Staatshaftung zu der Haftung der weiteren Beteiligten steht. In Lehre und Rechtsprechung findet sich dazu keine einheitliche Meinung.[17]

2. Die Vertragshaftung des Prüfingenieurs

Begeht der Prüfingenieur eine Vertragsverletzung und führt diese adäquat kausal zu einem Schaden seines Vertragspartners, so hat der Prüfingenieur für den entstandenen Schaden einzustehen, falls er nicht nachweisen kann, dass ihn kein Verschulden trifft (Art. 398 und Art. 97 Abs. 1 OR).[18] Die spezielle Stellung des Prüfingenieurs in der Bauorganisation und die vielschichtigen Möglichkeiten der Ausgestaltung des Prüfingenieurvertrages führen zu diversen Fragestellungen im Zusammenhang mit diesen Tatbestandselementen. 11.46

A. Die vorausgesetzte Vertragsverletzung

1. Eine Haftung des Prüfingenieurs gegenüber seinem Vertragspartner kommt nur infrage, wenn der Prüfingenieur eine Vertragsverletzung begangen hat. Der Prüfingenieur schuldet eine sorgfältige Prüfung der Leistungen des Projektingenieurs im Rahmen des vereinbarten Prüfungsumfangs (Art. 398 OR). Wegen der vielschichtigen Möglichkeit zur Ausgestaltung des Prüfingenieurvertrages kommt der Bestimmung des Vertragsumfanges im Haftungsfall grosse Bedeutung zu. So ist es durchaus möglich, dass der Projektingenieur einen Fehler begangen hat, den der Prüfingenieur nicht entdeckte, dem Prüfingenieur aber dennoch keine Vertragsverletzung vorgeworfen werden kann. Dies ist beispielsweise der Fall, wenn der Prüfingenieur lediglich eine stichprobenweise Kontrolle gewisser Unterlagen des Projektingenieurs vorzunehmen hat, die Wahl der durchgeführten Stichproben sich als sinnvoll erweist und der Fehler dabei nicht festgestellt werden konnte. 11.47

2. Grundsätzlich bestimmt sich der Vertragsumfang nach der Vereinbarung zwischen den Parteien. Liegt keine klare vertragliche Grundlage mit einer 11.48

[16] SOBOTICH, S. 151.

[17] SOBOTICH, S. 163 mit Hinweisen.

[18] GAUCH/SCHLUEP/EMMENEGGER, Nr. 2615 ff.

detaillierten Pflichtenregelung vor, ist der Leistungsumfang durch Vertragsergänzung zu bestimmen. Als Regel hält Art. 396 Abs. 1 OR fest, dass sich der Umfang des Auftrages nach der Natur des zu besorgenden Geschäftes bestimmt, wenn er nicht ausdrücklich bezeichnet worden ist.

11.49 **3.** Mit dem Beizug eines Prüfingenieurs will der Bauherr sicherstellen, dass allfällige Fehler des Projektingenieurs frühzeitig entdeckt werden. Der Bauherr hat damit ein Interesse daran, dass die Leistungen des Projektingenieurs möglichst weitgehend geprüft werden. Dieses Interesse steht aber im Konflikt zum wirtschaftlichen Interesse des Bauherrn, die Kosten des Vorhabens gering zu halten. Häufig dürfte sich der Bauherr gar nicht bewusst sein, wie aufwendig eine detaillierte Prüfung der Leistungen des Projektingenieurs sein kann. Verfügt der Bauherr (bzw. der von ihm beigezogene Bauherrenberater) nicht selber über genügend Fachwissen, kommt daher dem Prüfingenieur bereits anlässlich der Vertragsgestaltung die Aufgabe zu, den Bauherrn über die Möglichkeiten der Ausgestaltung des Prüfingenieurvertrages zu orientieren und ihn über die Konsequenzen des unterschiedlichen Prüfungsumfangs (Kosten/Risiken) aufzuklären.[19]

11.50 **4.** Wurde der Leistungsumfang nicht detailliert umschrieben, muss der Prüfingenieur damit rechnen, dass im Schadensfalle von einem weiter gehenden Leistungsumfang ausgegangen wird, als er erwartet hatte. Ohne klare Regelung dürfte vom Prüfingenieur eine konkrete und umfassende Nachprüfung der Berechnungen des Projektingenieurs unter dem Aspekt der Sicherheit (inkl. Erdbebensicherheit) und der Gebrauchstauglichkeit verlangt werden. Erwartet werden dürfte regelmässig auch, dass der Prüfingenieur prüft, ob der Projektingenieur die von den Tragwerksnormen SIA-Normen 260 ff. verlangten Gefährdungsbilder und Sicherheitspläne sowie die Nutzungszustände und Nutzungspläne erstellt[20] bzw. die in der Nutzungsvereinbarung enthaltenen Anforderungen in der Planung umgesetzt hat.

11.51 **5.** Wurde im Prüfingenieurvertrag die Richtlinie des ASTRA «Projektierung und Ausführung von Kunstbauten der Nationalstrassen» (Ausgabe 2005) als anwendbar erklärt, ist deren Ziff. 7.4 zu beachten. Danach hat der Prüfingenieur im Prüfbericht darauf hinzuweisen, wenn das Tragwerkskonzept, die Abmessungen, die Baumethode, bei Tunnels die Ausbruchmethoden oder konstruktive Ausbildungen offensichtlich nicht wirtschaftlich sind. Macht

19 Fellmann, Berner Kommentar, N 156 zu Art. 398 OR.
20 Hess-Odoni, Rechtsfragen, S. 4.

der Prüfingenieur derartige Feststellungen, so dürfte er aber auch ohne Übernahme dieser Richtlinie und ohne ausdrückliche Erwähnung im Vertrag als Ausfluss der Treuepflicht nach Art. 398 OR verpflichtet sein, seinen Vertragspartner auf seine Feststellungen hinzuweisen.[21] Demgegenüber kann vom Prüfingenieur ohne entsprechende Vereinbarung nicht verlangt werden, dass er die Arbeitsergebnisse des Projektingenieurs auf deren Wirtschaftlichkeit hin überprüft. Die Überprüfung der Wirtschaftlichkeit eines Projekts würde denn auch eine sehr intensive Auseinandersetzung mit der Projektierung (inkl. der Besprechungen zwischen Ingenieur und Bauherrschaft) und dem Projekt voraussetzen, welche den Aufwand der Prüfung unter den Aspekten der Sicherheit und der Gebrauchstauglichkeit regelmässig deutlich überschreiten würde.

B. Der vorausgesetzte Schaden

1. Schaden ist eine unfreiwillige Verminderung des Reinvermögens. Er kann in einer Verminderung der Aktiven, einer Vermehrung der Passiven oder im entgangenen Gewinn bestehen und entspricht der Differenz zwischen dem gegenwärtigen Vermögensstand und dem Stand, den das Vermögen ohne das schädigende Ereignis hätte.[22] 11.52

2. In der Regel führt eine Vertragsverletzung des Prüfingenieurs nur dann zu einem Schaden, wenn bereits der Projektingenieur eine Vertragsverletzung begangen hat.[23] Liegt keine Vertragsverletzung des Projektingenieurs vor, kommt der Prüfingenieur aber seinen Pflichten nicht nach (z.B. nur oberflächliche Prüfung anstelle einer vereinbarten detaillierten Prüfung), kann diese Vertragsverletzung des Prüfingenieurs mangels eines zu ersetzenden Schadens lediglich zu einer Reduktion seines Honorars wegen unvollständiger Leistungserbringung führen. Es gibt aber dennoch Fälle, bei denen die Leistung des Projektingenieurs fehlerfrei ist, die Vertragsverletzung des Prüfingenieurs aber zu einem Schaden führt. 11.53

a. Zu denken ist beispielsweise daran, dass der Prüfingenieur Arbeitsergebnisse des Projektingenieurs zu Unrecht als fehlerbehaftet moniert. Die unrichtige Beurteilung des Prüfingenieurs und die daran anschliessende Abklärung des Projektingenieurs können zu einer Verzögerung in der Projektierung 11.54

---

21 FELLMANN, Berner Kommentar, N 146 zu Art. 398 OR.

22 GAUCH/SCHLUEP/EMMENEGGER, Nr. 2848 mit Hinweisen.

23 HESS-ODONI, Rechtsfragen, S. 5.

und in der Folge in der Ausführung des Vorhabens führen. Die Verzögerung kann beim Bauherrn einen erheblichen Schaden verursachen (z.B. Mehrkosten, Konventionalstrafen gegenüber Dritten etc.). Hat der Prüfingenieur zu Unrecht einen Fehler des Projektingenieurs moniert, liegt eine Vertragsverletzung vor, und der Prüfingenieur kann für den daraus resultierenden Schaden haftbar gemacht werden.

11.55 **b.** Anstatt zu einer Verzögerung des Vorhabens kann die falsche Beurteilung durch den Prüfingenieur zu einer fehlerhaften Weisung an den Projektingenieur führen. Diesen trifft zwar eine Abmahnungspflicht, wenn er die Weisung als fehlerhaft erkennt oder hätte erkennen müssen. Vertraut der Bauherr aber auf die fehlerhafte Beurteilung seines Prüfingenieurs und hält er an der fehlerhaften Weisung trotz der Abmahnung des Projektingenieurs fest, kann ihm ein Schaden entstehen, den er nicht auf den Projektingenieur überwälzen kann (Art. 369 OR).

C. Der vorausgesetzte Kausalzusammenhang

11.56 **1.** Der Prüfingenieur hat für einen Schaden einzustehen, wenn der eingetretene Schaden nach dem gewöhnlichen Lauf der Dinge und der allgemeinen Lebenserfahrung bei einer vertragsgemässen Prüfung der Arbeitsergebnisse des Projektingenieurs hätte vermieden werden können.[24] Dies ist beispielsweise der Fall, wenn der Prüfingenieur einen Fehler in der Statik des Projektingenieurs vertragswidrig nicht erkennt (weil er selber einen Fehler in der Nachberechnung begeht oder aber einzelne Berechnungen gar nicht überprüft) und das fertig gestellte Bauwerk den vorhersehbaren Belastungen nicht standhält. Der sich daraus ergebende Schaden (z.B. Instandstellungs-/Sanierungskosten) steht in diesem Falle in kausalem Zusammenhang mit der vertragswidrigen Überprüfung der Statik des Projektingenieurs durch den Prüfingenieur.

11.57 **2.** Denkbar ist, dass der Prüfingenieur einzelne Unterlagen des Projektingenieurs, welche sich im Nachhinein als fehlerhaft erweisen, vertragswidrig gar nicht geprüft hat. Der erforderliche Kausalzusammenhang zwischen der Vertragsverletzung des Prüfingenieurs und dem eingetretenen Schaden muss dennoch nicht vorliegen. Wurde nur eine Plausibilitätskontrolle vereinbart und hätte dabei der Fehler gar nicht entdeckt werden können, so fehlt es an der geforderten natürlichen Kausalität.

[24] GAUCH/SCHLUEP/EMMENEGGER, Nr. 2950.

3. Die Deliktshaftung des Prüfingenieurs

1. Nach Art. 41 Abs. 1 OR hat derjenige, der einem andern widerrechtlich einen Schaden zufügt, den Schaden im Falle eines Verschuldens zu ersetzen. Die von dieser Norm geforderte Widerrechtlichkeit liegt nach der bundesgerichtlichen Rechtsprechung vor, wenn entweder ein absolutes Recht des Geschädigten (Leib und Leben, Persönlichkeit, Eigentum, Besitz) beeinträchtigt oder eine reine Vermögensschädigung durch Verstoss gegen eine einschlägige Schutznorm bewirkt wird.[25] 11.58

2. Hat der Projektingenieur einen Planungsfehler begangen und führt dies zu einer Schädigung eines Dritten in dessen absoluten Rechten, so muss er damit rechnen, vom Dritten haftbar gemacht zu werden. Das bedeutet jedoch nicht, dass auch der Prüfingenieur, welcher den Planungsfehler des Projektingenieurs nicht entdeckt hat, ebenfalls gestützt auf Art. 41 Abs. 1 OR haftbar gemacht werden könnte. Die Haftung nach dieser Bestimmung setzt nämlich voraus, dass die Verletzung des absoluten Rechts des Geschädigten auf ein rechtswidriges Verhalten des Schädigers zurückzuführen ist. Eine Unterlassung ist auch bei Verletzung von absoluten Rechten des Geschädigten nur dann rechtswidrig, wenn den Unterlassenden eine spezifische Rechtspflicht zur Abwendung des drohenden Verletzungserfolges trifft, der Unterlassende mithin gegenüber dem Geschädigten eine Garantenstellung einnimmt.[26] Nur wenn konkrete, sich aus positiven Verhaltensnormen des Privat-, Verwaltungs- oder Strafrechts ergebende und im Interesse des Geschädigten bestehende Handlungspflichten verletzt werden,[27] erweist sich eine Unterlassung als widerrechtlich. 11.59

Weist der Prüfingenieur nicht auf Planungsfehler des Projektingenieurs hin und kommt es aufgrund dieser Fehler zu einer Schädigung eines Dritten, so kann der Dritte nicht direkt gegen den Prüfingenieur vorgehen, weil in der Regel keine Widerrechtlichkeit im Sinne von Art. 41 Abs. 1 OR vorliegt. Der Prüfingenieur begeht zwar durch die allfällige Unterlassung einer sorgfältigen Prüfung der Leistungen des Projektingenieurs eine Vertragsverletzung. Dies nützt dem Dritten aber nichts, da diese vertragliche Pflicht keine Garantenstellung zugunsten des Dritten zu begründen vermag. Geht der Geschädigte aber gestützt auf Art. 55 Abs. 1 OR oder Art. 679 ZGB gegen den Bauherrn 11.60

25 BGer 4C.296/1999 (28.1.2000) E. 1.a.

26 BGer 4C.296/1999 (28.1.2000) E. 1.a.

27 BGer 4C.296/1999 (28.1.2000) E. 1.b.

vor, so kann dieser auf den Prüfingenieur Rückgriff nehmen, falls sich der Prüfingenieur eine Vertragsverletzung zuschulden kommen liess.

11.61 **3.** Ein direkter Haftungsanspruch des Geschädigten ist allerdings dann nicht ausgeschlossen, wenn der Prüfingenieur dem Projektingenieur eine fehlerhafte Weisung erteilt, welche zur Schädigung des Dritten geführt hat. Die fehlerhafte Weisung wäre dem Prüfingenieur als rechtswidriges Verhalten anzurechnen, wenn die Weisung eine Verletzung absoluter Rechte des geschädigten Dritten zur Folge hätte.

4. Der Prüfingenieur und weitere Baubeteiligte

A. Das Verhältnis zum Projektingenieur

11.62 **1.** Hat der Prüfingenieur in vertragswidriger Weise einen Fehler des Projektingenieurs nicht entdeckt und ist dem Bauherrn daraus ein Schaden entstanden, so haften sowohl der Projektingenieur als auch der Prüfingenieur gegenüber dem Bauherrn. Es liegt ein Fall von unechter Solidarität vor (vgl. Nr. 15.43). Das bedeutet, dass der Bauherr wählen kann, ob er sich beim Projektingenieur oder beim Prüfingenieur schadlos halten will. Der ins Recht gefasste Projektingenieur kann gegenüber dem Bauherrn grundsätzlich nicht geltend machen, dass sich wegen der Mithaftung des Prüfingenieurs seine Haftung verringere.

11.63 **2.** Das Mitverschulden eines Dritten kann dann zu einer Haftungsreduktion führen, wenn es einen für den Schaden kausalen Umstand darstellt, für den der Geschädigte gemäss Art. 44 Abs. 1 OR einzustehen hat. Dies ist dann der Fall, wenn das Drittverschulden von einer Hilfsperson des Geschädigten ausgeht, deren Verhalten er sich gemäss Art. 101 Abs. 1 OR anrechnen lassen muss.[28] Ob der Prüfingenieur als Hilfsperson des Bauherrn zu beurteilen ist, hängt davon ab, inwiefern ihm gegenüber dem Projektingenieur eine Vorrangstellung eingeräumt wird.[29] Ob dies der Fall ist, muss anhand der gesamten Umstände geprüft werden. Solange der Prüfingenieur lediglich die Leistungen des Projektingenieurs zu prüfen und allfällige Fehler oder Unstimmigkeiten dem Bauherrn zu melden hat (Regelfall), ist nicht von einer Vorrangstellung auszugehen. Hat der Prüfingenieur aber beim Entdecken von Fehlern oder Unstimmigkeiten der Leistungen des Projektingenieurs die-

[28] BGE 130 III 603 E. 5.5.1.
[29] BGE 130 III 603 E. 5.5.1.

sem gegenüber ausnahmsweise gestützt auf den konkreten Vertrag zwischen ihm und der Bauherrschaft ein Weisungsrecht, so kommt dem Prüfingenieur gegenüber dem Projektingenieur eine Vorrangstellung zu und hat sich der Bauherr dessen Handlungen (fehlerhafte Weisungen) im Sinne von Art. 101 Abs. 1 OR anrechnen zu lassen. Eine Herabsetzung der Ersatzpflicht des Projektingenieurs gestützt auf Art. 44 Abs. 1 OR ist dann nicht ausgeschlossen.

3. Der Beizug eines Prüfingenieurs kann aber noch weiter gehende Folgen haben. Hat der Projektingenieur die von ihm zu erstellenden Unterlagen abgeliefert und werden diese vom Bauherrn ausdrücklich oder stillschweigend genehmigt, so ist der Projektingenieur von seiner Haftpflicht befreit, soweit es sich nicht um Mängel handelt, die bei der Abnahme und ordnungsmässigen Prüfung nicht erkennbar waren oder vom Projektingenieur absichtlich verschwiegen wurden (Art. 370 Abs. 1 OR). Grundsätzlich wird nicht verlangt, dass eine fachmännische Prüfung der Unterlagen vorgenommen wird. Allenfalls kann der Projektingenieur im Falle des Beizugs eines Prüfingenieurs aber nachweisen, dass eine fachmännische Prüfung vertraglich zugesichert war (sei dies ausdrücklich oder stillschweigend) oder eine derartige Prüfung der Übung entspricht.[30] In diesem Fall hätte der Projektingenieur für Mängel in den von ihm erstellten Unterlagen nach Ablieferung nur noch einzustehen, wenn diese innerhalb der Prüfungsfrist (Art. 367 Abs. 1 OR) gerügt wurden oder aber auch bei einer fachmännischen und sorgfältigen Prüfung durch den Prüfingenieur nicht erkennbar waren. Eine ungenügende Prüfung durch den Prüfingenieur könnte daher zur Verwirkung von Ansprüchen gegenüber dem Projektingenieur führen. Um dies zu verhindern, sollte der Bauherr im Vertrag mit dem Projektingenieur festhalten, dass der allfällige Beizug eines Prüfingenieurs keinen Anspruch auf fachmännische Prüfung der Leistungen des Projektingenieurs zu begründen vermöge und dessen Prüfbericht auch nicht als Genehmigung der Unterlagen des Projektingenieurs zu werten sei. In diesem Zusammenhang sei auf Art. 18 NSV verwiesen. In dieser Bestimmung wird ausdrücklich festgehalten, dass die Prüfung des Detailprojekts durch einen Prüfingenieur keine Werkabnahme darstelle und den Projektingenieur nicht von seiner Haftung entbinde. 11.64

4. Zu entlasten vermag sich der Projektingenieur auch, wenn der Prüfingenieur ihm gegenüber ausnahmsweise weisungsbefugt ist und eine fehlerhafte Weisung erteilt, welche zu einem Schaden führt. Möglich ist beispielsweise, 11.65

[30] Vgl. GAUCH, Werkvertrag, Nr. 2122.

dass der Prüfingenieur einen vermeintlichen Fehler in den Unterlagen des Projektingenieurs entdeckt und von diesem eine Korrektur verlangt. Ist der Projektingenieur der Ansicht, dass die Korrekturanweisung falsch ist, trifft ihn zwar eine Abmahnungspflicht. Besteht der weisungsbefugte Prüfingenieur oder aber der Bauherr selber dennoch auf der Umsetzung der Korrekturanordnung, hat der Projektingenieur für einen daraus resultierenden Schaden nicht einzustehen (Art. 369 OR).

11.66 **5.** Aufgrund dieser Umstände ist dem Bauherrn zu empfehlen, dem Prüfingenieur kein Weisungsrecht zu erteilen. Stellt der Prüfingenieur Fehler oder Unstimmigkeiten in den Leistungen des Projektingenieurs fest, soll er dem Bauherrn Bericht erstatten. Der Bauherr soll dann den Projektingenieur zur Stellungnahme auffordern. Bleibt strittig, ob die Leistungen des Projektingenieurs fehlerhaft sind, hat der Bauherr sich allerdings zu entscheiden, ob er dem Projektingenieur oder dem Prüfingenieur mehr Vertrauen schenkt. Allenfalls sieht er sich in einer solchen Situation gar gezwungen, für den erforderlichen Entscheid einen weiteren Ingenieur beizuziehen.

B. Das Verhältnis zum Unternehmer

11.67 **1.** Der Prüfingenieur hat grundsätzlich keinen Kontakt zu Unternehmern aufzunehmen. Er soll lediglich die Leistungen des Projektingenieurs prüfen.

11.68 **2.** Demgegenüber hat der Projektingenieur Unterlagen zuhanden der Unternehmer zu erstellen oder diesen in Vertretung des Bauherrn Weisungen zu erteilen. Führen fehlerhafte Unterlagen oder fehlerhafte Weisungen des Projektingenieurs zu Mängeln am Bauwerk und allenfalls zu Mangelfolgeschäden, kann die Haftung des Unternehmers wegen Selbstverschuldens des Bauherrn (dieser muss sich das Verhalten des Projektingenieurs als Hilfsperson gegenüber dem Unternehmer anrechnen lassen) entfallen (Art. 369 OR). Diese Folge tritt auch ohne Abmahnung des Unternehmers ein. Voraussetzung ist allerdings, dass der Unternehmer die Fehlerhaftigkeit der Unterlagen oder Weisungen weder erkannte noch hätte erkennen müssen.[31] Erkennen muss der Unternehmer Fehler, die offensichtlich sind, sowie – falls ihn eine Nachprüfungspflicht trifft – Fehler, die er bei sorgfältiger Nachprüfung hätte erkennen können.[32]

---

[31] GAUCH, Werkvertrag, Nr. 1958.

[32] GAUCH, Werkvertrag, Nr. 1968 ff.

3. Wurden die Unterlagen des Projektingenieurs oder dessen Weisungen von einem Prüfingenieur geprüft und als in Ordnung beurteilt, kann der Bauherr gegenüber dem Unternehmer kaum noch geltend machen, die Fehlerhaftigkeit sei offensichtlich gewesen. 11.69

4. Beim Beizug eines Prüfingenieurs, der die Arbeitsergebnisse des Projektingenieurs zu prüfen hat, kann vom Unternehmer in der Regel auch nicht erwartet werden, dass er die Unterlagen des Projektingenieurs oder dessen Weisungen ebenfalls noch nachprüft. Selbst wenn aber in einem konkreten Fall eine Nachprüfung erforderlich wäre, dürfte der Umstand, dass die Fehlerhaftigkeit der Unterlagen oder der Weisungen des Projektingenieurs vom Prüfingenieur nicht beanstandet wurde, zumindest ein gewichtiges Indiz dafür darstellen, dass auch der Unternehmer die Fehlerhaftigkeit selbst bei einer sorgfältigen Nachprüfung nicht hätte feststellen können. 11.70

5. Der Beizug eines Prüfingenieurs erhöht damit das Risiko des Bauherrn, dass ihm bei Fehlern in den Arbeitsergebnissen des Projektingenieurs der Unternehmer ein dessen Haftung dahinfallendes Selbstverschulden vorwerfen kann. 11.71

§ 12 Der Bauherrenberater

HANNES ZEHNDER[1]

Inhaltsverzeichnis

---

1 Dank schulde ich namentlich dipl. Bauing. ETH/SIA/STV Thomas HUONDER, Handelsrichter des Kantons Zürich, für die kritische Durchsicht des Manuskripts und die wertvollen Hinweise.

I. Einleitung

12.1 Der «klassische» Vertragspartner des Architekten oder des Bauingenieurs ist der Bauherr, der eine Baute planen und erstellen lässt. Bei grösseren Bauvorhaben ziehen Bauherren immer häufiger für die Zusammenarbeit mit dem Architekten, dem Bauingenieur oder dem General- oder Totalunternehmer einen speziellen Bauherrenberater bei. Dieser soll den Bauherrn im Verkehr mit den an der Planung und Ausführung des Bauwerks beteiligten Architekten, Ingenieuren und Unternehmern unterstützen, entlasten und allenfalls vertreten. Das Tätigkeitsgebiet des Bauherrenberaters ist mit jenem der Architekten und Bauingenieure nahe verwandt. In der Praxis sind denn auch viele ausgebildete Architekten oder Bauingenieure als Bauherrenberater tätig. Der Beizug eines Bauherrenberaters kann ausserdem Auswirkungen auf die Haftung des mit der Planung und Leitung des Bauvorhabens betrauten Architekten oder Bauingenieurs haben. Dies rechtfertigt es, die Aufgaben des Bauherrenberaters und dessen Haftung im Rahmen dieses Buches vorzustellen. Da in der Schweiz juristische Literatur und echte Präjudizien[2] zum Bauherrenberater fehlen, wird mit den nachstehenden Ausführungen **Neuland** betreten.

---

2 Das Bundesgericht hat sich kurz vor dem Erscheinen dieses Buchs im Entscheid BGer 4A_252/2012 vom 27.9.2012 erstmals mit einem Fall eines Bauherrenberaters befassen müssen, der einen Bauherrn gegenüber einem Generalunternehmer vertrat. Allerdings sind darin keine dogmatischen Erwägungen zum Bauherrenberatervertrag zu finden, weshalb diesem Entscheid nicht der Charakter eines echten Präjudizes zukommt.

II. Grundlagen

1. Typische Aufgaben des Bauherrenberaters

1. Für den Architekten oder den Bauingenieur sind in den SIA-Ordnungen 102/103 Leistungsbeschriebe[3] formuliert, welche die von diesen Baufachleuten zu erbringenden «Grundleistungen» (Art. 4 Abs. 2 SIA 102/103) entsprechend «dem üblichen Planungsablauf» (Art. 4 Abs. 3 SIA 102/103) umschreiben. Diese Leistungsbeschriebe haben sich in der Baupraxis bei der Definition der von Architekten bei Hoch- und Bauingenieuren bei Tiefbauten typischerweise geschuldeten Leistungen durchgesetzt. **Für den Bauherrenberater fehlt ein bewährter Leistungsbeschrieb.** Dies ist nicht weiter erstaunlich, da es sich bei der Bauherrenberatung um eine relativ «junge Disziplin» beim Bau handelt. Ausserdem wird in der Baufachliteratur das Einsatzgebiet von Bauherrenberatern, namentlich bezüglich der Abgrenzung zum Tätigkeitsbereich der Architekten oder Bauingenieure, bisher kaum überzeugend definiert. Selbst die Berufsorganisation der schweizerischen Bauherrenberater, die Kammer Unabhängiger Bauherrenberater (KUB), listet in einem Anhang zu ihrem Mustervertrag, den sie selbst als «Mandatsvertrag» bezeichnet, nur eine Übersicht allenfalls möglicher «Leistungsbilder» des Bauherrenberaters im Sinne einer «Checkliste» auf (nachfolgend: «KUB-Leistungsbilder»). 12.2

2. Obschon die Baupraxis den «Bauherrenberatervertrag» mit einem einheitlichen Leistungsbild nicht kennt,[4] zeichnet sich dieser durch **vier typische Aufgaben** des Bauherrenberaters aus: 12.3

A. Beratung

Wie es bereits die Berufsbezeichnung besagt, hat der Bauherrenberater den Bauherrn im Hinblick auf die Planung und Ausführung eines Bauvorhabens zu beraten, und zwar so, dass das Bauvorhaben technisch und wirtschaftlich zweckmässig und fristgerecht verwirklicht werden kann. Die Beratung setzt (gleich wie beim Architekten oder Bauingenieur) einen «kontinuierlichen Dialog» zwischen Bauherr und Bauherrenberater voraus, bei welchem «die 12.4

---

[3] Leistungsbeschriebe für Architekten oder Bauingenieure enthalten auch die SIA-Ordnung 111/2003 «Leistungsmodell – Planung und Beratung», die SIA-Ordnung 112/2001 «Leistungsmodell/2001» oder das SIA-Merkblatt 2027 «Bauspezifische Zuordnungen von Leistungen der Bauingenieure in Ergänzung zur LHO 103».

[4] SCHALCHER, S. 73.

Bedürfnisse des Bauherrn zu erfassen, zu analysieren» und gegebenenfalls «zu optimieren sind».[5] Damit eine **sachgerechte Beratung** möglich ist, hat der Bauherrenberater auch die dafür allenfalls notwendigen Entscheidungsgrundlagen zu erarbeiten oder erarbeiten zu lassen.[6]

12.5 Eine **typische Beratungstätigkeit** ist die Mitwirkung bei der Definition der Projektziele des Bauherrn im Rahmen der sogenannten «strategischen Planung» vor Beginn der Planung (vor dem Beizug eines Architekten oder Bauingenieurs).[7] Dem schliesst sich vielfach die Mithilfe bei der Auswahl der geeigneten Planer oder Unternehmer an.[8] Diese Aufgaben werden Bauherrenberatern immer häufiger im Rahmen von öffentlichen Submissionen für Planerarbeiten[9] (allenfalls sogar für Totalunternehmerleistungen[10]), bei Architektur- bzw. Ingenieurwettbewerben gemäss der SIA-Ordnung 142 oder bei Studienaufträgen nach der SIA-Ordnung 143 übertragen, indem sie die erforderlichen Unterlagen ausarbeiten und die Vergabestelle oder das Preisgericht bei der Entscheidungsfindung beraten (ohne in der Regel selbst Mitglied des Preisgerichts zu werden). Daneben gehört zu den charakteristischen Tätigkeiten des Bauherrenberaters die Beurteilung von Bauprojekten in wirtschaftlicher Hinsicht und die Abgabe entsprechender Empfehlungen an den Bauherrn.[11]

B. Leitung

12.6 **1.** In vielen Fällen übt der Bauherrenberater anstelle des Bauherrn gegenüber den am Bauwerk beteiligten Personen dessen Leitungsfunktion aus und vertritt den Bauherrn im Rahmen dieser Funktion.[12] Dafür hat er eine geeignete

---

5 Schumacher, Architektenrecht 1995, Nr. 443.

6 Held/Metz/Schalcher/Sonderegger, S. 143; KUB-Leistungsbilder, Ziff. 0.3; Schalcher, S. 72.

7 KUB-Leistungsbilder, Ziff. 1.1; Schalcher, S. 205.

8 KUB-Leistungsbilder, Ziff. 2.1 und 4.1; Schalcher, S.207 und 317.

9 So zum Beispiel: Bauingenieurarbeiten für die «Neue Axenstrasse N4» zwischen Brunnen/SZ und Sisikon/UR (vgl. Ausschreibung im Amtsblatt des Kantons Schwyz vom 17.9.2010, S. 2055).

10 So zum Beispiel: Sportzentrum «Eschbach», Einsiedeln (vgl. www.sportzentrum-eschbach.ch), wo der Bauherrenberater die Submissionsunterlagen für die Auswahl eines Totalunternehmers, der aufgrund eines vorhandenen Vorprojektes die weitere Planung und Ausführung dieses Vorhabens zu offerieren hatte, erstellt hat.

11 KUB-Leistungsbilder, Ziff. 2.1 und 3.2; Schalcher, S. 209.

12 Vgl. Held/Metz/Schalcher/Sonderegger, S. 9 und 144; Schalcher, S. 72.

Projekt- und Ablauforganisation zu schaffen.[13] Seine Leitungsfunktion nimmt der Bauherrenvertreter dadurch wahr, indem er verbindliche Anordnungen bezüglich der Planung und Ausführung des Bauvorhabens,[14] d.h. **Weisungen, erteilt.**[15] Er übt alsdann das Weisungsrecht des Bauherrn an dessen Stelle aus.

Im Rahmen seines eigentlichen Aufgabenbereichs haben sich die Weisungen des Bauherrenberaters an den die Planung und Ausführung leitenden Architekten oder Bauingenieur (den Gesamtleiter; Art. 3.4 SIA 102/103), den Generalplaner[16] oder den Totalunternehmer (der die gesamte Planung und Ausführung einer Baute übernimmt) zu richten.[17] Diese Baufachleute sind die typischen **Empfänger von Weisungen des Bauherrenberaters.** Sie haben alsdann, allenfalls in Zusammenarbeit mit anderen (Fach-)Planern, den sogenannten Spezialisten,[18] die Weisungen in Plänen, Berechnungen und Konzepten zu erfassen und/oder an die unter ihrer Aufsicht stehenden Unternehmer weiterzuleiten. Es kommt in der Baupraxis aber immer wieder vor, dass der Bauherrenberater direkte Weisungen an Unternehmer (oder Spezialisten) erteilt (vgl. Nr. 12.38). 12.7

2. In der Baupraxis «delegieren» (vor allem viel beschäftigte) Bauherren häufig weitreichende **Entscheidungsbefugnisse** an den Bauherrenberater. Dazu statten sie ihn mit einer entsprechenden Vollmacht aus, die ihn sogar zur Vergabe von Arbeiten in ihrem Namen und auf ihre Rechnung (als direkter Stellvertreter im Sinne von Art. 32 Abs. 1 OR) berechtigt (Nr. 5.115).[19] 12.8

---

13 KUB-Leistungsbilder, Ziff. 0.3; Menz, S. 272.

14 Vgl. Gauch, Werkvertrag, Nr. 1927.

15 Held/Metz/Schalcher/Sonderegger, S. 9.

16 Der Gesamtplaner übernimmt sämtliche Planungs- und Bauleitungsaufgaben im Zusammenhang mit einem Bauvorhaben, namentlich auch für jene Bereiche, in denen sonst spezialisierte Planer (Spezialisten) wie etwa der Tragwerkingenieur, der Elektro-, Heizungs- oder Lüftungsingenieur vom Bauherrn selbst (in einem separaten Vertrag) beigezogen werden (vgl. Menz, S. 219).

17 Held/Metz/Schalcher/Sonderegger, S. 41 ff.; Schalcher, S. 276 ff.

18 Ein solcher Spezialist ist auch der Bauingenieur, der die Tragkonstruktion eines Bauwerkes plant und berechnet (Art. 2.4 SIA 103).

19 Gauch, Architektenrecht 1995, Nr. 105.

C. Kontrolle und Überwachung

12.9 Der Bauherrenberater übernimmt im Rahmen des «übergeordneten Projektcontrollings»[20] regelmässig **Kontroll- und Überwachungsaufgaben.**[21] Diese sind **vielfältiger Art** und richten sich nach dem jeweiligen Bauherrenberatungsvertrag.

12.10 **Wichtige Beispiele** möglicher Kontroll- und Überwachungsaufgaben sind das «Überwachen der Ausführung bezüglich Kosten, Termin und Qualität»,[22] einschliesslich «periodischer Soll/Ist-Vergleich Budget» und «Kontrolle der Baubuchhaltung»,[23] oder das «Nachtragswesen».[24]

D. Zahlungsmanagement

12.11 Schliesslich kann der Bauherrenberater als **Bautreuhänder** für den Bauherrn das gesamte Zahlungsmanagement besorgen,[25] was allerdings eher atypisch ist. Er nimmt alsdann die eingehenden Rechnungen und Zahlungsanweisungen entgegen, überprüft sie buchhalterisch und veranlasst die entsprechenden Zahlungen an die am Bauwerk Beteiligten. Der Bauherrenberater, welcher das Zahlungsmanagement übernimmt, hat häufig sogar Verfügungsmacht über das Baukonto des Bauherrn. Er ist vielfach gehalten, periodisch Zwischenabrechnungen aufgrund der eingegangenen Rechnungen und die Schlussabrechnung über das Bauvorhaben für den Bauherrn zu erstellen.[26]

2. Erscheinungsformen des Bauherrenberaters

A. Der «reine» Bauherrenberater

12.12 Wie es bereits die Berufsbezeichnung ausdrückt, ist der reine Bauherrenberater als «blosser» Berater des Bauherrn tätig. Er wirkt nicht aktiv auf die Planung und das Baugeschehen ein, sondern übt eine reine **Stabsfunktion**

---

20 SCHALCHER, S. 72.
21 HELD/METZ/SCHALCHER/SONDEREGGER, S. 23.
22 KUB-Leistungsbilder, Ziff. 5.2.
23 KUB-Leistungsbilder, Ziff. 5.2.
24 KUB-Leistungsbilder, Ziff. 5.2.
25 GAUCH, Architektenrecht 1995, Nr. 105.
26 SCHAERLI, S. 18.

aus.[27] Er analysiert die Situation und erteilt dem Bauherrn Ratschläge. Die Umsetzung der Ratschläge bei der Planung und Ausführung eines Bauvorhabens erfolgt durch den Bauherrn selber. Der Bauherr bleibt alleiniger Entscheidungsträger und erteilt selbst (oder durch einen bauleitenden Planer) die Weisungen an die am Bauwerk Beteiligten.[28]

B. Der Bauherrenvertreter

1. Vielfach vertritt in der Praxis der Bauherrenberater den Bauherrn auch. 12.13
Der Bauherrenberater wird zum Bauherrenvertreter. Der Bauherrenberater als Bauherrenvertreter wirkt insoweit **aktiv bei der Planung und Ausführung des Bauvorhabens** mit, als er Leitungsfunktionen ausübt und anstelle des Bauherrn Weisungen an den planenden und leitenden Architekten oder Bauingenieur erteilt[29] und/oder Überwachungs- und Kontrolltätigkeiten verrichtet.[30]

2. Bestand und Umfang der **Vollmacht des Bauherrenvertreters** richten 12.14
sich nach den allgemeinen Grundsätzen, namentlich nach der konkret (individuell) erteilten Ermächtigung.[31] Diese Vollmacht geht in aller Regel weiter als jene des Architekten oder Bauingenieurs (vgl. Nr. 5.81 ff.) und enthält in vielen Fällen sogar eine Ermächtigung zum Abschluss von Verträgen mit den am Bauwerk Beteiligten.[32] Dementsprechend begründet bereits die Tatsache, dass der Bauherr einen Bauherrenvertreter bestellt und diesen als seinen Vertreter bezeichnet, die Kundgabe einer generellen Ermächtigung im Sinne von Art. 33 Abs. 3 OR zur Vertretung des Bauherrn bei der Planung und Ausführung eines Bauvorhabens.[33] Dadurch wird der Bauherr (bei gutem Glauben des Vertragskontrahenten im Sinne von Art. 3 ZGB) auch für Handlungen des Bauherrenvertreters gegenüber den am Bauwerk Beteiligten verpflichtet, wofür dieser eigentlich gar nicht bevollmächtigt gewesen wäre (Nr. 5.62 ff.).[34]

---

27 Held/Metz/Schalcher/Sonderegger, S. 9.

28 Held/Metz/Schalcher/Sonderegger, S. 10.

29 Zu den Weisungen, die der Bauherrenberater direkt an Unternehmer erteilt, und zur allfälligen Haftung vgl. Nr. 12.34 ff.

30 Held/Metz/Schalcher/Sonderegger, S. 9 und 23.

31 Vgl. Watter/Schneller, Basler Kommentar, N 17 zu Art. 33 OR; Zäch, Berner Kommentar, N 5 zu Art. 33 OR.

32 Gauch, Architektenrecht 1995, Nr. 105.

33 Insoweit wird eine unbeschränkte Gattungsvollmacht kundgegeben (Gauch/Schluep/Schmid, Nr. 1357; Zäch, Berner Kommentar, N 94 zu Art. 33 OR).

34 Allgemein Gauch/Schluep/Schmid, Nr. 1396.

12.15 **3.** Der Bauherrenberater als Bauherrenvertreter wird in der Baupraxis, namentlich in den schon erwähnten KUB-Leistungsbildern, als **«Projektleiter Bauherr»** bezeichnet.[35] Diese Bezeichnung ist insoweit problematisch, als bereits von der Bezeichnung her der so eingesetzte Bauherrenberater sich kaum mehr vom Architekten oder Bauingenieur als Gesamtleiter abgrenzen lässt. In Deutschland wird für diese Erscheinungsform des Bauherrenvertreters der Begriff **«Projektsteuerer»** verwendet.[36] Der «Projektsteuerer» übernimmt «die Funktionen des Auftraggebers bei der Steuerung von Projekten mit mehreren Fachbereichen».[37] Auch diese Bezeichnung vermag nicht ganz zu überzeugen, weil der Bauherrenberater eben nicht bloss das Projekt, sondern in den meisten Fällen ebenso die Ausführung der Baute zu «steuern», d.h. zu leiten, hat.

C. Der Bautreuhänder

12.16 Als Bautreuhänder ist der Bauherrenberater zu bezeichnen, der über die Vertretung des Bauherrn hinaus für ihn auch das **Zahlungsmanagement** besorgt.[38] Diese Einsatzform kommt in der Praxis eher selten vor.

3. Abgrenzungen

A. Zum Architekten oder Bauingenieur als Gesamtleiter

12.17 **1.** Gemäss den SIA-Ordnungen 102/103 übernehmen der Architekt bei Hoch- und der Bauingenieur bei Tiefbauten in der Regel die Gesamtleitung (Art. 3.4.2 SIA 102; Art. 2.3.1 SIA 103). Die **Gesamtleitung** gehört zu den **Grundleistungen des Architekten oder Bauingenieurs** (Art. 3.4.3 SIA 102).[39] Die Gesamtleitung umfasst nach Art. 3.4.1 SIA 102/103 unter anderem:

«– die Beratung des Auftraggebers,
– die Kommunikation mit dem Auftraggeber und Dritten,

---

35 HELD/METZ/SCHALCHER/SONDEREGGER, S. 9; SCHALCHER, S. 15.

36 LÖFFELMANN/FLEISCHMANN, Nr. 1226; SCHILL, S. 5 f.

37 Zitiert nach § 31 der deutschen «Verordnung über die Honorare für Leistungen der Architekten und Ingenieure» (HOAI) vom 1. Januar 1996 (ausser Kraft seit dem 18. August 2009).

38 Vielfach wird in der Praxis unter dem Begriff Bautreuhänder auch der Bauherrenvertreter ohne Befugnisse im Zahlungsmanagement verstanden.

39 In der SIA-Ordnung 103 wird dies zwar nicht ausdrücklich erwähnt, jedoch scheinbar als selbstverständlich vorausgesetzt.

– die Vertretung des Auftraggebers gegenüber Dritten im vereinbarten Rahmen,
– die rechtzeitige Bereitstellung von Entscheidgrundlagen für den Auftraggeber,
– die rechtzeitige Formulierung von Anträgen an den Auftraggeber,
– die Erstellung der Aufbau- und der Ablauforganisation,
– die Erstellung von periodischen Standberichten,
– die Organisation und Leitung einer koordinierten, projektbezogenen Qualitätssicherung,
– die Koordination der Leistungen aller Beteiligten,
– die fachliche und administrative Leitung des Planerteams.»

Die in den **SIA-Ordnungen 102/103** verwendete Definition der Aufgaben des Gesamtleiters liest sich wie ein typischer Leistungsbeschrieb für den Bauherrenberater. Es stellt sich deshalb unweigerlich die Frage, ob nach den SIA-Ordnungen bei Bauvorhaben überhaupt Raum für Bauherrenberater bleibt (obschon diese immer mehr eingesetzt werden). 12.18

2. In der **Baupraxis** lassen sich die Funktionen des Bauherrenberaters und der als Gesamtleiter eingesetzten Architekten oder Bauingenieure vor allem dadurch unterscheiden, dass es die Aufgabe des Bauherrenberaters ist, eben gerade diese zu leiten, zu überwachen und zu kontrollieren. In der «Hierarchiestufe» steht der Bauherrenberater als Vertreter des Bauherrn über dem Gesamtleiter.[40] Ausserdem ist die Funktion des Bauherrenberaters eine andere als jene des Gesamtleiters: Der Bauherrenberater hat die Bauaufgabe zu definieren und fortzuschreiben. Der Gesamtleiter wiederum hat – in Zusammenarbeit mit anderen Planern – die Bauaufgabe in seinen Plänen gestalterisch und konstruktiv zu erfassen, damit diese nachher umgesetzt werden kann. Für die Umsetzung wiederum sind die Unternehmer verantwortlich. Diese hat der Gesamtleiter (nicht der Bauherrenberater!; vgl. Nr. 12.38) zu koordinieren und zu leiten, wofür er an die Unternehmer die erforderlichen Weisungen zu erteilen hat (Nr. 12.6). 12.19

B. Zum blossen Planer und zur Bauleitung

1. Der Bauherrenberater hat **keine Pläne, Kostenschätzungen, Kostenvoranschläge oder Ausschreibungsunterlagen anzufertigen.** Dies ist Aufgabe des zuständigen Planers. Der Bauherrenberater hat allerdings dafür zu sorgen, dass der Planer diese Unterlagen als Entscheidungsgrundlagen vollständig und rechtzeitig abliefert.[41] 12.20

---

40 Schalcher, S. 70.

41 Held/Metz/Schalcher/Sonderegger, Mustervertrag im Anhang, S. 143; KUB-Leistungsbilder, Ziff. 0.3.

12.21 **2.** Der Bauherrenberater ist **nicht für die laufende Überwachung der Arbeiten auf der Baustelle zuständig.** Die «örtliche Interessenvertretung des Bauherrn auf der Baustelle»[42]ist Aufgabe der Bauleitung. Der Bauherrenberater ist aber im Verhältnis zum Bauherrn dafür verantwortlich, dass die Bauleitung ihre Aufgabe richtig wahrnimmt. Hierfür hat er im Rahmen seiner «regelmässigen Baustellenbesuche»[43] die Arbeit der Bauleitung stichprobeweise zu kontrollieren.

C. Zum Prüfingenieur

12.22 Den Bauherrenberater treffen zwar Überwachungs- und Kontrollpflichten. Doch besteht seine Prüfungspflicht (wie noch aufzuzeigen ist) nur in beschränktem Umfang (Nr. 12.46 ff.). Der Bauherrenberater **schuldet** im Rahmen seines Tätigkeitsbereichs[44] **keine spezielle Nachprüfung** der Pläne und sonstigen Berechnungen der Planer bezüglich Gebrauchstauglichkeit und Sicherheit. Gerade eine solche Nachprüfung stellt in aller Regel den typischen Inhalt des Vertrages mit dem Prüfingenieur dar (Nr. 11.22 ff.).[45]

D. Zum «internen» Projektleiter

12.23 Bei Bauvorhaben grosser Privatunternehmungen oder des Staates wird häufig eine bei der Bauherrschaft angestellte Person (oder eine Personengruppe einer bestimmten Verwaltungseinheit) als sogenannter «Projektleiter» eingesetzt.[46] Dieser «interne Projektleiter» verrichtet seine Tätigkeiten als **Arbeitnehmer des Bauherrn** im Sinne von Art. 319 ff. OR oder als Angestellter gemäss den einschlägigen öffentlich-rechtlichen Personalgesetzen oder -verordnungen.[47] Demgegenüber ist der Bauherrenberater im hier verstandenen Sinne ein vom

---

42 Menz, S. 317.

43 KUB-Leistungsbilder, Ziff. 5.2.

44 Übernimmt der Bauherrenberater auch die Nachprüfung von Plänen und Berechnungen, so handelt er eigentlich nicht mehr als Bauherrenberater, sondern übernimmt eine Aufgabe des Prüfingenieurs. Dies führt dazu, dass er auch wie ein Prüfingenieur haftet (dazu Nr. 11.42 ff.).

45 Hess-Odoni, Rechtsfragen, S. 4.

46 Held/Metz/Schalcher/Sonderegger, S.11.

47 Zum Beispiel als Angestellter des Bundes gemäss BPG.

Bauherrn beigezogener Dritter, ein externer Fachmann, der freiberuflich in einem Auftragsverhältnis gemäss Art. 394 ff. OR tätig ist.[48]

III. Die Qualifikation des Bauherrenberatervertrages

Der Bauherrenberater verrichtet typischerweise Beratungs-, Leitungs-, Überwachungs- und Kontrolltätigkeiten. Allenfalls kann er ausserdem das Zahlungsmanagement besorgen. Seine Leistungen gleichen von ihrer Struktur her jenen der Bauleitung (dazu Nr. 1.45 f.). Die typischen Arbeiten des Bauherrenberaters sind **Gegenstand eines einfachen Auftrages im Sinne von Art. 394 ff. OR**.[49] Sie haben keinen Werkvertragscharakter, weshalb auch eine Qualifikation als gemischter Vertrag ausscheidet. 12.24

IV. Die Vergütung des Bauherrenberaters

Das Zustandekommen eines Bauherrenberatervertrages setzt keine Vereinbarung einer Vergütung voraus. Haben die Parteien keine Vereinbarung über die Vergütung getroffen, so richtet sich die Vergütung gemäss Art. 394 Abs. 3 OR nach der (Verkehrs-)Übung (Nr. 7.3 und 7.35).[50] In der Baupraxis sind die Fälle allerdings selten, wo Bauherrenberater und Bauherr keine Vergütung vereinbaren. Vielmehr dürfte die Vereinbarung einer **Vergütung nach Zeitaufwand im Vordergrund** stehen (Nr. 7.20 f.), dies weil der Aufwand des Bauherrenberaters bei der Planung und Leitung eines Bauvorhabens nur schwer abschätzbar ist. Dabei werden in der Regel auch die einzelnen Stundenansätze der Mitarbeiter der Unternehmung des Bauherrenberaters definiert.[51] Um sicherzustellen, dass der Aufwand des Bauherrenberaters kontrollier- und steuerbar ist, wird häufig eine maximale Honorarsumme als 12.25

[48] HELD/METZ/SCHALCHER/SONDEREGGER, S.11. – Zur Abgrenzung zwischen Auftrag und Arbeitsvertrag: vgl. FELLMANN, Berner Kommentar, N 301 ff. zur Art. 394 OR; WEBER, Basler Kommentar, N 25 ff. zu Art. 394 OR.

[49] BGer 4A_252/2012 (27.9.2012); GAUCH, Architektenrecht 1995, Nr. 105; vgl. auch BGE 134 III 363; 127 III 545; 114 II 56; 110 II 382; 109 II 465 (zum Bauleitungsvertrag).

[50] FELLMANN, Berner Kommentar, N 409 ff. zu Art. 394 OR.

[51] Vgl. Mandatsvertrag des KUB, Art. 6.1.

«Kostendach» verabredet (Nr. 7.21 ff.).[52] Es ist aber ebenfalls zulässig und kommt vor, dass die Parteien ein Pauschalhonorar vereinbaren (Nr. 7.14 ff.), worin die Geldsumme, die dem Bauherrenberater für alle seine Leistungen zu zahlen ist, zum Voraus genau bestimmt wird, dies «ohne Rücksicht darauf, wie viel sein Arbeitsaufwand bei der Ausführung wirklich betragen wird».[53] Dabei ist im Streitfall durch Auslegung zu ermitteln, welche Leistungen durch die Pauschale abgegolten werden sollten und welche nicht (Nr. 7.15).[54]

V. Die Haftung des Bauherrenberaters

1. Grundsätzliches

12.26 **1.** Für die Tätigkeiten des Bauherrenberaters besteht kein einheitliches Leistungsbild (Nr. 12.3). Dementsprechend ist im Hinblick auf eine allfällige Haftung immer zuerst zu klären, worin die **geschuldeten Leistungen des Bauherrenberaters im konkreten Fall** überhaupt bestanden haben. Soweit der Bauherrenberater keine Leistungen erbracht oder geschuldet hat und ihm auch keine pflichtwidrige Unterlassung (als positive Vertragsverletzung) vorgeworfen werden kann,[55] kann keine Haftung bestehen.

12.27 **2.** Der Bauherrenberater ist Beauftragter des Bauherrn (Nr. 12.24). Er **haftet wie jeder andere Beauftragte nach Art. 398 Abs. 2 OR** «für getreue und sorgfältige Ausführung des ihm übertragenen Geschäfts». Bei verschuldeter Verletzung der Treue- und Sorgfaltspflicht wird der Bauherrenberater dem Bauherrn gegenüber schadenersatzpflichtig. Wie beim Architekten oder Bauingenieur besteht eine Schadenersatzpflicht des Bauherrenberaters (bei gegebenem Schaden) vor allem bei einer Verletzung der aus der Treuepflicht sich ergebenden Loyalitäts-, Informations- oder Diskretionspflicht sowie ganz allgemein bei nicht pflichtbewusstem, sorgfaltswidrigem Handeln (Nr. 8.114 ff.). Für den Bauherrenberater besonders typisch sind vier Haftungsfälle, die es im Folgenden zu erörtern gilt:

---

52 EGLI, Architektenrecht 1995, Nr. 905; vgl. auch GAUCH, Werkvertrag, Nr. 1040.

53 FELLMANN, Berner Kommentar, N 441 zu Art. 394 OR.

54 EGLI, Architektenrecht 1995, Nr. 904.

55 Vgl. GAUCH/SCHLUEP/EMMENEGGER, Nr. 2637 ff.; WIEGAND, Basler Kommentar, N 34 zu Art. 97 OR.

2. Haftung für Falschberatung

1. Es besteht keine Haftung für die absolute Richtigkeit eines Rates. Nicht jeder schlechte Ratschlag begründet eine Haftung des Ratgebers. Auch dem professionellen Ratgeber steht ein gewisser Ermessensspielraum zu. Erteilt der Ratgeber aber einen Ratschlag, «der nach dem allgemeinen fachlichen Wissensstand als nicht mehr vertretbar erscheint und daher den objektivierten beruflichen Anforderungen», die an den betreffenden Fachmann zu stellen sind, nicht genügt, liegt eine haftungsbegründende Vertragsverletzung vor.[56] Diese Grundsätze hat das Bundesgericht zwar für die Diagnose eines Arztes entwickelt. Sie werden ebenso (wenn nicht mit der gleichen Formulierung) auf die Tätigkeit des Rechtsanwaltes angewendet.[57] Es rechtfertigt sich, diese Grundsätze auch auf den Bauherrenberater zu übertragen, der seinen Kunden ebenso wie der Arzt oder Rechtsanwalt im Rahmen seines (berufsspezifischen) Fachgebietes berät. Der Bauherrenberater haftet nach Art. 398 Abs. 2 OR somit immer dann für eine Falschberatung, wenn sein **Ratschlag** an den Bauherren (wie etwa der Rat, ein bestimmtes Projekt weiterzuverfolgen) unter den gegebenen Umständen, namentlich unter Berücksichtigung der Ziele des Bauherrn (Nr. 12.4), **objektiv nicht vertretbar** war. Was die Vertretbarkeit (in der konkreten Situation) anbelangt, so beurteilt sich diese nach den «typischen Kenntnissen und Fähigkeiten» eines gewissenhaften Angehörigen des Berufsstandes der Bauherrenberater.[58] 12.28

Dies entbindet zumindest professionelle Ratgeber (wie Rechtsanwälte, Treuhänder etc.) nicht davon, die **Grundlagen ihres Ratschlages** entweder selbst sorgfältig zu erarbeiten[59] oder durch einen Dritten in der für einen verlässlichen Ratschlag notwendigen Art und Weise erarbeiten zu lassen.[60] Der Beauftragte hat die zur richtigen Auftragserfüllung notwendigen personellen und materiellen Mittel zu beschaffen.[61] Dies gilt auch für den Bauherrenberater, der sich bei seinen Ratschlägen auf Unterlagen wie Pläne, Berechnungen etc. des Architekten oder Bauingenieurs zu stützen hat (Nr. 12.20). Sofern diese Unterlagen keine verlässlichen Ratschläge ermöglichen, darf er keine 12.29

56 BGE 130 IV 12; 120 Ib 413.

57 BGE 127 III 359 f.; ZR 1994, S. 268; Gautschi, Berner Kommentar, N 34c (3) zu Art. 398 OR; Fellmann, Berner Kommentar, N 408 zu Art. 398 OR.

58 Fellmann, Berner Kommentar, N 469 zu Art. 398 OR; Schill, S. 92.

59 BGE 120 Ib 413.

60 BGer 4C.316/2001 (07.2.2002), E. 2.aa (Haftung des Steuerberaters).

61 Derendinger, Nichterfüllung, Nr. 290.

solchen erteilen (wobei es diesbezüglich wiederum auf die objektivierte Sicht eines sorgfältigen Bauherrenberaters ankommt[62]). Vielmehr hat er erst einmal dafür zu sorgen, dass hinreichende Unterlagen für einen verlässlichen Ratschlag geschaffen werden. Anderenfalls verletzt er wiederum seine Sorgfaltspflicht gemäss Art. 398 Abs. 2 OR.

12.30 **2.** Eng mit dem Ratschlag verwandt ist die Aufklärung des Bauherrn. Zur Aufklärung des Bauherrn ist der Bauherrenberater wie jeder andere Beauftragte aufgrund der ihn treffenden Treuepflicht gemäss Art. 398 Abs. 2 OR gehalten.[63] Im Rahmen der **Aufklärungspflicht** hat der Bauherrenberater den Bauherrn über alle relevanten Umstände zu informieren, welche die Planung und Ausführung des konkreten Bauvorhabens oder sonstige Entscheide beeinflussen können.[64] Insbesondere hat er den Bauherrn auf die Tragweite und die Risiken eines bestimmten Entscheides hinzuweisen.[65] Unterlässt er dies, verletzt er wiederum den Vertrag.

12.31 **3.** Eine «besonders starke» Form des Rates ist die **Abmahnung** (Nr. 8.132 ff.). Auch den Bauherrenberater trifft aufgrund der (für ihn) gebotenen Treue und Sorgfalt eine Pflicht zur Abmahnung.[66] Mit der Abmahnung hat er dem Bauherrn bestimmt und deutlich die «Gefährdung seiner Interessen … zum Bewusstsein zu bringen».[67] Sie bezweckt, den Bauherrn von einer unzweckmässigen Weisung an den (ihn vertretenden) Bauherrenberater abzubringen.[68] Richtet sich eine unzweckmässige Weisung des Bauherrn jedoch an einen anderen Baubeteiligten, so hat der Bauherrenberater, der die Unzweckmässigkeit der Weisung erkennt oder bei der gebotenen Sorgfalt erkennen müsste, den Bauherrn zwar darauf aufmerksam zu machen. Doch handelt es sich in rechtlicher Hinsicht nicht um eine Abmahnung, sondern um die Erfüllung der vertraglichen Beratungspflicht. Denn eine Abmahnungspflicht besteht nur mit Bezug auf Weisungen, die der Bauherr gemäss Art. 397 Abs. 1 OR seinem jeweiligen Vertragspartner erteilen will.

---

62 Fellmann, N 472 zu Art. 398 OR.

63 Fellmann, N 160 und 167 zu Art. 398 OR.

64 Derendinger, Nichterfüllung, Nr. 131; vgl. auch BGE 127 III 360 (Haftung des Rechtsanwaltes).

65 Vgl. Schumacher, Architektenrecht 1995, Nr. 442

66 Fellmann, Berner Kommentar, N 106 zu Art. 397 OR.

67 Fellmann, Berner Kommentar, N 110 zu Art. 397 OR.

68 Derendinger, Nichterfüllung, Nr. 119.

4. Bei einer pflichtwidrigen Falschberatung hat der Bauherrenberater den Bauherrn so zu stellen, wie wenn dieser richtig beraten (resp. hinreichend aufgeklärt oder abgemahnt) worden wäre.[69] Geschuldet ist das positive Vertragsinteresse.[70] Quantifiziert besteht der **Schaden,** den der pflichtwidrig handelnde Bauherrenberater zu ersetzen hat, (verkürzend gesagt) in der Differenz zwischen dem jetzigen Vermögensstand und dem mutmasslichen Stand, den das Vermögen des Bauherrn bei richtiger Beratung hätte. Eine solche Vermögensdifferenz liegt indessen nur vor, wenn der Bauherr sein Verhalten bei einer vertragskonformen Beratung überhaupt geändert und bessere Vermögensdispositionen getroffen hätte. Sonst besteht keine Vermögensdifferenz.[71] 12.32

Es ist Sache des Bauherrn, den von ihm geltend gemachten Schaden darzulegen und zu beweisen (Art. 8 ZGB).[72] Deshalb trifft ihn die Behauptungs- und Beweislast dafür, welche besseren Vermögensdispositionen er bei einer richtigen (sorgfältigen) Beratung durch den Bauherrenberater mutmasslich beim «gewöhnlichen Lauf der Dinge» getroffen hätte[73] (Art. 42 Abs. 2 OR). Die möglichen **mutmasslichen Vermögensdispositionen** können vielfältig sein und hängen vom konkreten Einzelfall ab. Immerhin ist generell davon auszugehen, dass sich der Bauherr vernünftig verhalten[74] und bei richtigem Rat zumindest nicht eine verlustreiche Investition in Bausachen getätigt hätte. 12.33

3. Haftung für unzweckmässige oder unterlassene Weisungen und Massnahmen

1. Ziel der Bemühungen des Bauherrenberaters muss sein, seinen Beitrag dazu zu leisten, dass die Planung und Errichtung eines Bauwerks den ästhetischen, funktionellen und wirtschaftlichen Anforderungen des Bauherrn entspricht. Auf dieses Ziel hin hat der Bauherrenberater seine Tätigkeiten, namentlich seine Leitungsfunktion, auszurichten. Nach den Anforderungen des Bauherrn beurteilt sich auch die **Zweckmässigkeit von Weisungen** und 12.34

---

69 LÜCHINGER, Nr. 974.

70 LÜCHINGER, Nr. 955.

71 LÜCHINGER, Nr. 853.

72 BGE 98 II 37.

73 BGer 4D_131/2009 (16.12.2009) E. 3.3.3; BGer 4C.71/2003 (27.5.2003) E. 3; BGer 4C.225/2000 (08.3.2001) E. 2a; ZEHNDER, Prognosen, S. 53.

74 Vgl. SCHUMACHER, Architektenrecht 1995, Nr. 768.

sonstigen Massnahmen **des Bauherrenberaters.** Diese Anforderungen hat der Bauherrenberater, ähnlich wie etwa der Planer, der eine Nutzungsvereinbarung abschliesst (Nr. 6.62), im Dialog mit dem Bauherrn zu ermitteln. Soweit die Anforderungen nicht ausdrücklich definiert sind, sind diese durch Auslegung im konkreten Einzelfall festzulegen. Dabei ist als Mindestanforderung davon auszugehen, dass das Bauwerk etwa in technischer Hinsicht den anerkannten Regeln der Baukunde zu genügen hat.[75] Zu weit geht die in Deutschland geäusserte Ansicht, wonach der Bauherrenberater geradezu zur «Optimierung des Projektes in technischer und wirtschaftlicher Hinsicht» verpflichtet sei.[76]

12.35 Die meisten Projektziele werden nur generell definiert. Zu deren Erreichung steht dem Bauherrenberater in aller Regel ein Entscheidungsspielraum zu, «welcher die Auswahl unter verschiedenen in Betracht fallenden Möglichkeiten zulässt».[77] Dieser Spielraum gilt auch für Weisungen des Bauherrenberaters, mit denen dieser seine Leitungsfunktion bei der Planung und Ausführung einer Baute wahrnimmt (Nr. 12.13). Nicht jede unzweckmässige Weisung ist pflichtwidrig und begründet eine Haftung des Bauherrenberaters. Vielmehr ist eine Pflichtwidrigkeit erst dann zu bejahen, wenn die **Weisung** in der gegebenen Situation **objektiv nicht mehr vertretbar** war. Die Vertretbarkeit einer Weisung wiederum beurteilt sich nach dem Sachverstand, den ein sorgsamer und kundiger Bauherrenberater haben sollte,[78] und nicht nach den Kenntnissen des Bauherrn.

12.36 Anders verhält es sich, wenn der Bauherr eine **konkrete Weisung** an den Bauherrenberater erteilt hat. Diese Weisung ist für ihn **verbindlich.** Der Bauherrenberater hat sich «strikt» daran zu halten (Art. 397 Abs. 1 OR).[79] Eine Ausnahme besteht höchstens im Fall, da dringend entschieden werden muss, und der Bauherr innert nützlicher Frist nicht erreichbar ist.[80] Sonst ist die Weisungsverletzung als Vertragsverletzung zu werten.[81]

---

75 Vgl. Gauch, Werkvertrag, Nr. 1411.

76 Schill, S. 85.

77 Vgl. BGE 130 IV 12 (Haftung des Arztes).

78 Derendinger, Nichterfüllung, Nr. 270; Fellmann, Berner Kommentar, N 472 zu Art. 398 OR.

79 Weber, Basler Kommentar, N 5 zu Art. 397 OR; Schumacher, Architektenrecht 1995, Nr. 473; zur Abmahnungspflicht bei unzweckmässigen Weisungen des Bauherrn Nr. 12.31.

80 Schumacher, Architektenrecht 1995, Nr. 480.

81 Fellmann, Berner Kommentar, N 148 zu Art. 397 OR.

2. Das für Weisungen Gesagte gilt auch für **sonstige Massnahmen des Bauherrenberaters,** namentlich für Entscheidungen wie die Vergabe von Arbeiten, die er als direkter Vertreter des Bauherrn vornimmt (Nr. 12.14). Auch hier trifft den Bauherrenberater eine Verantwortung, wenn seine Massnahme im konkreten Fall (für einen «sorgsamen» Berufsmann) objektiv nicht vertretbar ist oder von einer konkreten Weisung des Bauherrn (Nr. 12.36) abweicht. 12.37

3. Der Bauherrenberater (als Vertreter des Bauherrn) hat im Rahmen seines eigentlichen Aufgabenbereiches seine Weisungen an den die Planung und Ausführung leitenden Architekten oder Bauingenieur (den Gesamtleiter; Art. 2.3.1 SIA 102/103), den Generalplaner (Nr. 12.7) oder den Totalunternehmer (Nr. 12.7) zu richten. Diese Baufachleute haben die Weisungen alsdann etwa in ihren Plänen umzusetzen. In der Baupraxis kann es vorkommen, dass der Bauherrenberater sich derart aktiv ins Baugeschehen einmischt, dass er während der Bauausführung Weisungen an Unternehmer erteilt. Mit einer solchen **«Direktweisung» an die Unternehmer** agiert er nicht mehr als Bauherrenberater im eigentlichen Sinne. Er verlässt seinen angestammten Aufgabenbereich und überschreitet seine Befugnisse (Nr. 12.19). Dies ist als Vertragsverletzung zu werten, sofern ein Einschreiten des Bauherrenberaters in der gegebenen Situation nicht gerade durch die Situation (wie zur Abwehr eines drohenden Schadens) geboten war.[82] 12.38

Der Bauherrenberater greift mit seinen «Direktweisungen» wie ein bauleitender Architekt oder Ingenieur direkt ins Baugeschehen ein. Dies wiederum hat für ihn zur Folge, dass er für solche Weisungen ebenso **haftet wie ein bauleitender Architekt oder Ingenieur.**[83] Er muss sich alsdann an den besonderen Kenntnissen und Fähigkeiten messen lassen, die ein bauleitender Architekt oder Ingenieur haben sollte.[84] 12.39

Der Bauherrenberater ist Fachmann mit Bausachverstand.[85] Zudem verrichtet der Bauherrenberater nicht eine Tätigkeit, die dem Unternehmer obliegt.[86] Deshalb handelt der Bauherrenberater auch mit seinen «Direktweisungen» (Nr. 12.38) an den ausführenden Unternehmer in aller Regel als **sachverständige Hilfsperson des Bauherrn im Sinne von Art. 101 OR.** Der Un- 12.40

82 Vgl. SCHUMACHER, Architektenrecht 1995, Nr. 480.

83 DERENDINGER, Nichterfüllung, Nr. 272; FELLMANN, Berner Kommentar, N 472 zu Art. 398 OR.

84 DERENDINGER, Nichterfüllung, Nr. 272.

85 Vgl. SCHILL, S. 93.

86 NIGG, S. 132.

ternehmer kann mangels anderer Anhaltspunkte auf den Sachverstand dieses Baufachmannes zählen (Nr. 15.88). Die Konstellation ist für den Unternehmer identisch mit jener bei Weisungen des sachverständigen Architekten oder Bauingenieurs. Deshalb beurteilt sich die Haftung des Bauherrenberaters und Unternehmers gegenüber dem Bauherrn in solchen Situationen nach den gleichen Grundsätzen, wie sie für die Haftung des Architekten und Ingenieurs (als Erteiler der Weisung) und Unternehmers (als Umsetzer der Weisung) gelten (Nr. 15.89).

12.41 **4.** Vielfach haben Mängel eines Bauwerks ihre Ursache bereits in einer fehlerhaften Planung. Und häufig liegt die **fehlerhafte Planung** in Unterlassungen des Architekten oder Bauingenieurs, indem notwendige Planungsmassnahmen entweder gar nicht oder nur ungenügend ergriffen werden (indem z.B. die Ausgestaltung des Sockelbereichs nicht in einem Detailplan aufgezeichnet wird). Es gehört deshalb meiner Ansicht nach zu den Berufspflichten des (sorgfältigen) Bauherrenberaters, die notwendigen Weisungen zu erteilen, damit Architekten oder Bauingenieure die erforderlichen planerischen Massnahmen zur Vermeidung von Mängeln bei den schadenträchtigen Bauteilen und zur Verhütung von Bauunfällen erarbeiten. So hat der Bauherrenberater den die Planung leitenden Architekten oder Bauingenieur anzuhalten, Konzepte etwa für ein Gesamtentwässerungssystem (auch für Dachterrassen und Balkone etc.), für die Abdichtung der Baute, für den Schallschutz, für die Erdbebensicherheit, für den Winterbau und die Sicherheit auf der Baustelle zu erstellen (oder erstellen lassen). Vom Bauingenieur hat er die Ausarbeitung der allenfalls gebotenen Nutzungsvereinbarung gemäss den SIA-Normen 260–267 zu verlangen, falls dieser nicht bereits aus eigenem Antrieb eine solche erstellt (Nr. 6.39). Unterlässt der Bauherrenberater Weisungen bezüglich der vorzulegenden Konzepte und Pläne und kommt es deswegen zu Mängeln am Bauwerk (oder zu einem Unfall), so haftet er solidarisch mit dem Architekten oder Bauingenieur, der diese Konzepte und Pläne überhaupt nicht oder nicht in der erforderlichen Detailliertheit erstellt hat.[87]

12.42 Grundsätzlich ist es Aufgabe des Architekten oder Bauingenieurs, **Kostenschätzungen und Kostenprognosen** in geeigneter Form zu erstellen (Nr. 10.15 ff.). Unterlassen sie das, so hat der Bauherrenberater einzuschreiten und die entsprechenden Weisungen zu erteilen. Daher verletzt der Bauherrenberater auch dann den Vertrag, wenn er den die Planung leitenden Architekten

87 Hier verhält es sich nahezu gleich wie bei der Bauleitung, die pflichtwidrig gegen einen vom Unternehmer verursachten Mangel nicht einschreitet (Nr. 9.75 ff.).

oder Bauingenieur nicht anweist, rechtzeitig die für die kostenmässige Beurteilung der Projekts notwendigen Kostenprognosen mit einer hinreichenden Genauigkeit zu erstellen, so etwa, wenn er die Baute ohne einen eigentlichen Kostenvoranschlag ausführen lässt. Alsdann haftet er solidarisch mit dem Architekten oder Bauingenieur, der die Anfertigung eines Kostenvoranschlages unterlassen hat (Nr. 15.151).

5. Das Schadensbild, das sich aus Pflichtwidrigkeiten des Bauherrenberaters 12.43
im Zusammenhang mit unzweckmässigen oder unterlassenen Weisungen und Massnahmen ergeben kann, kann **alle Facetten von Schäden** im Zusammenhang mit Bauvorhaben umfassen. Im angestammten Aufgabenbereich des Bauherrenberaters dürften Vermögensschäden im Vordergrund stehen (Nr. 12.52). Einen solchen Vermögensschaden kann der Bauherr etwa dadurch erleiden, dass der Bauherrenberater die Weisung erteilt, ein bestimmtes Projekt weiterzuverfolgen, obschon er aus Sicht des sorgsamen Bauherrenberaters[88] hätte erkennen müssen, dass dieses das Budget des Bauherrn übersteigt[89] oder bei den gegebenen Umständen wirtschaftlich nicht vertretbar ist.

6. Unterlassene Weisungen und fehlerhafte «Direktweisungen» an Unter- 12.44
nehmer können zu Mängeln am Bauwerk selbst und damit zu **Bautenschäden** führen (Nr. 8.145 und 16.99 ff.). Alsdann richtet sich die Ersatzpflicht des Bauherrenberaters auf die Kosten der Nachbesserung (sofern die Nachbesserung in analoger Anwendung von Art. 368 Abs. 2 OR «nicht übermässige Kosten» verursacht).[90] Bei Bautenschäden hat der Bauherr gegenüber dem Bauherrenberater nicht bloss Anspruch auf Ersatz des Aufwandes für die eigentliche Mängelbeseitigung, sondern ebenso für die Begleitkosten für Vorbereitungs- und Wiederherstellungsarbeiten[91] und den Mangelfolgeschaden, der etwa in den Kosten einer Ausweichwohnung und/oder der Unterbringung von Möbeln an einem anderen Ort bestehen kann.[92]

Soweit der Bauherrenberater einen Mangel am «unbeweglichen Werk» 12.45
(mit-)verursacht, stellt sich die heikle Frage, ob Schadenersatzansprüche des

88 Diese Sicht ist nicht identisch mit jener des planenden Architekten oder Ingenieurs, der das «Tagesgeschäft» erledigt und daher mehr Informationen über das Baugeschehen zur Verfügung hat als der Bauherrenberater!

89 SCHUMACHER, Architektenrecht 1995, Nr. 746.

90 SCHUMACHER, Architektenrecht 1995, Nr. 542.

91 Vgl. GAUCH, Werkvertrag, Nr. 1718.

92 Vgl. BGE 136 III 277.

Bauherrn der ordentlichen **Verjährungsfrist** des Art. 127 OR[93] (zehn Jahre seit Vertragsverletzung[94]) oder der besonderen Frist des Art. 371 Abs. 2 OR (fünf Jahre «seit der Abnahme») unterliegen. Der Bauherrenberater ist zwar weder Architekt noch Ingenieur. Doch leistet er gleich wie diese Fachleute für ein unbewegliches Werk «zum Zwecke der Erstellung Dienste».[95] Ausserdem ist «Sinn und Zweck der Verjährungsbestimmung von Art. 371 Abs. 2 OR» zu verhindern, «dass für den Architekten (oder Ingenieur) eine längere Verjährungsfrist gilt als für den Unternehmer, der den Mangel mitverursacht hat».[96] Damit soll der Regress des Architekten oder Ingenieurs gegenüber dem Unternehmer gesichert werden.[97] Beim Bauherrenberater, der einen Baumangel (mit-)verursacht hat, besteht das gleiche Interesse auf Regresssicherung; allerdings vor allem mit Bezug auf den Regress gegenüber dem mithaftenden Architekten oder Bauingenieur (für welchen ebenfalls eine auf fünf Jahre verkürzte Verjährungsfrist gilt). Auch dem Bauherrenberater könnte bei einer Verjährungsfrist von zehn Jahren der Verlust seines Regressrechts drohen.[98] Der Bauherrenberater ist ausserdem ein noch junger Beruf im Zusammenhang mit dem Bau. Dieser Beruf war beim Erlass des Schweizerischen Obligationenrechts vom 30. März 1911 unbekannt. Aus all diesen Gründen liegt es nahe, mit Bezug auf die Verjährung von Ansprüchen gegenüber dem Bauherrenberater bei Mängeln unbeweglicher Werke eine unechte Lücke anzunehmen.[99] Deshalb erscheint es gerechtfertigt, diese Ansprüche nicht der ordentlichen Verjährungsfrist von zehn Jahren, sondern jener von fünf Jahren gemäss Art. 371 Abs. 2 OR zu unterstellen. Diese Verjährungsfrist wiederum ist (im Unterschied zu jener von Art. 127 OR)[100] dispositiv und kann verkürzt oder bis auf zehn Jahre verlängert werden.[101] Es sei jedoch betont: Das hier Gesagte gilt nur für Ansprüche gegen den Bauherrenberater im Zusammen-

---

93 Gauch/Schluep/Emmenegger, Nr. 3287 ff.

94 BGE 137 II 16 ff.; Däppen, Basler Kommentar, N 11a zu Art. 130 OR.

95 So der Wortlaut von Art. 371 Abs. 2 OR.

96 BGE 115 III 457.

97 Gauch, Werkvertrag, Nr. 2297.

98 Allerdings ist aufgrund von BGE 133 III 31 davon auszugehen, dass ein Rückgriff des Bauherrenberaters auch noch möglich wäre, wenn die Ansprüche des Bauherrn gegenüber einem Mitverursacher bereits verjährt sind.

99 Tuor/Schnyder/Schmid, Nr. 31 f. zu § 5.

100 Nach Art. 129 OR kann die Verjährungsfrist von Art. 127 OR durch Verfügung der Beteiligten nicht geändert werden (BGE 132 III 289 f.; Gauch/Schluep/Emmenegger, Nr. 3380).

101 Gauch, Werkvertrag, Nr. 2489 ff.

hang mit Mängeln des unbeweglichen Werks (bei Bautenschäden). Sonstige Schadenersatzansprüche unterliegen der ordentlichen Verjährungsfrist von 10 Jahren gemäss Art. 127 OR (Nr. 8.248 ff.).

4. Haftung für vernachlässigte Kontrolle und Überwachung

1. Bestand und Umfang der vom Bauherrenberater geschuldeten Kontroll- und Überwachungspflichten richten sich nach dem **konkreten Vertrag.** Je nachdem ist vom Bauherrenberater «mehr» oder «weniger» Kontrolle und Überwachung gefordert. Auch gilt, dass der Bauherrenberater in aller Regel nur die Arbeiten des planenden und leitenden Architekten oder Bauingenieurs (gegebenenfalls des Totalunternehmers) zu kontrollieren und zu überwachen hat. Kontrolle und Überwachung der die Baute ausführenden Unternehmer (und weiterer Planer) gehören zum Tätigkeitsbereich des planenden und leitenden Architekten oder Bauingenieurs (Nr. 12.17). 12.46

Obschon die vom Bauherrenberater geschuldeten Kontroll- und Überwachungspflichten von den konkreten Umständen des Einzelfalles abhängen, hat er doch bestimmte **Mindestanforderungen** zu beachten, ansonsten eine Vertragsverletzung des Bauherrenberaters anzunehmen ist: 12.47

a. Der Bauherrenberater ist zwar nicht der Planer und auch kein Prüfingenieur. Er hat aber dennoch die **Pläne** des Architekten oder Bauingenieurs **kritisch zu studieren** und zu hinterfragen.[102] Ein besonderes Augenmerk hat er dabei auf die Detailpläne zu richten, damit eine Ausführung vermieden werden kann, die den Bauherrn mit unnötig hohen Bau- oder Unterhaltskosten belastet. 12.48

b. Die **Berechnungen** des Architekten oder Bauingenieurs wie etwa Kostenschätzungen und Kostenvoranschläge muss der Bauherrenberater nicht noch einmal nachrechnen.[103] Der Bauherrenberater darf sich auf den Sachverstand des Architekten oder Bauingenieurs verlassen.[104] Seine Kontroll- und Überwachungspflichten beschränken sich auf Fehler und Mängel, die bei kritischem Studium für einen sorgsamen Baufachmann auf den ersten Blick er- 12.49

---

102 Vgl. KUB-Leistungsbilder, Ziff. 3.1 und 5.1; SCHALCHER, S. 208 und S. 318.

103 Vgl. TRACHSEL, Die Verantwortlichkeit, Nr. 414.

104 FELLMANN, Berner Kommentar, N 126 zu Art. 397 OR.

kennbar, d.h. offensichtlich[105] sind wie etwa eine vergessene Arbeitsgattung im Kostenvoranschlag oder fehlende Angaben über den Genauigkeitsgrad einer Kostenprognose.

12.50 **c.** Der Bauherrenberater hat die **Baustelle** entsprechend dem vereinbarten Turnus zu **besuchen.**[106] Herrscht auf der Baustelle eine Unordnung, hat er sofort einzuschreiten und für Abhilfe zu sorgen. Das Gleiche gilt, wenn der Bauherrenberater bei seinem Besuch auf der Baustelle feststellen muss (oder müsste), dass heikle Bauteile wie etwa die Flachdachabdichtung über einer Tiefgarage nur ungenügend geschützt werden[107] und/oder sogar mit schweren Maschinen befahren werden oder als Materiallagerplatz dienen, oder dass die SUVA-Vorschriften zur Unfallverhütung offensichtlich nicht eingehalten werden.

12.51 **d.** Übernimmt der Bauherrenberater die **Kostenkontrolle** (d.h. den «periodischen Soll/Ist-Vergleich Budget»[108]), so hat er die Kosten nach dem Eingang der Offerten und dem Vorliegen der Vergabeanträge mit dem Kostenvoranschlag zu vergleichen und bei dessen Überschreitung nach Absprache mit dem Bauherrn die erforderlichen Massnahmen zu ergreifen.[109] Ausserdem hat er ein möglichst effizientes Nachtragsmanagement zur Bewältigung allfälliger Mehrvergütungsforderungen der Unternehmer einzurichten.[110]

12.52 **2.** Der **Schaden** liegt grundsätzlich in der Differenz zwischen dem jetzigen Vermögensstand des Bauherrn und jenem Stand, den sein Vermögen hätte, wenn der Bauherrenberater seine Kontroll- und Überwachungspflichten hinreichend wahrgenommen hätte. Dieser Schaden kann bei einem Mangel eines Bauwerks in einem Bautenschaden oder sonst in einem reinen Vermögensschaden bestehen (Nr. 12.43).

---

105 FELLMANN, Berner Kommentar, N 125 zu Art. 397 OR; TRACHSEL, Die Verantwortlichkeit, Nr. 414.

106 Vgl. KUB-Leistungsbilder, Ziff. 5.2.

107 SCHALCHER, Immobilienmanagement, S. 333.

108 KUB-Leistungsbilder, Ziff. 5.2.

109 SCHALCHER, S. 332.

110 HÜRLIMANN, Nachtragsmanagement, S. 86.

5. Haftung für mangelhaftes Zahlungsmanagement

Als letzter Haftungsfall ist schliesslich das mangelhafte Zahlungsmanagement zu erwähnen. Hier handelt der Bauherrenberater in **treuhänderischer Funktion** für den Bauherrn. Er hat das Zahlungswesen so einzurichten, dass dem Bauherrn Doppelzahlungen infolge der Eintragung von Bauhandwerkerpfandrechten möglichst erspart bleiben. Auch hat er dafür zu sorgen, dass die Rechnungen der am Bau Beteiligten durch den Architekten oder Bauingenieur geprüft und nicht offensichtlich unbegründete Rechnungen bezahlt werden.[111] Den aus solchen Vertragsverletzungen sich ergebenden Vermögensschaden hat der Bauherrenberater dem Bauherrn zu ersetzen. 12.53

VI. Ausgewählte Sonderfragen

1. Haftung des nicht professionellen Bauherrenberaters

Die vorstehenden Haftungsgrundsätze gelten nicht bloss für den professionellen Bauherrenberater, der seine Dienste gewerbsmässig Bauherren anbietet. Sie finden auch für **Bauherrenberater** Anwendung, **die bloss gelegentlich oder sogar nur einmal ein Bauherrenberatermandat übernehmen.** Ob ein Bauherrenberater eine Vertragsverletzung begangen hat, beurteilt sich nach einem objektiven Massstab. Wer verspricht, vertragliche Leistungen eines Bauherrenberaters zu erbringen, hat dafür einzustehen, dass er über die für diesen Berufsmann notwendigen Fähigkeiten verfügt.[112] Er muss sich an denjenigen Fähigkeiten messen lassen, die ein Bauherrenberater normalerweise (objektiv) aufweisen sollte. «Unfähigkeit entlastet nie».[113] 12.54

---

111 Da die Prüfung der Rechnungen der Unternehmer Aufgabe des Architekten oder Bauingenieurs ist, hat der Bauherrenberater in aller Regel keine nochmalige Nachprüfung dieser Rechnungen vorzunehmen. Er darf aber eine Rechnung nicht unbesehen begleichen, sondern hat sie zumindest kritisch zu studieren, damit er augenfällige Fehler erkennt.

112 FELLMANN, Berner Kommentar, N 472 zu Art. 398 OR.

113 DERENDINGER, Nichterfüllung, Nr. 272.

2. Haftung des Bauherrenberaters und Haftung des Architekten oder Bauingenieurs

12.55 **1.** Abgesehen vom mangelhaften Zahlungsmanagement sind die Fälle selten, wo das pflichtwidrige Verhalten des Bauherrenberaters allein einen Bauten- oder Vermögensschaden beim Bauherrn verursacht. Vielmehr entsteht ein Schaden in aller Regel erst dadurch, dass entweder fehlerhafte (nicht vertretbare) Ratschläge oder Weisungen des Bauherrenberaters durch den Architekten oder Bauingenieur bei einem Hoch- oder Tiefbauvorhaben umgesetzt werden oder dass der Bauherrenberater gegen ein schadenträchtiges Verhalten des Architekten oder Bauingenieurs nichts oder zu wenig unternimmt; dies weil er die Kontroll- und Überwachungspflichten vernachlässigt oder gebotene Weisungen und Massnahmen unterlässt. Bei solchen Konstellationen stellt sich immer auch die **Frage, ob** nicht gerade beiden Beteiligten, **Bauherrenberater und Architekt oder Bauingenieur, eine Vertragsverletzung vorzuwerfen ist** und welche Konsequenzen sich daraus ergeben. Hervorzuheben sind die folgenden Punkte:

12.56 **2.** Haben sowohl Bauherrenberater als auch Architekt oder Bauingenieur den Vertrag mit dem Bauherrn verletzt, so haften vom Grundsatz her beide für den gemeinsam verursachten Schaden nach Art. 51 OR unecht solidarisch (Nr. 15.151).[114] Eine solche **solidarische Haftung** besteht etwa im Fall, da der Architekt oder Bauingenieur mit einem Planungs- oder Bauleitungsfehler die primäre Ursache eines Schadens setzt und die nachherige Vernachlässigung von Kontroll- oder Überwachungspflichten durch den Bauherrenberater diesen Schaden «perfekt» macht.[115] Das Gleiche gilt, wenn der Bauherrenberater es unterlässt, eine im konkreten Fall gebotene Weisung (wie etwa die Weisung zur Planung eines Entwässerungskonzepts) zu erteilen, und der Architekt oder Bauingenieur gerade in jenem Bereich, wo der Bauherrenberater eine Weisung pflichtwidrig unterlassen hat, einen Planungs- oder Bauleitungsfehler begeht (indem er keine Massnahmen zur Entwässerung von Dachterrassen vorsieht). Hier kommt in vielen Fällen noch eine Mithaftung des ausführenden Unternehmers (bei gegebener Mängelhaftung nach Art. 368 OR) hinzu.

12.57 Bei einer solidarischen Haftung von Bauherrenberater und Architekt oder Bauingenieur steht es im Belieben des Bauherrn, ob er den einen oder den

[114] ZEHNDER, Mehrpersonenhaftung, S. 3; vgl. auch SCHILL, S. 107.

[115] ZEHNDER, Mehrpersonenhaftung, S. 6.

anderen Verantwortlichen oder gar beide miteinander (im Rahmen einer einfachen Streitgenossenschaft gemäss Art. 71 ZPO[116]) für den gemeinsam verursachten Schaden belangen will.[117] Eine andere Frage ist, wie es sich mit der **Innenhaftung von Bauherrenberater einerseits und Architekt oder Bauingenieur andererseits** untereinander verhält. Diese Frage, die dogmatisch betrachtet jene nach dem Regress ist, beurteilt sich anhand des konkreten Einzelfalles, indem die beiderseitigen Fehler gegeneinander abgewogen und gewichtet werden.[118] So ergibt sich eine anteilsmässige (prozentuale) Haftungsquote von Bauherrenberater und Architekt oder Bauingenieur am gemeinsam angerichteten Schaden.

3. Besonderer Erörterung bedarf der **Fall der unzweckmässigen Weisung des Bauherrenberaters an den Architekten oder Bauingenieur.** Weisungen des Bauherrenberaters darf der Architekt oder Bauingenieur (Nr. 12.38) trotz dessen Sachverstand nicht unbesehen befolgen; vielmehr hat er sie kritisch zu hinterfragen. Der Architekt oder Bauingenieur verfügt im Sinne eines «berufsspezifischen Durchschnitts»[119] über den gleichen Bausachverstand wie der Bauherrenberater. Daher sind in aller Regel für den Architekten oder Bauingenieur bei der gebotenen Sorgfalt Fehler in den Weisungen des Bauherrenberaters erkennbar, die dieser als Vertreter des Bauherrn erteilt. Alsdann besteht die Pflicht des Architekten oder Bauingenieurs, den Bauherrenberater über diese Fehler aufzuklären.[120] Hält der Bauherrenberater trotzdem an der Weisung fest, so hat der Architekt oder Ingenieur an den Bauherrn zu gelangen und diesen abzumahnen.[121] Unterlässt er diese Abmahnung, so verletzen der Architekt oder Bauingenieur ebenso wie der die fehlerhafte Weisung erteilende Bauherrenberater ihre jeweiligen Verträge mit dem Bauherrn, was an sich zu einer solidarischen Haftung beider führt.[122] 12.58

Der Bauherrenberater handelt zumindest im Bereich der Weisungserteilung gegenüber dem Architekten oder Bauingenieur als Hilfsperson des Bauherrn im Sinne von Art. 101 OR.[123] Daher muss sich der Bauherr das **Verhal-** 12.59

---

[116] Ruggler, Basler Kommentar, N 25 zu Art. 71 ZPO.

[117] Zehnder, Mehrpersonenhaftung, S. 4.

[118] Gauch, Werkvertrag, Nr. 2749; Zehnder, Mehrpersonenhaftung, S. 6.

[119] Fellmann, Berner Kommentar, N 486 zu Art. 398 OR.

[120] Schumacher, Architektenrecht 1995, Nr. 449.

[121] Gauch, Werkvertrag, Nr. 1944.

[122] Zehnder, Mehrpersonenhaftung, S. 6.

[123] Nigg, S. 132 f.

ten des Bauherrenberaters als Selbstverschulden anrechnen lassen (vgl. Nr. 15.88 ff.). Die Anrechnung dieses Selbstverschuldens wiederum führt vielfach zu einer massiven Reduktion bei der Haftung des Architekten oder Bauingenieurs (Art. 44 Abs. 1 OR). Die solidarische Haftung besteht alsdann – trotz gemeinsam verursachten Schadens – (nur) im Bereich der Haftungsquote des Architekten oder Bauingenieurs. Demgegenüber bleibt der Bauherrenberater, weil bei ihm kein Selbstverschulden des Bauherrn auszumachen ist, diesem für den gesamten angerichteten Schaden «uneingeschränkt ersatzpflichtig» (Nr. 15.96). So trägt der Bauherrenberater die Hauptlast der Haftung.

3. Freizeichnung von der Haftung

12.60 **1.** In Anbetracht der aufgezeigten Haftungsrisiken werden vor allem professionelle Bauherrenberater versucht sein, ihre gesetzliche Haftung nach Art. 398 f. OR mittels entsprechender Vertragsabrede beschränken oder gar vollständig ausschliessen zu wollen.[124] Es stellt sich alsdann die Frage, inwieweit solche **Freizeichnungsklauseln** (Nr. 8.172)[125] überhaupt beachtlich sind. Diese Frage ist wie folgt zu beantworten:

12.61 **a.** Der Bauherrenberater ist das «alter ego» des Bauherrn. Ihn zieht der Bauherr als seinen «speziellen» Berater bei. In ihn setzt der Bauherr (noch ausgeprägter als in den Architekten oder Bauingenieur) ein besonderes Vertrauen. Aufgrund seiner Position als «besonderer Vertrauensmann» des Bauherrn hat der Bauherrenberater seinen Vertragspartner «unmissverständlich», mit entsprechenden mündlichen oder schriftlichen Hinweisen, über die **Bedeutung und Tragweite einer Freizeichnungsklausel aufzuklären**,[126] wenn er eine solche vereinbaren will. Anderenfalls missachtet er die nach Art. 398 Abs. 2 OR gebotene «treue … Ausführung des ihm übertragenen Geschäfts»[127] bereits beim Vertragsabschluss und verletzt den Vertrag mit dem Bauherrn. In Anbetracht dieser Vertragsverletzung hätte der Bauherrenberater den Bauherrn haftungsmässig so zu stellen, wie wenn dieser über die Freizeichnung

---

124 GAUCH/SCHLUEP/EMMENEGGER, Nr. 3079.

125 Vgl. auch SCHUMACHER, Architektenrecht 1995, Nr. 417; FELLMANN, Berner Kommentar, N 517 zu Art. 398 OR.

126 SCHUMACHER, Architektenrecht 1995, Nr. 417.

127 SCHUMACHER, Architektenrecht 1995, Nr. 415; vgl. auch FELLMANN, Berner Kommentar, N 517 zu Art. 398 OR.

richtig und umfassend aufgeklärt worden wäre. Wenn der Bauherr aber über die Freizeichnung und deren Folgen hinreichend aufgeklärt gewesen wäre, hätte er (als vernünftiger Bauherr[128]) den Vertrag (mutmasslich) nicht mit einer Freizeichnungsklausel zugunsten des Bauherrenberaters abgeschlossen. Alsdann bleibt die vereinbarte Freizeichnung letztlich ohne Einfluss auf die Schadenersatzpflicht des Bauherrenberaters etwa bei unsorgfältigem Handeln;[129] es sei denn der Bauherrenberater könne den Nachweis erbringen, der Bauherr hätte sich auch bei pflichtgemässer Aufklärung durch den Bauherrenberater mit der Freizeichnung abgefunden. Mit einer Freizeichnung abfinden muss sich aber auch ein Bauherr, wenn diese mit ihm im Rahmen eines von den Parteien gemeinsam erarbeiteten Vertragstextes[130] vereinbart wurde. Denn durch die gemeinsame Erarbeitung des Vertragstextes wird der Bauherr über dessen Inhalt dermassen aufgeklärt, dass sich besondere Aufklärungen über einzelne Vertragspunkte erübrigen.[131]

b. Sofern der Bauherrenberater den Bauherrn hinreichend über die Bedeutung und Tragweite der Freizeichnung aufgeklärt hat, ist eine **Freizeichnungsklausel nach Massgabe von Art. 100 Abs. 1 OR zulässig.**[132] Danach kann zwar «die Haftung für rechtswidrige Absicht oder grobe Fahrlässigkeit» nicht «ausgeschlossen» werden. Doch ist ein Ausschluss der Haftung des Bauherrenberaters für leichte und mittlere Fahrlässigkeit statthaft.[133] 12.62

2. Überhaupt zeigen die vorstehenden Ausführungen, dass der Bauherrenberater entgegen einer in Baukreisen immer wieder geäusserten Meinung für seine beruflichen Tätigkeiten **in vielfältiger Art und Weise haftbar** werden 12.63

---

128 SCHUMACHER, Architektenrecht 1995, Nr. 768.

129 Im Ergebnis gleich HÜRLIMANN, Nr. 13.228, mit der Begründung, es handle sich um ein unzulässiges «venire contra factum proprium», wenn sich ein Fachmann als sachverständig und erfahren anpreise, zugleich aber die Haftung für seine beruflichen Aktivitäten ablehne; ähnlich wie HÜRLIMANN, SCHUMACHER, Architektenrecht 1995, Nr. 417; FELLMANN, Berner Kommentar, N 517 zu Art. 398 OR.

130 Zum Begriff des gemeinsam ausgearbeiteten Vertragstextes: vgl. KRAMER, Berner Kommentar, N 182 zu Art. 1 OR.

131 BGer. 4P.135/2002 (28.11.2002) E. 3.1; ZR 78 (1979) Nr. 52, S. 107 (beide Urteile betreffen die Verbindlichkeit einer Gerichtsstandsvereinbarung); vgl. auch GAUCH/SCHLUEP/EMMENEGGER, Nr. 3096, wonach die Lösung des Freizeichnungsproblems bei Dienstleistungen (wozu auch jene der Bauherrenberater gehören) grundsätzlich «nur in der Prüfung des konkreten Vertrages und der konkreten Freizeichnungsklausel liegen» kann.

132 SCHUMACHER, Architektenrecht 1995, Nr. 414 und 418.

133 FELLMANN, Berner Kommentar, N 513 zu Art. 398 OR.

kann. Dies ist auch sachlich gerechtfertigt, da die Leistungen des Bauherrenberaters meistens adäquat vergütet werden. Wer eine Vergütung erhält, soll für die Qualität seiner Leistungen einstehen und haften müssen.[134]

134 Dies gilt umso mehr, als nach herrschender Lehre sogar der unentgeltlich tätige Auftragnehmer grundsätzlich für die von ihm erbrachten Leistungen gemäss Art. 398 OR haftet, wobei der Unentgeltlichkeit allenfalls im Rahmen der Schadenersatzbemessung Rechnung zu tragen ist (DERENDINGER, Nichterfüllung, Nr. 274; FELLMANN, Berner Kommentar, N 508 zu Art. 398 OR).

§ 13 Der Planer als Sachverständiger

ROLAND HÜRLIMANN

Inhaltsverzeichnis

I. Der Sachverständige – Schlüsselfigur des Bauprozesses

1. Einleitung

13.1 Bausachverständige sind sowohl für Behörden und Gerichte wie auch für Private und deren Anwälte *unentbehrlich!* Baurechtlichen Streitigkeiten liegen regelmässig komplexe Sachverhalte und Fragestellungen zugrunde, deren Entflechtung selbst qualifizierten Fachleuten zuweilen Mühe bereitet. Umgekehrt entwickelt sich auch das Baurecht immer mehr zu einer eigentlichen Spezialdisziplin.

13.2 Vor diesem Hintergrund kommt Sachverständigen und deren Gutachterberichten bei der Abwicklung von Bauvorhaben eine besondere Stellung und in Gerichts- oder Schiedsgerichtsverfahren zuweilen sogar überragende Bedeutung zu. Häufig ist im Nachhinein streitig, wie und weshalb es zu Mängeln, zu Mehraufwendungen oder etwa zu Bauverzögerungen gekommen ist. Bauvorgänge werden nur lückenhaft dokumentiert und der Umstand, dass bei einem Projekt zahlreiche Baubeteiligte involviert sind, erschwert im Nachhinein die Beurteilung, wer welches Verhalten bzw. Fehlverhalten zu vertreten hat und welche tatbestandlichen und rechtlichen Konsequenzen daraus abzuleiten sind.

Die mit dem Streitfall betrauten Richter, auch Fachrichter als Mitglieder eines Handelsgerichtes, sehen sich (verständlicherweise) im Nachhinein zuweilen ausserstande, den «wahren» Sachverhalt ohne gutachterliche Unterstützung zu ermitteln. Zur Durchführung des Beweisverfahrens ist der Beizug von Sachverständigen in diesen Fällen unabdingbar, und das Ergebnis der gutachterlichen Tätigkeit bildet für das Gericht regelmässig eine Entscheidungshilfe, die einen wesentlichen Einfluss auf Erfolg oder Misserfolg des Beweisverfahrens und damit auf den Verfahrensausgang hat. Insofern sind Sachverständige, auch wenn keine «démission du juge»[1] stattfinden darf, in der Tat *die* Schlüsselpersonen eines Bauprozesses.[2] Von Sachverständigen darf daher nicht nur ein überdurchschnittliches Mass an fächerüberschreitendem Wissen erwartet werden; vielmehr müssen diese über ein gewisses Grundverständnis auch für juristische Fragestellungen verfügen, wollen sie ihrer verantwortungsvollen Position gerecht werden. 13.3

Architekten und *Ingenieure* werden wegen ihrer interdisziplinären Ausrichtung häufig mit Expertenaufgaben betraut; dasselbe gilt allerdings auch für technische Sachverständige aus anderen Industrie- und Dienstleistungsbereichen, ferner auch etwa für *Betriebsökonomen* oder *Quantity Surveyors,* die heute regelmässig für die Aufarbeitung von Nachträgen, das heisst für gutachterliche Claim-Management-Aufgaben beigezogen werden.[3] Im vorliegenden Beitrag geht es um Planer; die nachfolgenden Ausführungen behalten jedoch auch für Sachverständige anderer Berufsgattungen Gültigkeit.[4] 13.4

---

1 BGE 113 II 432: «Rechtsfragen abschliessend zu beurteilen, ist … nicht Sache der Experten».

2 Nach Erhebungen in Deutschland, die auch für die Schweiz zutreffen dürften, stützen sich Gerichte in rund 95 % aller Rechtsfälle auf die Schlussfolgerungen der Gerichtsexpertise ab (PRECHTEL/OBERHEIM, S. 432).

3 Dazu: HÜRLIMANN, Nachtragsmanagement, S. 81 ff.; GIRMSCHEID, S. 37 ff.; SCHUMACHER, Die Vergütung, S. 31 ff.

4 Bei anderen Berufsgattungen können jedoch zusätzliche Gesetzesregeln zur Anwendung kommen: Vgl. etwa BGer 2C.121/2011 (9.8.2011) betr. psychiatrische und psychologische Gutachten in Straf- und Zivilverfahren und die Zulässigkeit einer kantonalen Verordnung, welche besondere komplexe Gutachtertätigkeiten von einem Facharzttitel für Psychiatrie und Psychotherapie und von zusätzlichen Qualifikationen und dem Eintrag in ein Sachverständigenregister abhängig macht.

2. Überblick

13.5 Im Folgenden gebe ich zunächst in **II.** einen Überblick über die verschiedenen Arten der Expertentätigkeit. In **III.** ist von den Anforderungen an den Experten und an das Gutachten die Rede. Unter **IV.** beschreibe ich anhand der neuen schweizerischen Zivilprozessordnung die Bedeutung des Gutachtens im Prozess. In **V.** behandle ich die wichtigsten Fragen, welche sich im Zusammenhang mit der Vergütung und der Kostentragung stellen. Schliesslich befasse ich mich mit der Haftung des Privatgutachters einerseits **VI.** und den zu beachtenden Verantwortlichkeiten des Gerichtsexperten andererseits **VII.**

II. Arten der Sachverständigentätigkeit

1. Tätigkeitsbereiche von Sachverständigen

13.6 **1. Die Aufgabe des Sachverständigen:** Häufig werden Experten für Prüfungen am Bauwerk beigezogen, welche der Bauherr oder der Unternehmer im Zuge der Projektrealisierung oder nach Fertigstellung zur Klärung des Sachverhaltes oder als Beweismittel benötigen. Der Sachverständige kann beigezogen werden

13.7 – *zur Feststellung resp. Messung von Tatsachen* (z.B. zur Ermittlung von Materialqualitäten, zur Messung von Schall- oder Immissionswerten etc.),

13.8 – *zur sachkundigen Beurteilung resp. Bewertung von Tatsachen* (z.B. zur Ermittlung der Tragfestigkeit einer Stahlkonstruktion etc.) oder etwa der *Sollbeschaffenheit* (Tauglichkeit zum vorausgesetzten Gebrauch),

13.9 – *zur Ermittlung von Erfahrungs- oder Wissenssätzen seiner Disziplin*[5] (z.B. Verkehrs- resp. Ertragswertschätzungen von Gebäulichkeiten etc.),

13.10 – *zur Ermittlung der zu einem bestimmten Zeitpunkt geltenden «anerkannten Regeln der Technik»,*

13.11 – *zur technischen Überwachung,* bei welcher der Sachverständige *präventiv* (nicht erst nach Eintritt eines Schadenereignisses) eingesetzt wird, etwa

---

5 BGE 118 I a 144 f.; BGE 113 II 431.

um im Sinne eines Monitorings Schadenfälle (z.B. an Anlagen, Geräten oder technischen Systemen) zu verhindern.

Art und Inhalt der Tätigkeitsfelder von Sachverständigen sind äusserst vielfältig.[6] Gemeinsam ist sämtlichen Aufgabenstellungen, dass die sachverständige Auskunft eines Experten *als Entscheidungshilfe* dient. 13.12

2. Gegenstand der Gerichtsexpertise: Im Regelfall wird das Gutachten zur Klärung der «rechtserheblichen streitigen Tatsachen» benötigt (Art. 150 Abs. 1 ZPO). Grundsätzlich kommt als Gegenstand indessen alles in Betracht, was nach Massgabe der Prozessordnungen Beweisthema sein kann und besondere Fachkunde voraussetzt,[7] folglich ausser zu begutachtende Sachverhalte z.B. auch der massgebliche Ortsgebrauch oder etwa die Feststellung ausländischer Regeln (z.B. von ISO-Vorschriften), ausnahmsweise auch die Feststellung fremden Rechts.[8] 13.13

3. Gegenstand des Privatgutachtens: Über welche Tatsachen und/oder Erfahrungssätze der *aussergerichtliche* Sachverständige sein Gutachten zu erstatten hat, bestimmt sich nach der Aufgabenstellung des Vertragspartners.[9] 13.14

---

[6] In der Schweiz gibt es (mit Ausnahme einer im Jahre 2011 veröffentlichten Studie der ETHZ) keine aussagekräftigen Statistiken über Art, Grösse und Ursachen der von Experten zu begutachtenden Schäden. Ein Blick über die Grenzen (etwa nach Deutschland) erlaubt jedoch interessante Rückschlüsse auf die Situation in der Schweiz (vgl. die Nachweise bei BAYERLEIN, Der Sachverständige, S. 397 ff.; PIEPER/BREUNUNG/STAHLMANN, S. 127 ff.; VOTH, S. 666 ff.): Betrachtet man isoliert nur die prozessuale Behandlung von Bauschäden, so lässt sich aufgrund dieser (deutschen) Erfahrungsberichte folgern, dass im Hochbau deutlich über die Hälfte der begutachteten Bauschäden auf *mangelhafte Planung, Berechnung und Bemessung,* also letztlich auf ein mangelhaftes Architekten- und Ingenieurwerk zurückzuführen sind. Häufig stösst man bei der Betrachtung der Gutachtenerstattung offenbar auf die Tatsache, dass die *Baugrundverhältnisse* bei der Planung des Bauwerkes ungenügend oder gar nicht untersucht worden sind. Glaubt man den in den Berichten zitierten demoskopischen Untersuchungen, so sind zudem zahlreiche Bauschäden auf mangelhafte *bauphysikalische und erdstatische Kenntnisse* zurückzuführen. Schlecht funktionierende *Drainagen und mangelhafte Abdichtungen* sind weitere Schwerpunktbereiche der Schadensursachen (VOTH, S. 666 ff.).

[7] FRANK/STRÄULI/MESSMER, N 1 vor § 171 ZPO ZH; MÜLLER, Kommentar ZPO, N 7 zu Art. 183 ZPO.

[8] ZR 1989, Nr. 5, S. 12 ff.; HÜRLIMANN, Der Anwalt, S. 392 ff.; a.A. DOLGE, Basler Kommentar, N 4 zu Art. 183 ZPO. Nach BGE 130 I 337 nur Tatfragen, nicht Rechtsfragen.

[9] Zu den hauptsächlichen Aufgabenstellungen der privaten Experten vgl. die Referate der SIA-Dokumentation D 016, S. 7 ff.; zur Expertise im Grundbau insbesondere VOLLENWEIDER, S. 53 ff.; zur Experten- und Schiedsrichtertätigkeit aus der Sicht eines Architekten,

13.15 **4. Art des Beizugs:** Je nach Art des Beizugs handelt es sich beim Experten um einen *Privatgutachter* (2.), um einen *amtlich bestellten Sachverständigen* (3.), um einen nach Massgabe der Zivilprozessordnung *gerichtlich eingesetzten Experten* (4.), um einen von den Parteien gemeinsam bestellten *Schiedsgutachter* (5.) oder um einen *Schiedsrichter* (6.).

2. Der Planer als Privatgutachter

13.16 **1. Ernennung durch Baubeteiligte:** Wird ein Sachverständiger auf Veranlassung einer einzelnen Partei oder beider (mehrerer) Parteien beigezogen, so handelt es sich um einen Privatgutachter. Wird er lediglich von einer Partei mit der Ausarbeitung des Gutachtens betraut, wird er zuweilen als *Parteigutachter* bezeichnet. Im Regelfall wird der Sachverständige *ausserhalb eines Gerichtsverfahrens* beigezogen. Doch kann der Beizug eines Privatgutachters auch *im Rahmen einer gerichtlich anhängigen Streitigkeit* angezeigt sein, namentlich zur Widerlegung einer vom Prozessgegner anbegehrten gerichtlichen Expertise. Privatgutachten kommt im Prozess keine volle Beweiskraft zu (Nr. 13.115), doch können auch Privatgutachten dem Gericht wichtige Erkenntnisse vermitteln, namentlich etwa Zweifel an der Schlüssigkeit oder an der Relevanz der gerichtlich eingeholten Expertise für den behaupteten bzw. zu beweisenden Sachverhalt.

13.17 **2. Prüfung des entstehenden Bauprojektes:** Sinnvoll und notwendig ist der Beizug eines Privatgutachters häufig schon vor Ausbruch eines Konflikts, wie etwa vor oder während der Bauausführung (z.B. zur frühzeitigen Ermittlung von Projektierungs- und Baumängeln, zur Beurteilung der Qualität von gelieferten Anlageteilen, Materialien und Baustoffen, zur Bestandesaufnahme und adäquaten Mitteilung von Mängeln bei Abnahme eines Bauwerkes etc.):[10] In diesem Sinne kommt dem beigezogenen Sachverständigen *streitschlichtende Funktion zu.* Das kann zum Vorteil des Unternehmers, des Bauherrn oder weiterer Beteiligter sein. Der Bauherr ist oftmals gar nicht in der Lage, die Vertragskonformität der erbrachten Leistungen zu überprüfen.[11] Selbst

---

STRASSER, S. 61 ff.; zur Expertisentätigkeit aus der Sicht einer Versicherungsgesellschaft, SOUTTER, S. 33 ff.

10 SCHUMACHER, KommSIA 118, N 1 ff. zu Art. 111; MESSERLI, Prüfung, S. 223 f.; WERNER/PASTOR, Nr. 120; vgl. auch WACHTER, in: SIA-Dok. D 016, S. 43 ff.

11 Zur Beweislast im Bauprozess: BÜHLER, Beweislast, S. 292 ff.; SCHUMACHER, Beweisprobleme, S. 157 ff.

offensichtliche Mängel[12] werden ohne Beizug eines Sachverständigen häufig nicht bemerkt. Zudem ist für Bauherren der einzuschlagende Weg im Mängelrüge-Prozedere nicht immer klar ersichtlich, und erst recht nicht, welchem Beteiligten letztlich ein erkannter Mangel zuzuschreiben ist. Häufig läuft der Bauherr ohne Beizug eines aussenstehenden Sachverständigen Gefahr, seine Mängelrechte zu verwirken.[13]

3. Privatgutachter als unabhängiger Begleiter: Der Beizug eines Privatgutachters kann sich selbst dann rechtfertigen, wenn der Bauherr bereits durch einen Ingenieur oder durch einen Architekten vertreten ist. Denn: *Planer* als bausachverständige Projektverfasser oder Bauleiter des Bauherrn befinden sich häufig *in einem Interessenkonflikt.* Muss der Planer sein eigenes Werk, d.h. namentlich die Vertragskonformität der Projektierung beurteilen, so besteht – zumindest latent – die Gefahr, dass der Bauherr nicht objektiv über allfällige Ansprüche aus planerischen Fehlleistungen aufgeklärt wird. 13.18

Von besonderer Bedeutung ist in diesem Zusammenhang, dass der Projektierungsvertrag nach der bundesgerichtlichen Rechtsprechung den Regeln des Werkvertrages untersteht und den Besteller daher nach Art. 367 Abs. 1 OR die *Pflicht zur sofortigen Rüge der Mängel trifft* (Nr. 8.201 ff.).[14] Will der Bauherr somit nicht riskieren, dass seine Ansprüche aus planerischen Fehlleistungen resp. Versäumnissen verwirken, wird er in gewissen Fällen von Vorteil zusätzlich einen Privatgutachter beiziehen. Zwar ist der Bauherr zum Beizug eines Sachverständigen nicht gehalten;[15] doch auch aus praktischen Überlegungen ist es für den Bauherrn meist kostengünstiger, fehlerhafte oder unvollständige Pläne gestützt auf eingeholte Expertenauskünfte zu korrigieren, als später einen Prozess über das zwar in Übereinstimmung mit den mangelhaften Plänen, aber gerade deswegen mangelhaft erstellte Bauwerk zu führen. 13.19

4. Vertragliche Beweissicherungspflichten nach der SIA-Norm 118: Wird auf der Grundlage der SIA-Norm 118 gebaut, so trifft den Bauherrn ge- 13.20

---

12 Zum Mangel-Begriff im Allgemeinen: Gauch, Werkvertrag, Nr. 1355 ff; zum «offensichtlichen» Mangel, der auch als «Folgemangel» bezeichnet wird: Nr. 2074; ferner BGE 117 II 427. Zum «Entwicklungsmangel»: BGer 4A_297/2008 (6.10.2008) = BR/DC 2009, S. 57, Nr. 118 mit Anm. Pichonnaz; dazu auch Pichonnaz, La Pierre de l'Yonne, S. 162.

13 Vgl. BGer 4C.125/2005 (2.6.2005) E. 5

14 BGE 109 II 34 und 462. Ferner zur Sofortrüge: BGer 4A_53 und 54/2012 (31.7.2012); BGer 4C.151/2005 (29.8.2005) E. 5.1; BGE 118 II 142.

15 Gauch, Werkvertrag, Nr. 2124; SJZ 1987, S. 368, vgl. ferner den instruktiven Sachverhalt, der BGE 107 II 176 zugrunde liegt.

genüber dem Unternehmer bereits *vor Inangriffnahme der Bauarbeiten* eine vertragliche Pflicht zur Bestandes- und Zustandsaufnahme, zu der er regelmässig einen externen Sachverständigen beizieht. Nach *Art. 111 SIA 118* hat «der Bauherr auf seine Kosten den Bestand und Zustand fremder Sachen (wie z.B. Grundstücke, Bauten, Verkehrswege, Leitungen, Grundwasservorkommen, Quellen), die im möglichen Einflussbereich der Arbeiten liegen», durch beweissichernde Massnahmen festzuhalten.[16] Solche Beweiserhebungen ermöglichen es dem Bauherrn, zu nachträglich behaupteten Veränderungen der benachbarten Grundstücke oder anderer fremder Sachen Stellung zu nehmen und ungerechtfertigte Ansprüche Dritter (z.B. für angebliche Riss- oder Senkungsschäden) abzuwehren.

13.21 Gelangt die SIA-Norm 118 zur Anwendung, können der Bauherr und seine Bauleitung ferner bereits *während der Ausführung der Arbeiten* Qualitätsuntersuchungen (z.B. Stoffproben nach *Art. 137*) oder Belastungsproben, Messungen oder andere Prüfungen am Bauwerk (vgl. *Art. 139*) anordnen. Die Anordnung solcher Prüfungen gehört zur *Aufsichtstätigkeit der Bauleitung*.[17] Häufig wird die Bauleitung (zumindest bei grösseren Projekten) diese Proben und Prüfungen nicht selber durchführen, sondern entweder den Unternehmer in die Prüfungstätigkeit einbeziehen oder die Untersuchung einem unabhängigen Sachverständigen (z.B. der EMPA) übertragen. Zur Bedeutung solcher Prüfungsbefunde im Prozess: Nr. 13.113 ff.

13.22 **5. Prüfung des abgelieferten Bauwerks:** Im Regelfall ist der Bauherr gut beraten, sich *bei der gemeinsamen Abnahmeprüfung* (vgl. Art. 158 SIA 118) sachverständig begleiten zu lassen, namentlich auch deswegen, weil die Norm in Verschärfung der gesetzlichen Bestimmung von Art. 370 Abs. 1 OR vermutungsweise von einem stillschweigenden *Verzicht* auf Rechte aus erkannten Mängeln ausgeht, die ein allfälliges *Prüfungsprotokoll* nicht aufführt. Dies gilt ebenso für Mängel, die bei der gemeinsamen Prüfung *offensichtlich* waren, jedoch nicht geltend gemacht wurden. Im zweiten Fall ist die Vermutung sogar «unwiderleglich» (Art. 163 Abs. 2 SIA 118).[18]

13.23 **6. Schlussprüfung vor Ablauf der Rügefrist:** Im Anwendungsbereich der SIA-Norm 118 kann sich der Beizug eines Privatgutachters auch für die soge-

---

[16] Vgl. dazu im Einzelnen: SCHUMACHER, KommSIA 118, N 4 ff. zu Art. 111; ferner zur Befundsicherungspflicht im Allgemeinen: BAUMGÄRTEL, S. 143 ff.

[17] PRADER, KommSIA 118, N 3 zu Art. 137 und N 6 zu Art. 139; vgl. auch Art. 34 Abs. 1 und 2 SIA 118.

[18] GAUCH, Werkvertrag, Nr. 2633 ff.

nannte *«Zwei-Jahres-Abnahme»* rechtfertigen, also die gemeinsame Schlussprüfung vor dem Ablauf der zweijährigen Rügefrist (vgl. Art. 177 SIA 118). Diese Schlussprüfung findet «auf Verlangen der einen oder der anderen Seite» statt und beinhaltet, «den Zustand des Werkes zur Beweissicherung gemeinsam festzustellen». Über diese Schlussprüfung wird ein Protokoll aufgenommen und von den Beteiligten *unterschriftlich anerkannt.* Mit den im Protokoll aufgeführten Mängeln kann der Bauherr belegen, dass er eine Beanstandung vor Ablauf der Rügefrist ordnungsgemäss angezeigt hat.[19] Gerade bei komplexen Bauprojekten, bei denen der Unternehmer mit dem Werkvertrag eine *Haltbarkeits- oder Funktionsgarantie* abgegeben hat, kann die Schlussprüfung der Klärung dienen, ob der Unternehmer seine vertraglichen Zusicherungen «auf Zeit» eingehalten hat.[20]

7. Zur Qualifikation des Gutachtervertrags: Der Vertrag, der die Erstellung eines Privatgutachtens zum Gegenstand hat, ist nach der Rechtsprechung des Bundesgerichts[21] je nach Konstellation als *Auftrag* oder als *Werkvertrag* zu qualifizieren.[22] 13.24

Nach der hier vertretenen Auffassung liegt im Regelfall, insbesondere wenn ein objektiv fehler- und mängelfreies «Werk» als Arbeitsergebnis versprochen bzw. erwartet wird, nämlich das ausgearbeitete Gutachten (mit diesen oder jenen Eigenschaften), ein *Werkvertrag* i.S. der Art. 363 OR ff. vor (Nr. 1.33 ff.). Diese Rechtsauffassung wird durch die jüngere (richtige) Praxis des Bundesgerichtes bestätigt, wonach auch das Ergebnis geistiger Arbeit und damit ein unkörperlicher Arbeitserfolg Gegenstand einer werkvertraglichen Unternehmerleistung sein kann.[23] Diese rechtliche Einordnung als 13.25

---

19 GAUCH, Werkvertrag, Nr. 2712; GAUCH, KommSIA-Norm 118, N 16 ff. zu Art. 179.

20 Vgl. MESSERLI, Prüfung, S. 226 unter Hinweis auf BGE 122 III 326.

21 BGE 127 III 328 ff.

22 Für Werkvertragsrecht: HGer ZH vom 22.9.1994 (nicht publ.); ZR 1955, Nr. 183, S. 370 f.; BÜHLER, Zürcher Kommentar, N 175 zu Art. 363 OR; GAUCH, Werkvertrag, Nr. 331 ff.; HÜRLIMANN, Der Experte, S. 136; HÜRLIMANN, Der Anwalt, S. 397 f.; HÜRLIMANN, Der Experte, S. 136; KOLLER, Berner Kommentar, N 233 zu Art. 363 OR; WEBER, Responsabilité, S. 192 ff.; ZINDEL/PULVER, Basler Kommentar, N 2 zu Art. 363 ff. OR. Für Auftragsrecht i.S. der Art. 394 ff. OR: BÜHLER, Gerichtsgutachten, S. 17 ff.; FELLMANN, Berner Kommentar, N 145, 164 und 330 zu Art. 394 OR; GAUTSCHI, Berner Kommentar, N 34a zu Art. 394 OR; GUHL/MERZ/KOLLER, S. 478; KAISER, S. 53 f. Auch nach deutschem Recht untersteht der Privatgutachtervertrag dem Werkvertragsrecht: BGH NJW 1976, S. 1502; BAYERLEIN, Praxishandbuch, S. 19 und 200 ff. und dort Zitierte.

23 So zuletzt in BGE 127 III 328 ff. und schon in BGE 114 11 55 f. = BR/DC 1989, S. 16, Nr. 6 und BGE 109 II 464 ff.

Werkvertrag rechtfertigt sich bei der Ausarbeitung von Expertisen namentlich dann, wenn das Ergebnis der Gutachtertätigkeit *«garantiefähig»* ist, wie dies etwa bei Messungen oder der Berechnung von strittigen Vorgängen regelmässig der Fall ist. Die Unterstellung unter das Werkvertragsrecht ist aber ganz generell gerechtfertigt, weil dem Gutachter nicht nur ein entsprechendes Vertrauen, sondern auch eine «gezielte Erfolgserwartung bezüglich des Inhalts des Gutachtens» entgegengebracht wird.[24] Verspricht der Gutachter bloss ein sorgfältiges Tätigwerden oder erteilt er bloss Ratschläge (auch in Form von «Vorschlägen»), dann ist dies keine Werkleistung und auch kein Gutachten, und das Vertragsverhältnis untersteht ausnahmsweise den Regeln des *Auftragsrecht* (Art. 394–405 OR).[25]

3. Der Planer als amtlich bestellter Sachverständiger

13.26 **1. Gerichtliche Ernennung auf Verlangen einer Partei:** Nach Massgabe von Art. 367 OR hat der Besteller nach der Ablieferung des Werkes dessen Beschaffenheit zu prüfen und den Unternehmer von allfälligen Mängeln in Kenntnis zu setzen.[26] Unterlässt der Besteller die gesetzlich vorgesehene Prüfung und Anzeige, so wird stillschweigende Genehmigung angenommen (Art. 367 Abs. 2 OR).[27] Der Besteller kann die Prüfung selber durchführen[28] oder er kann, und hier setzt Art. 367 Abs. 2 OR ein, beim Gericht verlangen, dass die Prüfung *durch einen Dritten* (einen Sachverständigen) durchgeführt

---

24 Gauch, Werkvertrag, Nr. 332, unter Verweis auf Klocke, Erstattung von Gutachten, in: BauR 1986, S. 294.

25 Gauch, Werkvertrag, Nr. 333, unter Verweis auf BGE 112 II 350 ff.

26 Die Prüfungs- und Anzeigepflicht des Bestellers ist ihrer Rechtsnatur nach eine Obliegenheit (Gauch, Werkvertrag, Nr. 2108; Zindel/Pulver, Basler Kommentar, N 3 zu Art. 367 OR). Verlangt der Besteller unverzüglich nach Abnahme eine Prüfung durch einen amtlich ernannten Sachverständigen, so läuft die Prüfungsfrist nicht ab, bis der Prüfungsbefund vorliegt (Gauch, Werkvertrag, Nr. 2125 und dort Zitierte). Denn: Die Prüfung durch den Sachverständigen ersetzt die dem Besteller obliegende Prüfung (BGE 96 II 270).

27 BGer 4A_53 und 54/2012 (31.7.2012); 4C.151/2005 (29.8.2005) E. 5; 118 II 142; differenziert im Anwendungsbereich der SIA-Norm 118, Art. 163 und 164 derselben.

28 Es besteht keine Pflicht zum Beizug eines Sachverständigen (BGE 107 II 176), ausser der Werkvertrag oder die Umstände würden ausnahmsweise eine fachmännische Prüfung verlangen (Gauch, Werkvertrag, Nr. 2124).

wird.[29] Die werkvertragliche Bestimmung gibt indessen nicht nur dem Besteller, sondern *auch dem Unternehmer* das Recht, «auf seine Kosten eine Prüfung des (abgelieferten) Werkes und die Beurkundung des Befundes zu verlangen». Die Tatbestandsaufnahme wird somit durchgeführt, sobald es eine «Partei» des Werkvertrages verlangt. Die Besonderheit des Verfahrens liegt darin, dass Auswahl und Bestellung des Experten wie auch die Durchführung der Mängelfeststellung *unter richterlicher Kontrolle* stehen. Zuständig zur Ernennung des Sachverständigen ist *das Gericht* und zwar am Orte der Werkablieferung.[30]

2. Keine Notwendigkeit einer Mängelprognose oder einer Beweisgefährdung: Das Vorgehen im Sinne von Art. 367 Abs. 2 OR verlangt für die Einleitung des Verfahrens lediglich das Begehren einer Partei auf amtliche Bestellung des Sachverständigen. Weitere Voraussetzungen sind, wenn das Bauwerk abgenommen ist, nicht darzutun. Vorausgesetzt ist weder eine (drohende) Beweisgefährdung noch die Wahrscheinlichkeit eines Mangels.[31] Der Anordnung auf Mängelfeststellung kann sich die Gegenpartei nicht mit dem Argument widersetzen, es fehle an der Notwendigkeit für die amtliche Befundaufnahme. Der zuständige Richter hat nach Massgabe der jeweils anwendbaren ZPO einen Sachverständigen zu ernennen, sobald es der Bauherr oder der Unternehmer verlangt.[32] Auch im Anwendungsbereich von Art. 367 Abs. 2 OR gilt, dass die Gegenpartei Einwendungen gegen die Person des Sachverständigen und dessen fachliche Einigung erheben kann. Zulässig sind auch umgehende Einwände gegen einen Sachverständigen, wenn Ablehnungs- oder Ausstandsgründe vorliegen. 13.27

---

[29] BGE 107 II 172; dazu im Einzelnen: Bühler, Zürcher Kommentar, N 45 zu Art. 367 OR; Gauch, Werkvertrag, Nr. 1516 ff.; Koller, Berner Kommentar, N 30 zu Art. 367 OR; Zindel/Pulver, Basler Kommentar, N 22 zu Art. 367 OR.

[30] BGE 96 II 270 f.; JdT 1977 III, S. 9 = BR/DC 1979, S. 11, Nr. 11. Nach Art. 13 ZPO entweder am Ort, an dem die Zuständigkeit für die Hauptsache gegeben ist (lit. a), oder am Ort, an dem die Massnahme vollstreckt werden soll (lit. b).

[31] Gauch, Werkvertrag, Nr. 1517.

[32] Hürlimann/Siegenthaler, Handkommentar Privatrecht, N 7 zu Art. 367 OR. Im Einzelfall kann das Wissen um die Existenz und die Tragweite der bundesrechtlichen Bestimmung von Art. 367 Abs. 2 OR von entscheidender Bedeutung sein. Wer je die zeit- und kostenaufwendigen Verzögerungstaktiken im Rahmen einer vorsorglichen Beweisabnahme mitgemacht hat, weiss die Vorzüge der amtlich angeordneten Tatbestandsaufnahme nach Art. 367 Abs. 2 OR zu schätzen.

13.28 Die Bestimmung von Art. 367 Abs. 2 OR hat als bundesrechtliches Institut in die meisten kantonalen Prozessordnungen Eingang gefunden. Auch die neue schweizerische ZPO regelt die amtliche Befundnahme in Art. 158 Abs. 1 lit. a ZPO, indem sie das Gericht anweist, «jederzeit Beweis (abzunehmen), wenn das Gesetz (also hier Art. 367 Abs. 2 OR) einen entsprechenden Anspruch gewährt».[33] Die amtliche Beweissicherung und die Ernennung des Sachverständigen ist im «summarischen Verfahren» durchzuführen (Art. 250 lit. b Ziff. 4 ZPO).

13.29 **3. Gegenstand des Befunds:** Das Ergebnis der amtlich angeordneten Tatbestandsaufnahme bezweckt die (im Prozess oft entscheidrelevante) Prüfung der Beschaffenheit des Werkes bei der Ablieferung und dient damit zur Beurteilung der Rechtsfrage, ob «das Werk bei der Ablieferung mangelhaft oder mängelfrei war».[34] In diesem Sinne klärt das i.S. v. Art. 367 Abs. 2 OR durchgeführte Verfahren für den *Besteller* die Unsicherheit, ob er Mängelrüge erheben kann resp. ob er über Nachbesserungsansprüche verfügt. Umgekehrt kann der *Unternehmer* klarstellen, dass sein Werk jedenfalls bei der Abnahme mängelfrei war und er seinen Vertragspflichten und Obliegenheiten nachgekommen ist. Auf weitere Fragen, wie etwa auf die Beurteilung der Verantwortlichkeiten, könnte der Befund allerdings nur ausgedehnt werden, wenn beide Parteien dazu ihre Zustimmung erteilen.[35]

13.30 **4. «Beurkundung» des Befunds:** Der deutschsprachige Wortlaut von Art. 367 Abs. 2 OR, wonach jede Partei berechtigt ist, «die Beurkundung des Befundes zu verlangen», ist missverständlich: *Beurkundung* meint *nicht,* dass für den Befund ein notarieller Akt erforderlich ist.[36] Ein Vergleich mit der französischen und italienischen Gesetzesfassung zeigt, dass es genügt, wenn der amtlich bestimmte Sachverständige seinen Befund *schriftlich festhält.* Obwohl der «Beurkundung» des Werkzustandes *keine gesteigerte Beweiskraft* im Sinne von Art. 9 ZGB zukommt,[37] wird in der Baupraxis doch regelmässig auf einen solchen Befund abgestellt.

---

33 GUYAN, Basler Kommentar, N 2 zu Art. 158 ZPO.

34 BGE 96 II 270.

35 GVP SG 1988, Nr. 50, S. 104 = BR/DC 1989, S. 67 f., Nr. 96; a.A. GAUCH, Werkvertrag, Nr. 1522.

36 LGVE 1986 I, Nr. 12, S. 18 ff. = BR/DC 1988, S. 13, Nr. 5.

37 MERZ, Anm. zu BR/DC 1988, S. 13, Nr. 5; offen gelassen bei GAUCH, Werkvertrag, Nr. 1518.

5. Streitfragen: Umstritten ist, ob nach Vornahme einer amtlichen Bestandesaufnahme auf Begehren einer Partei auch *der Gegenseite* die Befugnis einzuräumen ist, einen weiteren Befund nach Art. 367 Abs. 2 OR, quasi im Sinne eines *Gegenbefundes* zu verlangen. Nach einem Entscheid des Luzerner Obergerichtes[38] verfügen gestützt auf die Bestimmung des Art. 367 Abs. 2 OR *beide* Parteien über einen selbständigen und unabhängigen Anspruch auf eine amtlich anzuordnende Tatbestandsaufnahme. Falls die mit dem Ergebnis eines bereits vorliegenden Befundes konfrontierte Gegenpartei nicht einverstanden ist, kann sie daher ihrerseits ein Befundverfahren nach Art. 367 Abs. 2 OR einleiten. 13.31

Nach Auffassung von GAUCH[39] ist diese Praxis des Obergerichts Luzern abzulehnen. Zwar steht nach dem Gesetzestext *«jeder* Partei des Werkvertrages» ein Anspruch auf eine amtlich anzuordnende Tatbestandsaufnahme zu. Nach Sinn und Zweck von Art. 367 Abs. 2 OR erscheint es GAUCH aber sachgerechter, die Bestimmung so zu verstehen, dass die Prüfung und Beurkundung auf Verlangen der einen Partei *zugleich* auch das entsprechende Recht der anderen Partei konsumiert. Dieser Lehrmeinung ist zuzustimmen, zumindest in Fällen, in denen es um identische Begehren geht. Sie führt auch zu keiner Benachteiligung der Gegenpartei, weil eine einseitige Einflussnahme auf den Sachverständigen praktisch ausgeschlossen werden kann: *Erstens* wird der Sachverständige durch eine richterliche Behörde ernannt. Und *zweitens* erschöpft sich dessen Aufgabe in der blossen Sachverhaltsaufnahme, soweit nicht beide Parteien einverständlich einer Erweiterung des Gutachtervertrages zustimmen (Nr. 13.29). 13.32

6. Amtliche Befundnahme durch Vollzugsbeamte: Einzelne kantonale Zivilprozessordnungen übertragen die Befugnis zur Festellung eines Zustandes in einfacheren Fällen einem Vollzugsbeamten (im Kanton ZH: Gemeindeammann; im Kanton AG: Betreibungsbeamter), insbesondere soweit ein Befund «ohne besondere Fachkenntnisse festgestellt werden kann» (vgl. § 215 ZPO AG). Dieses Vorgehen empfiehlt sich namentlich zur Erstellung eines *«Rissprotokolls»,* d.h. zur Zustandsaufnahme einer Nachbarliegenschaft vor Beginn der Bauarbeiten. Eine solche Befundnahme ist im Übrigen (schon aus Kostengründen) überall dort angezeigt, wo ein amtliches Verfahren auf 13.33

---

[38] LGVE 1987, I, Nr. 22, S. 62 f. = BR/DC 1989, S. 19, Nr. 13.

[39] GAUCH, Anm. zu BR/DC 1989, S. 19, Nr. 13; vgl. auch GAUCH, Werkvertrag, Nr. 1517.

Beweissicherung zu aufwendig ist.[40] Im Einzelfall kann einer Partei auch mit dem Beizug eines Notars gedient sein.

13.34 Die neue schweizerische Zivilprozessordnung erwähnt dieses praktische Beweissicherungsverfahren nicht mehr, schliesst es aber auch nicht aus, was m.E. die Annahme zulässt, die Kantone dürften solche Amtsverfahren auch in Zukunft in ihren Gerichtsorganisationsgesetzen vorsehen.[41]

4. Der Planer als Gerichtsexperte

13.35 **1. Ernennung im Rahmen eines Bauprozesses:** Nach Massgabe der meisten Zivilprozessordnungen ist ein Experte beizuziehen, wenn die Abklärungen des Sachverhaltes oder die Beweiserhebungen besondere Kenntnisse verlangen, über die weder das Gericht noch einzelne seiner Mitglieder verfügen (vgl. Art. 181 ZPO, § 173 ZPO-ZH, Art. 264 ZPO-BE). Im Rahmen des Beweisverfahrens haben die Parteien einen *Anspruch auf Bestellung eines Sachverständigen,* vorausgesetzt, dass dieses Beweismittel prozessual formgerecht und rechtzeitig beantragt worden ist.[42] Nach Massgabe der neuen schweizerischen Zivilprozessordnung (Art. 183 ZPO) ist das Gericht sogar *von Amtes wegen* berechtigt, einen Sachverständigen beizuziehen.[43] Dies ist namentlich dann angezeigt, wenn dem Richter die erforderlichen Fachkenntnisse zur Beurteilung der Streitsache fehlen. Ausnahmsweise ist ein Richter allerdings befugt, den beantragten Beizug eines Sachverständigen zu verweigern, etwa wenn der Antragsteller es unterlässt, ausreichende Anhaltspunkte darzutun, welche auf die behaupteten Mängel schliessen lassen.[44] Versäumt

---

40 Vgl. BGer 4C.25/2007 (20.4.2007) zur «weibelamtlichen» Sachverhaltsaufnahme in Bezug auf «Mängel im Anbau» eines Klubhauses mit Bootshalle im Kanton Nidwalden. Auch zur Feststellung von «Bestand und Zustand fremder Sachen» im Sinne von Art. 111 SIA 118 kann der Bauherr Vollzugsbeamte beiziehen, soweit die Beweiserhebungen nicht komplizierte Abklärungen erfordern (vgl. SCHUMACHER, KommSIA 118, N 10 zu Art. 111).

41 So auch MESSERLI, Prüfung, S. 226.

42 BGE 91 II 2; 92 I 83; In materiell-rechtlicher Hinsicht vgl. auch: VOGEL, Recht auf Beweis, S. 38 ff.

43 DOLGE, Basler Kommentar, N 2 zu Art. 183 ZPO; MÜLLER, Kommentar ZPO, N 3 ff. zu Art. 183 ZPO; REETZ, Der Beweis im Bauprozess, S. 122, Fn. 12; WEIBEL, ZPO-Kommentar, N 9 zu Art. 183 ZPO; differenzierend: REETZ, Der Beweis im Bauprozess, S. 122, Fn. 12.

44 BGE 68 II 140 f.

es eine Partei in einem (Schieds-) Gerichtsverfahren, eine gerichtliche Expertise zu beantragen, um sich die notwendigen Fachkenntnisse zur Beurteilung der technischen Parteigutachten zu verschaffen, verwirkt sie das Recht, sich im Rechtsmittelverfahren vor Bundesgericht darauf zu berufen.[45]

2. Notwendigkeit zur Sachverhaltsermittlung: Die Notwendigkeit des Beizugs gerichtlicher Sachverständiger besteht in Bauprozessen *praktisch ausnahmslos,* insbesondere wenn es um die Beurteilung eines Mangels oder die Regeln der Baukunde geht. Baurechtliche Auseinandersetzungen sind sowohl von der Aufarbeitung der tatbeständlichen Grundlagen wie auch von der Zuordnung der Verantwortlichkeiten unter die zahlreichen Baubeteiligten regelmässig aufwendig und komplex. Dazu kommt, dass bei der Realisierung einer Baute immer häufiger auch Aspekten Rechnung zu tragen ist, die den gängigen und traditionellen Rahmen der Bautechnik und Wissenschaft sprengen. Selbst Handelsgerichte sehen sich zuweilen ausserstande, ihren Entscheid einzig und allein auf die Sachkunde ihrer Mitglieder abzustützen. Nach Art. 183 Abs. 3 ZPO soll ein (Handels-)Gericht das «eigene Fachwissen» einbringen, verwerten und im Rahmen der Hauptverhandlung «offenlegen», damit die Parteien «dazu Stellung nehmen können». Alsdann kann das vorhandene Fachwissen, wenn es schlüssig und nachvollziehbar ist, anstelle einer Gerichtsexpertise treten.[46] Dass die Fachkunde eines einzigen Gerichtsmitgliedes[47] und dessen Meinungsäusserung tatsächlich an die Stelle einer Expertise tritt, hängt vor allem auch davon ab, ob der Fachrichter die übrigen Mitglieder des Gerichtes restlos zu überzeugen vermag.[48] Der Beizug eines «externen» Sachverständigen ist auch bei Fachgerichten namentlich dann am Platz, «wo überdurchschnittliche, wissenschaftlich fundierte Facherfahrung erforderlich ist oder wo es sich um komplizierte, dem Durchschnittsfachmann nicht ohne weiteres geläufige Fragen» handelt.[49] 13.36

3. Vorsorgliche Beweisabnahme: Unter den gegebenen Voraussetzungen besteht zudem die Möglichkeit eines (vorgezogenen) Beweissicherungsverfahrens. Das Gesuch um vorsorgliche Beweisabnahme kann sowohl *vor* wie 13.37

---

45 BGer 4A_617/2010 E.3.2 (14.6.2011)

46 Kann sich das Gericht nicht auf ein «Fachrichtervotum» stützen, muss es eine Gerichtsexpertise einholen: BGE 125 III 29 E.3d.

47 Guldener, S. 348; SJZ 1960, S. 161, Nr. 72.

48 Frank/Sträuli/Messmer, N 5 zu § 171 ZPO ZH unter Hinweis auf SJZ 56, 1960, S. 161, Nr. 72.

49 Frank/Sträuli/Messmer, N 5 zu § 171 ZPO ZH.

auch *nach* Einleitung des (Haupt-) Prozesses gestellt werden. Im Einzelnen werden die Voraussetzungen, die Zuständigkeit und das Verfahren je nach anwendbarer Prozessordnung unterschiedlich geregelt (vgl. Art. 158 ZPO; § 209 ZPO-AG; § 231 ZPO-ZH). Generell lässt sich – auch in Berücksichtigung der neuen schweizerischen ZPO – Folgendes sagen: Voraussetzung der vorsorglichen Beweisabnahme sind in aller Regel ein *schutzwürdiges Interesse* und eine *Beweisgefährdung,* also Umstände, die darauf schliessen lassen, dass bei längerem Zuwarten die Gefahr des Verlustes des Beweismittels besteht oder die Beweisführung wesentlich erschwert würde.[50] Dass derartige Umstände bestehen, ist *glaubhaft* zu machen, wobei in der Regel an die Glaubhaftmachung der Beweisgefährdung keine strengen Anforderungen gestellt werden.

13.38 Ist die *Gefahr* des Verlustes eines Beweismittels so *dringend,* dass die Gegenpartei nicht zur Verhandlung geladen werden kann, kann die Beweisabnahme im Einzelfall ohne ihre Anwesenheit stattfinden; das Ergebnis der Beweisabnahme ist der nicht teilnehmenden Partei aber unverzüglich mitzuteilen und es ist ihr Gelegenheit zur Stellungnahme einzuräumen (Art. 265 ZPO; § 212 Abs. 2 ZPO-AG; § 233 ZPO-ZH).[51] Von einer vorgängigen Ladung bzw. Anhörung der Gegenpartei soll jedoch nur in wirklich dringenden Fällen abgesehen werden.[52]

13.39 Nicht zu prüfen ist die *Erheblichkeit des Beweisthemas*.[53] Sind die Voraussetzungen erfüllt, ist der Antrag zur Beweissicherung zu bewilligen, ungeachtet dessen, ob der Richter der Auffassung ist, dass der Anspruch des Antragstellers in der Hauptsache (z.B. auf Nachbesserung) begründet ist oder nicht.[54]

---

[50] Zum schutzwürdigen Interesse: BGer 4A_532/2011 (31.1.2012). Ferner: GUYAN, Basler Kommentar, N 3 f. zu Art. 158 ZPO; REETZ, Der Beweis im Bauprozess, S. 126 ff.; VOGEL/SPÜHLER, Kap. 10 N 92. An der Dringlichkeit kann es fehlen, wenn ein Begehren zur blossen Beweissicherung für den Hauptprozess resp. zu dessen Vermeidung gestellt wird: ZWR 1990, S. 229 ff. = BR/DC 1992, S. 44, Nr. 89 mit Anm. VOGEL. Vgl. auch ZR 1994, Nr. 21, S. 89 ff. Auf ein «schutzwürdiges Interesse» zur vorsorglichen Beweisführung wird sich auch ein Gesuchsteller berufen können, der sich über seine Prozessaussichten ins Bild setzt. FELLMANN, ZPO-Kommentar, N 17 zu Art. 158 ZPO.

[51] SPRECHER, Basler Kommentar, N 35 ff. zu Art. 265 ZPO.

[52] GAUCH, Werkvertrag, Nr. 1521. Andernfalls besteht die Gefahr, dass ein Experte ernannt wird, der dem Antragsteller allzu günstig gesinnt ist.

[53] REETZ, Der Beweis im Bauprozess, S. 126 ff.; VOGEL/SPÜHLER Kap. 10 N 92.

[54] BGer 5P.496/2006 (22.1.2007) E. 3.4: Eine Hauptsachenprognose im richterlichen Beweisabnahmeverfahren ist nicht erforderlich.

Gegenstand einer vorsorglichen Beweisabnahme ist in erster Linie die Beweissicherung. Ein im Rahmen dieses Verfahrens zu erstattendes Gutachten muss indessen nicht notgedrungen auf die Feststellung eines bestimmten Zustands des Werkes beschränkt werden. Vielmehr kann es ratsam sein, den Experten im Sinne der Prozessprophylaxe auch zur *Verursachung*,[55] eventuell sogar zu *möglichen Sanierungsmassnahmen* und zu den mutmasslichen *Mängelbeseitigungskosten* zu befragen. 13.40

Im Einzelfall kann es sogar sinnvoll sein, dass der Experte im Rahmen einer vorsorglichen Beweisabnahme auch zur (prozentualen Zuteilung der) Verantwortlichkeit unter den Beteiligten Stellung nimmt, wenn er vom Gericht dazu aufgefordert wird.[56] Vorbehalten bleibt die rechtliche Beurteilung durch das Gericht, welches im Entscheid dann die Haftungsvoraussetzungen berücksichtigen muss. Eine grosszügige Handhabung der Beweissicherung mag in zahlreichen Fällen der Streitverhütung oder der Prozessvereinfachung dienen.[57] Eine umfassende und aussagekräftige Expertise entspricht zudem dem Bedürfnis der Parteien und ihrer Anwälte. Dennoch obliegt die Beweiswürdigung und Entscheidfällung ausschliesslich dem Gericht, namentlich auch die Feststellung, welche Beschaffenheit das Werk nach dem Inhalt des konkreten Vertrages haben sollte,[58] und zwar selbst dann, wenn der eingesetzte Experte aufgrund seiner besonderen Fachkenntnisse und in Anbetracht der durchgeführten Begutachtung in der Lage wäre, die Mangelhaftigkeit des Werkes nach dem konkreten Vertrag zu beurteilen. 13.41

Im Rahmen des Beweisverfahrens ist das Gericht frei, die Erkenntnisse des Experten *nach freier Überzeugung* zu würdigen (Nr. 13.113). 13.42

4. Zur Stellung des Gerichtsexperten: Das Rechtsverhältnis zwischen dem gerichtlich eingesetzten Experten und dem Gericht wird durch das öffent- 13.43

---

[55] So bereits VOGEL, Streit und Streiterledigung, S. 79; DERS. Anm. zu BR/DC 1990, S. 81, Nr. 119 und 122.

[56] Im Rahmen eines gerichtlichen Hauptverfahrens kann ein prozessbeteiligter Streitgenosse dem Gericht den Antrag stellen, die interne Haftungsquote mehrerer Verantwortlicher festzulegen (vgl. § 41 ZPO ZH). In der neuen schweizerischen ZPO fehlt eine solche Regelung.

[57] Vgl. HÜRLIMANN, Der Experte, S. 141; so auch die Tendenz in Deutschland (vgl. hiezu und zum neuen «Rechtspflege-Vereinfachungsgesetz 1988»: KOEBLE, Beweissicherung, S. 302 ff.). A.A. SJ 1983, S. 575 f.; vgl. auch die Kritik bei HABSCHEID, Zivilprozessrecht, S. 438 II 2; VOGEL/SPÜHLER, Kap. 10 N 158 (keine «démission du juge»).

[58] BGE 113 II 432; GAUCH, Werkvertrag, Nr. 1513; ferner QUACK, S. 161 ff.

liche Recht mitbeherrscht, weil der Sachverständige mit seiner Bestellung zur Hilfsperson des Gerichtes wird und damit eine Aufgabe der Judikative wahrnimmt.[59] Wenn sich die öffentliche Hand bei der Erfüllung öffentlicher Aufgaben durch Private unterstützen lässt, geschieht der Beizug regelmässig durch *verwaltungsrechtlichen Vertrag.*[60] Die im Zusammenhang mit verwaltungsrechtlichen Verträgen geltende Rechtslage hat auch Gültigkeit, wenn ein Richter zur Abklärung von Sachverhalten und zu Beweiserhebungen einen Gerichtsexperten benötigt. Den Inhalt des Expertenvertrages können das Gericht und der Sachverständige grundsätzlich frei regeln, soweit das öffentliche Recht nicht Mindestanforderungen verlangt, wie etwa die öffentlichrechtlichen Vorgaben von Art. 184 ZPO, wonach der Sachverständige unter Hinweis auf die Wahrheitspflicht und das Amtsgeheimnis zu ernennen und die Höhe des gutachterlichen Entschädigungsanspruchs mit beschwerdefähiger Verfügung festzulegen ist. Soweit das öffentliche Recht prozessrechtliche Vorschriften im Zusammenhang mit dem Rechtsverhältnis zwischen Zivilgericht und Gutachter enthält, kommen diese zwingend zur Anwendung. Zu beachten sind insbesondere die prozessrechtlichen Vorschriften im Zusammenhang mit dem Gebot der Gleichbehandlung (Art. 183, 185 und Art. 187 ZPO), ferner die Bestimmungen betreffend die Entschädigung des Experten und dessen Verantwortlichkeit. Davon ist in VI. bis VIII. die Rede. Soweit das öffentliche Recht keine Regeln zum Rechtsverhältnis mit Gerichtsgutachtern enthält, kommt *subsidiär* das Obligationenrecht als öffentliches Ersatzrecht zur Anwendung.[61]

5. Der Planer als Schiedsgutachter

13.44 **1. Inhalt und Form des Vertrages:** Der Schiedsgutachter ist ein Sachverständiger, der von zwei oder mehreren Baubeteiligten mit der verbindlichen Feststellung einer oder mehrerer rechtserheblicher Tatsachen und/oder ein-

---

[59] BGE 134 I 163; Dolge, Basler Kommentar, N 1 zu Art. 184 ZPO; Bühler, Gerichtsgutachter, S. 17 ff.; Klopfer, S. 31; Zufferey, S. 37 ff.

[60] Haefelin/Müller/Uhlmann, Nr. 1084; Tschannen/Zimmerli/Müller, § 33 bis § 35. Ferner: Abegg, Der Verwaltungsvertrag zwischen der Staatsverwaltung und Privaten, Habil. Freiburg, Zürich/Basel/Genf 2009.

[61] BGer 2C.121/2011 E 3.3.2 (9.8.2011); BGE 134 I 163; 122 I 328 (Regeln des Obligationenrechts «als Ausdruck allgemeiner Rechtsgrundsätze»); Haefelin/Müller/Uhlmann, Nr. 1066 ff.

zelner Rechtsfragen betraut wird.[62] Mit der vertraglichen Bestellung eines Schiedsgutachters beantragen zwei Parteien den Schiedsgutachter mit der verbindlichen Festlegung bzw. Ausserstreitsetzung *einzelner kontroverser Punkte,* nicht aber mit der Streiterledigung insgesamt. In Bezug auf die *übrigen* (nicht dem Schiedsgutachten unterstellten) Streitpunkte bleibt den Parteien die gerichtliche Beurteilung vorbehalten, und zwar, je nach vereinbartem Rechtsweg durch Anrufung des ordentlichen staatlichen Gerichts oder des eingesetzten Schiedsgerichts.[63] Was vertraglicher Inhalt des Schiedsgutachtens ist, wird also gleichsam durch verbindliche Feststellung des Schiedsgutachters *ausser Streit* gestellt.[64] Nach der Bestimmung von Art. 189 ZPO, welche das Institut des Schiedsgutachtens neu explizit regelt, muss die Vereinbarung «schriftlich oder in einer anderen Form erfolgen, die den Nachweis durch Text ermöglicht» (analog den Formerfordernissen für eine Gerichttandsvereinbarung; vgl. Art. 17 Abs. 2 ZPO).[65]

2. Gegenstand des Schiedsgutachtervertrages: Dem Schiedsgutachter kann nur (aber immerhin) die Ausserstreitstellung von kontroversen Punkten eines Rechtsverhältnisses übertragen werden, über welche die Parteien *frei verfügen* können (Nr. 13.48). Im Übrigen sind die Beteiligten weitgehend frei, den Aufgabenbereich des Schiedsgutachters zu bestimmen: Dem Schiedsgutachter können entweder *«streitige Tatsachen»* (so wörtlich: Art. 189 ZPO) wie etwa die Beschaffenheit des Baugrundes, die Dauerhaftigkeit eines verwendeten Baustoffes, der Verkehrswert einer Liegenschaft und die Bewertung eines Gesellschafteranteiles nach Austritt aus einer ARGE zur Begutachtung übertragen werden. Oder dem Schiedsgutachter wird – neben oder ausserhalb der reinen Tatsachenfeststellung – die Aufgabe übertragen, *einzelne Rechtsfragen* (wie z.B. der Verschuldensanteil der Bauleitung, die Kausalität zwischen Sturmböen und Kranunfall, die Rechtzeitigkeit einer Mängelrüge etc.) verbindlich zu entscheiden. Dass Schiedsgutachten (wie bis anhin) auch zur 13.45

---

[62] BGE 129 III 537; 117 Ia 365; DOLGE, Basler Kommentar, N 10 zu Art. 189 ZPO; HABSCHEID, Das Schiedsgutachten, S. 189 ff.; HÜRLIMANN, Schiedsgutachten und deren Anfechtung, S. 403; RÜEDE/HADENFELDT, S. 21. Ferner die Monografien von BACHMANN, Der Schiedsgutachter, Diss. Zürich 1949, und HAGENBÜCHLE, Das Schiedsgutachten im schweizerischen Recht, Diss. Zürich 1952.

[63] BGE 129 III 538 f.; 117 Ia 368; 107 Ia 321.

[64] HÜRLIMANN, Schiedsgutachten und deren Anfechtung, S. 403; FRANK/STRÄULI/MESSMER, N 2 zu § 258 ZPO ZH.

[65] Bis anhin regelte auf kantonaler Ebene einzig die zürcherische ZPO (in § 258) das Institut des Schiedsgutachtens.

Ausserstreitsetzung von reinen Rechtsfragen verwendet werden, entspricht einem Bedürfnis der Praxis. Solche Schiedsgutachten sollten trotz des zu engen Wortlautes ebenfalls dem Anwendungsbereich des Art. 189 ZPO unterstellt werden dürfen.[66]

13.46 Häufig wird ein Schiedsgutachter von Parteien beigezogen, um ein zwischen ihnen bestehendes Vertragsverhältnis nach *billigem Ermessen* zu ergänzen oder anzupassen. Zum Zwecke der *Vertragsergänzung* wird der Schiedsgutachter etwa eingesetzt, wenn er eine von den Kontrahenten im Vertragsverhältnis bewusst offen gelassene Lücke rechtsgestaltend auszufüllen hat [67](z.B. Festlegung des Werkpreises im Anlagenbau innerhalb einer Bandbreite nach Massgabe der erzielten oder erzielbaren Leistungswerte). Zur Festlegung von *Vertragsanpassungen* kann der Schiedsgutachter bereits bei Vertragsabschluss bestellt oder nachträglich beigezogen werden, insbesondere für den Fall, dass sich die wirtschaftlichen oder die sonst wie definierten Verhältnisse in einem Dauerschuldverhältnis ändern und die Kontrahenten hinsichtlich der Voraussetzungen oder des korrekten Umfangs der Anpassung keine Einigung finden (z.B. Anpassungsbefugnis betreffend Höhe des Mietzinses bei einer längerfristigen Geschäftsmiete; Festlegungsbefugnis betreffend Wert von Immobilienaktien bei der Übernahme[68]).

13.47 **3. Besonderheit des Schiedsgutachtens:** Das Wesen des Schiedsgutachtens besteht darin, dass dem Schiedsgutachter im Rahmen der Sachverhaltsfeststellung und -würdigung eine *Teilaufgabe* übertragen wird. An die vom Schiedsgutachter «festgestellten Tatsachen» ist der in der Hauptsache zuständige Richter gebunden, soweit die Parteien erstens über das Rechtsverhältnis frei verfügen können, zweitens gegen die beauftragte Person kein Ausstandsgrund vorlag, drittens das Schiedsgutachten ohne Bevorzugung einer Partei erstellt wurde und dieses viertens nicht offensichtlich unrichtig ist (Art. 189 Abs. 3 ZPO; Nr. 13.118). Im Rahmen seiner durch die Parteivereinbarung abgedeckten Tätigkeit übt der Schiedsgutachter *quasi-richterliche Funktionen* aus, indem er mit seinen Feststellungen (oder mit seiner Rechtsauskunft) in

66 Hürlimann, Das Schiedsgutachten, S. 109. A.A. Dolge, Basler Kommentar, N 13 zu Art. 189 ZPO: Nach ihr liegt das Rechtsanwendungsmonopol beim Gericht (iura novit curia), weshalb die Nichterwähnung von Rechtsfragen als qualifiziertes Schweigen des Gesetzgebers zu interpretieren sei. Nach Müller, Kommentar ZPO, (N 17 zu Art. 189 ZPO) fallen Schiedsgutachten zu Rechtsfragen nicht unmittelbar unter Art. 189 ZPO, allenfalls aber in «sinngemässer Anwendung».

67 Alsdann ist zuweilen von sogenannten «rechtsgestaltenden Schiedsgutachten» die Rede.

68 Vgl. den Sachverhalt, der BGE 129 III 535 ff. zugrunde liegt.

Bezug auf die definierten Streitpunkte *abschliessend entscheidet*.[69] Dennoch: Der Schiedsgutachter hat – obwohl er über die ihm übertragenen Streitfragen vorbehältlich einer allfälligen Anfechtung «Recht» spricht – *keine gerichtliche Stellung* inne.[70] Der eingesetzte Schiedsgutachter verfügt namentlich *über keine Befehlsgewalt,* weder gegenüber den Parteien noch gegenüber Dritten. Er ist in der Beweiserhebung weitgehend auf die *Kooperation der Beteiligten* (z.B. zum Erhalt der erforderlichen Unterlagen und Auskünfte) angewiesen. Und er muss sich daher die zur Aufgabenbewältigung vorausgesetzten *Befugnisse* – z.B. das Recht zur Einsichtnahme in die relevanten Verträge und in Bewertungsunterlagen wie Buchhaltungsbelege oder etwa Zutrittsrechte in die zu bewertenden Immobilien etc. – *vertraglich einräumen* lassen.[71]

4. Zur Rechtsnatur der Schiedsgutachtervereinbarung: Die rechtliche Einordnung gibt in der Lehre zuweilen zu Diskussion Anlass, namentlich die Frage, ob es sich um einen prozessrechtlichen oder privatrechtlichen Vertrag handelt. Die Zuordnung ist von Bedeutung, wenn die Haftung des Schiedsgutachters zur Diskussion steht (Nr. 13.226 f.). Nach der Auffassung des Bundesgerichts, die ich teile, liegt ein rein *privatrechtlicher Vertrag* vor.[72] Die Zuordnung zum Privatrecht rechtfertigt sich schon deswegen, weil eine entsprechende Schiedsgutachtervereinbarung ohnehin nur im Rahmen eines Rechtsverhältnisses zulässig ist, über das die Parteien rechtsgeschäftlich frei verfügen können, was nun auch die neue schweizerische ZPO explizit festhält (Art. 189 Abs. 3 lit. a ZPO). Auch der Umstand, dass mit dem verbindlichen Abschluss der Schiedsgutachtervereinbarung prozessual die freie Beweiswürdigung des Richters hinsichtlich der definitiv nicht mehr streitigen Tatsachen ausgeschlossen wird, ändert nichts an der privatrechtlichen Einordnung des Vertrages. 13.48

Was die Vertragsqualifikation betrifft, ist daher auch die Vereinbarung mit dem Schiedsgutachter – folgt man der neueren Rechtsprechung des Bundes- 13.49

69 ZR 1994, Nr. 34, S. 130; FRANK/STRÄULI/MESSMER, N 2 zu § 258 ZPO ZH unter Hinweis auf HABSCHEID, L'expertise arbitrage, in: Liber Amicorum für Martin Domke, 1967, S. 113 ff.

70 FRANK/STRÄULI/MESSMER, N 2 zu § 258 ZPO ZH. Dort qualifizierten die Autoren die Tätigkeit des Schiedsgutachters, ihrer inneren Natur nach, als «richterliche» Aufgabe.

71 Vgl. HÜRLIMANN, Schiedsgutachten, S. 109.

72 BGE 129 III 535; 107 Ia 320 ff.; 71 II 294 ff.; VOGEL/SPÜHLER, Kap. 14 N 6; FELLMANN, Berner Kommentar, N 165 zu Art. 394 OR. Vgl. die Meinungsübersicht bei FRANK/STRÄULI/MESSMER, N 2 zu § 258 ZPO ZH.

gerichtes – entweder den *Regeln des Werkvertragsrechtes* (Nr. 1.33)[73] oder den Vorschriften des einfachen Auftrages[74] (kritisch Nr. 1.37 ff.) zu unterstellen. Ausnahmsweise wird der Schiedsgutachtervertrag durch *öffentliches Recht* mitbestimmt, wenn die Ernennung des Schiedsgutachters im laufenden Verfahren durch ein Gericht erfolgt.[75]

6. Der Planer als Schiedsrichter

13.50 **1. Einsatz als sachverständiger Schiedsrichter:** Von der Tätigkeit als Schiedsgutachter zu unterscheiden ist die Ernennung eines Planers als Schiedsrichter.[76] Kraft dieser Bestellung untersteht der Planer der anwendbaren Schiedsordnung[77] und ist ermächtigt, allein (als *Einzelschiedsrichter*) oder im Gremium (als *Mitschiedsrichter*) über einen Streitfall in seiner Gesamtheit zu entscheiden (nicht nur über einzelne strittige Punkte).

13.51 **2. SIA-Schiedsgerichte:** Sind baurechtliche Sachverhalte zu beurteilen, gelangt häufig das Schiedsreglement der SIA-Richtlinie 150 (Ausgabe 1977) zur Anwendung.[78] Bei solchen Verfahren, die in der Baupraxis zuweilen als SIA-Schiedsgerichte bezeichnet werden, wirken Planer häufig als *Parteischiedsrichter*,[79] gelegentlich allerdings auch als *beigezogene Experten*

[73] Vgl. BGE 127 III 330. Auch nach deutschem Recht kommt auf den Schiedsgutachtervertrag privates Werkvertragsrecht zur Anwendung: BAYERLEIN, Praxishandbuch, S. 414 ff., 545 ff.; DÖBEREINER/GRAF VON KEYSERLINGK, S. 228.

[74] So ZR 1974, Nr. 17, S. 36 ff.; FELLMANN, Berner Kommentar, N 165 zu Art. 394 OR; GAUTSCHI, Berner Kommentar, N 340 zu Art. 394 OR; nach GUHL/MERZ/KOLLER, S. 478 f., handelt es sich um einen Innominatkontrakt; vgl. auch BGE 67 II 148.

[75] HÜRLIMANN, Schiedsgutachten und deren Anfechtung, S. 406.

[76] Zur Unterscheidung vgl. etwa: BGE 129 III 330; 117 la 365 ff. = Pra 1992, Nr. 153, S. 561 ff.; ZR 1994, Nr. 34, S. 129 ff.; ferner HÜRLIMANN, Das Schiedsgutachten, S. 108 ff.

[77] Zum Schiedsgerichtswesen existiert eine umfangreiche Spezialliteratur. Vgl. statt vieler: BERGER/KELLERHALS, Schweizerische Schiedsgerichtsbarkeit, Bern 2009; HABEGGER, Basler Kommentar, N 1 ff. zu Art. 353–399 ZPO; RÜEDE/HADENFELDT, Schweizerisches Schiedsgerichtsrecht, 2. Auflage, Zürich 1993; TSCHANZ, Le choix de l'arbitrage, in: BR/DC 1992, S. 56 ff.; INDERKUM, Der Schiedsrichtervertrag, Diss. Freiburg 1988.

[78] Bei dieser Richtlinie handelt es sich um ein vom SIA erlassenes Schiedsreglement, das der Baupraxis «für die Erledigung von Rechtsstreitigkeiten aus dem Gebiete des Architektur-, Ingenieur- und Bauwesens» dient (Art. 1 SIA 150). Zu den Beschwerdegründen nach Art. 393 ZPO gegen einen SIA-Schiedsspruch: BGer 4A_374/2011 (1.9.2011).

[79] Besondere Anforderungen an die beiden von den Streitparteien bezeichneten Schiedsgerichte erwähnt die Richtlinie nicht; hingegen wird nach Art. 7 Abs. 2 SIA 150 verlangt, dass der Obmann «über die nötigen rechtlichen und prozessualen Kenntnisse verfügen»

des Schiedsgerichts[80] mit. Nach Art. 37 der SIA 150 verfügt auch das (bereits sachverständig vertretene) Schiedsgericht über die Befugnis, für speziell benötigtes Fachwissen einen aussenstehenden Experten beizuziehen. Zulässig ist allerdings auch eine Schiedsklausel, welche die Befugnis des sachverständig vertretenen Schiedsgerichts zum Beizug von Experten beschränkt oder ausschliesst.[81]

III. Die Anforderungen an die Sachverständigentätigkeit

1. Die Anforderungen an den Gerichtsexperten

1. Die Vorgaben der ZPO: Nach Massgabe von Art. 184 ZPO obliegt dem Sachverständigen die prozesskonforme Erstellung und die fristgerechte Ablieferung des Gutachtens. Inhalt und Umfang der Gerichtsexpertise ergeben sich aus dem Beweisbeschluss und den richterlichen Instruktionen. Art. 184 ZPO umschreibt nicht, welchen inhaltlichen und formellen Anforderungen das Gerichtsgutachten genügen muss (dazu Nr. 13.87 ff.). Art. 184 ZPO hält aber explizit fest, dass das Gericht den Sachverständigen nicht nur auf die strafrechtlichen Folgen einer falschen Gutachtenserstattung (nach Art. 307 StGB) und der Verletzung des Amtsgeheimnisses (nach Art. 320 StGB) aufmerksam zu machen hat, sondern darüber hinaus auch auf «die Folgen von Säumnis und mangelhafter Auftragserfüllung» (Abs. 2). 13.52

2. Die Anforderungen an den Gerichtsexperten: Die Aufzählung der Rechte und Pflichten, denen ein Gerichtsexperte nachkommen muss, ist in Art. 184 ZPO *nicht abschliessend*.[82] Im Vordergrund stehen aber sicher- 13.53

---

soll, weshalb regelmässig ein Baujurist den Vorsitz übernimmt. Verfahrenstechnisch lehnt sich die Richtlinie an das Konkordat über die Schiedsgerichtsbarkeit vom 27. März 1969 (SR 279) und an die Bundeszivilprozessordnung vom 4. Dezember 1947 (BZP, SR 273) an. Mit dem Inkrafttreten der neuen schweizerischen Zivilprozessordnung wurden das Konkordat und die BZP aufgehoben; seit dem 1. Januar 2011 gelten für neue Verfahren die Bestimmungen von Art. 353–399 ZPO betreffend die Schiedsgerichtsbarkeit (3. Teil), sofern nicht die Bestimmungen des 12. Kapitels des IPRG (Art. 176–194) betreffend internationale Schiedsgerichte anwendbar sind.

80 Vgl. im internationalen Kontext Schneider, Technical experts S. 446 ff.

81 Instruktiv in diesem Zusammenhang ist der in SJZ 1982, S. 185 f. publizierte Entscheid.

82 Dolge, Basler Kommentar, N 2 zu Art. 184 ZPO.

lich die in der ZPO genannte Wahrheitspflicht, die Neutralitätspflicht (von Art. 183 Abs. 2 ZPO) sowie die Pflicht zur fristgerechten Ablieferung des Gutachtens.[83] Soweit die Zivilprozessordnung (wie z.B. in Bezug auf die Ausstandsvorschriften in Art. 183 ZPO) und das kantonale Ausführungsrecht keine spezifische Regelung enthält, kommen als subsidiäres öffentliches Recht die Anforderungen zur Anwendung, welche dem Sachverständigen nach dem Sorgfaltsmassstab des Obligationenrechts auferlegt werden.[84] Ungeachtet der lückenhaften Formulierung von Art. 184 ZPO entsprach es dem Verständnis des Gesetzgebers, dass mit der Überführung der bisherigen kantonalen Zivilprozessordnungen in die schweizerische ZPO keine Änderung der Rechte und Pflichten für Gerichtsexperten beabsichtigt war.[85] Daher ist es selbstverständlich, dass auch die «sachverständige Person», welche nach Massgabe von Art. 184 ZPO eingesetzt wird, *höchsten Anforderungen* genügen muss.[86] Nach Lehre und Rechtsprechung dürfen an den Gerichtsexperten namentlich folgende Anforderungen gestellt werden:

13.54 **3. Unabhängigkeit und Unbefangenheit:** Als Vertrauens- und Hilfsperson des Gerichtes übernimmt der Sachverständige eine *hoheitliche Aufgabe der Judikative* und hat daher dieselben Verfahrensgarantien in Bezug auf die Unabhängigkeit, auf die Unbefangenheit und die Unparteilichkeit zu respektieren wie die Mitglieder einer richterlichen Behörde. Die verfassungsrechtlichen Gebote der Unabhängigkeit und Unbefangenheit von Art. 30 Abs. 1 BV und Art. 6 Ziff. 1 Satz 1 EMRK gelten in analoger Weise auch für Gerichtsgutachter.[87] Die neue schweizerische ZPO hält explizit fest, dass für eine «sachverständige Person … die gleichen Ausstandsgründe (gelten) wie für die Gerichtspersonen» (Art. 183 Abs. 2 ZPO).[88]

13.55 Gerichtsexperten sind verpflichtet, dem Richter allfällige Ausstandsgründe *offenzulegen.* Versäumen sie dies, verletzen sie ihre Sorgfaltspflichten und

---

83 Müller, Kommentar ZPO, N 12 zu Art. 184 ZPO.

84 Dolge, Basler Kommentar, N 3 zu Art. 184 ZPO.

85 Botschaft zur Schweizerischen Zivilprozessordnung vom 28. Juni 2006, BBl 2006, S. 7324.

86 Zum Anforderungsprofil, an dem (Bau-)Experten zu messen sind, existiert in Deutschland eine umfassende Spezialliteratur. Vgl. statt vieler: Jessnitzer/Frieling/Ulrich, S. 166 ff.; Werner/Pastor, Nr. 1863 und dort Zitierte.

87 BGE 125 II 541 ff.; BGer 4A_256/2010 (26.7.2010); BGer 8C.781/2010 (15.3.2011) E. 3; BGer 6B.299/2007 (11.10.2007) E. 5; BGE 126 III 253; 125 II 544; 120 Ib 341.

88 Auch in Deutschland untersteht der Sachverständige denselben Ablehnungsgründen wie eine Gerichtsperson (vgl. § 406 deutsche ZPO; Motzke/Bauer/Seewald, S. 303 ff.).

müssen sie mit dem Verlust ihres Entschädigungsanspruchs für die dennoch ausgeübte Gutachtertätigkeit rechnen.[89] Eine Partei, die eine Gerichtsperson ablehnen will, hat dem Gericht unverzüglich ein entsprechendes Gesuch zu stellen, sobald sie vom Ausstandsgrund Kenntnis erhalten hat (Art. 49 Abs. 1 ZPO), ansonsten sie ihren Ablehnungsanspruch verwirkt.[90] Vorgängig zum Entscheid des Gerichtes über den Ausstand ist der betroffenen Gerichtsperson, im vorliegenden Fall also dem Sachverständigen, Gelegenheit zur Stellungnahme einzuräumen (Art. 49 Abs. 2 ZPO).

Sämtlichen *Ausstandsvorschriften* (Art. 47 ZPO) ist im Wesentlichen gemeinsam, dass ein Gerichtsgutachter nicht tätig werden darf, wenn er aus einem persönlichen oder sachlichen Grund ein unmittelbares oder mittelbares *Interesse am Ausgang der Streitsache* hat. Dies gilt zum einen, wenn der Experte aus persönlichen Gründen (Verwandtschaft, sonstige nahe Beziehungen zu einer Partei) als befangen erscheint. Zum andern, wenn der Beizug eines Gerichtsexperten aus sachlichen Gründen problematisch ist. Befangenheit oder zumindest ein Anschein von Befangenheit eines Gerichtsexperten kann sich aus dem Umstand ergeben, dass er zu einer Prozesspartei in einer wirtschaftlichen Beziehung steht oder stand, wobei diese eine gewisse Intensität aufweisen muss.[91] 13.56

Im Vordergrund steht in der Baupraxis der *Ausschlussgrund der (unzulässigen) Vorbefassung* (Art. 47 Abs. 1 lit. b ZPO). Danach sind Sachverständige zum Ausstand verpflichtet, wenn sie in derselben Streitsache schon in einer anderen Instanz oder in einer anderen Stellung (z.B. als Mitglied einer Behörde, als Privatgutachter, als Mediator oder als Zeuge) tätig waren oder zu gerichtlichen Handlungen Anlass gegeben haben.[92] So kann insbesondere nicht als Gerichtsgutachter tätig werden, wer eine Prozesspartei in derselben Streitsache bereits vorprozessual beraten hat. Ein vorgängiges Mandat als Privatgutachter schliesst die nachfolgende Tätigkeit als Gerichtsexperte in der gleichen Sache aus.[93] Eine unzulässige Vorbefassung liegt bei einem 13.57

---

89 DOLGE, Basler Kommentar, N 20 zu Art. 183 ZPO; BÜHLER, Erwartungen, S. 568.

90 BGE 135 II 334 E 2.2; 134 I 20 E 4.3.1; 132 II 485; BÜHLER, Gerichtsgutachter, S. 26.

91 BGer 5A_864/2011 E 4.2.2 (16.3.2002); BGer 4A_256/2010 E.2.4 (26.7.2012); BGE 125 II 541 E.4b

92 BGer 6P.17/2003 E. 2 (17.4.2003) betr. fortlaufendem Mandatsverhältnis zwischen einer Partei und dem Gerichtsgutachter. BGer 4A_256/2010 (26.7.2010) betr. gleichzeitige Tätigkeit des Gerichtsexperten für eine Partei in einem Verfahren vor dem Europäischen Patentgericht. Vgl. ferner: WEBER, Basler Kommentar, N 24 zu Art. 47 ZPO.

93 BGE 125 II 545.

Sachverständigen auch vor, wenn er bereits vor Bestellung bzw. nach Annahme des Mandates mit einem früheren Gerichtsgutachter (der wegen Befangenheit ebenfalls abgelehnt werden musste) seine Expertenmeinung ausgetauscht hat.[94]

13.58 Art. 47 Abs. 2 ZPO konkretisiert den Ausschlussgrund der Vorbefassung, indem er in einem *Negativkatalog* vereinzelte Umstände nennt, bei denen vormalige Befassung alleine nicht genügt.[95]

13.59 *Keine unzulässige Vorbefassung* liegt insbesondere vor, wenn ein und derselbe Sachverständige zuerst im Beweissicherungsverfahren und in der Folge im Hauptprozess zur Erstattung eines Gerichtsgutachtens bestellt wird.[96] Dasselbe gilt, wenn ein Sachverständiger in mehreren am gleichen Zivilgericht anhängigen Parallelprozessen, in denen derselbe Streitgegenstand zu beurteilen ist, gleichzeitig oder zeitlich gestaffelt als Gerichtsgutachter bestellt wird.[97] Eine zulässige Vorbefassung liegt auch vor, wenn der Richter der oberen Instanz den Sachverständigen, der bei der unteren Instanz ein Gutachten erstattet hat, zur Ergänzung oder Erläuterung seines Berichtes im Rechtsmittelverfahren auffordert.

13.60 Ungeachtet eines konkreten Ausschlussgrundes darf ein Gutachter nicht tätig werden, wenn *«aus anderen Gründen»* die Gefahr einer Unvoreingenommenheit vorliegt (Art. 47 Abs. 1 lit. f. ZPO): Gerichtspersonen (und damit auch Sachverständige) haben über alle Zweifel erhaben zu sein, und es ist auch der blosse Anschein der Befangenheit zu vermeiden. Nach dem Gesagten (Nr. 13.56) begründet nicht jede irgendwie geartete Beziehung zwischen dem Experten einerseits und den Parteien bzw. der zu beurteilenden Frage andererseits für sich allein den Verdacht der Befangenheit. So ergibt sich eine solche nicht schon daraus, dass ein Experte im gleichen Institut arbeitet wie ein Kollege, dessen Meinungsäusserung zu beurteilen ist, denn sonst könnte in vielen Fällen überhaupt kein geeigneter Experte gefunden werden.[98] Auch

---

94 BGE 97 I 325 ff.

95 Zu diesen Umständen im Einzelnen: DIGGELMANN, Kommentar ZPO, N 46 ff. zu Art. 47 ZPO.

96 Vgl. Art. 47 Abs. 2 lit. b ZPO; BÜHLER, Erwartungen S. 569.

97 DIGGELMANN, Kommentar ZPO, N 41 zu Art. 47 ZPO; BÜHLER, Gerichtsgutachter, S. 28. Nach Bühler entspricht die Zulässigkeit der Mitwirkung dem Gebot der Verfahrensökonomie, wie z.B. im Gewährleistungsprozess verschiedener Stockwerkeigentümer betreffend identische Mängel an gemeinschaftlichen Anlagen und Bauteilen.

98 BGE 125 II 541 E 4b; 121 I 225 E 3.

die blosse Mitgliedschaft der Betroffenen in einem Berufs- und Interessenverband (SIA), in der gleichen politischen Partei oder im selben Service-Klub begründet nicht notgedrungen den Anschein der Befangenheit, soweit zwischen den Betroffenen nicht eine freundschaftliche Beziehung besteht.[99]

Was die konkrete Beurteilung der Befangenheit betrifft, steht dem Richter ein gewisser *Ermessensspielraum* zu.[100] Doch wird für Gerichtsexperten im Vergleich zu Richtern meines Erachtens zu Recht sogar ein *strengerer Massstab* postuliert, und zwar aus der Überlegung, dass Richter (im Unterschied zu Gerichtsexperten) bereits durch ihr Amt zur Unabhängigkeit und Unbefangenheit erzogen werden.[101] Inwieweit die «Besorgnis der Befangenheit» (ausserhalb einer besonderen Nähe des Sachverständigen zur Streitsache oder zu einer Prozesspartei) für sich allein ein ausreichendes Misstrauen begründen kann, um die Ablehnung eines Sachverständigen zu rechtfertigen, bedarf oft einer *diffizilen Abwägung*. Bei der Beurteilung der Befangenheit hat der Richter einen inneren Zustand nachzuvollziehen, der im Regelfall als subjektiver Umstand nicht bewiesen werden kann; es genügt daher nach der Rechtsprechung, dass *objektive* Umstände vorliegen, welche dann – aus der Sicht des Richters – für den Anschein der Befangenheit sprechen, ungeachtet des subjektiven Empfindens der Prozessparteien oder des abgelehnten Sachverständigen.[102] 13.61

Will der Sachverständige den Anschein der Befangenheit vermeiden, so hat er bei seiner Tätigkeit, insbesondere im Kontakt mit den Prozessparteien, analog dem Richter, auf *strikte Gleichbehandlung* der Parteien zu achten und insbesondere einseitige Kontakte zu einer Partei oder deren Rechtsvertreter zu vermeiden.[103] Will der Gerichtsgutachter nicht den Anschein der Befangenheit begründen, dann sieht er von Vorteil davon ab, (unsachliche) Äusserungen zur Person, zum Projekt oder zum Verhalten einzelner Beteiligter zu machen, die inhaltlich oder der Art der Kommunikation nach besondere Sympathien oder Antipathien zum Ausdruck bringen, wobei es auf die Form der Äusse- 13.62

---

99 Vgl. etwa Weber, Basler Kommentar, N 41 zu Art. 47 ZPO. Vgl. auch BGE 118 I a 282.

100 Eine umfassende Übersicht bezüglich der deutschen Rechtsprechung geben Bayerlein, Kommentar ZPO, S. 368 ff., und Werner/Pastor, Nr. 1874 ff.

101 Leuch/Marbach/Kellerhals, N 1 zu Art. 267 ZPO BE.

102 BGE 131 II 225;127 I 168 ff.; 125 II 544 f.

103 Vgl. Bühler, Gerichtsgutachter, S. 35 ff. mit zahlreichen Beispielen aus der deutschen Rechtsprechung.

rung (mündlich, schriftlich, mittels Mimik oder Gestik) nicht ankommt.[104] Im Übrigen ist der Gerichtsgutachter gut beraten, auch auf heftige Kritik und unsachliche Polemik einer Partei zurückhaltend zu reagieren, will er sich nicht dem Vorwurf des Anscheins der Befangenheit aussetzen.[105] Der Umstand, dass ein Prozessbeteiligter gegen den Gerichtsgutachter eine Strafanzeige einreicht, rechtfertigt, für sich allein genommen, nicht, diesen als befangen anzusehen.[106] Doch wird ein Richter einem Ablehnungsgesuch stattgeben müssen, wenn sich der Gerichtsgutachter als Folge der Strafanzeige nicht mehr unbefangen fühlt.[107] Der Umstand, dass ein Gerichtsgutachter in einem früheren Verfahren eine Expertise zuungunsten einer Partei ausgestellt hat, stellt für sich allein im Regelfall keinen Befangenheitsgrund dar.[108]

13.63 **4. Pflicht zur Wahrheit und Objektivität:** Die sachverständige Person ist zur Wahrheit verpflichtet. Sie untersteht bei Erstattung eines falschen Gutachtens den Strafbestimmungen von Art. 307 StGB, bei Verletzung des Amtsgeheimnisses derjenigen von Art. 320 StGB. Das Gericht ist verpflichtet, die sachverständige Person über die Straffolgen eines falschen Gutachtens sowie einer Amtsgeheimnisverletzung zu belehren (Art. 184 ZPO). Erfolgt die Belehrung erst nach Ablieferung des Gutachtens, ist dieses nur verwertbar, wenn die sachverständige Person den Inhalt der Expertise nach der Belehrung bestätigt.[109] Die Geheimhaltungspflicht gilt hingegen unabhängig davon, ob der Richter explizit darauf hingewiesen hat.[110] Die Pflicht zur *Objektivität* beinhaltet das Gebot, den Sachverstand vollständig und wertungsfrei zu berücksichtigen und jeglichen Anschein der Befangenheit und Parteilichkeit zu vermeiden.

13.64 **5. Eignung und Fachwissen:** Über welche beruflichen Qualifikationen und Fachkenntnisse der Gerichtsgutachter verfügen muss, bestimmt sich letztlich nach dem Beweisthema und den Expertenfragen, welche der Sachverständige im konkreten Einzelfall zu beantworten hat. Der beigezogene Sachverstän-

---

[104] BGer 8C.781/2010 (15.3.2011) E. 7.1. Ferner: BGer 1B.365/2009 (22.3.2010) E. 2.2; BGE 133 I 1 ff.; ZR 1997, Nr. 125, S. 279 ff.

[105] Bühler, Gerichtsgutachter, S. 36 f.

[106] AGVE 2003, 912, S. 55 ff.

[107] Bühler, Gerichtsgutachter, S. 36

[108] BGE 132 V 93 E. 7.2.2; ZR 2003, Nr. 31, S. 154 ff.

[109] Dolge, Basler Kommentar, N 16 zu Art. 184 ZPO.

[110] Dolge, Basler Kommentar, N 8 zu Art. 184 ZPO. Art. 320 Ziff. 2 StGB: Zur Entbindung vom Amtsgeheimnis einer sachverständigen Person gegenüber Dritten ist als vorgesetzte Behörde jenes Gericht zuständig, das den Sachverständigen bestellt hat.

dige muss *kein Alleskönner* sein; er muss jedoch im Fachbereich, in dem er zur Begutachtung beigezogen wird, über Spezialkenntnisse und praktische Erfahrung verfügen, die ihn befähigen, den zur Beurteilung stehenden (technischen) Sachverhalt in der ganzen Tragweite zu überblicken. Im Regelfall gilt: Die fachliche Qualifikation des Experten muss stets über derjenigen der Prozessbeteiligten stehen, deren Verhalten er zu prüfen hat. Erkennt ein Gerichtsgutachter im Zuge der Gutachtenserstellung, dass er nicht über die erforderlichen Fähigkeiten verfügt, so hat er umgehend das Gericht darüber in Kenntnis zu setzen und sich von seiner Aufgabe entbinden zu lassen oder den Beizug eines zusätzlichen (im fraglichen Bereich spezialisierten) Sachverständigen zu verlangen. Versäumt er dies, liegt ein *Übernahmeverschulden* vor; alsdann verletzt der Gerichtsexperte seine Sorgfaltspflichten[111] und er riskiert den Verlust des Entschädigungsanspruchs für die dennoch ausgeübte Gutachtertätigkeit.

Die fachliche Eignung ist indessen – für sich allein – nicht ausreichend. Vielmehr muss auch der qualifizierte Gerichtsgutachter über das erforderliche *«Handwerkszeug»* verfügen, um den Anforderungen zu genügen, die inhaltlich und formell an ein Gutachten gestellt werden. Erwartet werden darf vom Gerichtsgutachter nicht nur, dass er die Materie beherrscht und lege artis vorgeht. Vielmehr muss er in der Lage sein, die Gutachtertätigkeit mit Sorgfalt und Umsicht durchzuführen und das Resultat seiner Bemühungen klar und nachvollziehbar in den Expertenbericht aufzunehmen (zu den Anforderungen an eine Expertise im Einzelnen Nr. 13.87 ff.). 13.65

6. Praxiserfahrung: Der in einem Bauprozess beigezogene Sachverständige muss sich nicht nur über einen hohen Ausbildungsstand ausweisen; er muss darüber hinaus auch über mehrjährige praktische Erfahrungen und fachüberschreitendes Wissen verfügen. Generalist und Spezialist zugleich, sollte der Sachverständige über ein gewisses *Grundverständnis auch für juristische Fragestellungen* verfügen. Gerichtsexperten müssen daher nicht nur ausreichende theoretische und praktische Kenntnisse haben, sondern vielmehr auch in der Lage sein, dem (technisch im Regelfall nicht vorgebildeten) Gericht eine überzeugende und nachvollziehbare Begutachtung zu unterbreiten, welche auch auf die kontroversen Standpunkte der Prozessparteien Bezug nimmt und diese beurteilt und bewertet. 13.66

[111] ZR 2001, Nr. 22, S. 71 ff.

13.67 **7. Persönliche Ausführung der gutachterlichen Leistungspflicht:** Die Bestellung zum gerichtlichen Experten ist ein *höchstpersönlicher Akt.* Grundsätzlich ist es einem Sachverständigen ohne besondere richterliche Ermächtigung untersagt, die ihm übertragene Gutachteraufgabe ganz oder teilweise an Dritte zu delegieren. Die Ernennung erfolgt gestützt auf das Vertrauen in seine Persönlichkeit, seine beruflichen Fähigkeiten und seine Unabhängigkeit.[112] Der Gerichtsgutachter ist daher zur persönlichen Ausführung der ihm erteilten Aufgaben und Beantwortung der ihm übertragenen Expertenfragen verpflichtet. Die höchstpersönliche Leistungspflicht des Gerichtsgutachters ergibt sich im Anwendungsbereich des Werkvertragsrechtes aus Art. 364 Abs. 2 OR respektive aus Art. 398 Abs. 3 OR, wenn und soweit Auftragsrecht zur Anwendung kommt.

13.68 Aus der Geltung der Ausstandsvorschriften sowie der Strafsanktion von Art. 307 StGB wird gefolgert, dass nur *natürliche* (nicht juristische) *Personen* als Gerichtsexperten ernannt werden können.[113] Zunehmend werden heute aber auch Amtsstellen, Institute oder sonstige juristische Personen als Gutachter ernannt, was im Regelfall die Qualität der Begutachtung verbessert, weil ein arbeitsteilig organisierter Betrieb je nach Aufgabe geeignete Experten beiziehen kann. Alsdann muss zumindest aus dem Gutachten hervorgehen, welche sachverständige Person für dessen Inhalt verantwortlich zeichnet.[114]

13.69 Die höchstpersönliche Leistungspflicht des Gerichtsgutachters schliesst nicht aus, dass das Gericht einen zweiten (Mit-)Gutachter oder *«mehrere sachverständige Personen»* als Team einsetzt (so ausdrücklich: Art. 183 Abs. 1 ZPO). Die Erstattung eines gemeinsamen Gutachtens durch mehrere Experten ist prozessordnungskonform, sofern die einzelnen Fachleute bei intern abweichenden Meinungen diese im Gutachten festhalten.[115] Nach der neuen schweizerischen ZPO hat jeder beauftragte Sachverständige ein (separates) Gutachten zu erstatten, sofern das Gericht nichts anderes anordnet (Art. 187 Abs. 3 ZPO).

---

[112] WEIBEL, ZPO-Kommentar, N 30 ff. zu Art. 183 ZPO; ZR 2001, Nr. 22, S71 ff.; BÜHLER, Gerichtsgutachten S. 21; VOGEL/SPÜHLER, Kap. 10 N 155; EICHENBERGER, N3 zu § 254 ZPO; a.A.: SJZ 1948, Nr. 101, S. 296.

[113] Nach FRANK/STRÄULI/MESSMER (N 3 zu § 172 ZPO ZH) soll ausnahmsweise auch eine juristische Person mit einem Gutachterauftrag betraut werden können.

[114] DOLGE, Basler Kommentar, N 273 Art. 183 ZPO.

[115] AGVE 1993, S. 94 ff.

Zulässig und mit dem Grundsatz der persönlichen Leistungspflicht zu vereinbaren ist der *Beizug von Hilfspersonen,* die in einem Subordinationsverhältnis zum Gerichtsgutachter stehen, wie etwa für notwendige Vorbereitungsarbeiten. Solche untergeordneten Arbeiten, wie z.B. fortlaufende Untersuchungen, die Erarbeitung von Projektskizzen oder Schreibarbeiten dürfen an Hilfskräfte delegiert werden, ohne dass diese vom Gericht zu bestellen sind. Der gerichtlich bestellte Gutachter ist aber gut beraten, wenn er im Expertenbericht transparent angibt, welche Personen er für welche Hilfsarbeiten beigezogen hat und welche Aufgaben er – nach Ermächtigung durch das Gericht – an sachverständige Dritte delegiert hat. 13.70

8. Ernennung und Instruktion des Sachverständigen: Auswahl und Instruktion des gerichtlichen Experten obliegen grundsätzlich dem *Gericht* (Art. 185 ZPO). Die Parteien sind «vorgängig» anzuhören (Art. 183 Abs. 1 ZPO).[116] In der Regel erhalten die Parteien aber Gelegenheit, *Expertenvorschläge* zu unterbreiten. Aus dem Gehörsanspruch folgt, dass den Parteien Gelegenheit zu geben ist, Einwendungen gegen den vorgeschlagenen Experten (z.B. Ausstandsgründe) bzw. dessen persönliche oder fachliche Eignung (Kompetenz, Ausbildung, Erfahrung) zu erheben.[117] Der Richter ist indes an einen einseitigen oder auch gemeinsamen Vorschlag der Parteien nicht gebunden. 13.71

Die Ernennung des Gerichtsgutachters ist ein *prozessleitender Entscheid,* mit welchem das Gericht über die Anordnung einer Expertise *Beschluss* fasst. Die Bestellung des Gerichtsgutachters ist *nicht* mit einem ordentlichen Rechtsmittel anfechtbar, vielmehr kann dieser Zwischenentscheid (zuweilen auch Beweisbeschluss oder Beweisverfügung genannt) erst mit dem Endentscheid angefochten werden.[118] 13.72

Nach seiner Ernennung ist der Sachverständige gehalten, die Instruktionen des Gerichts (unter Mitwirkung der Prozessparteien) einzuholen. Im Rahmen dieser *Instruktion* wird das Gericht (bzw. der kraft Delegation i.S. von Art. 155 Abs. 1 ZPO zuständige Instruktionsrichter) die sachverständige Person über die Streitsache orientieren, ihr die erforderlichen Prozessakten zur Verfügung stellen und entweder allein oder zusammen mit den Parteien den 13.73

116 «Vorgängig» meint vor Ernennung des Sachverständigen durch Beweisverfügung i.S. Art. 154 ZPO (MÜLLER, Kommentar ZPO, N 12 zu Art. 183 ZPO).

117 BGer 5A_864/2011 E4.1 (16.3.2012)

118 BÜHLER, Gerichtsgutachter, S. 57

Expertenfragenkatalog[119] vorbereiten (vgl. Art. 185 Abs. 2 ZPO). Wenn die Parteien nicht schon bei der Formulierung der Gutachterfragen mitwirken dürfen, so wird ihnen regelmässig nachträglich das Recht eingeräumt, Änderungen oder Ergänzungen zum Fragenkatalog zu unterbreiten. Der verfassungsmässige Anspruch auf rechtliches Gehör (Art. 29 Abs. 2 BV) umfasst nach der Rechtsprechung des Bundesgerichtes jedoch lediglich die Befugnis, sich nach Vorlage des Expertenberichtes zum Gutachten zu äussern und allenfalls noch Ergänzungsfragen zu beantragen.[120]

13.74 Nach den meisten kantonalen Prozessgesetzen wird der Sachverständige vom Gericht mündlich oder schriftlich instruiert; in einzelnen Prozessordnungen darf von der mündlichen Instruktion nur dann abgesehen werden, wenn die Zustimmung der Parteien vorliegt (vgl. z.B. § 256 ZPOAG). Nach der neuen schweizerischen ZPO (Art. 187 Abs. 1) liegt es im Ermessen des Gerichtes, dem Sachverständigen die abzuklärenden Fragen *schriftlich* oder in *mündlicher* Verhandlung zu unterbreiten.

13.75 **9. Pflicht zur Übernahme eines Mandates als Gerichtsgutachter:** Bis anhin hat sich nach Massgabe der kantonalen Zivilprozessordnungen bestimmt, ob Sachverständige, die ein öffentliches Amt ausüben, eine öffentlich-rechtliche Verpflichtung trifft, in einem Prozess als Gerichtsexperten mitzuwirken.[121] Die neue schweizerische Zivilprozessordnung auferlegt «sachverständigen Personen» *keine explizite*[122] *Pflicht* zur Mitwirkung in einem Gerichtsverfahren. Hingegen kann das *kantonale Recht* (z.B. im Personalgesetz) nach wie vor vorsehen,

---

119 Die Formulierung der Expertenfragen und insbesondere deren Reduktion auf die Ermittlung der tatbestandlichen technischen Grundlagen, sodass der Richter daraus rechtliche Schlussfolgerungen ziehen kann, ist eine heikle Aufgabe, bei welcher die Parteien zwingend angehört werden müssen (Müller, Kommentar ZPO, N 17 ff. zu Art. 185 ZPO). Zur Abgrenzung zwischen Tat- und Rechtsfragen und zur Frage, in welchen Konstellationen sogenannte «Komplexfragen» zulässig sind: Motzke/Bauer/Seewald, S. 282 ff. und die dort zitierte BGH-Rechtsprechung.

120 BGE 129 II 504 f.; 127 I 56 ff.; 99 Ia 45f.; für den Spezialfall der Einholung eines Rechtsgutachtens: BGE 128 V 279; ferner Hürlimann, Der Anwalt, S. 389 ff.; Bühler, Gerichtsgutachter, S. 43 mit weiteren Nachweisen.

121 Vgl. etwa § 255 Abs. 1 ZPO AG; § 173 Abs. 2 ZPO ZH; demgegenüber Art. 266 ZPO BE; ferner Bettex, S. 107 f. mit umfassender Übersicht zur «Begutachtungspflicht»; Klopfer, S. 67 ff., wonach jedenfalls dann Erstattungspflicht besteht, wenn ein Sachverständiger mit seinem Einverständnis bestellt wurde.

122 Vgl. immerhin Art. 160 Abs. 1 ZPO, der «die Parteien und Dritte» zur Mitwirkung bei der Beweiserhebung verpflichtet. Nach Gasser/Rickli (N 1 zu Art 185 ZPO) ist die Sachverständigungspflicht eine «Bürgerpflicht». Ablehnend: Müller, Kommentar ZPO, N 5

dass Beamte in besonderer Stellung (z.B. Grundstückschätzer) eine Pflicht trifft, sich kraft ihrer Funktion und Stellung in ihrem Fachbereich bei den Gerichten ihres Arbeitskantons als Sachverständige zur Verfügung zu stellen.

Im Unterschied etwa zu Frankreich[123] oder zu Deutschland[124] kennt die Schweiz keine *gerichtlich vereidigten Bausachverständigen.* Zwar können sich technische Sachverständige mittlerweile in der Schweiz nach vorgängiger Prüfung in ein *Expertenregister* eintragen lassen. Doch begründet der Eintrag weder eine Verpflichtung zur Gutachtenserstattung[125] noch wird ein Sachverständiger unter Berufung auf Wirtschaftsfreiheit (Art. 27 BV) einen Anspruch ableiten können, zu einer hoheitlichen Tätigkeit, wie es die Tätigkeit als Gerichtsexperte ist, zugelassen zu werden.[126] 13.76

2. Die Anforderungen an den Privatgutachter

1. Die Vorgaben nach der SIA-Richtlinie 155: Ist ein *privater Gutachter* zu bestellen, so sind die Beteiligten in der Auswahl der Person grundsätzlich frei. Die Parteien sind jedoch gut beraten, sich auch vor der Ernennung eines Privatgutachters hinreichend über dessen Qualifikationen, sowie dessen Beziehungen zur Sache und zu den involvierten Beteiligten zu informieren. Der Privatgutachter hat grundsätzlich denselben Anforderungen zu genügen wie ein Gerichtsexperte. Die SIA-Richtlinie 155 (Ausgabe 1987) für die Aus- 13.77

zu Art. 184 ZPO, der zu Recht auf die fehlende gesetzliche Grundlage für eine solche «Bürgerpflicht» hinweist.

123 Vgl. Bettex, S. 103 f.

124 Vgl. Jessnitzer/Frieling/Ulrich, S. 145 ff.; Bayerlein, Praxishandbuch, S. 31 ff.; eine rechtsvergleichende Übersicht findet sich ferner bei Ceppi, S. 19 ff. Zur Schaffung eines Expertenverzeichnisses der SIA-Mitglieder: Messerli, in SIA-Dok. D 016, S. 7 f.; zur Gutachtertätigkeit der EMPA: Ladner, in SIA-Dok. D 016, S. 53 ff.; zur Gutachtertätigkeit der SIA-Honorarkommission: Fischer, in SIA-Dok. D 016, S. 31 ff.

125 Die Swiss Experts Certification SA (SEC) ist die vom Bundesamt für Metrologie (METAS) nach der Norm ISO 17027 akkreditierte Unternehmung, welche Gerichtsexpertinnen und Gerichtsexperten in der Schweiz zertifiziert. Das Zertifikat bürgt, so die Geschäftsstelle, für Fachkompetenz, Erfahrung und Unabhängigkeit im geprüften Tätigkeitsbereich der Expertin oder des Experten (vgl. Lanfranconi, S. 133 ff.; zur Zertifizierung in Deutschland: Bayerlein, Praxishandbuch, S. 89 ff.).

126 BGer 2C.121/2011 E. 4.3.1 (9.8.2011). Das Binnenmarktgesetz findet keine Anwendung (E 3.3).

arbeitung von Gutachten[127] umschreibt in Art. 2 die Expertenpflichten und Anforderungen an den Experten folgendermassen:

13.78 – «*Berufsethik:* Der Experte nimmt einen Auftrag nur an, wenn er über die zur Bearbeitung nötigen Kenntnisse verfügt.

13.79 – *Unabhängigkeit:* Der Experte soll gegenüber dem Personenkreis und der Sache des Gutachtens unabhängig und unbefangen sein. Andernfalls hat er den Auftrag abzulehnen. Der Experte wird nur von seinem Auftraggeber honoriert.

13.80 – *Sorgfalt:* Der Experte erfüllt seinen Auftrag sorgfältig und gründlich. Er formuliert sein Gutachten verständlich und liefert dieses fristgerecht ab.

13.81 – *Objektivität:* Der Experte erstattet sein Gutachten objektiv und unparteiisch. Er berücksichtigt den ganzen Tatbestand. Sein Vorgehen soll nachvollziehbar, seine Aussagen müssen belegt und seine Schlussfolgerungen sollen überprüfbar sein.

13.82 – *Verschwiegenheit:* Der Experte behandelt Kenntnisse, die er im Zusammenhang mit seinem Auftrag erhält, vertraulich. Seine Erkenntnisse teilt er nur seinem Auftraggeber mit. Dritte darf er nur mit dessen Einverständnis informieren.

13.83 – *Ausbildung und Erfahrung:* Der Experte muss im REG A des Schweizerischen Registers der Ingenieure und Architekten eingetragen sein (Hochschulausbildung oder gleichwertige Qualifikationen) und mehrjährige Erfahrung besitzen, die ihm erlaubt, den Gegenstand des Gutachtens als Spezialist wie auch generell zu beurteilen. Er soll in der Lage sein, auch die rechtlichen und wirtschaftlichen Aspekte seiner Aufgabe zu erfassen.»

13.84 **2. Besonderheiten des Privatgutachtervertrags:** Die SIA-Richtlinie 155, die am 15. August 1987 verabschiedet worden ist («in Kraft getreten»), richtet sich in erster Linie an *SIA-Mitglieder* und die *Instanzen des SIA.* Die Richtlinie enthält jedoch überwiegend allgemeine Rechtsprinzipien, an welche sich auch nicht dem SIA-angehörende Privatgutachter zu halten haben.

---

[127] Eine sorgfältige und umfassende Kommentierung zur Richtlinie 155 gibt die SIA-Dokumentation D 016 «Die Tätigkeit als Experte – L'activité d'expert» mit zahlreichen Beiträgen aus der Praxis.

Besondere Erwähnung verdient, dass auch der Beweiswert eines Privatgutachtens nicht nur von der Fachkompetenz des Sachverständigen, sondern massgeblich auch von seiner Objektivität und Unabhängigkeit abhängt. Wenn der Privatgutachter aus persönlichen oder sachlichen Gründen ein Interesse am Ausgang der Streitsache hat oder aus sonstigen Gründen (z.B. nahe Beziehungen zu einer Partei) nicht über die erforderliche Unabhängigkeit verfügt, besteht zumindest die Gefahr, dass er sich bei der Gutachtenserstattung nicht von rein objektiven, unparteilichen Überlegungen leiten lässt. 13.85

Doch ist nicht zu verkennen, dass die private Gutachtertätigkeit, jedenfalls soweit sie sich nicht in einer reinen Feststellung oder Berechnung erschöpft, regelmässig mit gewissen persönlichen Wertungen verbunden ist, sei dies, weil der Sachverständige einer besonderen «Denkschule» angehört, sei dies, weil er bestimmte Arbeits- bzw. Prüfmethoden bevorzugt. Gerade wenn es um die Beurteilung von Liegenschaften geht, sind die Festlegungen des Experten nicht immer frei von subjektiven Einschätzungen. In diesen Fällen verfügt der Privatgutachter bei der Beurteilung über einen gewissen *Ermessensspielraum.* Wenn nun also der Privatgutachter bei der Ausarbeitung seiner Expertise (z.B. bei der Bewertung eines Grundstückes aufgrund der Bau- und Zonenordnung) die bestehenden Schätzungstoleranzen zum Vorteil des Vertragspartners ausnützt (z.B. durch konservative Berücksichtigung von Altersentwertung und Unterhaltszustand),[128] so liegt allein deswegen noch nicht notgedrungen eine Verletzung des Gebotes der Unabhängigkeit und Objektivität vor.[129] 13.86

3. Die Anforderungen an das Gutachten

1. Erforderlicher Inhalt des gerichtlichen Gutachtens: Der Sachverständige hat sich am konkreten Fall, an den erhaltenen Instruktionen und gegebenenfalls am Beweisbeschluss zu orientieren, also danach, was das Gericht vom Experten in der Sache wissen will. Auch wenn mündliche oder schriftliche Instruktion zulässig ist, so wird es sich doch in komplexen Fällen regelmässig rechtfertigen, die Aufgabenstellung mit dem Experten *in mündlicher Verhandlung* zu besprechen. Dies erlaubt es den anwesenden Parteien, Missverständnisse auszuräumen, unklare Expertenfragen zu präzisieren resp. juristische Formulierungen der technischen Fachsprache des Experten anzupassen. Die mündliche Instruktion erlaubt es den Beteiligten zudem, an Ort 13.87

---

128 Vgl. etwa die Schätzungsbereiche bei NÄGELI/HUNGERBÜHLER, S. 18 ff.

129 HÜRLIMANN, Der Anwalt, S. 400.

und Stelle Ergänzungsfragen zu formulieren. Eine präzise Instruktion vereinfacht die Arbeit des Experten und erhöht den Nutzen für die Empfänger des Gutachterberichtes.

13.88 **2. Form und Aufbau von Gerichtsexpertisen:** Weder die bisherigen kantonalen Zivilprozessordnungen noch die neue schweizerische ZPO enthalten Mindestanforderungen an Gutachten, an denen sich Sachverständige orientieren könnten. Generell lässt sich sagen, dass das Gerichtsgutachten in formeller Hinsicht sich durch einen klaren und systematischen Aufbau auszeichnen muss und die gestellten Expertenfragen *vollständig, klar und schlüssig* beantworten muss. Dazu gehört:

13.89 – *Angabe des Gerichtes bzw. der Behörde,* welche die «sachverständige Person» als Gerichtsexpertin bestellt hat (inkl. Angabe der Prozessnummer);

13.90 – *Angabe der Prozessparteien* (Klägerin, Beklagte, Nebenintervenienten etc.);

13.91 – *Darstellung der Ausgangslage und Chronologie der Gutachtensernennung* (soweit bekannt);

13.92 – *Aufzählung der erhaltenen bzw. verwendeten Prozessakten* und weiterer Dokumente bzw. Pläne;

13.93 – *Wiedergabe der Expertenfragen resp. Beweisthemen* resp. weiterer Anweisungen des Gerichts;

13.94 – *Bezeichnung der durchgeführten Untersuchungen,* Augenscheine, weiterer Erhebungen, unter Angabe der jeweiligen Arbeitsmethoden und Quellen (weitere Dokumente, vorbestehende Berichte und Laboruntersuchungen, Drittauskünfte, Befragung von weiteren Beteiligten etc.);

13.95 – *Bekanntgabe sämtlicher Mitwirkender,* d.h. neben des gerichtlich bestellten Gutachters die Angabe weiterer (vom Gericht genehmigter) Mitgutachter, Hilfspersonen, Dritter etc.;

13.96 – *Darstellung der Grundlagen,* insbesondere (Anknüpfungs-)Tatsachen und sonstigen Feststellungen, von denen der Sachverständige bei seinem Gutachten ausgeht;

13.97 – *Angabe der Untersuchungsergebnisse und der fachspezifischen Grundlagen,* der Befunde und der Untersuchungsmethoden (unter Angabe der SIA-Vorschriften, ISO-Vorschriften etc.) oder allfälliger sonstiger Untersuchungs- oder Messmethoden, auf die sich der Experte abgestützt hat. Angaben zu den nicht durchgeführten Untersuchungsmethoden;

– *Erkenntnisse resp. Schlussfolgerungen aus den (Anknüpfungs-)Tatsachen, aus den erarbeiteten Grundlagen* und den Prüfungsergebnissen resp. Befunden, wobei sich jede Schlussfolgerung auf eine ermittelte Grundlage abstützen muss. 13.98

Bei seiner gesamten Gutachtertätigkeit hat sich der Gerichtsexperte stets strikte an die *Anweisungen des Gerichts,* an den *Beweisbeschluss* sowie an die anlässlich der Instruktion formulierten *Expertenfragen* zu halten. Bedarf der Sachverständige für die Beantwortung der Expertenfragen weiterer Erhebungen in Ergänzung der zur Verfügung gestellten Gerichtsakten, so ist er verpflichtet, die *Zustimmung* des Gerichts einzuholen und sich nötigenfalls ermächtigen zu lassen, «einen Augenschein an Personen oder Eigentum» bei den Prozessparteien oder bei Dritten durchzuführen (Art. 160 Abs. 1 lit. c ZPO). Im Gutachten hat der Gerichtsexperte offenzulegen, wenn er (wohlverstanden mit vorgängiger Zustimmung des Gerichts) «eigene Abklärungen» vorgenommen hat (Art. 186 Abs. 1 ZPO). Das Gericht kann auf Antrag einer Partei oder von Amtes wegen *die Abklärungen* nach den Regeln des Beweisverfahrens *nochmals* vornehmen (Art. 186 Abs. 2 ZPO).[130] 13.99

3. Begründung von Gerichtsexpertisen: Das Gericht kann «mündliche oder schriftliche Erstattung des Gutachtens anordnen» und die sachverständige Person zur Erläuterung des Gutachtens an der Hauptverhandlung anhalten (Art. 187 Abs. 1 ZPO). Über mündliche Ausführungen eines Experten (auch über «Erläuterungen») ist Protokoll zu führen (Art. 187 Abs. 2 und Art. 188 Abs. 2 ZPO). Begründung einer Expertise bedeutet, «dass der Gutachter die einzelnen Annahmen und die einzelnen Gedankengänge, aufgrund deren er zu seinen Schlussfolgerungen gelangt, darzulegen hat».[131] Dies bedingt *logische Gedankenführung und lückenlose Begründung der Argumentationskette.* Insbesondere in Fällen, in denen sich ein Beweis technisch oder naturwissenschaftlich nicht unmittelbar führen lässt, hat der Experte die *«anerkannten Regeln der Kunst»* darzulegen und sämtliche weiteren Anhaltspunkte aufzulisten, auf welche er seine Erkenntnisse abstützt.[132] Der Sachverständige muss angeben, auf welchem Weg und gestützt auf welche 13.100

---

130 Dazu im Einzelnen: MÜLLER, Kommentar ZPO, N 24 zu Art. 186 ZPO.

131 ZR 1986, Nr. 35, S. 75 f.; vgl. auch KLOPFER, S. 80 ff.

132 Zu den Beweismethoden: Vgl. SCHUMACHER, Beweisprobleme, S. 166 ff.

Methoden er seine Befunde ermittelt und seine Schlussfolgerungen gezogen hat. Der Gutachterbericht muss die Befunde und die daraus gezogenen Schlussfolgerungen *logisch und vollständig* darlegen und die technisch relevanten Zusammenhänge, welche den Schlussfolgerungen zugrunde liegen, in einer *verständlichen Sprache* erläutern, sodass auch das Gericht und die Parteien die Ausführungen des Gutachters nachvollziehen können. Beruht das Gutachten auf Computerberechnungen (z.B. Berechnungen der Nutzlast und der Querschnittsicherheit von Stockwerksflächen), so hat der Gerichtsexperte das verwendete Computerprogramm und die dazugehörige Dokumentation bekannt zu geben.[133]

13.101 Aus dem rechtlichen Gehörsanspruch folgt, dass der Experte sich mit den unterschiedlichen Standpunkten der Parteien und den vorbestehenden Gutachterberichten auseinandersetzen und zu allen relevanten Einwendungen Stellung beziehen muss. Für den Beweiswert des Gutachtens ist ausschlaggebend, dass die Schlussfolgerungen des Gerichtsexperten aus der gegebenen Begründung schlüssig, d.h. überzeugend und widerspruchsfrei nachvollzogen werden können. Ungereimtheiten oder sogar Widersprüche (wie etwa Diskrepanzen zwischen den ermittelten Grundlagen und den gezogenen Schlussfolgerungen) wecken Zweifel an der Richtigkeit des Gutachtens und beeinträchtigen seinen Beweiswert.

13.102 Bei technisch komplizierten Sachverhalten ist zumindest zu fordern, dass das Gutachten *mithilfe eines beigezogenen Fachmanns* (eines Privatgutachters) *nachvollziehbar* ist.[134] Daher ist es Pflicht des Gerichtsexperten, den Sachverständigenbericht, auch wenn es um komplexe Zusammenhänge geht, in allgemein verständlicher Form zu halten.

13.103 **4. Typische Fehler bei der Gutachtenserstattung:** Zahlreiche Fehler lassen sich vermeiden, wenn der Sachverständige seinen Gutachterbericht strukturiert und sich inhaltlich und formell an den Aufbau gemäss dem hier Gesagten (Nr. 13.88 ff.) hält. Dennoch gibt es unzählige Fehlerquellen, denen sich Sachverständige nicht immer bewusst sind. Zu den häufigsten Fehlern (im Sinne der «sieben Todsünden»[135]) gehören:

13.104 – *Selbstüberschätzung:* Der Sachverständige nimmt auch zu Fragen Stellung, welche sein Fachgebiet übersteigen oder von denen er keine ausrei-

---

[133] ZR 1986, Nr. 35, S. 77.

[134] ZR 1986, Nr. 35, S. 76.

[135] Vgl. BAYERLEIN, Der Sachverständige, S. 397 ff.

chende berufliche oder wissenschaftliche Kenntnis hat, und zwar, ohne dass er die Grenzen seines Fachwissens offenlegen würde.[136]

- *Überschätzung der Gutachter-Adressaten:* Der Sachverständige versäumt es, Fachbegriffe, Erfahrungssätze zu erläutern und die ihm gestellten Fragen verständlich, vollständig und vor allem nachvollziehbar zu beantworten. 13.105

- *Unzulässige Sachverhaltsermittlung:* Der Gutachter vermischt Tatsachen und Werturteile oder hält sich nicht strikte an den richterlichen Beweisbeschluss respektive an die ihm vertraglich übertragene Aufgabenstellung. Der Gutachter nimmt ungefragt zu Punkten Stellung, welche nicht strittig sind respektive von keiner Seite behauptet worden sind. Er verletzt richterliche Anweisungen bzw. versäumt es, eine gerichtliche Bewilligung zur Vornahme von ergänzenden Abklärungen einzuholen (unter Verletzung von Art. 186 Abs. 1 ZPO). Er nimmt zerstörende Prüfungen vor, ohne dass die erforderliche Anordnung des Gerichts und die Einwilligung des Verfügungsberechtigten vorliegt.[137] 13.106

- *Unzulässige Delegation von Aufgaben:* Der Sachverständige schaltet Hilfskräfte bzw. weitere Sachverständige ein, ohne dass er hierzu befugt wäre. Er unterlässt es, im Gutachten auf den Beizug dieser Hilfskräfte respektive auf den Umstand hinzuweisen, dass er seine Erkenntnisse nicht selber erarbeitet, sondern durch Dritte respektive vorbestehende Berichte bekommen hat. 13.107

- *Unzulässige (weil nicht tragfähige) Schlussfolgerungen:* Der Sachverständige versäumt es, die tatbestandlichen Grundlagen solid zu erarbeiten, weshalb seine Erkenntnisse und Schlussfolgerungen nicht von den Sachverhaltsermittlungen getragen werden. Diskrepanzen zwischen den ermittelten tatbestandlichen Grundlagen und den daraus gezogenen Schlussfolgerungen in einem Gutachten sind ärgerlich und entkräften dessen Beweiskraft ganz erheblich! 13.108

- *Unzulässige Exkursionen in die Juristerei:* Der Sachverständige macht rechtliche Ausführungen, wie etwa zur Verantwortung eines Beteiligten. Der Sachverständige ist gut beraten, rechtliche Erörterungen, die ja häufig 13.109

---

136 Vgl. BGE 118 Ia 146 f. betr. Selbstentzündung eines Heustocks.

137 Vgl. aber immerhin Art. 160 Abs. 1 lit. c ZPO, wodurch Parteien und Dritte verpflichtet sind, einen Augenschein an Personen oder (nicht zerstörend) an Eigentum durch Sachverständige zu dulden. MOTZKE/BAUER/SEEWALD, S. 294 f.

ohne umfassende Kenntnis der rechtlichen Beziehungen zwischen den Parteien und deren Verträge erfolgen, zu unterlassen. Juristisches Halbwissen entwertet den Gehalt jedes Gutachtens! Dasselbe gilt bei unsachlicher Kritik an den Parteien oder an den zu begutachtenden Bauteilen.

13.110 – *Vorgespiegelte Unabhängigkeit:* Sowohl als Gerichtsexperte wie auch als Privatgutachter hat der Sachverständige unabhängig zu sein und auch versteckte Interessenskollisionen offenzulegen. Ein als Privatgutachter tätiger Sachverständiger entwertet seine Expertise, wenn parteiliche Gefälligkeit mitspielt.

13.111 Sachverständige müssen nach dem Gesagten über eine hohe Kompetenz und Disziplin verfügen, um bei der anspruchsvollen Aufgabe der Gutachtenserstattung Fehler zu vermeiden.

13.112 **5. Folgen mangelhafter Expertisen:** Das Gericht hat den Parteien Gelegenheit zu geben, Erläuterungen oder Ergänzungsfragen zu beantragen (Art. 187 Abs. 1 ZPO). Ist das gerichtliche Gutachten «unvollständig, unklar oder nicht gehörig begründet», so kann das Gericht den Sachverständigen zur Ergänzung oder Erläuterung anhalten (Art. 188 Abs. 2 ZPO). Vermag ein als ungenügend erachtetes Gutachten trotz Verbesserung nicht zu überzeugen, kann das Gericht *einen neuen Experten bestellen.*[138] Nicht zulässig ist es, dass ein Gericht (auch ein Fachgericht), ohne Erläuterungen oder Detaillierungen des Experten einzuholen, einfach eigene – allenfalls auf weitere Beweismittel gestützte – Feststellungen trifft.[139] In der Regel haben die Parteien zwar das *Recht zur Stellungnahme,* aber *keinen* Anspruch auf ein Gegen- oder Obergutachten, es sei denn, dass besonders grobe, offensichtliche Mängel festgestellt werden. Namentlich besteht nicht schon zwingender Anlass zu einer Oberexpertise, wenn zwei einander widersprechende Gutachten vorliegen.[140] Hingegen muss dem Gericht die Einholung einer weiteren amtlichen Expertise zugebilligt werden, wenn mehrere sich widersprechende Sachverständigenberichte vorliegen.[141]

---

138 Die neu beizuziehende sachverständige Person erstattet ein «weiteres Gutachten», nicht ein «Obergutachten» (MÜLLER, Kommentar ZPO, N 16 zu Art. 188 ZPO). Denn: Die Würdigung der verschiedenen Gutachten und deren Gewichtung obliegt dann im Rahmen der Beweiswürdigung dem Gericht.

139 ZR 2010, S. 316 ff.; vgl. auch BGE 132 III 83 E.3.5

140 ZR 1945, Nr. 155; ZBJV 1962, S. 553.

141 BGer 4A_204/2010 (29.6.10); ZR 1989, Nr. 5, S. 12 ff.; vgl. auch BGE 107 la 212.

IV. Die Bedeutung des Gutachtens im Prozess

1. Gerichtsexpertisen und Privatgutachten im Rahmen der Beweiswürdigung

1. Gerichtliche Expertisen: Gerichtliche Expertisen gelten als Beweismittel. Sie unterliegen indessen – wie andere Beweismittel – der *freien Beweiswürdigung* (Art. 157 ZPO).[142] Vom fachmännischen Befund des Gerichtsexperten darf das Gericht jedoch *nicht ohne triftige Gründe* abweichen und es muss Abweichungen begründen.[143] Ein Gericht darf aber dann von den Schlussfolgerungen eines Experten abweichen, wenn schon das Gutachten widersprüchliche Äusserungen enthält bzw. die nachfolgende Einvernahme Differenzen in wichtigen Punkten ergibt.[144] Zweifel an der Objektivität oder an der fachlichen Befähigung eines Experten können ferner Anlass sein, ein weiteres Gutachten einzuholen bzw. den Experten zur Verbesserung anzuhalten. Selbst wenn gerichtliche Gutachten eingeholt werden, obliegt die Ermittlung des Sachverhaltes und die rechtliche Subsumption grundsätzlich *dem Gericht.* Der Richter muss sämtliche tatbestandlichen Feststellungen in Eigenverantwortung treffen und sich letztlich auch bezüglich der begutachteten bautechnischen Sachfragen Rechenschaft geben, um gestützt darauf nach seiner Überzeugung, nach seiner Sach- und Menschenkenntnis und seiner Lebenserfahrung ein eigenes Urteil zu fällen. 13.113

Die korrekte Würdigung einer Expertise gehört dabei zu den schwierigsten Aufgaben eines Gerichtes überhaupt. Der Richter muss, obgleich er mutmasslich nicht über ausreichend eigene Sachkunde zur Beantwortung einzelner Beweisthemen verfügt, die mit dem Gutachten unterbreiteten Tatsachenbefunde überprüfen und die Schlussfolgerungen des Experten nachvollziehen. Dies führt nicht selten zu Missverständnissen oder gar Fehlschlüssen.[145] 13.114

---

[142] Vgl. die einlässlichen Ausführungen bei GULDENER, S. 321 ff.; DOLGE, Basler Kommentar, N 15 zu Art. 183 ZPO; KUMMER, Zivilprozessrecht, S. 142 ff.; LEUCH/MARBACH/KELLERHALS, N 2a zu Art. 270 ZPO BE; VOGEL/SPÜHLER, Kap. 10 N 152.

[143] BGE 130 I 343 f.; BGer 4A_462/2008 E. 6.2 (22.12.2008); BGE 118 Ia 146; ZR 2010, S. 316 ff. Zur Verwertung von Gerichtsgutachten nach deutschem Recht: BAYERLEIN, Praxishandbuch, S. 387 ff.

[144] BGE 101 IV 130.

[145] Vgl. zu den typischen Fehlerquellen bei der Verwertung von Gerichtsgutachten: BAYERLEIN, S. 388 ff. Nach ihm ist eine häufige Ursache von Missverständnissen die unterschiedliche Denkweise von Richtern und von Sachverständigen.

13.115 **2. Privatgutachten:** Privatgutachten bilden demgegenüber für sich selbst keinen Beweis, sie haben rechtlich lediglich die *Bedeutung von Parteibehauptungen*.[146] Feststellungen und Erkenntnisse eines Privatgutachters sind also vornehmlich als unbewiesene Vorbringen einer Partei im Behauptungsverfahren zu würdigen. Einzelne kantonale Zivilprozessordnungen enthalten Bestimmungen, wonach auch Privatgutachten als Beweismittel zu berücksichtigen sind (vgl. z.B. § 262 ZPO-AG; Art. 118 ZPO-SG; § 194 ZPO-AR). Die neue schweizerische ZPO hat hingegen (trotz gegenteiligem Vorentwurf; Art. 182 VE-ZPO) darauf verzichtet, Privatgutachten als Beweismittel zuzulassen.[147] Doch können auch Privatgutachten, ungeachtet ihrer Bedeutung als blosse Parteibehauptung, für die richterliche Meinungsbildung von massgeblicher Bedeutung sein.[148] Hingegen ist es willkürlich, ohne Beizug eines gerichtlichen Sachverständigen auf eine bestrittene Parteibehauptung (z.B. eben auf ein Privatgutachten) abzustellen, wenn der Sachrichter nicht über die notwendige Sachkunde verfügt.[149] Nach Massgabe von Art. 175 ZPO dürfen die Parteien Privatgutachter *als sachverständige Zeugen* im Prozess anrufen[150] und Fragen zur Würdigung des Sachverhaltes stellen.

13.116 **3. Überschiessende Beweisergebnisse:** Im Rahmen des Beweisverfahrens entscheidet der Richter, ob er die in einem gerichtlichen oder aussergerichtlichen Gutachten enthaltenen Tatsachen, Schlussfolgerungen und Erfahrungssätze für erwiesen hält. Dabei wird ein Privatgutachten in der Regel geringer zu gewichten sein als eine Gerichtsexpertise, geringer auch als ein amtlich

---

146 BGE 132 III 87 ff.; ZR 2006, Nr. 77, S. 315; 88, 1989, Nr. 5, S. 12 ff.; ZR 1988, Nr. 134, S. 316; LGVE 1993 I, Nr. 20, S. 29 ff.; ZBJV 1962, S. 203; GULDENER, S. 349; FRANK/STRÄULI/MESSMER, N 2 vor § 171 ZPO ZH; TERCIER, Anm. zu BR/DC 1981, S. 14, Nr. 10; VOGEL/SPÜHLER, Kap. 10 N 152.

147 Botschaft zur Schweizerischen Zivilprozessordnung vom 28. Juni 2006, BBl 2006, S. 7325.

148 DOLGE, Basler Kommentar, N 17 zu Art. 183 ZPO; MESSERLI, Prüfung, S. 226; REETZ, Der Beweis im Bauprozess, S. 123. Vgl. etwa BGer 4A_617/2010 (14.6.2011) E. 3.2. Ein Gericht oder Schiedsgericht darf sich auf die Würdigung der eingereichten technischen Privatgutachten beschränken, wenn von keiner der Parteien ein (schieds-)gerichtliches Dritt- bzw. Obergutachten eines unabhängigen Experten beantragt wird.

149 BGE 132 III 83 E.3.5. Die notwendige Sachkunde muss das Gericht durch ein schriftliches «Fachrichtervotum» (mit Recht zur Stellungnahme) dokumentieren (BGE 125 III 34 E.3d); MÜLLER, Kommentar ZPO, N 22 zu Art. 183 ZPO.

150 Botschaft zur Schweizerischen Zivilprozessordnung vom 28. Juni 2006, BBl 2006, S. 7322.

beurkundeter Prüfungsbefund im Sinne von Art. 367 Abs. 2 OR, auch wenn diesem keine verstärkte Beweiskraft im Sinne von Art. 9 ZGB zukommt.[151]

Die Beweiswürdigung ist grundsätzlich auf den im Gerichtsverfahren rechtzeitig von den Parteien vorgetragenen Prozessstoff beschränkt. Werden *durch ein Gutachten neue Einzeltatsachen* vermittelt, hat das Gericht zu prüfen, ob diese durch ausreichende Darlegungen im Behauptungsverfahren getragen werden.[152] Wenn das Gericht zwischen der materiellen Wahrheit und prozessualer Unsorgfalt abwägen muss, wird es im Zweifel die nachträglich vermittelten Erkenntnisse des Gerichtsgutachtens mitberücksichtigen, wenn dadurch keine Verfahrensverzögerung eintritt.[153] Lässt sich das Gericht von den im Gutachten getroffenen Erkenntnissen nur zum Teil überzeugen, so wird es in seinem Urteil nur diese verwerten. Nach dem Substanziierungsgebot gilt jedoch, dass fehlende tatsächliche Darlegungen nicht durch den Antrag auf Einholung einer Expertise geheilt werden können.[154] 13.117

2. Die Bindungswirkungen beim Schiedsgutachten

1. Verbindlichkeit des Schiedsgutachtens: Die Verbindlichkeit bedeutet, dass der Schiedsgutachter die ihm übertragene Beurteilung der «streitigen Tatsachen» *abschliessend* erledigen kann, und zwar auch für einen nachfolgenden Prozess. Beweistechnisch bedeutet dies, dass die Sachverhaltsfeststellungen des Schiedsgutachters und deren Würdigung vom Gericht oder vom Schiedsgericht *nicht mehr frei* auf ihre inhaltliche Richtigkeit überprüft werden dürfen (Art. 189 Abs. 3 ZPO). Mit anderen Worten: Die Vertragsparteien und auch ein allenfalls angerufenes Schieds- oder ordentliches Gericht 13.118

---

151 BR/DC 1988, S. 13, Nr. 5 mit Anmerkung MERZ; a. A. GAUTSCHI, Berner Kommentar, N 23 zu Art. 367 OR.

152 BGE 68 II 140 f.: «Mit dem Grundsatz der Freiheit zum Beweis [ist] durchaus vereinbar, vom Beweisführer zu verlangen, dass er mindestens Einzeltatsachen, Indizien geltend macht … und sich nicht damit begnügt, einfach schlechtweg eine Expertise über die behauptete Gesamttatsache zu verlangen.» Vgl. ferner BETTEX S. 167; BÜHLER/EDELMANN/KILLER, N 4 zu § 257 ZPO AG; GULDENER, S. 350; LEUENBERGER, S. 315 ff.

153 DOLGE, Basler Kommentar, N 16 zu Art. 182 ZPO.

154 BGer 4A_255/2010 (29.6.2010) E. 4.6.

müssen die im Schiedsgutachten enthaltenen Tatsachen *als bewiesen* annehmen. Bezüglich jener Punkte ist also *freie Beweiswürdigung ausgeschlossen.*[155] Hält sich der Schiedsgutachter bei seiner Beurteilung nicht an die ihm übertragene Beurteilung, liegt für die nicht durch die Schiedsgutachtervereinbarung abgedeckten «festgestellten Tatsachen» nur eine unverbindliche gutachterliche Meinungsäusserung ohne Bindungswirkung vor.

13.119 Die Bindungswirkungen des Schiedsgutachtens sind *nicht absolut.* Die zugesagte Verbindlichkeit basiert bei den Beteiligten regelmässig auf dem vorausgesetzten Verständnis, dass der Schiedsgutachter bei seinem Spruch bestimmte rechtsstaatliche Mindestanforderungen einhält, die von einem fachkundigen und erfahrenen Sachverständigen in einer vergleichbaren Situation zu erwarten sind. Zum einen sind die Bindungswirkungen des Schiedsgutachtens nur gerechtfertigt, wenn die Parteien über das Rechtsverhältnis frei verfügen können; zum andern darf das Schiedsgutachten keine elementaren Verfahrens- und Inhaltsmängel aufweisen. Das galt bereits aufgrund der bisherigen Rechtsprechung, die sich in Anlehnung an § 258 der ZPO-ZH entwickelt hat[156] und wird nun explizit auch in Art. 189 Abs. 3 der neuen schweizerischen ZPO festgehalten.

13.120 **2. Anfechtbarkeit wegen Verletzung elementarer Verfahrensvorschriften:** Nach Art. 189 Abs. 3 ZPO ist das Gericht hinsichtlich der im Schiedsgutachten festgestellten Tatsachen in seiner Beweiswürdigung gebunden, wenn (a.) «die Parteien über das Rechtsverhältnis frei verfügen konnten; (b.) «gegen die beauftragte Person kein Ausstandsgrund vorlag» und (c.) «das Schiedsgutachten ohne Bevorzugung einer Partei erstellt wurde und nicht offensichtlich unrichtig ist»:

13.121 – **Keine Verletzung der Dispositionsmaxime:** Die Bindungswirkungen eines Schiedsgutachten treten nur dann ein, wenn die Parteien über das Rechtsverhältnis frei verfügen können.[157] Ausgeschlossen sind demnach Schiedsgutachten in Bereichen, in denen das Gericht die Sachverhalt von Amtes wegen zu ermitteln hat und – wie etwa in familienrechtlichen Ver-

---

155 BGer 4A_369/2011 (11.11.2011); BGE 129 III 535; ZR 1994, Nr. 34, S. 131; DOLGE, Basler Kommentar, N 18 zu Art. 183 ZPO; FRANK/STRÄULI/MESSMER, N 5 zu § 258 ZPO ZH.

156 BGE 129 III 537; 117 Ia 370.

157 Dieselbe Einschränkung gilt nach Art. 354 ZPO im Schiedsgerichtswesen, wonach nur «schiedsfähige» Ansprüche der Beurteilung durch ein Schiedsgericht zugänglich sind, also solche, über welche die Parteien «frei verfügen können».

fahren – die Offizialmaxime gilt (Art. 58 ZPO). Für die (zumeist technischen) Aufgabenstellungen in der Baubranche dürfte diese Einschränkung allerdings nicht von praktischer Bedeutung sein.

- **Keine Verletzung der Ausstandsregeln:** Ein rechtserheblicher Verfahrensfehler lag schon nach der bisherigen Rechtsprechung vor, wenn der Schiedsgutachter bei der Ernennung oder während des Zeitraums der Berichterstattung befangen und parteilich war.[158] Art. 189 Abs. 3 lit. b ZPO unterstellt nun Schiedsgutachter neu den Ausstandsvorschriften der Schweizerischen Zivilprozessordnung, insbesondere also den Anforderungen von Art. 47 ZPO. Dieser strenge Massstab ist gerechtfertigt, weil der Schiedsgutachter kraft der Parteivereinbarung quasi-richterliche Funktionen ausübt und in Bezug auf die definierten Streitpunkte abschliessend (unter Ausschluss des Gerichtes) entscheiden kann. Insofern hat der Schiedsgutachter – im Unterschied zu einem «normalen» Sachverständigen – höheren Gerechtigkeitsmassstäben zu genügen.[159] 13.122

- **Keine Verletzung des Gleichbehandlungsgebots:** Schon nach der bisherigen bundesgerichtlichen Rechtsprechung war selbstverständlich, dass der Schiedsgutachter beiden Parteien in gleicher Weise das Recht einräumen muss, sich über die für das Schiedsgutachten wesentlichen Tatsachen zu äussern, ihren Standpunkt zu vertreten, erhebliche Beweise vorzulegen und an einem Augenschein oder an Verhandlungen teilzunehmen.[160] Art. 189 Abs. 3 lit. c ZPO hält nun ausdrücklich fest, dass das Schiedsgutachten das Gericht hinsichtlich der darin festgestellten Tatsachen bindet, wenn das Schiedsgutachten «ohne Bevorzugung einer Partei erstellt wurde». Der Gehörsanspruch von Art. 29 Abs. 2 BV und Art. 54 ZPO ist also auch bei der Erstellung eines Schiedsgutachtens von zentraler Bedeutung. Um das Gebot der Gleichbehandlung zu gewährleisten, hat der Schiedsgutachter den Parteien gleichermassen das Recht auf Akteneinsicht sowie auf Äusserung zu gewähren, jedenfalls soweit es um Punkte geht, die für Feststellungen und Schlussfolgerungen des Schiedsgutachters rechtserheblich sind.[161] 13.123

---

158 Vgl. bisher § 258 ZPO ZH; Hürlimann, Schiedsgutachten und deren Anfechtung, S. 407.

159 Hürlimann, Schiedsgutachten und deren Anfechtung, S. 407; Dolge, Basler Kommentar, N 50 f. zu Art. 189 ZPO.

160 BGE 116 II 639.

161 Habscheid, Zivilprozessrecht, S. 520 ff.

13.124 **3. Anfechtbarkeit wegen gravierender Inhaltsfehler («offensichtliche Unrichtigkeit»):** Die inhaltliche Unrichtigkeit eines Schiedsgutachtens genügt (für sich alleine genommen) nicht, um dessen Unverbindlichkeit zu bewirken. Vielmehr muss eine offenkundige, bei sorgfältiger Prüfung sofort in die Augen springende Abweichung von der wirklichen Sachlage vorliegen, indem das Schiedsgutachten offensichtlich fehlerhaft, ungerecht und willkürlich ist und damit im hohen Grad der Billigkeit widerspricht.[162] Nicht zulässig ist die Anfechtung, wenn kein offenkundiger grober Irrtum vorliegt, die Parteien im Rahmen der Anfechtung also nur Zweifel an der Richtigkeit des Schiedsgutachtens geltend machen. Zur Anfechtung eines Schiedsgutachtens genügt es daher im Regelfall nicht, die Unrichtigkeit durch den Vergleich mit einem Privatgutachten zu belegen, auch wenn ein Vergleich insoweit als Indiz für grobe Fehler bilden könnte.[163]

13.125 Folgt man den strengen Massstäben der bundesgerichtlichen Rechtsprechung, dürfte es der benachteiligten Partei nur in den wenigsten Fällen gelingen, den verlangten Nachweis an offensichtlicher (qualifizierten) Ungerechtigkeit erbringen zu können. Richtigerweise aber ist die Anfechtbarkeit von Schiedsgutachten nicht auf krasse Fehlentscheidungen zu beschränken. Vielmehr muss (bei entsprechender Anfechtung) ein Schiedsgutachten immer dann unverbindlich bleiben, wenn der Verfasser von falschen Voraussetzungen oder von Grundlagen ausgeht, die von der Wirklichkeit abweichen, und daher (notgedrungen) auch die Feststellungen oder die Schlussfolgerungen nicht richtig sein können. Wenn daher die Gedankengänge eines Schiedsgutachters nicht nachvollziehbar sind oder keinen logischen Ablauf erkennen lassen und deswegen die Gutachterergebnisse selbst für einen Fachmann nicht nachprüfbar sind, dann muss dies zwingend die Unverbindlichkeit des Schiedsgutachtens zur Folge haben, selbst wenn in der Sache keine offensichtlich (qualifizierte) Unrichtigkeit vorliegt.[164]

13.126 **4. Anfechtbarkeit von Bewertungsgutachten:** Bei Bewertungsgutachten gilt nach der jüngeren bundesgerichtlichen Rechtsprechung ein besonderer Prüfmassstab. Danach gelten Schiedsgutachten, welche eine Bewertung zum Gegenstand haben, dann als offenbar unrichtig bzw. unbillig, wenn sie um *mehr als 25%* von dem auf objektiver Grundlage ermittelten Wert abwei-

---

162 BGE 129 III 535; 117 Ia 365 ff; 7I II 294; 67 II 146.

163 BGE 129 III 537.

164 Vgl. HÜRLIMANN, Schiedsgutachten und deren Anfechtung, S. 409 unter Verweis auf den Deutschen Bundesgerichtshof (BGH NJW 77, S. 801; ferner BGH NJW 79, S. 1885).

chen.[165] Massgebend ist nach dieser bundesgerichtlichen Rechtsprechung nicht der Vergleich des Schiedsgutachtens mit einem anderen sachverständigen Bericht zum gleichen Thema, sondern der Vergleich des Schiedsgutachtens mit dem objektiv ermittelten Sachverhalt. Weicht die Bemerkung nicht um 25 % von dem auf objektiver Grundlage ermittelten Wert ab, so gilt das Schiedsgutachten nicht als offensichtlich falsch, und eine entsprechende Anfechtung wäre als unbegründet abzulehnen.[166]

5. Anfechtung des Schiedsgutachtens nur zusammen mit der Hauptsache: Das Schiedsgutachten ist kein richterlicher Entscheid, weshalb *kein Rechtsmittel* zur Verfügung steht, will eine Partei gravierende Verfahrens- oder Inhaltsmängel geltend machen. Eine Anfechtung des Schiedsgutachtens ist daher nur zulässig *zusammen mit der Hauptsache,* indem die durch das Schiedsgutachten benachteiligte Partei im Hauptprozess *klage- oder einredeweise* darlegen kann, dass das Schiedsgutachten wegen gravierender Verfahrens- und/oder Inhaltsfehler unverbindlich ist und deshalb unbeachtlich bleiben muss.[167] 13.127

3. Die Abgrenzungen zwischen Gerichtsexpertise, Schiedsgutachten und Schiedsspruch

1. Abgrenzung: Die Unterscheidung zwischen gerichtlicher Expertise, Schiedsgutachten und Schiedsgerichtsspruch ist nicht immer einfach vorzunehmen, zumal die von den Parteien verwendeten Formulierungen in der zugrunde liegenden Vereinbarung oft missverständlich sind. Entscheidend ist jedoch stets *der Wille der Vertragsparteien* und *der Inhalt der zwischen den Parteien getroffenen Abmachungen,* und zwar unter Einbezug sämtlicher Umstände. Zudem ist für die Unterscheidung darauf abzustellen, wie der bestellte Sachverständige das ihm erteilte «Mandat» verstanden und ausgeführt hat.[168] 13.128

---

165 BGE 129 III 535 und dort Zitierte.

166 BGE 129 III 535: In diesem konkreten Entscheid ging es um die Eigenkapitalwertbemessung von Namensaktien. Die Anfechtung wurde abgelehnt, weil lediglich eine Abweichung von 15,3% (vor Obergericht) respektive 5% (vor Bundesgericht) vorlag.

167 BGE 129 III 535; Dolge, Basler Kommentar, N 41 zu Art. 189 ZPO. Richtet sich das Verfahren nach der früheren ZPO ZH, so wird dieser Grundsatz in § 258 Abs. 2 ZPO ausdrücklich festgehalten.

168 BGer 4A_438/2008 (17.11.2008) E. 3.2; BGer 4P. 299/2006 (14.12.2006) E. 3; BGE 117 Ia 368 = Pra 1992, Nr. 153, S. 563; Frank/Sträuli/Messmer, N 3 zu § 258 ZPO ZH.

13.129 **2. Bedeutung der Abgrenzung:** Die Abgrenzungen zwischen Gerichtsexpertise, Schiedsgutachten und Schiedsgerichtsurteil sind von weitreichender Bedeutung, weil diesen Instituten materiell- und prozessrechtlich teilweise unterschiedliche Wirkungen zukommen.

13.130 – Die *Gerichtsexpertise* hat grundsätzlich blosse Beratungs- und Beweisfunktion. Sie ist vorläufiger Natur und kann durch eine gegenteilige Oberexpertise umgestossen werden. Sie hat keinen Entscheidungscharakter, auch wenn sie in zahlreichen Fällen als aussagekräftige Basis für Vergleichsgespräche dient und im Verlaufe gerichtlicher Verfahren oft als hauptsächliches Beweismittel in die richterliche Entscheidfindung einfliesst.

13.131 – Demgegenüber erledigt das *Schiedsgutachten* die gestellten Fragen «zu den streitigen Tatsachen» endgültig und verbindlich. Eine Anfechtung des Schiedsgutachtens (klage- oder einredeweise mit der Hauptsache) ist nur zulässig, wenn dieses offensichtlich ungerecht, willkürlich oder sonst wie qualifiziert unrichtig ist bzw. unter Verletzung elementarer Verfahrensvorschriften zustande gekommen ist.[169] Da das Schiedsgutachten nicht auf richterlichem Entscheid beruht, können die schiedsgutachterlichen Erkenntnisse nicht unmittelbar zwangsweise (z.B. in einem Rechtsöffnungsverfahren) durchgesetzt werden. Verweigert die unterlegene Partei Bezahlung oder sonstige Erfüllung, so ist der Anspruchsberechtigte auf die Unterstützung des in der Hauptsache zuständigen Gerichts angewiesen.

13.132 – Das *Schiedsgerichtsurteil* entscheidet über Bestand und Umfang von Rechtsverhältnissen als Ganzes, nicht nur über bestimmte Sachverhaltsfragen.[170] Ein solcher Schiedsspruch stellt einen rechtskräftigen Entscheid dar, der im Rahmen der zur Anwendung gelangenden Schiedsgerichtsordnung nur (aber immer dann) abänderbar ist,[171] wenn die Voraussetzungen für einen Weiterzug erfüllt sind. Der Schiedsspruch gilt ferner nach Art. 80 SchKG als gerichtliches Urteil und berechtigt nach Vorlage der Rechtskraftbescheinigung zur definitiven Rechtsöffnung.[172]

---

169 BGE 117 Ia 370 = Pra 1992, Nr. 153, S. 565; ZR 1994, Nr. 34, S. 129 ff.

170 BGer 4A_369/2011 (11.11.2011)

171 BGE 130 III 125 ff.

172 Vgl. zum Ganzen: BGE 129 III 538; 117 Ia 370 = Pra 1992, Nr. 153, S. 565 und 107 Ia 321 = Pra 1982, Nr. 146, S. 367 f.; Hürlimann, Das Schiedsgutachten, S. 108 ff.

Die Parteien sind demnach gut beraten, sich vor der Bestellung eines Sachverständigen jeweils zu vergewissern, ob dieser denn als Experte, als Schiedsgutachter oder als Alleinschiedsrichter eingesetzt werden soll, zumal auch eine Kombination zwischen diesen Tätigkeiten möglich ist.[173] 13.133

4. Der Einfluss eines Gutachtens auf Verjährung und Verwirkung von Ansprüchen

1. Im Bauprozess: Die gerichtliche Anordnung einer Expertise im Verlaufe eines Prozesses war schon bis anhin als verjährungsunterbrechende Verfügung im Sinne von Art. 138 OR zu werten; doch durften die Parteien nicht darauf vertrauen, dass die Verjährung während der Ausarbeitung eines Gerichtsgutachtens stillsteht.[174] Mit Inkrafttreten der Schweizerischen ZPO am 1. Januar 2011 ist Art. 138 OR geändert worden. Nach dieser abgeänderten Bestimmung steht die Verjährung in einem gerichtlichen Rechtsstreit still und die Verjährung beginnt erst wieder von Neuem zu laufen, wenn der Rechtsstreit von der befassten Instanz abgeschlossen ist. 13.134

Nach Art. 136 Abs. 1 OR bewirkt die Unterbrechungshandlung i.S. von Art. 135 Ziff. 2 OR die Unterbrechung der Verjährung nicht nur gegen den einen Solidarschuldner, sondern auch gegen die übrigen Mitschuldner. Die Bestimmung gilt allerdings nur *bei echter Solidarität* und nur im Umfang der solidarisch geschuldeten Leistung. *Bei unechter Solidarität,* die eintritt, wenn mehrere Baubeteiligte aus verschiedenen Rechtsgründen (z.B. Unternehmer und Planer) für den gleichen Schaden respektive Mangel haften, ist die Verjährung gegen den am Prozess nicht Beteiligten *vorsorglich separat und zusätzlich zu unterbrechen,*[175] auch wenn das Bundesgericht dem regressberechtigten Mitschuldner einen *Ausgleichsanspruch* (Art. 149 OR) einräumt, wenn er diesen rechtzeitig anmeldet.[176] 13.135

---

173 Vgl. etwa RÜEDE/HADENFELDT, S. 23, unter Hinweis auf ZWR 1976, S. 79 («Expertise» über Baumeisterarbeiten); ZR 1974, Nr. 17, S. 37 f.; GULDENER, S. 589; FRANK/STRÄULI/MESSMER, N 3 zu § 258 ZPO ZH.

174 Offengelassen in BGE 111 II 429 ff. im Zusammenhang mit der Erstellung einer Expertise über Fragen der Grundeigentümer- und Werkeigentümerhaftung, für die nach Massgabe von Art. 60 OR eine einjährige Verjährungsfrist gilt. Vgl. ferner BGE 75 II 227.

175 BGE 130 III 363; BGer 4C.27/2003 (26.5.2003) E. 3; BGE 127 III 264; 115 II 42.

176 BGE 127 III 266.

13.136 **2. Ausserhalb eines gerichtlichen Verfahrens:** Keine verjährungsunterbrechende Wirkung haben:

13.137 – Die *Einholung einer privaten Expertise*[177] oder die nachfolgende *Zusendung* des Gutachtens an die vermeintlich Verantwortlichen. Selbst die Tatsache, dass ein Bauherr mit dem Unternehmer über Mängel verhandelt, einen Mangel rügt, Mängelrechte ausübt oder eine Prüfung durch einen Parteigutachter veranlasst hat, stellt (für sich allein) keine verjährungsunterbrechende Anerkennungshandlung im Sinne von Art. 134 OR dar.[178]

13.138 – *Das Begehren um Durchführung eines gerichtlichen Beweissicherungsverfahrens oder einer amtlichen Bestandsaufnahme.*[179] Die Einleitung eines solchen Verfahrens gilt selbst dann nicht als verjährungsunterbrechende Handlung im Sinne von Art. 135 Ziff. 2 OR, wenn in der Folge (nach Verjährungseintritt) der Prozess in der Hauptsache anhängig gemacht wird.

13.139 **3. Fälle des Rechtsmissbrauchs:** Die Erhebung der Verjährungseinrede kann nach den Umständen des Einzelfalles aber rechtsmissbräuchlich sein. Ein Verstoss gegen Art. 2 ZGB liegt nach der bundesgerichtlichen Praxis etwa dann vor, wenn der Schuldner vor Eintritt der Verjährung ein Verhalten an den Tag gelegt hat, durch das der Gläubiger verleitet worden ist, die Verjährungsfrist verstreichen zu lassen.[180] Unbeachtlich bleibt etwa die Verjährungseinrede, wenn der Unternehmer während laufender Verjährungsfrist Gründe setzt, aus denen der Bauherr mit der nötigen Bestimmtheit schliessen kann, der Unternehmer werde auf die Verjährungseinrede verzichten. Die Teilnahme an gemeinsamen Besprechungen oder einem Augenschein im Hinblick auf die Ausarbeitung eines Gutachtens darf vom Bauherrn im Regelfall aber nicht dahin verstanden werden, dass der Unternehmer auch nach Eintritt der Verjährung noch Bereitschaft zur Mängelbehebung zeigen werde.

13.140 Nach der bisherigen bundesgerichtlichen Rechtsprechung konnte sich der Bauherr (in analoger Anwendung von Art. 139 OR) ausnahmsweise auf eine

---

177 BGer v. 28.2.1989 i.S. D. AG gg. Dr. S. AG, S. 6 ff. (unveröffentl. Entscheid).

178 Gauch, Werkvertrag, Nr. 2271.

179 BGE 131 III 61; BGer 4C.296/2003 (12.5.2004) E. 3.4; BGE 93 II 503 f.; SJZ 1972, Nr. 34, S. 96; Berti, Zürcher Kommentar, N 114 zu Art. 135 OR; Bühler/Edelmann/Killer, N4 zu § 211 ZPO AG; Gauch, Werkvertrag, Nr. 2271. Anders im deutschen Recht, in welchem dem Beweissicherungsverfahren verjährungsunterbrechende Wirkung zukommt: Werner/Pastor, Nr. 82.

180 Vgl. BGer v. 28.2.1989 i.S. D. AG gg. Dr. S. AG, S. 7 ff. (unveröffentl. Entscheid), unter Hinweis auf BGE 113 II 269 und 108 II 287.

sechzigtägige Nachfrist ab Zustellung der Expertise berufen, wenn der Unternehmer im Rahmen der Gutachtenserstattung den Eindruck erweckte, er werde sich bis zur Zustellung der in Aussicht genommenen Expertise und während einer zur Geltendmachung von Gewährleistungsansprüchen erforderlichen Nachfrist nicht auf die Verjährung berufen. In diesem Fall war die Verjährungseinrede rechtsmissbräuchlich, wenn zumindest innerhalb der Nachfrist von Art. 139 OR seit Zustellung der Expertise durch den Bauherrn verjährungsunterbrechende Schritte eingeleitet werden.[181] Mit Inkrafttreten der Schweizerischen ZPO am 1. Januar 2011 ist Art. 139 OR aufgehoben und in abgeänderter Form in Art. 63 ZPO aufgenommen worden.

4. Verjährungsunterbrechung im Sinne von Art. 135 OR: Will ein Bauherr daher – bis das Gutachten vorliegt – seine Mängelrechte nicht verlieren, muss er für verjährungsunterbrechende Schritte besorgt sein und zwar durch qualifizierte *Vorkehren im Sinne von Art. 135 Ziff. 1 oder 2 OR*. Nach dieser Bestimmung wird die laufende Verjährung unterbrochen durch Anerkennung der Forderung (Ziff. 1)[182] oder durch Schuldbetreibung, durch Schlichtungsgesuch (Art. 202 ZPO), durch Klage oder Einrede vor einem staatlichen Gericht oder Schiedsgericht sowie durch Eingabe im Konkurs (Ziff. 2).[183] Ein Betreibungsbegehren genügt indessen nicht zur Unterbrechung der Verjährung in Bezug auf Nachbesserungsansprüche. Das Bundesgericht[184] hat zu Recht festgehalten, dass zur Unterbrechung von Nachbesserungsansprüchen ein Friedensrichterverfahren mit entsprechenden Rechtsbegehren einzureichen ist, ein Betreibungsbegehren also nicht ausreicht. Ungeachtet dessen gilt, dass die Verjährung nur in Bezug auf diejenigen Mängel unterbrochen wird, welche *gerügt* worden sind. Zudem entfaltet die Unterbrechungshandlung keine Wirkung gegenüber allfälligen Mitverpflichteten (z.B. gegenüber dem Architekten, Ingenieur etc.).[185] Der Bauherr ist daher gut beraten, die Verjährung in rechtsgenüglicher Form gegenüber sämtlichen aufgrund eines Gutachtens in Betracht fallenden Verantwortlichen *separat* zu unterbrechen. 13.141

[181] Vgl. BGer v. 28.2.1989 i.S. D. AG gg. Dr. S. AG, S. 10 (unveröffentl. Entscheid).

[182] Verneint in: BGer 4C.134/2004 (14.10.2004) E. 4.4; BGE 121 III 270; 119 II 368; vgl. auch BGE 122 III 272 bezüglich Anerkennung einer Gewährleistungspflicht.

[183] BGE 118 II 479; 114 II 261.

[184] BGer 4C.258/2001 (5.9.2002) (teilweise publ. in BGE 128 III 416 ff.); HÜRLIMANN/SIEGENTHALER, Bevorschussung, S. 146 ff.; KOLLER/SCHUMACHER, Grundstückkauf, Nr. 780; ferner: GAUCH, Werkvertrag, Nr. 2269; Zur Unterbrechung durch Betreibungshandlungen: BGE 114 II 335 ff. = Pra 1989, Nr. 229, S. 802 ff.

[185] Mit Ausnahme von Art. 136 Abs. 1 OR für den Fall der echten Solidarität (Nr. 13.134).

Wer umgekehrt als Folge eines nachteiligen Gutachtens befürchten muss, in Anspruch genommen zu werden, sollte sich seinerseits durch geeignete Vorkehren (z.B. durch Verjährungsverzichtserklärung) den *Rückgriff* sichern.[186] Zu beachten ist, dass eine Streitverkündung im Regelfall nicht ausreicht, um die Verjährung zu unterbrechen.[187]

13.142 **5. Bedeutung der Expertenprüfung:** Die blosse Tatsache einer Expertenprüfung stellt (für sich allein) *nicht zwingend eine rechtsgenügliche Mängelrüge* dar.[188] Der Besteller bzw. die Bauleitung ist vielmehr gehalten, die im Gutachten festgehaltenen *Beanstandungen* gegenüber den betreffenden Unternehmen *detailliert zum Ausdruck zu bringen.* Namentlich muss der Besteller sich auch dahingehend äussern, dass er aufgrund der vom Experten festgestellten Mängel das Werk nicht als vertragsgemäss anerkenne und den Unternehmer hiefür haftbar machen wolle.[189]

13.143 Auch die blosse Übermittlung resp. die amtliche Zustellung des Prüfungsbefundes an den Unternehmer vermag die Mängelrüge nicht zu ersetzen.[190] Wird ein Gutachten allerdings mit gleichzeitiger Mitteilung übermittelt, dass das Bauwerk als nicht vertragskonform betrachtet werde, ist dies als ausreichende Mängelrüge zu werten.[191]

V. Die Entschädigung des Sachverständigen

1. Grundsätze der Vergütung

13.144 **1. Gute Bausachverständige kosten Geld:** Sachverständige haben Anspruch auf eine angemessene Entschädigung. Diese umfasst die *Vergütung* für die geleistete Arbeit und die *Erstattung der Auslagen.* Soweit keine zwingenden Tarifansätze bestehen, können Gerichtsexperten und Privatgutachter

---

186 Vgl. Pra 1989, Nr. 138, S. 460 ff. Zur Bedeutung und Wirkung von Verjährungsverzichtserklärungen: GAUCH/SCHLUEP/EMMENEGGER, Nr. 3373 ff. und dort Zitierte.

187 BGE 115 II 49; 50 II 12. Ferner BERTI, Zürcher Kommentar, N 117 zu Art. 135 OR.

188 Rep 1979, S. 312 = BR/DC 1980, S. 46, Nr. 28. Vgl. auch GAUCH, Werkvertrag, Nr. 2138.

189 BGer 4C.130/2006 (8.5.2007) E. 4; vgl. ferner BGer 4F7/2007 (28.9.2007) E. 4; GAUCH, Werkvertrag, Nr. 2133; BIEGER, S. 58 f.

190 BGer 4D.25/2010 (29.6.2010) E.3

191 Vgl. BGE 107 II 54.

die Höhe ihrer Honorierung mit dem Vertragspartner frei vereinbaren. Mangels anderer Vereinbarung bemisst sich die *Entschädigung nach Aufwand,* und zwar zu einem für die Tätigkeit angemessenen Stundenansatz zuzüglich Auslagenersatz (Art. 374 OR im Werkvertrag; Art. 394 Abs. 3 sowie Art. 402 Abs. 1 OR für das Auftragsrecht). In welchem Umfang ein Stundenansatz angemessen ist, beurteilt sich im Regelfall nach den Richtlinien des Fachverbandes, welchem ein Sachverständiger angehört.[192] *Fällig* wird der Entschädigungsanspruch grundsätzlich nach gehörigem Abschluss der Gutachtertätigkeit.[193] Anspruch auf Teil- resp. Akontozahlungen hat der Sachverständige nur, wenn diese mit den Beteiligten vorgängig vereinbart wurden.[194] Zum gehörigen Abschluss des Expertenmandats gehört auch die Beantwortung allfälliger Erläuterungs- und Ergänzungsfragen.

2. Der Entschädigungsanspruch des Gerichtsexperten: Nach Massgabe von Art. 184 Abs. 3 ZPO hat die sachverständige Person «Anspruch auf Entschädigung». Die Höhe der Entschädigung bemisst sich grundsätzlich nach kantonalem Recht. In einzelnen Kantonen wird die Entschädigung von Sachverständigen durch eine kantonale Verordnung geregelt (z.B. im Kanton Zürich gestützt auf das GOG vom 10. Mai 2010 in LS.211.12); in anderen Kantonen bestimmt sich die die Entschädigung von Sachverständigen nach richterlichem Ermessen. 13.145

Im Einzelfall wird sich ein Gerichtsexperte, insbesondere bei komplexer Materie, die besonderes Fachwissen voraussetzt, nicht auf den kantonalen Entschädigungstarif beschränken wollen und eine höhere Vergütung (z.B. einen höheren Stundenansatz oder etwa eine Pauschale) beanspruchen. Eine solche Vergütungsabrede ist, wenn sie gültig mit dem Gericht und mit den Parteien vereinbart wurde, meines Erachtens *zulässig,* soweit die kantonalen Entschädigungsverordnungen nicht als *«Zwangstarif»* ausgestaltet sind, von welchen nicht abgewichen werden darf. Die Vergütungsabrede muss aber *klar und unmissverständlich* sein und den zur Anwendung gelangenden *Abrechnungsmodus* (verbindlicher Kostenvoranschlag, Verbandstarif oder Entschädigung nach erhöhten Stundenansätzen etc.) im Vertrag (bzw. in der Ernennungsverfügung oder im Beweisbeschluss) mit dem Experten nennen. Der Umstand, dass der Richter beim Gerichtsexperten nach Ernennung eine ungefähre Kostenschätzung im Hinblick auf den Erlass der Beweiskostenverfügung 13.146

---

192 Frank/Sträuli/Messmer, N 16a zu § 171 ZPO ZH; Bühler, Expertise, S. 74 f.

193 Dolge, Basler Kommentar, N 11 zu Art. 184 ZPO.

194 Bühler, Gerichtsgutachter, S. 80.

einverlangt, begründet (für sich allein) keinen Entschädigungsanspruch des Sachverständigen in der geschätzten Höhe. Vielmehr hat der Gerichtsexperte auch in diesen Fällen den konkreten Stundenaufwand (nach den vereinbarten resp. üblichen Ansätzen) durch entsprechende Stundenbelege nachzuweisen. Geschuldet ist nicht die Vergütung jeglichen Aufwands, sondern nur des objektiv gerechtfertigten Aufwands, der bei sorgfältigem und zweckmässigem Vorgehen genügt hätte. Ungeachtet dessen, ob ein Kostenvoranschlag eingeholt oder ein Kostenrahmen vereinbart wurde, ist der Sachverständige zur Anzeige verpflichtet, wenn für ihn ersichtlich ist, dass ein offensichtliches Missverhältnis zwischen den Kosten des Gutachtens und der Bedeutung der Streitsache oder ihrem Streitwert besteht.[195]

13.147 Gestützt auf die getroffene Abmachung wird das Gericht von der Partei, welche die Bestellung des Sachverständigen veranlasst hat, einen *Beweiskostenvorschuss* resp. eine *Kaution* in der Höhe der geschätzten Gutachterkosten einfordern. Stellen beide Parteien den Antrag auf Einholung eines Gutachtens, werden die Parteien aufgefordert, die Beweiskosten je hälftig zu bevorschussen. Leistet eine Partei ihren Anteil nicht, so kann die andere Partei den Anteil an ihrer Stelle leisten. Wird der Vorschuss nicht oder verspätet geleistet, kann das Gericht von der Anordnung der Expertise absehen (Art. 102 Abs. 3 ZPO).

13.148 Die Höhe des Entschädigungsanspruchs hat das Gericht «durch Entscheid» festzusetzen (Art. 184 Abs. 3 ZPO). Im Einzelfall wird auch eine beschwerdefähige Verfügung ausreichend sein.[196]

13.149 Ist der Sachverständige mit der hoheitlichen Festsetzung der Entschädigung im Gerichtsurteil nicht einverstanden, kann er den Entscheid «mit Beschwerde» anfechten (Art. 184 Abs. 3 ZPO).[197] Zur Anfechtung befugt sind neben der «sachverständigen Person» auch die Parteien des Verfahrens.[198]

---

195 BGE 134 I 158 (richterliche Reduktion der Sachverständigenkosten von CHF 29 366.40 auf CHF 11 780.00 bei einer streitigen Zahnarztrechnung von CHF 626.00 für eine Kariesbehandlung).

196 DOLGE, Basler Kommentar, N 14 zu Art. 184 ZPO; MÜLLER, Kommentar ZPO, N 23 ff. zu Art. 184 ZPO.

197 Nach bisheriger kantonaler ZPO: § 273 ZPO ZH, durch Rekurs; § 60 Ziff. 3 VRPG AG, eventuell bloss durch verwaltungsgerichtliche Klage.

198 Botschaft zur Schweizerischen Zivilprozessordnung vom 28. Juni 2006, S. 7324; DOLGE, Basler Kommentar, N 14 zu Art. 184 ZPO.

3. Der Entschädigungsanspruch des Privat- und Schiedsgutachters: Die Vergütung des Sachverständigen, der ein Privat- und/oder Schiedsgutachten erstellt, richtet sich in erster Linie nach den getroffenen Abmachungen. Häufig wird in der Praxis nach den Ansätzen der Fachverbände abgerechnet, z.B. nach den Ansätzen der SIA-Ordnungen 102/103, welche nach Art. 6.2.1 für «besondere Aufträge, wie Gutachten, Mitwirkung bei Schieds- und Preisgerichten, Schätzungen etc.» die Honorarberechnung nach dem Zeitaufwand für anwendbar erklären. 13.150

4. Reduktion des Entschädigungsanspruchs: Der Anspruch auf volle Entschädigung setzt voraus, dass der Sachverständige (unabhängig ob vom Gericht oder von einer Privatperson bestellt) seine Expertise termin- und fachgerecht abliefert. Sind dem Sachverständigen Pflichtverletzungen vorzuwerfen, kann eine Reduktion oder sogar der Verlust des Entschädigungsanspruches zur Diskussion stehen, je nachdem, in welchem Umfang das Gutachten unbrauchbar ist. Über ein solches Recht zur Reduktion des Entschädigungsanspruchs verfügt sowohl ein Richter gegenüber Gerichtsexperten,[199] wie auch der Besteller/Auftraggeber eines Privat- oder Schiedsgutachtens, ungeachtet der rechtlichen Einordnung des Gutachtervertrages als Werkvertrag (Nr. 13.25) oder als einfacher Auftrag. *Unnötiger* oder *unverhältnismässiger* Aufwand ist nicht zu entschädigen.[200] Nach denselben Kriterien beurteilt sich, ob der Sachverständige für die Beantwortung von Erläuterungs- und Ergänzungsfragen eine zusätzliche Entschädigung beanspruchen darf: Zusätzlichen Aufwand für erläuternde oder ergänzende Abklärungen wird der Sachverständige jedenfalls dann nicht in Rechnung stellen dürfen, wenn dieser auf Säumnis oder Mängel seines (ursprünglichen) Gutachterberichtes zurückzuführen sind. Weitere Sanktionen bei Pflichtverletzungen werden in VI (Die Haftung des Privatgutachters) und in VII (Die Haftung des Gerichtsexperten) behandelt. 13.151

2. Die Erstattungsfähigkeit von Gutachterkosten

Von der Vergütung des Sachverständigen zu unterscheiden ist die Frage, ob und unter welchen Voraussetzungen eine «vorschusspflichtige Partei» die Gutachterkosten (welche, zu den Gerichtskosten gehören; Art. 95 Abs. 2 lit. c 13.152

199 DOLGE, Basler Kommentar N 12 zu Art. 184 ZPO.

200 BGE 134 I 159.

ZPO) auf die Gegenpartei bzw. einen Dritten abwälzen kann. In der Praxis sind vor allem folgende Fälle zu unterscheiden:

13.153 **1. Die Kostentragung bei der Gerichtsexpertise:** Im Regelfall bestimmt sich nach Massgabe des Obsiegens resp. Unterliegens im Prozess, welche Partei die Kosten für eine Gerichtsexpertise zu übernehmen hat (vgl. Art. 106 ZPO). Der Richter kann aber von den Verteilungsgrundsätzen abweichen und die Prozesskosten *«nach Ermessen»* zuordnen (Art. 107 ZPO). Er kann etwa in Abweichung des Prozessausgangs auch das *Veranlassungsprinzip* mitberücksichtigen. Das gilt insbesondere, wenn die Bezifferung des Anspruchs schwierig war und vom gerichtlichen Ermessen oder vom Ausgang einer Gerichtsexpertise abhing.[201]

13.154 **2. Die Kostentragung im Rahmen eines vorsorglichen Beweissicherungsverfahrens:** Die Kosten der vorsorglichen Beweisführung (inkl. Sachverständigenhonorar) sind von der gesuchstellenden Partei vorzuschiessen (Art. 98 und 102 ZPO). Folgende *Grundsätze* sind zu beachten:

13.155 – Ist der Prozess *in der Hauptsache bereits hängig,* so ergeht kein selbständiger Kostenentscheid. Vielmehr werden die angefallenen Kosten zu denjenigen des Hauptverfahrens geschlagen, soweit sich das (vorsorgliche) Beweissicherungsverfahren nicht als unnötig erweist und die deshalb entstandenen Kosten nicht von vornherein vom Gesuchsteller zu übernehmen sind.[202]

13.156 – Wird das Beweissicherungsverfahren *vor Anhängigkeit des Hauptprozesses* durchgeführt, so sind sämtliche Kosten der vorsorglichen Beweisabnahme, also die Gerichts- und Parteikosten, zunächst (d.h. «einstweilen») durch den Gesuchsteller zu übernehmen. Über die endgültige Kostentragung ist gegebenenfalls im Hauptprozess, und zwar nach Ausgang des Verfahrens, zu entscheiden. Der Gesuchsgegner wird in aller Regel er-

---

201 Vgl. Art. 107 Abs. 1 lit. a ZPO; ferner schon § 113 lit. b ZPO AG: «Von den Regeln des § 112 kann der Richter abweichen und über die Tragung der Kosten nach Ermessen entscheiden, … wenn sich die unterliegende Partei in guten Treuen zur Prozessführung veranlasst sehen konnte oder *die Höhe der Forderung von der Ausmittlung durch Sachverständige* oder vom richterlichen Ermessen abhängig war». Zum Veranlassungsprinzip im Allgemeinen: BUCHER, Hundert Jahre schweizerisches Obligationenrecht: Wo stehen wir heute im Vertragsrecht?, in: ZSR 1983, S. 293 f.

202 Vgl. dazu: REETZ, Der Beweis im Bauprozess, S. 128 f.

satzpflichtig, soweit sich das Beweissicherungsverfahren als *notwendig* herausstellt.[203]

Kommt es im Anschluss an ein Beweissicherungsverfahren zu keinem Hauptprozess oder wird die *Klage in der Hauptsache als unzulässig* zurückgewiesen, so ist das Gericht in der Regel (d.h. mangels einer entsprechenden Bestimmung in der anwendbaren ZPO) nicht befugt, über die bereits angefallenen Gerichts- und Parteikosten zu befinden; und dies nach einem Urteil des Freiburger Kantonsgerichtes selbst dann nicht, wenn die Parteien den Richter ausdrücklich dazu ermächtigen.[204] Die kostenpflichtige Partei, im Regelfall also der Gesuchsteller, hat unter Umständen aber einen selbständigen Anspruch auf Kostenerstattung, der sich aus den bundesrechtlichen Bestimmungen von Art. 41 ff. OR nach den Regeln über das ausservertragliche Schadenersatzrecht ableitet.[205] 13.157

3. Die Kostentragung bei Schiedsgutachten: Falls die Parteien – wie dies häufig der Fall ist – schon mit der Bestellung des Schiedsgutachters die Vergütungsfrage regeln, richten sich die Kostentragung und die Verteilung nach der getroffenen Vereinbarung. Fehlt es ausnahmsweise an einer Regelung über die Kostentragung, so wird im Einzelfall zu prüfen sein, ob die kostenbelastete Partei die Schiedsgutachterkosten im nachfolgenden Prozess als selbständigen Schadensposten (nach Massgabe der Art. 41 ff. OR) oder als (zusätzliche) Prozessentschädigung zurückverlangen darf (Nr. 13.161). 13.158

4. Die Kostentragung bei einer privaten Expertise oder einer amtlichen Befundnahme: Selbstverständlich ist, dass die Kosten eines Privatgutachtens zunächst zulasten derjenigen Partei gehen, die eine solche Begutachtung veranlasst hat.[206] Dieselbe Kostentragungspflicht für den Fall der amtlichen Bestandesaufnahme ergibt sich aus Art. 367 Abs. 2 OR, wonach *«jeder Teil»* des Werkvertrages, der eine Prüfung des Werkes durch Sachverständige verlangt, dies *«auf seine Kosten»* tut.[207] Weil im Rahmen der amtlichen Befundaufnahme der Prozessausgang in keiner Art und Weise präjudiziert wird, 13.159

[203] BGer 4C.11/2003 (19.5.2003); JdT 1982 III, S. 95 = BR/DC 1983, S. 15, Nr. 4; LGVE 1984, I, S. 39 f. = BR/DC 1986, S. 71, Nr. 101 mit Anm. Vogel.

[204] FZR, 1984, S. 21 f. = BR/DC 1988, S. 13, Nr. 4 mit kritischer Anm. Tercier.

[205] Casanova, Die Haftung, S. 59 ff. Nach Tercier, Anm. zu BR/DC 1988, S. 13, Nr. 4, liesse sich aus Gründen der Prozessökonomie auch rechtfertigen, den Kostenentscheid im Einzelfall nach Billigkeit vorzunehmen.

[206] Gauch, Werkvertrag, Nr. 1523.

[207] BGE 120 III 392.

dürfen der «anderen Partei» weder Gerichts- noch Expertisekosten auferlegt und auch keine Parteientschädigung zugesprochen werden. In der Praxis gestehen kantonale Gerichte dem Gesuchsgegner jedoch zuweilen dann eine Parteientschädigung zu, wenn der Hauptprozess (noch) nicht anhängig gemacht wurde.

13.160 **5. Rückerstattung als Mangelfolgeschaden:** Ob die kostenbelastete Partei die Gutachterkosten als selbständige Schadensposition oder als (zusätzliche) Prozessentschädigung im Hauptverfahren zurückverlangen kann, beurteilt sich nach Massgabe und nach den Voraussetzungen des zugrunde liegenden Rechtsverhältnisses. So kann etwa der Bauherr die von ihm aufgewendeten Kosten für ein Privatgutachten oder einen sachverständigen Befund als *werkvertraglichen Mangelfolgeschaden* einverlangen, sofern die Voraussetzungen hiefür vorliegen.[208] Erstattungsfähig sind die Kosten für einen (privaten oder amtlichen) Sachverständigen nach Lehre und Rechtsprechung namentlich dann, wenn die Begutachtung für die Mängelfeststellung *notwendig* oder für die Rechtsverfolgung sonst wie *erforderlich* und *geeignet* war.[209] In diesem Zusammenhang ist insbesondere zu prüfen, ob eine Partei *durch ihr Verhalten zur Begutachtung Anlass* gegeben hat. Dies ist jedenfalls dann zu bejahen, wenn ein Unternehmer das Vorliegen eines offensichtlich vorliegenden und substanziierten gerügen Mangels bestreitet oder sonst wie die erforderliche Bereitschaft zur Mitwirkung bei der Mängelfeststellung und Mängelbehebung vermissen lässt. Dass eine Begutachtung notwendig war, zeigt sich allenfalls darin, dass die in der Expertise enthaltenen Erkenntnisse in die richterliche Beweiswürdigung einfliessen, mithin vom Gericht verwertet werden. Doch ist immer auch zu prüfen, ob der Unternehmer nach den Regeln der Mängelhaftung überhaupt einstehen muss oder ob der Besteller mithilfe des (privaten oder amtlichen) Sachverständigen nicht bloss seine gesetzliche oder vertragliche Prüfungspflicht erfüllt. Alsdann gehören die Gutachterkosten zu den Prüfungskosten und gehen zulasten des Bestellers (Nr. 13.162).

13.161 **6. Rückerstattung als Prozessentschädigung:** Im Einzelfall wird die kostenbelastete Partei die ihr entstandenen Aufwendungen (für Privatgutachten, amtliche Befundnahme, allenfalls auch Anwaltskosten) in einem späteren Prozess als Parteientschädigung bzw. als Verzugsschaden geltend machen

---

208 BGer 4A_83/2009 E. 4.2 (6.5.2009); BGE 126 III 392; Tercier, Anm. zu BR/DC 1981, S. 14, Nr. 10; Gauch, Werkvertrag, Nr. 1523 und Nr. 1873.

209 Vgl. BGE 126 III 392; ZR 2008, S. 47 f.

können, jedenfalls dann, wenn diese zur Anspruchsdurchsetzung notwendig und angemessen waren.[210]

7. Kein Erstattungsanspruch für Prüfungskosten des Bestellers: Der Umstand, dass die Anbringung einer Mängelrüge die Auseinandersetzung mit technischen schwierigen Fragen verlangt, zu welcher eine Partei ohne den Beizug eines Sachverständigen nicht in der Lage ist, ist für sich allein keine ausreichende Grundlage, um die Gegenpartei zur Erstattung der Gutachterkosten zu verpflichten. Die *Obliegenheit* zur Prüfung des (Bau-)Werkes trifft gemäss Art. 367 Abs. 1 OR den *Besteller*. Prüfungskosten gehen daher in der Regel *zu seinen Lasten*.[211] Dies gilt erst recht, wenn der Bauherr bei der Prüfung des Werkes auf die vertragliche Mitwirkung eines Planers zählen könnte, auf dessen Unterstützung aber aus irgendwelchen Gründen verzichtet und stattdessen einen Privatgutachter beizieht. Jedenfalls wird der Unternehmer nicht von vornherein für die Kosten des Sachverständigen ersatzpflichtig, nur weil dieser einen Mangel feststellt.[212] 13.162

An die Erstattungsfähigkeit der Kosten für die Expertentätigkeit dürfen *keine zu strengen Anforderungen* gestellt werden, wenn eine «sachunkundige Partei einer sachverständigen gegenübersteht» und sie ohne Hilfe eines Sachverständigen ihrer prozessualen Darlegungslast nicht genügen könnte.[213] Professionelle Bauherren oder solche der öffentlichen Hand werden Prüfungskosten im Regelfall aber nicht überwälzen können. 13.163

8. Besondere Kostentragungsregeln nach der SIA-Norm 118: Gelangt die SIA-Norm 118 zur Anwendung, sind im Zusammenhang mit der Kostentragung insbesondere folgende Sonderfälle zu beachten: 13.164

– Nach *Art. 111 der SIA 118* ist der *Bauherr* verpflichtet, Bestand und Zustand fremder Sachen *auf seine Kosten* zur Beweissicherung festzuhalten, und zwar ohne Überwälzungsmöglichkeit auf den Unternehmer.[214] 13.165

---

[210] Vgl. BGer 4C.11/2003 (19.5.2003) und die Kritik von Reetz, Der Beweis im Bauprozess, S. 128, Fn. 27.

[211] Vgl. im Einzelnen Gauch, Werkvertrag, Nr. 1526.

[212] Vgl. Gauch, Werkvertrag, Nr. 1525; BGE 34 II 710; so aber FZR 1975, S. 66 = BR/DC 1979, S. 11 f., Nr. 12; SJZ 1944, S. 124, Nr. 76.

[213] Vgl. Werner/Pastor, Nr. 140; Klocke, S. 57 ff.; Jessnitzer/Frieling/Ulrich, S. 297 ff.

[214] Schumacher, KommSIA 118, N 3 zu Art. 111.

13.166 – Gestützt auf *Art. 137 Abs. 2 der SIA 118* kann «die Bauleitung (d.h. die Bauherrschaft) von allen im Bauwerk verbleibenden Baustoffen jederzeit, auch nach der Verarbeitung, (Proben) entnehmen und untersuchen lassen». Bezüglich Kostentragung gilt: «Genügen die untersuchten Proben den vertraglichen Anforderungen, so trägt der Bauherr die Kosten, andernfalls der Unternehmer. Die reinen Stoffkosten trägt der Unternehmer unabhängig vom Prüfungsergebnis».

13.167 – Gemäss *Art. 139 der SIA 118* kann «die Bauleitung (d.h. die Bauherrschaft) … schon während der Ausführung der Arbeit Belastungsproben, Messungen oder andere Prüfungen am Bauwerk anordnen». Die entsprechenden Kosten für solche Zwischenprüfungen sind *grundsätzlich vom Bauherrn* zu tragen. Genügt das Werk allerdings nicht den vertraglichen Anforderungen und ist der Unternehmer hiefür verantwortlich, so kann der Bauherr gemäss Art. 139 Abs. 3 der SIA 118 die Prüfungskosten auf den *Unternehmer* überwälzen.[215]

VI. Die Haftung des Privatgutachters

1. Die Haftung aus Schlechterfüllung

13.168 **1. Das mangelhafte Gutachterergebnis:** Nach der bundesgerichtlichen Rechtsprechung[216] ist der private Gutachtervertrag – je nach seinem Inhalt – als *Werkvertrag* im Sinne der Art. 363 ff. OR oder als einfacher Auftrag im Sinne der Art. 394 ff. OR zu qualifizieren. Nach der hier vertretenen Auffassung rechtfertigt es sich in den meisten Konstellationen, auf den Privatgutachtervertrag die Bestimmungen des Werkvertragsrechts zur Anwendung zu bringen (vgl. auch Nr. 1.33). Denn: Der Sachverständige schuldet in aller Regel nicht nur die Leistung von Arbeit, sondern den abgemachten *Arbeitserfolg.* Dies gilt namentlich (aber nicht nur), wenn die Gutachtertätigkeit «garantiefähig» ist. Nach Massgabe von Art. 368 OR hat der Sachverständige das Gutachten so abzufassen, dass es *die vertraglich geforderten Eigenschaften* besitzt.[217] Das Gutachten darf nicht mit einem Mangel behaftet sein, der den Wert resp. die Tauglichkeit zum vertraglich vereinbarten oder vorausgesetz-

215 Vgl. PRADER, KommSIA 118, N 7 und 17 zu Art. 139.
216 Vgl. BGE 127 III 328 ff.
217 Vgl. GAUCH, Werkvertrag, Nr. 1356.

ten Gebrauch beeinträchtigt. Geschuldet ist vom Sachverständigen also in aller Regel *nicht nur ein sorgfältiges Wirken* (nach Auftragsrecht), sondern geschuldet sind *korrekte Resultate,* sei dies bei der Ermittlung von Materialqualitäten, bei der Messung von Schall- oder Immissionswerten oder bei der Ermittlung der Tragfestigkeit einer Stahlkonstruktion.

2. Die vereinbarten Eigenschaften des Gutachtens: Grundsätzlich ist der Besteller des Gutachtens frei, Inhalt, Form und Aufbau des Gutachtens mit dem beigezogenen Sachverständigen abzustimmen. Im Rahmen einer mündlichen oder schriftlichen *Instruktion* wird der Besteller die zu beantwortenden Expertenfragen vertraglich mit dem Sachverständigen festlegen und ihm darlegen, worin die Gutachtertätigkeit besteht und zu welchen Beweisthemen der Sachverständige Stellung nehmen muss. Ferner werden sich Besteller und Privatgutachter darüber zu einigen haben, von welchen Vorgaben und Dokumenten das Gutachten ausgehen soll. Von Vorteil ist es ferner, Arbeitsmethode und Quellen zu bestimmen. Gegebenenfalls zu verabreden ist schliesslich, ob der Sachverständige zur Feststellung und Ermittlung von Tatsachen eigene Erhebungen (z.B. Messungen, Prüfungen, Probebohrungen) vorzunehmen hat oder ob er seine Erkenntnisse aufgrund anderer Quellen (z.B. vorbestehender Laborberichte, Pläne etc.) erarbeiten soll. 13.169

Zu beachten hat der Sachverständige auch eine besonders geforderte oder spontan aus eigener Initiative abgegebene *Zusicherung,*[218] wie etwa die Zusage, dass er bei der Ausarbeitung seiner Expertise den ihm zustehenden Ermessensspielraum (z.B. bei der Bewertung einer Liegenschaft) zum Vorteil des Bestellers ausnützen werde. Weicht der Sachverständige in unzulässiger Weise von dieser vertraglichen Zusicherung ab, weist das Privatgutachten einen Mangel auf. Nicht vertragskonform – weil unbrauchbar – ist ein reines *Gefälligkeitsgutachten,* in welchem der Sachverständige einen bestehenden Ermessensspielraum überschreitet. 13.170

3. Die vorausgesetzten Eigenschaften des Gutachtens: Zum erwarteten Erfolg gehört unter dem Gesichtspunkt der Wertqualität und der Gebrauchstauglichkeit,[219] dass: 13.171

– das Privatgutachten den zu begutachtenden Sachverhalt und die gestellten *Expertenfragen erschöpfend behandelt;* 13.172

[218] Zum Begriff der Zusicherung: Gauch, Werkvertrag, Nr. 1371 ff.
[219] Gauch, Werkvertrag, Nr. 1413 ff.

13.173 – die vom Sachverständigen getroffenen Feststellungen und Schlussfolgerungen dem *neuesten Stand der Technik und Wissenschaft, der Lehre und den Erfahrungen der Praxis* entsprechen;

13.174 – das Privatgutachten eine *logische Gedankenführung,* eine *plausible und lückenlose Begründung* aufweist, welche sich sowohl bezüglich Untersuchungsweg wie auch bezüglich Argumentationskette und Schlussfolgerungen nachvollziehen lässt;

13.175 – die Schlussfolgerungen und Empfehlungen des Sachverständigen (z.B. in Bezug auf zu treffenden Sanierungsmassnahmen) mit den *Vorschriften des öffentlichen Rechtes* im Allgemeinen resp. den *behördlichen Auflagen* im Speziellen im Einklang stehen;

13.176 – sich der Sachverständige einlässlich mit den bekannt gegebenen *Einwänden* von Dritten auseinandersetzt;

13.177 – das Privatgutachten *keine objektiv falschen Aussagen* enthält.

13.178 **4. Die Rechtsfolgen bei Vorliegen eines mangelhaften Privatgutachtens:** Grundsätzlich beurteilt sich die Haftung des Privatgutachters (und dessen Haftung für allfällige Hilfspersonen[220]) nach den Bestimmungen des gesetzlichen Werkvertragsrechts (Nr. 1.33 und Nr. 13.168). Insofern kann auf die diesbezüglich einschlägige Literatur und Rechtsprechung verwiesen werden. Immerhin sind folgende Besonderheiten zu beachten:

13.179 Lässt sich bereits *während der Ausarbeitung des Gutachtens* (d.h. vor der Ablieferung) eine mangelhafte Erstellung durch Verschulden des Privatgutachters bestimmt voraussehen, so kann der Besteller (z.B. nach Einsicht in den Entwurf) nach *Art. 366 Abs. 2 OR* eine angemessene Frist zur Abhilfe ansetzen mit der Androhung, dass im Unterlassensfall die Verbesserung oder die Fortführung des Gutachtens auf Gefahr und Kosten des Privatgutachters einem Dritten übertragen werde.[221]

13.180 *Nach Ablieferung und Abnahme des Privatgutachtens* bestimmt sich die Rechtslage bei mangelhafter Expertise nach Massgabe von Art. 368 OR. Nach dieser Bestimmung kann der Besteller:

---

220 Zur Haftung der Hilfspersonen: GAUCH/SCHLUEP/EMMENEGGER, Nr. 3013 ff.

221 Zum Recht auf Ersatzvornahme nach Art. 366 Abs. 2 OR im Einzelnen: BGer 4C.159/1999 (28.7.2000) E. 4; BGE 107 II 55; GAUCH, Werkvertrag, Nr. 1820 ff.; KOLLER, Berner Kommentar, N 519 ff. zu Art. 366 OR.

- die Annahme des Privatgutachtens verweigern (d.h. den Vertrag wandeln), wenn dieses für ihn unbrauchbar ist oder ihm die Annahme billigerweise nicht zugemutet werden kann; 13.181
- die unentgeltliche Nachbesserung des Gutachtens durch den Sachverständigen verlangen, sofern dies nicht übermässige Kosten verursacht; 13.182
- einen dem Minderwert des Gutachtens entsprechenden Abzug am Honorar des Sachverständigen vornehmen; 13.183
- *bei Verschulden* zusätzlich den Ersatz des Mangelfolgeschadens verlangen. 13.184

Die Ausübung der Gewährleistungsrechte ist nicht vom einem Verschulden abhängig. Das heisst: Der Privatgutachter kann sich der Nachbesserung, der Minderung oder der Wandelung nicht mit dem Nachweis entziehen, dass ihn an der Herstellung und Ablieferung der mangelhaften Expertise kein Verschulden treffe. *Vorbehalten* bleibt jedoch selbstverständlich der Fall, da der Mangel in der Expertise nicht dem Privatgutachter zurechenbar ist, etwa weil den Besteller ein *Selbstverschulden* trifft (z.B. wenn der Besteller dem Sachverständigen einzelne relevante Dokumente vorenthalten hat). 13.185

Nach Massgabe von Art. 367 Abs. 1 i. V. m. Art. 370 Abs. 2 OR hat der Besteller das Privatgutachten nach Ablieferung auf dessen Beschaffenheit zu prüfen und den Sachverständigen von allfälligen Mängeln in Kenntnis zu setzen. Versäumt es der Besteller, den ihm von Gesetzes wegen obliegenden *Prüfungs- und Anzeigepflichten* nachzukommen, gilt das Werk (das Privatgutachten) als genehmigt und der Besteller verwirkt seine Mängelrechte.[222] Im Zusammenhang mit Gutachterverträgen wird es sich regelmässig rechtfertigen, Prüfungs- und Rügeobliegenheit *grosszügig* (zugunsten des Bestellers) zu handhaben, zumal sich der Experte ja unter Hinweis auf besonderen Sachverstand für seine Aufgabe empfiehlt. 13.186

5. Zum Nachbesserungsanspruch im Besonderen: Im Regelfall kann der Besteller dem Sachverständigen eine angemessene Frist zur Behebung der festgestellten Gutachtermängel ansetzen. Der Gutachter, der zur Verbesserung (Nachbesserung) verpflichtet ist, hat auf eigene Kosten sämtliche Vor- 13.187

---

222 BGer 4C.151/2005 (29.8.2005) E. 3; BGer 4C.231/2004 (8.10.2004) E. 2; BGE 107 II 172; Vgl. Bieger, S. 122 ff.; Gauch, Werkvertrag, Nr. 2106.

kehren zu treffen, welche erforderlich sind, um den vertragsgemässen (mängelfreien) Zustand des Gutachtens doch noch herzustellen.[223]

13.188 Versäumt es der Sachverständige, die gerügten Gutachtermängel innert der angesetzten Frist zu beseitigen, so kann ihn der Besteller nach Ablauf dieser Frist durch Mahnung in *Verzug* setzen.[224] Alsdann ist der Besteller – gegebenenfalls nach einer weiteren angemessenen Nachfrist – befugt, nach Art. 107 Abs. 1 OR nach wie vor auf Nachbesserung zu beharren (Art. 107 Abs. 2 OR); er kann stattdessen auch, «wenn er es unverzüglich erklärt, auf die nachträgliche Leistung verzichten und entweder Ersatz des aus der Nichterfüllung entstandenen Schadens verlangen oder vom Vertrag zurücktreten» (Art. 107 Abs. 2 und Art. 109 OR). Nach ergebnislosem Ablauf der angesetzten Nachfrist kann der Besteller auch auf die Beseitigung der Gutachtermängel durch den Sachverständigen verzichten und *auf dessen Kosten einen Dritten* beiziehen, welcher die Gutachtermängel beseitigt.[225]

13.189 Der Anspruch auf Behebung von Mängeln in Gutachten steht unter dem *Vorbehalt,* dass die Nachbesserung nicht objektiv unmöglich ist, nicht einen unverhältnismässig hohen Aufwand erfordert und in diesem Sinne als unzumutbar erscheint.

13.190 – *Objektiv unmöglich* ist z.B. die Mängelbehebung, wenn gestützt auf die Ergebnisse eines Gutachtens (z.B. eine berechnete Baustatik) die Armierungsstahlarbeiten ausgeführt werden und die tragende Decke zufolge fehlerhafter Berechnung einstürzt. In diesen Fällen ist der mit einem mangelhaften Gutachten erstrebte Zweck nicht mehr erreichbar; der Besteller bleibt auf den Minderungsanspruch (Reduktion des Gutachterhonorars) und (bei Verschulden) auf den Anspruch auf Ersatz des Mangelfolgeschadens verwiesen.

13.191 – *Unzumutbar* ist die Nachbesserungspflicht, wenn der Sachverständige zur Behebung des mangelhaften Gutachtens übermässige Kosten aufwenden müsste (Art. 368 Abs. 2 OR), z.B. in Fällen, in denen die gesamten (kostspieligen) Laboruntersuchungen zu wiederholen wären. In diesen Fällen

---

223 Vgl. zum Inhalt der Nachbesserungsschuld im Einzelnen: BGE 117 II 550; 111 II 173; BÜHLER, Zürcher Kommentar, N 120 zu Art. 368 OR; GAUCH, Werkvertrag, Nr. 1713.

224 GAUCH, Werkvertrag, Nr.1789.

225 Zur Frage nach dem Kostenersatz bei Ersatzvornahme GAUCH, Werkvertrag, Nr. 1834; BGer 4.C159/1999 (28.7.2000) E. 4; BGE 126 III 230; 116 II 314 ff.; 107 II 55 f. = BR/DC 1982, S. 18, Nr. 16. Nach diesen Entscheiden ergibt sich der Anspruch auf Ersatzvornahme aus analoger Anwendung des Art. 366 Abs. 2 OR.

kann der Besteller anstelle der unentgeltlichen Verbesserung nur (aber immerhin) Minderung und bei Verschulden Schadenersatz verlangen.

6. Zum Minderungsrecht im Besonderen: Nach Art. 368 Abs. 2 OR kann der Besteller bei Vorliegen eines mangelhaften Gutachtens wahlweise auch Minderung erklären. Das Minderungsrecht wird dadurch ausgeübt, dass der Besteller die *Vergütung* des bestellten Gutachtens durch einseitige Erklärung *herabsetzen* oder *Rückzahlungen* verlangen kann, soweit er bereits mehr geleistet hat, als der herabgesetzte Betrag ausmacht.[226] 13.192

Die Herabsetzung der Vergütung hat im Verhältnis des mangelhaften zum mangelfreien Gutachten zu erfolgen. Macht der Mangel das Gutachten völlig wertlos, so würde durch Ausübung des Minderungsrechtes die geschuldete Vergütung auf Null reduziert; in diesen Fällen entfällt das Minderungsrecht des Bestellers; er kann aber (und das in jedem Falle) die Wandelung verlangen.[227] 13.193

7. Zum Schadenersatzrecht im Besonderen: Art. 368 OR räumt dem Besteller *zusätzlich* (kumulativ) zu den übrigen Mängelrechten ein Recht auf Ersatz des Mangelfolgeschadens ein, der trotz Wandelung, Minderung oder Nachbesserung verbleibt. Zu ersetzen sind nur Mangelfolgeschäden, d.h. Schäden, die ihre Ursache in einem Mangel des abgelieferten Gutachtens haben.[228] 13.194

Die Haftung für Mangelfolgeschäden setzt ein *Verschulden* des Gutachters voraus.[229] Ein vorwerfbares Verschulden trifft den Sachverständigen, wenn er die Mangelhaftigkeit des Gutachtens fahrlässig, d.h. unter Verletzung der objektiv gebotenen Sorgfalt, oder sogar vorsätzlich herbeigeführt hat. Die Anforderungen an Sorgfalt und Umsicht sind für den Sachverständigen hoch anzusetzen, da er sich durch Annahme des Gutachtervertrages als Spezialist seines Faches empfohlen hat. Liegt ein Verstoss gegen die fachtechnisch gebotene Sorgfalt vor, so ist dies als Verschulden zu werten.[230] 13.195

---

226 BGE 117 II 550; 116 II 305. Zum Minderungsrecht im Einzelnen: GAUCH, Werkvertrag Nr. 1609 ff.

227 GAUCH, Werkvertrag, Nr. 1639.

228 BGer 4C.297/2003 (20.2.2004) E. 2; GAUCH, Werkvertrag, Nr.1850; ZINDEL/PULVER, Basler Kommentar, N 68 f. zu Art. 368 OR.

229 BGE 116 II 454; 70 II 215.

230 GAUCH, Werkvertrag, Nr. 1888; BGE 93 II 324. Zur Verschuldensfrage, wenn ein Experte im Rahmen der Gutachtenserstattung «spontan» Sanierungsmassnahmen vorschlägt: KEILHOLZ, S. 377 ff.

13.196 *Beispiele:* Der Gutachter übersieht bei der Abnahme des Bauwerkes eindeutige Projektierungs- und/oder Ausführungsmängel, weshalb der Besteller Mängelrechte verwirkt resp. diese zufolge Konkurs eines Verantwortlichen nicht mehr durchsetzen kann. Der Gutachter stützt seine Expertise auf Erkenntnisse ab, welche nicht mehr dem neuesten Stand der Technik entsprechen; der Besteller erleidet Umsatzeinbussen. In diesen Fällen muss der Privatgutachter damit rechnen, bei gegebenen Haftungsvoraussetzungen ersatzpflichtig zu werden.

2. Die Haftung aus Verzug

13.197 **1. Fälligkeit der Leistung:** Sowohl nach Gesetz wie auch nach Vertrag ist der Sachverständige verpflichtet, sein Gutachten «fristgerecht abzuliefern», was Art. 184 ZPO (für Gerichtsexperten) sogar explizit festhält. Die Bestimmung der Erfüllungszeit erfolgt im Regelfall *durch vertragliche Abmachung,* indem sich Sachverständiger und Besteller auf die Ablieferung zu einem bestimmten Termin (z.B. Ablieferung bis 31. Januar) oder zur Ablieferung nach einem bestimmten Zeitraum (Ablieferung innert 3 Monaten) verpflichten. Sind die zeitlichen Erfüllungsmodalitäten vertraglich nicht bestimmt worden, greift die allgemeine Gesetzesregel von Art. 75 OR, wonach «die Erfüllung sogleich geleistet und gefordert werden» kann. Unter «sogleich» ist der Zeitraum zu verstehen, den der Privatgutachter nach den Umständen und nach dem Schwierigkeitsgrad für die Ausarbeitung und Ablieferung der Expertise benötigt.[231]

13.198 **2. Voraussetzungen des Verzugs:** Versäumt der Privatgutachter, seine Expertise bei Fälligkeit abzuliefern, gerät er durch *Mahnung* des Bestellers in Verzug (vgl. Art. 102 Abs. 1 OR). Haben die Parteien für die Ablieferung des Gutachtens allerdings einen *Verfalltag* verabredet (z.B. durch kalendermässige Bestimmung des Ablieferungsdatums), so tritt automatisch Verzug ein, ohne dass es einer zusätzlichen Aufforderung (im Sinne einer Mahnung) bedarf (vgl. Art. 102 Abs. 2 OR). Die Mahnung des Bestellers muss die unmissverständliche Aufforderung an den Privatgutachter enthalten, dass die geschuldete Herstellung und Ablieferung der Expertise verlangt werde.[232]

[231] GAUCH/SCHLUEP/EMMENEGGER, Nr. 2198 und dort Zitierte.
[232] BGE 116 II 452.

3. Verzugsfolgen beim Privatgutachter: Befindet sich der Privatgutachter mit der Erstellung oder Ablieferung der Expertise verschuldeterweise in Verzug, hat er dem Besteller den Schaden zu ersetzen, der diesem durch die Verspätung adäquat kausal entstanden ist (vgl. Art. 103/106 OR). *Verspätungsschaden* kann m.a.W. also nur (aber immerhin) dann gefordert werden, wenn dem Privatgutachter die Verspätung *vorwerfbar* ist, ihn diesbezüglich ein Verschulden trifft. Sind dem Besteller wegen des verschuldeten Verzuges Kosten und Auslagen entstanden, ist der Privatgutachter zum Ersatz dieser Verspätungsschäden verpflichtet.[233] 13.199

Auf den Privatgutachtervertrag anwendbar sind ferner die *Verzugsbestimmungen von Art. 107–109 OR*. Danach muss der Besteller dem Privatgutachter vorerst eine *angemessene Nachfrist* zur Erbringung der Leistung ansetzen oder durch die zuständige Behörde ansetzen lassen (Art. 107 Abs. 1 OR), bevor er Schadenersatz wegen Verspätung oder wegen Nichterfüllung verlangen oder allenfalls vom Vertrag zurücktreten kann. Da der Besteller einer Expertise meist kurzfristig wissen muss, ob der säumige Sachverständige leistungsfähig resp. leistungsbereit ist, wird der Besteller vom Sachverständigen von Vorteil zugleich die *Erklärung* abverlangen, ob er innerhalb der gesetzten Nachfrist die Expertise abliefern kann, verbunden mit der Mitteilung, dass bei nicht rechtzeitigem Eingang dieser Erklärung auf Erfüllung verzichtet werde. 13.200

Nach ergebnislosem Ablauf der Nachfrist ist der Besteller berechtigt, nach wie vor Erfüllung und Schadenersatz wegen verschuldeter Verspätung zu verlangen. Er kann aber auch (sofern er dies dem Sachverständigen unverzüglich erklärt) wahlweise auf die nachträgliche Ablieferung des Privatgutachtens verzichten und Schadenersatz wegen Nichterfüllung verlangen oder nach Massgabe von Art. 109 OR vom Gutachtervertrag zurücktreten und bei schuldhaftem Verzug Ersatz des negativen Vertragsinteresses beanspruchen.[234] 13.201

Das Rücktrittsrecht steht dem Besteller eines Privatgutachtens unter den Voraussetzungen von Art. 366 Abs. 1 OR *bereits vor dem Ablieferungstermin* (d.h. vor Fälligkeitseintritt) zu. Nach dieser Bestimmung kann der Besteller, 13.202

---

[233] Zu den weiteren Erscheinungsformen des Verspätungsschadens: GAUCH, Werkvertrag, Nr. 665; GAUCH/SCHLUEP/EMMENEGGER, Nr. 2987 ff.; BGE 106 II 453 f.

[234] Zur Verzugslage nach den Art. 107–109 OR im Einzelnen: GAUCH/SCHLUEP/EMMENEGGER, Nr. 3010 ff.; BGE 116 II 452; 115 II 55; 98 II 115.

ohne den Lieferungstermin abzuwarten, vom Vertrag zurücktreten, wenn der Privatgutachter mit der Ausführung des Werkes «so sehr im Rückstand» ist, dass die (für die Einhaltung eines Ablieferungstermins vorausgesetzte) rechtzeitige Vollendung nicht mehr vorauszusehen ist. Nach dem Wortlaut von Art. 366 Abs. 1 OR kann pflichtwidrige Verspätung schon dann vorliegen, wenn der Privatgutachter die Expertise nicht rechtzeitig beginnt oder die Ausführung in vertragswidriger Weise (und ohne Schuld des Bestellers) verzögert.

13.203 Auch das Rücktrittsrecht nach Art. 366 Abs.1 OR setzt allerdings *Mahnung* (im Sinne von Art. 102 Abs. 1 OR) und *Nachfristansetzung* (Art. 107 Abs. 2 OR) voraus;[235] zudem muss die Rücktrittserklärung «unverzüglich» nach Ablauf der angesetzten Frist erfolgen. Hat der Sachverständige im Zeitpunkt des Rücktritts mit der Ausarbeitung des Gutachtens bereits begonnen, so steht es dem Besteller frei, den Vertrag «gegen Vergütung der bereits geleisteten Arbeiten» ex nunc aufzulösen und die Ergebnisse des Gutachtens, soweit vorhanden, zu beanspruchen.[236]

13.204 **4. Verzugsfolgen beim Gerichtsexperten:** «Erstattet die sachverständige Person das Gutachten nicht fristgemäss, so kann das Gericht den Auftrag widerrufen und eine andere sachverständige Person beauftragen» (Art. 188 Abs. 1 ZPO). Über die Befugnis, den säumigen Experten zu ersetzen, verfügt das Gericht von Amtes wegen, ungeachtet einer Rechtsverzögerungsbeschwerde. Im Regelfall wird das Gericht dem säumigen Gutachter vorerst eine Nachfrist ansetzen und den «Auftragsentzug» androhen, bevor es zur Ersatzvornahme schreitet.

13.205 Bei vorzeitiger Beendigung des Mandats verliert der Gerichtsexperte seinen Anspruch auf vollständige Entschädigung; zudem hat er schon geleistete Vorschüsse zurückzuerstatten.[237]

3. Die Haftung aus «rechtlicher Sonderverbindung» (Vertrauenshaftung)

13.206 **1. Haftung aus erwecktem und enttäuschtem Vertrauen:** Ein Sachverständiger kann für ein mangelhaftes Gutachten nicht nur *aus Werkvertrag*

---

235 Sofern eine Nachfrist nach Art. 108 OR nicht entbehrlich ist. Vgl. BGE 98 II 115.

236 BGE 116 II 450; Gauch, Werkvertrag, Nr. 685.

237 Weibel, ZPO-Kommentar, N 3 zu Art. 188 ZPO.

(vom Besteller des Gutachtens, Nr. 13.25), sondern unter bestimmten (restriktiven[238]) Voraussetzungen auch *von einem vertragsfremden geschädigten Dritten* in Anspruch genommen werden.

Wer als Sachverständiger aufgrund seines Fachwissens ein Gutachten erstellt, 13.207
schafft und enttäuscht im Einzelfall auch gegenüber Dritten Vertrauen, wenn er aus Absicht oder aus nachlässiger Leichtfertigkeit unrichtige Angaben gemacht oder wesentliche Tatsachen verschweigt, die ihm bekannt sind und von denen er sich sagen muss, dass ihre Kenntnis einen vertragsfremden Dritten zu Vermögensdispositionen veranlassen könnte.[239] *Schutzwürdig* ist das Vertrauen eines vertragsfremden Dritten, wenn der (schädigende) Sachverständige ein Verhalten an den Tag gelegt hat, das geeignet ist, «hinreichend konkrete und bestimmte Erwartungen zu wecken».[240] In diesen Fällen übernimmt der Gutachter eine «garantenähnliche» *Schutz- und Aufklärungspflicht,* sodass er nicht nur für die Erteilung eines unrichtigen Rates, sondern darüber hinaus auch für das schuldhafte Verschweigen von Tatsachen haftet, die ihm bekannt sind und von denen er sich sagen muss, dass ihre Kenntnis den in Frage stehenden Entschluss beeinflussen könnte.[241] Trifft der vertragsfremde Dritte gestützt auf dieses schutzwürdige Vertrauen sich als nachteilig erweisende *Dispositionen,* hat der Sachverständige für den Schaden einzustehen, sofern und soweit die nicht verwirklichte Erwartung dafür *adäquat kausal* war.[242]

Geschützt werden durch diese Rechtsprechung indessen nur (Dritt-)*Adressaten* eines Gutachtens, die typischerweise bei einem fehlerhaften Gutachten 13.208
einen Vermögensschaden erleiden, weil sie berechtigterweise auf die Richtigkeit und Vollständigkeit der gemachten Angaben vertraut durften. Nach der bundesgerichtlichen Rechtsprechung setzt eine solche Haftung voraus, dass der geschädigte Dritte eine *rechtliche Sonderverbindung* zum Sachverständigen nachweisen kann, weil dieser in enger persönlicher Beziehung zum

---

238 Das Bundesgericht hat mehrfach zum Ausdruck gebracht, dass es die Vertrauenshaftung nur zurückhaltend zur Anwendung bringen will: vgl. BGE 134 III 398; 133 III 451; BGer 4C.134/2004 (14.10.2004) E. 5; BGer 4C.359/2004 (25.2.2005) E. 3; BGer 4C.296/1999 (28.1.2000) E. 3.

239 BGE 130 III 349 f.; ferner: 111 II 474. Vgl. auch BGE 116 II 695 ff. (betreffend Abgrenzung zur blossen Gefälligkeit).

240 BGE 130 III 349; 124 III 297; 121 III 350.

241 BGer 4C.358/2004 (22.11.2004) E. 2; 116 II 695 ff.; 111 II 471 ff. Zum Umfang der Aufklärungspflicht: BGE 125 III 86 ff.

242 BGE 130 III 349.

Kunden und Gutachtensbesteller steht und dieser dem Kunden «aufgrund seines Verhaltens gleichsam persönliche Gewähr für das Gelingen des übernommenen Geschäfts bot». Dabei genügt es, dass der in Anspruch genommene Sachverständige «explizit oder normativ zurechenbar kundgetan hat, für die Richtigkeit bestimmter Äusserungen einzustehen und der Ansprecher im berechtigten Vertrauen darauf Anordnungen getroffen hat, die ihm zum Schaden gereichten» .[243]

13.209 Ob der Sachverständige bei Erstattung seines Gutachtens an den Besteller damit rechnen muss, dass dessen Beurteilung auch an vertragsfremde Dritte (z.B. an eine Bank oder einen Käufer) abgegeben wird, entscheidet sich «nach den konkreten Umständen, dem gesellschaftlichen und beruflichen Kontext und der sozialen Rolle der Betroffenen».[244] Dabei gilt als Grundsatz, dass die *zufällige Kenntnisnahme von Gutachterergebnissen* durch einen vertragsfremden Dritte – für sich allein genommen – wegen fehlender berechtigter Vertrauensbasis *nicht ausreicht,* um eine Haftung zu begründen.

13.210 Im *BGE 130 III 345* hat das Bundesgericht in Würdigung der vorgenannten Umstände eine Haftung eines Liegenschaftenschätzers gegenüber einem vertragsfremden Käufer *verneint,* weil dessen Bewertung *zuhanden des Bestellers* erfolgte (zur beabsichtigten Erhöhung des Hypothekarkredits*), nicht aber zuhanden von Kaufinteressenten* (bei denen der Schätzungsbericht zwei Jahre später in die Verkaufsdokumentation eingefügt wurde). Mit diesem anderen Verwendungszweck musste der Sachverständige, so das Bundesgericht, in dieser konkreten Konstellation nicht rechnen, zumal zu keinem Zeitpunkt zwischen ihm und dem geschädigten Käufer ein Kontakt stattgefunden hatte und für den Sachverständigen auch nicht vorhersehbar war, dass sein Schätzungsbericht, der im Hinblick auf die Erhöhung des Hypothekarkredits bestellt wurde, zwei Jahre später in einem anderen Zusammenhang, beim Verkauf der Liegenschaft, nochmals verwendet werde.[245]

---

[243] So wörtlich BGE 130 III 350; ferner 133 III 451; 124 III 297; 120 II 331.

[244] BGE 130 III 351 und dort Zitierte.

[245] Zu BGE 130 III 345 ausführlich: HÜRLIMANN/SIEGENTHALER, Die Haftung, S. 105 ff.; GAUCH, Der Schätzer, S. 839 ff.; HONSELL, Haftung für Auskunft, S. 939 ff. Vgl. auch den Entscheid des KGr. TI, Rep 1999, Nr. 44, S. 187: Ein Liegenschaftenschätzer haftet einer Bank nicht für den Schaden, den diese wegen zu hoher Kreditgewährung erlitten hatte, weil der Gutachter keine Kenntnis davon hatte, dass der Besteller seinen Schätzungsbericht zur Erhöhung seiner Hypothekarschulden verwenden wollte.

Aufgrund der bundesgerichtlichen Erwägungen und der allgemeinen Entwicklung der Rechtsprechung zur Vertrauenshaftung[246] ist damit zu rechnen, dass die Verantwortlichkeitsfälle von Sachverständigen *weiter zunehmen werden*,[247] namentlich gegenüber einer kreditgebenden Bank oder etwa gegenüber Kaufinteressenten, zumal solche vertragsfremde Dritte offensichtlich und für den Auskunftserteilenden häufig erkennbar die bestimmungsgemäss zu ihrer Kenntnis gelangenden Feststellungen berechtigterweise als vertrauenswürdig erachten und sie daher zur Grundlage ihrer Disposition machen.[248] 13.211

2. Unentgeltliche Auskunftserteilung: Abzugrenzen sind die Fälle der vertraglichen Haftung aus Gutachtervertrag (Nr. 13.168 ff.) und aus Vertrauenshaftung (Nr. 13.206 ff.) von unentgeltlichen Ratschlägen und Empfehlungen, die nicht in Ausübung eines Gewerbes erteilt werden. Alsdann liegt im Regelfall ein bloss unverbindliches *ausservertragliches Handeln* vor.[249] Dies muss 13.212

---

[246] Vgl. die Übersicht bei BREHM, Berner Kommentar, N 53 ff. zu Art. 41 OR; HÜRLIMANN/SIEGENTHALER, Vertrauenshaftung, S. 199 ff.; MEIER-SCHATZ, S. 158; KAISER, S. 183 f.; KRAMER, Berner Kommentar, Allg. Einleitung, N 66 ff.; SCHWENZER, Nr. 50.24; WALTHER, Vertragsumfeld, S. 284 ff.; WALTHER, Die Vertrauenshaftung, S. 97. Für Deutschland: BGH NJW 1979, S. 1737; DÖBEREINER/GRAF VON KEYSERLINGK, S. 140, und BAYERLEIN, Praxishandbuch, S. 521.

[247] Dass Gutachter bei falscher Auskunftserteilung bei schutzwürdigem Vertrauen auch von vertragsfremden Dritten in Anspruch genommen werden können, entspricht einer allgemeinen Tendenz auch im Ausland. Für Deutschland vgl. die Nachweise bei DÖBEREINER/GRAF VON KEYSERLINGK, S. 135 ff.; für England: Yianni v. Edwin Evans & Son (1982) Q.B. 438; für die Vereinigten Staaten den Entscheid Malta Construction Co. v. Henningson, Durham & Richardson Inc., 694 R Supp. 902 (ND Georgia 1988).

[248] Im Einzelfall wird der Vertrag mit dem Gutachter als *Vertrag mit Schutzwirkung zugunsten Dritter* zu qualifizieren sein, wenn sich aus den Umständen des Falles Anhaltspunkte für einen auf den Schutz des Dritten gerichteten Parteiwillen ergeben (abgelehnt in BGE 130 III 345, weil der Besteller den Gutachtervertrag im eigenen Namen abschloss und keine gemeinsame Interessenlage vorlag bzw. offengelegt wurde). Dass der Gutachtervertrag ein Vertrag mit Schutzwirkung zugunsten Dritten beinhalten kann, entspricht der Rechtsprechung in Deutschland: BGH NJW 1984, S. 355; BGH, JZ 1985, S. 951 betr. einer Gebäudeschatzung, welche einer Vielzahl von Kaufinteressenten als Beurteilungsgrundlage diente. Auch in der schweizerischen Lehre stösst der Vertrag mit Schutzwirkung zugunsten Dritter überwiegend auf Zustimmung (vgl. GAUCH/SCHLUEP/EMMENEGGER, Nr. 3914 ff. und dort Zitierte), doch hat sich diese Rechtsfigur in der Praxis des Bundesgerichts bis anhin nicht eigentlich durchgesetzt, was gerade im Zusammenhang mit BGE 130 III 345 zu kritischen Anmerkungen geführt hat (GAUCH/SCHLUEP/EMMENEGGER, Nr. 3918; HÜRLIMANN/SIEGENTHALER, Die Haftung, S. 106).

[249] BGE 116 II 699; 111 II 474; 68 II 302; ZBJV 1973, S. 394.

auch für Auskünfte eines gelegentlich als Sachverständiger tätigen Planers gelten, welche nicht im Rahmen eines Gutachtens erteilt werden. Im Einzelfall ist die Grenzziehung zwischen rechtlich unverbindlichen Äusserungen (etwa im Sinne einer Gefälligkeit) einerseits zur Haftungsfolgen auslösenden Auskunftserteilung andererseits nicht immer leicht vorzunehmen.[250]

13.213 Denn: In der Praxis sind zahlreiche Konstellationen denkbar, in denen ein Sachverständiger, obwohl es an einer eigentlichen Entgeltlichkeit fehlt, mit den erteilten Ratschlägen oder Vorschlägen dennoch schutzwürdiges Vertrauen schafft und gegenüber einem oder mehreren Adressaten haftpflichtig werden kann,[251] namentlich bei einer *vorbestehenden Geschäftsverbindung* zwischen Anfragendem und Auskunftserteilendem oder wenn der Gutachter davon ausgehen muss, dass seine Auskünfte *wegen seines Sachverstands* erbeten werden. Neben den erwähnten Kriterien wird – gerade wenn der Auskunftserteilende keine direkte Honorierung erhalten hat – als weiterer wichtiger Anhaltspunkt für das Vorliegen eines Vertrages zu prüfen sein, ob dieser erkennen konnte, dass der Empfänger das Ergebnis der erbetenen Auskünfte zur Grundlage wesentlicher Entschlüsse, z.B. von (baulichen) Massnahmen oder von Vermögensdispositionen, machen wollte.[252]

13.214 Hat ein Empfänger in Befolgung falscher Ratschläge, Auskünfte oder Empfehlungen einen Schaden erlitten, so wird er primär versuchen, sich auf die Regeln der Vertrags- oder der Vertrauenshaftung zu berufen.[253] Lässt sich im Einzelfall allerdings keine vertragliche Vereinbarung und auch keine rechtliche Sonderverbindung nachweisen, bleiben als mögliche Anspruchsgrundlagen die Haftungsregeln von Art. 41 ff. OR.

4. Die Haftung aus unerlaubter Handlung

13.215 **1. Ausgangslage:** Die Ablieferung einer mangelhaften Expertise kann im Einzelfall auch Haftungsansprüche aus unerlaubter Handlung im Sinne der

---

250 Vgl. BGE 116 II 695 ff; 112 II 347 ff; 111 II 471 ff.; Kaiser, S. 25 ff; Fellmann, Berner Kommentar, N 208 zu Art. 394 OR.

251 Vgl. die Beispiele bei Gautschi, Berner Kommentar, N 44a f. zu Art. 394 OR; Becker, Berner Kommentar, N 71 ff. zu Art. 41 OR; differenzierend: Hofstetter, SPR VII/2, S. 15; Kaiser, S. 37 ff.; Meier-Schatz, S. 151 ff.

252 Vgl. BGH, BB 1976, S. 855; Bayerlein, Praxishandbuch, S. 521; Döbereiner/Graf von Keyserlingk, S. 135 f.

253 Gauch, Deliktshaftung, S. 23, Fn. 143; ferner BGE 111 II 473.

Art. 41 ff. OR auslösen, namentlich dann, wenn als Folge einer unrichtigen Auskunftserteilung einem «andern» widerrechtlich und schuldhaft Schaden zugefügt wurde.[254] Auf einen deliktischen Schadenersatzanspruch angewiesen sind insbesondere *vertragsfremde Dritte* (z.B. ein durch die Folgen des falschen Gutachtens geschädigter Bauarbeiter, ein in seiner Einrichtung geschädigter Mieter etc.), welche über keine Ansprüche aus dem Vertrag mit dem Privatgutachter verfügen.

Die Schadenersatzansprüche aus unerlaubter Handlung und Vertrag stehen in echter *Anspruchskonkurrenz* und können deshalb unabhängig voneinander geltend gemacht werden.[255] Daher kann sich auch der Besteller (sofern die übrigen Voraussetzungen erfüllt sind) *zusätzlich* (d.h. neben dem Recht auf Ersatz des Mangelfolgeschadens) auf die Vorschriften über die Deliktshaftung berufen. Die Anspruchskonkurrenz führt jedoch nie zu einer Kumulation der Ansprüche.[256] 13.216

2. Die Haftungsvoraussetzungen: Nach Art. 41 Abs. 1 OR ist, wer «einem andern widerrechtlich Schaden zufügt, sei es mit Absicht, sei es aus Fahrlässigkeit, … ihm zum Ersatze verpflichtet». Die Haftung des Privatgutachters ist somit an die gesetzlichen Haftungsvoraussetzungen geknüpft, für welche der Geschädigte die Beweislast trägt (Art. 8 ZGB).[257] Zunächst muss ein *Schaden* vorliegen, den der Schädiger *adäquat kausal verursacht* hat. Ferner muss der Schaden *widerrechtlich* und vom Schädiger *schuldhaft* zugefügt worden sein. Folgende Besonderheiten verdienen spezielle Erwähnung: 13.217

Der vorausgesetzte Schaden: Der Schaden kann in einem Sach- oder Personenschaden oder in einem Vermögensschaden bestehen. Unter dem Begriff *Schaden* ist die unfreiwillige Verminderung des Reinvermögens zu verstehen. Der Schaden kann in einer Verminderung der Aktiven, einer Vermehrung der Passiven oder in entgangenem Gewinn bestehen. Der Schaden entspricht der Differenz zwischen dem gegenwärtigen Vermögensstand und dem Stand, den 13.218

254 BGE 119 II 127.

255 Vgl. DIDISHEIM, S. 59; GAUCH, Werkvertrag, Nr. 2347; KAISER. S. 137 f.

256 BGE 99 II 321; 113 II 247; GAUCH/SCHLUEP/EMMENEGGER, Nr. 2938 ff.; GUHL/MERZ/KOLLER, S. 231.

257 BGE 86 II 53. Ist der Schaden für die beweisbelastete Partei ziffernmässig (Art. 42 Abs. 2 OR) nicht nachweisbar, bestimmen sich Bestand und Umfang des Schadens nach richterlichem Ermessen (BGE 93 II 458; 95 II 501).

das Vermögen ohne das schädigende Ereignis hätte.[258] *Beispiele:* Der Experte verursacht anlässlich der Erstellung und der Ablieferung des Gutachtens einen *Begleitschaden,*[259] indem er bei der Besichtigung des zu begutachtenden Parkettbodens den Teppich des Mieters beschädigt. Infolge fehlerhafter Sanierungsempfehlungen kommt es zum Einsturz eines Zwischengeschosses, bei welchem mehrere Arbeiter verunfallen. Wegen unzureichender Gebäudeschätzung kommt eine Bank in der Zwangsvollstreckung zu Verlust, weil sie im Vertrauen auf die Richtigkeit der Schätzung ein Objekt in übermässigem Ausmass finanziert.

13.219 *Der vorausgesetzte (adäquate) Kausalzusammenhang:* Das Verhalten des Privatgutachters ist für den Kausalverlauf dann rechtserheblich, wenn dieses Verhalten nach dem gewöhnlichen Lauf der Dinge und der Lebenserfahrung an sich geeignet war, einen Erfolg von der Art des eingetretenen herbeizuführen und daher der Eintritt dieses Erfolges durch die konkrete Tatsache allgemein als begünstigt erscheint.[260] Adäquanz kann nicht nur durch ein «Tun», sondern auch durch ein «Unterlassen» begründet werden. Bei Versäumnissen ist zu prüfen, ob nach dem gewöhnlichen Lauf der Dinge der Schaden nicht eingetreten wäre, wenn der Gutachter die pflichtwidrig unterlassene Handlung tatsächlich vorgenommen hätte. Zu denken ist im Zusammenhang mit der Gutachtertätigkeit insbesondere an das pflichtwidrige Verschweigen von relevanten Kenntnissen und Informationen in der Expertise selbst sowie an unterlassene Sicherheitsvorkehren anlässlich von Untersuchungen (z.B. mangelnde Sicherung einer Baugrube).

13.220 *Die vorausgesetzte Widerrechtlichkeit:* Nach schweizerischem Verständnis[261] liegt nur dann eine rechtswidrige Schadenszufügung vor, wenn diese ein ab-

---

[258] Zum Schadensbegriff BGE 132 III 575; 127 III 407; 115 II 481; vgl. Brehm, Berner Kommentar, N 69 ff. zu Art. 41 OR; Gauch/Schluep/Emmenegger, Nr. 2848 ff.

[259] Zum Begleitschaden vgl. Gauch, Werkvertrag, Nr. 1858.

[260] BGE 123 III 112; 121 III 357; 119 Ib 345; zum (natürlichen und adäquaten) Kausalzusammenhang vgl. Brehm, Berner Kommentar, N 102 ff. zu Art. 41 OR; Gauch/Schluep/Emmenegger Nr. 2712 ff.

[261] So etwa Gauch/Schluep/Emmenegger, Nr. 2935 ff.; Gauch/Sweet, S. 118 ff. mit zahlreichen Verweisen; BGE 119 II 128 f. (dazu ferner Anm. Gauch in: BR/DC 1994, S. 42 ff.); 116 I b 373 f. Die *subjektive* Widerrechtlichkeitstheorie vertritt Gabriel (Nr. 898). Nach ihm ist jede Schädigung ohne Rechtfertigungsgrund widerrechtlich. Das starre Dogma, das durch das objektive Widerrechtlichkeitsverständnis begründet wird, wird allerdings auch in der Schweiz durchlöchert; vgl. dazu Gauch, Deliktshaftung, S. l ff., insbesondere S. 10 f.).

solut geschütztes Rechtsgut des Geschädigten (Leib, Leben, Eigentum und Persönlichkeit) beeinträchtigt oder wenn die Schadenszufügung gegen eine Norm verstösst, die den Schutz des Vermögens des Geschädigten bezweckt.[262] *Reine Vermögensschädigungen* begründen nach diesem Verständnis (wenn keine Schutzpflicht verletzt ist) *keine Widerrechtlichkeit* und lösen auch keinen Schadenersatzanspruch aus. Die bundesgerichtliche «Diskriminierung» reiner Vermögensschäden ist für den Geschädigten im Rahmen der Haftung des Privatgutachters allerdings nur beschränkt nachteilig. Denn: Die Erteilung falscher Auskünfte ist nach heutiger bundesgerichtlicher Praxis jedenfalls dann als widerrechtlich zu qualifizieren, wenn der Auskunftserteilende fahrlässig unrichtige Angaben macht oder entscheidungsrelevante Tatsachen verschweigt (vgl. aber Nr. 13.212).

Art. 41 Abs. 2 OR verzichtet auf das Tatbestandselement der «Widerrechtlichkeit», knüpft aber daran an, dass die Schädigung *«in einer gegen die guten Sitten verstossenden Weise absichtlich»* zugefügt wurde. Dieser Haftungsgrund ist in der schweizerischen Praxis «nur ausnahmsweise, mit grösster Zurückhaltung als gegeben anzunehmen».[263] In *Deutschland* wird die Haftung eines Sachverständigen regelmässig auch unter dem Aspekt geprüft, ob eine nach § 826 BGB relevante sittenwidrige *vorsätzliche* oder *grobfahrlässige* Schädigung vorliegt. Nach dieser Bestimmung (von § 826 BGB, welcher Art. 41 Abs. 2 OR inhaltlich entspricht) haftet ein Gutachter, der sich durch nachlässige Ermittlungen oder gar Mutmassungen *(Angaben «ins Blaue» hinaus)* seiner Gutachteraufgabe leichtfertig entledigt und damit eine Rücksichtslosigkeit gegenüber den Adressaten des Gutachtens und den in seinem Informationsbereich stehenden Dritten an den Tag legt, die als gewissenlos bezeichnet werden muss.[264] Nach dieser (deutschen) Rechtsprechung handelt sittenwidrig und wird ersatzpflichtig, wer theoretische Berechnungen als 13.221

---

262 Ein Verstoss gegen die strafrechtlichen Vorschriften von Art. 227 StGB (Verursachung eines Einsturzes) bzw. von Art. 229 StGB (Verletzung der Regeln der Baukunde) begründet keine zivilrechtliche Widerrechtlichkeit im Sinne von Art. 41 OR (BGE 119 II 128 f.; 117 II 270 = BR/DC 1992, S. 99 f., Nr. 166). Auch ein Verstoss gegen den sogenannten Gefahrensatz darf nicht als Ersatz für die mangelnde Schutznorm herangezogen werden (vgl. BGE 119 II 128 f.).

263 Vgl. BGE 124 III 304; 95 III 83; ZR 1996 Nr. 8, S. 23 ff. (S. 26).

264 Vgl. etwa BauR 1994, S. 129 ff.; BauR 1994, S. 390 ff.; BauR 1992, S. 101 ff. Im Anwendungsbereich der neuen Haftungsbestimmung für Gerichtsexperten von § 839a BGB findet § 826 BGB allerdings keine Anwendung mehr (BauR 2003, S. 860 ff.). Weitere Beispiele bei: MOTZKE/BAUER/SEEWALD, S. 1148 f.

sachverständige Auswertungen deklariert und (wahrheitswidrig) auf einen Augenschein verweist, der nicht stattgefunden hat.[265]

13.222 *Das vorausgesetzte Verschulden:* Die Deliktshaftung nach Art. 41 Abs. 1 OR setzt voraus, dass der Schädiger urteilsfähig ist und den Schaden «mit Absicht» oder «aus Fahrlässigkeit» verursacht hat. Nach Lehre und Rechtsprechung liegt ein schuldhaftes Verhalten vor, wenn der Schädiger die *objektiv gebotene Sorgfalt* ausser Acht gelassen hat.[266] Ein Privatgutachter muss zumindest diejenige Sorgfalt aufwenden, die von einem besonnenen und gewissenhaften Angehörigen dieses Berufsstandes erwartet werden kann.[267] Die von einem Sachverständigen vorausgesetzte Sorgfalt wird mitbestimmt durch den *Stand der Technik,* der zur gegebenen Zeit beim Fachpublikum allgemein anerkannt ist.[268] Lässt ein Privatgutachter die objektiv gebotene Sorgfalt ausser Acht, so handelt er fahrlässig, selbst wenn seine Fähigkeiten, Kenntnisse und Erfahrungen nicht ausreichen, um die ihm zur Last gelegte Unsorgfalt zu vermeiden.

13.223 Als Unsorgfalt anzulasten wäre dem Experten etwa eine Sanierungsempfehlung (z.B. bezüglich Aushub in Hanglage), welche eine Gefahrenquelle schafft, ohne dass die notwendigen Vorkehrungen zum Schutz des Bestellers und Dritter getroffen werden (z.B. Aushub mit lokaler Vernagelung statt aktiver Verankerung).[269] Die Verletzung solcher Verkehrssicherungspflichten, die sich aus dem Gefahrensatz ergibt, kann (bei gegebener Garantenstellung) eine Verschuldenshaftung begründen, wenn Dritte deswegen einen Schaden erleiden.

13.224 **3. Hilfspersonenhaftung nach Art. 55 OR:** Grundsätzlich ist auch der Privatgutachter zur *höchstpersönlichen Ausführung* der Expertise verpflichtet (Nr. 13.67 betreffend Gerichtsexperten). Es ist ihm daher im Regelfall nicht erlaubt, Hilfspersonen beizuziehen. Hat der Privatgutachter allerdings *erlaubterweise* eine Hilfsperson eingesetzt, haftet er nach Massgabe von Art. 55 OR für deren schädigendes Verhalten. Nach der bundesgerichtlichen Rechtsprechung kann sich der Privatgutachter von der Hilfspersonenhaftung

---

265 BauR 1994, S. 392.

266 BGE 124 III 164; OFTINGER/STARK, Haftpflichtrecht, S. 201 ff.

267 DÖBEREINER/GRAF VON KEYSERLINGK, S. 118.

268 Vgl. zu den anerkannten Regeln der Bautechnik etwa GAUCH, Werkvertrag, Nr. 842 ff. und dort Zitierte.

269 Zum Gefahrensatz und zur Verkehrssicherungspflicht: GEISSELER, S. 28 ff.; GAUCH, Deliktshaftung, S. 7; BGE 95 II 96; 93 II 92.

nur durch den Beweis befreien, dass er alle nach den Umständen gebotene Sorgfalt zur Verhütung des eingetretenen Schadens getroffen hat oder dass der Schaden auch bei Anwendung dieser Sorgfalt eingetreten wäre.[270] Die diesbezüglichen Sorgfaltspflichten des Privatgutachters beziehen sich nicht nur, aber insbesondere auf Auswahl, Instruktion und Überwachung der betreffenden Hilfsperson. Für den vom Privatgutachter zu leistenden Entlastungsbeweis gelten jedoch *hohe* Anforderungen.[271]

4. Rechtfertigungsgründe: Die Schadenersatzpflicht des Experten entfällt 13.225
(ganz oder teilweise), wenn für die an sich widerrechtliche Handlung Rechtfertigungsgründe vorliegen. Entlasten kann sich ein Experte etwa, wenn der Geschädigte verbindlich in einen (an sich) schädigenden Eingriff *eingewilligt* hat (z.B. in eine Kernbohrung).[272] Ein Rechtfertigungsgrund liegt auch dann vor, wenn der Experte in einer *Notsituation* in Rechtsgüter Dritter (z.B. Unterfangungen beim Nachbargrundstück) eingreifen muss, um bedrohte fremde Rechtsgüter (drohende Felseinbrüche bei einem Tiefbau) zu verhindern.

5. Besonderheiten bei der Haftung des Schiedsgutachters

1. Haftung nach privatrechtlichen Kriterien: Auch beim Schiedsgutach- 13.226
tervertrag handelt es sich um einen vom Privatrecht beherrschten Werkvertrag (Nr. 13.25 und 13.48 f.). Die vorgenannten Haftungsgrundsätze gelten daher in analoger Weise grundsätzlich auch für den Schiedsgutachter. Zu beachten sind allerdings folgende *Besonderheiten:*

2. Haftung nur bei grobem Verschulden: Aus der Tatsache, dass das 13.227
Schiedsgutachten nur bei offenbarer Unrichtigkeit resp. qualifizierten Verfahrensfehlern angefochten werden kann, folgt, dass dem Schiedsgutachter bei der Gutachtenserstellung begangene Fehler nur dann zur Last gelegt werden können, wenn die Schädigung grobfahrlässig war und auf eine offensichtliche *Unrichtigkeit* des Schiedsgutachtens zurückzuführen ist. Im Ergebnis wird der richterähnlichen Teilfunktion des Schiedsgutachters dadurch Rechnung getragen, dass der Schiedsgutachter (wenn überhaupt) lediglich bei Absicht

270 BGE 97 II 224 f.

271 Vgl. z.B. BGE 110 II 456 ff.; 96 II 32 f.; 95 II 108; 95 II 98 ff.

272 Zur Frage, in welchen Fällen eine rechtfertigende Einwilligung vorliegt, vgl. (aus der deutschen Rechtsprechung) das BGH-Urteil vom 21. April 1994, in: BauR 1994, S. 533.

oder bei grober Fahrlässigkeit zur Verantwortung gezogen werden kann.[273] Zudem kann eine Haftung des Schiedsgutachters von vornherein nur dann zur Diskussion stehen, wenn sein Gutachten wegen grober Verstösse gegen anerkannte fachwissenschaftliche Regeln angefochten und im Entscheid über die Hauptsache für unverbindlich erklärt wird.[274]

6. Sonderfragen

13.228 **1. Freizeichnungsklauseln:** Der Experte kann seine Haftung – in den Schranken des Gesetzes (Art. 19 Abs. 1 OR) – ganz oder teilweise wegbedingen. Selbst eine gültig getroffene Haftungsbeschränkung wirkt allerdings nur zwischen den Parteien, die dies vereinbart haben, nicht gegenüber vertragsfremden Dritten.

13.229 Eine vertragliche *Freizeichnungsklausel* zwischen dem Besteller und dem Sachverständigen enthält meist keine Regelung darüber, ob die Haftungsbegrenzung – nebst der Vertragshaftung – auch für die Deliktshaftung gelten soll. Lehre und Rechtsprechung vertreten mehrheitlich die Auffassung, dass sich eine vertragliche Wegbedingung der Haftung «in der Regel» auch auf die ausservertragliche Haftung erstreckt.[275] Diese Auslegungsregel ist allerdings mit Zurückhaltung anzuwenden, zumal sie mit der Maxime, wonach Freizeichnungsklauseln eng auszulegen sind, kollidiert.[276] Zu beachten ist, dass Freizeichnungsklauseln nur in den Schranken des Gesetzes gültig sind: Nach Art. 100 Abs. 1 OR kann der Sachverständige seine eigene Haftung für *«rechtswidrige Absicht oder grobe Fahrlässigkeit»* weder beschränken noch ausschliessen. Hingegen wird man dem Sachverständigen zugestehen müssen, dass er für Hilfspersonen, die er berechtigterweise beigezogen hat, die Haftung generell, d.h. auch für grobe Fahrlässigkeit und Absicht (Art. 101 Abs. 2 OR), beschränken darf. Ist allerdings eine juristische Person (z.B. ein auf Baugrundverhältnisse spezialisiertes Institut) mit dem Privatgutachten betraut, so gilt ein Haftungsausschluss – soweit der Experte Organ derselben

---

273 BauR 2000, S. 1771; BauR 1989, S. 377; BAYERLEIN, Praxishandbuch, S. 545 ff.; DÖBEREINER/GRAF VON KEYSERLINGK, S. 229; KOEBLE, Das Schiedsgutachten, BauR 2007, S. 1116 ff.; MOTZKE/BAUER/SEEWALD, S. 1162 ff.

274 DÖBEREINER/GRAF von KEYSERLINGK, S. 228.

275 BGE 107 II 168 = BR/DC 1982, S. 19, Nr. 18; OSER/SCHÖNENBERGER, Zürcher Kommentar, Vorbem. zu Art. 41–61 OR, N 18.

276 BGE 109 II 25; JÄGGI/GAUCH, Zürcher Kommentar, N 447 zu Art. 18 OR.

ist – nur im Rahmen von Art. 100 Abs. 1 OR *für leichte Fahrlässigkeit*.[277] Von vornherein unwirksam wäre es, wenn ein Sachverständiger (z.B. ein Sprengexperte) eine Freizeichnungsklausel wünscht, die ihn in Bezug auf Körperschäden entlastet.[278] Eine weitere Schranke ergibt sich aus Art. 2 ZGB, wonach jedermann gehalten ist, sich in der Ausübung seiner Rechte an Treu und Glauben zu halten. Im Lichte dieser Bestimmung wäre eine Freizeichnungsklausel treuwidrig (und damit unbeachtlich), wenn sich ein Experte als sachverständig und erfahren anpreist, zugleich aber für die Richtigkeit seiner Gutachteraussagen jegliche Haftung ablehnt. Ein derartiges Verhalten («venire contra factum proprium») kann im Einzelfall in einem solchen Widerspruch zur Freizeichnungsklausel stehen, dass sich der Geschädigte mit Erfolg auf Art. 2 ZGB berufen kann.[279]

Nach dem Gesagten (Nr. 13.206 ff.) sind Sachverständige gut beraten, in ihrem Bericht den genauen Verwendungszweck des Gutachtens zu beschreiben und dem Besteller die Weitergabe des Gutachtens an Dritte zu untersagen.[280] 13.230

2. Verjährung der Ansprüche: Ansprüche des Bestellers wegen Mängeln des Gutachtens (d.h. aus *vertraglicher Mängelhaftung*) verjähren nach Art. 371 Abs. 1 OR i. V. m. Art. 210 OR mit Ablauf von zwei Jahren nach der Ablieferung an den Besteller, selbst wenn dieser die Mängel erst später entdeckt, es sei denn, dass der Gutachter eine Haftung auf längere Zeit übernommen hat.[281] Dieselbe Zweijahresfrist kommt zur Anwendung, wenn der Gutachtervertrag ergänzend die SIA-Ordnungen 102/103 für anwendbar erklärt.[282] 13.231

---

277 GAUCH/SCHLUEP/EMMENEGGER, Nr. 3055; GUHL/MERZ/KOLLER, S. 230, Nr. 4. KOLLER, Die Haftung, Nr. 352 ff.

278 TERCIER, FS Assista, S. 266 f.; GAUCH, Werkvertrag, Nr. 2573.

279 Vgl. BGE 111 II 474 ff.; ferner MERZ, Berner Kommentar, N 402 zu Art. 2 ZGB.

280 Vgl. HÜRLIMANN/SIEGENTHALER, Die Haftung, S. 110.

281 Für Gutachten die nach bisherigem Verjährungsrecht (also nicht nach den am 16. März 2012 verabschiedeten Art. 210/371 OR) zu beurteilen sind, gilt eine (strenge) Einjahresfrist ab Abnahme). BGE 115 II 456; GAUCH, Werkvertrag, Nr. 2213; WEBER, Responsabilité, S. 197 unter Hinweis auf BGE 93 II 245.

282 In Art. 1.11.22 SIA 102/103 (Ausgabe 2001) steht: «… Bei Gutachten bemisst sich die Verjährungsfrist nach Massgabe des Schweizerischen Obligationenrechts.». In der Ausgabe 1984 unterstanden Ansprüche gegenüber einem Gutachter einer Fünf- oder Zehnjahres-Frist ab Ablieferung (Ziffer 1.8.1).

13.232 Wirkt sich die falsche Gutachtertätigkeit *direkt auf ein unbewegliches Bauwerk* aus, wenden Gerichte zuweilen Art. 371 Abs. 2 OR an und dehnen die Verjährungsfrist auf *fünf Jahre* seit Ablieferung aus.[283] Nach anderer Auffassung[284] soll in diesen Fällen die Verjährungsvorschrift des Art. 371 Abs. 2 OR nicht zur Anwendung kommen.

13.233 Für *absichtlich verschwiegene* Mängel gilt nach Art. 371 OR i. V. m. Art. 210 Abs. 3 OR eine Verjährungsfrist von *zehn Jahren* seit Ablieferung des Gutachtens. Auch für sämtliche übrigen Vertragsverletzungen, welche einem Experten vorzuwerfen sind, findet die ordentliche zehnjährige Verjährungsfrist des Art. 127 OR Anwendung.

13.234 *Ausservertragliche Ansprüche* verjähren innert Jahresfrist (Art. 60 OR); die Verjährungsfrist läuft *ab Kenntnis* des Schadens und des Ersatzpflichtigen (relative Verjährungsfrist), «jedenfalls aber mit dem Ablaufe von zehn Jahren, vom Tag der schädigenden Handlung an gerechnet» (absolute Verjährungsfrist). Dieselbe Einjahresfrist gilt für die Fälle der Vertrauenshaftung .[285]

VII. Die Haftung des Gerichtsexperten

1. Die Anwendbarkeit der Verantwortlichkeitsgesetze auf den Gerichtsexperten

13.235 **1. Gutachtertätigkeit als quasi-hoheitliche Aufgabe:** Zwischen dem Gerichtsgutachter und den Parteien besteht kein Vertragsverhältnis. Vielmehr ist der Gerichtsgutachter – wie erwähnt (Nr. 13.43) – *Hilfsperson* des Richters, der ihn mittels verwaltungsrechtlichen Vertrags zur Abklärung von Sachverhalten und zu Beweiserhebungen beizieht und instruiert. In diesem Sinne nimmt der Gerichtsgutachter eine öffentlich-rechtliche Stellung ein; es handelt sich um ein Rechtsverhältnis des öffentlichen Rechts, das eine hoheitliche Aufgabe zum Gegenstand hat.[286] Bei der Expertenbestellung handelt es sich um einen *hoheitlichen Ernennungsakt* des Richters, an dem die Parteien im Rahmen ihrer zivilprozessualen Mitwirkungsrechte beteiligt werden (Nr. 13.71), ohne

---

283 HGer Kt. ZH vom 22.9.1994 i.S. B. gg. BB E. AG.

284 Weber, Responsabilité, S. 197 unter Hinweis auf BGE 109 II 34.

285 BGE 134 III 395 ff. und oben Zitierte; BGer 4C.354/2004 (9.11.2005) E. 2 ff.

286 BGer 2C.121/2011 E. 3.3.2 (9.8.2011); BGE 134 I 159 E. 3

indessen über vertragliche Ansprüche zu verfügen.[287] Mit der Erstellung und Ablieferung eines Gutachtens liefert der Gerichtsgutachter dem Richter die Beweisgründe, aufgrund deren das Urteil zustande kommt. Die eigentliche Entscheidungsbefugnis obliegt zwar dem Gericht; doch übernimmt der Gerichtsgutachter *öffentliche Aufgaben,* indem er für, zuweilen auch anstelle des Gerichtes tätig wird.

2. Gutachtertätigkeit als Beamtentätigkeit: Die Tätigkeit des Gerichtsexperten ist als Beamtentätigkeit i.S. v. Art. 61 Abs. 1 OR zu qualifizieren.[288] Der gerichtliche Sachverständige wird als Privatperson zur Erfüllung einer «öffentlichen Aufgabe» beigezogen. Gemäss Art. 61 Abs. 1 OR können die Kantone[289] und der Bund[290] über die Schadenersatzpflicht von öffentlichen Beamten oder Angestellten auf dem Weg der Gesetzgebung Vorschriften aufstellen, die von den Regeln über die ausservertragliche Haftung (Art. 41 ff. OR) abweichen. Diese Kompetenz steht den Kantonen allerdings nur insoweit zu, als die öffentlichen Beamten oder Angestellten einen Schaden hoheitlich, das heisst *«in Ausübung ihrer amtlichen Verrichtungen»* verursachen.[291] Die Tätigkeiten, welche ein Gerichtsexperte im Rahmen einer Gutachterbestellung üblicherweise vorzunehmen hat, stellen «amtliche Verrichtungen» dar, indem dieser etwa Materialien oder Vorgänge untersucht, Zeugen oder Parteien be- 13.236

---

[287] Bettex, S. 271; Ceppi, S. 94; BGE 114 Ia 461 f.; ferner bereits BGE 12 (1886), S. 257, der von einem «gerichtsbarkeitlichen Ernennungsakt» spricht.

[288] Der Begriff des öffentlichen Beamten in Art. 61 Abs. 1 OR ist gemäss BGE 96 II 46 weit auszulegen. Dies allein bedeutet aber nicht notgedrungen, dass auf den Gerichtsexperten die Bestimmungen der kantonalen Verantwortlichkeitsgesetze zur Anwendung kommen. Vgl. ferner Bettex, S. 281 ff.; Brehm, Berner Kommentar, N 12 ff. zu Art. 61 OR; Klopfer, S. 14; Schlager, S. 117 ff.; Zufferey, S. 37 f.; SJZ 1942, S. 236, Nr. 33.

[289] Vgl. etwa die Übersicht der Rechtsgrundlagen bei Gross, Schweizerisches Staatshaftungsrecht, S. 55.

[290] BG vom 14. März 1958 über die Verantwortlichkeit des Bundes sowie seiner Behördenmitglieder und Beamten (SR 170.32).

[291] Für *«gewerbliche Verrichtungen»* (Art. 61 Abs. 2 OR) des Beamten richtet sich die Ersatzpflicht ausschliesslich nach Bundeszivilrecht, nämlich nach Art. 41 ff. OR. Vorschriften, welche eine besonders geartete Haftung des gerichtlich bestellten Experten im Rahmen gewerblicher Verrichtungen aufstellen, können nach (richtiger) Auffassung von Lehre und Rechtsprechung nur in dem Umfang Geltung erlangen, als das kantonale Recht dem Geschädigten einen weitergehenden Schutz bietet als Art. 41 ff. OR. Vgl. von Tuhr/Peter, OR AT, S. 426, Fn. 121; Brehm, Berner Kommentar, N 49 zu Art. 61 OR; vgl. ferner Klopfer, S. 25, der diesbezügliche kantonale Bestimmungen als nichtig bezeichnet und dafür hält, dass ausschliesslich Bundeszivilrecht (Art. 41 OR) anwendbar ist (Vgl. Zufferey, S. 39 f. unter Hinweis auf BGE 12 [1886], S. 257 und RSJ 1941/2, S. 236).

fragt und daraus Schlussfolgerungen zieht. Zwar kommt dem Gerichtsgutachter (im Unterschied zum Richter) keine hoheitliche Entscheidungsbefugnis zu; doch ist meines Erachtens die Tätigkeit des Gerichtsexperten dennoch als amtliche Verrichtung im Sinne von Art. 61 Abs. 1 OR zu qualifizieren. Letztlich sind es diese amtliche Stellung und der hoheitliche Ernennungsakt, welche Gerichtsexperten überhaupt in die Lage versetzen, eine schädigende Handlung vorzunehmen. Nach der bundesgerichtlichen Rechtsprechung ist der Begriff «hoheitlich» ohnehin *extensiv* auszulegen.[292]

13.237 **3. Die Nennung des Gerichtsexperten in den Verantwortlichkeitsgesetzen:** Ob die Tätigkeit als Gerichtsgutachter als hoheitlicher Akt zu qualifizieren ist und wie eine jeweilige Verfehlung zu beurteilen ist, entscheidet sich nach der anwendbaren Bestimmung. Nach zahlreichen kantonalen Verantwortlichkeitsgesetzen umfasst die Staatshaftung nicht nur die Haftung für Mitglieder von Behörden und Gerichten, sondern darüber hinaus auch die Haftung von Privaten, die eine ihnen übertragene öffentliche Aufgabe erfüllen.[293] In anderen Kantonen ist – weil ein expliziter Einbezug fehlt – nicht vollends klar, ob das jeweilige Verantwortlichkeitsgesetz auch auf Verfehlungen des Gerichtsexperten zur Anwendung kommen soll.

13.238 Meines Erachtens ist die Anwendbarkeit der Verantwortlichkeitsgesetze auch dann zu bejahen, wenn das Verantwortlichkeitsgesetz den Gerichtsexperten selbst nicht nennt und auch keine explizite Regelung für Private enthält, die öffentliche Aufgaben erfüllen.

2. Die Haftungsvoraussetzungen nach Verantwortlichkeitsrecht

13.239 **1. Widerrechtliche Schadenszufügung:** Die Verantwortlichkeitsgesetze sind sowohl bezüglich Geltungsbereich wie auch bezüglich der Haftungsvoraussetzungen unterschiedlich ausgestaltet. Gemeinsam ist sämtlichen Haftungssystemen, dass sich ein Geschädigter nur dann auf eine öffentlich-

---

292 BGE 126 III 372; vgl. die Übersicht bei Stark, S. 12; Brehm, Berner Kommentar, N 12 ff. zu Art. 41 OR.

293 Vgl. etwa: § 4a des Haftungsgesetzes-ZH vom 14. September 1969 (Ordnungs-Nr. 170.1 in der Fassung vom 11. Februar 2008) sowie § 1 Abs. 2 des Haftungsgesetzes AG vom 24. März 2009 (AS 150.200).

rechtliche Staatshaftung berufen kann, wenn die Schadenszufügung im hoheitlichen Tätigkeitsbereich erfolgte und widerrechtlich war.[294]

Unter welchen Voraussetzungen eine widerrechtliche Schädigung, die ein Gerichtsexperte bei oder durch seine Gutachtertätigkeit verursacht hat, eine (primäre oder subsidiäre) Haftung des Gemeinwesens bzw. des fehlbaren Gerichtsgutachters zur Folge hat, beurteilt sich nach Massgabe des anwendbaren Verantwortlichkeitsgesetzes. Die Schädigung kann Folge einer qualifiziert unrichtigen Expertise sein, auf welche sich die Prozessbeteiligten bzw. Dritte stützen oder verlassen. Der Schaden kann aber auch durch ein schädigendes Verhalten anlässlich der Gutachtenserstellung, ferner etwa durch ein säumiges Verhalten entstanden sein, indem es der Gerichtsexperte in Verletzung der erhaltenen Weisungen oder etwa von Art. 184 ZPO unterlässt, das Gutachten «fristgerecht abzuliefern» (vgl. auch Nr. 13.204). 13.240

2. Wesentliche Pflichtverletzung: Nach der bundesgerichtlichen Rechtsprechung ist das Verhalten der den Verantwortlichkeitsgesetzen unterstehenden Mitglieder der Behörden und Gerichte nur dann *widerrechtlich,* wenn die Pflichtverletzung in Ausübung hoheitlicher Verrichtungen geschieht. Ein solcher Verstoss liegt nach der Rechtsprechung nicht schon dann vor, wenn sich z.B. die Entscheidung einer Gerichtsperson später als unrichtig oder als gesetzwidrig erweist.[295] Vielmehr wird die Verantwortlichkeit regelmässig auf Absicht, Arglist oder Willkür – also auf qualifizierte Unrichtigkeit des aufgehobenen Entscheids – beschränkt.[296] Auf diese strengen Haftungsvoraussetzungen wird sich auch ein Gerichtsgutachter berufen dürfen, wenn das Gericht sich auf eine unrichtige Expertise abstützt. 13.241

3. Einmaligkeit des Instanzenzuges: Die Rechtmässigkeit formell rechtskräftiger Urteile und Verfügungen kann und darf in einem Verantwortlichkeitsverfahren nicht mehr überprüft werden. Zweck dieser (in verschiedenen Verantwortlichkeitsgesetzen explizit festgehaltenen) Regelung ist es, zu verhindern, dass eine Prozesspartei ein durch alle Instanzen erfolglos angefochtenes Urteil, welches in Rechtskraft erwachsen ist, auf dem Umweg über das Verantwortlichkeitsverfahren erneut auf Rechtmässigkeit hin über- 13.242

[294] BGE 123 III 577: Der Begriff der Widerrechtlichkeit gemäss Art. 3 Verantwortlichkeitsgesetz des Bundes ist der Gleiche wie derjenige gemäss Art. 41 OR.

[295] BGE 120 Ib 249; 119 Ib 209; 118 Ib 183.

[296] Gross, S. 93.

prüfen lassen könnte.[297] Die materielle Rechtskraft des Urteils ist aber auf das Dispositiv, nicht auch die Urteilserwägungen beschränkt und erfasst die Urteilserwägungen nicht. Von daher wird sich der Gerichtsexperte – falls die Haftungsvoraussetzungen gegeben sind (Nr. 13.248) – bei fehlbarer Tätigkeit einer Haftung durch die Einrede der res iudicata nicht entziehen können. Denn: Prozessthema im Verantwortlichkeitsprozess ist nicht das Urteil des Gerichts, sondern die allenfalls fehlbare Tätigkeit des Gerichtsexperten, auf dessen Grundlage das (deswegen!) unzutreffende Urteil zustande gekommen ist.[298]

13.243 **4. Durchführung eines administrativen Vorverfahrens:** Für Verantwortlichkeitsprozesse gegen das Gemeinwesen sind zum Teil die *Zivilgerichte* zuständig, für Ansprüche (und den Rückgriff) des Gemeinwesens gegen Mitglieder der Behörden und der Gerichte (und der Experten) in der Regel das *Verwaltungsgericht*.[299] Zu beachten ist, dass nach einzelnen kantonalen Verantwortlichkeitsgesetzen die Zuständigkeit der Zivilgerichte von der vorgängigen Durchführung eines administrativen Vorverfahrens abhängig gemacht wird.[300] Unterbleibt ein derartiges Vorverfahren – welches mit der friedensrichterlichen Sühneverhandlung nicht verwechselt werden darf – oder ist dieses Vorverfahren noch nicht abgeschlossen, so fehlt es bei (verfrühter) Anhängigmachung des Zivilprozesses an einer *Prozessvoraussetzung,* was zu einem Nichteintretensentscheid des angerufenen Gerichtes führen wird.[301]

---

297 Vgl. sinngemäss BGE 119 Ib 212 unter Hinweis auf Art. 12 VG. SCHWARZENBACH, Staatshaftungsrecht, S. 15 f.

298 KLOPFER, S. 91 ff. Unterlässt die geschädigte Partei, vor Einleitung des Verantwortlichkeitsprozesses die Revision zu verlangen, so wäre dies (nach KLOPFER, S. 95) als Selbstverschulden zu deklarieren und bei der Schadenersatzmessung entsprechend zu berücksichtigen (S. 95).

299 BGE 118 Ia 101; ferner etwa § 19 Haftungsgesetz ZH.

300 Z.B. § 22 ff. Haftungsgesetz ZH. Zweck solcher Verfahren ist es, dem Gemeinwesen vorerst ausserhalb eines förmlichen Gerichtsverfahrens Gelegenheit zu geben, die Berechtigung des Haftungsanspruches zu prüfen (vgl. die Übersicht bei SCHWARZENBACH, Staats- und Beamtenhaftung, S. 42 ff.).

301 Vgl. ZR 1994, Nr. 75, S. 197 f.

3. Die Haftung des Gerichtsexperten gegenüber Prozessparteien oder Dritten

1. Ausschliessliche Staatshaftung: Nach verschiedenen Verantwortlichkeitsgesetzen haftet der Staat für die in Ausübung der amtlichen Tätigkeit entstandenen Schädigungen ihrer Gerichtsexperten *direkt* und *ausschliesslich.*[302] Die Staatshaftung ist in den Verantwortlichkeitsgesetzen der Kantone bald als *Verschuldenshaftung,* bald als *Kausalhaftung* ausgestaltet.[303] 13.244

Nach Art. 3 Abs. 1 Verantwortlichkeitsgesetz des Bundes haftet der Bund für den Schaden, den ein Gerichtsexperte in Ausübung seiner amtlichen Tätigkeit Drittpersonen widerrechtlich zufügt, ohne Rücksicht auf sein Verschulden.[304] 13.245

2. Solidarische Haftung von Staat und Gerichtsexperten: Bei diesem Haftungssystem ist der Gerichtsexperte zusammen mit dem Gemeinwesen für den entstandenen Schaden verantwortlich. Der Geschädigte kann seine Forderung entweder gegenüber dem Staat oder gegenüber dem Experten wie auch gegenüber beiden gemeinsam geltend machen. Ein derartiges Haftungssystem kannte bis vor wenigen Jahren der Kanton Bern:[305] Seit Inkrafttreten des neuen Personalgesetzes vom Jahre 2004 haften Gerichtsexperten im Kanton Bern indessen direkt, wobei der Staat gegenüber eines Geschädigten einen allfälligen Ausfall übernimmt.[306] 13.246

3. Ausschliessliche Haftung des Gerichtsexperten: Das kantonale Verantwortlichkeitsgesetz kann vorsehen, dass sich der Geschädigte nur am Beam- 13.247

---

302 HÄFELIN/MÜLLER/UHLMANN, Nr. 1736 ff.

303 Vgl. die Übersicht bei SCHWARZENBACH, Staatshaftungsrecht, S. 34 ff.; TSCHANNEN/ZIMMERLI/MÜLLER, § 62, S. 574 ff. Zum Beispiel vgl. die Kausalhaftung nach dem Haftungsgesetz BS vom 17. November 1999 (§ 3); Personalgesetz BE vom 16. September 1994 (Art. 100); Verantwortlichkeitsgesetz SG vom 7. Dezember 1959 (Art. 1 Abs. 2); Verantwortlichkeitsgesetz ZG vom 1. Februar 1979 (§ 5); Haftungsgesetz NE vom 26. Juni 1989 (Art. 5 und 9), «Loi sur la responsabilité de l'Etat et des communes» GE vom 24. Februar 1989 (Art. 2).

304 BG über die Verantwortlichkeit des Bundes vom 14.3.1958 (SR 170.32). Die primäre Staatshaftung wird eingeschränkt durch Art. 12 VG, wonach formell rechtskräftige Verfügungen, Entscheide und Urteile im Verantwortlichkeitsverfahren nicht mehr überprüft werden können (SCHWARZENBACH, Staatshaftungsrecht, S. 27).

305 Vgl. Art. 38 und 40 des bernischen Beamtengesetzes vom 7. Februar 1954; BGE 125 IV 164 (zur öffentlich-rechtliche Kausalhaftung).

306 Vgl. Art. 104a Personalgesetz BE vom 16. September 2004.

ten (Gerichtsexperten) schadlos halten kann. Sowohl der Kanton Zürich[307] wie auch der Kanton Aargau [308] haben die originäre Staatshaftung abgeschafft und statuieren neu (in unterschiedlicher Ausgestaltung), dass Private, welche vom Gemeinwesen übertragene öffentliche Aufgaben erfüllen, für die dabei verursachten Schäden ausschliesslich mit ihrem Vermögen haften, ohne dass sich der Geschädigte vorrangig oder subsidiär beim Kanton schadlos halten könnte.[309] Eine solche Haftung setzt, wenn das Haftungsgesetz nicht Abweichendes regelt, ein Verschulden des Gerichtsexperten voraus; so die Lösung im Kanton Aargau (§ 1 Abs. 2 i.V. mit § 2 Haftungsgesetz); demgegenüber haften Private, die ihnen übertragene öffentliche Aufgaben erfüllen, im Kanton Zürich «kausal» für den Schaden, den sie dabei durch rechtswidrige Tätigkeit oder Unterlassung verursachen (vgl. § 4a Haftungsgesetz ZH).

13.248 **4. Primäre Haftung des Gerichtsexperten:** Diese Haftungsordnung lässt zunächst den Experten für den ganzen entstandenen Schaden einstehen. Die subsidiäre Haftung des Staates greift nur dann und nur insoweit ein, als der Geschädigte für den erlittenen Schaden vom haftpflichtigen Experten keine volle Deckung (beispielsweise infolge Zahlungsunfähigkeit) erhältlich machen kann.[310]

13.249 **5. Die Haftungsvoraussetzungen für die Geltendmachung von Schadenersatz:** Die Geltendmachung von Schadenersatz[311] nach den einschlägigen Verantwortlichkeitsgesetzen richtet sich nach den allgemeinen Haftungsgrundsätzen, wonach der Geschädigte in jedem Falle gehalten ist, den Beweis für den erlittenen Schaden zu erbringen.[312] Ferner muss er namentlich

---

[307] Haftungsgesetz ZH vom 14. September 1969 in der Fassung vom 11. Februar 2008.

[308] Haftungsgesetz AG vom 24. März 2009 (Amtliche Sammlung 150.200).

[309] § 1 Abs. 2 Haftungsgesetz AG vom 24. März 2009 (Amtliche Sammlung 150.200); § 4a Haftungsgesetz ZH vom 14. September 1969 in der Fassung vom 11. Februar 2008.

[310] So die Regelung der Ausfallhaftung in Art. 104a des bernischen Personalgesetzes vom 16.9.2004. In den meisten neueren kantonalen Haftungsgesetzen ist die subsidiäre Haftung des Staates regelmässig ausgeschlossen (so ausdrücklich § 1 Abs. 2 Haftungsgesetz AG). Stattdessen auferlegt der Kanton Aargau Privaten die Pflicht zum «Nachweis einer risikogerechten Haftpflichtversicherung …, falls die Gefahr einer erheblichen Schädigung von Dritten besteht und das Gemeinwesen nicht kraft Sonderregelung haftet.»

[311] Unter bestimmten Voraussetzungen kann der Richter gemäss der einschlägigen Norm des anwendbaren Verantwortlichkeitsgesetzes nebst Schadenersatz auch eine angemessene Geldsumme als Genugtuung zusprechen. Vgl. § 10 Haftungsgesetz-ZH; ferner ZR 1994, Nr. 81, S. 234 f.

[312] Es gilt Art. 42 ff. OR, als kantonales öffentliches Ersatzrecht. Der Begriff des Schadens ist hier der gleiche wie im Privatrecht (BGE 107 Ib 162).

auch aufzeigen, inwiefern die schädigenden Handlungen oder Unterlassungen des Sachverständigen widerrechtlich[313] waren und diese seiner Amtstätigkeit zuzurechnen sind. Schliesslich muss ein Kausalzusammenhang zwischen der schädigenden Tätigkeit des Experten und dem Schaden bestehen.[314] Die Haftung des Bundes erlischt (Verwirkungsfrist), wenn der Geschädigte sein Schadenersatz- oder Genugtuungsbegehren nicht innert Jahresfrist seit Kenntnis des Schadens einreicht, jedenfalls aber 10 Jahre seit Ablauf der schädigen Handlung.[315]

4. Der Rückgriff des Gemeinwesens gegenüber dem Gerichtsexperten

1. Haftung für direkte Schädigung: Ob und in welchem Umfang das in Anspruch genommene Gemeinwesen gegenüber dem Gerichtsexperten Regress nehmen kann, beurteilt sich nach dem konkret zur Anwendung kommenden Verantwortlichkeitsgesetz. Nach Massgabe der meisten Verantwortlichkeitsgesetze ist der Gerichtsexperte dem Staat gegenüber zum Ersatz verpflichtet, wenn er dem Gemeinwesen durch eine mangelhafte Expertise *unmittelbar Schaden zugefügt* hat und wenn die Schadenszufügung *schuldhaft* war.[316] 13.250

Im Kanton *Bern* bestimmt Art. 103 Personalgesetz vom 16. September 2004, dass die verantwortliche Person nur für den Schaden haftet, den sie dem Staat durch vorsätzliche oder grobfahrlässige Verletzung seiner Amtspflichten zugefügt hat.[317] 13.251

---

313 Die Widerrechtlichkeit kann sich etwa aus einer Verletzung einer Strafnorm (falsches Gutachten nach Art. 307 StGB, vgl. Nr. 13.259) oder einer Vertrauenshaftung ergeben, die unter Art. 41 OR fällt. Vermögenschädigungen ohne Rechtsgutverletzungen sind nicht rechtswidrig (BGer.2C.1/2001, E.6.1 (3.7.2003); BGE 132 II 449 E.3.3; 127 III 374; 120 Ib 193).

314 BGE 125 IV 164; handelt der Experte nicht im Rahmen seiner öffentlichen Aufgabe, sondern aus eigenem Interesse, so haftet er aufgrund der Art. 41 ff. OR. Vgl. Brehm, Berner Kommentar, N 35 f. zu Art. 61 OR. Schwarzenbach, Staatshaftungsrecht, S. 57 ff. mit zahlreichen Beispielen.

315 Zu den Verjährungs- bzw. Verwirkungsfristen der Staatshaftung in den Kantonen vgl. die Übersicht bei Schwarzenbach, Staatshaftungsrecht, S. 44 ff.

316 Vgl. Klopfer, S. 31 ff.; ferner die Übersicht bei Schwarzenbach, Staats- und Beamtenhaftung, S. 79.

317 Die gleichen Haftungsvoraussetzungen gelten auch beim Bund gemäss Art. 8 VG.

13.252 **2. Haftung für indirekte Schädigung:** Der Gerichtsexperte kann ferner auf dem Regressweg dem Gemeinwesen gegenüber verantwortlich werden, wenn für das fehlbare Verhalten des Experten Schadenersatz zu leisten war. Ob und inwieweit der Staat auf den Gerichtsexperten *Rückgriff* nehmen kann, bestimmt sich wiederum nach den einschlägigen Bestimmungen des anwendbaren Verantwortlichkeitsgesetzes. Ein Regress ist in der Regel nur (aber immerhin) dann möglich, wenn der Gerichtsexperte den Schaden *vorsätzlich* oder *grobfahrlässig* verursacht hat.[318] In wenigen Kantonen[319] besteht ein Rückgriff des Staates auf den Gerichtsexperten auch bei bloss leichter Fahrlässigkeit.

5. Die Haftung des Gerichtsexperten aus unerlaubter Handlung

13.253 **1. Beschränkter Anwendungsbereich:** Neben der erwähnten Haftung aus Verantwortlichkeitsgesetz bleibt **für eine ausservertragliche Haftung** des Gerichtsexperten nach Art. 41 OR (wenn überhaupt) nur ein beschränkter Anwendungsbereich.[320] Eine deliktische Haftung des Gerichtsexperten aus Obligationenrecht kommt höchstens noch in folgenden Fällen in Betracht:

13.254 – Der Gerichtsexperte bekleidet zwar ein öffentliches Amt i.S. v. Art. 61 Abs. 1 OR, geht aber keiner (auch extensiv ausgelegten) amtlichen Verrichtung nach.

13.255 – Die eigentliche Tätigkeit des Gerichtsexperten wird – entgegen der hier vertretenen Meinung – als «gewerbliche Verrichtung» qualifiziert.[321]

13.256 – Der Kanton hat von der gesetzlichen Kompetenz, welche Art. 61 OR einräumt, keinen Gebrauch gemacht und kein Verantwortlichkeitsgesetz erlassen.

---

318 Vgl. z.B. § 15 Haftungsgesetz ZH; § 12 Abs. 1 Haftungsgesetz AG; Art. 102 Abs. 2 Personalgesetz BE.

319 Vgl. z.B. Kanton Jura: Art. 27 Abs. 4 der «Loi sur le statut des magistrats, fonctionnaires et employés» vom 26. Oktober 1978.

320 So auch ZUFFEREY, S. 45.

321 Zur Abgrenzung BGE 126 III 370.

– Der Kanton hat zwar ein Verantwortlichkeitsgesetz erlassen, welches aber den persönlichen Geltungsbereich derart bestimmt, dass es auf den Gerichtsexperten nicht zur Anwendung kommt.[322] 13.257

2. Keine Anwendung von Art. 41 ff. OR bei bestehendem kantonalen Verantwortlichkeitsgesetz: Die obligationenrechtlichen Bestimmungen über die Deliktshaftung (Art. 41 ff. OR) finden in den Kantonen, in denen das fragliche Gemeinwesen nach dem Verantwortlichkeitsgesetz für das schädigende Verhalten seiner Angestellten (Gerichtsexperten) ausschliesslich und kausal haftet, keine Anwendung. In solchen Kantonen, welche heutzutage in der Überzahl sind, entfällt von vornherein – weil systemwidrig – ein direktes Klagerecht des Geschädigten gegenüber dem Experten gestützt auf die Art. 41 ff. OR.[323] In Deutschland hat der Gesetzgeber durch das «Zweite Gesetz zur Änderung schadensrechtlicher Vorschriften vom 19.7.2002» neu in § 839 a BGB eine Haftungsbestimmung eingefügt. Dadurch kann ein Sachverständiger, der vorsätzlich oder grobfahrlässig ein unrichtiges Gutachten erstattet, von allen Verfahrensbeteiligten zur Verantwortung gezogen werden, wenn eine gerichtliche Entscheidung auf dem unrichtigen Gutachten «beruht».[324] 13.258

6. Die Haftung des Gerichtsexperten aus Strafrecht

1. Falsches Gutachten nach Art. 307 StGB: Nach dieser Strafbestimmung wird mit *Freiheitsstrafe* bis zu fünf Jahren oder mit *Geldstrafe* bestraft, wer in einem gerichtlichen Verfahren als Sachverständiger absichtlich (oder eventualvorsätzlich) einen falschen Befund oder ein falsches Gutachten abgibt *(Abs. 1)*. Wird der Befund oder das Gutachten mit einem Eid oder mit einem Handgelübde bekräftigt, so ist die Strafe Freiheitsstrafe bis zu fünf Jahren oder Geldstrafe nicht unter 180 Tagessätzen *(Abs. 2)*. Bezieht sich die falsche Äusserung auf Tatsachen, die für die richterliche Entscheidung unerheblich sind,[325] so ist die Strafe Geldstrafe bis zu 180 Tagessätzen *(Abs. 3)*. 13.259

---

322 BGE 101 II 177.

323 Vgl. die Übersicht bei ZUFFEREY, Colloque SVIA, S. 45.

324 Vgl. BAYERLEIN, Praxishandbuch, S. 530 ff.

325 Nach BGE 106 IV 198 und 93 IV 26 sind nur solche Tatsachen unerheblich, die sich ihrer Natur nach nicht eignen, die richterliche Entscheidung zu beeinflussen.

13.260 Unmittelbar geschütztes Rechtsgut von Art. 307 StGB ist die *Ermittlung der materiellen Wahrheit* im gerichtlichen Verfahren.[326] Täter des Deliktes nach Art. 307 StGB kann nur sein, wer nach Massgabe der anwendbaren ZPO (vgl. Art. 184 Abs. 2 ZPO) als Gerichtsexperte bestellt wurde, nicht aber der Sachverständige, der ein privates Gutachten erstattet.[327] Auch Schiedsgutachter fallen nicht unter die Strafbestimmung von Art. 307 StGB. Publizierte Entscheide, welche die Bestrafung eines Sachverständigen nach Art. 307 StGB zum Thema haben, sind nicht ersichtlich. Nach TRECHSEL spielen Sachverständige, Übersetzer und Dolmetscher «in der Praxis zu Art. 307 kaum eine Rolle».[328]

13.261 **2. Verletzung eines Amtsgeheimnisses nach Art. 320 StGB:** Nach dieser Strafbestimmung wird mit *Freiheitsstrafe* bis zu drei Jahren oder *Geldstrafe* bestraft, wer ein Geheimnis *offenbart,* das er in amtlicher Stellung wahrgenommen hat. Der Gerichtsexperte als Hilfsperson des Richters (Nr. 13.54) untersteht ebenfalls der *strengen Schweigepflicht* nach dem Strafgesetzbuch, ungeachtet dessen, ob er bei der Bestellung darauf hingewiesen wurde.[329] Das Geheimnis ist offenbart, wenn es unbefugten Dritten zur Kenntnis gebracht oder wenn ihnen die Kenntnisnahme ermöglicht wird.[330] Geheim sind nicht nur Informationen über das Gerichtsgutachten an sich; strafbar ist vielmehr schon die Mitteilung, dass die Parteien überhaupt im Prozess stehen.[331]

13.262 **3. Verletzung des Disziplinarrechts:** Ferner untersteht der gerichtlich bestellte Sachverständige – wie sämtliche an einem Gerichtsverfahren Beteiligten – nach Massgabe der anwendbaren Zivilprozessordnung der disziplinarischen Aufsicht des Gerichtspräsidenten. Verletzt ein gerichtlich eingesetzter Sachverständiger seine Expertenpflichten, kann ihn der Richter mit einem *Verweis* oder mit einer *Ordnungsbusse* belegen, insbesondere bei Säumnis mit Ablieferung eines schriftlichen Gutachtens. Weitere mögliche Diszipli-

---

326 TRECHSEL/AFFOLTER-EIJSTEN, Praxiskommentar StGB, N 1 zu Art. 307 StGB; STRATENWERTH/BOMMER, § 54 Nr. 21 ff. insb. 25.

327 STRATENWERTH/BOMMER, § 54 Nr. 25.

328 TRECHSEL/AFFOLTER-EIJSTEN, Praxiskommentar StGB, N 5 zu Art. 307 StGB.

329 DOLGE, Basler Kommentar, N 8 zu Art. 184 ZPO.

330 STRATENWERTH/BOMMER, § 59 Nr. 7; TRECHSEL/ AFFOLTER-EIJSTEN, Praxiskommentar StGB, N 8 zu Art. 320 StGB.

331 DIGGELMANN, Kommentar ZPO, S. 21.

narmassnahmen sind der *Entzug des Gutachtervertrages* und die *Reduktion des Honorars*.[332]

7. Die Haftung des Gerichtsexperten aus Lauterkeitsrecht

Der Experte, der mit der Ausarbeitung eines Gutachtens betraut ist, kann gegebenenfalls auch wegen einer Verletzung des *Bundesgesetzes gegen den unlauteren Wettbewerb* (UWG) schadenersatzpflichtig werden,[333] insbesondere in zwei Fällen: 13.263

1. Haftung aus Art. 3 lit. a UWG: Nach dieser Bestimmung handelt widerrechtlich bzw. unlauter, wer «andere, ihre Waren, Werke, Leistungen, deren Preise oder Geschäftsverhältnisse durch unrichtige, irreführende oder unnötig verletzende Äusserungen herabsetzt». Der Sachverständige, der z.B. bezüglich der Beurteilung einer (von verschiedenen möglichen) Konstruktionsarten eine «fachlich umstrittene Frage übernommen und als objektiv richtig oder wissenschaftlich gesichert hingestellt»[334] hat, übernimmt dadurch, dass er sich für eine bestimmte Aussage entscheidet, «im Wettbewerbsbezug ebenfalls die Verantwortung für ihre Richtigkeit». Besteht keine volle Gewähr für die Richtigkeit der von Experten gemachten (wissenschaftlichen) Angaben, kann deren unkritische Weitergabe (d.h. ohne Hinweis auf einen allfälligen Meinungsstreit) «zum mindesten täuschend und damit irreführend im Sinne von Art. 3 lit. a UWG» sein.[335] 13.264

2. Haftung aus Art. 5 UWG: Nach dieser Bestimmung handelt widerrechtlich resp. unlauter, *wer widerrechtlich fremde Leistungen verwertet.* Verwertet der Privatgutachter etwa unbefugt ein «ihm anvertrautes Arbeitsergebnis wie Offerten, Berechnungen oder Pläne» (lit. a), handelt er unlauter. Auch nach dem UWG ist der Privatgutachter nämlich gehalten, sämtliche Unterlagen und Informationen, welche ihm im Rahmen der Gutachtertätigkeit anvertraut wurden und von denen er annimmt oder annehmen muss, dass sie vernünftigerweise der Geheimhaltung unterliegen, vertraulich zu behandeln. Der *zweite* – ebenfalls mögliche – *Anwendungsfall* (lit. b) unterscheidet sich vom ersten nur dadurch, dass der Privatgutachter zwar nicht anvertraute Ar- 13.265

---

332 Vgl. Art. 184 ZPO; ferner bereits § 260 ZPO AG; § 179 ZPO ZH. Zum Ganzen: Dolge, Basler Kommentar, N 20 ff. zu Art. 184 ZPO.

333 BG gegen den unlauteren Wettbewerb vom 19.12.1986 (UWG; SR 241).

334 BGE 120 II 81.

335 Vgl. Streuli-Youssef, S. 119.

beitsergebnisse (lit. a) verwertet, jedoch *solche, die einem Dritten anvertraut wurden,* und dass dieser Dritte sie dem Experten unbefugterweise ausgehändigt hat.[336]

13.266 **3. Rechtsbehelfe nach UWG:** Wenn ein durch Expertise Geschädigter durch unlauteren Wettbewerb in seiner Kundschaft, seinem Kredit oder beruflichen Ansehen, in seinem Geschäftsbetrieb oder sonst in seinen wirtschaftlichen Interessen bedroht oder verletzt wird, so kann er gestützt auf Art. 9 UWG u.a. auf *Unterlassung* und/oder *Beseitigung* klagen. Ferner kann er vom unlauter handelnden Experten *Schadenersatz* und *Genugtuung* sowie *Herausgabe* eines allfälligen *Gewinnes* entsprechend den Bestimmungen über die Geschäftsführung ohne Auftrag beanspruchen (vgl. Art. 9 Abs. 3 UWG).

13.267 Darüber hinaus kann der gemäss Art. 3 oder 5 UWG unlauter handelnde Experte – soweit er *vorsätzlich* gegen das UWG verstossen hat – auf Antrag hin der kantonalen Strafverfolgung unterliegen (Art. 23/27 UWG).

---

336 Guyet, S. 184.

§ 14 Die Planergemeinschaft

DANIEL GEBHARDT

Inhaltsverzeichnis

I. Erscheinungsformen der Planergemeinschaft

14.1 **1.** Das Zusammenwirken mehrerer Vertragspartner gilt beim Bauen als Selbstverständlichkeit. Es sind kaum Konstellationen denkbar, in denen sich der Bauherr im Laufe seines Bauvorhabens nicht mit mehreren Leistungsträgern vertraglich binden muss. Selbst der Bauwillige, der sich gezielt nur mit wenigen Vertragspartnern einlassen will und die Realisierung seines Bauvorhabens etwa mit einem Totalunternehmer oder mit einem Generalplaner und einem Generalunternehmer anstrebt, kommt oftmals um den gesonderten Beizug weiterer Spezialisten und Berater nicht herum.

14.2 Nur wenn das Zusammenwirken mehrerer Vertragspartner *des Bauherrn* vom Willen beseelt ist, einen gemeinsamen Zweck mit gemeinsamen Mitteln und Kräften zu verfolgen, und die Beteiligten unter sich vereinbaren, gegenüber Dritten als Gesellschaft bzw. als Gesellschafter in Erscheinung zu treten,[1] liegt dasjenige vor, was in der Baubranche gemeinhin als Baukonsortium bezeichnet wird.[2]

14.3 **2.** Die **Motivation der Bauleistungsträger** zu solchen Zusammenschlüssen kann verschiedenartig sein.[3] Es mag um die Schaffung der notwendigen qualitativen oder quantitativen *Kapazitäten* gehen, um im Wettbewerb mit grösseren Anbietern konkurrenzfähig zu bleiben oder damit bei einem grossen Bauvorhaben (z.B. Grossüberbauung, Kraftwerksbau, Nationalstrassenbau, Tunnelbau) die Einreichung eines Angebots und die Bewältigung der Aufgaben erst möglich wird. Sodann werden sich bisweilen ortsfremde Unternehmen mit einem ortsansässigen verstärken, weil sie sich damit für das Ausschreibungsverfahren bessere *Zuschlagschancen* versprechen oder weil für den auswärtigen Stararchitekten die *Fachkunde* eines lokalen Planers, eines «local architect», unabdingbar ist, um seinen Entwurf in die Sprache der hiesigen Bauordnung zu übersetzen und um vor Ort über eine kompetente Bauleitung zu verfügen.

14.4 Auch für den **Bauherrn** kann die Gemeinschaft der Leistungsträger massgebliche *Vorteile* mit sich bringen. So muss er für eine Mehrheit oder gar für die Gesamtheit der verschiedenen Leistungen, die für die Projektierung

---

1 Vgl. VONZUN, Nr. 14.

2 Vgl. EGLI, Baukonsortium, S. 41.

3 Vgl. die Übersichten bei MÜLLER, Wandel, S. 4; SCHERRER, Freuden und Leiden, S. 93 und SCHULIN, S. 175 f.; SCHUMACHER, Architektenrecht 1995, Nr. 714.

und Realisierung seines Bauvorhabens nötig sind, *nur einen Vertrag* eingehen, was namentlich bei öffentlichen Beschaffungen den Aufwand vermindern kann. Ausserdem verbindet sich mit der Haftung mehrerer Leistungsträger eine *Erweiterung der Bonität* seiner Schuldner. Drittens läuft er nicht Gefahr, dass ihm der Fehler einer seiner Vertragspartner von fehlbaren anderen Beteiligten als *Selbstverschulden* angerechnet wird (Nr. 15.86). Dementsprechend kann der Bauherr sogar daran interessiert sein, eine Leistungsgemeinschaft *zu erzwingen.*[4]

3. Solche Konsortien treten in *unterschiedlichen Formen* und mit unterschiedlicher Zweckbestimmung auf.[5] 14.5

1. Die reine Planergemeinschaft

1. In der vorliegenden Untersuchung interessieren freilich nur Konstellationen, in denen Planer beteiligt sind. Infrage kommen allerdings neben Architekten und Bauingenieuren auch Planer aller anderen Fachrichtungen, so etwa Ingenieure für Gebäudetechnik, Fassadenplaner oder Baukostenplaner. Planerkonsortien, Planerarbeitsgemeinschaften oder eben Planergemeinschaften im hier verstandenen Sinn bilden diese Zusammenschlüsse dann, wenn sich in ihnen *ausschliesslich Planer* vereinigen.[6] 14.6

2. Eine reine Planergemeinschaft kann die folgenden Merkmale aufweisen: 14.7

a. Das Zusammenwirken der Planer kann sich entweder lediglich auf die *Projektierungsphase,* nur auf die *Realisierungsphase* oder auf *beide* beziehen.[7] Die Qualifikation der entsprechenden Verträge mit dem Bauherrn wird im Beitrag von GAUCH/MIDDENDORF behandelt (Nr. 1.27 ff.). 14.8

b. Die Planergemeinschaft wird sich in der Regel im *Hinblick auf ein einzelnes Bauvorhaben* bilden. Ihre Tätigkeit kann aber ausnahmsweise auch auf mehrere, möglicherweise gleichartige Projekte gerichtet sein. So bewerben sich insbesondere für Spezialaufgaben wie etwa eine Spitalplanung bisweilen mehrmals die selben Gruppierungen von Architekten und Fachplanern, deren 14.9

---

4 Vgl. GAUCH, Bauwerk, S. 88; HÜRLIMANN, KommSIA 118, N 2 zu Art. 28.

5 Vgl. dazu die nachfolgenden Ausführungen sowie die Übersichten bei EGLI, Baukonsortium, S. 41 f. und Probleme, S. 30.

6 Zum «unreinen», gemischten Konsortium siehe Nr. 14.15 und 14.135.

7 Bisweilen wird die Meinung vertreten, das Zusammenwirken könne auch nur auf die Offert- bzw. Submissionsphase gerichtet sein; vgl. Nr. 14.41.

Zusammenarbeit sich seit einem ersten Projekt bewährt hat.[8] Die weiteren Ausführungen werden zeigen, ob dieses zusätzliche Element der Wiederholung Auswirkungen auf die Rechtsform haben kann (Nr. 14.31 ff.).

14.10 **c.** Die Mitglieder der Planergemeinschaft können der gleichen *Fachrichtung* angehören oder unterschiedlichen Fachrichtungen entstammen.

14.11 **d.** *Vertragspartner* der Planergemeinschaft ist nicht zwingend die Bauherrschaft des Bauvorhabens. Selbst bei Bauvorhaben von überschaubarer Grösse sehen sich die Planer heute in zunehmendem Mass vor das Problem gestellt, mit einem von der Bauherrschaft eingesetzten *Generalplaner oder Totalunternehmer* ein Vertragsverhältnis eingehen zu müssen. Nachgerade verbreitet sind auch Konstellationen, in denen der verkaufswillige Grundeigentümer frühzeitig Planer einsetzt, die von der Erwerberin übernommen und alsdann in deren Projektorganisation eingebunden werden sollen. Generalplaner und Totalunternehmer fassen die Planer in diesen Fällen gerne als Teams zusammen. Im Gesamtorganigramm des Bauvorhabens sind sie in diesem Fall Subplaner, eine Subplanergemeinschaft.

14.12 **3.** Erbringen die Gesellschafter alle für die Planung und womöglich auch für die Ausführung erforderlichen Dienstleistungen, so bieten sie diese als *Generalplanergemeinschaft* an.[9]

14.13 Dieser Generalplanergemeinschaft ist es, soweit der Vertrag mit der Bauherrschaft dies nicht ausschliesst, unbenommen, Verträge mit Subplanern und Subplanergemeinschaften einzugehen. Und hierbei ist es sogar denkbar, dass ein Planungsunternehmen zugleich Mitglied der Generalplanergemeinschaft und Subplaner ist.

14.14 **4.** Öfters wird freilich der *Begriff des Planerteams* von den Beteiligten nicht mit der nötigen Schärfe verwendet. Bisweilen wird die Fallanalyse einer im Streitfall oder bereits für die Vertragsredaktion beigezogenen juristischen Fachperson ergeben, dass ein vermeintlicher Einzelplaner Teil einer Planer-

---

8 Sogenannte Dauergemeinschaften; vgl. dazu GAUCH, Bauwerk, S. 89; zu virtuellen Unternehmen und Cluster vgl. auch FÄSSLER DAVID in «blickwinkel», Management für Architekten und Ingenieure, Nr. 1/2012, S. 12 f.

9 Vgl. EGLI, Baukonsortium, S. 41; Generalplaner kann aber auch nur ein einzelner Planer sein, der alle anderen Fachplaner als Subplaner an sich bindet; vgl. dazu etwa WETZEL, S. 144; a. M. offenbar GAUCH, Bauverträge, S. 6, und Vertragsrecht, S. 21, der die Besonderheit des Generalplanervertrags gerade darin sieht, dass die vereinbarte Gesamtleistung von zwei oder mehreren Architekten/Ingenieuren gemeinsam übernommen wird.

gemeinschaft ist; oder ein mit der Generalplanung befasster Architekt wird sich darüber belehren lassen müssen, dass er mit den Fachplanern nur in seiner Vorstellung ein Planerteam bildet, seinem Auftraggeber in Tat und Wahrheit jedoch alleine verantwortlich zeichnet.

2. Gemischte Konsortien

Nur am Rande, und zwar im Zusammenhang mit den Versicherungsfragen, wird auf Konsortien einzugehen sein, an denen sich Planer *und Unternehmer* beteiligen (Nr. 14.135). 14.15

II. Ihre rechtliche Einordnung

Nach herkömmlicher Auffassung unterstehen Planergemeinschaften – wie generell Konsortien im Bauwesen – in aller Regel den Bestimmungen der einfachen Gesellschaft. Davon geht etwa auch der SIA-Gesellschaftsvertrag für Planergemeinschaft Nr. 1012/2 (2001) in Ziffer 10.1 aus. Aufgrund welcher Merkmale diese Einordnung erfolgt und inwieweit sie relativiert werden muss, soll im Folgenden untersucht werden. 14.16

1. Der gemeinsame Zweck

1. Die beteiligten Planer werden sich stets zusammenfinden, um einen gemeinsamen Zweck zu verfolgen und ein gemeinsames Ziel zu erreichen. Ihre Interessen sind gleichläufig und nicht gegensätzlich.[10] Sie tauschen ihre Leistungen nicht aus, sondern richten sie auf die Förderung des gemeinsamen Zwecks aus. 14.17

2. Gemeint ist der *unmittelbare* Zweck, der vom *Endzweck* unterschieden werden muss. «Durch die Verfolgung eines bestimmten gemeinsamen Zwecks (= unmittelbarer Zweck), eines konkreten Ziels […], sollen letztlich materi- 14.18

---

10 Zur Unterscheidung zwischen Interessengegensatzverträgen, Interessenwahrungsverträgen und den hier interessierenden Interessengemeinschaftsverträgen vgl. NEF/PRADER, S. 155 f.

elle oder immaterielle Vorteile für Einzelne erstrebt werden (= Endzweck)».[11] Der Endzweck der Beteiligten einer Planergemeinschaft ist in aller Regel nicht ein ideeller oder gemeinnütziger, sondern ein wirtschaftlicher.[12] Selbst eine an sich denkbare Beteiligung der Planergemeinschaft an einem Bauvorhaben, die nur aus Prestigegründen erfolgt, lediglich der Imagebildung mit Blick auf künftige Projekte dient und mit der selbst noch kein wirtschaftlicher Erfolg angestrebt wird, dient letztlich der Erzielung wirtschaftlicher Vorteile; auch mit ihr wird ein wirtschaftlicher Endzweck verfolgt. Der Zusammenschluss zu einer Gesellschaft soll die ökonomische Situation der Beteiligten – auf kurze oder längere Sicht – verbessern.[13]

2. Die Zweckverfolgung mit gemeinsamen Mitteln

14.19 **1.** Vom unmittelbaren Zweck und vom Endzweck zu unterscheiden sind die *Mittel,* mit denen die Beteiligten den unmittelbaren Zweck und letztlich den Endzweck zu erreichen gedenken.[14] Mit dem Begriff des Mittels bzw. des Gegenstands[15] wird umschrieben, was eine Gesellschaft tatsächlich zur Zweckerreichung unternimmt. Dieses Mittel besteht aus den *zusammengelegten Planerleistungen*[16] «zur Erfüllung des mit dem Auftraggeber abgeschlossenen Vertrags (Hauptvertrag)»,[17] sei es durch additive, sich gegenseitig ergänzende Leistungen, welche die einzelnen Beteiligten aber in ihren

---

11 MEIER-HAYOZ/FORSTMOSER, § 4 Nr. 7. Der gemeinsame unmittelbare Zweck hat *eine konstitutive und eine funktionelle Wirkung.* Er ist einesteils Grund und Motivation des Zusammenschlusses zur Planergemeinschaft und wirkt insofern also konstitutiv. Er stellt andererseits die Handlungsrichtlinie im Dasein der Planergemeinschaft dar, nach der alle Entscheide auszurichten sind; vgl. WIEDEMANN, S. 9, zitiert bei FELLMANN, Grundfragen, S. 295.

12 Vgl. MEIER-HAYOZ/FORSTMOSER, § 1 Nr. 67.

13 Vgl. MEIER-HAYOZ/FORSTMOSER, § 4 Nr. 6. SIEGWART, Zürcher Kommentar, N 18 zu Art. 530 OR, prägte dazu folgendes Bild: «Gesellschaftszweck ist jener Kreis von Beziehungen, innerhalb deren die Interessen der Gesellschafter gemeinsame sind. Von diesem Mittelpunkt ausgehend gelangt man nach der einen Seite zu den blossen Mitteln zur Förderung des Zwecks, auf der anderen zur Sphäre der individuellen Interessen der einzelnen Gesellschafter.»

14 VONZUN, Nr. 509.

15 Vgl. MEIER-HAYOZ/FORSTMOSER, § 4 Nr. 8.

16 Der Begriff der Planerleistungen wird an dieser Stelle in einem weiten Sinn verstanden. Er umschliesst alle Leistungen von ersten Planungsschritten über die Leitung und Koordination der Bauarbeiten bis zur Begleitung der Nachbesserungsarbeiten.

17 Ziff. 1 SIA-Gesellschaftsvertrag für Planergemeinschaft Nr. 1012/2 (2001).

eigenen Betrieben und auf der Baustelle erbringen, oder durch die Bildung eines organisatorisch gesonderten Teams, das für die Gesamtleistung zuständig zeichnet und womöglich in eigenen Betriebsräumlichkeiten tätig ist.

2. Die Planergemeinschaft will demnach durch die Zusammenlegung von Planerleistungen bei der Planung, bei der Realisierung eines Bauvorhabens oder bei beidem mitwirken. Sie tut dies mit dem Endzweck einer wirtschaftlichen Besserstellung, sei es durch die Erwirtschaftung eines Gewinns im Rahmen eines konkreten einzelnen Bauvorhabens, im Rahmen mehrerer oder mit Blick auf künftige Bauvorhaben. 14.20

3. Mögliche Rechtsformen[18]

1. Das Schweizerische Obligationenrecht ist vom Grundsatz der *Vertragsfreiheit* beherrscht, der Selbstbestimmung der Vertragsparteien, aufgrund einer auf freiem Willen fussenden Willensbetätigung subjektive Rechte zu begründen, zu ändern oder aufzuheben. Dieser Grundsatz manifestiert sich in sechs verschiedenen Richtungen: der Abschlussfreiheit, der Aufhebungsfreiheit, der Partnerwahlfreiheit, der Typenfreiheit, der Inhaltsfreiheit und der Formfreiheit.[19] 14.21

a. Im Bereich des Gesellschaftsrechts ist die Vertragsfreiheit aus Gründen der Verkehrssicherheit, des Gläubigerschutzes und des Minderheitenschutzes namhaften *Einschränkungen* unterworfen. Diese betreffen die *Typenwahlfreiheit,* die *Inhaltsfreiheit* und die *Formfreiheit.* Insbesondere sind die Gesellschafter in der Wahl der Gesellschaft auf den Numerus clausus der sieben vom Gesellschaftsrecht zur Verfügung gestellten Typen beschränkt. Es sind dies die einfache Gesellschaft, die Kollektivgesellschaft, die Kommanditgesellschaft, die Gesellschaft mit beschränkter Haftung, die Genossenschaft, die Aktiengesellschaft und die Kommanditaktiengesellschaft. 14.22

---

[18] Die Suche nach geeigneten Rechtsformen muss sich von vornherein auf das Obligationenrecht beschränken. Art. 60 Abs. 1 ZGB stellt die Rechtsform des Vereins nur Personenvereinigungen zur Verfügung, die sich einer idealen, nichtwirtschaftlichen Aufgabe widmen. Das kommt für die Planergemeinschaft in aller Regel nicht infrage (vgl. Nr. 14.27). Die Personenverbindungen mit wirtschaftlicher Zweckverfolgung werden aber durch Art. 59 Abs. 2 ZGB auf die Gesellschaftsformen des OR verwiesen. Vgl. MEIER-HAYOZ/FORSTMOSER, § 4 Nr. 15.

[19] Vgl. für viele etwa BUCHER, Basler Kommentar, N 5 ff. Vorb. zu Art. 1–40 OR.

14.23 **b.** Den Gesellschaftern ist es untersagt, *nicht nominierte Gesellschaftsformen* zu bilden. Es ist ihnen aber grundsätzlich auch nicht erlaubt, die vom Gesetz vorgegebenen Gesellschaften mit *typenfremden Inhaltselementen* anzureichern.[20] Die Planergemeinschaft kann die von ihr angestrebte Gesellschaftsform in Anbetracht der verschiedenen zwingenden Regelungen des Gesellschaftsrechts also nur in beschränktem Mass an ihre spezifischen Bedürfnisse anpassen.

14.24 Freilich sind die zur Verfügung stehenden Gesellschaftsformen in unterschiedlichem Mass mit zwingenden Normen durchsetzt. Von den Personengesellschaften weist die **einfache Gesellschaft die grösste Flexibilität** auf.

14.25 **c.** Die Einschränkung der Formfreiheit zwingt die Gesellschafter schliesslich, die für die Gründung der Gesellschaften vorgesehenen *Formvorschriften* einzuhalten. Diese betreffen insbesondere die bei den Kapitalgesellschaften qualifizierten Formerfordernisse für die Gründung und den allgemein ausser bei der einfachen Gesellschaft geltenden *Registerzwang.*

14.26 **2.** Den Planern geht es nicht (primär) darum, Kapital einzusetzen, mit dem der gemeinsame Zweck erreicht werden soll. Vielmehr kommt es auf den *persönlichen Einsatz* und mithin die Person der Gesellschafter an. Die Mitgliedschaft beruht also auf der Persönlichkeit der Teilhaber, «d.h. insbesondere auf ihren persönlichen Fähigkeiten zur Mitwirkung in der Gesellschaft und auf ihrer persönlichen Kreditwürdigkeit».[21] Der Gesellschaftszweck wird mithilfe der in der Person der Mitglieder vorhandenen Eigenschaften zu erreichen versucht, was gegen die Wahl einer kapitalbezogenen Gesellschaftsform spricht, bei der die Individualität der Gesellschafter mehr oder weniger bedeutungslos ist und bei der vorab womöglich nicht einmal interessiert, wer Kapital zur Verfügung stellt, solange solches nur vorhanden ist.[22] Dass die Planer daher eine personenbezogene Gesellschaft ansteuern, erscheint sowohl im tatsächlichen wie auch im juristischen Kontext als konsequent.

14.27 **3.** Zu den *personenbezogenen Gesellschaften* zählen die Rechtsgemeinschaften sowie die Körperschaften, die Genossenschaft und der Verein.[23] Der letztere fällt wegen der klaren wirtschaftlichen Zweckverfolgung der Planergemeinschaft ausser Betracht. Die Rechtsform der Genossenschaft kann aus

---

[20] Vgl. zum Ganzen etwa MEIER-HAYOZ/FORSTMOSER, § 11 1 ff.
[21] MEIER-HAYOZ/FORSTMOSER, § 3 Nr. 9.
[22] Vgl. MEIER-HAYOZ/FORSTMOSER, § 3 Nr. 10.
[23] MEIER-HAYOZ/FORSTMOSER, § 3 Nr. 2.

dem einfachen Grund ausgeschieden werden, weil sich Planergemeinschaften ihrer in der Praxis nicht bedienen.[24] Es wird also bei den Rechtsgemeinschaften (bei der einfachen Gesellschaft und der Kollektivgesellschaft) sein Bewenden haben.

4. Das Problem des kaufmännischen Unternehmens

Es hat sich gezeigt, dass die Planergemeinschaft einen wirtschaftlichen Endzweck (Nr. 14.17) verfolgt. Sie bedient sich dazu des Mittels der Zusammenlegung von Planerleistungen. Als mögliche Rechtsformen kommen die einfache Gesellschaft und die Kollektivgesellschaft in Betracht. Diese unterscheiden sich im Wesentlichen durch das Element des kaufmännischen Unternehmens. Zu untersuchen ist daher als Nächstes, ob die Planergemeinschaft ein solches betreibt. 14.28

1. *Das Merkmal des kaufmännischen Unternehmens grenzt die einfache Gesellschaft von der Kollektivgesellschaft ab.* Tritt, soweit die Gesellschafter natürliche Personen sind, zum gemeinsamen Zweck und zur Beitragspflicht[25] der Betrieb eines kaufmännischen Unternehmens hinzu, liegt ipso iure eine kaufmännische Kollektivgesellschaft vor,[26] da dem Handelsregistereintrag lediglich deklaratorische Wirkung und dem Führen einer gemeinsamen Firma entgegen dem Wortlaut von Art. 552 Abs. 1 OR gestützt auf die überzeugenden Ausführungen VONZUNS keine selbständige Bedeutung zukommt.[27] Allein auf das Element des kaufmännischen Unternehmens kommt es also an. 14.29

2. Nach dem unmissverständlichen Willen des (historischen) Gesetzgebers können indessen einer **Kollektivgesellschaft nur natürliche Personen** angehören.[28] VONZUN weist zwar nach, dass diese Regelung «weder aus dogmatischer noch aus rechtspolitischer Sicht zu überzeugen vermag», muss aber gleichzeitig konstatieren, dass die Rechtslage in Anbetracht des klaren Wort- 14.30

---

24 Zu den Wesensmerkmalen der Genossenschaft vgl. etwa MEIER-HAYOZ/FORSTMOSER, § 19 Nr. 2 ff.

25 Zur Entstehung der einfachen Gesellschaft siehe Nr. 14.39 ff.

26 Vgl. VONZUN, Nr. 546.

27 Vgl. VONZUN, Nr. 542.

28 Vgl. anstelle vieler MEIER-HAYOZ/FORSTMOSER, § 1 Nr. 13, die einlässliche Darstellung der Entstehungsgeschichte von Art. 552 Abs. 1 OR bei VONZUN, Nr. 515 ff., die Kritik an der gesetzlichen Regelung bei VONZUN, S. 206 Nr. 521 ff., sowie etwa BGE 84 II 381.

lauts und des klaren gesetzgeberischen Willens zu akzeptieren ist.[29] Wenn der Gesellschaft, wie dies bei Planergemeinschaften wohl der Regel entspricht, nicht nur natürliche, sondern auch juristische Personen oder Personenhandelsgesellschaften angehören, dann kann die Rechtsform der Kollektivgesellschaft trotz Vorliegens eines kaufmännischen Unternehmens nicht infrage kommen. Mehr noch: Da das Gesetz die Führung eines kaufmännischen Unternehmens in der Rechtsform der einfachen Gesellschaft nicht vorsieht, nach einer anderen Auffassung sogar verbietet,[30] soll ein Zustand vorliegen, den die Rechtspraxis angesichts der wirtschaftlichen Bedeutung der Konsortien im Bauwesen gezwungenermassen einfach nur duldet.[31] In Übereinstimmung mit einem Teil der Lehre[32] soll diese Erscheinung als *atypische oder als kaufmännische einfache Gesellschaft* bezeichnet werden. Es gibt allerdings Argumente, die gegen die blosse Duldung und für die Anerkennung sprechen; von ihnen soll nachstehend die Rede sein.

14.31 **a.** Der *moderne Begriff des kaufmännischen Unternehmens* findet sich im OR nicht. Vielmehr wird in Art. 934 Abs. 1 OR die Umschreibung des nach kaufmännischer Art geführten Gewerbes verwendet.[33] «Darunter ist jede auf Erwerb gerichtete Tätigkeit zu verstehen, sofern sie selbständig und dauernd ist».[34] Bei der Planergemeinschaft drängen sich vorab in Bezug auf das Element der Dauer Fragen auf. Das Bundesgericht mag es zwar mit dem Erfordernis des *dauernden* Erwerbs nicht streng nehmen und es rasch als erfüllt betrachten.[35] Doch aus dem Blickwinkel der in der Regel zeitlich befristeten Planergemeinschaft und generell der Arbeitsgemeinschaften im Bauwesen lassen seine Erwägungen im massgeblichen[36] BGE 84 I 187 ff. aufhorchen. Das Gericht hatte sich mit der Frage der Verpflichtung zur Eintragung im Handelsregister eines Einzelunternehmers zu befassen, der während mehrerer Monate an verschiedenen Orten Zirkusvorstellungen unter eigener Kuppel darbot. Nach Meinung des Bundesgerichts ergebe die historische Auslegung von Art. 52 Abs. 3 aHRegV, dass ein Gewerbe aus einer organisierten

---

29 Vgl. Vonzun, Nr. 525.

30 Vgl. Meier-Hayoz/Forstmoser, § 4 Nr. 50, § 12 Nr. 27 ff.; Müller, Wandel, S. 9.

31 Vgl. Egli, Probleme, S. 32; Meier-Hayoz/Forstmoser, § 4 Nr. 56, § 12 Nr. 30.

32 Vgl. Meier-Hayoz/Forstmoser, § 4 Nr. 53, die von atypischen Gebilden sprechen, sowie Vonzun, Nr. 566 ff.

33 Vgl. Meier-Hayoz/Forstmoser, § 4 Nr. 34.

34 Vgl. Meier-Hayoz/Forstmoser, § 4 Nr. 36.

35 Vgl. Meier-Hayoz/Forstmoser, § 4 Nr. 40.

36 Vgl. Meier-Hayoz/Forstmoser, § 4 Nr. 40.

Tätigkeit bestehe, die auf eine *Wiederholung von gleichartigen, auf Erwerb abzielenden Geschäften gerichtet* sei.[37] Die Dauer sei kein selbständiges Element des Begriffs «Gewerbe», sondern im Wesen der Gewerbetätigkeit notwendigerweise enthalten; «Il importe peu que cette activité soit limitée dans le temps, sauf si elle s'étend sur une période si brève que la répétition organisée d'affaires identiques est exclue. La ratio legis confirme cette conclusion. Le but du registre du commerce est de faire connaître, dans l'intérêt des tiers et du public en général, le titulaire de l'entreprise».[38]

Bei der typischen und mithin einmaligen Planergemeinschaft ist es *nicht die befristete Dauer selbst* (vgl. auch Nr. 15.125), *welche die Wiederholung ausschliesst.* Es scheint sich vielmehr aus ihrem unmittelbaren Zweck zu ergeben, dass ihre zwar durchaus organisierte Tätigkeit in der Regel (Nr. 14.9) nicht auf die Wiederholung von gleichartigen, auf den Erwerb abzielenden Geschäften gerichtet ist, sondern *auf ein einziges Geschäft gegenüber einem konkreten Bauherrn.* Auch die ratio des Handelsregistereintrags, die das Bundesgericht zur Bestätigung seines Ergebnisses heranzieht,[39] lässt keine massgeblichen Zweifel an dieser Ansicht aufkommen. Denn gerade weil sich die typische Planergemeinschaft immer erst im Hinblick auf ein konkretes Bauvorhaben eines bereits feststehenden Bauherrn bildet, muss nicht im Interesse einer breiten Öffentlichkeit gewährleistet sein, dass der Registereintrag über den Gewerbebetrieb Auskunft gibt und die Rechtsfolge eines verschärften Gläubigerzugriffs bewirkt.[40] Deshalb vermag zumindest mit Blick auf die typische Planergemeinschaft auch der Schluss von Meier-Hayoz/Forstmoser nicht zu überzeugen, wonach massgebliches Wesensmerkmal eines kaufmännischen Unternehmens letztlich «nicht die Dauer, sondern das Vorliegen einer *Organisation* für die wirtschaftliche Tätigkeit» sei.[41] Wenn die gleichen Autoren in der Folge erläutern, eine Organisation erübrige sich in der Regel, wo nur ein einziges Geschäft ansteht oder wenige vereinzelte beabsichtigt werden, sie dränge sich aber auf, sobald über längere Zeit hinweg gleichartige Geschäfte getätigt werden sollen,[42] dann ist es die dauerhafte, repetitive, auf eine Vielzahl von unbestimmten Dritten ausgerichtete wirtschaftliche Tätigkeit – das Element der Wiederholung eben – die so gesehen das massgebliche 14.32

---

37 Vgl. Meier-Hayoz/Forstmoser, § 4 Nr. 40.

38 BGE 84 I 190.

39 BGE 84 I 190 in fine.

40 Vgl. Meier-Hayoz/Forstmoser, § 4 Nr. 41.

41 Meier-Hayoz/Forstmoser, § 4 Nr. 42.

42 Meier-Hayoz/Forstmoser, § 4 Nr. 42.

Wesensmerkmal des kaufmännischen Unternehmens bildet. *Dieses Merkmal fehlt der Planergemeinschaft und wohlgemerkt auch den meisten anderen typischen Konsortien im Bauwesen,* solange sie nicht «auf dauernden Erwerb ausgerichtet»[43] sind und mithin auf mehrere Bauvorhaben abzielen. An diesem Ergebnis ändert nichts, dass Planergemeinschaften oftmals nicht nur mit der Bauherrschaft, sondern auch mit einer beschränken Zahl von Subunternehmern Verträge abschliessen. Im Einklang mit den Ausführungen von MEIER-HAYOZ/FORSTMOSER handelt es sich dabei um jene wenigen vereinzelten Geschäfte, die noch keinen anderen Schluss nahelegen.[44] Auch jüngere Bundesgerichtsentscheide, die sich mit der Eintragungspflicht von Einzelunternehmen ins Handelsregister befassen, stehen dem Ergebnis nicht entgegen.[45]

14.33 Nach der hier vertretenen Auffassung **betreiben die typischen, auf ein einzelnes Bauvorhaben ausgerichteten Konsortien des Bauwesens also kein kaufmännisches Unternehmen im Rechtssinn,**[46] auch wenn sie in der Regel organisiert sind, also über eine Struktur[47] verfügen und vorzugsweise eine geordnete Buchführung sicherstellen.[48]

---

43 BGE 124 III 363 E. II.2.a.

44 Vgl. MEIER-HAYOZ/FORSTMOSER, § 4 Nr. 42.

45 Vgl. namentlich BGE 135 III 304 und BGer 4A_526/2008 (21.1.2009). Im letzteren Entscheid ging es um eine Zahnarztpraxis mit einem Praxisleiter, drei weiteren Zahnärzten, einer Prophylaxe-Mitarbeiterin, vier Dentalassistentinnen und sechs Dentalassistentinnen in Ausbildung. Das Bundesgericht stellte mit Blick auf die freien Berufe klar, dass die Eintragungspflicht massgeblich von den Gegebenheiten des Einzelfalls abhängt und dabei die gesamten Umstände und Bedingungen, unter denen die Tätigkeit ausgeübt wird, zu berücksichtigen sind. Hierbei erblickte es insbesondere in der intensiven Werbung (mit tiefen Taxpunktwerten und kostenlosen Offerten) wesentliche Elemente, die für ein kaufmännisches Unternehmen sprechen. Zu den Kriterien vgl. auch JUNG, Die kaufmännische einfache Gesellschaft, S. 4, wonach für den Begriff des kaufmännischen Gewerbes unter anderem die Natur und Vielfalt der gewöhnlich vorkommenden Geschäfte, die Vielfalt der Erzeugnisse und Leistungen, die Art des Kundenkreises, die Grösse des Anlage- und Betriebskapitals, die Höhe des Kreditbedarfs und der Umfang der Werbung und der Lagerhaltung massgeblich sind.

46 A.M. namentlich VONZUN, Nr. 574; MÜLLER, Wandel, S. 9; EGLI, Baukonsortium, S. 45, der das Baukonsortium immerhin nur «in den meisten Fällen» als kaufmännisches Unternehmen qualifizieren will. Soweit ersichtlich wird die das Baukonsortium von allen Autoren aber einigermassen «ungeprüft» als kaufmännisches Unternehmen bezeichnet.

47 Vgl. HANDSCHIN/VONZUN, Zürcher Kommentar, N 61 f. zu Art. 530 OR; die Struktur betrifft die Organisation der Gesellschaft und nicht des Unternehmens, das sie allenfalls betreibt. Mithin lässt sich auch nicht etwa aus dem Vorliegen einer Organisation direkt auf das Vorliegen eines kaufmännischen Unternehmens schliessen.

48 Eine Buchführungspflicht ergibt sich faktisch aber aus dem Umstand, dass Konsortien des Bauwesens in der Regel mehrwertsteuerpflichtig sind (Nr. 14.130). Von Gesetzes wegen

b. Einen anderen Weg schlägt VONZUN ein. Er weist zunächst nach, dass es in Tat und Wahrheit an einem gesetzlichen Verbot, in der Rechtsform der einfachen Gesellschaft ein kaufmännisches Unternehmen zu betreiben, gebricht[49] und es der wichtigen Funktion der einfachen Gesellschaft als Grund- und Subsidiärform geradezu entspreche, immer dann zur Anwendung zu gelangen, wenn die Voraussetzungen für eine andere Gesellschaftsform fehlten;[50] die Tatsache, dass es kaufmännische einfache Gesellschaften gebe, beruhe allerdings auf einem gesetzgeberischen Versehen, zumal beim Ausschluss anderer als unbeschränkt haftender natürlicher Personen als Mitglieder einer Kollektivgesellschaft übersehen worden sei, dass auch juristische Personen einer unbeschränkten Haftung unterliegen und sowohl juristische wie natürliche Personen über ein beschränktes Vermögen verfügen.[51] Sodann entwickelt er auf der Basis seiner zuvor gewonnenen Erkenntnis, wonach der Kollektivgesellschaft Rechtsfähigkeit zukommt, die Auffassung, die Unternehmensträgerschaft, das Führen eines kaufmännischen Unternehmens also, sei das massgebliche Kriterium für die Bestimmung der Rechtsnatur einer Personengesellschaft; daher sei auch *die atypische kaufmännische einfache Gesellschaft mit Rechtspersönlichkeit ausgestattet* und somit fähig, eigene Rechte zu erwerben und Verbindlichkeiten einzugehen. Deshalb sei schliesslich auf die atypische einfache Gesellschaft das Recht der Kollektivgesellschaft analog anzuwenden.[52] 14.34

3. Dieser Auffassung haben sich jüngst auch die Autoren der neuen Zürcher Kommentare zur einfachen Gesellschaft und zur Kollektiv- und Kommanditgesellschaft, zu denen freilich auch VONZUN gehört, angeschlossen mit der Massgabe einer *umfassenden analogen Anwendung des Kollektivgesellschaftsrechts auf die kaufmännische einfache Gesellschaft.*[53] 14.35

---

ist bei der einfachen Gesellschaft die Rechnungslegung erst im Zeitpunkt der Auflösung vorgesehen. Diese Regelung genügt aber nur für blosse Gelegenheitsgesellschaften. Bei Gesellschaften, die auf eine gewisse Dauer angelegt sind (mehr als ein Jahr), ist eine kontinuierliche Buchführung unerlässlich. Vgl. zum Ganzen HANDSCHIN/VONZUN, Zürcher Kommentar, N 6 ff. zu Art. 533 OR, sowie GLANZMANN, S. 206, Fn. 12.

49 VONZUN, Nr. 571 ff.

50 Vgl. VONZUN, Nr. 575.

51 Vgl. VONZUN, Nr. 577 sowie S. 207 Nr. 523.

52 Vgl. VONZUN, Nr. 581 ff.

53 HANDSCHIN/VONZUN und HANDSCHIN/CHOU; ebenfalls für die Rechtsfähigkeit der einfachen Gesellschaft, wenn auch mit anderer Begründung, TAORMINA, Nr. 61 ff.

14.36 Diese Ansicht verdient zwar grundsätzlich Zustimmung.[54] Sie **trifft nach der hier vertretenen Auffassung aber nicht auf die typischen Konsortien im Bauwesen und damit auch nicht auf die Planergemeinschaft zu,** die in Bezug auf ein konkretes Bauvorhaben, mithin für vorübergehende Zwecke gebildet werden und insofern *Einmalgesellschaften* darstellen.[55]

14.37 Vorderhand gilt, dass *Planergemeinschaften praxisgemäss in die Rechtsform der einfachen Gesellschaft* gekleidet sind und deren Recht unterstehen. Es drängt sich für das Weitere daher auf, die Rechtslage anhand des Rechts der einfachen Gesellschaft darzustellen und nur bei Bedarf auf die Abweichungen hinzuweisen, die sich aus einer Anwendung des Kollektivgesellschaftsrechts ergeben würden.

14.38 Der umfassenden analogen Rechtsanwendung des Kollektivgesellschaftsrechts wäre aber immerhin die *auf Dauer angelegte Planergemeinschaft* («Dauergemeinschaft»)[56] unterworfen, mit der die Abwicklung mehrerer – möglicherweise noch unbestimmter – Bauvorhaben und damit wiederholter Geschäfte beabsichtigt wird.

III. Die Entstehung der Planergemeinschaft

14.39 Der vorliegende Beitrag ist auf Planergemeinschaften eingeschränkt, die sich nicht institutionell in der Form einer neuen Körperschaft (Aktiengesellschaft, GmbH, Genossenschaft etc.) bilden. Der hier interessierende Zusammenschluss der Planer erfolgt vielmehr mittels vertraglicher Abreden, durch rechtsgeschäftliche Einigung nach Art. 1 ff. OR.[57] Mithin folgt der Vertrags-

[54] Von den Gerichten wird die Lehrmeinung soweit ersichtlich bislang ignoriert. So hat unlängst etwa das basel-städtische Appellationsgericht als Verwaltungsgericht im Urteil zu einem Submissionsrekurs in aller Kürze festgehalten, die rekurrierende Arbeitsgemeinschaft sei eine einfache Gesellschaft und als solche nicht parteifähig (vgl. VGE VD.2010.7 vom 26. Mai 2010 i.S. ARGE H. gegen Bau- und Verkehrsdepartement Basel-Stadt).

[55] A.M. insbesondere VONZUN, S. 303 Nr. 756; demgegenüber mit dem von ihm angeführten Beispiel wohl implizit zustimmend TAORMINA, Nr. 120, wonach aus einer einfachen Gesellschaft, die zunächst nur ein Grundstück erwirbt und überbaut, dann aus dem Verkaufserlös aber weitere Grundstücke kauft und überbaut, (erst) nach und nach ein kaufmännisches Unternehmen entsteht.

[56] Vgl. dazu Nr. 15.125; GAUCH, Bauwerk, S. 89.

[57] Vgl. GUHL/DRUEY, S. 678, Nr. 1; vgl. aber FELLMANN, Grundfragen, S. 286 und S. 288 unten.

schluss den Regeln von Offerte und Akzept.[58] Der Gesellschaftsvertrag der Planergemeinschaft ist *ein einziger Vertrag,* auch wenn alle Beteiligten ihre Zustimmung zu erklären haben und diese Erklärungen allen anderen zugekommen sein müssen.[59] Der gültig zustande gekommene Gesellschaftsvertrag ist sowohl Schuldvertrag als auch Organisationsvertrag.[60]

1. Formfreie Begründung

1. Für die Planergemeinschaft als einfache Gesellschaft bestehen keine Formvorschriften.[61] Auch eine Entstehung durch *stillschweigende Erklärung* oder durch *konkludentes Handeln* ist denkbar.[62] Die Parteien müssen sich nicht einmal bewusst sein, dass sie mit ihren Abreden eine einfache Gesellschaft begründen; sofern sie sich darüber einig sind, gemeinsam einen Zweck 14.40

58 Vgl. HANDSCHIN/VONZUN, Zürcher Kommentar, N 126 zu Art. 530.

59 Vgl. HANDSCHIN/VONZUN, Zürcher Kommentar, N 126 zu Art. 530 mit weiteren Verweisen.

60 TAORMINA, Nr. 8; KRATZ, S. 15.

61 Vgl. HANDSCHIN/VONZUN, Zürcher Kommentar, N 145 zu Art. 530 mit weiteren Verweisen. Sollen sich die Gesellschafter aber zu Leistungen verpflichten, deren Verabredung besonderen Formvorschriften zu genügen hat, so sind diese zu befolgen; vgl. MEIER-HAYOZ/FORSTMOSER, § 12 Nr. 78; HANDSCHIN/VONZUN, Zürcher Kommentar, N 146 zu Art. 530 OR; VONZUN, Nr. 506 mit Verweis auf die Formerfordernisse bei der Einbringung von Gesellschaftsanteilen einer GmbH. Wird namentlich ein Grundstück zu Eigentum in die Gesellschaft eingebracht, so bedarf die Übertragung der öffentlichen Beurkundung; vgl. EGLI, Probleme, S. 34; SCHERRER, Freuden und Leiden, S. 5; VONZUN, Nr. 506; MEIER-HAYOZ/FORSTMOSER, § 12 Nr. 78; HANDSCHIN/VONZUN, Zürcher Kommentar, N 149 zu Art. 530 OR. Dieser Fall kann für die Planergemeinschaft freilich nahezu ausgeschlossen werden. Sie entsteht regelmässig auf Anbieterseite und betrifft ausschliesslich Planerleistungen i.w.S. (vgl. Nr. 14.19, Fn. 16); denkbar wäre womöglich der Fall, dass sich Planer, von denen alle oder einzelne zugleich auch Grundeigentümer sind, zusammen tun, um den Verkauf von Einfamilienhäusern oder Stockwerkeigentumsparzellen ab Plan zumindest vorzubereiten. Allerdings wäre nicht einzusehen, weshalb zu diesem Zweck die Grundstücke in die Gesellschaft eingebracht werden müssten. Der Beitrag selbst eines ansonsten untätigen Beteiligten wäre wohl darin zu erblicken, dass er die Planung über sein Grundstück erlaubt bzw. duldet. Immerhin hätte er nach den Baugesetzgebungen ein Baugesuch mit zu unterzeichnen. Und erst gestützt auf ein bewilligtes Bauvorhaben wäre an einen Verkauf ab Plan zu denken.

62 BGE 124 III 363, KGer Genf 19.11.200, in: SJZ 107 (2011) S. 579 ff.

verfolgen und fördern zu wollen,[63] kommt die Gesellschaft zustande.[64] Immer aber bedarf es übereinstimmender Willenserklärungen der Beteiligten, mit gemeinsamen Mitteln einen gemeinsamen Zweck erreichen zu wollen (animus societatis bzw. affectio societatis).[65]

14.41 **2.** Stillschweigende Erklärung oder konkludentes Verhalten erlangen namentlich in den zahlreichen Fällen Bedeutung, in denen es die beteiligten Planer beim Abschluss des Vertrags mit der Bauherrschaft bewenden lassen, ohne unter sich durch ausdrückliche gesellschaftsvertragliche Abreden für erläuternde organisatorischen Vorkehrungen zu sorgen. Oftmals werden die

---

[63] Vgl. GUHL/DRUEY, S. 679, Nr. 2; MEIER-HAYOZ/FORSTMOSER, § 12 Nr. 75; Das Bundesgericht drückt es in 124 III 363 E. II.2.a wie folgt aus: «Ob und in welcher Rechtsform … eine Gesellschaft besteht, ist zunächst eine Frage der individuellen Rechtsgestaltung. Ist sie empirisch nicht klar zu beantworten, greifen die normativen Regeln zur Auslegung von Willenserklärungen Platz … Dabei wirkt auch im Gesellschaftsrecht das Prinzip des Vertrauensschutzes, namentlich des Rechtsscheins, wonach rechtsgeschäftliche Bindung nicht einen bestimmt gearteten Willen voraussetzt, sondern auch aus einem Verhalten folgen kann, aus dem die Gegenseite in guten Treuen auf das Vorhandensein eines bestimmten Willens schliessen durfte … Daraus und aus der Formfreiheit der Gesellschaftsverträge ergibt sich, dass eine einfache Gesellschaft – und als deren Sonderform auch die Kollektivgesellschaft – konkludent entstehen und sich namentlich aus dem Verhalten der Partner ergeben kann, ohne dass ihnen diese Rechtsfolge bewusst sein muss». VONZUN, Nr. 507, legt dar, dass das Zustandekommen einer einfachen Gesellschaft wegen des möglicherweise fehlenden Bewusstseins der Gesellschafter nicht geprägt sei vom bewussten Austausch übereinstimmender Willenserklärungen, sich in einer einfachen Gesellschaft zu verbinden, sondern vielmehr durch das Vorliegen der in Art. 530 Abs. 1 genannten objektiv wesentlichen Vertragspunkte. Vgl. Nr. 14.43.

[64] Vgl. GUHL/DRUEY, S. 675, Nr. 27.

[65] Vgl. MEIER-HAYOZ/FORSTMOSER, § 1 Nr. 66; EGLI, Baukonsortium, S. 43; VONZUN, Nr. 507 und Fn. 18, weist unter Berufung auf GUHL/DRUEY, S. 675 f., Nr. 27, präzisierend darauf hin, dass es bei Vorliegen der begrifflichen Voraussetzungen der einfachen Gesellschaft *nicht noch eines zusätzlichen Willens* bedarf, die rechtliche Bindung einzugehen. In der Tat muss sich aus der Funktion der einfachen Gesellschaft als Subsidiärform, des Auffangtatbestands des Gesellschaftsrechts, ergeben, dass ein bei den Gesellschaftern feststellbarer «Wille zur gemeinschaftlichen Realisierung» genügt, ohne dass die Gesellschafter darüber hinaus noch den Willen zur Bildung einer einfachen Gesellschaft brauchen. «Ein entsprechender besonderer Wille (und Erfüllung der entsprechenden Formerfordernisse) wäre nötig, wenn eine andere Organisationsform nachgewiesen werden sollte.» (GUHL/DRUEY, S. 676, Nr. 27 in fine) Ein Bewusstsein, eine einfache Gesellschaft zu bilden und sich deren Recht zu unterwerfen, ist nicht erforderlich (BGer 4C.24/2000 [28.3.2000]); zur Rechtslage bei fehlendem Nachweis des tatsächlichen Willens der Parteien vgl. BGE 132 III 632.

Beteiligten sich zunächst nur als *Bietergemeinschaft*[66] mit dem Zwischenziel[67] verbinden, im Rahmen einer privaten oder öffentlichen Ausschreibung den Zuschlag zu erlangen. Die Regelung der Einzelheiten ihrer Zusammenarbeit heben sie für den Fall des Zuschlags auf.

3. Dass das Vorliegen des Willens zu partnerschaftlichem Zusammenwirken nachgerade in der Submissionsphase strittig sein kann, illustriert der BGE 127 III 519[68] zugrunde liegende und u.A. auch bei EGLI[69] rapportierte Fall: Im Rahmen eines Architekturwettbewerbs zogen Architekten zwei Ingenieure bei. Deren Leistung wurde von den Architekten selbst und nicht von der Wettbewerbsjury beurteilt. Die Ingenieure hatten mit den auftraggebenden Architekten keine Vergütung vereinbart. Das Bundesgericht prüfte, ob sich der Anspruch der Ingenieure allenfalls aufgrund eines Zusammenschlusses der Architekten und Ingenieure zu einer einfachen Gesellschaft begründen liesse und er mithin in einer Gewinnbeteiligung bestehen könnte. Es kam indessen zum Schluss, dass die Mitwirkung der Ingenieure als nebensächliche Leistung zu qualifizieren, kein Zusammenwirken auf Augenhöhe erkennbar sei und der animus societatis fehle. 14.42

---

66 Zum Begriff vgl. GAUCH, Werkvertrag, S. 75 Nr. 246; SCHERRER, Freuden und Leiden, S. 95; MÜLLER, Wandel, S. 4.

67 HÜRLIMANN, KommSIA 118, N 2 zu Art. 28; vgl. aber GAUCH, Werkvertrag, Nr. 246, und Vertragsrecht, S. 25, der die Meinung vertritt, der eigentliche Zweck einer Bietergemeinschaft sei die Einreichung einer gemeinsamen Offerte. Dieser Ansicht GAUCHS ist m.E. nicht zu folgen. Mit der Einreichung der Offerte bindet sich die Planergemeinschaft sowohl in Bezug auf die angebotene Leistung als auch in Bezug auf die Person bzw. die Zusammensetzung der Anbietenden. Denn der Bauherr kann insbesondere im Umstand, das ihm nicht nur ein einzelnes Unternehmen für die Leistung einsteht, einen wesentlichen Vorteil und damit auch ein wesentliches Vertragselement erblicken (vgl. dazu auch die Überlegungen zur solidarischen Haftung Nr. 14.120). Möglich ist freilich, dass sich das Konsortium gegenüber dem Bauherrn nicht als solches zu erkennen gibt. So ist es denkbar, dass ein Generalplaner die Fachplaner nicht mit Subplanerverträgen, sondern über ein Innenkonsortium an sich bindet (Innengesellschaft, stille Gesellschaft oder Unterbeteiligung; vgl. dazu etwa VON STEIGER, S. 344 f. und S. 653 ff.; HANDSCHIN, Basler Kommentar, N 4 zu Art. 542 OR.

68 Pra 2001, Nr. 195, S. 1187.

69 Vgl. EGLI, Baukonsortium, S. 43.

2. Die wesentlichen Vertragspunkte

14.43 Objektiv wesentliche Vertragspunkte sind der gemeinsame Zweck der Planergemeinschaft, der vertragliche Bindungswille der Beteiligten, der Kreis der beteiligten Planer an sich und die Pflicht, Beiträge zu leisten.[70] Im Übrigen muss auch über alle anderen Punkte Einigkeit bestehen, «auf die auch nur ein beteiligter Planer Wert gelegt hat»,[71] also auch über die subjektiv wesentlichen Punkte.[72] Die Darstellung der objektiv wesentlichen Vertragspunkte kann auf den Gesellschaftszweck und die Tatsache der Beitragspflicht reduziert werden.[73] In der Tat spricht die Legaldefinition von den beiden Merkmalen des gemeinsamen Zwecks einerseits und der Förderung dieses Zwecks mit gemeinsamen Kräften und Mitteln andererseits.[74] Zwar hat die Analyse dieser beiden Merkmale grundsätzlich getrennt zu erfolgen; doch darf dies nicht über ihre innere Beziehung hinwegtäuschen, die darin besteht, dass nur beide zusammen den animus societatis ausmachen.[75] Die beiden Merkmale sollen nachfolgend aus dem Blickwinkel der Planergemeinschaft betrachtet werden.

A. Die Festlegung des Gesellschaftszwecks

14.44 **1.** Der gemeinsame Zweck ist das *gemeinsame Ziel,* das die Planer verfolgen. Vorne wurde gezeigt, dass zwischen dem unmittelbaren Zweck und dem Endzweck unterschieden werden muss (Nr. 14.18). Während der unmittelbare Zweck, der regelmässig darin besteht, den mit der Bauherrschaft eingegangenen oder noch abzuschliessenden Vertrag zu erfüllen,[76] stets ein gemeinsamer sein muss, ist es möglich, dass die beteiligten Planer unterschiedliche Endzwecke verfolgen. So kann es durchaus sein, dass es einem jungen beteiligten Architekten in erster Linie darum geht, Bekanntheit zu erlangen, der involvierte Bauingenieur mit seiner Unterstützung zumindest kostendeckend

---

70 Handschin/Vonzun, Zürcher Kommentar, N 170 zu Art. 530 OR; BGE 137 455; BGer 4A_747/2011 (2.4.2012).

71 Meier-Hayoz/Forstmoser, § 12 Nr. 75; Egli, Probleme, S. 34.

72 Handschin/Vonzun, Zürcher Kommentar, N 171 zu Art. 530 OR.

73 Vgl. Vonzun, Nr. 508 ff.

74 Vgl. Fellmann, Grundfragen, S. 295.

75 Vgl. Fellmann, Grundfragen, S. 295.

76 Vgl. z.B. Ziff. 1 des SIA-Gesellschaftsvertrags für Planergemeinschaft Nr. 1012/2 (2001).

sein will und für den in zahllosen Projekten beigezogenen renommierten Haustechniker ein spürbarer Gewinn herausschauen muss.

2. Auch wenn die – im obigen Beispiel notabene allesamt wirtschaftlichen – Endzwecke nicht übereinstimmen, so ist doch das unmittelbare Ziel ein gemeinsames. Insofern liegt das notwendige objektive Merkmal des gemeinsamen Zwecks *auch dann vor, wenn die Endzwecke bei den einzelnen Beteiligten unterschiedlich ausfallen.* «Vergemeinschaftet»[77] wird mithin nur der unmittelbare Zweck, werden nicht aber zwingend auch die Endzwecke; bei diesen handelt es sich vielmehr um die individuellen Interessen der einzelnen Planer (Nr. 14.18). Jeder der beteiligten Planer muss den gemeinsamen Zweck aber sowohl als eigenes Ziel wie auch als Ziel der anderen Gesellschafter zu fördern versprechen.[78] 14.45

3. Der Zweck muss so konkret gefasst sein, dass sich daraus die Rechte und Pflichten der einzelnen Mitglieder der Planergemeinschaft ableiten lassen.[79] 14.46

B. Die Regelung der Beitragspflicht

1. Gemäss Art. 530 OR ist der Gesellschaftszweck mit «gemeinsamen Mitteln und Kräften» zu verfolgen. Diese Generalklausel[80] konkretisiert das Gesetz durch Art. 531 OR, wonach jeder Gesellschafter einen *Beitrag in Geld, Sachen, Forderungen oder Arbeit* zu leisten hat, und durch Art. 533 OR, wonach die Gesellschafter grundsätzlich gleichen Anteil am Gewinn haben und einen Verlust grundsätzlich gemeinsam tragen.[81] 14.47

2. Gesellschafter ist also nur, wer zur Förderung des gemeinsamen Zwecks einen Beitrag leistet.[82] Diese Pflicht ergibt sich aus der Legaldefinition der Gesellschaft in Art. 530 OR. Solange sie genügend weit gefasst wird, ist die Beitragspflicht als zwingendes Merkmal zu betrachten.[83] Fehlt es an einer Einigung darüber, so kommt die Gesellschaft nicht zustande.[84] 14.48

---

77 Vgl. FELLMANN, Grundfragen, S. 295 mit weiteren Zitaten.

78 Vgl. FELLMANN, Grundfragen, S. 295.

79 Vgl. FELLMANN/MÜLLER, Berner Kommentar, N 459 zu Art. 530 OR.

80 Vgl. FELLMANN, Grundfragen, S. 301.

81 Vgl. FELLMANN, Grundfragen, S. 301.

82 Vgl. VONZUN, Nr. 510.

83 Vgl. MEIER-HAYOZ/FORSTMOSER, § 12 Nr. 36 f.; VONZUN, Nr. 510; TAORMINA, Nr. 13 und Nr. 164.

84 Vgl. VONZUN, Nr. 510.

14.49 **3.** Den Begriff des Beitrags definiert das Gesetz nicht. Aus der nicht abschliessenden[85] Aufzählung in Art. 531 Abs. 1 lässt er sich indes ableiten. Danach geht es um Leistungen der Gesellschafter, «die aufgrund des Gesellschaftsvertrags zur Förderung des Gesellschaftszwecks erbracht werden».[86] Darunter fallen Beiträge im weiteren und im engeren Sinn.[87] Bei den Beiträgen im weiteren Sinn handelt es sich um jedwede Leistungen der Gesellschafter zur Förderung des gemeinsamen Zwecks, während die Beiträge im engeren Sinn einen Vermögenswert aufweisen,[88] also *Einlagen* darstellen.[89] Der Begriff der Einlage suggeriert indessen eine gewisse Einmaligkeit oder zumindest eine Periodizität der Leistungen, was gerade für die Arbeitsgemeinschaften im Baubereich und insbesondere für die Planergemeinschaften, bei denen während einer gewissen Zeit in der Regel *kontinuierliche* (Arbeits-) Leistungen erbracht werden, nicht treffend scheint.[90]

14.50 **4.** Die Pflicht der Gesellschafter zur Förderung des gemeinsamen Zwecks geht über den Begriff des Beitrags im Sinne von Art. 531 Abs. 1 OR hinaus. Die Beiträge stellen nur den wichtigsten, nicht aber den einzigen Aspekt der vertraglichen Förderungspflicht dar, nämlich jene positiven Leistungen der Gesellschafter mit unmittelbarer Förderungsfunktion.[91] Von diesen abzugrenzen sind etwa die Treuepflicht oder vertragliche Nebenleistungen, die sich aus dem Gesellschaftsvertrag ergeben. Nicht dazu zählen ferner Unterlassungen wie das sich aus der Treuepflicht ergebende Konkurrenzverbot. Im blossen Umstand sodann, dass mit der Beteiligung an der Planergemeinschaft die Mitübernahme der Haftung für Verbindlichkeiten der Gesellschaft einhergeht, ist ebenfalls keine Beitragsleistung zu erblicken. Anders verhält es sich indes, «wenn die Mitübernahme der Haftung durch einen solventen Gesellschafter die Kreditwürdigkeit der Gesellschaft so entscheidend verbes-

---

85 Vgl. unter vielen VONZUN, Nr. 512; FELLMANN/MÜLLER, Berner Kommentar, N 11 zu Art. 531 OR; TAORMINA, Nr. 164.

86 Vgl. FELLMANN/MÜLLER, Berner Kommentar, N 11 zu Art. 531 OR, und die dortigen Verweise; BGE 137 III 455, 457.

87 FELLMANN/MÜLLER, Berner Kommentar, N 12 zu Art. 531 OR.

88 FELLMANN/MÜLLER, Berner Kommentar, N 12 zu Art. 531 OR.

89 FELLMANN/MÜLLER, Berner Kommentar, N 13 zu Art. 531 OR.

90 Der SIA-Gesellschaftsvertrag für Planergesellschaft Nr. 1012/2 (2001) unterscheidet in Ziff. 4 zwischen finanziellen Beiträgen (unter die gemäss Ziff. 4.1 lit. a auch die Einlagen fallen), Arbeitsleistungen, Personal- und Inventarbeiträgen und weiteren Gesellschafterbeiträgen.

91 FELLMANN/MÜLLER, Berner Kommentar, N 15 zu Art. 531 OR.

sert, dass dadurch die Aufnahme von Fremdkapital ermöglicht wird, das für die Erreichung des vereinbarten Zwecks erforderlich ist».[92]

5. Von den Beiträgen scharf abzugrenzen sind *Leistungen aus Drittgeschäften.* Gemeint sind damit Leistungen aufgrund separater Vertragsverhältnisse zwischen der Gesellschaft und einzelnen Gesellschaftern, die ausserhalb der Beitragspflicht liegen.[93] Drittgeschäfte sind vom Gesellschaftsverhältnis unabhängig.[94] Seine Ansprüche macht der entsprechende Gesellschafter folgerichtig wie ein Dritter gegenüber der Gesellschaft geltend. Im organisatorischen Gesamtkontext eines Bauvorhabens stellt das Rechtsgeschäft eine typische Subplanerleistung dar. Der Planer ist dann sowohl Mitglied als auch Beauftragter der Planergemeinschaft. Derartige gesonderte Vertragsverhältnisse sind bei Planergemeinschaften verbreitet, selten aber ausdrücklich geregelt. Vielmehr wird die Differenzierung zwischen dem, was die beteiligten Planer untereinander als selbstverständliche Beitragsleistungen erwarten, und dem, was ein einzelner Planer an separat zu entschädigenden Sonderleistungen zu erbringen hat, oftmals vernachlässigt. Einer der Gründe wird darin zu erblicken sein, dass die Art der Leistungen innerhalb und ausserhalb der Beitragspflicht übereinstimmt. Verbreitet ist insbesondere die Erbringung von Arbeitsleistungen im Rahmen der Beitragspflicht einerseits und gestützt auf gesonderten Vertrag andererseits. Es lohnt sich, ein Augenmerk auf die klare Unterscheidung zu richten. 14.51

6. Zur Entstehung der Planergemeinschaft bedarf es keiner Einigung über Art und Umfang der einzelnen Beitragsleistungen.[95] «Sind sich die Kontrahenten einig, Beiträge zur Förderung eines gemeinsamen Zwecks zu leisten, ist also die Gesellschaft entstanden» .[96] Art. 531 Abs. 2 OR sieht für diesen Fall vor, dass alle «Gesellschafter gleiche Beiträge, und zwar in der Art und dem Umfange zu leisten [haben], wie der vereinbarte Zweck es erheischt». 14.52

---

92 FELLMANN/MÜLLER, Berner Kommentar, N 19 zu Art. 531 OR. Aus diesem Blickwinkel betrachtet wäre es möglicherweise denkbar, die blosse Mitbeteiligung eines Planungsunternehmens, das einer Branchenorganisation angehört, die über eine rigorose Qualitätssicherung und grosszügigen kollektiven Versicherungsschutz verfügt, als eigentlichen Beitrag zu qualifizieren.

93 FELLMANN/MÜLLER, Berner Kommentar, N 22 und 43 zu Art. 531 OR; zur Erscheinung an sich vgl. schon GAUCH, Bauwerk, S. 88.

94 Vgl. FELLMANN/MÜLLER, Berner Kommentar, N 23 zu Art. 531 OR; TAORMINA, Nr. 28.

95 Vgl. HANDSCHIN/VONZUN, Zürcher Kommentar, N 172 zu Art. 530 und N 35 zu Art. 531 OR.

96 VONZUN, Nr. 511.

Dass diese dispositive Lösung des Gesetzes für die arbeitsteilige Planergemeinschaft nicht zweckmässig sein kann, ist naheliegend.[97]

14.53 **7.** Allerdings schreibt Art. 531 Abs. 2 OR nicht sachlich gleiche, sondern gleichwertige Beiträge vor.[98] Gemeint sind damit wertmässig gleiche. Insbesondere bei Arbeitsleistungen, die bei Planergemeinschaften im Vordergrund stehen, sind vorab Arbeitsaufwand und Arbeitsertrag zu berücksichtigen.[99] Die in Form von Arbeitsleistungen geschuldeten Beiträge können auch dadurch erbracht werden, dass die Gesellschafter der Planergemeinschaft ihre Arbeitskräfte zur Verfügung stellen, es sei denn, es käme ausnahmsweise auf die Persönlichkeit des einzelnen Gesellschafters an.[100]

3. Die Beziehung zum Handelsregister

14.54 **1.** Als einfache Gesellschaft ist die Planergemeinschaft zum Eintrag in das Handelsregister weder berechtigt noch verpflichtet.

14.55 Nach der hier vertretenen Auffassung betreibt die Planergemeinschaft, die sich für ein einmaliges Bauvorhaben zusammenfindet, kein kaufmännisches Unternehmen. Besteht sie nur aus natürlichen Personen, was nicht dem Regelfall entsprechen dürfte, so wird sie daher nicht automatisch zur Kollektivgesellschaft und mithin **nicht eintragungspflichtig.**[101] Gehören ihr auch juristische Personen an, so bleibt ihr die Rechtsform der Kollektivgesellschaft ohnehin verwehrt. Es entsteht aber auch keine atypische, kaufmännische einfache Gesellschaft, die einer in der jüngsten Lehre vertretenen Auffassung folgend der umfassenden analogen Anwendung des Rechts der Kollektivgesellschaft unterstehen würde (Nr. 14.34 ff.) und somit verpflichtet wäre, sich im Handelsregister eintragen zu lassen.[102]

14.56 **2.** Die Planergemeinschaft hingegen, die sich im Hinblick auf mehrere Geschäftsfälle und nicht für ein einzelnes Bauvorhaben bildet, ist als atypische, kaufmännische einfache Gesellschaft zu qualifizieren (Nr. 15.30) und wäre

---

97 Vgl. dazu etwa WETZEL, S. 144, Fn. 85.
98 HANDSCHIN/VONZUN, Zürcher Kommentar, N 41 zu Art. 531 OR.
99 SIEGWART, Zürcher Kommentar, N 38 zu Art. 531 OR.
100 FELLMANN/MÜLLER, Berner Kommentar, N 42 zu Art. 531 OR.
101 Art. 554 OR; vgl. für viele MEIER-HAYOZ/FORSTMOSER, § 13 Nr. 68.
102 Vgl. VONZUN, Nr. 775 ff.

an sich ins Handelsregister einzutragen,[103] was die Handelsregisterführung bei Beteiligung juristischer Personen indessen ablehnen muss. Besteht sie nur aus natürlichen Personen, wird sie ohnehin zur automatisch eintragungspflichtigen Kollektivgesellschaft.

4. Mängel in der Entstehung der Gemeinschaft

Der Gesellschaftsvertrag der Planergemeinschaft kann mit Mängeln behaftet sein. Infrage kommen insbesondere Willensmängel, fehlende Handlungsfähigkeit eines Gesellschafters oder versteckter Dissens.[104] 14.57

1. Oftmals wird die Planergemeinschaft im Zeitpunkt der Entdeckung des Mangels ihre Geschäftstätigkeit bereits aufgenommen haben und im Rechtsverkehr gegenüber Dritten aufgetreten sein. Auch im Innenverhältnis ist die Planergemeinschaft als Dauerschuldverhältnis[105] bereits gelebt worden. Obwohl die Planergemeinschaft also de iure ungültig sein kann, ist sie de facto tätig geworden, wie wenn sie gültig entstanden wäre; wir sehen uns mit dem Problem einer sogenannten faktischen Gesellschaft konfrontiert.[106] Die an sich anwendbaren Regeln des allgemeinen Vertragsrechts halten keine überzeugende Lösung bereit, da das Rechtsgeschäft als nichtig oder einseitig unverbindlich gelten müsste und die Planergemeinschaft ex tunc dahinfallen würde.[107] Diese Konsequenz wäre sowohl für den gutgläubigen Dritten, der im Vertrauen auf den Bestand der Planergemeinschaft in rechtliche Beziehungen zu ihr getreten ist, als auch für die Mitglieder der Gemeinschaft untragbar.[108] «Je länger und je intensiver die Gesellschaft gelebt wird, desto stärker verfestigt sie sich als Struktur oder Organisation. Diese Verfestigung und Verselbständigung, oft auch im Verkehr mit Dritten, geht so weit, dass eine Rückabwicklung fehlerhafter Gesellschaften aus praktischen Gründen regelmässig ausgeschlossen ist».[109] Aus Gründen des Vertrauensschutzes muss die fehlerhafte Planergemeinschaft daher bis zur Feststellung ihrer 14.58

---

103 Vgl. VONZUN, Nr. 770.

104 Vgl. die Tatbestände bei FELLMANN/MÜLLER, Berner Kommentar, N 685 zu Art. 530 OR.

105 Vgl. HANDSCHIN/VONZUN, Zürcher Kommentar, N 259 zu Art. 530 OR.

106 Vgl. MEIER-HAYOZ/FORSTMOSER, § 1 Nr. 52.

107 Vgl. aber die jüngere Rechtsprechung zur Beendigung von Dauerschuldverhältnissen, insbesondere BGE 129 III 321 («Klärschlammfall»).

108 Vgl. FELLMANN/MÜLLER, Berner Kommentar, N 669 f. zu Art. 530 OR.

109 HANDSCHIN/VONZUN, Zürcher Kommentar, N 259 zu Art. 530 OR.

Ungültigkeit[110] wie eine rechtsgültige behandelt und alsdann nach den Vorschriften über Auflösung und Liquidation beendet werden.[111]

14.59 **2.** Von dieser Regel ist nur dann abzuweichen, wenn die Planergemeinschaft ihre geschäftliche Aktivität noch gar nicht aufgenommen hat, bestenfalls also nur «auf dem Papier» existiert und namentlich gegen aussen noch nicht in Erscheinung getreten ist. In diesen Fällen ist eine Rückabwicklung ohne Weiteres möglich.[112] Da die Beiträge in Planergemeinschaften regelmässig in Form von Arbeit erbracht werden (Nr. 14.48), die Arbeitsleistungen oftmals frühzeitig, zum Beispiel mit der Ausarbeitung einer Offerte einsetzen, die Leistungen der einzelnen Gesellschafter von unterschiedlichem Umfang sind und nicht einfach wie Einlagen in natura zurückerstattet[113] werden können, wird die ausnahmsweise vorzunehmende Rückabwicklung unter Planern nur äusserst selten und nur dann zur Anwendung gelangen, wenn noch kein interner Aufwand entstanden ist, der als Beitrag zu qualifizieren ist.

5. Die Gemeinschaft in den Vertragsverhandlungen

14.60 Planergemeinschaften werden nicht selten gebildet, bevor feststeht, ob es zu einem Vertrag mit der Bauherrschaft kommen wird. Die Planer bewerben sich dann gemeinsam um einen Auftrag oder auch nur um eine Präqualifika-

---

110 HANDSCHIN/VONZUN, Zürcher Kommentar, N 263 zu Art. 530 OR. Nach MEIER HAYOZ/FORSTMOSER, S. 19 Nr. 53, wird die fehlerhafte Gesellschaft bis zur *Rüge* des Mangels als bestehend betrachtet. Dieser Auffassung ist entgegenzuhalten, dass die Rüge eines Gesellschafters oder eines Dritten allein noch nicht zur rechtlichen Fehlerhaftigkeit führt, sondern bestenfalls zur Prüfung der Beanstandung durch die Gesellschafter oder durch den Richter und alsdann zur Auflösung der Gesellschaft. Bis zu diesem Zeitpunkt besteht die Gesellschaft «wie eine fehlerfreie» (HANDSCHIN/VONZUN, Zürcher Kommentar, N 280 zu Art. 530 OR), und zwar bei jeglicher Art von Mängeln, «also einerseits auch bei Mängeln, die bei Austauschverträgen zur Anfechtbarkeit führen, aber auch beim Vorliegen eines anfänglich objektiv unmöglichen, widerrechtlichen oder unsittlichen Gesellschaftszwecks» (HANDSCHIN/VONZUN, Zürcher Kommentar, N 280 zu Art. 530 OR, vgl. auch N 262 f.).

111 Vgl. HANDSCHIN/VONZUN, Zürcher Kommentar, N 260 ff. zu Art. 530 OR; MEIER-HAYOZ/FORSTMOSER, § 1 Nr. 54 und § 12 Nr. 81.

112 Vgl. HANDSCHIN/VONZUN, Zürcher Kommentar, N 264 zu Art. 530 OR, die allerdings von einer Liquidation ex *nunc* sprechen, welche bei jungen oder sehr losen Gesellschaften, die gegenüber Dritten nicht oder kaum auftreten sind, ohne Weiteres möglich sei; sinngemäss auch MEIER-HAYOZ/FORSTMOSER, § 1 Nr. 53.

113 Vgl. HANDSCHIN/VONZUN, Zürcher Kommentar, N 264 zu Art. 530 OR.

tion für das nachfolgende Ausschreibungsverfahren.[114] In diesen Fällen stellt sich die Frage, ob die Planergemeinschaft möglicherweise noch gar nicht entstanden ist. Ist sie es aber, so akzentuiert sich zudem das Problem der Rückabwicklung, sofern es nicht zum Vertrag mit der Bauherrschaft kommt.

1. Der objektive Vertragspunkt des gemeinsamen Zwecks, zu dem sich die Planer zusammenschliessen, dürfte auch in dieser frühen Phase der Zusammenarbeit wenige Probleme aufgeben und unstreitig sein. Ziel und mithin unmittelbarer Zweck (Nr. 14.18) ist die Übernahme und der Vollzug einer Planungs- oder einer Bauleitungsaufgabe bzw. eines Gesamtauftrags aus beiden Teilaufgaben.[115] Die erwähnte Präqualifikation zum eigentlichen Ausschreibungsverfahren ist lediglich Zwischenziel (Nr. 14.41).[116] 14.61

2. Hingegen kann fraglich sein, ob unter den beteiligten Planern Konsens über die Beitragspflicht besteht. Dieser muss sich mindestens darauf beziehen, «dass jeder Gesellschafter einen wie auch immer gearteten Beitrag leistet, wobei die Beiträge unterschiedlich und nicht unbedingt geldwert sein müssen».[117] Besteht unter den Planern hingegen nicht einmal eine grundsätzliche Übereinkunft zur Beitragspflicht oder behalten sie sich die Regelung über Art und Umfang der Beiträge in dem Sinne vor, dass die Einigung darüber auch nur für einen der Beteiligten in Bezug auf das Bestehen der Planergemeinschaft entscheidend ist, so dürfte der Gesellschaftsvertrag noch nicht zustande gekommen sein.[118] Immerhin ist die Beitragspflicht aber gültig vereinbart, soweit Inhalt und Umfang bestimmbar sind, selbst wenn die Konkretisierung «von Faktoren abhängig gemacht wird, die im Zeitpunkt des Vertragsschlusses noch nicht feststehen».[119] Finden Planer verschiedener 14.62

---

[114] In Bezug auf die allgemeinen Aspekte der Teambildung bei Projektwettbewerben vgl. die gleichnamige Wegleitung des SIA Nr. 142i–201d zur SIA-Ordnung 142.

[115] Gleich SCHERRER, Freuden und Leiden, S. 95; a. M. aber GAUCH, Werkvertrag, Nr. 246, wonach die Bietergemeinschaft unmittelbar nur die Einreichung der gemeinsamen Offerte bezwecke und der Abschluss des Vertrags mittelbarer Zweck darstelle.

[116] Der eher konstruiert wirkende Fall, bei dem die Planer in Tat und Wahrheit gar nicht den Zuschlag, sondern allein die Beteiligung am Verfahren anstreben, muss nicht weiter vertieft werden. Aus Sicht der ausschreibenden Bauherrschaft würde sich eine derart handelnde Planergemeinschaft wahrscheinlich der Verletzung einer vorvertraglichen Vertrauenspflicht schuldig machen oder gegebenenfalls gegen die vertraglichen Bestimmungen eines Wettbewerbsverfahrens verstossen.

[117] HANDSCHIN/VONZUN, Zürcher Kommentar, N 172 zu Art. 530 OR.

[118] Vgl. HANDSCHIN/VONZUN, Zürcher Kommentar, N 172 zu Art. 530 OR und N 36 zu Art. 531 OR.

[119] HANDSCHIN/VONZUN, Zürcher Kommentar, N 34 zu Art. 531 OR.

Fachrichtungen zur gemeinsamen Einreichung eines Angebots zusammen, so wird freilich in aller Regel feststehen oder zumindest bestimmbar sein, wer im Falle des Zustandekommens des Vertrags mit der Bauherrschaft welche Teilleistungen zu erbringen hat und welches Ausmass diese im Verhältnis zum Gesamtauftrag annehmen sollen.

IV. Die Organisation der Planergemeinschaft

1. Willensbildung, Geschäftsführung und Vertretung

14.63 Der Gesellschaftsvertrag regelt diejenigen Punkte, die für die Planer im Zeitpunkt der Gesellschaftsgründung aktuell sind und für die sie ein Regelungsbedürfnis erkennen. Auch nach der Gründung müssen aber Entscheide getroffen werden.[120] Die Regeln, die das Gesetz hierzu zur Verfügung stellt, sind äusserst knapp.[121] Je nach Gegenstand der Willensbildung fällt der entsprechende Entscheid in die Kompetenz der Gesellschafterversammlung oder der Geschäftsführung.

A. Die Gesellschafterversammlung

14.64 **1.** *Grundlagengeschäfte*,[122] die den Bestand der Planergemeinschaft als solche betreffen und insofern legislativen Charakter aufweisen, bilden Gegenstand der kollektiven Beschlussfassung durch die Gesellschafterversammlung. Sie hat darüber zu beschliessen, *wie der Wille zustande kommt.* Zu diesen Grundlagengeschäften zählt insbesondere die Einsetzung einer Geschäftsführung und die Bestimmung von Art und Umfang der ihr zuzubilligenden Kompetenzen, die Aufnahme neuer Mitglieder in die Planergemeinschaft, die Auflösung der Gesellschaft durch Übereinkunft und die Vornahme der Auseinandersetzung.[123]

14.65 **2.** Neben den Grundlagengeschäften sind gemäss Art. 535 Abs. 3 OR aber auch *aussergewöhnliche Geschäftsführungshandlungen* der alleinigen Zu-

---

[120] Vgl. HANDSCHIN/VONZUN, Zürcher Kommentar, N 8 zu Art. 534–535 OR.

[121] Vgl. EGLI, Probleme, S. 38.

[122] HANDSCHIN/VONZUN, Zürcher Kommentar, N 14 ff. zu Art. 534–535 OR; vgl. auch TAORMINA, Nr. 16.

[123] HANDSCHIN/VONZUN, Zürcher Kommentar, N 2 ff. zu Art. 534–535 OR.

ständigkeit der Geschäftsführung entzogen und dem Entscheid durch die Gesellschafterversammlung vorbehalten, sofern nicht Gefahr im Verzuge liegt.[124] Über die vom Gesetz genannte Bestellung eines Generalbevollmächtigten hinaus lassen sich mit Relevanz für die Planergemeinschaft etwa die folgenden Beispiele[125] aussergewöhnlicher Geschäftsführungshandlungen aufzählen:

- der Abschluss von Kreditgeschäften von erheblichem Ausmass; 14.66
- die Anerkennung oder die Begleichung erheblicher illiquider Forderungen; 14.67
- Geschäfte, bei denen ein Interessenkonflikt besteht, unabhängig davon, ob ein geschäftsführendes oder ein von der Geschäftsführung ausgeschlossenes Mitglied der Planergemeinschaft in den Interessenkonflikt involviert ist; 14.68
- gerichtliche oder betreibungsrechtliche Massnahmen, die mit einem hohen Streitwert verbunden sind; 14.69
- eine Willenserklärung, die mit grosser Wahrscheinlichkeit die Inanspruchnahme der Planergemeinschaft zur Folge hat; 14.70
- die ausserplanmässige einvernehmliche Auflösung von Verträgen mit Dritten, die für die Planergemeinschaft von grosser Bedeutung sind, so etwa mit einem wichtigen Subplaner; 14.71
- die ausserplanmässige einseitige Auflösung von Verträgen, auch von solchen, deren Abschluss in die Kompetenz des Einzelgeschäftsführers fällt, so etwa auch mit einem weniger wichtigen Subplaner; 14.72
- die Ausübung von Gestaltungsrechten im Bereich von Verträgen mit grosser Bedeutung, so etwa die Wahrnehmung von Mängelrechten gegenüber Subplanern und Lieferanten der Planergemeinschaft; 14.73
- sonstige tatsächliche oder rechtliche Verwaltungshandlungen besonderer Tragweite, wie etwa die Genehmigung der Jahresrechnung. 14.74

---

124 Zu den diesbezüglichen Einzelheiten vgl. HANDSCHIN/VONZUN, Zürcher Kommentar, N 37 zu Art. 534–535 OR.

125 Diese sind der Aufzählung bei HANDSCHIN/VONZUN, Zürcher Kommentar, N 35 zu Art. 534–535 OR, entnommen.

14.75 **3.** Die Willensbildung der Planergemeinschaft führt über die *Ausübung des Stimmrechts* der einzelnen Mitglieder. Dies setzt zunächst in formeller Hinsicht voraus, «dass jeder Gesellschafter rechtzeitig und in der richtigen Form (…) zur Ausübung seines Stimmrechts eingeladen wird und die Möglichkeit hat, den Beratungen beizuwohnen».[126] Das Mitglied muss sodann am gesamten Willensbildungsprozess mitwirkend teilnehmen können, was auch das Recht auf Information über die Gegenstände der Beschlussfassung einschliessen muss. Ferner steht den Gesellschaftern das Recht auf Einreichung von Anträgen zu.[127]

14.76 Gegenstück zum Stimmrecht ist die *Stimmpflicht,* die sich einerseits aus der allgemeinen Zweckverfolgungs- und Treuepflicht der Mitglieder der Planergemeinschaft und andererseits aus dem Einstimmigkeitserfordernis von Art. 534 Abs. 1 ergibt.[128] Kommt durch die Weigerung eines Gesellschafters ein im Gesellschaftsinteresse liegender Beschluss nicht oder nur verspätet zustande, so kann der Gesellschafter durch sein Verhalten schadenersatzpflichtig werden.[129] **In gewissen Fällen kann die Stimmpflicht mithin zur Zustimmungspflicht werden.**

14.77 **4.** Art. 534 Abs. 1 OR sieht das *Einstimmigkeitsprinzip* und Art. 534 Abs. 2 das Kopfstimmrecht vor. Ein Gesellschaftsbeschluss bedarf daher der Zustimmung aller Mitglieder der Planergemeinschaft, wobei auf jedes Mitglied eine Stimme entfällt. Die **Vorschriften sind freilich dispositiver Natur.**[130] *Abweichungen im Gesellschaftsvertrag* der Planergemeinschaft sind in mehrfacher Hinsicht möglich. Einerseits können an die Stelle einstimmiger Beschlüsse Mehrheitsbeschlüsse bezogen auf alle Gesellschafter treten.[131] Sodann ist es zulässig, im Gesellschaftsvertrag die Mehrheit der an der jeweiligen Abstimmung teilnehmenden Mitglieder für massgeblich zu erklären.[132] Und schliesslich steht es der Planergemeinschaft frei, für die Berechnung der Mehrheit *nicht das Kopfstimmprinzip, sondern andere Kriterien* wie insbe-

---

126 HANDSCHIN/VONZUN Zürcher Kommentar, N 40 zu Art. 534–535 OR.

127 Für weitere Einzelheiten vgl. die Darstellung bei HANDSCHIN/VONZUN, Zürcher Kommentar, N 41 zu Art. 534–535 OR.

128 HANDSCHIN/VONZUN, Zürcher Kommentar, N 48 f. zu Art. 534–535 OR.

129 Vgl. HANDSCHIN/VONZUN, Zürcher Kommentar, N 49 zu Art. 534–535 OR.

130 Vgl. HANDSCHIN/VONZUN, Zürcher Kommentar, N 90 und 99 zu Art. 534–535 OR.

131 Vgl. HANDSCHIN/VONZUN, Zürcher Kommentar, N 102 zu Art. 534–535 OR.

132 Vgl. HANDSCHIN/VONZUN, Zürcher Kommentar, N 90 zu Art. 534–535 OR.

sondere den Leistungsanteil oder auch die Gewinn- und Verlustbeteiligung und gar die Dauer der Mitgliedschaft für massgeblich zu erklären.[133]

Zur Sicherstellung der Handlungsfähigkeit und der Flexibilität einer Planerge- 14.78
meinschaft empfiehlt es sich, im Gesellschaftsvertrag eine *Mehrheitsklausel* vorzusehen.[134] Mehrheitsbeschlüsse können allerdings auch stillschweigend vereinbart werden, namentlich indem sie sich *aus einer dauernden, unwidersprochenen Übung ergeben,*[135] was in der Regel aber nur für den konkreten, möglicherweise periodisch anstehenden Beschlussgegenstand und nicht generell für sämtliche Beschlüsse gelten kann.[136]

Die Frage, ob dem vertraglich vereinbarten Mehrheitsbeschluss *Grenzen* ge- 14.79
setzt sind, ist in der Lehre neuerdings umstritten. Während die herrschende Lehre davon ausgeht, dass selbst die vertraglichen Grundlagen der Gesellschaft durch Mehrheitsbeschluss geändert werden können, sofern der Gesellschaftsvertrag dies ausdrücklich vorsieht, verlangen HANDSCHIN/VONZUN hierfür Einstimmigkeit.[137] Sie begründen dies einerseits mit der vertraglichen Natur der Personengesellschaften, die nicht auf einem von den Mitgliedern losgelösten Statut beruhen, sondern auf vertraglichen Beziehungen, die auch nach der Entstehung der Gesellschaft fortdauern und Wesen und Verständnis einer Personengesellschaft prägen. Andererseits sei nicht einzusehen, «weshalb eine Vertragsänderung, die nach den allgemeinen Regeln übereinstimmende Willenserklärungen aller Parteien erfordert (Art. 1 Abs. 1), nur deshalb gegen den Willen einzelner Gesellschafter möglich sein soll, weil sie auf dem Beschlussweg erfolgt. Richtigerweise können durch die Art des gewählten Verfahrens die materiellen Anforderungen an einen Vertragsschluss bzw. eine Vertragsänderung nicht geändert werden».[138] Diese Auffassung verdient grundsätzlich Zustimmung. Zu bedenken gilt es freilich, dass der Bauherr zu einseitigen Änderungen des Planervertrags berechtigt sein kann, welche ausnahmsweise, dann aber zwingend, einschneidende Anpassungen des Gesellschaftsvertrags nach sich ziehen. In solchen Fällen dürfte es angebracht

---

133 Vgl. HANDSCHIN/VONZUN, Zürcher Kommentar, N 92 zu Art. 534–535 OR.

134 Bemerkenswerterweise sieht dies der SIA-Gesellschaftsvertrag für Planergemeinschaft Nr. 1012/2 (2001) in Art. 16.1 seiner allgemeinen Bestimmungen nicht vor. Es gilt das Einstimmigkeitsprinzip, das allerdings durch die Einsetzung eines Gesellschaftsausschusses, dem namhafte Kompetenzen zukommen, gemildert wird.

135 Vgl. HANDSCHIN/VONZUN, Zürcher Kommentar, N 102 zu Art. 534–535 OR.

136 Vgl. HANDSCHIN/VONZUN, Zürcher Kommentar, N 102 zu Art. 534–535 OR.

137 HANDSCHIN/VONZUN, Zürcher Kommentar, N 106 zu Art. 534–535 OR.

138 HANDSCHIN/VONZUN, Zürcher Kommentar, N 106 zu Art. 534–535 OR.

sein, für die zur Erfüllung des Vertrags mit dem Bauherrn notwendigen Modifikationen Mehrheitsbeschlüsse zuzulassen.

B. Die Geschäftsführung

14.80 **1.** Der Begriff der Geschäftsführung ist weitgehend deckungsgleich mit den Begriffen der *Federführung* oder der *Gesamtleitung* gemäss SIA-Gesellschaftsvertrag für Planergemeinschaft Nr. 1012/2 (2001) bzw. SIA-Ordnung 112 (2001).[139] Geschäftsführungshandlungen, «die *nicht über den gewöhnlichen Betrieb der gemeinschaftlichen Geschäfte hinausgehen*»,[140] fallen in die Kompetenz der geschäftsführungsbefugten Mitglieder der Planergemeinschaft. Fehlt es an der vertraglichen Einsetzung eines Geschäftsführers oder sind mehrere Mitglieder der Planergemeinschaft zur Geschäftsführung berufen, so steht die Befugnis zur Vornahme von gewöhnlichen Geschäftsführungshandlungen jedem Gesellschafter bzw. allen zur Geschäftsführung berufenen Gesellschaftern je einzeln zu, ohne dass es der Mitwirkung der anderen Gesellschafter bedarf.[141] Diese sogenannte Einzelgeschäftsführungsbefugnis wird durch das Vetorecht jedes zur Geschäftsführung befugten Mitglieds der Planergemeinschaft beschränkt, solange die entsprechende Geschäftsführungshandlung nicht vollendet ist.[142]

14.81 **2.** Für die Planergemeinschaft ist diese dispositive gesetzliche Regelung unzweckmässig. Zum einen gilt es also, die **Geschäftsführungsorganisation** zu strukturieren und einen oder mehrere Geschäftsführer einzusetzen.[143] Dabei ist darauf zu achten, dass dessen bzw. deren **Kompetenzen und Aufga-**

---

139 Vgl. SIA-Ordnung 112, S. 7 und die Aufzählung der phasenunabhängigen Leistungen der Gesamtleitung auf S. 8.

140 Handschin/Vonzun, Zürcher Kommentar, N 21 zu Art. 534–535 OR.

141 Handschin/Vonzun, Zürcher Kommentar, N 21 zu Art. 534–535 OR. Vgl. auch Meier-Hayoz/Forstmoser, § 12 Nr. 52; Egli, Probleme, S. 38.

142 Vgl. Meier-Hayoz/Forstmoser, § 12 Nr. 53; Handschin/Vonzun, Zürcher Kommentar, N 183 ff. zu Art. 534–535 OR; Egli, Probleme, S. 38.

143 Vgl. dazu die grafische Darstellung bei Egli, Probleme, S. 39 sowie die stark gegliederte Organisation gemäss SIA-Gesellschaftsvertrag für Planergemeinschaft Nr. 1012/2 (2001) Art. 6.11 ff., 6.2 und 15 f., die der «komplizierten Organisationsstruktur» nach Egli entspricht und der Gesellschafterversammlung einen Gesellschafterausschuss unterordnet. Dem Ausschuss werden gewisse Kompetenzen der Gesellschafterversammlung delegiert. Er übernimmt aber auch Geschäftsführungsaufgaben.

ben festgelegt werden. Es drängen sich Regelungen für folgende Aussen- und Innenbelange auf:[144]

- Vertragsabschlüsse mit Dritten wie der Bauherrschaft, Subplanern, Beratern, Versicherungen; 14.82
- Änderungen von Verträgen mit Dritten, insbesondere mit der Bauherrschaft; Mass der zulässigen Änderungen mit Blick auf Gesellschaftszweck und Beiträge; 14.83
- Streitigkeiten mit dritten Vertragspartnern; 14.84
- Anmietung von Räumlichkeiten; 14.85
- Kommunikationsbelange (im Verhältnis zum Auftraggeber und zu Dritten); 14.86
- Rechnungs-, Honorar- und Zahlungswesen; 14.87
- Personalentscheide; 14.88
- Personalführung; 14.89
- Entscheide in Bezug auf die Rechnungsführung; 14.90
- Gewinnvorbezüge der Mitglieder der Planergemeinschaft; 14.91
- technische und gestalterische Entscheide in der Projektierungs- und in der Realisierungsphase; 14.92
- Einhaltung des Gesellschaftsvertrags, Massnahmen bei Zuwiderhandlungen; 14.93
- Streitigkeiten unter den Gesellschaftern. 14.94

Der SIA-Gesellschaftsvertrag für Planergemeinschaft Nr. 1012/2 (2001) sieht für die Geschäftsführung eine Person und einen Stellvertreter vor. Anstelle des Begriffs Geschäftsführer wird die Bezeichnung Gesamtleiter verwendet (vgl. Ziff. 6.13 SIA 1012/2).[145] Dem Gesamtleiter fallen folgende von der vorstehenden Liste abweichende oder diese ergänzende Aufgaben und Kompetenzen zu: 14.95

---

144 Die Auflistung lehnt sich an die Darstellung bei Egli, Probleme, S. 40, und in SIA-Ordnung 112, S. 8, an.

145 Die Bestimmung bezieht sich ausdrücklich auf Art. 535 OR.

14.96 – Vertretung der Planergemeinschaft gegenüber dem Auftraggeber und Dritten;

14.97 – Leitung, Organisation und Koordination aller dem Auftraggeber geschuldeten Leistungen der Planergemeinschaft;

14.98 – Überwachung der Einhaltung gesetzlicher, behördlicher und vertraglicher Vorschriften;

14.99 – Überwachung der Einhaltung des Projektzeitplanes und des Projektbudgets mit der Verpflichtung, den Gesellschafterausschuss über Abweichungen zu informieren;

14.100 – gesamte Korrespondenz, Sitzungseinladungen, Protokollführung, Berichterstattung zuhanden des Auftraggebers;

14.101 – unverzügliche Information des Gesellschaftsausschusses über wichtige Ereignisse;

14.102 – Verwaltung der Betriebsbeiträge und allfälliger weiterer Gesellschaftereinlagen.

14.103 Im Umfang der Kompetenzen, die durch Gesellschaftsvertrag der Geschäftsführung zugewiesen werden, wird die Geschäftsführungsbefugnis der anderen Mitglieder der Planergemeinschaft eingeschränkt.[146]

C. Die Vertretung und Kennzeichnung

14.104 **1.** Das vertretungsbefugte Mitglied handelt in der Regel im Namen der Planergemeinschaft – oder präziser – der Gesamtheit ihrer Mitglieder[147] und daher auch seiner selbst.[148] Nicht nötig ist, dass dabei jedes Mitglied einzeln genannt wird.[149] Es genügt vielmehr, die gebräuchliche und pragmatische Angabe einer «Kurz-, Sammel- oder Fantasiebezeichnung»[150] wie «Planerteam Spital Reigoldswil» oder «INGE Tunnel Bettingen». Naheliegend und

---

146 EGLI, Probleme, S. 40 f.

147 Vgl. MEIER-HAYOZ/FORSTMOSER, § 12 Nr. 62; HANDSCHIN/VONZUN, Zürcher Kommentar, N 9 zu Art. 543.

148 Vgl. HANDSCHIN/VONZUN Zürcher Kommentar, N 9 zu Art. 543 OR.

149 HANDSCHIN/VONZUN, Zürcher Kommentar, N 10 zu Art. 543 OR.

150 HANDSCHIN/VONZUN, Zürcher Kommentar, N 10 zu Art. 543 OR; vgl. auch MEIER-HAYOZ/FORSTMOSER, § 12 f. Nr. 72 f.; der SIA-Gesellschaftsvertrag für Planergemeinschaft Nr. 1010/2 verwendet den Begriff «Kurzbezeichnung».

der Klarheit dienlich ist, wenn *die verwendete Bezeichnung mit derjenigen in den Vertragsgrundlagen übereinstimmt.* Das darf nun aber nicht darüber hinwegtäuschen, dass die Planergemeinschaft keine Firma hat.[151]

2. Auch wenn das Gesetz die Geschäftsführung und die Vertretung der einfachen Gesellschaft in den Art. 535 und 543 OR getrennt behandelt, so wird die Vertretung nach herrschender Auffassung doch der Geschäftsführung i.w.S. zugerechnet.[152] Denn «zur Geschäftsführung gehört jede auf die Zweckverfolgung gerichtete rechtliche oder tatsächliche Exekutivmassnahme, unabhängig davon, ob sie das Innen- oder das Aussenverhältnis betrifft».[153] Die Vertretung ist mithin derjenige Teil der Geschäftsführungstätigkeit, der das rechtsgeschäftliche Aussenhandeln betrifft.[154] Auch schon Art. 543 Abs. 3 OR verbindet die Geschäftsführung i.e.S. und die Geschäftsführung i.w.S. dahingehend, als «er die Vermutung aufstellt, dass ein Gesellschafter, dem die Geschäftsführung im Innenverhältnis überlassen wurde, auch im Aussenverhältnis die Vollmacht hat, die Gesellschaft oder sämtliche Gesellschafter zu vertreten».[155] Allerdings gilt diese Vermutung im umgekehrten Sinne nicht. So kann nicht etwa aus der Bauleitungsfunktion eines Mitglieds der Planergemeinschaft geschlossen werden, diesem stehe auch die Geschäftsführungsbefugnis zu.[156] 14.105

3. Die **Vollmachtsvermutung** zugunsten des geschäftsführenden Mitglieds der Planergemeinschaft wirkt sich im Innen- wie im Aussenverhältnis aus. Neben aussenstehenden Dritten, die sich darauf berufen können, kann sich auch der handelnde Geschäftsführer gegenüber seinen Mitgesellschaftern auf 14.106

---

151 Vgl. MEIER-HAYOZ/FORSTMOSER, § 12 Nr. 72; siehe aber die Ausführungen bei VONZUN, Nr. 779, wonach die Firma bei der kaufmännischen einfachen Gesellschaft durch die von ihm postulierte analoge Anwendung des Rechts der Kollektivgesellschaft nach deren Regeln zu bilden ist. Das würde freilich bedeuten, dass der Kurz-, Sammel- oder Fantasiebezeichnung die Firma bzw. der Familienname wenigstens eines Mitglieds der Planergemeinschaft mit einem das Gesellschaftsverhältnis andeutenden Zusatz enthalten müsste. Zur analogen Anwendung des Kollektivgesellschaftsrechts vgl. auch HANDSCHIN/VONZUN, Zürcher Kommentar, N 88 zu Art. 530 OR.

152 Vgl. HANDSCHIN/VONZUN, Zürcher Kommentar, N 140 zu Art. 534–535 OR.

153 HANDSCHIN/VONZUN, Zürcher Kommentar , N 140 zu Art. 534–535 OR.

154 HANDSCHIN/VONZUN, Zürcher Kommentar, N 143 zu Art. 534–535 OR; zum Verhältnis zwischen Vertretung und Willensbildung der einfachen Gesellschaft vgl. HANDSCHIN/VONZUN, Zürcher Kommentar, N 7 zu Art. 534–535 OR.

155 EGLI, Baukonsortium, S. 46.

156 Vgl. BGE 118 II 318.

sie stützen.[157] Während die Tragweite der Vollmachtsvermutung im Innenverhältnis unumstritten ist, wird sie für das Aussenverhältnis kontrovers beurteilt.[158] Uneins ist man sich namentlich über die Frage, ob die Vollmachtsvermutung widerlegbar oder unwiderlegbar ist.[159] Im Einklang mit der älteren Doktrin hat das Bundesgericht entschieden, die Vermutung sei gegenüber einem bösgläubigen Dritten widerlegbar und gegenüber einem gutgläubigen Dritten unwiderlegbar.[160] Dem hält die jüngere und nunmehr vorherrschende Lehre entgegen, Art. 543 Abs. 3 OR sehe lediglich eine Beweislastumkehr vor.[161] Diese Auffassung wird von HANDSCHIN/VONZUN neuerdings dahingehend verfeinert, als bei den typischen einfachen Gesellschaften Widerlegbarkeit gegeben ist und bei der atypischen, kaufmännischen (Nr. 14.31) einfachen Gesellschaft aufgrund eines verstärkten Verkehrsschutzinteresses eine unwiderlegbare Vollmachtsvermutung besteht.[162]

14.107 Nach der hier vertretenen Auffassung sind klassische Planergemeinschaften indessen nicht «atypisch», stellen also keine kaufmännischen einfachen Gesellschaften dar. Daraus muss sich m.E. im Einklang mit der neueren Doktrin ergeben, dass *die Vollmachtsvermutung grundsätzlich widerlegbar* ist und die nicht handelnden Mitglieder der Planergemeinschaft zum Nachweis zugelassen sind, «dass dem Geschäftsführer die Vornahme der betreffenden Handlung (ausdrücklich oder stillschweigend) untersagt war»,[163] es sei denn, der Hauptvertrag enthalte eine klare anderslautende Regelung.[164]

---

157 Vgl. MEIER-HAYOZ/FORSTMOSER, § 12 Nr. 64; EGLI, Baukonsortium, S. 46.

158 HANDSCHIN/VONZUN, Zürcher Kommentar, N 30 zu Art. 543 OR.

159 Vgl. EGLI, Baukonsortium, S. 46.

160 BGE 124 III 355; vgl. EGLI, Baukonsortium, S. 46; HANDSCHIN/VONZUN, Zürcher Kommentar, N 39 zu Art. 543 OR.

161 Vgl. die Hinweise bei HANDSCHIN/VONZUN, Zürcher Kommentar, N 40 zu Art. 543 OR.

162 Vgl. HANDSCHIN/VONZUN, Zürcher Kommentar, N 46 f. zu Art. 543 OR; die Begründung der Unwiderlegbarkeit stimmt bei HANDSCHIN/VONZUN freilich nicht mit derjenigen des Bundesgerichts überein, sondern ergibt sich vielmehr aus der integralen analogen Anwendung des Kollektivgesellschaftsrechts auf die kaufmännische einfache Gesellschaft.

163 HANDSCHIN/VONZUN, Zürcher Kommentar, N 39 zu Art. 543 OR.

164 Wie etwa Art. 4.2 der allgemeinen Vertragsbedingungen GIMAP-KBOB für Planerleistungen (2008).

2. Vergütungen, Drittgeschäfte, Gewinn und Verlust

In der arbeitsteiligen Planergemeinschaft, die dadurch geprägt ist, dass die einzelnen (Fach-)Planer nach Art und Umfang unterschiedliche Beiträge erbringen, ist die dispositive Gesetzesregelung von Art. **533 Abs. 1 OR, wonach jeder Gesellschafter gleichen Anteil an Gewinn und Verlust hat, unzweckmässig** und meist wohl auch unbillig. Die Anteile an Gewinn und Verlust müssen also im Gesellschaftsvertrag ausdrücklich bestimmt werden.[165] Auch die Regel von Art. 533 Abs. 3, die es ausdrücklich erlaubt, einen Gesellschafter, dessen Beitrag in der Leistung von Arbeit besteht, von der Verlustbeteiligung zu entbinden, scheint für die Planergemeinschaft ohne grossen Belang; in der Regel erbringen alle Mitglieder der Planergemeinschaft Arbeitsleistungen, seien es auch nur «interne» in Form der Buchführung oder rein administrativer Arbeiten. Und schliesslich zeigt auch die dispositive Bestimmung von Art. 537 Abs. 3 OR, wonach dem Gesellschafter für seine persönlichen Bemühungen (also Arbeitsleistungen[166]) keine Vergütungsansprüche zustehen, dass abweichende vertragliche Regelungen nötig sind. 14.108

Anspruchsberechtigt aus Art. 537 OR sind nach vorherrschender Auffassung nur Geschäftsführer oder Gesellschafter, denen zur Abwendung einer drohenden Gefahr eine Notgeschäftsführungsbefugnis zukommt.[167] Anderer Auffassung scheint Egli[168] zu sein, der bei Unternehmer- und Planerkonsortien der «Vergütung der Beiträge der einzelnen Gesellschafter im Gesellschaftsvertrag die grössere Bedeutung» beimisst als der Beteiligung am Gewinn. Das deutet darauf hin, dass Egli eine Vergütung genereller Arbeitsleistungen der Gesellschafter in vertraglicher Abänderung von Art. 537 Abs. 3 OR für denkbar hält. Die systematische Stellung und – soweit ersichtlich – auch die Entstehungsgeschichte von Art. 537 OR sprechen in der Tat nicht für 14.109

[165] Vgl. auch Meier-Hayoz/Forstmoser, § 12 Nr. 43 oder Handschin/Vonzun, Zürcher Kommentar, N 44 zu Art. 533 OR: «Ein stillschweigend vereinbarter Verteilschlüssel, der auf die Höhe der geleisteten Beiträge abstellt, ist nur mit Zurückhaltung anzunehmen. Namentlich bei bewussten Gesellschaftsbildungen unter Geschäftsleuten kann den Parteien zugemutet werden, die Frage der Gewinn- und Verlustbeteiligung, soll nicht der dispositive gesetzliche Verteilschlüssel zur Anwendung gelangen, im Gesellschaftsvertrag ausdrücklich zu regeln.»

[166] Vgl. Handschin/Vonzun, Zürcher Kommentar, N 48 ff. zu Art. 537 OR.

[167] Vgl. Siegwart, Zürcher Kommentar, N 12 zu Art. 537 OR; Handschin/Vonzun, Zürcher Kommentar, N 6, N 37 und N 48 zu Art. 537 OR; weniger deutlich zum Anwendungsbereich von Art. 537 OR Fellmann/Müller, Berner Kommentar, N 9 ff. zu Art. 537 OR.

[168] Baukonsortium, S. 48 f.

eine Beschränkung auf die Geschäftsführungstätigkeit. Art. 537 OR steht unter dem Titel «Verhältnis der Gesellschafter unter sich» und dem Untertitel «Verantwortlichkeit unter sich». Für die Beschränkung auf die Geschäftsführungstätigkeit mag der Wortlaut von Art. 537 Abs. 1 sprechen, der streng genommen freilich nur den Ausgleich von Verlusten auf die Geschäftsführungstätigkeit einschränkt, den Ersatz von Auslagen oder Verbindlichkeiten, die ein Gesellschafter «macht oder eingeht», aber generell vorsieht. Weiterer Rückhalt kommt aber der herrschenden Auffassung durch den Wortlaut von Art. 538 Abs. 3 OR zu, wonach *nur der geschäftsführende Gesellschafter,* der (im Gegensatz zur Regelung in Art. 537 Abs. 3 OR) für seine Tätigkeit eine Vergütung bezieht, nach den strengeren Bestimmungen über den Auftrag haftet. Dass die Einschränkung vom Gesetzgeber durchdacht und gewollt ist, scheint indessen nicht wirklich nachweisbar zu sein. Auch die jüngeren Kommentare scheinen die Frage bisweilen zu übergehen, wenn es etwa bei FELLMANN/MÜLLER[169] heisst, Art. 537 Abs. 3 OR stelle den Grundsatz auf, dass die *Gesellschafter* für persönliche Bemühungen keinen Anspruch auf besondere Vergütung haben, die Regelung allerdings dispositiver Natur sei, weshalb die Gesellschafter berechtigt seien, für *ihre Arbeitsleistungen* ein besonderes Entgelt zu vereinbaren.[170] Oder bestehen doch Zweifel? In der Tat wäre es gerade bei Planergemeinschaften und generell bei den arbeitsteiligen Konsortien im Bauwesen dienlich, für Arbeitsleistungen generell ein besonderes Entgelt nach Art. 537 Abs. 3 OR vorzusehen.

A. Besondere Vergütungen und Drittgeschäfte

14.110 **1.** Für die Planergemeinschaft ist die Einsetzung eines Geschäftsführers und damit der gleichzeitige Ausschluss der Geschäftsführungsbefugnis der anderen Mitglieder aus praktischer Sicht gänzlich unabdingbar (Nr. 14.81). Den geschäftsführungsbefugten Personen entsteht allerdings regelmässig beträchtlicher Mehraufwand. Dennoch bestimmt Art. 537 Abs. 3 OR, dass den Gesellschaftern für ihre *persönlichen Bemühungen kein Anspruch auf besondere Vergütung* zusteht. Mehr noch: Nach der Vorstellung des Gesetzgebers ist jedes Tätigwerden eines Gesellschafters und mithin auch die Geschäftsführungstätigkeit Ausfluss seiner Gesellschafterstellung und damit keine ent-

[169] Berner Kommentar, N. 8 zu Art. 537 OR.

[170] Hervorhebung durch den Autor; vgl. ferner FELLMANN/MÜLLER, Berner Kommentar, N 212 ff. zu Art. 537 OR.

geltliche Dienstleistung.[171] Für die Leistungen, die die Gesellschafter für die Gesellschaft erbringen, sollen ihnen der Anteil am Gewinn oder zumindest die Aussicht darauf Entschädigung bieten.[172]

2. Der Gesellschaftsvertrag kann eine *abweichende Regelung* enthalten und dem Geschäftsführenden eine besondere, *über die gesetzliche Gewinnbeteiligung hinausgehende Entschädigung* zusprechen.[173] Dabei kann es sich einerseits um eine *Gewinnverteilungsabrede* handeln, mit der sich eine prozentuale Erhöhung der Gewinnquote oder ein festes und erfolgsunabhängiges «Gewinnvoraus» verbindet. Es kann aber andererseits auch eine *aussergesellschaftliche Honorarabrede* getroffen werden, die dem entsprechenden Mitglied der Planergemeinschaft einen gewinnunabhängigen Entschädigungsanspruch für die erbrachten Dienstleistungen zugesteht.[174] 14.111

3. Die Vereinbarung eines «Gewinnvoraus» und die Verabredung einer aussergesellschaftlichen Honorarabrede *belasten die Erfolgsrechnung der Planergemeinschaft.*[175] Während das Gewinnvoraus eine privilegierte Gewinnbeteiligung darstellt, verschafft die aussergesellschaftliche Honorarabrede einen Entschädigungsanspruch für eine Leistung, die das Mitglied der Planergemeinschaft als Drittperson erbringt.[176] Beides muss auch dann ausgerichtet werden, «wenn der Gewinn hinter der Höhe der Vergütung zurückbleibt oder die Gesellschaft einen Verlust erleidet (mit der Folge, dass auf die übrigen Gesellschafter ein erhöhter Verlustanteil entfällt).»[177] 14.112

4. Auch wenn aufgrund der zahlreichen Hinweise in der Lehre davon ausgegangen werden muss, dass sich das Gesetz nur über die Vergütung von Arbeit im Rahmen der Geschäftsführungstätigkeit äussert (vgl. Nr. 14.110) und «für besondere Arbeitsleistungen (wenn diese nicht Ausfluss eines speziellen Arbeitsvertrags, Auftrags oder eines anderen schuldrechtlichen Vertragsver- 14.113

---

171 Vgl. FELLMANN/MÜLLER, Berner Kommentar, N 207 zu Art. 537 OR; HANDSCHIN/VONZUN, Zürcher Kommentar, N 48 zu Art. 537 OR.

172 Vgl. FELLMANN/MÜLLER, Berner Kommentar, N 207 zu Art. 537 OR; HANDSCHIN/VONZUN, Zürcher Kommentar, N 48 zu Art. 537 OR; HANDSCHIN/VONZUN, Zürcher Kommentar, N 7 zu Art. 537 OR; COTTIER/CREVOISIER, S. 40.

173 Vgl. HANDSCHIN/VONZUN, Zürcher Kommentar, N 49 zu Art. 537 OR.

174 Vgl. FELLMANN/MÜLLER, Berner Kommentar, N 219 ff. zu Art. 537 OR; COTTIER/CREVOISIER, S. 40.

175 Vgl. HANDSCHIN/VONZUN, Zürcher Kommentar, N 50 f. zu Art. 537 OR.

176 Vgl. HANDSCHIN/VONZUN, Zürcher Kommentar, N 51 zu Art. 537 OR.

177 HANDSCHIN/VONZUN, Zürcher Kommentar, N 53 zu Art. 537 OR.

hältnis sind) im Allgemeinen kein eigener Vergütungsanspruch»[178] besteht, *muss die vertragliche Abrede einer «innergesellschaftlichen» Entschädigung für die anderen Arbeitsleistungen der Gesellschafter – und mithin für die üblichen Fachplanerleistungen in der arbeitsteiligen Planergemeinschaft – richtigerweise zulässig sein.* Dabei gilt es freilich zu beachten, dass solche Vergütungen regelmässig unter dem Vorbehalt stehen müssen, dass die Planergemeinschaft am Ende nicht ohne Gewinn oder gar mit einem Verlust abschliesst. **Im Zweifel ist deshalb nicht auf eine gewinnunabhängige Entschädigung zu schliessen;** wollen die Gesellschafter eine erfolgsunabhängige Vergütung vorsehen, so haben sie diesen Willen unmissverständlich zum Ausdruck zu bringen.[179] Insofern handelt es sich bei der in Ziff. 5 und Ziff. 14.1 und 14.2 des SIA-Gesellschaftsvertrags für Planergemeinschaft Nr. 1012/2 (2001) getroffenen Lösung vermutungsweise um eine (vorgezogene) *Gewinnausschüttung bzw. um Auszahlungen akonto Gewinn,* wenn dort von «Entschädigung für *Gesellschafterleistungen»* die Rede ist.

B. Teilung von Gewinn und Verlust

14.114 **1.** Der Begriff des *Gesellschaftsgewinns* ergibt sich zunächst aus Art. 532 OR. Auch wenn der Artikel weitgehend programmatischer Natur ist,[180] so kommt ihm für die Abgrenzung zwischen «der Individual- und der Gesellschaftssphäre und der entsprechenden Zuordnung der Ergebnisse der Tätigkeit für die Gesellschaft» massgebliche Bedeutung zu.[181] Der von Art. 532 OR verwendete Begriff des Gewinns ist in einem weiten, untechnischen und nicht in einem betriebswirtschaftlichen Sinn zu verstehen, und zwar dahingehend, dass darunter *jeder irgendwie geartete Vorteil oder Nutzen materieller oder immaterieller Natur* fällt, der mit der Tätigkeit der Planergemeinschaft zusammenhängt, also nicht nur der reine finanzielle Erfolg der Bemühungen eines Gesellschafters.[182] Jeden Gewinn im Sinne von Art. 532 OR, so etwa

---

[178] MEIER-HAYOZ/FORSTMOSER, § 12 Nr. 46.

[179] Vgl. FELLMANN/MÜLLER, Berner Kommentar, N 220 zu Art. 537 OR mit weiteren Verweisen; HANDSCHIN/VONZUN, Zürcher Kommentar, N 52 zu Art. 537 OR mit weiteren Verweisen.

[180] Vgl. FELLMANN/MÜLLER, Berner Kommentar, N 21 zu Art. 532 OR; HANDSCHIN/VONZUN, Zürcher Kommentar, N 1 zu Art. 532 OR.

[181] HANDSCHIN/VONZUN, Zürcher Kommentar, N 4 zu Art. 532 OR.

[182] Vgl. FELLMANN/MÜLLER, Berner Kommentar, N 25 zu Art. 532 OR; HANDSCHIN/VONZUN, Zürcher Kommentar, N 4 zu Art. 532 OR.

auch Immaterialgüterrechte, hat der Gesellschafter, der ihn entgegen nimmt, *an die Gesellschaft «abzuliefern»*.

2. Demgegenüber ist der Begriff «Gewinn» im Sinne von Art. 533 OR eine *in Geld messbare Grösse* und daher betriebswirtschaftlich geprägt.[183] «Gewinn ist der Betrag, um welchen die Aktiven der Gesellschaft die Passiven in einem bestimmten Zeitraum übersteigen»;[184] «Verlust ist der Betrag, um welchen die Einlagen und Schulden in einem bestimmten Zeitraum die Aktiven übersteigen».[185] Unter die Aktiven fallen alle im Aussenverhältnis erworbenen Vermögenswerte und Rechte, die intern geleisteten oder geschuldeten Beiträge der Mitglieder sowie allfällige Schadenersatzansprüche gemäss Art. 538 OR.[186] Zu den Passiven zählen die Gesellschaftsschulden gegenüber Dritten (unter Einschluss derjenigen aus Drittgeschäften mit den Mitgliedern) und die Kapitalanteile der Gesellschafter.[187] Der Kapitalanteil weist den *jeweiligen Stand* der Beteiligung der Gesellschafter an der Planergemeinschaft aus.[188] Er ist mithin «eine variable Bilanz- bzw. Rechnungsziffer».[189] Der Kapitalanteil besteht zu Beginn der Planergemeinschaft aus den allenfalls von den Mitgliedern eingebrachten Einlagen und verändert sich im Laufe der Zeit um die Summe der auf die einzelnen Mitglieder entfallenden Gewinne, Zinsen und Honorare, abzüglich der Verluste und der Entnahmen aus dem Gesellschaftsvermögen.[190] 14.115

3. Worum handelt es sich nun aber bei der für Planergemeinschaften typischen Entschädigung, die sich die einzelnen Mitglieder der Gesellschaft gestützt auf *periodische Rechnungen bzw. Zahlungsgesuche* ausbezahlen lassen?[191] Nachdem eine besondere Vergütung gemäss Art. 537 Abs. 3 OR mangels ausdrücklicher Regelung ausscheiden dürfte (Nr. 14.110), kommen 14.116

---

[183] Vgl. FELLMANN/MÜLLER, Berner Kommentar, N 26 zu Art. 532 OR.

[184] HANDSCHIN/VONZUN, Zürcher Kommentar, N 29 zu Art. 533 OR.

[185] HANDSCHIN/VONZUN, Zürcher Kommentar, N 34 zu Art. 533 OR.

[186] Vgl. HANDSCHIN/VONZUN, Zürcher Kommentar, N 30 zu Art. 533 OR; FELLMANN/MÜLLER, Berner Kommentar, N 106 zu Art. 533 OR.

[187] Vgl. HANDSCHIN/VONZUN, Zürcher Kommentar, N 30 zu Art. 533 OR; FELLMANN/MÜLLER, Berner Kommentar, N 107 zu Art. 533 OR.

[188] Vgl. FELLMANN/MÜLLER, Berner Kommentar, N 72 zu Art. 544 OR.

[189] HANDSCHIN/VONZUN, Zürcher Kommentar, N 32 zu Art. 544 OR.

[190] Vgl. HANDSCHIN/VONZUN, Zürcher Kommentar, N 32 zu Art. 544 OR.

[191] Vgl. Ziff. 14.1 f. SIA-Gesellschaftsvertrag für Planerleistung Nr. 1012/2 (2001).

neben einem Drittgeschäft nur eine periodische (vorzeitige) Gewinnausschüttung oder eine gewinnunabhängige Entnahme infrage.[192]

14.117 Obwohl der Gewinnanspruch nach der gesetzlichen Regelung erst nach Auflösung der Gesellschaft entsteht,[193] wird bei einfachen Gesellschaften, die nicht nur reine Gelegenheitsgesellschaften darstellen und auf eine Dauer von mehr als einem Geschäftsjahr angelegt sind, ein *Anspruch auf periodische Gewinnausschüttung angenommen.*[194] Allerdings setzt die Entstehung des Gewinnanspruchs dann einen Gesellschaftsbeschluss über die Richtigkeit und Vollständigkeit der Buchführung voraus.[195] Dies dürfte indessen regelmässig nicht den Vorstellungen der Mitglieder der Planergemeinschaft entsprechen. Vielmehr gehen sie davon aus, die an die Planergemeinschaft gestellten Rechnungen würden nach einer Prüfung durch den Geschäftsführer bzw. den Gesamtleiter[196] beglichen, zumindest soweit es die Liquidität der Gesellschaft zulässt. Obwohl dem Recht der einfachen Gesellschaft gewinn-

---

192 So auch TAORMINA, Nr. 168 für die Losgemeinschaft: «Die Vergütung ist Gewinn oder Überschuss». Der SIA-Gesellschaftsvertrag für Plangemeinschaft Nr. 1012/2 (2001) führt in dieser Hinsicht nicht weiter. Ziff. 3.2 bietet die Wahl zwischen Gewinn- und Verlustanteilen nach in Ziff. 3.1 zuvor festgelegten Quoten oder im Verhältnis der tatsächlichen Beiträge im Zeitpunkt der Liquidation. Die Beitragsarten sind in Ziff. 4 umschrieben; zu ihnen zählen auch die Arbeitsleistungen der Gesellschafter. Die Beiträge führen im System des SIA-Gesellschaftsvertrags zwingend zu einer von ihnen abhängigen Entschädigung (vgl. Ziff. 14, Anh. 1, Anh. 3). Ob diese akonto Gewinn oder unabhängig davon ausgerichtet wird, bleibt m.E. unklar. Aus dem Umstand, dass Ziff. 14.3 festhält, «eine weitergehende Entschädigung für besondere Gesellschafterleistungen (z.B. Gesamtleiter, Gesellschaftsausschuss usw.) ist in Anhang 3 besonders zu regeln. Soweit keine besonderen Entschädigungen festgelegt werden, besteht kein Anspruch auf eine besondere Vergütung», könnte geschlossen werden, nur die «besondere Vergütung» stelle eine solche gemäss Art. 537 Abs. 3 OR dar, während die «normale» Entschädigung eine Entnahme im oben beschriebenen Sinn ist.

193 Vgl. HANDSCHIN/VONZUN, Zürcher Kommentar, N 70 zu Art. 533 OR; FELLMANN/MÜLLER, Berner Kommentar, N 147 zu Art. 533 OR.

194 Vgl. HANDSCHIN/VONZUN, Zürcher Kommentar, N 71 zu Art. 533 OR, die den Anspruch in Anlehnung an das deutsche Recht bejahen; demgegenüber nehmen FELLMANN/MÜLLER, Berner Kommentar, N 148 zu Art. 533 OR an, die periodische Gewinnverteilung könne sich bei Gesellschaften mit kontinuierlicher Geschäftstätigkeit von unbestimmter Dauer aus einer analogen Anwendung des Kollektivgesellschaftsrechts ergeben, selbst wenn die Gesellschafter keine spezielle Regelung getroffen haben.

195 Vgl. HANDSCHIN/VONZUN, Zürcher Kommentar, N 72 zu Art. 533 OR.

196 Vgl. Ziff. 14.2 SIA-Gesellschaftsvertrag für Planergemeinschaft, wo sogar davon ausgegangen wird, dass der Gesamtleiter *aufgrund* der Rechnungen der einzelnen Gesellschafter die Gesamtrechnung zuhanden des Auftraggebers erstellt.

unabhängige Entnahmen fremd sind,[197] wird aus dem Gesellschaftsvertrag einer Planergemeinschaft, in dem periodische Rechnungsstellungen für die Arbeitsleistungen der Gesellschafter ausdrücklich vorgesehen sind, die Abmachung einer gewinnunabhängigen Entnahme zu folgern sein.[198]

V. Die Haftung bei Planergemeinschaften

Mit der Haftung der Gesellschafter bei der einfachen Gesellschaft im Einzelnen befasst sich der Beitrag von KRAUSKOPF (Nr. 15.127 ff.). An dieser Stelle seien nur wenige Merkpunkte hervorgehoben: 14.118

1. In Bezug auf die Haftung für Gesellschaftsschulden wird das die einfache Gesellschaft ansonsten beherrschende Gesamthandprinzip durchbrochen. An seine Stelle tritt im Interesse der Gläubiger das Prinzip der Solidarität. Den Gläubigern soll nicht zugemutet werden, die Gesamtheit der Gesellschafter ins Recht fassen zu müssen.[199] Die solidarische Verpflichtung zur Erbringung der gesamten von der Planergemeinschaft versprochenen Leistung trifft jedes Mitglied, sei sein Beitrag im Verhältnis zur Gesamtleistung auch noch so untergeordnet. Von ihr betroffen ist mithin auch etwa der regionale Planer, der den anderen, national oder international tätigen Mitgliedern der Planergemeinschaft durch seine Mitwirkung in erster Linie als «Türöffner» zur Erlangung des Zuschlags dient.[200] 14.119

Die gesetzliche Regelung ist unzweideutig. Allerdings darf nicht übersehen werden, dass sich für den Auftraggeber durch die solidarische Haftbarkeit der Planergemeinschaft ein markanter kommerzieller Vorteil ergeben kann. Dies ist zumindest dann der Fall, wenn der Auftraggeber ein Generalplanermandat zu vergeben hat und den offerierenden einzelnen Planer dazu zwingt, mit seinen ursprünglichen Subplanern eine Planergemeinschaft zu bilden. Anstelle des Haftungssubstrats des einzelnen Planers steht ihm dann eine breitere Haftungsbasis zur Verfügung. 14.120

---

[197] Vgl. HANDSCHIN/VONZUN, Zürcher Kommentar, N 73 zu Art. 533 OR.

[198] HANDSCHIN/VONZUN, Zürcher Kommentar, N 73 zu Art. 533 OR sowie HANDSCHIN/CHOU, Zürcher Kommentar, N 87 ff. zu Art. 558–560 OR.

[199] MEIER-HAYOZ/FORSTMOSER, § 12 Nr. 33; HANDSCHIN/VONZUN, Zürcher Kommentar, N 44 zu Art. 544 OR.

[200] Vgl. in Bezug auf den regionalen Unternehmer als Mitglied eines Unternehmerkonsortiums GAUCH, Werkvertrag, Nr. 247.

14.121 Zweifel ergeben sich aber möglicherweise an der herkömmlichen Begründung der solidarischen Haftung bei der einfachen Gesellschaft. Inwiefern es den Gläubigern nicht zumutbar sein soll, die *Gesamtheit der Gesellschafter ins Recht zu fassen,* leuchtet in der Tat nicht ein. Der Gläubiger hat es bei einfachen Gesellschaften, mit denen er sich vertraglich binden will, in der Hand, eine *Gerichtsstandsvereinbarung* zu treffen und bei internationalen Verhältnissen das *anwendbare Recht* zu bestimmen. Im Rahmen von Verträgen mit Planergemeinschaften dürfte die Gerichtsstandsklausel ohnehin die Regel darstellen.[201] Hinzu tritt die bemerkenswerte Feststellung, dass die *zweistufige Haftung der Kollektivgesellschaft* in der Lehre nicht nur als Haftungserleichterung für die Gesellschafter gesehen wird, sondern *auch als Vorteil der Gesellschaftsgläubiger,*[202] *zumal sich diese, ohne sich um das interne Verhältnis der Gesellschafter kümmern zu müssen, an die Gesellschaft halten können.*[203]

14.122 Freilich ist die solidarische Haftung an sich dispositives Recht. Insofern hat es auch die Planergemeinschaft in der Hand, einen Planervertrag mit modifizierter Haftungsregelung anzubieten.[204] Das aber setzt voraus, dass die Kräfteverhältnisse zwischen Anbieter und Abnehmer der Planerleistung einigermassen ausgeglichen sind oder die Planer gar die Oberhand haben. Schon Art. 544 Abs. 3 OR selbst lässt die Möglichkeit *abweichender Vereinbarungen* zu. Um Wirkung zu entfalten, muss eine solche abweichende Vereinbarung allerdings das *Aussenverhältnis* der Planergemeinschaft beschlagen. Mithin muss **in den Verträgen mit dem Auftraggeber oder mit Lieferanten und Subplanern von der solidarischen Haftung abgewichen werden.** Die fehlende Aussenwirkung einer Abkehr von der solidarischen Haftung im (internen) Gesellschaftsvertrag wird als «Folge der im Recht der einfachen Gesellschaft fehlenden Kapitalbildungs- und -schutzvorschriften» gesehen;[205] ein Umstand, der freilich auch auf die Kollektivgesellschaft zutrifft.[206]

---

201 Vgl. etwa Ziffer 13.2 des SIA-Planervertrags Nr. 1010/1 (2001), wo freilich von den beiden Alternativen diejenige angekreuzt werden müsste, wonach die ordentlichen Gerichte am Sitz der Auftraggeberin zuständig sind.

202 Vgl. etwa HANDSCHIN/VONZUN, Zürcher Kommentar, N 10 zu Art. 568–569 OR.

203 Vgl. HANDSCHIN/VONZUN, Zürcher Kommentar, N 10 zu Art. 568–569 OR.

204 Zu alternativen Haftungsregelungen siehe etwa die SIA-Checkliste zum Planervertrag 1012/1 (2001) zur SIA-Ordnung 112 (Leistungsmodell), sowie GAUCH, Vertragsrecht, S. 21 f.

205 HANDSCHIN/VONZUN, Zürcher Kommentar, N 85 zu Art. 544 OR.

206 Vgl. HANDSCHIN/CHOU, Zürcher Kommentar, N 5 zu Art. 568–569 OR.

2. Die Mitglieder der Planergemeinschaft haften nicht nur solidarisch, sondern auch *primär* – es haftet also nicht zuerst die Gesellschaft – und mit ihrem jeweiligen Vermögen in unbeschränkter Höhe.[207] Nur nach der von VONZUN geprägten und von HANDSCHIN/VONZUN übernommenen Auffassung, wonach auf die kaufmännische einfache Gesellschaft, der nicht nur natürliche Personen angehören, analog die Regeln der Kollektivgesellschaft zur Anwendung gelangen,[208] tritt an die Stelle der primären Haftung die Subsidiarität, d.h. «das Nacheinander von Gesellschafts- und Gesellschafterhaftung».[209] 14.123

3. Auch für so genannte *Drittgeschäften* der Planergemeinschaft mit einzelnen Mitgliedern[210] gilt die Haftungsregelung von Art. 544 Abs. 3 OR. Uneins ist die Lehre aber in Bezug auf die Frage, ob dem Gesellschafter, welcher ein solches Drittgeschäft mit der Gesellschaft abgeschlossen hat, ein Anspruch auf ungekürzte Leistung der Gesellschaft zusteht oder ob seine Forderung infolge Vereinigung im Umfang seines Verlustanteils erlischt.[211] 14.124

4. Die einzelnen Mitglieder der Planergemeinschaft haften gegenüber dem Auftraggeber für Verletzungen des gemeinsamen Planervertrags durch ihre Mitgesellschafter, «weil bei der Vertragserfüllung *jedes Mitglied als Erfüllungsgehilfe der anderen* handelt» (Art. 101 OR).[212] 14.125

5. Keine Haftung trifft die Mitglieder der Planergemeinschaft indessen für *unerlaubte Handlungen* eines anderen Gesellschafters. Das ist eine Folge der bei der einfachen Gesellschaft anwendbaren Regeln des Stellvertre- 14.126

---

207 Vgl. MEIER-HAYOZ/FORSTMOSER, § 12 Nr. 31 und Nr. 69.

208 Vgl. VONZUN, Nr. 775 ff.

209 HANDSCHIN/CHOU, Zürcher Kommentar, N 29 zu Art. 568–569 OR.

210 Zum Begriff des Drittgeschäfts einlässlich FELLMANN/MÜLLER, Berner Kommentar, N 22 ff. zu Art. 531 OR.

211 Dafür mit FELLMANN/MÜLLER, Berner Kommentar, N 118 zu Art. 544 OR, soweit ersichtlich die herrschende Lehre; dagegen mit einleuchtender Begründung HANDSCHIN/VONZUN, Zürcher Kommentar, N 92 f. zu Art. 544 OR. Allerdings gilt es zu ergänzen: mit Recht weisen FELLMANN/MÜLLER, Berner Kommentar, N 24 zu Art. 531 OR, darauf hin, dass in der Durchsetzung des Anspruchs aus einem Drittgeschäft etwa dann eine Verletzung der gesellschaftsrechtlichen Treuepflicht erblickt werden kann, wenn sie die Erreichung des Gesellschaftszwecks gefährdet.

212 GAUCH, Werkvertrag, Nr. 248; ausdrücklich zur Planergemeinschaft FELLMANN/MÜLLER, Berner Kommentar, N 126 zu Art. 544 OR; vgl. auch HANDSCHIN/VONZUN, Zürcher Kommentar, N 94 f. zu Art. 544 OR; vgl. auch SCHUMACHER, Architektenrecht 1995, Nr. 717.

tungsrechts, weil es für unerlaubte Handlungen keine Stellvertretung geben kann.[213]

VI. Ausgewählte Sonderfragen

1. Zu den immateriellen Rechten

14.127 Mit dem Immaterialgüterrecht der Planer befasst sich der Beitrag von SCHLUEP/WENGER BERGER (Nr. 17.1 ff.).[214]

14.128 **1.** Der SIA-Gesellschaftsvertrag für Planergemeinschaft sieht in Ziff. 24 vor, dass die *Urheberrechte* an Plänen und weiteren Dokumenten dem Gesellschafter «gehören», von dem sie stammen, soweit keine anderweitige Vereinbarung getroffen wurde. Da Art. 532 OR dispositives Recht darstellt,[215] ist eine solche Vereinbarung zulässig.

14.129 **2.** Gelangt indessen nicht der SIA-Gesellschaftsvertrag zur Anwendung, so kann sich aus der Zusammenarbeit mehrerer Planer – insbesondere von Architekten und Ingenieuren – in Anwendung von Art. 7 URG ergeben, dass ihnen die Urheberrechte als *Miturheber* gemeinschaftlich zustehen, auch wenn sie nicht in einer Planergemeinschaft miteinander verbunden sind.[216] Innerhalb der Planergemeinschaft ergibt sich insbesondere aus Art. 532 OR und dem diesem immanenten weiten Gewinnbegriff, dass die durch die Tätigkeit der Planergemeinschaft entstehenden immateriellen Werte der Gesellschaft zustehen.[217]

---

[213] Vgl. FELLMANN/MÜLLER, Berner Kommentar, N 130 zu Art. 544 OR; HANDSCHIN/VONZUN, Zürcher Kommentar, N 97 zu Art. 544 OR; MÜLLER, Wandel, S. 5 f. Nr. 7. Anders verhält es sich im Recht der Kollektivgesellschaft, was für die von VONZUN postulierte analoge Anwendung des Kollektivgesellschaftsrechts auf die kaufmännische einfache Gesellschaft von Bedeutung ist.

[214] Vgl. auch WENGER BERGER, Architektur und immaterielle Rechte, Diss. Bern 2010.

[215] Vgl. HANDSCHIN/VONZUN, Zürcher Kommentar, N 7 zu Art. 532 OR.

[216] Vgl. dazu GRABER, S. 27.

[217] Vgl. HANDSCHIN/VONZUN, Zürcher Kommentar, N 4 zu Art. 532 OR.

2. Zur Mehrwertsteuer

Da die Planergemeinschaft eine selbständige gewerbliche Tätigkeit versieht, die immerhin auf eine beschränkte Dauer – nicht nur auf gelegentliches Handeln – angelegt ist und nach aussen mit gemeinsamer Bezeichnung auftritt, untersteht sie der Mehrwertsteuerpflicht, sofern die jeweils gültigen Umsatzlimiten überschritten werden.[218] Die Rechnungen der Mitglieder zuhanden der Planergemeinschaft für die geleisteten Arbeiten sind mehrwertsteuerbehaftet. Die Planergemeinschaft bringt die Mehrwertsteuer alsdann als Vorsteuer in Abzug, sofern die Leistungen nicht Eigenverbrauch darstellen.[219] Da demgegenüber Gewinnbeteiligungen keine steuerbaren Umsätze darstellen, kommt der Unterscheidung zwischen Vergütung und Gewinnanteil wiederum entscheidende Bedeutung zu (Nr. 14.110 ff.). Dabei bleibt freilich unsicher, ob die Qualifikation der Entgelte gemäss Gesellschaftsvertrag für die Eidgenössische Steuerverwaltung bindend ist. 14.130

3. Zur Versicherung

1. Die Tätigkeit im Rahmen einer Planergemeinschaft bzw. Arbeitsgemeinschaft ist von den *Berufshaftpflichtversicherungen* der Planer (eingehend Nr. 16.5 ff.) **in der Regel nicht miterfasst** (Nr. 16.164). Daher wird der einzelne Planer eine Zusatzversicherung oder die Planergemeinschaft eine gesonderte Versicherung für das konkrete Bauvorhaben abschliessen müssen.[220] 14.131

Hiervon gibt es freilich *Ausnahmen.* Bisweilen dehnen Haftpflichtpolicen die Versicherungsdeckung auch auf die Beteiligung an Konsortien aus, bei denen der Versicherungsnehmerin weder eine Mehrheitsbeteiligung noch die kaufmännische Führung zukommt. Nur selten erstreckt sich eine Police aber auch *generell auf die Tätigkeit in Planergemeinschaften.*[221] In solchen Policen kann die Deckung voraussetzen, dass die Planergemeinschaft nicht über 14.132

---

[218] Vgl. MWST-Branchen-Info 04, Januar 2010, www.estv.admin.ch, sowie METZGER, Kurzkommentar, N 2 und N 4 zu Art. 21 MWSTG; BGer 2C.426/2008 (18.2.1009), 2C.432/2008 (18.2.2009), E. 2.2.

[219] Zum Tatbestand des Eigenverbrauchs vgl. HONAUER, S. 184.

[220] Die Verwendung des SIA-Gesellschaftsvertrags Nr. 1012/2 (2001) verpflichtet die Gesellschafter zum Abschluss einer separaten Konsortialversicherung (Ziff. 22.1).

[221] So aber Art. 6 der Berufs- und Betriebshaftpflichtversicherung für die Mitglieder der Usic-Stiftung (Ausgabe 2012).

eine gesonderte Versicherung verfügt.[222] Die Versicherung umfasst lediglich die anteilsmässige Tätigkeit der Versicherungsnehmerin in der Planergemeinschaft und nicht auch diejenige der übrigen Mitglieder. Indessen sollte die Versicherung dann auch *Schutz gegen Regressforderungen* der anderen Mitglieder der Planergemeinschaft bieten, wenn diese im Aussenverhältnis aufgrund der solidarischen Haftung auch für den internen Anteil der Versicherungsnehmerin aufkommen mussten.

14.133 **2.** Immer häufiger sehen sich Einzelplaner und Planergemeinschaften damit konfrontiert, dass der Auftraggeber – meist ein Totalunternehmer – eine *Projektversicherung* (Bauplatzversicherung, Globalhaftpflichtversicherung) für alle am Projekt beteiligten Planer und Unternehmer abschliesst und entsprechende Prämienanteile auf die Auftragnehmer überwälzt bzw. von deren Honoraren in Abzug bringt. So überzeugend diese Lösung im ersten Moment scheinen mag: sie nötigt die Planergemeinschaft zu gründlichen Abklärungen und Prüfungen. Im Sinne der unter Ziffer 2 hiervor skizzierten Regelung wird dann nämlich eine gesonderte Versicherung der Planergemeinschaft vorliegen, die je nach bestehender eigener Haftpflichtpolice zu *Deckungsausschlüssen* führt. Ferner müssen die Versicherungsbedingungen der eigenen Versicherung und der Projektversicherung detailliert miteinander verglichen werden. Es wird sich dann oftmals zeigen, dass schon die *Versicherungslimiten* und namentlich die Sublimiten für Bauten- und reine Vermögensschäden unterschiedlich ausfallen. Schliesslich ist sicherzustellen, dass die von der Projektversicherung erfassten Planer und Unternehmer unter sich als Dritte gelten, damit im Rahmen der sogenannten *«Cross-liability»*-Ansprüche für Schäden, die sie sich gegenseitig zufügen so versichert sind, wie wenn die Beteiligten über eigene Versicherungen verfügen würden.

14.134 **3.** Mit Blick auf Art. 53 VVG ist ferner an die Pflicht der Versicherungsnehmer zu erinnern, allfällige *Doppelversicherungen* allen involvierten Versicherungsgesellschaften zu melden. Auch wenn diese Pflicht gemäss Abs. 1 der Bestimmung an die Voraussetzung geknüpft ist, dass die Versicherungssummen zusammen den Versicherungswert übersteigen, so drängt sich meines Erachtens doch in jedem Fall eine Anzeige auf. Unterlässt der Versicherungsnehmer die Anzeige absichtlich, so kann ihm nach Abs. 2 der Bestimmung der Versicherungsschutz gänzlich versagt bleiben.

[222] Wodurch sich bei Verwendung des SIA-Gesellschaftsvertrags ein Konflikt ergeben kann.

4. Für *gemischte Konsortien,* die sowohl Planer-, Bauleitungs- wie Unternehmerleistungen anbieten, kann regelmässig keine Versicherung abgeschlossen werden, da sich die Unternehmerleistung nicht versichern lässt (Nr. 16.83).[223] 14.135

[223] Vgl. aber den aus dieser Sicht bemerkenswerten Art. 7 der Berufs- und Betriebshaftpflichtversicherung für die Mitglieder der Usic-Stiftung (Ausgabe 2010), wonach das Usic-Büro unter gewissen Voraussetzungen auch versichert bleibt, wenn es als General- oder Totalunternehmer auftritt.

§ 15 Die Planer und die Haftung mehrerer

FRÉDÉRIC KRAUSKOPF

Inhaltsverzeichnis

I. Allgemeines

15.1 **1.** Baumängel und Bauschäden gehören zu den Kernthemen des Baurechts und bilden den Gegenstand zahlreicher Publikationen und Gerichtsurteile. Dass sich solche Mängel und Schäden selten einem einzigen Verursacher zuordnen lassen, geht dabei leicht vergessen.[1] Die Wirklichkeit zeigt nämlich, dass Baumängel und -schäden häufig aufgrund des Versäumnisses oder der Unsorgfalt zweier oder mehrerer Baubeteiligter entstehen.

15.2 **2.** Im Folgenden geht es einerseits (und primär) um Fälle, in denen für einen Mangel oder Schaden nicht nur der Planer allein haftet, sondern neben ihm mindestens noch eine weitere Person, etwa ein weiterer Planer oder ein Bauunternehmer, mithaftet. In diesen (notorischen) Fällen stellt sich die Frage, wer – einer oder sämtliche – von den Haftenden in welchem Umfang für die Mängelbeseitigung bzw. für den Schaden einzustehen hat (Nr. 15.57 ff.). Andererseits geht es auch um jene Fälle, da sich zwei oder mehrere Personen gemeinsam vertraglich verpflichten, eine bestimmte Leistung zu erbringen,

[1] Nicht aber bei SCHENKER, S. 17.

sodass der Gläubiger von jeder einzelnen Person die gesamte Leistung an sich verlangen darf (Nr. 15.55 und 15.123 ff.).

3. Im geltenden System des gesetzlichen Forderungsrechts haftet grundsätzlich ein jeder ausschliesslich für den von ihm zu verantwortenden Schaden bzw. für die von ihm eingegangene Verpflichtung und nicht auch für den von einem Dritten verursachten Schaden bzw. für die von diesem eingegangene Verpflichtung. Dieser Grundsatz wird in **Art. 143 OR** eingeschränkt. Danach haben zwei oder mehrere Personen für eine Schuld solidarisch einzustehen, wenn sie sich hierzu durch entsprechende Willenserklärung verpflichtet haben (Abs. 1) oder wenn das Gesetz Solidarität der Schuldner anordnet (Abs. 2). Art. 143 Abs. 1 OR bezeichnet nicht nur die Entstehungsgründe der Solidarität (Nr. 15.5 ff.), sondern er enthält in Verbindung mit Art. 144 Abs. 2 OR auch eine Legaldefinition:[2] Solidarität unter mehreren Schuldnern bedeutet, dass jeder Einzelne dem Gläubiger für die Erfüllung der ganzen Schuld haftet. 15.3

4. Die Solidarität begründet die Schuldpflicht zweier oder mehrerer Schuldner gegenüber dem Gläubiger[3] mit Bezug auf eine Leistung, und zwar dergestalt, dass jeder einzelne Schuldner nicht nur einen Teil der geschuldeten Leistung, sondern die **ganze Leistung** schuldet. Sämtliche Solidarschuldner bleiben solange verpflichtet, bis die ganze Leistung erbracht ist (Art. 144 Abs. 2 OR).[4] Umgekehrt befreit die Leistung an den Gläubiger durch einen Schuldner auch die übrigen Solidarschuldner (Art. 147 Abs. 1 OR; Nr. 15.22 ff.). Im Einzelnen: 15.4

1. Keine Solidarität ohne Schuldpflicht

Die Solidarität selbst begründet keine Schuldpflichten, sondern setzt die Schuldpflicht von zwei oder mehreren Personen gegenüber dem Gläubiger voraus. Es gilt: Nur wer Schuldner ist, kann auch Solidarschuldner sein. Oder umgekehrt: «Wer nicht haftet, haftet auch nicht solidarisch.» [5] Solidarität zwischen Schuldnern entsteht mithin erst, wenn mindestens zwei Personen, aus welchen Gründen und unter welchen Voraussetzungen auch immer, 15.5

---

2 BGer 4C.50/2004 (23.4.2004) E. 4.1.

3 So wie auf der Schuldnerseite können auch auf der Gläubigerseite mehrere Personen an einer Obligation beteiligt sein (z.B. als Solidargläubiger im Sinne von Art. 150 OR).

4 Vgl. BGer 4C.432/2004 (5.8.2005) E. 2.2.1.

5 KELLER, S. 178. Vgl. auch BGE 130 III 370 E. 5.2; 127 III 262 f. E. 5a, mit weiteren Hinweisen.

Schuldner des identischen Leistungsinteresses des Gläubigers sind.[6] Das gilt gleichermassen für die vom Gesetz angeordnete und für die durch Vertrag begründete Solidarität. Der Solidarität liegen mit anderen Worten stets **Schuldverhältnisse** zugrunde, aus denen sich mindestens eine Verpflichtung eines jeden Solidarschuldners gegenüber dem Gläubiger ergibt, für das gleiche Leistungsinteresse des Gläubigers einzustehen. Deswegen gilt:

A. Haftung jedes Solidarschuldners

15.6 **1.** Jeder Solidarschuldner ist für sich Schuldner des Gläubigers. Diesem steht nicht etwa eine einzige Forderung gegen die Solidarschuldner zu, sondern er hat exakt **ebenso viele Forderungen** inne, wie Solidarschuldner bestehen: «L'obligation solidaire, qui est une par l'objet de la prestation, se décompose en autant de dettes qu'il y a de coobligés, obligations qui sont distinctes.» [7] Diese Forderungen des Gläubigers weisen die Besonderheit auf, dass sie mit Bezug auf das Interesse des Gläubigers (z.B. Ersatz eines bestimmten Schadens oder Beseitigung eines bestimmten Werkmangels) identisch sind und dass dieser kraft Gesetz oder gestützt auf einen Vertrag von jedem Schuldner die volle Befriedigung seines Interesses verlangen darf.[8]

15.7 **2.** Die Schuld eines jeden Solidarschuldners gegenüber dem Gläubiger hat ihr **eigenes rechtliches Schicksal,** insbesondere ihren eigenen Entstehungsgrund und Entstehungszeitpunkt, und verjährt nach eigenen Regeln.[9] Das schliesst zwar nicht aus, dass in einem konkreten Fall mehrere Solidarschuldner gemeinsam und aus dem gleichen Rechtsgrund schulden («echte Solidarität», Nr. 15.41 f.) und diese Schuldpflichten der gleichen Verjährungsfrist unterliegen (Beispiel 1); Solidarität besteht aber auch in Fällen, da zwei oder mehrere Personen unabhängig voneinander aus gleichartigen oder verschiedenen Rechtsgründen schuldpflichtig werden («unechte Solidarität», Nr. 15.43 f.) und dem Gläubiger für das identische Leistungsinteresse solidarisch einzustehen haben (Beispiel 2).

---

6 Vgl. BGer 4P.17/2002 (25.4.2002) E. 2c.

7 BGE 94 II 317 in initio.

8 Vgl. BGE 93 II 334 E. 3b; BGer 4C.50/2004 (23.4.2004) E. 4.1; Gautschi, Solidarschuld, Nr. 18; Schnyder, Basler Kommentar, N 1 zu Art. 143 OR; Berger, Nr. 2406; Romy, Commentaire Romand, N 3 zu Art. 143 OR; Jung Peter, Regressprobleme, S. 286; von Tuhr/Escher, OR BT, S. 297.

9 Vgl. z.B. BGer 6P.112/2004 (17.11.2004) E. 6.1 (solidarische Haftung von Kausal- und Verschuldenshaftenden); betreffend die Verjährung Weiss, S. 87 ff.

Beispiel 1: Eine Planergemeinschaft, bestehend aus mehreren Planern, wird mit der Projektierung einer Überbauung betraut. Für die Projektierung selbst und für Projektierungsfehler (z.B. Fehler im Bauplan) sowie für die Werkmängel und Schäden der Überbauung, die sich als Folge der Projektierungsfehler ergeben, haftet jeder einzelne Planer solidarisch und unbeschränkt (Art. 544 Abs. 3 OR), denn jedes Mitglied der Planergemeinschaft schuldet dem Bauherrn die Herstellung des vertragskonformen (fehlerfreien) Projekts.[10] 15.8

Beispiel 2: Ein Planer stellt für einen Bauherrn Pläne für ein Einfamilienhaus her. Diese Pläne übergibt der Bauherr einem Unternehmer, damit dieser das Haus errichtet. Einige Zeit nach Fertigstellung des Hauses stellt sich heraus, dass das Dach wegen eines Planungsfehlers an mehreren Stellen undicht ist, weswegen es zu Wasserinfiltrationen im Haus kommt. Für diesen Mangel und den daraus entstandenen Schaden trifft sowohl den Planer als auch den Unternehmer eine werkvertragliche Haftung (Art. 368 OR). Trifft den Planer ein Verschulden für den Planungsfehler, haftet er für den Planungsfehler selbst und die Folgeschäden (Kosten für die Beseitigung des Mangels am Dach und für die Wasserschäden), der Unternehmer dagegen für das mangelhafte Dach und – bei Verschulden – für die Wasserschäden. Hinsichtlich der Haftung für das mangelhafte Dach und für die Wasserschäden besteht eine solidarische Haftung des Planers und des Bauunternehmers (Art. 51 Abs. 1 OR).[11] 15.9

B. Eigenständigkeit der Schuld jedes Solidarschuldners

1. Die Schuldpflicht jedes Solidarschuldners gegenüber dem Gläubiger ist grundsätzlich **selbständig** und von den Schuldpflichten der Mitschuldner **unabhängig.**[12] Von allen Solidarschuldnern hat ein jeder dem Gläubiger nach Massgabe seiner persönlichen Schuldpflicht Leistung zu erbringen. Nach dieser persönlichen Schuldpflicht bestimmen sich Inhalt, Erfüllbarkeit und Fälligkeit und weitere Modalitäten (z.B. Erfüllungsort) der Schuld, die für die Solidarschuldner identisch oder unterschiedlich sein können.[13] 15.10

Beispiel: Haften ein bauleitender Planer und der Bauunternehmer einem Bauherrn für Werkmängel solidarisch, so trifft den Bauunternehmer eine werkvertragliche (verschuldensunabhängige) Mängelhaftung und er kann vom Bauherrn zur Nachbesserung angehalten werden (Art. 367 ff. OR). Für dieselben Mängel haftet auch der Planer, wenn er seine Bauleitungspflichten verletzt hat und die Mängel bei sorgfältiger Bauleitung hätten vermieden werden können. Von ihm kann der Bauherr bei Verschulden Schadenersatz verlangen (Art. 398 Abs. 2 OR). Die beiden Haftungen sind zwar in ihren Voraussetzungen und in ihrem Inhalt unterschiedlich; weil sie aber auf ein identisches (wirtschaftliches) Gläubigerinteresse zielen, sind sie im Sinne der Solidarität miteinander verknüpft. 15.11

---

10 Zur Haftung der Planergemeinschaft im Einzelnen vgl. Nr. 15.127 ff.

11 Vgl. auch BGE 93 II 313 ff. E. 2 und 3.

12 Richtig BERGER, Nr. 2406.

13 Vgl. statt vieler WEISS, S. 19 f., m.w.H.

15.12 **2.** Der soeben erwähnte Grundsatz, dass die Schuldpflicht jedes einzelnen Solidarschuldners von derjenigen der anderen Mitschuldner selbständig und unabhängig ist, erleidet **wichtige Ausnahmen** durch das Gesetz. Die Gesetzesbestimmungen zur Solidarität unter Schuldnern stellen Regeln auf, die dem Umstand Rechnung tragen, dass zwischen den Schuldnern (von Gesetzes wegen oder aufgrund einer Vereinbarung) Solidarität besteht. Diese Regeln verknüpfen das rechtliche Schicksal der Schuldpflichten der Solidarschuldner gegenüber ihrem Gläubiger miteinander, indem sie festlegen, dass:

15.13 **a.** «sämtliche Schuldner solange verpflichtet bleiben, bis die ganze Forderung getilgt ist» (Art. 144 Abs. 2 OR) und dass alle Solidarschuldner von ihrer Schuldpflicht befreit werden, wenn bereits einer von ihnen dem Gläubiger geleistet hat (Art. 147 Abs. 1 OR);

15.14 **b.** jeder Solidarschuldner den andern gegenüber verantwortlich wird, wenn er gegen den Gläubiger, der von ihm Leistung verlangt, diejenigen Einreden nicht geltend macht, die allen Schuldnern gemeinsam zustehen (Art. 145 Abs. 2 OR);

15.15 **c.** die gegen einen Solidarschuldner vorgenommene Verjährungsunterbrechung auch gegen die übrigen Mitschuldner wirkt, soweit eine «echte» Solidarität (Nr. 15.41 f.) infrage steht (Art. 136 Abs. 1 OR; Nr. 15.47 f.).

2. Wahlrecht des Gläubigers

15.16 **1.** Haften zwei oder mehrere Schuldner solidarisch, kann der Gläubiger **nach seiner Wahl** von einem einzelnen, von mehreren oder von allen Solidarschuldnern die Erbringung der Leistung verlangen (Art. 144 Abs. 1 OR); er ist damit «gewissermassen ein juristischer Pascha».[14]

15.17 **2.** Das Gesetz enthält keine besonderen Vorschriften über die **Fälligkeit**[15] von Forderungen gegen Solidarschuldner. Deswegen gilt für diese, was auch für andere Forderungen gilt: Der Gläubiger kann einen Solidarschuldner erst dann zur Leistung zwingen, wenn die Schuld des angesprochenen Schuldners fällig ist.[16] Davor steht dem Schuldner noch die Einrede der fehlenden

14 Schwenzer, Nr. 88.18 in fine.

15 Fälligkeit bedeutet, dass der Gläubiger die geschuldete Leistung fordern kann und der Schuldner erfüllen muss (BGE 129 III 541 E. 3.2.1).

16 Vgl. Gauch/Schluep/Emmenegger, Nr. 3708.

Fälligkeit zu. Insofern schränkt die fehlende Fälligkeit der Schuld eines Solidarschuldners das Wahlrecht des Gläubigers ein.

3. Eine **Beschränkung der Wahlfreiheit** des Gläubigers, welche(n) Solidarschuldner er zuerst belangen will, kann sich auch direkt (Beispiel 1) oder indirekt (Beispiel 2) aus einer vertraglichen Verpflichtung ergeben. Das ist etwa dann der Fall, wenn der Gläubiger, indem er einen bestimmten Solidarschuldner belangt, dadurch vertragliche Rechte eines anderen (nicht belangten) Solidarschuldners verletzt. 15.18

Beispiel 1: Ein Bauherr vereinbart mit seinem Planer, diesen solange nicht für die Durchsetzung eines Anspruchs zu belangen, als noch Aussicht besteht, von anderen Mitschuldnern (z.B. vom Bauunternehmer) befriedigt zu werden, und er nicht alle Möglichkeiten zur Durchsetzung seiner Ansprüche bis und mit Ausstellung von definitiven Verlustscheinen ausgeschöpft hat.[17] Hält sich der Bauherr nicht an diese Vereinbarung und belangt er den Planer, ohne dass er definitive Verlustscheine gegen die übrigen Mitschuldner hätte, steht diesem die Einrede zu, der Bauherr solle zuerst gegen die anderen Schuldner vorgehen. 15.19

Beispiel 2: Der Bauherr und ein Bauunternehmer, der für den Bauherrn ein Gebäude zu erstellen hat, vereinbaren für den Fall von Baumängeln ein Nachbesserungsrecht des Unternehmers (Art. 169 Abs. 1 SIA 118). Als der Unternehmer dem Bauherrn das vollendete Haus übergibt, stellt dieser verschiedene Mängel fest, für die nicht nur der Bauunternehmer, sondern auch ein anderer Baubeteiligter (z.B. der projektierende oder bauleitende Planer) verantwortlich ist. Trotz solidarischer Mängelhaftung beider ist der Bauherr in seiner Wahlfreiheit, wen er für die Mängel belangen möchte, einstweilen eingeschränkt. Verlangt er nämlich vom Planer Ersatz der Kosten für die Mängelbeseitigung, anstatt sich an den Unternehmer zu halten, verstösst er gegen dessen vertragliches Nachbesserungsrecht.[18] Darin ist eine Vertragsverletzung zu erblicken, für die der Bauherr gegenüber dem Unternehmer haftbar gemacht werden kann. Der Unternehmer darf wegen eines möglichen nachmaligen Rückgriffs des Planers auf keinen Fall (finanziell) schlechter gestellt sein, als wenn er die Gelegenheit zur ordentlichen Nachbesserung erhalten und wahrgenommen hätte.[19] 15.20

4. Von der Solidarschuld sind **ähnliche gesetzliche Rechtsfiguren** zu unterscheiden, in denen zwar ebenfalls eine Schuldnermehrheit besteht, indessen einer der Schuldner primär und die übrigen Mitschuldner bloss subsidiär haften, wie bei einer Bürgschaft (Art. 492 ff. OR) oder bei der Garantie (Art. 111 OR).[20] In diesen Fällen hat der Gläubiger in Ermangelung einer 15.21

---

17 Es handelt sich dabei um ein *pactum de non petendo (in tempus),* das die Forderung, auf deren Geltendmachung der Gläubiger für eine bestimmte Zeit verzichtet, fortbestehen lässt (vgl. Berger, Nr. 1339 f.; Gauch/Schluep/Emmenegger, Nr. 3137).

18 Gauch, Werkvertrag, Nr. 2659, spricht vom «Vorrecht auf Nachbesserung». Vgl. auch Fellmann, Regress, S. 40 f.; Koller, Nachbesserungsrecht, Nr. 547.

19 Fellmann, Regress, S. 46 f.; Koller, Nachbesserungsrecht, Nr. 568.

20 Vgl. Koller, OR AT, § 75 Nr. 5.

Solidarschuld gar kein Wahlrecht, sondern er muss sich (zunächst) an den Hauptschuldner halten und darf erst auf die subsidiär Mithaftenden greifen, wenn die einschlägigen gesetzlichen oder vertraglichen Voraussetzungen dafür erfüllt sind.

3. Anspruch des Gläubigers auf Befriedigung

15.22 Obwohl dem Gläubiger von Solidarschuldnern ebenso viele Forderungen zustehen, wie Solidarschuldner bestehen – nämlich je eine Forderung gegen jeden Solidarschuldner[21] – zielen all diese Forderungen auf ein identisches (wirtschaftliches) Gläubigerinteresse, z.B. auf die Beseitigung eines bestimmten Werkmangels oder auf den Ersatz eines bestimmten Schadens, weswegen der Gläubiger bloss Anspruch auf **einmalige Befriedigung** hat.[22] Mit anderen Worten sind die Leistungspflichten der Solidarschuldner, wenngleich voneinander (grundsätzlich) selbständig, dadurch miteinander verbunden, dass sie alle ein und dasselbe Leistungsinteresse des Gläubigers decken. Aus diesem Grund tilgt die Leistung oder Verrechnung eines Solidarschuldners nicht nur die Schuld des Leistenden, sondern die Schuld aller Mitschuldner (Art. 147 Abs. 1 OR). So gesehen ist es nicht falsch, statt von Solidarität oder Solidarschuld von Anspruchskonkurrenz zu sprechen.[23]

15.23 Beispiel: Einem Bauherrn haften sowohl der Unternehmer als auch der Planer solidarisch für Werkmängel. Richtet sich der Bauherr gegen den Unternehmer und verlangt er von diesem die Nachbesserung des Werks, so tilgt der Unternehmer mit der Vornahme der Nachbesserung nicht nur seine eigene Nachbesserungsschuld, sondern zugleich auch die Schadenersatzpflicht des Planers, die sich auf die Werkmängel bezieht. Vorbehalten bleiben dem Bauherrn allfällige weiter gehende Ansprüche (z.B. Ersatzansprüche betreffend Mangelfolgeschäden).

4. Individuelle Handlungen der Solidarschuldner

15.24 **1.** Art. 146 OR befasst sich gemäss seiner Marginalie mit der «persönlichen Handlung des Einzelnen». Sein einziger Absatz lautet: «Ein Solidarschuldner kann, soweit es nicht anders bestimmt ist, durch seine persönliche Handlung

21 Vgl. BGE 94 II 317 E. 4.

22 Vgl. Gautschi, Solidarschuld, Nr. 20; Weiss, S. 13 f.

23 Das Bundesgericht verwendet zwar diesen Ausdruck, allerdings nur um die unechte Solidarität gemäss Art. 51 OR zu bezeichnen (vgl. z.B. BGer 4C.69/2005 [14.4.2005] E. 4; BGE 106 II 253 E. 3).

die Lage der andern nicht erschweren.» Das ist die Konsequenz der Selbständigkeit der Schuldpflicht jedes Solidarschuldners: Da jeder Solidarschuldner selbständig schuldet, kann auch keiner von ihnen durch seine Handlungen die Schuldpflicht der anderen «erschweren».[24] Das bedeutet ein Zweifaches:

a. Erstens kann ein Solidarschuldner durch **sein Verhalten,** z.B. durch die Weigerung, die Leistung zu erbringen, oder durch Schlechterfüllung, die Rechtslage der anderen Solidarschuldner nicht (negativ) beeinflussen.[25] Er allein hat für die Folgen seines Verhaltens einzustehen und wird dem Gläubiger bei gegebenen Umständen schadenersatzpflichtig. Leistet er trotz Fälligkeit (auch auf Mahnung des Gläubigers hin) nicht, gerät ausschliesslich er in Schuldnerverzug (Art. 102 ff. OR).[26] Schliesslich trägt allein der fehlbare Solidarschuldner die Folgen des verschuldeten Unmöglichwerdens der Leistung (Art. 97 OR).[27] Vorbehalten bleiben die Regeln über die Hilfspersonenhaftung (Art. 101 OR), soweit ein Solidarschuldner als Hilfsperson des anderen handelt (so z.B. der Architekt oder der Ingenieur des Bestellers [Nr. 15.88 ff.] oder die Unternehmer, die sich zu einem Konsortium zusammengeschlossen haben [Nr. 15.123 ff.]).[28] 15.25

b. Zweitens wirken **individuelle Vereinbarungen** zwischen einem Solidarschuldner und dem Gläubiger, welche die Rechtsstellung des Schuldners (potenziell) verschlechtern (z.B. eine Vereinbarung betreffend die Fälligkeit, die Verzinsung einer Geldschuld, die Haftung für den Zufall, einen Verjährungsverzicht[29] oder eine Konventionalstrafe), vorbehältlich abweichender Abrede mit allen Solidarschuldnern[30] nur zulasten des betreffenden Schuldners.[31] 15.26

---

24 Vgl. VON TUHR/ESCHER, OR BT, S. 306.

25 Vgl. BGer 4C.103/2006 (3.7.2006) E. 4.1; ENGEL, S. 840; SCHWENZER, Nr. 88.21; VON TUHR/ESCHER, OR BT, S. 306 f.

26 BGer 4C.103/2006 (3.7.2006) E. 4.1. Der Rücktritt von einem Vertrag gemäss Art. 107 ff. OR ist dem Gläubiger allerdings nur dann gestattet, wenn sämtliche (am Vertrag beteiligten) Solidarschuldner im Verzug sind (OGer ZH [10.2.1981] in ZR 1981, Nr. 89, S. 213).

27 BGer 4C.103/2006 (3.7.2006) E. 4.1; BUCHER, OR AT, S. 494 f.; SCHNYDER, Basler Kommentar, N 2 zu Art. 146 OR; ROMY, Commentaire Romand, N 2 zu Art. 146 OR; GAUCH/SCHLUEP/EMMENEGGER, Nr. 3726; TERCIER/PICHONNAZ, Obligations, Nr. 1630.

28 Vgl. BGer 4C.103/2006 (3.7.2006) E. 4.1 und 4.2; BGE 116 II 514 E. 2.

29 Mit Bezug auf den Verjährungsverzicht erklärt Art. 141 Abs. 2 OR, dass «der Verzicht eines Solidarschuldners den übrigen Solidarschuldnern nicht entgegengehalten werden kann».

30 Die Parteien können etwa vereinbaren, dass die Mahnung eines Solidarschuldners alle Mitschuldner in Verzug setzt (ROMY, Commentaire Romand, N 4 zu Art. 147 OR).

31 Vgl. BERGER, Nr. 2410; ROMY, Commentaire Romand, N 2 zu Art. 146 OR; GAUCH/SCHLUEP/EMMENEGGER, Nr. 3724; SCHWENZER, Nr. 88.22 in fine.

15.27 **2.** Art. 147 Abs. 1 OR sieht vor, dass die Tilgung oder Verrechnung der Schuld durch einen Solidarschuldner alle Mitschuldner befreit. Wie steht es mit Vereinbarungen mit dem Gläubiger, die den an der Vereinbarung beteiligten Solidarschuldner **begünstigen,** ohne dass Tilgung oder Verrechnung vorläge, z.B. weil sie einen (teilweisen oder vollständigen) Schulderlass enthalten? Soweit solche Verträge nicht auch zugunsten der übrigen Solidarschuldner wirken, gelten sie ausschliesslich zwischen den beteiligten Vertragsparteien (Art. 147 Abs. 2 OR). Das bedeutet, dass der Gläubiger an einen Schulderlass oder eine Stundung gebunden ist und der Schuldner dem fordernden Gläubiger den Schulderlass resp. die Stundung entgegenhalten kann. Gegenüber den übrigen Solidarschuldnern zeitigen solche Vereinbarungen dagegen keine Wirkungen (Nr. 15.164 ff.).

5. Verantwortung der Solidarschuldner untereinander

15.28 Obwohl von mehreren Solidarschuldnern ein jeder dem Gläubiger selbständig schuldet, sind sie durch die Regeln der Solidarität dennoch in gewisser Hinsicht miteinander verbunden. So befreit die Leistung an den Gläubiger nicht nur den leistenden Solidarschuldner, sondern zugleich auch die anderen Mitschuldner (Art. 147 Abs. 1 OR). Unter Umständen wirkt ein zwischen dem Gläubiger und einem Solidarschuldner vereinbarter Schulderlass auch zugunsten der übrigen Mitschuldner (Art. 147 Abs. 2 OR). Dieses **Band,** das der Gesetzgeber zwischen den Solidarschuldnern knüpft, schafft eine Verantwortung der Solidarschuldner untereinander, allen Schuldnern zustehende Einreden gegen den Gläubiger zu erheben. Im Einzelnen:

A. Gemeinsame und persönliche Einreden (Art. 145 Abs. 1 OR)

15.29 **1.** Gemäss Art. 145 Abs. 1 OR kann ein Solidarschuldner dem Gläubiger nur solche **Einreden** entgegensetzen, die entweder aus seinem persönlichen Verhältnis zum Gläubiger oder aus dem gemeinsamen Entstehungsgrund oder Inhalt der solidarischen Verbindlichkeit hervorgehen. Die Regel des Art. 145 Abs. 1 OR ergibt sich daraus, dass bei der Solidarität so viele Forderungen bestehen, wie Solidarschuldner vorhanden sind, nämlich je eine Forderung gegen jeden einzelnen Schuldner. Diese Forderungen konkurrieren zwar miteinander, sie sind aber für jeden einzelnen Schuldner gesondert festzustellen.[32] Gemäss Rechtsprechung[33] und einhelliger Lehre[34] ist Art. 145 Abs. 1 OR dahingehend zu verstehen, dass er nicht nur Einreden (im engeren Sinne) erfasst, welche die Durchsetzbarkeit eines Anspruchs vorübergehend oder dauerhaft hemmen, sondern darüber hinaus auch Einwendungen, d.h. die Geltendmachung von Tatsachen, aus denen sich ergibt, dass der Anspruch entweder nie entstanden oder untergegangen ist.[35] Gestützt auf Art. 145 Abs. 1 OR kann der Schuldner dem fordernden Gläubiger namentlich entgegenhalten, der Anspruch sei verjährt (Einrede), die Schuld sei infolge Tilgung oder Erlass erloschen (Einwendung), der Anspruch sei wegen Stundung (noch) nicht fällig (Einrede) oder werde mit einem eigenen Anspruch zur Verrechnung (Einwendung) gebracht.[36]

2. Das Gesetz erlaubt **jedem Solidarschuldner,** den der Gläubiger belangt, zur Verteidigung Einreden und Einwendungen zu erheben, die allen Solidarschuldnern oder ihm persönlich zustehen: 15.30

a. Mit Einreden und Einwendungen, die «aus dem gemeinsamen Entstehungsgrunde oder Inhalte der solidarischen Verbindlichkeit hervorgehen» (Art. 145 Abs. 1 OR), sind die **gemeinsamen Einreden** gemeint, die allen und jedem Solidarschuldner gleichermassen zustehen.[37] Allen voran ist die bereits erfolgte Tilgung der Solidarschuld durch Leistung zu nennen. Denn 15.31

---

32 Vgl. BGer 4C.50/2004 (23.4.2004) E. 4.1.

33 Vgl. BGE 63 II 138 E. 2.

34 Vgl. SCHNYDER, Basler Kommentar, N 1 zu Art. 145 OR; BERGER, Nr. 2407; BUCHER, OR AT, S. 444, Fn. 24; BUGNON, S. 102; ROMY, Commentaire Romand, N 1 zu Art. 145 OR; ENGEL, S. 841; GAUCH/SCHLUEP/EMMENEGGER, Nr. 3711; SCHWENZER, Nr. 88.19; MAZAN, Handkommentar Privatrecht, N 1 zu Art. 145 OR.

35 Der Unterschied zwischen Einreden im engeren (technischen) Sinn und Einwendungen, die gemeinhin unter den Oberbegriff der Einreden im weiteren Sinne gefasst werden, äussert sich auch im Prozessrecht, wo der Richter Einwendungen im Regelfall von Amtes wegen berücksichtigt, Einreden dagegen nicht, was Art. 142 OR für die Verjährung ausdrücklich vorschreibt (vgl. auch BGE 123 III 19 E. 2b betreffend die Einrede des nicht erfüllten Vertrags).

36 BERGER, Nr. 2407, nennt auch Beispiele von Einwendungen wegen Ungültigkeit oder Nichtigkeit des der Solidarverpflichtung zugrunde liegenden Rechtsgeschäfts: Rechts- oder Sittenwidrigkeit, (anfängliche) objektive Unmöglichkeit der Leistung, Formungültigkeit und Irrtum.

37 Dazu im Einzelnen ENGEL, S. 841.

die Leistung an den Gläubiger durch einen Schuldner befreit stets auch die übrigen Solidarschuldner (Art. 144 Abs. 2 OR).[38]

15.32 **b.** Die so genannten **persönlichen Einreden,** die der belangte Solidarschuldner aufgrund seines persönlichen Verhältnisses zum Gläubiger hat, darf er diesem gemäss Art. 145 Abs. 1 OR ebenfalls entgegenhalten. Dazu gehören z.B. die Einrede der Verjährung, der Verrechnung oder der Stundung, die Einwendung des Schulderlasses oder des Irrtums.[39] Aus dem Wortlaut des Art. 145 Abs. 1 OR («… nur solche Einreden …») folgt der Umkehrschluss, dass ein Solidarschuldner dem Gläubiger nicht die persönlichen Einreden anderer Solidarschuldner gegen den Gläubiger – wie z.B. die Verrechnungs- oder die Stundungseinrede, die dem belangten Solidarschuldner selbst nicht zusteht – entgegenhalten kann.[40] Das folgt an sich bereits aus der Selbständigkeit der Ansprüche des Gläubigers gegen die einzelnen Solidarschuldner.[41]

B. Verantwortung für unterlassene Einreden (Art. 145 Abs. 2 OR)

15.33 **1.** Art. 145 Abs. 2 OR erklärt jeden Solidarschuldner gegenüber den anderen für **verantwortlich,** «wenn er diejenigen Einreden nicht geltend macht, die allen gemeinsam zustehen». Die Bedeutung dieser Bestimmung ist im Zusammenhang mit Art. 145 Abs. 1 OR zu würdigen. Bevor auf die Verantwortlichkeitsfolge von Art. 145 Abs. 2 OR eingegangen wird (Nr. 15.37 ff.), gilt es, Folgendes zu präzisieren:

15.34 **a.** Erstens vermögen die anderen Mitschuldner nichts aus Art. 145 Abs. 2 OR zu ihren Gunsten herzuleiten, wenn der vom Gläubiger belangte Solidarschuldner ausschliesslich ihm persönlich zustehende Einreden nicht geltend gemacht hat.[42]

15.35 **b.** Zweitens kann ein Solidarschuldner nur dann den übrigen Mitschuldnern gegenüber «verantwortlich» werden, wenn er eine ihm bekannte oder ver-

---

[38] Vgl. BGer 4C.50/2004 (23.4.2004) E. 4.1. Weitere Beispiele von «gemeinsamen» Einreden finden sich bei ROMY, Commentaire Romand, N 4 zu Art. 145 OR, und MAZAN, Handkommentar Privatrecht, N 6 zu Art. 145 OR.

[39] Vgl. GAUCH/SCHLUEP/EMMENEGGER, Nr. 3712; auch BGE 124 III 305 ff.

[40] BGer 4P.155/2003 (19.12.2003) E. 5 (betreffend die Verrechnungseinrede).

[41] Vgl. BERGER, Nr. 2409.

[42] Vgl. BGE 57 II 521 f. E. 1.

schuldeterweise unbekannte Einrede oder Einwendung gegenüber dem Gläubiger unterlässt.[43]

c. Drittens kann ein auf dem Regressweg (also im Innenverhältnis) belangter Mitschuldner auch eine allen Solidarschuldnern zustehende Einrede erheben, die der vom Gläubiger belangte und zur Zahlung verurteilte und nun regressierende Solidarschuldner bereits im vorgängigen Prozess mit dem Gläubiger erfolglos (z.B. weil verspätet) erhoben hatte; das Urteil zwischen dem Gläubiger und dem von ihm belangten Solidarschuldner hat nämlich keine Wirkung in einem allfälligen Regressprozess.[44] 15.36

2. Welche **Verantwortlichkeitsfolge** für den «säumigen» Solidarschuldner eintritt, geht aus Art. 145 Abs. 2 OR nicht hervor. Mit Blick auf Art. 502 Abs. 3 OR[45] nimmt die Lehre an, dass diese Folge «wohl Verfall des Regressrechts» bedeutet, «wenn der Schuldner es unterlässt, begründete Einreden gegenüber dem Anspruch des Gläubigers zu erheben».[46] Das scheint auch das bundesgerichtliche Verständnis von Art. 145 Abs. 2 OR zu sein.[47] So verstanden regelt Art. 145 Abs. 2 OR die Rechtsfolgen für das Innenverhältnis zwischen den Solidarschuldnern und berührt das Aussenverhältnis zum Gläubiger nicht. Anzufügen bleibt, dass sich nicht in jedem Fall der «Verfall» (also Verlust) des Rückgriffsrechts rechtfertigt; in bestimmten Fällen mag die unterlassene (allen zustehende) Einrede zwar den Rückgriff einstweilen hindern, dies aber bloss bis zu dem Zeitpunkt, in welchem die unterlassene Einrede gegen den Gläubiger nicht mehr hätte erhoben werden können.[48] 15.37

---

43 Der Kenntnis einer begründeten Einrede oder Einwendung setzt MERZ, SPR VI/1, S. 106, die fahrlässige Unkenntnis gleich. Vgl. auch SCHNYDER, Basler Kommentar, N 4 zu Art. 145 OR; GAUCH/SCHLUEP/EMMENEGGER, Nr. 3748.

44 Vgl. BGE 93 II 333 f. E. 3b; 57 II 521 f. E. 1.

45 Art. 502 Abs. 3 OR: «Unterlässt es der Bürge, Einreden des Hauptschuldners geltend zu machen, so verliert er seinen Rückgriff insoweit, als er sich durch diese Einreden hätte befreien können, wenn er nicht darzutun vermag, dass er sie ohne sein Verschulden nicht gekannt hat».

46 SCHNYDER, Basler Kommentar, N 5 zu Art. 145 OR; für GAUCH/SCHLUEP/EMMENEGGER, Nr. 3748, soll das auch gelten, wenn ein Solidarschuldner leistet, ohne die Mitschuldner zu benachrichtigen, sodass diese nochmals leisten.

47 Vgl. BGE 133 III 30 E. 5.3.5; 107 II 242 f. E. 4; 57 II 522 E. 1.

48 Das gilt z.B. für die Stundungseinrede, deren unterlassene Geltendmachung durch den belangten Schuldner höchstens dazu führt, dass seinem Rückgriffsanspruch solange dieselbe Einrede entgegengehalten werden kann, wie die Stundung anhält (vgl. auch VON TUHR/ESCHER, OR BT, S. 315).

15.38 **3.** Eine Besonderheit gilt mit Bezug auf die **Verjährungseinrede.** Sie ist an sich eine persönliche Einrede, die der belangte Solidarschuldner nicht – jedenfalls nicht aus Verantwortlichkeit im Sinne des Art. 145 Abs. 2 OR – gegenüber dem Gläubiger zu erheben gehalten ist.[49] Um unbillige Ergebnisse zu verhindern, verwehrt das Bundesgericht dem Solidarschuldner, der wissentlich eine *auch* gegen andere Mitschuldner verjährte Schuld erfüllt, trotzdem das Regressrecht – allerdings unter Berufung auf Art. 146 OR.[50]

15.39 **4.** Schliesslich bleibt klarzustellen, dass die Verantwortlichkeit gemäss Art. 145 Abs. 2 OR explizit auf die Unterlassung von gemeinsamen Einreden beschränkt ist. Andere Verhaltensweisen, wie z.B. **Nicht- oder Schlechterfüllung oder Verzug,** wirken sich ausschliesslich gegen den fehlbaren Solidarschuldner aus – allein ihn trifft eine Schadenersatzpflicht für Nicht- oder Schlechterfüllung des Vertrags oder für die Haftung für Verzugsfolgen – und berühren die anderen Mitschuldner nicht. [51]

6. Echte und unechte Solidarität

15.40 In der Rechtsprechung wird die Unterscheidung zwischen echter und unechter Solidarität getroffen. Diese Unterscheidung stellt darauf ab, ob das Gesetz die solidarische Haftung ausdrücklich anordnet oder die Parteien sie vereinbart haben, oder das Gesetz die Regeln der Solidarität für einen bestimmten Fall für nur sinngemäss anwendbar erklärt. Im Einzelnen:

A. Echte Solidarität

15.41 Eine echte Solidarität im Sinne von Art. 143 ff. OR liegt nach bundesgerichtlicher Auffassung zunächst überall dort vor, wo das Gesetz die solidarische Haftung mehrerer **ausdrücklich** vorsieht.[52] Ein solcher Fall ist zunächst Art. 50 OR, der die solidarische Haftung derjenigen anordnet, die einen Schaden gemeinsam, d.h. durch bewusstes Zusammenwirken, verursacht haben.

---

49 Vgl. BGE 133 III 30 E. 5.3.5.

50 Dazu auch Nr. 15.119.

51 Vgl. BGE 129 III 704 E. 2.1; BGer 4C.103/2006 (3.7.2006) E. 4.1.

52 Vgl. BGE 104 II 231 E. 4b; 69 II 168; in BGE 89 II 419 E. 2 lässt das Bundesgericht allerdings die Möglichkeit offen, dass echte Solidarität unter Umständen auch dort bestehen kann, wo das Gesetz sie nicht ausdrücklich anordnet. Anwendungsfall in BGE 117 II 63 f. E. 5b: solidarische Haftung von Miteigentümern eines Werks nach Art. 58 OR.

Daneben findet sich die echte Solidarität in zahlreichen Gesetzesbestimmungen, in denen die Solidarhaftung angeordnet wird, so z.B. in Art. 544 Abs. 3 OR (Haftung der Mitglieder einer einfachen Gesellschaft),[53] Art. 759 OR (aktienrechtliche Verantwortlichkeit)[54] und Art. 60 Abs. 1 SVG (Haftung aus Strassenverkehrsunfällen).[55] Schliesslich gilt dem Bundesgericht auch die vertraglich vereinbarte Solidarhaftung als echte Solidarität.[56]

Im Zusammenhang mit Art. 50 und 51 OR stellt das Bundesgericht in seiner Rechtsprechung den **Rechtsgrund** als Abgrenzungskriterium in den Vordergrund und erklärt mit Bezug auf die unechte Solidarität: «Der Unterschied zur echten Solidarität wird darin erblickt, dass bei dieser alle Schuldner aus dem gleichen Rechtsgrund für das Gleiche haften, währenddem sich die Haftung bei der unechten Solidarität aus verschiedenen Rechtsgründen herleitet».[57] 15.42

B. Unechte Solidarität

Von einer unechten Solidarität geht das Bundesgericht dort aus, wo das Gesetz die Solidarhaftung zwar **nicht ausdrücklich** vorsieht, diese Haftungsform aber infolge eines Gesetzesverweises oder der richterlichen Gesetzesauslegung *analog* gilt.[58] Das prominenteste Beispiel ist Art. 51 OR.[59] Art. 51 Abs. 1 OR lautet: «Haften mehrere Personen aus verschiedenen Rechtsgründen, sei es aus unerlaubter Handlung, aus Vertrag oder aus Gesetzesvorschrift dem Verletzten für denselben Schaden, so wird die Bestimmung über den Rückgriff unter Personen, die einen Schaden gemeinsam verschuldet haben, entsprechend auf sie angewendet». Art. 51 Abs. 1 OR erwähnt zwar nicht ausdrücklich, dass zwischen «mehreren Personen», die «für denselben Schaden» aus «verschiedenen Rechtsgründen» haften, Solidarität besteht. Damit aber die vorgesehene Rechtsfolge – der durch Verweis angeordnete Rückgriff 15.43

---

53 Vgl. zur Haftung im Konsortium Nr. 15.127 ff.

54 Vgl. BGE 97 II 414 E. 7a–c; MÜLLER, Solidarité, S. 34; STOFFEL, Solidarité différenciée, S. 106.

55 Vgl. BGE 116 II 650 E. 7 b.bb; 112 III 83 E. 3c; MÜLLER, Solidarité, S. 34.

56 Vgl. BGE 89 II 419 E. 2; BGer 4C.344/2000 (14.5.2001) E. 3c in fine.

57 BGE 104 II 232 E. 4b; 130 III 603 E. 5.5.1; 63 II 148 E. 3. Dabei scheint das Bundesgericht nur dann von einem «gleichen Rechtsgrund» im Sinne von Art. 50 OR ausgehen zu wollen, wenn die Solidarschuldner den Schaden zudem «gemeinsam verschuldet» haben (BGer 4C.27/2003 [26.5.2003] E. 3.3).

58 Vgl. z.B. BGE 69 II 168. Weitere Nachweise bei REY, Nr. 1417 ff.

59 Eingehend zu Art. 51 OR WEISS, S. 59 f.

unter den Schuldnern (Nr. 15.100 ff.) – überhaupt Sinn macht, wird in Art. 51 Abs. 1 OR implizite Solidarität vorausgesetzt. So verstehen das auch Rechtsprechung[60] und Lehre,[61] eben eine «unechte» Solidarität.[62]

15.44 Das Bundesgericht geht von einem weiten Anwendungsbereich des Art. 51 Abs. 1 OR aus und stellt alle Fälle unter Art. 51 OR, in denen mehrere Personen für denselben Schaden verantwortlich sind und die weder von Art. 50 OR noch von einer anderen die Solidarität begründenden Vorschrift erfasst werden.[63] Art. 51 OR erfasst damit nicht nur Fälle, in denen zwei oder mehrere Personen aus verschiedenen Rechtsgründen haften (sogenannte *«mehrtypische Solidarität»*), sondern über seinen Wortlaut hinaus auch Fälle, in denen mehrere Personen unabhängig voneinander (z.B. aufgrund verschiedener Verträge) für den Schaden aus gleichartigen Rechtsgründen (eben aus Vertrag) haften (sogenannte *«eintypische Solidarität»*).[64]

C. Unterschiede

15.45 **1.** Trifft das Bundesgericht die genannte Unterscheidung, so stellt sich die Frage, wo denn die **rechtlichen Unterschiede** zwischen der echten und unechten Solidarität liegen, wenn auf die unechte Solidarität die «Bestimmung über den Rückgriff» unter echten Solidarschuldnern laut Art. 51 Abs. 1 OR

---

60 Vgl. BGE 130 III 369 E. 5.2; 127 III 264 f. E. 6a; 119 II 131 E. 4b; 115 II 45 E. 1b; 112 II 143 E. 4a; 93 II 313 E. 1; 69 II 168.

61 Vgl. Schnyder, Basler Kommentar, N 2 zu Art. 51 OR; Brehm, Berner Kommentar, N 6 ff. und N 17 ff. zu Art. 51 OR; Bugnon, S. 8; Mazan, Handkommentar Privatrecht, N 1 zu Art. 51 OR; Werro, Commentaire Romand, N 7 Vorb. zu Art. 50–51 OR; Gilliard, S. 285 ff.; Gauch/Schluep/Emmenegger, Nr. 3749 ff.; Guhl/Koller, S. 30, Nr. 5; Koller, Solidarische Haftung, S. 3; Merz, SPR VI/1, S. 102 f.; Müller, Solidarité, S. 13; Rey, Nr. 1438; Tercier/Pichonnaz, Obligations, Nr. 1925 ff.; Tercier, Concours d'actions, S. 127.

62 «Solidarité imparfaite» (BGE 130 III 369 E. 5.2); «solidarietà impropria» (BGE 81 II 133 E. 8b). Die Lehre äussert sich beinahe einstimmig kritisch (und oft auch ablehnend) zur Unterscheidung zwischen echter und unechter Solidarität (siehe die Nachweise bei Brehm, Berner Kommentar, N 21 zu Art. 51 OR; Weiss, S. 62, Fn. 310). Während manche Autoren diese Unterscheidung zwar für vom Gesetzgeber nicht gewollt halten, sie aber trotzdem für das geltende Recht akzeptieren (vgl. z.B. Brehm, Berner Kommentar, N 22 f. zu Art. 51 OR), halten andere nichts davon und fordern ersatzlos ihre Aufhebung (vgl. z.B. Keller, S. 177).

63 BGer 4C.27/2003 (26.5.2003) E. 3.3.

64 Vgl. statt vieler Brehm, Berner Kommentar, N 95 ff. zu Art. 51 OR, mit Nachweisen auf Rechtsprechung und Literatur.

«entsprechend» anwendbar sein soll. Unterscheiden sich die Rechtsfolgen der echten und unechten Solidarität voneinander?[65] Grundsätzlich sind nach der bundesgerichtlichen Auffassung die allgemeinen Gesetzesbestimmungen über die Solidarität (Art. 143 ff. OR) auch auf die Fälle unechter Solidarität anwendbar. Ausnahmen bestehen aber für den Regress unter den Solidarschuldnern. Im Einzelnen:

a. Mit Bezug auf die **Verpflichtungslage** besteht zwischen echter und unechter Solidarität Übereinstimmung:[66] Jeder Solidarschuldner hat für die gesamte Schuld einzustehen und der Gläubiger kann nach seiner Wahl jeden Solidarschuldner für einen Teil oder das Ganze des Schadens belangen (Art. 144 OR).[67] Durch die Leistung des einen Schuldners werden der Leistende und die übrigen Mitschuldner befreit (Art. 147 Abs. 1 OR). Das gilt unbeschränkt auch für die unechte Solidarität. Nach Auffassung des Bundesgerichts hat der Unterschied zwischen echter und unechter Solidarität keine Auswirkungen auf den Umfang der Haftung der verschiedenen Schuldner des Geschädigten. Dieser kann solange gegen jeden einzelnen Solidarschuldner vorgehen, als er nicht vollständig befriedigt wurde.[68] 15.46

b. Unterschiede zwischen der echten und unechten Solidarität ergeben sich mit Bezug auf zwei Gesetzesbestimmungen: Art. 136 Abs. 1 OR, der die **Verjährungsunterbrechung** betrifft, und Art. 149 Abs. 1 OR, der die **Subrogation** des leistenden Solidarschuldners in die Forderung des befriedigten Gläubigers regelt.[69] Diese beiden Bestimmungen gelten nach der bundesgerichtlichen Rechtsprechung nur für die echte Solidarität, nicht aber für die unechte Solidarität. Die übrigen Gesetzesbestimmungen über die Solidarität (Art. 144 ff. OR) sind demgegenüber analog anwendbar auf die unechte Solidarität anwendbar.[70] 15.47

Gegen die auf Fälle echter Solidarität beschränkte Anwendung von Art. 136 und Art. 149 OR haben sich bedeutende Stimmen erhoben. So wird kritisiert, dass es «unter sachlichem Gesichtspunkt» nicht einzusehen sei, wes- 15.48

---

65 «Die Unterscheidung [zwischen echter und unechter Solidarität] ist (nur) sinnvoll, wenn die Rechtslage tatsächlich verschieden ist» (GAUCH/SCHLUEP/EMMENEGGER, Nr. 3751).

66 Vgl. BGE 69 II 168.

67 BGE 114 II 344 f. E. 2b; BGer 4C.448/2004 (5.8.2005) E. 2.1.2.

68 BGer 4C.201/2005 (21.2.2006) E. 6.3.

69 Vgl. dazu Nr. 15.101.

70 BGE 133 III 26 f. E. 5.3.4; 115 II 47 E. 1b in fine; 104 II 232 E. 4b; BGer 4C.27/2003 (26.5.2003) E. 3.4.

halb mehrere Haftpflichtige «unterschiedlichen Regeln unterstehen sollen, je nachdem, ob eine besondere Gesetzesregel die Solidarität ausdrücklich anordnet und die Solidarität daher eine echte ist, oder eine Regel dieser Art fehlt […] und die Solidarität demnach eine unechte ist».[71] Manche Autoren wenden sich grundsätzlich gegen die Unterscheidung zwischen echter und unechter Solidarität und sprechen sich dafür aus, diese Unterscheidung fallen zu lassen.[72] Das wahre Problem scheint indes darin zu liegen, dass die Regelung des Art. 136 Abs. 1 OR, der die gegen einen Solidarschuldner geltende Verjährungsunterbrechung gegen alle Mitschuldner wirken lässt, als innerlich wenig begründet und unbillig erscheint.[73] Das ist wohl auch der wahre Grund, weswegen das Bundesgericht Art. 136 Abs. 1 OR auf die echte Solidarität beschränkt.

15.49 **2.** Ein Blick auf die bundesgerichtlichen Entscheide zur **solidarischen Haftung des Planers** zeigt, dass nahezu alle amtlich oder im Internet publizierten Gerichtsentscheide die «unechte» Solidarität gemäss Art. 51 OR betreffen, in denen der Planer mit mindestens einer weiteren Person aus gleichartigem oder verschiedenem Rechtsgrund für eine bestimmte Forderung haftet. Um diese Fälle geht es im Folgenden insbesondere (Nr. 15.58 ff. und Nr. 15.151), daneben aber auch um die solidarische Haftung von Mitgliedern einer Planergemeinschaft, die als echte Solidarität qualifiziert wird (Nr. 15.127 ff.).

7. Rückgriff

15.50 **1.** Es wurde schon erklärt (Nr. 15.58 ff. und Nr. 15.151), dass der Gläubiger von jedem einzelnen Solidarschuldner die gesamte geschuldete Leistung verlangen könne (Art. 144 Abs. 1 OR). Damit ist aber nicht gemeint, dass der Gläubiger darüber befinden kann, auf wessen Kosten die Schuld im Ergebnis getilgt wird. Richtig ist nur, dass der Gläubiger es grundsätzlich in der Hand hat, zu entscheiden, wer *ihm* (im sogenannten Aussenverhältnis) leisten muss. Welcher Schuldner aus dem Solidarschuldverhältnis wie viel leisten muss, bestimmt dagegen nicht der Gläubiger, sondern das zwischen den Solidar-

---

71 Koller, OR AT, § 75 Nr. 41.

72 Vgl. z.B. Corboz, Solidarité, S. 212 f.; Oftinger/Stark, § 10 Nr. 1 f. und 14; Gauch/Schluep/Emmenegger, Nr. 3755; Jansen, S. 24 ff. und S. 111 f.; Keller, S. 177; Keller/Schmied-Syz, S. 123; von Büren, OR AT, S. 104 f.; Guhl/Koller, S. 30, Nr. 5; Keller/Gabi, S. 138; Sbai, S. 58; Werro, Solidarité, S. 18 ff. und S. 28 f.

73 BGE 104 II 233 E. 4b.

schuldnern geltende Rechtsverhältnis, das sogenannte **Innenverhältnis.** Mit dem Innenverhältnis ist das Rechtsverhältnis der Solidarschuldner untereinander gemeint, das der Einwirkung des Gläubigers gänzlich entzogen ist.[74]

2. Leistet einer der Solidarschuldner dem Gläubiger (von sich aus oder auf 15.51
dessen Aufforderung hin), so stellt sich die Frage, ob und was er von den anderen Solidarschuldnern aus dem Innenverhältnis verlangen kann. Dem gesetzlichen Grundsatz des **Art. 148 Abs. 1 OR** nach hat jeder Solidarschuldner «einen gleichen Teil zu übernehmen». Mit anderen Worten besteht im Innenverhältnis keine Solidarschuld, sondern es trägt jeder Solidarschuldner den gleichen Anteil an der Schuld im Sinne einer «Haftung nach Köpfen».[75] Daraus ergibt sich eine Forderung, nämlich die **Regressforderung** des Solidarschuldners, der dem Gläubiger mehr leistet als seinem (internen) Anteil entspricht, gegen die anderen Solidarschuldner. Diese Forderung besteht in dem Umfang der Leistung an den Gläubiger, der über den Anteil des leistenden Solidarschuldners hinausgeht (Art. 148 Abs. 2 OR).[76] Art. 148 Abs. 1 OR gelangt nach seinem Wortlaut freilich (nur) dann zur Anwendung, «sofern sich aus dem Rechtsverhältnisse unter den Solidarschuldnern nicht etwas anderes ergibt». Und etwas anderes kann sich ergeben:

a. aus einer **vertraglichen Abmachung** zwischen den Solidarschuldnern, 15.52
z.B. in einem Konsortium;[77]

b. aus einer **besonderen gesetzlichen Vorschrift,** die das Innenverhältnis 15.53
unter den Solidarschuldnern abweichend regelt. Eine der bedeutendsten Gesetzesbestimmungen, die Art. 148 Abs. 1 OR vorgeht, ist Art. 51 Abs. 2 OR, der den Regress bei unechter Solidarität regelt. Weil die Solidarhaftung des Planers in der Gerichtspraxis fast ausnahmslos Art. 51 OR betrifft (Nr. 15.58 ff.), verdient die Regressordnung von Art. 51 Abs. 2 OR besondere Aufmerksamkeit.[78]

---

74 Vgl. BGE 53 II 30 E. 1.

75 Mazan, Handkommentar Privatrecht, N 3 zu Art. 148 OR.

76 Was der Rückgriffsberechtigte von einem Mitschuldner (z.B. wegen Insolvenz) nicht erhält, haben die anderen Solidarschuldner wiederum zu gleichen Teilen zu tragen (Art. 148 Abs. 3 OR).

77 Anwendungsfall: BGE 110 II 343 E. 2.

78 Dazu Nr 15.108 ff. unten.

II. Solidarische Haftung der Planer

15.54 Die solidarische Haftung des Planers kann sich gemäss Art. 143 OR entweder aus einem **Vertrag** oder aus dem **Gesetz** ergeben. Schon der Blick auf die bundesgerichtliche Rechtsprechung zeigt: Was die praktische Bedeutung angeht, so steht die gesetzliche Solidarhaftung des Planers und des Unternehmers gegenüber dem Bauherrn für schlechte (mangelhafte) Vertragserfüllung an erster Stelle. Mit dieser Solidarität hat sich das Bundesgericht immer wieder zu befassen.

1. Die vertraglich vereinbarte Solidarhaftung

15.55 Wiewohl von geringerer Bedeutung als die gesetzliche Solidarität darf die vertragliche Solidarität des Planers nicht vergessen werden. Diese entsteht aufgrund einer ausdrücklichen oder konkludenten **Willenserklärung** des Planers, dass er für eine bestimmte Schuldpflicht haften wolle, für die mindestens auch eine weitere Person einstehen muss. Das vertragliche Solidarschuldverhältnis kann entweder **gleichzeitig** mit der betreffenden Schuld oder erst **später** entstehen, wenn nach Begründung der Schuld ein Dritter dem bestehenden Schuldverhältnis als Schuldner beitritt («Schuldbeitritt» oder «kumulative Schuldübernahme»).[79]

15.56 Beispiel: Ein Planer schliesst sich mit einem anderen Planer oder mit einem Unternehmer zu einem Konsortium zusammen, um einem Bauherrn als Totalunternehmer Bauleistungen von der Vorprojektierung bis hin zur Fertigstellung einer Baute anzubieten. Für die gemeinsam eingegangenen vertraglichen Verpflichtungen haften sie solidarisch.[80]

2. Die vom Gesetz angeordnete Solidarhaftung

15.57 Gemäss Art. 143 Abs. 2 OR entsteht Solidarität unter Schuldnern auch ohne entsprechende Willenserklärung, wenn das Gesetz es vorsieht. In der Baurechtspraxis spielt die gesetzliche Solidarhaftung des Planers wie schon erwähnt eine weit grössere Rolle als die vertraglich vereinbarte Solidarschuld.

---

[79] Vgl. GAUCH/SCHLUEP/EMMENEGGER, Nr. 3703 ff.

[80] Zur Planergemeinschaft Nr. 15.123 ff.

3. Die solidarische Haftung von Planer und Unternehmer

Der Blick auf die Rechtsprechung des Bundesgerichts zur solidarischen Haftung des Planers zeigt: Geht es um die solidarische Haftung des Planers, so betrifft diese praktisch ausnahmslos den Fall, da sowohl der Planer als auch der Unternehmer dem Bauherrn für dieselben **Werkmängel und Mangelfolgeschäden** haften. Sind die Voraussetzungen für eine Haftung des Planers und eines Unternehmers für dieselben Mängel oder Schäden gegeben, haften beide dem Bauherrn dafür solidarisch. Dass dabei die Haftungsschuld eines jeden einen unterschiedlichen Inhalt haben kann – z.B. Nachbesserungsschuld des einen und Schadenersatzforderung des anderen –, steht der sinngemässen Anwendung der Gesetzesregeln über die Solidarität nicht entgegen.[81] 15.58

A. Voraussetzungen

1. Eine solidarische Haftung von Planer und Unternehmer kommt nur dort infrage, wo dem Bauherrn **zwei oder mehrere Personen** gegenüberstehen – eben der Planer und ein (oder mehrere) Unternehmer. Das ist von vornherein dann nicht der Fall, wenn z.B. der Planer als Totalunternehmer auftritt, der nicht nur die Planungsarbeiten leistet, sondern auch die gesamte Ausführung eines Bauwerks übernimmt.[82] 15.59

2. Damit Planer und Unternehmer dem Bauherrn überhaupt solidarisch haften können, müssen sie zunächst, **jeder für sich,** für mangelhafte Erfüllung oder Nichterfüllung ihres Vertrags mit dem Bauherrn haften. Wie diese Haftung genau ausgestaltet ist und welches die Haftungsvoraussetzungen sind (z.B. rechtzeitige Mängelrüge, Verschulden, etc.), hängt vom Vertrag ab, der verletzt wird: Während der Unternehmer für Werkmängel und sonstige Vertragsverletzungen gemäss den gesetzlichen allgemeinen und besonderen Haftungsregeln des Werkvertragsrechts (Art. 97, 101 und 363 ff. OR), übernommenen Geschäftsbedingungen (z.B. die SIA-Norm 118) und individuellen Vertragsabreden haftet, hat der Planer für Vertragsverletzungen je nach in- 15.60

---

81 GAUCH, Werkvertrag, Nr. 2745, spricht von einer «atypischen» Solidarität, weil die Mängelrechte (als Gestaltungsrechte) ihrer Natur nach völlig verschieden sind von der Schadenersatzforderung, die sich gegen den Architekten richtet.

82 BGer 4C.433/2005 (20.4.2006) E. 2. Eine solidarische Haftpflicht könnte sich hier allenfalls dadurch ergeben, dass der Totalunternehmer Subunternehmer beizieht, die (gestützt auf Art. 41 OR) für einen Schaden oder Mangel solidarisch mit dem Totalunternehmer haften.

frage stehender Leistungspflicht nach den Haftungsregeln des Auftrags- oder des Werkvertragsrechts bzw. nach den mit ihm vereinbarten Geschäftsbedingungen (z.B. SIA-Ordnungen 102 und 103) und sonstigen Vertragsabreden einzustehen.[83]

15.61 Es wurde bereits gesagt (Nr. 15.5 ff.), dass Solidarität die Haftung eines jeden Solidarschuldners voraussetzt: «Wer nicht haftet, haftet auch nicht solidarisch.»[84] Hinsichtlich der Haftung für Werkmängel gilt die Besonderheit, dass **Mängelrechte,** die der Bauherr nicht rechtzeitig oder nicht richtig wahrnimmt, verwirken (Art. 370 OR), sodass mit Bezug auf die betroffenen Mängel (und Mangelfolgeschäden) die Mängelhaftung des Unternehmers wegfällt.[85] Das gilt auch für die Mängelrechte, die nicht vor dem Ablauf der Verjährungsfrist in Anspruch genommen worden sind.[86] Die Verjährungsfrist der Mängelrechte (Art. 371 OR) ist nämlich zugleich auch die äusserste Frist, innert welcher (verdeckte) Mängel gerügt werden können (Art. 370 Abs. 3 OR).[87] Sie ist sozusagen eine absolute Rügefrist. In Fällen verwirkter Mängelrechte besteht also keine Haftung des Unternehmers für die davon betroffenen Mängel mehr, weswegen er – im Aussenverhältnis – dafür auch nicht länger in Anspruch genommen werden kann.[88]

15.62 **3.** Neben einer Vertragshaftung kommt auch eine **ausservertragliche Haftung** infrage, wenn das schädigende Verhalten des Planers zugleich den Tatbestand einer Haftungsnorm des ausservertraglichen Haftpflichtrechts (z.B. Art. 41 oder Art. 58 OR) erfüllt.[89] Sind die Voraussetzungen sowohl für eine Vertragshaftung als auch für eine ausservertragliche Haftung eines Planers gegeben, so konkurrieren beide Anspruchsgrundlagen miteinander, was aber

---

83 Eine Übersicht über die häufig praktizierten Architekten- und Ingenieurverträge und ihre rechtliche Einordnung findet sich bei Krauskopf, Die Kündigung, S. 32 ff.

84 Keller, S. 178.

85 So auch Nigg, S. 142 in initio. Zum (dogmatischen) Streit, ob die rechtzeitige Mängelrüge eine rechtsbegründende oder rechtsvernichtende Tatsache ist, vgl. Gauch, Werkvertrag, Nr. 2166.

86 Vgl. dazu BGE 130 III 367 E. 4.3: Das Bundesgericht beruft sich mit der herrschenden Lehre auf die Rechtsprechung zu den auf den Käufer anwendbaren Regeln, auf welche Art. 371 Abs. 1 OR verweist, und hält fest, die Gewährleistungsrechte seien in Bezug auf die nicht vor dem Ende der Verjährungsfrist gerügten Mängel verwirkt.

87 Vgl. BGE 130 III 367 E. 4.3.

88 BGE 130 III 369 f. E. 5.2.

89 Vgl. BGE 115 II 44 E. 1.

nichts daran ändert, dass der Bauherr die Leistung nur einmal verlangen darf.[90]

4. Sind die Haftungsvoraussetzungen für einen Werkmangel oder Schaden sowohl beim Planer als auch beim Unternehmer gegeben,[91] so haften beide für den Mangel bzw. Schaden am vom Unternehmer hergestellten Werk. Ob dabei jeder von ihnen für den ganzen Mangel bzw. für den gesamten Schaden solidarisch haftet, ist damit noch nicht gesagt. Eine **solidarische Haftung** besteht nur dann, wenn das Gesetz oder ein Vertrag sie vorsieht (Art. 143 Abs. 2 OR). Tragen Planer und Bauunternehmer je eine Mitverantwortung für ein und denselben Mangel oder Schaden des Bauherrn im Sinne einer (individuellen) vertraglichen oder ausservertraglichen Haftung, so haften sie nach Art. 50 f. OR solidarisch für diesen Mangel oder Schaden. Diese Solidarhaftung ist in aller Regel eine **unechte Solidarität im Sinne von Art. 51 OR,**[92] weil erfahrungsgemäss der Mangel am Bauwerk oder ein sonstiger Schaden des Bauherrn kaum je durch bewusstes Zusammenwirken von Unternehmer und Planer im Sinne von Art. 50 Abs. 1 OR (Nr. 15.41) verschuldet wird.[93] 15.63

5. Keine Solidarhaftung liegt vor, wenn Planer und Unternehmer – jeder für sich – je einen anderen Baumangel oder Schaden verursachen. Das ist etwa dann der Fall, wenn der Planer einen Planungsfehler begeht, den der Unternehmer nicht abmahnen musste und für den der Planer somit allein verantwortlich ist. Erstellt der Unternehmer das Werk mangelhaft, indem er einen (eigenen, sich nicht aufgrund des Planungsfehlers ergebenden) Fehler macht, den der Planer auch bei sorgfältiger Bauaufsicht nicht erkennen konnte, haftet jeder für sich für den von ihm verursachten Werkmangel (der Planer für den Planungsfehler und der Unternehmer für das fehlerhafte Werk). Freilich haften beide *solidarisch für den Mangelfolgeschaden,* soweit jeder Baumangel für diesen Schaden (mit-)ursächlich ist.[94] 15.64

---

90 Vgl. BGE 99 II 321 E. 5.

91 Vgl. BGer 4A_182/2007 (28.9.2007) E. 4.3.2; Gauch, Werkvertrag, Nr. 2741; Nigg, S. 130; Schenker, S. 13 ff.

92 Vgl. statt vieler BGE 115 III 48 E. 1b und c.

93 Vgl. Gauch, Werkvertrag, Nr. 2740; Koller, Nachbesserungsrecht, Nr. 536, Fn. 621. Versuchen indes Planer und Bauunternehmer gemeinsam, den bereits entstandenen Mangel oder Schaden vor dem Bauherrn zu verheimlichen, und entsteht wegen der Verheimlichung ein weiterer Schaden, so liegt mit Bezug auf diesen Schaden eine gemeinsame Schadensverursachung im Sinne von Art. 50 OR vor.

94 Vgl. Schumacher, Architektenrecht 1995, Nr. 698.

B. Umfang und Inhalt der Solidarhaftung

15.65 **1.** Unter Vorbehalt des besonderen Falles von Art. 50 Abs. 1 OR (Nr. 15.41) begründet die Solidarität selbst keine Haftung, sondern setzt die Haftung von zwei oder mehreren Personen gegenüber dem Gläubiger voraus (Nr.15.5 ff.). Das gilt auch für den Planer, der mit dem Unternehmer solidarisch haftet: Während der Unternehmer dem Bauherrn aus Werkvertrag haftet, wird der Planer dem Bauherrn aus seinem Planervertrag (Architekten- oder Ingenieurvertrag) schuldpflichtig. Besteht Haftung beider für dieselben Werkmängel oder für andere Schäden des Bauherrn, so ordnet Art. 51 Abs. 1 OR (Nr. 15.43 f.) Solidarhaftung beider an, sodass die werkvertraglichen Mängelrechte des Bauherrn gegenüber dem fehlbaren Unternehmer mit den Ansprüchen **konkurrieren,** die ihm gegen den Planer zustehen. Zwischen beiden – Planer und Unternehmer – besteht eine solidarische Haftung, mögen auch die Mängelrechte gegen den Unternehmer ihrer Natur und ihrem Inhalt nach von der Schadenersatzforderung gegen den Planer völlig verschieden sein.[95]

15.66 Häufig dürfte mit Bezug auf die Haftung der Solidarschuldner **kein identischer Leistungsinhalt** bestehen, so etwa wenn der Unternehmer im Sinne der werkvertraglichen Mängelgewährleistung (Art. 367 ff. OR) haftet, während der Planer aus Auftragshaftung Schadenersatz (Art. 398 OR) schuldet.[96] Allein schon weil die dem Bauherrn gemäss Art. 368 OR alternativ zur Verfügung stehenden Nachbesserungs-, Minderungs- und Wandelungsrechte Gestaltungsrechte sind, fällt eine direkte Anwendung von Art. 51 OR (und von Art. 143 ff. OR) jedenfalls solange ausser Betracht, als der Bauherr sich nicht für eines seiner Rechte (z.B. Nachbesserung) entschieden hat.[97] Aber auch dort, wo der Bauherr von seinen Gestaltungsrechten Gebrauch gemacht hat und vom Unternehmer Nachbesserung des mangelhaften Werks verlangt, gelangt Art. 51 OR wohl nicht unmittelbar zur Anwendung.[98] Dann bestehen nämlich zwei verschiedene Schuldpflichten nebeneinander, die Nachbesse-

---

95 Vgl. auch KOLLER, Nachbesserungsrecht, Nr. 544.

96 Vgl. SOERGEL, S. 242.

97 Welche Forderungen dem Bauherrn gegen den Unternehmer im Einzelfall aus Mängelgewährleistung neben allfälligen Schadenersatzansprüchen für Mangelfolgeschäden zustehen, hängt davon ab, was die Parteien vereinbart haben (vgl. z.B. Art. 169 Abs. 1 SIA 118) oder – in Ermangelung einer Vereinbarung – welches der Gestaltungsrechte der Bauherr in Anspruch nimmt (dazu im Einzelnen GAUCH, Werkvertrag, Nr. 1489 f. und Nr. 1527 ff.).

98 Zur ähnlichen Problematik im deutschen Recht GLÖCKNER, S. 262.

rungsschuld (eine Erfüllungsschuld) des Unternehmers einerseits und die Schadenersatzpflicht des Planers andererseits.[99] In diesen Fällen wendet das Bundesgericht Art. 51 OR aber sinngemäss an.[100] Denn ausschlaggebend ist hier nicht die Identität der geschuldeten Leistungen, sondern die Identität des Gläubigerinteresses, auf welches diese Leistungen zielen: Beide Ansprüche des Bauherrn sind darauf gerichtet, ihm das versprochene (mängelfreie) Werk zu verschaffen.[101]

2. Verursachen dem Gesagten nach der Planer und der Unternehmer den gleichen Mangel und Mangelfolgeschaden, so haften beide dafür solidarisch.[102] Denkbar sind folgende **Fälle:**[103] 15.67

a. Planungsfehler: Ein Bauunternehmer stellt gestützt auf Pläne, die ihm der Bauherr überreicht, ein Werk her. Diese Pläne enthalten einen *Konstruktionsfehler,* den der Unternehmer pflichtwidrig nicht erkennt oder nicht abmahnt. Für den Werkmangel kann der Bauherr grundsätzlich sowohl den Planer, der die Pläne für den Bauherrn erstellt hat (Nr. 8.76 ff.), als auch den Bauunternehmer in die Pflicht nehmen. 15.68

Beispiel: Ein Flachdach erweist sich wegen ungenügender Schräge als undicht. Die Ursache dafür ist ein Konstruktionsfehler des Werks, den der projektierende und leitende Planer zu verantworten hat. Daneben besteht eine Gewährleistungspflicht des Unternehmers, dem die Dachdeckerarbeiten übertragen worden sind und der dem Bauherrn eine Zusicherung «für absolute Undurchlässigkeit des Dachbelages» abgegeben hat. Daraus ergibt sich eine solidarische Haftung von Planer und Unternehmer. Der Planer haftet aus Auftrag (Art. 398 OR), den Unternehmer trifft eine (Kausal-)Haftung für das Fehlen der zugesicherten Eigenschaft («absolute Undurchlässigkeit») aus Werkvertrag (Art. 368 OR). Resultiert die Undichtigkeit des Dachs allerdings aus der ungenügenden Schräge des Dachs, so entfällt die Mängelhaftung des Unternehmers, wenn der Dachbelag selbst keine Ursache für die Undichtigkeit des Dachs ist und den Unternehmer auch kein Verschulden am Konstruktionsfehler des Dachs trifft.[104] 15.69

---

99 Eine direkte Anwendung von Art. 51 OR ist freilich dort möglich, wo Planer und Unternehmer dem Bauherrn für Mangelfolgeschäden oder für sonstige Schäden solidarisch haften (vgl. KOLLER, Nachbesserungsrecht, Nr. 539 und 543 f.).

100 Vgl. BGE 130 III 368 ff. E. 5; 119 II 131 E. 4b; 115 II 45 f. E. 1b.

101 Vgl. dazu KOLLER, Nachbesserungsrecht, Nr. 536 ff.

102 Vgl. BGE 119 II 131 ff. E. 4; 115 II 47 f. E. 1c; GAUCH, Werkvertrag, Nr. 2745; NIGG, S. 131; SCHUMACHER, Architektenrecht 1995, Nr. 686; TERCIER, Concours d'actions, S. 118 f.; ZEHNDER, Mehrpersonenhaftung, S. 3.

103 Eine detaillierte Behandlung der Fallgruppen der Solidarhaftung von Planer und Unternehmer findet sich bei SCHOLZE-BECK, S. 44 ff.

104 Vgl. BGE 93 II 311 ff.; 91 II 344 ff.

15.70 **b. Unsorgfältige Bauaufsicht:** Bei laufender Bauausführung verursacht der Bauunternehmer einen Mangel oder einen Schaden, der vom Planer, welcher die Bauleitung innehat (Nr. 1.45), in *pflichtwidriger Weise* nicht erkannt wird (Nr. 9.75 ff.). Oder der bauleitende Planer gibt dem Unternehmer fehlerhafte Weisungen, die dieser ausführt.

15.71 Beispiel: Ein Bauherr lässt eine Thermalbadanlage erstellen. Einem Unternehmer werden die Erd-, Maurer- und Betonarbeiten sowie die Kanalisationsarbeiten übertragen. Als sich der Betonboden des Schwimmbeckens stellenweise senkt, ordnet der bauleitende Architekt zur Verdichtung des Untergrundes Beton-Injektionen an. Diese Arbeit wird vom Unternehmer ausgeführt. Dabei wird das unter dem Schwimmbecken verlaufende Hauptablaufrohr durch das Injektionsgut (flüssiger Zementmörtel) teilweise verstopft und muss deshalb nachträglich freigelegt und ersetzt werden, was zu Mehrkosten führt. Während dem Unternehmer ein Verschulden für die nicht fachgerechte Ausführung der Injektionsarbeiten vorzuwerfen ist, trifft den Architekten die Schuld, die zur Verhütung von Schäden an der Ablaufleitung erforderlichen Massnahmen nicht angeordnet zu haben. Steht also fest, dass sowohl der Unternehmer als auch der Architekt ihre vertraglichen Sorgfaltspflichten gegenüber dem Bauherrn verletzt haben und die Mehrkosten eine Folge dieser Vertragsverletzungen sind, so haften beide nach Massgabe von Art. 51 OR für diese Mehrkosten.[105]

15.72 **c. Verletzung eines Gesamtvertrags:** Ein Planer wird vom Bauherrn im Rahmen eines Gesamtvertrags (Nr. 1.47 und 8.17 ff.) sowohl mit der Projektierung als auch mit der Koordination, der Vergabe und der Leitung der Bauarbeiten betraut. Erbringt er nicht alle vertraglich geschuldeten Leistungen in vertragskonformer Weise, so setzt er sich einer Vertragshaftung aus.

15.73 Beispiel: Bei der Montage von Betonelementen für den Einbau eines Zwischengeschosses in einem bestehenden Gebäude stürzt das zu erstellende Zwischengeschoss ein. Während der Unternehmer die Betonelemente herzustellen und zu montieren hatte, oblagen dem Ingenieur die Projektierung und Bauleitung. Haben beide, der Unternehmer und der Ingenieur, jeder für sich einschlägige Regeln der Baukunde verletzt und dadurch den Einsturz mitzuverantworten, so haften sie solidarisch für den verursachten Schaden nach Art. 51 OR.[106]

15.74 **3.** Dem soeben Gesagten nach kann eine solidarische Haftung zwischen Planer und Unternehmer für Werkmängel auch dann bestehen, wenn der Planer für Schadenersatz einzustehen hat und der Unternehmer aufgrund seines Werkvertrags Nachbesserung des mangelhaften Werks schuldet (vgl. Art. 169 Abs. 1 SIA 118). Die **unterschiedliche Natur der Ansprüche des Bauherrn** steht der Solidarität nicht entgegen,[107] auch wenn sie eine direkte Anwendung des Art. 51 OR wohl ausschliesst (Nr. 15.66). Beansprucht der Bauherr sein

105 Vgl. BGE 93 II 317 ff.

106 Vgl. BGE 119 II 127 ff.

107 Illustrativ BGE 119 II 127 ff.

vertragliches Nachbesserungsrecht, so erlischt mit der Nachbesserung des Werks auch sein (konkurrierender) Schadenersatzanspruch gegen den Planer. Vorbehalten bleibt der Anspruch auf Ersatz des Mangelfolgeschadens. Leistet umgekehrt der Planer Schadenersatz (im Umfang der Nachbesserungskosten), so fällt das (konkurrierende) Nachbesserungsrecht des Unternehmers dahin.[108]

C. Folgen der Solidarhaftung

1. Haben der Planer und der Unternehmer solidarisch für einen Werkmangel oder einen Schaden einzustehen, so haften beide **für das Ganze,** für den Werkmangel oder den ganzen Schaden, und keiner von beiden kann sich seiner Haftung mit dem Hinweis entziehen, neben ihm hafte der andere ebenfalls. Der Einwand des Drittverschuldens wird mithin nicht zugelassen, soweit nicht der vom Dritten zu verantwortende Haftungsgrund den rechtserheblichen Kausalzusammenhang zwischen der Handlung des Belangten und dem Schaden unterbricht oder wenn das mitwirkende Verschulden des Dritten dasjenige des Belangten als gemindert erscheinen lässt.[109] Deswegen kann der Bauherr beispielsweise den verantwortlichen Planer für einen Werkmangel oder Mangelfolgeschaden voll in die Pflicht nehmen, auch wenn das grössere Verschulden dem solidarisch mithaftenden Unternehmer anzulasten ist. 15.75

2. Die solidarische Haftung jedes Solidarschuldners für das Ganze gilt auch für den Fall, da die Ansprüche gegen den einen (z.B. den Unternehmer) **verjährt** sind: Weil dem Bauherrn zugestanden wird, nach seinem Belieben auszuwählen, welchen Solidarschuldner er ins Recht fassen möchte, darf ihm aus dem Umstand, dass konkurrierende Ansprüche gegen andere Mitschuldner verjährt sind, kein Nachteil erwachsen.[110] Deswegen nützt dem belangten Planer der Einwand nichts, die Haftung des mithaftenden Unternehmers gegenüber dem Besteller sei verjährt. Anders verhält es sich, wenn die Haftung des Unternehmers von Beginn an nicht bestanden hat, weil der Besteller seine Mängelrechte hat verwirken lassen.[111] 15.76

108 Dazu KOLLER, Nachbesserungsrecht, Nr. 546 ff.

109 Vgl. BGE 97 II 415 E. 7d.

110 Vgl. BGE 133 III 31 E. 5.4; 127 III 266 E. 6b.

111 Vgl. dazu Nr. 15.164 ff.

15.77 **3.** Haften Planer und Unternehmer solidarisch für Werkmängel und Schäden, so kann der Bauherr wählen, gegen welchen von beiden er vorgehen will; er kann aber auch gegen beide gleichzeitig vorgehen.[112] Diese **Wahlfreiheit** des Bauherrn hat allerdings einer anderslautenden Vertragsvereinbarung zu weichen. Eine derartige Vertragsabrede liegt z.B. dort vor, wo dem Unternehmer ein vertragliches Nachbesserungsrecht zusteht, was bei der vertraglichen Übernahme des Art. 169 Abs. 1 SIA 118 der Fall ist. Gewährt der Bauherr dem Unternehmer ein «Vorrecht auf Nachbesserung»,[113] womit er seine eigene Wahlfreiheit bezüglich seiner Mängelrechte einstweilen aufgibt, so ist er vertraglich gehalten, im Falle von Werkmängeln dem Unternehmer die Nachbesserung zu ermöglichen.[114] Exakt das tut er aber nicht, wenn er, statt sich an den Unternehmer zu halten, den Planer auf Ersatz der Kosten für die Mängelbeseitigung belangt. Der Unternehmer darf wegen des nachmaligen Rückgriffs des Planers auf keinen Fall (finanziell) schlechter gestellt sein, als wenn er die Gelegenheit zur ordentlichen Nachbesserung erhalten und wahrgenommen hätte.

15.78 **4.** Leistet einer der solidarisch Haftpflichtigen dem Bauherrn, so werden die anderen Mitschuldner gemäss **Art. 147 Abs. 1 OR** im Umfang des Geleisteten befreit. Bessert z.B. der Unternehmer das mangelhafte Werk nach, so erlischt nach Art. 147 Abs. 1 OR zugleich auch die Schadenersatzpflicht des solidarisch mithaftenden Planers, soweit der Unternehmer den Werkmangel durch Nachbesserung beseitigt hat und der Bauherr damit wertmässig befriedigt ist. Umgekehrt kann der Bauherr, den der Planer für einen Werkmangel voll entschädigt hat, nicht mehr auf den Unternehmer greifen; mit Bezug auf diesen Werkmangel sind seine Mängelrechte mit der Befriedigung durch den Planer erloschen.[115]

15.79 Verlangt der Bauherr vom Planer Schadenersatz für Werkmängel, anstatt die Nachbesserung des Werks vom Unternehmer zu fordern, so stellt sich die Frage, wie sich der Schadenersatz bemisst. Sind die Kosten massgebend, die der Unternehmer gehabt hätte, wenn er zur Nachbesserung zugelassen

---

[112] Vgl. SCHENKER, S. 24 f. Einschränkend wollen FELLMANN, Regress, S. 40 f., und KOLLER, Nachbesserungsrecht, Nr. 547, dem Bauherrn ausnahmsweise die Obliegenheit auferlegen, zuerst das Nachbesserungsrecht gegen den Unternehmer in Anspruch nehmen zu müssen.

[113] GAUCH, Werkvertrag, Nr. 2659.

[114] Vgl. das Beispiel in Nr. 15.20.

[115] Vgl. GAUCH, Werkvertrag, Nr. 2746.

worden wäre, oder richtet sich der Schadenersatz nach den Kosten, die dem Bauherrn entstanden wären, falls er einen Dritten mit der Mängelbeseitigung betraut hätte. Dem Grundsatz der Selbständigkeit der Haftung des Planers von derjenigen des Unternehmers entsprechend muss Letzteres gelten. Das kann aber zur Folge haben, dass der Planer mehr leisten muss als das, was durch die Nachbesserung des Unternehmers an Kosten entstanden wäre. Da die solidarische Haftung von Planer und Unternehmer in diesem Fall nur im Umfang der Kosten besteht, die dem Unternehmer für die ordnungsgemässe Nachbesserung entstanden wären – denn nur so weit reicht seine Haftung für Nachbesserung –, liegt jede Schadenersatzpflicht des Planers, die betragsmässig über diese Nachbesserungskosten hinausgeht, ausserhalb der Solidarität, da nur der Planer dafür haftet.

D. Haftungsreduktion wegen Dritt- oder Selbstverschuldens?

Der Grundsatz, dass von mehreren Solidarschuldnern ein jeder voll haftet (Art. 144 OR), wurde bereits erwähnt (Nr. 15.4). Das gilt auch dort, wo die solidarische Haftung von Planern und Unternehmern für Werkmängel und andere Schäden infrage steht (Nr. 15.75). Im Folgenden geht es um die Frage, ob einem Solidarschuldner eine Haftungsreduktion nach Art. 43 f. OR deswegen gewährt werden kann, weil neben ihm weitere Personen für die betroffenen Werkmängel oder Schäden solidarisch mithaften (Nr. 15.81 ff.), weil den Bauherrn ein Selbstverschulden an den Werkmängeln oder an den Schäden trifft (Nr. 15.86 und 15.88 ff.) oder weil er – der Solidarschuldner – bloss ein leichtes Verschulden an der Entstehung der Werkmängel oder Schäden hat (Nr. 15.87). 15.80

a. Drittverschulden

1. Der Umstand, dass für einen Mangel oder Schaden neben dem belangten Schuldner weitere Personen solidarisch mithaften (sogenanntes Drittverschulden), stellt für das Bundesgericht **keinen Grund für eine Haftungsreduktion** nach Art. 43 f. OR dar. Die Berücksichtigung des Drittverschuldens wäre mit dem Grundsatz der solidarischen Haftung mehrerer Schädiger, der das Einstehenmüssen eines jeden Schuldners für den vollen Schaden bedeu- 15.81

tet, nicht vereinbar:[116] «Haben mehrere Personen einen Schaden gemeinsam verschuldet, so haften sie dem Geschädigten solidarisch, d.h. für den ganzen Schaden (Art. 50 Abs. 1 OR; echte Solidarität). Dies gilt nach der Rechtsprechung des Bundesgerichts auch dann, wenn mehrere Personen aus verschiedenen Rechtsgründen haften, wie dies bei der mangelhaften Ausführung eines Bauwerks regelmässig der Fall ist (Art. 51 Abs. 1 OR). Auch bei dieser unechten Solidarität kann der belangte Schuldner dem Geschädigten grundsätzlich nicht entgegenhalten, es hafte auch noch ein Dritter für den gleichen Schaden […]. Die Haftung eines Solidarschuldners wird mit anderen Worten durch die Mithaftung Dritter nicht verringert».[117]

15.82 **2.** Eine volle und solidarische Haftung aller Verantwortlichen besteht auch dann, wenn jeder von ihnen bloss eine **Teilursache** für einen Mangel oder einen anderen Schaden gesetzt hat (konkurrierende Teilursachen), soweit diese Teilursache eine adäquate Ursache für den eingetretenen Mangel oder Schaden ist.[118] Wie für den natürlichen Kausalzusammenhang ist es auch für die Adäquanz erforderlich, dass der Schädiger eine von mehreren Ursachen für den Schaden gesetzt hat, wenn der Schaden ohne diese Ursache nicht eingetreten wäre.[119] Dem ist aber bereits Genüge getan, wenn der Schaden durch das Verhalten einer Person begünstigt wurde.[120]

15.83 Beispiel: Ein Hauseigentümer beauftragt einen Architekten mit der Planung und Leitung von Renovations- und Umbauarbeiten in seinem Haus. Mit der Durchführung dieser Arbeiten wird ein Bauunternehmen betraut. Die geplanten Arbeiten erfordern u.a., dass ein Betonboden abgebrochen werden muss. Als ein Angestellter des Bauunternehmens mit dem Presslufthammer den Betonboden aufbricht, stösst er auf eine angeblich stillgelegte Gasleitung. Gas tritt aus und verursacht eine heftige Explosion. Für den Sach- und Personenschaden haften der Architekt und der Bauunternehmer solidarisch. Beide hatten die Gasleitung bemerkt, welche aus einer Wand kommend im Betonboden verschwand. In der Annahme, dass die Gasleitung

---

116 Vgl. BGer 4C.365/1999 (11.1.2000) E. 1a; BGE 130 III 603 E. 5.1.1; 119 II 130 E. 4a/b; 116 II 524 E. 4b; 114 II 344 E. 2b; 113 II 331 E. 2b; 112 II 144 E. 4a; 97 II 415 E. 7d; 97 II 343 ff. E. 3; 89 II 122 f. E. 5a.

117 BGE 130 III 603 E. 5.5.1.

118 Illustrativ BGer 4C.269/2003 (15.12.2004) E. 6, der mit Bezug auf die Haftung eines Architekten ausführt, aus der Sicht des Geschädigten bedeute die Solidarität, gleichgültig ob sie echt oder unecht sei, dass jeder Schädiger für den ganzen Schaden hafte, sofern ein adäquater Kausalzusammenhang zwischen seinem Verhalten und dem geltend gemachten Schaden bestehe. Es genüge daher, dass der Architekt zum Entstehen des Schadens beigetragen habe, damit er für den ganzen Schaden hafte, ohne dass die Tatsache, dass andere Schädiger allenfalls zum Schadenseintritt beigetragen haben, zu berücksichtigen sei.

119 Vgl. statt mancher Brehm, Berner Kommentar, N 125 zu Art. 41 OR.

120 BGE 57 II 39 E. 2.

unterhalb der Bodenplatte und nicht in der Bodenplatte verlaufen und auf jeden Fall kein Gas mehr führen würde, haben sie es unterlassen, angezeigte Sicherheitsmassnahmen zu ergreifen. Solidarisch haftet aber auch das Unternehmen, das vor einigen Jahren auf Anweisung des vormaligen Hauseigentümers die Gaszufuhr zum Haus verschlossen hatte. Es hatte die Leitung im Hausinnern bis zum Verschluss unter Gasdruck gelassen.[121]

3. In einigen Entscheiden zu Art. 51 Abs. 1 OR erwähnt das Bundesgericht zwar die Möglichkeit eines belangten Solidarschuldners, ausnahmsweise das mitwirkende **Drittverschulden** als Haftungsbeschränkung zuzulassen, nämlich bei *«Vorliegen ganz besonderer Umstände»*.[122] Weil es sich aber gar nicht vorstellen kann, was solche «ganz besonderen Umstände» überhaupt sein könnten, die eine Haftungsbeschränkung eines Solidarschuldners rechtfertigen, spricht das Bundesgericht von einer eher theoretischen Möglichkeit eines Solidarschuldners, sich auf ein Drittverschulden zu berufen, um seine eigene Verantwortlichkeit zu mindern.[123] In einem Entscheid aus dem Jahre 2007 erklärt das Bundesgericht erneut: «Eine Haftungsbeschränkung wegen mitwirkenden Drittverschuldens eines solidarisch Haftpflichtigen zieht das Bundesgericht […] bloss als eher theoretische Möglichkeit in Betracht, die, wenn überhaupt, nur bei einer ausgesprochen exzeptionellen Sachlage von praktischer Bedeutung sein kann; so etwa, wenn das Verschulden des in Anspruch genommenen Haftpflichtigen als so leicht erscheint und in einem derartigen Missverhältnis zum Verschulden des Dritten steht, dass es offensichtlich ungerecht wäre, wenn jener den ganzen Schaden tragen müsste».[124] 15.84

4. Schliesslich spielt das Drittverschulden immer dann eine Rolle, wenn der vom Dritten zu verantwortende Haftungsgrund den rechtserheblichen (adäquaten) **Kausalzusammenhang** zwischen der Handlung des Belangten und dem Schaden unterbricht, sodass von vornherein keine Haftung des Belangten besteht: «Das Verhalten […] eines Dritten vermag im Normalfall den adäquaten Kausalzusammenhang zwischen Schaden und Verhalten des Schädigers nicht zu beseitigen, selbst wenn das Verschulden […] des Dritten dasjenige des Schädigers übersteigt […]. Auch wenn neben die erste Ursache andere treten und die Erstursache in den Hintergrund drängen, bleibt sie adäquat kausal, solange sie im Rahmen des Geschehens noch als erheblich zu betrachten ist, solange nicht eine Zusatzursache derart ausserhalb des normalen Geschehens liegt, derart unsinnig ist, dass damit nicht zu rechnen 15.85

121 Vgl. BGE 133 III 6 ff.
122 BGE 93 II 323 E. 2e.bb.
123 Vgl. BGE 112 II 143 f. E. 4a.
124 BGer H 207/06 (19.7.2007) E. 4.2.2.

war […]. Entscheidend ist die Intensität der beiden Kausalzusammenhänge; erscheint der eine bei wertender Betrachtung als derart intensiv, dass er den andern gleichsam verdrängt und als unbedeutend erscheinen lässt, wird eine sogenannte Unterbrechung des andern angenommen […]».[125]

b. Selbstverschulden des Bauherrn

15.86 Im Unterschied zum Drittverschulden (Nr. 15.81 ff.), welches grundsätzlich keine Reduktion der Haftung eines Solidarschuldners rechtfertigt, kann das Selbstverschulden des Bauherrn von jedem Solidarschuldner, den der Bauherr belangt, als **Haftungsreduktionsgrund** nach Art. 44 Abs. 1 OR geltend gemacht werden.[126] Deswegen hat sich der Bauherr im Falle von selbstverschuldeten Werkmängeln und anderen Schäden eine Herabsetzung (unter Umständen bis hin zum Verlust) seiner Ansprüche gefallen zu lassen. Soweit der Bauherr auch für das Verhalten von Dritten einzustehen hat, ist ihm ein Verschulden dieser Dritten als Selbstverschulden anzurechnen. In diesem Sinne erklärt das Bundesgericht: «Ein Mitverschulden eines Dritten kann ausnahmsweise zu einer Haftungsreduktion führen, wenn es einen für den Schaden kausalen Umstand darstellt, für den der Geschädigte gemäss Art. 44 Abs. 1 OR einzustehen hat. Dies ist dann der Fall, wenn das Drittverschulden von einer Hilfsperson des Geschädigten ausgeht, deren Verhalten er sich gemäss Art. 101 Abs. 1 OR anrechnen lassen muss».[127] Diese Hilfspersonen-Konstellation ist wegen der Stellung des Planers als Hilfsperson des Bauherrn weiter unten einlässlich zu behandeln (Nr. 15.88 ff.).

c. Leichtes Verschulden des Planers

15.87 Auf die Frage, ob sich ein Planer darauf berufen könne, dass sein **eigenes Verschulden** bloss sehr leicht wiege, gibt die bundesgerichtliche Rechtsprechung keine klare Antwort. Einerseits erklärt das Bundesgericht, im Solidarschuldverhältnis werde dem Verschuldensgrad des einzelnen Schuldners

---

125 BGE 116 II 524 E. 4b; vgl. auch BGE 123 III 314 E. 5b; BGer 4C.369/2005 (8.2.2006) E. 5.2.1; BGer 4C.193/2000 (26.9.2001) E. 4d. Zur «Unterbrechung» des adäquaten Kausalzusammenhanges erklärt das Bundesgericht in BGE 86 IV 156 E. 1, dass «eine Unterbrechung […] genau genommen überhaupt nicht möglich [ist], da die Adäquanz des Kausalzusammenhanges entweder an sich schon fehlt oder aber trotz anderer Mitursachen vorhanden ist und dann nicht mehr unterbrochen werden kann».

126 Vgl. Werro, Commentaire Romand, N 14 Vorb. zu Art. 50–51 OR.

127 BGE 130 III 603 E. 5.5.1.

erst im Regressverhältnis (Nr. 15.99 ff.) Rechnung getragen, wenn es um die Verteilung der endgültigen Schadenstragung unter den Solidarschuldnern geht, eine Ausnahme davon rechtfertige sich nur unter ganz aussergewöhnlichen Umständen.[128] Andererseits lässt aber das Bundesgericht mitunter eine Haftungsreduktion nach Art. 43 Abs. 1 OR gelten, etwa wenn dem belangten Solidarschuldner *«bloss leichte Fahrlässigkeit»*[129] zur Last gelegt werden könne oder wenn sein Verschulden gemessen an einem Drittverschulden *«gemildert»*[130] oder als *«moins grave»*[131] erscheine.[132]

E. Besonderheit: Der Planer als Hilfsperson des Bauherrn

1. Es wurde schon gesagt (Nr. 15.86), dass jeder Solidarschuldner gegenüber 15.88
dem Gläubiger dessen Selbstverschulden (Art. 44 Abs. 1 OR) geltend machen und eine angemessene Reduktion seiner Schadenersatzpflicht verlangen dürfe. Hier interessiert die Frage, ob den Bauherrn ein Selbstverschulden trifft, wenn nicht er selbst, sondern der von ihm beauftragte Planer einen Werkmangel oder Schaden (mit-)verursacht hat. Diese Frage ist wie folgt zu beantworten: Der Bauherr, der einen Planer beauftragt, hat sich unter Umständen dessen Verhalten wie sein eigenes Verhalten anrechnen zu lassen.[133] Unter welchen Umständen das der Fall ist, bestimmt sich sinngemäss nach **Art. 101 Abs. 1 OR.** Gemäss Art. 369 OR fallen die dem Bauherrn bei Mangelhaftigkeit des Werks gegebenen Rechte dahin, wenn er durch Weisungen, die er entgegen den ausdrücklichen Abmahnungen des Unternehmers über die Ausführung erteilt hat, oder auf andere Weise die Mängel selbst zu verantworten hat. Ist der Bauherr durch einen Planer vertreten, der in dessen Namen

---

128 Vgl. statt mancher BGE 113 II 331 E. 2b. Deswegen heisst es im Schrifttum, das Bundesgericht lasse eine Herabsetzung der Schadenersatzpflicht eines Solidarschuldners wegen geringen Verschuldens nicht zu, was oft kritisiert wird (vgl. z.B. FELLMANN/MÜLLER, Berner Kommentar, N 167 zu Art. 544 OR).

129 BGE 91 II 197 E. 4a; bestätigt in BGE 92 II 240 E. 3b; 96 II 176 f. E. 3a; BGer 4C.365/1999 (11.1.2000) E. 1a.

130 BGE 93 II 322 E. 2e.

131 BGE 89 II 123 E. 5a.

132 Anwendungsfälle: BGE 131 III 15 E. 4.2 (leichtes Verschulden eines Unfallverursachers); 104 II 188 E. 3a (leichtes Verschulden wegen Kindesalters); 97 II 416 E. 7d («gemildertes» Verschulden wegen Drittverschuldens); 93 II 322 E. 2e («gemindertes» Verschulden wegen Drittverschuldens).

133 Vgl. BGE 130 III 600 ff. E. 5; 119 II 130 E. 4a; 95 II 53 f. E. 4c.

Weisungen an den Unternehmer erteilt,[134] so gilt, dass der Bauherr sich diese Weisungen als eigene anrechnen lassen muss. Gegenüber dem Unternehmer gilt der mit der Erstellung von Plänen, der Vergabe der Werkarbeiten oder der Bauleitung betraute Planer nämlich als Hilfsperson im Sinne von Art. 101 Abs. 1 OR.[135] Im Einzelnen:

15.89 **a.** Erteilt der Bauherr **Weisungen** – etwa in der Form von Plänen[136] oder mündlichen Anordnungen –, so hat der Unternehmer den Bauherrn ausdrücklich abzumahnen, wenn er seine eigene Haftung für infolge fehlerhafter Weisungen entstandene Werkmängel ausschliessen will (Art. 369 OR). Diese Abmahnungspflicht findet ihre Rechtfertigung im Umstand, dass der Unternehmer im Gegensatz zum Besteller als sachverständig gilt. Deswegen hat er Weisungen des Bestellers auf ihre Richtigkeit hin zu überprüfen und ihn auf allfällige Fehler aufmerksam zu machen. Solange der Unternehmer dies nicht tut oder eine ausdrückliche Abmahnung unterlässt, hat der Besteller es nicht zu verantworten, wenn er wegen seiner fehlerhaften Weisung einen Werkmangel verursacht.[137] Aber: Der Bauherr, der durch einen Planer vertreten ist, gilt bezüglich der Weisungen, die der Planer in seinem Namen erteilt, als **sachverständig.** Diese Sachverständigkeit hat zur Konsequenz, dass der Unternehmer auch ohne Abmahnung von der Mängelhaftung befreit wird, wenn der Mangel auf eine fehlerhafte Weisung zurückzuführen ist und der Unternehmer die Fehlerhaftigkeit der Weisung weder erkannt hat noch erkennen musste.[138]

15.90 **b.** Soweit der Bauherr seine werkvertraglichen Mitwirkungspflichten, Obliegenheiten und Rechte gegenüber dem Unternehmer durch seinen Planer

---

[134] Zur Vertretungsbefugnis des Architekten vgl. KOLLER, Nachbesserungsrecht, Nr. 521 ff.; SCHENKER, S. 19 ff.; weiterführend SCHWAGER, Architektenrecht 1995, Nr. 789–884.

[135] Vgl. BGE 125 III 224 f. E. 6b, wo das Bundesgericht ausführt, die Rechtsprechung betrachte den im Rahmen eines Gesamtvertrages handelnden Architekten als Hilfsperson des Bauherrn, weil er als der einzige sachverständige Vertreter des Bauherrn gegenüber den Unternehmern erscheine. Vgl. auch BGE 98 II 104 E. 4; 95 II 53 f. E. 4c. Kritisch zur Anwendung von Art. 101 i.V.m. Art. 369 OR SCHENKER, S. 22 f.

[136] Weisungen sind Anordnungen des Bestellers über die Ausführung des geschuldeten Werks, die der Unternehmer zu befolgen vertraglich verpflichtet ist. Auch wenn Weisungen oft nach Vertragsabschluss erteilt werden (z.B. Anordnungen auf der Baustelle), können sie auch vor Vertragsabschluss (z.B. in den Ausschreibungsunterlagen oder als Pläne) bekannt gegeben und vertraglich vereinbart werden (GAUCH, Werkvertrag, Nr. 1927 ff.).

[137] Vgl. GAUCH, Werkvertrag, Nr. 1953.

[138] Vgl. BGE 116 II 456 E. 2c; GAUCH, Werkvertrag, Nr. 1969 ff.

wahrnimmt, wird der Planer als **Hilfsperson** des Bauherrn behandelt, und sein Verhalten wird dem Bauherrn in sinngemässer Anwendung des Art. 101 Abs. 1 OR angerechnet.[139] Das hat zur Folge, dass das Fehlverhalten – z.B. fehlerhafte Pläne – des Planers als Fehlverhalten des Bauherrn betrachtet wird. Aus der Sicht des Unternehmers bedeutet das, dass ein *Schaden des Bauherrn* als von diesem selbst verschuldet gilt, soweit er vom Planer in Ausübung seiner Tätigkeit als Hilfsperson des Bauherrn verursacht wurde.

c. Gelangt **Art. 25 Abs. 3 SIA 118** zur Anwendung, so braucht der Unternehmer die in Form von Plänen erteilten Weisungen des sachverständig vertretenen Bauherrn nicht zu überprüfen. Denn gemäss dieser Bestimmung der SIA-Norm 118 hat der «Unternehmer die ihm übergebenen Pläne [...] nur dann zu prüfen, wenn der Bauherr weder durch eine Bauleitung vertreten noch selbst sachverständig, noch durch einen beigezogenen Sachverständigen beraten ist». 15.91

2. Das soeben Erklärte bedarf einer wichtigen **Präzisierung:** Nach der bundesgerichtlichen Rechtsprechung hat der Bauherr für das Verhalten seines Planers dann nicht einzustehen, wenn ihm kein (Selbst-)Verschulden angelastet werden könnte, sofern er selbst so gehandelt hätte. Vermag also der Bauherr zu beweisen, dass sein Planer bei der Ausübung seiner Verrichtungen jene Sorgfalt walten liess, zu der er selber verpflichtet war (Grundsatz der *hypothetischen Vorwerfbarkeit*), entfällt seine eigene Verantwortlichkeit für dieses Verhalten. Mit Bezug auf den **Sachverstand** kann sich der Bauherr allerdings nicht auf seinen eigenen (Un-)Verstand berufen. Soweit er für die Vertragsabwicklung, die eine besondere Sachkunde erfordert, einen sachkundigen Vertreter – eben einen Planer – als Hilfsperson bestimmt hat, schuldet er diejenige Sorgfalt, welche diese Hilfsperson zu leisten imstande ist. Indem der Bauherr nämlich eine sachverständige Hilfsperson als Ausübungsgehilfe einsetzt, begründet er beim Vertragspartner das Vertrauen, dass er bei der Abwicklung des Vertrags auf den Sachverstand dieser Hilfsperson zählen kann. Deshalb – so das Bundesgericht – «ist dem Bauherrn nicht nur das Verhalten der Hilfsperson anzurechnen, sondern auch deren Sachverstand».[140] 15.92

3. Ist dem Bauherrn in einem konkreten Fall wegen des ihm anzurechnenden Verhaltens seines Planers ein Selbstverschulden vorzuwerfen, führt das zum 15.93

---

139 Vgl. statt vieler Nigg, S. 132.

140 BGE 130 III 606 E. 5.5.4; vgl. auch BGE 119 II 131 E. 4 a.b.; Gauch, Der Werkvertrag, Nr. 1923.

Wegfall (Art. 369 OR) oder zur **Reduktion** (Art. 44 Abs. 1 OR) der Haftung des Unternehmers.[141] Das bedeutet Folgendes:

15.94 **a.** Es besteht **keine solidarische Haftung** zwischen Planer und Unternehmer, sofern und soweit die Haftung des Unternehmers wegen Selbstverschuldens des Bauherrn für das ihm zuzurechnende Verhalten seines Planers reduziert ist oder gar wegfällt.[142] Im Falle der Haftungsreduktion besteht die Haftung des Unternehmers und damit seine solidarische Haftung mit dem Planer nur im Umfang der für ihn reduzierten Haftung.[143] Denn Solidarhaftung setzt Haftung jedes Schuldners voraus. Auf das dem Bauherrn als Selbstverschulden zuzurechnende Verhalten des Planers kann sich der Unternehmer bereits im Aussenverhältnis, d.h. direkt gegenüber dem Bauherrn, berufen.[144] Dasselbe gilt, wenn den Unternehmer überhaupt keine Haftung trifft, weil Art. 369 OR Anwendung findet. Ebenso kann der Unternehmer, der dem Bauherrn zum Zwecke der Mängelbeseitigung oder des Schadenersatzes mehr geleistet hat, als er unter Berücksichtigung des Selbstverschuldens des Bestellers schuldete, nicht auf den (fehlbaren) Planer Rückgriff nehmen, soweit es um den Teil der Leistung geht, der über seine Schuldpflicht hinausgeht.[145] Denn diesbezüglich bestand von Anfang an keine Solidarität mit dem Architekten. Die dadurch geschaffene Bereicherung (beim Besteller) ist

---

141 Das Dahinfallen der Mängelrechte nach Art. 369 OR rechtfertigt sich nur dort, wo der Bauherr bzw. sein Planer als seine Hilfsperson den Mangel allein zu verantworten hat. Wurde der Mangel sowohl vom Planer als auch vom Unternehmer verursacht, bleibt die Haftung des Unternehmers zwar bestehen; sie erfährt aber eine wegen des Fehlverhaltens des Planers vom Bauherrn hinzunehmende Reduktion gemäss Art. 44 Abs. 1 OR (BGE 116 II 458 E. 4b: «Das beschränkte Selbstverschulden des Bestellers fällt dabei nicht unter den Tatbestand von Art. 369 OR, da die vollständige Haftungsbefreiung, welche diese Bestimmung zugunsten des Unternehmers vorsieht, eben nicht eintritt, doch kann das beschränkte Selbstverschulden des Bestellers zu einer teilweisen Entlastung des Unternehmers führen. Soweit es um die Liquidation von Mangelfolgeschaden geht, findet Art. 44 Abs. 1 OR sinngemäss Anwendung»).

142 Beispiele: BGE 130 III 591 ff.: Reduktion der Haftung des Unternehmers um 10% wegen des dem Besteller anzurechnenden Mitverschuldens des Architekten; BGE 119 II 127 ff.: Selbstverschulden des Bestellers wegen des Verhaltens seines Architekten im Umfang von 70% des Schadens; BGE 95 II 43 ff.: Kürzung des Ersatzanspruchs des Bestellers wegen Mitverschuldens des für ihn handelnden Architekten und des Bauführers um 40%.

143 Zur Frage, wie eine Reduktion der Mängelhaftung konkret zu bewerkstelligen ist, vgl. Gauch, Werkvertrag, Nr. 2062 ff.; Krauskopf, Solidarhaftung, S. 53; Schenker, S. 26 f.; Trachsel, Die Verantwortlichkeit, S. 261 ff.

144 Vgl. Nigg, S. 147.

145 Richtig Koller, Solidarische Haftung, S. 8 f.

über das Bereicherungsrecht (Art. 62 ff. OR) auszugleichen, und es ist dem Unternehmer ein entsprechender Bereicherungsanspruch zuzugestehen.[146] Spiegelbildlich kann der vom Bauherrn belangte Planer, der ihn vollständig entschädigt, nicht gegen den Unternehmer regressieren, soweit es um den Anteil der Verantwortung geht, der ihm selbst anhaftet und aus der Sicht des Unternehmers Selbstverschulden des Bauherrn ist.[147]

Ein **Denkfehler** unterlief dem Bundesgericht in BGE 119 II 127, einem Fall von Regress des Unternehmers gegen den Planer. Diesem Entscheid lag folgender Sachverhalt zugrunde: Anlässlich der Montage von Betonelementen für den Einbau eines Zwischengeschosses in einem bestehenden Gebäude stürzte das zu erstellende Zwischengeschoss ein. Daraufhin errichtete der Unternehmer das Zwischengeschoss neu, ohne dafür eine Zusatzvergütung zu erhalten. Später nahm der Unternehmer Rückgriff auf den Ingenieur und verlangte Ersatz der für die Mehrarbeit entstandenen Kosten. Ausgehend von den vorinstanzlichen Feststellungen, wonach sowohl den Unternehmer wie auch den von der Bauherrin mit den Ingenieurarbeiten beauftragten Ingenieur eine erhebliche Verantwortung am Einsturz des zu erstellenden Zwischengeschosses traf, bejahte das Bundesgericht eine solidarische Haftung beider im Sinne von Art. 51 OR. Dem Planer wurde ein Verantwortlichkeitsanteil («Verschuldensquote») am Schaden von 70% zur Last gelegt, dem Unternehmer ein Verantwortlichkeitsanteil von 30%. Das Bundesgericht erklärte sodann, dass der Planer im Verhältnis zum Unternehmer Hilfsperson des Bauherrn gewesen sei, der für das Verhalten dieser Hilfsperson einzustehen hätte. Weil der Unternehmer mit der unentgeltlichen Wiederherstellung des Stockwerks (geldmässig) mehr geleistet hatte, als es seinem internen Haftungsanteil entsprach, schloss das Bundesgericht, dass ihm der Rückgriff «analog Art. 51 OR» gegen den Ingenieur offenstand.[148] Mit Gauch[149] ist gegen diesen bundesgerichtlichen Schluss einzuwenden, dass die Voraussetzungen für den Regress in Ermangelung einer Solidarhaftung zwischen Unternehmer und Planer im geschilderten Fall nicht erfüllt waren. Soweit den Bauherrn aufgrund des ihm zuzurechnenden Verhaltens des Planers ein Selbstverschulden im Umfang von 70% des Schadens traf, war die Haftung des Unternehmers nämlich von vornherein auf 30% des Schadens beschränkt 15.95

---

146 Einzelheiten dazu bei Gauch, Der Untergang, S. 42 ff.; Gauch, Werkvertrag, Nr. 2759; anders BGE 119 II 131 E. 4c.

147 Vgl. Boldt, S. 495.

148 BGE 119 II 131 E. 4b und c.

149 Gauch, Der Untergang, S. 42 ff., insb. S. 45.

und eine Haftung – mithin auch eine solidarische Haftung – darüber hinaus war nicht gegeben. Vielmehr hatte der Unternehmer gegen den Bauherrn Anspruch auf Vergütung für das neu erstellte Zwischengeschoss unter Reduktion von 30% wegen seines Mitverschuldens am Untergang des eingestürzten Zwischengeschosses.[150]

15.96 **b.** Die Reduktion oder der Wegfall der Haftung des Unternehmers hat keinen Einfluss auf die vertragliche **Haftung des Planers** gegenüber seinem Bauherrn. Vielmehr bleibt er dem Bauherrn uneingeschränkt ersatzpflichtig für Schäden, die er ihm verursacht hat. Auf ein wegen seines eigenen Verhaltens dem Bauherrn anzulastendes Selbstverschulden kann sich der Planer selbstredend nicht berufen. Darin sieht SCHUMACHER denn auch den Grund, weswegen der Bauherr es in der Praxis «bevorzugt, den Architekten und nicht den Unternehmer einzuklagen».[151]

15.97 **4.** Das (durch das Verhalten des Planers bedingte) Selbstverschulden des Bauherrn hat zur Folge, dass die Haftung des Unternehmers entweder ganz entfällt (Art. 369 OR) oder angemessen reduziert wird (Art. 44 Abs. 1 OR).[152] Leistet der Unternehmer, obwohl er wegen Selbstverschuldens des Bauherrn gar nicht haftet, oder leistet er mehr als seiner reduzierten Haftung entspräche, so kann er das (zu viel) Geleistete vom Bauherrn mit der **Bereicherungsklage** (Art. 62 OR) zurückfordern.[153] Ein Rückgriff gegen den Planer steht ihm dagegen nicht zu. Soweit er nämlich gar nicht haftet, haftet der Unternehmer auch nicht solidarisch mit dem Planer. Der Rückgriff setzt aber die solidarische Haftung desjenigen voraus, der Rückgriff nehmen möchte, und desjenigen, gegen den der Rückgriffsanspruch geltend gemacht wird.

---

[150] GAUCH, Der Untergang, S. 45, mit Verweis auf den in casu anwendbaren Art. 188 Abs. 5 SIA 118; mit denselben Überlegungen KOLLER, Solidarische Haftung, S. 6 ff., der allerdings eine Korrektur von unbilligen Ergebnissen über das Bereicherungsrecht vornehmen will.

[151] SCHUMACHER, Architektenrecht 1995, Nr. 693.

[152] Zur Frage, wie eine Reduktion der Mängelhaftung zu bewerkstelligen ist GAUCH, Werkvertrag, Nr. 2062 ff.; KRAUSKOPF, Solidarhaftung, S. 53; SCHENKER, S. 26 f.; TRACHSEL, Die Verantwortlichkeit, S. 261 ff.

[153] Eine Bereicherungsklage fällt freilich ausser Betracht, wenn der Unternehmer im Wissen um den Haftungsreduktionsgrund bzw. im Wissen darum, dass er gar nicht haftet, freiwillig leistet (Art. 63 Abs. 1 OR). Die Bereicherungsklage steht dem Unternehmer nicht (mehr) zu, wenn er rechtskräftig zur Leistung verurteilt worden ist (BGE 127 III 500 f. E. 3b.aa; GAUCH/SCHLUEP/SCHMID, Nr. 1476).

5. Demgegenüber liegt **kein Selbstverschulden** des Bestellers vor, wenn der Planer seinen Vertrag dadurch verletzt, dass er den Unternehmer während der Bauausführung nicht (sorgfältig) überwacht hat. Dieses Fehlverhalten des Planers darf, wie GAUCH erklärt, dem Bauherrn nicht als eigenes Verhalten angerechnet werden, denn die Überwachung des Unternehmers gehört nicht zu den Pflichten und Obliegenheiten des Bauherrn.[154] Zwar hat der Unternehmer die Beaufsichtigung durch den Bauherrn oder seinen Planer zu dulden, weil der Bauherr damit bloss sein Recht wahrnimmt;[155] indessen soll er nichts zu seinen Gunsten ableiten dürfen, wenn diese Beaufsichtigung nicht (sorgfältig) erfolgt. Schliesslich hat er dem Bauherrn bereits aufgrund des Werkvertrags für das (mangelfreie) Werk Gewähr zu leisten.[156] 15.98

F. Rückgriff

Haften Planer und Unternehmer solidarisch für einen Werkmangel oder Schaden, so entsteht demjenigen, der den Bauherrn entschädigt, ein Rückgriffsrecht gegen den anderen Mitschuldner, soweit er mehr geleistet hat, als seinem Verantwortlichkeitsanteil – seiner «Haftungsquote» – entspricht.[157] Was sein Verantwortlichkeitsanteil ist, bestimmt sich unter Vorbehalt vertraglicher Abmachungen zwischen den Solidarschuldnern nach dem Gesetz.[158] Liegt eine (unechte) Solidarhaftung nach **Art. 51 OR** vor (Nr. 15.43 ff.), so richtet sich der Rückgriff nach dieser Gesetzesbestimmung. 15.99

a. Der Rückgriff nach Art. 51 OR

1. Gemäss Art. 51 Abs. 1 OR ist «die Bestimmung über den Rückgriff unter Personen, die einen Schaden gemeinsam verschuldet haben», also Art. 50 Abs. 2 OR, «entsprechend» anwendbar.[159] Gemäss Art. 50 Abs. 2 OR bestimmt der Richter nach seinem Ermessen, «ob und in welchem Umfange die Beteiligten Rückgriff gegeneinander haben». Dieser **gesetzliche Verweis** wird allerdings durch Art. 51 Abs. 2 OR erheblich relativiert: Danach «trägt 15.100

---

154 Vgl. GAUCH, Werkvertrag, Nr. 2743; FELLMANN, Regress, S. 43 f.; KOLLER, Nachbesserungsrecht, Nr. 524.

155 Vgl. GAUCH, Werkvertrag, Nr. 1346 f.

156 Vgl. GAUCH, Werkvertrag, Nr. 2057 f. und Nr. 2743.

157 Vgl. auch Nr. 15.95.

158 Vgl. BGE 133 III 25 E. 5.3.3; 56 II 132.

159 Vgl. BGE 96 II 175 f. E. 2.

in der Regel derjenige in erster Linie den Schaden, der ihn durch unerlaubte Handlung verschuldet hat, und in letzter Linie derjenige, der ohne eigene Schuld und ohne vertragliche Verpflichtung nach Gesetzesvorschrift haftbar ist».[160]

15.101 **2.** Das Bundesgericht erblickt im Rückgriffsrecht zwischen Mitschuldnern nach Art. 51 Abs. 2 OR einen **selbständigen Ausgleichsanspruch,** der mit einer eigenen Verjährung (Nr. 15.118 ff.) ausgestattet und vom Hauptanspruch des Geschädigten unabhängig ist.[161] Denn im Unterschied zur echten Solidarität, wo Art. 149 Abs. 1 OR die Subrogation des leistenden Schuldners in die Rechtsstellung des befriedigten Gläubigers vorsieht, tritt der leistende Schuldner nach bundesgerichtlicher Ansicht bei der Solidarität nach Art. 51 OR nicht in die Forderung des befriedigten Gläubigers ein, sondern er verfügt nur über einen Ausgleichsanspruch gegenüber den anderen Solidarschuldnern, welcher im Zeitpunkt der Zahlung an den Gläubiger entsteht.[162] Dieses Recht besteht unabhängig davon, ob dem Rückgriffsberechtigten daneben noch andere Ansprüche, z.B. vertragliche Ansprüche, zustehen. Hat der Rückgriffsberechtigte gegen den Rückgriffsschuldner mehrere Ansprüche, die sich auf die Deckung desselben Schadens beziehen, so besteht (alternative) Anspruchskonkurrenz: Beide oder mehrere Ansprüche sind zwar auf die Deckung ein und desselben Schadens gerichtet, weswegen der Anspruchsinhaber nur einmal volle Deckung verlangen darf. Die Ansprüche können aber unter verschiedenen Voraussetzungen entstehen (z.B. nur bei Verschulden oder nur bei rechtzeitiger Rüge), unterschiedlichen Regeln folgen (z.B. mit Bezug auf die Verjährung) und auf eine unterschiedliche Leistung gerichtet sein (z.B. vertragliche Nachbesserung oder Schadenersatz).[163]

15.102 **3.** Mögen die Leistungspflichten der Solidarschuldner im Aussenverhältnis ihrem Inhalt nach auch unterschiedlich sein (Nr. 15.58); im Rückgriffsverhältnis geht es stets und immer nur um **Geldleistungen,** mit denen ein Ausgleich zwischen dem Solidarschuldner, der dem Gläubiger geleistet hat, und den Mitschuldnern, die im Aussenverhältnis nichts leisten mussten, erzielt werden soll. Um Rückgriffsansprüche festzulegen, muss der Richter deswegen

160 Dazu sogleich Nr. 15.103 ff.

161 Vgl. BGE 133 III 6 ff.; 130 III 369 E. 5.2; 127 III 267 E. 6c; 115 II 48 E. 2. Eine wissenschaftliche Auseinandersetzung mit dem Ausgleichsanspruch des Art. 51 OR findet sich bei Casanova, Ausgleichsanspruch, S. 67 ff.

162 Vgl. BGE 130 III 369 E. 5.2.

163 Vgl. BGE 123 III 212 E. 2f.

zunächst die Leistungspflichten der Solidarschuldner geldmässig erfassen, sodann den (geldmässigen) Umfang der Solidarität eruieren und schliesslich gestützt darauf die Rückgriffsansprüche der Schuldner, die dem Gläubiger geleistet haben, errechnen. Deswegen muss sich z.B. ein Unternehmer, der dem Bauherrn Nachbesserung eines mangelhaften Werks schuldet, gefallen lassen, dass seine Nachbesserungsschuld zum Zwecke der Berechnung von Rückgriffsansprüchen in eine Geldschuld umgewandelt wird.[164]

4. In Art. 51 Abs. 2 OR stellt das Gesetz für das Rückgriffsverhältnis eine **Rückgriffsordnung** auf, wonach: 15.103

a. an *erster Stelle* derjenige den Schaden tragen soll, der ihn durch **unerlaubte Handlung** schuldhaft verursacht hat (Beispiel: Deliktshaftung des Art. 41 Abs. 1 OR); 15.104

b. an *zweiter Stelle* der aus **Vertrag** Verpflichtete für den Schaden einzustehen hat (Beispiele: Vertragshaftung des Planers nach Art. 398 Abs. 2 OR oder Hilfspersonenhaftung des Unternehmers nach Art. 101 Abs. 1 OR). Das gilt auch für den Schuldner, der nicht wegen Vertragsverletzung leistungspflichtig wird, sondern weil er sich vertraglich (z.B. in einem Garantie- oder Bürgschaftsvertrag oder in einem Versicherungsvertrag)[165] verpflichtet hat, einen allfälligen Vermögensschaden des Vertragspartners auszugleichen.[166] Richtigerweise gilt das nur unter der Voraussetzung, «dass die verschiedenen Leistungen (der aus verschiedenen Verträgen solidarisch Verpflichteten) dasselbe wirtschaftliche Bedürfnis des Gläubigers befriedigen sollen (Identität des Gläubigerinteresses statt Leistungsidentität)»;[167] 15.105

c. an *dritter und letzter Stelle* denjenigen die interne Schadenstragung treffen soll, der **ohne Verschulden** (also «kausal») und **ohne vertragliche Verpflichtung** haftet (Beispiele: Geschäftsherrenhaftung nach Art. 55 OR oder Werkeigentümerhaftung nach Art. 58 OR).[168] Umstritten ist, ob die Ge- 15.106

---

164 Vgl. auch KOLLER, Nachbesserungsrecht, Nr. 568.

165 Grundlegend BGE 80 II 253 f. E. 5. Vgl. auch BGE 118 II 504 f. E. 2b (betreffend die Schadensversicherung); BGer 4C.92/2007 (31.7.2007) E. 2.2 (betreffend die Gebäudeversicherung). In der Lehre wird die Anwendung von Art. 51 Abs. 2 OR auf die Versicherungen teilweise kritisiert (vgl. insb. RUMO-JUNGO, S. 443 ff.). Mit dieser Kritik hat sich das Bundesgericht in BGE 132 III 325 ff. E. 2.3.2 auseinandergesetzt.

166 Vgl. z.B. BGE 114 II 342 ff.

167 KOLLER, Solidarische Haftung, S. 4.

168 PICHONNAZ, Commentaire Romand, N 9 zu Art. 51 OR, erwähnt ausdrücklich die Werkeigentümerhaftung nach Art. 58 OR. Ebenso BREHM, Berner Kommentar, N 74 zu Art. 51

fährdungshaftungen unter die Kausalhaftungen der Rückgriffsordnung von Art. 51 Abs. 2 OR einzuordnen sind.[169] Trifft den Kausalhaftpflichtigen freilich ein zusätzliches Verschulden oder haftet er dem Geschädigten zugleich aus Vertrag, so versetzt ihn das an die entsprechende Stelle (d.h. an die erste Stelle bei Verschuldenshaftung bzw. an die zweite Stelle bei Vertragshaftung) innerhalb der Rückgriffsordnung von Art. 51 Abs. 2 OR.[170]

15.107 **5.** Hinsichtlich des Rückgriffs nach Art. 51 OR gilt dasselbe, was bereits aus Art. 148 Abs. 1 OR hervorgeht: Zwischen den Solidarschuldnern besteht im Innenverhältnis keine (interne) Solidarität, sondern es haftet ein jeder nur noch für seinen eigenen Verantwortlichkeitsanteil, den der Richter nach seinem Ermessen und unter Berücksichtigung von Art. 51 Abs. 2 OR bestimmen muss.[171]

b. Zur Rückgriffsordnung von Art. 51 Abs. 2 OR insbesondere

15.108 **1.** Die Rückgriffsordnung des Art. 51 Abs. 2 OR – deren sachliche Rechtfertigung in der Lehre kontrovers diskutiert wird[172] – ist dem gesetzlichen Wortlaut nach bloss eine «Regel», von welcher der Richter nach seinem Ermessen abweichen kann. Das Bundesgericht wendet sie trotzdem seit Jahrzehnten konsequent an und will nur dann davon abweichen, wenn die Befolgung dieser Rückgriffsordnung «zu einem ganz unbilligen Resultat»[173] führen würde. Es hält dafür, dass die Regel von Art. 51 Abs. 2 OR nicht absolut gelte. Viel-

---

OR; Deschenaux/Tercier, S. 289, Nr. 35 f.; Keller, S. 187; Mazan, Handkommentar Privatrecht, N 16 zu Art. 51 OR.

169 Während die Rechtsprechung zu Art. 51 Abs. 2 OR ohne (sichtbare) Differenzierung im Rückgriffsverhältnis die Gefährdungs- und Kausalhaftung auf dieselbe (dritte) Stufe setzt (vgl. z.B. BGE 115 II 27 E. 2c), befürwortet ein Teil der Lehre die «Vorwegtragung» eines Teils des Schadens durch den Gefährdungshaftpflichtigen (vgl. die Nachweise bei Brehm, Berner Kommentar, N 133 ff. zu Art. 51 OR, der selber eine «besondere Einstufung der Gefährdungshaftung im internen Verhältnis [=Rückgriffsverhältnis]» freilich ablehnt; vgl. Rey, Nr. 1523 und 1537, je mit weiteren Literaturhinweisen). Keller, S. 188, und Koller, OR AT, § 75 Nr. 164 f., wollen den Umfang des Rückgriffs zwischen dem Kausal- und dem Gefährdungshaftpflichtigen dem Ermessen des Richters anheimstellen.

170 Anwendungsfall BGE 97 II 345 ff. E. 4–6.

171 Statt vieler Schnyder, Basler Kommentar, N 18 zu Art. 51 OR.

172 Ausführlich dazu Brehm, Berner Kommentar, N 144 ff. zu Art. 51 OR; Casanova, Ausgleichsanspruch, S. 155 ff.; Müller, Solidarité, S. 33 ff.; Oftinger/Stark, § 10 Nr. 51; Rey, Nr. 1515 f.

173 BGer (6.11.1951), in: SVA X, Nr. 70, S. 280 (Regeste f).

mehr habe der Richter die Möglichkeit, von ihr abzuweichen, wenn es die Umstände rechtfertigen. Er dürfe jedoch von dieser Möglichkeit nur mit grosser Zurückhaltung Gebrauch machen, nämlich dort, wo die strikte Anwendung von Art. 51 Abs. 2 OR zu unbilligen Ergebnissen führen würde.[174] Entscheide, in denen das Bundesgericht von der strikten Anwendung von Art. 51 Abs. 2 OR Abstand nimmt,[175] sind sehr selten und beziehen sich auf Fälle, in denen besondere Umstände die vollständige Befreiung des Kausalhaftenden von der Kostentragung zu stossenden Ergebnissen führen würde.[176] Obwohl Art. 51 Abs. 2 OR seinem Wortlaut nach als Wegweiser an den Richter verstanden werden könnte, hat er sich angesichts der einschlägigen Rechtsprechung «zur fast unumstösslichen Regel»[177] entwickelt. Seine Wirkung äussert Art. 51 Abs. 2 OR (ausschliesslich) im Rückgriffsverhältnis zwischen den Solidarschuldnern,[178] indem er:

a. den **Rückgriff «nach oben»** unbeschränkt zulässt.[179] So kann der aus Vertrag Verpflichtete gegen den aus unerlaubter Handlung Haftenden vollen Rückgriff nehmen, soweit diesem ein Verschulden anzulasten ist. Ebenso kann der Kausalhaftpflichtige gegen den aus unerlaubter Handlung schuldhaft Haftenden in vollem Umfang Rückgriff nehmen.[180] Die Frage, ob er wahlweise auch gegen den aus Vertrag Verpflichteten zurückgreifen kann oder sich stets zuerst an denjenigen halten muss, den eine deliktische Verschuldenshaftung trifft, wird in der Lehre kontrovers behandelt.[181] Weil im 15.109

174 BGE 76 II 392 E. 4; vgl. auch BGE 115 II 28 E. 3 (Unbilligkeit verneint); BGer (6.11.1951), in: SVA X, Nr. 70, S. 283 f. E. f (Unbilligkeit verneint).

175 Vgl. z.B. BGer (1.4.1941), in: JdT 1941, S. 363 ff. (insb. Regeste 2 und E. 2 [S. 365 f.]); BGer (9.6.1953), in: ZR 1956, Nr. 60, S. 120 ff. E. 3 und 4; BGer (5.5.1987) Urteil i.S. Michaud & cons./ Confédération Suisse & cons., als Anmerkung von Emil W. Stark, in: ZBJV 1992, S. 223.

176 In BGE 116 II 649 E. 3b verwahrt sich das Bundesgericht immerhin gegen jeden Schematismus: Der Versuchung, Kriterien für die Verteilung im Rückgriffsverhältnis abstrakt festzulegen, müsse widerstanden werden, da dies zu einer vom Gesetzgeber nicht beabsichtigten Starrheit führen würde.

177 Vgl. Müller, Solidarité, S. 33.

178 Vgl. statt mancher BGE 130 III 369 E. 5.2.

179 Ausführlich dazu Brehm, Berner Kommentar, N 49 ff., insb. N 72, 79 und 81 zu Art. 51 OR. Der Rückgriff erfasst nicht nur die an den Geschädigten geleistete Entschädigung, sondern auch aufgelaufene Zinsen und Kosten (Bugnon, S. 97 und 99).

180 Anwendungsfälle: BGE 85 II 341 E. 3 und 88 II 307 E. 4a.

181 Meinungsstand bei Brehm, Berner Kommentar, N 90 f. zu Art. 51 OR.

Rückgriffsverhältnis unter den Solidarschuldnern keine Solidarität gilt,[182] erfordert der volle Rückgriff nach oben ein Vorgehen gegen sämtliche bestehenden Rückgriffsschuldner, da diese stets nur anteilmässig nach Massgabe ihrer Verantwortlichkeitsanteile bzw. Haftungsquoten (was sich vor allem, aber nicht ausschliesslich, am Verschulden misst) belangt werden können.[183] Dabei gilt, dass bei Wegfall eines Rückgriffsschuldners in Abweichung von Art. 148 Abs. 3 OR nicht alle übrigen Haftpflichtigen dessen Rückgriffsschuld (anteilmässig) tragen müssen, sondern nur diejenigen, die sich in derselben Linie gemäss Art. 51 Abs. 2 OR befinden;[184]

15.110 **b.** den **Rückgriff «nach unten»** nicht gestattet. Die Rückgriffsordnung des Art. 51 Abs. 1 OR ist so gestaltet, dass sie gewisse Haftpflichtige von der (internen) Schadenstragung völlig befreit (etwa den Kausalhaftpflichtigen, wenn andere aufgrund einer Vertrags- oder Deliktshaftung geleistet haben). Diese Rückgriffsordnung ist «das Ergebnis einer gesetzgeberischen Wertung der verschiedenen Rechtsgründe, kraft derer mehrere Ersatzpflichtige für einen Schaden einzustehen haben»;[185]

15.111 **c.** den **Rückgriff «auf gleicher Ebene»** (z.B. zwischen mehreren aus verschiedenen Verträgen Haftenden; Nr. 15.60) wiederum zulässt. Diesfalls hat der Richter nach seinem Ermessen die Anteile jedes Rückgriffsschuldners festzulegen (Art. 51 Abs. 1 i.V.m. Art. 50 Abs. 2 OR).[186] Geht es z.B. um den Rückgriff zwischen mehreren wegen Nicht- oder Schlechterfüllung von Verträgen Haftenden, lässt sich das Gericht vom Verschulden und von der Natur der Rechtsgeschäfte zwischen dem Gläubiger und den einzelnen Schuldpflichtigen leiten.[187]

15.112 **2.** Im Zusammenhang mit der solidarischen Haftung von Planer und Unternehmer steht die **vertragliche Haftung beider** gegenüber dem Bauherrn im Vordergrund: Während der Bauunternehmer für Werkmängel oder Schäden

---

[182] Vgl. BGer 2A.252/2002 (4.11.2002) E. 3.2.2.2; BGE 103 II 139 f. E. 4b und d; OGer AG (16.11.1988) in SJZ 1990, Nr. 35, S. 161.

[183] Der Richter hat bei der Festlegung der Haftungsquoten, d.h. der (internen) Anteile der einzelnen Solidarschuldner, in erster Linie das Verschulden zu berücksichtigen – dieses bleibt ja im Aussenverhältnis grundsätzlich unberücksichtigt. In zweiter Linie können weitere Faktoren zur Geltung gelangen, z.B. in wessen Interesse die schädigende Handlung erfolgte (vgl. statt vieler Brehm, Berner Kommentar, N 58 zu Art. 50 OR).

[184] Vgl. Brehm, Berner Kommentar, N 92 f. zu Art. 51 OR.

[185] Rey, Nr. 1515 oben.

[186] Vgl. BGE 80 II 253 f. E. 5.

[187] Vgl. Rey, Nr. 1552.

aus Werkvertrag haftet, trifft den Planer für dieselben Mängel oder Schäden eine Vertragshaftung aus Architekten- oder Ingenieurvertrag. Liegt eine solche Haftungssituation vor und entschädigt einer der Haftpflichtigen den Bauherrn, so stellt sich die Frage, wie der Rückgriff «auf gleicher Ebene» (Nr. 15.111) vorzunehmen ist. Wiederum rechtfertigt es sich, Art. 51 OR (analog) anzuwenden (Nr. 15.66 und 15.74), denn gemäss Art. 50 Abs. 2 OR (auf welchen Art. 51 Abs. 1 OR verweist) muss der Richter bei der Ausübung seines Ermessens die gesamten Umstände des Einzelfalles berücksichtigen.[188] Abgesehen davon, dass der Richter alle Umstände, insbesondere das Verschulden der Solidarschuldner zu berücksichtigen hat, enthält die schweizerische Rechtsprechung keine detaillierten Richtlinien, wie der Richter bei der Bestimmung des Rückgriffs in Art. 51 OR im Einzelnen vorzugehen hat.[189]

Im **deutschen Recht** bestimmt § 426 BGB, dass Solidarschuldner im Verhältnis zueinander zu gleichen Anteilen verpflichtet sind, soweit nicht etwas anderes bestimmt ist. Abweichend davon und für den Fall von Werkmängeln einschlägig regelt § 254 BGB, dass die Bestimmung der Ausgleichsansprüche im internen Verhältnis zwischen Solidarschuldnern von den Umständen des Einzelfalles abhängt, insbesondere davon, inwieweit der Schaden von den einzelnen Solidarschuldnern verursacht worden ist.[190] Dabei soll derjenige in stärkerem Masse für Werkmängel haften, der diese Mängel (primär) verursacht hat.[191] Beschränkt sich der Verursachungsbeitrag eines Planers darauf, dass er den Unternehmer **nicht ordnungsgemäss beaufsichtigt** hat, so haften beide dem Bauherrn solidarisch für die Werkmängel, soweit diese durch sorgfältige Bauaufsicht zu verhindern gewesen wären. Im Innenver- 15.113

188 BGer 4C.368/2005 (26.9.2006) E. 4.2; vgl. auch Bugnon, S. 63; Brehm, Berner Kommentar, N 46 und 101 zu Art. 51 OR; Oftinger/ Stark, § 10 Nr. 66; Werro, Responsabilité civile, Nr. 1602.

189 In Anwendung von Art. 51 OR ergangene Ermessensentscheide kantonaler Gerichte überprüft das Bundesgericht im Berufungsverfahren zwar grundsätzlich frei. Es übt dabei aber Zurückhaltung und schreitet nur ein, wenn die Vorinstanz grundlos von in Lehre und Rechtsprechung anerkannten Grundsätzen abgewichen ist, wenn sie Tatsachen berücksichtigt hat, die für den Entscheid im Einzelfall keine Rolle hätten spielen dürfen, oder wenn sie umgekehrt Umstände ausser Betracht gelassen hat, die zwingend hätten beachtet werden müssen. Ausserdem greift das Bundesgericht in Ermessensentscheide ein, falls sich diese als offensichtlich unbillig, als in stossender Weise ungerecht erweisen (vgl. BGer 4C.368/2005 [26.9.2006] E. 4.2).

190 Vgl. BGH in NJW 1965, S. 1175.

191 Kniffka, Gesamtschuldnerausgleich, S. 274, 276 f.

hältnis jedoch soll nach der Rechtsprechung des deutschen Bundesgerichtshofes allein der Unternehmer den Schaden tragen müssen.[192] Anders ausgedrückt: Beaufsichtigt ein Planer den Unternehmer nicht ordnungsgemäss und erschöpft sich darin seine Pflichtverletzung, so haftet er dem Unternehmer im Innenverhältnis nicht; dieser kann, nachdem er dem Bauherrn leisten (z.B. nachbessern) musste, gegen den Planer «regelmässig» keinen Rückgriff nehmen. Umgekehrt steht dem leistenden Planer ein voller Rückgriff gegen den Unternehmer zu.

15.114 Die **Rechtfertigung** für diese Rechtsprechung erblickt der deutsche Bundesgerichtshof darin, dass einerseits der Planer, der ausschliesslich seine vertragliche Pflicht zur Bauaufsicht verletzt hat, den Werkmangel nicht «produziert» hat, und andererseits der Unternehmer gar keinen Anspruch darauf hätte, vom Bauherrn oder von einem von ihm beauftragten Planer (ordnungsgemäss) überwacht zu werden.[193] Mit dieser Rechtsprechung nimmt der Bundesgerichtshof in Kauf, dass der Planer trotz Verletzung seiner Hauptleistungspflicht (der Bauaufsicht) nach erfolgter Schadensverteilung im Innenverhältnis «ungeschoren» davonkommt.[194] Dieselbe Rechtslage im Innenverhältnis soll ausserdem auch im Verhältnis des bauleitenden Planers und des projektierenden Planers gelten. Beide, der Bauunternehmer und der projektierende Planer, schulden dem Bauherrn eine mangelfreie Werkleistung, doch keiner von ihnen hat Anspruch darauf, von einem Planer zusätzlich kontrolliert zu werden.[195]

15.115 Das in Deutschland (und vereinzelt im schweizerischen Schrifttum)[196] vorgebrachte Argument, der Unternehmer, der dem Bauherrn geleistet hat, dürfe gegen den bauleitenden Planer deswegen gar nicht mehr regressieren können, weil er nie einen Anspruch auf Beaufsichtigung der Werkerstellung gehabt hätte, ist **weder dort noch für das schweizerische Recht stichhaltig.** Im Rückgriffsverhältnis geht es nämlich nicht darum, ob sich der Unternehmer darauf berufen könne, vom Bauleiter nicht (richtig) überwacht worden zu sein; vielmehr soll die Auseinandersetzung zwischen den Solidarschuldnern im Rückgriffsverhältnis sicherstellen, dass von mehreren Schädigern – und

---

192 Vgl. BGH NJW 1965, S. 1175.

193 Vgl. BGH NJW 2002, S. 3326 (= NZBau 2002, S. 514).

194 Zustimmend Boldt, S. 495 f.; differenzierend Kniffka, Gesamtschuldnerausgleich, S. 276 ff.

195 Boldt, S. 495. Nun deutlich relativiert in BGH NZBau 2009, S. 189.

196 So z.B. Schumacher, Architektenrecht 1995, Nr. 698.

der Planer, der seine Bauaufsichtspflicht verletzt, gehört dazu[197] – ein jeder den Teil übernimmt, der seiner Verantwortung an der Schadensentstehung *im Aussenverhältnis* entspricht.[198] Richtig ist, dass ein Unternehmer, der in den Genuss einer Bauaufsicht kam, im Falle der Mitverantwortung des bauaufsichtsführenden Planers im Rückgriffsverhältnis durch die Kostenverteilung einen Vorteil erlangen kann, den der nicht beaufsichtigte und allein haftende Unternehmer nicht erhält. Das liegt aber in der Natur der Solidarhaftung, wo regelmässig jeder von mehreren Schädigern in einem bestimmten Umfang an der endgültigen Schadenstragung partizipiert, sodass im Ergebnis keiner von ihnen den gesamten Schaden allein zu tragen hat. Aus dem Blickwinkel der definitiven Schadenstragung stehen die solidarisch haftenden Schädiger deswegen (fast) immer besser da als der Alleinschädiger, der für den verursachten Schaden voll haftet.

Dem Gesagten nach hat der Richter die Rückgriffsverhältnisse nach seinem Ermessen zu klären. Dabei «muss der Richter auf die Verhältnisse des Einzelfalles abstellen, indem er die beidseitig gesetzten Mängelursachen gegeneinander abwägt und ‹gewichtet›».[199] Gestützt darauf hat er dann die Verantwortlichkeit für Werkmängel und Schäden quotenmässig festzulegen.[200] Erfahrungsgemäss trifft den Planer, der mit einem Projektierungsfehler die Ursache für einen Werkmangel gesetzt hat, die überwiegende Verantwortung für diesen Mangel. Umgekehrt ist die Verantwortung des Unternehmers grösser, wenn er genau erkennt, dass eine fehlerhafte Planung oder eine mangelhafte Ausschreibung des Planers mit Sicherheit zu einem Mangel des Bauwerks führen muss, und trotzdem zur Werkausführung schreitet, ohne den Bauherrn darauf hinzuweisen.[201] Schliesslich gilt die (allerdings nicht ausnahmslose) Faustregel, dass der Unternehmer eine grössere Verantwor- 15.116

197 «Fast immer wird begründet werden können und müssen, dass der Mangel nicht entstanden wäre, hätte der Architekt seine Überwachungsverpflichtung sorgfältig erfüllt» (SOERGEL, S. 243).

198 Anderer Meinung BOLDT, S. 496, für die allein entscheidend ist, dass der Unternehmer keinen Anspruch darauf hat, beaufsichtigt und bei Bedarf auf Ausführungsfehler aufmerksam gemacht zu werden: «Wenn jedoch der Bauunternehmer gar nicht erwarten darf, auf Fehler hingewiesen zu werden, dann kann er sich auch nicht darauf berufen, dass dieser Hinweis durch den Bauüberwacher unterblieb. Folglich darf es in diesem Innenverhältnis auch keine Verantwortung des bauaufsichtspflichtigen Architekten geben.»

199 GAUCH, Werkvertrag, Nr. 2749. Vgl. auch FELLMANN, Regress, S. 48 ff.

200 Beispiel bei REBER, Haftung mehrerer, S. 47.

201 Vgl. WERNER/PASTOR, Nr. 1995.

tung trägt für Ausführungsfehler, die der Architekt mangels sorgfältiger Bauaufsicht nicht erkennt und verhindert.[202]

15.117 **3.** Eine Besonderheit gilt schliesslich für den **Rückgriff des Planers,** der Schadenersatz leisten musste, gegen den Unternehmer, dessen Nachbesserungspflicht durch die Schadenersatzleistung des Planers getilgt wurde (Art. 147 Abs. 1 OR). Da der Unternehmer dem Bauherrn selbst Nachbesserung schuldet, haftet er ihm nur im Umfang der Nachbesserungskosten, die ihm durch die ordnungsgemässe Nachbesserung entstünden, falls er nachbessern würde. Hat nun der Planer dem Bauherrn betragsmässig mehr Schadenersatz geleistet, als dem Unternehmer durch Nachbesserung an Kosten entstanden wären, so orientiert sich ein Rückgriff des Planers nicht an dem von ihm geleisteten Schadenersatz, sondern an den (tieferen) Nachbesserungskosten, die der Unternehmer für die Nachbesserung hätte aufwenden müssen.[203] Denn bloss in diesem (geringeren) Umfang bestand Solidarhaftung zwischen Planer und Unternehmer und nach diesem Umfang bemisst sich auch der Rückgriff des Planers. Das gilt zwar insbesondere dort, wo der Bauherr dem Unternehmer ein vertragliches Nachbesserungsrecht eingeräumt hatte, wohl aber auch in den übrigen Fällen.[204]

c. Die Verjährung des Rückgriffsanspruchs

15.118 **1.** Der Rückgriffsanspruch (Ausgleichsanspruch), den Art. 51 OR dem leistenden Solidarschuldner gegen die übrigen Mitschuldner gewährt, ist ein selbständiges Forderungsrecht mit **eigener Verjährung.**[205] Der Anspruch verjährt nach einem Jahr seit dem Tag, an dem der Gläubiger tatsächlich befriedigt wurde und dem Leistenden die Existenz des anderen (regresspflichtigen) Haftpflichtigen bekannt geworden ist.[206] Das Rückgriffsrecht verjährt

---

[202] Vgl. Gauch, Werkvertrag, Nr. 2749; Nigg, S. 140; Zehnder, Mehrpersonenhaftung, S. 6 f.

[203] Zutreffend Koller, Nachbesserungsrecht, Nr. 568.

[204] Vgl. dazu auch Fellmann, Regress, S. 46 f.

[205] Zur Verjährung im Regressverhältnis der Solidarität Weiss, S. 126 ff.

[206] Dazu Pichonnaz, Le point, S. 198 in initio. Zur Verjährung des Rückgriffsanspruches eines Solidarschuldners im deutschen Recht vgl. Thomas Bassmann/Katja Langneff/Christian Röhl, Die Rechtsprechung des VII. Zivilsenats zum Bauvertrags- und Architektenrecht im Jahre 2009, in: BauR 2009, S. 539 (mit gedrungener Darstellung der einschlägigen Rechtsprechung).

in jedem Fall zehn Jahre nach Eintritt der Schädigung oder bei andauernder Schädigung zehn Jahre, nachdem diese ein Ende gefunden hat.[207].

2. Im Zusammenhang mit der Verjährung ist fraglich, ob sich ein Solidarschuldner im Innenverhältnis gegen den Rückgriffsanspruch eines anderen mit der Einrede wehren kann, dass seine eigene Haftung gegenüber dem Gläubiger verjährt sei. Mit anderen Worten stellt sich die Frage, ob die im Aussenverhältnis eingetretene Verjährung einer Schuldpflicht auch der regressweisen Belangung im Innenverhältnis entgegengehalten werden kann. Hält man es mit der in BGE 133 III 6 begründeten **neuen Rechtsprechung des Bundesgerichts,** so kann sich der im Rückgriff nach Art. 51 OR belangte Solidarschuldner nicht darauf berufen, dass seine eigene Schuldpflicht gegenüber dem Gläubiger bereits verjährt sei.[208] Dass diese Rechtsprechung eine gewisse Härte für den Solidarschuldner bedeutet, der auf dem Regressweg belangt wird, ohne sich auf die im Aussenverhältnis eingetretene Verjährung berufen zu dürfen, ist dem Bundesgericht bewusst. Um allzu unbillige Ergebnisse zu verhindern, verwehrt es daher dem Solidarschuldner, der dem Gläubiger wissentlich eine *sowohl ihm als auch seinen Mitschuldnern* gegenüber verjährte Schuld leistet, den Rückgriff – allerdings unter Berufung auf Art. 146 OR und auf die Geschäftsführung ohne Auftrag (Art. 420 und 423 OR).[209] 15.119

Mit Blick auf die solidarische Haftung von Planer und Unternehmer bedeutet die neue Rechtsprechung des Bundesgerichts eine **Praxisänderung.**[210] Denn nach der bisherigen Rechtsprechung des Bundesgerichts[211] galt, dass der Unternehmer, dessen Gewährleistungspflicht gegenüber dem Bauherrn verjährt ist, die Verjährung auch dem regressierenden Planer entgegenhalten konnte.[212] Diese nunmehr überholte Rechtsprechung stiess in der Lehre 15.120

---

207 Vgl. BGE 133 III 25 und 31 E. 5.3.3 und E. 5.4.

208 BGE 133 III 31 E. 5.4.

209 Vgl. BGE 133 III 30 E. 5.3.5.

210 Einlässlich dazu KRAUSKOPF/SIEGENTHALER, Der Rückgriff, S. 54 ff.; WEISS, S. 250 ff.; WERRO/PICHONNAZ, S. 48 ff.

211 Betreffend Art. 371 Abs. 2 OR: BGE 115 II 457 E. 2; 115 II 50 E. 2b; 102 II 418 E. 3. Von allgemeiner Tragweite: BGE 116 II 650 E. 7 b.bb, wonach der Rückgriffsanspruch nicht mehr geltend gemacht werden kann, wenn die konkurrierenden Forderungen des Geschädigten gegen einen Mitschuldner schon verjährt oder verwirkt sind.

212 Vgl. GAUCH, Werkvertrag, Nr. 2297 und 2757; FELLMANN, Regress, S. 58; SBAI, S. 126.

auf Zustimmung[213] und fand ihre Stütze in der Entstehungsgeschichte des Art. 371 Abs. 2 OR: Ausgehend von der Annahme, dass der Unternehmer, dessen Mängelhaftung bereits verjährt ist, die Verjährungseinrede auch der Rückgriffsforderung des Planers entgegenhalten kann, entschied sich der Gesetzgeber im Zuge der OR-Revision von 1911 dafür, die Haftung des Planers für Werkmängel unter dieselbe fünfjährige Verjährungsfrist zu stellen, die bereits für die Mängelhaftung des Unternehmers galt. So konnte sichergestellt werden, dass Architekten und Ingenieure nur solange für Werkmängel in Anspruch genommen werden können, als es ihnen möglich ist, auf mitverantwortliche Unternehmer zu regressieren.[214]

15.121 **3.** Wie soeben erklärt, lässt das Bundesgericht die im Aussenverhältnis eingetretene Verjährung im Innenverhältnis nicht gelten, sodass auch ein Solidarschuldner, dessen Haftung gegenüber dem Gläubiger verjährt ist, im Rückgriff erfolgreich belangt werden kann. Für den regresspflichtigen Solidarschuldner birgt das die **Gefahr,** dass er selbst nach Eintritt der Verjährung seiner eigenen Schuldpflicht gegenüber dem Gläubiger Rückgriffen der anderen Mitschuldner gewärtig sein muss, und dies bis zu zehn Jahre seit der schädigenden Handlung, welche seine Haftung ausgelöst hat. Um diesen Solidarschuldner vor einer späten und unerwarteten Inanspruchnahme durch einen regressberechtigten Mitschuldner zu schützen, hat das Bundesgericht eine bemerkenswerte Rechtsprechung entwickelt: «Obwohl der Ausgleichsanspruch ein selbständiges Recht ist, versagt das Bundesgericht dem Regressberechtigten bei Verjährung konkurrierender Ansprüche des Geschädigten die Durchsetzung seiner Ausgleichsforderung, wenn der Regressberechtigte von der Möglichkeit, auf einen anderen Haftpflichtigen zurückzugreifen, rechtzeitig Kenntnis erhält, aber dennoch nichts unternimmt.»[215] Diese Regel, die selbst dann gilt, wenn der Rückgriffsanspruch an sich noch nicht verjährt ist,[216] stützt sich auf **Art. 2 Abs. 2 ZGB** und will dem Rückgriffsberechtigten die Durchsetzung seines Rückgriffsanspruchs verweigern, wenn dieser ohne

---

[213] Grundlegend Spiro, S. 493 f.; vgl. auch Fellmann, Regress, S. 58; Gauch, Werkvertrag, Nr. 2297 und 2757; Nigg, S. 146 f.; Schenker, S. 30 f.; Zehnder, Mehrpersonenhaftung, S. 7; unentschlossen Schumacher, Architektenrecht 1995, Nr. 705; anderer Meinung Koller, Nachbesserungsrecht, Nr. 558.

[214] BGE 115 II 457 f. E. 2; 102 II 418 E. 3; Gauch, Nr. 2297.

[215] BGE 127 III 266 E. 6c; vgl. auch BGE 115 II 48 f. E. 2a; bestätigt in BGE 133 III 29 E. 5.3.5; Spiro, S. 491 ff.; Bugnon, S. 144 ff.; kritisch dazu Casanova, Ausgleichsanspruch, S. 121 ff.; Jung, Regressprobleme, S. 304 f.; Krauskopf/Müller, S. 327.

[216] Vgl. BGE 133 III 14 und 29 E. 5.2.1 und 5.3.5.

Grund die Position eines anderen Solidarschuldners verschlechtert hat, beispielsweise indem er ihm den Rechtsstreit zwischen sich und dem Gläubiger nicht angezeigt hat.[217]

4. Die solidarische Haftung mehrerer Planer

Auch wenn die solidarische Haftung von Planer und Unternehmer in der Gerichtspraxis hervorsticht, darf die solidarische Haftung mehrerer Planer nicht vergessen werden. Diese kann sich daraus ergeben, dass mehrere Planer sich zusammenschliessen, um gemeinsam einem Dritten eine bestimmte Leistung zu versprechen (Nr. 15.123 ff.), dass mehrere Planer gemeinsam einen Schaden verursachen (Nr. 15.141 ff.) oder dass mehrere Planer unabhängig voneinander einen Schaden verursachen, für den jeder von ihnen haftet (Nr. 15.145 ff.). 15.122

A. Die Haftung der Planergemeinschaft nach Art. 544 Abs. 3 OR

Von den verschiedenen Konstellationen solidarisch haftender Planer steht die Haftung der Mitglieder einer Planergemeinschaft als wohl bedeutsamster Fall im Vordergrund. Im Hinblick auf die Projektierung und Realisierung grösserer oder komplexer Bauvorhaben finden nicht selten zwei oder mehrere Planer[218] zusammen und organisieren sich auf der Grundlage eines Vertrags (Konsortialvertrag) als Planergemeinschaft (Konsortium).[219] Das Besondere an Planergemeinschaften ist, dass mehrere Planer – eben die Mitglieder der Planergemeinschaft – gemeinsam einen **Vertrag** mit dem Bauherrn schliessen, worin sie sämtliche Planeraufgaben oder einen Teil davon (z.B. Projektierung oder Leitung und Überwachung der Bauausführung) übernehmen.[220] 15.123

---

217 BGE 133 III 29 E. 5.3.5; 127 III 267 E. 6c; 115 II 48 f. E. 2a. Die Anzeige kann, muss aber nicht, durch Streitverkündung geschehen (vgl. PICHONNAZ, Le point, S. 197).

218 Verstanden als natürliche oder juristische Personen.

219 Vgl. z.B. BGE 118 II 313 ff. Der Konsortialvertrag, durch den die Konsortialmitglieder verbunden sind, wird sehr häufig durch vorgeformte Vertragsbedingungen (AVB) präzisiert, denen sich die Mitglieder des Konsortiums vertraglich unterworfen haben.

220 Vor dem Abschluss des gemeinsamen Vertrags mit dem Bauherrn ist die Planergemeinschaft zunächst eine Bietergemeinschaft, welche die Einreichung einer gemeinsamen Offerte für die Übernahme der in Aussicht stehenden Arbeiten bezweckt (GAUCH, Vertragsrecht, S. 22).

15.124 Für den Bauherrn bietet die Planergemeinschaft nennenswerte **Vorteile.**[221] Erstens erhält er die vertraglich versprochenen Planerleistungen «aus einer Hand», da sämtliche Planer unter Vorbehalt abweichender Vertragsabrede diese Leistungen solidarisch schulden. Zweitens werden ihm im Falle einer Leistungsstörung grundsätzlich alle Mitglieder der Planergemeinschaft haftpflichtig, was regelmässig bessere Bonität der Schuldner verspricht. Drittens besteht für den Bauherrn nicht die Gefahr, dass ihm der Fehler eines Planers von anderen, am Projekt beteiligten Planern als Selbstverschulden angerechnet werden kann.[222] Denn soweit die Planer in einem Konsortium zusammengeschlossen sind, gilt mit Bezug auf die gemeinsam geschuldeten Vertragsleistungen keiner von ihnen gegenüber den anderen als Hilfsperson des Bauherrn.

a. Gesetzliche Erfassung der Planergemeinschaft

15.125 **1.** Die Planergemeinschaft (bzw. das Konsortium) wird rechtlich als **einfache Gesellschaft** (Art. 530 ff. OR) qualifiziert (Nr. 14.15),[223] deren Mitglieder (die Gesellschafter) solidarisch verpflichtet sind, den gemeinsamen Planervertrag zu erfüllen (Art. 544 Abs. 3 OR).[224] Weil sie nach Beendigung des Planervertrags ihren Zweck erfüllt haben, ist die Lebensdauer von Planergemeinschaften in der Regel zeitlich befristet. Es kommt allerdings vor, dass Planer über Jahrzehnte in immer neuen Konsortien zusammenarbeiten und deswegen faktisch eine «Dauergemeinschaft» bilden.[225]

15.126 **2.** Die Planergemeinschaft untersteht den (gesetzlichen) Regeln der einfachen Gesellschaft auch dann, wenn sich deren Mitglieder dessen nicht bewusst sind. Weil das Gesetzesrecht zur einfachen Gesellschaft weitestgehend **dispositives Recht** ist, können die Mitglieder der Arbeitsgesellschaft wich-

221 Vgl. SCHERRER, Freuden und Leiden, S. 93.

222 Dazu schon Nr. 15.88 ff.

223 Die ebenfalls infrage kommende Kollektivgesellschaft scheidet als Gesellschaftsform von Konsortien in praxi deswegen aus, weil Konsortien mit ausschliesslich natürlichen Personen (so das gesetzliche Erfordernis in Art. 552 Abs. 1 OR) in der Baubranche nicht vorkommen (SCHERRER, Freuden und Leiden, S. 90 f.). Siehe Nr. 14.29 ff.

224 Denkbar ist aber auch der Fall, dass sich zwei oder mehrere Planer gegenüber dem Bauherrn in einem einzigen Vertrag zur Übernahme bestimmter Planerarbeiten (solidarisch) verpflichten, ohne dass sie als Planergemeinschaft auftreten (vgl. REBER, Haftung mehrerer, S. 45). Inwieweit die Regeln der einfachen Gesellschaft auf diesen Fall anzuwenden sind, ist einzelfallmässig zu ermitteln.

225 Vgl. GAUCH, Bauwerk, S. 89.

tige Themen wie die Organisation und Vertretung der Planergemeinschaft nach aussen, die Verteilung der Aufgaben und finanzielle Fragen (z.B. Gewinnverteilung und Risikotragung) vertraglich selbst regeln.

b. Solidarische Haftung der Mitglieder der Planergemeinschaft

1. Für die Erfüllung der Verbindlichkeiten, welche die Mitglieder der Planergemeinschaft gemeinschaftlich einem Dritten (dem Bauherrn oder einer Bank) gegenüber **vertraglich** eingehen,[226] haften sie unter Vorbehalt anderslautender Vereinbarung solidarisch (Art. 544 Abs. 3 OR), und zwar unmittelbar und unbeschränkt (vgl. auch Nr. 14.119 ff.).[227] Diese solidarische Haftung trifft jedes Mitglied direkt und unbeschränkt und ist eine **echte Solidarität** im Sinne der Art. 143 ff. OR, denn alle Gesellschafter haften aus demselben Vertrag.[228] Die solidarische Haftung trifft auch den Planer, «der nach dem Konsortialvertrag lediglich die Buchhaltung zu führen oder einen Beitrag in Geld [...] zu leisten hat».[229] Aus der Sicht des Vertragspartners einer Planergemeinschaft bedeutet die solidarische Erfüllungspflicht der Planer, dass er von jedem von ihnen die Vertragserfüllung verlangen kann.[230] 15.127

Der in die Planergemeinschaft **nachträglich eintretende Planer** tritt nicht automatisch in die bereits bestehenden Schulden der Planergemeinschaft ein, sondern er haftet für diese bereits bestehenden Schulden erst durch rechtsgeschäftliche Übernahme (Schuldbeitritt).[231] Ansonsten hat jeder Planer nur 15.128

---

[226] Die gemeinsame Verpflichtung entsteht durch entsprechende Verpflichtungserklärung aller Mitglieder der Planergemeinschaft oder durch eine Verpflichtungserklärung, die ein Planer für sich und stellvertretend für die übrigen Mitglieder der Planergemeinschaft abgibt (vgl. FELLMANN/MÜLLER, Berner Kommentar, N 156 f. zu Art. 544 OR).

[227] BGer 4C.352/2006 (25.1.2007) E. 3.2.1; SCHERRER, Freuden und Leiden, S. 102. Einlässlich zu Art. 544 Abs. 3 OR; FELLMANN/MÜLLER, Berner Kommentar, N 108 ff., 172 und 187 ff. zu Art. 544 OR; JUNG, Handkommentar Privatrecht, N 6 ff. zu Art. 544 OR; HANDSCHIN/VONZUN, Zürcher Kommentar, N 44 ff. zu Art. 544 OR.

[228] Zum Begriff der echten Solidarität Nr. 15.41 f.

[229] GAUCH, Werkvertrag, Nr. 247.

[230] SCHERRER, Freuden und Leiden, S. 102.

[231] Eine indirekte Beteiligung des neu eintretenden Planers an den bisherigen Schulden kann sich allerdings aus dem internen Verhältnis ergeben, wenn das bestehende Vermögen der Planergemeinschaft für die Schuldendeckung nicht ausreicht und der Planer nach Massgabe seiner Verlustbeteiligung (Art. 533 Abs. 1 OR) an der Beseitigung der Unterdeckung partizipieren muss (vgl. HANDSCHIN/VONZUN, Zürcher Kommentar, N 72 zu Art. 544 OR, mit Literaturhinweisen).

für gemeinsame Verbindlichkeiten einzutreten, die nach seiner Aufnahme in die Planergemeinschaft (gemeinschaftlich oder durch Stellvertretung) eingegangen werden.[232]

15.129 **2.** Verstösst ein Planer oder sein Erfüllungsgehilfe gegen die gemeinsam eingegangenen Verpflichtungen des Planervertrags, so haben alle übrigen Mitglieder der Planergemeinschaft entgegen Art. 146 OR solidarisch für den infolge der **Vertragsverletzung** entstandenen Schaden einzustehen, denn bei der Erfüllung der gemeinsamen Verpflichtungen gegenüber dem Vertragspartner handelt jeder Planer als Erfüllungsgehilfe des andern. Daher muss sich jeder Planer der Planergemeinschaft das Verhalten des anderen bei der Erfüllung einer gemeinsamen vertraglichen Pflicht nach Art. 101 OR anrechnen lassen.[233] Was den Schuldnerverzug anbelangt, so gilt im Grundsatz, dass der Verzug des einen Planers der Planergemeinschaft nicht automatisch auch den Verzug der übrigen Planer bedeutet. Vielmehr wirkt die Mahnung (Art. 102 Abs. 1 OR) gegenüber einem Planer nur für diesen, ausser er empfange die Mahnung als (passiver) Stellvertreter aller Mitglieder der Planergemeinschaft.[234]

15.130 **3.** Demgegenüber löst die **Deliktshaftung** eines Planers (Art. 41 OR) keine solidarische Haftung der übrigen Planer des Konsortiums aus.[235] Anders verhält es sich, wenn mehrere oder alle Planer gemeinsam eine unerlaubte Handlung begehen (Art. 50 Abs. 1 OR) oder die Planer für eine gemeinsame Hilfsperson aus Geschäftsherrenhaftung im Sinne des Art. 55 OR einstehen müssen.[236] Hingegen haftet kein Mitglied der Planergemeinschaft für das Delikt eines anderen Mitgliedes, auch nicht nach Art. 55 OR, weil es diesbezüglich schon am vorausgesetzten Subordinationsverhältnis fehlt.[237]

---

232 Vgl. statt vieler FELLMANN/MÜLLER, Berner Kommentar, N 195 und 197 zu Art. 544 OR.

233 Vgl. GAUCH, Werkvertrag, Nr. 248; FELLMANN/MÜLLER, Berner Kommentar, N 122 ff. zu Art. 544 OR; SCHERRER, Freuden und Leiden, S. 102 f. Dementsprechend kann der Bauherr jedes Mitglied einer Planergemeinschaft zur Nachbesserung von fehlerhaften Plänen anhalten.

234 Vgl. KOLLER, OR AT, § 75 Nr. 149.

235 So jedenfalls für die als einfache Gesellschaft organisierte Planergemeinschaft (BGE 90 II 508 E. 3; 84 II 382 E. 1b; FELLMANN/MÜLLER, Berner Kommentar, N 130 zu Art. 544 OR). Vgl. demgegenüber Art. 567 Abs. 3 OR für die Kollektivgesellschaft.

236 GAUCH, Werkvertrag, Nr. 248; ausführlich FELLMANN/MÜLLER, Berner Kommentar, N 133 ff. zu Art. 544 OR.

237 Vgl. BGE 84 II 383 f. E. 1b.

4. Eine solidarische Haftung der Mitglieder einer Planergemeinschaft besteht insbesondere mit Bezug auf **Planungsfehler,** für welche die Planer einzustehen haben. Denn jedes Mitglied der Arbeitsgemeinschaft schuldet dem Besteller die Ablieferung mängelfreier Pläne. Dabei beschränkt sich die solidarische Haftung nicht nur auf die Mängelrechte der Nachbesserung, Minderung und Wandelung, sondern erstreckt sich auch auf die Haftung für den Ersatz des Mangelfolgeschadens (der sich z.B. in einem mangelhaften Bauwerk äussert).[238] Weil jeder Planer einer Arbeitsgemeinschaft bei der Ausübung der gemeinsamen vertraglichen Verpflichtungen als Hilfsperson der anderen Planer handelt, besteht solidarische Haftung für dabei verursachte Planfehler und daraus resultierende Mangelfolgeschäden auch der anderen, selbst wenn weder den fehlbaren Planer noch die übrigen Planer ein Verschulden trifft.[239] Zwar ist richtig, dass die Haftung für den Mangelfolgeschaden gemäss Art. 368 OR ein Verschulden voraussetzt; dieses Verschuldensprinzip gilt aber nicht für die Hilfspersonenhaftung nach Art. 101 OR.[240] Dort gilt das Prinzip der sogenannten hypothetischen Vorwerfbarkeit, die nicht etwa auf das Verschulden der Hilfsperson abstellt, sondern darauf, ob der Person, die eine Hilfsperson einsetzt, ein Vorwurf gemacht werden könnte, wenn sie sich wie die Hilfsperson verhalten hätte. 15.131

5. Die Solidarhaftung nach Art. 544 Abs. 3 OR kann, wie bereits aus dem Wortlaut der Bestimmung hervorgeht, durch **Vereinbarung** zwischen der Planergemeinschaft und einem Gläubiger *abgeändert* werden. So kann beispielsweise vereinbart werden, dass dem Gläubiger nur gewisse Mitglieder der Planergemeinschaft solidarisch haften oder dass die Haftung gewisser Planer summenmässig (z.B. auf das bestehende Vermögen der Planergemeinschaft) beschränkt wird.[241] Da solche Vereinbarungen vom dispositiven Gesetzesrecht in Art. 544 Abs. 3 OR abweichen, obliegt den Planern, die sich darauf berufen, die Beweislast für das Bestehen und für den Inhalt solcher Vereinbarungen. 15.132

6. Setzen die Mitglieder der Planergemeinschaft **Hilfspersonen** ein, um die vertraglichen Verpflichtungen zu erfüllen, so haften sie für das Verhalten die- 15.133

---

238 Vgl. GAUCH, Werkvertrag, Nr. 1494 in fine.

239 Vgl. GAUCH/SCHLUEP/EMMENEGGER, Nr. 3040 f.

240 Richtig GAUCH, Werkvertrag, Nr. 1893; SCHERRER, Freuden und Leiden, S. 104.

241 Soweit die Haftung der Planer an sich vertraglich beschränkt oder aufgehoben werden soll, sind die Schranken von Art. 100 und 101 OR zu beachten (vgl. dazu FELLMANN/MÜLLER, Berner Kommentar, N 190 ff. zu Art. 544 OR).

ser Hilfspersonen nach Massgabe von Art. 101 OR.[242] Die Haftung nach Art. 101 OR setzt allerdings voraus, dass den Planern die Handlungen der Hilfspersonen als schuldhafte Vertragsverletzung vorzuwerfen wären, falls sie diese selbst vorgenommen hätten («hypothetische Vorwerfbarkeit»). Ist das der Fall, so haften alle Planer der Planergemeinschaft für das Verhalten der Hilfspersonen solidarisch.[243]

15.134 **7.** Was die **Verjährung** der Haftung der Mitglieder einer Planergemeinschaft anbelangt, so ist zunächst darauf hinzuweisen, dass nach der bundesgerichtlichen Rechtsprechung die Unterbrechung gegenüber einem Planer auch gegenüber den übrigen wirkt (Art. 136 Abs. 1 OR), weil die Planer eines Konsortiums eine echte Solidarschuldnerschaft bilden (Nr. 15.41 oben). Wann die Schulden der Mitglieder der Planergemeinschaft verjähren, bestimmt sich nach dem einschlägigen Recht; je nach der infrage stehenden Schuldpflicht beträgt die Verjährung ein Jahr (z.B. Art. 210 Abs. 1 OR), fünf Jahre (z.B. Art. 371 Abs. 2 OR) oder zehn Jahre (Art. 127 OR). Eine besondere Verjährung für die Haftung nach Art. 544 Abs. 3 OR stellt das Gesetz nicht auf.[244]

15.135 **8.** Schliesslich gilt zu beachten, dass die solidarische Haftung eines jeden Planers der Planergemeinschaft nicht mit dem **Ausscheiden** aus der Gemeinschaft oder mit deren **Auflösung** aufhört.[245] Gemäss Art. 551 OR ändert sich nämlich nichts an den Verbindlichkeiten der Planergemeinschaft gegenüber Dritten, wenn sie sich aus irgendeinem Grund auflöst. Insbesondere haftet der ausscheidende Planer den Gläubigern der Planergemeinschaft für die (bis zum Zeitpunkt seines Ausscheidens entstandenen) Verbindlichkeiten weiterhin unbeschränkt.[246] Diese Haftung besteht zeitlich nicht grenzenlos. Mit der Tilgung oder Verrechnung[247] (Art. 147 Abs. 1 OR) oder dem zugunsten aller (auch des ausgeschiedenen Planers) wirkenden Schulderlass (Art. 147 Abs. 2 OR) werden alle Mitglieder der Planergemeinschaft befreit, auch die ausge-

---

242 Zur Haftung jedes Planers für das Verhalten der anderen Planer der Planergemeinschaft vgl. Nr. 15.129 ff.

243 Ausführlich dazu FELLMANN/MÜLLER, Berner Kommentar, N 217 ff. zu Art. 544 OR.

244 Vgl. demgegenüber Art. 591 ff. und Art. 619 i.V.m. Art. 591 ff. OR für die Kollektiv- und Kommanditgesellschaft.

245 Vgl. SCHERRER, Freuden und Leiden, S. 105.

246 Vgl. PESTALOZZI/WETTENSCHWILER, Basler Kommentar, N 26 zu Art. 544 OR; FELLMANN/MÜLLER, Berner Kommentar, N 204 ff. zu Art. 544 OR.

247 Zur Frage der Tilgung durch Verrechnung von Schulden der Planergemeinschaft mit Forderungen derselben vgl. HANDSCHIN/VONZUN, Zürcher Kommentar, N 62 ff. zu Art. 544 OR.

schiedenen Planer. Ausserdem kann sich auch der ausgeschiedene Planer auf die durch Zeitablauf eingetretene Verjährung von Schulden berufen, für die er nach seinem Ausscheiden solidarisch mithaftet.[248] Leistet ein Planer nach seinem Austritt aus der Planergemeinschaft aus gemeinsamen Verbindlichkeiten, die vor seinem Ausscheiden entstanden sind, so steht ihm der Rückgriff gegen die verbliebenen Mitglieder der Planergemeinschaft zu.[249]

Die nach dem Ausscheiden eines Mitglieds der Planergemeinschaft fortbestehende Haftung desselben für bestehende Verbindlichkeiten der Planergemeinschaft kann **nicht ohne Einverständnis** des oder der Gläubiger beeinträchtigt werden. Den Mitgliedern einer Planergemeinschaft steht es also nicht zu, die solidarische Mithaftung eines Mitglieds nach dessen Ausscheiden durch vertragliche Abrede mit ihm zu beschränken oder gar zu beseitigen. Das geht aus dem Gesetz zwar nicht ausdrücklich hervor, muss aber so sein, da anderenfalls die Planergemeinschaft es in der Hand hätte, ihre eigene Solidarhaftung durch Ausscheiden zu beseitigen. Ausserdem könnte Art. 551 OR, wonach die Solidarhaftung durch eine Auflösung der Planergemeinschaft nicht berührt wird, beliebig unterlaufen werden.[250] 15.136

c. Zur internen Schadenstragung (Rückgriff)

1. Die in Art. 544 Abs. 3 OR statuierte Solidarhaftung im Aussenverhältnis sagt nichts darüber aus, welchen Teil der Schuld der einzelne Planer einer Planergemeinschaft im Innenverhältnis zu tragen hat. Für die Mitglieder einer Planergemeinschaft gilt zunächst, dass sich ein jedes Mitglied der Gemeinschaft im internen Verhältnis (zu den anderen Mitgliedern) nach Massgabe seiner **Gewinn- und Verlustbeteiligung** für gemeinsame Verbindlichkeiten beteiligen muss. Gemäss Art. 533 Abs. 1 OR hat unter Vorbehalt abweichender Vereinbarung jedes Mitglied der Planergemeinschaft einen gleichen An- 15.137

---

248 FELLMANN/MÜLLER, Berner Kommentar, N 203 zu Art. 544 OR.

249 Der Umstand, dass ein Planer nach seinem Ausscheiden aus der Planergemeinschaft leistet, wirkt sich auf den Rückgriff in der Weise aus, dass ihm die verbliebenen Mitglieder nicht anteilmässig für den Rückgriffsanspruch haften, sondern – da der ausgeschiedene Planer nunmehr als «Dritter» im Sinne von Art. 544 Abs. 3 OR gilt – solidarisch (FELLMANN/MÜLLER, Berner Kommentar, N 211 zu Art. 544 OR).

250 Vgl. FELLMANN/MÜLLER, Berner Kommentar, N 200 zu Art. 544 OR; HANDSCHIN/VONZUN, Zürcher Kommentar, N 75 zu Art. 544 OR.

teil an Gewinn und Verlust.[251] Mit Bezug auf den Verlust entspricht das der Gesetzesregel von Art. 148 Abs. 1 OR, wonach im Innenverhältnis ein jeder Solidarschuldner einen gleichen Teil der (getilgten) Schuld zu übernehmen hat. Hat ein Planer dem Gläubiger mehr geleistet, als er im Innenverhältnis zu übernehmen hat, so kann er für den Mehrbetrag auf die übrigen Mitglieder der Planergemeinschaft nach Art. 148 Abs. 2 OR **Rückgriff** nehmen. Diese haften ihm anteilmässig, entweder zu gleichen Anteilen oder nach Massgabe der für das Innenverhältnis vereinbarten Quoten.[252]

15.138 Verursacht ein Mitglied der Planergemeinschaft durch sein Verhalten eine solidarische Haftung aller nach Art. 544 Abs. 3 OR, so muss es sich im Innenverhältnis auch nach Art. 538 Abs. 2 OR verantworten, soweit sein haftungsauslösendes Verhalten zugleich eine schuldhafte Verletzung des **Planergemeinschaftsvertrags** darstellt. Verstösst ein Gesellschafter gegen allgemeine Rechtspflichten und setzt er dabei die Gesellschaft und seine Gesellschafter einer Haftung aus, so soll nach Auffassung von HANDSCHIN regelmässig auch ein Verstoss gegen gesellschaftsvertraglich begründete Pflichten vorliegen.[253]

15.139 **2.** Problematisch ist das **Verhältnis zwischen Art. 537 Abs. 1 und Art. 148 Abs. 1 OR:** Wird die Erfüllung einer gemeinsamen Schuld der Planergemeinschaft durch einen Planer als Auslage im Sinne von Art. 537 Abs. 1 OR qualifiziert,[254] so stellt sich die Frage, wie sich der Auslagenersatzanspruch aus Art. 537 Abs. 1 OR zum Rückgriffsanspruch gemäss Art. 148 Abs. 2 OR verhält. Diese Frage ist deswegen von Bedeutung, weil für die Deckung der Auslagen nach Art. 537 Abs. 1 OR zwar alle Mitglieder der Planergemeinschaft einzustehen haben, sie aber während der Dauer der Planergemeinschaft nicht dazu verpflichtet werden können, über die nach Art. 531 Abs. 1 OR geschuldeten Beiträge hinaus Leistungen zu erbringen.

---

251 So FELLMANN/MÜLLER, Berner Kommentar, N 175 f. zu Art. 544 OR; CHAIX, Commentaire Romand, N 17 zu Art. 544 OR; HANDSCHIN/VONZUN, Zürcher Kommentar, N 83 zu Art. 544 OR.

252 Vgl. BGE 103 II 139 E. 4b; PESTALOZZI/HETTICH, Basler Kommentar, N 28 zu Art. 544 OR; FELLMANN/MÜLLER, Berner Kommentar, N 175 ff. zu Art. 544 OR; JUNG, Handkommentar Privatrecht, N 13 zu Art. 544 OR; HANDSCHIN/VONZUN, Zürcher Kommentar, N 83 ff. zu Art. 544 OR.

253 HANDSCHIN, Basler Kommentar, N 3 zu Art. 538 OR; HANDSCHIN/VONZUN, Zürcher Kommentar, N 5 zu Art. 538 OR.

254 FELLMANN/MÜLLER, Berner Kommentar, N 103 ff. zu Art. 531 OR und N 18 zu Art. 537 OR.

3. Tilgt ein Planer aufgrund seiner solidarischen Haftung nach Art. 544 Abs. 3 OR eine Verbindlichkeit der Planergemeinschaft durch seine Leistung, so entsteht ihm eine Auslage gemäss Art. 537 Abs. 1 OR. Da diese Auslage die Besonderheit aufweist, dass sie gleichzeitig die Tilgung einer Verbindlichkeit der Planergemeinschaft ist, stehen dem betreffenden Planer nach hier vertretener Ansicht **konkurrierend** sowohl ein Anspruch auf Auslagenersatz nach Art. 537 Abs. 1 OR als auch ein Rückgriffsanspruch nach Art. 148 Abs. 2 OR zu.[255] Es gibt nämlich keinen Grund, nur einen Anspruch zuzulassen und den anderen Anspruch zu verweigern. In ihrem Inhalt sind beide Ansprüche gleich: Sie richten sich auf Geld. Vom Umfang her können die Ansprüche voneinander abweichen. Während sich der Ersatzanspruch nach Art. 537 Abs. 1 OR gegen das vorhandene Vermögen der Planergemeinschaft (das sich aus den Beiträgen nach Art. 531 Abs. 1 OR zusammensetzt) richtet und durch dieses beschränkt ist, dafür aber auf vollen Ersatz der Auslagen geht, haften die Mitglieder für den Rückgriffsanspruch[256] eines Planers nach Art. 148 Abs. 2 OR anteilmässig und unbeschränkt mit ihrem eigenen Vermögen, wobei der regressberechtigte Planer nur für den seinen internen Verlustanteil übersteigenden Betrag Rückgriff nehmen kann.[257] 15.140

B. Die solidarische Haftung für gemeinsam verursachte Schäden

1. Verursachen mindestens zwei Planer in widerrechtlicher Weise gemeinsam einen Schaden und trifft sie zudem ein gemeinsames Verschulden, so haften sie (neben einer allfälligen Vertragshaftung) auch nach Art. 50 OR, der eine Bestimmung des ausservertraglichen Haftpflichtrechts ist. Eine **gemein-** 15.141

[255] Ähnlich FELLMANN/MÜLLER, Berner Kommentar, N 62 ff. zu Art. 537 OR und N 178 ff. zu Art. 544 OR, die aber den Rückgriffsanspruch nur subsidiär gewähren für den Fall, dass das vorhandene Vermögen der Planergemeinschaft für den Auslagenersatz nicht ausreicht. Schwankend ist das Bundesgericht, das in seiner Rechtsprechung bald ausschliesslich einen Auslagenersatzanspruch gemäss Art. 537 Abs. 1 OR zugesteht (BGE 116 II 317 f. E. 2b), bald ein Rückgriffsrecht nach Art. 148 Abs. 2 OR bejaht (BGE 103 II 138 ff. E. 4) und bald beide Ansprüche nebeneinander nennt (BGE 125 III 260 E. 2b).

[256] Zuzüglich des Ersatzes der Auslagen, die dem Planer beim in guten Treuen unternommenen Versuch entstanden sind, die Forderung zu bestreiten (vgl. dazu GAUCH/SCHLUEP/EMMENEGGER, Nr. 3744).

[257] Der Rückgriffsanspruch wird gestärkt durch die in Art. 149 Abs. 1 OR angeordnete Subrogation, welche die Rechte des Gläubigers auf den leistenden Schuldner übergehen lässt. Damit wird der Rückgriffsanspruch mit einer Subrogationsforderung verknüpft (verstärkt), die dem Rückgriffsberechtigten zusteht.

same Schadensverursachung im Sinne von Art. 50 OR liegt vor, wenn mehrere Personen («Beteiligte») an der Schadensentstehung bewusst und gewollt zusammenwirken. Das setzt wiederum voraus, dass jeder der Beteiligten um das (schädigende) Verhalten des anderen weiss. Erst die gemeinsame Verursachung stellt den rechtlich erheblichen Kausalzusammenhang zwischen den einzelnen Handlungen (oder Unterlassungen)[258] der Beteiligten einer unerlaubten Handlung und dem Schaden her.[259] Mit Rücksicht darauf, dass die Haftung von Planern gemäss Art. 50 OR in der Praxis fast keine Bedeutung hat,[260] wird diese Haftung an dieser Stelle nur summarisch behandelt.

15.142 **Keine gemeinsame Schadensverursachung** liegt vor, wenn der Planer zunächst fehlerhafte Pläne herstellt, die ein Unternehmer sodann trotz erkannter Fehlerhaftigkeit verwendet, ohne den Bauherrn abzumahnen, und schliesslich ein anderer, mit der Bauleitung betrauter Planer, der die Fehler in den Plänen ebenfalls bemerkt hat, die Werkerstellung zulässt, ohne den Bauherrn auf diese Fehler aufmerksam zu machen. In diesem Fall fehlt es am (gewollten) Zusammenwirken der beteiligten Planer und des Unternehmers. Daran ändert auch der Umstand nichts, dass der Unternehmer und der Bauleiter die erkannten Planungsfehler vor dem Bauherrn verschweigen oder gar kaschieren.

15.143 **2.** Gemäss der **Rechtsfolge** von Art. 50 Abs. 1 OR ist nicht nur jener für den Schaden verantwortlich, der die unerlaubte Handlung begeht (das ergibt sich bereits aus Art. 41 OR), sondern es haften ebenfalls die Personen, die in irgendeiner Weise willentlich und wissentlich an der schadensverursachenden Handlung teilgenommen haben, solidarisch mit.[261] Mithin erweist

---

[258] Die Schadensverursachung kann die Folge einer gemeinsamen Handlung oder verschiedener Handlungen sein; sie kann aber auch auf eine Unterlassung zurückgehen, z.B. wenn unter Anwendung des Gefahrensatzes oder bei einer bestehenden Garantenstellung eine Unterlassung eine haftpflichtrechtliche Verantwortlichkeit nach sich zieht (vgl. auch Brehm, Berner Kommentar, N 21a zu Art. 50 OR).

[259] Vgl. Brehm, Berner Kommentar, N 16 zu Art. 50 OR; Rey, Nr. 1428.

[260] Das liegt einerseits daran, dass Planer, die mit ein und demselben Dritten (z.B. einem Bauherrn) in Vertragsverhältnissen stehen, kaum je bewusst und gewollt zusammenwirken, um diesen Dritten zu schädigen. Theoretisch denkbar sind Absprachen zwischen Planern, die darauf hinzielen, vom Bauherrn Vergütungen für Aufwendungen zu erhalten, die gar nicht erbracht worden sind oder unnötig gewesen wären. In diesem Fall wird sich der Bauherr aber vornehmlich an die Vertragshaftung halten, die – etwa in beweis- oder verjährungsrechtlicher Hinsicht – gegenüber der Deliktshaftung gemäss Art. 41 ff. OR Vorteile bietet.

[261] Nach anderer Meinung erfüllt bereits das fahrlässige Zusammenwirken den Tatbestand von Art. 50 Abs. 1 OR (vgl. BGE 104 II 230 E. 4a: «Ein schuldhaftes Zusammenwirken

sich Art. 50 Abs. 1 OR für jene, die an der unerlaubten Handlung teilgenommen haben, ohne sie selbst begangen zu haben (so z.B. der Anstifter), als Haftungsbegründungsnorm. KOLLER spricht zutreffenderweise von einer «Haftungserweiterung».[262] Denn ohne Art. 50 Abs. 1 OR könnten diese Personen gar nicht zur Ersatzpflicht herangezogen werden. Art. 41 OR erklärt nämlich nur denjenigen für ersatzpflichtig, der «einem andern widerrechtlich Schaden zufügt».

3. Art. 50 Abs. 2 OR regelt den **Rückgriff** unter den nach Art. 50 Abs. 1 OR solidarisch Schadenersatzpflichtigen und enthält eine besondere Ordnung, die Art. 148 Abs. 1 OR vorgeht. Danach bestimmt der Richter nach seinem Ermessen, ob und in welchem Umfang dem leistenden Solidarschuldner Rückgriffsansprüche gegen die übrigen Mitschuldner zustehen. 15.144

C. Die solidarische Haftung aus verschiedenen Rechtsgründen

1. Eine solidarische Haftung mehrerer Planer kann schliesslich unter den Voraussetzungen von Art. 51 OR zustande kommen, wenn zwei oder mehrere Planer **unabhängig** voneinander und aus verschiedenen (möglicherweise gleichartigen) Rechtsgründen[263] für Werkmängel oder andere Schäden haften. Das ist z.B. der Fall, wenn ein Planer für bestimmte Mängel (oder Schäden) wegen Fehlern in den Plänen einzustehen hat, während ein anderer Planer aus unsorgfältiger Bauleitung haftet. Da auch hier gilt, was für die solidarische Haftung von Planer und Unternehmer nach Art. 51 OR ausgeführt wurde, kann auf das dort Ausgeführte verwiesen werden (Nr. 15.58 ff.). 15.145

Praktisch bedeutsam ist der Fall, da ein Planer für den Bauherrn fehlerhafte Pläne herstellt, die der Bauherr dann einem anderen Planer übergibt, damit dieser die Werkerstellung durch einen Unternehmer beaufsichtige. Aus der Sicht des bauleitenden Planers stellt sich die Frage, ob die ihm überreichten Pläne als Weisungen des (sachverständigen) Bauherrn zu verstehen sind oder nicht. Dem ist grundsätzlich so.[264] Ebenso wie der Bauherr dem Unternehmer fehlerfreie Werkpläne zur Verfügung zu stellen hat, trifft ihn dieselbe 15.146

bei der Schadensverursachung setzt […] voraus, dass jeder Schädiger vom Tatbeitrag des andern Kenntnis hat oder bei der erforderlichen Aufmerksamkeit Kenntnis haben könnte […].»).

262 KOLLER, OR AT, § 75 Nr. 35.

263 Zum Begriff Nr. 15.42.

264 SOERGEL, S. 246; WERNER/PASTOR, Nr. 1975; KNIFFKA/KOEBLE, Nr. 222.

Obliegenheit, dem bauleitenden Planer fehlerfreie Werkpläne zu überlassen, «weil dieser seiner Aufgabe zur Kontrolle einer mangelfreien Errichtung des Bauwerks nur dann ordnungsgemäss nachkommen kann, wenn er tatsächlich mangelfreie Pläne vorliegen hat».[265] Wie der Unternehmer kann auch der bauleitende Planer dem Bauherrn im Falle einer **fehlerhaften Planung** ein Selbstverschulden im Sinne von Art. 44 Abs. 1 OR entgegenhalten und damit zumindest eine Reduktion seiner eigenen Haftung erreichen.[266] Umgekehrt kann aber der projektierende Planer dem Bauherrn nicht entgegenhalten, der bauleitende Planer habe erkennbare Planungsfehler nicht erkannt und somit zur Entstehung eines Bauwerkmangels beigetragen, denn der projektierende Planer hat keinen Anspruch auf Überwachung oder Kontrolle seiner Pläne. Im Verhältnis des Bauherrn zum projektierenden Planer ist der bauleitende Planer ausserdem auch keine Hilfsperson des Bauherrn, solange er dem projektierenden Planer während der Planungsphase keine Weisungen erteilt hat.[267]

15.147 Solidarische Haftung mehrerer Planer kommt auch dort vor, wo kein Planungsfehler vorliegt, sondern die Planer **andere Vertragspflichten** verletzen und sich dabei einer Haftung für denselben Schaden aussetzen.

15.148 Beispiel: Ein Unternehmer verpflichtet sich zur Ausführung der Baumeisterarbeiten für ein Einfamilienhaus. Das Bauprojekt wird von einem bauleitenden Architekten begleitet. Nach Beginn des Aushubs dringt Wasser in die Baugrube, weswegen ein Ingenieur beigezogen wird, der zur Sicherung des Hanges zusammen mit dem Architekten Massnahmen anordnet. Die Sicherung (eine Larsenwand) erweist sich allerdings als ungenügend; nach Regenfällen kommt es zu Erdrutschen, welche die Baugrube verschütten und die Betonschalungen zerstören. Kann dem Ingenieur vorgeworfen werden, in vertragswidriger Weise nicht für eine ausreichende Sicherung der Baugrube gesorgt zu haben, und dem Architekten, dass er als Inhaber der Bauleitung überwachungspflichtig war und auf seine Weisungen hätte zurückkommen müssen, als sich die Larsenwand als untaugliche Sicherung erwies, haften beide nach Art. 51 Abs. 1 OR solidarisch für die Schäden.[268]

15.149 **2.** Auch wenn in der Praxis die solidarische Haftung mehrerer Planer gegenüber derjenigen von Planer und Unternehmer zurücktritt, hat sich das Bundesgericht auch mit dieser Solidarität wiederholt auseinandersetzen müssen. In den einschlägigen Entscheiden geht es überdies um die Frage, wann ein Planer gegenüber dem anderen als **Hilfsperson des Bauherrn** auftritt. Dazu

---

265 Vgl. BGH in NZBau 2009, S. 188.

266 BGH in NZBau 2009, S. 188 f.

267 Soergel, S. 246.

268 Vgl. BGE 115 II 42 ff.

das Bundesgericht: «Von mehreren an einem Bauprojekt beteiligten Fachpersonen wie Ingenieuren oder Architekten, d.h. Personen, die grundsätzlich die gleiche Art von Aufgaben, jedoch in verschiedenen Tätigkeitsbereichen erfüllen und die vom Bauherrn je für ihren Fachbereich mit der Realisierung eines Bauwerks beauftragt sind, kann nach der Rechtsprechung einer der Beauftragten als Hilfsperson des Bauherrn betrachtet werden, wenn der Bauherr ihm im Verhältnis zu den anderen Beauftragten eine Vorrangstellung einräumt, namentlich indem er ihn damit betraut, ihnen Anweisungen zu erteilen. Soweit dagegen jede der Fachpersonen bloss damit beauftragt ist, die Arbeiten in ihrem eigenen fachspezifischen Bereich zu führen, kann keine von ihnen im Verhältnis zur andern als Hilfsperson des Bauherrn betrachtet werden […]».[269]

3. Soweit eine solidarische Haftung von mehreren Planern infrage steht, betrachtet das Bundesgericht nur denjenigen unter ihnen als Hilfsperson des Bestellers, der gegenüber dem anderen eine **Vorrangstellung** einnimmt, weil er nicht nur die Arbeiten in seinem Fachbereich leitet, sondern auch die vertraglichen Rechte des Bestellers mit dessen Einverständnis gegenüber dem anderen wahrnimmt, indem er z.B. diesem Weisungen oder Informationen erteilt. Ansonsten gelten Architekten und Ingenieure als «gewöhnliche» Vertragspartner des Bestellers, die unter gegebenen Umständen nach Massgabe der (echten oder unechten) Solidarität haften können. Bezüglich des Umfangs, der Verjährung und der Verwirkung daraus entstehender Rückgriffsansprüche kann auf das weiter oben (Nr. 15.58 ff.) zur Solidarität von Planer und Unternehmer Gesagte verwiesen werden. 15.150

5. Die solidarische Haftung von Planer und anderen Fachleuten

Eher selten dürfte der Fall vorkommen, da der Planer mit einem vom Bauherrn beauftragten Fachmann, z.B. einem Statiker, Geologen oder Heizungsfachmann, für einen Schaden solidarisch haftbar wird. Im Grundsatz verhält es sich nämlich so, dass ein Planer sich auf die Fachkenntnisse des vom Bauherrn eingeschalteten Fachmanns verlassen darf, soweit es um fachspezifische **Sonderkenntnisse** geht, die vom Planer nicht zu erwarten sind und die 15.151

[269] BGE 130 III 603 f. E. 5.5.1 (in casu Vorrang- und Hilfspersonenstellung des Architekten bejaht); vgl. auch BGE 125 III 225 f. E. 6c (in casu Hilfspersonenstellung des Architekten verneint).

ausschliesslich in den Verantwortlichkeitsbereich des Fachmanns fallen.[270] Soweit aber der Planer die Überprüfung der Arbeiten von Fachleuten vorzunehmen hat – weil eine entsprechende vertragliche Verpflichtung besteht oder weil der Planer über die entsprechenden fachspezifischen Kenntnisse verfügt oder verfügen muss –, kommt eine solidarische Haftung durchaus in Betracht, wenn der Planer nicht (richtig) prüft und deswegen Fehler des Fachmanns nicht bemerkt.[271] Gemäss SOERGEL soll der Planer in diesem Fall dem Bauherrn die Fehlleistung seines Fachmanns als Selbstverschulden des Bauherrn entgegenhalten und so eine Reduktion der eigenen Haftung verlangen dürfen. Denn im Verhältnis zum projektierenden oder bauleitenden Planer sei der Sonderfachmann (z.B. der Statiker) Erfüllungsgehilfe des Bauherrn.[272]

III. Prozessuales

15.152 Grundsätzlich bleibt der Umstand, dass mehrere Schuldner einem Gläubiger solidarisch haften, für den Zivilprozess des Gläubigers gegen einen Solidarschuldner ohne Auswirkungen. Da dem Gläubiger ein Wahlrecht zusteht, welche(n) Solidarschuldner er belangen möchte, und alle Solidarschuldner für ein und dasselbe wirtschaftliche Interesse des Gläubigers einstehen (Nr. 15.5 ff.), besteht immerhin die prozessrechtliche Besonderheit, dass die Solidarschuldner miteinander durch einfache Streitgenossenschaft verbunden sind und der Gläubiger einen gemeinsamen Prozess gegen sie führen kann (Nr. 15.155). Schliesslich erlaubt die Zivilprozessordnung die Streitverkündungsklage (Art. 81 f. ZPO), mit der ein beklagter Solidarschuldner anderen Mitschuldnern den Streit verkünden und – falls er gegen den Gläubiger unterliegt – sie im selben Prozess mit Rückgriffsansprüchen belangen kann (Nr. 15.159 ff.).

---

270 Vgl. WERNER/PASTOR, Nr. 1999 ff.

271 Vgl. OLG Hamm in NJW 1994, S. 1110 (Überprüfung von Vorgaben betreffend den Trittschallschutz).

272 SOERGEL, S. 247.

1. Der Prozess gegen einen Solidarschuldner

1. Gemäss dem Grundsatz des Prozessrechts, dass die Rechtskraft eines Urteils auf die Parteien des betreffenden Verfahrens **beschränkt** bleibt,[273] kann sich der Gläubiger, der im Prozess gegen einen Solidarschuldner obsiegt, den anderen Solidarschuldnern gegenüber nicht auf dieses Urteil berufen. Er muss gegen diese weitere Prozesse anstrengen,[274] in denen die Beklagten nicht nur die ihnen persönlich zustehenden Einreden erheben können, sondern auch die allen Schuldnern gemeinsamen Einreden (Nr. 15.29 ff.). Unterliegt umgekehrt der Gläubiger gegen den zuerst belangten Solidarschuldner, so wirkt der von diesem erzielte Prozesserfolg nicht auch zugunsten der übrigen Solidarschuldner. In dem vom Gläubiger gegen sie angehobenen neuen Prozess sind die gemeinsamen Einreden vom Richter erneut zu prüfen, ohne dass er an den im ersten Prozess getroffenen Entscheid gebunden wäre.[275] Dementsprechend kann der im Regressprozess Beklagte auch solche Einreden erheben, die allen Solidarschuldnern gemeinsam gegen den Gläubiger zustehen (Nr. 15.31) und die der regressierende Solidarschuldner zuvor im Hauptprozess dem Gläubiger nicht oder erfolglos entgegengehalten hat.[276] 15.153

2. Weil ein **Drittverschulden** für die volle Leistungspflicht eines belangten Solidarschuldners grundsätzlich irrelevant ist (Nr. 15.81 ff.), darf vom klagenden Gläubiger im Prozess auch nicht der Beweis verlangt werden, dass der belangte Schuldner der alleinig Verantwortliche für den Schaden sei. Und ebenso wenig braucht der klagende Gläubiger für die Durchsetzung seines Anspruchs vor Gericht den Nachweis zu erbringen, welcher Teil an seinem Schaden in die Verantwortung des beklagten Solidarschuldners fällt.[277] 15.154

---

273 BGE 93 II 333 E. 3b.

274 Der Gläubiger kann sich z.B. dann veranlasst sehen, Prozesse gegen weitere Solidarschuldner anzuheben, wenn der erste Prozesssieg nicht einbringlich ist, weil der unterlegene Solidarschuldner zahlungsunfähig ist und die Vollstreckung des Urteils keine oder nur ungenügende Befriedigung bringt.

275 Vgl. BGE 93 II 333 f. E. 3b.

276 Romy, Commentaire Romand, N 6 zu Art. 145 OR; Mazan, Handkommentar Privatrecht, N 9 zu Art. 145 OR; Schnyder, Basler Kommentar, N 5 zu Art. 145 OR.

277 Vgl. BGer 4C.201/2005 (21.2.2006) E. 6.3.

2. Der Prozess gegen mehrere Solidarschuldner

15.155 Das nach Art. 144 OR dem Gläubiger zugestandene Wahlrecht (Nr. 15.16 ff.) bedeutet für das Prozessrecht, dass dieser zur Durchsetzung seiner Forderung frei wählen kann, ob er einen, mehrere oder alle Solidarschuldner betreibt[278] oder einklagt. Klagt der Gläubiger gleichzeitig[279] gegen mehrere oder alle Solidarschuldner, so kann er dies nach Massgabe von Art. 71 ZPO in einem **gemeinsamen Verfahren** tun, in welchem die Solidarschuldner eine einfache Streitgenossenschaft bilden:[280] «Sollen Rechte und Pflichten beurteilt werden, die auf gleichartigen Tatsachen oder Rechtsgründen beruhen, so können mehrere Personen gemeinsam klagen oder beklagt werden» (Art. 71 Abs. 1 ZPO).[281] Für solche Fälle erklärt Art. 15 Abs. 1 ZPO, dass das für eine beklagte Partei zuständige Gericht für alle beklagten Parteien zuständig ist, sofern diese Zuständigkeit nicht nur auf einer Gerichtsstandsvereinbarung beruht.

3. Zum Verhältnis von Haupt- und Regressprozess

15.156 **1.** Grundsätzlich sind der Hauptprozess, der zwischen dem Gläubiger und einem oder mehreren Solidarschuldnern stattfindet, und der nachmalige Regressprozess, in dem der Solidarschuldner, welcher dem Gläubiger leisten musste und gegen Mitschuldner regressiert, voneinander **unabhängig.** Dieser Grundsatz erfährt dort eine empfindliche Einschränkung, wo ein vom Gläubiger belangter Solidarschuldner einem Dritten den Streit verkündet oder dieser Dritte von sich aus im Hauptprozess interveniert.

---

278 Der Gläubiger kann einen, mehrere oder alle Solidarschuldner gleichzeitig oder nacheinander betreiben, und zwar stets auf die volle Geldschuld. Es ist Sache des betriebenen Solidarschuldners, nach erfolgtem Rechtsvorschlag im Rechtsöffnungsverfahren die Einrede der Schuldtilgung durch einen Mitschuldner zu erheben (vgl. Art. 85 SchKG). Art. 144 OR ist auch dann anwendbar, wenn über einen oder mehrere Solidarschuldner der Konkurs eröffnet oder ein Nachlassverfahren eingeleitet wird (vgl. BGE 113 III 131 E. 3b; BGer 4C.448/2004 [5.8.2005] E. 2.1.2).

279 Der Gläubiger kann auch einen Solidarschuldner nach dem anderen einklagen. Welchen Weg er auch einschlägt; sein Anspruch erlischt erst, wenn er voll befriedigt worden ist (BGE 89 II 122 f. E. 5a).

280 Vgl. BGE 93 II 333 ff. E. 3b; Ruggle, Basler Kommentar, N 25 zu Art. 71 ZPO.

281 Die einfache Streitgenossenschaft ist allerdings ausgeschlossen, wenn für die einzelnen Klagen nicht die gleiche Verfahrensart anwendbar ist (Art. 71 Abs. 2 ZPO). Ausserdem kann jeder Streitgenosse den Prozess unabhängig von den andern Streitgenossen führen (Art. 71 Abs. 3 ZPO).

Die **Streitverkündung** ist eine Aufforderung einer Partei oder einer Nebenpartei eines Prozesses an eine dritte Person (den «Streitberufenen»), sie im Prozess zu unterstützen.[282] Grund für die Streitverkündung kann sein, dass der beklagte Solidarschuldner für den Fall des Unterliegens gegen diesen Dritten Rückgriff nehmen will oder dass er seinerseits Rückgriffsansprüche dieser dritten Person befürchtet (Art. 78 Abs. 1 ZPO). Der streitberufene Dritte darf, muss aber nicht, die Streitverkündung annehmen (Art. 79 ZPO).[283] Tut er das, kann er den Streit weiter verkünden (Art. 78 Abs. 2 ZPO). Die **Intervention** ist der (unaufgeforderte) Eintritt eines Dritten (des «Intervenienten») in einen laufenden Prozess als Haupt- oder Nebenpartei.[284] Die Streitverkündung und die Intervention können auch erst im Rechtsmittelverfahren passieren.[285] 15.157

2. Die **Folge** einer Streitverkündung oder einer Intervention äussert sich darin, dass ein für die Hauptpartei ungünstiges Ergebnis des Prozesses auch gegen den Streitberufenen bzw. den Intervenienten wirkt,[286] es sei denn, er sei durch die Lage des Prozesses zur Zeit seines Eintritts oder durch Handlungen oder Unterlassungen der Hauptpartei verhindert gewesen, Angriffs- und Verteidigungsmittel geltend zu machen, oder ihm unbekannte Angriffs- oder Verteidigungsmittel seien von der Hauptpartei absichtlich oder grobfahrlässig nicht geltend gemacht worden (Art. 77 lit. a und b ZPO; Art. 80 i.V.m. Art. 77 ZPO). Dies kommt faktisch einer Erstreckung der Rechtskraft gleich: Der Streitberufene bzw. der Intervenient muss sich das Urteil des Hauptprozesses (Dispositiv und Begründung) auch im nachmaligen Regressprozess 15.158

282 Während die ZPO keine Pflicht des Streitberufenen zur Annahme einer Streitverkündung vorsieht, kann sie sich aus Vertrag oder aus dem Grundsatz von Treu und Glauben ergeben (vgl. Wey, S. 60).

283 Den Streitberufenen trifft keine Pflicht, in den Prozess einzutreten. Vielmehr kann er den Eintritt ablehnen. In diesem Fall wird der Prozess ohne Rücksicht auf ihn fortgesetzt (Art. 79 Abs. 2 ZPO).

284 Vgl. Art. 73 ff. ZPO betreffend die Haupt- und Nebenintervention.

285 Obsiegt z.B. ein Kläger gegen einen beklagten Streitgenossen, während seine Klage gegen einen anderen Streitgenossen nicht durchdringt, kann sich ersterer als Nebenintervenient (Art. 74 ZPO) an einem Rechtsmittelverfahren beteiligen, mit dem der Kläger die Verurteilung des anderen Streitgenossen anstrebt (Hahn, Handkommentar ZPO, N 17 zu Art. 71 ZPO).

286 Beispiel: Der vom Gläubiger belangte und zur Leistung verurteilte Solidarschuldner verlangt von den Mitschuldnern anteilige Kostentragung (Art. 148 Abs. 2 OR). Weil diese jede Kostentragung ablehnen, leitet der verurteilte Solidarschuldner die Regressklage ein. Im Regressprozess gelten nun diejenigen Fragen, die im Hauptprozess verbindlich entschieden wurden, auch für den Folgeprozess (Meier, S. 176).

entgegenhalten lassen, ausser ihm stünde eine Einrede nach Art. 77 lit. a und b ZPO zu.

15.159 **3.** Gemäss Art. 81 Abs. 1 ZPO kann ein beklagter (oder klagender)[287] Solidarschuldner im Hauptprozess gegen den Gläubiger seine Rückgriffsansprüche, die er im Falle des Unterliegens gegen einen oder mehrere nicht am Verfahren beteiligte(n) Mitschuldner zu haben glaubt, beim Gericht, das mit der Hauptklage befasst ist, mit der **Streitverkündungsklage**[288] geltend machen.[289] Die Streitverkündungsklage des beklagten Solidarschuldners («Streitverkündungskläger») wird erst dann aktuell, wenn er im Hauptprozess gegen den Gläubiger (mindestens teilweise) unterliegt, insofern ist sie also eine «bedingte» Klage.[290] Diese Klage steht allein dem Streitverkündungskläger zu, während der streitberufene Mitschuldner («Streitverkündungsbeklagter») selbst keine weitere Streitverkündungsklage erheben kann (Art. 81 Abs. 2 ZPO). Ausserdem ist die Streitverkündungsklage ausschliesslich im ordentlichen Verfahren möglich; im vereinfachten und im summarischen Verfahren ist sie demgegenüber nicht zulässig (Art. 81 Abs. 3 ZPO). Schliesslich kann sich der Streitverkündungsbeklagte gegen die Streitverkündungsklage wehren, wenn er mit dem Streitverkündungskläger eine Gerichtsstandsvereinbarung getroffen hat, die einen anderen Gerichtsstand vorsieht als denjenigen, an welchem der Hauptprozess stattfindet.[291]

15.160 **4.** Will ein beklagter Solidarschuldner von der Streitverkündungsklage Gebrauch machen, so hat er die **Zulassung der Streitverkündungsklage** mit

[287] Auch wenn ein Solidarschuldner in der Regel die beklagte Prozesspartei ist, während der Gläubiger als Kläger auftritt, kann die Rollenverteilung durchaus umgekehrt sein. Das ist beispielsweise der Fall, wenn ein betriebener Solidarschuldner die Aberkennungsklage (Art. 83 Abs. 2 SchKG) erhebt und mit der Streitverkündungsklage zugleich auch Mitschuldner einklagt, gegen die er Rückgriffsansprüche geltend macht (GASSER/RICKLI, N 3 zu Art. 82 ZPO).

[288] Die Streitverkündungsklage ist erst mit der eidgenössischen ZPO, die seit dem 1. Januar 2011 in Kraft ist, gesamtschweizerisch möglich. Davor war die Streitverkündungsklage nur in einigen wenigen Kantonen (Genf, Waadt und Wallis) vorgesehen (vgl. BBl 2006, S. 7283).

[289] Vgl. BBl 2006, S. 7285 in initio; WEY, S. 61 ff., insb. S. 69; TAKEI, S. 66 ff.

[290] GASSER/RICKLI, N 3 in fine zu Art. 81 ZPO; WEY, S. 61; HAHN, Handkommentar ZPO, N 16 zu Art. 81 ZPO; STAEHELIN/STAEHELIN/GROLIMUND, § 13 Nr. 71; für DOMEJ, Kurzkommentar ZPO, N 3 zu Art. 81 ZPO, ist nicht die Klage bedingt, sondern der Anspruch, der mit der Streitverkündungsklage geltend gemacht wird.

[291] Richtig FREI, Basler Kommentar, N 6 zu Art. 16 ZPO; WEY, S. 64.

der Klageantwort im Hauptprozess zu beantragen (Art. 82 Abs. 1 ZPO).[292] Dabei hat er die Rechtsbegehren (d.h. seinen Rückgriffsanspruch), die er gegen den oder die streitberufenen Mitschuldner zu stellen gedenkt, zu nennen und kurz zu begründen (Art. 82 Abs. 2 ZPO). Alsdann hat das Gericht dem Kläger und der streitberufenen Person Gelegenheit zur Stellungnahme zu geben (Art. 82 Abs. 2 ZPO). Wird die Streitverkündungsklage zugelassen,[293] so ist das Gericht des Hauptprozesses auch für den Regressprozess zuständig (Art. 16 ZPO).[294] Es bestimmt Zeitpunkt und Umfang des betreffenden Schriftenwechsels (Art. 82 Abs. 3 ZPO). Die Zulassung der Streitverkündungsklage zwingt den Streitverkündungsbeklagten zur Teilnahme am Prozess und führt im Ergebnis dazu, dass die Ansprüche verschiedener Beteiligter in einem einzigen Prozess statt in separaten Einzelverfahren behandelt werden können.

Die Streitverkündungsklage ist ein Recht des belangten Solidarschuldners, keine Pflicht. Sie ist für die berechtigte Prozesspartei eine Alternative zur gewöhnlichen Streitverkündung. Mit Blick auf die **bundesgerichtliche Rechtsprechung,** die einem Rückgriffsberechtigten unter Umständen die Durchsetzung seines Rückgriffsanspruchs verweigert, wenn er ohne Grund die Position eines anderen Solidarschuldners verschlechtert hat, wird sich mindestens die Streitverkündung häufig anempfehlen. Denn so kann sich der regressberechtigte Solidarschuldner vor dem Vorwurf bewahren, von der Möglichkeit, auf einen anderen Mitschuldner zurückzugreifen, Kenntnis erhalten und zu lange nichts gegen diesen Mitschuldner unternommen zu haben.[295] 15.161

Das Bundesgericht hat die Frage, ob das Recht des Solidarschuldners zur Streitverkündungsklage nicht etwa die Wahlfreiheit des Gläubigers gemäss 15.162

---

292 Nach dem Schriftenwechsel ist keine Streitverkündungsklage mehr möglich (BBl 2006, S. 7285). Weiterhin und während der gesamten Dauer des Prozesses möglich ist die einfache Streitverkündung (Art. 78 ff. ZPO). Auf den (materiellen) Bestand von Rückgriffsrechten hat die unterlassene Streitverkündung keinen Einfluss (Gasser/Rickli, N 2 zu Art. 82 ZPO).

293 Der Entscheid über die Zulassung der Klage ist mit Beschwerde anfechtbar (Art. 82 Abs. 4 ZPO).

294 Es entspricht der herrschenden Auffassung, dass zwingende Gerichtsstände vorbehalten bleiben und Art. 16 ZPO vorgehen, auch wenn die ZPO keinen expliziten Vorbehalt enthält (Frei, Basler Kommentar, N 5 zu Art. 16 ZPO; Gehri/Kramer/Urbach, N 5 zu Art. 16 ZPO; Hahn, Handkommentar ZPO, N 13 zu Art. 81 ZPO; Wey, 63).

295 Vgl. dazu Nr. 15.121.

Art. 144 OR verletzte, dahingehend beantwortet, dass die Wahlfreiheit den Schutz des Gläubigers gegen das Risiko der Insolvenz eines einzelnen Mitschuldners bezweckt; sie biete jedoch keine Garantie oder Privilegierung in Bezug auf die Art und Weise, in der das Gerichtsverfahren durchgeführt wird.[296]

15.163 **5.** Durch die Streitverkündungsklage findet der Regressprozess mit dem Hauptprozess vor demselben Gericht in einem einzigen Prozess, sozusagen einem Gesamtprozess, statt.[297] Das bietet einige Vorteile: Mit einer solchen Konsolidierung zweier Prozesse in einem Verfahren werden widersprüchliche Urteile im Haupt- und Regressprozess vermieden. Den Parteien bleibt zudem ein möglicherweise aufwendiger Gerichtsstandwechsel für die gerichtliche Beurteilung des Rückgriffs erspart. Ausserdem werden Synergien genutzt: Die Aktenkenntnis des Gerichts kann in zwei Prozessen verwendet werden. Schliesslich bieten sich auch für die Beweiserhebung Vorteile. Es ist beispielsweise möglich, einen Augenschein oder eine Zeugenbefragung am selben Gerichtstag gleichzeitig für beide Prozesse durchzuführen oder ein und dasselbe Sachverständigengutachten in beiden Prozessen zu verwenden.[298] Auf den «Gesamtprozess» folgt ein **Gesamturteil,** in dem sowohl über die Hauptklage als auch über die Streitverkündungsklage entschieden wird.[299] Dabei gilt zu berücksichtigen, dass das Gericht im Falle der Gutheissung der Streitverkündungsklage ein bedingtes Urteil (Art. 342 ZPO) spricht,[300] denn der (gerichtlich zugesprochene) Regressanspruch (Art. 148 Abs. 2 OR) und ein allfälliger Subrogationsanspruch (Art. 149 OR) des im Hauptprozess unterliegenden Streitverkündungsklägers entstehen nicht schon nach dessen rechtskräftiger Verurteilung zur Leistung, sondern – wie der Gesetzeswortlaut in Art. 148 Abs. 2 und Art. 149 OR deutlich macht – erst in dem Zeitpunkt, da er dem Gläubiger tatsächlich leistet.[301]

---

[296] BGer 4A_431/2009 (18.11.2009) E. 2.4.

[297] BBl 2006, S. 7286. Freilich kann das Gericht, selbst nachdem es die Streitverkündungsklage zugelassen hat, «zur Vereinfachung des Prozesses» (Art. 125 lit. b ZPO) den Hauptprozess und den Regressprozess trennen und beide Verfahren separat behandeln.

[298] Vgl. BBl 2006, S. 7284.

[299] Vgl. Wey, S. 74 f., mit weiteren Hinweisen in Fn. 106.

[300] Vgl. Schwander, ZPO Kommentar, N 25 zu Art. 81 ZPO.

[301] Betreffend Art. 148 Abs. 2 OR: BGE 133 III 12 ff. und 25, E. 5.2.1 und 5.3.3; 130 III 369 E. 5.2; 127 III 266 E. 6c; betreffend Art. 149 Abs. 1 OR: BGer 4A_582/2008 (27.2.2009) E. 4.3; BGE 103 II 140 E. 4d.

IV. Zum Problem des «haftungsbegünstigten» Solidarschuldners

1. Eine heikle Situation entsteht, wenn einem Bauherrn zwei oder mehrere Baubeteiligte für einen Schaden solidarisch haftbar wären, jedoch einer von ihnen im Aussenverhältnis deswegen begünstigt ist, weil er mit dem Bauherrn eine **Vereinbarung** getroffen hat, die eine Erleichterung oder gar den Ausschluss seiner Haftung vorsieht.[302] Eine solche Vereinbarung kann entweder bereits vor Eintritt des Haftungsfalles (Haftungsfreizeichnung) oder auch erst nach Eintritt des Haftungsfalles (Vergleich oder Schulderlass) abgeschlossen worden sein.[303] In diesen Fällen stellt sich die Frage, wie sich derartige haftungsbefreiende oder haftungserleichternde Abreden des Bauherrn mit einem Solidarschuldner auf die Stellung der übrigen Mitschuldner im Innenverhältnis auswirken. Die gleichlautende Frage stellt sich auch dort, wo sich die Haftungsbegünstigung eines Solidarschuldners aus dem **Gesetz** ergibt. Fälle gesetzlicher Begünstigung sind die Verjährung und die Verwirkung der Haftung eines Baubeteiligten. Praktisch bedeutend ist das Dahinfallen der Haftung des Unternehmers, wenn der Bauherr das Werk hinsichtlich erkannter oder erkennbarer Mängel durch unterlassene Mängelrüge genehmigt (Art. 370 OR). 15.164

2. Einigkeit besteht darüber, dass eine gesetzliche oder vertragliche Begünstigung eines an sich Haftpflichtigen nicht zulasten anderer Haftpflichtiger gehen darf, die mit dem Begünstigten solidarisch haften. Im Übrigen gehen die Meinungen in Lehre und Rechtsprechung auseinander. Die wenigen einschlägigen Entscheide des **Bundesgerichts** lassen (noch) keine klare Linie erkennen.[304] Mit gebührender Vorsicht lässt sich aber immerhin sagen, dass das Bundesgericht grundsätzlich vertraglichen und gesetzlichen Begünstigungen eines Solidarschuldners im Aussenverhältnis keine Auswirkungen auf die Rückgriffe im Innenverhältnis der Solidarität gestattet.[305] 15.165

---

302 Vgl. dazu auch Scholze-Beck, S. 190 ff.

303 Zur Frage der Gesamtwirkung eines Schulderlasses oder Vergleiches (Art. 147 Abs. 2 OR) vgl. BGE 133 III 116 ff.

304 Immerhin stellt das Bundesgericht Folgendes klar: Damit der Rückgriffsgläubiger die Rückgriffsforderung einklagen könne, sei es nicht erforderlich, dass die solidarische Haftung noch im Zeitpunkt bestehe, in dem die Rückgriffsforderung entstehe, d.h. dann, wenn der vom Gläubiger belangte Schuldner diesen befriedige (BGE 133 III 26 E. 5.3.4).

305 Zur Rechtsprechung des deutschen Bundesgerichtshofes vgl. Werner/Pastor, Nr. 2008 f.

15.166 Mit Bezug auf die **Verjährung** gilt nach bundesgerichtlicher Meinung, dass sich ein im Rückgriff nach Art. 51 OR belangter Solidarschuldner gegen den rückgriffsberechtigten Mitschuldner nicht darauf berufen könne, seine eigene Schuldpflicht gegenüber dem Gläubiger sei bereits verjährt.[306]

15.167 Wurde die Haftung eines Solidarschuldners erst nachträglich durch teilweisen oder gänzlichen **Schulderlass** (z.B. im Rahmen eines Vergleiches) beseitigt oder reduziert, so wirkt die Begünstigung eines Solidarschuldners zugunsten der anderen Mitschuldner nur so weit, als die Umstände oder die Natur der Verbindlichkeit es rechtfertigen (Art. 147 Abs. 2 OR).[307] Soweit das nicht der Fall ist und ein Solidarschuldner vom Gläubiger für mehr als seinen Haftungsanteil belangt wird, kann er gemäss der Rechtsprechung des Bundesgerichts gestützt auf Art. 148 Abs. 2 OR auf einen anderen Mitschuldner Rückgriff nehmen, ohne dass ihm dieser den mit dem Gläubiger vereinbarten Vergleich oder Erlass entgegenhalten dürfte,[308] «denn ein Solidarschuldner kann durch seine persönliche Handlung die Lage der anderen nicht erschweren (Art. 146 Abs. 1 OR) und deren Rückgriffsansprüche gegen ihn nicht in einem Vertrag mit dem Gläubiger zu deren Lasten ausschliessen».[309] Deswegen bleibt das Innenverhältnis von individuellen Vereinbarungen zwischen Solidarschuldner und Gläubiger unberührt.[310] Will also der Gläubiger einem Solidarschuldner die Schuld (teilweise oder ganz) dergestalt erlassen, dass ihn auch im Innenverhältnis (Rückgriffsverhältnis) keine Verpflichtungen treffen können, kann er dies nur dadurch erreichen, dass der Schulderlass nach Art. 147 Abs. 2 OR eine Befreiung auch der übrigen Mitschuldner bewirkt.[311]

15.168 Anders beurteilt das Bundesgericht den Fall, da die **Mängelhaftung** eines Unternehmers bereits verwirkt ist, weil die Mängel nicht vor Ablauf der fünfjährigen Verjährungsfrist von Art. 371 OR angezeigt worden sind. In diesem

306 BGE 133 III 31 E. 5.4.

307 Vgl. z.B. BGE 107 II 228 ff. E. 3–5.

308 Vgl. BGE 133 III 119 E. 4.2; Koller, OR AT, § 75 Nr. 123; Merz, SPR VI/1, S. 111.

309 BGer 4C.358/2005 (12.2.2007) E. 4.6.

310 BGE 133 III 119 E. 4.2; Engel, S. 843; Merz, SPR VI/1, S. 111; von Tuhr/Escher, OR BT, S. 313.

311 Vgl. BGE 133 III 119 E. 4.2: «Erlässt der Gläubiger einem im Innenverhältnis allein haftenden Schuldner im Vergleich die Schuld teilweise mit der Massgabe, dass ihn auch auf dem Rückgriffsweg keine weitere Verpflichtung treffen sollte, ist darin daher ein Umstand zu sehen, der nach Art. 147 Abs. 2 OR eine Befreiung der Mitschuldner zur Folge hat». Vgl. auch Bucher, OR AT, S. 496, Fn. 48; Gautschi, Nr. 187.

Fall wird der Unternehmer sowohl im Aussenverhältnis als auch im Innenverhältnis befreit.[312]

3. Das Bundesgericht scheint gesetzlichen oder vertraglich vereinbarten Haftungsvorteilen eines Solidarschuldners nur Wirkungen im Aussenverhältnis (zwischen den Vertragsparteien) beimessen zu wollen, weil es im Innenverhältnis Rückgriffe gegen den Haftungsbegünstigten trotz des ihm zustehenden Haftungsvorteiles zulässt.[313] 15.169

4. Im Zusammenhang mit dem Fall, da ein Bauherr die Mängelhaftung des Unternehmers verwirken lässt, schlägt die **Lehre** verschiedene Lösungsmöglichkeiten vor:[314] 15.170

a. Für GAUCH besteht die Lösung darin, dass die Haftung des Planers gegenüber dem Bauherrn nur noch in jenem (reduzierten) Umfang besteht, den dieser im Innenverhältnis tragen muss, sodass ein Rückgriff gegen den Unternehmer gar nicht mehr infrage kommt.[315] GAUCH bricht also die Solidarität im Aussenverhältnis auf und ersetzt sie durch eine (anteilmässige) Haftung des Planers, die sich auf dessen Verantwortlichkeitsteil beschränkt. Die Nachteile der verwirkten Mängelhaftung soll nämlich der Bauherr und nicht der Planer tragen müssen. Dogmatisch wird diese Lösung mit einer sinngemässen Anwendung von Art. 147 Abs. 2 OR begründet, wobei hier die Besonderheit besteht, dass der Unternehmer nicht durch Vertragsabrede von der (zunächst bestehenden) Haftung befreit wurde, sondern durch (vermutete oder erklärte) Genehmigung des Werks durch den Bauherrn. 15.171

b. Eine andere Lösung bietet KOLLER. Er lässt den Planer im Aussenverhältnis auch nach dem Untergang der Mängelhaftung des Unternehmers voll haften, gewährt ihm aber gestützt auf Art. 149 Abs. 2 OR gegenüber dem Bau- 15.172

---

312 BGE 130 III 369 f. E. 5.2.

313 Vgl. BGE 133 III 27 E. 5.3.4. Gleicher Meinung BUCHER, OR AT, S. 497. Ob das auch für den Fall gilt, da von vornherein ein vertraglicher Haftungsvorteil besteht – z.B. eine vertragliche Haftungsfreizeichnung für leichte und mittlere Fahrlässigkeit – mit der Folge, dass eine Haftung, die sonst bestünde, erst gar nicht entsteht, lässt sich (noch) nicht sagen.

314 Eine ausführliche Abhandlung der Problematik findet sich bei JUNG, Regressprobleme, S. 285 ff.

315 GAUCH, Vergleich, S. 18; so bereits ROSSEL, S. 189; vgl. auch GAUCH, Werkvertrag, Nr. 2753 f.; FELLMANN, Regress, S. 56 f.; NIGG, S. 141 ff.

herrn einen (verrechnungsfähigen) Schadenersatzanspruch in dem Umfange, in welchem sein Rückgriff gegen den Unternehmer verunmöglicht ist.[316]

15.173 **c.** In Anlehnung an eine deutsche Lehrmeinung schlägt SCHWENZER eine dritte Lösung vor. Danach ist die Haftung des nicht privilegierten Solidarschuldners (hier: des Planers) im Aussenverhältnis um denjenigen Haftungsteil zu reduzieren, den der (infolge verwirkter Mängelhaftung) privilegierte Mitschuldner (hier: der Unternehmer) im Innenverhältnis zu tragen hätte.[317] Auch JUNG spricht sich für eine derartige Reduktion der Haftung des nicht privilegierten Solidarschuldners aus, die sich seiner Meinung nach auf den Einwand des Rechtsmissbrauchs abstützen lässt.[318]

15.174 Die drei skizzierten Lösungen führen praktisch zum selben Ergebnis, wenn es um Fälle geht, da dem Bauherrn bloss ein Planer und ein Unternehmer solidarisch haften.[319] Bestehen aber mehr als zwei Solidarschuldner, gelangen die von GAUCH und KOLLER vorgeschlagenen Lösungen zwar wiederum zum selben Ergebnis, nicht aber diejenige von SCHWENZER. Zur Illustration: Angenommen, dem Bauherrn würden ein Statiker, ein Planer und ein Unternehmer für Werkmängel solidarisch haften, wobei die Verantwortlichkeitsanteile der Haftenden bei je einem Drittel lägen. Liesse der Bauherr die Haftung eines Unternehmers verwirken, würde sich nach der Lösung von SCHWENZER die Haftung der anderen um den Teil reduzieren, der auf den befreiten Unternehmer entfiele, d.h. um einen Drittel. Würde nun der Bauherr den Planer für zwei Drittel belangen, so könnte dieser, falls vom Statiker nichts erhältlich gemacht werden kann, immer noch auf den Unternehmer regressieren und von diesem Partizipation an der endgültigen Kostentragung im Umfang von einem Drittel verlangen (Art. 148 Abs. 3 OR).[320]

---

[316] Vgl. KOLLER, Nachbesserungsrecht, Nr. 557; KOLLER, OR AT, § 75 Nr. 114; vgl. auch ZEHNDER, Mehrpersonenhaftung, S. 7.

[317] SCHWENZER, Nr. 88.26 und 88.43.

[318] JUNG, Regressprobleme, S. 290 ff.

[319] Bei der von KOLLER privilegierten Lösung stellt sich die Frage, wie sich Haftungsreduktionsgründe nach Art. 43 f. OR umsetzen lassen, wenn z.B. das Verschulden des Bauherrn sehr gering ist.

[320] Richtig erkannt in BGer 4C.358/2005 (12.2.2007) E. 4.6.

§ 16 Die Haftpflichtversicherung des Planers

JEAN-CLAUDE WERZ

Inhaltsverzeichnis

I. Wesen der Haftpflichtversicherung

1. Haftung und Haftpflichtversicherung

16.1 **1. Haftung** bedeutet, dass eine Person für den Schaden einer anderen, den sie verursacht bzw. zu verantworten hat, einstehen muss. Ihr *Haftpflichtrisiko* besteht darin, dass sie der Gefahr ausgesetzt ist, jemandem aufgrund von (ausservertraglichen oder vertraglichen) Haftpflichtbestimmungen einen Schaden ersetzen zu müssen.

16.2 **2.** Mit dem **Haftpflichtversicherungsvertrag** überwälzt die versicherte Person ihr Haftpflichtrisiko auf den Versicherer. Dies geschieht dadurch, dass der Versicherer sich verpflichtet, ganz oder teilweise den Betrag zu leisten, den der Versicherte seinerseits dem Geschädigten als Entschädigung leisten muss. Somit s*chützt die Haftpflichtversicherung das Vermögen der versicherten Person* und ist nicht eine Versicherung zum Schutz des Geschädigten.[1] Durch den Bestand einer Haftpflichtversicherung haben potenziell geschä-

[1] Vgl. z.B. die Baugarantie, wo der Versicherer seine Leistung dem Geschädigten (Bauherrn) verspricht.

digte Personen aber immerhin die Gewissheit, dass der Haftpflichtige in der Lage sein wird, ihnen ihren Schaden zu ersetzen.[2]

Versichert ist ferner die *Abwehr unbegründeter oder überhöhter Ansprüche* («passiver»[3] Rechtsschutz). Der Haftpflichtversicherer hat somit auch die vertragliche Pflicht, die berechtigten Interessen des Versicherten gegenüber dem Geschädigten zu wahren. In der Praxis ist diese Verpflichtung des Haftpflichtversicherers den Versicherten und v.a. den Geschädigten nicht immer voll bewusst. 16.3

3. Der **Umfang des Versicherungsschutzes** (Verpflichtungen des Versicherers) richtet sich nach den Bedingungen des Versicherungsvertrages und deckt sich nicht notwendigerweise mit dem Umfang der Haftung. Zu bemerken ist auch, dass Terminologie und Begriffe der marktüblichen Haftpflichtversicherungen und Deckungskonzepte zum Teil von der allgemeinen juristischen Terminologie abweichen. 16.4

2. Haftung und Haftpflichtversicherung des Planers

1. Der Planer hat sowohl **eine vertragliche als auch eine ausservertragliche Haftung** im Rahmen seiner beruflichen Tätigkeit. Das jeweilige Haftungsrisiko hängt sowohl von der beruflichen Ausrichtung (z.B. Architekt, Bauingenieur, Heizungsingenieur usw.) als auch von den übernommenen Leistungen (Planung, Bauleitung, Beratung usw.) sowie von der Art, Lage, Komplexität und Technologie der betreuten Projekte ab. Somit können die Haftungsrisiken verschiedener Planer sich stark voneinander unterscheiden. 16.5

2. Der Planer **haftet vertraglich** für den Schaden, den er seinem Auftraggeber zufügt. Solche Ansprüche stützen sich auf Bestimmungen des Gesetzes (z.B. Art. 368 ff. OR) und/oder vertragliche Vereinbarungen, welche in ihren Auswirkungen über diese Bestimmungen hinausgehen oder sie einschränken 16.6

---

2 Die Lage ist ein wenig anders bei der Motorfahrzeug-Haftpflichtversicherung, wo der Geschädigte ein direktes Forderungsrecht gegen den Versicherer des Fahrzeughalters gemäss Art. 65 Abs. 1 SVG hat. Bei dieser Versicherung handelt es sich allerdings um eine obligatorische Deckung für eine strenge Kausalhaftung aus einem gefährlichen Gegenstand – deren Inhalt zudem gesetzlich vorgegeben ist. Bei der Berufshaftpflichtversicherung hingegen handelt es sich um eine (frei gestaltbare) Deckung für eine Verschuldenshaftung. Ein direktes Forderungsrecht wäre wesensfremd.

3 Im Gegensatz zum «aktiven» Rechtsschutz der Rechtsschutzversicherung, welche die Durchsetzung der Ansprüche des Versicherten gegen Dritte zum Inhalt hat.

können. In der Praxis spielen solche Vertragsbestimmungen eine wichtige Rolle.

16.7 Im klassischen Fall ist der Bauherr der Auftraggeber des Planers. Bei modernen Grossprojekten kommt es aber oft vor, dass Generalplaner spezialisierte Subplaner mit einzelnen Leistungen beauftragen.

16.8 Zu beachten ist ferner, dass die vertragliche Haftung auch einen Regressanspruch des Auftraggebers betreffen kann, weil dieser für einen Schaden eines Dritten einstehen muss, der auf eine fehlerhafte Leistung des Planers zurückzuführen ist.

16.9 **3. Ausservertraglich haftet** der Planer kraft gesetzlicher Bestimmungen (z.B. Art. 41 ff. OR) in erster Linie für Schäden, die er Dritten zufügt (z.B. Passanten, Unternehmern, Bauarbeitern, Benutzern des fertiggestellten Werkes). Die ausservertragliche Haftung besteht aber auch gegenüber dem Auftraggeber, der den Planer sowohl vertraglich als auch ausservertraglich belangen kann (Anspruchskonkurrenz).[4]

16.10 **4.** Verschiedene **Arten von Schäden** können den Gegenstand der Haftung des Planers bilden. Die ausservertragliche Haftung betrifft vor allem *Personen- und Sachschäden,* die durch Bautätigkeiten oder nach Abnahme des Werkes durch Mängel verursacht werden. Die vertragliche Haftung betrifft aber auch die Verantwortung für *Bau- und Anlagemängel,* die auf eine fehlerhafte Erbringung von dem Geschädigten geschuldeten Planungs- oder andere Arbeiten zurückzuführen sind (Nr. 16.99). Überdies können dem Auftraggeber andere *Vermögensschäden* durch fehlerhafte Planung, Beratungen oder andere Leistungen des Planers entstehen (Nr. 16.130).

16.11 **5. Die Haftpflichtversicherung des Planers deckt die Haftung aus seiner beruflichen Tätigkeit.** Der Versicherungsvertrag regelt den Umfang dieses Versicherungsschutzes und die gegenseitigen Rechte und Pflichten von Haftpflichtversicherer und Versicherungsnehmer (Planer). Üblicherweise besteht der Vertrag aus einer Police, die vertragsspezifische Elemente enthält (Bezeichnung des Planers, Berufsausrichtung/Tätigkeit, Versicherungssummen, Selbstbehalte, Prämien, Laufzeit usw.), und den Bedingungen, die den Umfang des Versicherungsschutzes, die Schadenbehandlung, Verpflichtungen der Parteien und weitere Einzelheiten regeln. Die Bedingungen bestehen

---

4 Vgl. z.B. Gauch/Schluep/Emmenegger, Nr. 2938 ff.

ihrerseits üblicherweise aus *Allgemeinen Versicherungsbedingungen (AVB)*[5] und *ergänzenden Bedingungen (EVB)* und/oder *besonderen Bedingungen (BVB)*.[6] Die AVB bilden die Grundlage des Haftpflichtversicherungsvertrages. Einerseits umschreiben sie eine Grunddeckung, wie sie grundsätzlich alle Versicherungsnehmer benötigen, andererseits werden dort Sachverhalte geregelt, die für alle Haftpflichtverträge gleich sind (z.B. allgemeine Obliegenheiten, Schadenbehandlungsverfahren usw.). Obwohl es spezifische AVB für Planer geben kann, liegen dem Vertrag oft generelle AVB für Betriebe und Berufe zugrunde. Mit den EVB/BVB werden diese AVB ergänzt bzw. angepasst und der Versicherungsvertrag entsprechend den Bedürfnissen des jeweiligen Planerberufes und/oder des einzelnen Planers gestaltet.[7]

6. Im Folgenden wird auf die *Musterbedingungen des Schweizerischen Versicherungsverbandes* (SVV) für Planer Bezug genommen. Es handelt sich dabei um die *Allgemeinen Bedingungen für die Betriebshaftpflichtversicherung (AVB),* Ausgabe 2012,[8] sowie *Art. 48 der Zusätzlichen Allgemeinen Bedingungen (ZAB), Haftpflichtversicherung für Architekten und Bauingenieure (mit Vermögensschaden-Deckung),*[9] Ausgabe 2006.[10] 16.12

Bei diesen Musterbedingungen handelt es sich um *unverbindliche Empfehlungen* des SVV. Sie können als Messlatte für einen ordentlichen Minimalstandard des Deckungsumfangs dienen. Die einzelnen Gesellschaften müs- 16.13

---

5 Die AVB entsprechen den Allgemeinen Vertrags- oder Geschäftsbedingungen (AGB) anderer Branchen.

6 Die Terminologie kann je nach Versicherungsgesellschaft unterschiedlich sein. Der Schweizerische Versicherungsverband verwendet den Begriff «Zusätzliche Allgemeine Bedingungen (ZAB)».

7 Ergänzend kommen die Bestimmungen des Bundesgesetzes über den Versicherungsvertrag vom 2. April 1908 (VVG) zur Anwendung. Für Fragen, die weder im VVG noch in den AVB, EVB oder BVB geregelt sind, verweist Art. 100 VVG auf das Obligationenrecht.

8 Allgemeine Versicherungsbedingungen (AVB) für die Betriebshaftpflichtversicherung, unverbindliche Musterbedingungen des Schweizerischen Versicherungsverbandes, Ausgabe 2012.

9 Art. 48 ZAB Zusätzliche Allgemeine Bedingungen (ZAB), Haftpflichtversicherung für Architekten und Bauingenieure (mit Vermögensschaden-Deckung), unverbindliche Musterbedingungen des Schweizerischen Versicherungsverbandes, Ausgabe 2006. Es gibt noch alternative Bedingungen des SVV, nämlich Art. 38 ZAB, Haftpflichtversicherung für Architekten und Bauingenieure (*ohne* Vermögensschaden-Deckung), auf die hier nicht Bezug genommen wird.

10 Die jeweils aktuellen Fassungen dieser und anderer Musterbedingungen werden auf der Website des SVV zur Verfügung gestellt http://www.svv.ch.

sen sich jedoch weder an den Wortlaut noch an den materiellen Inhalt dieser Empfehlungen halten. In der Praxis gibt es denn auch eine **Vielfalt von Bedingungen und Deckungsvarianten.** Aus diesem Grund *kann es durchaus Abweichungen zu den in diesem Beitrag gemachten Ausführungen* geben. Der Umfang des Versicherungsschutzes muss immer nach dem jeweiligen Vertrag beurteilt werden.

16.14 Die Tatsache, dass heute der Wettbewerb sowohl mit Bezug auf Preise und als auch auf Bedingungen spielt, ist zwar vorteilhaft für die Versicherungsnehmer, führt aber zu einer gewissen *Unübersichtlichkeit* bezüglich der im Markt angebotenen Versicherungslösungen. Der Planer sollte deshalb prüfen, ob und inwieweit ein bestimmtes Angebot zu seinen Bedürfnissen passt. Da diese Analyse schwierig sein kann, ist eine umfassende Beratung durch die Versicherungsgesellschaft bzw. eine Fachperson oft von Vorteil.

3. Haftpflichtversicherung und Risikomanagement

16.15 Wie bereits erwähnt (Nr. 16.2), überwälzt der Planer sein Haftungsrisiko mit dem Abschluss einer Haftpflichtversicherung auf den Versicherer. Allerdings muss präzisiert werden, *dass nicht das ganze Risiko überwälzt werden kann.* Gewisse Schäden wird der Versicherer nicht übernehmen wollen bzw. können und sie deshalb vom Versicherungsschutz ausnehmen (Nr. 16.74 ff.). Der Versicherer kann einzelne Risiken nämlich nur dann übernehmen, wenn der Eintritt des Schadenereignisses nicht vorhersehbar und nicht vom Willen des Versicherten abhängig ist. Zudem müssen Ausmass und Frequenz der zu erwartenden Schäden quantifizierbar sein. Schliesslich müssen die Schäden durch wirtschaftliche Prämien einer genügend grossen Gemeinschaft von Versicherungsnehmern finanziert werden können.[11] **Die Haftpflichtversicherung bildet nämlich nur einen Teil des gesamtheitlichen Risikomanagements** des Planers. Nebst der Überwälzung von Haftungsrisiken durch Versicherung oder andere Massnahmen (z.B. Vereinbarung einer Enthaftungs- oder Schadloshaltungsklausel), besteht dieses Management aus dem *Vermeiden und Vermindern von Risiken* (z.B. der Planer übernimmt keine Aufträge, die seine Fähigkeiten übersteigen; der Planer ordnete besondere Vorsichtsmassnahmen bei schwierigen Projekten an; der Planer stellt die Qualität sei-

[11] Im Einzelnen dazu: Beck, S. 64 f.

ner Dienstleistungen sicher[12]). Schliesslich besteht immer ein *Resthaftungsrisiko,* das der Planer selber tragen muss.

II. Die versicherten Personen

1. Versicherte Personen und versicherter Betrieb

1. Der Versicherungsvertrag definiert den **Kreis der Personen, deren Vermögen durch die Haftpflichtversicherung gegen Ansprüche Dritter geschützt** ist. Dazu gehört in erster Linie der Inhaber des versicherten Planerbetriebes. Dieser ist in aller Regel als *Versicherungsnehmer* in der Police aufgeführt. Eventuell werden schon in der Police noch weitere versicherte Personen namentlich aufgeführt. Die AVB sind aber auch wesentlich für die Bestimmung des Kreises der versicherten Personen. Dort werden nämlich *weitere Versicherte* definiert, die ebenfalls Versicherungsschutz in Zusammenhang mit ihrer Tätigkeit für den versicherten Betrieb geniessen, aber nicht in der Police namentlich aufgeführt sind.[13] Bei den versicherten Personen kann es sich sowohl um natürliche als auch juristische Personen (Tochtergesellschaften) handeln. 16.16

2. Wesentlich ist, dass der Versicherungsschutz nicht absolut gilt, sondern nur **mit Bezug auf den versicherten Betrieb bzw. die versicherten Tätigkeiten** (Nr. 16.33). Dabei handelt es sich um *die in der Police oder in anderen Vertragsdokumenten umschriebenen Funktionen oder Tätigkeiten.* Es ist somit entscheidend, dass die Betriebstätigkeit im Vertrag genau umschrieben wird, vor allem wenn Leistungen erbracht werden, die für den Planerberuf eher unüblich sind; etwa wenn der Planer auch als Orts-, Regional- oder Landschaftsplaner tätig ist, oder wenn es sich um Dienstleistungen handelt, die üblicherweise von Treuhändern, Juristen oder anderen Beratern erbracht werden. 16.17

---

12 Zur Qualitätssicherung des Planers: BECK, S. 208 f.

13 Siehe Art. 2 AVB.

2. Der Versicherungsnehmer

16.18 Der Versicherungsnehmer besitzt Versicherungsschutz in seiner Eigenschaft als **Inhaber** des versicherten Planerbetriebes. Falls es sich beim Versicherungsnehmer um eine Personengesellschaft (Kollektiv-, Kommanditgesellschaft) oder eine Gemeinschaft zu gesamter Hand (z.B. eine Erbengemeinschaft beim Ableben des Planers) handelt, ist jeder Gesellschafter bzw. jeder Angehörige der Gemeinschaft zu gesamter Hand ein Versicherter mit den gleichen Rechten und Pflichten wie der Versicherungsnehmer.[14] Dies gilt auch für Planergemeinschaften, die als einfache Gesellschaften organisiert sind.

16.19 Der Versicherungsnehmer ist *Vertragspartei* des Versicherungsvertrages und damit Schuldner der Prämien. Ihm obliegt auch die Erfüllung weiterer Pflichten und Obliegenheiten.

3. Weitere Versicherte

16.20 Neben dem Versicherungsnehmer sind auch seine «Vertreter» sowie seine Arbeitnehmer und bestimmte Hilfspersonen versichert.[15]

A. Vertreter des Versicherungsnehmers und leitende Personen

16.21 **1.** Mitversichert ist die persönliche Haftung der **«Vertreter»** des Versicherungsnehmers sowie die **«mit der Leitung oder Beaufsichtigung des Betriebes betrauten Personen»,** soweit sie für den versicherten Betrieb tätig sind.[16] Die Versicherung dieser Repräsentantenhaftung ist durch das Gesetz zwingend vorgeschrieben (Art. 59 VVG).[17]

16.22 **2.** Der **Kreis der «Vertreter» ist weit zu ziehen,** denn Art. 59 VVG beschränkt sich nicht auf den Organbegriff von Art. 55 ZGB. Vielmehr gilt als «Vertreter» *jede Person, die mit Vertretungsbefugnis ausgestattet ist,* ungeachtet ob in genereller Art oder einzelfallweise. Somit ist jede Person ein

[14] Art. 2 Abs. 1 lit. a AVB.

[15] Im seltenen Fall, wo der Planerbetrieb sich in einem Gebäude befindet, dass im Baurecht erstellt wurde, ist auch der Grundstückeigentümer mitversichert; Art. 2 Abs. 1 lit. d AVB.

[16] Art. 2 Abs. 1 lit. b AVB.

[17] Brehm, Le contrat d'assurance, Nr. 40 ff.; Honsell, Basler Kommentar, N 28 zu Art. 59 VVG; Müller, Haftpflichtversicherung, S. 98.

«Vertreter», die für den Versicherungsnehmer gegenüber Dritten Rechtshandlungen vornimmt, die ihre Rechtswirkungen beim Vertretenen (Versicherungsnehmer) haben.[18] Dazu gehören insbesondere:

- gesetzliche und faktische[19] Organe, 16.23
- kraft Gesetz zur Vertretung bevollmächtigte Personen, 16.24
- rechtsgeschäftlich von einem Organ mit der Stellvertretung beauftragte Personen. 16.25

Durch ihr Verhalten begründen sie nicht nur die Haftung der vertretenen Person, sondern werden für ihr Verschulden auch persönlich verantwortlich (Art. 55 Abs. 3 ZGB). Ansprüche Dritter, die gegen solche Personen in Zusammenhang mit der Tätigkeit des Planerbetriebes erhoben werden, sind versichert. 16.26

3. **Die «mit der Leitung und Beaufsichtigung betrauten Personen»** lassen sich von den «Vertretern» im erwähnten Sinne nicht scharf unterscheiden, weil auch sie ihre Vertretungsmacht zumindest indirekt vom Versicherungsnehmer herleiten. Unter die Versicherungsdeckung fallen somit auch unterstellte Mitarbeiter, sofern sie eine leitende Funktion ausüben bzw. sofern eine solche Funktion an sie delegiert wurde (z.B. Bürochef, Bauführer, Bauleiter).[20] 16.27

B. Arbeitnehmer und Hilfspersonen

1. Bei den «Arbeitnehmern und Hilfspersonen»[21] des Versicherungsnehmers handelt es sich um **untergeordnete Angestellte und Hilfspersonal.** Sie sind für ihre persönliche Haftpflicht aus ihrer Tätigkeit für den versicherten Betrieb durch die Haftpflichtversicherung gedeckt (z.B. der Lehrling besucht den Bauplatz und stösst gegen ein eben angeliefertes Werkstück eines Handwerkers, das beschädigt wird). In diese Kategorie versicherter Personen 16.28

---

18 GAUCH/SCHLUEP/SCHMID, Nr. 1314. Es kann sich um jede Form der «bürgerlichen» oder «kaufmännischen Stellvertretung» (GAUCH/SCHLUEP/SCHMID, Nr. 1453) handeln.

19 Faktisches Organ ist jede Personen, die effektiv Organtätigkeit ausübt, indem sie Entscheidungen trifft, die im Prinzip den gesetzlichen Organen vorbehalten sind, oder die Geschäftsführung wahrnimmt und entscheidend dem Willen der Gesellschaft Ausdruck verleiht; vgl. z.B. BGE 117 II 571 ff.

20 Vgl. BREHM, Le contrat d'assurance, Nr. 48.

21 Dazu MÜLLER, Haftpflichtversicherung, S. 99 f.

fallen alle Mitarbeiter des Versicherungsnehmers ohne leitende Funktion, ungeachtet, ob sie in einem Dauerarbeitsverhältnis oder nur aushilfsweise tätig sind. Gedeckt ist auch «gemietetes» oder «ausgeliehenes» Personal, das ein anderer Betrieb dem Versicherungsnehmer aufgrund eines entgeltlichen oder unentgeltlichen Arbeiterstellungsvertrages zur Verfügung stellt.

16.29 **2. Nicht versichert sind gemäss AVB «selbständige Unternehmer»,** welche der Planer zur Erfüllung einer Leistung beizieht.[22] Dies betrifft vor allem den häufigen Fall des Beizugs eines Subplaners,[23] d.h. in erster Linie den Beizug von spezialisierten Berufsleuten (z.B. Statikern, Geometern, Spezialingenieuren), damit der Versicherungsnehmer seine Verpflichtungen dem Auftraggeber gegenüber fachgerecht erfüllen kann. Wenn ein geschädigter Dritter[24] Ansprüche[25] gegenüber dem Subplaner geltend macht, sind diese in der Versicherung des beauftragenden Planers nicht gedeckt. Der Anspruch gegen den Subplaner geht zulasten seiner eigenen Haftpflichtversicherung.

16.30 Verursacht der Subplaner dem Auftraggeber des Versicherungsnehmers einen Schaden, für den der Versicherungsnehmer aufgrund von Art. 101 OR vertraglich einzustehen hat, *bleibt aber der Versicherungsschutz für die Haftung des Versicherungsnehmers bestehen.* Dasselbe gilt, wenn der Planer in der Wahl, Instruktion oder Überwachung des beauftragten Subplaners Fehler begeht und daraus verantwortlich wird (Art. 55 OR).

16.31 Falls der Subplaner jedoch fachfremde Tätigkeiten ausführt, die nicht mehr zu der im Versicherungsvertrag umschriebenen, versicherten Betriebstätigkeit gehören, besteht kein Versicherungsschutz, weil sie nicht Teil des versicherten Risikos sind (vgl. Nr. 16.33 und 16.150 ff.).

16.32 **3. «Regress- und Ausgleichsansprüche gegen den Arbeitnehmer»** sind von der Deckung **ausgeschlossen.**[26] Häufig haben Dritte einem Geschädig-

---

22 Art. 2 Abs. 1 lit. c AVB.

23 Art. 2 Abs. 1 lit. c AVB verwendet den Ausdruck «Unterakkordant».

24 Dazu gehört auch der Auftraggeber des Versicherungsnehmers.

25 Da kein Vertrag zwischen dem Dritten (z.B. Auftraggeber des Planers) und dem Subplaner besteht, handelt es sich um ausservertragliche Ansprüche.

26 Art. 2 Abs. 1 lit. c AVB. Zu unterscheiden ist der Fall der Haftung des Versicherungsnehmers für Arbeitsunfälle des entliehenen Arbeitnehmers. Der Regressausschluss für solche Fälle wurde seit der Fassung 2010 der AVB gestrichen. Vgl. das Urteil des Bundesgerichts BGer 4A_187/2007 (9.5.2008), das allerdings einen von den AVB des SVV abweichenden Wortlaut betraf.

ten Leistungen erbracht. Dies sind in der Regel andere Versicherer.[27] Sie sind aufgrund des Gesetzes berechtigt,[28] auch gegen einen haftpflichtigen Arbeitnehmer des Planers Rückgriff zu nehmen oder (bei mehreren Haftpflichtigen) sogenannte Ausgleichsansprüche durchzusetzen. Ein zu solchen Ansprüchen berechtigter Versicherer wird aus sozialen Gründen einen Arbeitnehmer nicht belangen, wenn dieser keine Versicherungsdeckung beanspruchen kann.[29] Zudem ist es in aller Regel angebrachter und einfacher, den Regressanspruch gegen den Arbeitgeber als verantwortlichen Geschäftsherrn zu stellen. Aus diesem Grund ist die Deckung wie in anderen Betriebs- und Berufshaftpflichtversicherungen auch in der Haftpflichtversicherung des Planers eingeschränkt. Der Schaden soll von demjenigen Versicherer getragen werden, der in seinem Risikobeschrieb die primäre Leistungspflicht verspricht.[30]

III. Deckung des Grundrisikos

1. Versicherte Tätigkeit und versicherte Haftpflicht

1. Die *gesetzliche* Haftung des Planers, die aus seiner in dem Vertrag bezeichneten **Tätigkeit als Planer** entstehen kann, bildet den Gegenstand der Haftpflichtversicherung. Diese Berufstätigkeit soll versichert werden, um zu verhindern, dass das Vermögen des Versicherten mit Schadenersatzforderungen belastet wird. *Berufsfremde Tätigkeiten sind hingegen nicht gedeckt,* sofern sie nicht ausdrücklich mit eingeschlossen werden. 16.33

2. Wie bei fast allen Haftpflichtversicherungen handelt es sich um eine «Allgefahren»-Versicherung,[31] d.h., die **gesetzliche Haftung wird generell versichert.** Dazu gehört auch die vertragliche Haftung, sofern sie auf Gesetzesbestimmungen beruht (vgl. Nr. 16.147). 16.34

[27] Z.B. der obligatorische Unfallversicherer, die AHV/IV oder eine private oder staatliche Sachversicherung.

[28] Art. 72 Abs. 1 ATSG; Art. 72 VVG.

[29] Brulhart, Nr. 715. Zu einem gewissen Grad bietet dies auch einen Schutz für den Arbeitnehmer: Man hat weniger Anreiz einen «Schuldigen» zu suchen.

[30] Kritisch zu diesem Ausschluss: Stöckli, Kritik, S. 591 ff.

[31] Im Gegensatz zur Sachversicherung, wo in der Regel nur die versicherten Schadensursachen wie Feuer, Explosion, Überschwemmung, usw., einzeln und abschliessend aufgelistet werden.

16.35 Die erforderliche Eingrenzung dieser offenen Versicherungsdeckung erfolgt mittels *Ausschlüssen* (Nr. 16.74 ff.). Sie schliessen gewisse Risiken, Schäden oder Ansprüche, die ansonsten unter die generelle Umschreibung der Deckung fallen würden, vom Versicherungsschutz aus. Auf der anderen Seite können ausgeschlossene Risiken, Schäden oder Ansprüche nach einer besonderen Analyse des Versicherers und/oder gegen Mehrprämie ganz oder teilweise mittels *Deckungserweiterungen* (wieder) eingeschlossen werden (vgl. Nr. 16.98 ff.).

16.36 **3.** Der Planer kann für verschiedene **Arten von Schäden** haften, nämlich für:

16.37 – *Personen- und Sachschäden.* Sie bilden in der Planer-Haftpflichtversicherung das sogenannte *Grundrisiko* und sind Gegenstand der Grunddeckung.

16.38 – *Schäden und Mängel an Bauwerken oder Anlagen,* die aufgrund von Plänen oder unter der Bauleitung des Planers erstellt oder bearbeitet werden. Sie werden als *«Bauten- und Anlageschäden»* bzw. *«Bau- und Anlagemängel»* bezeichnet (Nr. 16.99).

16.39 – Weitere Schäden, die weder Personen-, Sach- oder Bauten- bzw. Anlageschäden sind (und auch keine Folge davon). Das sind die «reinen» oder «echten» *Vermögensschäden* (Nr. 16.130 ff.).[32]

2. Gegenstand der Grunddeckung

16.40 Die Grunddeckung der Planer-Haftpflichtversicherung entspricht im Wesentlichen der Deckung für andere Berufe oder Betriebe.

A. Im Allgemeinen

16.41 **1.** Die Grunddeckung der Planer-Haftpflichtversicherung deckt die gesetzliche Haftung der Versicherten aus dem in der Police bezeichneten Betrieb für **Personen- und Sachschäden,** die mit dem Bestand des Büros oder anderen Liegenschaften, die dem Planerbetrieb dienen, einschliesslich Anlagen wie Heizungen und Aufzüge (*«Anlagenrisiko»*), oder mit der eigentlichen beruflichen Tätigkeit (*«Betriebsrisiko»*) zusammenhängen. Gedeckt sind auch Schä-

---

32 Zum Begriff der reinen Vermögensschäden siehe auch Beck, S. 131 f.

den, die von mangelhaften Bauten oder Anlagen verursacht werden, wenn der Mangel auf eine Leistung des Planers zurückzuführen ist *(«Produktrisiko»)*.[33] Es handelt sich bei der Planer-Haftpflichtversicherung somit um eine kombinierte Betriebs- und Berufshaftpflichtversicherung, die sich nicht nur auf die Verletzung von berufsspezifischen Pflichten beschränkt.[34]

Die gedeckten Personen- und Sachschäden umfassen auch deren *Folgeschäden* (Nr. 16.46), d.h. diejenigen Vermögensschäden, welche die Folge eines Personenschadens (z.B. Verdienstausfall) oder Sachschadens (z.B. Mietkosten einer Ersatzmaschine) sind. Es handelt sich um sogenannte *«unechte» Vermögensschäden,* weil sie den Person- bzw. Sachschäden zugerechnet werden. In der Praxis wird der Begriff «Schaden» in mehreren Bedeutungen und oft ohne klare Unterscheidung der verschiedenen Schadensarten verwendet. 16.42

2. Die AVB enthalten **Definitionen der versicherten Schadensarten:**[35] 16.43

– *Personenschäden*[36] im Sinne der AVB umfassen die Tötung, Verletzung oder eine sonstige Gesundheitsschädigung eines Menschen. Darunter fällt jeder *Eingriff in die körperliche Unversehrtheit,* auch der Fall, wo eine Person psychisch in Mitleidenschaft gezogen wird. Die vermögensmässigen Folgen bestehen bei der verletzten Person in Heilungs- und anderen Kosten, im vorübergehenden oder bleibenden Verdienstausfall, im wirtschaftlichen Wertverlust als Folge einer Beeinträchtigung der Arbeitsfähigkeit (z.B. «Haushaltsschaden»), in einer Genugtuung oder – bei einer Tötung – im Versorgerschaden der Hinterbliebenen. 16.44

– *Sachschäden* im Sinne der AVB sind die Zerstörung, die Beschädigung oder der Verlust von Sachen.[37] Entscheidend ist stets, dass eine intakte 16.45

---

33 Art. 1 Abs. 1 lit. a AVB. Die Ausdrücke «après travaux» bzw. «completed operations» von französischen bzw. angelsächsischen Versicherungsverträgen sind zutreffender für die Bauindustrie.

34 Dies im Gegensatz zu einer reinen Berufshaftpflichtversicherung, wie sie zum Beispiel im angelsächsischen Raum teilweise vorkommt («professional indemnity insurance»), deren Deckung sich auf Verletzungen von Berufspflichten beschränken kann («professional negligence»). Das Gegenstück einer solchen reinen Berufshaftpflichtversicherung ist die reine Betriebshaftpflichtpolice (sogenannte «Büropolice»), die Ansprüche in Zusammenhang aus der Verletzung von berufsspezifischen Pflichten ausschliesst.

35 Art. 1 Abs. 1 AVB. Zur Unterscheidung der einzelnen Schadensarten, vgl. auch BREHM, Le contrat d'assurance, Nr. 223 ff.

36 Man spricht auch von Körperschäden.

37 Vgl. zum Begriff des Sachschadens, FUHRER, Sachschäden, S. 85 ff.; PERGOLIS/FREY, Handbuch zum Bauwesen, Nr. 657.

(oder zumindest brauchbare) Sache in ihrer *Substanz* betroffen wird, sei es, dass sie ganz oder teilweise untergeht, beschädigt wird oder abhandenkommt. Eine blosse Beeinträchtigung der Funktion (z.B. unzureichende Stromzufuhr für Baustelleneinrichtungen) genügt nach den AVB hingegen nicht. Sachen sind bewegliche oder unbewegliche, körperliche Gegenstände. Hingegen sind unkörperliche Güter wie Rechte, Erfindungen oder der Wert eines Geschäftes keine Sachen. Den Sachschäden gleichgestellt sind die Verletzung, Gesundheitsschädigung und Tötung von Tieren. Der Sachschaden bewirkt beim Geschädigten eine Vermögensverminderung bestehend z.B. in Auslagen für Ersatzbeschaffungen, in Reparaturkosten, in einem Minderwert.

16.46 **3.** Die **Folgeschäden aus Personen- oder Sachschäden** sind in den AVB nicht definiert. Verminderungen im Vermögen des Geschädigten, die sich als (weitere) Folge einer Körperverletzung oder Sachbeschädigung ergeben (unechte Vermögensschäden), werden dem originären Schaden zugeordnet,[38] immer vorausgesetzt, dass die adäquate Kausalität auch hinsichtlich des Folgeschadens zu bejahen ist. Hingegen werden Personen- und Sachschäden, welche ihrerseits die Folge eines Personen- oder Sachschadens sind, in der Versicherungsdeckung begrifflich wie selbständige Personen- und Sachschäden behandelt.[39]

16.47 **4.** Im Gegensatz zu einem Handwerks- oder Industriebetrieb besteht das versicherte **Anlagenrisiko** des Planers im Wesentlichen aus dem *Bürorisiko.* Die Gefahren des Bürobetriebes verwirklichen sich z.B., wenn ein Besucher infolge eines losen Teppichs oder ungenügender Schneeräumung im Winter stürzt und sich verletzt. Der Versicherungsschutz besteht unabhängig davon, ob der Planer Eigentümer oder Mieter seiner Räumlichkeiten ist. Voraussetzung ist aber oft, dass die betreffende Liegenschaft (unabhängig von ihrer Art) vorwiegend dem versicherten Betrieb dient.[40]

16.48 **5.** Von grösserer Bedeutung ist das **Betriebsrisiko.** Hier besteht ein direkter *Zusammenhang zwischen dem Schaden und der beruflichen Tätigkeit* des Planers. Dies ist der Fall, wenn der Schaden darauf zurückzuführen ist, dass der

---

[38] Beispiel: während der Reparaturzeit der geschädigten Baumaschine muss ein Ersatz gemietet werden. Diese Kosten sind Teil des Sachschadens (Schädigung der Maschine).

[39] Beispiel: Der Schädiger bringt ein angrenzendes Gebäude zum Einsturz, die Trümmer verletzen einen Passanten.

[40] So Art. 1 lit. b Ziff. 1 AVB. Ausgeschlossen sind das Anlagevermögen und das Stockwerkeigentum.

Planer fehlerhaft plant oder die Bauarbeiten ungenügend überwacht. Für alle Ansprüche aus den resultierenden Körper- und Sachschäden sowie für deren Folgeschäden besteht Deckung. Solche Schäden treten in der Regel während der Bauphase auf. *Beispiele:*

- Wegen eines Überwachungsfehlers stürzt ein Gerüst auf der Baustelle in eine Fabrikhalle, wo Arbeiter verletzt, Maschinen beschädigt und in der Folge der Betrieb stillgelegt wird. 16.49

- Der Architekt lässt ein vorübergehend entferntes Schutzgeländer nicht sofort wieder anbringen, sodass ein Arbeiter beim Anliefern von Material abstürzt.[41] 16.50

- Der Architekt lässt eine Baugrube nicht sichern, ein benachbartes Gebäude wird beschädigt und muss geräumt werden. 16.51

- Der Bauleiter unterlässt es, zum Schutz spielender Kinder Massnahmen zu ergreifen, als sich durch eine Stauung ein Teich gebildet hat, der ungenügend zugefroren ist, sodass zwei Kinder auf dem Eis einbrechen und ertrinken.[42] 16.52

- Der bauleitende Architekt verhindert nicht, dass ein ungenügend ausgebildeter Ersatzkranführer im Bereich einer Hochspannungsleitung mit dem Kran hantiert, woraus ein Stromunfall mit Körperverletzung entsteht.[43] 16.53

6. Falls der Körper- oder Sachschaden erst aus einem vom Planer verursachten Mangel des übernommen Werkes folgt, handelt es sich um die Verwirklichung des **Produktrisikos.** Dies gilt nicht nur, wenn der Schaden seinen Ursprung in Planungsarbeiten hat, sondern auch bei Folgen fehlerhafter Bauleitung. Hier geht es nicht um Schäden am Werk selber (Bauten- und Anlageschäden; vgl. Nr. 16.99), sondern um *Mangelfolgeschäden* Dritter oder des Bauherrn. *Beispiele:* 16.54

- Der Planer übergibt die von ihm erstellten, fehlerhaften Konstruktions- oder Baupläne – entgeltlich oder unentgeltlich – dem Bauherrn, einem Unternehmer oder einem anderen Planer. Die fehlerhaften Pläne führen zum Einsturz des Baus. Dabei werden Sachen zerstört oder Personen verletzt.[44] 16.55

---

[41] Beispiel in BGE 95 II 94 f.

[42] Beispiel in BGE 93 II 89 f.

[43] Beispiel in BGE 104 IV 97 f.

[44] Zum Versicherungsschutz bei der Abgabe von Plänen vgl. auch Nr. 16.97.

16.56 – Wegen eines Planungsfehlers des Architekten rinnt das Dach. Computeranlagen der Mieterin werden beschädigt und diese erleidet zudem wegen des Computerausfalls einen Betriebsunterbruch.

16.57 – Der Statiker macht einen Berechnungsfehler für die Tragfähigkeit der Decke einer Parkgarage. Sechs Monate nach Inbetriebnahme bricht die Decke unter der Schneelast ein. Autos werden zerstört und eine Person wird getötet.

16.58 – Der Maschineningenieur plant eine fehlerhafte Anlage, die nach Inbetriebnahme explodiert und das Fabrikgebäude in Brand setzt. Hier sind die Schäden am Gebäude und deren Folgen gedeckt. Hingegen wäre ein Produktionsausfall, dessen Ursache nur im Ausfall der explodierten Anlage (ohne Fabrikbrand) liegt, im Rahmen der Grunddeckung nicht versichert.[45]

16.59 **7.** Die Grunddeckung umfasst nicht nur Leistungen des Versicherers im Schadensfall, sondern auch **Schadensverhütungskosten.**[46] Hier ist der Schaden beim potenziellen Geschädigten noch nicht eingetreten. Der mit Schaden bedrohte Dritte kann deshalb noch kein Schadenersatzbegehren stellen. Es handelt sich um eine Ausnahme von den sonst geltenden Prinzipien der Haftpflichtversicherung, da sie unter bestimmten Voraussetzungen Deckung für **Eigenschäden** bietet.[47]

16.60 Schadenverhütungskosten sind nur gedeckt, wenn infolge eines *unvorhergesehenen* Ereignisses der Eintritt eines *versicherten* Personen- oder Sachschadens *unmittelbar* bevorsteht. In einem solchen Fall übernimmt der Versicherer auch die Kosten für *angemessene, sofortige Massnahmen* des Versicherten, die zur Abwendung des *unmittelbar* drohenden Schadens ergriffen werden müssen. Es handelt sich lediglich um *Notmassnahmen* im Zusammenhang mit dem unvorhergesehenen Ereignis, jedoch nicht um weiter gehende Massnahmen, die z.B. zum ordentlichen Unterhalt gehören oder gar der Reparatur oder Sanierung einer defekten Baute oder Anlage dienen.[48]

---

45 Ein solcher Ausfall gehört auch zum Anlageschaden; vgl. Nr. 16.108.

46 Art. 3 AVB.

47 Diese Deckung geht somit über den gesetzlichen Bereich des VVG hinaus, der lediglich den Ersatz von Kosten zur Minderung eines bereits eingetreten Schadens vorsieht (Art. 71 VVG).

48 Vgl. nebst Art. 3 Abs. 2 AVB, Art. 6 lit. d AVB auch Art. 15 AVB.

B. Sonderfälle der Grunddeckung

Gewisse Risiken sind zwar in der Grunddeckung enthalten, unterliegen aber einer **speziellen Regelung.** 16.61

a. Umweltbeeinträchtigungen

1. Die Versicherung umfasst **Personen- und Sachschäden als Folge einer Umweltbeeinträchtigung,** wobei das Umweltrisiko sich aus dem Anlage-, Betriebs- oder dem Produktrisiko ergeben kann.[49] Für Schäden infolge Umweltbeeinträchtigungen gilt vorerst einmal ein genereller Ausschluss von der Grunddeckung.[50] Anstelle der so aufgehobenen allgemeinen Deckung für Personen- und Sachschäden (sogenannte «Nullstellung») bietet der Versicherungsvertrag Deckung für Schäden in Zusammenhang mit Umweltbeeinträchtigungen gemäss besonderen, dem Umweltrisiko angepassten Bestimmungen.[51] 16.62

Als Umweltbeeinträchtigung gilt die *nachhaltige Störung des Zustandes von Luft, Gewässern (auch Grundwasser), Boden, Flora oder Fauna.* Die Ursache der Störung ist seit der Ausgabe 2010 der AVB unerheblich; auch rein mechanisch verursachte Schäden, wie sie bei Bauarbeiten vorkommen, können eine Umweltbeeinträchtigungen darstellen.[52] Zudem gilt jeder Sachverhalt, der gemäss anwendbarem Recht als «Umweltschaden»[53] definiert wird, als Umweltbeeinträchtigung in Sinne der AVB. 16.63

2. Versichert sind Ansprüche für Personen- und Sachschäden (Nr. 16.43) nur, wenn 16.64

---

49 Z.B. Heizöl läuft aus dem Öltank des Planerbetriebes aus (Anlagenrisiko); infolge ungenügender Sicherung auf der Baustelle kommt es zur Verschüttung von Treibstoff beim Auftanken von Baumaschinen (Betriebsrisiko); infolge eines Planungsfehlers kommt es zu einem Störfall in der erstellten Industrieanlage (Produktrisiko).

50 Art. 7 lit. f AVB.

51 Art. 6 AVB. Zur Umweltdeckung allgemein vgl. auch Gross, Assurance RC, S. 57 ff., der sich allerdings auf eine ältere Ausgabe der AVB (1989) bezieht.

52 Bis zur Ausgabe 2010 bezogen sich die AVB auf Störungen, die durch «Immissionen» verursacht wurden. Die neueren AVB beziehen sich auf Störungen verursacht durch «jegliche Einwirkung». Damit soll klargestellt werden, dass Umweltbeeinträchtigungen auch mechanische Ursachen haben können. Dies kann für den Planer von besonderer Bedeutung sein, z.B. wenn ein Biotop wegen falscher Planung oder Überwachung durch Baumaschinen oder -arbeiten zerstört wird.

53 Zum Begriff des «Umweltschadens» Nr. 16.70 f.

16.65 – sie im Zusammenhang mit einer Umweltbeeinträchtigung stehen, die die Folge eines *einzelnen, plötzlich eingetretenen, unvorhergesehenen Ereignisses* ist;

16.66 – das Ereignis *sofortige Massnahmen erfordert* (z.B. Meldung an die zuständige Behörde, Alarmierung der Bevölkerung, Einleitung von Schadenverhütungs- oder Schadenminderungsmassnahmen).

16.67 Von dieser «Unfalldeckung» *sind Allmählichkeits- und Summationsschäden ausgeschlossen,* bei denen nur mehrere, in der Wirkung gleichartige Ereignisse zusammen einen Schaden verursachen (z.B. gelegentliches tropfenweises Verschütten von Flüssigkeiten aus mobilen Behältern).[54] Zudem bestehen gewisse besondere Ausschlüsse (z.B. Altlasten, Abfallanlagen)[55] im Rahmen der Umweltdeckung.

16.68 Ist der Versicherungsnehmer Betreiber der verschmutzenden Anlage, sind gewisse *Obliegenheiten* bezüglich Wartung und Einhaltung von Umweltvorschriften zu erfüllen.[56] Abgesehen von den eigenen Anlagen (z.B. Heizöltanks) des Planerbetriebes, ist allerdings diese Bestimmung normalerweise nicht von Bedeutung für den Planer, da er nicht für die nachträgliche Wartung der Werke verantwortlich ist. Wenn der Planer aber Bewirtschaftungsaufgaben – insbesondere mit Bezug auf den Unterhalt von technischen Anlagen[57] – übernimmt, könnte diese Obliegenheit unter Umständen relevant werden.

16.69 **3. Der Versicherungsschutz umfasst nur den Umwelt*folge*schaden,** d.h. Personen- und Sachschäden deren Ursache in einer Umweltbeeinträchtigung liegt. Kosten von Massnahmen, die lediglich dazu dienen, die Umweltbeeinträchtigung (den eigentlichen Umwelt- oder Ökoschaden)[58] zu beheben oder abzuwehren sind nicht gedeckt. Dazu gehören insbesondere *Kosten im Zusammenhang mit der Wiederherstellung von geschützten Arten oder Lebensräumen sowie Schäden an Luft und an nicht in zivilrechtlichem Eigentum*

---

54 Art. 6 lit. b Abs. 2 AVB. Seit der Ausgabe 2010 decken die Musterbedingungen aber Umweltschäden infolge des Durchrostens oder Leckwerdens einer mit dem Grundstück fest verbundenen Anlage. Bis 2010 wurden solche Schäden normalerweise mit einer Deckungserweiterung eingeschlossen.

55 Art. 6 lit. c AVB. Vgl. Nr. 16.148 zur Frage der Altlastsanierungen.

56 Art. 6 lit. d AVB.

57 Vgl. z.B. Art. 4.62 SIA 102.

58 Vgl. dazu Pelloni, S. 51, der vom «Primärschaden» an der Umwelt spricht (S. 12 f.), der zum (versicherten) haftpflichtrechtlichen sekundären Sach- und Personenschaden führt; ferner Burkhalter/de Maddalena/Pelloni, S. 52 ff.

stehenden Gewässern, Böden, Flora oder Fauna.[59] Solche Kosten sind keine Sachschäden im haftpflichtrechtlichen Sinn. Es geht nämlich nicht um den Ersatz von Sachwerten, sondern um die Wiederherstellung des ökologischen Gleichgewichts bzw. der Funktionsfähigkeit ganzer Ökosysteme; d.h. um die Wiederherstellung eines naturschutzrechtlich gebotenen Zustandes.

Bis 1.1.2004 hielt Art. 59a USG auch ausdrücklich fest, dass für den eigentlichen «Umweltschaden» nicht gehaftet wird. Sie sind vielmehr unter öffentlich-rechtlicher Kostenauflage gemäss Art. 59 USG zu beheben. Diese Präzisierung bezüglich «Umweltschäden» wurde per 1.1.2004 aus redaktionellen Gründen gestrichen.[60] Der Begriff «Umweltschaden» erlangt aber mit der EU-Umwelthaftungsrichtlinie[61] erneut Bedeutung. Auch schweizerische Planer können für ausländische «Umweltschäden» im Sinne dieser Richtlinie haftbar gemacht werden; nämlich bei grenznahen und ausländischen Projekten, die Schäden in der EU verursachen.[62] Der SVV hat 2010 Muster-ZAB[63] für eine erweiterte Umweltdeckung als Empfehlung herausgegeben, die schweizerischen Versicherten nicht nur Schutz gegen ausländische Ansprüche aufgrund der Umwelthaftungsrichtlinie, sondern auch für Kosten von Massnahmen zur Behebung oder Kompensation von eigentlichen Umweltschäden gemäss den gesetzlichen Grundlagen in der Schweiz[64] bieten. 16.70

In der Schadenspraxis kommt es allerdings oft vor, dass *die Behebung eines gedeckten Sachschadens gleichzeitig auch als Massnahme zur Wiederherstellung der Umwelt dient* (z.B. Ersatz von zerstörten Bäumen, Bodensanierung). In solchen Fällen bleiben die entsprechenden Kosten *als Ansprüche aus Sachschäden gedeckt.* 16.71

---

59 Art. 6 lit. c, zweiter Einzug; z.B. Kostenauflagen gemäss Art. 59 USG.

60 Botschaft zu einer Änderung des Bundesgesetzes über den Umweltschutz (USG) vom 1. März 2000, BBl 2000 III, S. 2414.

61 Richtlinie 2004/35/EG des Europäischen Parlaments und des Rates vom 21. April 2004 über Umwelthaftung zur Vermeidung und Sanierung von Umweltschäden.

62 Z.B. auch auf dem Regressweg von ausländischen Betrieben, die nach lokaler Gesetzgebung für Umweltschäden haften, die letztlich auf einen Planungsfehler des schweizerischen Versicherten zurückzuführen sind.

63 Art. 107 ZAB.

64 Vgl. nebst Art. 59 USG, z.B. auch Art. 24e lit. b und c NHG. Die Schweiz hat jedoch die Umwelthaftungsrichtlinie nicht nachvollzogen.

b. Weitere Sonderfälle

16.72 **1.** Gedeckt ist auch die Haftpflicht als Halter und/oder aus dem Gebrauch von **Motorfahrzeugen,** für die weder ein Fahrzeugausweis noch Kontrollschilder bestehen oder wenn die Kontrollschilder bei der zuständigen Behörde hinterlegt sind, sofern keine Nachversicherung (mehr) besteht.[65] Es handelt sich um Fahrzeuge, die nicht zum Verkehr auf öffentlichen Flächen bestimmt sind und die am öffentlichen Verkehr nicht teilnehmen.

16.73 **2.** Gedeckt ist die Haftpflicht aus der Verwendung von versicherungspflichtigen **Motorfahrrädern,** soweit es sich um Fahrten für den versicherten Betrieb (unter Ausschluss von Fahrten von der und zur Arbeit) handelt. Es ist aber nur eine *Zusatzversicherung* für den Fall, dass die Versicherungssumme der gesetzlich vorgeschriebenen Versicherung nicht genügt.[66]

3. Ausschlüsse

16.74 **1.** Die Generalklausel der Grunddeckung umschreibt den Deckungsumfang positiv. Sie bestimmt, auf welche Objekte und Tätigkeiten sich die Haftpflichtversicherung des Planers bezieht, welches ihr Gegenstand ist (Nr. 16.17, 16.33 und 16.40). Diese positive Umschreibung der vom Versicherer übernommenen Risiken wird durch eine **Deckungsbegrenzung mittels genereller Ausschlüsse** eingeengt. Allerdings stellen einige Ausschlüsse keine echte Beschränkung dar, sondern sind lediglich das zur Klarstellung beigefügte negative Spiegelbild des positiven Deckungsbeschriebs.[67]

16.75 Zu den Ausschlüssen sind vorab und allgemein zwei Punkte anzumerken:

16.76 – *Ausschlussklauseln müssen bestimmt und unzweideutig formuliert sei*n.[68] Ist dies nicht der Fall, sind die Klauseln unwirksam, und der Haftpflicht-

---

65 Art. 1 lit. b Ziff. 3/Art. 4 AVB.

66 Art. 1 lit. b Ziff. 4/Art. 5 AVB. Mit dem Wegfall des Versicherungsobligatoriums für Fahrräder sind diese, sowie Leicht-Motorfahrräder und andere nicht versicherungspflichtige Motorfahrzeuge (Art. 38 VVV), nun automatisch voll gedeckt. Zum Unterschied Motorfahrräder und Leicht-Motorfahrräder: Art. 18 VTS.

67 Vgl. z.B. den Ausschluss von Vermögensschäden gemäss Art. 7 lit. n AVB und die Umschreibung der Versicherungsdeckung von Art. 1 lit. a AVB, die sich lediglich auf Personen- und Sachschäden bezieht.

68 Eine Ausschlussklausel ist bestimmt und unzweideutig, wenn nur eine Auslegung ernsthaft vertretbar ist (HONSELL, Basler Kommentar, N 150 zu Art. 33 VVG); vgl. auch SVA

versicherer hat die Gefahr, gegen welche die Versicherung abgeschlossen wurde, uneingeschränkt zu tragen.[69] Weil die Gerichtspraxis diese *Unklarheitsregel* sehr streng gegen die Versicherer handhabt, entstanden immer zahlreichere und detailliertere Ausschlussbestimmungen.

– Die Liste der als Einschränkung des Deckungsumfangs bezeichneten Ausschlüsse ist *nicht systematisch aufgebaut.* Sie ist das Ergebnis zahlreicher, im Laufe der Zeit vorgenommener Änderungen und Ergänzungen, sei es, dass die AVB erweitert, eingeengt oder auch nur präzisiert wurden. Solche Anpassungen werden immer wieder erforderlich, sei es, weil technische Entwicklungen neue Gefahren mit sich bringen oder bestehende modifizieren, sei es, weil Gesetzesänderungen und/oder veränderte Haftungsvoraussetzungen berücksichtigt werden müssen. 16.77

Zu bemerken ist zudem, dass diese generellen Ausschlüsse oft nicht absolut sind, sondern nur den Umfang der Grunddeckung bestimmen, die als Ausgangslage für alle Arten von Betrieben gelten soll. *Viele können mittels Deckungserweiterungen* (Nr. 16.98 ff.) *ganz oder teilweise aufgehoben bzw. an die Bedürfnisse des Versicherungsnehmers angepasst* werden. Im Folgenden werden die für den Planer besonders wichtigen Ausschlüsse behandelt:[70] 16.78

2. Eine Reihe von Ausschlüssen bezweckt die **Abgrenzung von anderen Haftpflichtversicherungen.**[71] Damit soll auch eine Doppelversicherung vermieden werden. Von Bedeutung für den Planer ist zum Beispiel der Ausschluss für die Haftung als *Halter von Motorfahrzeugen.*[72] 16.79

XIII, S. 575: «Ob über den Umfang der versicherten Gefahr vernünftigerweise kein Zweifel bestehen kann, wird sich immer erst bei Würdigung aller Umstände, wie gesamter Vertragsinhalt, Verkehrssitte, wirtschaftlicher Zweck und rechtliche Natur der in Frage stehenden Versicherung, ergeben».

69 Art. 33 VVG.

70 Es gibt noch einige weitere Ausschlüsse, die für den Planer kaum oder nicht von Bedeutung sind; z.B. Ansprüche in Zusammenhang mit dem Bestand- und Betrieb von Skiliften Personenseilbahnen oder Anschlussgeleisen (Art. 7 lit. r AVB) oder gentechnisch veränderten und pathogenen Stoffen (Art. 7. lit. v AVB). Der in Art. 7 lit. o AVB enthaltene Ausschluss für bestimmte Lasergeräte sollte in der Regel mit Bezug auf Geräte, die auf einer Baustelle zum Einsatz kommen, auch kein Problem darstellen; vgl. zu Lasergeräten im Allgemeinen: BECK, S. 135 f.

71 MÜLLER, Haftpflichtversicherung, S. 108 ff.

72 BECK, S. 119. Vgl. die weiteren Ausschlüsse für Schiffe und Luftfahrzeuge (Art. 7 lit. q AVB) sowie Kernanlagen (Art. 7 lit. o AVB), die für den Planer auch kaum von Bedeutung sind.

16.80 **3.** Der Ausschluss des **Eigenschadens**[73] des Versicherungsnehmers liegt in der Natur der Haftpflichtversicherung, denn niemand kann gegen sich selbst haftpflichtig werden.[74] Insoweit könnte auf die Ausschlussklausel verzichtet werden. Allerdings kann ein Planer auch durch einen weiteren Versicherten (z.B. Arbeitnehmer) geschädigt werden. Solche Ansprüche sind ebenfalls nicht versichert. Ausgeschlossen sind auch Ansprüche von Hinterbliebenen bei Tod des Versicherungsnehmers (Versorgerschaden).[75] Sie sollen nicht besser als der Versicherungsnehmer selber gestellt werden.

16.81 **4.** Ansprüche von **Personen, die mit dem haftpflichtigen Versicherten im selben Haushalt leben,**[76] sind auch ausgeschlossen.[77] Versichert bleiben andererseits Ansprüche von Familienangehörigen eines Versicherten gegen einen andern Versicherten des gleichen Betriebes[78] sowie eines Arbeitnehmers gegen einen anderen Arbeitnehmer des gleichen Betriebes.[79]

16.82 **5.** Wenn der versicherte Betrieb Mitarbeiter aufgrund eines **Arbeiterstellungsvertrages** (Arbeitsmiete bzw. Dienstmiete) einem anderen Betrieb zur Verfügung stellt, sind Ansprüche aus den von ihnen verursachten *Sachschäden des entlehnenden Betriebes* nicht versichert.[80] Damit ist der Entleiher bei Sachschäden nicht besser gestellt als, wenn sie von den eigenen Angestellten verursacht werden.[81]

16.83 **6.** Einer der wohl bedeutendsten Ausschlüsse von der Grunddeckung ist das sogenannte **«Unternehmerrisiko».** Es geht dabei um *Ansprüche auf Erfüllung von Verträgen oder an deren Stelle tretende Ansprüche auf Ersatzleistungen* wegen Nichterfüllung oder nicht richtiger Erfüllung.[82] Dazu gehören ausdrücklich Mängel der geschuldeten Arbeiten. Dieser Ausschluss soll verhindern, dass der Haftpflichtversicherer für *eine nicht oder schlecht erbrachte Leistung* der Versicherten aufkommen muss, denn es kann nicht Sache des

---

73 Art. 7 lit. a AVB.

74 Brehm, Le contrat d'assurance, Nr. 230; Müller, Haftpflichtversicherung, S. 110.

75 Art. 7 lit. a AVB, zweiter Einzug.

76 Vgl. zum Begriff des gemeinsamen Haushalts BGE 98 II 126 ff.

77 Art. 7 lit. a AVB, dritter Einzug. Zu den Gründen für solche Ausschlüsse vgl. Brehm, Le contrat d'assurance, Nr. 238; Müller, Haftpflichtversicherung, S. 110 f.

78 SVA XIV, S. 236 ff.

79 Beck, S. 116.

80 Art. 7 lit. s AVB.

81 Zur Frage der Deckung von Personenschäden von entliehenen Arbeitnehmern, vgl. Fn. 26.

82 Art. 7 lit. l AVB. Eingehend zu diesem Ausschluss: Beck, S. 126 ff.

Haftpflichtversicherers sein, einen Vertrag anstelle des Versicherungsnehmers zu erfüllen.[83] Die Haftpflichtversicherung deckt nur, aber immerhin, die *Folgeschäden* der Nicht- oder Schlechterfüllung und in der Grunddeckung nur solche, die sich als *Sach- oder Personenschäden* manifestieren. Der Misserfolg seines Wirkens ist letztlich ein Risiko, das jeder Versicherungsnehmer selber tragen muss.

Wenn *ausservertragliche Ansprüche* in Konkurrenz mit vertraglichen oder anstelle von solchen geltend gemacht werden, ist die Deckung für jene Schäden ebenfalls ausgeschlossen, welche ihre Ursache in einer Nicht- oder nicht gehörigen Erfüllung haben.[84] 16.84

7. Nicht versichert sind Ansprüche aufgrund einer **vertraglich übernommenen, über die gesetzlichen Vorschriften hinausgehenden Haftung.**[85] Damit wird die positive Deckungsumschreibung, welche die auf gesetzlichen Haftungsbestimmungen beruhende Haftpflicht erfasst (Nr. 16.33 f.),[86] verdeutlicht. Dies bedeutet ein Doppeltes: 16.85

– Unterstellt sich ein Versicherungsnehmer einer *strengeren Haftung,* als sie nach den gesetzlichen Bestimmungen gegeben wäre, fehlt der Versicherungsschutz für den Teil des geschuldeten Schadenersatzes, der aufgrund der gesetzlichen Bestimmungen nicht hätte übernommen werden müssen. Ist der Planer z.B. bereit, für Mängel des Bauwerkes ohne Verschulden zu haften, verlängert er gegenüber seinem Auftraggeber die Verjährungsfristen oder übernimmt er gar vertraglich die Grundeigentümerhaftung nach Art. 679 ZGB, besteht kein Versicherungsschutz, soweit sich diese Erschwerungen der Haftung gegen ihn auswirken. 16.86

– Vereinbart der Versicherungsnehmer jedoch eine teilweise oder gänzliche *Freizeichnung* von seiner gesetzlichen Haftung, ist die Versicherungsdeckung davon nicht betroffen. Kommt die Freizeichnung im konkreten Fall zum Zuge, schuldet der Versicherungsnehmer keinen Ersatz. Der Haftpflichtversicherer hat mangels einer Haftung ebenfalls keine Leistung zu 16.87

---

83 Vgl. die Baugarantie und andere Kautionsversicherungen, die Leistungen des Schuldners zum Gegenstand haben.

84 Art. 7 lit. k AVB.

85 Art. 7 lit. d AVB; BREHM, Le contrat d'assurance, Nr. 236; MÜLLER, Haftpflichtversicherung, S. 111. Eingehend zu diesem Ausschluss: BECK, S. 117 ff.

86 Art. 1 lit. a AVB.

erbringen, obwohl er Ansprüche aus dem Ereignis an sich gedeckt hätte.[87]

16.88 Der Umstand, dass vertragliche Haftungsansprüche, die weiter als die gesetzliche Haftung gehen, in der Grunddeckung nicht versichert sind und auch nur bedingt versichert werden können (vgl. Nr. 16.147), *sollte bei der Gestaltung der Planerverträge berücksichtigt werden.* In der Praxis kommt es nämlich gelegentlich vor, dass eine Partei schweren Verpflichtungen in der irrigen Annahme zustimmt, sie seien versichert bzw. (sogar gratis) versicherbar.

16.89 **8.** Weitere Ausflüsse des Ausschlusses des Unternehmerrisikos sind die Ausschlüsse von **Obhuts- und Tätigkeitsschäden,** also von Schäden an Sachen, die vom Planer übernommen wurden (z.B. Unterlagen oder Modelle des Bauherrn), und an Sachen, die er bearbeitetet, oder mit denen er eine Tätigkeit ausführt.[88] Die Bauleitung, die Erteilung von Weisungen und Anordnungen, die Überwachung und Kontrolle von Bauarbeiten sowie ähnliche Arbeiten gelten grundsätzlich auch als Tätigkeit an einer Sache.[89] Dies ist auch von Bedeutung in Zusammenhang mit Bauten- und Anlagenmängeln und -schäden. Solche Schäden und Mängel können jedoch wiederum mittels besonderen, auf die Planertätigkeit zugeschnittenen Bestimmungen versichert werden (Nr. 16.99 ff.).

16.90 **9.** Ansprüche wegen **Nichterfüllung gesetzlicher oder vertraglicher Versicherungspflichten**[90] sind von der Deckung ebenfalls ausgeschlossen. Es handelt sich hier z.B. um die gesetzliche Pflicht, die Mitarbeiter gegen Unfall zu versichern, oder eine vertragliche Verpflichtung zum Abschluss einer Bauwesenversicherung. Die Haftpflichtversicherung kann keinen Ausfallschutz für andere vorgeschriebene Versicherungen bieten.

16.91 **10.** Die Haftpflicht des Täters für Schäden, die er anlässlich der **vorsätzlichen Begehung von Verbrechen oder Vergehen verursacht,** ist nicht versichert.[91] Begeht ein Versicherter vorsätzlich, d.h. mit Wissen und Willen, ein Verbrechen oder Vergehen, hat er keine Deckung. Dieser Ausschluss geht weiter als die Bestimmung von Art. 14 Abs. 1 VVG, wonach der Versicherungsschutz

---

[87] Problematisch kann aber der Fall sein, wo der Planer in einem Schadenfall darauf verzichtet, sich auf eine Enthaftungsklausel zu berufen. Zum Teil werden aber Klauseln in die Policen aufgenommen, die dieses Recht dem Versicherungsnehmer zugestehen.

[88] Art. 7 lit. k AVB.

[89] So ausdrücklich Art. 7 lit. k AVB. Dazu: BECK, S. 123 f.; vgl. auch Nr. 16.119.

[90] Art. 7 lit. d AVB; MÜLLER, Haftpflichtversicherung, S. 112.

[91] Art. 7 lit. c AVB; BECK, S. 116 f.; BREHM, Le contrat d'assurance, Nr. 244 ff.

entfällt, wenn der Versicherte den *Schaden* des Dritten beabsichtigt hat.[92] So kann gemäss AVB die Haftung des Planers für Personenschäden schon dann von der Versicherung ausgeschlossen sein, wenn er vorsätzlich anerkannte Regeln der Baukunde nicht befolgt und dadurch die betroffenen Personen wissentlich gefährdet (Art. 229 Abs.1 StGB). Der Ausschluss ist aber nicht anwendbar, wenn die Regeln der Baukunde aus Fahrlässigkeit missachtet werden (Art. 229 Abs. 2 StGB).

Der Deckungsausschluss bezieht sich zudem nur auf den vorsätzlich handelnden *Täter selbst.* Begeht beispielsweise ein Mitarbeiter des Planers ein vorsätzliches Vergehen und haftet der Planer als Geschäftsherr ebenfalls für den Schaden (Art. 55 OR), so ist seine Haftung versichert.[93] 16.92

11. Schäden, die mit hoher Wahrscheinlichkeit eintreten, sind auch vom Versicherungsschutz ausgeschlossen.[94] Nicht versichert ist die Haftung für Schäden, deren Eintritt mit hoher Wahrscheinlichkeit erwartet werden musste, sowie für Schäden, die im Hinblick auf die Wahl einer bestimmten Arbeitsweise zwecks Senkung der Kosten oder Beschleunigung der Arbeit in Kauf genommen wurden. Bei dieser *«Wahrscheinlichkeitsklausel»* geht es um ein *extrem unsorgfältiges Verhalten,* durch welches *Drittschäden vorprogrammiert* sind. Wer bei einem Bauvorgang damit rechnen muss, dass an fremden Sachen Schäden auftreten (z.B. Senkungen infolge von Grabungen oder Sprengungen) oder dass ein Bautenschaden entsteht (Risse infolge einer Unterfangung), kann nicht den Ersatz für diese Schäden über die Haftpflichtversicherung verlangen. Gleich verhält es sich, wenn aus Gründen des Kostendrucks oder des Zeitgewinns Schäden in Kauf genommen werden. Ein solches Verhalten ist nicht versicherungswürdig. 16.93

In der Praxis sind die Grenzen allerdings fliessend. Nicht jede billigere Baumethode und nicht jede Massnahme, die ergriffen wird, um Zeit zu gewinnen, führen zum Deckungsausschluss, wenn ein Schaden eintritt. Entscheidend ist, ob die Regeln der Baukunst noch eingehalten werden, ob das Vorgehen vertretbar ist und sich innerhalb der Sicherheitstoleranzen bewegt. 16.94

Dieser *Ausschluss betrifft nur den Versicherungsnehmer* (Nr. 16.18), *seinen Vertreter oder Personen, die mit der Leitung oder Beaufsichtigung des Betrie-* 16.95

92 Honsell, Basler Kommentar, N 17 zu Art. 14 VVG.

93 Beck, S. 117.

94 Art. 7 lit. i AVB; Brehm, Le contrat d'assurance, Nr. 263 ff.; Müller, Haftpflichtversicherung, S. 113 f.; Richner, S. 189.

bes betraut sind (Nr. 16.21 ff.). Deshalb besteht Deckung, wenn Angestellte oder Hilfspersonen (Nr. 16.28) einen solchen Schaden verursachen.

16.96 **12.** Ansprüche in Zusammenhang mit **Asbest** sind ausgeschlossen. Asbest ist ein Baustoff mit sehr grossem und voraussehbarem Schadenpotenzial, dessen Verwendung heute verboten ist. Ansprüche in Zusammenhang mit der Verwendung von Asbest gelten deswegen als unversicherbar.[95] Der Ausschluss kann aber auch für Planer, die sich mit Asbestsanierungen bzw. mit dem Abriss oder Umbau von asbesthaltigen Gebäuden oder Anlagen befassen, von praktischer Bedeutung sein. Solche Ansprüche können zwar nicht über eine Grunddeckung versichert werden; es kann jedoch geprüft werden, ob und unter welchen Bedingungen der Ausschluss mit einer angepassten Deckungserweiterung im Einzelfall ganz oder teilweise aufgehoben werden kann (Nr. 16.148).

16.97 **13.** Die Haftpflicht aus der entgeltlichen oder unentgeltlichen **Abgabe von Patenten, Lizenzen, Forschungsergebnissen, Formeln, Rezepten, Software oder von durch Computer verarbeitbaren Daten, Konstruktions-, Fabrikations- oder Bauplänen** an Drittbetriebe ist in der Grunddeckung ausgeschlossen. Dieser Ausschluss wird allerdings regelmässig mit Bezug auf Konstruktions- und Baupläne im Rahmen der Planertätigkeit aufgehoben.[96]

IV. Deckungserweiterungen

16.98 Bei den Deckungserweiterungen handelt es sich um die Vereinbarung von standardisierten oder für einen bestimmten Fall verfassten Klauseln, die dem Planer einen erweiterten und dem versicherten Betrieb **angepassten Versicherungsschutz** bieten, insbesondere Versicherungsschutz für Schäden und Mängel an Bauten (Nr. 16.99 ff.) und reine Vermögensschäden (Nr. 16.130 ff.).[97] Zu beachten ist auch hier, dass die nachfolgenden Ausführungen nur allgemeine Aussagen enthalten und dass in der Praxis Versicherungsverträge abweichende Bestimmungen enthalten können.

---

95 Eingehend zur Asbestproblematik: Beck, S. 120 ff.

96 Art. 48 Ziff. 2 ZAB.

97 Vgl. Beck S. 213.

1. Schäden und Mängel an Bauten und Anlagen

A. Ausgangslage

1. Fehler in der Planung und/oder Bauleitung können zur Verletzung von Personen oder zu Schäden an Nachbargrundstücken und anderen Sachen Dritter führen. Im Zentrum des Interesses des Planers stehen aber **die Bauten oder Anlagen selbst, die Gegenstand der Planertätigkeit sind** und die Mängel oder Schäden aufweisen können. Ein Planer kann Mängel am Werk durch fehlerhafte Leistungen verursachen und so haftbar werden, obwohl die Herstellung der Baute oder Anlage nicht zu den Verpflichtungen des Planers gehört und dieser deshalb auch nicht für Mängel gemäss Werkvertragsrecht (Art. 367 ff. OR) einzustehen hat.[98] Zudem kann ein Planer Schäden an bestehenden Werken zu verantworten haben, z.B. bei Renovationen, Unterfahrungen oder Unterfangungen. Sie stellen ein wesentliches Risiko für den Planer dar, werden aber *von der Grunddeckung der AVB nicht erfasst:* 16.99

– In der Haftpflichtversicherung werden nämlich Ansprüche aus Schäden an Sachen, die infolge einer Tätigkeit an diesen entstehen, im Allgemeinen nicht versichert (Tätigkeitsschäden). Dies kann v.a. die Bauleitung betreffen, wo die Bauarbeiten unter Aufsicht des Planers durchgeführt werden (Nr. 16.89). 16.100

– Nicht versichert sind zudem Ansprüche auf Erfüllung von Verträgen o*der an deren Stelle tretende Ansprüche auf Ersatzleistungen wegen Nichterfüllung* oder nicht richtiger Erfüllung (Nr. 16.83). 16.101

– Zudem können gewisse solcher Schäden oder Mängel als (nicht gedeckte) *Vermögensschäden* qualifiziert werden. Wenn etwa eine mangelhafte Baute oder Anlage aufgrund von fehlerhaften Plänen oder Anweisungen des Planers erstellt wird, wird keine Sache beschädigt, sondern es entsteht lediglich eine mangelhafte Sache.[99] Der eigentliche Schaden liegt im Minderwert des Werkes bzw. in den notwendigen Nachbesserungskosten. 16.102

2. Die regelmässig vereinbarte Bauten- bzw. Anlagenschadendeckung hebt diese allgemeinen Ausschlüsse teilweise auf, indem sie **Versicherungsschutz** 16.103

---

98 GAUCH, Werkvertrag, Nr. 2735 ff.

99 Zum Beispiel wurde das Schwimmbad falsch dimensioniert und entspricht nicht den Normen für Wettkämpfe; die Heizungsanlage funktioniert nicht richtig.

für Ansprüche «aus Schäden und Mängeln» gewährt.[100] Sie sollte in den Versicherungsvertrag aufgenommen werden, um dem Planer einen *angemessenen Schutz zu gewähren.*

B. Inhalt der Deckung

16.104 **1.** In der Praxis beziehen sich Versicherungsbedingungen oft nur auf Bautenschäden und -mängel.[101] Dieser Begriff umfasst aber nicht den Gegenstand aller Planerberufe. Der Begriff **«Baute»** bezieht sich nämlich auf *Bauwerke, Bauteile und Gebäude.* Man kann zwar auch Gesamtwerke wie Schwimmbäder, Gartenanlagen und Kanalisationsanlagen darunter verstehen,[102] jedoch werden nicht alle Werke, die Planer entwerfen und betreuen, davon erfasst. Planer befassen sich nämlich auch mit technischen **Anlagen,** d.h. mit komplexen technischen Systemen, die als Ganzes eine *Funktionseinheit aus verbundenen Maschinen, Geräten, Leitungen usw.* darstellen. In erster Linie handelt es sich bei solchen Anlagen um spezialisierte Ingenieurleistungen, für die es auch besondere, anlagebezogene Versicherungslösungen gibt. Hingegen sind Bauten typischerweise das Tätigkeitsfeld von Architekten und Bauingenieuren.[103] Die Unterscheidung zwischen Baute und Anlage ist zum Beispiel dann wichtig, wenn der Versicherungsvertrag spezifische, differenzierte Lösungen für Bauten und Anlagen enthält, oder wenn es um den Versicherungsschutz für Heizungsingenieure oder ähnliche Spezialberufe geht. Falls eine Deckung lediglich für «Bautenschäden» bzw. «-mängel» besteht, sollte klar umschrieben sein, ob und welche Anlagen darunter fallen, wenn der Versicherungsnehmer auch Ingenieurleistungen erbringt (vgl. Nr. 16.17).

16.105 **2.** Versichert sind Schäden und Mängel **an Neubauten sowie an bestehenden Bauten und Bauteilen, die speziell für den Einbau in eine bestimmte Baute bestimmt sind.** Bei Fehlen einer Anlagendefinition im Versicherungsvertrag können Anlagen möglicherweise als Bauteile verstanden werden (z.B. Aufzugsanlagen).

---

[100] Art. 48 Ziff. 1 lit. a ZAB, der auch präzisiert «Im Rahmen dieser Deckung entfallen die Einschränkungen gemäss Art. 7 lit. k und l AVB».

[101] So auch die ZAB des SVV. Vgl. dazu BECK, S. 215 f.

[102] So SCHWANDER, Architektenrecht 1995, Nr. 1888. Vgl. auch Art. 7.1 lit. b ZAB, wo auf Heizungs- und ähnliche Anlagen Bezug genommen wird.

[103] So beziehen sich die ZAB des SVV auch ausdrücklich auf Schäden und Mängel, die von Architekten und *Bau*ingenieuren verursacht werden.

3. Versichert sind **«Schäden» und «Mängel».** Dabei kann ihre Ursache in irgendeiner Phase der Planertätigkeit gesetzt werden. Unerheblich ist auch, ob der Planer für das gesamte Bauprojekt verantwortlich ist oder nur Teilleistungen erbringt. 16.106

Unter *«Schäden»* werden Sachschäden im Sinne verstanden, wie sie im Grundrisiko umschrieben sind (Nr. 16.45), nämlich die *teilweise Beschädigung oder die gänzliche Zerstörung einer fremden Sache* durch die Beeinträchtigung ihrer Substanz. Hier geht es um Bauwerke, einschliesslich des unmittelbaren Gegenstandes der Leistungen des Planers.[104] Als *«Mangel»* ist *jeder schlechtere Zustand der Baute oder Anlage im Vergleich zum vereinbarten Sollzustand* zu verstehen, auch wenn das Werk intakt ist bzw. bleibt.[105] Sofern im Versicherungsvertrag sowohl Schäden als auch Mängel generell den Sachschäden gleichstellt werden,[106] bleibt die Unterscheidung von untergeordneter Bedeutung. Es können aber durchaus unterschiedliche Regelungen für Schäden und Mängel angebracht sein und vereinbart werden.[107] 16.107

4. Wie bei den Sachschäden der Grunddeckung sind auch die **Vermögensfolgeschäden** aus den gedeckten Bauten- bzw. Anlageschäden oder Mängeln mitversichert (Mängelfolgeschäden; Nr. 16.54 ff.).[108] Bestehen solche Folgeschäden in Personen- oder Sachschäden (z.B. stürzt ein Besucher wegen eines fehlenden Treppengeländers; die Möbel der Mieterin verschimmeln), fallen sie indessen unter die Deckung des Grundrisikos (Nr. 16.41).[109] In der Deckungserweiterung mitversichert ist jedoch der Vermögensschaden, der auf den vom Planer zu vertretenden Mangel oder Schaden zurückgeht. Ein Anwendungsfall ist der Minderwert[110] der Baute oder Anlage. Der Schaden kann aber auch den Nachbesserungs- bzw. Reparaturkosten entsprechen, sowie dem vorübergehenden Nutzungsausfall.[111] Unter Umständen können 16.108

---

[104] Z.B. setzt sich das Haus wegen eines falsch geplanten Fundaments, was Risse in den Wänden und einen Deckeneinsturz zur Folge hat.

[105] Z.B. das Schwimmbecken hat nicht die bestellte und für Wettkämpfe erforderliche Länge; vgl. BGE 93 II 324 E. 4.

[106] Art. 48 Ziff. 1 lit. a, letzter Absatz, ZAB. Vgl. Beck, S. 215, der (mit Bezug auf die ZAB) Mängel als Bautenschäden betrachtet.

[107] Vgl. Nr. 16.101mit Bezug auf Anlagen.

[108] Z.B. Ausfall von Mietzins.

[109] Dies ist von Bedeutung für die unterschiedliche Regelung der Selbstbehalte bei der Deckung des Grundrisikos und der Bauten- und Anlageschäden, vgl. Nr. 16.202.

[110] Zum Begriff des Minderwerts vgl. Gauch, Werkvertrag, Nr. 1627 ff.

[111] Z.B. Ausfall von Mietzins während der Reparatur bzw. Nachbesserung.

auch Mehrkosten gegenüber dem ursprünglichen Kostenvoranschlag gedeckt sein, nämlich wenn diese die unmittelbare Folge eines Bautenschadens vor Abnahme des Werkes bilden.[112]

16.109 **5.** Voraussetzung für die Deckung ist, dass sich der Fehler des Planers im Bauwerk manifestiert. Wird zum Beispiel ein Planungsfehler vor den entsprechenden Ausführungsarbeiten rechtzeitig entdeckt und kann der Schaden bzw. Mangel durch Modifikationen oder andere Massnahmen vermieden werden, so sind die daraus entstehenden Mehrkosten grundsätzlich nicht als Baumangel zu betrachten, sondern es handelt sich um einen Vermögensschaden (Nr. 16.130).[113]

C. Besondere Ausschlüsse

16.110 **1. Gewisse Risiken sind von der Deckung für Bauten- und Anlageschäden ausgeschlossen** (in Ergänzung zu den allgemeinen Ausschlüssen). Im Einzelnen:

16.111 **2.** «Ansprüche aus **Schäden infolge von Bodenbewegungen,** welche darauf zurückzuführen sind, dass eine angemessene Bodenuntersuchung oder die sich aus einer solchen ergebenden baulichen Sicherungsmassnahmen unterlassen wurden» sind nicht versichert.[114] Das bedeutet Folgendes:

16.112 **a.** Die Erweiterung des Versicherungsschutzes entfällt, wenn eine *angezeigte* Bodenuntersuchung entweder überhaupt nicht durchgeführt wurde oder wenn sie zwar durchgeführt wurde, aber die notwendigen Konsequenzen daraus nicht gezogen wurden. *Die resultierenden Schäden und Mängel an der betroffenen Baute oder Anlage sind nicht gedeckt.* Schäden an anderen Liegenschaften, die vom gleichen Ereignis betroffen werden, bleiben jedoch (über die Grunddeckung) versichert.[115]

---

112 Dies ist von der eigentlichen Kostenüberschreitung zu unterscheiden, die einen Vermögensschaden (und nicht einen Folgeschaden) darstellen kann; vgl. Nr. 16.140.

113 Im Schadenfall kann allerdings die Abgrenzung Baumangel/-schaden und Vermögensschaden Schwierigkeiten bereiten, z.B. wenn der Fehler in einer sehr frühen Phase der Ausführung entdeckt wird.

114 Art. 48 Ziff. 7.1 lit. a ZAB.

115 Z.B. eine Setzung beschädigt sowohl das Werk, das Gegenstand des Planervertrags ist, als auch benachbarte Häuser auf dem gleichen Areal oder auf einem fremden Grundstück. Die Schäden an diesen Häusern bleiben wohl gedeckt.

b. Die Bodenuntersuchung muss angemessen sein, d.h., sie *muss nach den anerkannten Regeln der Baukunst durchgeführt* werden.[116] Verlangt ist nicht eine maximale Untersuchung mit unverhältnismässigen Kosten, sondern eine optimale Abschätzung des Risikos aus Grund und Boden. 16.113

c. Aus einer Bodenuntersuchung ergeben sich häufig *bauliche Sicherungsmassnahmen.* Soweit ihre Notwendigkeit erkannt wurde und ihre Durchführung nach den anerkannten Regeln der Baukunst angezeigt ist, müssen solche Massnahmen getroffen werden (*Pflicht zur Risikoverminderung;* vgl. Nr. 16.194). Falls der Planer sie nicht anordnet und aus der Unterlassung ein Schaden entsteht, entfällt der Versicherungsschutz. Ein Versicherter, der auf seine Haftpflichtversicherung spekuliert, um Baukosten einzusparen, steht im Schadenfall ohne Deckung da. Dagegen führt die bloss schlechte Durchführung der an sich richtigen Sicherungsmassnahmen zu keinem Verlust der Versicherungsdeckung. 16.114

d. Versicherungsverträge sehen regelmässig den *Verzicht auf die Bodenprüfung* unter gewissen Bedingungen vor. Eine Bodenuntersuchung ist dann nicht notwendig, wenn nach sachverständigem Ermessen darauf verzichtet werden kann, entweder aufgrund der jeweiligen Verhältnisse oder gestützt auf bereits vorhandene und für das geplante Bauvorhaben verwendbare Ergebnisse von anderen Objekten. 16.115

3. Ein weiterer Ausschluss bezieht sich auf Ansprüche aus Schäden und Mängeln an Bauten, für die **Abbruch-, Erdbewegungs- oder Bau-, Montage- oder Installationsarbeiten ausgeführt** oder **Sachen geliefert** werden.[117] 16.116

a. Führt *der Versicherte selbst* Abbruch-, Erdbewegungs- oder Bauarbeiten aus (auch Montage oder Installation) oder liefert er Sachen, so sind Ansprüche aus Bautenschäden insgesamt nicht versichert. Der Ausschluss ist umfassend: Alle Ansprüche aus Bauten- bzw. Anlageschäden sind nicht gedeckt, ungeachtet, ob die Ursache in einem Planungs- oder Bauleitungsfehler liegt oder ob der Schaden auf die schlechte Ausführung der Bauarbeiten oder auf die Lieferung von Baumaterialien, Bau- bzw. Anlageteilen zurückzuführen ist.[118] 16.117

---

[116] Vgl. dazu GAUCH, Werkvertrag, Nr. 842 ff.

[117] Art. 48 Ziff. 7.1 lit. d ZAB.

[118] Im Schadenfall könnte man zwischen Planer- und Unternehmerfehlern kaum unterscheiden, weil dieselbe Person sowohl als Planer als auch als Unternehmer tätig ist. Bei Ver-

16.118 **b.** Solche Arbeiten und Lieferungen können auch durch ein Unternehmen vorgenommen werden, das von einem Versicherten massgebend beeinflusst wird oder an dem er finanziell beteiligt ist (z.B. *Tochtergesellschaft*), oder umgekehrt durch ein Unternehmen, das den Betrieb des Versicherungsnehmers beeinflusst oder daran beteiligt ist (z.B. *Muttergesellschaft*). In beiden Fällen ist die Deckung für Bauten- und Anlageschäden ausgeschlossen, es sei denn, es liege lediglich eine finanzielle Beteiligung unter einer im Versicherungsvertrag bestimmten maximalen Grenze vor.[119]

16.119 **c.** Wenn sich allerdings eine der erwähnten Tätigkeiten nur auf *bestimmte Bau- oder Anlageteile* erstreckt, so bezieht sich der Ausschluss lediglich auf Ansprüche wegen diesen Teilen selbst. Ein Bauwerk gilt jedoch stets in seiner Gesamtheit als Gegenstand der Tätigkeit, wenn es unterfangen oder unterfahren wird oder wenn stützende oder tragende Elemente (wie Fundamente, Träger, Stützmauern) erstellt bzw. Arbeiten daran ausgeführt werden, die deren Stütz- oder Tragfähigkeit beeinträchtigen können.

16.120 **4.** Nicht versichert sind ferner Schäden und Mängel an **serienmässig vorfabrizierten Bau- oder Anlageteilen,** die *nicht für vom Versicherten geplante Bauten oder Anlageteile bestimmt* sind.[120] Hier geht es um die industrielle Produktion und nicht mehr um Bautätigkeit.

16.121 **5.** Ansprüche in Zusammenhang mit einer **mangelhaften Funktion oder ungenügenden Leistung von Heizungsanlagen** (einschliesslich der Klima-, Lüftungs-, Elektro- oder Sanitäranlagen) sowie die Kosten für die Behebung des Mangels oder der Leistungsverbesserung sind regelmässig in den Policen von Architekten und Ingenieuren ohne die entsprechende Fachrichtung nicht versichert. Damit ist die Deckung von solchen Planern für Mängel im *Spezialgebiet der technischen Installationen (Anlagen)* eines Bauwerkes eingeschränkt. Entsprechende Arbeiten werden in der Regel spezialisierten

---

wendung von falschem Material zum Beispiel wäre es fast unmöglich, festzustellen, ob der Versicherte als Architekt die unrichtigen Sachen bestellt oder als Unternehmer die richtigen Sachen verwechselt hatte. Da der versicherbare Fehler des Planers und die Mängelhaftung des Unternehmers (unversicherbares Unternehmerrisiko) nicht zu trennen sind, wird die Deckung für Bauten- und Anlageschäden bei solchen Doppelfunktionen wegbedungen.

119 Z.B. 25% gemäss Art. 48 Ziff. 7.1 lit. d ZAB.

120 Art. 48 Ziff. 7.1 lit. d ZAB. Die fehlende Deckung ergibt sich in der Regel schon aus der Umschreibung der Deckung. Vgl. Nr. 16.17 und 16.99.

Fachleuten übertragen.[121] Der Ausschluss gilt oft nicht für die Haftpflicht des versicherten Architekten, dem zwar bei der Projektierung ein sich auf die Anlage auswirkender Fehler unterlaufen ist, der jedoch die erforderlichen Spezialisten für die Planung und Ausführung der Anlagen beigezogen hat.[122]

6. Ansprüche aus Schäden an **Bauten,** die **auf Rechnung des Versicherten** ausgeführt werden, sind grundsätzlich ausgeschlossen.[123] Es handelt sich um einen *Eigenschaden* des Planers, weil er selber Besteller des Werkes ist.[124] Der Sonderfall des Planers als Bauherr wird noch näher behandelt (Nr. 16.158 ff.). 16.122

7. Konventionalstrafen werden oft ausdrücklich ausgeschlossen.[125] Es handelt sich um vereinbarte Vertragsstrafen für die Nicht- oder nicht richtige Erfüllung des Vertrages. Dieser Ausschluss dient hauptsächlich der Klarheit, denn insoweit sie den tatsächlichen Schaden übersteigen, handelt es sich um einen nicht gedeckten vertraglichen Anspruch, der über die gesetzliche Haftung hinausgeht (Nr. 16.85 ff.). Dies gilt grundsätzlich auch, wenn im Einzelfall die Konventionalstrafe lediglich eine vorweggenommene Pauschalisierung des Schadenersatzes für eine gesetzliche Haftung des Planers ist.[126] Der Versicherer wird auch in einem solchen Fall die Vertragsstrafe nur begleichen, wenn sie dem tatsächlichen (versicherten) Schaden entspricht oder darunter liegt. 16.123

D. Sonderregelungen für Anlagen

1. Anlagen (z.B. im Bereich der Gebäudetechnik) sind oft das Tätigkeitsfeld von *Spezialingenieuren.* Bei Anlagen steht vor allem das blosse Nichterreichen von vereinbarten Leistungen – ohne einer Beschädigung oder Zerstörung von Sachen – im Blickfeld von Haftung und Versicherung **(Mängelhaftung).** In diesem Bereich ist erfahrungsgemäss eine *erhöhte Frequenz von signifikanten Ansprüchen* zu erwarten, was versicherungstechnisch ein 16.124

---

[121] Zur Versicherung solcher Spezialingenieure, Nr. 16.124 und 16.148.

[122] Art. 48 Ziff. 7.1 lit. b ZAB.

[123] Art. 48 Ziff 7.1. lit. e ZAB.

[124] Vgl. dazu Knaus/Lohse, S. 229.

[125] Art. 48 Ziff 7.1. lit. f ZAB.

[126] Das Konzept solcher «liquidated damages» stammt ursprünglich aus dem anglo-amerikanischen Rechtssytem, wo echte Pönalen verpönt sind. Vgl. dazu und zum Unterschied zur eigentlichen Konventionalstrafe, Werz, Delay, Nr. 491 ff.; vgl. auch Nr. 16.85 ff.

erhöhtes Risiko darstellt. Dies hat zur Folge, dass der Versicherungsschutz für Anlagen in der Praxis regelmässig besonderer Bestimmungen bedarf.

16.125 **2.** So wird für viele Ingenieurberufe oft der ausdrückliche Nachweis verlangt, dass der Betrieb über Personal mit der **notwendigen Qualifikation und Erfahrung** für das *entsprechende Fachgebiet* verfügt. Bei Fehlen von solchen spezialisierten und erfahrenen Fachkräften muss der Versicherungsnehmer unter Umständen mit einer Ablehnung oder einer Deckung nur zu erschwerten Bedingungen rechnen.

16.126 **3.** Bei der Mängelhaftung kann es auch zu Deckungseinschränkungen mit Bezug auf die **Anlagenart** selber kommen, v.a. wenn es sich um eine *neue Technologie* handelt. Weiterentwicklungen von bestehenden, bewährten Technologien gelten zwar generell als versicherbar, aber der Versicherungsschutz für völlig neue Technologien sowie *Prototypanlagen oder Anlagen zu Forschungs- und Entwicklungszwecken* ist oft ausgeschlossen. Ob und inwieweit solche Anlagen versichert werden können, wird im Einzelfall aufgrund einer Risikoanalyse festgelegt.

16.127 **4.** Anlagen werden normalerweise vor der Abnahme oder der ordentlichen Inbetriebnahme **Probeläufen und Anlagentests** unterzogen, die protokolliert werden. Der Versicherungsschutz für *Mängel* beschränkt sich regelmässig nur auf solche Fehler, die erst *nach der Durchführung* und Protokollierung solcher Tests entdeckt werden. Werden keine Tests durchgeführt, besteht lediglich Deckung für Mängel, die in einer ordentlichen Prüfung gemäss Art. 367 OR durch den Besteller nicht erkennbar waren.[127] Treten hingegen *unfallmässige Schäden während den Probeläufen oder Anlagetests* auf – erleidet die Anlage also bereits in dieser Phase eine plötzliche Beschädigung oder Zerstörung – besteht in aller Regel Deckung.[128]

16.128 **5.** Es gelten auch regelmässig besondere **Ausschlüsse** für Anlagen. Ähnlich wie bei Bauteilen (Nr. 16.120), sind Mängel von *Anlagen oder Anlageteilen, die in Serie* hergestellt werden, nicht versichert. Auch hier handelt es sich eigentlich um die industrielle Produktion von Gütern[129] und nicht mehr um

---

[127] Verwirkt der Bauherr Mängelrechte, weil er die erforderliche Prüfung nicht vornimmt oder weil er nicht rechtzeitig rügt, beschränkt sich die Deckung auf die Abwehr des nun ungerechtfertigten Anspruchs.

[128] Vgl. TRÜMPY, Handbuch zum Bauwesen, Nr. 696.

[129] Z.B. Maschinen- und Apparateherstellung.

eine Bautätigkeit. Zudem können einzelne *Anlagenarten*[130] von der Deckung ausgeschlossen sein. Ein wichtiger Ausschluss gilt regelmässig für allmähliche Schäden an den Anlagen (wie Korrosionsschäden).

6. Die Versicherungspolice kann auch **besondere Obliegenheiten oder Deckungsvoraussetzungen** (Nr. 16.195)[131] für die Versicherung von Anlagenmängeln und -schäden enthalten, z.B. dass Leistungsspezifikationen bei Projektbeginn schriftlich festgelegt sind, oder dass Probeläufe vor Abnahme durchgeführt werden. 16.129

2. Vermögensschäden

1. Der Planer kann auch für einen Schaden haften, der weder einen Personen- oder Sachschaden, noch einen Bauten- oder Anlageschaden bzw. -mangel darstellt. Es handelt sich um sogenannte «reine» Vermögensschäden, nämlich um in Geld messbare **Schäden, die weder Folge eines (versicherten) Personen- oder Sachschadens, noch eines Bauten- bzw. Anlageschadens oder -mangels sind.** Vom Schaden betroffen ist lediglich das Vermögen des Geschädigten. «Reine» Vermögensschäden sind in der Grunddeckung der Planer-Haftpflichtversicherung grundsätzlich nicht versichert, im Gegensatz zu den unechten Vermögensschäden, welche Folge eines Personen- oder Sachschadens sind (Nr. 16.42).[132] Ansprüche, die einen Bauten- oder Anlageschaden bzw. -mangel betreffen, fallen auch nicht unter die Vermögensschadensdeckung, da diese Gegenstand einer eigenen Deckung bilden und den Sachschäden gleichgesetzt werden (Nr. 16.107).[133] 16.130

2. Die **Kasuistik** von reinen Vermögensschäden ist vielfältig, und eine abschliessende Aufzählung ist unmöglich. Sie können aus allen Aspekten der Planertätigkeit (Beratungen, Planung, Bauleitung) entstehen bzw. während allen Phasen des Bauvorhabens (Planungs-, Subventions-, Baubewilligungs-, Ausschreibungs-, Vergabe-, Abnahme- und Rügeverfahren) sowie bei Garantiearbeiten verursacht werden. Sie können auch im Rahmen einer Tätigkeit als Immobilienschätzer, Gutachter oder Gerichtsexperte verursacht werden (Nr. 13.168 ff., Nr. 13.235 ff.). Einige Beispiele: 16.131

---

[130] Z.B. Anlagen oder Anlageteile für Kernanlagen.

[131] Dabei kann es sich um Bedingungen gemäss Art. 152 ff. OR handeln, Nr. 16.189.

[132] Art. 7 lit. n AVB; BECK, S. 132 ff.; BREHM, Le contrat d'assurance, Nr. 223 ff.; FUHRER, Vermögensschaden, S. 9 f.

[133] Art. 48 Ziff. 1 ZAB.

16.132 – Das *Baubewilligungsgesuch wird unsorgfältig erarbeitete*t, was zu Einsprachen von Nachbarn bzw. zur Ablehnung durch die Behörden führt.

16.133 – Im Baubeschrieb verlangt der Planer eine zu hohe und für den Bauherrn nutzlose Betonqualität *(Überqualität).*

16.134 – Der Planer *unterlässt die Eingabe von Gesuchen für erhältliche Subventionen.*

16.135 – Eine *unsorgfältige Gestaltung bzw. Vergabe der Unternehmerverträge* führt dazu, dass der Bauherr einen überhöhten Preis für das Bauwerk bezahlen muss.

16.136 – Die *Bauleitung ist ungenügend,* weshalb die Arbeiten der einzelnen Unternehmer unkoordiniert ausgeführt werden, was zu Mehrkosten für den Bauherrn führt.

16.137 – Der Planer wirkt beim *Abnahmeverfahren* und der *Mängelbehebung* nicht gehörig mit, weshalb Mängel nicht rechtzeitig gerügt werden oder Mängelrechte verjähren, weshalb der Bauherr die Nachbesserung auf eigene Kosten durchführen muss.

16.138 **3.** Vermögensschäden können als Deckungserweiterung in den Versicherungsschutz eingeschlossen werden. Dies geschieht in aller Regel mit einer **Generalklausel,** die den Versicherungsschutz auf in Geld messbare Schäden ausdehnt, die nicht die Folge eines versicherten Personen- oder Sachschadens bzw. von Schäden an oder Mängeln von Bauten und Anlagen sind.[134]

16.139 **4.** Diese erweiterte Deckung unterliegt einer Reihe von besonderen **Ausschlüssen.** Weil der Begriff des Vermögensschadens selbst nicht eingeengt ist und somit jeder nur denkbare Vermögensschaden als gedeckt betrachtet werden müsste, ist dieser Negativkatalog von Schäden umfangreich. Da in der Praxis Versicherungsbedingungen aber nicht einheitlich sind, kann die Einschränkung der Vermögensschadensdeckung auch unterschiedlich weit gehen. Ausgeschlossen werden regelmässig Ansprüche unter anderem aus:[135]

16.140 – *Überschreitung von Kostenvoranschlägen* (Nr. 10.44 ff.).[136]

---

134 Art. 48 Ziff. 1 lit. b ZAB.
135 Vgl. dazu der Ausschlusskatalog von Art. 48 Ziff. 7.2 ZAB.
136 Art. 48 Ziff. 7.2 lit. a ZAB.

- *Mangelhafter Bauabrechnung* oder mangelhafter Kontrolle von Bauabrechnungen (Nr. 10.28 ff.).[137] 16.141

- Nichteinhaltung von Fristen *(Verzugsschaden).*[138] 16.142

- Aktivitäten, welche *nicht zum üblichen Tätigkeitsbereich eines Planers gehören,* wie auch Ansprüche aus der Tätigkeit des Versicherten in der Eigenschaft als Organ von fremden Unternehmen sowie als Mitglied von Verwaltungs- und Stiftungsräten.[139] 16.143

- Haftung für Schäden aus der Besorgung eigentlicher *Finanzgeschäfte* oder der Beratung dazu (z.B. Erwerb, Verwaltung oder Veräusserung von Liegenschaften und Wertpapieren oder Erteilung von Ratschlägen für Kapitalanlagen), ferner Schäden im Zusammenhang mit der Auszahlung oder Entgegennahme von Geld, wegen Fehlbeträgen bei der Kassenführung, aus der Zerstörung, Beschädigung oder dem Abhandenkommen von Geld, Wertpapieren oder Wertsachen.[140] Aufgrund solcher Ausschlüsse können beispielsweise Ansprüche des Bauherrn im Zusammenhang mit Doppelzahlungen von Unternehmerrechnungen oder der Vermittlung von zahlungsunfähigen Mietern nicht gedeckt sein. 16.144

- *Unterlassung des Abschlusses von Versicherungen.*[141] Unterlässt es der Planer, dem Bauherrn den Abschluss einer Versicherung (z.B. Bauherrenhaftpflicht- oder Bauwesenversicherung) zu empfehlen oder für ihn abzuschliessen und wird er daraus haftbar,[142] so hat er auch im Falle einer Versicherung für reine Vermögensschäden keine Deckung (vgl. auch Nr. 16.90).[143] 16.145

- *Umweltbeeinträchtigungen.*[144] Solche Ansprüche können z.B. entstehen, wenn Nachbarn Ertragsausfälle wegen Lärm, Erschütterungen usw. erleiden. 16.146

---

137 Art. 48 Ziff. 7.2 lit. a ZAB.

138 Art. 48 Ziff. 7.2 lit. a ZAB.

139 Art. 48 Ziff. 7.2 lit. b und c ZAB. Da es sich um für den Planerberuf *unübliche* Leistungen handelt, ergibt sich das Fehlen des Versicherungsschutzes schon aus dem Beschrieb des versicherten Betriebes bzw. der Tätigkeit (Nr. 16.17).

140 Art. 48 Ziff. 7.2 lit. d ZAB.

141 Art. 48 Ziff. 7.2 lit. g ZAB.

142 Zu dieser Pflicht des Planers: BGE 111 II 74 ff.

143 Das Fehlen einer Versicherung ist eigentlich immer ein Vermögensschaden, da die Versicherungslücke nicht kausal für den eigentlichen Personen- oder Sachschaden ist.

144 Art. 48 Ziff. 7.2 lit. g ZAB.

3. Weitere Deckungserweiterungen

16.147 **1.** In gewissen Fällen kann auch eine **vertragliche Haftung** versichert werden, die *über die gesetzliche Haftung hinausgeht.* Versicherer hüten sich im Allgemeinen zwar davor, die Haftpflicht aus vertraglichen Haftungsbestimmungen zu decken, auch weil dies eine teilweise Übernahme des Unternehmerrisikos beinhalten kann.[145] Zudem müsste man für die Risikoprüfung eine vertiefte juristische Analyse der betreffenden Vertragsbestimmungen machen, was oft ausserhalb der praktischen Möglichkeiten eines Versicherers liegt. Hingegen heben gewisse Versicherungsverträge den Ausschluss von Ansprüchen aufgrund strengerer vertraglicher Haftungsbestimmungen auf, sofern sie aus der *Übernahme von bewährten, ausgewogenen und standarisierten Vertragsnormen* resultieren. Dazu gehören in erster Linie die SIA-Ordnungen und FIDIC-Normen.[146]

16.148 **2.** Es können auch noch massgeschneiderte, besondere **Deckungserweiterungen im Einzelfall oder für Spezialgebiete** oder ungewöhnliche bzw. gefährliche Tätigkeiten mit dem Versicherer vereinbart werden. Dazu gehört regelmässig die Tätigkeit von Spezialingenieuren im Bereich der Gebäudetechnik (z.B. Heizungs-, Lüftungs- und Klimaingenieure). Aber auch andere Spezialisten wie Landschaftsarchitekten, Innenarchitekten, Akustiker usw. können einen Bedarf an solchen massgeschneiderten Versicherungslösungen haben. Gewisse Projekte können auch Risiken betreffen, die normalerweise ganz oder teilweise ausgeschlossen sind. Beispiele sind Asbest- (Asbestausschluss; Nr. 16.96) oder Altlastensanierungen (Ausschluss von Ansprüchen in Zusammenhang mit Altlasten in der Umweltdeckung; Nr. 16.67). Auch hier müssen Sonderlösungen gesucht werden, wobei diese oft nur entsprechend ausgewiesenen Spezialisten wie Umweltingenieuren angeboten werden.

---

[145] Vgl. z.B. den Fall, wo der Planer eine Kausalhaftung für Baumängel übernimmt. Dadurch begibt er sich in eine ähnliche Position wie der General- bzw. Totalunternehmer, auch wenn er keine Arbeiten ausführt bzw. ausführen lässt; dazu Nr. 16.152 ff. und 16.156 f.

[146] Die neuen KBOB-Verträge erfüllen diese Kriterien heute wohl (noch) nicht.

V. Sonderfälle

1. Der Planer als Generalplaner

1. Ein Generalplaner übernimmt **die gesamte Planung und/oder Bauleitung eines Werkes oder Teilwerkes, mit dem herkömmlicherweise mehrere Planer beauftragt werden.** Er bildet somit das Pendant zum Generalunternehmer.[147] Ähnlich wie beim Beizug eines Generalunternehmers[148] kann sich der Bauherr durch die Einsetzung eines Generalplaners von der Notwendigkeit befreien, die Leistungen von mehreren Planern (mit verschiedenen Fachgebieten) zu koordinieren. Im Extremfall kann der Generalplaner auch ein Generalübernehmer sein, der selber überhaupt keine eigenen Koordinationsarbeiten oder Dienstleistungen erbringt, sondern alles an Subplaner delegiert.[149] 16.149

2. Grundsätzlich ist die Tätigkeit des Planers als Generalplaner bereits in der Grunddeckung versichert. Werden Ansprüche gegen den Versicherungsnehmer für Fehler seiner Subplaner in ihrer Eigenschaft als seine Hilfspersonen geltend gemacht, so ist seine Haftung gedeckt (Nr. 16.28).[150] Problematisch ist allerdings – v.a. mit Bezug auf die Versicherung von Bau- und Anlagemängeln – dass der Generalplaner regelmässig **Tätigkeiten aus fremden Fachgebieten** übernimmt. Für den Versicherungsnehmer – sofern er nicht ausdrücklich als «Generalplaner» in der Police umschrieben wird – besteht somit die Gefahr, dass seine Tätigkeit nicht mehr unter die Umschreibung des versicherten Betriebs fällt und dass dadurch Deckungslücken entstehen (Nr. 16.17). Deshalb ist es von Vorteil, die Tätigkeit als Generalplaner bei allen Planern ausdrücklich zu regeln. Für den Versicherer bedeutet die Deckung von fachfremden Tätigkeiten allerdings *eine Erhöhung des versicherten Risikos.* Deshalb wird die Deckung regelmässig davon abhängig gemacht, dass die Subplaner ihre eigene, marktübliche Haftpflichtversicherung haben. Dies gibt dem Versicherer des Generalplaners eine gewisse Sicherheit, dass im Falle einer Haftung für Fehler der Subplaner gesetzliche Regressansprüche erfolgreich durchgesetzt werden können. 16.150

---

147 Dazu GAUCH, Werkvertrag, Nr. 222 ff.

148 GAUCH, Werkvertrag, Nr. 222.

149 Vgl. GAUCH, Werkvertrag, Nr. 226.

150 Wobei die persönliche Haftpflicht des Subplaners nicht versichert ist (Nr. 16.29).

16.151 **3.** Diese **Fragen sind indessen von grundsätzlicher Natur** und stellen sich nicht nur beim eigentlichen Generalplaner (oder bei einem anderen Planer), der fachfremde Arbeiten übernimmt, sondern auch, wenn der Versicherungsnehmer nur *einzelne Arbeiten, die auch in sein eigenes Fachgebiet fallen,* an einen Subplaner weitervergibt. Dies gilt vor allem, wenn die Fachkenntnisse und Erfahrung der Versicherten ein wesentliches Vertragselement für den Versicherungsschutz bilden (Nr. 16.180) und die beigezogenen Subplaner nicht notwendigerweise diese geforderten Eigenschaften beibringen.[151] Deshalb enthalten viele Versicherungsverträge Bestimmungen, wonach beigezogene Subplaner eine eigene, marktübliche Versicherungsdeckung haben müssen. Verursachen Subplaner, die keine solche Versicherung haben, einen Schaden, kann der Versicherungsschutz wegfallen oder Leistungen können entsprechend gekürzt werden (Nr. 16.186).[152] In der Praxis erfüllt der Versicherungsnehmer solche Verpflichtungen, indem er Subplaner beizieht, die entsprechende Versicherungsnachweise vorweisen können.

2. Der Planer als Generalunternehmer

16.152 **1.** Die Tätigkeit des Planers als Generalunternehmer ist regelmässig in der Haftpflichtpolice mitversichert. Als Generalunternehmer gilt der Planer, **wenn ihm vom Bauherrn aufgrund eines vorhandenen Projektes die vollständige Ausführung des Bauwerkes oder Bauwerkteiles übertragen wird.**[153] Diese Umschreibung deckt sich mit der in der Rechtslehre gängigen Definition. Sofern der Vertrag keinen ausdrücklichen Ausschluss enthält, sind auch die Sonderformen des Generalunternehmers (wie Generalübernehmer und Generalsubunternehmer) versichert.[154]

16.153 **2.** Als Generalunternehmer bestellt der Planer nun die Ausführung von Bau- oder Montagearbeiten bzw. die Lieferung von Material in seinem Namen und auf eigene Rechnung und nicht mehr als Vertreter des Bauherrn. Der Versicherungsschutz umfasst deshalb auch die Haftpflicht des Versicherungsneh-

---

151 Vgl. z.B. Art. 7.2 lit. b ZAB, der Ansprüche in Zusammenhang mit Heizungs- und ähnlichen Anlagen nur deckt, wenn diese von «Dritten» geplant und erstellt werden, die Mängel jedoch auf «Planungsarbeiten der *Versicherten*» zurückzuführen sind.

152 HONSELL, Basler Kommentar, N 1 ff. zu Art. 45 VVG.

153 Art. 48 Ziff. 3 ZAB.

154 Vgl. dazu GAUCH, Werkvertrag, Nr. 222 ff.

mers für Ansprüche aus **Personen- und Sachschäden, die von beigezogenen Subunternehmern und Lieferanten verursacht wurden.**

3. Es bestehen wesentliche Unterschiede zwischen den Verpflichtungen des eigentlichen Planers und des Planers, der als Generalunternehmer tätig ist. Als Generalunternehmer schuldet der Planer dem Bauherrn nämlich die (mängelfreie) Herstellung des Werkes und nicht nur die Leitung der Arbeiten der Unternehmer. Zudem ist der Planer nun der Bauherr der (Sub-)Unternehmer, weshalb die Bauleitung für seinen Auftraggeber entfällt. Dies führt zu **Deckungseinschränkungen.** *Mängel und Schäden des Werkes gehören zum nicht versicherbaren Unternehmerrisiko* eines Generalunternehmers, weshalb eine allfällig vereinbarte Deckungserweiterung für Bauten- oder Anlageschäden bzw. -mängel für die Tätigkeit als Generalunternehmer nicht gilt. Auch eine *Versicherung der Haftung für Vermögensschäden gilt nicht für die Tätigkeit als Generalunternehmer.*[155] Im Wesentlichen bleibt somit die Grunddeckung für Personen- und Sachschäden. 16.154

4. Da die Versicherung der Generalunternehmertätigkeit wiederum ein betriebsfremdes Fachgebiet betrifft, ist sie eventuell an **besondere Voraussetzungen** geknüpft. So kann zum Beispiel auch für diese Tätigkeit verlangt werden, dass die Subunternehmer des Versicherungsnehmers sich über eine marktübliche Betriebs-Haftpflichtversicherung ausweisen. 16.155

3. Der Planer als Totalunternehmer

1. Auch die Tätigkeit des Planers als Totalunternehmer ist regelmässig versichert. Der Planer gilt als Totalunternehmer, wenn der Bauherr ihm in einem Zuge **die vollständige Projektierung und Ausführung eines Bauwerkes oder Bauwerkteiles** überträgt.[156] Er unterscheidet sich somit vom Generalunternehmer dadurch, dass er zusätzlich die Planung des Projektes übernimmt.[157] Die Tätigkeit als Totalunternehmer ist relativ häufig, z.B. wenn ein Architekt Land verkauft und danach dem Käufer ein Haus nach eigenen Plänen darauf schlüsselfertig erstellt und übergibt. 16.156

2. Mit Bezug auf den Versicherungsschutz gilt grundsätzlich dasselbe wie beim Generalunternehmer. Allerdings besteht **der wesentliche Unterschied** 16.157

---

155 Art. 48 Ziff. 3 ZAB.

156 Art. 48 Ziff. 3 ZAB.

157 GAUCH, Werkvertrag, Nr. 233 ff.

zum Generalunternehmer darin, dass der Totalunternehmer auch die Projektierung übernimmt und somit Bauten- bzw. Anlagemängel und -schäden – wie jeder andere Planer – bereits vor der Ausführung der Bauarbeiten verursachen kann. Aus diesem Grund kann die Deckungserweiterung für Ansprüche in Zusammenhang mit solchen Schäden teilweise erhalten bleiben, nämlich insofern sie durch einen Fehler in der angestammten, versicherten Planertätigkeit verursacht wurden.

4. Der Planer als Bauherr

16.158 **1.** Der Versicherungsnehmer kann auch selbst als Bauherr auftreten. Er ist dann **Besteller eines (Bau-)Werkes** im Sinne von Art. 363 OR und Herr des gesamten Baugeschehens, von dem das Bauvorhaben ausgeht.[158] Dabei sind zwei Fälle zu unterscheiden. Einerseits kann der Planer – wie jeder andere Betrieb – Bauten errichten lassen, die dem Betrieb selber dienen (z.B. eigenes Bürogebäude). Andererseits kann der Planer Bauten mit dem Zweck erstellen, sie noch während der Bauphase oder nach Fertigstellung an Dritte zu veräussern. In der Regel wird der Planer solche Bauten im eigenen Namen sowie auf eigene Rechnung und Gefahr erstellen, gelegentlich aber auch in eigenem Namen, jedoch auf Rechnung seines Vertragspartners.[159] Wesentlich für die Qualifikation des Planers als Bauherr ist immer, dass der Planer das Werk *auf eigene Rechnung* erstellt.

16.159 **2.** *Mängel und Schäden des Bauvorhabens,* das der Planer auf eigene Rechnung erstellt, sind schon deshalb von **der Grunddeckung ausgeschlossen,** weil es sich um *Eigenschäden* handelt. Regelmässig ausgeschlossen von der Grunddeckung ist ferner ein Teil der Bauherrenhaftpflicht. Es handelt sich dabei um Ansprüche aus *Sachschäden an Grundstücken, Gebäuden und anderen Werken Dritter.*[160] Dieses Risiko wird üblicherweise mit einer besonderen, projektbezogen Bauherren-Haftpflichtversicherung versichert. Diese gesonderte Versicherung drängt sich deshalb auf, weil die Beurteilung des Risikos in Zusammenhang mit der Kausalhaftung des Bauherrn (z.B. Art. 679 ZGB) nicht von der Betriebsart, sondern vom konkreten Projekt und dem Baugrund abhängt. Hingegen bleiben Ansprüche aus Personenschäden und

---

158 Gauch, Werkvertrag, Nr. 208.

159 Sogenannter fiduziarischer Baubetreuungsvertrag: Gauch, Werkvertrag, Nr. 354.

160 Art. 7 lit. g AVB. Eingehend dazu: Beck, S. 313 ff.; Jenni, Handbuch zum Bauwesen, Nr. 711 ff.

anderen Sachschäden versichert, immer vorausgesetzt, dass das Bauvorhaben als solches unter die versicherte Tätigkeit fällt.

3. Die Planer-Haftpflichtversicherung enthält jedoch eine **Deckungserweiterung,** die dieses Bauherrenrisiko des Versicherungsnehmers miteinschliesst, sofern ein Versicherter für das Bauvorhaben *selbst Planungs- und/oder Bauleitungsarbeiten ausführt,* die in den Rahmen des versicherten Tätigkeitsbereiches fallen, und dabei fremde Liegenschaften *schuldhaft* beschädigt.[161] Damit hat der Planer grundsätzlich dieselbe Deckung, wie bei fremden Bauvorhaben; die Kausalhaftung gemäss Art. 679 ZGB bleibt jedoch ausgeschlossen. Bauten- und Anlageschäden bzw. -mängel bleiben vom Versicherungsschutz auch ausgeschlossen (Eigenschaden). Diese Lösung macht Sinn, weil damit jene Schadenfälle versichert werden, in denen der Versicherte von Dritten in seiner (versicherten) Eigenschaft als aktiver Planer in Anspruch genommen wird und nicht als blosser, «passiver» Bauherr.[162] 16.160

Manche Versicherungsverträge enthalten zudem eine generelle Bauherren-Haftpflichtdeckung für kleinere, einfache Bauvorhaben, die dem eigenen Betrieb dienen (Betriebsstätten). 16.161

5. Spezialplaner

In der Bauwirtschaft gibt es eine Vielzahl von spezialisierten Berufen (z.B. im Bereich der Gebäude- oder Umwelttechnik), deren Versicherungsbedürfnisse nicht immer optimal mit den AVB und/oder Standard-EVB/BVB abgedeckt werden können.[163] Aus diesem Grunde können ihre Versicherungsverträge **besondere Definitionen, Bestimmungen und Deckungserweiterungen** enthalten, die fachbezogene Fragen regeln.[164] Naturgemäss können solche Vertragsbestimmungen sehr unterschiedlich sein. 16.162

---

161 Art. 48 Ziff. 5 ZAB.

162 Knaus/Lohse, S. 229.

163 Dazu können z.B. Systemingenieure, Anlagenplaner, Innenarchitekten, Akustiker, Landschaftsarchitekten, Geologen und ähnliche Berufe gehören.

164 Z.B. sind Pflanzen eine «Anlage» mit Bezug auf die Tätigkeit eines Landschaftsarchitekten?

6. Arbeitsgemeinschaften[165]

16.163 **1.** Arbeitsgemeinschaften entstehen, wenn sich ein Planer mit anderen Planern (Planergemeinschaft) und/oder Unternehmern (gemischte Arbeitsgemeinschaft) dem Bauherrn **gemeinsam verpflichten,** Leistungen zu erbringen (Nr. 14.1). Eine solche Arbeitsgemeinschaft (Konsortium) ist eine einfache Gesellschaft (Art. 530 OR)[166] und stellt aus Sicht des Versicherers wegen der Solidarhaftung der Mitglieder (Art. 544 Abs. 3 OR; Nr. 14.118 ff. und 15.127 ff.) ein *erhöhtes Risiko* dar. Insbesondere besteht die Gefahr, dass ein Planer für die Fehler anderer Mitglieder einstehen muss, wobei eine solche Haftung auch aus fachfremden Tätigkeiten gegeben sein kann.

16.164 **2.** Beteiligt sich ein Planer im Rahmen einer Arbeitsgemeinschaft an der Ausführung von Planungs- oder Bauleitungsarbeiten, so besteht über seine Haftpflichtversicherung regelmässig **keine Deckung** für Ansprüche aus Schäden, die im Rahmen von Leistungen des Konsortiums verursacht werden.[167] Der Ausschluss ist absolut. Es spielt keine Rolle, ob der Schaden nur anlässlich der Ausführung der Arbeiten durch eine Arbeitsgemeinschaft entsteht (und sie sich auch ohne Bestehen einer solchen ereignet hätten) oder ob er auf die Gefahrenerhöhung zurückzuführen ist.

16.165 Allerdings gibt es einzelne Versicherungsverträge, die die Tätigkeit des Planers im Rahmen von (v.a. kleineren) Arbeitsgemeinschaften miteinschliessen. Dabei wird der Versicherungsschutz oft auf die Haftungsquote des Versicherungsnehmers beschränkt.

16.166 **3.** Es ist aber marktüblich, dass Arbeitsgemeinschaften **separate projektbezogene Versicherungen** abschliessen, in welchen die Haftpflicht aller Mitglieder des Konsortiums versichert ist. Der Versicherungsschutz entspricht im Wesentlichen demjenigen der Verträge einzelner Planer. Ansprüche der Arbeitsgemeinschaft selbst sowie deren Mitglieder sind *ausgeschlossen.*[168]

---

[165] Eingehend zur Planergemeinschaft: Nr. 14.1 ff.; zu Arbeitsgemeinschaften im Allgemeinen, vgl. GAUCH, Werkvertrag, Nr. 243 ff.

[166] Zu möglichen Ausnahmen vgl. Nr. 14.21 ff.

[167] Art. 48 Ziff. 4 ZAB.

[168] Art. 48 Ziff. 4 letzter Absatz ZAB.

7. Bauplatzversicherungen

1. Bauplatzversicherungen sind Versicherungsverträge, die **alle an einem bestimmten Bauvorhaben beteiligten Personen** einschliessen und die mehrere Versicherungsarten kombinieren (Bauwesen-, Bauherrenhaftpflicht-, Betriebs- und Berufshaftpflichtversicherung). Sie werden vor allem für Grossprojekte verwendet. Bei Bestehen einer solchen Versicherung ist die Haftung des beteiligten Planers mitgedeckt.[169] 16.167

Die Bauplatzversicherung ist von der Versicherung einer Arbeitsgemeinschaft zu unterscheiden, da hier nur eine gemeinsame (kollektive) Versicherungsdeckung für Personen vereinbart wird, die zwar an einem gemeinsamen Projekt beteiligt sind, aber unabhängig voneinander im Rahmen ihrer jeweiligen gegenseitigen Beziehungen tätig werden. Gegenseitige Ansprüche der versicherten Betriebe («cross liability») können deshalb auch versichert werden. 16.168

2. Es gibt grundsätzlich zwei **Arten** von Bauplatzversicherungen: 16.169

– Oft handelt es sich um *Exzedentenverträge,* die dem Planer eine *Summendifferenzdeckung* bieten. Dies bedeutet, dass die Bauplatzversicherung denjenigen Teil des Schadens deckt, der die Versicherungssumme der eigenen Berufshaftpflichtversicherung des Planers (Stammpolice) übersteigt. Die Stammpolice dient somit als Basisversicherung, wobei die Bauplatzversicherung oft eine minimale Versicherungssumme vorschreibt. Mit der Exzedentendeckung der Bauplatzversicherung hat sowohl der Versicherungsnehmer als auch der versicherte Planer Gewähr, dass genügend Deckung im Falle eines Grossschadens vorhanden ist. Zusätzlich kann auch ein sogenannter *Ausfallschutz* («drop down») für den Fall vereinbart werden, dass andere Schäden eine Erschöpfung der Versicherungssumme der Basispolice verursachen. Ein Exzedentenvertrag mit Ausfallschutz würde eine so entstandene Deckungslücke auffüllen. Solche Policen enthalten oft auch eine *Konditionsdifferenzdeckung,* wodurch die Bauplatzpolice auch die Basisdeckung der Stammpolice ergänzt, wenn dort kein Versicherungsschutz für den Schaden besteht. 16.170

– Andere Bauplatzversicherungen decken die Schäden von Grund auf, bieten also eine *primäre Deckung.* Bei diesen Policen stellen sich schwierige *Fragen mit Bezug auf das Verhältnis zwischen der Bauplatzversicherung* 16.171

[169] Zur Haftpflichtdeckung der Bauplatzpolice generell siehe Stöckli, Versicherungen, S. 31 ff.

und der Stammpolice des Planers. Sie ist vor allem dann von Bedeutung, wenn die Versicherungen bei verschiedenen Gesellschaften bestehen.

16.172 **3.** Bei der **Bauplatzversicherung mit primärer Deckung** liegt grundsätzlich eine *Doppelversicherung* vor, da sowohl die Bauplatz- als auch die Stammpolice dasselbe Interesse des Planers gegen dieselbe Gefahr während derselben Zeitspanne[170] decken (Art 53 Abs. 1 VVG).[171] Gemäss Art. 53 Abs. 1 VVG müssen die kombinierten Versicherungssummen den «Versicherungswert» übersteigen. Allerdings ist der Begriff «Versicherungswert» auf Sachversicherungen zugeschnitten und er ist der Haftpflichtdeckung[172] der Bauplatzpolice fremd. Eine Doppelversicherung liegt in der Haftpflichtversicherung bereits vor, wenn die Versicherungssummen den Schaden übersteigen,[173] was nicht nur die Regel sondern auch zu erwarten ist.[174]

16.173 Bei einer Doppelversicherung ist ferner zu beachten, dass der Planer gemäss Art. 53 Abs. 1 VVG verpflichtet ist, seinem Berufshaftpflichtversicherer den Beitritt zur Bauplatzversicherung schriftlich anzuzeigen. Art. 53 Abs. 2 VVG sieht zudem vor, dass bei einer bewussten Unterlassung der Anzeige – auch bei Fehlen einer böswilligen Absicht[175] – der Berufshaftpflichtversicherer seine Leistungen verweigern kann. In der Praxis ist es aber eher schwer vorstellbar, dass sich ein Versicherer auf diese Bestimmung berufen würde.[176] Der Planer muss weiterhin die volle Prämie für die Stammpolice zahlen (Art. 53 Abs. 3 VVG).

16.174 Eine Doppelversicherung hat die anteilmässige Aufteilung des Schadens zwischen den Versicherern zur Folge (Art. 71 VVG).[177] Allerdings verspricht der Bauplatzversicherer für den Schaden voll aufzukommen, was einen ausdrücklichen oder stillschweigenden Verzicht auf die Inanspruchnahme des Stammversicherers im Schadenfall beinhalten kann. Dies hat aber keine Auswirkungen auf die Stammpolice. Insbesondere hat der Planer keinen An-

---

170 Erforderlich ist nur, dass die Versicherungsperioden sich überschneiden, nicht dass sie identisch sind. HONSELL, Basler Kommentar, N 8 zu Art. 53 VVG.

171 Vgl. dazu STÖCKLI, Versicherungen, S. 34 ff.

172 Anders bei den Sachdeckungen der Bauplatzversicherung.

173 HONSELL, Basler Kommentar, N 11 zu Art. 53 VVG; siehe auch BREHM, Le contrat d'assurance, Nr. 456.

174 Schon deshalb, weil beide Versicherungssummen oft in Hinblick auf den (seltenen) grössten anzunehmenden Haftpflichtfall festgelegt werden.

175 HONSELL, Basler Kommentar, N 22 zu Art. 53 VVG.

176 M.E. ist diese Gesetzesbestimmung in ihrer Absolutheit veraltet.

177 Vgl. BGer 5C.31/2006 (10.7.2006) E. 2.3.

spruch auf eine Prämienreduktion (Art. 53 Abs. 3 VVG), sofern dies nicht ausdrücklich in seiner Stammpolice vorgesehen ist.

Abgesehen von der doppelten Prämienzahlungspflicht, können auch Interessenskonflikte zwischen dem Planer und anderen Beteiligten entstehen. Wenn beispielsweise feststeht, dass ein gedeckter Schaden vorliegt, aber nicht sicher ist, ob ein mitversicherter Unternehmer oder der Planer für ihn verantwortlich ist, wird der Schaden auch ohne genaue Kenntnis des Haftpflichtigen vom Bauplatzversicherer erledigt. Der Planer kann somit die Gefahr laufen, ohne genaue Abklärung für haftpflichtig erklärt zu werden. Die Abwehr von ungerechtfertigten Ansprüchen (Nr. 16.3) fällt in solchen Situationen weitgehend weg. 16.175

Ähnliche Fragen zur Doppelversicherung stellen sich bei Planerteams, die keine Planergemeinschaft bilden, sondern aus einem Generalplaner und Subplanern bestehen. Sie können sich zudem beim Planer, dessen Berufshaftpflichtversicherung die Teilnahme an Arbeitsgemeinschaften miteinschliesst, stellen, wenn er in den Versicherungsvertrag der Planergemeinschaft aufgenommen wird (Nr. 16.166; vgl. auch Nr. 14.132). Schliesslich stellen sich – im begrenzten Umfang – solche Fragen, auch wenn der Ansatzpunkt der Exzedenten-Bauplatzpolice tiefer als die Versicherungssumme der Basispolice des Planers liegt. 16.176

VI. Pflichten und Obliegenheiten des Planers

1. Prämien

1. Als *Gegenleistung für die Übernahme des Haftungsrisikos* verpflichtet sich der Planer, als Versicherungsnehmer dem Versicherer die vereinbarte **Prämie** zu zahlen.[178] 16.177

2. Die **Höhe** der Prämie hängt naturgemäss von dem Umfang und der Schwere des überwälzten Risikos ab. Die *Kalkulationsgrundlagen* können verschiedene sein, wobei häufig ein Prämiensatz auf Honorarsummenbasis (Promillen der jährlichen Honorarsumme) angewendet wird. Zu den Fakto- 16.178

---

178 Brehm, Le contrat d'assurance, Nr. 1; Honsell, Basler Kommentar, N 19 Allgemeine Einleitung.

ren, die für die Bestimmung des Prämiensatzes bzw. der Prämie von Bedeutung sein können, gehören:[179]

16.179 – Der genaue Beruf (Spezialität) bzw. die Tätigkeit des Planers.

16.180 – Qualifikationen der Versicherten und/oder Hilfspersonen.

16.181 – Vereinbarte Deckungserweiterungen.

16.182 – Betragliche Verpflichtungen des Versicherers (Höhe der Versicherungssummen und der Selbstbehalte, Zahl der Jahresmaximierungen).

16.183 – Höhe der jährlichen Honorarsummen.

16.184 – Schadenerfahrung des Betriebes.

16.185 – Markt- und Konkurrenzverhältnisse.

2. Obliegenheiten

16.186 **1.** Bei der Obliegenheit handelt es sich auch um eine vertragliche Verpflichtung des Planers, nämlich die Pflicht zu einem bestimmten Verhalten. Im Gegensatz zu einer echten Obligation wie die Prämienzahlungspflicht kann die Erfüllung einer Obliegenheit jedoch nicht eingeklagt werden. Ihre **Verletzung** begründet auch *keine Schadenersatzpflichten, sondern bewirkt andere Rechtsnachteile* für den Planer.[180] Diese Nachteile sind im Versicherungsvertrag geregelt. Verletzt ein Versicherter eine ihm auferlegte Obliegenheit, so entfällt ihm gegenüber die entsprechende Leistungspflicht des Versicherers. Dieser Nachteil tritt nicht ein, sofern die Verletzung den Umständen nach als unverschuldet anzusehen ist oder der Schaden auch bei Erfüllung der Obliegenheit eingetreten wäre.[181]

16.187 **2.** Von den Obliegenheiten **zu unterscheiden** sind echte Nebenpflichten und Bedingungen:

16.188 – *Echte Nebenpflichten* – d.h. Pflichten des Versicherungsnehmers, die eingeklagt werden können bzw. deren Verletzung einen Schadenersatzan-

---

179 Vgl. dazu auch Art. 48 Ziff. 11 ZAB.

180 Gauch/Schluep/Schmid, Nr. 101 ff.

181 Art. 16 AVB; vgl. auch Art. 29 VVG.

spruch auslöst – sind selten. Ein Beispiel ist das Veränderungsverbot bei beschädigten Gegenständen gemäss Art. 68 VVG.[182]

- Bei *Bedingungen* gemäss Art. 151 ff. OR handelt es sich nicht um ein vom Versicherten gefordertes Verhalten, sondern *der Versicherungsvertrag oder eine bestimmte Deckung wird vom Bestand einer objektiven Tatsache abhängig gemacht,* z.B. von der Mitgliedschaft in einem bestimmten Verband oder dem Besitz einer besonderen beruflichen Qualifikation. Art. 29 Abs. 2 VVG bzw. die vertraglichen Bestimmungen über die Verletzung von Obliegenheiten kommen nicht zur Anwendung.[183] 16.189

3. Die Obliegenheiten des Planers sind grundsätzlich diejenigen, die auch für andere Betriebe gelten. Sie können sich entweder auf **die Betriebsführung oder auf das Verhalten im Schadenfall** beziehen. Bei der Betriebsführung geht es in erster Linie um die *Sorgfaltspflichten* der Versicherten. Im Schadenfall geht es in erster Linie um *Mitwirkungspflichten,* damit der Schadenersatzanspruch korrekt und effizient erledigt werden kann;[184] zudem darf der Versicherte ohne Zustimmung des Versicherers keine Haftung oder Forderung anerkennen oder sonst wie seine Rechte präjudizieren.[185] 16.190

Wichtige Obliegenheiten für den Planer sind zum Beispiel: 16.191

- Die *Beseitigung eines gefährlichen Zustandes.*[186] Der Versicherte ist verpflichtet, einen gefährlichen Zustand, der zu einem Schaden führen könnte und *dessen Beseitigung der Versicherer verlangt,* innerhalb einer angemessenen Frist auf eigene Kosten zu beseitigen.[187] 16.192
- *Anzeigepflicht im Schadenfall.*[188] Falls sich ein Schadenfall ereignet, dessen voraussichtliche Folgen die Versicherung betreffen könnten, ist der Versicherungsnehmer verpflichtet, den Versicherer unverzüglich zu benachrichtigen. 16.193

---

182 HONSELL, Basler Kommentar, N 14 f. zu Art. 68 VVG.

183 HONSELL, Basler Kommentar, N 7 zu Art. 29 VVG.

184 Vgl. dazu BREHM, Le contrat d'assurance, Nr. 334 ff.

185 Art. 22 lit. b Abs. 2 AVB.

186 Art. 15 AVB; dazu BREHM, Le contrat d'assurance, Nr. 336.

187 Mit Bezug auf die Umweltschadendeckung ist der Versicherungsnehmer zudem generell verpflichtet, den behördlichen Verfügungen für Sanierungen und ähnlichen Massnahmen nachzukommen. Art. 6 lit. d AVB; vgl. Nr. 16.68.

188 Art. 21 AVB.

16.194 – Die *Befolgung behördlicher Vorschriften und Empfehlungen von Spezialisten.*[189] Der Planer ist verpflichtet, dafür zu sorgen, dass die von Behörden und von der Schweizerischen Unfallversicherungsanstalt (SUVA) erlassenen Richtlinien und Vorschriften, die allgemein anerkannten Regeln der Baukunde sowie Empfehlungen von Spezialisten, wie Geologen, Geotechnikern, Hydrologen usw. beachtet werden (planerspezifische Obliegenheit).

16.195 **4.** Die Gewährung von **Deckungserweiterungen** kann mit *besonderen Obliegenheiten, Bedingungen oder Pflichten* verbunden werden. So kann z.B. in Zusammenhang mit der Versicherung von Anlagemängeln die schriftliche Auflistung der geforderten Leistungen, Probeläufe, die schriftliche Protokollierung von Testergebnissen usw. erforderlich sein.[190]

VII. Deckungssummen und Selbstbehalte

16.196 **1.** Der Versicherte hat in der Planer-Haftpflichtversicherung Deckung bis zu der in der Police festgelegten **Versicherungssumme (Limite).** Diese Höchstversicherungssumme ist in der Regel eine kombinierte Pauschale für Personen- und Sachschaden zusammen. In der Schweiz beträgt sie normalerweise mindestens Fr. 2 000 000.–, wobei Fr. 5 000 000.– bis Fr. 10 000 000.– durchaus üblich sind. Innerhalb der Versicherungssumme können **Sublimiten** für einzelne Deckungen oder Risiken vereinbart werden. Dies gilt vor allem in Bezug auf Deckungserweiterungen wie Bauten- und Anlageschäden bzw. -mängel sowie für Vermögensschäden. Die Höhe der Versicherungssumme bzw. der Sublimiten sollte der Planer aufgrund einer Risikoeinschätzung wählen.

16.197 Die Versicherungssumme bzw. Sublimite begrenzt die Leistungspflicht des Haftpflichtversicherers für alle Ansprüche und Kosten in einem Schadenfall. Sowohl die *Entschädigungen* für begründete Ansprüche als auch die Kosten für die *Abwehr unbegründeter Ansprüche* werden ihr angerechnet. In der Versicherungssumme bzw. Sublimite inbegriffen sind ferner die versicherten Schadenverhütungskosten, die Schadenzinsen, Schadenminderungs-, Expertisen-, Anwalts-, Gerichts-, Schiedsgerichts- und Vertretungskosten und Par-

[189] Art. 48 Ziff. 8 ZAB.

[190] Vgl. Nr. 16.127 mit Bezug auf Auflagen.

teientschädigungen.[191] Hingegen werden die internen Schadenerledigungskosten des Versicherers ihnen nicht angerechnet.

2. Die Versicherungssumme bzw. Sublimite ist **pro «Ereignis» festgelegt.** Das Ereignis ist der Umstand, der die Haftpflichtforderung gegen den Planer begründet (z.B. Einsturz einer Decke, Rissbildung in der Wand). Für jedes neue Ereignis steht die Versicherungssumme grundsätzlich (erneut) im vollen Umfang zur Verfügung, unter Vorbehalt der Maximierungsklausel (Nr. 16.201). 16.198

3. Es kann vorkommen, dass ein einzelner Fehler des Planers mehrere Schäden verursacht. Dies ist der Fall, wenn z.B. ein Bauprojekt aus einer Reihe gleichartiger Häuser besteht, die alle nach denselben (fehlerhaften) Plänen errichtet werden und dann alle dieselben Bautenschäden aufweisen. Die Gesamtheit aller Ansprüche aus Schäden mit der gleichen Ursache gilt als ein einziges Ereignis **(Serienschadenklausel),**[192] für welches die Versicherungssumme nur einmal zur Verfügung steht und der Selbstbehalt (Nr. 16.202 ff.) nur einmal in Abzug gebracht wird.[193] Die Zahl der Geschädigten, Anspruchserhebenden oder Anspruchsberechtigten ist dabei unerheblich. 16.199

Es kann auch vorkommen, dass ein Schadenereignis mehrere Deckungen mit eigenen Selbstbehalten (Nr. 16.202 ff.) auslöst; z.B. infolge eines Planungsfehlers ist das Dach undicht (Baumangel) und das eindringende Wasser beschädigt das Mobiliar (Sachschaden). In einem solchen Fall können sich die Selbstbehalte kumulieren, wenn die Police keine anderslautende Bestimmung enthält. 16.200

4. Die Versicherungsleistungen sind nicht nur pro Ereignis limitiert, sondern auch zeitlich maximiert **(Maximierungsklausel).** Üblicherweise wird die Versicherungssumme als Einmalgarantie pro Jahr vereinbart. Die Versicherungssumme bzw. die Sublimiten können aber auch mehrmals pro Jahr zur Verfügung gestellt werden. Bei mehrjährigen Verträgen können zudem besondere Maximierungen angeboten werden (z.B. zweimal während einer Dauer von 3 Jahren). Bei befristeten Verträgen (z.B. bei Policen für Arbeitsgemeinschaften) kann die Maximierung für alle versicherten Schäden gelten. 16.201

---

191 Art. 9 lit. B Ziff. 1 AVB.

192 Art. 9 lit. B Ziff. 3 AVB.

193 Die Auslegung von Serienschadenklauseln kann aber schwierig sein. Vgl. dazu FUHRER, Serienschaden, S. 827 ff.

16.202 **5.** In den Versicherungsverträgen werden auch **Selbstbehalte** vereinbart.[194] Selbstbehalte sind Anteile am Schaden, die der Versicherte selbst trägt und die von der Versicherungssumme in Abzug gebracht werden. Diese Anteile können als Betrag und/oder als Prozent des Schadens bestimmt werden. Unterschiedliche Selbstbehalte können für die Grunddeckung und die Deckungserweiterungen gelten. Der Selbstbehalt kann zwei Funktionen erfüllen:

16.203 – Es ist oft wirtschaftlicher, wenn der Versicherte Bagatellschäden selber trägt. Je nach Finanzkraft des Versicherungsnehmers kann dies sogar für grössere Schäden gelten.

16.204 – Die Selbstbeteiligung kann auch einen Anreiz für sorgfältiges Verhalten des Versicherten sein.

VIII. Zeitlicher und örtlicher Geltungsbereich

1. Zeitlicher Geltungsbereich

16.205 Bei der Beantwortung der Frage, welche auf einer Zeitachse eintretenden Ereignisse gedeckt sind, bieten sich grundsätzlich drei Möglichkeiten an. Versichert sind Schäden, die während der Laufzeit des Versicherungsvertrages entweder

16.206 – verursacht werden (Verursachungsprinzip; «loss causation»),

16.207 – eintreten (Schadeneintrittsprinzip; «loss occurrence») oder

16.208 – geltend gemacht werden (Anspruchserhebungsprinzip; «claims made»).

16.209 **1.** Der zeitliche Geltungsbereich bestimmt, welcher Versicherungsvertrag bzw. welche Versicherungsbedingungen anwendbar sind, wenn der Schaden erst einige Zeit nach dessen Verursachung eintritt, entdeckt bzw. geltend gemacht wird. Dies kann vor allem für Spätschäden (z.B. in Zusammenhang mit verdeckten Mängeln) von Bedeutung sein.

16.210 **2.** Herkömmlicherweise wurde in der Schweiz bei Planer-Haftpflichtversicherungen das **Verursachungsprinzip** angewendet, welches den Versicherer verpflichtet, auch noch nach Ende des Versicherungsvertrages für den Ersatz von Schäden aufzukommen, sofern nur die Ursache für den geltend gemach-

[194] BREHM, Le contrat d'assurance, Nr. 468 ff.

ten Schaden während der Vertragsdauer (Tun oder Unterlassen des Planers) gesetzt wurde. Diese Nachdeckung wurde aber in der Regel auf 60 Monate beschränkt.[195]

3. Heute wird im schweizerischen Markt indessen eher das **Schadeneintrittsprinzip,** das für andere Betriebe üblich ist,[196] auch für Planer-Haftpflichtversicherungen verwendet. Als Zeitpunkt des Schadeneintrittes gilt üblicherweise derjenige, in welchem ein Schaden erstmals *festgestellt* wird.[197] Für *Personenschäden* besteht eine Sonderregel: Im Zweifelsfalle gilt der Schaden als in jenem Zeitpunkt eingetreten, in welchem der Geschädigte wegen Symptomen der betreffenden Gesundheitsschädigung erstmals einen Arzt konsultiert.[198] Bei *Serienschäden* ist der Zeitpunkt des Eintritts des ersten Schadens massgebend.[199] 16.211

Das sogenannte *«Vorrisiko»,* nämlich Schäden, die zwar während der Vertragsdauer eintreten, aber vor Vertragsbeginn verursacht wurden, ist grundsätzlich auch gedeckt. Voraussetzung ist allerdings, dass der Versicherte bei Vertragsabschluss nach Treu und Glauben keine Kenntnis von einem haftungsbegründenden Umstand hatte. Dies gilt auch mit Bezug auf Vertragsänderungen (z.B. Erhöhung der Versicherungssumme).[200] 16.212

2. Örtlicher Geltungsbereich

Wie bei anderen Betrieben auch üblich, gilt die Haftpflichtversicherung des Planers für Schäden, **die in Europa, der ganzen Türkei und der ganzen Russischen Föderation eintreten.**[201] Der Begriff «Europa» ist wohl geografisch zu verstehen, einschliesslich der atlantischen Inseln, die üblicherweise zum Alten Kontinent gezählt werden.[202] Bei Bedarf können weitere Länder 16.213

---

[195] So Art. 48 Ziff. 9.1 ZAB.

[196] Bis 2001 war das Verursachungsprinzip allgemein üblich. Das Anspruchserhebungsprinzip wird bei anderen Berufen, z.B. Ärzten und Anwälten, angewendet.

[197] D.h. massgebend ist die eigentliche *Manifestation* des Schadens. Vgl. Kurer/Quinto/Maffioletti, Nr. 648.

[198] Art. 9 lit. A Ziff. 2 AVB.

[199] Art. 9 lit. A Ziff. 3 AVB.

[200] Art. 9 lit. A Ziff. 4 & 5 AVB.

[201] Art. 8 Ziff. 1 AVB.

[202] Aber wohl nicht z.B. die französischen Überseegebiete.

eingeschlossen werden,[203] wobei das Haftungsrisiko in den USA und in Kanada als besonders gross gilt.

IX. Besondere Probleme bei Auslandstätigkeit

16.214 **1.** Es kommt immer wieder vor, dass Schweizer Planer im Ausland tätig werden. Dies betrifft sowohl Grossprojekte als auch einfachere Arbeiten im nahen und fernen Ausland. Solche Tätigkeiten können in der Gründung einer ausländischen Filiale münden, aber oft werden Einzelprojekte von der Schweiz aus unternommen, ohne eine Niederlassung im Ausland zu gründen. Bei einer Auslandstätigkeit stellen sich aber oft **besondere Fragen bezüglich der Haftung und Haftpflichtversicherung** des Planers. Dabei muss vorausgeschickt werden, dass es nicht nur rechtliche Unterschiede mit Bezug auf nationale Haftungsnormen gibt, sondern dass auch die Versicherungskonzepte, -bedingungen und -märkte sich stark unterscheiden können. Eine Grundsatzfrage ist deshalb immer, ob und inwieweit der schweizerische Vertrag den ausländischen Haftungsnormen und Gegebenheiten angepasst ist. Diese Frage kann der schweizerische Versicherer oft nur im beschränkten Masse oder gar nicht beurteilen.

16.215 **2.** Zuerst muss geprüft werden, ob überhaupt **Deckung für die Auslandstätigkeit** im schweizerischen Versicherungsvertrag besteht. Dies ist grundsätzlich zu bejahen, vorausgesetzt, dass der Schaden innerhalb des (ausländischen) örtlichen Geltungsbereiches eintritt (Nr. 16.213). Diese Auslandsdeckung gilt aber nur mit Bezug auf *schweizerische Betriebe* bzw. -betriebsteile. Aus aufsichtsrechtlichen Gründen können ausländische Filialen und andere permanente Niederlassungen im Ausland (mit Ausnahme des Fürstentums Liechtenstein[204]) grundsätzlich nicht als Versicherte in schweizerischen Versicherungsverträgen aufgenommen werden. Dies, weil fast alle Staaten Versicherungsgeschäfte mit inländischen Versicherten nur mit im eigenen Land zugelassenen Versicherern erlauben (sogenannte «admitted» Versicherungen).[205] In diesem Zusammenhang ist auch zu beachten, dass die

---

203 Einige Versicherer geben standardmässig weltweitweite Deckung ohne USA und Kanada; vgl. Trümpy, Handbuch zum Bauwesen, Nr. 678 f.

204 Brulhart, Nr. 73.

205 Vgl. Art. 2 Abs. 1 lit b VAG in Verbindung mit Art. 3 Abs. 1 VAG für die Schweiz. Zudem müssten in aller Regel Versicherungsabgaben auf den Prämienanteil für den ausländi-

Dienstleistungsfreiheit für Versicherungen innerhalb des EU/EWR-Raumes für schweizerische Versicherer nicht gilt, da die Schweiz weder Mitglied der EU noch des EWR ist.[206] Unter Umständen muss ein Planer mit Sitz im Ausland auch aus zulassungsrechtlichen Gründen oder Standesregeln eine lokale Police haben.

3. Es stellen sich auch Fragen in Zusammenhang mit dem **anwendbaren Haftpflichtrecht.** Der Versicherungsschutz gilt unabhängig davon, ob der Haftpflichtanspruch aufgrund einer ausländischen oder inländischen Haftungsnorm geltend gemacht wird. Bei vertraglichen Ansprüchen können sich aber Fragen in Zusammenhang mit einer Rechtswahl stellen. Grundsätzlich könnte man davon ausgehen, dass der Planervertrag zwischen einem ausländischen Bauherrn mit einem schweizerischen Planer aufgrund von Art. 117 Abs. 2 und 3 IPRG dem schweizerischen Recht untersteht. In der Praxis wird aber oft das Recht des ausländischen Bauherrn gewählt bzw. dem Planer aufgezwungen (v.a. bei öffentlich ausgeschriebenen Arbeiten), oder es wird das Recht eines Drittstaates gewählt. Sollte das ausländische Recht strengere Haftungsnormen haben, könnte dies aber als Übernahme einer *vertraglichen Haftung,* die über die gesetzlichen (schweizerischen) Vorschriften hinausgeht, ausgelegt werden, mit einer entsprechenden Einschränkung der Deckung (Nr. 16.85). In der Praxis wird dies allerdings nicht so gehandhabt, zumindest wenn die getroffene Rechtswahl nachvollziehbar oder für den Planer unausweichlich ist. Allerdings darf der Planer nicht eine Haftung übernehmen, die über die anwendbare *ausländische* gesetzliche Haftpflicht hinausgeht. Dazu gehören auch Fälle, wo ein bestimmtes ausländisches Rechtsinstitut gewählt wird, um eine Verschärfung der Haftung zu erreichen.[207] 16.216

Die Unterbreitung von vertraglichen Ansprüchen an ein *Schiedsgericht* steht der Deckung in aller Regel auch nicht entgegen. 16.217

---

schen Versicherten an den ausländischen Fiskus abgeliefert werden, was durchaus einen unverhältnismässigen Verwaltungsaufwand bedeuten kann. Zwar wurde oder wird noch in der Praxis zum Teil der Einschluss von kleinen inländischen Betrieben in ausländischen Policen stillschweigend geduldet, jedoch besteht eine verstärkte Tendenz seitens der Aufsichts- und Fiskalbehörden zur strikten Gesetzesauslegung, was ein erhöhtes Risiko von Sanktionen für Versicherte und/oder Versicherer mit sich bringt.

206 Brulhart, Nr. 72. Die bilateralen Verträge mit der EU enthalten keine Dienstleistungsfreiheit.

207 So z.B. wenn englisches Recht gewählt wird und der Vertrag ohne gesetzliche Notwendigkeit als «deed» bzw. «under seal» abgeschlossen wird, was praktisch nur eine Verdoppelung der Verjährungsfristen zur Folge hat.

16.218 **4.** Schwierigkeiten können sich ergeben mit Bezug auf gesetzliche oder vertragliche **Versicherungspflichten.**

16.219 In gewissen Ländern bestehen nämlich *Pflichtversicherungen* für Planer, die von der Schweiz aus nicht angeboten werden können. So müssen zum Beispiel auch ausländische Planer, die in Frankreich an einem Bauvorhaben mitarbeiten, eine «Responsabilité Civile Décennale» vorweisen. Ähnliches gilt in Belgien für Architekten. Es handelt sich bei dieser französischen Haftpflichtversicherung um eine eigentliche Garantieversicherung für Baumängel mit gesetzlich vorgegebenen Deckungen. Zudem wird verlangt – wie bei vielen Pflichtversicherungen in der EU – dass der Versicherer eine Zulassung in der EU hat. Erschwerend kommt hinzu, dass es für einen Planer ohne Niederlassung in Frankreich schwierig ist, Versicherungsschutz bei einer französischen Gesellschaft zu finden.

16.220 *Vertragliche Versicherungsvorgaben* von ausländischen Bauherren können auch Probleme verursachen, da ihre Vorstellungen auf den Versicherungsusanzen ihrer eigenen Länder beruhen. Unter Umständen kann es schwierig sein, solche Vorstellungen mit schweizerischen Deckungen und Versicherungsbegriffen in Einklang zu bringen. Ähnliches gilt, wenn eine Haftpflichtversicherung nach Vorgaben eines lokalen Berufsverbandes verlangt wird.[208]

16.221 **5.** Bei ausländischen Projekten können unter Umständen auch **Sanktionen** von Bedeutung sein, sowohl für den Planer als auch für den Versicherer. Der Bundesrat kann nämlich Sanktionsmassnahmen zur Durchsetzung von internationalen Sanktionen und zur Wahrung von nationalen Interessen erlassen.[209] Sie können zur Folge haben, dass der Planer Dienstleistungen für Projekte[210] in bestimmten Ländern (Länderembargo) und/oder für bestimmte ausländische Auftraggeber (Personenembargo) nicht erbringen darf (Art. 1 Abs. 3 lit. a EmbG). Der Versicherer muss seinerseits Beschränkungen des Zahlungsverkehrs (Art. 1 Abs. 3 lit. a EmbG) – sogenannte «Zahlungssperren» – beachten. Solche Beschränkungen können auch dazu führen, dass Schadenersatzleistungen an Geschädigte, die einem Personenembargo unterliegen, untersagt sind,[211] auch wenn die Dienstleistungen des Planers zulässig sein.

---

[208] In der Praxis zeigen sich solche Probleme zum Beispiel, wenn von Versicherern die Abgabe eines Versicherungsnachweises nach ausländischem Muster verlangt wird.

[209] Art. 1 Abs. 1 und 2 EmbG.

[210] Dabei kann es auch auf die Art des Projektes ankommen.

[211] Vgl. dazu NEBEL, S. 243 f., 246.

Die konkreten *Auswirkungen auf den Versicherungsschutz* richten sich nach den anwendbaren Massnahmen und dem konkreten Fall. Allgemein ist folgendes zu beachten: 16.222

- *Verstösst der Planer gegen Sanktionsmassnahmen,* so handelt es sich um eine Gesetzesverletzung innerhalb der (legalen) Geschäftstätigkeit des Planers. Diese Situation ist im Gesetz nicht ausdrücklich geregelt. Die Deckung ist allerdings zu verneinen. Man wird nämlich kaum annehmen können, illegale Aktivitäten seien auch als Gegenstand des Versicherungsschutzes gewollt (Art. 18 Abs. 1/Art. 19 Abs. 2 OR), besonders weil der Einschluss embargowidriger Tätigkeiten durch den Versicherer auch rechtswidrig und somit nichtig wäre (Art. 20 OR).[212] Zu beachten ist ferner, dass der *vorsätzliche* Verstoss gegen Sanktionsmassnahmen in der Regel ein Vergehen ist (Art. 9 EmbG), was den Verlust des Versicherungsschutzes des Täters zur Folge hat (Nr. 16.91).[213] 16.223

- *Unterliegt der Geschädigte* (z.B. Besucher oder Mieter des Werks) *einer Sanktion* bei einem zulässigen Projekt, kann sich die Frage stellen, ob der Versicherer trotz Zahlungssperre an den Versicherungsnehmer leisten muss bzw. darf.[214] Diese und ähnliche Fragen sollten im Einzelfall mit dem für den Vollzug der Sanktionen zuständigen SECO geklärt werden. In Härtefällen kann das SECO sogar Ausnahmen von Zahlungssperren bewilligen.[215] 16.224

Wegen der wachsenden Bedeutung von Sanktionen enthalten immer mehr Haftpflichtversicherungsverträge ausdrückliche *Sanktionsklauseln.* So bestimmt Art. 30 AVB etwa,[216] dass der Versicherungsschutz entfällt, soweit und solange anwendbare gesetzliche Sanktionen der Versicherungsleistung entgegenstehen. Es handelt sich dabei nicht um einen eigentlichen Ausschluss, sondern um eine Sistierung, da unter Umständen die Leistung nach Aufhebung einer Massnahme wieder möglich wird. Sie dient in erster Linie der Klarheit und bringt keine Verschärfung gegenüber dem Gesetz. Andere 16.225

---

212 Vgl. dazu NEBEL, S. 246, 248.

213 Art. 12 EmbG verweist allerdings auf Art. 6 VstR, was den Begriff des «Täters» gemäss Art. 7 lit. k AVB erheblich erweitern kann.

214 Der allerdings dann seinerseits die Zahlungssperre zu beachten hat. Zudem hat er keinen Schaden, wenn er nicht leisten muss bzw. darf.

215 NEBEL, S. 246.

216 Vor 2012 enthielten die AVB noch keine solchen Bestimmungen.

Klauseln können weitergehen, z.B. indem sie generell auch Leistungen ausschliessen, die gegen ausländische oder internationale Sanktionen verstossen.[217]

[217] Der Verstoss gegen ausländische oder internationale Sanktionen, die von der Schweiz nicht übernommen werden, kann aber unter Umständen sittenwidrig und deshalb nicht gedeckt sein (Art. 19 Abs. 2/20 OR). Vgl. zur Frage der Verletzung von ausländischen Sanktionen NEBEL, S. 244 f. und 248 ff., der den generellen Ausschluss für ausländische Sanktionen befürwortet.

§ 17 Das geistige Eigentum des Planers

CLAUDE SCHLUEP / SIBYLLE WENGER BERGER[1]

Inhaltsverzeichnis

---

[1] Die Autoren danken PATRICK DEGEN, Fürsprecher, Schluep|Degen Rechtsanwälte in Bern, für die kritische Durchsicht des Manuskripts.

I. Einleitung

17.1 **1.** Versucht man, dem «Immaterialgüterrecht» eine exakte Definition zu geben, stösst man auf Schwierigkeiten. Es handelt sich dabei um ein von der Praxis geschaffenes Rechtsgebiet, das sich der Zeit anpasst und sich mit ihr ändert.[2] Verbreitet, aber kaum griffiger, ist der Begriff des **«geistigen Eigentums»:**

17.2 **a.** Analog dem dinglichen Recht des sachenrechtlichen Eigentums (Art. 641 ZGB) gewähren immaterielle Rechte ihrem Inhaber ein **absolutes Recht.** Dieses Recht richtet sich nicht wie ein relatives Recht gegen eine bestimmte Person, sondern gegen alle anderen Personen – unabhängig von allfälligen Vertragsverhältnissen.

17.3 **b.** Im Gegensatz zum sachenrechtlichen Eigentum besteht das Immaterialgüterrecht an einem **geistigen Gut,** nicht an einem fassbaren Gegenstand wie

2 David, Numerus clausus, S. 1403.

beispielsweise dem Gebäude selbst. Das geistige Gut eines Planers wird in Form einer physischen Baute, aber beispielsweise auch in Form eines Plans, einer Skizze, einer Fotografie, eines Modells oder einer digitalen Visualisierung mitgeteilt.

2. Bei den Arbeiten von Planern stehen nicht die klassischen immaterialgüterrechtlichen Registerrechte, auch gewerbliche Schutzrechte genannt, sondern das **Urheberrecht im Vordergrund.** Jedenfalls für den Architekten liegt der urheberrechtliche Schutz am nächsten. Allerdings nehmen in jüngster Zeit auch die Planer die gewerblichen Schutzrechte für sich in Anspruch: Patente, Design- und Markenrechte. Von diesen Rechten unterscheidet sich das Urheberrecht dadurch schon grundlegend, dass es ein geistiges Gut schützt, ohne dass es einer Registrierung bedarf; der Schutz besteht ab dem Zeitpunkt der Schöpfung des schutzfähigen Werks. 17.4

Sowohl das Urheberrecht als auch die gewerblichen Schutzrechte sind handelbar wie dingliche Rechte (an einem Haus, einem Auto, einem Pferd); sie können vertraglich verpfändet oder übertragen werden. Vom Urheberpersönlichkeitsrecht abgesehen, kann der Urheber beliebig über sein Urheberrecht verfügen und es durch Verzicht auch gänzlich aufheben. Damit erweist sich das Urheberrecht als subjektives Recht, wie dieses im Privatrecht verstanden wird. 17.5

3. Was das rechtliche Schicksal der Immaterialgüterrechte angeht, die im Zuge der Vertragsabwicklung begründet werden oder gar vor Vertragsschluss schon bestehen, hat man sich in erster Linie an den Vertrag zwischen Bauherrn und Planer zu halten. Dabei ist unerheblich, ob es sich bei diesem Vertrag um einen Werkvertrag, einen Auftrag oder einen Gesamtvertrag handelt (vgl. Nr. 1.27 ff.). 17.6

Wo solche Verträge allerdings überhaupt eine Regelung für Immaterialgüterrechte enthalten, sind diese oftmals lückenhaft oder begnügen sich damit, auf die einschlägigen SIA-Ordnungen zu verweisen. Auch die Regelungen der SIA-Ordnungen sind aber nicht umfassend. Im Falle einer Auseinandersetzung ist alsdann auf die Spezialgesetze abzustellen, hier vor allem auf das Urheberrechtsgesetz vom 9. Oktober 1992 (URG). Wie die folgenden Ausführungen zeigen, enthält dieses Gesetz aus Sicht des urheberberechtigten Planers nicht nur vorteilhafte Bestimmungen. Umso wichtiger wäre eine vorausschauende, klare und umfassende Regelung in den Planerverträgen. 17.7

II. Das Urheberrecht

1. Der Werkbegriff

A. Allgemeines

17.8 Nach der einschlägigen Legaldefinition sind urheberrechtliche Werke **geistige Schöpfungen der Literatur und Kunst mit individuellem Charakter** (Art. 2 Abs. 1 URG). Der Urheberrechtsschutz besteht unabhängig vom Wert oder Zweck dieser Schöpfung.

17.9 – Eine *Schöpfung* steht im Gegensatz zur blossen Kopie. Verlangt ist indes nicht objektive Neuheit, denn jedes Werk wird von bereits Bekanntem inspiriert und baut darauf auf.[3] Zudem fragt das Urheberrecht nie nach dem Arbeitsvorgang; auch wenn ein Planer mit Hilfsmitteln wie CAD-Programmen arbeitet, kann ein schutzfähiges Werk entstehen.[4]

17.10 – Die Begriffe der *Literatur und Kunst* werden weit verstanden, wie die beispielhafte Aufzählung schutzfähiger Werke in Art. 2 Abs. 2 URG zeigt.

17.11 – Die *Individualität* schliesslich ist das zentrale Element des Werkbegriffs (Nr. 17.23 ff.).[5]

B. Die schutzfähigen Werke des Planers

17.12 Folgende Werke der Planer werden vom Gesetz ausdrücklich genannt und sind geistige Schöpfungen der Kunst im Sinne von Art. 2 Abs. 1 URG:

17.13 – Werke der Baukunst (Art. 2 Abs. 2 lit. e URG),

17.14 – Werke mit wissenschaftlichem oder technischem Inhalt wie Zeichnungen, Pläne, Karten und plastische Darstellungen (Art. 2 Abs. 2 lit. d URG) sowie

17.15 – Werke der bildenden Kunst (Art. 2 Abs. 2 lit. c URG).

---

3 Vgl. Rehbinder/Viganò, URG-Kommentar, N 2 zu Art. 2 URG; Schneider, Urheberrechtlicher Schutz, S. 49 f.

4 Vgl. Kummer, Werkbegriff, S. 137 und 139.

5 Barrelet/Egloff, URG-Kommentar, N 8 zu Art. 2 URG.

a. Werke der Baukunst

1. Unter die Werke der Baukunst fallen vom Menschen **gestaltete und gebaute Räume**.[6] Erfasst werden davon zunächst alle *Hochbauten,* so insbesondere Wohn- und Geschäftshäuser, öffentliche und private Gebäude, aber auch kleine Bauten wie Garagen und Pavillons. Selbst für nur kurze Zeit errichtete Kioske, Zelte, Wohnwagen usw. können geschützt sein. Auch Schöpfungen der Ingenieure, so *Tiefbauten* wie Strassen, Plätze, Brücken und Tunnels, sind Werke der Baukunst. Weiter gehören hierher auch *Anlagen* (wie Parkanlagen und Gärten)[7] sowie die Gestaltung und Ausstattung von *Innenräumen*.[8] Werkeigenschaft kann sodann einer *Gruppe von Bauten und Anlagen* zukommen, wenn diese eine Einheit bilden.[9] Vereinzelt werden sogar Fahr- und Flugzeuge sowie Schiffe zu den Werken der Baukunst gezählt.[10] 17.16

2. Die Arbeiten des Planers können in den **verschiedenen Stadien eines Bauprojekts** geschützt sein: Das fertige geistige Werk zeigt sich nicht erst im ausgeführten Bauwerk, sondern kommt schon vorher insbesondere in Plänen, Skizzen, Modellen und Visualisierungen zum Ausdruck. Die konkrete Art und Weise der Manifestation ist unerheblich. Entsprechend besteht der urheberrechtliche Schutz von Werken der Baukunst unabhängig davon, ob das Werk letztlich als körperliche Baute ausgeführt wird oder nicht.[11] Das erstmals sinnlich wahrnehmbar dargestellte Werk gilt als Originalwerk, während jedes weitere Exemplar, wie beispielsweise die plangemässe Ausführung eines Bauwerks, eine Vervielfältigung darstellt.[12] Sowohl das Original wie die Vervielfältigung geniessen Urheberrechtsschutz. 17.17

---

6 Troller, Probleme, S. 6. Für eine Aufzählung von Werken der Baukunst siehe Schneider, Urheberrechtlicher Schutz, S. 105 ff., m.w.H.; Mosimann, Nr. 6 ff.; von Büren/Meer, S. 111 ff. Vgl. auch die Beispiele von Bauwerken des Architekten in Art. 7.8 der SIA 102.

7 Vgl. Troller, Urheberrecht, S. 373.

8 BGE 100 II 167 «Ladenumbau».

9 Unveröffentlichte E. 6.a des BGE 120 II 65 ff. «ETH Hönggerberg», GRUR Int. 1995, S. 990 mit Hinweis auf Pedrazzini, Neuere Entwicklungen, S. 4.; bestätigt in BGE 125 III 331 «Devanthéry».

10 Vgl. Bachmann, Architektur, Nr. 830, m.w.H. und Nr. 1370; Troller, Immaterialgüterrecht Bd. I, S. 385; ders., Probleme, S. 7. A.A. von Büren/Meer, S. 111, Fn. 262; Stutz/Schindler, S. 78, Fn. 52.

11 BGE 125 III 331 «Devanthéry», m.w.H.; Marbach, Planer, S. 72; Rehbinder/Viganò, URG-Kommentar, N 23 zu Art. 2 URG, m.w.H.

12 Vgl. dazu Wenger Berger, Architektur und immaterielle Rechte, S. 23, m.w.H.

b. Werke mit wissenschaftlichem oder technischem Inhalt

17.18 **1.** Pläne, Zeichnungen und Skizzen, plastische Darstellungen wie Modelle usw. eines Planers fallen nicht nur in die Kategorie von Werken der Baukunst, sondern auch unter Art. 2 Abs. 2 lit. d URG. Erfasst wird mit dieser Norm jedoch nicht das dargestellte Werk der Baukunst, sondern die **zeichnerische oder plastische Leistung** des Zeichners oder Modellbauers. Auch technische Arbeitsergebnisse von Ingenieuren werden unter die Werke mit wissenschaftlichem oder technischem Inhalt subsumiert, wobei nicht die wissenschaftliche oder technische Erkenntnis, sondern die gestalterische Darstellung geschützt wird.[13]

17.19 **2.** Demnach kommt diesen Werken durch Art. 2 Abs. 2 lit. d und e URG unter Umständen **doppelter Schutz** zu.[14] Der Schutz nach Art. 2 Abs. 2 lit. d URG besteht aber ohne Rücksicht auf die allfällige Schutzwürdigkeit des dargestellten Bauwerks. Es kann vorkommen, dass dem Bauwerk die für den Urheberrechtsschutz erforderliche Individualität fehlt, während sie beispielsweise bei der Zeichnung oder dem Modell aufgrund der Verwendung einer besonderen Zeichentechnik oder von besonderen Materialien gegeben ist.[15] Dabei kann der Urheberberechtigte zwar die Kopie des Werks mit wissenschaftlichem oder technischem Inhalt verbieten, nicht aber die Nachbildung des dargestellten Bauwerks.

c. Werke der bildenden Kunst

17.20 Bauten, die keinen unmittelbaren Gebrauchszweck haben oder bei denen der Gebrauchszweck zumindest nicht im Vordergrund steht (etwa Monumente wie Statuen und Triumphbögen oder kunstvolle Brunnenanlagen), werden überwiegend zu den Kunstwerken nach Art. 2 Abs. 2 lit. c URG und nicht zu den Werken der Baukunst gezählt. Bei der – oftmals nicht eindeutigen – Unterscheidung zwischen Kunst- und Bauwerk ist auf die Zweckbestimmung abzustellen.[16] Die Zuordnung zur einen oder anderen Werkkategorie ist dort

---

13 HILTY, Nr. 105; MARBACH, Planer, S. 71.

14 Urteil des Obergerichts Aargau vom 6. Mai 1974 «Normhaus» E. 1, Mitt. 1975, S. 157, m.w.H.; LUTZ, Urheberrecht, S. 32; DERS., Pläne und Entwürfe, S. 318; STUTZ/SCHINDLER, S. 79.

15 So bereits CHERPILLOD/DESSEMONTET, Architektenrecht 1995, Nr. 1351.

16 Siehe dazu WENGER BERGER, Architektur und immaterielle Rechte, S. 25 f., m.w.H.

bedeutsam, wo das Urheberrechtsgesetz für Werke der Baukunst besondere Bestimmungen vorsieht, die für Kunstwerke nicht gelten.[17]

d. Entwürfe und Teile von Werken

1. Entwürfe, die noch unfertige Werke zeigen, sowie Teile von Werken können Urheberrechtsschutz erreichen, «sofern es sich um geistige Schöpfungen mit individuellem Charakter handelt» (Art. 2 Abs. 4 URG). Eine einmalige Fassade, ein individuell gestalteter Lift oder ein individuell gestaltetes Dach können so unabhängig vom Urheberrechtsschutz für das Gesamtwerk geschützt sein.[18] Nicht als Werkteil, sondern allenfalls als eigenständiges Werk kann eine vom Bauwerk abtrennbare Schöpfung Urheberrechtsschutz geniessen. Beispielsweise würde mit einem Bau zwar verbundene Kunst, die dessen Schicksal aber nicht teilt und unabhängig davon bestehen kann, als Werk der Kunst und nicht als Teil des Bauwerks Schutz erfahren. 17.21

2. Der urheberrechtliche Schutz für Werke der Planer greift folglich bereits während der Entwurfsphase und für Teilarbeiten. Dies macht Sinn, weil meist verschiedene Personen an der Entstehung eines Werks der Baukunst mitwirken. Allerdings lässt ein Entwurf oder ein Teil eines Werks die vorausgesetzte Individualität oftmals vermissen, weshalb dieser Schutz selten im Vordergrund steht. 17.22

C. Der individuelle Charakter

1. Zur Erreichung des Urheberrechtsschutzes ist vorausgesetzt, dass das Werk individuellen Charakter aufweist. Das Bundesgericht hielt dazu fest, dass der individuelle Charakter heute keine persönliche Prägung durch den Urheber erfordert. Massgebend ist die **Werk-Individualität,** nicht die Urheber-Individualität.[19] Das Erfordernis der statistischen Einmaligkeit verlangt für den Urheberrechtsschutz eines Werks, dass dieses nur in einem Exemplar auf der Welt genau so vorhanden ist und je sein wird.[20] 17.23

---

17 So in Art. 12 Abs. 3, Art. 13 Abs. 2 lit. a, Art. 15 Abs. 3, Art. 27, Art. 63 Abs. 2 und Art. 72 URG.

18 Vgl. bereits CHERPILLOD/DESSEMONTET, Architektenrecht 1995, Nr. 1350; MOSIMANN, Nr. 8.

19 Vgl. statt vieler BGE 130 III 172 «Bob Marley» und BGE 130 III 717 «Meili»; VON BÜREN/MEER, S. 70.

20 KUMMER, Werk, S. 30 ff. und S. 80.

17.24 **2.** Ob sich das Werk von anderen Werken abhebt, ist eine Tatfrage, während es eine (vom Bundesgericht überprüfbare) *Rechtsfrage* ist, ob es den vom Urheberrechtsgesetz vorausgesetzten individuellen Charakter aufweist. Die Frage des individuellen Charakters eines Werks lässt sich nur im Einzelfall entscheiden. Gerichte sind dabei meist auf die fachliche Einschätzung von Sachverständigen angewiesen.[21]

17.25 Erschöpft sich die Arbeit des Planers in der Verwendung von bekannten oder banalen Formen- und Liniengebungen oder in blosser Routinearbeit, ist kein individueller Charakter gegeben.[22] Bei **architektonischen Werken** darf sich der Architekt zur Erreichung der Individualität nach ständiger bundesgerichtlicher Rechtsprechung mit einer «relativen und teilweisen Neuschöpfung» begnügen und muss nicht etwas «absolut Neues» schaffen.[23] Ist aber bereits ein ähnliches Bauwerk bekannt, ist die erforderliche Individualität weniger schnell erreicht. Der Anordnung oder Zusammenstellung von an sich Banalem kann im einzelnen Fall allerdings Individualität zukommen, wenn die Gesamtheit des Werks sich von anderen Werken der gleichen Art abhebt.

17.26 **3.** Die Individualität seines Werks hängt wesentlich von der **Gestaltungsfreiheit** des Schöpfers ab.[24] Im Bereich des Bauens ist die künstlerische Freiheit kaum je umfassend gegeben;[25] Planer sehen sich in ihrer Tätigkeit häufig gezwungen, auf einen vorbestehenden Formenschatz zurückzugreifen.[26]

17.27 **a.** Die Form eines planerischen Werks wird stets mehr oder weniger von dessen Gebrauchsbestimmung diktiert. Der Zweck der Baute lässt manchmal gar keinen Raum für eine individualisierende Gestaltung. Die Tatsache, dass sich eine Schöpfung funktionellen Aspekten beugt, schliesst deren Urheberrechtsschutz aber nicht aus: Individuelle Werke der Baukunst werden sowohl

---

21 Troller, Probleme, S. 38; vgl. Birrer/Leupi, S. 34.

22 BGE 125 III 331 «Devanthéry»; unveröffentlichte E. 6.a des BGE 120 II 65 ff. «ETH Hönggerberg», GRUR Int. 1995, S. 990 m.H. auf BGE 117 II 468 «Rapperswil-Jona»; BGE 100 II 172 «Ladenumbau», m.w.H.; Cherpillod, Handkommentar URG, N 32 zu Art. 2 URG, m.w.H.; Marbach, Urheberrecht, S. 269.

23 BGE 125 III 331 «Devanthéry»; unveröffentlichte E. 6.a des BGE 120 II 65 ff. «ETH Hönggerberg», GRUR Int. 1995, S. 990, m.w.H.

24 BGE 136 III 229 «Guide orange», m.w.H.

25 Hefti, S. 689.

26 Troller, Urheberrecht, S. 376.

unter dem Gesichtspunkt der Zweckmässigkeit wie der künstlerischen Gestaltung geschützt.[27]

b. Die **Arbeitsergebnisse der Ingenieure** erfüllen die Voraussetzungen des Urheberrechtsschutzes weit weniger oft als die Arbeiten künstlerisch gestaltender Architekten. Sind die Ingenieurarbeiten sehr stark oder gar ausschliesslich durch die Funktion des Bauprojekts determiniert, fehlt es ihnen am gesetzlich vorausgesetzten individuellen Charakter.[28] 17.28

c. Der Gestaltungsspielraum eines Planers wird des Weiteren durch juristische (öffentlich-rechtliche Bauvorschriften im Bau- und Planungsrecht oder Denkmalschutz) oder technische Vorschriften, durch die Grösse oder die Beschaffenheit des Grundstücks und dessen Umgebung, durch die vorgegebene Verwendung bestimmter Materialien oder begrenzter finanzieller Mittel, aber auch durch persönliche Wünsche des Bauherrn usw. eingeschränkt oder gar vollständig verdrängt.[29] 17.29

4. Grundsätzlich stellt die **Rechtsprechung** allerdings **keine allzu hohen Anforderungen** an den individuellen Charakter eines planerischen Werks. So kann Individualität bei Gebäuden in der Kombination banaler Elemente, in der Situierung oder der Integration in die Umgebung, im Konzept einer Anlage, in einer Gruppe von Gebäuden oder in der Komplexität der Baute liegen. In Anwendung dieser Kriterien bejahte das Bundesgericht den urheberrechtlichen Schutz für verschiedenste Bauwerke: für einen Überbauungsplan, für die Gesamteinheit und -anlage einer Hochschule, für ein Schulgebäude, für einen Bahnhofsneubau, für das Projekt eines Innenarchitekten, für Pläne zur Vergrösserung einer Kirche, für den Entwurf eines Bankgebäudes sowie für einen Häuserblock.[30] Hingegen wurde in folgenden Fällen der Urheberrechtsschutz mangels individuellen Charakters verwehrt: 17.30

---

27 BGE 100 II 171 «Ladenumbau», m.w.H. So bereits CHERPILLOD/DESSEMONTET, Architektenrecht 1995, Nr. 1341.

28 MARBACH, Planer, S. 71; vgl. auch Urteil des Kantonsgerichts Waadt vom 16. Januar 2009 «Projet de réaménagement d'un axe routier», in: sic! 2010, S. 430.

29 Vgl. BGE 117 II 469 «Rapperswil-Jona»; KUMMER, Werk, S. 134 f.

30 BGE 125 III 331 «Devanthéry»; unveröffentlichte E. 6.c des BGE 120 II 65 ff. «ETH Hönggerberg», GRUR Int. 1995, S. 990; BGE 117 II 469 f. «Rapperswil-Jona»; BGer (25.4.1991) «Westtrakt Luzern», in: SMI 1991, S. 388; BGE 100 II 172 ff. «Ladenumbau»; 84 II 570 ff. «Martinskirche Visp»; 58 II 301 f. «Bankfiliale Vevey»; 56 II 417 ff. «Basler Wohnblock».

17.31 – Das Kantonsgericht Waadt entschied 2009, das Konzept für den Bau eines Verkehrskreisels weise keine Originalität auf und stelle kein Produkt einer schöpferischen Idee dar.[31]

17.32 – Das gleiche Gericht verwehrte 1988 einem Architekten den Urheberrechtsschutz für eine planmässig festgehaltene Villa, weil sich diese nicht von anderen Einfamilienhäusern unterscheide und zudem banal sei.[32]

17.33 – Bei einem Einfamilien-Parterrehaus hat das Obergericht Aargau schon 1974 keine Individualität gesehen, weil der Grundriss und die äussere Gestaltung nicht über das Zweckmässige hinausgehen würden und nicht über Neues verfügten.[33]

17.34 – Das Kantonsgericht Schwyz verneinte 1973 den urheberrechtlichen Schutz für Pläne eines Häuserblocks, weil es sich um «anspruchslose Architektur» handle, die aus bereits Bekanntem bestehe.[34]

D. Schutzunfähige Arbeiten

17.35 **1.** Die von einer konkret wahrnehmbaren Form eines Werks losgelöste **Idee** geniesst keinen Urheberrechtsschutz.[35] Ebenfalls kein Schutz wird gewährt in Bezug auf das Konzept als **Anweisung,** die zur Schöpfung eines Werks anleitet, denn das Urheberrecht gewährt *Werk-, nicht Verfahrensschutz*.[36] Nur an einem konkreten Bauwerk, ob baulich erstellt, planmässig oder sonst wie festgehalten, können dem Planer Urheberrechte zukommen.[37] So würde bei-

---

31 Urteil des Kantonsgerichts Waadt vom 16. Januar 2009 «Projet de réaménagement d'un axe routier», in: sic! 2010, S. 430.

32 Urteil des Kantonsgerichts Waadt vom 16. Juni 1988 «Villa en L.», in: SMI 1991, S. 87 f.

33 Urteil des Obergerichts Aargau vom 6. Mai 1974 «Normhaus» E. 2, in: Mitt. 1975, S. 159 f.

34 Urteil des Kantonsgerichts Schwyz vom 28. Mai 1973 «Häuserblock», EGV SZ 1973/74, S. 26.

35 BGE 116 II 354, m.w.H.; 113 II 308 in Bezug auf das wissenschaftliche Werk; Urteil des Kantonsgerichts Waadt vom 16. Januar 2009 «Projet de réaménagement d'un axe routier», in: sic! 2010, S. 430; von Büren/Meer, S. 68, m.w.H.; Lutz, Urheberrecht, S. 30; Marbach, Planer, S. 72; ders., Urheberrecht, S. 269; Mosimann, Nr. 16, m.w.H.; Pedrazzini, Neuere Entwicklungen, S. 4; Rehbinder/Viganò, URG-Kommentar, N 1 zu Art. 2 URG, m.w.H.

36 Von Büren/Meer, S. 69, m.w.H.; vgl. Hess-Odoni, Patente, S. 23.

37 Troller, Probleme, S. 30.

spielsweise der Idee, ein Haus mit einer Wendeltreppe zu versehen, selbst wenn sie denn neu wäre, kein Urheberrechtsschutz zukommen, der tatsächlichen, individuellen Gestaltung der Treppe hingegen schon.

2. Ebenso versagen Lehre und Rechtsprechung einem **Stil,** verstanden als Anweisung an den menschlichen Geist,[38] den urheberrechtlichen Schutz.[39] Der Stil zeichnet sich durch besondere Formen aus, wie sie für einen bestimmten Architekten, eine bestimmte Architekturschule, Zeitepoche, Gegend oder Bautechnik typisch sind (z.B. der postmoderne Stil von Mario Botta, der Bauhaus-Stil, der Stil der Renaissance, die Bauweise der Stadt Le Havre oder die Isler-Schalen von Heinz Isler). Ein Werk der Baukunst, das eine bestimmte Stilrichtung befolgt, ist aber nicht automatisch schutzunfähig.[40] Das Übernehmen eines fremden Stils ist folglich erlaubt, wenn dabei nicht ein konkretes, schutzfähiges Werk kopiert wird. 17.36

2. Rechte und Pflichten des Urhebers

A. Die Vermögens- und Persönlichkeitsrechte

1. Der Planer, der ein urheberrechtlich geschütztes Werk geschaffen hat, besitzt an diesem zum einen Vermögens-, zum andern Persönlichkeitsrechte (so genannte «droits moraux»). Während die **Vermögensrechte** die wirtschaftlichen Interessen des Urhebers abdecken, schützen die **Urheberpersönlichkeitsrechte** seine persönliche Beziehung zum Werk.[41] Nicht immer lassen sich die einzelnen Rechte des Urhebers aber eindeutig der einen oder anderen Kategorie zuordnen. 17.37

2. Vermögensrechte können vertraglich übertragen oder lizenziert werden (vgl. Art. 16 Abs. 1 URG). Die Urheberpersönlichkeitsrechte dagegen sind grundsätzlich nicht übertragbar, doch kann auf ihre Ausübung verzichtet werden.[42] Sämtliche Urheberrechte sind vererbbar, wobei der Schutz siebzig 17.38

---

38 Troller, Immaterialgüterrecht Bd. I, S. 394.

39 BGE 117 II 469 «Rapperswil-Jona»; BGE 113 II 197 «Le Corbusier», m.w.H.; Troller, Probleme, S. 28, sowie die zur Schutzunfähigkeit der Idee bereits genannte Literatur.

40 BGE 117 II 469 «Rapperswil-Jona»; Schneider, Urheberrechtlicher Schutz, S. 51; Barrelet/Egloff, URG-Kommentar, N 17 zu Art. 2 URG.

41 BGE 117 II 470 «Rapperswil-Jona».

42 Siehe Barrelet/Egloff, URG-Kommentar, N 7 zu Art. 9 URG und N 6 zu Art. 16 URG, m.w.H.

Jahre nach dem Tod des Urhebers erlischt (Art. 29 Abs. 2 URG). Soweit keine anderslautenden Abreden zur Übertragung bestehen, verbleibt bei Verträgen, in die man die SIA-Ordnungen 102/103 unverändert übernommen hat, das Urheberrecht beim Architekten oder Ingenieur (Art. 1.4.1 SIA 102/103).

B. Die einzelnen Rechte

17.39 Im Folgenden werden die einzelnen Rechte in der Reihenfolge dargelegt, wie sie für den berechtigten Planer von Relevanz sind. Es handelt sich dabei um das Vervielfältigungsrecht, das Änderungs-, Bearbeitungsrecht und das Recht auf Werkintegrität, das Recht auf Anerkennung der Urheberschaft, das Erstveröffentlichungs-, das Zutritts- und das Ausstellungsrecht sowie das Zerstörungsverbot.

a. Das Vervielfältigungsrecht

17.40 **1.** Gemäss Art. 10 Abs. 2 lit. a URG hat der Urheber das exklusive Recht auf **Erstellung von Werkexemplaren,** indem er sein Originalwerk vervielfältigen darf. Aus dem Vervielfältigungsrecht folgt das Abwehrrecht des Urhebers, sich gegen Plagiate zur Wehr zu setzen. Der Urheber kann jedem verbieten, das urheberrechtlich geschützte Werk zu übernehmen. Werden gezwungenermassen lediglich technisch bedingte Aspekte übernommen, die keinen individuellen Charakter begründen, wird das Urheberrecht hingegen nicht verletzt.

17.41 **2.** Eine **unzulässige Vervielfältigung** ist folglich gegeben, wenn der geschützte Inhalt von Plänen ohne die Einwilligung des Urhebers *kopiert* wird.[43] Auch das unzulässige Nachahmen eines bereits erstellten Gebäudes verletzt das Urheberrecht.[44] Eine Verletzung begeht selbst, wer ein älteres Werk mit nur *geringen Abweichungen* übernimmt. Erst bei einer blossen Inspiration durch das Vorwerk liegt keine Kopie mehr vor.[45] Bei einer Reproduktion mit Änderungen sind schliesslich die Bestimmungen in Art. 11 Abs. 1 und Art. 12 Abs. 3 URG zu beachten (Nr. 17.51 ff.).

---

43 Dessemontet, Droits d'auteur, S. 510.

44 Urteil des Tribunale d'appello Tessin vom 11. März 2003 «Casa M.», in: sic! 2004, S. 20 ff.

45 Vgl. das Urteil des Cour de justice Genf vom 18. Januar 1936, SJ 1937, S. 262; Schneider, Urheberrechtlicher Schutz, S. 286 f., m.w.H.

Allerdings wird das Kopieren von den im Rahmen des Vertragsverhältnisses hergestellten planerischen Arbeitsergebnissen dem Auftraggeber in Art. 1.6.2 SIA 102 und Art. 1.6.3 SIA 103 ausdrücklich erlaubt. Bereits durch das Urheberrechtsgesetz selbst ist die Verwendung des urheberrechtlich geschützten Werks für den Eigengebrauch zulässig (Art. 19 URG). 17.42

3. Eine Vervielfältigung liegt zwar auch dann vor, wenn ein dreidimensional gefertigtes Werk zweidimensional abgebildet wird; wie beispielsweise bei der Fotografie eines ausgeführten Bauwerks.[46] Gemäss der Schrankenbestimmung von Art. 27 Abs. 1 URG darf ein Werkexemplar jedoch abgebildet werden, wenn es sich bleibend an oder auf allgemein zugänglichem Grund befindet (sog. **Panoramafreiheit**). Das private Innere eines Hauses ist indessen nicht frei zugänglich im Sinne der Bestimmung und der Zutritt oder das Fotografieren können auch unter dem Titel des Hausrechts gemäss Art. 926 ZGB verboten werden.[47] Kunstwerke, die von vornherein nur für eine beschränkte, kurze Dauer errichtet wurden, dürfen nur aufgrund von Art. 19 URG (Eigengebrauch) oder Art. 28 URG (Berichterstattung über aktuelle Ereignisse) abgebildet werden.[48] 17.43

Die rechtmässig hergestellten, zweidimensionalen Abbildungen dürfen frei verbreitet werden, sofern keine Urheberrechte des Fotografen am Bild selbst dagegen sprechen. Häufig wird die Abbildung eines Gebäudes in Fachzeitschriften für das Bauwesen oder aber für Werbung verwendet – so beispielsweise ein Hotelgebäude oder ein Museum. Doch ist dabei das Recht des Urhebers auf Namensnennung (Nr. 17.65) zu wahren. 17.44

4. Das Vervielfältigungsrecht des Urhebers enthält das **Recht auf Ausführung des Bauwerks,** soweit nicht eine Abtretung des Urheberrechts oder ein Verzicht darauf erfolgt ist.[49] 17.45

a. Als typisches Vermögensrecht ist das Vervielfältigungsrecht übertragbar. In Anwendung von Art. 16 Abs. 3 URG verbleibt das urheberrechtliche Ausführungsrecht bei der **Übertragung** des sachenrechtlichen Plans auf den 17.46

---

46 REHBINDER/VIGANÒ, URG-Kommentar, N 7 zu Art. 10 URG.

47 Vgl. dazu REHBINDER/VIGANÒ, URG-Kommentar, N 2 zu Art. 27 URG; CHERPILLOD, Schranken, S. 300, m.w.H. in Fn. 147; HILTY, Nr. 236.

48 REHBINDER/VIGANÒ, URG-Kommentar, N 3 zu Art. 27 URG.

49 Urteil des Tribunale d'appello Tessin vom 11. März 2003 «Casa M.», in: sic! 2004, S. 23; BARRELET/EGLOFF, URG-Kommentar, N 12 zu Art. 10 URG, m.w.H.; PEDRAZZINI, Neuere Entwicklungen, S. 6.

Bauherrn jedoch beim Urheber. Je nach Sinn und Zweck des Vertrags kann es aber übergehen und ist dabei zu entschädigen. Entsprechend halten auch die SIA-Ordnungen 102/103 in Art. 1.6.4. fest, dass der Auftraggeber das Arbeitsergebnis des Architekten oder des Ingenieurs gemäss dem vereinbarten Zweck frei verwenden darf.[50] Dieses Verwendungsrecht berechtigt in der Regel aber nur zur **einmaligen Ausführung,** sofern nicht anderweitige Abreden bestehen (z.B. zu serienmässigen Anfertigungen).[51]

17.47 **b.** Bedauerlicherweise beinhalten Verträge, an denen Planer beteiligt sind, allzu oft keine Regeln zur Frage der Übertragung von Urheberrechten. Hier kommen in erster Linie die allgemeinen Regeln der Vertragsauslegung zur Anwendung. Sind sich die Parteien über eine Übertragung zwar einig, ist die Regelung aber unklar oder unvollständig, gilt im Urheberrecht die so genannte **Zweckübertragungstheorie.** Diese besagt, dass im Zweifel die Urheberrechte nur insoweit übergehen, als dies der Zweck des Vertrags erfordert.[52]

17.48 Im Einzelfall ist die Rechtslage unklar, wenn beispielsweise die Bauherrschaft bei einem Werkvertrag über die Erstellung von Plänen beim Planer das Vertrauen erweckt hatte, sie werde ihn auch mit der Ausführung betrauen. Hierin könnte die Abmachung liegen, die Ausführungsbefugnis verbleibe beim Urheber.[53] Komplexe Fragen stellen sich auch bei der vorzeitigen Auflösung eines Planervertrags nach Art. 377 OR oder Art. 404 Abs. 1 OR (Nr. 2.76 ff.), wenn der Vertrag den Übergang der Urheberrechte nicht umfassend regelt. Hier ist eine Interessenabwägung vorzunehmen: Hat die eine Partei die Auflösung zu vertreten, dürfte das Interesse der anderen Partei am Ausführungsrecht überwiegen. Wenn bereits mit dem Bau begonnen wurde, ist der Bauherr in der Regel zu dessen Fortführung berechtigt. Zu bedenken ist, dass der Planer für die Übertragung des Rechts zu entschädigen ist.[54] Für den Fall einer vorzeitigen Auflösung kann sich der urheberberechtigte Planer das Ausführungsrecht vertraglich vorbehalten.[55]

17.49 Aufgrund des Vertragszwecks oder aber nach dem Grundsatz von Treu und Glauben ist oftmals davon auszugehen, dass der Urheber darauf verzichtet,

50 Hefti, S. 691.
51 BGE 56 II 413 ff. «Basler Wohnblock».
52 Siehe Wenger Berger, Architektur und immaterielle Rechte, S. 48.
53 Vgl. Schneider, Urheberrechtlicher Schutz, S. 248 ff.
54 Siehe zum Ganzen Wenger Berger, Architektur und immaterielle Rechte, S. 60 ff.
55 Vgl. Mosimann, Nr. 64 f.

die Arbeitsergebnisse selbst für ein weiteres Projekt zu verwenden.[56] Er verzichtet diesfalls auf sein exklusives Recht auf Vervielfältigung, was jedoch noch nicht bedeutet, dass er das Vervielfältigungsrecht dem Bauherrn überträgt und dieser es beliebig nutzen darf.

5. Zu beachten ist, dass eine Vertragsverletzung gemäss Art. 97 OR vorliegt, wenn beispielsweise ein Bauherr entgegen der vertraglichen Befugnis zur lediglich einmaligen Ausführung das Bauwerk mehrfach ausführt oder der Planer seine Arbeitsergebnisse unverändert wiederverwertet, obwohl er vertraglich darauf verzichtet hat. Dies unabhängig davon, ob dem Werk immaterialgüterrechtlicher Schutz zukommt oder nicht. 17.50

b. Das Änderungs- und Bearbeitungsrecht sowie das Recht auf Werkintegrität

1. Der Urheber hat gemäss Art. 11 Abs. 1 lit. a und b URG das ausschliessliche Recht zu bestimmen, ob, wann und wie das Werk geändert werden oder zur Schaffung eines Werks zweiter Hand verwendet werden darf. Die Bestimmung gewährleistet die Integrität des Werks und ist ein Urheberpersönlichkeitsrecht.[57] Bei einer **Änderung** wird das Werk korrigiert, wobei es als solches aber bestehen bleibt. Dies im Gegensatz zur **Bearbeitung,** bei der ein neues Werk mit individuellem Charakter geschaffen wird, ein sogenanntes Werk zweiter Hand gemäss Art. 3 URG.[58] Der werkschaffende Planer hat ein zweifaches Interesse am Schutz vor Änderungen und Bearbeitungen: Einerseits will er die Vergabe eines sein Werk betreffenden Auftrags an einen Dritten verhindern, weil ihm dadurch Honorar entgeht. Andererseits will er sich davor schützen, dass ihm eine unliebsame, rufschädigende Änderung zugerechnet werden könnte.[59] Aus diesem Grund beeinträchtigen beispielsweise technische oder unterirdische Installationen, die das Werk in seiner äusseren Form unberührt lassen, die Interessen des urheberberechtigten Planers nicht.[60] Der Anspruch auf Unterlassung betrifft ansonsten aber alle Änderungen, unabhängig davon, ob das Werk entstellt oder verbessert wird.[61] 17.51

---

56 DAVID, Baukunst, S. 273, m.w.H.

57 SCHNEIDER, Urheberrechtlicher Schutz, S. 134.

58 WENGER BERGER, Architektur und immaterielle Rechte, S. 65, m.w.H.

59 Vgl. HEFTI, S. 688; SCHNEIDER, Urheberrechtlicher Schutz, S. 418.

60 LUTZ, Urheberrecht, S. 40.

61 BGE 114 II 370 «Fondation Le Corbusier», m.w.H.; BARRELET/EGLOFF, URG-Kommentar, N 6 zu Art. 11 URG.

17.52 Wird das ursprüngliche Werk allerdings derart verändert, dass es gegenüber dem neuen in den Hintergrund tritt und verblasst, liegt eine **freie Benutzung** (und kein Werk zweiter Hand) vor.[62] Dies bedeutet, dass sich jeder durch ein geschütztes Erstwerk inspirieren lassen darf, ohne dass es der Einwilligung dessen Urhebers bedürfte. Nur wenn der individuelle Charakter des Erstwerks bei einer Weiterverwendung erkennbar bleibt, liegt keine freie Benutzung, sondern eine Bearbeitung vor (vgl. Art. 3 Abs. 1 URG). Daraus ergibt sich, dass ein urheberrechtliches Werk mit lediglich schwachen individuellen Zügen weniger Schutz erfährt als eine stark individuell geprägte Schöpfung, weil bei ersterem eine freie Benutzung eher zu bejahen ist – dies erst recht, wenn sich das neue, davon inspirierte Werk durch sehr individuelle Formen oder Techniken auszeichnet.

17.53 Auch wenn der Grundsatz der freien Benutzung restriktiv zu handhaben ist,[63] ist der Anwendungsbereich des Verbotsrechts aus Art. 11 Abs. 1 URG im planerischen Bereich eher schmal:[64] Bei geringem neuen Beitrag fehlt es an dessen Individualität und damit an der Bearbeitung, die definitionsgemäss ein Werk zweiter Hand schafft. Bei weiter gehender Bearbeitung tritt das Erstwerk hingegen rasch in den Hintergrund, sodass eine freie Benutzung angenommen wird. In BGE 125 III 328 ff. «Devanthéry» erlaubte das Bundesgericht die Weiterverwendung eines Überbauungsplans unter dem Titel der freien Benutzung.

17.54 Geht das ursprüngliche Werk durch die neu hinzugefügte Arbeit unter, liegt eine Zerstörung vor, die Gegenstand von Art. 15 URG ist.[65]

17.55 **2.** Das ausschliessliche Änderungsrecht des Urhebers gilt im planerischen Bereich für Pläne, Entwürfe, Zeichnungen, Modelle usw. Für **ausgeführte Werke der Baukunst** gilt hingegen die spezielle Regelung von Art. 12 Abs. 3 URG, die ein **Änderungsrecht des Eigentümers** vorsieht. Als ausgeführt gilt das Werk der Baukunst nicht erst, wenn es fertig erstellt ist, sondern bereits, wenn der Fortschritt der Bauarbeiten eine zumindest teilweise Nutzung des Gebäudes zulässt.[66]

---

62 BGE 125 III 332 «Devanthéry», m.w.H.

63 BGE 125 III 332 «Devanthéry», m.w.H.

64 Vgl. MARBACH, Planer, S. 76.

65 LUTZ, Urheberrecht, S. 40; vgl. auch BARRELET/EGLOFF, URG-Kommentar, N 3 zu Art. 15 URG. Zum Zerstörungsverbot siehe Nr. 17.75 f.

66 BARRELET/EGLOFF, URG-Kommentar, N 18a zu Art. 12 URG, m.w.H.; vgl. auch REHBINDER/VIGANÒ, URG-Kommentar, N 4 zu Art. 63 URG und N 2 zu Art. 72 URG.

Die gesetzliche Sonderbestimmung trägt der Besonderheit Rechnung, dass bei Bauwerken die Interessen von Urheber und Sacheigentümer kollidieren. Der Eigentümer hat ein schutzwürdiges Interesse an der Veränderung: Es erfolgen Renovationen und Reparaturen, oder es ändert sich der Zweck des Werks.[67] Solange vertraglich keine andere Abrede getroffen wurde, besteht für den Eigentümer keine Verpflichtung, den urheberberechtigten Planer für weitere Arbeiten am Werk beizuziehen. Insbesondere hat sich der Eigentümer auch nicht auf einen möglichst milden Eingriff zu beschränken und die Integrität des bestehenden Bauwerks zu bewahren.[68] 17.56

Das *Bundesgericht* hat sich schon mehrmals mit Streitigkeiten zwischen Architekten und Bauherrn bzw. Eigentümern befasst, die einen An-, Um- oder Ausbau eines bestehenden Gebäudes oder die Änderung eines Konzepts durch einen Dritten betrafen. So etwa in einem Urteil vom 25. April 1991, wo ein anderer Architekt mit der Planung des Westtrakts für den Neubau des Bahnhofs Luzern beauftragt wurde;[69] in BGE 117 II 466 ff., der die Erweiterung eines Schulhauses um ein Satteldach betraf; oder in BGE 120 II 65 ff., wo es um das Projekt für eine Ausbauetappe der ETH Hönggerberg ging. 17.57

3. Bei gesetzlich oder vertraglich erlaubten Änderungen und Bearbeitungen – ob bei ausgeführten oder anderswie festgehaltenen Werken der Baukunst – gilt für den Urheber der engere **Persönlichkeitsschutz** von Art. 11 Abs. 2 URG. Dieser ist zwingend und wird in Art. 12 Abs. 3 URG ausdrücklich vorbehalten. Entsprechend kann sich der Urheber jeder Werkentstellung widersetzen, die ihn in der Persönlichkeit verletzt. Dieses Persönlichkeitsrecht ist von Gesetzes wegen nicht übertragbar.[70] Mit dem Urheberpersönlichkeitsrecht aus genannter Bestimmung wird nicht die Integrität des Bauwerks, sondern das berufliche Ansehen und die Ehre des Urhebers absolut geschützt.[71] Es handelt sich dabei aber nicht um einen blossen Verweis auf den zivilrechtlichen Persönlichkeitsschutz nach Art. 27 ff. ZGB – was sich darin zeigt, dass das urheberrechtliche Persönlichkeitsrecht im Gegensatz zum allgemeinen Persönlichkeitsrecht vererbt werden kann. 17.58

---

67 Vgl. David, Baukunst, S. 275 f.; Troller, Urheberrecht, S. 391.

68 BGE 117 II 477 f. «Rapperswil-Jona».

69 «Westtrakt Luzern», in: SMI 1991, S. 388–392.

70 Barrelet/Egloff, URG-Kommentar, N 13 zu Art. 11 URG.

71 Barrelet/Egloff, URG-Kommentar, N 16 zu Art. 12 URG; vgl. auch BGE 117 II 476 «Rapperswil-Jona», m.w.H.

17.59 **a.** Eine Verletzung von Art. 11 Abs. 2 URG ist nur möglich, wenn das Werk überhaupt einem Publikum *zugänglich* ist,[72] was zumindest bei einem ausgeführten Werk der Baukunst in der Regel der Fall ist.[73]

17.60 **b.** Das Gesetz verlangt eine *Entstellung* des Werks, die persönlichkeitsverletzende Folgen hat. Es muss sich dabei um eine erhebliche Veränderung handeln, die sich negativ auf das Werk auswirkt. Laut der bundesgerichtlichen Rechtsprechung beeinträchtigt die Entstellung das Werk als persönlichen Ausdruck des Urhebers in besonders schwerwiegender Form und verfälscht es in krasser Weise.[74] Bei der Beurteilung, ob eine Entstellung vorliegt, ist das Gebot der Verhältnismässigkeit zu wahren; hier ist auch die Qualität oder der Wert eines Gebäudes zu berücksichtigen. Je stärker der persönliche Ausdruck des Urhebers mit dessen Werk verbunden ist – was sich im individuellen Charakter des Werks zeigt –, desto eher ist eine persönlichkeitsverletzende Entstellung zu bejahen.[75] Ein Indiz für das Vorliegen einer Entstellung können entsprechende Reaktionen aus der Fachwelt sein.[76]

17.61 Wird ein Werk der Baukunst nicht direkt in seiner Substanz, sondern *indirekt* durch eine Veränderung in seiner Umgebung beeinträchtigt, bedarf es zusätzlich «einer sittenwidrigen Inanspruchnahme des Urheberrechts durch den Zweitschaffenden».[77] Eine persönlichkeitsverletzende Entstellung ist in diesen Fällen mit Zurückhaltung anzunehmen.

17.62 **c.** Die Frage, ob eine vertraglich oder gesetzlich erlaubte Änderung den Architekten in seiner Persönlichkeit verletzt, stellt sich bei ausgeführten Werken der Baukunst nur, wenn diese rechtmässig erstellt wurden.[78]

17.63 **4.** Neben dem Schutz aus Art. 11 Abs. 2 URG wird das Änderungsrecht des Eigentümers auch durch den Grundsatz von Treu und Glauben und durch das Rechtsmissbrauchsverbot begrenzt (Art. 2 ZGB). Damit wird der Urheber vor eindeutig rechtsmissbräuchlichen und schikanösen Änderungen bewahrt.[79]

---

[72] Vgl. BGer 4C.154/1996 (5.11.1996) «Wandbilder», in: sic! 1997, S. 381 f.

[73] Lutz, Urheberrecht, S. 40.

[74] BGE 120 II 69 f. «ETH Hönggerberg», m.w.H.; vgl. Rehbinder/Viganò, URG-Kommentar, N 10 zu Art. 12 URG, m.w.H.

[75] BGE 117 II 476 «Rapperswil-Jona»; Schneider, Urheberrechtlicher Schutz, S. 426 f., m.w.H.

[76] Vgl. BGer 4A_341/2008 (20.1.2009) «Steinkirche», in: sic! 2009, S. 345.

[77] BGE 120 II 65 ff. «ETH Hönggerberg»; BGer 4C.154/1996 (5.11.1996) «Wandbilder», in: sic! 1997, S. 381 f.

[78] BGer 4A_423/2011 (26.9.2011) «Baumhaus», in: sic! 2012, S. 187.

[79] BGE 117 II 477 «Rapperswil-Jona». Siehe auch Lutz, Erhaltungsanspruch, S. 241.

5. Die Rechtsprechung zum Urheberrecht des Architekten fiel in älterer Zeit nicht sehr urheberfreundlich aus. Das erklärt, weshalb nur wenige jüngere Gerichtsentscheide zu dieser Thematik vorliegen: Planer investieren lieber in neue Projekte als in langwierige und risikoreiche Gerichtsverfahren. Zudem ist die Praxis dem Urheber meist günstiger gesinnt als die Rechtsprechung, da Folgeaufträge oftmals dem Erstplaner übergeben werden. 17.64

c. Das Recht auf Anerkennung der Urheberschaft

1. Das Urheberpersönlichkeitsrecht auf Anerkennung der Urheberschaft gemäss Art. 9 Abs. 1 URG beinhaltet das Recht, als Urheber genannt zu werden. Entsprechend berechtigen die Art. 1.4.2 SIA 102/103 den Architekten oder Ingenieur, in Veröffentlichungen des Werks durch den Auftraggeber oder durch Dritte als Urheber aufgeführt zu werden. 17.65

Der Planer hat folglich das Recht, seinen Plan zu unterzeichnen oder eine Inschrift auf einem von ihm geplanten Gebäude anzubringen – was allerdings in der Praxis selten vorkommt.[80] 17.66

2. Der Urheber kann gegen das Verschweigen seiner Urheberschaft vorgehen,[81] aber auch gegen die Anmassung der Urheberschaft durch einen Dritten oder gegen die Behauptung, das Werk stamme von jemand anderem. Des Weiteren darf er eine unliebsame Nennung seines Namens verbieten.[82] Daran dürfte er ein Interesse haben, wenn sein Werk derart verändert wird, dass er nicht mehr damit in Verbindung gebracht werden will.[83] Hingegen ist nicht sein Urheberrecht, sondern sein allgemeines Persönlichkeitsrecht betroffen, wenn ihm ein fremdes Werk zugerechnet wird.[84] 17.67

---

80 David, Baukunst, S. 274; Schneider, Urheberrechtlicher Schutz, S. 132, m.w.H.; Troller, Urheberrecht, S. 382 f. Dieses Recht verneinend: Hilty, Nr. 194.

81 Zu Fällen im Bereich der Architektur siehe BGE 84 II 570 ff. «Martinskirche Visp» und BGE 58 II 307 ff. «Bankfiliale Vevey»; vgl. auch Barrelet/Egloff, URG-Kommentar, N 14 zu Art. 9 URG.

82 Rehbinder/Viganò, URG-Kommentar, N 7 zu Art. 9 URG. Vgl. das Urteil des Obergerichts Zürich vom 28. August 1978 «Einkaufszentrum Glatt», in: SMI 1989, S. 214.

83 Schneider, Urheberrechtlicher Schutz, S. 133 m.w.H. in Fn. 142.

84 So Rehbinder/Viganò, URG-Kommentar, N 5 zu Art. 9 URG; Schneider, Urheberrechtlicher Schutz, S. 134, m.w.H.; a.A. Barrelet/Egloff, URG-Kommentar, N 18 zu Art. 9 URG.

17.68 **3.** Wo eine massen- oder serienmässige Anfertigung von Bauwerken erfolgt, kann davon ausgegangen werden, dass auf das Recht zur Namensnennung verzichtet worden ist.[85]

d. Das Erstveröffentlichungsrecht

17.69 **1.** Der Urheber hat gemäss Art. 9 Abs. 2 URG das Recht, sein Werk erstmals zu veröffentlichen bzw. veröffentlichen zu lassen. Auch dieses Recht wird überwiegend als Urheberpersönlichkeitsrecht verstanden.

17.70 Gemäss Art. 1.4.2 SIA 102/103 können der Architekt und der Ingenieur ihr «Werk unter Wahrung der Interessen des Auftraggebers veröffentlichen». Die Entscheidung, wann das Werk zur Veröffentlichung bereit ist, liegt beim Planer. Für den Wettbewerb und den Studienauftrag geht aus Art. 26.2 SIA 142/143 hervor, dass die Veröffentlichung eines Beitrags sowohl dem Auftraggeber als auch dem Teilnehmer zusteht – vorausgesetzt ist aber das gegenseitige Einvernehmen.

17.71 **2.** Eine **Veröffentlichung** des Werks liegt vor, wenn der Urheber oder eine von ihm ermächtigte Person es erstmals ausserhalb eines privaten Kreises einer grösseren Anzahl von Personen zugänglich macht (Art. 9 Abs. 3 URG). Dies ist bei einem Werk der Baukunst stets der Fall, wenn es baulich ausgeführt wird.[86] Veröffentlicht wird das Werk auch, wenn seine körperliche Form beispielsweise an einen Privaten veräussert wird, sofern der Erwerber zur Weiterverbreitung befugt ist.[87] Entsprechend stellen die Übergabe von Plänen und Skizzen an den Auftraggeber oder Werkbesteller, deren öffentliche Auflage im Rahmen eines Bauverfahrens oder die Eingabe derselben in einem Wettbewerbs- oder Studienauftragsverfahren Veröffentlichungen im Sinne des Gesetzes dar. Auch mit der Publikation beispielsweise in einer Fachzeitschrift wird das Werk der Öffentlichkeit zugänglich gemacht. In der Regel wird gleichzeitig mit der Erstveröffentlichung ein Verwendungsrecht gemäss Art. 10 URG ausgeübt.[88]

---

[85] TROLLER, Immaterialgüterrecht Bd. II, S. 689 m.w.H.

[86] BACHMANN, Architektur, Nr. 1142.

[87] Vgl. REHBINDER/VIGANÒ, URG-Kommentar, N 13 zu Art. 9 URG, m.w.H.; SCHNEIDER, Urheberrechtlicher Schutz, S. 131 m.w.H.

[88] BARRELET/EGLOFF, URG-Kommentar, N 19 zu Art. 9 URG.

Keine Veröffentlichung liegt in der Regel vor, wenn der Kreis der einsichtsberechtigten Personen sehr beschränkt ist; so wenn Pläne und Skizzen zwecks Genehmigung an eine Behörde gegeben werden.[89] 17.72

e. Das Zutritts- und das Ausstellungsrecht

1. Der Eigentümer muss dem Urheber den **Zutritt** zum Werkexemplar gewähren, soweit dies zur Ausübung der Urheberrechte erforderlich ist (Art. 14 Abs. 1 URG). Gemäss Art. 14 Abs. 2 URG kann der Urheber zudem die Überlassung eines Werkexemplars zur **Ausstellung** verlangen. Bei der Ausübung dieser Rechte müssen die sich entgegenstehenden Interessen im konkreten Fall abgewogen werden: das Interesse des Urhebers am Zutritt oder an der Ausstellung gegenüber jenem des Eigentümers oder Besitzers, in der Ausübung seiner Rechte möglichst wenig gestört zu werden.[90] 17.73

2. Das Zutritts- und das Ausstellungsrecht gelten als Urheberpersönlichkeitsrechte.[91] Anders als die anderen urheberrechtlichen Befugnisse handelt es sich dabei nicht um absolute Rechte, da sie nur gegen den jeweiligen Eigentümer oder Besitzer des Werkexemplars geltend gemacht werden können. 17.74

f. Das Zerstörungsverbot

1. Das Urheberrechtsgesetz schreibt in Art. 15 Abs. 1 vor, dass der Eigentümer das Originalwerk, von dem kein weiteres Werkexemplar besteht, nicht zerstören darf, ohne dem Urheber vorher die Rücknahme anzubieten, wenn er ein berechtigtes Interesse des Urhebers an der Werkerhaltung annehmen muss. Darin wird überwiegend ein Urheberpersönlichkeitsrecht gesehen.[92] 17.75

2. Das Zerstörungsverbot gilt beispielsweise für Kunstwerke und Werke mit wissenschaftlichem oder technischem Inhalt, **nicht** aber **für Werke der Baukunst:** Der Urheber eines Bauwerks hat einzig das Recht, «das Werk zu fotografieren und auf eigene Kosten Kopien der Pläne herauszuverlangen» (Art. 15 Abs. 3 URG). In den meisten Fällen nützt diese Bestimmung dem 17.76

---

89 Bachmann, Architektur, Nr. 1145.

90 Vgl. Staehelin, S. 138.

91 Barrelet/Egloff, URG-Kommentar, N 2 zu Art. 14 URG.

92 Barrelet/Egloff, URG-Kommentar, N 1 zu Art. 15 URG; Rehbinder/Viganò, URG-Kommentar, N 1 zu Art. 9 URG.

Planer nichts, da er bereits im Besitz von Plänen ist. So behält er bei Anwendung der SIA-Ordnungen 102/103 regelmässig die Originale seiner Pläne (vgl. Art. 1.3.7 und Art. 1.6.3). Sind vom Bauwerk ausnahmsweise keine Pläne vorhanden, müsste es dem Urheber auch erlaubt sein, solche auszuarbeiten.[93] Die Bestimmung verpflichtet den Eigentümer implizit, den urheberberechtigten Planer zu informieren, wenn er die Absicht hat, das Bauwerk zu zerstören.

3. Die Miturheberschaft

17.77 **1.** Haben mehrere Personen als Urheber an der Schaffung eines Werks mitgewirkt, so steht ihnen das Urheberrecht gemeinschaftlich zu (Art. 7 URG). Miturheberschaft besteht zwischen allen Personen, die in irgendeiner Form einen schöpferischen Beitrag mit individuellem Charakter zum Werk leisten; unabhängig von ihrer Funktion als – selbständig tätiger oder angestellter – Planer, Bauherr, Künstler, Zeichner usw. oder einem allfälligen Vertragsverhältnis untereinander.[94] Auch das Ausmass des Beitrags spielt keine Rolle. Beispielsweise wird ein Bauherr, der die individuellen Aspekte eines Werks vorgibt, selbst zum Urheber oder zumindest zum Miturheber. Keine Miturheberschaft liegt vor, wo mit einem weiteren Beitrag ein Werk zweiter Hand gemäss Art. 3 URG geschaffen wird;[95] hier ist keine gemeinsame Schöpfung gegeben.

17.78 **2.** Bei der Miturheberschaft kann das Werk nur mit Zustimmung aller Miturheber verwendet werden, sofern unter ihnen nicht etwas anderes vereinbart ist (Art. 7 Abs. 2 URG). Hingegen darf jeder Miturheber den eigenen Beitrag selbständig verwenden, wenn die einzelnen Beiträge sich trennen lassen und die Verwertung des gemeinsamen Werks nicht beeinträchtigt wird (Art. 7 Abs. 4 URG). Allfällige Streitigkeiten, welche die Frage nach den prozentualen Anteilen von nicht mehr voneinander abgrenzbaren Beiträgen der Miturheber betreffen, müssen anhand einer Interessenabwägung gelöst werden.

---

93 So PEDRAZZINI, Neuere Entwicklungen, S. 8.

94 Dazu WENGER BERGER, Architektur und immaterielle Rechte, S. 43 f.

95 BARRELET/EGLOFF, URG-Kommentar, N 5 zu Art. 7 URG, m.w.H.; a.A. PEDRAZZINI, Neuere Entwicklungen, S. 5.

III. Die gewerblichen Schutzrechte

Vornehmlich aufgrund der wenig urheberrechtsfreundlichen Spezialbestimmungen im Urheberrechtsgesetz für Werke der Baukunst sowie der dazu erfolgten Rechtsprechung wird vermehrt nach immaterialgüterrechtlichem Schutz ausserhalb des Urheberrechts gesucht. Im Gegensatz zum Urheberrecht entstehen die gewerblichen Schutzrechte wie erwähnt nicht automatisch mit Schaffung des Schutzobjekts, sondern bedürfen der Registrierung beim zuständigen Amt. Vorliegend wird auf die Schutzmöglichkeiten eingegangen, die das Patent-, das Design- und das Markenrecht dem Planer bieten können. 17.79

1. Das Patentrecht

A. Allgemeines

Patente aus der Baubranche betrafen in der Schweiz bisher stets die Entwicklung von neuen Materialien oder Konstruktionsverfahren,[96] nicht jedoch ganze Bauten oder planerische Konzepte. Die Patentierung von Architektur ist aufgrund deren stark künstlerisch-kulturellen Bezugs sehr umstritten und wird entsprechend kritisiert.[97] Die Technische Beschwerdekammer des Europäischen Patentamts hat im Bereich der Architektur in jüngerer Zeit jedoch das Patent für ein Wohnhaus mit gestaffelten Geschosswohnungen (pile up®) bestätigt.[98] 17.80

B. Schutzgegenstand

1. Das Patentrecht gewährt Schutz für neue gewerblich anwendbare Erfindungen (Art. 1 Abs. 1 PatG). 17.81

a. Die Erfindung als Regel

Die Erfindung ist eine Regel, die entsprechend der finalen Handlungslehre zu einem bestimmten Verfahren oder einer Konstruktion anleitet und dadurch 17.82

---

96 Siehe MARBACH, Planer, S. 85; MOSIMANN, Nr. 80.

97 Siehe WENGER BERGER, Architektur und immaterielle Rechte, S. 93 und 116 f., m.w.H.

98 Entscheidung der Technischen Beschwerdekammer 3.2.03 vom 20. Juli 2010 betreffend das europäische Patent Nr. 1455033.

einen Lösungsweg zu einem bestimmten Erfolg bietet – wie dies auch bei einem planerischen Konzept der Fall ist.[99]

b. Das Erfordernis der Wiederholbarkeit

17.83 Ein Fachmann muss die Erfindung bei gleichbleibendem Erfolg wiederholen können. Der Planer richtet sich bei seiner Arbeit allerdings regelmässig auf einen konkreten Standort aus. Zudem widerspricht eine Wiederholbarkeit der Tätigkeit des Planers, wenn diese von einem künstlerischen Hintergrund geprägt ist. So bei der Architektur, wo ein Einzelwerk geschaffen werden soll. Denkbar ist jedoch beispielsweise ein wiederholbares Raumkonzept.[100]

c. Das Erfordernis der Technizität

17.84 **1.** Die Erfindung muss technischer Natur sein. Ob Technizität im Einzelfall gegeben ist, ist mithilfe der Abgrenzung zu nicht technischen Gegenständen und Verfahren zu entscheiden. Keine patentrechtlich schutzfähigen Erfindungen sind insbesondere Entdeckungen, ästhetische Formschöpfungen oder Anweisungen an den menschlichen Geist (vgl. Art. 52 Abs. 2 EPÜ 2000). Neue Bauverfahren und -techniken erfüllen das Erfordernis der Technizität in der Regel, während architektonische Konzepte mit künstlerischer Zielsetzung kaum als technisch gewertet werden können.[101]

17.85 **2.** Das Erfordernis der Technizität ist jedoch stetem Wandel unterworfen, wobei eine Tendenz zur Lockerung besteht – auch im Bereich von Bauprojekten.[102] Während das Bundesgericht 1969 in BGE 95 I 579 die Patentierbarkeit eines Planungsverfahrens zur Ausgestaltung eines Verteilernetzes für elektrische Energie mangels Technizität verneint hat, werden heute auch Material- und Energieersparnisse als technisch gewertet. Zurzeit wird insbesondere für Geschäftsmethoden die Öffnung des Patentsystems diskutiert.[103]

---

99 Vgl. MARBACH, Planer, S. 85.

100 Siehe zum Ganzen WENGER BERGER, Architektur und immaterielle Rechte, S. 95 f.

101 Vgl. BIRRER/LEUPI, S. 35.

102 MARBACH, Planer, S. 84 ff.

103 MOSIMANN, Nr. 82.

C. Voraussetzungen für den Patentschutz

1. Die Erfindung muss neu und gewerblich anwendbar sein, und sie darf sich nicht in naheliegender Weise aus dem Stand der Technik ergeben (Art. 1 PatG und Art. 52 Abs. 1 EPÜ 2000). 17.86

2. Im Patentrecht gilt (anders als im Designrecht; Nr. 17.97) ein **absoluter Neuheitsbegriff:** Neu ist, was nicht zum Stand der Technik gehört (Art. 7 Abs. 1 PatG und Art. 54 Abs. 1 EPÜ 2000). Die planerische Arbeit – auch jene des Architekten – baut regelmässig auf bestehenden Kenntnissen auf, lässt sich davon inspirieren oder präsentiert diese neu und passt sie den jeweiligen Umständen an. Dabei liegt meist eine neue Interpretation vor, und eher selten dürfte tatsächlich etwas Neues erfunden werden. Der Ausdruck **«nicht naheliegend»** bedeutet, dass eine gewisse erfinderische Tätigkeit erreicht werden muss. 17.87

Die Prüfung der genannten Voraussetzungen wird vom Eidgenössischen Institut für Geistiges Eigentum (IGE), welches das schweizerische Register führt, nicht vorgenommen, sondern ist einer gerichtlichen Instanz vorbehalten. 17.88

D. Rechte des Patentinhabers

Der Inhaber eines Patents hat das Recht, anderen zu verbieten, die Erfindung gewerbsmässig zu benützen (Art. 8 PatG). Dabei wird die Erfindung in jenem Umfang geschützt, wie die Patentansprüche bei der Anmeldung des Patents definiert werden. 17.89

2. Das Designrecht

Designschutz ist im planerischen Bereich dort denkbar, wo äusserlich von einem hohen Wiedererkennungswert eines Gebäudes auszugehen ist,[104] was bei einer rein zweckmässigen Baute kaum der Fall sein wird. 17.90

A. Schutzgegenstand

Das Designrecht schützt «Gestaltungen von Erzeugnissen oder Teilen von Erzeugnissen, die namentlich durch die Anordnung von Linien, Flächen, Kon- 17.91

104 Vgl. MOSIMANN, Nr. 76.

turen oder Farben oder durch das verwendete Material charakterisiert sind, als Design» (Art. 1 DesG).

a. Das Bauwerk als Erzeugnis

17.92 1. **Bauwerke** sind Erzeugnisse im Sinne des Gesetzes.[105] Früher wurde in Bezug auf Bauten argumentiert, unbewegliche Sachen seien dem Designrecht nicht zugänglich, weil sie nicht gewerblich hergestellt würden.[106] Das Obergericht des Kantons Aargau war jedoch bereits 1974 der Ansicht, für den gewerblichen Normhausbau läge «der Muster- und Modellschutz[[107]] ungleich näher […] als der Urheberrechtsschutz».[108] Das Designgesetz verlangt die gewerbliche Reproduzierbarkeit nicht.

17.93 Trotz Anerkennung des Bauwerks als Erzeugnis wenden sich einige Autoren gegen den Schutz des Designs desselben; dies mit der Begründung, es fehle ihm in der Regel die konkrete, geschlossene und einheitliche Form. Für derart komplexe Formen bestehe kein Designschutz.[109] Diesbezüglich eine eigene Schutzvoraussetzung zu gestalten, erscheint aber deshalb überflüssig, weil Art. 19 DesG bei der Hinterlegung «eine zur Reproduktion geeignete Abbildung des Designs» verlangt: Gelingt die Beschaffung des entsprechenden Bildmaterials bei einem Gebäude, spricht nichts gegen dessen grundsätzliche Schutzfähigkeit. Zu Recht wird sodann darauf hingewiesen, dass die für das Designregister massgebliche Locarno-Klassifikation in Klasse 25 auch Bauten aufführt.[110]

17.94 2. Ebenfalls schutzfähig kann das Design von architektonischen **Inneneinrichtungen** sein. Geschützt werden können sodann auch Gestaltungen von Teilen von Erzeugnissen.[111] Keine Erzeugnisse sind aber Skizzen, Zeichnungen und Pläne von Bauwerken.

---

105 Stutz/Beutler/Künzi, Handkommentar DesG, N 23 zu Art. 1 DesG; Heinrich, Nr. 1.20; Celli, DesG-Kommentar, N 53 zu Art. 1 DesG; Marbach, Planer, S. 82.

106 Heinrich, Nr. 1.60.

107 Diese Begriffe stammen aus dem Muster- und Modellgesetz (MMG), das durch das DesG ersetzt wurde.

108 Urteil des Obergerichts Aargau vom 6. Mai 1974 «Normhaus» E. 3, Mitt. 1975, S. 160.

109 Heinrich, Nr. 1.41 ff., insbesondere 1.44; Celli, DesG-Kommentar, N 53 zu Art. 1 DesG.

110 Stutz/Beutler/Künzi, Handkommentar DesG, N 42 zu Art. 1 DesG.

111 Stutz/Beutler/Künzi, Handkommentar DesG, N 34 zu Art. 1 DesG; Mosimann, Nr. 76; vgl. auch Heinrich, Nr. 1.26.

b. Die Gestaltung

1. Geschützt wird die **äussere Gestaltung** einer Baute und nicht deren zugrunde liegende Architektur. Zur Frage stehen somit nur jene Arbeiten von Planern, die einen gewissen Anspruch an eine ästhetische Formgebung haben. Auch bei kunstvollen Architekturwerken fand der Designschutz früher keine Beachtung, heute wird er selbst für ganze Bauten genutzt.[112] 17.95

2. Bei einer Ingenieurbaute, die sich im zweckmässigen Bauen erschöpft, besteht kein Schutz der Gestaltung. Auch planerische Konzepte lassen sich nicht schützen. 17.96

B. Voraussetzungen für den Designschutz

Ein Design ist schutzfähig, soweit es **Neuheit und Eigenart** aufweist (Art. 2 DesG). Beide Elemente werden vom Gesetzgeber negativ definiert. Die Anforderungen an die Eigenart eines Designs sind weniger streng als jene an die Individualität eines urheberrechtlichen Werks. 17.97

C. Schutzausschlussgründe

Schutzausschlussgründe sind in Art. 4 DesG vorgesehen. Für planerische Arbeiten ist insbesondere der Ausschlussgrund der technischen Bedingtheit von Relevanz. Lässt die technische Funktion eines Erzeugnisses keinen Gestaltungsspielraum für deren Form, wie dies gerade bei Werken von Ingenieuren häufig der Fall ist, bietet das Designrecht keinen Schutz. 17.98

D. Rechte des Designberechtigten

Das Designrecht bietet gegenüber dem Urheberrecht nur einen **schmalen Schutzbereich.** Der Inhaber eines Designrechts darf anderen den Gebrauch des Designs zu gewerblichen Zwecken verbieten (Art. 9 Abs. 1 DesG). Der Schutz umfasst dabei alle Designs, die die gleichen wesentlichen Merkmale aufweisen und den gleichen Gesamteindruck erwecken wie das geschützte Design (Art. 8 DesG). 17.99

---

112 Siehe MARBACH, Planer, S. 82.

3. Das Markenrecht

17.100 Das Markenrecht kann dem Planer zur Kennzeichnung seiner Leistungen dienen: Mit einer Marke, die in einem Wort, einem Schriftzug und/oder einem Bild besteht, kann er z.B. seine Pläne «markieren». Auch die Formgebung eines Gebäudes selbst dient vielfach als Markenzeichen. Dies jedoch weniger für den Planer selbst, als für ein darin ansässiges Unternehmen bzw. dessen Waren und/oder Dienstleistungen (z.B. Aldi Gebäude, BMW München, Feldschlösschen Rheinfelden).

A. Die Marke

17.101 **1.** Die Marke ist gemäss Art. 1 Abs. 1 MSchG «ein Zeichen, das geeignet ist, Waren oder Dienstleistungen eines Unternehmens von solchen anderer Unternehmen zu unterscheiden». Die zweidimensionale Abbildung oder die dreidimensionale Form eines Gebäudes kann als Marke verwendet werden, sofern sie «grafisch darstellbar» ist (Art. 10 Abs. 1 MSchV).

17.102 **2.** Marken werden jeweils mit einem Anspruch auf **konkrete Waren und Dienstleistungen** eingetragen. Am naheliegendsten scheint für den Planer eine Eintragung einer Marke in den Klassen 42 und 35 zu sein (Konstruktionsplanung, technische Projektierung, Geschäftsführung). Nach erfolgter Registrierung muss darauf geachtet werden, dass die Marke nach einer Schonfrist von fünf Jahren auch tatsächlich **markenmässig gebraucht** wird (vgl. Art. 11 f. MSchG).

B. Schutzausschlussgründe

17.103 Das Gesetz sieht in Art. 2 und 3 MSchG **absolute und relative Ausschlussgründe** vor. Beim Vorliegen von absoluten Ausschlussgründen wird die Eintragung einer Marke verweigert, während relative Ausschlussgründe, bei denen die Verwechslungsgefahr eines Zeichens mit einer älteren Marke ausschlaggebend ist, in einem Widerspruchsverfahren geltend gemacht werden müssen (Art. 31 ff. MSchG). Absolut ausgeschlossen ist der Markenschutz unter anderem für ein Zeichen, das die beanspruchten Waren und Dienstleistungen beschreibt. Dies könnte beispielsweise der Fall sein, wenn für die Dienstleistung im Architekturwesen die zu erbringenden Bauwerke naturgetreu abgebildet werden.

C. Rechte des Markeninhabers

Gemäss Art. 13 Abs. 1 MSchG hat der Markenrechtsinhaber das Recht, die Marke zur Kennzeichnung der Waren oder Dienstleistungen, für die sie beansprucht wird, zu gebrauchen und darüber zu verfügen. Der Nachbau einer als Marke hinterlegten Form eines Bauwerks kann dadurch nicht verhindert werden, da es sich dabei nicht um einen kennzeichnungsmässigen Gebrauch handelt.[113] 17.104

IV. Das Lauterkeitsrecht

1. Wenn ein Werk durch keines der bereits genannten Immaterialgüterrechte geschützt ist, darf es grundsätzlich frei kopiert werden. Man denke vor allem an blosse Zweckbauten, denen kein Urheberrechtsschutz gewährt wird. Eine Kopie oder Nachahmung wird aber gleichwohl verboten, wenn sie auf unlautere Art und Weise erfolgt. 17.105

2. Oftmals gibt der Planer Pläne, Skizzen oder Entwürfe, an denen kein immaterialgüterrechtlicher Schutz besteht, noch vor Abschluss eines Vertrags heraus – beispielsweise im Rahmen eines Wettbewerbs oder auch eines Studienauftrags. Art. 5 UWG gibt dem Planer die Möglichkeit, gegen eine ungerechtfertigte Vervielfältigung oder Nutzung seines Arbeitsergebnisses vorzugehen. Im Unterschied zum Urheberrecht wird der Schutz von Art. 5 UWG unabhängig von der Individualität des Arbeitsergebnisses gewährt. Geschützt sind alle Arbeitsergebnisse, insbesondere auch Pläne und technische Zeichnungen.[114] 17.106

V. Rechtsschutz

1. Der Rechtsschutz ist im Immaterialgüter- und Lauterkeitsrecht grundsätzlich einheitlich aufgebaut. Er umfasst zivilrechtlichen und strafrechtlichen Schutz sowie die Hilfeleistung der Zollverwaltung. In zivilrechtlicher Hin- 17.107

---

113 Vgl. MARBACH, Planer, S. 87; MOSIMANN, Nr. 75.

114 So bereits CHERPILLOD/DESSEMONTET, Architektenrecht 1995, Nr. 1362.

sicht kann sich der Berechtigte gegen einen unerlaubten Eingriff mittels der folgenden Klagen wehren:

17.108 **a.** *Feststellungsklage:* Wer ein Interesse nachweist, kann vom Gericht feststellen lassen, dass ein bestimmtes Rechtsverhältnis besteht oder nicht (Art. 61 URG, Art. 74 PatG, Art. 33 DesG, Art. 52 MSchG, vgl. Art. 9 Abs. 1 lit. c UWG).

17.109 **b.** *Unterlassungsklage:* Eine drohende Verletzung kann gerichtlich verboten werden (Art. 62 Abs. 1 lit. a URG, Art. 72 Abs. 1 PatG, Art. 35 Abs. 1 lit. a DesG, Art. 55 Abs. 1 lit. a MSchG, Art. 9 Abs. 1 lit. a UWG).

17.110 **c.** *Beseitigungsklage:* Der Berechtigte kann verlangen, dass eine bestehende Verletzung beseitigt wird (Art. 62 Abs. 1 lit. b URG, Art. 72 Abs. 1 PatG, Art. 35 Abs. 1 lit. b DesG, Art. 55 Abs. 1 lit. b MSchG, Art. 9 Abs. 1 lit. b UWG).

17.111 **d.** Weitere *Verletzungsklage:* Die beklagte Partei kann verpflichtet werden, die Herkunft eines verletzenden Objekts bekannt zu geben (Art. 62 Abs. 1 lit. c URG, Art. 66 lit. b PatG, Art. 35 Abs. 1 lit. c DesG, Art. 55 Abs. 1 lit. c MSchG).

17.112 **e.** *Abtretungsklage:* Ein Patent, ein Designrecht oder eine Marke können zufolge einer Klage auf den besser Berechtigten übertragen werden (Art. 29 PatG, Art. 34 DesG, Art. 53 MSchG).

17.113 **f.** *Schadenersatz- und Genugtuungsklage:* Die Spezialgesetze verweisen diesbezüglich auf das Obligationenrecht (Art. 62 Abs. 2 URG, Art. 73 PatG, Art. 35 Abs. 2 DesG, Art. 55 Abs. 2 MSchG, Art. 9 Abs. 3 UWG).

17.114 **2.** Widerrechtlich hergestellte Gegenstände können im Zivilverfahren auf gerichtliche Anordnung hin *eingezogen, verwertet oder vernichtet* werden (Art. 63 URG, Art. 69 PatG, Art. 36 DesG, Art. 57 MSchG). Aus Gründen der Verhältnismässigkeit werden jedoch ausgeführte Werke der Baukunst im Urheberrecht davon ausgenommen (Art. 63 Abs. 2 URG). Dies gilt auch für die Einziehung im Strafverfahren (Art. 72 URG).

17.115 Nach Auffassung des Bundesgerichts gilt die Ausnahme von der gerichtlichen Vernichtung bei ausgeführten Werken der Baukunst unabhängig davon, ob die Verletzung urheberrechtliche Vermögens- oder Persönlichkeitsrechte betrifft.[115] Das Interesse des Eigentümers am weiteren Gebrauch des urheberrechtsverletzenden Bauwerks steht demnach über dem Interesse des Urhebers.

---

115 BGer 4A_341/2008 (20.1.2009) «Steinkirche», in: sic! 2009, S. 345 ff.

§ 18 Der Beruf des Planers im öffentlichen Recht

JEAN-BAPTISTE ZUFFEREY*

Inhaltsverzeichnis

* Frau Dr. HEDWIG DUBLER hat diesen Beitrag ins Deutsche übersetzt und an den neusten Stand von Gesetzgebung und Rechtsprechung angepasst; sie war zudem an der Erarbeitung und Abfassung gewisser Abschnitte beteiligt.

Einleitung

18.1 Die Tätigkeit von Planern ist mit hohen Qualitäts- und Sicherheitsansprüchen verbunden. Das schlägt sich sowohl im Bereich der Aus- bzw. Berufsbildung, als auch in den Bereichen Zugang und Regulierung der Berufsausübung nieder. Entsprechend unterliegen in der Schweiz verschiedene Aspekte des Planerberufs (Architekt und Ingenieur) öffentlich-rechtlichen und standesrechtlichen Regelungen.

18.2 Gegenstand des vorliegenden Beitrags bildet der öffentlich-rechtliche Regelungsbereich des Planerberufs. Der Bereich der Berufsbildung im eigentlichen Sinn, d.h. der Ausbildung zum Architekten oder Ingenieur, wird im Rahmen des vorliegenden Beitrags nur in Zusammenhang mit Fragen des Zugangs zur Berufsausübung sowie der Regulierung der Berufsausübung behandelt.

I. Aus der Rechtsprechung

18.3 Die nachfolgend aufgeführten Beispiele aus der Rechtsprechung sollen die ganz verschiedenen Fragen veranschaulichen, die sich im Zusammenhang mit den erwähnten Bereichen des Planerberufs stellen können.

1. Verpflichtung zu einem Geschäftsdomizil für Architekten und Ingenieure

18.4 **1.** *Sachverhalt (Ende der 80er-Jahre):* Stéphane de Montmollin, Architekt ETH, betreibt ein Architekturbüro in Biel. Aufgrund seiner Herkunft und seiner Beziehungen zum Kanton Neuenburg hat er dort immer wieder berufliche Kontakte. Er beantragt daher seine Eintragung in das Architekten- und Ingenieurregister des Kantons Neuenburg. Gemäss Art. 130 des kantonalen

Baugesetzes vom 12. Februar 1957[1] unterliegt die Eintragung in das Register der Voraussetzung eines Geschäftsdomizils im Kanton. Da diese Voraussetzung im vorliegenden Fall nicht erfüllt ist, weist die zuständige Behörde den Antrag von Herrn de Montmollin ab. Dieser rekurriert wegen Verletzung der Handels- und Gewerbefreiheit (Art. 31 alte BV; seit dem 1. Januar 2000: Wirtschaftsfreiheit, Art. 27 BV) an das Bundesgericht. Er macht geltend, die Voraussetzung eines Geschäftsdomizils im Kanton sei nicht durch ein genügendes öffentliches Interesse gerechtfertigt; sie verletze das Verhältnismässigkeitsprinzip und stelle eine untersagte wirtschaftspolitische Massnahme dar.

2. *Entscheid (BGE 116 Ia 355):* In seinem Entscheid bestätigt das Bundesgericht grundsätzlich die Wirtschaftsfreiheit für Architekten und Ingenieure, wobei die Kantone die Freiheit für diesen Berufszweig aber regulatorisch einschränken können. So können die Kantone «polizeiliche Massnahmen» (im Gegensatz zu «wirtschaftspolitischen Massnahmen») ergreifen, die durch ein genügendes öffentliches Interesse, namentlich die Wahrung der öffentlichen Sicherheit, gerechtfertigt und verhältnismässig, d.h. für die Erlangung des im öffentlichen Interesse liegenden Ziels geeignet, sein müssen. Im vorliegenden Fall soll mit der Regulierung sichergestellt werden, dass die im Kanton Neuenburg tätigen Architekten und Ingenieure über genügende Kenntnisse der Besonderheiten der kantonalen und kommunalen Baugesetzgebung verfügen, was unwiderruflich in den Bereich des öffentlichen Interesses fällt. Zu beurteilen bleibt somit, ob die Voraussetzung eines Geschäftsdomizils eine geeignete Massnahme darstellt, dieses im öffentlichen Interesse stehende Ziel zu erreichen. Das Bundesgericht verneint das und legt dar, dass Architekten – wie auch Ingenieure – die betreffenden praktischen Kenntnisse nur durch Erfüllung der ihnen anvertrauten Aufträge erwerben können; die Tatsache, dass sie über ein Geschäftsdomizil im Kanton verfügen, stellt für sich alleine noch keine Garantie für eine genügende Kenntnis der spezifischen Vorschriften dar. 18.5

3. Das Kantonsgesetz vom 25. März 1996 über das Neuenburger Register der Architekten, Ingenieure, Städteplaner und Städtebauer enthält keine Bestimmung mehr über den Nachweis eines Geschäftsdomizils im Kanton. 18.6

---

1 Mittlerweile ersetzt durch das Gesetz vom 25. März 1996 (SR-NE 720.0).

2. Werbeverbot für Architekten

18.7 **1.** *Sachverhalt (80er-Jahre):* Architekt Guyot ist in der Liste der vom Kanton Waadt anerkannten Architekten eingetragen und hat ein Faltblatt drucken lassen, das dem «Bulletin immobilier», einer Publikation der westschweizerischen Immobilienvereinigung (Fédération romande immobilière), beigelegt wurde. Dieses Dokument enthält verschiedene Photographien von realisierten Bauten («quelques exemples de nos nombreuses réalisations») sowie das Logo von Architekt Guyot, seinen Namen, Vornamen und folgende Angaben: Städteplanung, Architektur, Tiefbauwerke, Totalunternehmung, Immobilienpromotion und Finanzierungssicherung, Immobilienverwaltung. Unter der Rubrik «Libérez-vous de vos soucis immobiliers», enthält das Faltblatt folgenden Text:

> « Notre entreprise est la seule à regrouper sous le même toit une agence d'urbanisme, un atelier d'architecture, un bureau d'études en génie civil, une société d'entreprise générale, une société de promotion et de recherche de financement et une société de régie immobilière […]
>
> La diversité de nos services, notre expérience dans tous les domaines touchant à l'immobilier, nous permettent d'intervenir pour vous efficacement à l'échelon de l'étude de projets, de la réalisation de tout ou partie de leur exécution puis de la saine gestion de l'ouvrage achevé.
>
> Consultez-nous sans engagement. Retournez-nous simplement la carte ci-dessous. Quel que soit votre problème, nous pouvons vous aider à le résoudre à des conditions plus avantageuses et plus rapides que si vous deviez recourir séparément à plusieurs services spécialisés. »

18.8 Weiter unten figuriert in Fettschrift: «Consultez-nous!» mit einem an Architekt Guyot adressierten Antwortabschnitt.

18.9 Die Kantonale Architektenkammer sieht in dem Faltblatt eine unlautere bzw. verbotene Werbung i.S. des Kantonsgesetzes vom 13. Dezember 1966 über den Architektenberuf[2] (Art. 10: «L'architecte s'interdit toute publicité.»; Art. 11: «L'architecte s'interdit toutes démarches et tous actes déloyaux à l'égard d'un confrère, notamment le plagiat.»). Sie verurteilt Architekt Guyot zu einer Busse von CHF 1000.–. Der Staatsrat bestätigt auf Beschwerde von Architekt Guyot hin die Busse. Entsprechend zieht Architekt Guyot die Beschwerde an das Bundesgericht weiter und macht eine Verletzung der Handels- und Gewerbefreiheit geltend (Art. 31 alte BV; seit dem 1. Januar 2000: Wirtschaftsfreiheit, Art. 27 BV).

2 SR-VD 705.41.

2. *Entscheid (BGE 104 Ia 473):* In seinem Entscheid hält das Bundesgericht fest, dass die Architekten im Genuss der Wirtschaftsfreiheit stehen, die namentlich auch das Recht auf Werbung umfasst; dieses Recht kann aber durch kantonale handelspolizeiliche Massnahmen eingeschränkt werden, die dem Schutz vor unlauterem Wettbewerb und vor Irreführung der Öffentlichkeit dienen sollen. Es hält ebenfalls fest, dass die Kantone sich gegenüber selbständig Erwerbenden restriktiver zeigen dürfen als gegenüber handels- und gewerbetreibenden Personen, da diese in den Beziehungen zu ihren Kunden und der Öffentlichkeit ein würdiges und korrektes Verhalten an den Tag legen müssen. So sollen diese namentlich nicht zu Werbemitteln greifen, die ein schlechtes Licht auf ihren Berufsstand werfen könnten. Folglich steht es den Kantonen frei, jegliche Werbung, die auf den finanziellen Aspekt der Tätigkeit abstellt und aufdringlich, stark profitorientiert oder irreführend wäre, zu untersagen. Für eine Abgrenzung zwischen zulässiger und unzulässiger Werbung ist auf die Gewohnheiten und allgemeinen Ansichten der Berufssparte innerhalb des Kantons abzustellen. Für die Architekten sind diese Gewohnheiten in der Deontologischen Ordnung der Internationalen Architektenvereinigung (UIA) und in der SIA-Norm 154 (1973): «Ordnung über die Werbung» verankert. Die Busse gegen Architekt Guyot wurde nicht aufgrund der Tatsache ausgesprochen, dass er Werbung betrieben hat, sondern, weil das Faltblatt Übertreibungen enthält und die Würde des Berufsstandes verletzt. Die Anwendung der Waadtländer Gesetzgebung erfolgt im vorliegenden Fall in Achtung der von der Rechtsprechung etablierten Grundsätze und verletzt in keiner Weise die Wirtschaftsfreiheit. 18.10

3. Art. 10 des Waadtländer Gesetzes vom 13. Dezember 1966 über den Architektenberuf wurde 1998 aufgehoben, was auf eine gewisse Aufweichung der Auffassungen über die Werbung schliessen lässt. Der Entscheid galt im Übrigen nur für Architekten und nicht für Ingenieure. 18.11

3. Ausarbeitung von Bauprojekten und Gesuchstellung durch zugelassene Personen

1. *Sachverhalt (80er-Jahre):* Die Ehegatten P. beauftragen Architekt C. mit der Ausarbeitung und Auflage ihres Bauprojektes. Nach Ausarbeitung der Pläne stellt C. den Ehegatten P. den Betrag von CHF 28 942.20 in Rechnung. Die Ehegatten P. bestreiten, diesen Betrag schuldig zu sein: C. habe sie insofern getäuscht, als er behauptet habe, in der Liste der anerkannten Archi- 18.12

tekten des Kantons Waadt eingetragen zu sein, was aber nicht der Fall sei. C. klagt den Betrag ein.

18.13 **2.** *Entscheid (BGE 117 II 47):* Wie auch andere kantonale Gesetzgebungen, sieht das kantonale Raumplanungs- und Baugesetz des Kantons Waadt vom 4. Dezember 1985 vor, dass – ausgenommen bei Bauten von geringer Bedeutung – die Pläne aller Bauten, welche obligatorisch einem Baugesuch unterliegen, von einem Architekten verfasst und unterzeichnet werden müssen; für besondere Pläne sind in diesem Bereich spezialisierte Ingenieure zuständig (Art. 106). Als zugelassene Architekten oder Ingenieure gelten die im Register A oder B des REG (Stiftung der Schweizerischen Register der Fachleute in den Bereichen des Ingenieurwesens, der Architektur und der Umwelt) eingetragenen Personen. Da C. nicht in diesem Register eingetragen ist, kann er nicht die notwendigen Schritte für die Einleitung des Baugesuchs unternehmen. Die Beurteilung der möglichen Folgen einer derartigen (öffentlich-rechtlichen) Unmöglichkeit zur Erbringung der Leistung auf den Vertrag zwischen Architekt bzw. Ingenieur und seinen Kunden gestaltet sich hingegen komplex. Das Raumplanungs- und Baugesetz des Kantons Waadt vom 4. Dezember 1985 enthält keine Antwort zu dieser Frage. Gemäss den Ehegatten P. ist der Vertrag nichtig (Art. 20 OR), da der Inhalt rechtswidrig und unmöglich ist. Für gewisse Autoren handelt es sich aber eher um einen anfechtbaren Vertrag, da sich der Kunde über die Anerkennung des Architekten oder Ingenieurs im Irrtum befindet (oder schlimmer noch, da er getäuscht wurde); «technisch» gesehen, handelt es sich also um einen Willensmangel (Art. 23 und 24 Abs. 1 Ziff. 4: Irrtum; Art. 28: Täuschung, und 31 OR). Das Bundesgericht nimmt die zweite Lösung an, da sie den Kunden besser schützt; dieser hat die Wahl zwischen Anfechtung oder Genehmigung des Vertrags, wohingegen die Nichtigkeit ihm keine Wahlfreiheit gewährt; zudem entspricht eine derart schwerwiegende Folge wie die Nichtigkeit nicht unbedingt der Zielsetzung des kantonalen Raumplanungs- und Baugesetzes; eine solche Massnahme wäre insofern schockierend, als der Architekt oder Ingenieur schon Pläne fertig gestellt hat, die sich im Grunde als zufriedenstellend erweisen.

18.14 Haben die Ehegatten anschliessend keine Aufhebungserklärung abgegeben, müssen sie dem Architekten C. sein Honorar (unter Abzug des entstandenen Schadens) entrichten.

4. Kantonales Register der anerkannten Beauftragten, Verweis oder Löschung aus dem Register als disziplinarische Massnahme

A. Verweis

1. *Sachverhalt (2009):* A. hat im Jahr 2005 das Studium als Bauingenieur mit dem Zusatz «edilizia» der Scuola universitaria professionale della Svizzera italiana (SUPSI) abgeschlossen. Er wird im Register des Ordine degli ingegneri e architetti del Cantone Ticino (OTIA) unter der Rubrik «Bauingenieur» eingetragen. Im Juli 2008 unterbreitet die B. SA bei der Gemeinde Bellinzona ein Baugesuch betreffend die Überbauung einer Parzelle, die im Eigentum von A.s Vater steht. Das Baugesuch ist von A. in seiner Eigenschaft als Vertreter der Gesuchstellerin und als Verantwortlicher für die Planung unterzeichnet worden. Die Aufsichtskommission des OTIA hat auf Grundlage dieses Baugesuchs ein Disziplinarverfahren gegen A. eröffnet und geltend gemacht, bei dem von ihm unterzeichneten Projekt handle es sich um ein architektonisches Projekt und es läge entsprechend nicht in seinem Kompetenzbereich, da er im Register unter der Berufsgruppe «Bauingenieur» eingetragen sei. A. wird unter der Begründung, er habe die Bestimmungen des kantonalen Gesetzes über die Ausübung des Ingenieur- und Architektenberufs (Legge cantonale sull'esercizio delle professioni di ingegnere e di architetto del 24 marzo 2004; LEPIA[3]) verletzt, ein Verweis erteilt. Der Entscheid wird in der Folge vom Verwaltungsgericht des Kantons Tessin bestätigt. 18.15

2. *Entscheid (BGer 2C_828/2010 vom 10. März 2010, RtiD II 2011, S. 105):* Im Rahmen einer Beschwerde in öffentlich-rechtlichen Angelegenheiten an das Bundesgericht macht A. eine Verletzung des Willkürverbots (Art. 9 BV) geltend. Nach Ansicht des Bundesgerichts ist dieser Vorwurf nicht begründet: so gelinge es A. einerseits nicht darzulegen, worin im vorliegenden Fall die Willkür bestünde (das Bundesgericht ist keine appellatorische Instanz und überprüft entsprechend nur genügend begründete Anträge); zudem sei die Art und Weise der Anwendung der kantonalen Gesetzgebung durch die Aufsichtskommission nicht klar und offensichtlich unhaltbar, noch habe diese die genaue Bedeutung seiner Diplome verkannt. A. sei im kantonalen Register in der Rubrik «Bauingenieur» eingetragen; das betreffende Bauprojekt sei hingegen rein architektonischer bzw. planerischer Natur. Grundsätzlich sei 18.16

3 RL/TI 7.1.5.1.

es unerlässlich, dass die Tätigkeit der im Register eingetragenen Personen auf diejenigen Bereiche beschränkt bleibe, für welche diese (auf Grundlage ihrer im Zeitpunkt der Eintragung vorgewiesenen Berufsdiplome) eingetragen seien.

B. Löschung aus dem Register

18.17 **1.** *Sachverhalt (2010):* Ein Genfer Architekt wird provisorisch aus dem kantonalen Register der anerkannten Beauftragten gestrichen, da er mehrfach die kantonalen Bauvorschriften verletzt sowie sich über Baueinstellungsverfügungen hinweggesetzt hat. Er zieht seine Beschwerde gegen diesen Entscheid bis ans Bundesgericht.

18.18 **2.** *Entscheid (BGer 2C_268/2010 vom 18. Juni 2010):* Der Kanton Genf hat am 17. Dezember 1982 ein Gesetz über die Ausübung des Architekten- und Ingenieurberufs[4] angenommen. Art. 1 LPAI sieht vor, dass die unabhängige Ausübung des Architekten- oder Ingenieurberufs sowie ähnlicher Berufe im Kanton für Arbeiten, deren Ausführung gemäss dem kantonalen Gesetz über Bauten und Anlagen vom 14. April 1988 beruflich qualifizierten und vom Kanton anerkannten Beauftragten (hiernach: Beauftragten) vorbehalten ist, einer Bewilligung unterliegt. Gemäss Art. 2 LPAI wird eine öffentliche Liste der Beauftragten geführt. Art. 5 LPAI sieht die Löschung aus dem Register vor, wenn die Eintragsvoraussetzungen nicht mehr erfüllt sind, bei schweren oder wiederholten Verletzungen der beruflichen Pflichten oder bei anderen schwerwiegenden Gründen; vorbehaltlich der provisorischen Löschung für maximal 2 Jahre durch die Architekten- und Ingenieurkammer gemäss Art. 13 Abs. 1 Bst. c LPAI wird die Löschung auf Antrag der Kammer vom Staatsrat beschlossen.

18.19 Bei den freien Berufen sind die Verhaltensregeln häufig nicht schriftlich verankert und beruhen auf lokalen oder beruflichen Usanzen. Dies hat zur Folge, dass die Mitglieder dieser Berufssparten zahlreiche nicht ausdrücklich in einem Gesetzestext vorgesehene Standesregeln beachten müssen. Der Kanton Genf hat allerdings in Art. 11 Abs. 2 Bst. b LPAI ganz klar vorgesehen, dass eine der Hauptaufgaben der Architekten- und Ingenieurkammer darin besteht, Verletzungen des Genfer Gesetzes über die Berufsausübung des Architekten- und Ingenieurberufs oder von beruflichen Usanzen sowie den un-

[4] Loi sur l'exercice des professions d'architecte et d'ingénieur, LPAI; SR-GE L 5 40.

lauteren Wettbewerb zu ahnden. Diese sehr weit gefasste Bestimmung bildet eine ausreichende Grundlage für disziplinarische Strafen.

Art. 6 Abs. 2 LPAI (Kapitel II unter dem Titel: Rechte und Pflichten) sieht die Pflicht des Architekten vor, die legitimen Interessen des Auftraggebers aufs Beste zu erfüllen und entsprechend die ihm erteilten Aufgaben sorgfältig und umsichtig auszuführen. Die Bestimmung sieht zudem vor, dass er dabei auch im allgemeinen Interesse qualitativ hochstehende, den Anforderungen an Sicherheit, Hygiene, Ästhetik und Umwelt genügende Werke realisieren soll. Die Beachtung des öffentlichen Rechts gehört entsprechend in den Aufgabenbereich des Architekten und bei einer Verletzung ist mit einer Disziplinarstrafe zu rechnen. 18.20

Der Beschwerdeführer ist zweimal wegen Nichtbeachtung von Baueinstellungsverfügungen zu Verwaltungsstrafen verurteilt worden. Ein solches Verhalten stellt insofern eine Verletzung der im Genfer Gesetz über die Ausübung des Architekten- und Ingenieurberufs vorgesehenen beruflichen Pflichten der Architekten dar, als es sicherlich nicht zu dessen besseren Anwendung führt und eine Missachtung der Weisungen der Verwaltungsbehörde darstellt, mit welcher der Architekt eng zusammenarbeiten muss. Das beanstandete Verhalten fällt somit unter die vom Disziplinarrecht der Architekten sanktionierten Handlungen. Folglich hat das Verwaltungsgericht den Legalitätsgrundsatz in keiner Weise verletzt und sein Entscheid ist weder willkürlich noch stellt er eine Rechtsverletzung dar. 18.21

Die verfügte Massnahme erscheint in Anbetracht der gegen den Beschwerdeführer vorgebrachten Tatsachen gerechtfertigt, zumal diesem schon zahlreiche Verwaltungsbussen auferlegt wurden und im Jahr 1999 eine Löschung aus dem Register für sechs Monate sowie eine Busse von CHF 5000.– verfügt worden war. 18.22

5. Aufnahmeprüfung für Architekten zum Eintrag in das REG

1. *Sachverhalt (2009):* C. hat sich bei der Prüfungskommission der Stiftung der Schweizerischen Register der Fachleute in den Bereichen des Ingenieurwesens, der Architektur und der Umwelt für die Eintragung in des Register B zur mündlichen Prüfung angemeldet. Die Prüfungskommission lehnt den Antrag auf Eintrag in das REG ab. Dabei hält sie im Wesentlichen fest, dass die Experten beim architektonischen Ansatz die Erläuterungen betreffend 18.23

die Gebäudestellung, die Gestaltung der Volumen sowie der Aussen- und Innenräume, die Ausrichtung, die Erschliessung und die Organisation von Grundriss und Schnitten als nicht ausreichend beurteilt haben. Zudem haben die Experten das Fehlen einer Hierarchie in den vorgeschlagenen Lösungen und in den getroffenen Entscheiden bemängelt; so beispielsweise bezüglich das Zusammenspiel zwischen architektonischer Zielsetzung, dekorativen Elementen, oder praktischen und baurechtlichen Einschränkungen. Des Weiteren kann die Prüfungskommission keinen Willen zu einer Umsetzung der Skizzen feststellen, weder in konzeptioneller noch in konstruktiver Hinsicht. Nach ihrer Auffassung hat C. aufgrund seiner pragmatischen Herangehensweise bei den konstruktiven Details mehrfach gewisse grundlegende Prinzipien bezüglich Tragwerk oder Wärmedämmung ausser Acht gelassen. Abschliessend hält die Kommission fest, dass auch die Antworten im Bereich Kunstgeschichte bezüglich Daten, Orte und Stilrichtungen ungenügend waren.

18.24 **2.** *Entscheid:* Das Bundesverwaltungsgericht weist die Beschwerde von C. in einem Entscheid vom 9. Januar 2009 *(B-5988/2008)* ab. Es hält fest, dass C. auf Grundlage des Prüfungsreglements kein Recht auf Einsicht in das Protokoll der Prüfungskommission zukommt, dass sein Anspruch auf rechtliches Gehör ihm nicht das Recht gewähre, sich zu seinen Prüfungsresultaten zu äussern, bevor die Prüfungskommission ihren Entscheid gefasst habe, dass die Prüfungskommission berechtigt sei, die mittelmässige Qualität der schriftlichen Arbeit von C. auch dann zu berücksichtigen, wenn sie ihn anschliessend zur mündlichen Prüfung zugelassen habe, und dass schliesslich auch die von C. vorgelegten Referenzen von Drittpersonen nicht ausreichend seien (C. sah sich als Opfer eines Komplotts und hatte zudem Strafklage gegen diese Personen eingereicht).

18.25 **3.** In seinem Entscheid vom 9. April 2009 *(BGer 2C_97/2009)* hat das Bundesgericht die Beschwerde in öffentlich-rechtlichen Angelegenheiten von X. (vormals C.) für unzulässig erklärt. Gemäss Art. 83 Bst. t BGG ist die Beschwerde gegen Entscheide über das Ergebnis von Prüfungen und anderen Fähigkeitsbewertungen, namentlich auf den Gebieten der Schule, der Weiterbildung und der Berufsausübung unzulässig und im vorliegenden Fall bildet ein Prüfungsergebnis, aufgrund dessen der Beschwerdeführer nicht im Register B der Architekten eingetragen wurde, Gegenstand des angefochtenen Entscheids. Da der angefochtene Entscheid von einer Bundesbehörde gefällt wurde, steht auch die subsidiäre Verfassungsbeschwerde nicht offen;

diese kann nur gegen letztinstanzliche kantonale Entscheide geführt werden (Art. 113 BGG).

II. Die materiellrechtliche Regelung

1. Das schweizerische Recht

Die fünf angeführten Fälle zeigen, dass der Architekten- und Ingenieurberuf nicht frei ausgeübt werden kann, sondern vielmehr durch ein ganzes Netzwerk von öffentlich-rechtlichen Bestimmungen reglementiert wird, die Gegenstand der nachstehenden Ausführungen bilden werden. 18.26

A. Kantonales Recht (ausgenommen Ingenieur-Geometer)

Eine einheitliche bundesrechtliche Regelung besteht weder für den Beruf des Architekten noch für denjenigen des Ingenieurs. Einzige Ausnahme hierzu bildet der Beruf des Ingenieur-Geometers, der in einem weiteren Abschnitt behandelt wird (Nr. 18.66). Für beide Berufssparten bestehen in gewissen Kantonen zahlreiche Bestimmungen, die in Form und Inhalt voneinander abweichen können. 18.27

1. Wie schon erwähnt, wird der Architekten- und Ingenieurberuf auf *kantonaler* Ebene geregelt. In der nachfolgenden Übersicht werden für jeden Kanton die materiellen Berufszugangsvoraussetzungen, die der Regelung unterstellten Planerleistungen und für eine Gewährleistung dieser Voraussetzungen zur Verfügung stehenden verwaltungsrechtlichen Mittel dargestellt. Diese Informationen sind den kantonalen Gesetzgebungen über die Architekten, Ingenieure und (sofern solche bestehen) über ihre Register sowie den Raumplanungs-, Bau- und vergaberechtlichen Bestimmungen entnommen; hinzukommen gewisse interkantonale Quellen, wie die vom Regierungsausschuss des Espace Mittelland angenommene Verwaltungsvereinbarung vom 12. März 1999 über reglementierte gewerbliche Tätigkeiten (Espace Mittelland)[5]. 18.28

2. Die Informationen gelten sowohl für den Beruf des Architekten (inklusive Städteplaner) wie auch für denjenigen des Ingenieurs; die Besonderheiten 18.29

5 SR-FR 940.3; SR-JU 943.91.

der jeweiligen berufsspezifischen Leistungen sind zusätzlich aufgeführt. Die Regelung für den Beruf des *Geometers* erfuhr mit Inkrafttreten des Bundesgesetzes vom 5. Oktober 2007 über Geoinformation[6] eine Änderung: Gemäss Art. 41 GeoIG kann, wer das eidgenössische Staatsexamen erfolgreich bestanden hat, sich im Register der Ingenieur-Geometerinnen und Ingenieur-Geometer eintragen und ist zur selbständigen Ausführung von Arbeiten der amtlichen Vermessung berechtigt. Eine Bundesverordnung vom 21. Mai 2008 über die Ingenieur-Geometerinnen und Ingenieur-Geometer[7] bestimmt im Detail die Voraussetzungen für die Zulassung zum Staatsexamen und dessen Ablauf unter dem Vorsitz einer Aufsichtsbehörde, der Geometerkommission, die paritätisch aus Vertretern des Bundes und des Berufsstandes zusammengesetzt ist. Diese Partnerschaft zwischen öffentlichem Bereich und Vertretern privatrechtlich konstituierter Berufsorganisationen hat sich seit Langem bewährt und wurde entsprechend bei der Einführung des Bundesregisters übernommen; hier werden rechtlich bedeutende Aktivitäten, welche die Souveränität des Staates (die Bestimmung der Grenzen des Grundeigentums) berühren, auf Privatpersonen übertragen. Bei Eingriffen in die Wirtschaftsfreiheit der Ingenieur-Geometer führt dieses System zu einer Herabsetzung der Anforderungen an den Grundsatz der Gesetzmässigkeit. So wird beispielsweise bei der Geometerkommission die Einführung einer Altersgrenze zur Ausübung von Arbeiten der amtlichen Vermessung diskutiert. Diese müsste auf Gesetzesstufe verankert werden. Periodische Kontrollen zur Sicherstellung der Qualität der Arbeiten bei den im Register eingetragenen Personen wären hingegen schon heute möglich[8].

18.30 **3.** Mit dieser Regelung sollte die *Freizügigkeit der Ingenieur-Geometer* innerhalb der Schweiz, zumindest, was die Durchführung von amtlichen Vermessungen anbelangt, ohne Schwierigkeiten umsetzbar sein; dementsprechend kann ein Kanton sich nicht mehr auf seine Gesetzgebung über die amtlichen Vermessungen berufen, um einem Ingenieur-Geometer aus einem anderen Kanton unter dem Vorwand, er habe kein Geschäftsdomizil im Kanton, den Zugang zu einer öffentlichen Ausschreibung für die technische Leitung einer Landumlegung zu verweigern[9]. Das gilt auch für Vermessungsarbeiten in Zusammenhang mit der *Errichtung von Bauten:* Häufig schreiben die kanto-

---

6 SR 510.62.

7 SR 211.432.261.

8 Kettinger, S. 23.

9 Siehe schon Entscheid des Verwaltungsgerichts Freiburg vom 24. Mai 2000 in FZR 2000, S. 143.

nalen Baugesetzgebungen den Bauherren den Beizug eines amtlichen Geometers vor. So müssen sie beispielsweise bei Abschluss der Bauarbeiten der Behörde einen Übereinstimmungsnachweis vorlegen, mit dem bestätigt wird, dass die Baupläne beachtet wurden. Gemäss Rechtsprechung war zwischen den im Zusammenhang mit einer Baubewilligung oder einer Standortbewilligung erbrachten Leistungen zur Anfertigung eines Situationsplans und den Leistungen des Ingenieur-Geometers bei einer amtlichen Vermessung zu unterscheiden. Die Ausbildung zum patentierten Ingenieur-Geometer umfasste zudem eine vertiefte Schulung im Bereich des Baurechts; das Ausbildungsniveau, die Spezialisierung und die Schwierigkeiten der Studien in den rechtlichen Bereichen des Bodens und seiner Nutzung waren also objektiv den Studiengängen einer FH oder einer ETH überlegen. Unter diesem Gesichtspunkt liess sich aus baupolizeilichen Erwägungen eine kantonale Sonderregelung mit einem Monopol von Ingenieur-Geometern, die über einen Eidgenössischen Fachausweis verfügen, gegenüber der Wirtschaftsfreiheit rechtfertigen[10]; diese Lösung behält heute in Anbetracht der bundesrechtlichen Regelung ihre Gültigkeit.

B. Auswirkungen der bestehenden Regelung

Die anschliessende Übersicht zeigt, dass zwischen den einzelnen Kantonen grosse Unterschiede bestehen können. 18.31

1. Die Kantone können den Zugang zum Architekten- oder Ingenieurberuf direkt, indirekt oder auf beide Weisen regeln: Der Zugang wird *direkt* geregelt, wenn das kantonale Recht eine Eintragung in ein kantonales Register oder eine besondere Berufsausübungsbewilligung vorschreibt (Freiburg, Genf, Neuenburg, Tessin, Waadt). *Indirekt* kann der Zugang geregelt werden, wenn die Kantone ihren Behörden die Kompetenz übertragen, die Teilnahme an einem Auswahlverfahren bei einer öffentlichen Beschaffung von der Eintragung auf einer ständigen Liste abhängig zu machen (Freiburg, Jura, Neuenburg, Waadt, Wallis und Bern) oder, wenn – selbst ohne besondere Eintragungs- oder Bewilligungsanforderungen – gewisse Leistungen aufgrund von baupolizeilichen Bestimmungen nur unter der Beteiligung eines gemäss 18.32

10 Entscheid des Bundesgerichts vom 18. Juni 2002 in RDAF 2003 I, S. 236.

der kantonalen Gesetzgebung besonders qualifizierten Architekten oder von Ingenieuren erbracht werden können[11].

18.33 **2.** Bei den *Westschweizer Kantonen* bestehen zwischen den *formellen* Quellen, in denen die rechtlichen Anforderungen verankert sind, grosse Unterschiede. Bei den *materiellen* Bewilligungsvoraussetzungen lassen sich hingegen starke Ähnlichkeiten feststellen. Die jeweils anerkannten Planern vorbehaltenen Leistungen gehen wiederum stark auseinander. Der Rahmen reicht hier von einem Minimalregime wie im Kanton Wallis (die private Bautätigkeit ist vollkommen frei) bis zu einem stark reglementierten Regime wie im Kanton Genf; der Kanton Tessin verfügt sogar über ein Gesetz vom 1. Dezember 1997 über den Beruf des Bauunternehmers[12].

18.34 In diesem Zusammenhang stellt sich auch die Frage der Rechtfertigung einer Unterscheidung zwischen *öffentlicher* und *privater* Bautätigkeit. In einem Urteil vom 11. April 2002 zu einem neuen Kantonsgesetz über den Architektenberuf hat der Verfassungsgerichtshof des jurassischen Kantonsgerichts darin eine Verletzung des Gleichbehandlungsgebots (Art. 8 BV) gesehen und das Gesetz mit Entscheid vom 11. April 2002 aufgehoben; (1) Die Kantone haben die Möglichkeit – jedoch keine Verpflichtung –, von den Architekten besondere Qualifikationen zu fordern, damit ein angemessener öffentlicher Schutz sichergestellt werden kann. Diesem Ziel wird jedoch dann nicht mehr entsprochen, wenn ein Gesetz solche Anforderungen nur für den Bereich von öffentlichen Bauten festlegt und ansonsten ganz allgemein auf jegliche Bewilligung für die Berufsausübung verzichtet. Aus den gleichen Gründen besteht dann eine unzulässige Rechtsungleichheit zwischen zwei Personengruppen, die dem gleichen Wirtschaftszweig angehören, und sich mit identischen Angeboten an den gleichen Personenkreis wenden, um gleichwertige Bedürfnisse zu erfüllen. (2) Verfolgt der Staat eine Baupolitik der Qualitätsförderung bei architektonischen Leistungen, kann er dies über das öffentliche Beschaffungswesen verwirklichen: hier handelt es sich dann nicht um baupolizeiliche Einschränkungen zum Schutz eines öffentlichen Interesses, sondern einfach um die Regulierung der Beschaffungen mittels Vertrag. Das Beschaffungsrecht kann hingegen nicht *a priori* die Teilnahme von nicht diplomierten Leistungserbringern an den Vergabeverfahren ausschliessen: Sobald die baupolizeilichen Bestimmungen Architekten die Erbringung

[11] Zu den Grenzen der Zulässigkeit dieser kantonalen Zugangsbeschränkungen vgl. Nr. 18.85.

[12] SR-TI 7.1.5.3.

von Leistungen (auch wenn hierfür bedeutende technische und theoretische Kenntnisse benötigt werden) an Private zulassen, besteht keine Veranlassung daraus zu schliessen, dass diese nicht in der Lage wären, auch Aufträge für öffentliche Körperschaften auszuführen[13].

3. In den meisten *deutschsprachigen Kantonen* wird der Planerberuf allgemein nicht geregelt; der Zugang zu dieser Tätigkeit ist folglich frei (Wirtschaftsfreiheit, Art. 27 BV) und der Beizug eines befugten Fachmanns ist weder für den Bereich der privaten Bautätigkeit – der Bauherr kann sogar selber sein Gesuch zur Baubewilligung unterzeichnen (vgl. für Zürich: Formular unter www.baugesuche.zh.ch) – noch für denjenigen öffentlicher Bauten obligatorisch. Nur wenige Kantone weichen von diesem Grundsatz ab und kennen entweder eine ähnliche wie die vorgängig für die Westschweizer Kantone beschriebene Regelung (z.B. Luzern) oder schreiben das Bestehen von «nötigen Fachkenntnissen» vor, ohne allerdings den Nachweis ganz spezifischer Diplome zu verlangen (z.B. Basel-Stadt). Zu berücksichtigen bleibt zudem ganz allgemein, dass bei öffentlichen Bauten in den meisten Fällen ein öffentliches Beschaffungsverfahren durchgeführt werden muss, womit der Zugang entweder ausdrücklich oder aufgrund des Zusammenspiels von Konkurrenz und Eignungskriterien diplomierten Fachleuten vorbehalten bleibt. In diesem Zusammenhang verfügen gewisse Kantone über besondere Regelungen für Architektur- und Ingenieuraufträge[14]. 18.35

Wirtschaftliche Globalisierung und Europäische Integration führen dazu, dass sich diese Unterschiede bei der *Personenfreizügigkeit* als Hemmnisse auswirken; diese Frage wird nachfolgend (Nr. 18.38) behandelt. 18.36

4. Obgleich keine spezifische bundesrechtliche Regelung des Architekten- und Ingenieurberufs besteht, schützt das Bundesgesetz vom 19. September 1986 über den unlauteren Wettbewerb die Namen aller Ausbildungsstätten, welche Titel im Bereich von Architektur und Ingenieurwesen verleihen; ein diplomierter Fachmann kann also keinen Missbrauch betreiben (Art. 3 Bst. c UWG). Die Bezeichnung *Architekt* als solche ist hingegen nicht geschützt; was auch bei Kantonen, in denen der Beruf an sich reglementiert ist, für die Bezeichnungen Architektur-«Büro» oder «Atelier» gilt. In der Praxis wird diese Lücke weitgehend durch Privatregister geschlossen wobei namentlich 18.37

---

13 Vgl. Entscheid BGer 2P.440/1995 vom 12. März 1997 zur Tessiner Gesetzgebung.

14 Beispielsweise Solothurn: Weisungen über die Anpassung von Honoraransätzen für Architektur- und Ingenieuraufträge per 1. Januar 1996; BGS SO 721.56.

das von der vorgängig erwähnten Stiftung der Schweizerischen Register (REG) (Nr. 18.13) der Ingenieure, Architekten und Techniker auf Grundlage eines 1983 mit dem Eidgenössischen Volkswirtschaftsdepartement geschlossenen Vertrags geführte gleichnamige Register (Schweizerisches Register der Fachleute in den Bereichen des Ingenieurwesens, der Architektur und der Umwelt) zu erwähnen ist. In dieses Register werden alle Personen aufgenommen, welche die vom EVD vorgeschriebenen Prüfungen bestanden haben. Das REG wird auf drei Ebenen geführt: Universität (A), Fachhochschule (B) und Technikum (C); unter gewissen Voraussetzungen (längere, erfolgreiche Berufstätigkeit, Vorlage von Arbeiten) können eingetragene Personen auf einer höheren Ebene eingetragen werden[15].

15 Für weitere Hinweise, vgl. www.reg.ch/.

Übersicht der kantonalen Regelungen

KT	NEUENBURG	GENF	TESSIN	WAADT	FREIBURG	WALLIS	JURA	BERN	LUZERN	BASEL
Voraussetzungen für den Marktzugang	Universitäts-abschluss oder Diplom FH/HTL oder Inhaber eines gleichwertigen ausländischen Fähigkeitszeugnisses oder Eintrag im REG A oder B	Universitäts-abschluss oder Diplom FH/HTL oder Inhaber eines gleichwertigen ausländischen Fähigkeitszeugnisses oder Eintrag im REG A oder B	Universitäts-abschluss oder Diplom FH/HTL oder Inhaber eines gleichwertigen ausländischen Fähigkeitszeugnisses oder Eintrag im REG A oder B	Universitätsabschluss/gleichwertiger ausländischer Abschluss oder Diplom FH/HTL oder Eintrag im REG A oder B	Universitätsabschluss/gleichwertiger ausländischer Abschluss oder Diplom FH/HTL oder Inhaber eines kantonalen oder ausländischen Fähigkeitszeugnisses oder Eintrag im REG					
	Mündigkeit		Mündigkeit							
	Keine Verurteilung wegen Vergehen gegen Ehre oder Moral	Keine Verurteilung wegen Vergehen gegen Ehre oder Aufrichtigkeit	Guter Ruf (Strafrecht)							
	Kein Berufsausübungsverbot im Herkunftskanton									
		Berufsdomizil im Kanton (zeitweiser Eintrag für Personen aus anderen Kantonen möglich)	Kein Verlustschein							
						Im Bereich Beschaffungsrecht: Universitätsabschluss oder Diplom FH/HTL oder Eintrag im REG A oder B	Im Bereich Beschaffungsrecht: die Vergabestelle legt die besonderen Kriterien der technischen Eignung fest	Im Bereich Beschaffungsrecht: die Vergabestelle legt die Voraussetzungen zum Marktzugang fest		
		2 Jahre Praxiserfahrung								

	NE	GE	TI	VD	FR	VS	JU	BE	LU	BS
Zugelassenen Dienstleistungserbringern vorbehaltene Leistungen	Pläne und Baugesuche, Statische Berechnungen, Bauleitung, Raumpläne	Pläne und andere Dokumente in Verbindung mit einem Baugesuch	Projekte und Baugesuche, Statische Berechnungen	Raumpläne, Statische Berechnungen, Pläne für Bauprojekte sowie Baugesuche	Bauprojekte, Baugesuche und Übereinstimmungsnachweis bei Abschluss der Arbeiten				Baugesuche (§188 Abs.3 PBG; § 63 PBV)	Baugesuche (§ 37 BPV, § 16 ABPV); evtl. auch Bauausführung (§ 17 Abs. 2 ABPV)
	Beratender Architekt einer Gemeinde	Bauleitung	Technische Spezialanlagen, Projekte und Bauleitung für öffentliche Werke	Bauleitung, wenn die Gemeinde dies fordert						
	Leitung einer für Stadtplanung zuständigen Gemeindedirektion					Dem Beschaffungsverfahren unterstellte Werke	Dem Beschaffungsverfahren unterstellte Werke	Dem Beschaffungsverfahren unterstellte Werke		

	NE	GE	TI	VD	FR	VS	JU	BE	LU	BS
Umsetzung auf Verwaltungsebene	Kantonales Register, besondere Bewilligung/ Einzel-bewilligung oder Bewilligung in einem anderen Kanton (Reziprozität/ Gegenrecht)	Kantonales Register (Übersicht der Beauftragten)	Kantonales Register	Kantonales Register qualifizierter Beauftragter	Kantonales Register					
		Im Bereich des Beschaffungs-rechts sieht die kantonale Gesetzgebung ständige Listen vor, die jedoch nie aufgestellt wurden		Im Bereich des Beschaffungs-rechts bestanden bis 1. Oktober 2006 ständige Listen von qualifizierten Anbietern		Im Bereich Beschaffungs-recht ständige Listen von Unternehmen, Büros und Lieferanten, die die sozialen und wirtschaftlichen Eignungskriterien erfüllen; das Architekten-register bildet Bestandteil (nicht abschliessend, da nur Architekten aufgeführt sind, die hierfür einen Antrag gestellt haben)	Im Bereich Beschaffungs-recht bestehen keine ständigen Listen von qualifizierten Anbietern	Die Vergabestelle ist nicht berechtigt, ständige Listen von qualifizierten Anbietern zu führen		

2. Die Personenfreizügigkeit für Dienstleistungserbringer

A. Das neue reglementarische Umfeld

18.38 Der rechtliche Rahmen für die *Berufsbildung* sowie die *Ausübung* des Planerberufs erfuhr in den vergangenen Jahren aufgrund der Einführung verschiedener Gesetzestexte wesentliche Änderungen:

18.39 – Einführung und Revision des Bundesgesetzes vom 6. Oktober 1995 über den Binnenmarkt.

18.40 – Beitritt zum Allgemeinen Abkommen über den Handel mit Dienstleistungen (bekannt unter dem Namen GATS [General agreement on trade in services] im Anhang 1.B. des Abkommens vom 15. April 1994 zur Errichtung der Welthandelsorganisation [WTO])[16].

18.41 – Inkrafttreten des Abkommens vom 21. Juni 1999 zwischen der Schweiz und der Europäischen Union über die Personenfreizügigkeit[17].

18.42 Die gegenwärtigen Liberalisierungstendenzen führen zu einer allgemeinen Deregulierung des Zugangs zu dieser Berufssparte.

B. Das Freizügigkeitsabkommen

18.43 **1.** Das Abkommen vom 21. Juni 1999 zwischen der Schweizerischen Eidgenossenschaft einerseits und der Europäischen Gemeinschaft und ihren Mitgliedstaaten andererseits über die Freizügigkeit (FZA) ist am 1. Juni 2002 in Kraft getreten[18]; es bezweckt eine *progressive Öffnung des Arbeitsmarktes.*

18.44 **2.** Das gleiche Regime wendet sich auch aufgrund eines am 21. Juni 2001 in Vaduz abgeschlossenen und am 1. Juni 2002 in Kraft getretenen Abkommens auf die Beziehungen zwischen der Schweiz und den Ländern der Europäischen Freihandelsassoziation (Norwegen, Liechtenstein und Island) an[19]. Dieses Abkommen ändert das Übereinkommen vom 4. Januar 1960 zur Errichtung der Europäischen Freihandelsassoziation[20].

---

16 SR 0.632.20.

17 SR 0.142.112.681.

18 Zur allgemeinen Diplomanerkennung gemäss dem FZA, sehr ausführlich GAMMENTHALER, S. 267 ff.

19 AS 2003 S. 2685; vgl. besonders Anhang K über die Personenfreizügigkeit.

20 SR 0.632.31.

3. Abgesehen von der Koordination der nationalen Sozialversicherungssysteme regelt das Freizügigkeitsabkommen im Wesentlichen die Anerkennung von Diplomen (Art. 9), die Liberalisierung für das Erbringen von kurzfristigen Dienstleistungen (Art. 5), die Gleichbehandlung von Schweizern und Staatsangehörigen eines EU-Staates (Art. 2), jedoch nicht die Zugangsvoraussetzungen zu den Studien; diese werden weiterhin von den Universitäten und Hochschulen festgelegt. Das Abkommen richtet sich somit vor allem auf die *Anerkennung von Abschlussdiplomen* zur Ausübung des Architekten- oder Ingenieurberufs; hiermit nicht verwechselt werden darf die Frage der Studienanerkennung für die *Fortsetzung von Studien* in einem anderen Land, die in verschiedenen bilateralen Abkommen sowie in der Bologna-Deklaration vom 19. Juni 1999 geregelt wird. 18.45

4. Am 14. März 2008 hat der Bundesrat dem Parlament die Weiterführung des Personenfreizügigkeitsabkommens von 1999 sowie seine Ausdehnung auf Bulgarien und Rumänien empfohlen[21]. Das Referendum gegen diesen Entwurf wurde in der Volksabstimmung vom 8. Februar 2009 abgelehnt. Die Anpassung von Anhang III FZA an die Ausdehnung auf diese beiden Staaten sowie inhaltlich an die Richtlinie 2005/36/EG[22] erfolgte schliesslich durch Beschluss des Gemischten Ausschusses vom 30. September 2011. Der neue Anhang III wird seit 1. November 2011 vorläufig angewendet (Art. 4 Beschluss Nr. 2/2011 vom 30. September 2011 des Gemischten Ausschusses EU-Schweiz, der mit Artikel 14 des Abkommens eingesetzt wurde, über die Änderung von Anhang II [Gegenseitige Anerkennung von Berufsqualifikationen]). Er tritt nach Genehmigung des neuen Verfahrens für Dienstleister durch das Parlament in Kraft. Erfolgt diese nicht bis zum 30. September 2013, wird dieser Beschluss wieder hinfällig. Der Bundesrat hat am 4. April 2012 die Botschaft zur Genehmigung des vorgenannten Beschlusses Nr. 2/2011 und zu seiner Umsetzung in einem Bundesgesetz über die Meldepflicht und die Nachprüfung der Berufsqualifikationen von Dienstleistungserbringern in reglementierten Berufen (BBl 2012, S. 4401 ff.) verabschiedet. Der Gesetzesentwurf wird nun[23] von den Räten diskutiert. Dieses neue Bundesgesetz soll zudem die Umsetzung des unter Titel II der Richtlinie 2005/36/EG (Dienstleistungsfreiheit) vorgesehenen Melde- und Nachprüfungsverfahrens 18.46

21 BBl 2008, S. 2135 ff., vgl. besonders S. 2155 f. betreffend die Anerkennung von Diplomen.

22 Siehe hierzu GAMMENTHALER, S. 299 f.

23 (Stand: September 2012).

regeln. Das Verfahren wendet sich für Dienstleistungserbringer aus der EU und der EFTA an, die in der Schweiz während höchstens *90 Arbeitstagen* pro Jahr einen reglementierten Beruf ausüben. Dieser Teil der Richtlinie 2005/36 bzw. des Beschlusses Nr. 2/2011 des Gemischten Ausschusses ist von der vorläufigen Anwendung ausgenommen. Die betreffenden Dienstleistungserbringer werden neu vor Erbringung der Dienstleistung einem Melde- und Nachprüfungsverfahren anstelle des bisherigen Anerkennungsverfahrens unterstehen.

C. Das allgemeine System zur Anerkennung von Diplomen (insbesondere des Ingenieurdiploms)

18.47 **1.** Das Freizügigkeitsabkommen verbietet die grundsätzliche Ablehnung der Anerkennung eines Diploms der Europäischen Union in der Schweiz und umgekehrt, wobei – wie nachfolgend ersichtlich – durchaus gewisse Einschränkungen gelten können (Nr. 18.72). Die Anerkennung des *Ingenieurdiploms* erfolgt gemäss den allgemeinen Bestimmungen der Art. 10–14 der Richtlinie 2005/36/EG über die Anerkennung von Berufsqualifikationen. Diese Regelung legt die Voraussetzungen fest, unter denen ein Staatsangehöriger eines Mitgliedstaates der EU auf Grundlage seiner im Ursprungsstaat erworbenen Berufsqualifikation in einem anderen Mitgliedstaat diesen dort ebenfalls reglementierten Beruf ausüben kann. Geregelt werden vor allem Tätigkeiten, deren Ausübung ohne bestimmte Berufsqualifikationen untersagt ist. Der Anwendungsbereich der Richtlinie erstreckt sich sowohl auf Selbständige, als auch auf abhängig beschäftigte Personen[24]. Auf den *Ingenieurberuf* wenden sich die allgemeinen Bestimmungen der Richtlinie an, wohingegen die Anerkennung von *Architektendiplomen* sektoriell geregelt ist (Nr. 18.52).

18.48 **2.** Die Diplomanerkennung im Rahmen der Richtlinie erfolgt in drei Schritten: Auf die *Überprüfung der Anerkennung* eines europäischen oder schweizerischen Diploms wird gemäss Art. 1 der Richtlinie zunächst nur dann *eingetreten,* wenn die betreffende Person gemäss den Vorschriften ihres Herkunftslandes über eine Berufsqualifikation verfügt. Erst wenn diese Voraussetzung erfüllt ist, folgen die beiden anderen Schritte in Anwendung der Art. 10–14. Gemäss Art. 11 Bst. d und e der Richtlinie 2005/36/EG werden Diplome von der Europäischen Union anerkannt, sofern sie eine mindestens dreijährige und höchstens vierjährige höhere Berufsausbildung (Universitäts- oder Hoch-

---

24 Vgl. auch GAMMENTHALER, S. 118.

schuldiplom, Niveau Bachelor) oder einen postsekundären Ausbildungsgang von mindestens vier Jahren (Universitäts- oder Hochschulabschluss, Niveau Master) umfassen. Häufig wird ein schweizerisches Ingenieurdiplom unter Bst. d der Richtlinie fallen. Auf die *Anerkennung wird eingetreten,* sofern der Ausbildungsnachweis des Herkunftslandes des Antragstellers demjenigen des Aufnahmestaates entspricht (im Fall des Ingenieurs also Art. 11 Bst. d und e), oder höchstens um ein Niveau darunter liegt. Bei einer Diskrepanz von zwei Niveaus wird auf die Anerkennung nicht eingetreten. Für die Anerkennung von ausländischen Ingenieurdiplomen bedeutet dies, dass das Diplom des Herkunftsstaates mindestens den Anforderungen von Art. 11 Bst. c entsprechen muss, damit die zuständige Behörde überhaupt darauf eintritt. In einem dritten Schritt kann der Aufnahmestaat zusätzlich noch *Ausgleichsmassnahmen* fordern, wenn die Ausbildung für eine spezifische Tätigkeit als unvollständig im Sinne von Art. 14 Abs. 1 Bst. a–c Richtlinie 2005/36/EG gilt; dies wäre beispielsweise der Fall, wenn die Ausbildung eines ausländischen Ingenieurs sich auf Fächer bezieht, die sich wesentlich von denen unterscheiden, die durch ein schweizerisches Diplom abgedeckt sind und umgekehrt. Die Ausgleichsmassnahme kann wahlweise in einem höchstens dreijährigen Anpassungslehrgang oder in einer Eignungsprüfung bestehen (Art. 14 Abs. 1 Richtlinie 2005/36/EG). Der Anpassungslehrgang besteht in der Ausübung des Berufs unter der Verantwortung einer qualifizierten Fachperson, wobei eine begleitende Zusatzausbildung vorgesehen werden kann. Im zweiten Fall kann der Aufnahmestaat die Anerkennung vom Bestehen einer Prüfung über Fächer, die vom betreffenden Diplom nicht abgedeckt werden, abhängig machen. Die Anerkennung erfolgt jedoch nicht automatisch; vielmehr muss der Betroffene einen *Antrag* an die zuständige Behörde stellen, die innert einer Frist von maximal drei Monaten die *Anerkennung aussprechen oder ablehnen* muss (Art. 51 Richtlinie 2005/36/EG).

3. Im Allgemeinen ist die für die *Ausstellung* eines Berufsdiploms zuständige Behörde auch für die *Anerkennung* gleichwertiger Diplome zuständig, wobei sie die Anzahl der Ausbildungsjahre und die belegten Studienfächer berücksichtigt. In den Mitgliedstaaten gewähren nationale Kontaktstellen Auskunft über die in den Aufnahmestaaten zuständigen Behörden[25]. Die Kontaktstellen in der Schweiz werden in einer Liste des Bundesamts für Berufsbildung und Technologie[26] aufgeführt. 18.49

25 Die Liste der nationalen Kontaktstellen figuriert unter www.enic-naric.net.

26 Vgl. http://www.bbt.admin.ch/themen/01105/01106/index.html?lang=de.

18.50 **4.** In der Schweiz sind je nach Niveau des betreffenden Diploms verschiedene Behörden zuständig und werden unterschiedliche Verfahren angewendet: Zuständig für Diplome von höheren Fachschulen für Technik und Fachhochschulen ist das Bundesamt für Berufsbildung und Technologie (BBT)[27]. Für Universitätsabschlüsse zuständig ist die Rektorenkonferenz der Schweizer Universitäten (CRUS). In beiden Fällen müssen eine beglaubigte Kopie des Diploms vorgelegt sowie Angaben über die vom Diplom abgedeckten Bereiche und über die persönliche Situation des Antragstellers gemacht werden. Die Verfahren vor den beiden zuständigen Stellen unterscheiden sich vor allem darin, dass das BBT einen beschwerdefähigen Verwaltungsentscheid (anfechtbar innert 30 Tagen beim Bundesverwaltungsgericht) erlässt, wohingegen die CRUS nur eine nicht zwingende Empfehlung zur Anerkennung des Universitätsabschlusses gibt; diese beruht in den meisten Fällen auf internationalen Abkommen ausserhalb des EU-Rahmens, in denen die betroffenen Studieninhalte festgelegt sind, was einen Niveauvergleich für die Gleichwertigkeit ermöglicht[28]. Das Fehlen einer Entscheidbefugnis der CRUS bewirkt, dass die Anerkennung entweder in den Ermessensbereich des künftigen Arbeitgebers fällt oder aber dem Kanton zukommt, falls dieser die Berufsausübung direkt (Berufsausübungsbewilligung) oder indirekt (öffentliches Beschaffungswesen oder Baupolizei, vgl. Ziff. 1) geregelt hat. Der kantonale Verwaltungsentscheid in den Bereichen Berufsausübungsbewilligung, Beschaffungswesen oder Baupolizei ist dann ebenfalls beschwerdefähig.

18.51 **5.** Bis anhin konnte die zuständige Behörde im Aufnahmestaat den Nachweis einer *Berufserfahrung* fordern, wenn die Ausbildungsdauer im Verhältnis zu derjenigen des Aufnahmestaates wesentlich geringer war. Mit der neuen Regelung durch die Richtlinie 2005/36/EG scheint die Möglichkeit zur Forderung des Nachweises einer Berufserfahrung insofern nicht mehr gegeben, als Art. 13 Abs. 2 Unterabsatz 2 der Richtlinie festhält, eine Berufserfahrung dürfe nicht gefordert werden, wenn der Ausbildungsnachweis eine reglementierte Ausbildung i.S. des Art. 3 Abs. 1 Bst. d der Qualifikationsniveaus gemäss Art. 11 Bst. b, c, d oder e betrifft, worunter auch Ingenieurdiplome fallen.

---

27 Kontaktstelle: kontaktstelle@bbt.admin.ch.

28 Die Abkommen können auf www.bbt.admin.ch abgerufen werden.

D. Die sektorielle Anerkennung des Architektendiploms

a. Die europarechtlichen Grundlagen

1. In der Europäischen Union wurde die Personenfreizügigkeit für Architekten in einer besonderen *Richtlinie 85/384/EWG vom 10. Juni 1985* geregelt. Da die Mitgliedstaaten einen zu starken Eingriff in ihr nationales Berufs- und Standesrecht befürchteten, zogen sich die Verhandlungen in der Ausarbeitung dieser Richtlinie über rund 18 Jahre[29]. 18.52

2. Aufgrund des Personenfreizügigkeitsabkommens war diese Richtlinie auch auf die Schweiz anwendbar (vormals Art. 9 und Anhang III Sektion A Bst. D Ziff. 18 FZA). Zwar wurde der Inhalt der Richtlinie 85/384/EWG seit dem 20. Oktober 2007 in die Richtlinie 2005/36/EG über die Anerkennung von Berufsqualifikationen übernommen; da Anhang III des FZA jedoch nicht entsprechend angepasst wurde, blieb bis 2011 das alte System für die Schweiz weiterhin anwendbar. Die Richtlinie war nur für diejenigen Staaten von Bedeutung, in denen der Architektenberuf reglementiert wurde, was nicht bei allen Mitgliedstaaten und auch nicht in der gesamten Schweiz der Fall war (Nr. 18.27). 18.53

3. Mit der Änderung von Anhang III des FZA durch den Beschluss des Gemischten Ausschusses EU–Schweiz, vom 30. September 2011 (vorläufig in Kraft seit 1. November 2011) ist die Richtlinie 85/384/EWG nun nicht mehr anwendbar und wird vollumfänglich durch die Richtlinie 2005/36/EG ersetzt (deren Titel II allerdings in der Schweiz noch nicht anwendbar ist). Anhang III Abschnitt A Ziff. 1. o und p FZA sieht die automatische Anerkennung von zwei neuen schweizerischen Ausbildungsgängen vor. Die automatisch anerkannten Diplome werden nun in Anhang V Ziff. 5.7.1 und Anhang VI der Richtlinie 2005/36/EG aufgeführt. Der Entwurf des neuen Bundesgesetzes über die Meldepflicht und die Nachprüfung regelt die Umsetzung dieses Systems (Nr. 18.46). 18.54

b. Die Anerkennung von schweizerischen Diplomen

1. Die oben angeführten Bestimmungen geben die von den EU-Staaten, in denen die Ausübung des Architektenberufs reglementiert ist, *automatisch* an- 18.55

[29] Gammenthaler, S. 116.

erkannten Diplome und Ausweise an. Für schweizerische Architekten handelt es sich um:

18.56 – Diplome und Ausweise der Eidgenössischen Technischen Hochschulen Lausanne und Zürich, der Ecole d'Architecture der Universität Genf oder der Stiftung der schweizerischen Register der Ingenieure, der Architekten und der Techniker (Architekt REG A) jeweils mit den akademischen Bezugsjahren 2004–2005 (vgl. Anhang III Abschnitt A Ziff. 1. p FZA; Anhang VI Richtlinie 2005/36/EG).

18.57 – Diplome der Accademia di Architettura dell'Università della Svizzera italiana in Mendrisio (Tessin) (arch. dipl. USI), da sie nach einer sechsjährigen Ausbildung auf Universitätsebene ausgestellt werden und somit für ihre Ausstellung ein Jahr mehr als die im Bachelor-Master benötigten 5 Jahre und 2 Jahre mehr als die im Freizügigkeitsabkommen geforderten vier Jahre erforderlich sind (vgl. Anhang III Abschnitt A Ziff. 1. o FZA).

18.58 – Neu seit 1. November 2011 gemäss Anhang III Abschnitt A Ziff. 1. o FZA: Master of Science MSc in Architecture (arch. dipl. EPF) Lausanne mit akademischen Bezugsjahren 2007–2008; Master of Science ETH in Architektur (MSc ETH Arch) Zürich mit akademischen Bezugsjahren 2007–2008; Master of Arts der BFH/HES-SO in Architektur mit akademischen Bezugsjahren 2007–2008; Master of Arts FHNW in Architektur mit akademischen Bezugsjahren 2007–2008; Master of Arts FHZ in Architektur mit akademischen Bezugsjahren 2007–2008; Master of Arts ZFH in Architektur mit akademischen Bezugsjahren 2007–2008.

18.59 **2.** HTL-Diplome (diese entsprechen den heutigen FH-Diplomen) und REG-B-Ausweise (beide mit einem zusätzlichen Berufsausübungsnachweis von 4 Jahren) wurden über längere Zeit im Rahmen des Personenfreizügigkeitabkommens nicht automatisch anerkannt. Die EU hatte eine automatische Anerkennung der Diplome der Fachhochschulen für Architektur (FH-Diplome, bzw. frühere HTL-Diplome) mit der Begründung abgelehnt, dass bei Fachhochschuldiplomen ein Ausbildungsjahr fehlte und gewisse Lehrinhalte nicht gefordert wurden. Dementsprechend mussten die Architekten FH nach dem für die Ingenieure anwendbaren Verfahren[30] eine Berufserfahrung nachweisen oder Prüfungen über die fehlenden Ausbildungsinhalte ablegen, um eine Anerkennung der Gleichwertigkeit zu erhalten. Das Verfahren zur Prüfung

[30] Allgemeines System zur Anerkennung der Diplome, vgl. Nr. 18.47.

eines Antrags auf Ausübung des Architektenberufs schloss mit einem Entscheid ab, der mit einer Beschwerde vor der jeweils zuständigen Rechtsbehörde des Aufnahmestaates angefochten werden konnte (Art. 8 der Richtlinie 89/48/EWG).

3. Aufgrund dieser wenig zufrieden stellenden Lage für die Architekten FH 18.60
wurde das Studienprogramm am 17. Dezember 2004 mit der Revision des Bundesgesetzes über die Fachhochschulen vom 6. Oktober 1995[31] geändert. Mit der Revision wurde das Zweistufenprinzip (erste Stufe/Bachelor und zweite Stufe/Master) eingeführt. Für das Bachelor-Diplom ist eine Mindeststudiendauer von drei Jahren erforderlich; es stellt einen berufsqualifizierenden Abschluss dar und löst das frühere Fachhochschuldiplom ab. Die ersten Master-Diplome in Architektur wurden 2007 nach einer eineinhalb- bis zweijährigen Studiendauer ausgestellt. Die europäische Anerkennung des FH-Masters ist somit mit dem Beschluss des gemischten Ausschusses seit dem 1. November 2011 sichergestellt.

c. Die Anerkennung ausländischer Diplome in der Schweiz

1. In der Schweiz werden die im FZA bzw. in der Richtlinie 2005/36/EG 18.61
aufgeführten Architektur-Diplome aus EU-Ländern von denjenigen Kantonen, die den Architektenberuf reglementieren, *automatisch* anerkannt. Das heisst, der Aufnahmestaat, also die Schweiz, hat nicht das Recht, den Inhalt der Ausbildung zu überprüfen. Das BBT stellt zudem für jeden Antrag ein Empfehlungsschreiben zuhanden des zuständigen Kantons aus, womit die automatische Eintragung im Register erleichtert wird. In Kantonen, die keine gesetzliche Reglementierung des Architektenberufs kennen, braucht es für die Berufsausübung kein Diplom; die Anerkennungsfrage stellt sich in diesen Kantonen allerdings gleichwohl im Bereich des Beschaffungswesens, und zwar namentlich bei den Eignungskriterien (Nr. 18.85).

2. Die automatische Anerkennung befreit die berechtigten Architekten je- 18.62
doch nicht von der Pflicht zum Einreichen eines *Gesuchs* bei der zuständigen kantonalen Behörde. Das Verfahren für die Zulassung muss spätestens innerhalb von drei Monaten nach Einreichen des Gesuchs abgeschlossen werden (Art. 51 Richtlinie 2005/36/EG).

---

31 SR 414.71.

18.63 **3.** Einem italienischen Architekten wurde im Kanton Tessin die Möglichkeit, ein Bauprojekt zu entwickeln und zu zeichnen, mit der Begründung verweigert, er erfülle nicht die kantonal geforderten Voraussetzungen (Eintragung beim Ingenieur- und Architektenverband, Diplom einer anerkannten Ausbildungsstätte und drei Jahre Berufsausübung bei einem Architekturbüro). Anwendbar waren jedoch nicht mehr die kantonalen Bestimmungen, da das Bundesrecht dem kantonalen Recht vorgeht. Dementsprechend musste der 1989 von der Università de Sapienza in Rom erteilte italienische Architektentitel gemäss den Bestimmungen des Freizügigkeitsabkommens, die auf die Richtlinie 85/384/EWG verweisen, in der Schweiz anerkannt werden. Dem Architekten musste daher die Berechtigung zur Beantragung von Baubewilligungen gewährt werden[32]. Der Entscheid des Verwaltungsgerichts erscheint heute in Anbetracht der Revision von Anhang III FZA sowie der Umsetzung der Richtlinie 2005/36/EG umso gerechtfertigter.

18.64 **4.** Architekten mit Diplomen, die nicht in den Anhängen V Ziff. 5.7.1 oder VI aufgeführt sind, müssen für *eine Anerkennung bei der zuständigen Behörde* einen Antrag nach dem gleichen Verfahren wie für die Ingenieure stellen. In der Tat sieht Art. 10 Bst. c der Richtlinie 2005/36/EG die Anwendung des gewöhnlichen Anerkennungsverfahrens vor, wenn ein Architekt nicht über eines der in Anhang V unter Nummer 5.7 aufgeführten Diplome verfügt. Auch hier ist die Zuständigkeit je nach Niveau des Abschlusses wieder aufgeteilt: Das BBT ist zuständig für die Anerkennung von *Diplomen höherer Fachschulen für Technik* sowie von *Fachhochschulen*. Für *Universitätsabschlüsse* zuständig ist die Rektorenkonferenz der Schweizer Universitäten (CRUS). Bezüglich der ausländischen Fachhochschuldiplome sei noch vermerkt, dass das BBT das Ablegen von Zusatzprüfungen fordern kann, wenn die Ausbildung sich als ungenügend erweist. Die Auswertung des Niveaus des Antragstellers durch das BBT sollte unter Berücksichtigung der europäischen Richtlinie erfolgen. Für die Beurteilung der Gleichwertigkeit von Diplomen bei Personen aus Drittstaaten, auf die die Richtlinie nicht anwendbar ist, wird auch das schweizerische Recht, namentlich Art. 5 der Verordnung vom 11. September 1996 über Aufbau und Führung von Fachhochschulen (Fachhochschulverordnung, FHSV) berücksichtigt. Die Situation kann derzeit mit derjenigen eines Architekten aus einem Drittstaat verglichen werden. Art. 10 Bst. c der Richtlinie 2005/36/EU sieht die Anwendung des gewöhn-

---

[32] RtiD 2004 II S. 73 ff.

lichen Anerkennungsverfahrens vor, wenn ein Architekt nicht über eines der in Anhang V unter Nummer 5.7 aufgeführten Diplome verfügt.

5. Der Entscheid zum Ablegen von Zusatzprüfungen kann mittels Beschwerde nach dem gleichen Verfahren wie für die Ingenieure angefochten werden. 18.65

E. Die Anerkennung der Spezialisierungen als Städteplaner und als Geometer

1. Bei der Ausbildung für *Städteplaner* handelt es sich in den meisten Fällen um Nachdiplomstudiengänge; dementsprechend unterliegen diese Ausbildungen, sofern sie nicht Bestandteil einer universitären Grundausbildung zum Architekten oder Ingenieur bilden, weder dem allgemeinen System zur Anerkennung von Diplomen noch der sektoriellen Anerkennung für die Architekten. Folglich obliegt der Entscheid zur Anerkennung des Diploms direkt dem zukünftigen Arbeitgeber oder aber dem Aufnahmestaat, sofern er diese spezifischen Tätigkeiten reglementiert. 18.66

2. In der Schweiz können die zuständigen Behörden derjenigen Kantone, in denen die Ausübung des Berufs des Städteplaners direkt oder indirekt geregelt ist, einen auf kantonaler Ebene beschwerdefähigen Verwaltungsentscheid treffen (Nr. 18.50); z.B. Kanton Neuenburg: Art. 2 und 3 in Zusammenhang mit Art. 11 RHG[33]. 18.67

3. Bei den *Geometern* muss zwischen der Tätigkeit amtlicher Geometer und derjenigen von für den privaten Bausektor handelnden Geometer unterschieden werden (Nr. 18.29). Der amtliche oder *Ingenieur-Geometer* verfügt über eine staatliche Bewilligung zur Ausführung amtlicher Vermessungen, die in das Grundbuch übertragen werden. Der *privat tätige Geometer* übt insofern keine hoheitliche Tätigkeit aus, als seine Vermessungen im Auftrag des Planers oder des privaten Bauherrn erfolgt und ihr keine amtliche Bedeutung zukommt. Für diese Tätigkeit besteht keine besondere gesetzliche Regelung und sie wird im Folgenden nicht weiter berücksichtigt. Die anschliessenden rechtlichen Ausführungen gelten ausschliesslich für den amtlichen oder Ingenieur-Geometer. Ausländische Geometer, die in der Schweiz als privat tätige Geometer tätig werden möchten, können eine Anerkennung aufgrund des vorgängig erläuterten allgemein gültigen Anerkennungssystems bean- 18.68

33 SR-NE 721.1.

tragen (Nr. 18.47). Nur wenige Geometer sind rein auf der privaten Ebene tätig. Die meisten beantragen eine Eintragung als amtlicher Geometer. In der Deutschschweiz umfasst der Begriff «Geometer», unabhängig davon, ob er als Freiberuflicher oder als Staatsangestellter tätig ist, praktisch die Anerkennung als amtlicher Geometer.

18.69 **4.** Der Verband Ingenieur-Geometer Schweiz (IGS) hat 2004 ein vom Internationalen Dachverband Geometer Europas ausgearbeitetes multilaterales Abkommen zur gegenseitigen Anerkennung der Berufsvoraussetzungen der mit staatlichen Aufgaben betrauten Vermessungsingenieurinnen und -ingenieure mitunterzeichnet[34]. Dieses Abkommen regelt die Vorgehensweise zur Sicherstellung der Freizügigkeit für Geometer[35]. Die Schweiz regelt das anwendbare Verfahren auf Grundlage dieses Abkommens im GeoIG sowie in der GeomV.

18.70 **5.** Im Gegensatz zu den anderen vorgängig behandelten Berufen wird also der Beruf des *Ingenieur-Geometers* – zumindest soweit er die amtliche Vermessung betrifft – auf Bundesebene geregelt (Nr. 18.29). Art. 41 GeoIG sieht zwei Voraussetzungen für die Berufsqualifikation zur selbständigen Durchführung von amtlichen Vermessungen vor: Bestehen des eidgenössischen Staatsexamens (Patentprüfung) und Eintrag im Register der Ingenieur-Geometerinnen und Ingenieur-Geometer[36]. Zur Prüfung zugelassen werden Inhaber eines ETH-Diploms, eines Diploms einer anderen universitären Hochschule geodätischer Richtung oder eines HTL-Fachhochschuldiploms geodätischer Richtung. Zudem muss der Kandidat/die Kandidatin über Berufserfahrung verfügen. Abschlüsse ausländischer Hochschulen werden von der eidgenössischen Prüfungskommission für Ingenieur-Geometerinnen und -Geometer (Swisstopo) anerkannt (Art. 3 Bst. c GeomV). Der Antragsteller muss eine theoretische Vorbildung in bestimmten in Art. 4 Abs. 1 GeomV aufgeführten Bereichen nachweisen; so muss er namentlich über Vorkenntnisse in den Bereichen Vermessung der Schweiz (Bst. d) und Schweizer Recht (Bst. f) verfügen. Zudem muss eine theoretische Vorbildung auf Ebene der gymnasialen schweizerischen Maturität nachgewiesen werden (Art. 4 Abs. 2

---

34 Vgl. www.cadastre.ch.

35 DROZ, Fachartikel: Accord 3 – Multilateraler Akkord zur gegenseitigen Anerkennung der Berufsvoraussetzungen der mit staatlichen Aufgaben betrauten Vermessungsingenieurinnen und -ingenieure, 2005, Ziff. 6; einsehbar unter www.cadastre.ch.

36 Vgl. www.cadastre.ch/internet/cadastre/de/home/surveyors/licence/condition/condition1.html.

GeomV). Folglich kann eine Ergänzungsprüfung zur Vervollständigung der erforderlichen Vorbildung notwendig sein (Art. 6 GeomV). Sind die Voraussetzungen eines ausländischen Diploms und der ausreichenden theoretischen Vorbildung erfüllt, kann der Gesuchsteller zum Staatsexamen antreten (Art. 9 ff. GeomV). Wer das Staatsexamen bestanden hat, erhält das Patent als Ingenieur-Geometer oder Ingenieur-Geometerin (Art. 14 GeomV), das zum Eintrag in das Geometerregister berechtigt (Art. 17 ff. GeomV).

6. Das Verfahren ist für schweizerische und europäische Diplome sowie für Fähigkeitsausweise von Drittländern gleich. Personen aus EU-Staaten oder Drittländern müssen allerdings in den meisten Fällen insofern ihre Vorbildung ergänzen, als für den Erhalt des Diploms doch gewisse nationale Besonderheiten und Kenntnisse (wie beispielsweise das schweizerische Sachenrecht) gefordert werden. 18.71

F. Die Auswirkungen des Freizügigkeitsabkommens

Die im Abkommen vom 21. Juni 1999 zwischen der Schweizerischen Eidgenossenschaft einerseits und der Europäischen Gemeinschaft und ihren Mitgliedstaaten andererseits über die Freizügigkeit für anwendbar erklärten gemeinschaftsrechtlichen Bestimmungen wenden sich in ihrer im Zeitpunkt des Abschlusses geltenden Fassung an. Gemäss Art. 16 FZA sind die schweizerischen Behörden und Gerichte gehalten, die gesamte vor der Unterzeichnung des Abkommens ergangene Rechtsprechung des EuGH zu berücksichtigen. Die Entwicklung von Rechtsprechung und Rechtsetzung seit der Unterzeichnung des Abkommens wird dem vom Abkommen eingesetzten Gemischten Ausschuss unterbreitet, der einstimmige (Art. 14 Abs. 1 FZA) Empfehlungen über die entsprechenden Auswirkungen auf das ordnungsgemässe Funktionieren dieses Abkommens abgibt (Art. 16 und 17 FZA). 18.72

a. Auf Bundesebene

1. Mit der Ratifizierung des Freizügigkeitsabkommens und des Abkommens von Vaduz hat die Schweiz sich verpflichtet, das Gemeinschaftsrecht in seiner Substanz zu übernehmen, d.h. ein gleichwertiges Regime zu schaffen oder ihre Gesetzgebung, sofern sie mit dem Gemeinschaftsrecht unvereinbar ist, anzupassen. Dementsprechend hat der Bund nachfolgende Gesetze erlassen: 18.73

18.74 – Das Bundesgesetz vom 8. Oktober 1999 zum Abkommen zwischen der Schweizerischen Eidgenossenschaft einerseits und der Europäischen Gemeinschaft sowie ihren Mitgliedstaaten andererseits über die Freizügigkeit.

18.75 – Das Bundesgesetz vom 14. Dezember 2001 betreffend die Bestimmungen über die Personenfreizügigkeit im Abkommen vom 21. Juni 2001 zur Änderung des Übereinkommens vom 4. Januar 1960 zur Errichtung der Europäischen Freihandelsassoziation.

18.76 – Der Entwurf zu einem Bundesgesetz über die Meldepflicht und die Nachprüfung der Berufsqualifikationen von Dienstleistungserbringerinnen und -erbringern in reglementierten Berufen[37].

18.77 **2.** Die zwei Bundesgesetze führten zur Änderung zahlreicher bestehender Bundesgesetze, wie:

18.78 – Die Verordnung vom 22. Mai 2002 über die schrittweise Einführung des freien Personenverkehrs zwischen der Schweizerischen Eidgenossenschaft und der Europäischen Gemeinschaft und deren Mitgliedstaaten sowie unter den Mitgliedstaaten der Europäischen Freihandelsassoziation[38].

18.79 – Das neue Bundesgesetz vom 13. Dezember 2002 über die Berufsbildung (Berufsbildungsgesetz, BBG) und die Revision des Bundesgesetzes vom 6. Oktober 1995 über die Fachhochschulen.

18.80 **3.** Wie oben ausgeführt (Nr. 18.47 und 18.52), ist zwar die *Berufsbildung* der Dienstleistungserbringer auf Bundesebene geregelt, nicht aber die *Berufsausübung;* auch auf kantonaler Ebene gibt es hierzu nur in bestimmten Kantonen Regelungen. Die Anerkennung der Berufsdiplome hat nur bei Bestehen einer Anerkennungsregelung eine rechtliche Auswirkung, womit sich die Problematik (zumindest für den Moment) vor allem auf die *kantonale Ebene* verschiebt (Nr. 18.31), die Frage der Notwendigkeit einer bundesgesetzlichen Regelung stellt sich aber doch immer mehr:

18.81 – Die Frage einer *Vereinheitlichung* der Regelungen zum Architekten- und Ingenieurberuf hatte sich schon während der Vorbereitungsarbeiten zum Beitritt der Schweiz zum Europäischen Wirtschaftsraum (1982) gestellt.

---

37 BBl 2012, S. 4401 ff.; vgl. auch Nr. 18.46.

38 Verordnung über die Einführung des freien Personenverkehrs, VEP, SR 142.203.

– Auf Initiative des Bundes und der Architektenverbände (SIA/BSA/FSAI) wurde ein Entwurf ausgearbeitet und dem Bundesamt für Berufsbildung und Technologie unterbreitet. Dieser Entwurf sah die Einrichtung eines schweizerischen Registers der Ingenieure, Architekten und Techniker vor. Er garantierte den Architekten die Freizügigkeit innerhalb der Schweiz und unterstellte sie Bundesbestimmungen über die Deontologie und einer Disziplinaraufsicht. Mit dem Entwurf sollten die kantonalen Gesetzgebungen über die Ausübung des Architekten- und Ingenieurberufs abgeschafft werden. 18.82

– Bis anhin war der Bundesrat der Ansicht, es bestehe kein überwiegendes öffentliches Interesse an der Einführung eines Bundesgesetzes über die Architekten[39]. Die wesentlichen berechtigten Interessen der Angehörigen der Architekturberufe, wie Bausicherheit, Ästhetik, Landschaftsschutz, kulturelles Erbe, aber auch Treu und Glauben im Geschäftsverkehr werden bereits weitgehend in verschiedenen geltenden Erlassen berücksichtigt. Ein eigenes Gesetz über die Berufszulassung, den Titelschutz und die Berufsausübung scheint dem Bundesrat demzufolge als unverhältnismässig. Die Entwicklung der innerstaatlichen Freizügigkeit auf kantonaler Ebene führt eher dazu, dass eine einheitliche Regelung an Bedeutung verliert. 18.83

4. Abgesehen von den zwingend umzusetzenden Grundsätzen des *Freizügigkeitsabkommens* verfügt die Schweiz (sowie auch die Mitgliedstaaten der Europäischen Union) über die Möglichkeit, während mehreren Jahren *Übergangsquoten* für Aufenthalts- und Arbeitsbewilligungen vorzusehen: die Einführung der Personenfreizügigkeit zwischen der Europäischen Union und der Schweiz erfolgt also nicht automatisch, sondern vielmehr schrittweise; die Staatsangehörigen der Mitgliedstaaten der Europäischen Gemeinschaft geniessen gegenüber Staatsangehörigen von Drittstaaten eine bevorzugte Behandlung und haben für ihre Niederlassung in der Schweiz Anrecht auf Vorzugsquoten. Diese Quoten werden in der oben angeführten Verordnung vom 22. Mai 2002 festgelegt, ihre Durchführung wird in Richtlinien geregelt. Das Freizügigkeitsabkommen sieht hingegen vor, dass in denjenigen Bereichen, die von besonderen Abkommen über die Erbringung von Dienstleistungen zwischen der Schweiz und der Europäischen Union geregelt werden, jede Be- 18.84

---

39 Vgl. namentlich seinen Bericht vom 24. November 2004 über die Opportunität eines Architektenberufsgesetzes in Beantwortung des Postulats 01.3208 der Kommission für Wirtschaft und Abgaben des Nationalrats vom 26. März 2001: Regelung der Freizügigkeit der Architektinnen und Architekten.

schränkung grenzüberschreitender Dienstleistungen durch die Personenfreizügigkeit einschränkende nationale Bestimmungen untersagt ist. Dasselbe gilt auch für Dienstleistungen von kurzer Dauer (mehr als 8 Arbeitstage *jedoch weniger als 90 Arbeitstage*), die von unabhängigen Dienstleistungserbringern oder entsandten Arbeitnehmern erbracht werden, welche sich ohne Niederlassung in der Schweiz aufhalten (Anhang I Art. 17 ff. FZA). Erwerbstätige aus der EU, die in der Schweiz eine Dienstleistung mit einem Einsatz von unter 90 Arbeitstagen pro Jahr erbringen, müssen hierfür grundsätzlich keine Anerkennung ihrer Berufsqualifikation einholen; es gilt die einfache Melde- und Nachprüfungspflicht (Nr. 18.46).

b. Auf kantonaler Ebene

18.85 **1.** Am 16. Februar 2001 hat die Eidgenössische Wettbewerbskommission Empfehlungen im Sinne von Art. 8 Abs. 2 BGBM an die Kantone Freiburg, Genf, Neuenburg und Tessin erteilt und diese eingeladen, ihre den Zugang zum Architekturmarkt übermässig einschränkenden kantonalen Bestimmungen aufzuheben[40]. Gemäss der Kommission verletzten die Erfordernisse: Eintragung in ein kantonales Register, Berufserfahrung sowie beruflicher Wohnsitz im Kanton und Gebührenpflicht die freie Ausübung einer durch die Wirtschaftsfreiheit garantierten Tätigkeit (Art. 27 BV) sowie das Binnenmarktgesetz.

18.86 **2.** An sich beschränken gewisse von der Wettbewerbskommission kritisierte Einrichtungen den Marktzugang nicht unbedingt. Das gilt für das kantonale Register, die ständigen Listen sowie die Berufsausübungsbewilligungen: sofern sie gebührenfrei sind, nicht gleichzeitig ein Berufsdomizil im Kanton voraussetzen und ihnen weder rechtliche noch beweiswürdigende Wirkungen zukommen, sind sie theoretisch zulässig. Die entschiedene Argumentationsweise der Wettbewerbskommission rechtfertigt sich trotzdem: Es ist praktisch nicht möglich, die Praxis eines jeden Kantons zu überwachen, und solche rechtlichen Einrichtungen begünstigen schon allein durch ihre Art den Missbrauch. Die Argumente der Wettbewerbskommission lassen sich auch auf die im Bereich des Beschaffungswesens gängigen ständigen Listen, bei denen eine Eintragung an die Erhebung einer Gebühr gebunden ist, und die, wenn sie mit besonderen Anforderungen an die Architekten- und Ingenieur-

---

40 RPW 2001/1 S. 167.

berufe verbunden sind, die gleichen Auswirkungen wie ein kantonales Berufsregister haben, übertragen.

3. Ganz allgemein bleibt festzuhalten, dass *solche* (direkten oder indirekten) *kantonalen Anforderungen* (Nr. 18.27), die für eine Gewährleistung von Qualität und Sicherheit der Leistungen nicht wirklich unentbehrlich sind, *nicht mehr zulässig sind,* da sie die Art. 2 und 3 des BGBM und folglich auch das Freizügigkeitsabkommen, das ja einen einheitlichen Markt in der Schweiz voraussetzt, verletzen. Das Gleiche gilt auch für jede ungerechtfertigte Diskriminierung aufgrund von Ausbildung oder Berufserfahrung. 18.87

4. So dürfen die schweizerischen Architekten FH – genauso wenig wie europäische Architekten mit gleichem Niveau, die über eine Anerkennung des Bundesamtes für Berufsbildung und Technologie verfügen – nicht mit zusätzlichen Anforderungen einer *Berufserfahrung* benachteiligt werden, da die freien Berufe im Kompetenzbereich des Bundes liegen und die Ausbildungen und eidgenössischen Fähigkeitsausweise einer Anerkennung durch den Bund bedürfen (Art. 95 und 196 Ziff. 5 BV). Die Tatsache, dass diese Diskriminierungen im Bereich von Baupolizei oder Beschaffungswesen vorkommen, ändert nichts daran: aufgrund der wirtschaftlichen Bedeutung der öffentlichen Märkte bleibt ihre tatsächliche Wirkung die gleiche. 18.88

5. Die Revision des Binnenmarktgesetzes vom 1. Juli 2006 hat das Verbot von Behinderungen der Freizügigkeit bei Dienstleistungen von Planern noch verstärkt; *Art. 2 BGBM* hält fest: 18.89

- Jede Person, die eine Erwerbstätigkeit rechtmässig ausübt, hat das Recht, sich zwecks Ausübung dieser Tätigkeit auf dem gesamten Gebiet der Schweiz niederzulassen und diese Tätigkeit auszuüben. Dies gilt auch, wenn die Tätigkeit am Ort der Erstniederlassung aufgegeben wird. Gemäss diesem Grundsatz kann inskünftig jeder in einem Kanton zur Ausübung seiner Tätigkeit zugelassene Dienstleistungserbringer *ohne erneute Bewilligung* in einem anderen Kanton, der diesen Beruf gleichfalls reglementiert, tätig werden. 18.90
- Die Aufsicht über die Einhaltung der Vorschriften der Erstniederlassung obliegt den Behörden des Bestimmungsortes. 18.91
- Bei der Anwendung der vorstehenden Grundsätze gelten die kantonalen beziehungsweise kommunalen Marktzugangsordnungen als gleichwertig. 18.92

18.93 – Hat eine zuständige kantonale Vollzugsbehörde festgestellt, dass der Marktzugang für eine Ware, Dienstleistung oder Arbeitsleistung mit dem Bundesrecht übereinstimmt, oder hat sie den Marktzugang bewilligt, so gilt dieser Entscheid für die ganze Schweiz.

18.94 **6.** Diese Grundsätze sind in all denjenigen Fällen von rechtlicher Bedeutung, in denen für einen spezialisierten Beauftragten der Beruf im Herkunftskanton nicht bzw. anders reglementiert ist als im Kanton, in dem er seine Dienstleistungen anbieten oder sich niederlassen möchte. Handelt es sich um einen Kanton ohne Reglementierungen, spielt die Einhaltung bzw. Nichtbeachtung der Bestimmungen des Herkunftskantons keine Rolle (so beispielsweise bei einer als Strafmassnahme erfolgten Löschung aus dem Kantonsregister [Nr. 18.17]). Vorbehalten bleibt allerdings das Beschaffungsrecht, wo die Auftraggeberin die Vorgeschichte des Anbieters, d.h. also auch die Situation in seinem Herkunftskanton, berücksichtigen kann.

§ 19 Die strafrechtliche Verantwortung des Planers

Franz Riklin

Inhaltsverzeichnis

I. Bau- und allgemeines Strafrecht für Architekten und Ingenieure

1. Die an einem Bau Beteiligten im Allgemeinen und die Planer (Architekten/Ingenieure) im Besonderen unterliegen auch einer *strafrechtlichen Haftung*. Im Folgenden geht es nicht nur um die Planungstätigkeit im engeren Sinn, sondern auch um die Bauleitungstätigkeit der Planer. Im Vordergrund steht einerseits der bauspezifische Straftatbestand der **Gefährdung durch Verletzung der Regeln der Baukunde** (Art. 229 StGB), soweit der erwähnte Personenkreis zur Diskussion steht. Andererseits spielen für dieselbe Perso- 19.1

nengruppe zwei andere *allgemeine* Straftatbestände eine wichtige Rolle, die *nicht nur,* aber *auch* beim Bauen von Belang sein können, die **fahrlässige Tötung** (Art. 117 StGB) und die **fahrlässige Körperverletzung** (Art. 125 StGB). Dabei ist es möglich, dass ein Baubeteiligter durch dieselbe Tat sowohl unter Art. 229 als auch unter Art. 117 bzw. 125 StGB fällt und nach *beiden* Bestimmungen bestraft wird (Nr. 19.64 ff.). Bei Art. 125 StGB ist ferner zu beachten, dass diese Norm sowohl die *schwere* als auch die *einfache Körperverletzung* erfasst; die schwere Körperverletzung bezieht sich auf Folgen von ausserordentlicher Tragweite (Verstümmelung oder Unbrauchbarmachung eines wichtigen Körperteils, bleibende Arbeitsunfähigkeit, lange andauerndes Krankheitslager usw.);[1] die einfache Körperverletzung ist als Antragsdelikt ausgestaltet, was zur Folge hat, dass es selbst bei einem Normverstoss oft nicht zu einer Verurteilung kommt, weil zuvor im Rahmen einer gütlichen Einigung über die Schadenstragung der Strafantrag zurückgezogen oder nicht eingereicht wird. Die nachfolgenden Ausführungen behandeln einige interessante *Teilaspekte* dieser Strafbestimmungen, dies (wie angetönt) unter besonderer Berücksichtigung des Aufgabenbereichs und der Verantwortlichkeit der Planer aus ihrer Planungs-, aber auch ihrer bauleitenden Tätigkeit.

19.2 **2.** Ausgeklammert werden einige für den an einem Bau beteiligten Planer weniger zentrale und mit den erwähnten Bestimmungen konkurrierende Gefährdungsstraftatbestände des Schweizerischen Strafgesetzbuches. Verwiesen sei u.a. auf Art. 222 (fahrlässige Verursachung einer Feuersbrunst), Art. 223 (Verursachung einer Explosion), Art. 225 (Gefährdung durch Sprengstoffe etc.), Art. 227 (Verursachen einer Überschwemmung oder eines Einsturzes), Art. 228 (Beschädigung von elektrischen Anlagen, Wasserbauten und Schutzvorkehren), Art. 230 (Beseitigung oder Nichtanbringung von Sicherheitsvorkehrungen sowie Art. 237–239 StGB (Störung des öffentlichen Verkehrs, des Eisenbahnverkehrs sowie von Betrieben, die der Allgemeinheit dienen). Ebenfalls nicht behandelt werden allfällige *strafrechtliche* Folgen für Planer *bei schuldhafter und schädigender Verletzung ihrer Sorgfalts- und Treuepflicht gegenüber dem Bauherrn als deren kaufmännische, wirtschaftliche, treuhänderische und rechtliche Berater.*[2]

---

1 Vgl. Art. 122 StGB.

2 Zu denken ist an die Verletzung von Sorgfalts- und Treuepflichten z.B. bei Anlageberatungen, Finanzierungs- und Anlagestudien, bei der Mitarbeit beim Landerwerb, bei der Schätzung von Baukosten, bei detaillierten Kostenberechnungen, bei der Schätzung von Betriebs- und Unterhaltskosten, bei Rentabilitätsberechnungen, bei Finanzierungs-

3. Nicht zu übersehen ist die **Bedeutung,** welche ein strafrechtliches Urteil gegen einen Planer **für die zivilrechtliche Schadensregelung** haben kann. Zwar sind nach Art. 53 OR die Feststellungen und das Erkenntnis des Strafrichters für den Zivilrichter nicht verbindlich. Dennoch wird in der Haftpflichtpraxis oft – insbesondere in haftungsrechtlichen Grenzfällen – durch eine festgestellte strafrechtlich relevante Schuldverantwortung die Schadenersatzregelung in hohem Mass präjudiziert. Dies hängt mit der *Praxis der Versicherungen* zusammen, die den Schaden oft nur ersetzen, wenn ein Strafurteil vorliegt. 19.3

4. In der Theorie besteht die **Meinung, das Strafrecht sollte zurückhaltend und nur bei schwerwiegenden Verstössen gegen die soziale Ordnung eingesetzt werden,** vor allem dann, wenn mildere sozialpolitische Mittel zur Unterbindung des verpönten Verhaltens nicht ausreichen.[3] Man kann sich deshalb fragen, ob es überhaupt nötig ist, das Bauwesen strafrechtlich zu sanktionieren, oder ob das Privat-, Verwaltungs- und Sozialversicherungsrecht nicht ausreichen. Mit Blick auf die allenfalls betroffenen Rechtsgüter lässt sich der strafrechtliche Schutz rechtfertigen, denn die erwähnten für das Baustrafrecht bedeutsamen Normen wollen Leib und Leben und damit *elementare Lebensgüter* vor Verletzungen und Gefährdungen bewahren.[4] An- 19.4

---

verhandlungen und der Erstellung eines Finanzierungsplanes, bei Subventionseingaben und der Erstellung von Kostenvoranschlägen, bei der Prüfung der Wirtschaftlichkeit der einzusetzenden Mittel, bei der Kontrolle von Angeboten, bei Verhandlungen mit Unternehmern und Lieferanten sowie bei Vergabeanträgen, bei der Aufstellung von Verträgen mit Unternehmern und Lieferanten, bei der Aufstellung und Nachführung eines Zahlungsplans, bei der Führung der Baubuchhaltung, der Finanzkontrolle während der Ausführung und bei der Finanzverwaltung und Überwachung für eine Finanzierungsstelle, bei der Kontrolle von Arbeitsrapporten, Leistungsaufstellungen und Rechnungen, bei Zahlungsanweisungen und Rechnungsabschlüssen, bei der Einholung, Kontrolle, Beanspruchung und Freigabe von Bankgarantien sowie bei der Schlussabrechnung und einer allfälligen Mitarbeit bei der Vermietung und beim Verkauf. Vgl. zu solchen möglichen primär zivilrechtlich relevanten Leistungen eines Architekten auch SIA-Ordnung 102, ferner z.B. ZEHNDER, Prognosen, S. 48 ff.; STÖCKLI, Pflicht des Architekten, S. 56 und SIEGENTHALER, Kostenvoranschlag, S. 57. Besonders krass ist die Verletzung der Treuepflicht im Fall der Annahme von Schmiergeldern. Nach Art. 1 Ziff. 1.3.2 SIA 102 nimmt der Architekt von Dritten, wie Unternehmern und Lieferanten, keine persönlichen Vergütungen entgegen. Nach Art. 4a UWG ist die Privatbestechung sogar strafbar. Vgl. aus strafrechtlicher Sicht zu möglichen Urkundendelikten RIKLIN, Urkundenqualität, S. 32 ff.; RIKLIN, Die Visierung, S. 69 ff.

3 Vgl. dazu u. a. TRECHSEL/NOLL, S. 28.

4 So auch BENDEL, Fahrlässige Tötung, S. 25 f.

dererseits liegen Bauunfällen in der Regel bloss *fahrlässige* Verhaltensweisen zugrunde, die jedoch *sehr erhebliche Wirkungen* zeitigen können. Dieses Phänomen ist in einem grösseren Zusammenhang zu sehen. Im Laufe der Zeit wurden im Gefolge des wissenschaftlichen und technischen Fortschritts sowie des sozialen Wandels in zunehmendem Masse die wichtigsten Werte und Rechtsgüter sowohl der Allgemeinheit als auch von Individuen durch fahrlässige Verhaltensweisen stets zunehmenden Gefahren ausgesetzt. Entsprechend hat die Zahl der Normen, die auch fahrlässige Verhaltensweisen sanktionieren, sowie die Zahl der Verstösse gegen solche Normen massiv zugenommen.[5] Heute kann deshalb ein auch nur leichtes Versagen zu schweren Schädigungen führen, die Haftung hängt oft von Zufällen ab, und als potenzieller Täter kommt – man denke nur an den Strassenverkehr – fast jedermann infrage. Auch auf dem Bauplatz hat der Bulldozer die Schaufel abgelöst, und hohe Stahlgerüste verdrängen den Holzsteg wenige Meter über dem Boden.[6]

II. Zu den einzelnen Straftatbeständen

1. Allgemeines

19.5 **1.** Wie erwähnt erfolgen im Bauwesen Verstösse gegen Strafnormen in der Regel fahrlässig. Nach **Art. 117 StGB** wird mit Freiheitsstrafe bis zu drei Jahren oder mit Geldstrafe bestraft, wer fahrlässig den Tod eines Menschen verursacht. Mit der gleichen Strafe ist in **Art. 125 StGB** die fahrlässige Körperverletzung bedroht. Ebenfalls mit Freiheitsstrafe bis zu drei Jahren oder Geldstrafe wird bestraft, wer nach **Art. 229 Abs. 2 StGB** bei der Leitung oder Ausführung eines Bauwerks oder eines Abbruchs fahrlässig die anerkannten Regeln der Baukunde ausser Acht lässt und dadurch Leib und Leben von Mitmenschen gefährdet. Entscheidend ist, dass die Gefährdung an Leib und Leben fahrlässig erfolgt; dann ist Absatz 2 anwendbar, auch wenn die vorangehende gemeingefährliche Handlung vorsätzlich begangen wird.[7] Art. 229 statuiert im Ergebnis eine Garantenstellung des Täters aus Ingerenz (Nr. 19.28), indem er Personen, die im Rahmen der Leitung oder Ausführung

5 Vgl. SCHULTZ, S. 201 f.

6 BENDEL, Fahrlässige Tötung, S. 25.

7 RIKLIN, Straftatbestand, S. 49 und dort zit. Autoren.

von Bauwerken Gefahren schaffen, anhält, für ihren Verantwortungsbereich die Sicherheitsregeln einzuhalten.[8]

Die vorsätzliche Tatbegehung wird an dieser Stelle, weil selten vorkommend bzw. selten nachweisbar, nicht weiter behandelt. Sie ist in Bezug auf den Tatbestand der Gefährdung der Verletzung der Regeln der Baukunde in Art. 229 Abs. 1 StGB geregelt. Dazu sei lediglich erwähnt, dass der Täter diesfalls *wissentlich* Leib und Leben von Mitmenschen gefährden muss; es muss ein direkter Vorsatz vorliegen, Eventualvorsatz genügt nicht.[9] Beruht die Gefährdung von Leib und Leben auf Eventualvorsatz, kommt nolens volens der Fahrlässigkeitstatbestand zur Anwendung.[10] 19.6

Ausgeklammert bleiben ferner konkurrierende Bestimmungen der Spezialgesetzgebung, so z.B. Art. 60 ff. USG, Art. 70 ff. GSchG und Art. 42 ff. WaG. 19.7

2. Besonderer Würdigung bedürfen: der Aspekt der *Fahrlässigkeit bzw. der Sorgfaltspflichtverletzung und der Erfolgszurechnung* (Nr. 19.9 ff.); die Frage, was unter *Bauwerk* und *anerkannten Regeln der Baukunde* zu verstehen ist (Nr. 19.31 ff.); und schliesslich die Anforderungen, welche an die in Art. 229 StGB verlangte *Gefährdung und an den Gefährdungserfolg* zu stellen sind (Nr. 19.34 ff.). 19.8

2. Zur Frage der Erfolgszurechnung und der Fahrlässigkeit bzw. der Sorgfaltspflichtverletzung

1. Bei einem fahrlässigen Erfolgsdelikt ist neben der Handlung der Eintritt eines bestimmten Aussenerfolgs erforderlich. 19.9

2. Aus dogmatischer Sicht stellt sich zunächst die Frage der Kausalität zwischen Handlung und Erfolg. Der Beschuldigte ist nur strafbar, wenn sein Verhalten für den Eintritt des Erfolgs **kausal** war, der Erfolg von ihm verursacht wurde. Das Bundesgericht spricht von «natürlicher Kausalität».[11] Der 19.10

---

8 ROELLI/FLEISCHANDERL, Basler Kommentar Strafrecht II, N 7 zu Art. 229 StGB; RIKLIN, Straftatbestand, S. 45.

9 Vgl. u.a. RIKLIN, Schweizerisches Strafrecht AT I, § 16 Nr. 28; BGE 94 IV 64; 123 IV 130.

10 RIKLIN, Gemeingefahr, S. 903.

11 BGE 121 IV 212; 122 IV 23; 125 IV 197.

Kausalzusammenhang ist ein ungeschriebenes objektives Tatbestandsmerkmal bei Erfolgsdelikten.[12]

19.11 Bei Fahrlässigkeitsdelikten kommt nach der Bundesgerichtspraxis insofern eine zusätzliche Haftungsbeschränkung zum Zug, als auf den *adäquaten Kausalzusammenhang* zwischen Handlung und Erfolg abgestellt wird.[13] Damit kann ein atypischer Kausalverlauf, mit dem vernünftigerweise nicht gerechnet werden muss, eliminiert werden.[14] Es soll nicht jemand für Zufall zur Verantwortung gezogen werden.[15] Danach bildet eine Handlung nur dann die zurechenbare Ursache eines Erfolgs im strafrechtlichen Sinn, *wenn sie nach den Erfahrungen des Lebens und dem gewöhnlichen Lauf der Dinge geeignet war, einen Erfolg der eingetretenen Art herbeizuführen oder ihn zumindest zu begünstigen.*[16] Ein adäquater Kausalzusammenhang wird in der Regel auch dann bejaht, wenn ein bestimmtes Verhalten nicht die einzige und nicht die unmittelbare Ursache des Erfolges gewesen ist. Gerade im Bausektor ist es so, dass die Tätigkeiten aller an einem Projekt Beteiligten eng miteinander verknüpft sind. Dies führt dazu, dass bei Unfällen in der Regel nicht das Verhalten *eines* Beteiligten, sondern das *Zusammenwirken mehrerer* ursächlich gewesen ist. Deren Zusammenwirken kann auch ein «Nacheinanderwirken» sein.[17] Wer an einem Unfall beteiligt ist, «kann sich nicht darauf berufen, dieser hätte sich nicht ereignet, wenn ein anderer nicht seinerseits Vorsichtspflichten missachtet hätte»; so besteht z.B. eine Haftung eines Architekten für fehlerhafte Pläne auch dann, wenn ein fachkundiger Unternehmer den Fehler hätte erkennen können.[18] Das Mitverschulden des Opfers oder anderer Personen schliesst die Voraussehbarkeit bzw. den adäquaten Kausalzusammenhang nur aus, wenn deren Verhalten so aussergewöhnlich (unvernünftig, absonderlich, unsinnig) war, dass damit schlechthin nicht gerechnet werden

---

12 RIKLIN, Schweizerisches Strafrecht AT I, § 13 Nr. 22.

13 Vgl. z.B. STRATENWERTH, Schweizerisches Strafrecht AT I, § 9 Nr. 25 ff.; BGE 103 IV 291 f.; 118 IV 140; 126 IV 17; 127 IV 65; 130 IV 10.Vgl. dazu auch die kritischen Bemerkungen u.a. bei STRATENWERTH, Schweizerisches Strafrecht AT I, § 9 Nr. 25 ff.; SCHULTZ, S. 126; TRECHSEL/JEAN-RICHARD, Praxiskommentar StGB, N 28 zu Art. 18 StGB.

14 RIKLIN, Schweizerisches Strafrecht AT I, § 13 Nr. 35.

15 WALDER, Die Kausalität, S. 113.

16 Vgl. z.B. BGE 127 IV 65; 130 IV 10; 134 IV 10.

17 BENDEL, Strafrechtliche Verantwortlichkeit, S. 107 f.

18 KGer GR (PKG 1973, S. 71 ff., 76; 1972, S. 102 ff., 104).

konnte,[19] und dieses derart schwer wiegt, dass es als wahrscheinlichste und als unmittelbare Ursache des Erfolgs erscheint und so alle anderen mitverursachenden Faktoren – namentlich das Verhalten des Beschuldigten – in den Hintergrund drängt.[20] Anders als im Zivilrecht kennt das Strafrecht keine Schuldkompensation zwischen Täter und Opfer.[21]

3. In der Theorie muss bei fahrlässigen Erfolgsdelikten nach der Prüfung der Adäquanz (d.h. der generellen Eignung, den Erfolg zu bewirken) auch noch der subjektive Tatbestand beurteilt werden, d.h. die Fahrlässigkeit. Der Täter verursacht bei fahrlässigen Straftaten den Erfolg (Tod, Körperverletzung, Gefährdung) ungewollt, durch **pflichtwidrige Nichtvoraussicht des voraussehbaren Erfolgs.** Er verletzt Sorgfaltspflichten und handelt unvorsichtig. Der tatbestandsmässige Erfolg muss auf die Verletzung der gebotenen Sorgfalt zurückgeführt werden können. 19.12

Diese Doppelkontrolle (Adäquanz und Fahrlässigkeit) hat dazu geführt, dass sich verschiedene Autoren fragten, ob die Prüfung der Adäquanz nicht entbehrlich sei,[22] d.h., ob man nicht direkt auf die Frage der Fahrlässigkeit zusteuern könne, da bei Verneinung des adäquaten Kausalzusammenhangs regelmässig auch eine Fahrlässigkeit verneint werden kann,[23] während es dann, wenn der adäquate Kausalzusammenhang bejaht wird, denkbar ist, dass dennoch mit Rücksicht auf die persönlichen Verhältnisse des Beschuldigten (Nr. 19.15) keine Fahrlässigkeit vorliegt. 19.13

4. Die **Kriterien der Sorgfalt** sind in Art. 12 Abs. 3 StGB festgelegt. Während man im Zivilrecht nach einer abstrahierenden, generellen Betrachtungsweise prüft, wie sich der normale, ordentliche Mensch in der Lage des Täters verhalten hätte,[24] hat das Strafrecht eine in Nuancen andere Optik: 19.14

a. Nach einer individualisierenden Betrachtungsweise kommt es auf die Vorsicht an, die dem Täter *nach den konkreten Umständen* und seinen *per-* 19.15

---

19 STRATENWERTH, Schweizerisches Strafrecht AT I, § 9 Nr. 33; TRECHSEL/NOLL, S. 270; SCHULTZ, S. 212; BGE 120 IV 312; 121 IV 15, 213 und 290; 122 IV 23; 126 IV 17; 127 IV 39 und 65; 130 IV 10; 135 IV 64; BENDEL, Fahrlässige Tötung, S. 42; SCHERER, S. 80.

20 Vgl. z.B. BGE 127 IV 39; 130 IV 10; 135 IV 64.

21 SCHULTZ, S. 212; BENDEL, Fahrlässige Tötung, S. 53 f.; BGE 103 IV 299; 106 IV 59.

22 TRECHSEL/NOLL S. 270; DUBS, S. 23 ff.; vgl. auch STRATENWERTH, Schweizerisches Strafrecht AT I, § 16 Nr. 8; TRECHSEL/JEAN-RICHARD, Praxiskommentar StGB, N 28 zu Art. 18 StGB.

23 TRECHSEL/NOLL, S. 270.

24 HAUSER, S. 612 (mit weiteren Literaturangaben in Fn. 17).

sönlichen Verhältnissen zuzumuten ist. In objektiver Beziehung stellt man auf die *Gefährlichkeit* eines Tuns ab. Je riskanter dieses ist, desto grösser muss die Vorsicht zur Vermeidung des Schadens sein.[25] In subjektiver Hinsicht steht die *Individualität* des *Täters* im Vordergrund. Es muss auch ein allfälliges subjektives Unvermögen, die Gefahr zu erkennen, ermittelt werden. Vergleichsmassstab ist ein besonnener Mensch mit gleichen Fähigkeiten.[26] Es geht um die subjektive Voraussehbarkeit (und Vermeidbarkeit) des Erfolges, um die subjektive Sorgfaltspflicht. Der Enderfolg und der dazu führende Kausalverlauf müssen wenigstens in ihren Umrissen *voraussehbar* gewesen sein.[27] Die Anforderungen an die Sorgfaltspflichten werden *erhöht,* wenn der Täter über *besondere Kenntnisse und Fertigkeiten* verfügt.[28] Namentlich ist «auf die sich aus seinem Beruf ergebenden Pflichten besonderes Gewicht zu legen».[29] Bedeutungsvoll sind ferner beispielsweise Intelligenz, Ausbildung und Erfahrung.[30] Ein Lehrling hat demgegenüber weniger weit gehende Sorgfaltspflichten, wenn ihm seine Fähigkeiten und seinen Ausbildungsstand übersteigende Aufgaben übertragen werden.[31] Allerdings kann sich jemand, der eine Aufgabe übernimmt, der er nach seinen Kenntnissen und Erfahrungen nicht gewachsen ist, nicht auf eben diese unzureichenden Kenntnisse und Erfahrungen berufen.[32] Hier kommt es nicht darauf an, ob der Betroffene die Konsequenzen seines Tuns vorausgesehen hat, sondern ob er sie bei Anwendung pflichtgemässer Sorgfalt hätte voraussehen können (sog. Übernahmeverschulden).[33]

19.16 **b.** Zum Teil sind Sorgfaltspflichten in Form allgemeiner Regeln in staatlichen Erlassen kodifiziert und konkretisiert: Für das Baurecht sei auf Baugesetze und andere baupolizeiliche Normen sowie auf bundesrätliche Verordnungen

---

25 Hauser, S. 612; Bendel, Fahrlässige Tötung, S. 53.

26 Schultz, S. 202.

27 Trechsel/Noll, S. 277; Stratenwerth, Schweizerisches Strafrecht AT I, § 16 Nr. 9; BGE 127 IV 65; 130 IV 10; 135 IV 64.

28 Vgl. u. a. Schultz, S. 202 f., 208; Riklin, Schweizerisches Strafrecht AT I, § 13 Nr. 40; Stratenwerth, Schweizerisches Strafrecht AT I, § 9 Nr. 25 und § 16 Nr. 12 f.; BGE 97 IV 172; 98 IV 177; 100 IV 213; 103 IV 292 f.

29 Scherer, S. 35.

30 Vgl. Bendel, Fahrlässige Tötung, S. 46, 52 und BGE 97 IV 172; 98 IV 177; 100 IV 213; 103 IV 293; 104 IV 19; 108 IV 9.

31 Vgl. BGE 99 IV 63 ff., wo im konkreten Fall die fehlerhafte Bedienung eines Eisenbahnstellwerks nicht als pflichtwidrige Unvorsichtigkeit angesehen wurde.

32 Stratenwerth, Schweizerisches Strafrecht AT I, § 16 Nr. 14; Scherer, S. 35, 81.

33 Scherer, S. 35.

über die Verhütung von Unfällen und darauf bezogene SUVA-Richtlinien verwiesen, namentlich die Bauarbeitenverordnung (BauAV) und die Verordnung über die Unfallverhütung (VUV), die auf das UVG und das ArG gestützt sind. Wo besondere Normen ein bestimmtes Verhalten gebieten, bestimmt sich das Mass der dabei zu beachtenden Sorgfalt in erster Linie nach diesen Vorschriften. Von Belang sind ferner private Regelwerke wie namentlich die SIA-Normen (Nr. 19.39, 19.46 ff., 19.55). Daneben spielen Branchenusanzen eine wichtige Rolle. All diese geschriebenen und ungeschriebenen Grundsätze der Baubranche sind anvisiert, wenn eine Gesetzesnorm (Art. 229 StGB) auf *«anerkannte Regeln der Baukunde»* verweist (Nr. 19.32 f.).

Wo Regeln und besondere Vorschriften fehlen, kommt oft der *allgemeine Gefahrensatz* zum Zug, der besagt, dass derjenige, der einen Gefahrenzustand schafft, alles Zumutbare tun muss, damit die Gefahr zu keiner Verletzung fremder Rechtsgüter führt.[34] Es ist ferner möglich, dass die auf der Höhe der Technik stehenden Fachleute Regeln anerkennen, die noch nicht in einem Regelwerk fixiert sind.[35] 19.17

c. Diese Ausführungen zeigen, dass Fahrlässigkeitstatbestände offene (ergänzungsbedürftige, unbestimmte, nicht abschliessend formulierte) Tatbestände sind, gewissermassen Blankettstrafnormen, «die bei dürftigem oder gänzlich fehlendem semantischen Gehalt, zur Ausfüllung auf andere Normen im weitesten Sinne (Gesetze, Verordnungen, Satzungen, Verwaltungsanordnungen oder gar private Empfehlungen) verweisen».[36] Sie sind aus diesem Grund aus der Sicht des Legalitätsprinzips problematisch; deshalb sollte die Tatbestandsmässigkeit nur bejaht werden, wenn ein eindeutiger Sorgfaltsmangel vorliegt, hingegen nicht, wenn man vernünftigerweise verschiedener Meinung sein kann und sich allenfalls auch Sachverständige nicht eindeutig festlegen können.[37] 19.18

5. Sind Sorgfaltspflichten in Regeln privater oder halbprivater Vereinigungen festgehalten, handelt es sich schon deshalb nicht um rechtliche Sorgfaltsgebote, weil private Organisationen keine Rechtssetzungsbefugnis haben.[38] Dennoch dürften solche Regeln meist das ausdrücken, was die betreffenden 19.19

---

34 Vgl. BGE 106 IV 80; 127 IV 65; 130 IV 10; 134 IV 204; 135 IV 64; SCHULTZ, S. 207; BENDEL, Fahrlässige Tötung, S. 45.

35 LENCKNER, S. 497.

36 SCHÜNEMANN, Regeln, S. 368.

37 LENCKNER, S. 501 f.

38 LENCKNER, S. 495.

Fachkreise als richtig erachten und auch der vom Recht geforderten Sorgfalt entspricht. Es sind gewissermassen «sachverständige Äusserungen darüber, was der im Verkehr erforderlichen Sorgfalt entspricht».[39] Man kann auch von «antizipierten Sachverständigengutachten» sprechen.[40] Es sind *Indizien* für eine Sorgfaltswidrigkeit.[41] Dennoch begründet die Verletzung solcher Regeln *nicht automatisch* die Fahrlässigkeit,[42] sondern diese weisen den Charakter von widerlegbaren Vermutungen auf.[43] Dies aus zwei Gründen: Die Abweichung von der Norm ist dann nicht sorgfaltswidrig, wenn «auf andere Weise der gleiche Grad an Sicherheit gewährleistet ist».[44] Ferner muss stets dargetan werden, «dass im abstrakten Regelverstoss auch die Sorgfaltswidrigkeit angesichts der konkreten Umstände steckt»,[45] denn es ist stets der Richter, der zur Konkretisierung der vom Gesetz verwendeten unbestimmten Rechtsbegriffe berufen ist.[46] Die Sorgfaltspflichten sind bei jedem Fahrlässigkeitsdelikt fallbezogen zu konkretisieren.[47] Wer umgekehrt die Regeln befolgt, kann im Allgemeinen die Gewissheit haben, dass er sorgfaltsmässig handelt.[48] Doch auch hier gibt es Ausnahmen:

19.20 – Die herrschende Meinung kann falsch und die tatsächliche Übung Unsitte sein.[49]

19.21 – Ein Regelwerk kann ferner überholt sein und dadurch falsch werden.[50]

19.22 – Allenfalls kann die Sorgfalt erfordern, im Interesse der Sicherheit eine veraltete Vorschrift zu übergehen.[51]

19.23 – Andererseits verfügt der Handelnde unter Umständen über besondere Spezialkenntnisse, sodass für ihn die pflichtgemässe Vorsicht bedeutet, mehr zu tun, als die betreffenden Vorschriften verlangen (Nr. 19.15).

---

39 Lenckner, S. 502.
40 Vgl. Schünemann, Regeln, S. 375, 384 f. (kritisch).
41 Vgl. BGE 114 IV 175; Schünemann, Regeln, S. 388.
42 Trechsel/Jean-Richard, Praxiskommentar StGB, N 29 zu Art. 18 StGB; Arzt, S. 70; BGE 135 IV 64.
43 Tausky, Regeln der Baukunde, S. 190.
44 Lenckner, S. 498.
45 Arzt, S. 70.
46 Schünemann, Regeln, S. 390.
47 Schünemann, Regeln, S. 394.
48 Lenckner, S. 503.
49 Lenckner, S. 497.
50 Lenckner, S. 497.
51 Bendel, Fahrlässige Tötung, S. 45.

Bei *staatlichen,* d.h. von zuständigen Rechtsetzungsorganen erlassenen *Sorgfaltsregeln* (z.B. bundesrätlichen Unfallverhütungsvorschriften) könnte man sich allerdings fragen, ob die Befolgung der Regeln nicht stets die Feststellung einer Sorgfaltswidrigkeit ausschliesst. Doch stellt sich die angesprochene Problematik kaum je so pointiert. Trotz Befolgung der Vorschriften kann jemand strafbar sein, weil kodifizierte Normen oft keine abschliessende Regelung enthalten, sondern nur typische Sachverhalte im Auge haben, so dass für atypische Situationen allenfalls abweichende Pflichten bestehen.[52] Deshalb kann bei Lückenhaftigkeit der Vorwurf der Fahrlässigkeit wie erwähnt auch auf allgemeine Rechtsgrundsätze wie etwa auf den allgemeinen Gefahrensatz gestützt werden. Jemand kann somit fahrlässig handeln, auch wenn er nicht gegen einschlägige Bestimmungen eines solchen Spezialerlasses verstösst bzw. sie sogar formell einhält. 19.24

6. Es gibt noch einen weiteren Aspekt zu beachten: In der deutschen Strafrechtsdogmatik wird in diesem Zusammenhang überwiegend die Lehre von der objektiven Zurechnung vertreten.[53] Danach ist ein durch menschliches Verhalten verursachter Unrechtserfolg nur dann zuzurechnen, wenn er mit diesem Verhalten nicht nur kausal, sondern zusätzlich auch in dem Sinn normativ verknüpft ist, als die tatbestandsmässige Handlung ein unerlaubtes Risiko für den Erfolgseintritt verwirklicht. Es wird somit klar zwischen der Kausalitäts- und der Haftungsfrage unterschieden. Die Frage der Zurechnung des Erfolgs wird nicht mehr nur als Kausalitätsproblem behandelt. Die Adäquanztheorie, bei der es letztlich auch um eine Zurechnungslehre geht, lässt sich nahtlos in diese Sicht der Dinge integrieren. Fehlt der adäquate Kausalzusammenhang, ist der Erfolg nicht zurechenbar. Die Lehre von der objektiven Zurechnung hilft zudem mit weiteren haftungsbegrenzenden Kriterien (wie z.B. der Relevanz des sorgfaltswidrigen Verhaltens für den Erfolg, dem erlaubten Risiko oder der Eigenverantwortlichkeit) bei Konstellationen weiter, bei denen die Adäquanztheorie nicht zu einem befriedigenden Ergebnis führt.[54] 19.25

So muss nach der Lehre von der objektiven Zurechnung die **Sorgfaltspflichtverletzung** u.a. **für den Erfolg relevant** sein; nur dann ist er dem Täter zuzurechnen. Die Frage stellt sich bei ganz besonderen Konstellationen, wenn zweifelhaft ist, ob bei korrektem Verhalten der Erfolg nicht eingetreten wäre. 19.26

---

52 LENCKNER, S. 497.

53 Vgl. dazu RIKLIN, Schweizerisches Strafrecht AT I, § 13 Nr. 41 ff.

54 Vgl. RIKLIN, Schweizerisches Strafrecht AT I, § 13 Nr. 41.

Dies kann aktuell sein, wenn die Tathandlung nicht wie z.B. bei einem tödlichen Schuss unmittelbar eine Rechtsgutverletzung bewirkt, sondern wenn es sich nur um einen entfernteren oder geringeren Beitrag zum erfolgsverursachenden Geschehensablauf handelt.[55] Beispiel: Ein Baufachmann mit einem Kontrollauftrag stellt Mängel an einer frei schwebenden Betondecke in einem Hallenbad fest (einen gebrochenen Stahlbügel und braune Rostflecken auf anderen), bestätigt jedoch den Behörden, die Konstruktion sei in einwandfreiem Zustand, und zieht nach dem Deckeneinsturz mit zahlreichen Toten in Zweifel, ob die Behörden auch bei korrekter Meldung des konkret Feststellbaren etwas unternommen hätten.[56] Beim durch Begehung oder Unterlassung begangenen Erfolgsdelikt ist ein solcher Kausalzusammenhang nach der in einem Teil der Lehre und in den Entscheidungen des Bundesgerichts vertretenen *Wahrscheinlichkeitstheorie* nur dann zu bejahen, wenn der Erfolg bei pflichtgemässer Vorsicht bzw. pflichtgemässem Handeln mit einer hohen Wahrscheinlichkeit vermieden worden wäre bzw. das pflichtwidrige Verhalten die Ursache des Erfolges bildet (Nr. 19.30).[57]

19.27 **7.** Nach der Lehre vom erlaubten Risiko kann nicht verboten sein, ein allgemeines Risiko normaler Höhe zu schaffen. Deshalb korrespondiert nicht jede erkennbare und nicht beseitigte Gefährdung mit einer Sorgfaltspflichtverletzung. Gerade im Bauwesen kann nicht jede Arbeit risikolos ausgeführt werden.[58] Die Rechtsordnung gestattet ausnahmsweise im Rahmen des sog. **erlaubten Risikos**[59] gewisse gefährliche Mittel und Massnahmen, wenn der soziale Nutzen das Wagnis rechtfertigt.[60] Rechtswidrig sind diesfalls aber *unnötige* Gefährdungen.[61] Das Bundesgericht verwendet in seiner Rechtsprechung im Zusammenhang mit Fahrlässigkeitsdelikten als Stereotyp die

---

55 Vgl. STRATENWERTH, Schweizerisches Strafrecht AT I, § 9 Nr. 42.

56 Dies war ein Streitpunkt in BGE 115 IV 199 ff. (Hallenbadunglück Uster); vgl. dazu auch Nr. 19.72.

57 ARZT, S. 71; RIKLIN, Schweizerisches Strafrecht AT I, § 13 Nr. 32 und 47 sowie § 19 Nr. 31; nur in Bezug auf Unterlassungsdelikte: TRECHSEL/NOLL, S. 260 f.; TRECHSEL/JEAN-RICHARD, Praxiskommentar StGB, N 18 zu Art. 11 StGB; SCHULTZ, S. 128 f. Zur Bundesgerichtspraxis BGE 102 IV 102; 105 IV 20; 108 IV 7 f.; 109 IV 139 f.; 115 IV 191, 206; 116 IV 102, 185, 310; 118 IV 141; 130 IV 11; 134 IV 204; 135 IV 64.

58 BENDEL, Fahrlässige Tötung, S. 53; REBER, Rechtshandbuch, S. 232.

59 Vgl. dazu allgemein STRATENWERTH, Schweizerisches Strafrecht AT I, § 9 Nr. 34 ff. und § 16 Nr. 20; TRECHSEL/NOLL, S. 139 f.; TRECHSEL/JEAN-RICHARD, Praxiskommentar StGB, N 32 zu Art. 12 StGB; RIKLIN, Schweizerisches Strafrecht AT I, § 13 Nr. 44.

60 BENDEL, Fahrlässige Tötung, S. 52; vgl. auch REBER, Rechtshandbuch, S. 232.

61 BENDEL, Fahrlässige Tötung S. 53.

Floskel, dass der Täter den Erfolg durch Verletzung einer Sorgfaltspflicht verursacht haben müsse, wobei eine Handlungsweise sorgfaltswidrig sei, «wenn der Täter zum Zeitpunkt der Tat aufgrund der Umstände sowie seiner Kenntnisse und Fähigkeiten die damit bewirkte Gefährdung der Rechtsgüter des Opfers hätte erkennen können und müssen *und wenn er zugleich die Grenzen des erlaubten Risikos überschritten hat*».[62]

8. Das fahrlässige Verhalten kann auch ein **Unterlassen** sein. Wo wie in Art. 117/125 StGB ein positives Tun sanktioniert wird, gehen Lehre und Rechtsprechung und seit der 2007 in Kraft getretenen Revision des Strafgesetzbuches auch das Gesetz in Art. 11 StGB davon aus, dass diese Straftatbestände auch durch ein pflichtwidriges Untätigbleiben begangen werden können (Art. 11 Abs. 1), wenn der Nichthandelnde eine *Garantenstellung* hat, d.h., wenn er aufgrund seiner Rechtsstellung verpflichtet ist, die Schädigung eines Rechtsguts vor drohenden Gefahren zu verhindern (Art. 11 Abs. 2). Es sind sog. unechte Unterlassungsdelikte. Die Gefahrenabwehr muss zum Aufgaben- und Verantwortungsbereich der betreffenden Person gehören. Diese rechtliche Pflicht kann auf Gesetz, Vertrag oder einer freiwillig eingegangenen Gefahrengemeinschaft beruhen oder aber Folge des sog. Ingerenzprinzips sein, d.h. des schon zuvor angesprochenen allgemeinen Gefahrensatzes, wonach jemand, der eine Gefahr geschaffen oder eine solche vergrössert hat, gehalten ist, dafür zu sorgen, dass es zu keiner Beeinträchtigung fremder Rechtsgüter kommt (Art. 11 Abs. 2 StGB). Eine weitere Einschränkung besteht darin, dass dem Täter nach den Umständen der Tat derselbe Vorwurf gemacht werden kann, wie wenn er die Tat durch ein aktives Tun begangen hätte (Gleichwertigkeit von Unterlassung und aktivem Tun; Art. 11 Abs. 3 StGB). Zudem kann das Gericht die Strafe mildern (Art. 11 Abs. 4 StGB). 19.28

Im Einzelfall kann umstritten sein, ob ein Begehungs- oder ein Unterlassungsdelikt vorliegt. Im Zweifel ist die Abgrenzung nach dem Subsidiaritätsprinzip vorzunehmen; nach diesem Prinzip ist immer zuerst zu prüfen, ob ein aktives Tun vorliegt.[63] Bei einer Verletzung der Regeln der Baukunde durch die Arbeit mit einem mangelhaft gesicherten Kran liegt im Fall, dass der Kran in Bewegung gesetzt wird, ein Handlungsdelikt vor und nicht ein Unterlassungsdelikt wegen der Nichtanbringung der nötigen Sicherungen.[64] Eine 19.29

62 Vgl. z.B. BGE 127 IV 65; 130 IV 10; 135 IV 64.

63 STRATENWERTH, Schweizerisches Strafrecht AT I, Vor § 14 Nr. 2; TRECHSEL/NOLL, S. 247; BGE 115 IV 203 f.; 120 IV 271; 121 IV 14, 120; 122 IV 146; 129 IV 122.

64 STRATENWERTH, Schweizerisches Strafrecht AT I, Vor § 14 Nr. 2; vgl. BGE 81 IV 112 ff.

Unterlassung liegt hingegen z.B. vor, wenn die Bauleitung ihrer Pflicht zur Überwachung der Bauausführenden überhaupt nicht nachkommt. Aber Diskussionen über solche Fragen sind im vorliegenden Zusammenhang deshalb nicht sehr relevant, weil Art. 229 StGB aufgrund seiner Konzeption als echtes Sonderdelikt die Strafbarkeit von vornherein auf Personen beschränkt, die im Rahmen der Leitung oder Ausführung von Bauwerken Gefahren schaffen und deshalb ohnehin eine Garantenstellung des Täters aus Ingerenz voraussetzen (Nr. 19.5, 19.28).[65]

19.30 Bei Unterlassungsdelikten kommt es, wie angetönt (Nr. 19.26), lediglich auf die *hypothetische Kausalität* an.[66] Die Unterlassungen sind hypothetisch zum eingetretenen Erfolg in Beziehung zu setzen. Nach der Praxis des Bundesgerichts und der Mehrheit der Literatur ist diesfalls ein Erfolg dem Täter nur zurechenbar, wenn er bei Anwendung der gebotenen Sorgfalt *höchstwahrscheinlich verhindert worden wäre*.[67] Der Kausalzusammenhang ist nur gegeben, wenn die erwartete Handlung nicht hinzugedacht werden kann, ohne dass der Erfolg höchstwahrscheinlich entfiele. Andere Autoren betrachten das Prinzip der Risikoerhöhung als massgebendes Kriterium und lassen es in diesen Fällen für die Zurechnung eines Erfolgs bereits genügen, dass der Täter durch sein Verhalten das Risiko der Beeinträchtigung für ein Rechtsgut erhöht und insofern zu der Gefahr beiträgt, die sich im Erfolg realisiert (Risikoerhöhungstheorie).[68]

3. Bauwerk und anerkannte Regeln der Baukunde

19.31 **1.** Der Ausdruck «Bauwerk» ist in einem umfassenden Sinn zu verstehen.[69] Denn als Bauwerk wird nach der bundesgerichtlichen Rechtsprechung jede bauliche oder technische Anlage bezeichnet, die mit Grund und Boden verbunden ist, wozu neben Hoch- und Tiefbauten auch blosse Teile solcher Bauten gehören, sofern sie mit diesen oder dem Erdboden fest verbunden sind

---

65 Vgl. auch BGer 6S.160/2003 (3.8.2004) E. 5.2.

66 Vgl. TRECHSEL/NOLL, S. 257 f.; BGE 115 IV 206; 116 IV 310; 117 IV 133; 120 IV 142.

67 Vgl. Fn. 57.

68 STRATENWERTH, Schweizerisches Strafrecht AT I, § 9 Nr. 17 ff., 42, § 14 Nr. 36; JENNY, Basler Kommentar Strafrecht I, N 99 zu Art. 12 StGB; WALDER, Die Kausalität, S. 157 ff. Nur in Bezug auf fahrlässige Begehungsdelikte TRECHSEL/JEAN-RICHARD, Praxiskommentar StGB, N 41 zu Art. 12 StGB; TRECHSEL/NOLL, S. 279; SCHULTZ, S. 211.

69 HAFTER, Schweizerisches Strafrecht BT II, S. 519; BGE 90 IV 249; 115 IV 48.

(genannt werden u.a. Brücken, Tunnels, Leitungen, Treppen und Aufzüge).[70] Dazu gehören auch Hilfskonstruktionen wie Gerüste und Aufziehvorrichtungen.[71] In BGE 115 IV 50, wo es um die Frage ging, ob ein unsorgfältiges Manövrieren mit einem Bagger, bei dem ein Maurerlehrling vom drehenden Oberteil des Baggers erfasst und verletzt wurde, eine Verletzung der Regeln der Baukunde sei, sah das Bundesgericht die Realisierung einer bautypischen Gefahr deshalb als gegeben an, weil der Verletzte zwischen einem im Bau befindlichen Schacht und der Maschine eingeklemmt wurde.

2. Die anerkannten Regeln der Baukunde wurden bereits im Zusammenhang mit den Kriterien der Sorgfalt bei Fahrlässigkeitsdelikten angesprochen (Nr. 19.16). In Art. 229 StGB ist davon ausdrücklich die Rede; es geht um **bauspezifische Regeln.** In Art. 117/125 StGB sind diese Regeln nicht explizit erwähnt, da diese Tatbestände nicht nur Bauunfälle erfassen. Aber sie spielen natürlich im Zusammenhang mit der Fahrlässigkeitsfrage auch dort eine Rolle.[72] 19.32

Anvisiert sind Regeln der **Baukunde,** d.h. Regeln, welche die technische Seite des Bauens betreffen, insbesondere die Bauausführung,[73] aber auch die Planung und den Abbruch von Bauten und Anlagen.[74] Hinzugerechnet werden ferner *Unfallverhütungsvorschriften*.[75] Es geht zudem um *Regeln.* Gemeint sind geschriebene oder ungeschriebene Grundsätze der Baubranche.[76] Diese müssen *anerkannt* sein, d.h., die Praxis muss sie übernommen und als theoretisch richtig anerkannt haben;[77] sie müssen praktiziert werden, verfestigt und akzeptiert sein, sich in der Praxis durchgesetzt haben.[78] Nicht als theoretisch richtig anerkannte Regel gilt eine «eingerissene» nachlässige Praxis.[79] 19.33

70 BGE 90 IV 249; 115 IV 48; Roelli/Fleischanderl, Basler Kommentar Strafrecht II, N 5 zu Art. 229 StGB; Stratenwerth/Bommer, Schweizerisches Strafrecht BT II, § 30 Nr. 27. Zu Aufzügen vgl. speziell Riklin, Liftunfall, S. 140.

71 Trechsel/Fingerhuth, Praxiskommentar StGB, N 2 zu Art. 229 StGB.

72 Vgl. Bendel, Fahrlässige Tötung, S. 39.

73 Riklin, Straftatbestand, S. 45 f.; Bendel, Strafrechtliche Verantwortlichkeit, S. 50.

74 Tausky, Regeln der Baukunde, S. 190.

75 Stratenwerth/Bommer, Schweizerisches Strafrecht BT II, § 30 Nr. 39 und 46.

76 Riklin, Straftatbestand, S. 46.

77 Bendel, Strafrechtliche Verantwortlichkeit, S. 51; Schünemann, Grundfragen, S. 160; Scherer, S. 17.

78 Riklin, Straftatbestand, S. 46.

79 KGer GR (RS 1977 Nr. 283 und PKG 1973, S. 71 ff., 73); Velten, S. 58; Bendel, Strafrechtliche Verantwortlichkeit, S. 51.

4. Zur Gefährdung und zum Gefährdungserfolg nach Art. 229 StGB

19.34 **1.** Die Baugefährdung nach Art. 229 StGB setzt keine Verletzung von Leib und Leben voraus, sondern nur eine *erhöhte Gefahrenlage.* Der Erfolg besteht im Eintritt der Gefahr. Der Strafrechtsschutz wird vorverlegt.[80]

19.35 **2.** Art. 229 ist ein **konkretes Gefährdungsdelikt.**[81] Im Einzelfall muss tatsächlich eine Gefahr für die geschützten Rechtsgüter geschaffen werden, d.h. ein Zustand, aufgrund dessen nach dem gewöhnlichen Lauf der Dinge die Wahrscheinlichkeit oder nahe Möglichkeit der Verletzung besteht,[82] ohne dass ein Wahrscheinlichkeitsgrad von mehr als 50% verlangt wird.[83]

19.36 **3.** In subjektiver Hinsicht ist bei vorsätzlichen Gefährdungsdelikten nur ein *Gefährdungsvorsatz* und kein Verletzungsvorsatz vorausgesetzt.

19.37 **4.** Der Einreihung dieses Tatbestandes bei den *gemeingefährlichen Delikten* kann ferner entnommen werden, dass eine **Gemeingefahr** gegeben sein muss. Zur Frage, was Gemeingefahr bedeutet, bestehen verschiedene Theorien.[84] Nach der *Theorie der Gemeingefahr* als einer Gefahr in grossem Umfang kommt es auf die Anzahl der gefährdeten Rechtsgüter an; es müssen viele Rechtsgüter bzw. eine grössere Zahl von Personen an Leib uns Leben gefährdet sein, weil gerade darin die erhöhte Strafwürdigkeit der Gemeingefahr bestehe.[85] Gemäss der sogenannten *Repräsentationstheorie* wird zwar auch auf die Unbestimmtheit der Gefährdung abgestellt, aber nicht bezogen auf die Anzahl der betroffenen Rechtsgüter; entscheidend ist vielmehr, ob

---

80 SCHULTZ, S. 122; RIKLIN, Schweizerisches Strafrecht AT I § 9 Nr. 14; RIKLIN, Gemeingefahr, S. 891.

81 RIKLIN, Straftatbestand, S. 48; RIKLIN, Gemeingefahr S. 901; ROELLI/FLEISCHANDERL, Basler Kommentar Strafrecht II, N 35 zu Art. 229 StGB; BENDEL, Strafrechtliche Verantwortlichkeit, S. 69, 71 f.; HAFTER, Schweizerisches Strafrecht BT II, S. 514 f.

82 BGE 94 IV 62; 103 IV 243; 123 IV 130. Kritisch zur Praxis des Bundesgerichts, bei der Unterscheidung zwischen konkreter und abstrakter Gefährdung auf den Grad der Wahrscheinlichkeit des Erfolgseintritts abzustellen: STRATENWERTH, Schweizerisches Strafrecht AT I, § 9 Nr. 15.

83 BGE 94 IV 62; 106 IV 14; 121 IV 70.

84 RIKLIN, Gemeingefahr, S. 892 ff.

85 RIKLIN, Gemeingefahr, S. 892 f.; SCHWANDER, Nr. 665; HAFTER, Schweizerisches Strafrecht BT II, S. 491, 495; CORBOZ, Les infractions II, N 27 zu Art. 221 StGB; DELAQUIS, S. 108 f.; ZÜRCHER, S. 264. Auch Art. 88 Abs. 2 KEG geht davon aus, eine konkrete Gemeingefahr liege bei Gefährdung des Lebens oder der Gesundheit vieler Menschen vor.

unbeteiligte Dritte gefährdet werden, die im Verhältnis zum Täter vom Zufall ausgewählt sind und nicht als Individuum, sondern als Repräsentanten der Allgemeinheit erscheinen.[86] Dies hat im Extremfall einerseits zur Folge, dass der Tatbestand auch erfüllt sein kann, wenn nur wenige Personen und sogar nur eine einzige konkret gefährdet wurden, wenn diese im Sinn der Repräsentationstheorie als vom Zufall bestimmt erscheinen. Andererseits hat dies auch umgekehrt zur Folge, dass dann, wenn von vornherein nur eine Person oder wenige einzelne Personen von einer Gefährdung betroffen sein können, Art. 229 StGB mangels Gemeingefahr nicht anwendbar ist.[87] Die Individualgefährdung fällt nicht unter diese Norm.[88] Das kann z.B. von Belang sein, wenn beim Bau eines Einfamilienhauses eine Verletzung der Regeln der Baukunde erfolgt und nur wenige Bewohner dieses Gebäudes oder einzelne Gäste gefährdet werden.[89] Diese in der deutschen Doktrin (vor einer Revision der einschlägigen Bestimmungen im Jahr 1998) überwiegend vertretene Theorie wird heute zunehmend auch in der Schweiz befürwortet.[90]

III. Anwendungen im Aufgabenbereich der Planer

1. Allgemeines

1. Angesichts der bei einem Bau üblichen *Arbeitsteilung* in Verbindung mit 19.38
der *Spezialisierung* der einzelnen Beteiligten ist es für die strafrechtliche Verantwortlichkeit bei Bauunfällen wichtig, den *Aufgabenkreis* und den *Ver-*

---

86 Stratenwerth/Bommer, Schweizerisches Strafrecht BT II, Vor § 28 Nr. 4, § 29 Nr. 5; Riklin, Gemeingefahr S. 893; Donatsch/Wohlers S. 34, 66; Roelli/Fleischanderl, Basler Kommentar Strafrecht II, N 8 f. vor Art. 221 StGB; Trechsel/Fingerhuth, Praxiskommentar StGB, N 2 vor Art. 221 StGB.

87 Stratenwerth/Bommer, Schweizerisches Strafrecht BT II, Vor § 28 Nr. 5 und § 30 Nr. 32; Roelli/Fleischanderl, Basler Kommentar Strafrecht II, N 8 f. vor Art. 221 StGB und N 35 zu Art. 229; Donatsch/Wohlers, S. 34, 66.

88 Riklin, Gemeingefahr, S. 903

89 Riklin, Gemeingefahr, S. 899 f.

90 Riklin, Gemeingefahr, S. 893 f.; Stratenwerth/Bommer, Schweizerisches Strafrecht BT II, Vor § 28 Nr. 4; Roelli/Fleischanderl, Basler Kommentar Strafrecht II, N 8 f. vor Art. 221 StGB und N 35 zu Art. 229 StGB; Donatsch/Wohlers, S. 34, 66; Trechsel/Fingerhuth, Praxiskommentar StGB, N 2 vor Art. 221; BGE 80 IV 182. Ablehnend Cottier, S. 51; Schwander, Nr. 665.

antwortungsbereich der einzelnen Beteiligten genau zu kennen.[91] Nicht jeder Baubeteiligte trägt «eine umfassende und in allen Phasen gleich bleibende aktuelle Verantwortung für das gesamte Baugeschehen».[92] Auch die mit der Leitung und Ausführung eines Bauwerkes betrauten Personen können nicht für sämtliche Missachtungen von Vorschriften auf einer Baustelle strafrechtlich zur Verantwortung gezogen werden; vielmehr ist jeder am Bau Beteiligte nur dafür verantwortlich, dass in seinem Bereich die Regeln der Baukunde eingehalten werden.[93] Es ist daher in jedem Einzelfall abzuklären, wie weit der Verantwortungsbereich der jeweiligen Beteiligten reicht.[94] Die Unterscheidung verschiedener Verantwortlichkeitsbereiche ist eine Folge der beim Bau unumgänglichen Arbeitsteilung, wobei sich die einzelnen Tätigkeiten allerdings häufig nicht scharf voneinander abgrenzen lassen, sodass dennoch eine strafrechtliche Verantwortung oft mehrere Personen gleichzeitig trifft.[95]

19.39 **2.** In diesem Sinn ist in einem konkreten Fall auch der jeweilige **Aufgabenbereich eines Planers bzw. Architekten** zu ermitteln. Hilfsmittel bzw. Indizien sind neben allfälligen *rechtlichen Vorschriften vertragliche Kompetenzen und Pflichten.* Insbesondere den *SIA-Normen* kommt hier eine erhebliche Bedeutung zu, wenn sie in den Leistungskatalog des konkreten Einzelvertrags übernommen worden sind. Von Belang sind ferner die *Usanzen* sowie die *tatsächliche Stellung und die wirklichen Befugnisse* eines Planers/Architekten bei der Planung und auf dem Bauplatz.[96] Die nachfolgenden Überlegungen nehmen den Leistungsbeschrieb für Architekten und Architektinnen gemäss SIA-Ordnung 102 und die Aufgaben der Bauleitung gemäss SIA-Norm 118 zur Grundlage. Abweichungen von den nachstehenden Überlegungen als Folge anderer vertraglicher Abmachungen oder besonderer tatsächlicher Verhältnisse bleiben vorbehalten.

---

91 Riklin, Straftatbestand, S. 46; Schünemann, Grundfragen, S. 115.

92 Schünemann, Grundfragen, S. 115.

93 BGE 109 IV 17.

94 Corboz, Les infractions II, N 17 zu Art. 229 StGB; Roelli/Fleischanderl, Basler Kommentar Strafrecht II, N 18 zu Art. 229 StGB.

95 BGE 104 IV 102; BGer 6B_1016/2009 (11.2.2010) E. 5.5; Riklin, Straftatbestand, S. 46 f.; Roelli/Fleischanderl, Basler Kommentar Strafrecht II, N 18 zu Art. 229 StGB.

96 OGer ZH (ZR, 1968, S. 222 ff., 223); BGE 81 IV 121; BGer 6S.160/2003 (3.8.2003) E. 6.1. und 6S.403/2005 (27.4.2006) E. 6; Bendel, Strafrechtliche Verantwortlichkeit, S. 44; Bendel, Fahrlässige Tötung, S. 32; Beeler, S. 109; Riklin, Straftatbestand, S. 46; Roelli/Fleischanderl, Basler Kommentar Strafrecht II, N 18 zu Art. 229 StGB.

2. Fehler in der Planungsphase

Wichtig ist zunächst, ob jemand nur in der *Planungsphase* tätig ist und sich seine Aufgabe auf die **Anfertigung der Baupläne** beschränkt oder ob er nach dem konkreten Vertrag (auch) in der *Ausführungsphase* mit Aufgaben betraut ist, insbesondere mit der *Bauleitung.* Art. 229 StGB setzt nämlich voraus, dass der Täter *bei der Leitung oder Ausführung eines Bauwerks* deliktisch handelt. Ein Planer kann deshalb mangels Bauleitereigenschaft nicht nach dieser Bestimmung haften, wenn er nur Baupläne anfertigt.[97] Denn mit der Ausfertigung des Bauplans übt ein Architekt noch keinen tatsächlichen Einfluss auf die Bauausführung aus.[98] Planungsfehler können hingegen zu einer Haftung nach Art. 117 und 125 StGB führen (z.B. wenn im Bauplan Fenster mit zu niedriger Brüstung ohne Schutzgitter vorgesehen sind und in der Folge ein Kind zum Fenster hinausstürzt oder wenn ungenügende statische Abklärungen gemacht wurden und deshalb später ein Bauteil einstürzt).[99] 19.40

3. Fehler bei der Bauausführung

1. Wie verhält es sich mit der strafrechtlichen Haftung, wenn ein **Planer als Bauleiter** tätig ist? In dieser Funktion kann jemand sowohl nach Art. 229 als auch nach Art. 117 und 125 StGB nicht nur für die infolge konkreter (fehlerhafter) Anordnungen bewirkten Verletzungen und Gefährdungen haften, sondern nach den Grundsätzen über deliktisches Verhalten durch Unterlassen (Nr. 19.28) allenfalls auch dann, wenn ein Unfall Folge *mangelnder Kontrolle* von Untergebenen[100] oder der *Unterlassung notwendiger Leitungsmassnahmen* ist.[101] Von besonderer Brisanz – auch für die zivilrechtliche Haftung – ist in diesem Zusammenhang die Frage, wie weit ein bauleitender Planer für Gefährdungen und Verletzungen einzustehen hat, die eine Folge von Fehlern von Spezialisten, Bauunternehmern und Lieferanten oder deren Untergebenen sind. 19.41

---

[97] BENDEL, Strafrechtliche Verantwortlichkeit, S. 40; RIKLIN, Straftatbestand, S. 45; TAUSKY, Regeln der Baukunde, S. 192; TRECHSEL/FINGERHUTH, Praxiskommentar StGB, N 6 zu Art. 229 StGB; SCHERER, S. 29; GALLAS, S. 19; a.M. ROELLI/FLEISCHANDERL, Basler Kommentar Strafrecht II, N 8 zu Art. 229 StGB, die meinen, Baupläne seien schriftliche Anweisungen an die Ausführenden, wie das Werk zu bauen ist.

[98] SCHERER, S. 29.

[99] Vgl. SCHERER, S. 54.

[100] ROHR, S. 46.

[101] RIKLIN, Straftatbestand, S. 45.

19.42 **2.** Die bauleitend tätige Person kann zunächst durch **aktives Tun,** durch aktive Leitungsmassnahmen, strafrechtlich verantwortlich werden. Dies ist dann möglich, wenn sie – mit oder ohne rechtliche Befugnis – unmittelbar in das Baugeschehen eingreift und z.B. gegenüber dem ausführenden Personal eines Bauunternehmers **Weisungen** erteilt.[102] Der bauleitende Planer nimmt dadurch (vielleicht unnötigerweise) eine besondere Verantwortung auf sich. Handelt es sich um eine *fehlerhafte Anweisung,* haftet er für den dadurch bewirkten deliktischen Erfolg. Er darf nicht Weisungen erteilen, die andere gefährden. Er kann nicht damit rechnen, dass die Adressaten der Weisung seine Anordnungen zunächst auf ihre Richtigkeit prüfen werden.[103] Man geht davon aus, dass er sich als Fachmann betätigt, auf den grundsätzlich Verlass ist und der seine Anweisungen entsprechend den Regeln der Baukunde trifft.[104] Erteilt er in einem Bereich Weisungen, in dem er fachlich nicht genügend kompetent ist, muss er sich den Umstand, dass er dennoch Anordnungen traf, als Fahrlässigkeit anrechnen lassen. Denn fahrlässig handelt, wer eine besondere Fähigkeit voraussetzende Tätigkeit ausübt, ohne das entsprechende Rüstzeug zu besitzen (Übernahmeverschulden).[105]

19.43 **3.** Zu diskutieren ist, ob ein bauleitender Planer in den geschilderten Fällen gegebenenfalls nicht nur nach Art. 117 und 125 StGB, sondern auch wegen des Baugefährdungstatbestandes haftet. Man hat sich in der Vergangenheit gefragt, ob namentlich der bauleitende Architekt eo ipso auch als **Bauleiter im strafrechtlichen Sinn,** d.h. im Sinn von Art. 229 StGB angesehen werden kann.

19.44 **a.** Einigkeit besteht darüber, dass nach Art. 229 StGB nur als Bauleiter eines Bauwerks infrage kommt, wer *unmittelbare Befehlsgewalt über die Ausführenden ausübt,*[106] wer «jederzeit mit bindenden Weisungen in die gesamte Bauführung eingreifen darf und diese Befugnis tatsächlich ausübt».[107] Demzufolge würde eine blosse (Ober-)Aufsicht bzw. die *allgemeine Leitung und*

---

[102] Scherer, S. 33 f., 55; Schünemann, Grundfragen, S. 8 f., 117; Riklin, Straftatbestand, S. 47; Gallas, S. 24, 38.

[103] Scherer, S. 55; Gallas, S. 38.

[104] Vgl. Scherer, S. 29.

[105] So sinngemäss Schultz, S. 208; Scherer, S. 26; vgl. auch Nr. 19.15.

[106] Bendel, Strafrechtliche Verantwortlichkeit, S. 39; Scherer, S. 26 ff., 31; Gallas, S. 15 ff.

[107] Bendel, Strafrechtliche Verantwortlichkeit, S. 39; vgl. auch Tausky, Regeln der Baukunde, S. 192.

Überwachung der Arbeiten auf der Baustelle noch nicht Leitung i.S. unmittelbarer Befehlsgewalt bedeuten.[108] Nach verschiedenen Autoren machen auch gelegentliche punktuelle Anordnungen einen Planer noch nicht zum Bauleiter i.e.S., da letzterer über die technische Ausführung des gesamten Baus zu entscheiden habe.[109]

Diskutabel ist, ob die Stellung eines bauleitenden Planers den erwähnten Kriterien entspricht. Man kann die Meinung vertreten, Unternehmer seien ihm hierarchisch unterstellt;[110] als Vertreter des Bauherrn sei er jederzeit befugt, in die Bauführung einzugreifen und verbindliche Weisungen zu erteilen. Er sei deshalb aufgrund der bei ihm vorausgesetzten Berufskenntnisse und seiner gehobenen Stellung für alle Unterlassungen sowie plan- und baukunstwidrigen Vorkehrungen, die erkennbar sind (z.B. die ungenügende Sicherung einer Baugrube), strafrechtlich verantwortlich.[111] Als Bauleiter habe er zu kontrollieren, ob die unmittelbar zur Einhaltung der anerkannten Regeln der Baukunde Verpflichteten diese Regeln auch tatsächlich befolgen.[112] Nach anderer Ansicht steht der bauleitende Architekt nicht an der Spitze einer Befehlshierarchie und trägt nicht die oberste Verantwortung für alles Geschehen auf dem Bauplatz. Er habe über das bauausführende Personal keine unmittelbare Befehlsgewalt[113] und könne auf Bauunternehmer nur mittelbar durch Hinweise einwirken.[114] In erster Linie sei der *Unternehmer* dafür verantwortlich, dass die gesetzlichen Bauvorschriften und die andern Regeln der Baukunde eingehalten werden; denn er sei als Ausführender besser in der Lage zu entscheiden, welche Sicherungsmassnahmen im einzelnen Fall nötig sind.[115] Insbesondere habe der Bauleiter keine Verantwortung für die Arbeitssicherheit.[116] 19.45

---

108 SCHERER, S. 29 f., 31; SCHÜNEMANN, Grundfragen, S. 9, 116 f.; GALLAS, S. 19 f.

109 SCHÜNEMANN, Grundfragen, S. 6 f.; SCHERER, S. 26 f., 29 f.; BENDEL, Strafrechtliche Verantwortlichkeit, S. 39 f.

110 BENDEL, Strafrechtliche Verantwortlichkeit, S. 46 f.

111 BENDEL, Strafrechtliche Verantwortlichkeit, S. 40.

112 BENDEL, Fahrlässige Tötung, S. 32 f. (ausser bzgl. eigentlicher Spezialisten).

113 SCHERER, S. 30; SCHÜNEMANN, Grundfragen, S. 117; GALLAS, S. 19 f.

114 SCHERER, S. 29.

115 BENDEL, Strafrechtliche Verantwortlichkeit, S. 47; BGHSt 19, S. 286 ff., zit. bei SCHERER, S. 63 f.

116 HESS-ODONI, Verantwortung, S. 15 ff.

19.46 **b.** Im Ergebnis ist im *konkreten Einzelfall* die *Stellung der Bauleitung und insbesondere des Planers als Bauleiter* zu ermitteln. In der Tendenz sprechen die schweizerischen Gegebenheiten nach herrschender Meinung *für* die Stellung des Planers als Bauleiter i.S. von Art. 229 StGB. Ein bauleitender Planer wird grundsätzlich als *tauglicher Täter* i.S. von Art. 229 StGB betrachtet.[117] Ein gewichtiges Indiz hiefür ist der *Aufgaben- und Leistungsbeschrieb* in der **SIA-Ordnung 102,** wo u.a. Folgendes festgehalten wird (Nr. 9.69 ff.):

19.47 – Aufgabe des Architekten ist u.a. auch die Bauleitung (Art. 2.1.1).

19.48 – Er hat die Probleme eines Bauvorhabens in ihrem Gesamtzusammenhang zu erfassen und übt daher in der Regel die Funktion des Gesamtleiters aus (Art. 2.3.1); auch nach Art. 3.4.2 übt der Architekt bei Hochbauten in der Regel die Gesamtleitung aus.

19.49 – Die Gesamtleitung eines Auftrages umfasst u.a. die Organisation und Leitung einer koordinierten projektbezogenen Qualitätssicherung sowie die Koordination der Leistungen aller Beteiligten (Art. 3.4.1). Auch die SIA-Norm 118 hält in Art. 34 Abs. 3 fest, dass der Bauleitung die Koordination der Arbeiten aller am Bauwerk beteiligten Unternehmer obliegt,[118] was konkretisierende Einzelanweisungen auf der Baustelle erfordert.

19.50 – Dem Architekten obliegt ganz allgemein die Leitung und Überwachung der Arbeiten auf der Baustelle (Art. 4.52).

19.51 – Der Architekt leitet auch alle an der Ausführung beteiligten Fachleute (Art. 2.3.2). Zu seinen Aufgaben gehört ferner das Einsetzen und Leiten der Spezialisten, Unternehmer und Lieferanten sowie die Koordination ihrer Tätigkeiten (Art. 4.52). Auch überprüft er die Pläne von Spezialisten, Unternehmern und Lieferanten auf Übereinstimmung mit den Architektenplänen (Art. 4.51).

19.52 – Weitere Aufgaben sind die Kontrolle der Materialien und Lieferungen, ferner die Beantragung und Überwachung von Materialuntersuchungen, die Anordnung und Kontrolle der Regiearbeiten und der entsprechenden

---

117 Vgl. u.a. ROHR, S. 46; REBER, Rechtshandbuch, S. 226; STRATENWERTH/BOMMER, Schweizerisches Strafrecht BT II, § 30 Nr. 31; HAFTER, Schweizerisches Strafrecht BT II, S. 519; SCHWANDER, Nr. 672a; BENDEL, Strafrechtliche Verantwortlichkeit, S. 27; TAUSKY, Regeln der Baukunde, S. 192.

118 SCHÜNEMANN, Grundfragen, S. 8 f.; BENDEL, Fahrlässige Tötung, S. 50.

Rapporte und nicht zuletzt Gesuche an Amtsstellen um offizielle Kontrollen sowie die Überwachung der Einhaltung von Auflagen (Art. 4.52).

– Im Zusammenhang mit der Inbetriebnahme ist Aufgabe des Architekten die Prüfung des Bauwerks oder von Bauwerksteilen gemeinsam mit den Spezialisten, Unternehmern und Lieferanten im Hinblick auf die Abnahme durch den Auftraggeber sowie das Feststellen von Mängeln und das Anordnen von Massnahmen und Fristen zu deren Behebung (Art. 4.53). 19.53

– Ihm obliegt ferner die Leitung der Garantiearbeiten und aus diesem Anlass das Aufbieten der Unternehmer und Lieferanten zur Mängelbehebung sowie die Überwachung dieser Arbeiten (Art. 4.53). 19.54

c. Nach Art. 33 **SIA 118** vertritt (vorbehältlich einer andern Regelung) die Bauleitung den Bauherrn gegenüber dem Unternehmer. Unter anderem sind ihre Weisungen, die das Werk betreffen, (auch) für den Bauherrn rechtsverbindlich. Nach Art. 35 SIA 118 bezeichnet die Bauleitung dem Unternehmer die Personen, die sie ermächtigt hat, Weisungen verbindlich zu erteilen. Was die Sicherheit im Besonderen und damit den Schutz von Personen und deren Gesundheit sowie des Eigentums des Bauherrn und Dritter anbetrifft, hat nach Art. 103 SIA 118 zwar grundsätzlich der Unternehmer die gesetzlich vorgeschriebenen und erfahrungsgemäss gebotenen Vorkehren zu treffen. Jedoch sind nach Art. 104 der Norm nicht nur der Unternehmer, sondern auch die Bauleitung bei der Erfüllung ihrer Aufgaben verpflichtet, die Sicherheit der am Bauwerk Beschäftigten zu gewährleisten, und zwar schon bei der Projektierung, dann bei der Festlegung des Bauvorgangs, insbesondere der Reihenfolge der Arbeitsabläufe, und schliesslich bei der Ausführung der Arbeiten. Bei den notwendigen Schutzmassnahmen zur Unfallverhütung und Gesundheitsvorsorge ist es zwar Aufgabe des Unternehmers, die notwendigen Schutzmassnahmen zu treffen, aber die Bauleitung hat ihn dabei zu unterstützen. Nach Auffassung des Bundesgerichts[119] besteht eine subsidiäre Verantwortlichkeit der Bauleitung für die Sicherheit auf dem Bau, wobei in diesem Entscheid die Frage offengelassen wurde, ob eine vertragliche Garantenstellung bestand. Die SIA-Norm 118 war inhaltlich nicht Gegenstand des Architektenvertrages, der allerdings bezüglich der Sorgfaltspflichten des Architekten auf die allgemein anerkannten Regeln seines Fachgebietes verwies. Bejaht wurde hingegen eine Garantenstellung aus Ingerenz, die sich 19.55

---

119 BGer 6B_1016/2009 (11.2.2010) E.4.2 und 4.4.

mit den gleichen Überlegungen wie bei der Gefährdung durch Verletzung der Regeln der Baukunst nach Art. 229 StGB auch für den im konkreten Fall angewandten Art. 125 StGB herleiten lasse. Nach diesem Entscheid[120] muss die Bauleitung im Rahmen der Überwachung der gesamten Bauarbeiten die durch die Umstände gebotenen Sicherheitsvorkehrungen anordnen und generell für die Einhaltung der anerkannten Regeln der Baukunde sorgen, wobei diese Pflicht unabhängig davon bestehe, ob die gefährdeten Personen dem Bauleiter direkt unterstellt sind.[121] Deshalb könne die Bauleitung jederzeit durch Anordnungen und Weisungen in den Gang der Arbeiten eingreifen und müsse sicherstellen, dass die Sicherheitsvorschriften beachtet werden. Der blosse Hinweis auf die Gefahr anstelle der Durchsetzung von Sicherheitsmassnahmen genügt diesfalls nicht.[122] Ansonsten gehöre die Überprüfung der Arbeit der Spezialisten nicht zum Pflichtenkreis des bauleitenden Architekten; dieser müsse jedoch einschreiten, wenn er eine Verletzung elementarer Sicherheitsvorschriften feststellt. Dies gelte insbesondere, wenn dadurch eine Gefahr für die körperliche Integrität oder das Leben Dritter hervorgerufen wird. Schaffe der bauleitende Architekt beispielsweise durch die geplante Reihenfolge der Arbeitsabläufe, durch eine mangelnde Koordination zwischen Arbeitern verschiedener Berufssparten oder durch eine unübliche Bauweise einen spezifischen Gefahrenzustand, müsse er alles Zumutbare tun, damit die Gefahr zu keiner Verletzung fremder Rechtsgüter führt.

19.56 **4.** Der bauleitend tätige Planer kann auch durch ein **Unterlassen** (i.S. der unechten Unterlassung) strafrechtlich verantwortlich werden. Ob er eine **Garantenstellung** hat, hängt von seiner Stellung als Bauleiter ab, von der zuvor die Rede war. Entspricht sein Aufgabenbereich dem erwähnten Leistungsbeschrieb, ist m.E. eine Garantenstellung grundsätzlich gegeben.

19.57 **5.** Der bauleitend tätige Planer hat deshalb im Rahmen des oben umschriebenen Aufgabenbereichs eine **Mitverantwortung für das Geschehen auf dem Bauplatz.** Er ist unter Umständen nicht nur berechtigt, sondern aus strafrechtlicher Sicht auch *verpflichtet,* einzuschreiten und Anweisungen zu erteilen, so wenn beispielsweise elementare Sicherheitsvorschriften verletzt

---

[120] BGer 6B_1016/2009 (11.2.2010) E.5.2.2.

[121] So auch BGE 101 IV 31.

[122] BGE 109 IV 15; Roelli/Fleischanderl, Basler Kommentar Strafrecht II, N 8 zu Art. 229.

werden[123] (wie etwa bei offensichtlich ungenügender Verspriessung einer Baugrube oder wenn ein vorübergehend entferntes Schutzgeländer nicht wieder eingesetzt wird[124]).

6. Immerhin drängen sich noch einige Bemerkungen zum Verhältnis Bauleitung–Unternehmer–Spezialisten auf: 19.58

a. Eine Eingriffpflicht des bauleitenden Planers besteht zunächst dann, wenn er Mängel und Unzulänglichkeiten anderer Baubeteiligter *positiv erkennt,* die zu Gefährdungen und Verletzungen von Leib und Leben Dritter führen können.[125] Dasselbe gilt für den Fall, dass er Gefahrenquellen entstehen sieht, denen die anderen Baubeteiligten mit ihren Mitteln und Kenntnissen möglicherweise nicht gewachsen sind.[126] Dann besteht allenfalls auch die Notwendigkeit zum rechtzeitigen Beizug von Spezialisten.[127] 19.59

b. Erkennt er Fehler trotz seiner Kontrollen nicht, bzw. sieht er Gefahren nicht voraus, ist von Belang, ob solche Umstände nur für den Fachmann eines Sondergebiets dank dessen Fachwissen bei gehöriger Aufmerksamkeit *voraussehbar* waren. So dürfte z.B. ein Architekt nicht die nötige Fachkenntnis besitzen, um die von einem Heizungsfachmann errichtete Heizungsanlage hinsichtlich ihrer Feuersicherheit zu beurteilen.[128] Dasselbe gilt in Bezug auf Kenntnisse im Bereich der Aufzugstechnik, falls sich später ein Liftunfall ereignet.[129] Hingegen sollte er in der Lage sein, einen groben Berechnungsfehler des Ingenieurs und die besonderen Risiken eines aussergewöhnlichen Aushubs zu erkennen,[130] ferner den evidenten und wesentlichen Mangel eines Gerüsts (Fehlen eines Seitenschutzes, partieller Verzicht auf ein gebotenes Gerüst).[131] In der Regel fällt jedoch die Überprüfung der Arbeit beigezogener Spezialisten nicht in seinen Pflichtenkreis.[132] Beim bauleitenden Archi- 19.60

---

123 Geisseler, S. 30; Scherer, S. 70 f. (bezogen auf den Architekten mit örtlicher Bauaufsicht).

124 Vgl. BGE 95 II 93 ff., insb. 97.

125 Riklin, Straftatbestand, S. 47; Schünemann, Grundfragen, S.118; Gallas, S. 43.

126 BGHSt 19, S. 286 ff., zit. bei Scherer, S. 64; Schünemann, Grundfragen, S. 118.

127 Vgl. dazu auch Bendel, Fahrlässige Tötung, S. 47.

128 KGer GR (SJZ 1952, S. 129).

129 Riklin, Liftunfall, S. 139 f.

130 Vgl. BGE 111 II 75.

131 BGer 6S.160/2002 (3.8.2004) E 6.2 und 6.3 und BGer 6S.403/2005 (27.4.2006) E. 3, 5 und 7.2.

132 Bendel, Fahrlässige Tötung, S. 32 f.; Roelli/Fleischanderl, Basler Kommentar Strafrecht II, N 20 zu Art. 229 StGB; BGer 6S.160/2002 (3.8.2004) E 6.3.

tekten werden entsprechende Spezialkenntnisse nicht vorausgesetzt.[133] Nach dem gewöhnlichen Lauf der Dinge und der allgemeinen Lebenserfahrung ist die Auftragserteilung an eine Spezialfirma, die die geltenden Vorschriften zu kennen hat, nicht geeignet, Schädigungen herbeizuführen. Vorbehalten bleibt der Fall eines Architekten oder Bauleiters, der über Spezialkenntnisse verfügt oder der die Risiken erkennt und dennoch nicht eingreift.[134]

19.61 **c.** Wie verhält es sich, wenn ein Planer einen Mangel nicht entdeckt, weil der Mangel nicht Gegenstand seiner Kontrollen war? Das **Ausmass der Kontrollpflicht des bauleitenden Planers** ist schwer zu umschreiben und weitgehend von den Umständen des Einzelfalls abhängig (Nr. 9.78).[135] Man kann ihm nicht zumuten, jede Handlung auf dem Bauplatz zu beaufsichtigen; zuzumuten ist ihm jedoch die Kontrolle gewisser *Schlüsselpunkte* (wie z.B. der Dachverankerung).[136] Lässt er sich zu wenig auf der Baustelle blicken, kann er sich nicht auf Unkenntnis einer Gefahrenquelle berufen. Allenfalls kann er Überwachungsaufgaben einem erfahrenen und fähigen Mitarbeiter oder einem extern beigezogenen Spezialisten delegieren: Dann kann man ihm nicht vorwerfen, seine Pflichten nicht persönlich erfüllt zu haben; er ist aber in diesem Fall für die Auswahl, die Instruktion und die Überwachung der eingesetzten Personen verantwortlich.[137] Die Intensität der Kontrolle kann auch davon abhängen, ob eine besonders *heikle Konstruktionsmethode* gewählt wird.[138] Von Belang kann ferner sein, ob er erstmals mit einem Unternehmer zusammenarbeitet und sich deshalb kein genaues Bild über dessen Zuverlässigkeit und berufliche Befähigung machen kann.[139]

---

133 BGer 6S. 834/1996 (26.3.1997) E. 2b.aa; BGE 109 IV 17.

134 ROELLI/FLEISCHANDERL, Basler Kommentar Strafrecht II, N 21 zu Art. 229 StGB; RIKLIN, Straftatbestand, S. 47; BGE 109 IV 17.

135 OGer SO (SOG 1964, S. 87).

136 OGer SO (SOG 1964, S. 87); vgl. auch SCHERER, S. 67.

137 Vgl. BGE 104 IV 97 und 103; ROELLI/FLEISCHANDERL, Basler Kommentar Strafrecht II, N 18 zu Art. 229 StGB.

138 Vgl. BGE 106 IV 264 ff.; OGer SO (SOG 1964, S. 87); BENDEL, Fahrlässige Tötung, S. 50 f.

139 OGer SO (SOG 1964, S. 87); BENDEL, Fahrlässige Tötung, S. 51; SCHERER, S. 67.

IV. Probleme der Normenkonkurrenz

1. Konkurrenzprobleme gehören zu den wohl häufigsten und schwierigsten Rechtsfragen, mit denen Lehre und Rechtsprechung konfrontiert sind. Nach den Konkurrenzregeln kommt u.a. das **Prinzip der Konsumtion** zum Zug, wenn eine Strafbestimmung das strafbare Verhalten wertmässig vollumfänglich erfasst und daher andere involvierte Normen unberücksichtigt bleiben können. Stirbt z.B. ein Verletzter später an den Folgen der Körperverletzung, ist der Täter allenfalls wegen fahrlässiger Tötung strafbar, während die fahrlässige Körperverletzung in der Regel konsumiert ist. Das **Prinzip der Asperation** gemäss Art. 49 StGB und damit der Strafschärfung kommt u.a. dann zum Zug, wenn mehrere Bestimmungen verschiedene Rechtsgüter schützen und der Täter durch eine oder mehrere Handlungen die Voraussetzungen für mehrere gleichartige Strafen erfüllt.[140] Das ist z.B. der Fall, wenn als Folge eines Bauunfalls jemand getötet und jemand am Körper verletzt wird. 19.62

2. In der Praxis kommt Art. 229 StGB oft erst dann zur Anwendung, wenn eine Rechtsgutverletzung eingetreten ist. Dann konkurriert diese Bestimmung regelmässig mit den Tötungs- und Körperverletzungsdelikten, sofern auch der betreffende Verletzungserfolg für den Täter voraussehbar war.[141] Dass bei einer blossen Gefährdung Art. 229 Abs. 2 StGB nicht immer zur Anwendung gelangt, hängt u.a. auch mit der Schwierigkeit zusammen zu beweisen, dass Rechtsgüter konkret gefährdet wurden. Aber auch wenn es trotz der Wahrscheinlichkeit oder nahen Möglichkeit der Rechtsgutverletzung bei einer Gefährdung bleibt, kann eine vorsätzliche Gefährdung mit einer versuchten Verletzung konkurrieren, sofern der Vorsatz auf die Verletzung ausgerichtet war. 19.63

3. Bei der Konkurrenz zwischen Art. 229 StGB und Tötungs- bzw. Körperverletzungsdelikten kommt es sehr darauf an, ob man davon ausgeht, diese Bestimmung erfordere eine Gemeingefahr, oder ob man postuliert, eine blosse Individualgefahr reiche aus. Im zuletzt erwähnten Fall konsumieren Art. 117 bzw. 125 den Art. 229 Abs. 2 StGB, wenn die individuell gefährdeten Per- 19.64

140 Zu Einzelheiten Riklin, Schweizerisches Strafrecht AT I, § 22 Nr. 9–12; Donatsch/Tag, S. 394 ff.

141 Donatsch/Wohlers, S. 33.

sonen in der Folge auch verletzt wurden[142] und somit das «vorübergehende Gefährdungsstadium durch die Verletzung absorbiert» wird.[143] Die Gefährdung ist in diesem Fall ein *Durchgangsstadium* auf dem Wege zur Verletzung der Betroffenen. Vorbehalten bleibt der Fall einer vorsätzlichen Gefährdung in Verbindung mit einer fahrlässigen Verletzung.[144] Idealkonkurrenz besteht ferner dann, wenn ausser den fahrlässig getöteten bzw. am Körper verletzten Personen eine weitere konkret gefährdet wurde.[145]

19.65 Geht man davon aus, Art. 229 StGB erfordere eine Gemeingefahr (Nr. 19.37), ist echte Konkurrenz anzunehmen, weil mit der Anwendung der Tötungs- bzw. Körperverletzungsnorm der Aspekt der Gemeingefahr nicht erfasst wird.[146] Andererseits ist den Tötungs- bzw. Körperverletzungsdelikten ausschliesslich der Vorrang zu geben, wenn von vorneherein lediglich eine Individualgefahr für ganz bestimmte Personen vom Täter ins Auge gefasst wurde bzw. infrage kam und anschliessend eine Verletzung eintrat.[147] Möglich wäre in diesem Fall auch, dass bei vorsätzlicher Gefährdung die Tatbestandsmerkmale der Lebensgefährdung verwirklicht sind (Art. 129 StGB) und der Tod bzw. die Körperverletzung nur auf Fahrlässigkeit beruht, sodass auch Art. 117 oder 125 StGB zur Anwendung käme.[148]

19.66 **4.** Eine Sondersituation liegt vor, wenn jemand am Körper verletzt wurde, in Tat und Wahrheit aber in Todesgefahr stand, d.h. wenn die Gefährdung über den eingetretenen Erfolg hinausging. Dann dürfte sowohl Art. 125 wie Art. 229 Abs. 2 StGB zum Zuge kommen (jedenfalls dann, wenn eine Gemeingefahr bestand).[149] Dasselbe dürfte dann gelten, wenn jemand nur eine

---

[142] RIKLIN, Straftatbestand, S. 49; TRECHSEL/FINGERHUTH, Praxiskommentar StGB, N 13 zu Art. 229 StGB; a.M.: HAFTER, Schweizerisches Strafrecht BT II, S. 520; LOGOZ, Commentaire, N 6 zu Art. 229 StGB; BENDEL, Strafrechtliche Verantwortlichkeit, S. 118 ff., 121.

[143] Vgl. COTTIER, S. 37.

[144] RIKLIN, Gemeingefahr, S. 904; DONATSCH/WOHLERS, S. 68.

[145] RIKLIN, Straftatbestand, S. 49; BENDEL, Strafrechtliche Verantwortlichkeit, S. 121; ROELLI/FLEISCHANDERL, Basler Kommentar Strafrecht II, N 48 zu Art. 229 StGB; BGE 101 IV 28 ff.; 109 IV 128.

[146] STRATENWERTH, Gemeingefährliche Straftaten, S. 21; ROELLI/FLEISCHANDERL, Basler Kommentar Strafrecht II, N 11 vor Art. 221 StGB und N 48 zu Art. 229 StGB; DONATSCH/WOHLERS, S. 68; RIKLIN, Gemeingefahr, S. 904; HURTADO POZO, S. 277 f.

[147] RIKLIN, Gemeingefahr, S. 904.

[148] RIKLIN, Gemeingefahr, S. 904.

[149] Vgl. RIKLIN, Straftatbestand, S. 49.

(einfache) Körperverletzung erlitten hat, aber die Gefahr bestand, dass er eine sehr viel schwerere Körperverletzung hätte erleiden können.

V. Zur Verjährung

1. Nach Art. 98 lit. a StGB **beginnt** die Verfolgungsverjährung *mit der Ausführung der strafbaren Tätigkeit* (wörtlich: «mit dem Tag, an dem der Täter die strafbare Tätigkeit ausführt»). Mit Ausführen ist einzig das vom Täter selbst verwirklichte Verhalten gemeint, nicht der möglicherweise zum gesetzlichen Tatbestand gehörende Erfolg.[150] 19.67

Da sowohl die Baugefährdung als auch die Körperverletzungs- und Tötungsdelikte sog. *Erfolgsdelikte* sind, bei denen Tathandlung und Aussenerfolg voneinander unterschieden werden können, beginnt die Verjährung dann zu laufen, wenn die zur Gefährdung bzw. Körperverletzung oder Tötung führende Handlung gesetzt ist, d.h. *spätestens mit dem Abschluss des Baus*.[151] Dies ist auch deshalb der Fall, weil es sich bei der Gefährdung durch Verletzung der Regeln der Baukunde nicht um ein Dauerdelikt, sondern um ein Zustandsdelikt handelt.[152] 19.68

2. Die **Verjährungsfrist** für diese Delikte (Vergehen) beträgt in Fällen der fahrlässigen Tatbegehung **7 Jahre** (Art. 97 Abs. 1 lit. c StGB). Die Verjährung tritt allerdings nicht mehr ein, wenn vor Ablauf der Verjährungsfrist ein erstinstanzliches Urteil ergangen ist (Art. 97 Abs. 3 StGB). 19.69

Gerade im Bausektor ist die 7-jährige Verjährungsfrist eine recht *kurze Zeit, weil Baufehler oft erst viele Jahre nach der Verfehlung entdeckt werden*. Es ist deshalb bei Erfolgsdelikten ohne Weiteres möglich, dass deren Verfolgung verjährt ist, *bevor* der Erfolg (d.h. der Personenschaden oder die konkrete Gefährdung von Menschen) eintritt, d.h., bevor die Tat überhaupt strafbar 19.70

---

[150] SCHULTZ, S. 248; ROELLI/FLEISCHANDERL, Basler Kommentar Strafrecht II, N 50 zu Art. 229 StGB; RIKLIN, Schweizerisches Strafrecht AT I, § 21 Nr. 12; RIKLIN, Straftatbestand, S. 44 ff.; TRECHSEL/NOLL, S. 307 f.; TRECHSEL, Praxiskommentar StGB, N 1 zu Art. 98 StGB; DONATSCH/TAG, S. 418; BENDEL, Strafrechtliche Verantwortlichkeit, S. 128; WALDER, Probleme, S. 186 f.; STRATENWERTH, Schweizerisches Strafrecht AT II, § 7 Nr. 28; BGE 102 IV 80.

[151] BENDEL, Strafrechtliche Verantwortlichkeit, S. 128.

[152] RIKLIN, Straftatbestand, S. 49; ROELLI/FLEISCHANDERL, Basler Kommentar Strafrecht II, N 50 zu Art. 229 StGB; DONATSCH/WOHLERS, S. 69.

wird.[153] Dies ist namentlich bei Fahrlässigkeit von Belang, weil dort die Verjährungsfristen wegen der niedrigeren Strafandrohung kürzer sind als bei Vorsatzdelikten.

19.71 In jüngster Zeit wurde diese Rechtslage verstärkt kritisiert und auf drei Fälle verwiesen, bei denen diese Konsequenz besonders störend schien.

19.72 – In dem 1971/72 in Uster erstellten Hallenbad stürzte am 9. Mai 1985 eine frei schwebende Betondecke, die mit 207 Chromnickelstahlbügeln am Hallendach befestigt war, in die Tiefe, weil erstens die Belastung der Aufhängebügel zu stark und zweitens $^{1}/_{7}$ und mehr dieser Bügel durch die chlorhaltige Abluft nach und nach durchgerostet oder beschädigt war. 12 Menschen wurden getötet und 19 verletzt. Für viele andere Badegäste bestand während längerer Zeit eine unmittelbare Gefahr für Leib und Leben. Das Strafverfahren konnte sich aus Gründen der Verjährung nicht mit allfälligen Versäumnissen in der Planungs- und Bauphase befassen, sondern nur mit fehlerhaftem Verhalten von Verantwortungsträgern anlässlich von späteren Sanierungsmassnahmen im Jahr 1984. Damals schätzten der für diese Sanierung zuständige Bauleiter und ein Mitarbeiter eines Ingenieurbüros die Gefahrenlage falsch ein, was zudem den Bauleiter veranlasste, den Behörden zu schreiben, die Sicherheit der Deckenaufhängung sei weiterhin gewährleistet.[154]

19.73 – Anlässlich eines Autobrandes in einer zu einer Überbauung gehörenden Tiefgarage in Gretzenbach stürzte am 27. November 2004 die Decke ein, wobei sieben Feuerwehrleute, die den Brand löschen wollten, getötet und drei verletzt wurden. Hauptursache war neben dem Autobrand eine massiv zu hohe Erdüberschüttung auf der Decke der Tiefgarage. Dieser Umstand war den seinerzeitigen Bauherren seit 1990 noch während des Baus (der spätestens 1992 abgeschlossen wurde) bekannt, zumal damals auch Risse in der Decke festgestellt wurden. Wahrscheinliche Planungs- und **Bauausführungsfehler** waren verjährt. Hingegen wurden die beiden Bauherren, welche die Umgebungsarbeiten ausführten, am 14. Dezember 2010 vom

153 Donatsch/Tag, S. 418; Stratenwerth, Verjährung, S. 246 f.; Stratenwerth, Schweizerisches Strafrecht AT II, § 7 Nr. 28; Müller, Basler Kommentar Strafrecht I, N 2 und 4 zu Art. 98 StGB; Roelli/Fleischanderl, Basler Kommentar Strafrecht II, N 50 zu Art. 229 StGB; Schultz, S. 248; Walder, Probleme, S. 187; Donatsch/Wohlers; S. 69; Riklin, Straftatbestand, S. 50; Riklin, Schweizerisches Strafrecht AT I, § 21 Nr. 12; BGE 122 IV 62.

154 BGE 115 IV 199 ff.; Riklin, Hallenbad-Unglück, S. 38 ff.

Amtsgericht Olten-Gösgen u.a. wegen mehrfacher fahrlässiger Tötung bestraft, weil sie seither eine Abtragung der massiv zu hohen Erdüberschüttung auf der Decke der Garage unterlassen hatten. Freigesprochen wurden ein Ingenieur, sein Vorgesetzter und der bauleitende Architekt. Sie hatten die Bauherrn damals darüber orientiert, dass zu viel Erde aufgetragen worden war, weshalb sie nach Meinung des Gerichts ihre Sorgfaltspflichten nicht verletzt hatten. Schliesslich wurden aber auch die beiden erstinstanzlich Verurteilten, ausgebildet als Gärtner bzw. Kaufmann, vom Solothurner Obergericht am 26.10.2011 freigesprochen, das annahm, sie hätten nicht gewusst, dass eine Einsturzgefahr bestanden habe. Fachleute hätten sie seinerzeit zwar u.a. auf die Risse hingewiesen, sie seien aber nicht vor einer möglichen Gefahrenquelle für einen Einsturz der Einstellhalle gewarnt und aufgefordert worden, die Überschüttung abzutragen. Sie hätten nicht gewusst, dass die Überschüttung mit einer Einsturzgefahr der Einstellhalle verbunden war (vgl. auch 19.81).[155]

– Am 30. April 2001 wurde ein Mädchen in Kriens vom sich öffnenden 19.74
automatischen Garagentor einer Tiefgarage aufgehoben und zwischen Tor und Decke eingeklemmt. Da eine manuelle Bewegung des Tores nicht möglich war, gingen 15 Minuten verloren, bis Werkzeuge beschafft waren, mit denen man die Führungsstange des elektrisch gesteuerten Antriebs lösen konnte. Das Mädchen erlitt eine irreversible Hirnschädigung. Das Verfahren wegen fahrlässiger schwerer Körperverletzung und wegen Gefährdung durch fahrlässige Verletzung der Regeln der Baukunde wegen allfälligen strafbaren Handlungen bei der Planung, Erstellung und dem Einbau des Kipptores gegen zwei verantwortliche Fachleute des Unternehmens, welche das Tor erstellt und Ende 1992 eingebaut hatten, wurde mit dem Segen des Bundesgerichts[156] zufolge Verjährung eingestellt. Ein Diskussionspunkt war, dass sich im Januar 1999 in Cham ein vergleichbarer Unfall mit einem Kipptor dieses Unternehmens ereignet hatte. Die Lieferfirma hatte seit dem Einbau insgesamt zehn Reparatur- und Wartungsaufträge am Tor in Kriens ausgeführt, davon zwei Wartungsarbeiten *nach* dem Unfall in Cham, wobei auf den Rechnungen neben dem behobenen Defekt auch erwähnt wurde, es sei eine «allgemeine Kontrolle» bzw. eine «Funktionskontrolle» durchgeführt worden. Das Bundesgericht ver-

---

155 Dem Verfasser stand das unveröffentlichte Urteil des Solothurner Obergerichts vom 26. Oktober 2011 zur Verfügung und er informierte sich zusätzlich an Medienberichten.

156 BGer 6S.449/2004 (21.9.2005).

neinte die Frage, ob das Unternehmen nicht wenigstens nach dem Vorfall in Cham im Rahmen der beiden Wartungsarbeiten verpflichtet gewesen wäre, die Sicherheit des Kipptores in Kriens zu überprüfen. Es sei kein Auftrag zur Überprüfung der Sicherheit des Tores erteilt worden. Allfällige Mängel an anderen Teilen des Tores als die gemeldeten Defekte bei Gelegenheit von Reparaturen zu erkennen und anzuzeigen, welche von den Reparaturaufträgen nicht mitbetroffen waren, gehörten höchstens allenfalls zu vertraglichen Nebenpflichten und vermöchten keine strafrechtliche Garantenstellung zu begründen. Ob eine rechtliche Pflicht bestanden habe, die Werkeigentümerin bzw. die Liegenschaftsverwaltung darüber zu informieren, dass in Anbetracht des Unfalls in Cham eine Überprüfung der Sicherheit des Tores in Kriens geboten oder angezeigt sei, könne dahingestellt bleiben. Eine solche Informationspflicht wäre jedenfalls nicht als eine qualifizierte Rechtspflicht und daher nicht als strafrechtliche Garantenpflicht anzusehen. Die Unterlassung einer derartigen Information wiege nicht ungefähr gleich schwer wie ein aktives Handeln oder allfällige Unterlassungen bei der Herstellung und beim Einbau des Garagentores selbst.

19.75 3. **Andere Länder** (wie Deutschland und Österreich) sehen wegen der geschilderten Problematik vor, dass dann, wenn ein zum Tatbestand gehörender Erfolg erst später eintritt, die Verjährung erst mit diesem Zeitpunkt zu laufen beginnt.[157] In der Vergangenheit hat es nicht an Versuchen gefehlt, eine Begründung zu finden, damit man auch **in der Schweiz** die Verjährung doch erst ab Eintritt des Erfolgs beginnen lassen kann.[158] Dies wäre auch für das Zivilrecht von Belang, da gemäss Art. 60 Abs. 2 OR dann, wenn das Strafrecht eine längere Verjährung vorschreibt, diese auch für den Zivilanspruch gilt, wenn die Klage aus der strafbaren Handlung hergeleitet wird.[159] In der Schweiz scheitert eine solche Lösung am eindeutigen Gesetzestext.[160] Auch

---

[157] Riklin, Straftatbestand, S. 50; Jositsch/Spielmann, S. 193; Roelli/Fleischanderl, Basler Kommentar Strafrecht II, N 53 zu Art. 229 StGB.

[158] Vgl. zu solchen Versuchen im einzelnen Riklin, Straftatbestand, S. 50 f.; Walder, Probleme, S. 187 f.; Trachsel, Die Verjährung, S. 83; Jositsch/Spielmann, S. 192 ff.

[159] Vgl. Riklin, Straftatbestand, S. 50.

[160] Vgl. Riklin, Straftatbestand, S. 51; Schultz, S. 248; Trachsel, Die Verjährung, S. 84, 87; Müller, Basler Kommentar Strafrecht I, N 4 zu Art. 98 StGB; Jositsch/Spielmann, S. 194 ff. liebäugeln mit einer gegenteiligen Auffassung; nach ihrer Meinung erlauben Sinn und Zweck der Verjährungsregelung eine extensive Auslegung, bei welcher der Beginn der Verjährung bei fahrlässigen Erfolgsdelikten erst beim Eintritt des Taterfolges angesetzt

die historische Auslegungsmethode führt kaum zu einem anderen Schluss. Während die Vorentwürfe zum StGB der Jahre 1896, 1903 und 1908 für die Verfolgungsverjährung noch auf die Zeit des Erfolgseintritts abstellten, steht das StGB auf dem Boden der sog. Handlungstheorie, die vom Zeitpunkt der strafbaren Tätigkeit ausgeht.[161] Im Nationalrat wurde am 3. März 2009 eine parlamentarische Initiative abgelehnt, die eine Änderung der strafrechtlichen Bestimmungen zur Verjährung verlangte, u.a. mit dem Ziel, die Verjährung von Straftaten zu verlängern, «deren Erfolg idealtypisch erst viele Jahre nach der Tat eintritt.»[162]

4. In gewissen Fällen wird es möglich sein, eine strafrechtliche Haftung noch zu begründen, selbst wenn zwischen Bauabschluss und Erfolgseintritt mehr als sieben Jahre verstrichen sind, nämlich dann, *wenn in der Zwischenzeit strafrechtlich noch nicht verjährte relevante Handlungen und Unterlassungen begangen wurden.* Das kann z.B. der Fall sein, wenn – wie beim Hallenbadunglück in Uster – Kontrollen nicht mit der nötigen Sorgfalt durchgeführt werden (Nr. 19.72) oder wenn eine fehlerhafte Anlage durch die Betreiber trotz Kenntnis der Probleme weiter in Betrieb gehalten wird und dies zu Schädigungen führt.[163] In einem solchen Fall haften aber diese Intervenienten (z.B. die nachlässigen Kontrolleure bzw. Betreiber) und nicht die seinerzeitigen Bauverantwortlichen, auch wenn diese fehlerhaft gehandelt haben sollten. 19.76

5. Eine vertiefte Betrachtung verdient die Verjährung von **Unterlassungsdelikten.** Bei ihnen ist für den Verjährungsbeginn grundsätzlich der Zeitpunkt massgebend, ab dem der Täter hätte handeln sollen oder an dem seine Handlungspflicht erlischt.[164] Was heisst das konkret? 19.77

a. Wenn man versucht, zu systematisieren, stellt sich zunächst die Frage, ob man einem Begehungsdelikt, also etwa der Erstellung einer Baute unter Verletzung der Regeln der Baukunde mit einer Gefahrenlage als Folge gewis- 19.78

---

wird; sie sind aber dennoch der Auffassung, dass zur definitiven Klärung der Situation der Gesetzgeber tätig werden müsste.

[161] Schlatter, Die Verjährung, S. 313 f.; Schlatter, Verjährung im Strafrecht, SJK, Karte 325, Genf 1952, S. 4; Hurtado Pozo, S. 273; Trachsel, Die Verjährung, S. 84; Jositsch/Spielmann, S. 194.

[162] Geschäft 06.402: Parlamentarische Initiative Heim Bea betr. Revision des Verjährungsrechtes im Strafgesetzbuch.

[163] Donatsch/Tag, S. 418; BGE 122 IV 61 (betr. eine Seilbahn).

[164] Bendel, Strafrechtliche Verantwortlichkeit, S. 129; Schultz, S. 248 und Riklin, Straftatbestand, S. 50 f. (mit Einzelheiten); Riklin, Schweizerisches Strafrecht AT I, § 21 Nr. 12.

sermassen ein Unterlassungsdelikt «anhängen» kann, indem man erklärt, wer (durch das Begehungsdelikt) eine Gefahrenlage schafft, habe dadurch eine Garantenstellung und die Pflicht zur Gefahrenabwehr und mache sich im Schadensfall oder bei Eintritt einer konkreten Gefährdung der Tatbegehung durch Unterlassung schuldig. Diese Überlegung ist zwar nachvollziehbar, steht jedoch in diametralem Gegensatz zu Art. 98 lit. a StGB.[165]

19.79 **b.** Wie ist es bei einem Unterlassungsdelikt in der Bauphase (z.B. das Nichtanbringen eines Geländers an einer kritischen Stelle), wenn der Erfolgseintritt erst viele Jahre später eintritt? Der Wortlaut von Art. 98 lit. a StGB passt nicht so recht auf diese Konstellation, da der Täter keine strafbare Tätigkeit ausführt.[166] Bejaht man eine Garantenstellung und damit eine Hilfspflicht, so lange die Gefahr des Erfolgseintritts nicht endgültig abgewendet ist, resultiert ein Widerspruch zu der bei Begehungsdelikten geltenden Regel.[167]

19.80 **c.** Am Nächstliegenden ist es, Art. 98 lit. a StGB sinngemäss auf Unterlassungsdelikte zu übertragen. Dann müsste der Zeitpunkt massgebend sein, ab dem der Täter es pflichtwidrig unterlassen hat, die Gefahr des Erfolgseintritts abzuwenden bzw. ab dem das Risiko, das der Täter nicht abgewendet hat, entstanden ist,[168] oder allgemeiner, da die Pflicht zu Handeln für Unternehmer und bauleitenden Planer während ihrer Aktivität in der Bauphase weiter bestehen dürfte, bis zum Abschluss dieser Aktivitäten (d.h. für den bauleitenden Planer bis zum Abschluss der Bauarbeiten).[169]

19.81 **d.** Im Fall Gretzenbach (Nr. 19.73) hat sich auch das Solothurnische Obergericht in einem Beschwerdeentscheid vom 12. Juni 2006 mit der Verjährungsfrage aus der Sicht der Unterlassung befasst. Es hat die Meinung vertreten, es stünden zwei voneinander unabhängige Straftaten zur Diskussion, nämlich die Schaffung eines gefährlichen Zustandes und die unterlassene Beseitigung dieses Zustandes, nachdem er in einem späteren Zeitpunkt bekannt geworden sei. Dies seien selbständige Begehungsdelikte (die verjährt waren) und selbständige Unterlassungsdelikte, wo die Verjährung erst an dem Tag zu laufen beginne, an welchem oder bis zu welchem der Täter hätte handeln sollen. Soweit den Bauverantwortlichen der Umstand der zu hohen Überschüttung bekannt gewesen war, könne nicht angenommen werden, dass dieses Wissen

---

165 Stratenwerth, Verjährung, S. 250.

166 Stratenwerth, Verjährung, S. 245.

167 Riklin, Straftatbestand, S. 51; vgl. auch Stratenwerth, Verjährung, S. 247.

168 Vgl. Stratenwerth, Verjährung, S. 247, 252.

169 So Riklin, Straftatbestand, S. 50 f.

sie nicht verpflichtete, aus Vertrag oder Ingerenz die wegen der zu hohen Überschüttung bestehende Gefahr eines Einsturzes der Halle zu verhindern, sei dies durch die Veranlassung der Abtragung der zu hohen Überschüttung oder zumindest durch die Information über die bestehende Gefahr. Deshalb nützte es den Bauverantwortlichen nichts, dass sie die erstellten Wohnungen als Stockwerkeigentumseinheiten längst verkauft hatten, weil ungeachtet des Verkaufs bis zum Tag des Unfalls eine Information oder Warnung der Käuferschaft möglich gewesen wäre. Von dieser Auffassung liess sich das Solothurnische Obergericht auch durch den Garagentor-Entscheid des Bundesgerichts nicht abbringen, weil es im Unterschied zu jenem Fall um Mängel gehe, die während der Ausführung des Werkvertrages und dem späteren Verkauf der Wohnungen bereits bekannt waren. Ob diese Auffassung und die erwähnte Differenzierung richtig sind, ist – unter Berücksichtigung der vorhergehenden Ausführungen – zweifelhaft. Auch hätte diese Auffassung die problematische Konsequenz, dass im Ergebnis eine bewusste Fahrlässigkeit anders (und schlechter) behandelt wird als eine unbewusste (was seinerzeit auch WALDER vorschlug[170]). Dies ist (auch) nach STRATENWERTH[171] mit dem Gesetzeswortlaut nicht in Einklang zu bringen und auch aus andern von diesem Autor erwähnten Gründen inakzeptabel, u.a. deshalb, weil diesfalls bei Erfolgsdelikten die Verjährungsfrist für ein Fahrlässigkeitsdelikt länger dauern könnte als bei einem versuchten Vorsatzdelikt.[172]

VI. Zum kantonalen Baustrafrecht

1. Die Kantone sind, wie in Art. 335 Abs. 2 StGB zum Ausdruck kommt, 19.82
befugt, Verstösse gegen kantonale Verwaltungsvorschriften und damit auch die Nichtbeachtung von Normen des Baurechts unter Strafe zu stellen. Das ist im vorliegenden Zusammenhang namentlich in den kantonalen Bau- bzw. Planungs- und Baugesetzen geschehen. Es handelt sich um einen unechten Vorbehalt, da die Kantone die von ihnen aufgrund ihrer eigenen verfassungsmässigen Zuständigkeit erlassenen Vorschriften ohnehin durch Strafbestim-

---

170 WALDER, Probleme, S. 187 f.

171 STRATENWERTH, Verjährung, S. 248.

172 Eine solche Ungleichbehandlung lehnen auch TRACHSEL, Die Verjährung, S. 84 ff., MÜLLER, Basler Kommentar Strafrecht I, N 4 zu Art. 96 StGB und JOSITSCH/SPIELMANN, S. 192 ab.

mungen sichern können.[173] Widerhandlungen sind regelmässig Offizialdelikte und damit von Amtes wegen zu verfolgen.

19.83 **2.** In diesen Fällen findet der Allgemeine Teil des StGB auf solches kantonales Strafrecht nicht von Bundesrechts wegen Anwendung,[174] es sei denn, ein Kanton habe ihn übernommen. Das geschieht vorbehältlich abweichender Regelungen meist in den kantonalen Polizei- bzw. Einführungsgesetzen zum StGB, vereinzelt auch in den Bau- bzw. Planungs- und Baugesetzen selber. Soweit dies der Fall ist, wird der Allgemeine Teil des StGB zu kantonalem Recht.[175] Obwohl in diesen Fällen auch schwerere (und m.E. – theoretisch – auch andere als im StGB vorgesehene) Sanktionen angedroht werden könnten,[176] sind in den geltenden Erlassen regelmässig nur Bussen mit ganz unterschiedlichen Höchstbeträgen vorgesehen,[177] vereinzelt auch Haft, im Baugesetz des Kantons Obwalden vom 12. Juni 1994 in schweren Fällen gar Freiheitsstrafen bis zu drei Jahren! Oft wird zwischen Regelfall, qualifizierten Fällen und leichten Fällen unterschieden. Man findet ferner unterschiedliche Fristen für die Verfolgungsverjährung (meist drei, fünf oder sieben Jahre). Im Kanton Bern beginnt der Fristenlauf für die Verfolgungsverjährung erst *ab der Erkennbarkeit der Widerhandlung.*[178] Mehrheitlich wird explizit auch fahrlässiges Verhalten bestraft. Meist ergibt sich dies auch aus den kantonalen Polizei- bzw. Einführungsgesetzen zum StGB. Zum Teil wird ausdrücklich erklärt, dass Anstiftung, Gehilfenschaft und Versuch strafbar seien. Ferner wird vereinzelt auf die Einziehung widerrechtlicher Gewinne nach den Regeln von Art. 70 f. StGB verwiesen. Eine Gewinnabschöpfung kommt namentlich dann infrage, wenn aus besonderen Gründen auf die Wiederherstellung des rechtmässigen Zustandes verzichtet werden muss und der Bauherr deswegen zusätzliche wirtschaftliche Vorteile aus der künftigen Nutzung zu erzielen vermag.[179] Einzelne Kantone sehen unter bestimmten Voraussetzungen die

---

[173] Beeler, S. 107, Fn. 14; Riklin, Schweizerisches Strafrecht AT I, § 2 Nr. 43; Schultz, S. 74 f.

[174] BGE 129 IV 278.

[175] Donatsch/Tag, S. 17.

[176] Vgl. Schultz, S. 76; Wiprächtiger, Basler Kommentar Strafrecht II, N 27 zu Art. 335 StGB.

[177] Beeler, S. 111.

[178] Zaugg/Ludwig, Kommentar Baugesetz Kanton Bern, N 3 zu Art. 51 BauG Kanton Bern.

[179] Zaugg/Ludwig, Kommentar Baugesetz Kanton Bern, N 6 zu Art. 50 BauG Kanton Bern.

Möglichkeit der Verurteilung einer juristischen Person oder Handelsgesellschaft, für die die Täterschaft gehandelt hat, oder die solidarische Haftung dieses Unternehmens für Bussen und Kosten vor.

3. Was die Tatbestände anbelangt, umschreiben einzelne Kantone die Täterschaft generell, während in anderen ergänzend oder abschliessend ausdrücklich bestimmte, am Bauwerk beteiligte infrage kommende Verantwortliche genannt werden, so neben dem Bauherr, dem Grundeigentümer, dem Projektverfasser und dem Unternehmer auch der Architekt, der Ingenieur und der Bauleiter.[180] Es können in der gleichen Sache mehrere dieser Personen als Mit- oder Nebentäter bestraft werden.[181] Beim strafbaren Verhalten werden meist in einer aus heutiger Sicht in der Strafrechtsgesetzgebung verpönten Weise pauschal Verstösse gegen Gesetz, Ausführungserlasse und gestützt auf das Baurecht erlassene Verfügungen genannt, während in einzelnen Kantonen bestimmte präzisierte Verhaltensweisen pönalisiert sind (exklusiv oder als Beispiele einer generellen auf die einschlägigen Rechtsquellen verweisenden pauschalen Norm). Danach macht sich z.B. strafbar, wer ohne formell rechtskräftige Baubewilligung, in Abweichung von einer erteilten Bewilligung oder ungeachtet der Verweigerung einer Bewilligung bzw. in Missachtung materieller planungs- und baurechtlicher Bestimmungen und Auflagen Bauarbeiten ausführt oder ausführen lässt.[182] Bei Strafbarkeit der Nichtbefolgung von gestützt auf Baurecht erlassenen rechtskräftigen Verfügungen, die den Adressaten zu einem Tun verpflichten (z.B. Beseitigung einer widerrechtlichen Ablagerung, Einzäunung eines Spielplatzes), gilt die Widerhandlung als Dauerdelikt.[183] 19.84

4. Wer im Einzelfall die Verantwortung trägt, bestimmt sich in analoger Weise wie bei der Baugefährdung und der fahrlässigen Tötung bzw. Körperverletzung. Massgebend sind die vertraglichen Kompetenzen und Verpflichtungen sowie die tatsächlichen Verhältnisse auf der Baustelle.[184] Wird z.B. ein Bau ohne Baubewilligung erstellt und besorgt nach dem Bauvertrag und dem tatsächlichen Ablauf des Geschehens der Architekt als Vertreter des 19.85

---

180 BEELER, S. 109.

181 ZAUGG/LUDWIG, Kommentar Baugesetz Kanton Bern, N 2 zu Art. 50 BauG Kanton Bern.

182 BEELER, S. 108.

183 ZAUGG/LUDWIG, Kommentar Baugesetz Kanton Bern, N 2 zu Art. 51 BauG Kanton Bern.

184 BEELER, S. 109.

Bauherrn den Verkehr mit den Behörden, haftet dieser für den Verstoss.[185] Strafbar ist nicht nur, wer die Baurechtsverletzung selbst veranlasst bzw. angeordnet, sondern auch derjenige, der trotz einer Handlungspflicht eine solche Verletzung nicht verhindert hat, z.B. ein Bauherr, der vorsätzlich oder fahrlässig den Architekten oder Unternehmer bei einer Überschreitung der Ausnützungsziffer oder mangels Einreichung eines Baugesuches rechtswidrig handeln lässt.[186]

19.86 **5.** Verschiedene kantonale Baurechtserlasse befassen sich auch mit strafprozessualen und behördenorganisatorischen Fragen. Auf die Verfolgung und Beurteilung von Verstössen gegen kantonales Recht ist die Schweizerische Strafprozessordnung nicht anwendbar.[187] Soweit die Kantone in solchen Fällen die Schweizerische StPO als anwendbar erklären, handelt es sich dennoch um kantonales Strafprozessrecht.[188]

185 Vgl. dazu Entscheid II. Strafkammer des bernischen Obergerichts vom 23. September 1977, in: ZBJV 1979, S. 428.

186 ZAUGG/LUDWIG, Kommentar Baugesetz Kanton Bern, N 2 zu Art. 50 BauG Kanton Bern; BGE 115 Ia 412.

187 RIKLIN, Kommentar StPO, Einleitung N 55, N 4 zu Art. 1 StPO.

188 RIKLIN, Kommentar StPO, N 4 zu Art. 1 StPO.

Gesetzes- und Normenregister

Das Gesetzes- und Normenregister gliedert sich in zwei Teile: Gesetze und andere Erlasse befinden sich in Teil I, Normen und Musterbedingungen befinden sich in Teil II. Die Gesetze, Normen und Musterbedingungen sind jeweils in alphabetischer Reihenfolge aufgeführt.

Die Nummern beziehen sich auf die Randnummern des Buches; wird eine Bestimmung in einer Fussnote erwähnt, so wird die jeweilige Fussnotennummer zusätzlich zur entsprechenden Randnummer angegeben (z.B. 2.66 Fn 136).

I. Gesetze und andere Erlasse

ATSG (Bundesgesetz über den Allgemeinen Teil des Sozialversicherungsrechts)

BGB (Bürgerliches Gesetzbuch, Deutschland)

BGBM (Bundesgesetz über den Binnenmarkt)

BGG (Bundesgesetz über das Bundesgericht)

Bilaterales Abkommen CH/EG (Abkommen zwischen der Schweizerischen Eidgenossenschaft und der Europäischen Gemeinschaft über bestimmte Aspekte des öffentlichen Beschaffungswesens)

Anhang	Nummer
Anhang VI	2.34

BöB (Bundesgesetz über das öffentliche Beschaffungswesen)

Artikel	Nummer	Artikel	Nummer
5 Abs. 1 lit. b	2.35	14	3.18 Fn 32
6 Abs. 1	4.99 Fn 84	21 Abs. 1	2.36
8 Abs. 1 lit. d	4.147 Fn 125	26 ff.	2.35 Fn 54
13 Abs. 3	3.7 Fn 13, 3.26 Fn 40, 4.88	29	3.29 Fn 47, 3.55 Fn 81

BV (Bundesverfassung der schweizerischen Eidgenossenschaft)

Artikel	Nummer	Artikel	Nummer
8	18.34	30 Abs. 1	13.54
9	18.16	31 aBV	18.4, 18.9
27	13.76, 18.4, 18.9, 18.35, 18.85	95	18.88
29 Abs. 2	13.73, 13.123	196 Ziff. 5	18.88

DesG (Bundesgesetz über den Schutz von Design)

Artikel	Nummer	Artikel	Nummer
1	17.91	34	17.112
2	17.97	35 Abs. 1 lit. a	17.109
4	17.98	35 Abs. 1 lit. b	17.110
8	17.99	35 Abs. 1 lit. c	17.111
9 Abs. 1	17.99	35 Abs. 2	17.113
19	17.93	36	17.114
33	17.108		

EBG (Eisenbahngesetz)

Artikel	Nummer
17a	11.10
17 Abs. 1	11.10

EBV (Verordnung über Bau und Betrieb der Eisenbahnen)

EFTA-Übereinkommen (Übereinkommen zur Errichtung der Europäischen Freihandelsassoziation)

EMRK (Konvention zum Schutze der Menschenrechte und Grundfreiheiten)

EPÜ (Europäisches Patentübereinkommen)

FHSV (Verordnung über Aufbau und Führung von Fachhochschulen)

FZA (Abkommen zwischen der schweizerischen Eidgenossenschaft einerseits und der Europäischen Gemeinschaft und ihren Mitgliedstaaten andererseits über die Freizügigkeit)

GeoIG (Bundesgesetz über Geoinformation)

GeomV (Verordnung über die Ingenieur-Geometerinnen und Ingenieur-Geometer)

GPA (Übereinkommen über das öffentliche Beschaffungswesen)

GSchG (Bundesgesetz über den Schutz der Gewässer)

IPRG (Bundesgesetz über das Internationale Privatrecht)

IVöB (Interkantonale Vereinbarung über das öffentliche Beschaffungswesen)

KEG (Kernenergiegesetz)

KG (Bundesgesetz über Kartelle und andere Wettbewerbsbeschränkungen)

MSchG (Bundesgesetz über den Schutz von Marken und Herkunftsangaben)

MSchV (Markenschutzverordnung)

NHG (Bundesgesetz über den Natur- und Heimatschutz)

NSV (Nationalstrassenverordnung)

OR (Bundesgesetz betreffend die Ergänzung des Schweizerischen Zivilgesetzbuches, Fünfter Teil: Obligationenrecht)

PatG (Bundesgesetz über die Erfindungspatente)

RHG (Bundesgesetz über die Harmonisierung der Einwohnerregister und anderer amtlicher Personenregister)

SchKG (Bundesgesetz über Schuldbetreibung und Konkurs)

SebG (Bundesgesetz über Seilbahnen zur Personenbeförderung)

SebV (Verordnung über Seilbahnen zur Personenbeförderung)

StAV (Verordnung über die Sicherheit der Stauanlagen)

StGB (Schweizerisches Strafgesetzbuch)

SVG (Strassenverkehrsgesetz)

URG (Bundesgesetz über das Urheberrecht und verwandte Schutzrechte)

USG (Bundesgesetz über den Umweltschutz)

UWG (Bundesgesetz gegen den unlauteren Wettbewerb)

VAG (Bundesgesetz betreffend die Aufsicht über Versicherungsunternehmen)

VG (Bundesgesetz über die Verantwortlichkeit des Bundes sowie seiner Behördenmitglieder und Beamten)

VöB (Verordnung über das öffentliche Beschaffungswesen)

VVG (Bundesgesetz über den Versicherungsvertrag)

WaG (Bundesgesetz über den Wald)

ZGB (Schweizerisches Zivilgesetzbuch)

ZPO (Schweizerische Zivilprozessordnung)

II. Normen und Musterbedingungen

Allgemeine Vertragsbedingungen KBOB für Planerleistungen (Ausgabe 2011)

AVB (Allgemeine Versicherungsbedingungen für die Betriebshaftpflichtversicherung, unverbindliche Musterbedingungen des Schweizerischen Versicherungsverbandes, Ausgabe 2012)

KBOB-Planervertrag

KUB-Leistungsbilder

Sachverständigen-Richtlinie des BAV (Ausgabe 1. Mai 2000)

SIA-Musterverträge 1012/1 und 1012/3 (Ausgaben 2001)

SIA-Norm 118 (Ausgabe 1977/1991)

SIA-Norm 198 (2004)

SIA-Norm 260 (2003)

SIA-Norm 261 (2003)

SIA-Norm 262 (2003)

SIA-Ordnung 102 (Ausgabe 2003)

SIA-Ordnung 103 (Ausgabe 2003)

SIA-Ordnung 104 (Ausgabe 2003)

SIA-Ordnung 105 (Ausgabe 2007)

SIA-Ordnung 106 (Ausgabe 2007)

SIA-Ordnung 108 (Ausgabe 2003)

SIA-Ordnung 110 (Ausgabe 2003)

SIA-Ordnung 111 (Ausgabe 2003)

SIA-Ordnung 112 (Ausgabe 2001)

SIA-Ordnung 142 (Ausgabe 2009)

SIA-Ordnung 143 (Ausgabe 2009)

SIA-Standesordnung

SIA-Statuten

ZAB (Zusätzliche Allgemeine Bedingungen Haftpflichtversicherung für Architekten und Bauingenieure, unverbindliche Musterbedingungen des Schweizerischen Versicherungsverbandes, Ausgabe 2006)

Sachregister

Die Ziffern verweisen auf die Randnummern im Buch. Wir verwenden das Stichwort «Planer» sowohl für Architekten als auch für Ingenieure. Nur wo Unterschiede bestehen, differenzieren wir, indem wir «Architekt» bzw. «Ingenieur» verwenden.

A

C

D

F

H

I

L

M

Q

S

W

Z